Anders/Gehle/Baader
Handbuch für den Zivilprozeß

Handbuch für den Zivilprozeß

Sachantrag, Tenor, Streitwert

Dr. Monika Anders
Richterin am Oberlandesgericht, Köln

Dr. Burkhard Gehle
Richter am Landgericht, Köln

Peter Baader
Richter am Landgericht, Bonn

Werner-Verlag

1. Auflage 1992

Die Deutsche Bibliothek – CIP-Einheitsaufnahme

Anders, Monika:
Handbuch für den Zivilprozeß:
Sachantrag, Tenor, Streitwert /
Monika Anders ; Burkhard Gehle ; Peter Baader –
1. Aufl. – Düsseldorf : Werner, 1992
ISBN 3-8041-1014-2
NE: Gehle, Burkhard: ; Baader, Peter:

ISB N 3-8041-1014-2

© Werner-Verlag GmbH · Düsseldorf · 1992
Printed in Germany
Alle Rechte, auch das der Übersetzung, vorbehalten.
Ohne ausdrückliche Genehmigung des Verlages ist es auch nicht gestattet, dieses Buch
oder Teile daraus auf fotomechanischem Wege (Fotokopie, Mikrokopie) zu vervielfältigen.
Gesamtherstellung: ICS Communications-Service GmbH, Bergisch Gladbach
Schrift: Garamond von Linotype
Archiv-Nr.: 905–4.92
Bestell-Nr.: 01014

Vorwort

Das Handbuch soll bei der Formulierung von Sachanträgen, bei der Ausarbeitung des Urteilstenors (Hauptsache, Kosten, Vorläufige Vollstreckbarkeit) und bei Streitwertfragen behilflich sein.

Teil A (Sachanträge und Hauptsacheentscheidung) ist alphabetisch gegliedert; er umfaßt im wesentlichen Formulierungsvorschläge. Auch die Teile B (Kostenentscheidung) und C (Vollstreckbarkeit) legen das Schwergewicht auf die Ausarbeitung leicht übertragbarer Beispiele. Der wie Kapitel A alphabetisch gegliederte Teil D (Streitwert) enthält die für die Praxis relevanten Streitwertprobleme. Alle Abschnitte sind aufeinander abgestimmt.

Neben dem Zivilprozeß sind über das Thema des Buches hinaus bedeutende andere Verfahren, so etwa im Bereich der Arbeitsgerichtsbarkeit und auf dem Gebiet der freiwilligen Gerichtsbarkeit, berücksichtigt.

Das Manuskript war im Frühjahr 1991 fertiggestellt; Rechtsprechung und Literatur sind bis Anfang 1992 nachgetragen worden.

Köln 1992
Dr. Monika Anders
Dr. Burkhard Gehle
Peter Baader

Inhaltsverzeichnis

	Seite
Literaturverzeichnis	XIX

Teil A
Sachanträge und Hauptsachenentscheidung
in alphabetisch geordneten Stichwörtern 1

Teil B
Die Kostenentscheidung

1. Abschnitt: Urteil

§ 1 Einführung 115
§ 2 Allgemeines 116
   I. Entscheidung von Amts wegen 116
   II. Erforderlichkeit einer Kostenentscheidung im Urteil 116
      1. Grundsatz 116
      2. Besonderheiten bei Teilurteilen, Grundurteilen und Zwischenurteilen . . . 116
      3. Besonderheiten bei Versäumnisurteilen und Vorbehaltsurteilen 118
   III. Darstellung der Kostenentscheidung im Urteil 118
§ 3 Kosten des Rechtsstreits 119
   I. Allgemeines 119
   II. Gerichtskosten 120
      1. Allgemeines 120
      2. Entstehen, Fälligkeit und Vorwegleistung 121
      3. Die einzelnen Gebührentatbestände 122
         a) Allgemeines 122
         b) Prozeßverfahren erster Instanz 123
            aa) Gebühr für das Verfahren im allgemeinen 123
            bb) Urteilsgebühr 123
            cc) Besonderheiten beim Mahnverfahren 125
            dd) Besonderheiten bei Antragsrücknahme 126
            ee) Besonderheiten im Versäumnisverfahren 126
            ff) Besonderheiten bei Erledigung der Hauptsache 127
            gg) Besonderheiten beim Vergleich 127
         c) Berufungs- und Revisionsverfahren 127
         d) Arrest und einstweilige Verfügung 128
      4. Die Gerichtsauslagen 128
         a) Allgemeines 128
         b) Schreibauslagen 129
         c) Postauslagen 129
         d) Zeugen- und Sachverständigenentschädigung 129
   III. Außergerichtliche Kosten 129
      1. Allgemeines 129
      2. Grundsatz der Einmaligkeit und Höchstbetragsgrenze 130

Inhaltsverzeichnis

3. Die Gebühren des § 31 BRAGO	131
a) Allgemeines	131
b) Die Prozeßgebühr	132
c) Die Verhandlungsgebühr	133
d) Die Beweisgebühr	135
e) Die Erörterungsgebühr	138
4. Die Vergleichsgebühr	140
5. Besonderheiten beim Mahnverfahren	142
a) Allgemeines	142
b) Gebühr des § 43 I Nr. 1 BRAGO	142
c) Gebühr des § 43 I Nr. 2 BRAGO	143
d) Gebühr des § 43 I Nr. 3 BRAGO	143
6. Besonderheiten beim Versäumnisverfahren	143
7. Besonderheiten bei Erledigung der Hauptsache	144
8. Besonderheiten bei Berufung und Revision	145
9. Ersatz von Auslagen und Postgebühren	145
a) Allgemeine Geschäftskosten	145
b) Erstattungsfähige Auslagen	146
c) Ersatz der Mehrwertsteuer	146

§ 4 Regelungsgegenstand der Kostenentscheidung … 147
  I. Bestimmung des Kostenschuldners … 147
  II. Kostenerstattungsanspruch … 148
    1. Prozessualer Kostenerstattungsanspruch … 148
    2. Materieller Kostenerstattungsanspruch … 149
  III. Kostengrund und Kostenfestsetzung … 150
    1. Allgemeines … 150
    2. Kostenfestsetzungsverfahren … 150
    3. Beispiele für eine Kostenrechnung, eine Kostenausgleichung und einen Kostenfestsetzungsbeschluß … 153

§ 5 Grundsätze der Kostenentscheidung … 155
  I. Kosteneinheit … 155
  II. Kostentrennung … 157
    1. Allgemeines … 157
    2. Besonderheiten bei einzelnen Tatbeständen der Kostenrechnung … 158
      a) § 344 ZPO … 158
      b) § 281 III 2 ZPO … 158
      c) § 238 IV ZPO … 159
      d) § 94 ZPO … 159
      e) § 95 ZPO und § 34 GKG … 159
      f) § 96 ZPO … 160
      g) § 101 ZPO … 162

§ 6 Rechtsmittel gegen die Kostenentscheidung … 162
  I. § 99 I ZPO … 162
  II. Statthaftigkeit der sofortigen Beschwerde … 164
  III. Prinzip der Meistbegünstigung … 165
  IV. Kostenmischfälle … 165

§ 7 Kostenentscheidung nach § 91 ZPO … 166

§ 8 Kostenentscheidung nach § 92 ZPO … 167
  I. Allgemeines … 167

II. Verhältnismäßige Teilung 168
　　　1. Kostenentscheidung nach der Streitwertrelation 168
　　　2. Besonderheiten bei unselbständigen Nebenforderungen – fiktiver Streitwert 170
　　　3. Weitere Fälle zum fiktiven Streitwert 173
　　　　a) Klage und Widerklage 173
　　　　b) Haupt- und Hilfsantrag 174
　　　　c) Künftige Leistung. 174
　　　　d) Zug-um-Zug, § 780 ZPO, Kopfteile 174
　　III. Aufhebung der Kosten gegeneinander 175
　　　1. Allgemeines 175
　　　2. §§ 93 a, 93 c ZPO. 175
　　IV. § 92 II ZPO 176
　　　1. Allgemeines 176
　　　2. Geringfügiges Unterliegen (1. Alternative) 176
　　　　a) Allgemeines 176
　　　　b) Kein besonderer Kostenanfall 177
　　　　c) Geringfügige Zuvielforderung 177
　　　　d) Besonderheiten bei unselbständigen Nebenforderungen 178
　　　　e) Minimalbeträge bei Vorliegen eines Gebührensprunges 179
　　　3. Richterliches Ermessen, Ermittlung durch einen Sachverständigen, Abhängigkeit von gegenseitiger Berechnung (2. Alternative) 180
　　V. Besonderheiten beim Zurückbehaltungsrecht und der Erbenhaftung . . 181
　　　1. Zurückbehaltungsrecht. 181
　　　2. Beschränkte Erbenhaftung 182

§ 9 Kostenentscheidung nach § 93 ZPO 183
　　I. Allgemeines 183
　　II. Form der Entscheidung und Rechtsmittel 183
　　III. Geltungsbereich des § 93 ZPO 184
　　IV. Voraussetzungen des § 93 ZPO 186
　　　1. Fehlende Klageveranlassung 186
　　　2. Wirksames Anerkenntnis 187
　　　3. Sofortiges Anerkenntnis 188
　　　4. Besonderheiten bei einer Drittwiderspruchsklage. 188
　　　5. Besonderheiten im Haftpflichtprozeß 189

§ 10 Kostenentscheidung im Streitgenossenprozeß 190
　　I. Allgemeines 190
　　II. Kopfteilhaftung 190
　　III. Gesamtschuldnerische Haftung 191
　　　1. Echte Gesamtschuldnerschaft 191
　　　2. Gesamtschuldähnliche Verhältnisse 192
　　IV. Die Baumbach'sche Formel 193
　　　1. Allgemeines 193
　　　2. Grundfall – volles Obsiegen gegen einen Streitgenossen und volles Unterliegen gegen den anderen 193
　　　　a) Grundüberlegungen 193
　　　　b) Entwicklung von Formeln aus dem Grundfall. 194
　　　　　aa) Gerichtskosten und außergerichtliche Kosten des Klägers 194
　　　　　bb) Außergerichtliche Kosten des Beklagten 195
　　　　　cc) Lösung des Grundfalles nach den Formeln 196
　　　　c) Lösung des Grundfalles in grafischer Darstellung 196
　　　3. Beteiligung von drei beklagten Streitgenossen 198

Inhaltsverzeichnis

    4. Verurteilung der beklagten Streitgenossen (keine Gesamtschuld) zu unterschiedlichen Anteilen 199
        a) Beteiligung von zwei beklagten Streitgenossen 199
            aa) Beispielsfall 199
            bb) Lösung anhand von Formeln 200
            cc) Lösung anhand der Grafik 200
        b) Fallvariante 202
            aa) Beispielsfall 202
            bb) Lösung anhand von Formeln 202
            cc) Lösung anhand der Grafik 202
    5. Gesamtschuldnerische Haftung der beklagten Streitgenossen zu einem Teil und unterschiedlicher Prozeßausgang im übrigen 203
        a) Beteiligung von zwei Streitgenossen 203
            aa) Ermittlung der Kostenquoten unter Berücksichtigung der Formeln 203
            bb) Lösung anhand der Grafik 205
        b) Beteiligung von drei Streitgenossen 205
            aa) Ermittlung der Kostenquote unter Berücksichtigung der Formeln . 205
            bb) Lösung anhand der Grafik 206
    6. Beteiligung von mehreren Klägern und Beklagten 208
        a) Allgemeines 208
        b) Beispielsfall 208
            aa) Lösung anhand der Grafik 209
            bb) Ermittlung der Kostenquoten unter Berücksichtigung von Formeln 209
        c) Ermittlung der Kostenquote anhand einer Tabelle (weitere Methode) bei mehreren Streitgenossen auf der Kläger- und der Beklagtenseite . . . 211
  V. Ungleichmäßige Beteiligung von Streitgenossen am Rechtsstreit 217
    1. Allgemeines 217
    2. Unterschiedliche Beteiligung am Streitgegenstand 217
        a) Volles Obsiegen oder Unterliegen der Streitgenossen 218
        b) Teilunterliegen der Streitgenossen 218
        c) Gesamtschuldnerische Haftung der Streitgenossen für einen Teilbetrag . 219
    3. Unterschiedliche Beteiligung am Prozeßverlauf 220
        a) Allgemeines 220
        b) Volles Obsiegen des Klägers 221
        c) Unterschiedlicher Prozeßerfolg des Klägers gegenüber den einzelnen Streitgenossen 222
    4. Unterschiedliche Beteiligung am Streitgegenstand und unterschiedlicher Prozeßverlauf 225
  VI. Besondere Angriffs- und Verteidigungsmittel 227

§ 11 Die Kostenentscheidung zur Streithilfe 227
  I. Allgemeines 227
  II. Kostenentscheidung 228
    1. Zweiparteienprozeß 228
    2. Streitgenossenprozeß 229
    3. Erledigung der Hauptsache 230
    4. Klagerücknahme 230
    5. Zwischenstreit 231

§ 12 Kostenentscheidung bei einer Aufrechnung des Beklagten im Prozeß 231
  I. Allgemeines 231
  II. Kostenentscheidung bei der streitwertneutralen Aufrechnung 232
    1. Grundsatz 232

	2. Besondere Kosten durch die streitwertneutrale Aufrechnung	233
	3. Aufrechnung eines Streitgenossen	234
III.	Kostenentscheidung bei der streitwerterhöhenden Aufrechnung	234
	1. Grundsatz	234
	2. Kostenbeispiele bei ganz oder teilweise erfolgreicher Hilfsaufrechnung mit einer bestrittenen Gegenforderung	236
	3. Mehrere Gegenforderungen	238
	4. Besonderer Kostenaufwand für Klage- oder Aufrechnungsforderung	240
	5. Aufrechnung eines Streitgenossen	241
	6. Abändernde Entscheidung in zweiter Instanz	243

§ 13 Kostenentscheidung bei Haupt- und Hilfsantrag 243
I. Allgemeines 243
II. Echte Hilfsanträge 244
    1. Volles Obsiegen oder Unterliegen des Klägers 244
    2. Unterliegen mit dem Hauptantrag und Obsiegen mit dem Hilfsantrag 244
       a) Mindermeinung zum Streitwert 245
       b) Herrschende Meinung zum Streitwert 245
          aa) Die Auffassung der Rechtsprechung und eines Teils der Literatur . . 245
          bb) Die abweichende Ansicht 247
          cc) Stellungnahme 248
    3. Nachträglicher Hilfsantrag in zweiter Instanz 249
III. Unechte Hilfsanträge 249

§ 14 Die Kostenentscheidung bei der Stufenklage 250
I. Allgemeines 250
II. Kostenentscheidung bei vollem Unterliegen oder vollem Obsiegen des Klägers . 252
III. Teilerfolg des Klägers ohne kostenmäßige Besonderheiten 252
IV. Teilerfolg des Klägers bei kostenmäßigen Besonderheiten 253
V. Kostenentscheidung bei teilweiser Rücknahme 255
    1. Allgemeines 255
    2. Ermittlung der Kostenquote bei Anwendung des § 269 III 2 ZPO 255
VI. Lösungen bei negativer Auskunft 257
    1. Darstellung des Problems 257
    2. Lösung über die Wertfestsetzung 257
    3. Erledigung des Rechtsstreits 258
    4. Feststellung des Kosteninteresses 258

§ 15 Kostenentscheidung nach Teilbeendigung des Rechtsstreits (Teilrücknahme, Teilurteil) 259
I. Allgemeines 259
II. Teilrücknahme 260
    1. Allgemeines 260
    2. Berechnungsmethode 261
    3. Berechnungsbeispiel 262
       a) Quotenmethode (Unterliegenstheorie) 262
       b) Mehrkostenmethode 262
       c) Besondere Kosten 263
    4. Rücknahme gegenüber einem Streitgenossen oder von einem Streitgenossen 263
       a) Grundsätze 263
       b) Beispielsfall 264
    5. Parteiwechsel 265
    6. Rechtsmittel 265

           7. Rücknahme von Klage oder Widerklage 265
      III. Teilurteil 266

§ 16 Erledigung des Rechtsstreits 266
       I. Übereinstimmend erklärte Erledigung 266
          1. Allgemeines 267
          2. Grundsätze für die Kostenentscheidung 267
             a) Grundsätzlicher Vorrang des Sach- und Streitstandes 267
             b) Billigkeitsentscheidung abweichend von Sach- und Streitstand 268
             c) Rechtsmittel. 270
          3. Teilerledigung 270
             a) Allgemeines. 270
             b) Berechnungsmethode. 271
             c) Rechtsmittel. 271
             d) Darstellung im Urteil 272
          4. Erledigung hinsichtlich eines Streitgenossen 272
      II. Einseitige Erledigungserklärung 273
          1. Allgemeines 273
          2. Kostenentscheidung 274
             a) Grundsatz. 274
             b) Teilweises Obsiegen des Klägers 274
             c) Rechtsmittel. 274
          3. Teilerledigung 274
             a) Allgemeines. 274
             b) Hauptsachenentscheidung 275
             c) Kostenentscheidung 276
                aa) Allgemeine Grundsätze 276
                bb) Beispiel. 276
             d) Rechtsmittel. 278
          4. Einseitige Erledigungserklärung im Verhältnis zu einzelnen
             Streitgenossen 278
      III. „Erledigung" vor Rechtshängigkeit, Feststellung des Kosteninteresses . . . 278
          1. Allgemeines 278
             a) Problemstellung 278
             b) Lösungsansätze 278
                aa) Klagerücknahme. 279
                bb) Bezifferung im laufenden Verfahren 279
                cc) Aufrechnung. 279
                dd) Teleologische Reduktionen und Analogien. 279
          2. Feststellung des Kosteninteresses 280
             a) Darstellung des Lösungswegs 280
             b) Vereinfachte Formulierung und Auslegung des Klageantrags . . . 281
          3. Formulierungsbeispiele 281
             a) Zusprechendes oder abweisendes Urteil 281
             b) Teilerfolg des Klägers. 282
             c) Mitverschulden des Klägers bei der Verursachung von Kosten . . . 283
             d) Teil-Feststellungsantrag 283
          4. Rechtsmittel 285

§ 17 Die Kostenentscheidung im Versäumnisurteil und nach Einspruch
     gegen ein Versäumnisurteil oder einen Vollstreckungsbescheid 285
       I. Erstes Versäumnisurteil 285
      II. Entscheidung nach Einspruch. 285

  1. Allgemeines 285
  2. Unzulässigkeit des Einspruchs 286
  3. Zweites Versäumnisurteil 286
  4. Volle Aufrechterhaltung des Versäumnisurteils 286
  5. Volle oder teilweise Aufhebung des Versäumnisurteils 287
 III. Besonderheiten bei Klagerücknahme im Einspruchsverfahren 288
  1. Rücknahme der gesamten Klage 288
  2. Teilweise Klagerücknahme 290
 IV. Besonderheiten im Streitgenossenprozeß 290
  1. Kostenentscheidung bei einem Versäumnisurteil gegen einen Streitgenossen 290
   a) Verurteilung aller Streitgenossen 290
   b) Verurteilung eines Streitgenossen und Klageabweisung im übrigen 292
  2. Kostenentscheidung nach Einspruch 294

§ 18 Die Kostenentscheidung bei der Widerklage 295
 I. Allgemeines 295
 II. Kostenentscheidung bei der streitwerterhöhenden Widerklage 295
  1. Volles Obsiegen oder geringfügiges Unterliegen 295
  2. Teilweises Obsiegen und Unterliegen 296
   a) Grundfall 296
   b) Besondere Kosten für Klage und Widerklage 296
  3. Besonderheiten bei der Teilrücknahme 298
  4. Widerklage unter Beteiligung einzelner Streitgenossen oder Dritter ... 299
 III. Kostenentscheidung bei der streitwertneutralen Widerklage 301
  1. Identische Gegenstandswerte 301
  2. Mischfälle 302
 IV. Besonderheiten bei der Hilfswiderklage 302

§ 19 Die Kostenentscheidung in der Rechtsmittelinstanz 303
 I. Allgemeines 303
 II. Erfolgloses Rechtsmittel 304
 III. Erfolgreiches Rechtsmittel 305
  1. Zurückverweisung der Sache 305
   a) Allgemeines 305
   b) Vollständige Aufhebung und Zurückverweisung 305
   c) Teilweise Aufhebung und Zurückverweisung 306
   d) Inhalt der Kostenentscheidung in der Vorinstanz 306
    aa) Identische Streitwerte 306
    bb) Volles Obsiegen oder Unterliegen bei unterschiedlichen Streitwerten 307
    cc) Teilweises Obsiegen und Unterliegen bei unterschiedlichen Streitwerten 307
    dd) Teilweises Obsiegen und Unterliegen bei Klageerweiterung nach Zurückverweisung 308
  2. Eigene Sachentscheidung 310
   a) Allgemeines 310
   b) Volles Obsiegen bei identischen Streitwerten 310
    aa) Grundsatz 310
    bb) Kostenpflicht der obsiegenden Partei (§ 97 II ZPO) .. 310
   c) Volles Obsiegen bei nicht identischen Streitwerten 311
    aa) Höherer Streitwert in der Rechtsmittelinstanz 311
    bb) Geringerer Streitwert in der Rechtsmittelinstanz 311

Inhaltsverzeichnis

IV.	Teilerfolg des Rechtsmittels	312
V.	Besonderheiten bei einem Rechtsmittel gegen ein Grund- oder Teilurteil	313
	1. Grundurteil	313
	2. Teilurteil	314
VI.	Besonderheiten bei einem Anschlußrechtsmittel	314
	1. Allgemeines	314
	2. Volles Unterliegen oder geringfügiges Obsiegen	315
	3. Teilweises Obsiegen und Unterliegen	316
	a) Das streitwerterhöhende Anschlußrechtsmittel	316
	b) Das streitwertneutrale Anschlußrechtsmittel	318
	4. Zurücknahme des Rechtsmittels, Verwerfung als unzulässig und Ablehnung der Annahme der Revision	318
VII.	Besonderheiten bei der Zurücknahme der Klage oder des Rechtsmittels	319
	1. Zurücknahme der Klage	319
	2. Zurücknahme des Rechtsmittels	320
	a) Vollständige Zurücknahme	320
	b) Teilweise Zurücknahme	322
VIII.	Besonderheiten im Streitgenossenprozeß	323
IX.	Besonderheiten bei der Streithilfe	324

2. Abschnitt: Beschluß

§ 1 Allgemeine Grundsätze ... 325

§ 2 Einzelfälle ... 327

- I. Selbständiges Beweisverfahren ... 327
- II. Arrest und einstweilige Verfügung, einstweilige Anordnung im familiengerichtlichen Verfahren ... 329
  - 1. Arrest und einstweilige Verfügung ... 329
  - 2. Sonderregelung für das familiengerichtliche Verfahren ... 329
    - a) Allgemeines ... 329
    - b) Einzelne Streitpunkte ... 330
    - c) Beschwerde ... 330
- III. Prozeßkostenhilfe ... 331
- IV. Kostenfestsetzungsbeschluß ... 331
- V. Zwangsvollstreckung ... 332
  - 1. Allgemeines ... 332
  - 2. Entscheidungen nach §§ 887 ff. ZPO ... 333
  - 3. Andere Beschlüsse ... 334

§ 3 Beschwerdeverfahren ... 335

Teil C
Vorläufige Vollstreckbarkeit

§ 1 Grundsätze ... 337

- I. Allgemeines ... 337
- II. Ausnahmen ... 338
  - 1. Urteile in Ehe- und Kindschaftssachen ... 338
  - 2. Arrest und einstweilige Verfügung ... 339
  - 3. Urteile mit nicht vollstreckungsfähigem Inhalt ... 340

  4. Zwischenurteile 340
  5. Urteile, die mit ihrem Erlaß rechtskräftig werden. 341
 III. Entscheidung im Streitgenossenprozeß 342

§ 2 Vollstreckung gegen Sicherheitsleistung, § 709 ZPO 342
 I. Allgemeines 342
 II. Bestimmung der Sicherheit 343
  1. Grundsätze. 343
  2. Einzelansätze. 344
   a) Hauptforderung 344
   b) Materiell-rechtliche Nebenforderungen 345
   c) Gerichtskosten 345
   d) Außergerichtliche Kosten 346
 III. Art der Sicherheit 347
  1. Regelfall 347
  2. Andere Art der Sicherheit, Bankbürgschaft 347
  3. Form der Entscheidung 348
 IV. Mehrere Vollstreckungsgläubiger oder -schuldner 348
  1. Gegenseitige Ansprüche der Parteien 348
  2. Streitgenossen 349
   a) Als Vollstreckungsgläubiger 349
    aa) Die Gläubiger sind durch einen Prozeßbevollmächtigten vertreten . 349
    bb) Die Streitgenossen haben verschiedene Anwälte beauftragt
     oder sind nicht anwaltlich vertreten 349
    cc) Obsiegen in unterschiedlichem Umfang 350
   b) als Vollstreckungschuldner. 350
  3. Streithelfer 351
 V. Berechnungsbeispiele 351
  1. Volles Obsiegen des Klägers 351
  2. Teilweises Obsiegen des Klägers. 352

§ 3 Vollstreckung ohne Sicherheitsleistung 353
 I. Anwendungsfälle des § 708 ZPO 353
  1. § 708 Nr. 1 bis 3 ZPO 354
  2. § 708 Nr. 4 und 5 ZPO. 354
  3. § 708 Nr. 6 ZPO 355
  4. § 708 Nr. 7 ZPO 355
  5. § 708 Nr. 8 ZPO 355
  6. § 708 Nr. 9 ZPO 356
  7. § 708 Nr. 10 ZPO 357
  8. § 708 Nr. 11 ZPO 357
   a) 1. Alternative 357
   b) 2. Alternative 358
   c) Klärung des Vollstreckungsumfangs 358
 II. Abwendungsbefugnis nach § 711 ZPO 359
  1. Allgemeines 359
  2. Die Höhe der Abwendungssicherheit 359
   a) bei voller Abwendungsbefugnis 359
   b) bei teilweiser Abwendungsbefugnis 361
  3. Mehrere Vollstreckungsgläubiger 361
 III. Unterbleiben von Schutzanordnungen nach § 713 ZPO 362
 IV. Entscheidungen im arbeitsgerichtlichen Verfahren 363

Inhaltsverzeichnis

§ 4 Parteianträge nach §§ 710, 712 ZPO 363
  I. Allgemeines 363
  II. Vorläufige Vollstreckbarkeit ohne Sicherheitsleistung, § 710 ZPO 364
  III. Abwendung der Vollstreckung nach § 712 ZPO 366
    1. § 712 I 1 ZPO 366
    2. Unvermögen des Schuldners, § 712 I 2 ZPO 367
    3. Überwiegendes Interesse des Gläubigers, § 712 II ZPO 367
    4. Unterbleiben von Schutzanordnungen, § 713 ZPO 367

§ 5 Urteile nach Einspruch gegen ein Versäumnisurteil oder einen Vollstreckungsbescheid 368
  I. Allgemeines 368
  II. Vollstreckbarkeitsentscheidung im aufrechterhaltenen Urteil 368
    1. Anwendungsfälle des § 709 S. 2 ZPO 369
      a) Auslegung der Norm 369
      b) Berechnung der Sicherheit 369
      c) Tenor 370
    2. Fälle des § 708 ZPO 371
    3. §§ 710, 712 ZPO 372
  III. Mischfälle 372
    1. Teilweise Aufrechterhaltung des Versäumnisurteils. 372
    2. Klageerweiterung im Einspruchsverfahren 373
  IV. Unterbrochene Zwangsvollstreckung aus dem Versäumnisurteil . . 373

§ 6 Einstellung der Zwangsvollstreckung und Rechtsmittelverfahren 374
  I. Entscheidung gemäß § 707 ZPO 374
    1. Anwendungsbereich der Norm 374
    2. Voraussetzungen 374
    3. Entscheidungsmöglichkeiten. 375
    4. Anfechtbarkeit der Entscheidung 376
  II. Entscheidung gemäß §§ 707, 719 ZPO 377
    1. Nach Einspruch gegen Versäumnisurteil oder Vollstreckungsbescheid . . . 377
    2. In der Berufungsinstanz 378
    3. In der Revisionsinstanz. 378
    4. Beschwerderecht. 379
  III. Vorabentscheidungen in Rechtsmittelverfahren 379
    1. Beschluß nach § 534 ZPO 379
      a) Ausgangslage 379
      b) Anwendungsbereich 379
      c) Tenor 381
      d) Rechtsmittel. 381
    2. Teilurteil nach § 718 ZPO 381
    3. Beschluß nach § 560 ZPO 382
  IV. Rechtsmittel gegen Vollstreckbarkeitsentscheidungen 382
    1. Anfechtung der Vollstreckbarkeits-Grundentscheidung 382
    2. Beschwerde gegen die Entscheidung nach § 108 I ZPO. 382

Teil D
Der Streitwert

1. Abschnitt: Allgemeine Grundsätze

§ 1 Streitwertarten 383
    I. Allgemeines 383
    II. Zuständigkeitsstreitwert 384
    III. Rechtsmittelstreitwert 384
    IV. Gebührenstreitwert 384
    V. Weitere Streitwertarten 385
        1. Bagatellstreitwert 385
        2. Verurteilungsstreitwert 385
        3. Vollstreckungsstreitwert 385

§ 2 Die Begriffe in den einzelnen Streitwertvorschriften 385
    I. Vermögensrechtliche und nichtvermögensrechtliche Streitigkeiten 385
    II. Streitgegenstand 386
    III. Beschwer und Beschwerdegegenstand 387
        1. Rechtsmittelstreitwert 387
        2. Gebührenstreitwert 389

§ 3 Maßgeblicher Zeitpunkt 389
    I. Zuständigkeitsstreitwert 389
    II. Rechtsmittelstreitwert 389
    III. Gebührenstreitwert 389

§ 4 Streitwertfestsetzung 391
    I. Allgemeines 391
    II. Zuständigkeitsstreitwert 391
    III. Rechtsmittelstreitwert 392
    IV. Gebührenstreitwert 392
        1. Allgemeines 392
        2. Festsetzung nach § 25 GKG, § 9 BRAGO 393
            a) Zuständigkeit 393
            b) Antrag 393
            c) Rechtsschutzbedürfnis 393
            d) Sonstige Verfahrensfragen 394
        3. Entscheidung 394
        4. Änderung des Festsetzungsbeschlusses 395
        5. Beschwerde 396
        6. Festsetzung nach § 10 BRAGO 398

2. Abschnitt: Einzelfälle in alphabetischer Anordnung 399

Sachverzeichnis 623

Literaturverzeichnis

Anders/Gehle, Das Assessorexamen im Zivilrecht, 3. Aufl., Düsseldorf 1991
Bärmann/Pick/Merle, Wohnungseigentumsgesetz, 7. Aufl., München 1987
Baumbach/Lauterbach/Albers/Hartmann, ZPO, Kommentar, 49. Aufl., München 1991
Baumbach/Duden/Hopt, Handelsgesetzbuch, 28. Aufl., München 1989
Baumbach/Hueck/Osterloh/Zöllner, GmbH-Gesetz, 15. Aufl., München 1988
Becker-Eberhard, Grundlagen der Kostenerstattung bei der Verfolgung zivilrechtlicher Ansprüche, 1985
Dehner, Nachbarrecht im Bundesgebiet, 6. Aufl., München 1982
Dunz, Der unbezifferte Leistungsantrag nach der heutigen Rechtsprechung des Bundesgerichtshofs, NJW 84, 1734
Furtner, Das Urteil im Zivilprozeß, 5. Aufl., München 1985
Gerold/Schmidt/von Eicken/Madert, Bundesgebührenordnung für Rechtsanwälte, 11. Aufl., München 1991, zit. Gerold/Schmidt
Gerstenberg, Der unbezifferte Klageantrag und der Dornröschenschlaf des § 92 II ZPO, NJW 88, 1352
Hartmann, Kostengesetze, Kommentar, 24. Aufl., München 1991
Heymann, HGB, Berlin/New York 1989 f.
Hillach/Rohs, Handbuch des Streitwertes in bürgerlichen Rechtsstreitigkeiten, 7. Aufl., Köln/Berlin/Bonn/München 1988
Jansen, Paul, FGG, 2. Aufl., Berlin/New York 1969
Kalthoener/Büttner, Prozeßkostenhilfe und Beratungshilfe, München 1988
Keidel/Kuntze/Winkler, Freiwillige Gerichtsbarkeit, 12. Aufl., München 1987
Löffler/Ricker, Handbuch des Presserechts, 2. Aufl., München 1986
Markl, Gerichtskostengesetz, 2. Aufl., Berlin/New York 1983
Münchener Kommentar zum BGB, 2. Aufl., München 1984 ff.
Palandt, BGB, Kommentar, 50. Aufl., München 1991
RGRK, Kommentar zum BGB, 12. Aufl., Berlin/New York 1974 ff.
Riedel/Sußbauer/Chemmitz/Fraunholz/Keller, Bundesgebührenordnung für Rechtsanwälte, München 1988, zit. Riedel/Sußbauer
Rosenberg/Schwab, Zivilprozeß, 14. Aufl., München 1986
Schellhammer, Zivilprozeß, 4. Aufl., Heidelberg 1990 (zit.: Schellhammer LB)
Schlegelberger, HGB, 5. Aufl., München 1977 ff.
Schneider, Egon, Kostenentscheidung im Zivilurteil, 2. Aufl., München 1977 (zit.: Schneider)
ders., Streitwert-Kommentar für den Zivilprozeß, 9. Aufl., Köln 1991 (zit.: Schneider, Streitwert)
ders., Die Urteilsformel, MDR 67, 94
Schrader/Steinert, Zivilprozeß, 7. Aufl., München 1990
Schumann, Anspruchsmehrheiten im Streitwertrecht, NJW 82, 2800
Schumann, Grundsätze des Streitwertrechts, NJW 82, 1257
Soergel, Bürgerliches Gesetzbuch, 12. Aufl., 1987 ff.
Staudinger, Bürgerliches Gesetzbuch, 12. Aufl., Berlin 1978 ff.
Stein/Jonas, ZPO, Kommentar, 20. Aufl., Tübingen 1977 ff.
Tempel, Mustertexte zum Zivilprozeß, Bd. I, 3. Aufl., München 1987
Thomas/Putzo, ZPO, Kommentar, 17. Aufl., München 1991
von Eicken/Lappe/Madert, Die Kostenfestsetzung, 17. Aufl., München 1987, zit. von Eicken
Weitnauer, Wohnungseigentumsgesetz, 7. Aufl., München 1988
Wieczorek/Schütze, ZPO, Kommentar, 2. Aufl., Berlin 1975 ff.
Womelsdorf, Die Fassung des Tenors im Zivilurteil, JuS 83, 855
Zöller, ZPO, Kommentar, 17. Aufl., Köln 1991

Teil A
Sachanträge und Hauptsachenentscheidung in alphabetisch geordneten Stichwörtern

In diesem Teil werden für den Zivilprozeß Formulierungsvorschläge zu den Sachanträgen und zum Tenor des Urteils sowie zu einer Reihe von Beschlüssen gemacht. Darüber hinaus werden auch andere bedeutende Verfahren, etwa auf dem Gebiet der Arbeitsgerichtsbarkeit, der Vollstreckung und der freiwilligen Gerichtsbarkeit, erfaßt.
Die Stichwörter richten sich in der Regel nach der (inoffiziellen) Überschrift der einschlägigen Norm.
Grundsätzlich werden die Anträge genauso formuliert wie der Tenor, so daß in den Formulierungsvorschlägen in der Regel nicht unterschieden zu werden brauchte.

Abänderungsklage
§§ 323 (641 q) ZPO

Antrag
— Das Urteil des Landgerichts K vom ... – Aktenzeichen: ... – wird mit Wirkung ab Zustellung der vorliegenden Klage wie folgt abgeändert:
Der Beklagte hat anstelle einer monatlichen Rente in Höhe von derzeit 400,– DM nur noch 200,– DM zu zahlen.
— Das Urteil des Landgerichts K vom ... – Aktenzeichen: ... – wird mit Wirkung ab Zustellung der vorliegenden Klage aufgehoben.

Tenor
— Das Urteil des Landgerichts K vom ... – Aktenzeichen: ... – wird dahingehend abgeändert, daß der Beklagte seit dem 1. 2. 1991 an den Kläger als monatliche Rente nicht mehr 400,– DM, sondern nur noch 200,– DM zu zahlen hat.
— (Erhöhung einer Rente mit Nachzahlung)
... dahingehend abgeändert, daß der Beklagte seit dem 1. 2. 1991 an den Kläger als monatliche Rente anstelle von 400,– DM nunmehr 600,– DM zu zahlen hat.
Der Beklagte wird verurteilt, an den Kläger 800,– DM nebst 6,5% Zinsen
von   200,– DM seit dem 1. 2. 1991,
von weiteren 200,– DM seit dem 1. 3. 1991,
von weiteren 200,– DM seit dem 1. 4. 1991 und
von weiteren 200,– DM seit dem 1. 5. 1991 zu zahlen.
— Das Urteil ... wird mit Wirkung seit dem ... aufgehoben.

(Furtner, S. 146, will in jedem Falle das frühere Urteil aufheben und neu tenorieren. Das ist nicht erforderlich und widerspricht dem Wortlaut des Gesetzes (vgl. § 323 ZPO mit §§ 539, 564 ZPO). Zur Frage, ob Rentenurteile vom Tage der Klagezustellung oder erst ab dem darauffolgenden Rentenstichtag zu ändern sind vgl. Zöller, § 323 Rd.Ziff. 42. Zur Abgrenzung der Abänderungsklage von Rechtsmitteln, Einspruch, Vollstreckungsabwehrklage, Abänderungsanträgen, Unterhaltszusatzklage und Nachforderungsklage, vgl. Zöller, § 323 Rd.Ziff. 13 ff.)

Abberufung

Abberufung eines Aufsichtsratsmitglieds
§ 103 III Aktiengesetz, § 145 FGG
  Der Antragsgegner wird aus dem Aufsichtsrat der X-AG abberufen.

Abfindung
ausscheidender Aktionär, s. Umwandlung

Abgabe
s. Verweisung

Abhilfe
s. Beschwerde

Ablehnung eines Richters/Sachverständigen/Schiedsrichters
§§ 42 ff., 406, 1032 ZPO
  Das Ablehnungsgesuch des Klägers/Beklagten gegen den Richter/Sachverständigen ... wird für begründet/unbegründet erklärt.

Abnahme
einer Kaufsache
§ 433 II BGB
Der Beklagte wird verurteilt, die auf dem Grundstück des Klägers eingelagerten 400 laufende Meter ungehobelte, imprägnierte Bretter, 12 bis 25 cm breit, je 4 m lang, abzunehmen.
(Vollstreckung in der Regel nach § 887 ZPO)

im Werkvertrag
§ 640 BGB
Der Beklagte wird verurteilt, die auf dem Grundstück ... vorgenommenen Gartenbauarbeiten abzunehmen.
(Vollstreckung nach § 888 ZPO. Wenn der Besteller die Erfüllung des Vertrages oder die geschuldete Mitwirkung grundlos und endgültig verweigert, kann der Auftragnehmer unmittelbar auf Zahlung klagen, vgl. BGHZ 50, 175; WM 86, 73. Gleiches gilt, wenn der Besteller allein die Abnahme grundlos verweigert; das Verlangen nach Abnahme ist im Zahlungsantrag stillschweigend enthalten.)

Abstammung
s. Kindschaftssachen

Abtretung
§§ 398 ff. BGB

Abtretung einer Forderung
Der Beklagte wird verurteilt, dem Kläger den ihm aufgrund Darlehensvertrages vom ... gegen Herrn X in einer Höhe von ... DM zustehenden Zahlungsanspruch abzutreten (und die vor dem Notar X in Köln errichtete Darlehensurkunde – Urkundenrollen-Nr.: ... – an den Kläger herauszugeben).

Übertragung eines Wechsels
Art. 11 ff. WG
Der Beklagte wird verurteilt, den von Herrn X am ... ausgestellten, von Herrn Y am ... akzeptierten, am ... bei der Volksbank Z zahlbaren Wechsel über ... DM mit einem von ihm eigenhändig unterzeichneten, auf Übertragung an den Kläger

lautenden, nicht eingeschränkten Indossament zu versehen und an den Kläger herauszugeben.
(Mit Rücksicht auf die Regelung der Art. 11 ff. WG erübrigt es sich, den Beklagten darüber hinaus zur Abgabe einer auf die Übertragung des Wechsels gerichteten Willenserklärung zu verurteilen.)

Verkauf einer durch Briefhypothek gesicherten Forderung
§ 1154 BGB, §§ 26, 56 ff., GBO
Der Beklagte wird verurteilt, die aufgrund Vertrages vom ... gegen Herrn X in Höhe von 25 000,– DM bestehende Darlehensforderung an den Kläger abzutreten, dem Kläger nach Rechtskraft des vorliegenden Urteils eine öffentlich beglaubigte Abtretungserklärung zu erteilen und den am ... vom Amtsgericht K – Grundbuchamt – betreffend die zur Sicherung des vorbezeichneten Darlehensanspruchs im Grundbuch von ... eingetragene Hypothek ausgestellten Hypothekenbrief (nebst der mit diesem verbundenen Schuldurkunde vom ...) an den Kläger herauszugeben.

Verkauf einer Forderung nebst Briefgrundschuld
§§ 1154, 1192 I BGB, §§ 26, 56 ff. GBO
Der Beklagte wird verurteilt,
dem Kläger die aufgrund Vertrages vom ... gegen Herrn X in Höhe von 25 000,– DM bestehende Darlehensforderung abzutreten,
dem Kläger die im Grundbuch von ... eingetragene Grundschuld über 25 000,– DM abzutreten,
dem Kläger nach Rechtskraft des vorliegenden Urteils über die Abtretung der vorbezeichneten Grundschuld eine öffentlich beglaubigte Abtretungserklärung zu erteilen und
den über die vorbezeichnete Grundschuld vom Amtsgericht K – Grundbuchamt – am ... ausgestellten Grundschuldbrief an den Kläger herauszugeben.

Verkauf einer durch Buchhypothek (Buchgrundschuld) gesicherten Forderung
§§ 1154 III (1192 I), 873 I BGB, § 19 GBO
– (Buchhypothek)
Der Beklagte wird verurteilt, die aufgrund des Vertrages vom ... gegen Herrn X in Höhe von 25 000,– DM bestehende Darlehensforderung an den Kläger abzutreten und die Eintragung der Abtretung bezüglich der im Grundbuch von ... eingetragenen Buchhypothek zu bewilligen.
– (Buchgrundschuld)
Der Beklagte wird verurteilt, die aufgrund des Vertrages vom ... gegen Herrn X in Höhe von 25 000,– DM bestehende Darlehensforderung und die im Grundbuch von ... eingetragene Buchgrundschuld an den Kläger abzutreten und die Eintragung der Abtretung zu bewilligen.

s. Auskunft

Abweichen vom Klageantrag
s. aliud, minus

Abweisung

Die Klage wird abgewiesen.
Oder:
Der Kläger wird mit der Klage abgewiesen.
(Unterschiedliche Auffassungen werden zu der Frage vertreten, ob in Prozeßurteilen die Klage „als unzulässig" abzuweisen ist (vgl. Anders/Gehle, Rd.Ziff. 146; Schell-

Abweisung

hammer, Rd.Ziff. 741, 902; Wieczorek, § 313 Anm. B V a 5; Thomas/Putzo, § 313 Anm. III). Ein solcher Zusatz ist überflüssig. Anderes gilt mit Rücksicht auf § 597 II ZPO im Urkundenprozeß (s. Stichwort).
Bei Abweisung mangels Fälligkeit bzw. aus Subsidiaritätsgründen (z. B. §§ 641, 839 I 2 BGB, § 11 I VVG) wird in der Praxis wie folgt formuliert:
Die Klage wird als derzeit unbegründet abgewiesen. Ein solcher Zusatz ist, wenn sich die fehlende Fälligkeit aus den Entscheidungsgründen ergibt, nicht erforderlich (vgl. BGH WM 69, 209; Wieczorek, § 313 Anm. B V a 5).)

Abweisung des Scheidungsantrags
§ 629 III ZPO
Der Antrag wird abgewiesen.

Teilabweisung
... im übrigen (hinsichtlich der weitergehenden Ansprüche) wird die Klage abgewiesen.
(Betreffend Teilabweisung durch Teilurteil s. dort.)

Abweisung nach vorausgegangenem Erlaß eines Titels
(z. B. Versäumnisurteil, Vollstreckungsbescheid) s. Säumnisverfahren

Abweisung nach Erlaß eines Grundurteils
s. dort

Abweisung in Kindschaftssachen
s. dort

Abweisung bei unbeziffertem Klageantrag
(Bei unbeziffertem Klageantrag (s. dort) ist die Klage „im übrigen" abzuweisen, wenn der Sachvortrag des Klägers einen höheren Anspruch rechtfertigte, als ihm (etwa aufgrund einer Beweisaufnahme) zuerkannt wird (s. Womelsdorf, S. 856; vgl. auch Teil D, Stichwort „Unbezifferte Leistungsanträge").
Der Umfang einer Abweisung „im übrigen" ist (ggf. durch Auslegung) den Entscheidungsgründen zu entnehmen.)

Änderung
eines Teilungsplans
§ 159 ZVG
Der Teilungsplan des Amtsgerichts K vom ... im Zwangsverwaltungsverfahren gegen X – Aktenzeichen: ... – wird dahin geändert, daß der Anspruch des Beklagten aus dem Urteil des Landgerichts K vom ... – Aktenzeichen: ...–, Abschnitt III Nr. 4 des Plans, nicht vor dem Anspruch des Klägers in Abschnitt III Nr. 5 des Plans zu befriedigen ist.

von Arbeitsbedingungen
s. Feststellungsklage, Kündigung

Aktiengesellschaft
s. Auflösung, Auskunft

Aktionär
s. Auskunft

aliud
Als ein vom Klageantrag nicht umfaßtes aliud sind anzusehen:
- Auflassung anstelle von Grundbuchberichtigung (Schellhammer, Rdz. 723) und umgekehrt (BGH, ZZP Bd. 75, 119)
- Feststellung der Nichtigkeit einer Ehe, wenn lediglich Scheidung beantragt ist (RGZ 11, 351, 354)

- Freistellungsanspruch gegenüber dem Anspruch auf Zahlung (RGZ 139, 315, 322; BGH, NJW 59, 886 f.; Bischof, ZIP 84, 1444, 1448; Zöller, § 264 Rd.Ziff. 3)
- Geldersatz gegenüber Naturalrestitution (Wieczorek, § 308 Anm. B II a; Thomas/Putzo, § 308 Anm. 1 a)
- auf den Antrag, Geräuschimmissionen über einen bestimmten Schallpegel hinaus zu unterlassen, kann nicht zu zeitlichen Einschränkungen des Flugbetriebs eines Flughafens und zu Beschränkungen der Flugdichte pro Stunde verurteilt werden (BGHZ 69, 118 = NJW 77, 1920), s. Unterlassung
- Kapitalabfindung gegenüber Rentenzahlung (RGZ 136, 373, 375)
- Leistung gegenüber Feststellung der Leistungspflicht (Baumbach/Lauterbach/Albers/Hartmann, § 308 Anm. 1 C)
- Übereignung anstelle von Herausgabe (Schellhammer, Rd.Ziff. 740)
- Verurteilung des Beklagten in der Sache nach Erledigungserklärung des Klägers (RGZ 156, 372, 375 f.)
- Wandelung statt Nachbesserung (Schellhammer, Rd.Ziff. 740)

vgl. auch minus

Allgemeine Geschäftsbedingungen
(Verbandsklage nach § 13 AGBG; Gaul, Die Erstreckung und Durchbrechung der Urteilswirkungen nach §§ 19, 21 AGBG, Festschrift für Beitzke, Berlin/New York 1979, S. 997)

Die Formulierung von Antrag und Tenor ist in §§ 15 II, 17 AGBG weitgehend vorgegeben.

Unterlassungsklage
- **Betreffend Verwendung**
  (mit Zusatz aufgrund § 24 AGBG)
  1. Dem Beklagten wird untersagt, die folgenden oder inhaltsgleiche Bestimmungen in künftig abzuschließenden Verträgen über die Lieferung von ... durch Allgemeine Geschäftsbedingungen einzubeziehen sowie sich auf diese Bestimmungen bei der Abwicklung derartiger, nach dem 1. Juni 1991 abgeschlossener Verträge zu berufen (soweit es sich nicht um Verträge mit einer juristischen Person des öffentlichen Rechts, einem öffentlich-rechtlichen Sondervermögen oder einem Kaufmann handelt, wenn dieser Vertrag zum Betrieb seines Handelsgewerbes gehört):
     ... (hier folgen die untersagten Bestimmungen im vollen Wortlaut).
  2. Dem Beklagten wird für jeden Fall der Zuwiderhandlung gegen die unter 1. aufgeführten Unterlassungsverpflichtungen ein Ordnungsgeld bis zur Höhe von 500 000,- DM oder auch für den Fall, daß dieses nicht beigetrieben werden kann, eine Ordnungshaft bis zu 6 Monaten (zu vollziehen an den persönlich haftenden Gesellschaftern/am Geschäftsführer der Beklagten) angedroht.

- **Betreffend eine Empfehlung**
  (mit Zusatz nach § 24 AGBG)
  1. Der Beklagten wird untersagt, für Rechtsgeschäfte, die sich auf ... beziehen, die Verwendung von Allgemeinen Geschäftsbedingungen zu empfehlen (– soweit diese Empfehlung nicht zur ausschließlichen Verwendung gegenüber Kaufleuten oder juristischen Personen des öffentlichen Rechts bzw. öffentlich-rechtlichen Sondervermögen bestimmt ist –), die die nachstehenden Bestimmungen enthalten:
     (es folgen wiederum die beanstandeten Allgemeinen Geschäftsbedingungen im vollen Wortlaut).
  2. (Zwangsmittelandrohung)

Allgemeine Geschäftsbedingungen

Widerruf einer Empfehlung
(mit Gebot nach § 17 Ziff. 4 AGBG)
1. Der Beklagte wird verurteilt, seine Empfehlung zur Verwendung der nachstehend aufgeführten Klauseln für Rechtsgeschäfte, die sich auf den Handel mit ... beziehen, gegenüber seinen Mitgliedern zu widerrufen (soweit diese Empfehlung nicht zur ausschließlichen Verwendung gegenüber Kaufleuten bestimmt ist): (AGB im vollen Wortlaut).
2. Der Beklagte wird weiterhin verurteilt, das vorliegende Urteil in seinem Tenor zu Ziff. 1 in der Zeitschrift „Umsatz" – herausgegeben vom X-Verlag in Y – bekanntzumachen.

Veröffentlichungsbefugnis
§ 18 AGBG
Dem Kläger wird die Befugnis zugesprochen, (bis zum ...) das vorliegende Urteil in seinem Tenor zu Ziff. 1 auf Kosten des Beklagten im Bundesanzeiger, und im übrigen auf eigene Kosten bekanntzumachen.

Altersversorgung
s. Betriebliche Altersversorgung

Anderweitige Verwertungsart
§ 825 ZPO

Beschluß
In pp.
– wird auf Antrag des Schuldners der Gerichtsvollzieher ermächtigt, die am ... in der Wohnung des Schuldners gepfändeten Gegenstände, nämlich
...
(DR-Nr.: ... des Gerichtsvollziehers X) im Wege des freihändigen Verkaufs an Käufer, die vom Schuldner zu benennen sind, zu veräußern.
Kann die Verwertung nicht bis zum ... stattfinden, ist die Zwangsversteigerung durchzuführen.
– wird auf Antrag des Gläubigers der Gerichtsvollzieher ermächtigt, dem Gläubiger folgende, am ... in der Wohnung des Schuldners gepfändete Gegenstände (DR-Nr.: ... des Gerichtsvollziehers X) zum Schätzwert – gegen Anrechnung von ... DM – zu überweisen:
...

Anerkenntnis
nach § 371 2 BGB, s. Rückgabe des Schuldscheins

Anerkenntnisurteil
§ 307 ZPO
Das Urteil ist gem. § 313 b I 2 ZPO als solches zu bezeichnen. Die Formulierung des Tenors folgt allgemeinen Grundsätzen. Der Zusatz: „aufgrund seines Anerkenntnisses" oder „seinem Anerkenntnis gemäß" (so Furtner, S. 189) ist überflüssig.

Anerkennung ausländischer Urteile
s. Vollstreckungsurteil

Anfechtung
des Haupt-/Generalversammlungs-Beschlusses einer AG bzw. Genossenschaft
§§ 243 ff. Aktiengesetz, § 51 Genossenschaftsgesetz

Der auf der am ... durchgeführten Haupt-/Generalversammlung der Beklagten gefaßte Beschluß (zur Entlastung des Vorstandes/über die Verwendung des Bilanzgewinns/Jahresüberschusses) wird für nichtig erklärt.

von Rechtshandlungen außerhalb des Konkursverfahrens nach dem Anfechtungsgesetz

(Der sich aus § 7 Anfechtungsgesetz ergebende Rückgewähranspruch läuft, da er nur geltend gemacht werden kann, soweit dies zur Befriedigung des Gläubigers erforderlich ist, im Regelfall auf eine Pflicht zur Duldung der Zwangsvollstreckung hinaus. Der Antrag (bzw. der Tenor) einer Anfechtungsklage muß die bestimmte Angabe enthalten, für welche vollstreckbare Forderung und für welchen Betrag der Rückgewähranspruch geltend gemacht wird. Andernfalls wahrt die Klage die Anfechtungsfrist nicht (vgl. BGH, NJW 87, 904)!)

Beispiele:
- Der Beklagte wird verurteilt, wegen eines dem Kläger im Urteil des Landgerichts X vom ... – Aktenzeichen: ... – zuerkannten Zahlungsanspruchs in Höhe von ... DM nebst ... Zinsen seit dem ... sowie wegen des im Kostenfestsetzungsbeschluß vom ... festgestellten Anspruchs in Höhe von ... DM nebst ... Zinsen seit dem ... aus den vorbezeichneten Titeln die Zwangsvollstreckung in den PKW VW Golf LS, Fahrgestell-Nr. 1234567, Farbe weiß, amtliches Kennzeichen: K – AH 4901 zu dulden.
- ..., wegen ... die Zwangsvollstreckung in nachstehende, von Herrn X an ihn abgetretene Forderungen zu dulden:
  1. Anspruch aus dem zwischen Herrn X und Herrn Y am 3. 7. 1986 abgeschlossenen Darlehensvertrag auf Rückzahlung von 25 000,– DM nebst 7,5% Zinsen seit dem 1. 1. 1987.
  2. ...
- (Belastung von Gegenständen, Rangstreit zwischen dem anfechtungsberechtigten Gläubiger und dem durch die anfechtbare Handlung begünstigten Beklagten um die Verteilung eines Versteigerungserlöses, § 878 ZPO, § 115 ZVG):

  Der Beklagte wird verurteilt, in der Zwangsversteigerungssache X des Amtsgerichts K – Aktenzeichen: ... – wegen eines dem Kläger im Urteil des Landgerichts K vom ... – Aktenzeichen: ... – zuerkannten Zahlungsanspruchs in Höhe von ... DM nebst ... Zinsen ... die im Verhältnis zu ihm vorrangige Berücksichtigung des Klägers zu bewilligen.

  (Scheiden Naturalrestitution bzw. Duldung der Zwangsvollstreckung aus, ist Geldersatz zu leisten (Böhle/Stamschräder, § 9 Anfechtungsgesetz Anm. III, 1 und 2. Hier ergeben sich für Antrag und Tenor keine Besonderheiten.)

der Wahl von Aufsichtsratsmitgliedern
§§ 251 f. Aktiengesetz

Die Wahl des Herrn X in den Aufsichtsrat der Beklagten ist nichtig.

der Anerkennung einer nichtehelichen Vaterschaft sowie der Ehelichkeit
s. Kindschaftssachen

der Entmündigung
s. dort

Anfechtungsklage im Aufgebotsverfahren
§§ 957 f. ZPO

Anfechtungsklage
Das Ausschlußurteil des Amtsgerichts K vom ... – Aktenzeichen: ... – wird insoweit aufgehoben, als der Kläger darin mit seinem Recht ausgeschlossen ist.
s. Ausschlußurteil, Entmündigung

Anmeldung
der OHG durch die Gesellschafter
§§ 16, 108 HGB
Es wird festgestellt, daß der Beklagte verpflichtet ist, bei der Anmeldung der durch Gesellschaftsvertrag vom ... gegründeten X-OHG (Urkundenrolle-Nr.: ... des Notars Y in K) zum Handelsregister mitzuwirken.

von Auflösung der OHG und Ausscheiden aus der Gesellschaft
§§ 16, 143 HGB
Es wird festgestellt, daß der Beklagte verpflichtet ist, daran mitzuwirken, daß die Auflösung der X-OHG – HR-Nr. des Amtsgerichts K ... /daß das Ausscheiden des Y aus der X-OHG – HR-Nr. des Amtsgerichts K ... – im Handelsregister eingetragen wird.

Anschlußberufung
s. Berufung

Anspruchsübergang
§§ 116 f. SGB X
(Sind Ansprüche des Klägers auf einen Träger der Sozialversicherung übergegangen, kommt der Erlaß eines Urteils auf Leistung an den Kläger nicht in Betracht. Im Grundurteil (BGH, VersR 67, 1002) und im Feststellungsurteil heißt es:)
„... soweit nicht die Ansprüche des Klägers auf einen (evtl. näher bestimmten) Träger der Sozialversicherung übergegangen sind."

Antrag
Bindung des Gerichts nach § 308 ZPO, s. aliud, minus

Anwaltsgebühren
(Zahlungsklage) s. minus

Arbeitsbedingungen
Änderung, s. Feststellungsklage, Kündigung

Arbeitsrecht
s. Fristbestimmung, Kündigung, Zeugnis

Arbeitstätigkeit
s. Fristbestimmung im Urteil

Arbeitszeugnis
s. Zeugnis

Arrest
§§ 916 ff. ZPO
(Den Regelfall bildet die Entscheidung durch Beschluß („Arrestbefehl"); Arresturteile sind die Ausnahme, §§ 921 f. ZPO. Im Beschluß werden die Parteien als „Gläubiger" und „Schuldner" bezeichnet, im Urteil als „Arrestkläger/-beklagter".)

Arrestbefehl und Pfändungsbeschluß
§§ 922 I, 923, 930, 829 ZPO
Wegen einer Kaufpreisforderung des Gläubigers gegen den Schuldner aus Kaufvertrag vom ... in Höhe von ... DM nebst ... Zinsen seit dem ... und wegen veranschlagter Kosten in Höhe von ... DM wird in das bewegliche und in das unbewegliche Vermögen des Schuldners der dingliche Arrest angeordnet.
Durch Hinterlegung einer Sicherheitsleistung von ... DM wird die Vollziehung des Arrestes gehemmt; der Schuldner ist dann berechtigt, die Aufhebung des vollzogenen Arrestes zu beantragen.
(Zulassung einer Bankbürgschaft als Sicherheit)
In Vollziehung des Arrestes wird das angebliche Guthaben des Schuldners auf dem Konto Nr. ... bei der Volksbank X gepfändet. Im Umfang der Pfändung wird dem Schuldner verboten, über dieses Guthaben zu verfügen, und der Volksbank X untersagt, Zahlungen an den Schuldner zu leisten.
In der Praxis ist es vielfach üblich, dem Arrest eine kurze Begründung voranzuschikken, etwa:
Der Gläubiger hat geltend gemacht, daß ihm gegen den Schuldner aus einem am ... abgeschlossenen Kaufvertrag ein Anspruch auf Zahlung von ... DM nebst ... Zinsen seit dem ... zustehe und daß die Vollstreckung dieses Anspruchs gefährdet sei, weil (der Schuldner beabsichtige, innerhalb der nächsten Wochen seinen Wohnsitz ins Ausland zu verlegen). Der Gläubiger hat diese Behauptung glaubhaft gemacht durch (Vorlage einer eidesstattlichen Versicherung).

Anordnung des Arrestes gegen Sicherheit
§ 921 II 2 ZPO
Die Anordnung des beantragten Arrestes wird davon abhängig gemacht, daß der Gläubiger in Höhe von ... DM Sicherheit leistet.
(Beachte § 922 III ZPO!)

Arrestvollziehung gegen Sicherheit
§ 921 II 1 (§ 751 II) ZPO
Die Vollziehung des Arrestes hängt davon ab, daß der Gläubiger zuvor eine Sicherheit in Höhe von ... DM leistet.
(Bankbürgschaft)

Persönlicher Arrest
§§ 918, 933, 904 ff. ZPO
Wegen ... wird hinsichtlich der Person des Schuldners der persönliche Arrest angeordnet.
Die Vollziehung des vorliegenden Arrestbefehls erfolgt durch Haft.
Oder:
In Vollziehung des Arrestbefehls wird angeordnet, daß der Schuldner den auf ihn ausgestellten Reisepaß sowie seinen Personalausweis an einen vom Gläubiger zu beauftragenden Gerichtsvollzieher zwecks Verwahrung bis auf weiteres herauszugeben hat und seine Wohnung nicht verlassen darf.
(Der nach § 923 ZPO festgestellte Geldbetrag ist gem. § 933 I 2 ZPO auch in den Haftbefehl aufzunehmen.)

Entscheidung des Amtsgerichts
in dessen Bezirk der mit Arrest zu belegende Gegenstand oder die in ihrer persönlichen Freiheit zu beschränkende Person sich befindet.
§ 919, 2. Alternative ZPO
Wegen ... wird in das (im Bezirk des hiesigen Amtsgerichts befindliche) bewegliche und unbewegliche Vermögen des Schuldners der dingliche Arrest angeordnet.
(Es ist heute h. M., daß der Arrest in seinen Wirkungen nicht auf die Grenzen des

Arrest

Gerichtsbezirks beschränkt ist, vgl. Baumbach/Lauterbach/Albers/Hartmann, § 919 Anm. 3; Thomas/Putzo, § 919 Anm. 3; Zöller, § 919 Rd.Ziff. 10; a.A. RG, GRUR 42, 1211, 1213.)

Zurückweisung des Arrestgesuchs
Nach §§ 921 I, 922 I ZPO ist es dem Gericht freigestellt, ob es ohne mündliche Verhandlung, d. h. durch Beschluß, oder aufgrund mündlicher Verhandlung durch Urteil entscheiden will. Der Tenor lautet in jedem Fall:
Das Arrestgesuch wird zurückgewiesen.

Aufhebung, Widerspruch s. jeweils dort
s. auch Aufhebung von Arrest und einstweiliger Verfügung

Aufgebotsverfahren
§§ 946 ff. ZPO, § 20 Ziff. 2 RpflG
s. Anfechtungsklage, Ausschlußurteil, Todeserklärung

Aufhebung von Arrest und einstweiliger Verfügung

nach angeordneter, aber unterbliebener Klageerhebung und wegen veränderter Umstände
§§ 926 f., 929 II, 936 ZPO

- **Unzulässigkeit, Unbegründetheit des Aufhebungsantrages**
  Der auf die Aufhebung des Arrestbefehls/der einstweiligen Verfügung vom ... gerichtete Antrag wird zurückgewiesen.
  (Auch der unzulässige Antrag wird zurückgewiesen und nicht, etwa in Anlehnung an § 341 ZPO, verworfen, wie dies im Falle des § 925 ZPO geschieht, s. Widerspruchsverfahren. Der Aufhebungsantrag stützt sich auf einen neuen Sachverhalt und ist daher mit dem Einspruch nicht vergleichbar, so wohl auch Zöller, § 926 Rd.Ziff. 25.)

- **Begründetheit**
  Der Arrestbefehl/die einstweilige Verfügung vom ... wird aufgehoben.
  (Einer Zurückweisung des ursprünglichen [Arrest-]Antrages bedarf es hier nicht, im Gegensatz zum Widerspruchsverfahren, da keine sachliche Überprüfung des Arrestes/der einstweiligen Verfügung erfolgt; vgl. Thomas/Putzo, § 926 Anm. 3e; anders ohne Begründung Furtner, S. 601, für den Fall des § 926 ZPO.)

Aufhebung bei Leistung einer Sicherheit
§ 927 ZPO

- **Sicherheit ist bereits geleistet:**
  Der Arrestbefehl/die einstweilige Verfügung vom ... wird aufgehoben.

- **Sicherheit wird angeboten:**
  Der Arrestbefehl/die einstweilige Verfügung vom ... wird unter der Bedingung aufgehoben, daß der Schuldner/Beklagte in Höhe von ... DM Sicherheit leistet. Für den Fall, daß die Sicherheitsleistung nicht bis zum ... erfolgt, wird der Aufhebungsantrag zurückgewiesen.
  (Die bedingte Zurückweisung des Antrags ist geboten, um den andernfalls gegebenen Zustand der Ungewißheit zu vermeiden.)

Aufhebung bei Hinterlegung des festgestellten Geldbetrages bzw. bei fehlendem Kostenvorschuß für besondere Aufwendungen
§§ 923, 934 ZPO, § 20 Ziff. 15 RpflG (im Fall des § 934 I ZPO)
(Es wird tenoriert wie im Fall des § 927 ZPO (zur Kostenentscheidung vgl. OLG München, OLGZ 25, 223; Zöller, § 934 Rd.Ziff. 2; Thomas/Putzo, § 934 Anm. 4.)

Aufhebung nach fruchtlosem Fristablauf
§ 942 III ZPO
Die einstweilige Verfügung vom ... wird unter Zurückweisung des auf ihren Erlaß gerichteten Antrags aufgehoben.
s. Rechtfertigungsverfahren, Widerspruch

Aufhebung eines Rechtes an einem Grundstück
§ 875 BGB, § 29 GBO, §§ 894 f. ZPO
Der Beklagte wird verurteilt, die Erklärung abzugeben, daß er die zu seinen Gunsten auf dem Grundstück ..., Grundbuch von ... in Abteilung III unter lfd. Nr. 2 eingetragene Buchhypothek über ... DM nebst ... Zinsen aufgibt.

Aufhebung
eines Schiedsspruchs
§ 1043 ZPO
Der Schiedsspruch des/der Schiedsrichters/Schiedsstelle X vom 21. 8. 1985 wird (einschließlich der im Urteil des Landgerichts K vom 17. 3. 1986 – Aktenzeichen: ... – ausgesprochenen Vollstreckbarerklärung) aufgehoben.

der Entmündigung
s. dort

einer Gütergemeinschaft, einer Ehe
s. Familiensachen

Auflassung
§ 873 BGB

Der Beklagte wird verurteilt, das im Grundbuch von X ... (genaue Angabe nach Grundbuchblatt usw.) eingetragene Grundstück ..., ..., an den Kläger aufzulassen.
Oder:
..., folgende Willenserklärung abzugeben:
Ich bin damit einverstanden, daß das Eigentum an dem Grundstück ... auf den Kläger übergeht.

(Die Frage, ob der Beklagte zusätzlich zu einer Eintragungsbewilligung nach § 19 GBO verurteilt werden muß, ist umstritten (vgl. Horber/Demharter, GBO, § 20 Anm. 1 m.w.N.). In der Rechtsprechung wird sie jedenfalls für den Fall, daß die materiell-rechtliche Einigung im Sinne einer verfahrensrechtlichen Eintragungsbewilligung ausgelegt werden kann (also dem Regelfall) verneint (BayObLG, RPfleger 75, 26f.). Wer der anderen Auffassung folgt, muß im Tenor hinzufügen:)
... und dessen Eintragung als Eigentümer im Grundbuch zu bewilligen.
Oder:
... und daß dieser als Eigentümer im Grundbuch eingetragen wird.

(Wegen § 13 II GBO muß der Beklagte nicht verurteilt werden, die Eigentumsumschreibung zu beantragen. Ein rechtliches Interesse hieran hat der Kläger aber dann, wenn der Beklagte aufgrund der zwischen den Parteien bestehenden Rechtsbeziehungen verpflichtet ist, die Kosten der Umschreibung zu tragen (§ 2 KostO). In diesen Fällen lautet der Tenor weiter:)
... und die Umschreibung des Grundbuchs zu beantragen.
Oder:
Der Kläger beantragt die Umschreibung des Grundbuchs.

Auflassungsvormerkung

Auflassungsvormerkung
s. Vormerkung

Auflösung

einer OHG, KG
§§ 131 Ziff. 6, 133 (161 II) HGB (Klage der Gesellschafter gegeneinander)
Die X-OHG/KG in K – HR-Nr. des Amtsgerichts K... – wird aufgelöst.
s. Anmeldung

einer GmbH
- durch Urteil, §§ 60 I Ziff. 3, 61 GmbHG (Klage gegen die Gesellschaft)
  Die Beklagte wird aufgelöst.
- durch Verfügung des Registergerichts, § 60 I Ziff. 5 GmbHG, §§ 144 a f. FGG
  Es wird festgestellt, daß der Gesellschaftsvertrag der Beteiligten (der X-GmbH) rechtsgültige Regelungen über die Firma der Gesellschaft nicht enthält und somit einen Mangel aufweist.
  Mit Rechtskraft dieser Verfügung ist die Gesellschaft aufgelöst.

einer AG (KGaA)
§§ 262 I Ziff. 5 (289 I Ziff. 2) AktG, § 144 a FGG
Es wird festgestellt, daß die Satzung der Beteiligten (der X-AG) rechtsgültige Vorschriften über die Zahl der Vorstandsmitglieder bzw. über die Regeln, nach denen diese Zahl festgelegt wird, nicht enthält und damit einen Mangel aufweist.
Mit Rechtskraft dieser Verfügung ist die Gesellschaft aufgelöst.

Aufrechnungsvorbehalt
s. Vorbehaltsurteil

Aufsichtsrat
s. Abberufung, Anfechtung

Auftrag
s. Auskunft

Auseinandersetzung einer Erbengemeinschaft
§§ 2042, 749 ff. BGB
(Nach überwiegender Meinung richtet sich die Auseinandersetzungsklage auf die Zustimmung zu einem vom Kläger vorzulegenden, inhaltlich bestimmten Teilungsplan, also auf den Abschluß eines Auseinandersetzungsvertrages (vgl. Münchener Kommentar, § 2042 Rd.Ziff. 63 ff.; Sörgel, § 2042 Rd.Ziff. 23; RGRK, § 2042 Rd.Ziff. 22 ff.; Palandt, § 2042 Rd.Ziff. 16; Johannsen, WM 70, 738, 744). Nur in Ausnahmefällen, etwa bei Vorliegen einer Teilungsanordnung, kann sofort auf die zur Durchführung der Teilung erforderlichen Erklärungen und Handlungen geklagt werden (OLG Frankfurt/Main, OLGZ 1977, 228, 229 = NJW 77, 253; RGRK, § 2042 Rd.Ziff. 22 ff.; Münchener Kommentar, § 2042 Rd.Ziff. 66 f.). Zulässig ist es jedoch, auf Abschluß des Auseinandersetzungsvertrages und gleichzeitig auf Durchführung der Teilung zu klagen (Palandt, § 2042 Rd.Ziff. 16).)

Beispiel:
Der Beklagte wird verurteilt, mit dem Kläger einen Auseinandersetzungsvertrag nachstehenden Inhalts abzuschließen:
1. Die zwischen den Parteien bestehende Erbengemeinschaft nach dem am ... in ... verstorbenen Herrn X wird aufgehoben.

Auseinandersetzung

2. Der Beklagte verpflichtet sich, an den Kläger ⅓ des von dem Verstorbenen hinterlassenen Bargeldes zu zahlen.
3. Der Beklagte verpflichtet sich, die zu seinen Gunsten auf dem Grundstück ... eingetragene Buchgrundschuld aufzugeben.
4. Im übrigen besteht zwischen den Parteien Einigkeit darüber, daß das bewegliche und unbewegliche Vermögen des Verstorbenen zwischen ihnen hälftig zu teilen ist.

Der Beklagte wird weiterhin verurteilt,
1. an den Kläger ... DM zu zahlen,
2. die Erklärung abzugeben, daß er die zu seinen Gunsten auf dem Grundstück ... eingetragene Buchgrundschuld über ... DM aufgibt, und
3. folgende Gegenstände zum Zweck der Zwangsversteigerung an den Kläger herauszugeben:
...

Ausführungsanordnung
s. Baulandsachen

Auskunft
§§ 259 ff. BGB

Abtretung
§ 402 BGB

Der Beklagte wird verurteilt, dem Kläger Auskunft darüber zu erteilen,
- ob er Handlungen vorgenommen hat, die geeignet waren, die Verjährung des an den Kläger abgetretenen, gegen Herrn X (den Schuldner) gerichteten Anspruchs auf Zahlung von ... DM (gemäß Kaufvertrag vom ...) zu unterbrechen.
- ob er seit Beginn des Jahres 1986 gegenüber Herrn X erfolglos die Durchsetzung von Zahlungsansprüchen versucht hat.
- wo Herr X zur Zeit seinen Wohnsitz hat.
- wohin Herr X die aufgrund des Kaufvertrages vom ... zu übereignende Ware liefern muß.

Aktionär
§§ 131 f. AktG

Es wird festgestellt, daß der Vorstand der Antragsgegnerin (der AG) verpflichtet ist, dem Antragsteller über den bisherigen finanziellen Aufwand für die Entwicklung eines Nachfolgemodells des Automaten XY Auskunft zu erteilen.

Auftrag
§ 666 BGB

Der Beklagte wird verurteilt, dem Kläger
- Auskunft darüber zu erteilen, wieweit seine Bemühungen um den Verkauf der in X, Y-Straße, gelegenen Grundstücksparzellen 1–10 gediehen sind.
- über die mit der Ausführung des Auftrags vom ... verbundenen Einnahmen und Ausgaben Rechenschaft abzulegen.

Erbschaftsstreit

- **Erbschaftsbesitzer**
  §§ 2027, 260 I BGB

  Der Beklagte wird verurteilt, dem Kläger über den Bestand der Erbschaft des am ... in ... verstorbenen Herrn X, zuletzt wohnhaft ..., sowie über den Verbleib der Erbschaftsgegenstände durch Vorlage eines Bestandsverzeichnisses Auskunft zu erteilen.

Auskunft

- **Hausgenosse**
  § 2028 BGB
  Der Beklagte wird verurteilt, dem Kläger Auskunft darüber zu erteilen, welche Handlungen er in bezug auf den Nachlaß des am ... in ... verstorbenen Herrn X, zuletzt wohnhaft ..., vorgenommen hat und was ihm über den Verbleib der Erbschaftsgegenstände bekannt ist.

- **Miterbe**
  § 2057, §§ 2050 ff. BGB
  Der Beklagte wird verurteilt, darüber Auskunft zu erteilen, welche Zuwendungen er (und folgende weitere Personen: ...) von dem am ... in ... verstorbenen Herrn X, zuletzt wohnhaft ..., zu dessen Lebzeiten erhalten hat (und welchen Wert die Zuwendungen hatten).
  (Betreffend Auskunft über den Wert vgl. BayObLG, OLG 37, 253)

- **Nacherbe**
  §§ 2127, 260 I BGB
  Der Beklagte wird verurteilt, dem Kläger durch Vorlage eines Bestandsverzeichnisses über den Bestand des Nachlasses des am ... in ... verstorbenen Herrn X, zuletzt wohnhaft ..., Auskunft zu erteilen.

- **Pflichtteilsberechtigter**
  Auskunftspflicht des Erben nach § 2314 I BGB
  Der Beklagte wird verurteilt,
  dem Kläger durch Vorlage eines Bestandsverzeichnisses über den Bestand des Nachlasses des am ... in ... verstorbenen Herrn X, zuletzt wohnhaft ..., Auskunft zu erteilen,
  den Kläger zur Aufnahme des Bestandsverzeichnisses hinzuzuziehen
  und
  den Wert der Nachlaßgegenstände durch einen von der Industrie- und Handelskammer in Y zu benennenden, öffentlich bestellten und vereidigten Sachverständigen ermitteln zu lassen.
  Oder:
  durch einen in Y niedergelassenen Notar den Bestand des Nachlasses ... aufnehmen zu lassen.
  (Die Pflicht zur Vorlegung eines Bestandsverzeichnisses sollte in den Tenor aufgenommen werden, um unnötigen Streitigkeiten in der Zwangsvollstreckung (§ 888 I ZPO) vorzubeugen.)

GmbH-Gesellschafter
§§ 51 a f. GmbHG, § 132 I AktG
Es wird festgestellt, daß der Geschäftsführer der Antragsgegnerin (der GmbH) dem Antragsteller über den Wortlaut des mit der Z-AG geschlossenen Kooperationsvertrages Auskunft zu erteilen und ihm die Einsichtnahme in die mit der Z-AG seit dem 1. 1. 1986 gewechselte Korrespondenz zu gestatten hat.

Handelsvertreter

- **Klage auf Buchauszug, Provisionsabrechnung und Zahlung**
  § 87 c II HGB, § 254 ZPO
  Der Beklagte wird verurteilt,
  1. dem Kläger über alle in der Zeit vom ... bis zum ... abgeschlossenen Geschäfte, die auf dessen Tätigkeit als Handelsvertreter für den Vertrieb von Zahngold zurückzuführen sind oder die mit Dritten abgeschlossen wurden, die der Kläger als Kunden für Geschäfte der gleichen Art geworben hat ( ), einen Buchauszug zu erteilen,

(Ist der Kläger Bezirksvertreter i. S. des § 87 II HGB, muß hier [ ] hinzugefügt werden: „... sowie über solche Geschäfte, die ohne seine Mitwirkung mit Personen seines Kundenkreises, nämlich Zahngold-Großhändlern, während dieser Zeit abgeschlossen worden sind.")
2. dem Kläger für den genannten Zeitraum eine Abrechnung über seine Provision zu erteilen,
3. für den Fall, daß an der Richtigkeit oder der Vollständigkeit des Buchauszuges oder der Abrechnung begründete Zweifel bestehen, nach Wahl des Beklagten dem Kläger oder einem von diesem zu bestimmenden Wirtschaftsprüfer oder vereidigten Buchsachverständigen, soweit dies zur Feststellung der Richtigkeit oder Vollständigkeit des Buchauszuges oder der Abrechnung erforderlich ist, Einsicht in die Geschäftsbücher (oder sonstige, näher zu bezeichnende Unterlagen) des Beklagten zu gewähren und
4. die sich aus der Abrechnung ergebende Provision an den Kläger zu zahlen.
(Auf der letzten „Stufe" des Rechtsstreits muß der Kläger die Provision beziffern; s. Stufenklage.)

— **Klage auf Auskunft über provisionserhebliche Umstände**
§ 87 c III HGB
Der Beklagte wird verurteilt, über die Laufzeiten der mit den Firmen X und Y vom ... bis zum ... abgeschlossenen Lieferverträge und die insoweit vereinbarten Kündigungsfristen Auskunft zu erteilen.
(Weitere Fälle bei Baumbach/Duden/Hopt, § 87 c Anm. 4.)

— **Klage auf Gestattung der Einsicht in die Geschäftsbücher**
§ 87 c IV HGB
Der Beklagte wird verurteilt, nach seiner Wahl entweder dem Kläger oder einem von diesem zu bestimmenden Wirtschaftsprüfer oder vereidigten Buchsachverständigen die Einsicht in seine Geschäftsbücher (und/oder sonstige näher zu bezeichnende Unterlagen) zu gestatten.

Unterhalt
(durch die Ehe begründete Unterhaltspflicht) § 1580 BGB, § 621 I Ziff. 5 ZPO
Der Beklagte wird verurteilt, der Klägerin über den Bestand seines Vermögens und über die Höhe seines Einkommens Auskunft zu erteilen sowie der Klägerin eine Gehaltsbescheinigung seines Arbeitgebers (der Firma X) und eine beglaubigte Ablichtung seines Einkommensteuerbescheides für das Jahr ... vorzulegen.

Verkäufer
§ 444 BGB
Der Beklagte wird verurteilt, dem Kläger darüber Auskunft zu erteilen, inwieweit der im Hause Burgacker 29, ..., wohnende Mieter X mit der von ihm geschuldeten Miete in Rückstand ist, ob wegen evtl. Mietrückstände an Sachen des Mieters X Vermieterpfandrechte geltend gemacht werden und ob bei Abschluß des Mietvertrages zwischen X und dem Beklagten Gewährleistungsansprüche wegen Mängeln an der Badezimmerinstallation ausgeschlossen worden sind.

Versorgungsausgleich
§§ 1587 e, 1580, 1605 BGB; §§ 621 I Ziff. 6, 621 a ZPO, FGG-Verfahren (Entscheidung durch Beschluß)
Der Antragsgegner hat Auskunft darüber zu erteilen, ob von ihm in der Ehezeit Anwartschaften oder Aussichten auf eine Versorgung wegen Alters-, Berufs- oder Erwerbsunfähigkeit der in § 1587 a BGB aufgeführten Art begründet oder aufrechterhalten worden sind.
(Ferner hat er die ihm vom Gericht zugesandten Formulare über den Versorgungsausgleich richtig und vollständig auszufüllen.) (Vgl. OLG Hamm, NJW 78, 2560.)

Auskunft

Zugewinnausgleich
§§ 1378 f., 259 ff. BGB, § 254 ZPO
Der Beklagte wird verurteilt,
1. der Klägerin über den am ... (= Zeitpunkt, zu dem der eheliche Güterstand beendet wurde) gegebenen Bestand seines Vermögens durch Vorlage eines Verzeichnisses Auskunft zu erteilen,
2. hilfsweise an Eides Statt zu versichern, daß er den Bestand seines Vermögens nach bestem Wissen so vollständig angegeben hat, als er dazu imstande sei,
3. die Hälfte des sich ergebenden Zugewinns an die Klägerin zu zahlen.

s. eidesstattliche Versicherung, minus, Rechnungslegung, Stufenklage

Ausländersicherheit
§§ 110 ff. ZPO

Zwischenurteil im Streit um die Pflicht zur Sicherheitsleistung
§ 280 ZPO (so OLG Bremen, NJW 82, 2737; anders die h. M. die – entgegen dem Wortlaut des § 280 ZPO – Abs. 2 der Vorschrift nur auf das verneinende Zwischenurteil, im übrigen aber § 303 ZPO anwenden will: vgl. Baumbach/Lauterbach/Albers/Hartmann, § 112 Anm. 1 A a, aa; Zöller, § 112 Rd.Ziff. 1; Demharter, MDR 86, 186)

– **Verneinendes Zwischenurteil**
  Es wird festgestellt, daß der Kläger nicht verpflichtet ist, dem Beklagten wegen der Prozeßkosten Sicherheit zu leisten.

– **Bejahendes Zwischenurteil**
  Es wird festgestellt, daß der Kläger verpflichtet ist, dem Beklagten wegen der Prozeßkosten in Höhe von ... DM Sicherheit zu leisten.
  Ihm wird hierfür eine Frist von 1 Woche ab Rechtskraft des vorliegenden Urteils gesetzt.
  (Anordnung der Sicherheit und Fristsetzung erfolgen hier aus praktischen Gründen im Urteil, nicht in gesondertem Beschluß nach § 113 ZPO.)

Anordnung und Fristsetzung
§ 113 ZPO (Beschluß)
Der Kläger hat dem Beklagten wegen der Prozeßkosten in Höhe von ... DM Sicherheit zu leisten.
Ihm wird hierfür eine Frist von 2 Wochen ab Zugang dieses Beschlusses gesetzt.

Nicht fristgerechte Einzahlung
§ 113 S. 2 ZPO
– Die Klage wird für zurückgenommen erklärt.
  (Die Kostenentscheidung ergibt sich aus § 269 III 2 ZPO.)
– Die Berufung des Klägers gegen das Urteil ... wird verworfen.

Ausländische Urteile
s. Vollstreckungsurteil

Ausländische Währung
s. Ersetzungsbefugnis, Vorbehalte, Zahlung

Auslegung des Tenors
Der Tenor muß eindeutig und aus sich heraus verständlich sein; ist dies nicht der Fall, müssen die Entscheidungsgründe – bei deren Fehlen der Parteivortrag – zu seiner

Auslegung herangezogen werden (BGH, NJW 72, 2268; 84, 2346; Baumbach/Lauterbach/Albers/Hartmann, § 313 Anm. 5; Zöller, § 313 Rd.Ziff. 8).
Bei Vorliegen eines Widerspruchs zwischen Tenor und Entscheidungsgründen geht der (inhaltlich eindeutige) Tenor vor (OLG Hamburg, OLG 35, 73).
Läßt sich der Inhalt des Tenors nicht klären, erwächst das Urteil nicht in Rechtskraft (BGH a.a.O).

Auslobung
Verteilung der Belohnung durch Urteil, § 660 I BGB
Bei Hinterlegung der Belohnung ist der Streit zwischen den Anspruchstellern auszutragen. Der Antrag richtet sich auf Freigabe des hinterlegten Betrages in einer bestimmten Höhe, s. Freigabe.
Hat der Auslobende nicht gezahlt, ist Zahlungsklage zu erheben.

Ausscheiden aus einer OHG
s. Anmeldung

Ausschluß aus OHG, KG
§§ 140 (161 II) HGB
Der Beklagte wird aus der X-OHG/KG ausgeschlossen.

Ausschlußurteil
§ 952 ZPO

Unbekannte Berechtigte an Grundstück oder Schiff bzw. Schiffsbauwerk
§ 927 BGB, §§ 946 ff., 977 ff., 981 a, 1024 ZPO, § 20 Ziff. 2 RpflG, Gesetz über Rechte an eingetragenen Schiffen und Schiffsbauwerken vom 15. 11. 1940, RGBl. I S. 1499, BGBl. 1968 I, S. 1295, 1969 I, S. 1513
Der Eigentümer des Hausgrundstücks Burggraben 29, 5000 Köln 81, Grundbuch von ..., eingetragener Eigentümer: Herr X aus Köln, wird mit seinem Eigentumsrecht ausgeschlossen.

Unbekannter Berechtigter eines Grundpfandrechts, eines dinglichen Vorkaufsrechts, einer Vormerkung, einer Reallast
§§ 1170 (1192, 1199), 887, 1104, 1112 BGB, §§ 946 ff., 982 ff., 1024 ZPO, § 20 Ziff. 2 RpflG
Der Gläubiger des/der auf dem Hausgrundstück Burgacker 29, 5000 Köln 81, Grundbuch von ..., im 1. Rang eingetragenen Hypothek über ... DM/Vorkaufsrechts/Vormerkung/Reallast wird mit seinem Recht ausgeschlossen.

Unbekannter Grundpfandgläubiger bei Hinterlegung des Kapitals
§ 1171 BGB, §§ 946 ff., 987, 1024 ZPO, § 20 Ziff. 2 RpflG
Der Gläubiger der auf dem Grundstück ... eingetragenen Hypothek über ... DM wird mit seinem Recht ausgeschlossen.
Er kann seine Befriedigung statt aus dem Grundstück nur noch aus dem zu seinen Gunsten beim Amtsgericht X – Aktenzeichen: ... – hinterlegten Betrag verlangen; sein Recht erlischt, wenn er sich nicht vor Ablauf von 30 Jahren nach dem Erlaß dieses Urteils bei der Hinterlegungsstelle meldet.

Nachlaßgläubiger, Gesamtguts- und Schiffsgläubiger
§§ 1970 ff. (1489 II) BGB, §§ 946 ff., 989 ff., 1002 ZPO, § 20 Ziff. 2 RpflG
I. Die Nachlaßgläubiger der am ... in ... verstorbenen Frau X, geborene Y, zuletzt wohnhaft ..., werden von der Erbenhaftung ausgeschlossen.

Ausschlußurteil

> Oder:
> Folgenden Nachlaßgläubigern werden ihre angemeldeten Forderungen gegen den Nachlaß der am ... in ... verstorbenen Frau X, geborene Y, zuletzt wohnhaft ... vorbehalten:
> ...
> Die übrigen Nachlaßgläubiger werden von der Erbenhaftung ausgeschlossen.
> II. Die ausgeschlossenen Nachlaßgläubiger können, soweit nicht ihre Rechte nach dem Gesetz unberührt bleiben – unbeschadet des Rechts, vor den Verbindlichkeiten aus Pflichtteilsrechten, Vermächtnissen und Auflagen befriedigt zu werden –, von dem Erben nur insoweit Befriedigung verlangen, als sich nach Befriedigung der nicht ausgeschlossenen Gläubiger noch ein Überschuß ergibt.

Urkunden
Kraftloserklärung von Hypotheken- (§ 1162 BGB), Grundschuld- (§§ 1162, 1192 BGB) und Rentenschuldbriefen (§ 1200 BGB) sowie von Inhaberschuldverschreibungen (§§ 799 ff. BGB) und Aktien bzw. Zwischenscheinen (§ 72 AktG), (jeweils in Verbindung mit §§ 946 ff., 1003 ff. ZPO, § 20 Ziff. 2 RpflG)
Der Hypotheken-/Grundschuld-/Rentenschuldbrief des Amtsgerichts X vom ... betreffend die im Grundbuch des Amtsgerichts X von ... unter Nr. ... eingetragene Hypothek/Grundschuld/Rentenschuld,
die Inhaberschuldverschreibung des ... (Gläubigers) vom ..., Nr. ...,
die (näher bezeichnete) Aktie,
der (näher bezeichnete) Zwischenschein
wird für kraftlos erklärt.
(Beachte für Wertpapiere § 63 des Gesetzes zur Bereinigung des Wertpapierwesens vom 19. 8. 1949, WiGBl. 295.)

betreffend Inhaberpapiere s. auch Zahlungssperre
s. Anfechtungsklage
betr. §§ 957 ff. ZPO

Außenwirtschaftsrecht
Genehmigung nach § 32 AWG, s. Vorbehalte

Außerordentliches Kontrollrecht des Kommanditisten
s. Kontrollrecht

Aussetzung der Verwertung
§ 813 a ZPO

> Die Zwangsvollstreckung in den von dem Gerichtsvollzieher X am ... gepfändeten PKW ... (DR-Nr.: ...) wird einstweilen eingestellt, wenn und solange der Schuldner
> 1. bis zum ... an den Gläubiger ... DM zahlt
> und
> 2. beginnend mit dem ... an den Gläubiger jeweils zum Monatsersten Raten in Höhe von ... DM zahlt.

Aussetzung des Vollzugs
§ 24 II FGG, s. Beschwerde

Austauschpfändung
§ 811 a ZPO

> Die am ... durch den Gerichtsvollzieher X vorgenommene Pfändung des Farbfernsehgerätes ... (DR-Nr.: ...)

- wird gegen Übereignung eines gebrauchten Schwarzweißfernsehers Marke Y im Werte von 500,- DM an den Schuldner zugelassen. Der genannte Betrag ist dem Gläubiger aus dem Vollstreckungserlös zu erstatten.
- wird mit der Maßgabe für zulässig erklärt, daß dem Schuldner aus dem Vollstreckungserlös ein Betrag von 500,- DM für die Beschaffung eines Ersatzgerätes zu überlassen ist.

Bauhandwerker-Sicherungshypothek
s. einstweilige Verfügung

Bedingter Leistungsanspruch
s. künftige Leistung

Baulandsachen
§ 226 BauGB

Änderung eines Enteignungsbeschlusses
Der Enteignungsbeschluß des Regierungspräsidenten in X vom ... - Aktenzeichen: ... - wird in Ziffer. ..., Abschnitt ..., dahin geändert, daß die Antragsgegnerin an die Antragstellerin einen Entschädigungsbetrag in Höhe von ... DM zu zahlen hat.
(Im übrigen wird der Antrag auf gerichtliche Entscheidung abgewiesen.)

Aufhebungsurteil mit Bescheidung
Der Beschluß des Antragsgegners vom ... - Aktenzeichen: ... - und der Widerspruchsbescheid des Oberen Umlegungsausschusses bei dem Regierungspräsidenten in X vom ... - Aktenzeichen: ... - werden aufgehoben.
Der Antragsgegner wird angewiesen, die Sache unter Beachtung der in den Entscheidungsgründen dargelegten Rechtsauffassung des Gerichts neu zu bescheiden.

Vorzeitige Ausführungsanordung
§ 225 BauGB
Die (näher bezeichnete) Enteignungsbehörde wird angewiesen, die Ausführung des Enteignungsbeschlusses vom ... - Aktenzeichen: ... - anzuordnen, dies jedoch nur, wenn der Antragsteller in Höhe von ... DM Sicherheit leistet.
(Bankbürgschaft)

Befangenheit
s. Ablehnung

Befreiungsanspruch
§ 257 BGB, § 887 ZPO

In Antrag und Tenor ist die Verbindlichkeit, von welcher der Beklagte den Kläger freistellen soll, so genau wie die Sachlage es zuläßt, zu umschreiben.
Beispiele:

Freistellung von Zahlungsverbindlichkeit
Der Beklagte wird verurteilt, den Kläger von den sich auf 10 000,- DM zuzüglich 8% Zinsen seit dem ... belaufenden Zahlungsanspruch des Herrn X aus dem zwischen diesem und den Parteien am ... geschlossenen Darlehensvertrag im Umfang von 5 000,- DM freizustellen.
(Zur Rechtskraftwirkung des Urteils BGH, NJW 91, 2014).

Haftpflichtversicherung
(nach rechtskräftiger Feststellung des Haftpflichtanspruchs, BGH, NJW 81, 870)
Die Beklagte wird verurteilt, den Kläger von den Schadensersatzansprüchen des Herrn X und von den Kosten für die Abwehr dieser Ansprüche freizustellen, die sich

Befreiungsanspruch

daraus ergeben haben, daß der Sohn Bernhard des Klägers am ... eine Fensterscheibe des Hauses ... zerbrochen hat.

Rechtsschutzversicherung
Die Beklagte wird verurteilt, den Kläger von den Kosten freizustellen, die diesem infolge des Rechtsstreits LG Köln −...− entstehen.
(vgl. OLG Hamm, RuS 89, 89)
(Die in der Praxis häufige Verurteilung des Versicherers zur Gewährung von „Deckungsschutz" für einen bestimmten Versicherungsfall erscheint uns als zu unbestimmt, da fraglich sein kann, ob evtl. nur eine Feststellung erfolgen soll, die eine Vollstreckung des Befreiungsanspruchs nach § 887 ZPO nicht zuließe.
Vgl. auch Deckungsklage.)

Befriedigung durch Zwangsvollstreckung
s. Duldung der Zwangsvollstreckung

Befriedigungsrecht des Besitzers
s. Fristbestimmung im Urteil

Berichtigung des Grundbuchs
§ 894 BGB, §§ 894 f. ZPO

Tenor
Der Beklagte wird verurteilt, nachstehender Grundbuchberichtigung zuzustimmen:
− Im Grundbuch von ... ist anstelle des Beklagten der Kläger als Eigentümer einzutragen.
− Die im Grundbuch von ... in Abteilung III eingetragene Hypothek über ... DM wird gelöscht.

Vorlegung eines Briefes
§ 896 BGB
Der Beklagte wird weiter verurteilt, den über die vorbezeichnete Hypothek am ... vom Amtsgericht K − Grundbuchamt − ausgestellten Hypothekenbrief beim Grundbuchamt vorzulegen.
(Die Zwangsvollstreckung erfolgt insoweit nach § 883 I ZPO.)

Berichtigung des Tatbestandes
§ 320 ZPO

Der Tatbestand des am ... verkündeten Urteils wird wie folgt berichtigt:
Auf Seite 3, 7. Zeile von oben heißt es **nicht**: „Die Reparatur kostete 5000,− DM", **sondern richtig**:
„Der Kläger behauptet, die Reparatur habe 5000,− DM gekostet."

Berichtigungsverfahren
s. Personenstandssachen

Berufung
§§ 511 ff. ZPO

Erfolgloses Rechtsmittel

− **Unzulässig**
§ 519 b ZPO
Die Berufung des Klägers gegen das Urteil des Amtsgerichts K vom ... − Aktenzeichen: ... − wird als unzulässig verworfen.

- **Unbegründet**
  Die Berufung ... wird zurückgewiesen.

Erfolgreiches Rechtsmittel
- **Sachentscheidungen des Berufungsgerichts**
  § 536 ZPO
  - (Abweisung nach Zuspruch in 1. Instanz)
    Auf die Berufung des Beklagten wird das Urteil des Amtsgerichts K vom ...
    – Aktenzeichen: ... – aufgehoben. Die Klage wird abgewiesen.
    (Mit Rücksicht auf den Wortlaut des § 536 ZPO wird auch bei Abweisung durch das Berufungsgericht zum Teil tenoriert: „... wird das Urteil ... abgeändert. Die Klage wird abgewiesen." Vgl. RGZ 48, 396.)
  - (Erfolg des abgewiesenen Klägers)
    Auf die Berufung des Klägers wird das Urteil ... aufgehoben (abgeändert). Der Beklagte wird verurteilt, an den Kläger ... DM zu zahlen.
  - (Der Beklagte muß mehr zahlen als nach dem erstinstanzlichen Urteil.)
    Auf die Berufung des Klägers wird das Urteil ... teilweise abgeändert und wie folgt neu gefaßt:
    Der Beklagte wird verurteilt, an den Kläger ... DM zu zahlen.
    (Bei dieser Formulierung bleibt dem Kläger ein aufgrund vorläufiger Vollstreckung des erstinstanzlichen Urteils erworbener Rang erhalten.)
- **Aufhebung des erstinstanzlichen Urteils und Zurückverweisung**
  §§ 538, 539 ZPO
  Auf die Berufung des ... wird das Urteil ... aufgehoben. Die Sache wird – auch zur Entscheidung über die Kosten der Berufung – an das Gericht des ersten Rechtszuges zurückverwiesen.
  Oder:
  Auf die Berufung des ... wird das Urteil ... einschließlich des ihm zugrundeliegenden Verfahrens aufgehoben. Die Sache wird an das Gericht des ersten Rechtszuges zurückverwiesen, das auch über die Kosten der Berufung zu entscheiden hat.

Teilerfolg
Auf die Berufung des Klägers/Beklagten wird das Urteil ... teilweise abgeändert und wie folgt neu gefaßt:
Der Beklagte wird verurteilt, ... Im übrigen wird die Klage abgewiesen.
Die weitergehende Berufung wird zurückgewiesen.

Entscheidung nach aufgehobenem oder bestätigtem Versäumnisurteil in 1. Instanz
- (Die 1. Instanz hat das zuvor erlassene Versäumnisurteil im Endurteil aufgehoben, die 2. Instanz entscheidet umgekehrt.)
  Auf die Berufung des ... wird das Urteil ... aufgehoben. Das unter demselben Aktenzeichen am ... erlassene Versäumnisurteil bleibt aufrechterhalten.
- (Aufhebung eines in 1. Instanz aufrechterhaltenen Versäumnisurteils gegen den Beklagten.)
  Auf die Berufung des Beklagten werden das Versäumnisurteil und das Urteil des Amtsgerichts K vom ... und vom ... – Aktenzeichen: ... – aufgehoben. Die Klage wird abgewiesen.
- **Teilerfolg**
  - (Versäumnisurteil gegen den Beklagten, der im Endurteil der 1. Instanz obsiegt hat, der in der 2. Instanz aber teilweise unterliegt)
    Auf die Berufung des Klägers wird das Urteil des Amtsgerichts K vom ...

Berufung

– Aktenzeichen: ... – aufgehoben (abgeändert und wie folgt neu gefaßt): Das vom Amtsgericht K in derselben Sache am ... erlassene Versäumnisurteil bleibt insoweit aufrechterhalten, als der Beklagte verurteilt worden ist, an den Kläger ... DM zu zahlen. Im übrigen wird es unter Abweisung der weitergehenden Klage und unter Zurückweisung der weitergehenden Berufung aufgehoben.

– (Versäumnisurteil gegen den Kläger, der im Endurteil der 1. Instanz obsiegt hat, in der 2. Instanz aber teilweise unterliegt)
Auf die Berufung des Beklagten wird das Urteil des Amtsgerichts K vom ... – Aktenzeichen: ... – abgeändert und wie folgt neu gefaßt:
Der Beklagte wird verurteilt, an den Kläger ... DM zu zahlen. Im übrigen bleibt das vom Amtsgericht K in derselben Sache am ... erlassene Versäumnisurteil aufrechterhalten.
Die weitergehende Berufung wird zurückgewiesen.

Versäumnisurteile in der Berufungsinstanz

– (Säumnis des Berufungsklägers)
§ 542 I ZPO
Die Berufung des Klägers/Beklagten gegen das Urteil ... wird zurückgewiesen.

– (Säumnis des Berufungsbeklagten)
§ 542 II ZPO
Die Formulierung des Tenors folgt den für obsiegende Urteile geltenden allgemeinen Grundsätzen.

Anerkenntnis des Beklagten, der in 1. Instanz obsiegt hat
§ 307 ZPO
Auf die Berufung des Klägers wird das Urteil ... aufgehoben. Der Beklagte wird verurteilt, ...

Grundurteil
§ 538 I Ziff. 3 ZPO (nach Abweisung in 1. Instanz)
Auf die Berufung des Klägers wird das Urteil ... aufgehoben.
Die Klage ist dem Grunde nach gerechtfertigt.
Zur Entscheidung über den Betrag des streitigen Anspruchs sowie über die Kosten der Berufung wird die Sache an das Gericht des ersten Rechtszuges zurückverwiesen.
Die weitergehende Berufung wird zurückgewiesen.

Teilurteil
§ 301 ZPO

– (Nach Abweisung in 1. Instanz)
Der Beklagte wird verurteilt, an den Kläger ... DM zu zahlen.
Das Urteil des Amtsgerichts K vom ... – Aktenzeichen: ... – wird auf die Berufung des Klägers hin insoweit aufgehoben.

– (Nach Zuspruch in 1. Instanz)
Die Berufung des Beklagten gegen das Urteil ... wird insoweit zurückgewiesen, als der Beklagte verurteilt ist, an den Kläger ... DM zu zahlen.

Erledigung des Rechtsstreits

– in 2. Instanz übereinstimmend erklärt
(Entscheidung durch Beschluß)
Das Urteil ... ist gegenstandslos.
Die Kosten des Rechtsstreits trägt ...
(Die Aufhebung des erstinstanzlichen Urteils ist nicht geboten; zur Vermeidung von Unklarheiten und im Hinblick auf die Regelung des § 775 Ziff. 1 ZPO ist es jedoch zweckmäßig, das Urteil für gegenstandslos zu erklären.)

- **Einseitige Erledigungserklärung des Klägers**
  (unabhängig von der Frage, ob diese in 1. oder 2. Instanz erfolgt ist)
  - Begründete Erledigungserklärung (nach Abweisung der Klage in 1. Instanz und erfolgreicher Berufung des Klägers)
    Das Urteil des ... wird aufgehoben. Der Rechtsstreit ist in der Hauptsache erledigt.
  - Unbegründete Erledigungserklärung (Berufung des in 1. Instanz unterlegenen Beklagten)
    Auf die Berufung des Beklagten wird das Urteil ... aufgehoben. Die Klage wird abgewiesen.
- **Erledigung des Rechtsmittels**
  Die Frage, ob ein Rechtsmittel als solches überhaupt für erledigt erklärt werden kann, ist umstritten (vgl. Baumbach/Lauterbach/Albers/Hartmann, § 91a, Anm. 17 A; bejahend für den Fall, daß ein angefochtenes Urteil infolge Gesetzesänderung richtig wird). Anderes Beispiel: Im Wechselprozeß erwirkt der Kläger den Erlaß eines Vorbehaltsurteils, gegen das der Beklagte Berufung einlegt. Bevor in 2. Instanz mündlich verhandelt werden kann, wird das Vorbehaltsurteil im Nachverfahren rechtskräftig aufgehoben (Thomas/Putzo, § 91a Anm. 3 b; Zöller, § 91a Rd.Ziff. 20; Schneider, Kostenentscheidung, S. 141).
  Beispiele:
- **Übereinstimmende Erledigungserklärung**
  Es ergeht ausschließlich eine Entscheidung über die Kosten des Berufungsrechtszuges.
- **Einseitige Erledigungserklärung des Berufungsklägers**
  Die Berufung des Klägers/Beklagten gegen das Urteil ... ist erledigt.
  (Furtner, S. 549, c meint, das Urteil der 1. Instanz verliere durch die Erledigung des Rechtsmittels seine Wirkung; das trifft nicht zu, da die Entscheidung des Berufungsgerichts sich nur auf das Rechtsmittel bezieht. Die angefochtene Entscheidung bleibt hiervon unberührt, wie wenn die Berufung zurückgenommen worden wäre.)

Berufung und Anschlußberufung
§§ 521 f. ZPO
Beispiel:
Der Kläger hat in erster Instanz vor dem Landgericht K die Zahlung von 10 000,– DM verlangt und festzustellen begehrt, daß der Beklagte ihm (näher umschriebenen) künftigen Schaden zu ersetzen habe. Die 1. Instanz hat ihm 6000,– DM zuerkannt und die Feststellung ausgesprochen.
Der Kläger begehrt mit der Berufung die Zahlung des vollen Betrages. Der Beklagte begehrt mit der Anschlußberufung die Abweisung der Klage.
Der Kläger erhält weitere 2000,– DM zuerkannt, wohingegen er mit dem Feststellungsantrag abgewiesen wird.
Tenor
Auf die Berufung des Klägers und die Anschlußberufung des Beklagten wird das Urteil des Landgerichts K vom ... – Aktenzeichen: ... – abgeändert und wie folgt neu gefaßt:
Der Beklagte wird verurteilt, an den Kläger 8000,– DM zu zahlen.
Die weitergehende Klage wird abgewiesen.
Im übrigen werden die Berufung und die Anschlußberufung zurückgewiesen.

Beschwerde
§§ 567 ff. ZPO
Entscheidungen der unteren Instanz

Beschwerde
- **Abhilfe**
  § 571, 1. Halbsatz ZPO
  - § 25 II GKG
    Auf die Beschwerde des Klägers gegen den Beschluß des ...gerichts vom ... (Az. ...) wird der Streitwert anderweitig festgesetzt auf:
    ... DM.
  - § 380 III ZPO
    Auf die Beschwerde des Zeugen X wird der Ordnungsgeldbeschluß des ...gerichts vom ... (Az. ...) aufgehoben.
  - § 104 III ZPO, § 11 RpflG
    Auf die Erinnerung des Klägers wird der Kostenfestsetzungsbeschluß des ...gerichts vom ... (Az. ...) aufgehoben. Der Rechtspfleger wird angewiesen, den Festsetzungsantrag des Klägers unter Beachtung der nachstehend dargelegten Rechtsauffassung des Gerichts neu zu bescheiden.
  Oder:
  ... wird der Kostenfestsetzungsbeschluß des ...gerichts vom ... (Az. ...) wie folgt abgeändert: ...
- **Nichtabhilfe, Vorlegung**
  § 571, 2. Halbsatz ZPO
  - § 25 II GKG
    Der Beschwerde des Klägers gegen den Streitwertfestsetzungsbeschluß des ...gerichts vom ... (Az. ...) wird nicht abgeholfen.
    (Die Vorlage an das Beschwerdegericht wird nicht beschlossen, sondern verfügt.)
  - § 104 III ZPO, § 11 RpflG
    Der unter dem ... eingelegten, als Beschwerde geltenden Erinnerung des Klägers gegen den Kostenfestsetzungsbeschluß des ...gerichts vom ... (Az. ...) wird nicht abgeholfen.
- **Teilweise Abhilfe**
  Auf die Beschwerde des Klägers gegen den Streitwertfestsetzungsbeschluß des ...gerichts vom ... (Az. ...) wird der Streitwert anderweit festgesetzt auf
  ... DM.
  Im übrigen wird der Beschwerde nicht abgeholfen.

Entscheidungen des Beschwerdegerichts
- **Verwerfung**
  § 574 ZPO
  Die Beschwerde des ... gegen ... wird als unzulässig verworfen.
- **Zurückweisung als unbegründet**
  Die Beschwerde ... wird zurückgewiesen.
- **Abänderung auf erfolgreiche Beschwerde hin**
  Auf die Beschwerde des Zeugen X wird der Ordnungsgeldbeschluß des Landgerichts K vom ... – Aktenzeichen: ... – aufgehoben.
- **Teilweise Abänderung**
  ... dahingehend abgeändert, daß der Zeuge ein Ordnungsgeld von lediglich 200,– DM zu zahlen hat. Die weitergehende Beschwerde wird zurückgewiesen.
- **Aufhebung und Zurückverweisung an das Ausgangsgericht/den Rechtspfleger**
  § 575 ZPO
  Auf die Beschwerde des Klägers vom ... wird der Kostenfestsetzungsbeschluß des Amtsgerichts K vom ... – Aktenzeichen: ... – aufgehoben. Die Sache wird an das Amtsgericht/an den zuständigen Rechtspfleger des Amtsgerichts

zurückverwiesen mit der Maßgabe, unter Beachtung der nachstehend dargelegten Rechtsauffassung des Beschwerdegerichts neu zu entscheiden.

Aussetzung des Vollzugs
§ 24 II FGG
Die Vollziehung des Beschlusses des ...gerichts vom ... (Az. ...) wird im Hinblick auf die Beschwerde des ... bis zur Entscheidung des Beschwerdegerichts ausgesetzt.

Beseitigung einer Vormerkung
§ 886 BGB
Der Beklagte wird verurteilt, die zu seinen Gunsten im Grundbuch von ... in Abteilung I eingetragene Auflassungsvormerkung zu beseitigen und ihre Löschung zu bewilligen.
(Die zweifache Verurteilung des Beklagten zu Beseitigung und Löschungsbewilligung ermöglicht es dem Kläger, wenn der Beklagte von sich aus nichts unternimmt, die Löschung selbst zu beantragen und die ihm hierbei entstehenden Kosten über § 788 ZPO vom Beklagten ersetzt zu verlangen.)

Besichtigung einer Sache
s. Vorlegung

Bestellung eines Vorstandes
§§ 84 f. AktG, § 145 FGG
Mit Wirkung vom ... ab wird Herr X zum Vorstandsmitglied der Y-AG bestellt. Ihm steht gegen die AG ein monatlich im voraus zu zahlender Vergütungsanspruch in Höhe von ... DM zu.

Bestimmung einer Leistung durch Urteil
§ 315 III 2 BGB
Verlangt der Gläubiger der Leistung die gerichtliche Bestimmung, braucht er nur den Leistungsantrag zu stellen, während die Bestimmung selbst in den Entscheidungsgründen des Urteils zu erfolgen hat (BGHZ 41, 271, 280; 74, 341, 345 „verdecktes Gestaltungsurteil"). Die auf diese Weise festgelegte Leistung wird erst mit der Rechtskraft des Urteils fällig (Palandt, § 315 Rd.Ziff. 17; Münchener Kommentar, Rd.Ziff. 26; bei nicht revisiblen Urteilen der Oberlandesgerichte tritt die Fälligkeit mit Verkündung ein, OLG Braunschweig OLGZ 66, 15, 19). Dennoch wird das Leistungsurteil für vorläufig vollstreckbar erklärt (Münchener Kommentar, Rd.Ziff. 26; Rosenberg/Schwab, § 95 II 3).
Im Tenor ergeht also ein (normales) Zahlungsurteil.

*Die **isolierte Bestimmungsklage** wird eher vom Schuldner der Leistung erhoben werden, wenn der Gläubiger von dem allein ihm zustehenden Bestimmungsrecht keinen Gebrauch macht, der Schuldner an der Bestimmung aber ein rechtliches Interesse hat.*
Beispiel:
Die von dem Kläger aufgrund Ziff. 7 des zwischen den Parteien am ... geschlossenen Vertrages an den Beklagten zu leistende Zahlung wird auf monatlich 200,– DM festgelegt.
(Gleiches gilt, wenn der Gläubiger eine vom Schuldner nicht gebilligte Leistungsbestimmung trifft, die Leistung aber nicht einklagt.)

Bestimmung

Ersetzung der Leistungsbestimmung
§ 319 I 2 BGB
Auch hier gelten die vorerwähnten Grundsätze. Die Klage richtet sich nicht gegen den Dritten, vielmehr findet der Rechtsstreit zwischen den Vertragspartnern statt (BGHZ 57, 47; BGH, NJW 78, 631).

Bestimmung der Zuständigkeit
s. gerichtliche Bestimmung

Betriebliche Altersversorgung
§ 7 BetrAVG
— Es wird festgestellt, daß der Beklagte (PSVaG) verpflichtet ist, dem Kläger bzw. dessen Hinterbliebenen bei Eintritt des Versorgungsfalles (Erreichen der Altersgrenze von 63 Jahren, Dienstunfähigkeit, Tod) für die dem Kläger von der Firma X im Vertrag vom . . . erteilten Versorgungszusage Insolvenzschutz zu gewähren.
— Es wird festgestellt, daß der Beklagte aufgrund des am . . . zwischen dem Kläger und der Firma X geschlossenen Vertrages vom 1. 3. 1995 ab ein dynamisiertes Altersruhegeld zu zahlen hat, dessen Höhe sich zum Stichtag 1. 3. 1988 auf monatlich 4250,— DM belief.

Betrieb eines Erwerbsgeschäfts
s. selbständiger Betrieb

Bindung an die Parteianträge
§ 308 ZPO, s. aliud, minus

Briefgrundschuld, -hypothek
s. Abtretung, Ausschlußurteil, Grundpfandrechte

Buchauszug
s. Auskunft

Buchgrundschuld, -hypothek
s. Abtretung, Ausschlußurteil, Grundpfandrechte

Bürgenhaftung
Mit Rücksicht auf die sich aus § 767 I BGB ergebenden Grenzen der Bürgenhaftung muß der Charakter der Zahlungsschuld als Bürgschaftsverpflichtung im Tenor klargestellt werden (vgl. Zöller, § 313 Rd.Ziff. 8; falsch wäre eine gesamtschuldnerische Verurteilung neben dem Hauptschuldner, BGH, WM 68, 916, 918):
Der Beklagte wird verurteilt, als Bürge für die Verbindlichkeit des Herrn X aus dem Darlehensvertrag vom . . . an den Kläger . . . DM zu zahlen.

Deckungsklage
(Der Antrag, der beklagte Versicherer möge dem Kläger für einen bestimmten Versicherungsfall Deckungsschutz gewähren, ist grundsätzlich als Feststellungsklage zu werten; eine Klage auf Befreiung von der Haftpflichtverbindlichkeit, d. h. auf Befriedigung des Haftpflichtgläubigers, kommt nur in Betracht, wenn das Bestehen des Haftpflichtanspruchs rechtskräftig festgestellt ist (zur Abgrenzung in der Haftpflichtversicherung vgl. BGH, NJW 81, 871). Dem Urteil muß jeweils eindeutig zu entnehmen sein, welcher Ausspruch getroffen wird.)

Beispiel für einen Feststellungstenor:
Es wird festgestellt, daß die Beklagte verpflichtet ist, dem Kläger hinsichtlich der Schadensersatzansprüche, die von Herrn X gegen ihn erhoben werden, weil der Sohn Bernhard des Klägers angeblich am ... eine Fensterscheibe des Hauses ... zerstört hat, im Rahmen der Haftpflichtversicherung Nr. ... Deckungsschutz zu gewähren.

zum Befreiungsanspruch s. dort

Dienst- oder Arbeitsverhältnis
Ermächtigung nach § 113 III BGB, § 43 FGG
Der Antragsteller (= der Minderjährige) wird ermächtigt,
- zwecks Ausbildung zum Bankkaufmann mit der Volksbank X einen Lehrvertrag abzuschließen.
- bei der Firma X als Bote zu arbeiten.

Dreimonatseinrede
§ 2014 BGB, s. Vorbehalt

Drittschuldnerklage
§§ 836 ff. ZPO

Beispiel (bei Pfändung von Arbeitslohn):
Der Beklagte wird verurteilt,
an den Kläger ... DM nebst ... Zinsen seit dem ... sowie künftig für die Dauer der Beschäftigung des Streitverkündeten X in seinem Unternehmen ... DM monatlich, beginnend mit dem ... bis zur Abdeckung des Betrages von ... DM nebst ... Zinsen seit dem ... zu zahlen.

Drittwiderspruchsklage
§ 771 ZPO

Bei Pfändung einer Sache
Die von dem Beklagten aus dem Urteil des Landgerichts K vom ... – Aktenzeichen: ... – betriebene Zwangsvollstreckung in den PKW Golf, Fahrgestell-Nr. 1234567, Farbe weiß, amtliches Kennzeichen: K – AH 4901 – DR-Nr. ... des Gerichtsvollziehers X –, wird für unzulässig erklärt.

Bei Pfändung einer Forderung
Die mit Pfändungs- und Überweisungsbeschluß des Amtsgerichts K vom ... – Aktenzeichen: ... – vorgenommene Zwangsvollstreckung in die angeblichen Ansprüche des Herrn X gegen die Volksbank Y aus dem Konto Nr. ... wird für unzulässig erklärt.

Einstweilige Anordnung
§ 771 III, 769 ZPO, s. Einstellung der Zwangsvollstreckung

s. auch vorzugsweise Befriedigung

Duldungspflicht des Mieters
s. Mietsachen

Duldung der Zwangsvollstreckung
z. B. § 1147 (§ 1192 I) BGB
Der Beklagte wird verurteilt, wegen eines Betrages von ... DM nebst ... Zinsen seit dem ... aus der Hypothek (Grundschuld) über ... DM, eingetragen im Grundbuch von ..., Abteilung III, laufende Nr. ..., die Zwangsvollstreckung in das Hausgrundstück Maugasse 29 in 5000 Köln 81 zu dulden.

Duldung

(Die mithaftenden Gegenstände, vgl. § 1120 BGB, brauchen im Tenor nicht aufgeführt zu werden, Palandt, § 1147 Anm. 2a.)

s. auch Anfechtung
(zu § 7 AnfG)

s. minus

Durchsuchungsanordnung
§§ 758, 761 ZPO analog (BVerfG, NJW 79, 1541)

Die zwangsweise Öffnung und Durchsuchung von Wohnung und Geschäftsräumen des Schuldners, Burgacker 29, 5000 Köln 81, einschließlich der Öffnung und Durchsuchung aller Räumlichkeiten und Behältnisse darin zum Zweck der Vollstreckung aus dem Urteil des Landgerichts K vom... – Aktenzeichen:... – sowie die Anwesenheit des Gläubigers oder seines Vertreters hierbei werden für zulässig erklärt.

Eheaufhebung
s. Familiensachen

Eheliches Güterrecht
s. Familiensachen

Eheliche Lebensgemeinschaft
s. Familiensachen, dort: Herstellung des ehelichen Lebens (mit Hinweisen zur Anwendbarkeit des § 606 ZPO)

Ehelichkeitsanfechtung
s. Kindschaftssachen

Ehenichtigkeit
s. Familiensachen

Ehescheidung
s. Familiensachen

Ehestörung
s. Familiensachen

Ehrenrührige Behauptungen
s. Unterlassung, Widerruf

Eidesstattliche Versicherung
§§ 259 ff., 261 BGB, § 889 ZPO, § 20 Ziff. 17 RpflG

Abgabe
Der Beklagte wird verurteilt, an Eides Statt zu versichern, daß er in der Aufstellung vom... den Bestand/die Einnahmen so vollständig angegeben habe, wie er dazu imstande sei.

(Für den Fall der freiwilligen Abgabe der eidesstattlichen Versicherung vgl. §§ 79, 163 FGG, § 3 Ziff. 1b RpflG.)

Änderung nach § 261 II BGB
(Beschluß)
Der Inhalt der von dem Beklagten (aufgrund Urteils des Landgerichts K vom ...
– Aktenzeichen: ... –) abzugebenden eidesstattlichen Versicherung wird wie folgt geändert:
Der Beklagte hat an Eides Statt zu versichern, daß er nicht nur die in der von ihm erstellten Rechnung aufgeführten Einnahmen, sondern auch die Ausgaben so vollständig angegeben habe, wie er dazu imstande sei.

Einrede des Aufgebotsverfahrens
§ 2015 BGB, s. Vorbehaltsurteil

Einsichtnahme
– in Geschäftsbücher, s. Auskunft
– in Urkunden, s. Vorlegung

Einspruch
s. Versäumnisurteil

Einstellung der Zwangsvollstreckung
§§ 769 f., 771 III ZPO

durch das Prozeßgericht
– Die Zwangsvollstreckung aus dem Urteil des Landgerichts K vom ... – Aktenzeichen: ... – wird (gegen Sicherheitsleistung in Höhe von ... DM) einstweilen eingestellt. Die von dem Gerichtsvollzieher X am ... in der Wohnung des Antragstellers vorgenommene Pfändung (DR-Nr.: ...) ist aufzuheben, wenn der Antragsteller die Sicherheitsleistung in Höhe eines Teilbetrages von ... DM erbringt.
– Die Zwangsvollstreckung aus dem Urteil ... darf einstweilen nur gegen Sicherheitsleistung in Höhe von ... DM fortgesetzt werden.

durch das Vollstreckungsgericht
Der Tenor ist gleichlautend, jedoch mit dem Zusatz:
Dem Antragsteller wird eine Frist bis zum ... gesetzt, innerhalb derer er gegen den Antragsgegner (Vollstreckungsabwehr-/Widerspruchs-)Klage zu erheben und eine Entscheidung des Prozeßgerichts über die Einstellung der Zwangsvollstreckung beizubringen hat; kommt der Antragsteller dem nicht nach, darf die Zwangsvollstreckung (ohne Sicherheitsleistung) fortgesetzt werden.

Einstweilige Anordnung
s. Einstellung der Zwangsvollstreckung, Familiensachen, Kindschaftssachen, Unterhaltssachen, Vollstreckungsabwehrklage, vorzugsweise Befriedigung

Einstweilige Verfügung
§§ 935 ff. ZPO

Zurückweisende Entscheidung
Der Antrag auf Erlaß einer einstweiligen Verfügung wird zurückgewiesen.
Nicht ohne mündliche Verhandlung (§ 937 II ZPO)
– z. B. bei fehlender Erfolgsaussicht –
Über den Antrag soll nicht ohne mündliche Verhandlung entschieden werden.

Einstweilige Verfügung

Bauhandwerker-Sicherungshypothek
Vormerkung nach §§ 648 I, 885 I BGB, 935 ZPO
Zu Lasten des hälftigen Miteigentumsanteils des Antragsgegners an dem Hausgrundstück Burgacker 29 in 5000 Köln 81, Grundbuch von . . ., ist zur Sicherung des dem Antragsteller zustehenden Anspruchs auf Bestellung einer Bauhandwerker-Sicherungshypothek für eine Werklohnforderung von 35 000,– DM nebst 7,5% Zinsen seit dem . . . und nebst Kosten in Höhe von . . . DM eine Vormerkung einzutragen.
(Gemäß § 941 ZPO kann das Gericht als Vertreter des Antragstellers das Grundbuchamt um Eintragung der Vormerkung ersuchen. Im Beschluß heißt es dann:)
Das Grundbuchamt soll vom Gericht um die Eintragung der Vormerkung ersucht werden.
(Den Antrag kann nur das Gericht stellen, nicht der Urkundsbeamte der Geschäftsstelle, § 39 GBO, § 110 FGG! Um Regreßrisiken zu vermeiden, überläßt es die Gerichtspraxis in der Regel dem Antragsteller, die Eintragung zu beantragen. Hierauf ist im Beschluß hinzuweisen (Zöller, § 941 Rd.Ziff. 1), etwa:)
Es bleibt dem Antragsteller überlassen, die zur Eintragung erforderlichen Anträge beim Grundbuchamt zu stellen.

Erwerbsverbot
§§ 935, 938 I ZPO
Dem Antragsgegner wird untersagt, an dem im Grundbuch von . . . eingetragenen Hausgrundstück . . . das Eigentum zu erwerben, insbesondere beim Grundbuchamt einen hierauf abzielenden Umschreibungsantrag zu stellen bzw. einen bereits gestellten Antrag aufrechtzuerhalten.
(Das Erwerbsverbot ist nicht eintragungsfähig; das Grundbuchamt muß das ihm bekannte Erwerbsverbot jedoch berücksichtigen; Palandt, § 888 Anm. 5 m.w.N.)

Geschäftsführungsbefugnis, Entziehung
§§ 117, 127 HGB, § 940 ZPO
Dem Antragsgegner wird die Befugnis, die Geschäfte der X-OHG/KG zu führen und die Gesellschaft zu vertreten, einstweilen (bis zur Entscheidung über die Ausschließungs-/Entziehungsklage) entzogen.
Geschäftsführungsbefugnis und Vertretungsmacht für die X-OHG/KG werden vorläufig auf Herrn Y übertragen.
(Vgl. BGHZ 33, 105; Semler, Einstweilige Verfügungen bei Gesellschaftsauseinandersetzungen, BB 79, 1533.)
(Das Verbot einer Gesellschafterversammlung, die daran gehindert werden soll, bestimmte Beschlüsse zu fassen, ist nicht zulässig (OLG Frankfurt/Main, BB 82, 274 = MDR 82, 417).)

Herausgabe einer Sache an einen Sequester
§ 985 BGB, §§ 935, 938 II ZPO
Dem Antragsgegner wird aufgegeben, den PKW . . . bis zur Entscheidung über dessen Verbleib zwecks Sicherstellung und Aufbewahrung an einen vom Antragsteller als Sequester zu beauftragenden Gerichtsvollzieher herauszugeben.

Unterlassen ehrenrühriger Behauptungen
§ 1004 BGB analog, §§ 935, 890 II ZPO
Der Antragsgegnerin wird einstweilen untersagt, die Behauptung aufzustellen und zu verbreiten, bei der Antragstellerin gingen des Nachts Männer ein und aus.
Für jeden Fall der Zuwiderhandlung werden der Antragsgegnerin Zwangsgeld bis zu einer Höhe von 10 000,– DM und für den Fall, daß dieses nicht beigetrieben werden kann, Ordnungshaft bis zu 2 Wochen angedroht.

Einstweilige Verfügung

Unterlassen ruhestörenden Lärms
§ 1004 BGB, §§ 935, 890 II ZPO

Dem Antragsgegner wird bis auf weiteres untersagt, auf seinem an der Ecke Burgacker/Bachstraße in 5000 Köln 81 gelegenen Lagerplatz zwischen samstags 13.00 Uhr und montags 6.30 Uhr Transportfahrzeuge und Kräne zu bewegen.
(Androhung wie vorstehend)
(Allgemeines zur Formulierung des Unterlassungstenors, s. Unterlassung)

Veräußerungsverbot
§§ 135 f., 888 II BGB, §§ 935, 938 II ZPO

Dem Antragsgegner wird untersagt, das im Grundbuch von . . . eingetragene Hausgrundstück Burgacker 29 in 5000 Köln 81 zu veräußern.
Es bleibt dem Antragsteller überlassen, die zur Eintragung des Veräußerungsverbotes erforderlichen Anträge beim Grundbuchamt zu stellen.
(Betreffend den Antrag beim Grundbuchamt s. o. Bauhandwerker-Sicherungshypothek sowie Palandt, § 888 Rd.Ziff. 10.)

Verfügungsverbot
§§ 935, 938 II, 890 II ZPO

Dem Antragsgegner wird jedwede Verfügung über den PKW . . . untersagt.
Für jeden Fall des Zuwiderhandelns werden ihm ein Ordnungsgeld bis zu . . . DM und für den Fall, daß dieses nicht beigetrieben werden kann, Ordnungshaft bis zu . . . angedroht.

Vermieterpfandrecht
§ 561 BGB, § 935 ZPO

– Verbot des Abtransports
Dem Antragsgegner wird untersagt, aus der Mietwohnung Burgacker 29, 5000 Köln 81, 2. Stock Mitte, Gegenstände jedweder Art zu entfernen.
(Androhung nach § 890 II ZPO)

– Zurückschaffung, Inbesitznahme nach Auszug des Mieters
Hier kommt als vorläufig wirksame Sicherungsmaßnahme die Herausgabe an einen Sequester in Betracht, s. dort.
(Allgemein zur Geltendmachung der Ansprüche aus § 561 BGB durch einstweilige Verfügung Münchener Kommentar, § 561 Rd.Ziff. 14, Staudinger, § 561 Rd.Ziff. 2, 43; Emmerich/Sonnenschein, Rd.Ziff. 8; Baumbach/Lauterbach/Albers/Hartmann, § 938 Anm. 1C; der Antrag auf Erlaß einer einstweiligen Verfügung wahrt die Frist des § 561 II 2 BGB, OLG Hamburg, OLG 22, 251.)

Widerspruch
§ 899 II BGB, § 935 ZPO

Zwecks Sicherung des dem Antragsteller zustehenden Anspruchs auf Umschreibung der im Grundbuch von . . . in Abteilung III unter Nr. 2 zugunsten des Herrn X eingetragenen Hypothek zur Sicherung eines Darlehensanspruchs auf Rückzahlung von . . . DM nebst . . . Zinsen (Darlehensvertrag vom . . .) in eine Eigentümergrundschuld ist zugunsten des Antragstellers ein Widerspruch einzutragen.
Es bleibt dem Antragsteller überlassen, die hierfür erforderlichen Anträge beim Grundbuchamt zu stellen.
(Der gesicherte Anspruch ist im Tenor möglichst genau zu bezeichnen, weil der Eintragungsvermerk über seinen Inhalt Auskunft geben muß; Palandt, § 899 Rd.Ziff. 10.)

Willenserklärung
Für Antrag und Tenor gelten keine Besonderheiten (s. Stichwort „Willenserklärung"). Allerdings ist eine auf Abgabe einer Willenserklärung gerichtete einstweilige Verfügung grundsätzlich nicht zulässig, da sie die Hauptsache vorwegnimmt (Baumbach/

Einstweilige Verfügung
Lauterbach/Albers/Hartmann, § 938 Anm. 1D; Thomas/Putzo, § 894 Anm. 2a; a. A. OLG Frankfurt/Main, MDR 54, 686 und Stuttgart, NJW 73, 908, für den Fall, daß die Willenserklärung nur eine vorläufige Regelung zum Gegenstand hat).
Entscheidungen des Amtsgerichts der belegenden Sache
- § 942 I ZPO

   Der Antragsgegner hat den PKW ... an einen vom Antragsteller mit der Aufgabe des Sequesters zu betrauenden Gerichtsvollzieher herauszugeben.

   Dem Antragsteller wird für den Antrag auf Ladung des Antragsgegners zur mündlichen Verhandlung über die Rechtmäßigkeit der einstweiligen Verfügung vor das Gericht der Hauptsache eine Frist von 2 Wochen ab heute gesetzt.
- § 942 II ZPO

   Zur Tenorierung vgl. oben Vormerkung, Widerspruch; da die Fristsetzung hier nur auf Antrag des Gegners erfolgt, hat sie keine praktische Bedeutung.

betreffend Aufhebung und Widerspruchsverfahren s. jeweils dort
s. auch Entmündigung, Familiensachen, Gegendarstellung, Unterhaltssachen

Eintragung
eines rechtsfähigen Vereins, s. Vereinsrecht

Einziehungsermächtigung
Der Kläger, der vom Beklagten die Erteilung einer Einziehungsermächtigung verlangt, braucht kein bestimmtes Konto anzugeben; lediglich die Grundlage der auf diesem Wege zu befriedigenden Forderungen muß klargestellt werden. Die Vollstreckung erfolgt nach § 888 ZPO; § 894 findet keine Anwendung.

Der Beklagte wird verurteilt, dem Kläger zwecks Erfüllung von Zahlungsansprüchen aus dem zwischen den Parteien am ... geschlossenen ...Vertrag für ein auf seinen Namen geführtes Konto eine Einziehungsermächtigung zu erteilen.

Elterliche Sorge
s. Familiensachen

Entmündigung
§§ 6 I, 1896 ff. BGB, §§ 645 ff. ZPO
(Das Verfahren in Entmündigungssachen entfällt mit Inkrafttreten des Gesetzes zur Reform des Rechts der Vormundschaft und Pflegschaft für Volljährige (Betreuungsgesetz – BtG) am 1. Januar 1992. Nach Art. 9 § 5 sind anhängige Entmündigungssachen zu diesem Zeitpunkt an das zuständige Vormundschaftsgericht abzugeben. Die Zulässigkeit eines bereits eingelegten Rechtsmittels beurteilt sich nach den bisherigen Vorschriften. Ist lediglich die Kostenentscheidung noch offen, wird sie nach bisherigem Recht gefällt.)
Beschluß des Amtsgerichts
§§ 645 I, 680 I ZPO

Der Antragsgegner, Herr X, wird wegen Geisteskrankheit/Geistesschwäche/Verschwendungssucht/Trunksucht/Rauschgiftsucht entmündigt.

Zum Vormund des Antragsgegners wird Herr Y/der Sozialdienst ... e.V. bestellt.
Anfechtungsklage
§§ 664, 684, 672 ZPO (anfängliche Unbegründetheit des Entmündigungsbeschlusses)
Der Beschluß des Amtsgerichts K vom ... – Aktenzeichen: ... – wird aufgehoben.
(Mit der Anfechtungsklage gegen eine Entmündigung wegen Geisteskrankheit kann auch eine Änderung in der Weise begehrt werden, daß die Entmündigung nur aus dem

Entmündigung

weniger weitreichenden Grunde der Geistesschwäche (vgl. §§ 104 Ziff. 3 und 114 BGB) ausgesprochen wird (Zöller, 16. Aufl., § 672 Rd.Ziff. 4. Entsprechend kommt ein Teilerfolg der uneingeschränkten Anfechtungsklage in Betracht:)
Der Beschluß des Amtsgerichts K vom ... – Aktenzeichen: ... – wird dahingehend abgeändert, daß der Kläger/Herr X nicht wegen Geisteskrankheit, sondern wegen Geistesschwäche entmündigt ist.
(Die weitergehende Klage wird abgewiesen.)

Wiederaufhebungsklage (Wiederbemündigung)
§§ 675, 679, 685 f. ZPO (Der Grund einer zu Recht erfolgten Entmündigung ist fortgefallen, § 6 II BGB. Der Klage muß ein Beschlußverfahren vor dem Amtsgericht vorausgehen.)
Die durch Beschluß des Amtsgerichts K vom ... – Aktenzeichen: ... – ausgesprochene Entmündigung des Antragstellers/Klägers/des Herrn X wegen Geisteskrankheit (usw.) wird aufgehoben.
Zur Klarstellung kann hinzugefügt werden:
Der Antragsteller/Kläger/Herr X wird wiederbemündigt.
(Die Klage kann mit dem beschränkten Ziel erhoben werden, die ausgesprochene Entmündigung wegen Geisteskrankheit in eine solche wegen Geistesschwäche umzuwandeln (Zöller, § 679 Rd.Ziff. 2). Entsprechend kommt ein Teilerfolg der uneingeschränkten Aufhebungsklage in Betracht.)
Die durch Beschluß des Amtsgerichts K vom ... – Aktenzeichen: ... – ausgesprochene Entmündigung des Antragsteller/Klägers/des Herrn X wird dahingehend abgeändert, daß der Antragsteller/Kläger/Herr X fortan nicht mehr wegen Geisteskrankheit, sondern nur noch wegen Geistesschwäche entmündigt ist.
(Die weitergehende Klage wird abgewiesen.)

Unterbringung
§ 656 ZPO
Der Antragsgegner X wird zur Feststellung seines Geisteszustandes für die Dauer von 4 Wochen in das Landeskrankenhaus Y eingewiesen.
(Der Beschluß ist zu begründen. Wenn der Betroffene mit seiner Einweisung einverstanden ist, reicht ein Hinweis hierauf als Begründung aus.)

Einstweilige Verfügung
§§ 672 3, 936 ff. ZPO
Beispiele:
– Dem Kläger ist ab sofort gestattet, von dem auf seinen Namen lautenden Konto Nr. ... bei der Volksbank X ohne Mitwirkung des Vormundes monatlich bis zu 1500,– DM abzuheben.
– Der Kläger darf ab sofort ohne Mitwirkung seines Vormundes alle sich auf die Verwaltung des Hauses Burgacker 29 in 5000 Köln 81 beziehenden Maßnahmen treffen und Zahlung der Miete an sich selbst verlangen. Nicht gestattet ist ihm bis zur Rechtskraft eines Aufhebungsurteils in der vorliegenden Sache lediglich der Abschluß von Verträgen, die eine Belastung oder Veräußerung des Hausgrundstücks zum Gegenstand haben.

Entschädigung nach Fristsetzung
s. Fristsetzung im Urteil

Entziehung
der Geschäftsführerbefugnis, OHG, KG
§§ 117, 161 II HGB (Klage der Mitgesellschafter)

Entziehung

Dem Beklagten wird die Befugnis, die Geschäfte der X-OHG/KG zu führen, entzogen.

der Vertretungsmacht, OHG, KG
§§ 127, 161 II HGB (Klage der Mitgesellschafter)
Dem Beklagten wird die für die X-OHG/KG bestehende Vertretungsmacht entzogen.

beider Befugnisse
Dem Beklagten wird die Befugnis, die Geschäfte der X-OHG/KG zu führen und die Gesellschaft zu vertreten, entzogen.

s. hierzu auch Einstweilige Verfügung
Entziehung der Rechtsfähigkeit, s. Vereinsrecht
Entziehung des Wohnungseigentums, s. dort

Erbengemeinschaft
s. Auseinandersetzung, gemeinschaftliche Verwaltung, Nachlaßforderung

Erbenhaftung
s. Ersetzungsbefugnis, Vorbehalt

Erbfall
(im Verlauf des Rechtsstreits) s. Vorbehalt

Erbschaftsbesitzer
§ 2027 BGB, s. Auskunft

Erbschaftsstreit
s. Auskunft

Erbunwürdigkeitsklage
§ 2342 BGB
Der Beklagte wird für erbunwürdig erklärt.
(Beklagter ist der Erbe; nach h. M. handelt es sich um eine Gestaltungsklage; vgl. Palandt, § 2342 Rd.Ziff. 1 m.w.N.)

Ergänzungsurteil
§§ 321, 599 II, 716 ZPO
Das Urteil des Landgerichts K vom... – Aktenzeichen:... – wird wie folgt ergänzt:
– Der Beklagte wird verurteilt, über die bereits zugesprochenen 10 000,– DM hinaus an den Kläger auf diesen Betrag 5% Zinsen seit dem 1. 12. 1986 zu zahlen.
– Dem Beklagten bleibt die Ausführung seiner Rechte im Nachverfahren vorbehalten.
– Dem Beklagten bleibt vorbehalten, seine Haftung auf den Nachlaß des am ... verstorbenen Herrn X aus K, zuletzt wohnhaft ..., zu beschränken.
– Dem Beklagten wird eine bis zum Ende des Jahres 1986 laufende Räumungsfrist gewährt.
– Die Kosten des Rechtsstreits werden gegeneinander aufgehoben.
– Das Urteil ist gegen Sicherheitsleistung in Höhe von ... DM vorläufig vollstreckbar.

Erinnerung

bei genügender Sicherung des Gläubigers
§ 777 ZPO

Die Zwangsvollstreckung aus dem Urteil des Landgerichts K vom ... – Aktenzeichen: ... – wird eingestellt. Die aufgrund des vorbezeichneten Urteils am ... durch den Gerichtsvollzieher X (DR-Nr. ...) in den PKW ... vorgenommene Pfändung wird aufgehoben.

gegen die Erteilung der Vollstreckungsklausel
§ 732 ZPO

- **bei Erfolg des Rechtsbehelfs**

  Die Zwangsvollstreckung aus der dem Kläger für das Urteil des Landgerichts K vom ... – Aktenzeichen: ... – erteilten Vollstreckungsklausel ist nicht zulässig/wird für unzulässig erklärt.

- **Einstweilige Anordnung**

  § 732 II ZPO

  Die Zwangsvollstreckung aus dem Urteil des Landgerichts K vom ... – Aktenzeichen: ... – darf einstweilen nur gegen Sicherheitsleistung in Höhe von ... DM fortgesetzt werden/wird einstweilen eingestellt.

gegen die Art und Weise der Zwangsvollstreckung
§ 766 ZPO

- Der Gerichtsvollzieher wird angewiesen, das im Besitz des Schuldners befindliche Radiogerät ... zu pfänden.
- Der Pfändungs- und Überweisungsbeschluß des Amtsgerichts K vom ... – Aktenzeichen: ... – wird aufgehoben. Der auf seinen Erlaß gerichtete Antrag wird zurückgewiesen.

s. Beschwerde

Erledigung der Hauptsache
§§ 91 a, 256 I ZPO
(eingehend Teil B, Rd.Ziff. 429 ff.)

Übereinstimmend erklärte Erledigung

- **Vollständige Erledigung**

  Es wird gem. § 91 a I ZPO durch Beschluß über die Kosten des Rechtsstreits entschieden, wobei die Erledigung nicht eigens festzustellen ist, im Kostentenor aber erwähnt werden darf:
  Die Kosten des in der Hauptsache erledigten Rechtsstreits tragen ...
  Oder kürzer:
  Die Kosten des Rechtsstreits tragen ...

- **Teilerledigung**

  (Die sich auf einen Teil des Streitgegenstandes beziehende übereinstimmende Erledigungserklärung führt nicht zu einem gesonderten Kostenbeschluß; vielmehr ist sie lediglich innerhalb der Kostenentscheidung im Urteil zu berücksichtigen. Zur Klarstellung kann allerdings auf die Teilerledigung verwiesen werden:)
  - Die Klage wird, soweit nicht die Parteien den Rechtsstreit in der Hauptsache für erledigt erklärt haben, abgewiesen.
  - Der Beklagte wird verurteilt, an den Kläger ... DM zu zahlen; die weitergehende Klage wird, soweit nicht Erledigung in der Hauptsache eingetreten ist, abgewiesen.

Erledigung

- **Erledigung nach Erlaß eines Versäumnisurteils gegen den Beklagten**
  (Zwar ist eine Aufhebung des Versäumnisurteils wegen Gegenstandslosigkeit des Titels nicht erforderlich, im Hinblick auf die Regelung des § 775 Ziff. 1 ZPO ist jedoch eine Klarstellung zweckmäßig:)
  Das Versäumnisurteil vom ... ist gegenstandslos. Die Kosten des Rechtsstreits ...
- **Teilerledigung nach Versäumnisurteil, Teilabweisung**
  Das Versäumnisurteil vom ... bleibt insoweit aufrechterhalten, als der Beklagte verpflichtet ist, an den Kläger ... DM zu zahlen. Im übrigen wird es aufgehoben. Die weitergehende Klage wird, soweit nicht die Parteien den Rechtsstreit in der Hauptsache für erledigt erklärt haben, abgewiesen.

Einseitige Erledigungserklärung

- **Vollständige Erledigung**
  Es wird festgestellt, daß der Rechtsstreit in der Hauptsache erledigt ist.
  Oder:
  Der Rechtsstreit ist in der Hauptsache erledigt.
- **Unbegründete Erledigungserklärung**
  Die Klage wird abgewiesen.
- **Teilerledigung**
  (Die einseitig erklärte Teilerledigung ist im Tenor festzustellen:)
  Der Rechtsstreit ist hinsichtlich eines Teilbetrages von .../hinsichtlich der Zahlungsklage in der Hauptsache erledigt.
  Der Beklagte wird verurteilt, ... Im übrigen ist der Rechtsstreit in der Hauptsache erledigt.
  (Bei Teilleistungen des Beklagten wählt der Kläger, um sich den Berechnungsvorteil des § 367 I BGB zu erhalten, besser folgende Antragsformulierung:)
  Der Beklagte wird verurteilt, an den Kläger ... DM nebst ... Zinsen seit dem ... abzüglich am ... geleisteter ... DM zu zahlen.
  (In der Wendung „abzüglich" ist eine konkludente Erledigungserklärung enthalten, die unverändert in den Urteilstenor übernommen werden kann, vgl. OLG Frankfurt/Main, MDR 77, 56; vgl. auch Teil B, Rd.Ziff. 460, 484.)
- **Einseitige Erledigung nach Erlaß eines Versäumnisurteils gegen den Beklagten**
  Das Versäumnisurteil vom ... wird aufgehoben. Der Rechtsstreit ist in der Hauptsache erledigt.
- **Teilerledigung nach Erlaß eines Versäumnisurteils gegen den Beklagten**
  Das Versäumnisurteil vom ... bleibt insoweit aufrechterhalten, als der Beklagte verpflichtet ist, an den Kläger ... DM zu zahlen. Im übrigen wird es aufgehoben. Hinsichtlich eines Betrages von ... DM ist der Rechtsstreit in der Hauptsache erledigt. Die weitergehende Klage wird abgewiesen.

Hilfsweise erklärte Erledigung
(Nach der jüngeren Rechtsprechung, BGH, NJW 89, 2887, ist die hilfsweise abgegebene Erledigungserklärung, wie der Hilfsantrag im allgemeinen, prozessual zulässig, aber gerade bei Vorliegen eines erledigten Ereignisses unbegründet. Denn wenn der (z. B. auf Leistung gerichtete) Hauptantrag wegen Erledigung der Hauptsache abgewiesen werden muß, wäre es widersinnig, auf den Hilfsantrag hin die Erledigung festzustellen, ähnlich schon BGH, NJW 67, 564; vgl. auch Stein/Jonas, § 91 a Rd.Ziff. 17; Zöller, § 91 a Rd.Ziff. 13; Teubner/Prange, MDR 89, 586; a. A. OLG Schleswig, NJW 73, 1933; OLG Koblenz, GRUR 88, 43 [46]; Bergerfurth, NJW 68, 530. Der Tenor lautet mithin:)
Die Klage wird abgewiesen.

(Umgekehrt kann der Kläger ohne weiteres den Antrag, die Erledigung der Hauptsache festzustellen, als Hauptantrag verfolgen und hilfsweise das ursprüngliche Klageziel aufrechterhalten, BGH, NJW 65, 1597; Stein/Jonas, § 91 a Rd.Ziff. 17; Baumbach/ Lauterbach/Albers/Hartmann, § 91 a, Anm. 6 K. Bei Erledigung der Hauptsache wird dies im Urteil festgestellt (s. oben); ist Erledigung nicht eingetreten, kann der Beklagte auf den Hilfsantrag hin verurteilt werden. Muß das Gericht allerdings den Hauptantrag bereits deshalb abweisen, weil die Klage von Anfang an unbegründet war, braucht es auf den Hilfsantrag nicht mehr einzugehen, weil sich daraus keine zusätzlichen Urteilswirkungen ergäben, BGH, WM 82, 1260.
Schließt der Beklagte sich der mit dem Hauptantrag abgegebenen Erledigungserklärung des Klägers an, tritt ungeachtet des Hilfsantrages im Sinne des § 91a die Erledigung ein. Grundlage der Kostenentscheidung ist nunmehr allein die Frage, ob die Klage ursprünglich begründet war, vgl. Teil B, Rd.Ziff. 431 ff.
Der Beklagte kann sich einer Erledigungserklärung des Klägers nicht hilfsweise anschließen, OLG Düsseldorf, ZMR 89, 14; Stein/Jonas, § 91 a Rd.Ziff. 17; a. A. OLG Koblenz, GRUR 88, 43 [46].)

Zur „Erledigung des Rechtsstreits" vor Rechtshängigkeit
vgl. Teil B, Rd.Ziff. 474, 481 ff.

Ermächtigung
zur Vornahme einer Handlung, s. Handlung
zur Eingehung eines Dienst- oder Arbeitsverhältnisses, s. Dienst

Ersatzvornahme
s. vertretbare Handlungen

Ersetzung der Leistungsbestimmung
s. Bestimmung einer Leistung

Ersetzungsbefugnis
Erbenhaftung, erbrechtliche Haftung des Beschenkten
§§ 1973 II 2, 2329 II BGB
Der Beklagte wird verurteilt, wegen Ansprüche des Klägers in Höhe von ... die Zwangsvollstreckung in folgende Gegenstände zu dulden:
a) ...
b) ...
Dem Beklagten wird nachgelassen, die Zwangsvollstreckung durch Zahlung folgender Geldbeträge abzuwenden:
zu a) ... DM
zu b) ... DM

Geldschuld in ausländischer Währung
§ 241 I BGB
Das Urteil lautet auf Zahlung in ausländischer Währung. Zum Genehmigungsvorbehalt nach § 32 AWG s. Vorbehalte. Die Befugnis des Schuldners, statt dessen DM zu leisten, wird nicht in den Tenor aufgenommen, da hierdurch, wegen der Verweisung auf den Tageskurs in § 244 II BGB, keine zusätzliche Klarheit geschaffen werden könnte.

Ersetzungsbefugnis

Kapitalabfindung statt Rente
§§ 843 III, 844 II 1, 2. Halbsatz, 845 2 BGB
Da der Gläubiger die Wahl nur bis zur letzten mündlichen Verhandlung treffen kann (BGH, Der Betrieb 72, 1868), erübrigt sich eine Aufnahme des Wahlrechts in Antrag und Tenor.
s. Abzahlungsgesetz

Erwerbsgeschäft
s. selbständiger Betrieb

Erwerbsverbot
s. einstweilige Verfügung

Fälligkeit
fehlende, s. Abweisung

Familiensachen
§§ 606 ff. ZPO

    I.   Klagen auf Herstellung des ehelichen Lebens
    II.   Klagen aus dem ehelichen Güterrecht
    III. Feststellung des Bestehens oder Nichtbestehens einer Ehe
    IV. Ehenichtigkeit
    V.   Eheaufhebung
    VI. Ehescheidung
    VII. Versäumnisurteil in Ehesachen
    VIII. Elterliche Sorge
    IX. Umgang mit dem Kind
    X.   Versorgungsausgleich
    XI. Wohnung und Hausrat
    XII. Zugewinnausgleich
    XIII. Vorbehalt der Fortsetzung einer Familiensache
    XIV. Einstweilige Anordnungen

I. Klagen auf Herstellung des ehelichen Lebens
§ 1353 I 2 BGB, § 606 ZPO

– **Pflege**
Der/Die Beklagte wird verurteilt, die Klägerin/den Kläger in seiner/ihrer Freizeit zu pflegen (Schellhammer, Rd.Ziff. 1722).

– **Umzug**
..., dem Kläger an seinen neuen Wohnsitz in ... zu folgen (OLG München, FamRZ 67, 394).

– **Ehestörung**
Die Beklagte zu 1) (die Ehestörerin) wird verurteilt, die Wohnung ... zu verlassen, folgende Gegenstände aus ihr zu entfernen: a) ..., b) ... und die bezeichnete Wohnung künftig nicht mehr zu betreten.
Der Beklagte zu 2) (der Ehemann der Klägerin) wird verurteilt, der Beklagten zu 1) das Betreten der bezeichneten Wohnung künftig nicht mehr zu gestatten.
(Str., ob Familiensache: vgl. Palandt, Einführung vor § 1353 Rd.Ziff. 18, 20; Thomas/Putzo, vor § 606 Anm. II 6; Baumbach/Lauterbach/Albers/Hartmann, § 606, Anm. 2 E.)

- **Mitwirkung an der Steuererklärung**
  Der Beklagte wird verurteilt, durch Erklärung gegenüber dem Finanzamt X zu Steuer-Nr.: ... der gemeinsamen Veranlagung der Parteien zur Einkommensteuer für den Veranlagungszeitraum ... zuzustimmen.
  (Keine Familiensache i. S. des § 606 ZPO, da rein vermögensrechtlicher Natur, OLG Koblenz, FamRZ 82, 942; OLG München, FamRZ 83, 614 f.; OLG Düsseldorf, FamRZ 84, 805.)
- **Zustimmung zum begrenzten Realsplitting**
  § 10 I Ziff. 1 EStG
  Die Beklagte wird verurteilt, Zug um Zug gegen den Nachweis, daß der Kläger zugunsten des Finanzamtes X oder der jeweiligen Veranlagungsstelle für die im Jahre 1988 entstehende Steuerschuld der Beklagten eine Sicherheitsleistung von 2000,– DM hinterlegt hat, ihre Zustimmung dazu zu erteilen, daß der Kläger den an die Beklagte im Jahre 1987 geleisteten Unterhalt in Höhe von 7900,– DM gegenüber der Finanzbehörde als Sonderausgabe geltend macht.
  (Familiensache: OLG Koblenz, FamRZ 80, 685 u. 791.)

II. Klagen aus dem ehelichen Güterrecht
§ 621 I Ziff. 8 ZPO

- **Unwirksamkeit von Rechtsgeschäften des Ehegatten**
  §§ 1368, 1428 BGB
  Antrag und Tenor richten sich nach dem Inhalt des geltend gemachten Anspruchs.
- **Aufhebung der fortgesetzten ehelichen Gütergemeinschaft**
  §§ 1447 ff., 1469 f. BGB (§§ 1495 f. BGB)
  Die aufgrund des Ehevertrags vom ... – Urkundenrolle Nr. ... des Notars X in Y – zwischen den Parteien bestehende (fortgesetzte) Gütergemeinschaft wird aufgehoben.

III. Feststellung des Bestehens oder Nichtbestehens einer Ehe
§§ 256, 638 ZPO
- Es wird festgestellt, daß die Parteien des Rechtsstreits aufgrund der zwischen ihnen am ... vor dem Standesbeamten in X – Heiratsregister-Nr.: ... – geschlossenen Ehe wirksam verheiratet sind.
- Es wird festgestellt, daß zwischen den Parteien eine Ehe nicht besteht/zu keiner Zeit eine Ehe bestanden hat.

IV. Ehenichtigkeit

- **Urteil**
  § 23 EheG, §§ 631 ff. ZPO
  Die am ... vor dem Standesbeamten in X – Heiratsregister-Nr.: ... – geschlossene Ehe der Parteien/der Beklagten zu 1) und 2)/des Beklagten mit Frau Y wird für nichtig erklärt.
- **Versäumnisurteil gegen den Kläger**
  § 635 ZPO
  Die Klage gilt als zurückgenommen.

V. Eheaufhebung
§ 29 EheG, § 606 I ZPO
Die am ... vor dem Standesbeamten in X – Heiratsregister-Nr.: ... – geschlossene Ehe der Parteien wird aufgehoben.

Familiensachen

VI. Ehescheidung
- **Urteil nach § 1564 BGB**
  § 606 I ZPO
  Die am... vor dem Standesbeamten in X – Heiratsregister-Nr.:... – geschlossene Ehe der Parteien wird (auf deren übereinstimmenden Antrag) geschieden.
- **Abweisung**
  § 629 III ZPO
  Der Scheidungsantrag wird abgewiesen.

VII. Versäumnisurteil in Ehesachen
Gemäß § 612 IV ZPO können Versäumnisurteile nur gegen den Kläger ergehen. Zur Sonderregelung im Ehenichtigkeitsverfahren s. oben IV.

VIII. Elterliche Sorge
§ 1671 I BGB, §§ 621 I Ziff. 1, 621 a I ZPO
- **Übertragung**
  Die elterliche Sorge über das am... geborene Kind... wird auf die Antragstellerin übertragen.
- **Änderung nach § 1696 I BGB**
  §§ 621 I Ziff. 1, 621 a I ZPO
  Die elterliche Sorge über das am... geborene Kind... wird von der Antragsgegnerin auf den Antragsteller übertragen.

IX. Umgang mit dem Kind
§ 621 I Ziff. 2 ZPO, s. in demselben Stichwort unten „Einstweilige Anordnungen"

X. Versorgungsausgleich
§§ 1587 ff. BGB, Gesetz zur Regelung von Härten im Versorgungsausgleich vom 21. 2. 1983 (BGBl. I. S. 105; 1989 I. S. 2261; Sammlung „Schönfelder", Nr. 48 a, VAHRG), § 83 b II AVG, § 1304 b II RVO, § 96 a RKB
- **Übertragung von Rentenanwartschaften**
  § 1587 b I BGB
  Von dem Versicherungskonto des Antragstellers bei der Bundesversicherungsanstalt für Angestellte, Versicherungs-Nr...., werden, bezogen auf den... (= letzter Tag des Monats, welcher der Rechtshängigkeit des Scheidungsantrages vorausgeht, § 1587 II BGB), auf das Versicherungskonto der Antragsgegnerin bei der BVA, Versicherungs-Nr.... (oder: auf ein bei der BVA für die Antragsgegnerin zu errichtendes Konto), Rentenanwartschaften in Höhe von monatlich... DM übertragen.
- **Begründung von Rentenanwartschaften**
  § 1587 b II BGB
  Zu Lasten der für den Antragsteller bei der Stadt X bestehenden Versorgungsanwartschaften werden auf dem Konto-Nr.... bei der LVA Y für die Antragsgegnerin, bezogen auf den..., Rentenanwartschaften in Höhe von monatlich... DM begründet.
- **Zahlung von Versicherungsbeiträgen in Raten**
  § 3 b I Ziff. 2 des Gesetzes zur Regelung von Härten im Versorgungsausgleich (VAHRG), § 18 SGB IV
  Der Antragsgegner hat auf das Versicherungskonto der Antragstellerin bei der... Versicherungsanstalt zur Begründung von Rentenanwartschaften in Höhe von... DM monatlich, bezogen auf den..., einen Betrag von... DM einzuzahlen.

Ihm wird nachgelassen, die Zahlung beginnend mit dem 1. 7. 19.. jeweils zum Monatsersten in monatlichen Raten von ... DM zu leisten.

- **Schuldrechtlicher Versorgungsausgleich**
  Genehmigung des Familiengerichts nach § 1587 o II 3 BGB
  - Die von den Parteien am ... vor dem Notar X in K – Urkundenrolle Nr.: ... – getroffene Vereinbarung über die Regelung des Versorgungsausgleichs wird genehmigt.
  - Den Parteien wird gestattet, wegen der dem Antragsteller von der Firma X und wegen der der Antragsgegnerin von der Firma Y geschuldeten Betriebsrenten Ansprüche auf schuldrechtlichen Versorgungsausgleich geltend zu machen.

  Auskunftsansprüche s. dort

XI. Wohnung und Hausrat
§§ 621 Ziff. 7, 621 a ZPO
- **Rechtsverhältnisse an einer Mietwohnung**
  § 5 HausratsVO
  - Das von den Parteien durch Mietvertrag vom ... begründete Mietverhältnis über die Wohnung ... wird zwischen der Vermieterin, Frau X ..., und der Antragstellerin unter Ausschluß des Antragsgegners fortgesetzt.
  - Das von dem Antragsgegner durch Mietvertrag vom ... mit der Vermieterin, Frau X ..., begründete Mietverhältnis über die Wohnung ... wird dergestalt fortgesetzt, daß der Antragsgegner aus dem Mietvertrag ausscheidet und die Antragstellerin als alleinige Mieterin an seine Stelle tritt.
- § 6 HausratsVO
  - Die in dem Hause ... befindliche Ehewohnung der Parteien wird zwischen diesen dergestalt aufgeteilt, daß der Antragsgegner die auf dem 1. Stock gelegene Einliegerwohnung für sich allein zu nutzen berechtigt ist, wohingegen das Haus im übrigen ausschließlich der Antragstellerin zur Verfügung steht.
  - Das aufgrund des Mietvertrages vom ... mit Frau X ... bestehende Mietverhältnis über das Haus wird dergestalt fortgesetzt, daß jede der Parteien ab dem ... alleiniger Mieter des ihm zugesprochenen Wohnungsteils ist. Der Mietzins beträgt ab diesem Zeitpunkt für die Antragstellerin 800,– DM, für den Antragsgegner 400,– DM monatlich. Die gemäß § ... des Mietvertrages vom Mieter zu tragenden Nebenkosten entfallen auf die Antragstellerin zu $2/3$, auf den Antragsgegner zu $1/3$.
- **Ehewohnung bei Getrenntleben**
  § 1361 b BGB, § 18 a HausratsVO
  Die im Hause ... gelegene Ehewohnung der Parteien wird für die Dauer des Getrenntlebens der Antragstellerin zugewiesen, die dem Antragsgegner während dieser Zeit, beginnend mit dem ..., zu jedem Monatsersten hierfür 300,– DM Nutzungsentschädigung zu zahlen hat.
- **Verteilung des Hausrats**
  §§ 8 ff. HausratsVO
  1. Der den Parteien gemeinsam gehörende Hausrat wird wie folgt aufgeteilt:
     a) Die Antragstellerin erhält folgende Gegenstände zum alleinigen Eigentum: ...
     b) Der Antragsgegner ...
  2. Die Antragstellerin ist im Innenverhältnis der Parteien zueinander verpflichtet, für das ihr unter 1a zugesprochene Fernsehgerät rückwirkend seit dem ... die laufenden Kaufpreisraten zu bezahlen.

Familiensachen

> 3. Der im Eigentum der Antragstellerin stehende PKW ... wird dem Antragsgegner als Eigentum zugewiesen.
> 4. Die Antragstellerin hat die unter 1b und 3 aufgeführten Gegenstände an den Antragsgegner herauszugeben, den PKW jedoch nur Zug um Zug gegen Zahlung von 5000,- DM.

– **Hausratsverteilung bei Getrenntleben**
§ 1361 a BGB, § 18 a HausratsVO
> 1. Die Antragstellerin ist berechtigt, für die Dauer des Getrenntlebens den in der Wohnung ... noch befindlichen Hausrat allein zu benutzen.
> Sie hat dem Antragsgegner hierfür, beginnend mit dem ..., eine zu jedem Monatsersten fällige Ausgleichszahlung von ... DM zu leisten.
> 2. Die Antragstellerin hat dem Antragsgegner den PKW ... für die Dauer des Getrenntlebens zum Zwecke des Gebrauchs herauszugeben. Die laufenden Kosten des Fahrzeuges einschließlich Steuern und Versicherungsbeiträgen hat bis zur Rückgabe des Fahrzeugs der Antragsgegner zu tragen.

XII. Zugewinnausgleich
§§ 1371 ff. BGB, §§ 621 I Ziff. 8, 9, 621 a ZPO

– **Übertragung von Vermögensgegenständen**
§ 1383 BGB, §§ 621 I Ziff. 9, 621 a ZPO (die Zuständigkeit bestimmt sich nach den zur Stundung angeführten Vorschriften)
Der Antragsgegner hat zum teilweisen Ausgleich des der Antragstellerin zustehenden/im Urteil des Amtsgerichts K vom ... – Aktenzeichen: ... – zuerkannten Anspruchs auf Zahlung von 350 000,- DM das lastenfreie Eigentum an dem Hausgrundstück ... auf die Antragstellerin zu übertragen.
Der Antragsgegner hat das Grundstück der Antragstellerin gegenüber aufzulassen.
Die Übertragung wird mit 300 000,- DM auf den Ausgleichsanspruch angerechnet.

– **Sicherheitsleistung**
§§ 1389, 1390 IV BGB, § 621 I Ziff. 8 ZPO
Der Beklagte wird verurteilt, wegen der sich für die Klägerin ergebenden Ansprüche auf Zugewinnausgleich dieser ... DM Sicherheit zu leisten.

Auskunftsanspruch
s. dort

– **Vorzeitiger Zugewinnausgleich bei Getrenntleben und in sonstigen Fällen**
§§ 1385 f. BGB, § 621 Ziff. 8 ZPO
Der Beklagte hat den bisher erzielten Zugewinn auszugleichen.
(Es handelt sich um eine Gestaltungsklage, die mit einer auf Auskunftserteilung, eidesstattliche Versicherung und Leistung des Zugewinns gerichteten Stufenklage verbunden werden kann. In diesem Falle ist über die Pflicht zur Leistung des vorzeitigen Zugewinnausgleichs vorab durch Teilurteil zu entscheiden, nach dessen Rechtskraft erst über den Auskunftsanspruch verhandelt werden darf; vgl. Palandt, § 1385 Rd.Ziff. 1.)

– **Stundung der Ausgleichsforderung**
§ 1382 BGB, §§ 621 I Ziff. 9, 621 a ZPO
Die der Antragsgegnerin (aufgrund des vom Amtsgericht K am ... erlassenen Urteils – Aktenzeichen: ... –/aufgrund Ziff. ... des vorliegenden Urteils/ aufgrund der zwischen den Parteien am ... vor dem Notar X in K – Urkundenrolle Nr.: ... – geschlossenen Scheidungsvereinbarung) zustehende Zugewinnausgleichs-Forderung in Höhe von 25 000,- DM wird dem Antragsteller wie folgt gestundet:

a) Dem Antragsteller wird gestattet, die Forderung beginnend mit dem Ende des Jahres 1987 in 5 Raten von 5000,– DM jeweils zum Jahresende zu begleichen.
b) Die Ausgleichsforderung verzinst sich seit dem 1. 1. 1987 mit 6% im Jahr.
c) Die Zinsen sind mit der letzten Jahresrate in einem Betrag zu zahlen.
d) Kommt der Antragsteller mit einer Jahresrate ganz oder teilweise in Zahlungsrückstand, so wird der gesamte dann noch offene Restbetrag einschließlich der Zinsen sofort fällig.
e) Die zu a) bis d) getroffenen Regelungen werden hinfällig, wenn nicht der Antragsteller zur Sicherung der Ausgleichsforderung bis zum ... auf seinem Grundstück ... in Abteilung III unter lfd. Nr. 2 eine Hypothek eintragen läßt.

XIII. Vorbehalt der Fortsetzung einer Folgesache als selbständige Familiensache bei Abweisung des Scheidungsantrags
§ 629 III 2 ZPO
Der Scheidungsantrag wird abgewiesen.
Der Antragstellerin bleibt vorbehalten, den Rechtsstreit hinsichtlich der gesetzlichen Unterhaltspflicht des Antragsgegners für das Kind X als selbständige Familiensache fortzusetzen.
(Nach Rücknahme des Scheidungsantrags kann der Vorbehalt gem. § 626 II ZPO durch Beschluß ausgesprochen werden.)

XIV. Einstweilige Anordnungen
§§ 620 ff. ZPO
— **Elterliche Sorge für ein gemeinschaftliches Kind**
§ 620 1 Ziff. 1 ZPO
Die elterliche Sorge über das am ... geborene Kind X wird vorläufig/für die Dauer des Scheidungsverfahrens/bis zu einer endgültigen Entscheidung/bis zum Wirksamwerden einer anderweitigen Regelung auf die Antragstellerin übertragen.
Teilregelungen:
Das Recht der Personensorge über das ... Kind X wird ...
Die gesetzliche Vertretung des ... Kindes X wird ...
Das Recht, den Aufenthalt des ... Kindes X zu bestimmen, wird ...
Ausstellung eines Passes, § 7 II lit. b PaßG, § 1634 II 1 BGB:
Die Zustimmung des Vaters/der Mutter zur Ausstellung eines Passes für das am ... geborene Kind X ist nicht erforderlich.

— **Umgang eines Elternteils mit dem Kinde**
§ 620 1 Ziff. 2 ZPO
Der Umgang des Antragstellers mit dem am ... geborenen Kind X wird vorläufig wie folgt geregelt:
Der Antragsteller ist berechtigt, das Kind beginnend mit dem 22. 11. 1987 an jedem 2. Wochenende samstags ab 8.00 Uhr morgens bei der Antragsgegnerin, die das Kind ordnungsgemäß zu kleiden hat, abzuholen und bis zum nächsten Tage um 19.00 Uhr bei sich zu behalten.

— **Herausgabe des Kindes an den anderen Elternteil**
§ 620 1 Ziff. 3 ZPO
Der Antragsgegner hat das am ... geborene Kind X bis auf weiteres an die Antragstellerin herauszugeben.

— **Getrenntleben**
§ 620 1 Ziff. 5 ZPO
Der Antragstellerin ist es bis auf weiteres gestattet, vom Antragsgegner getrennt zu leben.

Familiensachen

- **Benutzung der Ehewohnung und des Hausrats**
  § 620 1 Ziff. 7 ZPO, § 13 IV HausratsVO
  - Der Antragstellerin wird bis zum Wirksamwerden einer anderweitigen Regelung die Wohnung ... zur alleinigen Nutzung zugewiesen.
    Der Antragsgegner hat die Wohnung vorläufig zu verlassen.
    Der Mietzins und die Nebenkosten für die Wohnung sind vom ... ab einstweilen alleine von der Antragstellerin zu entrichten.
  - Der Antragstellerin wird bis auf weiteres gestattet, in dem Hause ... folgende Räume ausschließlich für sich und das Kind X zu nutzen: ...
  - Der Antragsgegner hat den PKW ... der Antragstellerin bis auf weiteres zur alleinigen Nutzung zu überlassen. Die laufenden Unkosten des Fahrzeugs, insbesondere Steuern und Versicherungsbeiträge, sind vom ... ab von der Antragstellerin zu tragen.
- **Kostenvorschuß für die Ehesache und die Folgesachen**
  § 620 1 Ziff. 9 ZPO und
- **Kostenvorschuß in anderen Familiensachen**
  §§ 621 f., 621 I Ziff. 1-3, 6-9 ZPO
  Der Antragsgegner hat an die Antragstellerin (z. Hd. von deren Prozeßbevollmächtigtem, RA X) einen Kostenvorschuß von ... DM zu zahlen.
- **Stundung der Zugewinnausgleichs-Forderung**
  § 1382 VI BGB, § 53 a III FGG
  1. Die Zwangsvollstreckung aus dem Urteil des Amtsgerichts K vom ... – Aktenzeichen: ... – wird bis zu einer Entscheidung über den Stundungsantrag einstweilen eingestellt.
  2. Die zu Ziff. 1 getroffene Regelung wird hinfällig, wenn nicht der Antragsteller bis zum ... zur Sicherung des der Antragsgegnerin in dem vorerwähnten Urteil zuerkannten Anspruchs auf seinem Grundstück ... in Abteilung 3, lfd. Nr. 2, die Eintragung einer Hypothek bewilligt.

Feststellungsklage
§ 256 ZPO

Grundfall:
Es wird festgestellt, daß der Kläger alleiniger Eigentümer des (näher bezeichneten) PKW ist.
Oder:
Der Kläger ist Eigentümer des ...
Oder:
Es wird folgendes festgestellt: ...
(Die Wendung: „... ist schuldig ... zu zahlen", sollte im Tenor vermieden werden, da sie nicht erkennen läßt, ob ein Leistungs- oder ein Feststellungsurteil vorliegt (BGH, DRiZ 69, 256).)

Urteilsfeststellung
(Ist der Inhalt eines Urteilstenors so unklar, daß auch bei Rückgriff auf Entscheidungsgründe und Tatbestand der Umfang der möglichen Vollstreckungsmaßnahmen von den Vollstreckungsorganen nicht sicher geklärt werden kann, kommt eine auf Klarstellung des Urteils gerichtete Feststellungsklage in Betracht (vgl. BGH, NJW 72, 2268; 73, 803; LM § 24 WZG Nr. 4).)
Beispiel:
(Der Kläger hat gegen den Beklagten ein Urteil erstritten, aufgrund dessen der Beklagte verpflichtet ist, Zug um Zug gegen Mängelbeseitigung an den Kläger

Werklohn zu zahlen; zwischen den Parteien entsteht Streit um die Frage, ob der Kläger seiner Pflicht nachgekommen ist (BGH, LM VOB/B Nr. 83, § 13).)
Es wird festgestellt, daß der Kläger der ihm aufgrund des Urteils des Landgerichts K vom ... – Aktenzeichen: ... – obliegenden Pflicht zur Mängelbeseitigung in vollem Umfang nachgekommen ist.

Negative Feststellungsklage
(Die nicht bestehende, angebliche Forderung des Beklagten ist im Rahmen des Möglichen genau zu umschreiben (BGH, NJW 84, 1556).)
Es wird festgestellt, daß der Beklagten aufgrund des Verkehrsunfalls vom 10. 11. 1987 – Zusammenstoß der PKW K – DS 712 und K – VM 918 an der Einmündung der Albertus- in die Magnusstraße in Köln – Rückgriffsansprüche (in Höhe von ... DM) nicht zustehen.

Feststellung zur Konkurstabelle
§§ 146, 145 II KO
– Die vom Kläger in dem Konkursverfahren gegen ... – Amtsgericht K, Aktenzeichen: ... – angemeldete (nicht bevorrechtigte) Forderung wird in Höhe von ... DM zur Konkurstabelle festgestellt.
– Widerspruch gegen eine titulierte Forderung, § 146 VI KO
Der Widerspruch ist mit den Mitteln zu verfolgen, die sich gegen den betreffenden Titel anbieten, also etwa Rechtsmittel, Vollstreckungsabwehrklage, Einspruch usw. (vgl. Kuhn/Uhlenbruch, § 146 Rd.Ziff. 33 a, f). Der Antrag richtet sich auf die Feststellung, daß der Widerspruch begründet sei (§ 147, 1 KO) bzw. daß die bestrittene Forderung nicht bestehe (so Kuhn/Uhlenbruch, a. a. O.).
Der im Konkursverfahren gegen ... – Amtsgericht K, Aktenzeichen: ... – vom Kläger erhobene Widerspruch gegen die dem Beklagten im Urteil des Landgerichts K vom ... – Aktenzeichen: ... – zuerkannte Forderung in Höhe von ... DM nebst ... Zinsen wird für begründet erklärt.

(Verkehrs-)Unfallprozeß
Beschränkung auf die Haftungshöchstbeträge des § 12 StVG oder auf die vom Haftpflichtversicherer zu leistende Versicherungssumme (vgl. Anlage zu § 4 II Pflicht-VersG)
– Es wird festgestellt, daß die Beklagten als Gesamtschuldner verpflichtet sind, dem Kläger bis zu den derzeit geltenden Höchstbeträgen des Straßenverkehrsgesetzes den ihm infolge des Unfalls vom ... künftig entstehenden materiellen Schaden zu ersetzen.
– Es wird festgestellt, daß die Beklagten als Gesamtschuldner verpflichtet sind, dem Kläger den infolge des Unfalls vom ... künftig entstehenden materiellen und immateriellen Schaden zu ersetzen, die Beklagte zu 2) (der Haftpflichtversicherer) jedoch nur bis zur Ausschöpfung der in dem zwischen ihr und dem Beklagten zu 1) im Haftpflicht-Versicherungsvertrag vom ... – Versicherungsschein-Nr.: ... – vereinbarten Versicherungssummen/bis zur Ausschöpfung der sich aus Anlage 1 zu § 4 II PflichtVersG derzeit ergebenden Mindestversicherungssummen.
(zur Rechtslage bei Fehlen derartiger Einschränkungen BGH, NJW 86, 2703)

Mitverschulden
(Ein anspruchsminderndes Mitverschulden des Klägers ist im Tenor festzustellen (BGH, NJW 89, 105).) Beispiele:
– Es wird festgestellt, daß der Beklagte dem Kläger die Hälfte des Schadens zu ersetzen hat, der diesem infolge des Unfalls vom ... entstanden ist.
– Es wird festgestellt, daß der Beklagte dem Kläger unter Berücksichtigung des sich aus den Entscheidungsgründen ergebenden Mitverschuldens infolge des Unfalls vom ... Schmerzensgeld zu zahlen hat.

Feststellungsklage

Änderung der Arbeitsbedingungen
(ohne Änderungskündigung nach § 2 KündschutzG, s. Kündigung des Arbeitsverhältnisses)
— Es wird festgestellt, daß die von dem Beklagten hinsichtlich der Arbeitsbedingungen des Klägers vorgenommenen Änderungen, nämlich: ... nicht zulässig sind.

Echtheit einer Urkunde
§ 256 I, 2. und 3. Alternative ZPO
Es wird festgestellt, daß die unter dem ... ausgestellte Schuldurkunde, deren Inhalt zufolge der Kläger sich verpflichtet hat, an den Beklagten zum ... einen Betrag von ... DM zu zahlen, unecht ist.
(Läßt sich die Urkunde inhaltlich nicht mit hinreichender Bestimmtheit wiedergeben, kann sie abgelichtet und zum Inhalt des Tenors gemacht werden.)
Es wird festgestellt, daß die nachstehend abgebildete Urkunde echt/unecht ist:
(Es folgt eine Ablichtung der Urkunde.)
s. auch Deckungsklage, Kindschaftssachen und minus

Feststellung des Kosteninteresses
§ 256 ZPO
vgl. Teil B, Rd.Ziff. 474, 481 ff.

Fortgesetzte Gütergemeinschaft
§ 1489 II BGB, s. Vorbehalt

Fortsetzung des Mietverhältnisses
§§ 556 a f. BGB, § 308 a ZPO, s. Mietsachen, Räumung

Freigabe
§ 13 II Ziff. 1 HinterlO
Der Beklagte wird verurteilt, darin einzuwilligen, daß der beim Amtsgericht K – Aktenzeichen: ... – hinterlegte Geldbetrag von ... DM nebst Hinterlegungszinsen an den Kläger ausgezahlt wird (BGH, NJW 72, 1045).
Teilbetrag:
Der Beklagte wird verurteilt, darin einzuwilligen, daß von dem beim Amtsgericht K – Aktenzeichen: ... – hinterlegten Geldbetrag ... DM nebst anteiligen Hinterlegungszinsen an den Kläger ausgezahlt werden.

Freistellung von einer Verbindlichkeit
s. Befreiungsanspruch

Fristbestimmung im Urteil
§ 255 ZPO (zu materiell-rechtlichen Anwendungsfällen vgl. Schellhammer, Rd.Ziff. 904)

Herausgabeverlangen mit Fristsetzung
§ 283 I 1 BGB
Der Beklagte wird verurteilt, binnen einer Frist von zwei Wochen ab Rechtskraft des Urteils das Buch „..." an den Kläger herauszugeben.
Oder:
Der Beklagte wird verurteilt, das Buch „..." an den Kläger herauszugeben. Ihm wird hierfür eine Frist von zwei Wochen ab Rechtskraft des Urteils gesetzt.
(Im Antrag kann die Dauer der Frist in das Ermessen des Gerichts gestellt werden; Zöller, § 255 Rd.Ziff. 5; Thomas/Putzo, Anm. 3.)

Entschädigung nach Fristsetzung
§§ 259, 510b ZPO
Für den Fall, daß der Beklagte seiner Leistungspflicht nicht fristgerecht nachkommt, wird er verurteilt, an den Kläger ... DM zu zahlen.
(Vgl. auch Handlung [Urteil im amtsgerichtlichen Verfahren], Haupt- und Hilfsantrag.)

Wiederaufnahme der Arbeitstätigkeit
§ 61 II 1 ArbGG
Der Beklagte wird verurteilt, seine Tätigkeit als Fahrer bei der Klägerin wieder aufzunehmen. Ihm wird hierfür eine Frist gesetzt bis zum ...
Für den Fall, daß er seiner Pflicht nicht fristgerecht nachkommt, wird er verurteilt, an die Klägerin ... DM zu zahlen.

Verwendungsersatz, Befriedigungsrecht des Besitzers
§ 1003 II BGB, §§ 255, 259 ZPO
1. Es wird festgestellt, daß der Betrag der vom Kläger auf das Hausgrundstück ... gemachten Verwendungen sich auf ... DM beläuft.
2. Dem Beklagten wird zur Erklärung darüber, ob er die vom Kläger gemachten Verwendungen genehmige, eine Frist von 2 Wochen ab Rechtskraft des Urteils gesetzt.
3. Für den Fall, daß der Beklagte die Verwendungen nicht innerhalb der Frist genehmigt, wird er verurteilt, die Zwangsvollstreckung in das unter Ziff. 1 näher bezeichnete Grundstück zu dulden.

(Die Zulässigkeit der Verbindung von Ziff. 1 mit Ziff. 2 und 3 folgt aus einer entsprechenden Anwendung der §§ 255, 259 ZPO; vgl. RGZ 137, 98, 101 f.; Münchener Kommentar, § 1003 Rd.Ziff. 18 m.w.N.; Soergel, § 1003 Rd.Ziff. 3; Palandt, § 1003 Rd.Ziff. 5.)

Gebrauch eines Namens
s. Namensrecht

Gebrauchsmuster
Unterlassungsanspruch aus § 24 GebrMG
Der Beklagte wird verurteilt, es zu unterlassen, die nachstehend beschriebene Vorrichtung zur Herstellung von Kurvenscheiben auf bandgesteuerten Drehbänken herzustellen, anzubieten, in Verkehr zu bringen, zu gebrauchen sowie zu den genannten Zwecken entweder einzuführen oder zu besitzen:
...
(Es kommt hier auch eine bildliche Darstellung in Betracht.)
Vgl. auch Wettbewerbssachen

Gegendarstellung
§ 10 der Pressegesetze Bayern, Berlin, Hessen, § 11 der Pressegesetze Baden-Württemberg, Bremen, Niedersachsen, Nordrhein-Westfalen, Rheinland-Pfalz, Saarland, Schleswig-Holstein, Thüringen; zur Anwendbarkeit des § 11 ReichspresseG vgl. BezG Schwerin, DtZ 91, 442

Der Gegendarstellungsanspruch erstreckt sich nur auf die Wiedergabe von Tatsachen (zur Abgrenzung OLG Hamburg, AfP 80, 106). Die Bezeichnung der Überschrift muß für den Leser erkennbar machen, gegen welche Nachricht der Betroffene sich wendet (OLG Hamburg, AfP 83, 289). Eine Bildwiedergabe kann ausnahmsweise dann verlangt werden, wenn die gebotene Aufmerksamkeit anders nicht zu erzielen ist (OLG Hamburg, AfP 84, 115). Einzelheiten bei Wenzel, Das Recht der Wort- und Bildberichterstattung, 3. Aufl., Köln 1986, Rd.Ziff. 11.56 f.; Seitz, Der Gegendarstellungsanspruch in Presse, Film, Funk und Fernsehen, 2. Aufl., München 1990,

Gegendarstellung

Rd.Ziff. 352 ff.; für die neuen Länder, die noch kein Landespressegesetz verabschiedet haben, gilt im Ergebnis nichts anderes, vgl. Schulz, NJW 91, 2468.

Antrag und Tenor müssen den Inhalt der Gegendarstellung im vollen Wortlaut wiedergeben.

Beispiel:
Dem Antragsgegner wird im Wege der einstweiligen Verfügung aufgegeben, in der am Dienstag, dem..., erscheinenden Ausgabe des Wochenmagazins X/in der nächsten für den Druck noch nicht abgeschlossenen Ausgabe der Zeitung Y im Teil „Aus dem Weltgeschehen" in der auch im übrigen verwendeten Schrifttype folgende Gegendarstellung zu veröffentlichen:

(Gegendarstellung)

Im Wochenmagazin X, Ausgabe Nr.... vom... ist auf Seite... unter der Überschrift „Seltsame Geschäfte" ein Bericht abgedruckt, der über meine Person die Behauptung enthält, ich bezöge von der Y-GmbH seit Jahren ein fünfstelliges Monatsgehalt. Diese Darstellung ist falsch. Richtig ist, daß ich zu keiner Zeit von der Y-GmbH Geldleistungen in Empfang genommen habe.

Geldleistung
s. Zahlung

Gemeinschaft
§§ 753 I, 1233 ff. BGB, §§ 81 ff. ZPO (Teilung durch Verkauf, wenn der Beklagte, wie z. B. nach dem Scheitern einer nichtehelichen Lebensgemeinschaft häufig der Fall, Alleinbesitz an den betreffenden Gegenständen hat)

Der Beklagte wird verurteilt, die nachstehend aufgeführten Gegenstände zum Zweck des Pfandverkaufs an einen vom Kläger zu beauftragenden Gerichtsvollzieher herauszugeben:
a) ...
b) ...

Gemeinschaftliche Verwaltung des Nachlasses
§ 2038, Klage auf Mitwirkung
- Die Beklagten werden verurteilt, darin einzuwilligen, daß der Kläger das mit Herrn X für die Wohnung... bestehende Mietverhältnis kündigt.
- Die Beklagten werden verurteilt, darin einzuwilligen, daß der Kläger das Grundstück... zum Preise von mindestens... DM, zahlbar spätestens zum..., verkauft und im Namen der aus den Parteien des Rechtsstreits bestehenden Erbengemeinschaft X dem Käufer übereignet.

Genehmigungsvorbehalt
§ 32 AWG, s. Vorbehalte

Generalversammlungs-Beschluß
s. Anfechtung

Gerichtliche Bestimmung der Zuständigkeit
§ 36 ZPO
Beschluß
In pp. wird das Amtsgericht/Landgericht... für zuständig erklärt.

Gesamtschuldner
s. Klagenhäufung (subjektive)

Geschmacksmuster
§ 14 a GeschmMG, Beseitigungs- und Unterlassungsanspruch
Der Beklagte wird verurteilt, die Herstellung und den Verbleib der nachstehend bildlich dargestellten Fototasche zu unterlassen sowie für den von ihm vertriebenen Fotoapparat X künftig nur noch dergestalt Werbung zu treiben, daß auf eine bildliche Wiedergabe der dargestellten Fototasche verzichtet wird:
(Es folgt die Abbildung.)
vgl. auch Wettbewerbssachen

Gestaltungsurteil
s. Abänderungsklage, Ausschluß aus einer Gesellschaft, Familiensachen, Kindschaftssachen, Vollstreckungsabwehrklage, Widerspruch gegen Verteilungsplan

Getrenntleben
s. Familiensachen

Gewillkürte Schriftform
§ 127 2, 2. Halbsatz BGB
(Die nachträgliche Beurkundung nach § 126 BGB dient ausschließlich Beweiszwecken (Palandt, § 127 Rd.Ziff. 3; Soergel, § 127 Rd.Ziff. 9; Staudinger, § 127 Rd.Ziff. 9). Sie kann klageweise verlangt werden (Münchener Kommentar, § 127 Rd.Ziff. 12). Da einem nach § 127 S. 2, 2. Halbsatz, erlassenen Urteil derselbe Beweiswert zukommt wie einer privatschriftlich beurkundeten Vereinbarung, erscheint eine analoge Anwendung des § 894 ZPO als angebracht (wie bei der Quittung, s. dort). Der Beklagte braucht also nicht gem. § 888 ZPO zur Unterschriftsleistung angehalten zu werden.)
Beispiel:
Der Beklagte hat nachstehende Erklärung dem Kläger gegenüber in schriftlicher Form abzugeben:
„Ich bin damit einverstanden, daß der in Ziff. 7 des zwischen mir und dem Kläger abgeschlossenen Vertrages vom ... vereinbarte Einzelpreis auf 600,– DM erhöht wird."

Gläubigerstreit
§ 75 ZPO

Entlassung des Beklagten aus dem Rechtsstreit
Der Beklagte X wird aus dem Rechtsstreit entlassen.
(Er hat die infolge der mit Beschluß vom ... angeordneten Beweisaufnahme entstandenen Mehrkosten zu tragen.)

Ablehnung, den Beklagten aus dem Rechtsstreit zu entlassen
§§ 71, 135 III, 387 III ZPO analog (wohl h. M., vgl. Stein/Jonas, § 75 Anm. 3; Zöller, § 75 Rd.Ziff. 7; OLG Hamburg, OLG 37, 94, 95; a. A. (Entscheidung durch Beschluß) Baumbach/Lauterbach/Albers/Hartmann, § 75 Anm. 3B)
Der auf Entlassung aus dem Rechtsstreit gerichtete Antrag des Beklagten wird zurückgewiesen.
Die durch den Entlassungsantrag verursachten Kosten werden dem Beklagten auferlegt.

Obsiegen des Intervenienten
Im Hinblick auf den Wortlaut des § 75 ZPO, § 13 II HinterlO sind mehrere Formulierungen möglich:
– Der von dem ausgeschiedenen Beklagten X beim Amtsgericht K – Aktenzeichen: ... – hinterlegte Betrag wird dem Intervenienten Y zugesprochen.

Gläubigerstreit

Oder:
Es wird festgestellt, daß der von dem ausgeschiedenen Beklagten X beim Amtsgericht Köln – Aktenzeichen: ... – hinterlegte Geldbetrag dem Intervenienten Y zusteht.
Oder:
Der von dem ausgeschiedenen Beklagten X beim Amtsgericht K – Aktenzeichen: ... – hinterlegte Geldbetrag steht dem Intervenienten Y zu.
– Die Kosten des Rechtsstreits einschließlich der dem ausgeschiedenen Beklagten X bei der Hinterlegung des eingeklagten Geldbetrages entstandenen Kosten werden dem Kläger Z auferlegt (soweit nicht im Urteil vom ... bereits über sie erkannt ist).
(Der in Klammern gesetzte Zusatz bezieht sich auf das Urteil, mit dem der Beklagte aus dem Rechtsstreit entlassen worden ist, s. oben.)

Unterliegen des Intervenienten
Um das Schicksal des hinterlegten Geldbetrages nicht im ungewissen zu lassen, ist die Berechtigung des Klägers in einer den Erfordernissen des § 13 II HinterlO genügenden Art und Weise klarzustellen, etwa:
Der von dem ausgeschiedenen Beklagten X beim Amtsgericht K – Aktenzeichen: ... – hinterlegte Betrag wird dem Kläger Z zugesprochen.
Die Kosten des Rechtsstreits einschließlich der dem ausgeschiedenen Beklagten X bei der Hinterlegung des eingeklagten Geldbetrages entstandenen Kosten werden dem Intervenienten Y auferlegt (soweit nicht im Urteil vom ... bereits über sie erkannt ist).

GmbH
s. Auflösung, Auskunft

Grenzabmarkung
§ 919 BGB
(Die Grenzabmarkung ist in den alten Ländern mit Ausnahme Hamburgs (s. u.) landesgesetzlich geregelt (Fundstellen bei Staudinger, § 919 Rd.Ziff. 13; BGB-RGRK, § 919 Rd.Ziff. 8). Der Anspruch aus § 919 I BGB richtet sich daher auf Erteilung des Einverständnisses mit der Abmarkung nach Landesrecht und auf die Duldung der erforderlichen Maßnahmen. Die Grundstücksgrenze ist genau zu bezeichnen. Die Bezugnahme auf Vermessungsunterlagen, die dem Tenor beigeheftet werden müssen, ist zulässig.)
Beispiel für § 17 I des Vermessungs- und KatasterG Schl.-H. vom 6. Dezember 1974 (GVOBl. S. 470; 1982 S. 146, 152:
Der Beklagte wird verurteilt, der Abmarkung der zwischen den Grundstücken X ... und Y ... von A ... nach B ... verlaufenden Grenze zuzustimmen und die Vornahme der Abmarkung durch die zuständige Vermessungsstelle zu dulden.
(Der gleichzeitige Erlaß eines auf § 919 III BGB gestützten Zahlungstitels kommt nicht in Betracht, da vor Abschluß der Abmarkung eine Bezifferung nicht möglich ist. Auch ein entsprechender Feststellungsantrag wäre mangels rechtlichen Interesses unzulässig, da die Verurteilung nach Abs. I die Voraussetzungen der sich aus Abs. III ergebenden Zahlungspflicht ohnehin bindend klarstellt und nur noch die Höhe des Anspruchs offenbleibt. Bei einem Widerspruch des Nachbarn ist jedoch eine Klage auf hälftige Freistellung von den Kosten der Abmarkung zulässig, s. Freistellung von einer Verbindlichkeit.
*Im Lande **Hamburg** gilt Art. 31 des Preußischen Gesetzes über die Freiwillige Gerichtsbarkeit vom 21. September 1899 (GS S. 249, 256) fort, so daß dort die umfassende Mitwirkungsklage nach § 919 I BGB zu erheben ist. Die Verurteilung umfaßt die Vornahme der erforderlichen Maßnahmen (Vollstreckung nach § 887 ZPO) und die Duldung begleitender notwendiger Handlungen, z. B. Betreten des Grundstücks durch einen Vermessungsingenieur (Vollstreckung nach § 890 ZPO).)*

Grenzabmarkung

Beispiel:
Der Beklagte wird verurteilt, bei der Abmarkung der zwischen den Grundstücken X und Y von A nach B verlaufenden Grenze mitzuwirken.

Grenzverwirrung (Grenzscheidungsklage)
§ 920 BGB

Feststellung der Grenze aufgrund des Besitzstandes
§ 920 I 1 BGB
Es wird festgestellt, daß zwischen den Grundstücken A (Grundbuch von ...) und B (Grundbuch von ...) die Grenze wie nachstehend beschrieben/wie aus dem nachfolgenden Lageplan ersichtlich verläuft:
...
(Wird der Grenzverlauf mit Worten beschrieben, muß er sich an festen Markierungspunkten orientieren; ungeeignet sind hingegen Zäune, Bäche mit unbefestigtem Bachbett und Gebäude. Die Aufnahme eines Lageplans in den Tenor stellt die in aller Regel günstigere Lösung dar. Sie hat – wenn technisch irgend möglich – dergestalt zu erfolgen, daß der Lageplan in den Text des Tenors integriert wird.)

Grenzziehung bei ungeklärtem Besitzstand
§ 920 I 2, II BGB
Die Tenorierung kann sich an vorstehendem Beispiel orientieren. Da indes das Urteil wegen der ungeklärt bleibenden wahren Eigentumslage in jedem Fall konstitutiv wirkt, kann zur Klarstellung hinzugefügt werden:
Die streitige Grundstücksfläche wird nach Maßgabe des festgestellten Grenzverlaufs den Grundstücken A und B zugeteilt.
(Zum Streit um die konstitutive Wirkung des Urteils vgl. Staudinger, § 920 Rd.Ziff. 17.)

Antrag
(Da das Gericht in den Fällen des § 920 I 2, II BGB die Grenzen nach pflichtgemäßem Ermessen festzulegen berechtigt ist, darf der Kläger insoweit auf einen bestimmten Klageantrag verzichten und statt dessen beantragen:)
– den Grundstücken A und B von der im nachstehenden Lageplan schraffiert gezeichneten Grundstücksfläche je ein gleichgroßes Stück zuzuteilen und den Grenzverlauf festzulegen.
Oder:
– zwischen den Grundstücken A und B nach billigem Ermessen eine Grenze zu ziehen.
(vgl. Dehner, § 6 I)

s. minus:
Betreffend den Fall, daß das Gericht von einem vom Kläger exakt beschriebenen Grenzverlauf abweichen will.

Grundbuchberichtigung
s. Berichtigung des Grundbuchs

Grundschuld
s. Abtretung, Duldung der Zwangsvollstreckung

Grundstücksverkehr
s. Landwirtschaftssachen

Grundstücksvertiefung

Grundstücksvertiefung
s. Handlung

Grundurteil
§ 304 ZPO

Grundfall
Die Klage ist dem Grunde nach gerechtfertigt.

Grund- und Teilurteil
§§ 304, 301 ZPO
(Im Grund- und Teilurteil, das eine einfache Kombination der beiden Urteilsarten darstellt, wird über den Grund und einen Teil des Klageanspruchs gleichzeitig entschieden.)
Beispiele:
- Die Klage ist dem Grunde nach gerechtfertigt. Der Beklagte wird verurteilt, an den Kläger . . .
- Die Klage ist hinsichtlich des Zahlungsanspruchs dem Grunde nach gerechtfertigt. Der Herausgabeanspruch wird abgewiesen.
- Die Klage ist dem Grunde nach zu ⅔ gerechtfertigt. Hinsichtlich eines Teilbetrages von 5000,– DM nebst anteiliger Zinsen wird sie abgewiesen.

Teil-Grundurteil
§§ 301, 304 ZPO
Die Klage ist, soweit der Kläger Ersatz seines materiellen Schadens verlangt, dem Grunde nach gerechtfertigt.

Haftungsgrenzen
(müssen in den Tenor des Grundurteils aufgenommen werden, BGH, NJW 79, 1046; Zöller, § 304 Rd.Ziff. 14; a. A. Wieczorek, § 313 Anm. B V a 3).
Die Klage ist im Rahmen der derzeit gültigen Haftungsgrenzen des StVG dem Grunde nach gerechtfertigt.

Grundurteil bei Mitverschulden des Klägers
- **Allgemeines**

   Mitwirkendes Verschulden des Klägers bei der Entstehung des Schadens kann, muß aber nicht im Tenor des Grundurteils quotenmäßig berücksichtigt werden (BGH, NJW 89, 105).
   Hiervon sollte z. B. dann abgesehen werden, wenn die Mitschuldquote noch nicht feststeht, gleichzeitig aber davon ausgegangen werden kann, daß der Kläger jedenfalls mit einem Teil seines Anspruchs durchdringt (BGH, NJW 79, 1933, 1935).
   Beispiele:
   - Die Klage ist dem Grunde nach zu ⅔ gerechtfertigt.
   - Die Klage wird vorbehaltlich der Entscheidung über ein mitwirkendes Verschulden des Klägers für dem Grunde nach gerechtfertigt erklärt.

- **Schmerzensgeld**

   (Besonderheiten ergeben sich, wenn der Kläger einen Schmerzensgeldanspruch geltend macht. Auch in diesem Zusammenhang kommt der Mitschuld des Geschädigten Bedeutung zu, da sie die Höhe des Anspruchs nachteilig beeinflussen kann. Nach h. M. ist die Mitschuld wie in allen anderen Fällen bereits im Tenor des Grundurteils zu berücksichtigen; sie darf sich jedoch nicht in einem festen Bruchteil des vom Kläger geltend gemachten Anspruchs niederschlagen, da das Schmerzensgeld unter Berücksichtigung aller für seine Bildung maßgeblichen Umstände einheitlich festzusetzen ist (OLG Düsseldorf, VersR 75, 1052 unter Bezugnahme

auf BGH, VersR 71, 905, 907 f., OLG Celle, NJW 68, 1785; Zöller, § 304 Rd.Ziff. 14; Palandt, § 847 Rd.Ziff. 16. Nach a. A. ist die Frage des Mitverschuldens bei Schmerzensgeldansprüchen allein im Betragsverfahren zu klären und bedarf daher im Tenor des Grundurteils keiner Erwähnung (vgl. OLG Celle, NJW 65, 1338; OLG Hamburg, MDR 64, 514).
Von der h. M. ausgehend bieten sich für die Formulierung des Tenors zwei Möglichkeiten. Zum einen läßt sich die Mitschuld des Klägers an der Verursachung des Schadens quotenmäßig festhalten, zum anderen können die zur Annahme eines Mitverschuldens führenden Umstände in den Entscheidungsgründen näher dargelegt und im Tenor in Bezug genommen werden. Entscheidend ist nur, daß das Maß der Mitschuld mit einer für das Betragsverfahren hinreichenden Bestimmtheit umschrieben wird:)

— Die (auf Zahlung von Schmerzensgeld gerichtete) Klage ist dem Grunde nach unter der Voraussetzung gerechtfertigt, daß der Kläger die Entstehung des Schadens zu ⅓ mitverschuldet hat/daß die Parteien die Entstehung des Schadens zu gleichen Anteilen verschuldet haben.

Oder:

— Die Klage ist mit der Einschränkung des sich aus den Entscheidungsgründen ergebenden klägerischen Mitverschuldens dem Grunde nach gerechtfertigt.

*In Fällen, in denen bei Erlaß des Grundurteils Fragen etwa der **Vorteilsausgleichung** oder der **Schadensminderungspflicht** noch offen sind, kann wie beim Mitverschulden tenoriert werden (vgl. Furtner, S. 323; Zöller, § 304 Rd.Ziff. 8).*

Haftungsquoten im Verkehrsunfallprozeß

(Verlangt der Kläger Schadensersatz aufgrund der Vorschriften des StVG, wird er häufig eine ihn treffende Haftungsquote vorweg berücksichtigen. Wird er entgegen seiner Annahme mit einer höheren Quote belastet, kann dies bei der Formulierung des Tenors zu (vermeidbaren) Schwierigkeiten führen.
Beispiel: Der Kläger klagt aufgrund eines Verkehrsunfalls auf Zahlung von 1000,– DM Schadensersatz. Sein Schaden beläuft sich auf 1500,– DM, indes räumt er eine Mithaftung von ⅓ ein. Das Gericht gelangt zu der Überzeugung, daß der Beklagte dem Kläger nur zu ⅓ haftet. Es soll ein Grundurteil ergehen.
Würde nun tenoriert, daß die Klage dem Grunde nach zu ½ (= ⅓-Anteil von den geltend gemachten ⅔) gerechtfertigt ist, ergäbe sich zugunsten des Klägers, daß dieser von dem nachgewiesenen Schaden die Hälfte ersetzt erhielte (von z. B. 900,– DM also 450,– DM anstelle von 300,– DM, die ihm zustehen). Richtig muß es daher heißen:)

Der Anspruch des Klägers ist dem Grunde nach zu ⅓ desjenigen Schadens gerechtfertigt, der ihm aufgrund des Unfalls vom ... entstanden ist.

(Gleiches gilt, wenn der Kläger bei der Berechnung seiner Klageforderung vorweg eine sich aus § 254 BGB ergebende Mitschuldquote berücksichtigt.)

Anspruchsübergang

(Die Sachbefugnis des Klägers ist Frage des Anspruchsgrundes; fehlt sie, ist die Klage abzuweisen, ein Grundurteil kann nicht ergehen (BGH, NJW 56, 1236). Bei Übergang klägerischer Ansprüche etwa auf einen Träger der Sozialversicherung darf ein Grundurteil nur dann erlassen werden wenn feststeht, daß für den Kläger persönlich Ansprüche verbleiben (BGH, VersR 68, 69). In diesem Falle kann der Anspruchsübergang in den Tenor aufgenommen werden (BGH, VersR 68, 1161).)
Beispiele:

— Die Klage ist dem Grunde nach insoweit gerechtfertigt, als die Ansprüche des Klägers nicht auf einen Träger der Sozialversicherung übergegangen sind.
— Die Klage ist hinsichtlich des ... DM übersteigenden Betrages dem Grunde nach gerechtfertigt.

Grundurteil

Vorabentscheidung
§ 304 II ZPO
*(Die Anordnung der Vorabentscheidung erfolgt durch richterliche Verfügung (Terminierung).
Die Ablehnung der beantragten Vorabentscheidung erfolgt durch einen – nach h. M. beschwerdefähigen – Beschluß (KG, MDR 71, 588 m. w. N.).)*
Beispiel:
Vor Rechtskraft des Grundurteils vom ... soll über den Betrag des vom Kläger geltend gemachten Anspruchs nicht verhandelt werden.

Abweisung der Klage nach Grundurteil
(Erweist sich die Klage im Betragsverfahren als unbegründet, bedarf es neben der Klageabweisung keiner ausdrücklichen Aufhebung des Grundurteils (Stein/Jonas, § 304 Rd.Ziff. 47, 55), zur Vermeidung von Mißständen kann sie sich jedoch empfehlen:)
Die Klage wird abgewiesen.
Das Grundurteil vom ... wird aufgehoben.

Gütergemeinschaft
s. Familiensachen, Vorbehalte

Gutschrift auf Konto
(BGH, NJW 88, 3149)

Die Beklagte wird verurteilt, den Betrag von ... auf dem Konto Nr. ... des Klägers (zum ...) gutzuschreiben (und das Konto von diesem Tage ab unter Berücksichtigung der Gutschrift neu abzurechnen).

Haftungsbeschränkung
s. Vorbehalte

Haftungsgrenzen
s. Grundurteil

Haftungsklage
s. Duldung der Zwangsvollstreckung

Handelsvertreter
Klage auf Buchauszug und Gestattung der Einsicht in die Geschäftsbücher s. Auskunft.

Handlung
§ 887 f. ZPO

Grundsatz:
(Bei der Verurteilung zu einer Handlung muß der von dem Beklagten herbeizuführende Erfolg genau beschrieben werden, wohingegen die Art und Weise, in welcher der Beklagte diesen Erfolg herbeiführt, dessen Wahl überlassen bleibt.)
Beispiel (zu § 909 BGB):
Der Beklagte wird verurteilt, durch geeignete Maßnahmen dafür Sorge zu tragen, daß der Boden des Grundstücks Burgacker 29 in 5000 Köln 81 zum Nachbargrundstück Burgacker 27 nicht abrutscht oder sonst seine Festigkeit verliert.
(vgl. BGH, WM 82, 68; OLG Zweibrücken, MDR 74, 409)

Ermächtigung zur Vornahme einer vertretbaren Handlung
§ 887 ZPO
(Streitig ist, ob der Gläubiger im Vollstreckungsverfahren die vorzunehmende Handlung genau umschreiben muß (so die h. M., vgl. OLG Zweibrücken, MDR 83, 500; Baumbach/Lauterbach/Albers/Hartmann, § 887 Anm. 4 B; Stein/Jonas, § 887 Rd.Ziff. 37; Zöller, § 887 Rd. Ziff. 4; Thomas/Putzo, § 887 Anm. 2 e) oder ob die Ermächtigung offenlassen kann, welcher Mittel der Gläubiger sich bedienen darf (so OLG Hamm, MDR 83, 850 Nr. 79 betreffend Abwehr von Immissionen; für die Anwendung des § 888 ZPO auf diesen Fall Düsseldorf, OLGZ 76, 376). Wie folgen der h. M., weil nur bei bestimmter Angabe des einzusetzenden Mittels der Schuldner zum Antrag des Gläubigers sachgerecht Stellung nehmen und außerdem allein auf diesem Wege der Gefahr, daß der Gläubiger nicht notwendige (§ 788 ZPO!) Kosten verursacht, wirksam begegnet werden kann. Wer im Anschluß an das OLG Hamm über diesen Gesichtspunkt mit dem Bemerken hinweggehen will, unnötiger Kostenaufwand des Gläubigers falle in dessen Risikosphäre, beschwört insoweit nur zusätzlichen Streit herauf. Wenn allerdings bei Beginn der Ersatzvornahme noch nicht klar ist, welche Maßnahmen im einzelnen erforderlich werden (Festigung rutschenden Erdreiches), kann der Gläubiger eine allgemein gehaltene Ermächtigung verlangen. In keinem Falle muß die Handlung mit allen Einzelheiten genau festgelegt werden.)
Beispiele:
– Der Gläubiger wird ermächtigt, auf Kosten des Schuldners an der Grenze der Grundstücke Burgacker 27 und 29 auf dem Grundstück des Schuldners durch einen Bauunternehmer/durch die Firma X eine 50 cm hohe, 20 m lange Stützmauer errichten zu lassen.
Der Schuldner hat dem Gläubiger hierfür eine Vorschußzahlung von ... DM zu leisten.
– Der Gläubiger wird ermächtigt, durch einen Bauunternehmer Maßnahmen durchführen zu lassen, die bei Vermeidung eines unnötigen Kostenaufwandes geeignet sind, das weitere Abrutschen von Erdreich an der Grundstücksgrenze ... zu verhindern.

Urteil im amtsgerichtlichen Verfahren
§§ 510 b, 888 a ZPO
Der Beklagte wird verurteilt, die auf dem zwischen den Grundstücken Burgacker 29 und 27 in 5000 Köln 81 verlaufenden Wege liegenden Trümmer der auf seinem Grundstück errichteten, umgestürzten Gartenmauer zu beseitigen.
Ihm wird hierzu eine Frist von 1 Woche ab Verkündung des Urteils gesetzt.
(Oder: ... eine Frist bis zum ... gesetzt.)
Für den Fall des ergebnislosen Fristablaufs wird der Beklagte verurteilt, an den Kläger 2000,– DM Schadensersatz zu zahlen.
(Im Antrag können der zeitliche Rahmen der Frist und ggf. auch die Höhe der Entschädigung in das Ermessen des Gerichts gestellt werden; Zöller, § 510 b Rd.Ziff. 3.)

unvertretbare Handlungen
s. Auskunft, Rechnungslegung, Widerruf, Zeugnis; betreffend Fristbestimmung s. auch Haupt- und Hilfsantrag.

Haupt- und Hilfsantrag
§ 260 ZPO

Anträge
– **Echter Hilfsantrag**
(gestellt für den Fall, daß der Hauptantrag unbegründet ist; Anders/Gehle, Rd.Ziff. 406; Thomas/Putzo, § 260 Anm. 2c)

Haupt- und Hilfsantrag

Der Beklagte wird verurteilt, den PKW ... an den Kläger herauszugeben, hilfsweise,
an den Kläger ... DM zu zahlen.

- **Unechter Hilfsantrag**
  (gestellt für den Fall, daß der Hauptantrag begründet ist und der Kläger bei Hinzutreten weiterer Umstände statt der Hauptleistung eine andere Leistung verlangen kann; Anders/Gehle, Rd.Ziff. 424 ff.; RGZ 144, 71, 73)
  - **Verurteilung „im Unvermögensfall"**
    (Anders/Gehle, Rd.Ziff. 442 ff.)
    Der Beklagte wird verurteilt, an den Kläger ... herauszugeben, im Unvermögensfall an den Kläger ... DM zu zahlen.
  - **Fristsetzung im Urteil und Tituliferung des Schadensersatzanspruchs für den Fall des fruchtlosen Fristablaufs**
    hier: § 283 BGB, §§ 225, 259 ZPO
    (betreffend den – in der Tenorierung abweichenden – Fall des § 510 b ZPO s. Handlung)
    1. Der Beklagte wird verurteilt, an den Kläger ... herauszugeben.
    2. Ihm wird hierfür eine in das Ermessen des Gerichts gestellte Frist/eine Frist von 2 Wochen ab Rechtskraft des Urteils gesetzt.
    3. Für den Fall des fruchtlosen Fristablaufs wird der Beklagte verurteilt, an den Kläger ... DM zu zahlen.
    (Die Dauer der Frist kann in das Ermessen des Gerichts gestellt werden, Zöller, § 255 Rd.Ziff. 5; zur Zulässigkeit des Zahlungsantrages OLG Schleswig, NJW 66, 1929; ähnlich schon BGH, NJW 65, 440, 441; a. A. OLG München, OLGZ 65, 10; offengelassen in OLG Köln, OLGZ 76, 477, 478; eine ausführliche Darstellung des Themas bei Anders/Gehle, Rd.Ziff 424 ff.)

Tenor
- **Echter Hilfsantrag**
  - **Hauptantrag begründet**
    Grundlage des Tenors ist ausschließlich der Hauptantrag. Der Hilfsantrag bleibt unerwähnt (er wird insbesondere nicht abgewiesen!), da seine Rechtshängigkeit rückwirkend fortgefallen ist (vgl. BGH, NJW 68, 692, 693).
  - **Hauptantrag unbegründet, Hilfsantrag begründet**
    Der Tenor folgt dem Hilfsantrag. Im übrigen wird die Klage abgewiesen.
  - **Beide Anträge unbegründet**
    Die Klage wird abgewiesen.
- **Unechter Hilfsantrag**
  - *Bei Begründetheit folgt der Tenor dem Antrag in vollem Umfang.*
  - *Bei Unbegründetheit des Hauptantrages wird die gesamte Klage abgewiesen. (Zu einem Ausnahmefall bei Doppelbedeutung des Hilfsantrags vgl. Anders/Gehle, Rd.Ziff. 446.)*
  - *Beantragt der Kläger eine bestimmte Fristsetzung, § 255 ZPO, und erweist sich die von ihm gewünschte Frist als zu kurz, so setzt das Gericht eine angemessen lange Frist fest. Im übrigen wird die Klage in diesem Falle abgewiesen.*
- s. Erledigung, Fristbestimmung, Handlung, Verweisung

Hauptintervention
§ 64 ZPO
Die vom Hauptintervenienten erhobene Klage richtet sich gegen den Kläger (= Beklagter zu 1) und den Beklagten (= Beklagter zu 2) des Erstprozesses.

Tenor des obsiegenden Urteils
Mit Wirkung gegen den Beklagten zu 1) wird festgestellt, daß der von diesem im Rechtsstreit A gegen B – Landgericht K, Aktenzeichen: ...– geltend gemachte Anspruch dem Kläger zusteht.
Der Beklagte zu 2) wird verurteilt, an den Kläger ... DM zu zahlen.
Abweisung
Die Hauptinterventionsklage wird abgewiesen.

Hauptversammlungs-Beschluß
s. Anfechtung

Hausgenosse
s. Auskunft

Hausrat
s. Familiensachen

Herabsetzung
der verwirkten Vertragsstrafe
§ 343 I BGB (beachte §§ 348, 351 HGB)
(Im Zahlungsprozeß des Gläubigers gegen den Schuldner muß die Herabsetzung der Vertragsstrafe nicht ausdrücklich beantragt oder gar im Wege der Widerklage verlangt werden (h. M., BGH, NJW 68, 1625; Palandt, § 343 Rd.Ziff. 6). Zur Klarstellung empfiehlt sich der (Hilfs-)Antrag: ..., die von dem Beklagten verwirkte Vertragsstrafe auf den angemessenen Betrag herabzusetzen.
Gibt das Gericht dem Antrag statt, bedarf es im Tenor nicht des ausdrücklich erfolgenden, rechtsgestaltenden Ausspruchs, daß die Vertragsstrafe herabgesetzt werde. Es genügt die (teilweise) Abweisung der Zahlungsklage mit entsprechenden Ausführungen zu § 343 BGB in den Entscheidungsgründen („verdecktes Gestaltungsurteil", vgl. BGHZ 41, 271, 280; 74, 341, 345; zu der ähnlichen Problematik bei §§ 315, 319 BGB s. Bestimmung einer Leistung).
Entsprechendes gilt, wenn der Schuldner nach Zahlung aufgrund des § 343 I BGB einen Teil der Vertragsstrafe zurückverlangt (zu der hierfür notwendigen Ausnahme von § 343 I 3 BGB bei Zahlung unter Vorbehalt vgl. BGB-RGRK, § 343 Rd.Ziff. 10; Palandt, § 343 Rd.Ziff. 6). Es reichen Zahlungsklage und -urteil. Ist die Vertragsstrafe verwirkt, macht der Gläubiger den Zahlungsanspruch aber nicht geltend, kann der Schuldner auf Herabsetzung der Strafe klagen.)
Beispiel:
Die von dem Kläger gem. Ziff. 7 des zwischen den Parteien am ... abgeschlossenen Vertrages verwirkte Vertragsstrafe wird auf ... DM herabgesetzt.
des Mäklerlohns
§ 655 BGB
Es gelten dieselben Grundsätze wie vorstehend zur Herabsetzung einer Vertragsstrafe dargelegt.

Herausgabe
von beweglichen Sachen
§ 985 BGB
(Der herauszugebende Gegenstand muß so genau beschrieben werden, daß eine Verwechslung ausgeschlossen ist.)

Herausgabe

Beispiel:
Der Beklagte wird verurteilt, den PKW Marke Audi 80 LS, weiß, Fahrgestell-Nr. 1234567, amtl. Kennzeichen: K−AH 4901, an den Kläger herauszugeben.

eines unrichtigen Erbscheins
§ 2362 BGB
Der Beklagte wird verurteilt, den am ... vom Amtsgericht K (Nachlaßgericht) ausgestellten Erbschein, der ihn als alleinigen Erben des am ... in ... verstorbenen Herrn X ausweist − Aktenzeichen: ... −, an das Nachlaßgericht herauszugeben.

mit Fristbestimmung
s. dort, zum Zweck der **Pfandverwertung** s. Pfandrecht, von unbeweglichen Sachen s. Räumung, s. auch einstweilige Verfügung

Herstellung des ehelichen Lebens
s. Familiensachen (Herstellung)

Hilfsantrag
s. Haupt- und Hilfsantrag

Hinterlegung
§§ 372 ff. BGB
Zur Auszahlung des hinterlegten Betrages s. Freigabeerklärung

Hypothek
s. Abtretung, Duldung der Zwangsvollstreckung

Immissionen
s. Unterlassung

Indossament
s. Abtretung

Interventionsklage
s. Drittwiderspruchsklage

Inzidentantrag
§§ 302 IV 4, 600 II, 717 II 2, 1042 c II 3 ZPO
(Die rechtliche Natur des Inzidentantrages ist streitig. Zum Teil wird er von der Widerklage streng unterschieden (Baumbach/Lauterbach/Albers/Hartmann, § 717 Anm. 3 B; Zöller, § 717 Rd.Ziff. 13). Andere halten ihn für einen privilegierten Unterfall der Widerklage (Wieczorek, § 717 Anm. D III A; Stein/Jonas, § 717 Rd.Ziff. 37 ff.; Thomas/Putzo, § 717 Anm. 2 f; Nieder, NJW 75, 1000). Da es auf die von dem Anspruchsteller gewählte Bezeichnung, etwa im Hinblick auf §§ 302 IV 4, 2. Halbsatz, 717 II 4 ZPO, nicht ankommt (BGH, NJW 63, 300, 301), ist die Bedeutung des Streits gering.
Über den Antrag kann auch durch Teilurteil entschieden werden (Zöller, § 717 Rd.Ziff. 15).
Wir sind der Auffassung, daß der Antragsteller in jedem Falle als Widerkläger bezeichnet werden kann, daß es aber genausogut zulässig ist, sein Begehren im Tenor als „Antrag" zu kennzeichnen:)

Beispiele:
- Auf die Widerklage/Auf den Antrag des Beklagten wird der Kläger verurteilt, ...
- Die Widerklage/Der Antrag des Beklagten, den Kläger zur Zahlung von Schadensersatz zu verurteilen, wird abgewiesen/zurückgewiesen.

(Für letzteres Furtner, S. 303)

Inzident-Feststellungsklage
s. Zwischenfeststellungsklage

Kapitalabfindung
s. Ersetzungsbefugnis

Kaufvertrag
s. Minderung, Nachbesserung, Wandelung

KG
s. Anmeldung, Auflösung, Ausschluß

Kindesunterhalt
s. Kindschaftssachen (einstweilige Anordnungen), Unterhaltssachen

Kindschaftssachen
§§ 640 ff. ZPO

Feststellung des (nicht-)ehelichen Kindschaftsverhältnisses
§§ 1591, 1600 n BGB, § 640 II Ziff. 1 ZPO
- Es wird festgestellt, daß der Kläger/Beklagte ein eheliches Kind des Beklagten/Klägers ist.
- Es wird festgestellt, daß der Kläger/Beklagte der nichteheliche Vater des Beklagten/Klägers ist.

Feststellung der Wirksamkeit/Unwirksamkeit einer Vaterschaftsanerkennung sowie deren Anfechtung
§§ 1600 f I BGB, § 640 II Ziff. 1, 3 ZPO
- Es wird festgestellt, daß die am ... in ... vom Beklagten erklärte Vaterschaftsanerkennung – Geburtenbuch-Nr. ... – wirksam ist.
- Es wird festgestellt, daß die am ... in ... vom Kläger erklärte Vaterschaftsanerkennung – Geburtenbuch-Nr. ... – unwirksam und der Kläger nicht der Vater des Beklagten ist.

(Die in § 1600 e BGB vorgesehene Anfechtung wird im Wege der Feststellungsklage geltend gemacht. Schrader/Steinert, Rd.Ziff. 213, lassen die angefochtene Anerkennung im Antrag unerwähnt und wollen lediglich das Nichtbestehen der Vaterschaft feststellen lassen. Dem kann mit Rücksicht auf den eindeutigen Wortlaut des § 1600 1 BGB nicht zugestimmt werden; zudem dient es der Klarstellung, wenn die beurkundete Anerkennung, § 1600 e BGB, ausdrücklich für unwirksam erklärt wird.)

Anfechtung der Ehelichkeit
§§ 1594 ff. BGB, § 640 II Ziff. 2 ZPO
Es wird festgestellt, daß der Kläger/Beklagte nicht das eheliche Kind des Beklagten/Klägers ist.

Abweisung einer auf Feststellung des Nichtbestehens einer nichtehelichen Vaterschaft gerichteten Klage
§ 641 h ZPO
Die Klage wird abgewiesen. Es wird festgestellt, daß der Kläger der nichteheliche Vater des Beklagten ist.

Kindschaftssachen

Oder:
Die Klage wird abgewiesen, weil der Kläger der nichteheliche Vater des Beklagten ist.

Feststellung des Bestehens/Nichtbestehens einer elterlichen Sorgepflicht
§ 1626 BGB, § 640 II Ziff. 4 ZPO
Es wird festgestellt, daß der Beklagte verpflichtet ist, für den Kläger die elterliche Sorge zu tragen.

Einstweilige Anordnungen
§ 641 d ZPO
(Im Verfahren auf Feststellung der nichtehelichen Vaterschaft kann die Unterhaltspflicht durch einstweilige Anordnung geregelt werden. Die Anordnung muß auf einen bestimmten Betrag lauten, nicht auf die Zahlung des Regelunterhalts (Zöller, § 641 d Rd.Ziff. 27).)
Beispiele:
- Der Antragsgegner hat dem Antragsteller rückwirkend seit dem ... zu Händen des Stadt-Jugendamtes in X, – Aktenzeichen: ... – bis zur rechtskräftigen Entscheidung des Rechtsstreits eine Unterhaltsrente von ... DM monatlich im voraus – Rückstände sofort – zu zahlen.
- Der Antragsgegner hat als Sicherheit für die Unterhaltsansprüche des Antragstellers eine Sicherheitsleistung von ... DM zu erbringen (Bankbürgschaft).

Klage
auf Erteilung der Vollstreckungsklausel, s. dort; auf vorzugsweise Befriedigung, s. dort.

Klage gegen Vollstreckungsklausel
s. Vollstreckungsabwehrklage

Klageantrag
unbeziffert, s. dort; Bindung, s. aliud und minus

Klagenhäufung

Objektive Klagenhäufung
§ 260 ZPO
(Für die Formulierung des Antrags/Tenors gelten die allgemeinen Grundsätze. Die einzelnen Ansprüche sind so klar voneinander zu trennen, daß hinsichtlich Zwangsvollstreckung und Rechtskraft Zweifel ausgeschlossen sind.)
Beispiel:
1. Der Beklagte wird verurteilt,
   a) an den Kläger ... DM zu zahlen.
   b) dem Kläger den (näher bezeichneten) PKW herauszugeben.
2. Es wird festgestellt, daß dem Beklagten aus einem zwischen den Parteien am 1. 4. 1986 über den Betrag von 5000,– DM abgeschlossenen Darlehensvertrag Ansprüche gegen den Kläger nicht zustehen.

s. auch Haupt- und Hilfsantrag, Stufenklage

Subjektive Klagenhäufung, §§ 59 ff. ZPO
- **Teilurteil gegen einen, Schlußurteil gegen den anderen Beklagten**
  Der Beklagte zu 2) wird verurteilt, als Gesamtschuldner neben dem im Teil-(Versäumnis-)Urteil vom ... verurteilten Beklagten zu 1) an den Kläger ... DM zu zahlen.
  Die weitergehende Klage wird abgewiesen.

- **Nur teilweise gesamtschuldnerische Haftung**
  (Der Kläger hat beantragt, die Beklagten zu verurteilen, als Gesamtschuldner an ihn 3000,– DM zu zahlen.)
  Die Beklagten werden verurteilt, als Gesamtschuldner an den Kläger 2000,– DM zu zahlen. Der Beklagte zu 2) wird darüber hinaus verurteilt, an den Kläger weitere 1000,– DM zu zahlen.
  Im übrigen wird die Klage abgewiesen.
- **Abweisung hinsichtlich eines Streitgenossen**
  Der Beklagte zu 1) wird verurteilt, ...
  Im übrigen wird die Klage abgewiesen.
  Oder:
  Die gegen den Beklagten zu 2) gerichtete Klage wird abgewiesen.
- **Abweisung eines von mehreren Klägern**
  Der Beklagte wird verurteilt, an den Kläger zu 1) ... DM zu zahlen.
  Die Klage des Klägers zu 2) wird abgewiesen.
  (OHG und Gesellschafter sowie KG und persönlich haftender Gesellschafter werden nicht „als", sondern „wie" Gesamtschuldner verurteilt, da sie materiellrechtlich nicht als Gesamtschuldner haften (zu verschiedenen anderen Formulierungsmöglichkeiten vgl. Baumbach/Duden/Hopt, HGB § 128 Nr. 8 A).)

Klausel
s. Vollstreckungsklausel

Konkurstabelle
s. Feststellungsklage

Kontrollrecht des OH-Gesellschafters
§ 118 HGB

Einsicht in die Handelsbücher usw.
Die Beklagte wird verurteilt, dem Kläger Einsicht in ihre Handelsbücher und in die mit der X-GmbH geführte Korrespondenz zu gestatten.
(Im Gegensatz zum Fall des § 166 III HGB ist hier die Möglichkeit einer einstweiligen Verfügung, etwa auf Sicherstellung von Papieren, unbestritten; vgl. Baumbach/Lauterbach/Albers/Hartmann, § 118 HGB Anm. 1 E. Die Vollstreckung erfolgt je nach Inhalt des Tenors analog § 883 ZPO, OLG Hamm, BB 73, 1600 oder nach §§ 887 f. ZPO.)

Kontrollrecht des stillen Gesellschafters
- **§ 233 I HGB**
  Der Beklagte wird verurteilt, dem Kläger eine Abschrift des für das Geschäftsjahr 1987 aufgestellten Jahresabschlusses zu erteilen und ihm Einsicht in seine Geschäftsbücher und Papiere zu gewähren.
- **§ 233 III HGB, § 145 FGG**
  Hier gilt dasselbe wie bei den Kontrollrechten des Kommanditisten.

Kontrollrecht des Kommanditisten
§ 166 I HGB
Die Beklagte wird verurteilt, dem Kläger eine Abschrift ihres steuerlichen Jahresabschlusses für das Geschäftsjahr 1990, bestehend aus der Steuerbilanz zum 31. 12. 1990 und der steuerlichen Gewinn- und Verlustrechnung für die Zeit vom 1. 1. 1990 bis zum 31. 12. 1990 mitzuteilen und es zu dulden, daß der Kläger (in Begleitung seines Steuerberaters X/durch seinen Steuerberater X) in ihre Geschäftsbücher und Papiere Einsicht nimmt.

Kontrollrecht

(Die Klage richtet sich grundsätzlich gegen die Gesellschaft, daneben können die Geschäftsführer/Liquidatoren in Anspruch genommen werden; OLG Celle, BB 83, 1450f.)

Außerordentliches Kontrollrecht
§ 166 III HGB, §§ 145 f. FGG
Der Antrag richtet sich gegen den/die Gesellschafter-Geschäftsführer. Die Formulierung des Tenors kann derjenigen der Klage nach § 166 I HGB entsprechen, s. oben. Weiterhin z. B. möglich:
Der Antragsgegner hat dem Antragsteller den mit der Y-GmbH am ... geschlossenen Kooperationsvertrag zur Einsichtnahme vorzulegen.
(Teilweise wird vertreten, neben dem FGG-Verfahren komme auch der Antrag auf Erlaß einer einstweiligen Verfügung in Betracht; vgl. Baumbach u. a., § 166 HGB Anm. 3 D; Schlegelberger, Rd.Ziff. 31f.)

Kostenvorschuß
s. Familiensachen und Unterhaltssachen (einstweilige Anordnungen)

Kraftloserklärung von Urkunden
allgemein s. Ausschlußurteil

Kraftloserklärung einer Vollmachtsurkunde
§ 176 I 2 BGB, §§ 204 f. ZPO, FGG-Verfahren
Dem Antragsteller (= Vollmachtgeber) wird die Veröffentlichung der Kraftloserklärung der von ihm am ... zugunsten des Herrn X ausgestellten Vollmachtsurkunde bewilligt.

Kündigung des Arbeitsverhältnisses
§§ 622, 626 BGB, KSchG, AngKündG

Kündigungsschutzklage mit Antrag auf Auflösung des Arbeitsverhältnisses und auf Zahlung einer Abfindung
§§ 9 f., 13 KSchG, § 291 BGB

– Erfolgreiche Klage mit ebenfalls erfolgreichem Auflösungsantrag einer oder beider Parteien und Festsetzung einer Abfindung
  Das zwischen den Parteien bestehende Arbeitsverhältnis wird zum Ablauf des ... aufgelöst.
  Der Beklagte wird verurteilt, an den Kläger nach Rechtskraft des vorliegenden Urteils ... DM nebst 4% Zinsen vom selben Zeitpunkt ab zu zahlen.
  (Der Feststellung, daß die Kündigung des Arbeitgebers sozialwidrig und damit unwirksam war, bedarf es in diesem Falle nicht, da der rechtsgestaltende Ausspruch des Tenors den Beendigungszeitpunkt hinreichend klarstellt: § 9 II KSchG (h. M. vgl. Becker/Etzel u. a., KSchG, § 9 Rd.Ziff. 84 m. w. N.; Hueck, KSchG § 9 Rd.Ziff. 26). Der Zahlungsanspruch entsteht erst mit Rechtskraft; dies wirkt sich auch auf den Zinsanspruch aus, der sich nach § 291 BGB auf die Zahlung von Fälligkeitszinsen richtet, vgl. LAG Berlin, BB 86, 672. Verlangt der Arbeitnehmer auf die Abfindung keine Zinsen, kann der Hinweis auf die Rechtskraft des Urteils im Tenor unterbleiben, wenn insoweit keine Vollstreckbarkeitsentscheidung getroffen wird.)

– Unterliegen des Arbeitgebers in der Kündigungsschutzklage und Unbegründetheit des von einer Partei gestellten Auflösungsantrages
  Es wird festgestellt, daß das zwischen den Parteien bestehende Arbeitsverhältnis durch die Kündigung des Beklagten vom ... nicht aufgelöst worden ist.

Der Auflösungsantrag des Klägers/Beklagten wird zurückgewiesen.
(vgl. Becker/Etzel u. a., § 9 KschG Rd.Ziff. 80, 85)
(Haben beide Parteien die Auflösung beantragt, so ist diese, Erfolg der Kündigungsschutzklage vorausgesetzt, ohne Sachprüfung auszusprechen; streitig entschieden wird nur über die Höhe der Abfindung (vgl. Hueck, § 9 Rd.Ziff. 25 m. w. N.).

Nachträgliche Zulassung der Kündigungsschutzklage
§ 5 I, IV KschG
Die Kündigungsschutzklage wird nachträglich zugelassen.

Unwirksame Kündigung
§§ 1, 4 Satz 1 KschG
Es wird festgestellt, daß das zwischen den Parteien bestehende Arbeitsverhältnis durch die ordentliche/fristlose Kündigung des Beklagten vom ... nicht aufgelöst worden ist.

Änderungskündigung
§§ 2, 4 Satz 2, 8 KschG
Es wird festgestellt, daß die in der Änderungskündigung des Beklagten vom ... dargelegte Änderung der Arbeitsbedingungen sozial ungerechtfertigt ist.

Befristetes Arbeitsverhältnis
Es wird festgestellt, daß das im Vertrag vom ... begründete Arbeitsverhältnis der Parteien über den ... hinaus fortbesteht.
Der Beklagte wird verurteilt, den Kläger im Rahmen der vertraglich festgestellten Bedingungen weiterzubeschäftigen.

Änderung der Arbeitsbedingungen
s. Feststellungsklage

Künftige Leistung
§§ 257 ff. ZPO

Grundfälle:
– Der Beklagte wird verurteilt, das Grundstück Burgacker 29 in 5000 Köln 81 am ... geräumt an den Kläger herauszugeben.
– Der Beklagte wird verurteilt, beginnend mit dem ... jeweils zum Monatsersten an den Kläger (bis zu dessen Ableben) monatlich ... DM zu zahlen.
– Der Beklagte wird verurteilt, am ... an den Kläger den (näher bezeichneten) PKW herauszugeben.
– Der Beklagte wird verurteilt, am ... an den Kläger ... DM zuzüglich ... Zinsen von dem darauffolgenden Tage ab zu zahlen.

Bedingter Leistungsanspruch
§ 158 BGB
Der Beklagte wird verurteilt, für den Fall, daß der Kläger die Wohnung ... vor dem ... geräumt an ihn herausgibt, an den Kläger ... DM zu zahlen.

s. Rente, Sicherheitsleistung

Landwirtschaftssachen

Gerichtliche Zuweisung eines Betriebs
§§ 13 ff. GrdstVG, §§ 9 ff. LwVG, FGG
Das Landgut „X", bestehend aus den Grundstücken: a) ..., b) ..., c) ..., Grundbuch von ..., wird dem Antragsteller mit Wirkung vom ... ab zum alleinigen Eigentum zugewiesen. Die Zuweisung erstreckt sich auf das gesamte derzeit auf dem Landgut befindliche Zubehör.

Landwirtschaftssachen

Der Antragsteller hat an den Antragsgegner zu 1) ... DM zu zahlen und an den Antragsgegner zu 2) das Grundstück ... lastenfrei zu übereignen.
Die Zahlung wird dem Antragsteller dergestalt gestundet, daß der dem Antragsgegner zu 1) geschuldete Betrag, beginnend mit dem 1. 1. 19.. in jährlich im voraus zu entrichtenden Raten von ... DM zu zahlen ist. Nach Tilgung der Hauptforderung hat der Antragsteller dem Antragsgegner zu 1) zum 1. 1. des darauffolgenden Jahres ... DM als Stundungszins zu zahlen. Rückständige Raten sind mit 8% pro Jahr zu verzinsen. Als Sicherheit hat der Antragsteller dem Antragsgegner auf dem Grundstück ... bis zum ... eine erstrangige Grundschuld über ... DM nebst 8% Jahreszinsen zu bestellen, widrigenfalls die Stundung hinfällig wird.

Leistungsbestimmung
s. Bestimmung einer Leistung

Leistungsurteil

Der Beklagte wird verurteilt, an den Kläger ...
(Die bisweilen noch verwendete Formulierung: „Der Beklagte ist schuldig, ...", ist antiquiert; auf sie sollte, da sie an den Strafprozeß erinnert und für eine Feststellung i. S. des § 256 ZPO gehalten werden kann, verzichtet werden (vgl. BGH, DRiZ 69, 256; s. Schneider, MDR 67, 95).)
Die Leistung ist inhaltlich genau zu bestimmen; Zahlungsurteile sind zu beziffern. Falsche Formulierungen:
... die Klagesumme zu zahlen.
... an den Kläger die laufende Miete zu zahlen (KG, HRR 38, Nr. 1197).
... an den Kläger „den Einkaufspreis" einer bestimmten Ware zu zahlen (Wieczorek, § 313 Anm. B V a 1).
... den sich aus dem Mahnbescheid ergebenden Betrag zu zahlen.

Liquidatoren
s. Vereinsrecht

Löschungsfähige Quittung
s. Quittung

Mäklerlohn
Herabsetzung, s. dort

Mängelbeseitigung
s. Nachbesserung

Mietsachen
§§ 535 ff. BGB

Überlassung der Mietsache (Wohnraum)
§ 536 BGB
Der Beklagte wird verurteilt,
– die im 2. Stock des Hauses ... gelegene Mietwohnung geräumt an den Kläger herauszugeben.
– dem Kläger einen für die Toreinfahrt des Hauses ... passenden Schlüssel auszuhändigen.
– im Hausflur des Hauses ... ein Treppengeländer anzubringen.

- es zu unterlassen, Besucher des Klägers am Betreten der von diesem gemieteten Wohnung ... zu hindern.
- die Räume der vom Kläger gemieteten Wohnung ... täglich von 6.00 bis 23.00 Uhr dergestalt zu heizen, daß eine Zimmertemperatur von 20° Celsius erreicht wird.

Mieterhöhung
§ 2 III MHG
Der Beklagte wird verurteilt, die Zustimmung zu folgender Erklärung zu erteilen: Die Monatsmiete für die Wohnung ... erhöht sich mit Wirkung vom/rückwirkend seit dem ... auf ... DM.

Mietminderung
§§ 537 I, 442 f. BGB
(Die Mietminderung wird meist im Rahmen einer Zahlungsklage eingewandt. Sie kann jedoch auch Gegenstand einer Feststellungsklage sein:)
Beispiel:
Es wird festgestellt, daß der von der Klägerin für die Wohnung im 3. OG rechts des Vorderhauses X-Straße 13 in X geschuldete Mietzins seit dem ... um 25% gemindert ist.

Duldungspflichten des Mieters
§§ 541 a f. BGB
Der Beklagte wird verurteilt, in seiner im Erdgeschoß des Hauses ... liegenden Mietwohnung folgende Maßnahmen zu dulden:
a) Ausbau der vorhandenen zweiflügeligen Balkontüre in der Küche und Einbau einer einflügeligen Balkontüre mit Isolierverglasung durch die Fa. X.
b) Ausbau der vorhandenen Heizungsrohre und Heizkörper sowie Verlegung neuer Heizungsrohre und Einbau neuer Heizkörper in allen Räumen der Wohnung durch die Fa. Y.

Fortsetzung des Mietverhältnisses
§§ 556 a f. BGB, § 308 a I ZPO
Das zwischen den Parteien bestehende Mietverhältnis über die Wohnung ... wird auf unbestimmte Zeit/bis zum ... fortgesetzt.
Für das fortgesetzte Mietverhältnis gelten die Bestimmungen des von den Parteien am ... abgeschlossenen Mietvertrages (mit folgenden Änderungen: ...).

Räumung
s. dort

Vermieterpfandrecht
s. einstweilige Verfügung und Pfandrecht

Minderjähriger
s. selbständiger Betrieb eines Erwerbsgeschäfts, Dienst- oder Arbeitsverhältnis

Minderung
Der Käufer darf unmittelbar auf Zahlung des nach § 472 BGB errechneten Betrages klagen, s. Wandelung. Die von Furtner (S. 124) vorgeschlagene Formulierung: „... in Minderung des Kaufvertrages an den Kläger ... DM zu zahlen", ist überflüssig.

minus
§ 308 ZPO
Als ein vom Klageantrag mitumfaßtes minus sind anzusehen:
- Anstelle von zwei **Anwaltsgebühren** aus niedrigem Streitwert nur eine Gebühr

minus

- aus höherem Streitwert, sofern der Endbetrag nicht höher ist als die geltend gemachte Forderung (KG, JurBüro 75, 771).
- Der **Ausgleichsanspruch** nach § 906 II 2 BGB ist im Verhältnis zu einem auf die Immission gestützten Schadensersatzanspruch ein minus (OLG Stuttgart, 8. 11. 88 – 10 U 196/87 –).
- Kann der Schuldner einer der Vorbereitung von Schadensersatzansprüchen dienenden **Auskunftspflicht** mit Rücksicht auf die Wettbewerbslage nach Treu und Glauben verlangen, daß er die für die Berechnung der Schadenshöhe und Nachprüfbarkeit seiner Auskunftserteilung (Rechnungslegung) maßgebenden Umstände statt dem Verletzten einer Vertrauensperson machen darf, ist ihm die Möglichkeit, seine Auskunftspflicht in dieser Form zu erfüllen, wahlweise auch dann vorzubehalten, wenn kein dahingehender besonderer Antrag gestellt worden ist (BGH, LM § 260 BGB Nr. 6). Siehe auch Wettbewerbssachen.
- **Feststellung** der Leistungspflicht gegenüber der Leistung (BGH, LM § 133 [D] BGB, Nr. 7; Zöller, § 308 Rd.Ziff. 4).
- Der **negativen Feststellungsklage,** die sich auf Nichtbestehen des behaupteten Anspruchs stützt, kann auch allein wegen **Verjährung** stattgegeben werden. Der Tenor enthält in diesem Falle allerdings lediglich die Feststellung, „daß der Kläger berechtigt ist, gegenüber dem Anspruch des Beklagten aus/auf . . . die Leistung zu verweigern (vgl. BGH, NJW 83, 392 f.) Die weitergehende Klage ist abzuweisen. Von einer dem Kläger nachteiligen Kostenentscheidung kann jedoch nach § 92 II ZPO abgesehen werden, wenn Nichtbestehen des Anspruchs und Verjährung wirtschaftlich gleichwertig sind (allg. zu § 92 II ZPO vgl. Teil B, Rd.Ziff. 209 ff.).
- Bei **negativer Feststellungsklage,** die nur teilweise erfolgreich ist, muß durch Auslegung des Klageziels ermittelt werden, ob die Klage im übrigen abzuweisen ist (Schneider, JurBüro 67, 355, 360 ff.).
- Bei der Grenzscheidungsklage, § 920 BGB, darf das Gericht eine vom Klageantrag abweichende Grenzlinie festlegen, sofern damit dem Kläger nicht mehr Land zugesprochen wird, als er mit dem bestimmten Antrag begehrt (BGH, NJW 65, 37). Siehe auch Grenzscheidungsklage.
- Herausgabe statt Übereignung.
- Hinterlegung gegenüber der Zahlung (RGZ 79, 275, 276).
- Zahlung unter dem Vorbehalt beschränkter Haftung gegenüber vorbehaltloser Zahlung (Baumbach/Lauterbach/Albers/Hartmann, § 308 Anm. 1B; Thomas/Putzo, § 308 Anm. 1b).
- Zug-um-Zug-Leistung gegenüber der uneingeschränkten Leistung (BGH, NJW 51, 517; BGHZ 27, 241, 249 = NJW 58, 1232).
- Zukünftige gegenüber gegenwärtig fälliger Leistung (Wieczorek, § 308 Anm. C I b).
- Duldung der Zwangsvollstreckung gegenüber der Zahlung (OLG Kiel, OLG 35, 93; Baumbach/Lauterbach/Albers/Hartmann, § 308 Anm. 1 B; Thomas/Putzo, § 308 Anm. 1b).

s. aliud

Miterbe
s. Auskunft

Mitgliederversammlung
s. Vereinsrecht

Mitschuld
im Tenor, s. Grundurteil

Nachbesserung
§§ 476 a, 633 II BGB

Allgemeines
Nach der Rechtsprechung ist der Erfolg der vom Beklagten zu leistenden Nachbesserung im Urteil so präzise zu umschreiben, daß Zweifel in der Zwangsvollstreckung nicht aufkommen können. Demgegenüber bleiben Art und Weise der Nachbesserung der Wahl des Schuldners überlassen (vgl. BGH, LM VOB Nr. 83 = MDR 77, 133; BauR 73, 313, 317; LM § 633 BGB Nr. 57 = NJW 86, 711). Je nach Lage des Falles kann der Nachbesserungsanspruch sich – auch noch nach der Abnahme – auf Neuherstellung richten (BGH, NJW a. a. O.; OLG Köln, BauR 77, 275).

Werkvertrag
– Grundfälle
  – Der Beklagte wird verurteilt, den Außenputz des Hauses ... abzuschlagen und (ggf. mit näher bestimmtem Material) in rustikaler (oder anderer, näher bestimmter) Ausführungsart vollständig zu erneuern.
  – Der Beklagte wird verurteilt, an dem PKW ... einschließlich des Abgaskrümmers eine neue, aus Originalersatzteilen der Fa. X bestehende Auspuffanlage anzubringen.
– Doppelte Zug-um-Zug-Verurteilung
  (Der Beklagte verweigert die Zahlung des Werklohns aufgrund eines Anspruchs auf Mängelbeseitigung, an deren Kosten er sich jedoch beteiligen muß; BGHZ 90, 354)
  Der Beklagte wird verurteilt, an den Kläger 7500,– DM zu zahlen, Zug um Zug gegen Erneuerung des auf die Fassade des Hauses ... aufgebrachten Anstrichs mit einer Farbe der Marke X, dies jedoch nur Zug um Zug gegen Zahlung von 1500,– DM.

Kaufvertrag
Der Beklagte wird verurteilt, das im Besitz des Klägers befindliche Farbfernsehgerät „Multi Colour 2000", Fabrikations-Nr. ... dergestalt nachzubessern, daß eine einwandfreie Bild- und Tonwiedergabe sichergestellt ist.

s. Handlung

Nacherbe
s. Auskunft

Nachforderungsklage zur Sicherheitsleistung
§ 324 ZPO, §§ 843 ff., 1569 ff. BGB

Klage auf Sicherheitsleistung
Der Beklagte wird verurteilt, dem Kläger für die im Urteil des Landgerichts K vom ... – Aktenzeichen: ... – zugesprochene Geldrente in Höhe von ... DM Sicherheit zu leisten.
Es genügt die selbstschuldnerische, unwiderrufliche und unbefristete Bürgschaft einer deutschen Großbank, einer sonstigen, dem Einlagensicherungsfonds angeschlossenen Bank oder einer öffentlich-rechtlichen Sparkasse.

Klage auf Aufhebung der Sicherheitsleistung
(nach h. M. zulässig analog § 324 ZPO: vgl. Baumbach/Lauterbach/Albers/Hartmann, § 324 Anm. 2 B; Zöller, § 324 Rd.Ziff. 2; ebenso Thomas/Putzo, § 324)

Nachforderungsklage

Die dem Kläger im Urteil des Landgerichts Köln vom ... – Aktenzeichen: ... – auferlegte Pflicht zur Sicherheitsleistung wird aufgehoben/auf einen Betrag von ... DM ermäßigt.
Der Beklagte wird verurteilt, die am ... ausgestellte, auf einen Betrag von 20 000,– DM lautende Bürgschaftsurkunde der X-Bank (Zug um Zug gegen Übergabe einer auf 10 000,– DM lautenden, im übrigen gleichen Bürgschaftsurkunde) an den Kläger herauszugeben.

Nachlaß
s. Auskunft, gemeinschaftliche Verwaltung

Nachlaßforderung
§ 2039 BGB, Klage auf Leistung an alle Erben

Grundfall
Der Beklagte wird verurteilt, an die Erbengemeinschaft nach dem am ... in ... verstorbenen Herrn X, bestehend aus
a) dem Kläger
b) den weiteren Mitgliedern der Erbengemeinschaft (anzugeben mit vollem Namen und Anschrift)
... DM zu zahlen.

bei fehlender Annahmebereitschaft der übrigen Miterben
..., zugunsten der Erbengemeinschaft nach dem am ... in ... verstorbenen Herrn X, bestehend aus
a) dem Kläger
b) den weiteren Mitgliedern den Betrag von ... DM beim Amtsgericht in Y zu hinterlegen.

bei mangelnder Eignung zur Hinterlegung
(§ 165 FGG)
Der Beklagte wird verurteilt, an die Erbengemeinschaft ...
z. Hd. eines vom Amtsgericht in Y zu bestellenden Verwahrers (den näher bezeichneten Gegenstand) herauszugeben.

Nachlaßverzeichnis
§ 2215 (§ 2001) BGB
Der Beklagte wird verurteilt, ein Verzeichnis der seiner Verwaltung unterliegenden Nachlaßgegenstände und der ihm bekannten Nachlaßverbindlichkeiten zu errichten und dem Kläger auszuhändigen sowie den Wert der in das Verzeichnis aufzunehmenden Gegenstände durch einen von der Industrie- und Handelskammer in X zu benennenden, öffentlich bestellten, vereidigten Sachverständigen bewerten zu lassen.

Nachverfahren
§§ 302 IV, 600 ZPO

Obsiegen des Klägers
Das Vorbehaltsurteil vom ... wird für vorbehaltslos erklärt.
Die weiteren Kosten des Rechtsstreits werden dem Beklagten auferlegt.
(Vollstreckbarkeitsentscheidung)

Unterliegen des Klägers
Das Vorbehaltsurteil vom ... wird aufgehoben; die Klage wird abgewiesen.

Teilweises Obsiegen des Klägers
Das Vorbehaltsurteil vom ... wird insoweit für vorbehaltslos erklärt, als der Beklagte verurteilt ist, an den Kläger ... DM zuzüglich ... Zinsen zu zahlen. Im übrigen wird es aufgehoben; die weitergehende Klage wird abgewiesen.

Aufhebung des ein Versäumnisurteil aufrechterhaltenden Vorbehaltsurteils
Das Versäumnisurteil vom ... und das Vorbehaltsurteil vom ... werden aufgehoben. Die Klage wird abgewiesen.

Klageerweiterung im Nachverfahren
- **Obsiegen des Klägers**
  Das Vorbehaltsurteil vom ... wird für vorbehaltslos erklärt. Der Beklagte wird verurteilt, an den Kläger weitere ... DM zu zahlen.
- **Teilweises Unterliegen des Klägers**
  (sowohl hinsichtlich des im Vorbehaltsurteil bereits titulierten als auch hinsichtlich des im Nachverfahren erst geltend gemachten Anspruchs:)
  Das Vorbehaltsurteil vom ... wird insoweit für vorbehaltslos erklärt, als der Beklagte verurteilt ist, an den Kläger ... DM zu zahlen. Im übrigen wird es aufgehoben.
  Der Beklagte wird außerdem verurteilt, an den Kläger ... DM zu zahlen.
  Die weitergehende Klage wird abgewiesen.

Namensrecht
§ 12 BGB

Namensleugnung
Der Beklagte wird verurteilt, es zu unterlassen den Kläger mit „Herr Sauer" statt mit „Herr von Sauer" anzureden.

Bestreiten des Namensrechts
Der Beklagte wird verurteilt, die Behauptung, der Kläger sei nicht berechtigt sich „Herr von Sauer" zu nennen, zu unterlassen/gegenüber allen Angehörigen der Fa. Y zu widerrufen.
(zum Widerruf, s. auch dort)

Unbefugter Gebrauch
- Der Beklagten wird untersagt, in ihrer Firma den Namen „Meyer" zu führen. Sie wird weiterhin verurteilt, das über dem Eingang ihres Ladenlokals an der X-Straße in Y angebrachte Firmenschild mit dem Aufdruck „Meyer" zu beseitigen.
- Dem Beklagten wird untersagt, im Rahmen des von ihm geführten Antiquitätengeschäfts auf Briefbögen, auf Rechnungen, in Zeitungsanzeigen oder in anderen schriftlichen Verlautbarungen den Namen „Meyer" ohne einen Zusatz wiederzugeben, aufgrund dessen sein Name von demjenigen des Klägers unterschieden werden kann.

Nebenintervention
s. Zwischenurteil

Negative Feststellungsklage
s. Feststellungsklage

ne ultra petita
s. aliud und minus

Nichtabhilfe
s. Beschwerde

Nichtigerklärung

Nichtigerklärung
einer AG oder Genossenschaft nach §§ 275 ff. AktG bzw. §§ 94 ff. GenG
Die Beklagte wird für nichtig erklärt.

Nichtigkeitsklage
s. Familiensachen, Patent, Wiederaufnahme

Notbestellung
von Vorstand bzw. Liquidatoren, s. Vereinsrecht, Stiftung

Notweg
§ 917 BGB

Im Klageantrag
brauchen der genaue Verlauf und die Breite des Notweges sowie der Umfang seiner Benutzung nicht näher umschrieben zu werden (Palandt, § 917 Rd.Ziff. 13). Kommen mehrere Grundstücke für den Notweg in Betracht, kann der Berechtigte gegen alle Grundstückseigentümer klagen (RGRK, § 917 Rd.Ziff. 10).
Beispiel:
Der Beklagte wird verurteilt, es zu dulden, daß der Kläger über das Grundstück Am Burgacker 29 in Köln von der Straße „Am Burgacker" her zu seinem Grundstück „An der Bachwiese 7" einen Notweg führt, bis die Straße „Bachwiese" wieder mit Fahrzeugen befahren werden kann.

Im Urteil heißt es bei Bedarf zusätzlich:
Der Notweg darf von der Straße her an der Grenze zum Grundstück Am Burgacker 31 entlang in einer Breite von bis zu 2 m jederzeit benutzt werden.
Oder z. B.
... nur an Werktagen von 7 bis 20 Uhr ...

Notwegrente
§ 917 II BGB
(Die Pflicht zur Zahlung der Notwegrente beginnt mit der Duldungspflicht, d. h. mit dem Zeitpunkt, zu dem der Berechtigte die Einräumung des Notwegrechts verlangt, nicht erst mit der tatsächlichen Benutzung (BGH, NJW 85, 1952 f.). Die Rente ist gem. §§ 917 II, 913 II BGB jährlich im voraus zu entrichten. Der Nachbar kann die Duldung bis zur Zahlung der fälligen Notwegrente verweigern (BGH, LM § 917 BGB Nr. 12/13 = MDR 76, 917). Hinsichtlich rückständiger Rentenbeträge kommt daher, falls der Nachbar sich hierauf beruft, eine Zug-um-Zug-Verurteilung in Betracht:)
Der Beklagte wird verurteilt, es Zug um Zug gegen Zahlung einer für die Zeit vom 1. 4. 1991 bis zum 31. 3. 1992 zu entrichtenden Notwegrente in Höhe von ... DM zu dulden, daß der Kläger ... einen Notweg führt.

OHG
s. Anmeldung, Auflösung, Ausschluß, Übernahme

Parteianträge
s. aliud, minus

Parteiwechsel
s. Zwischenurteil

Patent
Nichtigkeitsklage nach § 81 PatG
> Das Patent DBP Nr. . . . wird für nichtig erklärt.

Patentverletzung
§§ 9, 139 PatG
> Dem Beklagten wird untersagt,
> — die nachstehend beschriebene Maschine zur Herstellung von nachfüllbaren Kugelschreiberminen herzustellen, anzubieten, in Verkehr zu bringen, zu gebrauchen oder zu den genannten Zwecken entweder einzuführen oder zu besitzen.
> *(Es folgt eine möglichst genaue Beschreibung der Maschine, die notfalls um in den Tenor einzufügende bildliche oder zeichnerische Darstellung ergänzt werden kann.)*
> — das nachstehend beschriebene Verfahren zur Herstellung eines nicht brennbaren, volltönenden Haarfestigers anzuwenden oder im Geltungsbereich des Patentgesetzes anzubieten sowie den von ihm hergestellten Haarfestiger „X" im Handel anzubieten, in Verkehr zu bringen oder zu den genannten Zwecken entweder einzuführen oder zu besitzen:
> . . .

Patentvindikation
§ 8 PatG
> Der Beklagte wird verurteilt, dem Kläger das Patent DBP Nr. . . . zu übertragen.

Personenstandssachen
Anweisung an den Standesbeamten bei Ablehnung einer Amtshandlung
§§ 45, 48 PStG (hier: Ablehnung eines Aufgebots)
> Der Standesbeamte in . . . wird angewiesen, von Bedenken gegen den Erlaß des am . . . beantragten Aufgebots der Antragsteller Abstand zu nehmen, soweit diese Bedenken darauf beruhen, daß die Auflösung der früheren Ehe des Antragstellers zu 1) nicht hinreichend nachgewiesen sei.

Berichtigungsverfahren
§ 47 I PStG
> Die Eintragung im Geburtsregister des Standesamtes K – Nr. . . . – ist durch Beischreibung folgenden Randvermerks zu berichtigen:
> — Auf Verfügung des Amtsgerichts K vom . . . – Aktenzeichen: . . . – wird berichtigend vermerkt, daß der Familienname des Antragstellers richtig „Graf X" lautet.
> — . . . wird die Eintragung . . . dahin berichtigt, daß der Antragsteller am . . . geboren ist.
> — . . . wird die Eintragung . . . dahin berichtigt, daß das Kind den Namen „Friedrich Wilhelm" ohne Bindestrich führt.

Pfändungs- und Überweisungsbeschluß
§§ 829, 835 ZPO
> BESCHLUSS
> In der Zwangsvollstreckungssache X ./. Y
> Nach dem vollstreckbaren Urteil des Landgerichts K vom . . . – Aktenzeichen: . . . – (oder anderer Titel) steht dem Gläubiger gegen den Schuldner ein Anspruch auf Zahlung von . . . DM nebst . . . Zinsen zu.
> Wegen dieses Anspruchs sowie Kosten in Höhe von . . . DM (deren Berechnung im

Pfändungs- und Überweisungsbeschluß

Anschluß an den Beschluß dargelegt wird) wird die angebliche Forderung des Schuldners gegen die Z-Bank aus dem Girokonto Nr. . . . bis zur Höhe der vorstehend aufgeführten Beträge gepfändet.
Der gepfändete Betrag wird dem Gläubiger zur Einziehung überwiesen.
Der Z-Bank (Drittschuldner) wird verboten, die gepfändeten Beträge an den Drittschuldner zu zahlen. Der Schuldner hat sich jeder Verfügung über die gepfändete Forderung, insbesondere deren Einziehung zu enthalten.

Pfandrecht

an Rechten
Befriedigung durch Zwangsvollstreckung, § 1277 BGB
Der Beklagte wird verurteilt, die Zwangsvollstreckung in die ihm aufgrund des Vertrages vom . . . in Höhe von . . . DM gegen Herrn X zustehende Darlehensforderung zu dulden.

an beweglichen Sachen
Herausgabe des Pfandes zum Verkauf, § 1231 BGB, bei Verpfändung nach § 1206 BGB

— § 1206, 1. Alternative BGB
Der Beklagte wird verurteilt, (die näher bezeichnete Sache) zum Zwecke der Pfandverwertung an den Kläger/den Verwahrer X/den Gerichtsvollzieher Y/an einen vom Kläger zu beauftragenden Gerichtsvollzieher herauszugeben.

— § 1206, 2. Alternative BGB
(RG, JW 38, 867)
Der Beklagte wird verurteilt, die ihm aufgrund des Vertrages vom . . . gegen den Verwahrer X zustehenden Ansprüche an den Kläger abzutreten und den Verwahrer X zu ermächtigen, (die näher bezeichnete Sache) zum Zwecke der Pfandverwertung an den Kläger (oder einen anderen Verwahrer bzw. an einen Gerichtsvollzieher) herauszugeben.
Oder:
Der Beklagte wird verurteilt, die ihm aufgrund des Vertrages vom . . . gegen den Verwahrer X zustehenden Ansprüche an den Kläger abzutreten und den Verwahrer X zu ermächtigen, daß er (die näher bezeichnete Sache) im Wege der Pfandveräußerung für den Kläger verwertet.

Pflichtteilsberechtigter
s. Auskunft

Prätendentenstreit
s. Gläubigerstreit

Presserecht
s. Gegendarstellung

Provision
des Handelsvertreters, s. Auskunft

Prozeßkostenvorschuß
in Ehesachen, s. Familiensachen; in Unterhaltssachen, s. dort

Prozeßurteil
s. Abweisung

Quittung
§ 368 BGB

Grundfall:
Der Beklagte wird verurteilt, dem Kläger über die am ... erfolgte Zahlung von ... DM auf die Rechnung vom ... – Rechnungs-Nr.: ... – eine Quittung zu erteilen.

Quittung in besonderer Form
(hier: § 29 GBO, §§ 1144, 1167 BGB, „löschungsfähige Quittung")
Der Beklagte wird verurteilt, dem Kläger in öffentlich-beglaubigter Form eine Quittung nachstehenden Inhalts zu erteilen:
Herr X ist ausweislich der im Grundbuch von ... in Abteilung I unter lfd. Nr. ... enthaltenen Eintragung Eigentümer des Grundstücks Burgacker 29 in 5000 Köln 81. In Abteilung III des vorbezeichneten Grundbuchblatts ist unter lfd. Nr. ... zur Sicherung eines Darlehensanspruchs in Höhe von ... DM eine Buchhypothek eingetragen. Herrn X wird hiermit bestätigt, daß er (als persönlicher Schuldner) das gesicherte Darlehen durch eine am ... erfolgte Zahlung in Höhe von ... DM getilgt hat.

Anmerkung:
Obwohl die Quittung keine Willens-, sondern bloße Wissenserklärung ist (h. M. vgl. Münchener Kommentar, § 368 Rd.Ziff. 2; Staudinger, § 368 Rd.Ziff. 4 ff.; Palandt, § 368 Rd.Ziff. 2), gilt § 894 ZPO entsprechend (RGZ 48, 398, 400; RGRK, § 368 Rd.Ziff. 9; Soergel, § 368 Rd.Ziff. 2), da der eigenhändigen Unterzeichnung der Quittung durch den Beklagten, die nur über § 888 ZPO erzwungen werden könnte, neben dem Urteil keine selbständige Bedeutung zukommt.
Verweigert der Gläubiger die Quittung, weil er die Leistung bestreitet, ist negative Feststellungsklage zu erheben (vgl. Palandt, § 368 Rd.Ziff. 7), da die Quittung für ein Erlöschen des betreffenden Anspruchs zwar urkundlichen Beweis liefert, jedoch kein materiell-rechtliches Anerkenntnis der Erfüllung darstellt.
s. Rückgabe des Schuldscheins

Räumung
§§ 556, 985 BGB

Wohnung
Der Beklagte wird verurteilt, die Wohnung ... zu räumen und an den Kläger herauszugeben.
Die Zwangsvollstreckung erfolgt nach § 885 ZPO: Der Gerichtsvollzieher entfernt die bewegliche Habe des Schuldners aus der Wohnung, setzt ihn aus dem Besitz und weist den Kläger in den Besitz ein.

Räumungsfrist
§ 721 ZPO (auf Antrag oder von Amts wegen)
Dem Beklagten wird bis zum ... Räumungsfrist gewährt.

Fortsetzung des Mietverhältnisses
§§ 556 a f. BGB, § 308 a ZPO
Die Klage wird abgewiesen.
Das hinsichtlich der Wohnung ... zwischen den Parteien aufgrund des Mietvertrages vom ... bestehende Mietverhältnis wird bis zum ... mit der Maßgabe fortgesetzt, daß der Beklagte vom ... ab an den Kläger monatlich im voraus ... DM zu bezahlen hat.

Räumung

Nachträgliche Gewährung oder Verlängerung bzw. Verkürzung einer Räumungsfrist
§ 721 II, III ZPO
- Betreffend die im Urteil des Amtsgerichts K vom ... – Aktenzeichen: ... – angeordnete Räumung wird dem Beklagten eine Räumungsfrist von 4 Wochen ab dem im Urteil bestimmten Termin gewährt.
- Die dem Beklagten im Urteil des Amtsgerichts K vom ... – Aktenzeichen: ... – gewährte Räumungsfrist wird um 1 Monat verlängert/auf 2 Monate verkürzt.

Rangänderung
§ 880 BGB, §§ 19, 29 GBO, §§ 894 f. ZPO
Klage gegen den vorrangigen Hypothekengläubiger (Beklagter zu 1) und den Grundstückseigentümer (Beklagter zu 2):
Der Beklagte zu 1) wird verurteilt, darin einzuwilligen, daß die im Grundbuch von ... in Abteilung III unter lfd. Nr. 2 eingetragene Hypothek über ... DM im Rang hinter die dort zugunsten des Klägers unter Nr. 3 eingetragene Grundschuld über ... DM zurücktritt. Er wird weiterhin verurteilt, die Eintragung der Rangänderung in das Grundbuch zu bewilligen.
Der Beklagte zu 2) wird verurteilt, der Rangänderung zuzustimmen.

Realsplitting
Zustimmung, s. Familiensachen (eheliches Leben)

Rechenschaftspflicht
s. Auskunft

Rechnungslegung
§ 259 BGB

Grundfall:
Der Beklagte wird verurteilt, über alle mit der X-Brauerei in der Zeit vom ... bis zum ... getätigten Warengeschäfte Rechnung zu legen.

Testamentsvollstrecker
§ 2218 II BGB
Der Beklagte wird verurteilt, dem Kläger über die Verwaltung des Nachlasses des am ... in ... verstorbenen Herrn X betreffend die Jahre 1986 und 1987 Rechnung zu legen.
im übrigen s. Auskunft

Rechtfertigungsverfahren
§ 942 I ZPO
Antragstellung und Tenorierung folgen den für den Widerspruch dargelegten Grundsätzen, s. dort.

Rechtsfähigkeit
Entziehung, s. Vereinsrecht

Rechtsmängel bei Grundstücken
§ 435 BGB
Der Beklagte wird verurteilt, die auf das Grundstück..., Grundbuch von ... in Abteilung III eingetragenen Grundpfandrechte auf seine Kosten löschen zu lassen.

Rechtskauf
s. Abtretung

Rechtsmittel
s. Berufung, Beschwerde

Rechtsverschaffung
s. Abtretung

Rechtswegverweisung
s. Verweisung

Regelunterhalt
s. Unterhaltssachen

Rente
§§ 843, 760 BGB

Grundfall:
Der Beklagte wird verurteilt, an den Kläger, beginnend mit dem 1. 4. 19.. (bis zum... einschließlich) jeweils zum Quartalsende eine Rente von... DM zu zahlen.
(Verlangt der Kläger die Rente für einen kürzeren Zeitraum, etwa, wie weitgehend üblich, monatlich, ist das Gericht hieran gebunden: vgl. RGZ 69, 296; Palandt, § 760 Rd.Ziff. 1. Das Leistungsurteil muß einen bestimmten, vollstreckungsfähigen Inhalt haben; ein Urteil auf „Zahlung einer Verletzungsrente aufgrund einer Erwerbsminderung von 40% nach dem BEG" ist nicht zulässig; BGH, RzW 57, 203.)
s. auch Ersetzungsbefugnis, Notweg, Sicherheitsleistung

Restitutionsklage
s. Wiederaufnahme

Richtigstellung
s. Widerruf

Rückgabe des Schuldscheins (Titels)
§ 371 BGB (analog)

Schuldschein
Der Beklagte wird verurteilt, an den Kläger den von diesem am... über die Darlehensforderung von... DM ausgestellten Schuldschein herauszugeben.

Titel
Der Beklagte wird verurteilt, die ihm erteilte vollstreckbare Ausfertigung des vom Landgericht K am... erlassenen Urteils – Rechtsstreit A ./. B, – Aktenzeichen:... – an den Kläger herauszugeben.

Anerkenntnis
nach § 371 Satz 2 BGB
Der Beklagte wird verurteilt, gegenüber dem Kläger nachstehendes Anerkenntnis zu erklären:
Ich erkenne an, daß die laut Schuldschein vom... mir gegenüber in Höhe von... DM entstandene Darlehensschuld des Klägers erloschen ist.

Rückgabe

(Bei dem Anerkenntnis handelt es sich nach h. M. um eine vertragliche Erklärung gem. § 397 BGB (vgl. Münchener Kommentar, § 371 Rd.Ziff. 9; RGRK, § 371 Rd.Ziff. 7; Soergel, § 371 Rd.Ziff. 3; Palandt, § 371 Rd.Ziff. 5; a. A. Staudinger, § 371 Rd.Ziff. 16). Folgt man der h. M., ist § 894 ZPO anzuwenden; nach der anderen Ansicht dürfte eine analoge Anwendung in Betracht kommen, vgl. Quittung. Daher ist der Beklagte nicht zur Abgabe einer öffentlich-beglaubigten Erklärung zu verurteilen, da der Beglaubigung neben dem Urteil selbst keine Bedeutung zukommt.
Behauptet der Gläubiger, zur Rückgabe des Schuldscheins außerstande zu sein, ist der Schuldner nicht allein auf den Weg des § 371 Satz 2 BGB verwiesen. Vielmehr kann er auf Herausgabe klagen und es dem Gläubiger überlassen, den Nachweis seines Unvermögens zu führen. Es empfiehlt sich in diesem Falle jedoch ein auf § 371 Satz 2 BGB gestützter Hilfsantrag (vgl. Münchener Kommentar, § 371 Rd.Ziff. 9).)

Rückgabe einer Sicherheit
§ 715 ZPO, § 20 Ziff. 3 RpflG
(Hat der Gläubiger nach § 709 ZPO durch Hinterlegung Sicherheit geleistet, kann er sie ab Rechtskraft des Urteils aufgrund § 13 II Ziff. 2 HinterlO unmittelbar von der Hinterlegungsstelle zurückfordern. Der Einwilligung des Gegners oder einer Anordnung nach § 715 ZPO bedarf es nicht (vgl. Zöller, § 715 Rd.Ziff. 2).
Hat der Gläubiger dem Schuldner als Sicherheit einen Gegenstand übergeben, folgt die Rückgabeanordnung den allgemeinen Regeln über die Herausgabe, s. dort.)

- **Erlöschen einer Bürgschaft**
  § 715 I 2 ZPO
  Die von dem Antragsteller dem Antragsgegner übergebene Bürgschaftserklärung der X-Bank vom ... über ... DM, Nr. ..., erlischt hiermit.
  Der Antragsgegner hat die vorbezeichnete Bürgschaftsurkunde an den Antragsteller herauszugeben.

§ 109 ZPO, § 20 Ziff. 3 RpflG
(zu Anwendungsfällen Zöller, § 109 Rd.Ziff. 4)
- **Fristsetzung**
  Dem Antragsgegner (dem Kläger/Beklagten/Herrn X) wird aufgegeben, binnen einer Frist von 2 Wochen ab Zustellung dieses Beschlusses gegenüber dem Gericht zu erklären, daß er mit der Rückgabe der vom Antragsteller beim Amtsgericht K zu Aktenzeichen ... hinterlegten Sicherheit einverstanden ist (daß er mit der Aufhebung der vom Antragsgegner beigebrachten Bürgschaft der Y-Bank vom ... über ... DM, Nr. ..., einverstanden ist) oder dem Gericht nachzuweisen, daß er wegen seiner Ansprüche Klage erhoben hat.
  (Auf die Folgen der Fristversäumnis braucht nicht hingewiesen zu werden, § 231 I ZPO.)
- **Entscheidung nach Fristablauf**
  - Rückgabe der hinterlegten Sicherheit:
    Die vom Antragsteller beim Amtsgericht K zu Aktenzeichen ... hinterlegte Sicherheit ist zurückzugeben.
  - Im übrigen ist zu tenorieren wie in den Fällen des § 715 ZPO.

Ruhegeld
s. betriebliche Altersversorgung

Schadensersatz
s. Inzidentantrag, unerlaubte Handlung

Scheckprozeß
s. Vorbehaltsurteil

Scheidung
s. Familiensachen

Schiedsspruch
s. Aufhebung, Vollstreckbarerklärung

Schlußurteil
nach Teilurteil, s. dort; nach Vorbehaltsurteil, s. Nachverfahren

Schmerzensgeld
s. Grundurteil, unbezifferter Leistungsantrag

Schriftform
s. gewillkürte Schriftform

Schuldbefreiung
s. Befreiungsanspruch

Schuldschein
s. Rückgabe

Selbständiger Betrieb eines Erwerbsgeschäfts
§ 112 BGB, § 43 FGG

Genehmigung der Ermächtigung durch das Vormundschaftsgericht
Den Antragstellern/den Eheleuten X wird die Genehmigung erteilt, ihren Sohn Y zum selbständigen Betrieb eines Erwerbsgeschäfts im Bereich des Getränkeeinzelhandels zu ermächtigen.

Zurücknahme der Ermächtigung
Den Antragstellern/den Eheleuten X wird die Genehmigung erteilt, die ihrem Sohn Y erteilte Ermächtigung zum selbständigen Betrieb eines Erwerbsgeschäfts zurückzunehmen.

Sicherheitsleistung

§§ 273 III, 1000 Satz 1 BGB
(Die Regelung des § 273 III BGB (gleiches gilt für § 1000 BGB; vgl. Palandt, § 1000 Rd.Ziff. 2) unterscheidet sich von derjenigen der §§ 709 ff. ZPO dadurch, daß sie den Fall einer nach materiellem Recht zu erbringenden Sicherheit betrifft. Diese sollte daher, wenn der Kläger sie anbietet, bereits im Rahmen der Hauptsacheentscheidung berücksichtigt werden (so RG, JW 36, 249, 250; Furtner, S. 120). Die Höhe der Sicherheit muß den Gegenanspruch des Beklagten abdecken; der Wert der vom Kläger beanspruchten Leistung bildet die Höchstgrenze (RGZ 137, 324, 355; Palandt, § 273 Rd.Ziff. 24). Da die Sicherheit nicht bloß angeboten, sondern vor der Zwangsvollstreckung erbracht werden muß, kommt Zug-um-Zug-Verurteilung nicht in Betracht (RG a. a. O.).)
Beispiele:
– Der Beklagte wird verurteilt, (den näher bezeichneten Gegenstand) an den Kläger herauszugeben, sobald dieser in Höhe von . . . DM Sicherheit geleistet hat.

Sicherheitsleistung

- Die Abwendungsbefugnis kann dem Kläger auch wahlweise eingeräumt werden: Der Beklagte wird verurteilt, ... an den Kläger herauszugeben, nach dessen Wahl entweder Zug um Zug gegen (z. B. Herausgabe des Gegenstandes, hinsichtlich dessen der Beklagte sein Zurückbehaltungsrecht geltend macht) oder nach Leistung einer Sicherheit in Höhe von ... DM.
- Im Rahmen der Vollstreckbarkeitsentscheidung ist nach §§ 708 ff. eine weitere, am Wert der vom Beklagten zu erbringenden Leistung und am klägerischen Kostenerstattungsanspruch orientierte, vollstreckungsrechtlich begründete Sicherheit festzusetzen. Insoweit kommt gemäß § 108 I 1 ZPO Nachlaß der Bankbürgschaft in Betracht, wohingegen bei der materiell-rechtlichen Sicherheit diese Möglichkeit ausgeschlossen ist (§ 273 III 2 BGB).

(Nach RGZ 137, 324, 355 (dem folgend Staudinger, § 273 Rd.Ziff. 44) kann die Sicherheitsleistung auch im Rahmen der Vollstreckbarkeitsentscheidung berücksichtigt werden. Hier ist auf eine Trennung der beiden Sicherheiten besonders zu achten.)

Beispiel:
Der Beklagte wird verurteilt, ... an den Kläger herauszugeben.
Die Kosten des Rechtsstreits trägt der Beklagte.
Das Urteil ist gegen Sicherheitsleistung in Höhe von 10 000,– DM vorläufig vollstreckbar. Als Sicherheit genügt hinsichtlich eines Teilbetrages von 6000,– DM die selbstschuldnerische, unbefristete und unwiderrufliche Bürgschaft der Volksbank X. Nach Rechtskraft des Urteils bleibt die Vollstreckung davon abhängig, daß der Kläger eine Sicherheitsleistung von 4000,– DM erbringt, die nicht in Form einer Bankbürgschaft geleistet werden kann.

(Der Betrag von 6000,– DM soll sich zusammensetzen aus dem Wert des vom Beklagten herauszugebenden Gegenstandes: 5000,– DM sowie 1000,– DM aufgerundeter Kosten des Klägers. Nur insoweit kann nach § 108 I 1 ZPO Bankbürgschaft nachgelassen werden. Die restlichen 4000,– DM – materiell-rechtlich begründeter – Sicherheit entfallen auf den Gegenanspruch des Beklagten.)

Andere Formulierungsmöglichkeit:
Das Urteil ist gegen Sicherheitsleistung von 6000,– DM, die auch in Form der selbstschuldnerischen, unbefristeten und unwiderruflichen Bürgschaft der Volksbank X erbracht werden kann, vorläufig vollstreckbar.
Die Zwangsvollstreckung ist, auch nach Eintritt der Rechtskraft, zusätzlich davon abhängig, daß der Kläger eine weitere Sicherheitsleistung von 4000,– DM erbringt; insoweit ist eine Bankbürgschaft nicht zugelassen.

(Im Klauselverfahren wird die materiell-rechtliche Sicherheit der prozessualen gleichgestellt; es findet also nicht § 726 I ZPO, sondern § 724 II ZPO Anwendung (vgl. auch § 751 II ZPO).)

Sicherheit für Rentenzahlung
§ 843 II 2 BGB
Die Anordnung erfolgt im Anschluß an den Hauptsachentenor:
Der Beklagte hat wegen der noch nicht fälligen Rentenbeträge eine Sicherheitsleistung von ... DM zu erbringen.
(evtl. Nachlaß einer Bankbürgschaft)

Sicherheitsleistung des Nießbrauchers, Vorerben
§§ 1051, 2128 BGB
Der Beklagte wird verurteilt, dem Kläger (zur Wahrung der diesem zustehenden Rechte aus z. B. der Nacherbfolge gemäß Testament des am ... in ... verstorbenen Herrn X) in Höhe von ... DM Sicherheit zu leisten.

s. auch Ausländersicherheit, Familiensachen (Zugewinn), Nachforderungsklage, Rückgabe einer Sicherheit, Unterhaltssachen

Sicherungshypothek des Werkunternehmers
§ 648 BGB

Grundfall:
Der Beklagte wird verurteilt, zur Sicherung eines dem Kläger zustehenden Werklohnanspruchs in Höhe von ... DM nebst ... Zinsen seit dem ... auf seinem Grundstück ..., Grundbuch von ... die Eintragung einer Sicherungshypothek zu bewilligen.

zum Vormerkungsanspruch s. einstweilige Verfügung

Sofortige Beschwerde
s. Beschwerde

Sozialversicherungsträger
s. Anspruchsübergang

Standesamtssachen
s. Personenstandssachen

Steuererklärung
Mitwirkung des Ehegatten, s. Familiensachen (Herstellung des ehelichen Lebens)

Stiftung
Bestellung eines Notvorstandes nach §§ 86, 29 BGB, §§ 1 ff. FGG, § 3 Ziff. 1 a RpflG, s. Vereinsrecht

Streitgenossen
s. Klagenhäufung (subjektive)

Stufenklage
§ 254 ZPO

(Beispiel für einen Antrag nach § 2314 I BGB)
Der Beklagte wird verurteilt,
1. über den Bestand und den Verbleib des Nachlasses des am ... in ... verstorbenen Herrn X, zuletzt wohnhaft ..., Auskunft zu erteilen.
2. hilfsweise an Eides Statt zu versichern, daß er den Bestand des Nachlasses nach bestem Wissen so vollständig angegeben hat, wie er dazu imstande ist.
3. an den Kläger ¼ des sich anhand der nach Ziff. 1. zu erteilenden Auskunft errechnenden Betrages zu zahlen.

Beispiele zur Formulierung des Auskunftsantrags, s. Auskunft

Stundung

von Pflichtteilsansprüchen
§§ 2331 a, 1382 II bis VI BGB
Der Pflichtteilsanspruch des Antragsgegners (Klägers) wird wie folgt gestundet:
a) Der Antragsteller (Beklagte) braucht die Zahlung erst am ... zu leisten.
b) Er hat den von ihm zu zahlenden Geldbetrag seit dem ... mit 8% jährlich zu verzinsen.
c) Die Stundung wird hinfällig, wenn nicht der Antragsteller (Beklagte) bis zum ... durch Stellung einer auf den Betrag von ... DM lautenden, selbstschuldnerischen, unbefristeten und unwiderruflichen Bürgschaft einer deutschen Großbank,

Stundung

einer sonstigen, dem Einlagensicherungsfonds angeschlossenen Bank oder einer öffentlich-rechtlichen Sparkasse dem Antragsgegner (Kläger) Sicherheit leistet.

Zuständigkeit:
- bei unbestrittenem Ausgleichsanspruch gem. § 2331 a BGB das Nachlaßgericht, örtlich § 73 FGG, funktionell Rechtspfleger § 3 Ziff. 2 c RpflG; beachte §§ 83 a, 53 a FGG.
- bei streitigem Ausgleichsanspruch entscheidet das Prozeßgericht im Urteil.

Ausgleichsforderung
§ 1382 BGB, s. Familiensachen (Zugewinnausgleich)

von Unterhaltsansprüchen
s. Unterhalt

Tatbestandsberichtigung
s. Berichtigung des Tatbestands

Teilabweisung
s. Abweisung, Teilurteil

Teilerledigung
s. Erledigung

Teilungsplan
s. Änderung, Auseinandersetzung einer Erbengemeinschaft

Teilung einer Gemeinschaft
s. dort und Auseinandersetzung einer Erbengemeinschaft

Teilurteil
§ 301 ZPO
(Das Teilurteil wird üblicherweise als solches überschrieben; seine Tenorierung folgt grundsätzlich allgemeinen Regeln.
Ist Widerklage erhoben, kann hinsichtlich der Klage oder der Widerklage (oder eines Teils der erhobenen Ansprüche) Teilurteil ergehen; s. auch Widerklage.
Bei teilweiser Abweisung der Klage durch Teilurteil ist jedenfalls in den Entscheidungsgründen genau anzugeben, welche Ansprüche abgewiesen werden; die Aufnahme von Begründungselementen in den Tenor kann sachdienlich sein (vgl. Wieczorek, § 313 Anm. B Va 6).)
Beispiele:
- Die Klage wird, soweit sie auf Zahlung von Schmerzensgeld gerichtet ist, abgewiesen.
- Hinsichtlich des Anspruchs auf Ersatz entgangenen Gewinns wird die Klage in Höhe von 10 000,– DM nebst anteiliger Zinsen abgewiesen.

(Bei teilweisem Zuspruch empfiehlt es sich, am Schluß der Entscheidungsgründe zusammenfassend kurz darzustellen, welche Ansprüche nun noch im Streit sind.
Die Kostenentscheidung bleibt in der Regel dem Schlußurteil vorbehalten. Eine Ausnahme gilt grundsätzlich nur hinsichtlich der außergerichtlichen Kosten eines Streitgenossen, wenn die gegen diesen gerichtete Klage durch Teilurteil vorweg abgewiesen wird. Näheres hierzu s. Teil B, Rd.Ziff. 425.)

Schlußurteil nach Teilurteil
- Der Beklagte wird verurteilt, an den Kläger weitere ... DM zu zahlen.
  (Im übrigen wird die Klage abgewiesen.)
- Die Klage wird abgewiesen, soweit über sie nicht bereits im Teilurteil vom ...
  erkannt ist.

Teil-Grundurteil
s. Grundurteil

Tenor
zur Auslegung s. dort.

Testamentsvollstrecker
s. Nachlaßverzeichnis, Rechnungslegung

Titel
s. Rückgabe

Todeserklärung
Verschollenheitsgesetz i. d. F. der Neubekanntmachung vom 15. 1. 1951 (BGBl. I, S. 63; BGBl. 1990 I, S. 701) und Art. 2 bis 4 des Gesetzes zur Änderung von Vorschriften des Verschollenheitsrechts vom 15. 1. 1951 (BGBl. I, S. 59) betreffend Verschollenheitsfälle aus Anlaß des 2. Weltkrieges

Antrag
§ 16 Verschollenheitsgesetz
Es wird beantragt, den am ... in ... geborenen Herrn X für tot zu erklären.
An Personalien des Verschollenen sind weiter mitzuteilen:
Geburtsregister
Staatsangehörigkeit
Beruf
Familienstand (verheiratet, verwitwet, geschieden, ledig)
- *Personalien des Ehegatten*
- *Datum, an dem die Änderung(en) des Familienstandes eingetreten ist (sind) mit Angabe der tätig gewordenen Behörden (Standesamt, Gericht) nebst Aktenzeichen*
Konfession (freigestellt)
Letzter Wohnsitz
Nachkommen des Verschollenen
Militärischer Dienstgrad, Einheit, letzter bekannter Einsatz bei Kriegsverschollenen

Aufgebot
§ 19 VerschollenheitsG
Herr X, geboren am ... in ..., Schlosser, zuletzt wohnhaft ..., ist verschollen und soll auf Antrag des ... für tot erklärt werden. Er wird aufgefordert, sich spätestens bis zum ... in Zimmer Nr. ... des Amtsgerichts K, Anschrift: ..., zu melden, widrigenfalls er für tot erklärt werden kann.
Wer in der Lage ist, über den Verschollenen Auskunft zu geben, wird aufgefordert, dem Amtsgericht K bis zum ... zu obigem Aktenzeichen hiervon Anzeige zu machen.

Beschluß
§§ 23, 9 II, III VerschollenheitsG
Es wird für tot erklärt:
(Personalien wie im Antrag)
Als Todeszeitpunkt wird der ... festgestellt.

Todeserklärung

Feststellung der Todeszeit
§§ 39 ff. VerschollenheitsG
Als Zeitpunkt des Todes des am ... in ... (Geburtsregister-Nr. ...) geborenen Schlossers X, Deutscher, verheiratet, zuletzt wohnhaft ..., wird der ... festgestellt.

Aufhebung der Todeserklärung
§§ 30 ff. VerschollenheitsG
Der am ... vom Amtsgericht K – Aktenzeichen: ... – erlassene Beschluß, mit dem der am ... in ... (Geburtsregister-Nr.: ...) geborene Schlosser X für tot erklärt worden ist, wird aufgehoben.

Feststellung einer abweichenden Todeszeit
§ 33 a VerschollenheitsG
Der am ... in ... (Geburtsregister-Nr.: ...) geborene Schlosser X ist entgegen der im Beschluß des Amtsgerichts K vom ... – Aktenzeichen: ... – getroffenen Feststellung nicht am ..., sondern am ... verstorben.

Übereignung
§§ 929 ff. BGB
Der Beklagte wird verurteilt, dem Kläger (die näher bezeichnete Sache) zu übereignen (und sie an den Kläger herauszugeben).
s. auch Willenserklärung

Überlassung der Mietsache
s. Mietsachen

Übernahme des Gesellschaftsvermögens von OHG bzw. KG
§§ 142 (161 II) HGB (Klage des einen Gesellschafters gegen den anderen)
Der Kläger wird für berechtigt erklärt, das Geschäft der X-OHG (KG) ohne Liquidation mit Aktiven und Passiven zu übernehmen.

Übertragung
von Vermögensgegenständen, s. Familiensachen (Zugewinnausgleich),
eines Wechsels, s. Abtretung

Umwandlung
Abfindung ausscheidender Aktionäre nach §§ 12 f., 30 ff. UmwandlG
Die Antragsgegnerin hat an den Antragsteller ... DM zu zahlen.

Unbezifferter Leistungsantrag
§ 253 II Ziff. 2 ZPO
(Der Kläger darf einen unbezifferten Leistungsantrag nur stellen, wenn ihm eine Bezifferung nicht möglich oder nicht zuzumuten ist. Das wird in der Regel immer dann der Fall sein, wenn die genaue Höhe des dem Kläger zustehenden Anspruchs erst aufgrund richterlicher Schätzung oder Ermessensausübung festgelegt werden kann, namentlich also in den Fällen des § 287 ZPO und des § 847 BGB (BGH, NJW 70, 281; BAG, NJW 84, 1650 f. betreffend Abfindungsanspruch eines Arbeitnehmers; Baumbach/Lauterbach/Albers/Hartmann, § 253 Anm. 5 B, Stichwort Bezifferung, Unbezifferter Leistungsantrag; Zöller, § 253 Rd.Ziff. 13, § 287 Rd.Ziff. 5; Thomas/Putzo, § 253 Anm. 2 e). Da der Kläger hierdurch aber der grundsätzlich weiter bestehenden

Unbezifferter Leistungsantrag

Pflicht zur möglichst genauen Beschreibung seines Klagebegehrens nicht enthoben wird, verlangt die Rechtsprechung von ihm, daß er zumindest die ungefähre Größenordnung seines Begehrens angibt (BGH, NJW 82, 340). In Einzelfragen wird ein großzügiger Maßstab angelegt. So reichen etwa Mindest- oder Ungefährangaben ebenso aus, wie die Angabe eines bestimmten Streitwerts (BGH a. a. O.). Die entsprechenden Ausführungen des Klägers müssen nicht in den Antrag aufgenommen werden, sie können auch in der Begründung enthalten sein (BAG a.a.O.). Der Kläger kann den Umfang seines Begehrens sogar dadurch hinreichend festlegen, daß er eine Streitwertfestsetzung der 1. Instanz im Berufungsrechtzug widerspruchslos hinnimmt (BGH, VersR 84, 538, 540).)

Beispiel:
Der Beklagte wird verurteilt, an den Kläger ein der Höhe nach in das Ermessen des Gerichts gestelltes Schmerzensgeld zu zahlen, mindestens aber ... DM.

Betreffend den unbezifferten Antrag auf Zahlung von **Wechselzinsen**, s. Wechselklage

Unechter Hilfsantrag
s. Fristbestimmung im Urteil, Haupt- und Hilfsantrag

Unerlaubte Handlung
*(Ist der Beklagte aufgrund einer **vorsätzlich** begangenen unerlaubten Handlung zur Zahlung von Schadensersatz verpflichtet, muß mit Rücksicht auf §§ 850 f. II, 317 II 2, 750 I 2 ZPO der Haftungsgrund in den Tenor aufgenommen werden (vgl. Baumbach/Lauterbach/Albers/Hartmann, § 313 Anm. 5; Thomas/Putzo, § 850 f. Anm. 3 a; zur Zulässigkeit einer entspr. Feststellungsklage bei Fehlen der Klarstellung BGH, NJW 90, 834).)*

Beispiel:
Der Beklagte wird verurteilt, an den Kläger aufgrund einer vorsätzlich begangenen unerlaubten Handlung ... DM Schadensersatz zu zahlen.

Unlauterer Wettbewerb
s. Wettbewerbssachen

Unterbringung
im Rahmen des Entmündigungsverfahrens, s. dort

Unterhaltssachen
§§ 1569 ff.; 1601 ff.; 1615 a ff. BGB, §§ 620 Satz 1 Ziff. 4, 6, 621 I Ziff. 4, 5, 641 I ff., 642 ff. ZPO

Zuständigkeit
Streitigkeiten, die die gesetzliche Unterhaltspflicht gegenüber einem ehelichen Kinde bzw. die durch die Ehe begründete gesetzliche Unterhaltspflicht betreffen, fallen in die Zuständigkeit der Familiengerichte. Im übrigen sind Unterhaltsklagen bei der Prozeßabteilung des Amtsgerichts zu erheben (vgl. §§ 23 a Ziff. 2, 3, 23 b I Ziff. 5, 6 GVG). Zur örtlichen Zuständigkeit vgl. auch §§ 23 a, 35 a ZPO.

Grundsatz
Die Tatsache, daß der Beklagte kraft Gesetzes Unterhalt zu zahlen hat, muß sich wegen §§ 850 d I, 317 II 2, 750 I 2 ZPO aus dem Tenor des Urteils ergeben (vgl. unerlaubte Handlung):
Der Beklagte wird verurteilt, an den Kläger ... DM gesetzlichen Unterhalt zu zahlen.

Unterhaltssachen

Rückstände
brauchen nicht ausgerechnet und beziffert zu werden, zur Klarstellung empfiehlt es sich jedoch, ihren sofortigen Ausgleich anzuordnen:
Der Beklagte wird verurteilt, an die Klägerin seit dem ... (bis zum ... einschließlich) monatlich ... DM gesetzlichen Unterhalt zu zahlen, die Rückstände sofort, die künftig fällig werdenden Beträge jeweils monatlich im voraus.

Sicherheitsleistung
§ 1585 a BGB
Der Beklagte wird verurteilt, der Klägerin zur Sicherung der dieser zustehenden Ansprüche auf Zahlung gesetzlichen Unterhalts in Höhe von ... DM Sicherheit zu leisten.
Die Sicherheitsleistung hat nach Wahl des Beklagten durch Hinterlegung von Bargeld oder dergestalt zu erfolgen, daß der Beklagte den (näher bezeichneten) PKW an die Klägerin sicherheitshalber übereignet.
Oder:
Als Sicherheit genügt die selbstschuldnerische, unbefristete und unwiderrufliche Bürgschaft ...

Kindesunterhalt
Vereinfachte Anpassung von Unterhaltsrenten Minderjähriger
§ 1612 a BGB, §§ 641 l f. ZPO, AnpVO 1980 (BGBl. 1988 I, S. 1082; Palandt, § 1612 a Rd.Ziff. 20)

- **Antrag nach § 641 m ZPO**
  An das Amtsgericht ...
  In der Unterhaltssache ...
  (volles Rubrum)
  beantrage ich, das Urteil des Amtsgerichts K vom ... – Aktenzeichen: ... – nach Maßgabe der AnpVO ... im vereinfachten Verfahren abzuändern.
  (Der monatliche Betrag und der Beginn der geänderten Unterhaltsrente müssen grundsätzlich nicht angegeben werden; eine Ausnahme gilt nur dann, wenn der Antragsteller eine geringere als die in der Änderungsverordnung bestimmte Abänderung begehrt.)
  Ich erkläre, daß ein weiteres Verfahren zur Abänderung des Vollstreckungstitels nicht anhängig ist.
  (Ich beantrage, eine vollstreckbare Ausfertigung des Beschlusses zu erteilen.)
  Den oben bezeichneten Titel füge ich bei.

- **Beschluß nach § 641 p ZPO**
  In Sachen ...
  (volles Rubrum)
  wird im vereinfachten Verfahren der nachfolgend bezeichneten Vollstreckungstitel:
  ...
  nach Maßgabe der AnpVO ... abgeändert. Monatlicher Betrag und Beginn der erhöhten Unterhaltsrente werden festgesetzt auf: ... Zu zahlen seit dem ...
  (Kostenentscheidung nach §§ 91 ff. ZPO)

- **Abänderungsklage nach § 641 q ZPO**
  Der am ... ergangene Beschluß des Amtsgerichts K – Aktenzeichen: ... – wird dahingehend abgeändert, daß der Beklagte an die Klägerin seit dem ... (= der im Beschluß angegebene Änderungstermin) jeweils monatlich im voraus ... DM als gesetzlichen Unterhalt zu zahlen hat.

Unterhaltssachen

Regelunterhalt für das nichteheliche Kind
§§ 1615 f. BGB, §§ 642 ff. ZPO: Verordnung zur Berechnung des Regelunterhalts vom 27. 6. 1970 (BGBl. I, S. 1010; BGBl. 1988 I, S. 1082), (abgedruckt bei Palandt, Anh. zu §§ 1615 f, 1615 g BGB)

- **Urteil nach § 642 (§ 642 d) ZPO**
  Der Beklagte wird verurteilt, dem Kläger seit dem ... bis zur Vollendung des 18. Lebensjahres (z. Hd. des gesetzlichen Vertreters, der Mutter, des Jugendamtes Y) den Regelunterhalt (abzüglich/zuzüglich ...% des Regelbedarfs) zu zahlen, Rückstände sofort, die übrigen Beträge jeweils monatlich im voraus.

- **Beschluß nach § 642 a I 2 ZPO, § 20 Ziff. 11 RpflG**
  Der vom Antragsgegner an den Antragsteller aufgrund Urteils des Amtsgerichts K vom ... – Aktenzeichen: ... – (aufgrund Vergleichs vom ..., Urkunde des Notars, des Jugendamtes ...) zu zahlende Regelunterhalt wird wie folgt festgesetzt:
  vom ... bis zum vollendeten 6. Lebensjahr auf ... DM,
  vom 7. bis zum vollendeten 12. Lebensjahr auf ... DM,
  vom 13. bis zum vollendeten 18. Lebensjahr auf ... DM.
  Der Unterhaltsrückstand vom ... bis zum ... beläuft sich auf ... DM.

- **Neufestsetzung nach § 642 b I ZPO**
  Der vom Antragsgegner an den Antragsteller aufgrund ... zu zahlende Regelunterhalt wird unter Abänderung des Festsetzungsbeschlusses vom ... wie folgt neu festgesetzt:
  ...

- **Abänderungsklage, nachträglicher Zuschlag zum/Abschlag vom Regelunterhalt, §§ 642 d, 323 ZPO**
  Abänderung des Unterhaltstitels bei Verbindung von Kindschafts- und Unterhaltsprozeß, § 642 a ZPO
  (Zur Abgrenzung der Klage nach § 323 ZPO vom Beschlußverfahren vgl. Baumbach/Lauterbach/Albers/Hartmann, § 642 b Anm. 3; Thomas/Putzo, § 642 b Anm. 5)
  - Das Urteil des Amtsgerichts K vom ... – Aktenzeichen: ... – wird dahingehend abgeändert, daß dem Kläger nachgelassen wird, rückwirkend seit dem ... den aufgrund des vorbezeichneten Urteils zu leistenden Regelunterhalt um einen Abschlag von 20% des Regelbedarfs zu kürzen.
  - Das Urteil des Amtsgerichts K vom ... – Aktenzeichen: ... – wird dahingehend abgeändert, daß der Beklagte seit dem ... zuzüglich zu dem aufgrund des vorbezeichneten Urteils zu leistenden Regelunterhalt einen Zuschlag von 20% des Regelbedarfs zu zahlen hat.

- **Stundung und Erlaß von rückständigen Unterhaltsbeträgen (gegen Sicherheitsleistung), § 1615 i BGB, § 642 e ZPO (bei Antrag auf uneingeschränkte Verurteilung)**
  Der Beklagte wird verurteilt, an den Kläger seit dem 1. 1. 1986 ... Regelunterhalt zu zahlen.
  Die vor dem 1. 1. 1986 fällig gewordenen Unterhaltsbeträge werden dem Beklagten erlassen.
  Die im Verlauf des Jahres 1986 fällig gewordenen Unterhaltsbeträge werden dem Beklagten dergestalt gestundet, daß er bis zum Monat Juni 1987 insoweit keine Zahlungen zu erbringen braucht, und beginnend mit dem 1. 7. 1987 zu jedem Monatsersten den Zahlungsrückstand in monatlichen Raten von ... DM abzutragen hat.
  Die Stundung wird hinfällig, wenn nicht der Beklagte bis zum ... die in seinem

Besitz befindlichen Schmuckstücke, nämlich: ... als Sicherheit für den gestundeten Betrag von ... DM beim hiesigen Amtsgericht hinterlegt.
Im übrigen wird die Klage abgewiesen.

- **Aufhebung, Änderung der Stundung (§ 642 f. ZPO)**
  (Entscheidung durch Beschluß nach § 642 a II ZPO, § 20 Nr. 11 RpflG oder, wenn der Antrag in einem Verfahren nach § 323 ZPO gestellt wird, im Abänderungsurteil):
  Die dem Antragsgegner im Urteil des Amtsgerichts K vom ... – Aktenzeichen: ... – gewährte Stundung entfällt rückwirkend.

Art der Unterhaltsgewährung
§ 1612 I 1 BGB
(Der unbezifferte Klageantrag ist nur dann zulässig, wenn der Kläger schlechthin nicht in der Lage ist, seinen Bedarf selbst zu errechnen (Beispiele bei Göppinger, Unterhaltsrecht, 5. Aufl., Bielefeld 1987, Rd.Ziff. 3086 f.).
Dringt der auf Unterhaltszahlung in Anspruch genommene Beklagte mit dem allein erhobenen Einwand des Angebotes von Naturalunterhalt durch, ist die Zahlungsklage abzuweisen (vgl. Köhler, Handbuch des UnterhR, 7. Aufl., München 1987, Rd.Ziff. 169).
Beruft der Verpflichtete sich mit Recht auf Leistung von Naturalunterhalt, erbringt er diesen aber nicht, kann er hierzu verurteilt werden (vgl. Palandt, § 1612 Rd.Ziff. 2/3).)
Beispiel:
Der Beklagte wird verurteilt, bis zum ... einschließlich
a) dem Kläger im Hause Burgacker 29, 5000 Köln 81, auf dem 1. Stock nach seiner Wahl ein Zimmer zur alleinigen Nutzung zur Verfügung zu stellen,
b) den Kläger zu verpflegen und ihm seinen Bedürfnissen entsprechend Kleidung zu kaufen,
c) an den Kläger zu jedem Monatsersten 100,– DM zu zahlen.
(Bestreitet der Beklagte seine Unterhaltspflicht dem Grunde nach und bietet er nur hilfsweise Naturalleistung, empfiehlt es sich für den Kläger, vorsorglich auch auf Naturalunterhalt hilfsweise anzutragen.
Trifft der zur Zahlung verurteilte Beklagte erst nachträglich eine Bestimmung nach § 1612 I 2 BGB, kommt Abänderungsklage nach § 323 ZPO in Betracht (Köhler, Rd.Ziff. 172; Palandt, § 1612 Rd.Ziff. 3).)
Beispiel:
Das Urteil des Amtsgerichts K vom ... – Aktenzeichen: ... – wird dahingehend abgeändert, daß der Kläger dem Beklagten seit dem ... anstelle von Unterhaltszahlungen wie folgt Naturalunterhalt zu gewähren hat:
...

Einstweilige Verfügungen (eV) und Anordnungen (eA)

- **Unterhalt des getrennt lebenden Ehepartners, des Kindes im Scheidungsverfahren (eA)**
  §§ 1361, 1601 BGB, § 620 I Ziff. 4, 6 ZPO
  Der Antragsgegner hat an die Antragstellerin (z. Hd. ...) mit Wirkung seit dem ... jeweils zum Monatsersten gesetzlichen Unterhalt in Höhe von ... DM zu zahlen; Rückstände sind sofort auszugleichen.

- **Prozeßkostenvorschuß (eA)**
  § 127 a ZPO
  Der Antragsgegner hat der Antragstellerin als Prozeßkostenvorschuß ... DM zu zahlen.

– **Unterhalt des nichtehelichen Kindes für die ersten 3 Monate nach der Geburt (eV)**
§§ 1601, 1615 c, 1615 o BGB
1. Der Antragsgegner hat zum Ausgleich des gesetzlichen Unterhalts, den er dem von der Antragstellerin zur Zeit erwarteten Kind für die ersten drei Monate nach der Geburt schuldet, an die Antragstellerin ... DM zu zahlen, sobald das Kind lebend geboren ist.
2. Der Antragsgegner hat den unter Ziff. 1 angegebenen Betrag bis zum ... zugunsten der Antragstellerin beim hiesigen Amtsgericht zu hinterlegen.
3. Der Antragsgegner kann die unter Ziff. 1. angeordnete Zahlung dadurch bewirken, daß er den hinterlegten Geldbetrag zugunsten der Antragstellerin freigibt.
4. Er hat die Freigabe zu erklären, sobald das Kind lebend geboren ist.

– **Entbindungskosten (eV)**
§§ 1615 k, 1615 o II, III BGB
Der Antragsgegner hat an die Antragstellerin ... DM gesetzlichen Unterhalt zu zahlen/zur Sicherung der die Antragstellerin etwa um den ... treffenden Entbindungskosten den Betrag von ... DM beim hiesigen Amtsgericht zu hinterlegen.

– **Unterhalt der nichtehelichen Mutter aus Anlaß der Geburt (eV)**
§§ 1615 l, 1615 o II, III BGB
Der Antragsgegner hat an die Antragstellerin ... DM gesetzlichen Unterhalt zu zahlen.
Zur Sicherung des der Antragstellerin zustehenden Anspruchs auf Gewährung gesetzlichen Unterhalts für die Zeit von 6 Wochen und 8 Wochen nach der Entbindung zugunsten der Antragstellerin beim hiesigen Amtsgericht ... DM zu hinterlegen.
(Betreffend die Freigabe des hinterlegten Betrages ist eine Anordnung wie im vorstehenden Falle des 3-Monats-Unterhalts möglich.)

s. Auskunft

Unterlassung
§§ 862, 1004 BGB, § 890 ZPO

Allgemeines
(Im Tenor des Unterlassungsurteils muß grundsätzlich nur die störende Einwirkung selbst, nicht hingegen die vom Beklagten zu deren Unterbindung konkret zu treffende Maßnahme genau umschrieben werden (BGH, LM § 906 Nr. 5; zur Bestimmtheit des Antrags BGH, NJW 91, 1114; OLG Stuttgart, NJW-RR 90, 1081; Staudinger, § 1004 Rd.Ziff. 170; Münchener Kommentar, Rd.Ziff. 86 f.; Wieczorek, § 313 Anm. B V a 2).)
Beispiel:
Die Beklagte wird verurteilt, an der Autobahn A ... in Fahrtrichtung X zwischen den Kilometersteinen B und C die Ableitung von Regenwasser auf das dort an die Fahrbahn angrenzende Grundstück des Klägers zu unterlassen.
(Bestimmte Maßnahmen, die geeignet sind, die Störung abzustellen, muß der Kläger erst im Zwangsvollstreckungsverfahren vortragen (RGRK, § 1004 Rd.Ziff. 98). Anderes gilt dann, wenn schlechthin nur eine Maßnahme in Betracht kommt; diese ist in den Urteilstenor aufzunehmen (BGHZ 29, 314, 317; RGRK a. a. O.).)
Beispiel:
..., die Ableitung von Regenwasser ... dergestalt zu unterbinden, daß sie den zwischen Fahrbahn und Grundstück verlaufenden Wassergraben auf 1 m vertieft und den Graben in dieser Tiefe über den Kilometerstein C hinaus um 500 m verlängert.

Unterlassung

(Ergeben die Besonderheiten des Falles, daß der Beklagte durch geringfügiges Abweichen von der ihm untersagten Verhaltensweise den störenden Erfolg ebenfalls herbeiführen kann, ist der Tenor allgemeiner zu halten. Dies gilt insbesondere für den Bereich der ehrenrührigen Behauptungen (vgl. auch BGH, MDR 58, 497).)
Beispiel:
Der Beklagte wird verurteilt, die wörtlich oder sinngemäß aufgestellte Behauptung, der Kläger nehme Bestechungsgelder an, zu unterlassen.

Abwehr von Immissionen

(Beim Streit um Immissionen ergeben sich Schwierigkeiten häufig daraus, daß, insbesondere mit Rücksicht auf die Regelung des § 906 BGB, eine genaue Beschreibung des Umfangs, auf den die störenden Einwirkungen zurückzuführen sind, nicht möglich ist. Zum Teil wird daher vorgeschlagen, diesbezüglich Einzelfragen insgesamt erst im Vollstreckungsverfahren zu klären. Der Antrag wäre dann etwa wie folgt zu formulieren:)
Der Beklagte hat die Zuführung von Rauch und Ruß auf das Grundstück des Klägers insoweit zu unterlassen, als dieselbe die Benutzung dieses Grundstücks wesentlich beeinträchtigt und durch eine nicht ortsübliche Benutzung des Grundstücks des Beklagten herbeigeführt wird; hilfsweise, soweit die wesentliche Beeinträchtigung durch eine ortsübliche Benutzung des Grundstücks herbeigeführt wird, sie durch Maßnahmen zu verhindern, die Benutzern dieser Art wirtschaftlich zumutbar sind.
(vgl. Dehner, § 38 II 2 a, S. 751)
Oder:
Der Beklagte wird verurteilt, geeignete Maßnahmen zu treffen, durch die vom Grundstück (Betrieb) des Beklagten ausgehende, das Nachbargrundstück wesentlich beeinträchtigende Einwirkungen (Lärm, Geräusche, Geruch, Erschütterungen, Staub) in Zukunft verhindert werden.
(RGRK, § 906 Rd.Ziff. 83)
(Beide Formulierungen haben den Nachteil, daß das Erkenntnisverfahren bei diesem Vorgehen weitgehend ausgehöhlt und eine Klärung in das Vollstreckungsverfahren verlagert wird. Sie sind daher nur dann zuzulassen, wenn eine genauere Fassung des Tenors aufgrund der sich aus dem Fall ergebenden Besonderheiten nicht möglich ist.)
Beispiel:
Der Beklagte wird verurteilt, geeignete Maßnahmen zu treffen, durch welche die das Grundstück ... des Klägers wesentlich beeinträchtigenden Einwirkungen durch Geräusche und Erschütterungen in Zukunft verhindert werden.
(vgl. BGH, WM 64, 1102; OLG Karlsruhe, WuM 67, 10, 12; Staudinger, § 1004 Rd.Ziff. 171 m. w. N.)
Die Fortschritte der Meßtechnik ermöglichen inhaltlich genauere Formulierungen.
Beispiel:
Der Beklagte wird verurteilt, die Zuführung von Geräuschen auf das Grundstück ... der Klägerin während der Zeit von ... bis ... Uhr in einer Lautstärke von mehr als ... DIN-Phon zu unterlassen.
(BGHZ 46, 35 f. = NJW 66, 1858; Münchener Kommentar, § 1004 Rd.Ziff. 86 f.; nach OLG Karlsruhe, MDR 67, 126 kann die Festlegung der Phonzahl auch der Zwangsvollstreckung vorbehalten bleiben.)

Zwangsvollstreckung

(Soweit der Tenor einen Beseitigungsanspruch zum Inhalt hat, gelten §§ 887 f. ZPO. Im übrigen greift § 890 ZPO ein:
Auf Antrag des Gläubigers (Klägers) wird dem Schuldner (Beklagten) das für den Fall der Zuwiderhandlung festzusetzende Ordnungsmittel bereits im Urteil angedroht
(vgl. § 890 II ZPO). Er reicht nicht aus, die Androhung etwa auf „das gesetzlich

zulässige Höchstmaß" des Ordnungsmittels zu beschränken. Das Ordnungsgeld ist zu beziffern, die Haft ist – falls insoweit Androhung beantragt wird – zeitlich einzugrenzen, wobei grundsätzlich das zulässige Höchstmaß den Ausschlag gibt (Zöller, § 890 Rd.Ziff. 12; Thomas/Putzo, § 890 Anm. 2c). Das Mindestmaß beläuft sich auf 5,– DM Ordnungsgeld bzw. 1 Tag Haft (Art. 6 EGStGB).)

Beispiel:
Für jeden Fall der Zuwiderhandlung wird dem Schuldner (Beklagten) die Verhängung eines Ordnungsgeldes bis zu einer Höhe von 10 000,– DM und für den Fall, daß das Ordnungsgeld nicht beigetrieben werden kann, Ordnungshaft bis zu 1 Monat angedroht.

Oder:
Für jeden Fall der Zuwiderhandlung wird dem Schuldner (Beklagten) die Verhängung eines Ordnungsgeldes bis zu einer Höhe von 10 000,– DM oder, auch für den Fall, daß das Ordnungsgeld nicht beigetrieben werden kann, Ordnungshaft bis zu 1 Monat angedroht.

Sicherheitsleistung nach § 890 III ZPO
Der Schuldner (Beklagte) hat ferner für den durch evtl. weitere Zuwiderhandlungen entstehenden Schaden für die Zeit bis zum ... eine Sicherheitsleistung in Höhe von ... DM zu erbringen.
(evtl. Nachlaß der Bankbürgschaft)

Veröffentlichung des Unterlassungsurteils
(Im Streit um die Unterlassung ehrenrühriger Behauptungen (insbesondere in Pressesachen) kann der Beklagte verurteilt werden, den Tenor des Unterlassungsurteils zu veröffentlichen (OLG Düsseldorf, NJW 86, 1262). Die Veröffentlichung dient der Beseitigung der Störung und der Wiedergutmachung des Schadens. Falls sachlich geboten, kann auch dem Kläger eine Veröffentlichungsbefugnis zugesprochen werden (BGH, GRUR 1968, 272; 1972, 550; RGRK § 1004 Rd.Ziff. 163; Palandt, vor § 823 Rd.Ziff. 30).)

– Der Beklagte wird (weiter) verurteilt, Ziff. 1 des Urteilstenors in der Zeitschrift ... zu veröffentlichen.
– Dem Kläger wird gestattet, Ziff. 1 des Urteilstenors in der Zeitschrift ... auf Kosten des Beklagten/in einer in der Bundesrepublik Deutschland erscheinenden Fachzeitschrift für das Gaststättengewerbe zu veröffentlichen.

Unvermögensfall
Zur Verurteilung „im Unvermögensfall", s. Haupt- und Hilfsantrag

Unwirksamkeit der Leistungsbestimmung
s. Bestimmung einer Leistung

Urheberbenennung
§§ 76 f. ZPO

Entbindung von der Klage
§ 76 IV 1 ZPO
Der Beklagte X wird von der Klage entbunden.

(Der Tenor des Herausgabe- bzw. Unterlassungsurteils folgt allgemeinen Grundsätzen (s. Herausgabe, Unterlassung). Das Urteil ist jedoch in der Hauptsache auch gegen den von der Klage entbundenen Beklagten vollstreckbar, soweit es ein unter § 76 ZPO fallendes Klagebegehren betrifft, das bei Ausscheiden des früheren Beklagten bereits anhängig war. Mit Rücksicht auf § 750 ZPO ist der frühere Beklagte insoweit in die Vollstreckungsklausel mit aufzunehmen. Einer entsprechenden Anwendung der

Urheberbenennung

§§ 727, 730 ZPO bedarf es jedoch nicht, da die Übernahme des Prozesses durch den Zweitbeklagten aus den Akten, insbesondere dem Entlassungsurteil, ersichtlich ist (Stein/Jonas, § 76 Rd.Ziff. 20). Zur Klarstellung sollte die Haftung des Erstbeklagten in den Entscheidungsgründen des Schlußurteils dargelegt werden (Baumbach/Lauterbach/Albers/Hartmann, § 76 Anm. 5 B).)

Urheberrechte
Beseitigungs- und Unterlassungsanspruch
§§ 97 f. UrheberG
- Der Beklagte wird verurteilt, die Herstellung oder Verbreitung des Romans „Am Aschermittwoch ist alles vorbei", angeblich verfaßt von Bernhard F. X., zu unterlassen und sämtliche in seinem Besitz befindlichen Exemplare des vorbezeichneten Werkes sowie die zu dessen Anfertigung hergestellten Druckplatten zu vernichten.
Dem Beklagten wird für jeden Fall des Zuwiderhandelns gegen die Unterlassungspflicht ein Ordnungsgeld bis zu 500 000,- DM oder, auch für den Fall, daß dieses nicht beigetrieben werden kann, Ordnungshaft bis zu 6 Monaten angedroht.
- Der Beklagte wird verurteilt, die Herstellung oder Verbreitung der nachstehend abgebildeten Grafik „Chaos" zu unterlassen.
(Es folgt eine fotografische oder zeichnerische Darstellung des Werkes.)

Anspruch auf Überlassung
§ 99 UrheberG
Der Beklagte wird verurteilt, die von der nachstehend abgebildeten Grafik „Chaos" hergestellten Druckplatten Zug um Zug gegen Zahlung von ... DM an den Kläger herauszugeben:
...

Der Vernichtung ähnliche Maßnahmen
§ 98 III UrheberG
Der Beklagte wird verurteilt, durch eine in der Zeitschrift „Du und Dein Hund" zu veröffentlichende, halbseitige Anzeige sowie durch Einlegen eines Hinweisblattes im Format DIN A 6 in das Buch „Der Hund" von A. X. darauf aufmerksam zu machen, daß das Kapitel 10 des vorbezeichneten Buches aus dem „Hundelexikon" des Klägers wörtlich übernommen ist.

Bekanntmachung des Urteils
§ 103 UrheberG
Dem Kläger wird gestattet, den Tenor des vorliegenden Urteils auf Kosten des Beklagten in einer in der Bundesrepublik Deutschland herausgegebenen juristischen Fachzeitschrift seiner Wahl zu veröffentlichen. Das Format der Anzeige darf ¼ Seite nicht übersteigen.

Urkunde
Einsicht, s. Vorlegung; Feststellung der Echtheit, s. Feststellungsklage

Urkundenprozeß
§§ 592 ff. ZPO

Klageabweisung durch Prozeßurteil
§ 597 II ZPO
Die Klage wird als in der gewählten Prozeßart unstatthaft abgewiesen.

s. Nachlaßverfahren, Vorbehaltsurteil

Urteilsergänzung
s. Ergänzungsurteil

Urteilsfeststellung
s. Feststellungsklage

Vaterschaft
s. Kindschaftssachen

Veräußerungsverbot
s. einstweilige Verfügung

Vereinsrecht
Notbestellung des Vorstandes
§ 29 BGB, §§ 159 ff. FGG, § 3 Ziff. 1 a RpflG
- Zum Vorsitzenden der Karnevalsgesellschaft „Decke Trumm" e.V. wird mit sofortiger Wirkung Herr X bestellt.
- Herrn X steht aufgrund des ihm übertragenen Amtes ein Vergütungsanspruch von monatlich ... DM zu.

(LG Hamburg, MDR 71, 298; Palandt, § 29 Rd.Ziff. 9)

Einberufung einer Mitgliederversammlung
§ 37 II BGB, § 160 FGG, § 3 Ziff. 1a RpflG
- Die Antragsteller werden ermächtigt, binnen eines Monats eine Mitgliederversammlung der Karnevalsgesellschaft „Decke Trumm" e.V. einzuberufen.
- Der Antragsteller X ist berechtigt, den Vorsitz der Mitgliederversammlung zu führen, wenn nicht die erschienenen stimmberechtigten Mitglieder mit einfacher Mehrheit einen anderen Versammlungsleiter wählen.

Eintragung (Zurückweisung des Antrags)
§§ 55 ff. BGB, §§ 159, 160 a I FGG, § 3 Ziff. 1 a RpflG
- Der unter dem ... gestellte Antrag auf Eintragung der Karnevalsgesellschaft „Decke Trumm" in das Vereinsregister wird zurückgewiesen.
- Der unter dem ... gestellte Antrag, die in der Mitgliederversammlung vom ... beschlossene Satzungsänderung in das Vereinsregister einzutragen, wird zurückgewiesen.

Entziehung der Rechtsfähigkeit
§ 73 BGB, § 160 a II 1 FGG, § 1 Ziff. 1 a RpflG
Der Karnevalsgesellschaft „Decke Trumm" e.V. wird auf Antrag des Vorstandes/von Amts wegen die Rechtsfähigkeit entzogen.

Zwangsgeld
§ 78 BGB, § 159 FGG, Art. 6 EGStGB, § 1 Ziff. 1 a RpflG, §§ 67 I, 71 I, 72, 74 II, 76 BGB
- Dem Vorsitzenden der Karnevalsgesellschaft „Decke Trumm" e.V., Herrn X, wird für den Fall, daß er nicht binnen eines Monats eine von ihm ausgestellte Bescheinigung über die Zahl der Vereinsmitglieder vorlegt, ein Zwangsgeld in Höhe von 500,- DM angedroht.
- Gegen den Vorsitzenden ... wird ein Zwangsgeld von 500,- DM festgesetzt, da er der Aufforderung, eine Bescheinigung über die Zahl der Vereinsmitglieder vorzulegen, nicht nachgekommen ist.

Vereinsrecht

Bestellung von Liquidatoren
§§ 48 I, 29 BGB, §§ 1 ff. FGG, § 3 Ziff. 1 a RpflG
Die Herren A und B werden mit sofortiger Wirkung zu Liquidatoren der Karnevalsgesellschaft „Decke Trumm" e.V. bestellt.

Verbandsklage
s. Allgemeine Geschäftsbedingungen, Wettbewerbssachen

Verfolgungsrecht des Besitzers
§ 867 BGB (§ 869 Satz 3 BGB)

Beispiel für den Fall einer Sicherheitsleistung nach § 867 Satz 3 BGB:
Der Beklagte wird verurteilt, es zu dulden, daß der Kläger den (näher bezeichneten Gegenstand) von dem Grundstück ... entfernt.
(Kostenentscheidung)
Das Urteil ist gegen Sicherheitsleistung in Höhe von 7000,- DM (= Sicherheit für evtl. Schäden des Beklagten und Kosten des Klägers) vorläufig vollstreckbar.
Von der Rechtskraft des Urteils an darf die Zwangsvollstreckung nur erfolgen, wenn der Kläger in Höhe von 5000,- DM (= Sicherheit für Schäden des Beklagten) Sicherheit leistet.
(ggf. Nachlaß einer Bankbürgschaft)

Verfügungsverbot
s. einstweilige Verfügung

Vergleich
§ 779 BGB, § 794 I Ziff. 1 ZPO
Wird die Wirksamkeit eines Prozeßvergleichs nachträglich in Zweifel gezogen, müssen zwei Fälle voneinander unterschieden werden (vgl. Anders/Gehle, Rd.Ziff. 612):
- *Anfängliche Unwirksamkeit z. B. nach §§ 134, 138, 142 (123), 306 BGB oder wegen Verstoßes gegen § 162 I 1 ZPO.*
- *nachträglicher Fortfall des Vergleichs, z. B. infolge Wandelung, Rücktritt, Wegfall der Vergleichsgrundlage.*
(vgl. BAG, NJW 83, 2212; BGB, NJW 86, 1348; 88, 2473; Zöller, § 794 Rd.Ziff. 15)
Im ersteren Falle ist der ursprüngliche Rechtsstreit fortzusetzen, wohingegen es im zweiten Falle bei der Erledigung des Prozesses bleibt. Will sich eine Partei auf die anfängliche Unwirksamkeit des Prozeßvergleichs berufen, muß sie in dem alten Verfahren Terminierung beantragen. Hier kann es zum Zwischenstreit über die Frage kommen, ob der Rechtsstreit durch den Vergleich wirksam beendet worden ist (BGHZ 16, 167, 171).

Urteile im Zwischenstreit

- **Bei Unwirksamkeit des Vergleichs**
  Es wird festgestellt, daß der Rechtsstreit durch den Vergleich vom ... nicht beendet worden ist.
  (Echtes Zwischenurteil nach § 280 II 1 ZPO, vgl. Schellhammer, Rd.Ziff. 705 f.; a. A. Thomas/Putzo, § 794 Anm.7 d, dd)

- **Bei Wirksamkeit des Vergleichs**
  Es wird festgestellt, daß infolge des Vergleichs vom ... die Erledigung des Rechtsstreits eingetreten ist.
  (Unechtes, da die Instanz abschließendes Zwischenurteil entsprechend § 303 ZPO; zur Tenorierung BGHZ 16, 388, 389)

Vergleich

- **Bei Unwirksamkeit des Vergleichs**
(Auf Antrag der Partei, welche die Erledigung des Rechtsstreits bestreitet, ist, falls sie sich im Recht befindet, die Unwirksamkeit des Vergleichs festzustellen (BGH, MDR 74, 567).)
Beispiel:
Es wird festgestellt, daß der Vergleich vom ... unwirksam und der Rechtsstreit durch seinen Abschluß nicht beendet worden ist.
(Klage auf Feststellung der Wirksamkeit eines Prozeßvergleichs kann nur in einem neuen Rechtsstreit erhoben werden (OLG Frankfurt/Main, MDR 75, 584).)

Verkäufer
s. Auskunft, Nachbesserung

Verkehrsunfall
s. Feststellungsklage, Rente

Vermieterpfandrecht
s. einstweilige Verfügung

Versäumnisurteil
§§ 313 b, 330 f., 700 ZPO

Zusprechendes Urteil
Das Versäumnisurteil ist gem. § 313 b I 2 ZPO in der Überschrift als solches zu bezeichnen; das gilt auch im Urkundenprozeß, s. Vorbehaltsurteil. Die Formulierung des Tenors folgt allgemeinen Grundsätzen. Ergänzungen wie: „aufgrund seiner Säumnis" sind überflüssig.

Verfahren nach Einspruch
§§ 338 ff., 700 ZPO

- **Unzulässiger Einspruch**
§ 341 ZPO (Entscheidung durch Urteil oder Beschluß)
Der gegen das Versäumnisurteil vom .../gegen den Vollstreckungsbescheid des Amtsgerichts K vom ... – Aktenzeichen: ... – eingelegte Einspruch wird verworfen.

- **Zweites Versäumnisurteil**
§ 345 ZPO
Es erfolgt eine Verwerfung des Einspruchs wie bei dessen Unzulässigkeit.

- **Obsiegen der säumigen Partei nach Einspruch**
§ 343 ZPO
Unter Aufhebung des am ... verkündeten Versäumnisurteils wird die Klage abgewiesen/wird der Beklagte verurteilt, an den Kläger ...

- **Unterliegen der säumigen Partei nach Einspruch**
§ 343 ZPO
Der Versäumnisurteil vom ... bleibt aufrechterhalten.

- **Teilweises Obsiegen**
  - *(Vorausgegangenes VU gegen den Beklagten)*
  Das Versäumnisurteil vom ... bleibt insoweit aufrechterhalten, als der Beklagte verurteilt ist, an den Kläger ... DM zu zahlen. Im übrigen wird es aufgehoben; die weitergehende Klage wird abgewiesen.

Versäumnisurteil

— *(Vorausgegangenes VU gegen den Kläger)*
Unter teilweiser Aufhebung des Versäumnisurteils vom . . . wird der Beklagte verurteilt, an den Kläger . . . DM zu zahlen. Im übrigen bleibt das Versäumnisurteil aufrechterhalten.
(Besteht die Gefahr, daß der Tenor infolge der teilweisen Aufhebung unübersichtlich wird, sollte grundsätzlich, abweichend von Schneider, Kostenentscheidung, S. 315, das Versäumnisurteil nicht der Einfachheit halber ganz aufgehoben werden, um den Weg zu einer neuen Tenorierung zu öffnen. Denn hierdurch würde dem Kläger ein evtl. in der Zwangsvollstreckung bereits erworbener Rangvorteil möglicherweise wieder genommen. Zur Vereinfachung bietet sich nach vorausgegangenem Versäumnisurteil gegen den Beklagten folgende Formulierung an:)
Das Versäumnisurteil vom . . . bleibt mit folgendem Inhalt aufrechterhalten:
Der Beklagte wird verurteilt, . . .
Im übrigen wird das Versäumnisurteil unter gleichzeitiger Abweisung der weitergehenden Klage aufgehoben.

Unzulässigkeit einer Versäumnisentscheidung
§ 335 ZPO
— **Bei behebbarem Mangel**
Beschluß:
Der Antrag auf Erlaß eines Versäumnisurteils wird zurückgewiesen.
— **Bei unbehebbarem Mangel**
(z. B. fehlende Prozeßfähigkeit)
Abweisung durch Prozeßurteil, entweder als unechtes Versäumnisurteil oder nach Lage der Akten (Baumbach/Lauterbach/Albers/Hartmann, § 335 Anm. 2B).
s. auch Familiensachen (Ehenichtigkeit), Widerspruch gegen Verteilungsplan

Verschaffung eines Rechts
s. Abtretung

Verschollenheit
s. Todeserklärung

Versicherung an Eides Statt
s. eidesstattliche Versicherung

Versicherungsschutz
s. Befreiungsanspruch und Feststellungsklage (Deckungsklage)

Versorgungsausgleich
s. Familiensachen

Vertiefung eines Grundstücks
s. Handlung

Vertretbare Handlung
s. Handlung

Vertragsstrafe
Herabsetzung, s. dort

Verwaltung
s. gemeinschaftliche Verwaltung des Nachlasses

Verweisung des Rechtsstreits

Rechtswegverweisung
§ 17 a II 1 GVG
(Beispiel für eine Verweisung vom ordentlichen Gericht an ein Sozialgericht)
Der zu den ordentlichen Gerichten beschrittene Rechtsweg ist unzulässig. Der Rechtsstreit wird an das Sozialgericht B verwiesen.
(zur Form der Entscheidung vgl. § 17 a IV 1 GVG)

Verweisung bei Unzuständigkeit
§ 281 ZPO
Das Amtsgericht/Landgericht A erklärt sich für sachlich/örtlich unzuständig und verweist den Rechtsstreit auf Antrag des Klägers an das sachlich/(und) örtlich zuständige ...gericht B.

Im amtsgerichtlichen Verfahren
§ 506 ZPO
Das Amtsgericht A erklärt sich für sachlich unzuständig und verweist den Rechtsstreit an das sachlich zuständige Landgericht B.

Im Verhältnis der Zivilkammer zur Kammer für Handelssachen
§§ 97 ff. GVG

- §§ 97 I, 99 I GVG
  Der Rechtsstreit wird auf Antrag des Klägers/Beklagten an die Zivilkammer verwiesen.
  (Die genauere Bestimmung der Zivilkammer kann unterbleiben, da die Kammer für Handelssachen insoweit ohnehin keine vom Geschäftsverteilungsplan des Landgerichts abweichende Entscheidung treffen kann. Erfolgt sie dennoch, so ist sie unverbindlich.)

- §§ 97 II 1, 99 II GVG
  Der Rechtsstreit wird von Amts wegen an die Zivilkammer verwiesen.

- § 98 I 1 GVG
  Der Rechtsstreit wird auf Antrag des Beklagten an die Kammer für Handelssachen verwiesen.

Abgabe in Baulandsachen und in Patentsachen
§§ 217 ff. BauGB, § 143 PatG
Innerhalb einer Gerichtsbehörde erfolgt die Abgabe formlos nach den hierfür maßgeblichen Vorschriften des Geschäftsverteilungsplans (zu §§ 157 ff. BBauG vgl. BGHZ 40, 148, 154 f.; zu § 143 PatG vgl. OLG Celle, NdsRPfl. 77, 187 und Benkard, PatG, 8. Aufl., München 1988, § 143 Rd.Ziff. 9). Ist der Rechtsstreit an ein anderes Gericht zu verweisen, gilt § 281 ZPO.

Hilfsantrag auf Verweisung
(zur Zulässigkeit vgl. RGZ 108, 263, 264; Thomas/Putzo, § 281 Anm. 2 a)
Bleibt der Hauptantrag ohne Erfolg, ergeht, ohne daß dieser Umstand der Erwähnung bedürfte, ein Verweisungsbeschluß nach § 281 ZPO (s. o.). Obsiegt der Kläger mit dem Hauptantrag, wird der Verweisungsantrag gegenstandslos.
(zu Sonderfällen vgl. BGH, NJW 81, 2417 [Familiensachen] und BGH, NJW 71, 564 [§ 32 ZPO].)

Verweisung

Verweisung durch die höhere Instanz
§ 281 ZPO
(Hat das Gericht der unteren Instanz fälschlich seine örtliche Zuständigkeit bejaht, kann die höhere Instanz unter Aufhebung des angefochtenen Urteils die Verweisung an das Gericht des unteren (!) Rechtszuges aussprechen. Dies hat in Abweichung von § 281 I ZPO durch Urteil zu geschehen (BGHZ 22, 65, 71; 68, 127, 132; KB BB 83, 213, 214: auch bei bloßem Hilfsantrag auf Verweisung; Baumbach/Lauterbach/Albers/Hartmann, § 281 Anm. 2 G b; Zöller, § 281 Rd.Ziff. 9: § 281 II ZPO gilt auch für das Urteil; u. E. unrichtig in der Tenorierung Furtner, S. 374). Das verweisende Gericht hat über die Kosten des Rechtsmittelverfahrens zu entscheiden, da diese abtrennbar sind (BGHZ 22, 65, 71). Geschieht dies nicht, obliegt die Kostenentscheidung auch insoweit dem zuletzt tätig werdenden Gericht (OLG Hamm, Rpfl. 76, 142).)
Beispiel:
(Das Amtsgericht A hat fälschlich seine Zuständigkeit angenommen und in der Sache gegen den Beklagten entschieden. Dieser legt Berufung ein, der Kläger stellt Hilfsantrag auf Verweisung an das Amtsgericht B. Dieses ist zuständig.):
Auf die Berufung des Beklagten wird das Urteil des Amtsgerichts A vom . . . – Aktenzeichen: . . . – aufgehoben. Das Amtsgericht A ist örtlich nicht zuständig. Die Sache wird auf Antrag des Klägers an das örtlich zuständige Amtsgericht B verwiesen.
Die Kosten des Berufungsverfahrens werden dem Kläger auferlegt.

Abgabebeschluß
§ 46 WEG, § 12 LwVG
Die Sache wird (insoweit, als sie . . . betrifft) an das Amtsgericht A zur Erledigung im Verfahren der freiwilligen Gerichtsbarkeit/als Landwirtschaftsgericht abgegeben.

Verweisung/Abgabe vom Gericht der freiwilligen Gerichtsbarkeit in WEG-Sachen an das Prozeßgericht
Die Sache wird analog § 46 WEG durch bindenden Abgabebeschluß von Amts wegen an das Prozeßgericht abgegeben (BGHZ 78, 57). Der Streit um die Frage, ob es eines Verweisungsantrags bedarf (§ 17 III 1 GVG a. F. analog, vgl. Weitnauer, § 46 Rd.Ziff. 2 m. w. N.), ist durch § 17 a II 1 GVG überholt. Die Abgabe erfolgt grundsätzlich an die Prozeßabteilung desselben Gerichts; die örtliche und die sachliche Zuständigkeit sind erst dort zu prüfen. Auf Antrag des Antragstellers kann analog § 281 ZPO die unmittelbare Verweisung an das sachlich und örtlich zuständige Prozeßgericht erfolgen.

– Abgabe
Das Verfahren wird an das Prozeßgericht abgegeben.

– Verweisung
Das angerufene Gericht erklärt sich für funktionell unzuständig und verweist das Verfahren auf Antrag des Antragstellers an das Amts-/Landgericht X als örtlich und sachlich zuständiges Prozeßgericht.

Verweisung zwischen streitiger und freiwilliger Gerichtsbarkeit im allgemeinen
Nach h. M. fand insoweit § 17 GVG a. F. analoge Anwendung (BGHZ 40, 1; BGH, FamRZ 74, 130; NJW 74, 494; Thomas/Putzo, § 17 GVG Anm. 2 b). Für § 17 a II 1 GKG n. F. gilt das gleiche.)
Beispiel:
Der zu den Gerichten der streitigen Gerichtsbarkeit beschrittene Rechtsweg ist unzulässig. Die Sache wird an das Amtsgericht A als Vormundschaftsgericht verwiesen.

Verwendungen
§ 1003 II BGB, s. Fristsetzung im Urteil

Verzichtsurteil
§ 306 ZPO

Zum Teil wird vertreten, der Kläger sei im Tenor „aufgrund seines Verzichts" mit der Klage abzuweisen (Furtner, S. 182). Dieser Zusatz ist überflüssig. Durch die Bezeichnung des Urteils als Verzichtsurteil (§ 313 b I 2 ZPO) wird die besondere Grundlage der Entscheidung hinreichend kenntlich gemacht.

Vollmacht
Klage auf Erteilung, s. Willenserklärung

Vollmachtsurkunde
§ 172 BGB, § 888 ZPO

Der Beklagte wird verurteilt, dem Kläger hinsichtlich der für den Betrieb der X-OHG erteilten Handlungsvollmacht eine öffentlich-beglaubigte Urkunde auszustellen und diese dem Kläger auszuhändigen.

s. auch Kraftloserklärung, Willenserklärung

Vollstreckbarerklärung eines Schiedsspruchs
§§ 1042 ff. ZPO

Der am 3. 7. 1985 ergangene Schiedsspruch des/der Schiedsrichters/Schiedsstelle X wird für vollstreckbar erklärt.
(Falls zur Klarstellung erforderlich, kann hinzugefügt werden:)
Der Schiedsspruch lautet wie folgt:
(Tenor des Schiedsspruchs)

Vollstreckung zur Nachtzeit und an Sonn- und Feiertagen
§ 761 ZPO

Die Zwangsvollstreckung aus dem Urteil des Landgerichts K vom ... – Aktenzeichen: ... – in der Wohnung und im Büro des Schuldners, Burgacker 29, 5000 Köln 81, wird für die Zeit vom ... bis zum ... auch zur Nachtzeit (und an Sonn- und Feiertagen) gestattet.

Vollstreckungsabwehrklage
§ 767 ZPO

Grundfall
Die Zwangsvollstreckung aus dem Urteil des Landgerichts Köln vom ... – Aktenzeichen: ... – wird (insoweit) für unzulässig erklärt (als sie über einen Betrag von ... DM nebst ... % Zinsen seit dem 1. 7. 1987 hinausgeht).

Einstweilige Anordnung
§ 769 II ZPO

Die Zwangsvollstreckung aus dem Urteil ... wird vorläufig eingestellt/darf einstweilen nur gegen Sicherheitsleistung in Höhe von ... DM fortgesetzt werden.
(Diese Anordnung wird gegenstandslos, wenn nicht der Schuldner bis zum ... eine Entscheidung des Prozeßgerichts beibringt.)

gegen Vollstreckungsklausel, s. dort

Vollstreckungsgegenklage

Vollstreckungsgegenklage
s. Vollstreckungsabwehrklage

Vollstreckungsklausel
Klage auf Erteilung
§ 731 ZPO
Dem Kläger ist gegen den Beklagten für das Urteil des Amtsgerichts K vom ...
– Aktenzeichen: ... – die Vollstreckungsklausel zu erteilen.
Oder:
Die Vollstreckungsklausel zu dem Urteil des ... ist gegen den Beklagten zulässig.

Klage gegen Vollstreckungsklausel
§ 768 ZPO
– Die Zwangsvollstreckung aus der am ... vom Urkundsbeamten der Geschäftsstelle/Rechtspfleger dem Beklagten erteilten vollstreckbaren Ausfertigung des am ... vom Amtsgericht K – Aktenzeichen: ... – erlassenen Urteils wird für unzulässig erklärt.
– Die aufgrund der dem Beklagten am ... erteilten Vollstreckungsklausel aus der Urkunde des Notars X in ... vom ... (Urkundenrolle-Nr.: ...) betriebene Zwangsvollstreckung wird für unzulässig erklärt.

s. auch Erinnerung, zur einstweiligen Anordnung s. Vollstreckungsabwehrklage

Vollstreckungsschutz
§ 765 a ZPO
– Die Zwangsvollstreckung in das im Besitz des Schuldners befindliche Ölporträt eines Mädchens, 40 × 60 cm groß, signiert mit „A. F.", wird einstweilen untersagt.
– In dem Zwangsversteigerungsverfahren des Amtsgerichts K – Aktenzeichen: ... – über das Grundstück ..., eingetragen im Grundbuch..., wird der Zuschlag an den Ersteigerer X untersagt.

Vollstreckungsurteil
§§ 722 f. ZPO
Die Zwangsvollstreckung aus dem Urteil des (näher bezeichneten ausländischen Gerichts) vom ... – Aktenzeichen: ... –, durch das der Beklagte verurteilt ist, an den Kläger ... DM zu zahlen, ist zulässig.
(Ist der ausländische Titel für eine Zwangsvollstreckung zu unbestimmt, kann sein Inhalt aufgrund der Entscheidungsgründe konkretisiert werden (BGH, MDR 86, 660). Der Tenor lautet in diesem Falle:)
Das Urteil ... wird mit dem Inhalt für vorläufig vollstreckbar erklärt, daß der Beklagte verpflichtet ist, ...

Vorabentscheidung über vorläufige Vollstreckbarkeit
§§ 534, 718 ZPO
(Entscheidung durch Teilurteil, OLG Karlsruhe, OLGZ 75, 484, 485 f.)
Auf Antrag des Klägers wird das am ... verkündete Urteil des Landgerichts K – Aktenzeichen: ... – im Ausspruch über die Vollstreckbarkeit abgeändert und wie folgt neu gefaßt:
Das Urteil ist ohne Sicherheitsleistung vorläufig vollstreckbar.

Vorbehalt der beschränkten Erbenhaftung, der beschränkten Haftung bei Gütergemeinschaft

Beschränkte Erbenhaftung
§§ 1973 I 1, 1975, 1990, 2059 I 1 BGB, §§ 780 ff. ZPO
Der Beklagte wird verurteilt, an den Kläger ... DM zu zahlen.
Ihm bleibt vorbehalten, seine Haftung auf den Nachlaß/auf seinen Anteil am Nachlaß des am ... in ... verstorbenen Herrn X zu beschränken.
(Beachte die Entbehrlichkeit des Vorbehalts in den Fällen des § 780 II ZPO und des § 27 HGB und bei Individualansprüchen z. B. auf Herausgabe oder Übereignung.)

Erbfall im Laufe des Rechtsstreits
(Tritt der Erbfall erst im Laufe des Rechtsstreits ein, muß sich der Vorbehalt auch auf die bis dahin entstandenen Kosten beziehen, wohingegen der eintretende Erbe für die weiteren Kosten unbegrenzt haftet (Thomas/Putzo, § 305 Anm. 1 b, § 780 Anm. 3 a):)
Der Beklagte wird verurteilt, an den Kläger ... DM zu zahlen.
Die Kosten des Rechtsstreits werden dem Beklagten auferlegt. Das Urteil ist gegen Sicherheitsleistung in Höhe von ... DM vorläufig vollstreckbar.
(Bankbürgschaft)
Dem Beklagten bleibt vorbehalten, hinsichtlich seiner Verurteilung in der Hauptsache und hinsichtlich der bis zum ... (Tag des Erbfalls) angefallenen Kosten des Rechtsstreits seine Haftung auf den Nachlaß des am ... in ... verstorbenen Herrn X zu beschränken.

Dreimonatseinrede/Einrede des Aufgebotsverfahrens
§ 2014/§ 2015 BGB, §§ 305, 782 f. ZPO
Der Beklagte wird verurteilt, an den Kläger ... DM zu zahlen.
Ihm bleibt die Wahrung seiner Rechte aus §§ 2014, 2015 BGB vorbehalten.
(Schellhammer, Rd.Ziff. 905, schlägt auch für diese Fälle vor, wie bei beschränkter Erbenhaftung zu tenorieren; das steht mit der materiellen Rechtslage nicht in Einklang.)

Fortgesetzte Gütergemeinschaft
§ 1489 II BGB
Es gelten die Regeln der beschränkten Erbenhaftung. Bei der Beschränkung auf das Gesamtgut heißt es:
Dem Beklagten bleibt vorbehalten, seine Haftung auf das Gesamtgut der zwischen ihm und der am ... in ... verstorbenen Frau X vereinbarten Gütergemeinschaft in dem Bestande zu beschränken, den es am ... (Todestag der Frau X) hatte.

Vorbehalte sonstiger Art
Vertragliche oder gesetzliche Haftungsbeschränkung
§§ 486, 662 HGB
(Vertragliche Haftungsbeschränkungen sind zulässig; sie müssen mit Rücksicht auf § 767 II ZPO in den Tenor aufgenommen werden (vgl. BGH, DB 75, 1117, 1118; LM § 780 ZPO Nr. 3; Stein/Jonas, § 766 Rd.Ziff. 25 m.w.N.).)
Der Beklagte wird verurteilt, ...
Seine Haftung beschränkt sich
— auf die zu seinem Handelsgeschäft, Weinhaus Spund in Köln, gehörenden Vermögenswerte.
— auf den Deckungsumfang der von ihm bei der X-AG unter Nr. ... abgeschlossenen Haftpflichtversicherung.

Vorbehalte

Genehmigungsvorbehalt nach § 32 AWG
Der Beklagte wird verurteilt, an den Kläger 100 000 US-Dollar nebst 8% Zinsen seit dem . . . zu zahlen.
Er trägt die Kosten des Rechtsstreits.
Das Urteil ist gegen Sicherheitsleistung in Höhe von 220 000,– DM vorläufig vollstreckbar.
Die Zwangsvollstreckung und die Leistung des Beklagten dürfen erst dann erfolgen, wenn eine Genehmigung der Deutschen Bundesbank vorliegt.
(Eingehend Stein/Jonas, Einleitung XVII A, Rd.Ziff. 990 ff.; kein Verzug des Schuldners vor Genehmigung, vgl. BGH, NJW 88, 3099.)
*Bei noch ausstehender **behördlicher Genehmigung zur Übertragung des Eigentums** an einem Grundstück wird kein Vorbehalt in das Urteil aufgenommen (BGH, NJW 82, 881).*

Vorbehaltsurteil

im Urkunden-, Wechsel- und Scheckprozeß
§ 599 ZPO
Der Beklagte wird verurteilt, an den Kläger . . . DM zu zahlen.
(Kosten- und Vollstreckbarkeitsentscheidung)
Dem Beklagten bleibt die Ausführung seiner Rechte im Nachverfahren vorbehalten.

Aufrechnungsvorbehalt
§ 302 ZPO
Der Beklagte wird verurteilt, an den Kläger . . . DM zu zahlen.
(Kosten- und Vollstreckbarkeitsentscheidung)
Die Entscheidung über die vom Beklagten erklärte Aufrechnung mit einer angeblichen Kaufpreisforderung in Höhe von . . . DM aufgrund des Vertrages vom . . . bleibt vorbehalten.
(Der Aufrechnungsvorbehalt ist auch in den Tenor eines Grundurteils aufzunehmen (BGH, NJW 53, 1589).)

Aufrechterhaltung eines Versäumnisurteils durch Vorbehaltsurteil
Das Versäumnisurteil vom . . . bleibt aufrechterhalten.
(Kosten, Vollstreckbarkeit)
Dem Beklagten bleibt die Ausführung seiner Rechte im Nachverfahren vorbehalten.

Säumnis des Beklagten im Urkunden-Vorverfahren
Es ergeht ein Versäumnisurteil ohne Besonderheiten. Eine Bezeichnung als „Urkunden-Versäumnisurteil" ist ohne Sinn, da das Urteil allein aufgrund der Tatsache, daß es im Urkundenprozeß ergeht, keinen Sonderregelungen unterliegt. Ein Vorbehalt wird nach § 599 I ZPO nicht aufgenommen.

Vorlegung

Besichtigung einer Sache
§ 809 BGB
Der Beklagte wird verurteilt,
– den (näher bezeichneten Gegenstand) zum Zwecke der Besichtigung durch den Kläger an einen vom Kläger zu beauftragenden Gerichtsvollzieher herauszugeben.
– dem Kläger die Besichtigung des (näher bezeichneten Gegenstandes) zu gestatten.
(Streitig ist, nach welchen Regeln – analog § 883 oder §§ 887f. ZPO – vollstreckt wird (vgl. Münchener Kommentar, § 809 Rd.Ziff. 12; RGRK vor § 809 Rd.Ziff. 8).)
Die Vorlegung erfolgt analog § 883 ZPO durch den Gerichtsvollzieher, wohingegen die Besichtigung im Wege der Ersatzvornahme (der Beklagte gestattet Besichtigung

zwar nicht dem Kläger, wohl aber einem entgeltlich tätig werdenden Dritten) oder durch Zwangsgeld durchgesetzt wird.

Einsicht in Urkunden
§ 810 BGB
Der Beklagte wird verurteilt, dem Kläger die Einsichtnahme in (die näher bezeichneten Urkunden) zu gestatten.
(Vollstreckung nach §§ 887 f. ZPO; zur Einsichtnahme durch eine Vertrauensperson s. Wettbewerbssachen)

Kosten und Sicherheitsleistung
§ 811 II 2 BGB
(Der Beklagte kann die Vorlegung verweigern, bis der Kläger ihm die Kosten vorschießt und wegen der mit der Vorlegung verbundenen Sachgefahr Sicherheit leistet. Hinsichtlich der Kosten erfolgt eine Zug-um-Zug-Verurteilung. Die Sicherheit wird im Rahmen der Vollstreckbarkeitsentscheidung berücksichtigt. Darüber hinaus muß jedoch auch für die Zeit nach Rechtskraft Sicherheitsleistung angeordnet werden.)
Beispiel:
Der Beklagte wird verurteilt, dem Kläger Zug um Zug gegen Zahlung von ... DM die Einsichtnahme ... zu gestatten.
(Kostenentscheidung)
Das Urteil ist gegen Sicherheitsleistung von 7000,– DM (= Sachgefahr + Prozeßkosten des Klägers) vorläufig vollstreckbar.
Von der Rechtskraft des Urteils an darf die Zwangsvollstreckung nur erfolgen, wenn der Kläger in Höhe von 5000,– DM (= Sachgefahr) Sicherheit leistet.
(Nachlaß der Bankbürgschaft)

Vorlegung des Briefes
§ 896 BGB, s. Berichtigung des Grundbuchs

Vorleistungspflicht
§ 322 II BGB
(Mit Rücksicht auf die Regelung der §§ 756, 765, 894 I 2 ZPO, §§ 274 II, 322 III BGB ist die vom Kläger zu erbringende Gegenleistung genauso präzise zu beschreiben wie bei einer Zug-um-Zug-Verurteilung.)
Beispiel:
Der Beklagte wird verurteilt, nach Empfang der Herrenarmbanduhr „ultima latet" – Hersteller: Fa. Präzisa in X, Zifferblatt mit blauem Grund, Stunden in römischen Zahlen, schwarzes Lederarmband – an den Kläger 2400,– DM zu zahlen.
(Der Klageantrag sollte, braucht aber nicht das Angebot der Vorleistung zu enthalten, da § 322 II BGB von Amts wegen zu berücksichtigen ist (BGH, WM 83, 1059, 1060; Münchener Kommentar, § 322 Rd.Ziff. 11).)

Vormerkung
(Verwirklichung des Anspruchs nach § 888 BGB)

Klage gegen den Verkäufer
Der Beklagte wird verurteilt, das (näher bezeichnete) Grundstück an den Kläger aufzulassen.
(s. auch Auflassung)

Klage gegen den Dritten
Der Beklagte wird verurteilt, darin einzuwilligen, daß der Kläger als Eigentümer des Grundstücks ... im Grundbuch eingetragen wird.

Vormerkung

Betreffend die Eintragung einer Vormerkung s. einstweilige Verfügung; s. auch Beseitigung (§ 886 BGB)

Vornahme einer Handlung
§ 510 b ZPO, s. Haupt- und Hilfsantrag

Vorstand
s. Bestellung, Vereinsrecht

Vorvertrag
Aus einem Vorvertrag kann auf Abschluß des Hauptvertrages geklagt werden (BGH, NJW 86, 2820). Der Vertrag ist in allen Einzelheiten in den Tenor aufzunehmen. Näheres siehe Willenserklärung.

Vorzeitige Ausführungsanordnung
s. Baulandsachen

Vorzeitiger Zugewinnausgleich
s. Familiensachen

Vorzugsweise Befriedigung
§ 805 ZPO

Allgemeines
(Es handelt sich um eine prozessuale Gestaltungsklage (vgl. Baumbach/Lauterbach/Albers/Hartmann, § 805 Anm. 2 A; Zöller, § 805 Rd.Ziff. 7). Die Klage ist nicht auf Einwilligung in die vorzugsweise Befriedigung des klagenden Gläubigers zu richten. Das ist mit der Rechtsnatur der Klage aus § 805 ZPO nicht vereinbar; außerdem hätte eine Klage auf Einwilligung, wenn sie sich gegen den Schuldner richtet (§ 805 III ZPO) keinen Sinn, da letzterer nicht berechtigt ist, die Rangfolge der Gläubiger in der Zwangsvollstreckung festzulegen. Als nicht zutreffend erscheint daher die von Schrader/Steinert, Rd.Ziff. 260 vorgeschlagene Formulierung.)
Beispiel:
Der Kläger ist bis zu einem Betrag von 6500,– DM nebst 7,5% Zinsen seit dem 3. 4. 1985 aus dem Versteigerungserlös (= Reinerlös nach Abzug der Vollstreckungskosten) für den von dem Obergerichtsvollzieher X am 7. 12. 1986 – DR-Nr. 1842/86 – gepfändeten PKW VW Golf, Fahrgestell-Nr. 1234567, Farbe weiß, amtl. Kennzeichen: K – AH 4901, vor dem Beklagten zu befriedigen.

Einstweilige Anordnung
§§ 805 IV, 769 f. ZPO
Der Erlös aus der Pfandverwertung des am ... von dem Obergerichtsvollzieher X – DR-Nr.: 1842/86 – gepfändeten PKW ... ist in Höhe von ... DM bis zur rechtskräftigen Entscheidung der vorliegenden Sache zu hinterlegen.

Wahlschuld
§§ 262 ff. BGB

Wahlrecht des Klägers
Der Beklagte wird verurteilt, an den Kläger nach dessen Wahl Zug um Zug gegen Zahlung von ... DM einen Tischcomputer entweder der Marke X oder der Marke Y zu liefern.

Wahlschuld

Wahlrecht des Beklagten
Der Beklagte wird verurteilt, nach seiner Wahl an den Kläger Zug um Zug gegen Zahlung von ... DM einen PKW entweder der Marke X oder der Marke Y zu liefern.
s. Ersetzungsbefugnis

Wandelung
§§ 462 ff., 634 BGB

Allgemeines
Unabhängig vom Streit um den Inhalt des Wandelungsanspruchs (vgl. BGHZ 29, 148, 152 ff.) gestattet die Rechtsprechung eine sofortige Klage auf die sich aus der Wandelung ergebenden Rechtsfolgen, namentlich auf die Rückerstattung der vom Wandelungsberechtigten erbrachten Leistung. Auf Abgabe einer Einverständniserklärung nach § 465 BGB braucht der Gegner nicht eigens in Anspruch genommen zu werden (Münchener Kommentar, § 465 Rd.Ziff. 9 f.). Die von Furtner (S. 124) vorgeschlagene Formulierung: „Der Beklagte wird verurteilt, in Wandelung des ... Kaufvertrages an den Kläger ...", ist überflüssig.

Wandelung eines Kaufvertrages
Es ist Klage auf Rückerstattung der vom Wandelungsberechtigten erbrachten Leistung zu erheben, ggf. Zug um Zug gegen Rückerstattung der empfangenen Gegenleistung.

Werkvertrag
Die Rückabwicklung eines Werkvertrages kann sich, insbesondere auf dem Bausektor, sehr vielgestaltig vollziehen (vgl. Münchener Kommentar, § 634 Rd.Ziff. 20 ff.; RGRK § 634 Rd.Ziff. 12 ff.; Soergel, § 634 Rd.Ziff. 13 ff.). Kann das Werk zurückgegeben werden, ist zu tenorieren wie bei der Wandelung des Kaufvertrages. Ist Rückgabe nicht möglich, kommt nur Wertausgleich in Betracht, der im Rahmen der Zahlungsklage zu berücksichtigen ist.

Warenzeichen

Unterlassungsanspruch
§§ 24 f. WZG
Der Beklagte wird verurteilt, es zu unterlassen, im geschäftlichen Verkehr Waren oder ihre Verpackung oder Umhüllung, Ankündigungen, Preislisten, Geschäftsbriefe, Empfehlungen, Rechnungen oder andere Unterlagen mit dem nachstehend beschriebenen und abgebildeten Warenzeichen zu versehen:

...

Löschung des Warenzeichens
§ 11 II WZG
Der Beklagte wird verurteilt, in die Löschung der IR-Marke Nr. ... einzuwilligen (soweit deren Schutz sich auf die Bundesrepublik Deutschland erstreckt).

Wechselklage
Art. 48 f. WG

Grundfall:
Der Beklagte wird verurteilt, an den Kläger Zug um Zug gegen Übergabe des am ... in ... ausgestellten Wechsels (Wechselsumme: ... DM, Aussteller: ..., Bezogener: ..., Verfallzeit: ..., Zahlungsort: ..., Zahlstelle: ...) 10 000,– DM nebst 6% Zinsen seit dem ... und weitere 150,– DM zu zahlen.
(Die nähere Bezeichnung der weiteren Nebenforderung als „Protestkosten", „Auslagen" usw. kann unterbleiben; andere als Wechselzinsen können im Wechselprozeß

Wechselklage

nicht geltend gemacht werden; BGH, NJW 70, 324 [326]; Thomas/Putzo, § 602 Anm. b.)

Unbestimmter Zinsanspruch
Art. 48 I Ziff. 2 WG
... nebst Zinsen in Höhe von 2% über dem jeweiligen Diskontsatz der Deutschen Bundesbank, mindestens aber in Höhe von 6% ...

Wechselprozeß
s. Nachlaßverfahren, Vorbehaltsurteil

Wechselübertragung
s. Abtretung

Werkvertrag
s. Nachbesserung, einstweilige Verfügung (Bauhandwerker-Sicherungshypothek)

Wettbewerbssachen
§§ 1 ff. UWG

Allgemeines
Da die Materie eine unübersehbare Fülle von Gestaltungsmöglichkeiten in sich birgt, können hier nur einige wenige, typische Beispielsfälle dargestellt werden (allgemein s. Handbuch des Wettbewerbsrechts, Herausgeber: Wolfgang Gloy, München 1986, § 70 I, S. 914 ff.; Otto Teplitzki, Wettbewerbsrechtliche Ansprüche, 5. Aufl., Köln, u. a. S. 399 ff., 419).

Herkunftstäuschung
§ 1 UWG, Unterlassung, Auskunft, Feststellung des Schadensersatzanspruchs (vgl. Baumbach/Hefermehl, WettbewerbsR, 16. Auflage, München 1990, § 1 UWG Rd.Ziff. 450 ff.; Handbuch des WettbewerbsR, § 42 Rd.Ziff. 33 ff.; OLG Köln, GRUR 1983, S. 456 „Spülmittelflasche").
I. Die Beklagte wird verurteilt,
1. es zu unterlassen, sauren Fruchtgummi in einer der nachfolgend wiedergegebenen Ausstattungen in der Bundesrepublik Deutschland in den Verkehr zu bringen, anzubieten und/oder zu bewerben.
(es folgen bildliche Darstellungen der untersagten Ausstattungen)
2. der Klägerin darüber Auskunft zu erteilen, in welchem Ausmaß sie, die Beklagte, Handlungen der unter Ziff. I.1. bezeichneten Art seit dem 16. 5. 1986 begangen hat, und zwar
   a) unter Vorlage eines Verzeichnisses, aus dem – gegliedert nach Monaten – die Lieferzeiten, Liefermengen, Lieferorte und Umsätze ersichtlich sind, sowie
   b) durch Angabe der einzelnen Werbeträger, ihrer Auflage und Erscheinungszeit, der Häufigkeit ihrer Verbreitung oder Aussendung, des Verbreitungsgebietes und der Kosten der Werbung.
   (ggf. Androhung nach § 890 ZPO, s. Unterlassung)
II. Es wird festgestellt, daß die Beklagte verpflichtet ist, der Klägerin allen Schaden zu ersetzen, der dieser durch die in Ziff. I.1. bezeichneten Handlungen entstanden ist oder noch entstehen wird.

Irreführende Angaben
§ 3 UWG
- **Anzeigenwerbung**
  Die Beklagte wird verurteilt, es zu unterlassen, in der an den Endverbraucher gerichteten Werbung wie nachstehend wiedergegeben zu werben,
  (es folgt eine bildliche Darstellung der beanstandeten Anzeige)
  wobei der im unteren Drittel der Anzeige abgedruckte Text wie folgt lautet:
  (Es folgt die wörtliche Wiedergabe des beanstandeten Textes.)
- **Geschäftsbezeichnung**
  Der Beklagte wird verurteilt, es zu unterlassen, in der an den Endverbraucher gerichteten Werbung die Bezeichnung
  „Zentral-Fachmarkt X"
  in bezug auf das Einzelhandelsgeschäft in A, B-Straße Nr. 10, beim Angebot von Elektrogeräten aller Art zu verwenden.

Nachlaß der Auskunftserteilung an eine Vertrauensperson
Dem Beklagten wird nachgelassen, die Auskunft nicht der Klägerin, sondern einem von dieser zu bezeichnenden und ihr gegenüber zur Verschwiegenheit verpflichteten vereidigten Wirtschaftsprüfer mitzuteilen, sofern der Beklagte die Kosten seiner Einschaltung trägt und ihn zugleich ermächtigt, der Klägerin Auskunft darüber zu erteilen, ob ein bestimmt bezeichneter Name und/oder eine bestimmt bezeichnete Lieferung in der erteilten Rechnung enthalten ist.

Wettbewerbsverbot
§§ 112, 165 BGB
Der Beklagte wird verurteilt,
- den Handel mit Baustoffen zu unterlassen,
- die weitere gesellschaftliche Beteiligung an der Z-OHG einzustellen.

Werklieferungsvertrag
§ 651 BGB
Der Beklagte wird verurteilt, nach dem nachstehend wiedergegebenen Plan einen Schrank aus massiver deutscher Eiche zu bauen und ihn an den Kläger zu übereignen und herauszugeben.
(Es folgt eine bildliche Darstellung des Plans, evtl. ergänzt um Maßangaben.)

Widerklage
§ 33 ZPO
Allgemeines
(Aus Gründen der Klarheit sollte der Tenor erkennen lassen, inwieweit die Widerklage beschieden wird:)
Der Beklagte wird verurteilt, an den Kläger ...
- Auf die Widerklage wird der Kläger verurteilt, an den Beklagten ...
- Auf die Widerklage wird festgestellt, ...
- Die Widerklage wird abgewiesen.

Widerklage unter Einbeziehung Dritter
(zur Zulässigkeit vgl. BGH, NJW 71, 466; 81, 2642; LM § 33 ZPO Nr. 11 f.; Zöller, § 33 Rd.Ziff. 23; Anders/Gehle, Rd.Ziff. 467 ff.)
Beispiel für einen Verkehrsunfallprozeß:
(Der Kläger verlangt vom Beklagten zu 1) und dessen Haftpflichtversicherer, dem Beklagten zu 2), Schadensersatz. Der Beklagte zu 1) nimmt widerklagend den Kläger und dessen Haftpflichtversicherer, den Widerbeklagten zu 2), in Anspruch. Klage und Widerklage haben zum Teil Erfolg.)

Widerklage

Die Beklagten werden als Gesamtschuldner verurteilt, an den Kläger ... DM zu zahlen.

Auf die Widerklage werden der Kläger und die Widerbeklagte zu 2) als Gesamtschuldner verurteilt, an den Beklagten zu 1) ... DM zu zahlen.

Im übrigen werden Klage und Widerklage abgewiesen.

Inzidentwiderklage, s. Inzidentantrag

Widerruf
§§ 823, 1004 BGB, § 888 ZPO

(Der Widerruf einer ehrenrührigen Äußerung kann nur aufgrund tatsächlicher Behauptungen, nicht aufgrund von Werturteilen verlangt werden (BGH, NJW 82, 2246; 2248). Der Kläger muß angeben, wem gegenüber der Widerruf erklärt werden soll (BGH, GRUR 1968, 272). Die Form des Widerrufs (in der Regel Schriftform) bleibt dem Beklagten überlassen (allgemein Palandt, vor § 823 Rd.Ziff. 27):)

Beispiele:
- Der Beklagte wird verurteilt, gegenüber den Bewohnern des Hauses ... die Behauptung, die Klägerin empfange nachts in ihrer Wohnung Herrenbesuche, zu widerrufen.
- Die Beklagte wird verurteilt, gegenüber den Lesern der Zeitschrift „Das Sprachrohr" die Behauptung zu widerrufen, der Kläger habe im Jahre ... von X ein Beraterhonorar erhalten.

(Die Vollstreckung erfolgt nach § 888 ZPO (OLG Zweibrücken, NJW 91, 304).)

Richtigstellung

(Ist die streitige Behauptung nicht schlechthin falsch, sondern nur unvollständig, übertrieben oder mißverständlich, kann nur Richtigstellung oder Ergänzung verlangt werden (BGHZ 66, 182):)

Der Beklagte wird verurteilt, gegenüber den Gesellschaftern der X-GmbH & Co. KG die Behauptung, der Kläger habe von der genannten Gesellschaft im Jahre ... 400 000,– DM für Beratertätigkeiten erhalten, dahingehend richtigzustellen, daß der Geldbetrag dem Kläger für Beratertätigkeiten und für die Übereignung des Grundstücks ... gezahlt worden ist.

Abgeschwächter Widerruf

(Läßt sich die Unwahrheit der streitigen Behauptung nicht feststellen, fehlen aber andererseits ernsthafte Anhaltspunkte für ihre Richtigkeit, kommt ein abgeschwächter Widerruf in Betracht (BGHZ 69, 181 m.w.N.):)

Die Beklagte wird verurteilt, gegenüber den Bewohnern des Hauses ... eine Erklärung des Inhalts abzugeben, daß sie die Behauptung, die Klägerin empfange nachts in ihrer Wohnung Herrenbesuche, nicht aufrechterhalten könne.

(Ist es allerdings möglich, daß die Behauptung der Wahrheit entspricht, darf auch zum abgeschwächten Widerruf nicht verurteilt werden, BGH a.a.O.)

s. Unterlassung (dort auch zur Veröffentlichungsbefugnis)

Widerspruch gegen Arrest und einstweilige Verfügung
§§ 924 ff. ZPO

Unzulässigkeit

(Nach h. M. gilt § 341 I 2 ZPO analog, es ist jedoch, entgegen § 341 II 1, dem eindeutigen Wortlaut des § 925 I ZPO zufolge in jedem Falle durch Urteil zu entscheiden (vgl. Baumbach/Lauterbach/Albers/Hartmann, § 925 Anm. 2 A, a, b; Thomas/Putzo, § 925 Anm. 2).)

Der Widerspruch gegen den Arrest/die einstweilige Verfügung vom ... wird als unzulässig verworfen.

Unbegründetheit
§ 925 II ZPO
Der Arrest/die einstweilige Verfügung vom ... wird bestätigt.

Begründetheit
§ 925 II ZPO
(Bei begründetem Widerspruch ist, zusätzlich zur Aufhebung der früheren Entscheidung, der Antrag des Arrest-/Verfügungsklägers zurückzuweisen (Baumbach/Lauterbach/Albers/Hartmann, § 925 Anm. 2 A c, cc; Thomas/Putzo, § 925 Anm. 2; Zöller, § 925 Rd.Ziff. 7).)
Der Arrest/die einstweilige Verfügung vom ... wird aufgehoben; der auf seinen/ihren Erlaß gerichtete Antrag wird zurückgewiesen.

Teilweise Begründetheit
§ 925 II ZPO
Der Arrest/die einstweilige Verfügung vom ... wird wie folgt neu gefaßt: ...
Der weitergehende Verfügunganttrag wird zurückgewiesen.
(Eine Zurückweisung des weitergehenden Antrags erfolgt nur insoweit, als die Abänderung jenseits des dem Gericht in § 938 I ZPO eingeräumten Ermessensspielraums liegt.)

Anordnung von Sicherheitsleistung
§ 925 II ZPO
– Der/Die am ... erlassene Arrest/einstweilige Verfügung wird unter der Bedingung bestätigt, daß der Arrest-/Verfügungskläger binnen einer Frist von 14 Tagen ab Verkündung des vorliegenden Urteils/bis zum ... in Höhe von ... DM Sicherheit leistet.
– Der/Die am ... erlassene Arrest/einstweilige Verfügung wird bestätigt. Die Vollziehung ist davon abhängig, daß der Kläger in Höhe von ... DM Sicherheit leistet.
– Der/Die am ... erlassene Arrest/einstweilige Verfügung wird unter der Bedingung aufgehoben, daß der Arrest-/Verfügungsbeklagte in Höhe von ... DM Sicherheit leistet.
Für den Fall der Sicherheitsleistung wird der Antrag des Klägers zurückgewiesen.

Widerspruch gegen Verteilungsplan
§ 878 ZPO

Antrag
Der Kläger ist in dem Verteilungsverfahren ... mit seiner Forderung von ... DM vor derjenigen des Beklagten zu befriedigen.

Streitiges Urteil
Der Widerspruch des Klägers gegen den im Zwangsversteigerungsverfahren des Amtsgerichts K betreffend die Sache X – Aktenzeichen: ... – aufgestellten Verteilungsplan wird für begründet/unbegründet erklärt.
(Es handelt sich um eine prozessuale Gestaltungsklage. Ist der Widerspruch unbegründet, muß auch dies im Tenor zum Ausdruck gebracht werden (Argument aus § 881 ZPO: vgl. Baumbach/Lauterbach/Albers/Hartmann, § 880 Anm. 1; Zöller, § 880 Rd.Ziff. 1; Furtner, S. 149; a. A. wohl Thomas/Putzo, § 880).)

Versäumnisurteil gegen den Kläger, § 881 ZPO
Der Widerspruch des Klägers gegen den ... Verteilungsplan gilt als zurückgenommen.

gegen Eintragung im Grundbuch, s. einstweilige Verfügung;
gemäß § 146 VI KO, s. Feststellungsklage

Widerspruchsklage

Widerspruchsklage
s. Drittwiderspruchsklage

Wiederaufhebungsklage
s. Entmündigung

Wiederaufnahme
§§ 578 ff. ZPO

Unzulässigkeit der Klage
§ 589 I 2 ZPO
Die Klage wird als unzulässig verworfen.
(ungenau Schellhammer, Rd.Ziff. 898, der die Klage „abweisen" will)

Unbegründetheit
Die Klage wird abgewiesen.

Zwischenurteile
Im Wiederaufnahmeverfahren sind drei Stufen voneinander zu unterscheiden: 1. Zulässigkeit der Klage, 2. Begründetheit, 3. neue Verhandlung der Hauptsache. Auf den ersten beiden Stufen können Zwischenurteile ergehen, auf die, soweit sie Fragen der Zulässigkeit betreffen, § 280 ZPO direkt und, soweit Sachfragen entschieden werden, § 280 ZPO analog anzuwenden ist (BGH, NJW 79, 427; 82, 2449; für eine Anwendbarkeit des § 303 ZPO Baumbach/Lauterbach/Albers/Hartmann, § 590 Anm. 1 A; diese Auffassung ist, wie auch BGHZ 43, 239, 244, durch den nunmehrigen Wortlaut des § 280 ZPO überholt).

– Zulässigkeit der Klage
  Es wird festgestellt, daß die Nichtigkeits-/Restitutionsklage zulässig ist.
– Begründetheit
  (In diesem Falle ist die angegriffene Entscheidung ausdrücklich aufzuheben.)
  Das am ... verkündete Urteil des Landgerichts K – Aktenzeichen: ... – wird aufgehoben.

Abschließende Sachentscheidung
Hat das Gericht die angegriffene Entscheidung bereits durch Zwischenurteil aufgehoben, ergeht ein Sachurteil ohne Besonderheiten.
Ist kein Zwischenurteil ergangen, muß die Aufhebung noch eigens ausgesprochen werden:
1. Das (näher bezeichnete) Urteil ... wird aufgehoben.
2. a) Die in der vorbezeichneten Sache erhobene Klage wird abgewiesen.
   b) Der Beklagte des Wiederaufnahmeverfahrens wird verurteilt, ...

Wiederbemündigung
s. Entmündigung

Wiedereinräumung des Besitzes
§ 861 I BGB
Eine besondere Formulierung ist (entgegen Furtner, S 122, der tenorieren will: „... den Besitz wieder einzuräumen") nicht geboten. Es wird auf die Stichworte „Herausgabe" und „Räumung" verwiesen.

Wiedereinsetzung
§§ 233 ff. (104 III 2, 107 III, 339, 516, 552, 577 II 1, 586 I, 621 e, 629 a II) ZPO
Die Entscheidung über das Wiedereinsetzungsgesuch ergeht gem. § 238 II ZPO in der Form, in welcher über die, gleichzeitig mitbeschiedene, nachgeholte Prozeßhandlung

Wiedereinsetzung

zu entscheiden ist: im Falle einer Verwerfung nach § 341 II ZPO also durch Beschluß. Die Wiedereinsetzung kann auch stillschweigend durch sachliche Entscheidung über die nachgeholte Prozeßhandlung oder durch bloßen Hinweis in den Entscheidungsgründen gewährt werden, was sich aus § 238 III ZPO herleiten läßt (vgl. auch Thomas/Putzo, § 238 Anm. 2). Klarer ist jedoch ein eindeutiger Ausspruch im Tenor. Die Entscheidung kann durch Zwischenurteil ergehen. Ist das Gesuch allerdings unzulässig oder unbegründet, ergeht, trotz abgesonderter Verhandlung, sofort ein Endurteil (BGHZ 47, 289).

Unzulässigkeit des Wiedereinsetzungsgesuchs
§ 238 II ZPO
Das Wiedereinsetzungsgesuch des Klägers/Beklagten und sein Einspruch gegen das Versäumnisurteil/den Vollstreckungsbescheid des Amtsgerichts K vom ... – Aktenzeichen: ... –/und seine Berufung gegen das Urteil des Amtsgerichts K vom ... – Aktenzeichen: ... – werden als unzulässig verworfen.

Unbegründetheit des Wiedereinsetzungsgesuchs
§ 234 ZPO
Das Wiedereinsetzungsgesuch des Klägers/Beklagten wird zurückgewiesen.
Der Einspruch/die Berufung gegen ... wird als unzulässig verworfen.

Begründetes Wiedereinsetzungsgesuch
(Da in der Regel nur von einer Partei ein Wiedereinsetzungsantrag gestellt wird, reicht es aus zu tenorieren:)
Dem Kläger/Beklagten wird Wiedereinsetzung in den vorigen Stand gewährt.
(Nur zur Vermeidung von Mißverständnissen muß die Zielrichtung des Gesuchs in den Tenor aufgenommen werden:)
Dem Kläger/Beklagten wird hinsichtlich des am ... eingelegten Einspruchs gegen das Versäumnisurteil vom ... Wiedereinsetzung in den vorigen Stand gewährt.

Kostenentscheidung
§ 238 IV ZPO
(Über die Kosten der Wiedereinsetzung wird getrennt entschieden, etwa:)
- Die Kosten des Rechtsstreits tragen der Kläger zu ⅓, der Beklagte zu ⅔, indes hat der Kläger die Kosten der Wiedereinsetzung in vollem Umfang zu tragen.
- (etwa im Zwischenurteil:)
  Dem Kläger/Beklagten wird auf seine Kosten Wiedereinsetzung in den vorigen Stand gewährt.

Wiederkauf
Beseitigung von Rechten Dritter, § 499 BGB
Der Beklagte wird verurteilt, das von ihm zugunsten der städtischen Pfandkreditanstalt an dem Videorecorder Y begründete Pfandrecht zu beseitigen.

Willenserklärung
§ 894 ZPO
(Die Willenserklärung ist grundsätzlich so zu formulieren, wie sie vom Beklagten wörtlich abgegeben werden soll:)
Der Beklagte wird verurteilt, folgende Willenserklärung abzugeben:
Ich bin damit einverstanden, daß das mir vom Kläger eingeräumte Pfandrecht an dem (näher bezeichneten Gegenstand) erlischt.

Willenserklärung

In den meisten praktischen Fällen kann, wenn nicht die Verständlichkeit darunter leidet, auf kürzere Formulierungen zurückgegriffen werden.
Beispiele:
Übereignung einer beweglichen Sache
Der Beklagte wird verurteilt, dem Kläger die (näher bezeichnete Sache) zu übereignen und herauszugeben.
(Anstelle von: ... herauszugeben und zu erklären: „Ich bin damit einverstanden, daß das Eigentum an der Sache auf den Kläger übergeht.")
Erfüllung eines Vorvertrages
(BGH, NJW 86, 2820)
Der Beklagte wird verurteilt, das Angebot des Klägers auf Abschluß nachstehenden Vertrages anzunehmen: ...
Oder:
Der Beklagte wird verurteilt, mit dem Kläger folgenden Vertrag abzuschließen:
(Es folgt der Vertragstext im vollen Wortlaut.)
Vollmachtserteilung
Der Beklagte wird verurteilt,
– dem Kläger für die zum Betrieb der X-OHG gehörenden Geschäfte Handlungsvollmacht zu erteilen.
– den Kläger zum Verkauf (einer näher bezeichneten Sache) zu bevollmächtigen.
– den Kläger zur Bestellung einer Briefhypothek über ... DM nebst ... Zinsen auf dem Grundstück ... zu bevollmächtigen, hierüber eine öffentlich-beglaubigte Vollmachtsurkunde auszustellen und diese dem Kläger zu übergeben.
(§ 29 GBO)

s. Aufhebung des Rechtes an einem Grundstück, Auflassung, Berichtigung des Grundbuchs, Hinterlegung, Rangänderung

Wohnungseigentumssachen

§ 43 I Ziff. 1 WEG
Der Antragsteller wird verpflichtet, die im Partykeller des Hauses ... eingelagerten Arbeitsgeräte von dort zu entfernen und die künftige Einlagerung zu unterlassen.

§ 43 I Ziff. 2 WEG
– Der Antragsteller (= Verwalter) ist nicht verpflichtet, für das Erscheinungsbild der Außenanlagen des Hauses ... Sorge zu tragen.
– Der Antragsgegner wird verpflichtet, seine mit der X-GmbH zwecks Instandsetzung des Aufzuges im Hause ... geführte Korrespondenz sowie den am ... geschlossenen Vertrag an die Antragstellerin herauszugeben.

§§ 43 I Ziff. 3, 26 III WEG
– Es wird festgestellt, daß Herr Y nicht mehr Verwalter der Wohnungseigentümergemeinschaft ... ist.
– Die X-GmbH wird zum Verwalter der Wohnungseigentümergemeinschaft ... bestellt.

§ 43 I Ziff. 4 WEG
Der in der Wohnungseigentümerversammlung vom ... gefaßte Beschluß über die Jahresabrechnung wird für ungültig erklärt.

Entziehung des Wohnungseigentums
§§ 18 f. WEG
Der Beklagte wird verurteilt, die Eigentumswohnung Burgacker 29, 5000 Köln 81, 3. Stock, eingetragen im Grundbuch von ..., zu veräußern.

Zahlung
an Dritte
(Der Dritte ist im Tenor so genau zu bezeichnen, daß er zweifelsfrei identifiziert und aufgefunden werden kann. Im Regelfall ist die Angabe des Namens und der vollen Anschrift erforderlich; eine Ausnahme mag dann gelten, wenn die Identität des Dritten auch so unzweideutig feststeht.)
Beispiel:
... an die Stadtsparkasse Köln auf das Kreditkonto Nr. ... zu zahlen.
in ausländischer Währung, s. Vorbehalte

Zahlungssperre
§ 802 BGB, §§ 947, 1019 f. ZPO, § 20 Ziff. 2 RpflG
Dem (näher bezeichneten Aussteller des Papiers) und den folgenden Zahlstellen: ... wird untersagt, aufgrund der am ... ausgestellten Inhaberschuldverschreibungen über ... DM, Nr. ..., Zahlungen zu leisten sowie neue Zins-, Renten- oder Gewinnanteilscheine oder einen Erneuerungsschein auszugeben.

Zeugnis
§ 630 BGB, § 73 HGB
Der Beklagte hat bisher kein Zeugnis erteilt
Der Beklagte wird verurteilt, dem Kläger über das am ... beendete Arbeitsverhältnis der Parteien und dessen Dauer ein schriftliches Zeugnis zu erteilen (und dieses auf die Leistungen und die Führung des Klägers im Dienste zu erstrecken).
(Der Klammerzusatz gilt für das qualifizierte Zeugnis nach § 630 Satz 2 BGB.)
Der Beklagte hat ein Zeugnis erteilt,
mit dessen Inhalt der Kläger jedoch nicht einverstanden ist.
(In diesen Fällen muß der gewünschte Zeugnistext in den Klageantrag aufgenommen werden (LAG Düsseldorf, DB 1973, 1853):)
- Der Beklagte wird verurteilt, dem Kläger das unter dem ... ausgestellte Arbeitszeugnis dergestalt neu zu erteilen, daß es im 3. Absatz, Zeile 2 nicht heißt: „Sein ehrliches Auftreten hat uns überzeugt", sondern: „Er ist ehrlich".
- Der Beklagte wird verurteilt, dem Kläger ein Arbeitszeugnis mit folgendem Wortlaut zu erteilen: „..."

Zinsen
Beantragt der Kläger, was zulässig ist, Zinsen „ab Zustellung der Klage", so ist deren Datum bei der Darstellung des Antrags im Tatbestand und im Tenor des Urteils zu ergänzen.
zu Wechselzinsen s. Wechselklage

Zugewinnausgleich
s. Auskunft, Familiensachen

Zug-um-Zug-Verurteilung
(Die vom Kläger zu erbringende Gegenleistung ist so genau zu beschreiben, daß mit umgekehrter Richtung ein Leistungsurteil erlassen werden könnte, LG Kleve, NJW-RR 91, 704.)
Der Beklagte wird verurteilt, Zug um Zug gegen Herausgabe und Übereignung des PKW Golf LS, Fahrgestell-Nr.: 1234, Farbe weiß, amtl. Kennzeichen: K – AH 4901, an den Kläger ... DM zu zahlen.
s. auch **Nachbesserung** (Werkvertrag; dort auch zur doppelten Zug-um-Zug-Verurteilung)

Zukünftige Leistung

Zukünftige Leistung
§§ 257 ff. ZPO
(Im Klageantrag muß der Tag der Leistung noch nicht genau bestimmt werden; es reichen Angaben wie „binnen eines Monats nach Klagezustellung", „binnen drei Monaten nach Sicht". Erst im Urteil ist das Leistungsdatum festzulegen (Baumbach/Lauterbach/Albers/Hartmann, § 257 Anm. 1 B; Zöller, § 257 Rd.Ziff. 5).)

Beispiele:
Der Beklagte wird verurteilt,
- am ... an den Kläger ... DM zu zahlen.
- die Wohnung ... bis zum ... zu räumen.
- an den Kläger beginnend mit dem ... jeweils zum Monatsersten ... DM zu zahlen.

s. minus

Zuständigkeit
s. gerichtliche Bestimmung, Verweisung

Zulassung und Zurückweisung eines Nebenintervenienten
§ 71 ZPO, s. Zwischenurteil

Zwangsgeldandrohung
s. Vereinsrecht

Zwischenfeststellungsklage
Es gelten dieselben Grundsätze wie bei der Feststellungsklage, s. dort. Die Entscheidung ergeht im Endurteil oder durch Teilurteil nach § 301 ZPO (Thomas/Putzo, § 256 Anm. II 4; Zöller, § 256 Rd.Ziff. 22, 29).

Zwischenurteil
§§ 280, 303 ZPO

gegenüber Drittbeteiligten
- **Nebenintervenient**
  § 71 ZPO
  - Die Nebenintervention wird zugelassen/zurückgewiesen.
  - Der Nebenintervenient wird (nicht) zugelassen.
  - Die Streithilfe des Herrn X zugunsten des Klägers/Beklagten wird zugelassen/zurückgewiesen.

  (Die Entscheidung kann auch erst im Schlußurteil ergehen, BGH, NJW 82, 2070. Der Nebenintervenient ist im Rubrum bei der Partei aufzuführen, welcher er beitreten will. Wird die Nebenintervention zurückgewiesen, sind die Kosten des Zwischenstreits bereits im Zwischenurteil dem Nebenintervenienten aufzuerlegen, OLG Hamburg, OLG 23, 124 f.; Zöller, § 71 Rd.Ziff. 7; Baumbach/Lauberbach/Albers/Hartmann, Anm. 2. Bei Zulassung der Nebenintervention trägt – unabhängig vom Ausgang des Rechtsstreits – der Widersprechende die Kosten des Zwischenstreits. Insoweit sollte die Entscheidung erst im Schlußurteil ergehen, um eine unnötige doppelte Kostenfestsetzung für den Nebenintervenienten zu vermeiden, vgl. Teil B, Rd.Ziff. 4, 8.)

- **Rückgabe einer Urkunde**
§ 135 II ZPO
Der Antragsgegner wird verurteilt, das vor dem Notar X in Köln am...
errichtete Testament des am... verstorbenen Herrn Y (Urkundenrolle Nr.:...)
an den Kläger/Beklagten herauszugeben.
(Der betreffende Rechtsanwalt ist im Rubrum als „Antragsgegner im Zwischenstreit" zu bezeichnen. Eine andere Möglichkeit besteht darin, den Anwalt im Tenor namentlich zu benennen. Über die Kosten des Zwischenstreits kann im Zwischenurteil entschieden werden, vgl. Teil B, Rd.Ziff. 8.)

- **Untersuchung zur Feststellung der Abstammung**
§§ 372a, 387 ZPO
Es wird festgestellt, daß die Weigerung des Beklagten/des Herrn X, die Entnahme einer Blutprobe zum Zweck der Blutgruppenuntersuchung zu dulden, nicht rechtmäßig ist.
(vgl. Zöller, § 372a Rd.Ziff. 13; Baumbach/Lauterbach/Albers/Hartmann, § 372a Anm. 5 B a)

- **Zeugnisverweigerung**
§§ 387 (402) ZPO
Es wird festgestellt, daß der Zeuge X die Aussage verweigern darf/nicht mit der Begründung verweigern darf, er sei mit der Klägerin verlobt.

Betreffend die Zulässigkeit der Klage
§ 280 ZPO
Es wird festgestellt, daß
- der Rechtsweg zu den Zivilgerichten gegeben ist.
- das angerufene Gericht zuständig ist.
- für die Klage ein Rechtsschutzbedürfnis besteht.
- der Kläger an der begehrten Feststellung ein rechtliches Interesse hat.
- der zwischen den Parteien bestehende Streit nicht vor einem Schiedsgericht auszutragen ist.

(Die Kostenentscheidung ergeht erst im Schlußurteil, da auch die im Zwischenstreit evtl. anfallenden Kosten entsprechend dem Schicksal des geltend gemachten prozessualen Anspruchs verteilt werden. Bei Unzulässigkeit der Klage ergeht abweisendes Prozeßurteil, Zöller, § 280 Rd.Ziff. 6; Thomas/Putzo, § 280 Anm. 2a.)

Bei Parteiwechsel
Die Entscheidung ergeht auf der Grundlage des § 280 ZPO (BGH, NJW 81, 989). Beispiele:
- Es wird festgestellt, daß aufgrund zulässigen Parteiwechsels der Beklagte X aus dem Rechtsstreit ausgeschieden und Y nunmehr der alleinige Beklagte ist.
- Es wird festgestellt, daß der Beklagte X weiterhin Partei des Rechtsstreits ist.

Über andere prozessuale Vorfragen
§ 303 ZPO
Es wird festgestellt, daß
- die Klageänderung/der Einspruch des Beklagten gegen das Versäumnisurteil vom... zulässig ist.
- daß der Widerruf des sich auf... beziehenden Geständnisses des Beklagten wirksam ist.
- daß Herr Y berechtigt ist, den Rechtsstreit anstelle des verstorbenen Klägers X wiederaufzunehmen.

Zwischenurteil

Betreffend Vorlegung einer Urkunde
§ 425 ZPO
Es wird festgestellt, daß der Antrag des Klägers, der Beklagte solle die (näher bezeichnete) Urkunde vorlegen, begründet ist.
(Die Anordnung der Vorlegung erfolgt sodann im Beweisbeschluß, vgl. Zöller, § 425 Rd.Ziff. 4.)

s. Ausländersicherheit, Gläubigerstreit, Vergleich, Wiederaufnahme

Teil B
Die Kostenentscheidung

1. Abschnitt
Urteil

§ 1 Einführung

Die Kostenentscheidung gehört neben der Entscheidung über die vorläufige Vollstreckbarkeit zu den **prozessualen Nebenentscheidungen**. Mit ihr wird festgelegt, welche Partei in welchem Umfang die Kosten des Rechtsstreits zu tragen hat. Damit verwirklicht sich in der Kostenentscheidung das **Prozeßrisiko** der Parteien. Dieses kann von erheblicher wirtschaftlicher Bedeutung für die Parteien sein, was folgende Tabelle verdeutlichen soll:

Streitwert	Gerichts-gebühren	Anwalts-gebühren	Summe	% vom Streitwert
500,– DM	72,– DM	330,– DM	402,– DM	80,4%
1 000,– DM	126,– DM	510,– DM	636,– DM	62,6%
2 500,– DM	261,– DM	960,– DM	1 221,– DM	48,8%
5 000,– DM	396,– DM	1 674,– DM	2 070,– DM	41,4%
10 000,– DM	666,– DM	3 234,– DM	3 900,– DM	39,0%
50 000,– DM	1674,– DM	7 434,– DM	9 108,– DM	18,2%
100 000,– DM	2754,– DM	11 334,– DM	14 088,– DM	14,1%

Grundlage für diese Tabelle ist ein Zivilprozeß bei streitiger Verhandlung, Beweisaufnahme und beiderseitiger Vertretung durch Rechtsanwälte (= jeweils drei Rechtsanwaltsgebühren), der durch ein Urteil endet (= dreifacher Gebührenansatz für die Gerichtsgebühren). Auslagen und besondere Kosten, z. B. die eines Korrespondenzanwaltes, sind nicht berücksichtigt worden.

Wegen der besonderen wirtschaftlichen Bedeutung, die die Kostenentscheidung für die Partei hat, ist das Gericht verpflichtet, über die Kosten des Rechtsstreits möglichst präzise zu entscheiden. Jede Ungenauigkeit führt zu einer ungerechtfertigten finanziellen Belastung einer Partei. Sicherlich zählt die Kostenentscheidung nicht zu den interessanteren Rechtsmaterien. Außerdem erfordern schon die für die Hauptsachenentscheidung zu klärenden tatsächlichen und rechtlichen Fragen einen erheblichen Aufwand. Dennoch halten wir eine genaue Kenntnis des Richters über die Rechtsmaterie „Kosten" für unabdingbar, eine Materie, die weniger umfangreich und kompliziert ist, als viele andere. Wer sich eine solche Kenntnis verschafft hat, wird in der Lage sein, relativ schnell, ggf. mit Hilfe eines Taschenrechners oder vielleicht auch eines Computers mit einem geeigneten Programm, eine präzise, für die Parteien gerechte Kostenentscheidung zu treffen, selbst wenn es sich im Einzelfall um eine komplizierte Ausgangslage handelt.

Die Kostenentscheidung, Urteil

Auf eine richtige Kostenentscheidung sollte auch ein Rechtsanwalt sein Augenmerk legen, zumal dies, wie die obige Tabelle unseres Erachtens verdeutlicht, für seinen Mandanten von erheblicher wirtschaftlicher Bedeutung sein kann.

§ 2 Allgemeines

I. Entscheidung von Amts wegen

2 Während das Gericht bei der Hauptsachenentscheidung an die Anträge der Parteien gebunden ist (§ 308 I ZPO),[1] hat die **Kostenentscheidung von Amts wegen** zu erfolgen (§ 308 II). Diese Durchbrechung des Dispositionsgrundsatzes[2] wirkt sich in zweifacher Hinsicht aus: Ein Antrag der Parteien ist entbehrlich; wird ein solcher gestellt, ist das Gericht daran nicht gebunden. Die Kostenentscheidung richtet sich vielmehr allein nach den Vorschriften der Zivilprozeßordnung, z. B. nach den §§ 91 ff., 281 III 2, 344.

II. Erforderlichkeit einer Kostenentscheidung im Urteil

1. Grundsatz

3 Jedes Urteil, durch das die Instanz insgesamt beendet wird (= **Schlußurteil**), muß eine Entscheidung über die Kosten des Rechtsstreits enthalten.

2. Besonderheiten bei Teilurteilen, Grundurteilen und Zwischenurteilen

4 Soweit mit dem Urteil der Rechtsstreit in der jeweiligen Instanz nicht endgültig entschieden ist, ergeht grundsätzlich keine Kostenentscheidung. Dies ist bei

Teilurteilen (§ 301),
Grundurteilen (§ 304) und
(sonstigen) **Zwischenurteilen** (§§ 280 II, 303)

der Fall.[3] Daß in den genannten Fällen nicht über die Kosten zu entscheiden ist, folgt aus dem Grundsatz der **Kosteneinheit**.[4] Danach ist über die Kosten des Rechtsstreits einheitlich zu entscheiden. Solange der Grad des Obsiegens aber noch nicht feststeht, kann eine Kostenquote nicht gebildet werden. Daher ist bei einem Teilurteil, einem Grundurteil und einem sonstigen Zwischenurteil die Kostenentscheidung dem nachfolgenden Schlußurteil vorzubehalten. Zur Klarstellung wird üblicherweise im Tenor folgender Hinweis gegeben:

„Die Kostenentscheidung bleibt dem Schlußurteil vorbehalten."

5 Ausnahmsweise wird in **Teilurteilen** – abgesehen von Vorabentscheidungen im Verbundverfahren (§ 93 a) – jedoch eine **Teilkostenentscheidung** getroffen, und zwar dann, wenn für eine der Parteien nicht zumutbar ist, das Schlußurteil abzuwarten, und darüber hinaus

---

1) §§ in Teil B ohne Gesetzesangabe sind solche der ZPO; „Rd.Ziff." verweist auf Teil B, wenn nichts anderes angegeben ist.
2) *Zöller*, Vor § 128 Rd.Ziff. 9.
3) OLG München, Rpfleger 91, 434; *Rosenberg/Schwab*, S. 490; *Schneider*, S. 72, 214; *Stein/Jonas*, § 91 Rd.Ziff. 6, 7.
4) Vgl. Rd.Ziff. 158 ff.

Allgemeines

die betreffenden Kosten einen ohne weiteres ausscheidbaren Kostenblock darstellen.[5] Diese Voraussetzungen sind gegeben, wenn die Klage gegen einen von mehreren Beklagten abgewiesen wird. Dasselbe ergibt sich, wenn der Klage gegen einen Beklagten zwar stattgegeben wird, die Kostenentscheidung jedoch gemäß § 93 zu Lasten des Klägers ergehen muß. Dann stellen die außergerichtlichen Kosten des betreffenden Beklagten einen ausscheidbaren Kostenblock dar. Darüber hinaus ist diesem nicht zumutbar abzuwarten, bis endgültig über den Rechtsstreit gegen den oder die anderen Beklagten zu entscheiden ist. In derartigen Fällen wird die Teilkostenentscheidung wie folgt formuliert:

> „Der Kläger trägt die außergerichtlichen Kosten des Beklagten zu 1). Im übrigen bleibt die Kostenentscheidung dem Schlußurteil vorbehalten."

Streitig ist, ob in dem Beispielsfall auch über einen Teil der Gerichtskosten entschieden werden kann.[6] Soweit der ausgeschiedene Beklagte an den Gerichtskosten nicht beteiligt ist,

Beispiel:
Gerichtsgebühren

besteht kein Bedürfnis für eine entsprechende Tenorierung. Etwas anderes kann jedoch gelten, wenn der ausgeschiedene Beklagte bereits Zeugenvorschüsse oder Vorschüsse für einen Sachverständigen bezahlt hat. Mit einer Entscheidung bei zwei Beklagten, daß der Kläger die Hälfte der bis dahin entstandenen Gerichtskosten zu tragen hat, ist dem ausgeschiedenen Beklagten nur teilweise gedient, weil er dann auch nur die Hälfte der von ihm verauslagten Gerichtskosten ersetzt verlangen kann. Eine weitergehende Kostenquote zu Lasten des Klägers kann aber (noch) nicht festgelegt werden, da er gegen den anderen Beklagten in vollem Umfang obsiegen kann und dann allenfalls mit 50% an den Gerichtskosten beteiligt ist.[7] Wir stimmen deshalb Schneider[8] zu, der folgenden Tenor vorschlägt:

> „Der Kläger trägt die außergerichtlichen Kosten des Beklagten zu 1) und die von diesem bereits gezahlten Gerichtskosten."

Der Beklagte zu 1) erhält dann alle von ihm gezahlten Vorschüsse. Der Kläger wird zudem nicht unvertretbar belastet, da die anderen Streitgenossen an den von den ausgeschiedenen Beklagten bereits gezahlten Vorschüssen nicht beteiligt sind.

Wenn der Klage gegen einen der Streitgenossen durch Teilurteil stattgegeben wird und die Kostenentscheidung insoweit nicht nach § 93 zu treffen ist, kann − anders als im umgekehrten Fall − der betreffende Kostenblock nicht abgetrennt werden. Grundsätzlich ergeht dann, wie auch im übrigen bei Teilurteilen, keine Kostenentscheidung. Jedoch hat der Kläger im Einzelfall durchaus ein berechtigtes Interesse, baldmöglichst einen Kostentitel gegen den unterliegenden Beklagten zu erlangen, etwa, weil dessen Insolvenz droht. Wenn man dem Kläger helfen will, kann dies nur in Abweichung von dem Grundsatz der Kosteneinheit dadurch geschehen, daß man die Kosten nach Zeitabschnitten verteilt.[9] Wir halten dies für vertretbar, wenn im Einzelfall ein Abwarten für den Kläger nicht zumutbar ist. Dann kann wie folgt tenoriert werden:

> „Der Beklagte zu 1) trägt die eigenen außergerichtlichen Kosten voll; die bis zum Erlaß dieses Urteils angefallenen Gerichtskosten und außergerichtlichen Kosten des Klägers trägt der Beklagte zu 1) zur Hälfte."

---

5) BGH, MDR 60, 216; *Schneider*, S. 215; Klagerücknahme bez. Streitgenossen Rd.Ziff. 413; für die übereinstimmende Erledigung Rd.Ziff. 452; für die teilweise Zurückverweisung Rd.Ziff. 568; zur Vorabentscheidung im Verbundverfahren vgl.: OLG München, Rpfleger 91, 434 und Rd.Ziff. 208.
6) Zum Meinungsstreit vgl. *Schneider*, S. 215 Fn. 49, S. 216 Fn. 50−52.
7) Zur Kostenentscheidung im Streitgenossenprozeß bei unterschiedlichem Prozeßausgang vgl. Rd.Ziff. 259 ff.
8) *Schneider*, S. 216.
9) So *Schneider*, S. 217.

Die Kostenentscheidung, Urteil

8 Auch bei **Zwischenurteilen** kann ausnahmsweise eine **Teilkostenentscheidung** erforderlich sein. Das ist dann der Fall, wenn es um einen Zwischenstreit zwischen einer Partei und einem Dritten geht. In diesem Verhältnis ergeht nämlich eine endgültige Entscheidung, so daß das Zwischenurteil kostenmäßig wie ein Schlußurteil zu behandeln ist.[10] Wird z. B. im Zwischenurteil die Unzulässigkeit des Beitritts eines Streithelfers festgestellt (§ 71 I, II), ist über die außergerichtlichen Kosten des zurückgewiesenen Streithelfers zu entscheiden, da dieser an dem weiteren Verlauf des Prozesses nicht mehr teilhaben wird. Als weitere Fälle für Zwischenstreite zwischen einer Partei und einem Dritten sind z. B. die §§ 135 II, III; 372 a zu nennen.

3. Besonderheiten bei Versäumnisurteilen und Vorbehaltsurteilen

9 Echte Versäumnisurteile[11] (§§ 330 f.) müssen eine Kostenentscheidung enthalten. Wird hiergegen in zulässiger Weise Einspruch eingelegt, wird zwar der Prozeß in die Lage zurückversetzt, in der er sich vor Eintritt der Versäumnis befand (§ 342); mithin wird der Prozeß dann in derselben Instanz fortgesetzt. Gleichwohl ist eine Kostenentscheidung deshalb erforderlich, weil bei Erlaß des Versäumnisurteils noch nicht feststeht, ob ein Einspruch in zulässiger Weise erfolgt. Wenn dies nicht der Fall ist, hat das echte Versäumnisurteil instanzbeendende Wirkung. Bei einem **zweiten Versäumnisurteil** ist das sogar immer der Fall, weil gegen ein solches Urteil ein Einspruch nicht statthaft ist (§ 345), hier vielmehr nur unter gewissen Voraussetzungen eine Berufung erfolgreich durchgeführt werden kann (vgl. § 513 II).

10 Ferner ist eine Kostenentscheidung bei einem **Vorbehaltsurteil** (§§ 302, 599) erforderlich. Mit seinem Erlaß ist die Instanz noch nicht beendet, da ein Nachverfahren stattfindet und das gesamte Vorbehaltsurteil einschließlich der Kostenentscheidung unter dem Vorbehalt einer anderweitigen Entscheidung im Nachverfahren steht. § 302 IV 2 am Ende verdeutlicht jedoch, daß eine Kostenentscheidung zu treffen ist. Dadurch wird der Grundsatz der Kosteneinheit nicht in Frage gestellt. Mit dem Vorbehaltsurteil wird über den gesamten Rechtsstreit in der betreffenden Instanz entschieden, so daß auch eine einheitliche Kostenentscheidung ergehen kann. Die Besonderheit besteht lediglich darin, daß das Urteil unter einem Vorbehalt steht und möglicherweise im Nachverfahren eine andere Entscheidung ergehen kann. Dann aber wird das Vorbehaltsurteil aufgehoben, so daß die Kostenentscheidung in diesem Urteil dann gegenstandslos ist.

III. Darstellung der Kostenentscheidung im Urteil

11 Die Kostenentscheidung ist Bestandteil des Urteilstenors und wird ebenso wie die Hauptsachenentscheidung und die Entscheidung über die vorläufige Vollstreckbarkeit im Anschluß an das Rubrum eingerückt dargestellt.

> **Beispiel:**
> Der Beklagte wird verurteilt, ...
> Die Kosten des Rechtsstreits trägt der Beklagte (oder: ... werden dem Beklagten auferlegt).
> Das Urteil ist ... vorläufig vollstreckbar.

12 Grundsätzlich wird die Kostenentscheidung in den Entscheidungsgründen **nicht begründet**. Es wird lediglich am Ende der Entscheidungsgründe die Kostenvorschrift angegeben, auf der die Kostenentscheidung beruht. Dabei wird üblicherweise formuliert:

> „Die Kostenentscheidung folgt aus/ergibt sich aus/beruht auf/§ 92 I ZPO."

---

10) *Schneider*, S. 291; zur Vollstreckbarkeitsentscheidung vgl. Teil C, Rd.Ziff. 11.
11) Zu den Begriffen „echtes Versäumnisurteil" und „unechtes Versäumnisurteil" vgl. Rd.Ziff. 41.

Die Kostenvorschriften können auch zusammen mit den Vorschriften über die vorläufige Vollstreckbarkeit dargestellt werden, und zwar wie folgt:

„Die prozessualen Nebenentscheidungen folgen aus/beruhen auf/§§ 91 I, 708 Nr. 11, 711 ZPO."

Wenn ausnahmsweise die Kostenentscheidung zu begründen ist, erfolgt dies im Anschluß an den obigen Satz.

13

Ein **Begründungszwang** besteht dann, wenn die Kostenentscheidung abweichend von § 99 I jedenfalls teilweise selbständig anfechtbar ist. Den Parteien muß nämlich die Möglichkeit gegeben werden, die Aussichten des Rechtsmittels zu prüfen; außerdem muß das Beschwerdegericht in der Lage sein, die Entscheidung nachzuvollziehen. Eine **selbständige Anfechtbarkeit** (Teilanfechtbarkeit) der Kostenentscheidung ist möglich, wenn die Kostenentscheidung auf § 93 beruht (§ 99 II), die Parteien den Rechtsstreit teilweise übereinstimmend für erledigt erklärt haben (§ 91 a I, II) oder wenn der Kläger die Klage teilweise zurücknimmt (§ 269 III 2, 3, 5). Auch in den beiden zuletzt genannten Fällen wird wegen des Grundsatzes der Kosteneinheit[12] insgesamt über die Kosten des Rechtsstreits im Urteil entschieden. Soweit die Kostenentscheidung jedoch auf § 91 a bzw. § 269 III beruht, ist sie ebenso wie eine solche nach § 93 mit der sofortigen Beschwerde selbständig anfechtbar.[13]

Darüber hinaus sollte eine Kostenentscheidung, die nicht isoliert anfechtbar ist, dann begründet werden, wenn sie allein durch die Benennung der Kostenvorschrift im Zusammenhang mit dem sonstigen Inhalt der Entscheidungsgründe und der Streitwertfestsetzung nicht ohne weiteres nachvollziehbar ist.

Beispiele:
§§ 92 II, 96, 100 II, III

§ 3 Kosten des Rechtsstreits

I. Allgemeines

Zu den Kosten des Rechtsstreits gehören alle von den Parteien unmittelbar aus Anlaß oder zum Zweck des konkreten Prozesses getätigten oder zu tragenden Aufwendungen.[14] Daraus folgt, daß von „Kosten des Rechtsstreits" nur gesprochen werden kann, wenn es zu einem **Prozeß** kommt.[15] Dieser beginnt in der Regel mit der Zustellung der Klageschrift. Ferner wird durch die vorgenannte Definition verdeutlicht, daß nur **Aufwendungen**, d. h. freiwillige Vermögensopfer, nicht aber Schäden, d. h. unfreiwillige Vermögenseinbußen, von Bedeutung sind.[16]

14

Beispiel:
Regreßansprüche gegen einen Prozeßbevollmächtigten stellen keine Kosten des Rechtsstreits dar.

---

12) Vgl. Rd.Ziff. 158 ff.
13) Vgl. zur selbständigen Anfechtbarkeit von Kostenentscheidungen näher Rd.Ziff. 181 ff.
14) *Becker-Eberhard*, S. 42; Hartmann, Einl. II A 1; *Stein/Jonas*, Vor § 91 Rd.Ziff. 1; *Thomas/Putzo*, Vorbem. § 91 Anm. II; Zöller, Vor § 91 Rd.Ziff. 1; *von Eicken*, Rd.Ziff. B 300.
15) *Becker-Eberhard*, S. 42.
16) *Becker-Eberhard*, S. 43.

Die Kostenentscheidung, Urteil

Auch Kosten, die Handlungen außerhalb des Rechtsstreits betreffen,

Beispiel:
Kosten für eine Abtretung

stellen keine Aufwendungen in diesem Sinn dar;[17] Kosten, die in einem vorangegangenen **eigenständigen Verfahren**

Beispiel:
Arrest oder einstweilige Verfügung

oder in einem nachfolgenden Verfahren

Beispiel:
Vollstreckungsverfahren

entstanden sind, gehören auch dann nicht zu den Kosten des Rechtsstreits, wenn ein tatsächlicher oder rechtlicher Zusammenhang besteht.[18] Das gilt aber nicht für Verfahren oder Verfahrensabschnitte, die zu dem betreffenden Rechtsstreit gehören.

Beispiele:
Prozeßkostenhilfeverfahren, Mahnverfahren, Widerklage, die einzelnen Rechtszüge, Ergänzung oder Berichtigung eines Urteils, selbständiges Beweisverfahren

Prozeßkostenvorschüsse, die aufgrund materiellen Rechts geleistet worden sind (§ 1360 a IV, BGB), gehören nicht zu den Kosten des Rechtsstreits; ihre Rückzahlungsverpflichtung folgt ausschließlich aus dem materiellen Recht; eine Festsetzung im Kostenfestsetzungsverfahren kommt nicht in Betracht.[19]

15 Zu unterscheiden ist zwischen **gerichtlichen** und **außergerichtlichen Kosten des Rechtsstreits**. Die außergerichtlichen Kosten werden auch als **Parteikosten** bezeichnet. Im folgenden soll in Grundzügen auf die verschiedenen Kosten eingegangen werden. Im Urteil wird zwar nur eine Kostengrundentscheidung getroffen, während die einzelnen Kosten, insbesondere deren Höhe, erst in dem sich anschließenden Kostenfestsetzungsverfahren ermittelt werden.[20] Gleichwohl sind Grundkenntnisse des Gebührenrechts unverzichtbar. Sie werden stets bei der Bestimmung der Höhe der Sicherheitsleistung im Rahmen des Ausspruchs über die vorläufige Vollstreckbarkeit benötigt. Grundkenntnisse des Gebührenrechts sind aber ebenso notwendig für diejenigen Kostenentscheidungen, bei denen die Kostenquote nicht allein nach dem Verhältnis des Obsiegens und Unterliegens der Parteien bestimmt wird, sondern die Kosten einzelner Abschnitte des Verfahrens einer Instanz zu berücksichtigen sind.

II. Gerichtskosten

1. Allgemeines

16 Rechtsgrundlage für die Erhebung von Gerichtskosten in der streitigen Gerichtsbarkeit ist das **Gerichtskostengesetz** (GKG). Nach § 1 I GKG dürfen Kosten nur erhoben werden, soweit das Gesetz dies vorsieht. Fehlt eine Regelung für bestimmte Arten von Kosten in diesem Gesetz, können diese auch nicht im Wege der analogen Anwendung von anderen Vorschriften festgesetzt werden. Vielmehr ist bei einer fehlenden Regelung von Kostenfreiheit auszugehen.

---

17) *Von Eicken*, Rd.Ziff. B 342.
18) *Stein/Jonas*, § 91 Rd.Ziff. 1; *Thomas/Putzo*, § 91 Anm. 2 b; *von Eicken*, Rd.Ziff. B 344, 348, 357.
19) BGH, NJW 71, 1262; *von Eicken*, Rd.Ziff. B 350.
20) Vgl. hierzu näher Rd.Ziff. 146 ff.

Gerichtskosten werden nach § 1 I Ziff. 4 der **Justizbeitreibungsordnung**[21] durch die Gerichtskasse (§ 2 I der Justizbeitreibungsordnung) beigetrieben. Dabei handelt es sich nicht um ein zivilprozeßrechtliches Vollstreckungsverfahren, sondern um ein Verwaltungsverfahren. Grundlage für die Beitreibung der Gerichtskosten ist der sogenannte **Kostenansatz**, der in der Aufstellung der Kostenrechnung durch den Kostenbeamten besteht; er hat u. a. die Berechnung der Gerichtskosten und die Festsetzung des Kostenschuldners zum Gegenstand (vgl. § 4 GKG, § 1 S. 4 der Kostenverfügung).[22] 17

Die Gerichtskosten setzen sich aus **Gebühren** und **Auslagen** (§ 1 I GKG) zusammen. Die **Gerichtsgebühren** sind öffentlich-rechtliche Abgaben der Parteien für die Inanspruchnahme der Gerichte im konkreten Streitfall.[23] Die Gerichtsgebühren sind pauschaliert. Sie orientieren sich an einem durchschnittlichen Verfahren, ohne daß im konkreten Einzelfall der Arbeitsaufwand oder die rechtlichen Schwierigkeiten berücksichtigt werden. Die **Auslagen** sind geldwerte Aufwendungen der Gerichte, die im konkreten Zusammenhang mit ihrer Inanspruchnahme im einzelnen Rechtsstreit entstehen.[24] 18

Beispiel:
Zustellungsgebühren

Auslagen werden daher auch nur in der jeweils angefallenen Höhe erhoben.

2. Entstehen, Fälligkeit und Vorwegleistung

Nach § 61 GKG werden in bürgerlichen Rechtsstreitigkeiten die **Gerichtsgebühren** mit der Stellung des Antrags **fällig**, durch den das Verfahren bedingt ist; soweit die Gebühr eine Entscheidung oder eine sonstige gerichtliche Handlung voraussetzt, wird sie mit dieser fällig. 19

Der Antrag ist zu dem Zeitpunkt als gestellt anzusehen, zu dem die Schrift bei der Posteingangsstelle des Gerichts eingeht oder zu dem der Antragsteller einen zu Protokoll des Urkundsbeamten erklärten Antrag nach seiner vollständigen Aufnahme unterschrieben übergibt.[25] Dabei kommt es nicht darauf an, ob das angerufene Gericht zuständig ist. Soweit die Fälligkeit von einer gerichtlichen Entscheidung abhängt,

Beispiel:
Urteilsgebühr

kommt es auf die Wirksamkeit der Maßnahme an. Der Urteilsentwurf allein reicht für die Entstehung der Urteilsgebühr nicht aus.

Die Schreib**auslagen** werden sofort nach ihrer Entstehung **fällig** (§ 64 GKG). Die Auslagen im übrigen werden fällig, sobald eine unbedingte Entscheidung über die Kosten ergangen oder die Instanz durch Vergleich, Rücknahme oder anderweitige Erledigung beendet ist (§ 63 GKG). 20

In bestimmten Einzelfällen, die in der Zivilprozeßordnung oder im Gerichtskostengesetz beschrieben sein müssen, ist der Antragsteller für die Gerichtskosten **vorleistungspflichtig** (§ 3 GKG). Diese Vorauszahlung ist von der Fälligkeit zu unterscheiden. Die Vorauszahlung bedeutet, daß das Gericht bestimmte Handlungen von der Zahlung des Vorschusses abhängig machen kann. Eine Vorschußpflicht besteht z. B. für die Ladung und Vernehmung von Zeugen oder Sachverständigen, soweit das Gericht dies anordnet (§§ 379, 402; § 68 GKG). Darüber hinaus sind in einem Zivilprozeß vor allem die §§ 61, 65 I, III GKG 21

---

21) Vgl. hierzu *Schönfelder*, Ordnungsnr. 122; *Hartmann*, Teil IX A (S. 1057).
22) Vgl. hier *Hartmann*, Teil VII A (S. 981).
23) *Hartmann*, Einl. II B 1; *Schneider*, S. 52.
24) *Thomas/Putzo*, Vorbem. § 91 Anm. II 1 b.
25) *Hartmann*, § 61 GKG Anm. 2 A; *Schneider*, S. 56.

Die Kostenentscheidung, Urteil

von Bedeutung, nach denen die Gebühr für das Verfahren im allgemeinen, die Mahngebühr sowie die jeweiligen Zustellungskosten durch den Kläger bzw. Antragsteller im voraus zu entrichten sind. Da eine Widerklage in § 65 I GKG nicht erwähnt ist, findet diese Vorschrift insoweit keine Anwendung. Über die Widerklage ist deshalb immer ohne Vorwegleistung zu verhandeln; das gilt auch dann, wenn der Kläger für die Klage seinen Vorschuß gezahlt hat.[26]

3. Die einzelnen Gebührentatbestände

a) Allgemeines

22 Welche Gebühr für den betreffen Vorgang erhoben wird (= **Gebührentatbestand**), richtet sich nach dem Kostenverzeichnis (KV) als Anlage 1 zu § 11 I GKG. Für den Zivilprozeß einschließlich der Zwangsvollstreckung sind insbesondere Abschnitt A, Nrn. 1000 bis 1185 KV und Abschnitt E, Nrn. 1500 bis 1596 von Bedeutung. Das Gerichtskostengesetz und damit auch das Kostenverzeichnis als seine Anlage gelten grundsätzlich nach Kapitel III, Sachgebiet A, Abschnitt III, Ziff. 19 der Anlage I zu Art. 8 des Einigungsvertrags vom 31. August 1990 (Drucksache 600/90) auch für die **fünf neuen Länder**. Allerdings sind einige Sonderregelungen vorhanden. So ermäßigen sich die Gebühren nach dem Gerichtskostengesetz um 20% für Kostenschuldner, die ihren allgemeinen Gerichtsstand im Gebiet der ehemaligen DDR haben; diese Ermäßigung erstreckt sich auch auf den Mitschuldner gemäß § 58 Abs. II GKG; § 11 III GKG, d. h. der Mindestbetrag einer Gebühr in Höhe von 15,– DM bleibt davon unberührt (Nr. 19 Buchstabe a) der Anlage I zum Einigungsvertrag).

Aus dem Kostenverzeichnis als Anlage I zu § 11 I GKG ist unmittelbar abzuleiten, für welche Prozeßhandlungen keine gesonderten Gebühren entstehen. Ist nämlich ein Gebührentatbestand nicht aufgeführt, kann keine Gebühr in Rechnung gestellt werden.

> **Beispiele:**
> Keine Urteilsgebühr für Anerkenntnisurteil, Verzichtsurteil und Versäumnisurteil – vgl. Überschrift vor Nr. 1016 KV.

23 Aus dem Kostenverzeichnis ergibt sich ferner, ob für den betreffenden Gebührentatbestand eine einfache, erhöhte, oder verminderte Gebühr anfällt (sog. **Gebührensatz**). Wenn der Gebührenansatz für den Gebührentatbestand ermittelt ist, ist der **Gebührenbetrag** nach dem **Gebührenstreitwert**[27] anhand der Gebührentabelle als Anlage 2 zu § 11 II GKG[28] zu ermitteln; die in der Gebührentabelle angegebenen Beträge orientieren sich am einfachen Gebührenansatz (1) und müssen daher ggf. einem erhöhten oder verminderten Gebührenansatz angepaßt werden.

24 Üblicherweise entstehen in einem „normalen" Zivilprozeß, der mit einer Klage eingeleitet wird und ohne Besonderheiten während des Verfahrensablaufes mit einem kontradiktorischen Sachurteil endet, zwei Gebühren mit einem dreifachen Ansatz, nämlich eine Gebühr **für das Verfahren im allgemeinen** nach Nr. 1010 KV (einfacher Gebührenansatz) und eine **Urteilsgebühr** nach Nr. 1016 KV (doppelter Gebührenansatz).

Im einzelnen gilt zu den Gebühren folgendes:

---

26) OLG Frankfurt/Main, FamRZ 82, 810; *Hartmann*, § 65 GKG Anm. 2 E.
27) Vgl. zum Streitwert unten Teil D, zum Begriff „Gebührenstreitwert" dort Rd.Ziff. 8 ff.
28) Vgl. Anhang II, Spalte 4 im *Schönfelder*.

b) Prozeßverfahren erster Instanz

aa) Gebühr für das Verfahren im allgemeinen

In bürgerlich-rechtlichen Streitigkeiten entsteht grundsätzlich in Prozeßverfahren erster Instanz eine **Gebühr** für das **Verfahren im allgemeinen**, wenn der Rechtsstreit durch eine Klageschrift eingeleitet wird. 25

> Ausnahme: Verfahren nach Klageerhebung gemäß § 641 q (Nr. 1011 KV = ermäßigt um die Gebühr Nr. 1164 KV)

Die Gebühr für das Verfahren im allgemeinen (**Nr. 1010-Gebühr**) schließt sämtliche Tätigkeiten des Gerichts im Verlauf des Verfahrens bis zum Erlaß des Urteils ein; hierzu gehören z. B. Streitwertfestsetzungsbeschlüsse, Verbindungs-, Trennungs-, Verweisungsbeschlüsse, Hinweis- und Beweisbeschlüsse sowie die Leitung der mündlichen Verhandlung und die Durchführung der Beweisaufnahme. Ob für das Urteil eine weitere Gebühr entsteht, ist ohne Bedeutung. Ohne Einfluß auf die Höhe der Gebühr ist auch, ob es sich um einen Streitgenossenprozeß handelt und ob Streithelfer beigetreten sind.

Die Verfahrensgebühr **entsteht** und wird **fällig** mit Einreichung der die jeweilige Instanz eröffnenden oder erweiternden Klageschrift, und zwar in voller Höhe. Wird die Klage im Verlauf des Rechtsstreits erweitert, erhöht sich der Gebührenwert entsprechend; der Kläger hat demnach bei einer Klageerweiterung die Differenz der Gebührenwerte nachzuzahlen. Dagegen bleiben spätere Ermäßigungen der Klageforderung ohne Einfluß auf die Höhe der Verfahrensgebühr.[29] 26

Dieses Prinzip gilt auch dann, wenn der Beklagte **Widerklage** erhebt, aber nur, wenn dieser prozessuale Schritt nach § 19 I GKG zu einer Erhöhung des Gebührenstreitwertes führt.[30] Die streitwerterhöhende Widerklage hat also nicht zur Folge, daß jeweils selbständige Verfahrensgebühren entstehen und fällig werden; auch hier ist durch den Widerkläger nur die **Gebührendifferenz** zu entrichten.

> **Beispiel:**
> Auf die Klage des A gegen X über 2500,– DM erhebt X Widerklage über 1500,– DM. Hierdurch erhöht sich der Streitwert auf 4000,– DM (§ 19 I 2 GKG).
> Die ursprüngliche Gebühr für das Verfahren im allgemeinen (2500,– DM) beträgt 87,– DM. Für die streitwerterhöhende Widerklage hat der Widerkläger die Differenz zwischen der Gebühr von 4000,– DM (= 114,– DM) und der für 2500,– DM zu zahlen, d. h. also 27,– DM. Dagegen ist von ihm nicht eine selbständige Gebühr von 1500,– DM (= 51,– DM) zu entrichten.

Gemäß § 27 GKG wird die Gebühr für das Verfahren im allgemeinen in jeder Instanz nur einmal erhoben.

bb) Urteilsgebühr

Nicht für alle Urteile entsteht eine Urteilsgebühr. Außerdem sind halbe, einfache und doppelte Gebührensätze vorgesehen. Im einzelnen gilt folgendes: 27

Aus den Überschriften vor Nr. 1014 und Nr. 1016 KV ergibt sich, daß **Anerkenntnisurteile**, **Verzichtsurteile** und **Versäumnisurteile** gerichtsgebührenfrei sind. Dasselbe gilt für die **Zwischenurteile** (§§ 280 II, 302), da auch insoweit kein Gebührentatbestand vorhanden ist. Darüber hinaus folgt dies ebenfalls aus den Überschriften vor Nr. 1014 und Nr. 1016 KV, die ein „Endurteil" voraussetzen, wozu das Zwischenurteil nicht gehört. 28

Unter einem **Endurteil** ist ein Urteil zu verstehen, mit dem für die Instanz endgültig in vollem Umfang oder teilweise (Teilurteil, § 301) über den Streitgegenstand entschieden 29

---

[29] BGH, VersR 82, 591; *Hartmann*, § 15 GKG Anm. 1 B.
[30] Vgl. hierzu näher Teil D, Abschnitt 2, Stichworte „Widerklage", „Aufrechnung" sowie Rd.Ziff. 554.

Die Kostenentscheidung, Urteil

30 wird.[31] Nicht zu den Endurteilen gehören neben den Zwischenurteilen **Grundurteile** (§ 304) und **Vorbehaltsurteile** (§§ 302, 599).

30 Während aus den schon dargelegten Gründen das Zwischenurteil gerichtsgebührenfrei ist, sind für das **Grundurteil** nach § 304 und für das **Vorbehaltsurteil** nach § 302 bzw. § 599, auch wenn es sich nicht um Endurteile handelt, Gebührentatbestände vorgesehen. Es entsteht eine (einfache) Urteilsgebühr (Nr. 1013 KV).

31 Wenn ein **Endurteil**, das ein Sachurteil oder ein Prozeßurteil sein kann,[32] eine **Begründung** enthält und auch enthalten muß (§ 313), fällt eine Urteilsgebühr nach Nr. 1016 KV mit einem doppelten Gebührenansatz an. Wenn hingegen das Urteil keine Begründung enthält und auch nicht zu enthalten braucht (vgl. § 313 a), entsteht nach Nr. 1017 KV nur eine (einfache) Urteilsgebühr.

32 Der doppelte Gebührensatz fällt auch an, wenn einem **Schlußurteil** zunächst ein **Grund-** (§ 304) oder **Vorbehaltsurteil** (§ 302, 599) vorangegangen ist und das Schlußurteil eine Begründung enthält und auch enthalten muß. Diesem Sachverhalt liegen allerdings unterschiedliche Gebührentatbestände zugrunde: Für ein Grund- oder Vorbehaltsurteil wird – wie bereits dargelegt – eine (einfache) Gebühr nach Nr. 1013 KV erhoben; das folgende, instanzbeendende Schlußurteil, dem ein solches Urteil vorausgegangen ist, wird nur noch mit einer (einfachen) Gebühr nach Nr. 1014 KV berechnet. Wenn das Schlußurteil allerdings keine Begründung enthält und auch nicht zu enthalten braucht, fällt nur eine Urteilsgebühr zu ½ an (Nr. 1015 KV).

33 Wenn über die Klageforderung mit mehreren **Teilurteilen** (§ 301) entschieden wird, entstehen für die einzelnen zu begründenden Urteile die normalen Gebühren nach Nrn. 1016 oder 1014 KV, die sich nach dem jeweiligen Wert richten, über den entschieden wird (§ 21 I GKG). Es besteht jedoch eine sogenannte **Höchstbetragsgrenze** (§§ 21 II, 27 GKG): Der Gesamtwert der Gebühren für mehrere Teilurteile darf den Gebührenbetrag nicht überschreiten, der bei einer einheitlichen Entscheidung über den gesamten Streitgegenstand angefallen wäre.

> **Beispiel:**
> Entscheidet das Gericht über den eingeklagten Anspruch des A gegen X in Höhe von 33 000,– DM durch drei Teilurteile, mit denen drei Forderungsteile von 12 000,– DM, 4000,– DM und 17 000,– DM erledigt werden, entstehen folgende Urteilsgebühren (jeweils doppelter Gebührensatz gemäß Nr. 1016 KV):
> 1. Teilurteil
> von 12 000,– DM   2 × 246,– DM =   492,– DM
> 2. Teilurteil
> von 4000,– DM   2 × 114,– DM =   228,– DM
> 3. Teilurteil
> von 17 000,– DM   2 × 306,– DM =   612,– DM
>   = 1332,– DM
>
> Bei einer einheitlichen Entscheidung über die Gesamtforderung von 33 000,– DM wäre jedoch nur eine Gebühr Nr. 1016 von 33 000,– DM (2 × 450,– DM) = 900,– DM entstanden.
> Daher kann für das dritte Teilurteil nur eine Urteilsgebühr von 180,– DM (900,– DM abzüglich 492,– DM und 228,– DM) geltend gemacht werden.

Gemäß § 21 III GKG gilt eine Höchstbetragsgrenze auch für den Fall, daß für Teile des Gegenstandes verschiedene Gebührensätze anzuwenden sind. Dann werden die Gebühren für die Teile gesondert berechnet; jedoch darf die aus dem Gesamtbetrag nach dem höchsten Gebührensatz berechnete Gebühr nicht überschritten werden.

---

31) *Thomas/Putzo*, Vorbem. § 300 Anm. II 4 a.
32) *Hartmann*, Anm. 1 zu KV Nr. 1014–1017 (S. 296).

Beispiel:
Wegen einer Forderung in Höhe von 30 000,- DM wird Berufung eingelegt, die in Höhe von 10 000,- DM innerhalb der Frist der Nr. 1021 KV (Anlage 1 zu § 11 I GKG) zurückgenommen wird.
Dann entstehen eine Nr. 1020-Gebühr (= 1½) von 20 000,- DM = 513,- DM und eine Nr. 1021-Gebühr (= ½) von 10 000,- DM = 111,- DM.
Das ergäbe einen Gesamtbetrag von 624,- DM. Da aber die Nr. 1020-Gebühr von 30 000,- DM nur 621,- DM beträgt, kann nach § 21 III GKG für das Verfahren im allgemeinen auch nur dieser Betrag (= Höchstbetrag) geltend gemacht werden.

Die Urteilsgebühr entsteht und wird **fällig**, sobald das Urteil wirksam wird.[33] Die Wirksamkeit des Urteils ist nicht mit der Rechtskraft gleichzusetzen, sondern mit dem Eintritt seiner rechtlichen Existenz, in der Regel demnach mit der Verkündung oder Zustellung (vgl. § 310, 311). **34**

Der **Wert** der Urteilsgebühr richtet sich allein nach dem Wert des Streitgegenstandes, über den zu urteilen ist (§ 21 I GKG). Daher können die Gebühren für das Verfahren im allgemeinen (Nr. 1010 KV) und die Urteilsgebühr nach unterschiedlichen Werten zu berechnen sein. **35**

Beispiel:
A nimmt seine ursprüngliche Klage gegen X in Höhe von 3600,- DM nach Erörterung der Sach- und Rechtslage um 1500,- DM zurück. Es ergeht ein Urteil über die im Streit verbliebene Restforderung in Höhe von 2100,- DM.
An Gerichtsgebühren sind entstanden:
1 Gebühr Nr. 1010 KV nach 3600,- DM	114,- DM
1 Urteilsgebühr Nr. 1016 KV von 2100,- DM (2 × 69,- DM = doppelter Gebührensatz)	138,- DM
	252,- DM

cc) Besonderheiten beim Mahnverfahren

Wird der Rechtsstreit durch ein **Mahnverfahren** eingeleitet, entsteht insgesamt für das Verfahren im allgemeinen eine (einfache) Gebühr. Allerdings ergibt sich dies aus verschiedenen Gebührentatbeständen. Für die Entscheidung über den Erlaß eines Mahnbescheides (§§ 691, 692) erhält der Justizfiskus eine halbe Gebühr (Nr. 1000 KV). Geht das Mahnverfahren nach Widerspruch gegen den Mahnbescheid (§§ 692, 694) oder nach Einspruch gegen den Vollstreckungsbescheid (§§ 699, 700 I, 338) in das streitige Verfahren über (§§ 696, 700 III), entsteht die Gebühr für das Verfahren im allgemeinen daneben nur zu einem weiterem ½ (Nr. 1005 KV). **36**

Für die Gebühr Nr. 1005 KV gilt eine **Höchstbetragsgrenze** für die Fälle, in denen die in das streitige Verfahren eingebrachten Forderungen hinter der Forderung des Mahnbescheides zurückbleiben: Ist die Summe der Werte der Gebühren nach Nr. 1000 KV und Nr. 1005 KV höher als der Wert einer vollen Gebühr gemäß 1010 KV nach dem Wert des streitigen Verfahrens, wird der überschießende Betrag nicht erhoben. Die Kosten werden also durch Nr. 1005 KV auf den Betrag begrenzt, der anfallen würde, wenn der Rechtsstreit von vornherein auf die im streitigen Verfahren übriggebliebene Forderung begrenzt worden wäre.[34] **37**

Beispiel:
Auf Antrag des A erläßt das Amtsgericht Köln einen Mahnbescheid gegen X über 1500,- DM. Nach rechtzeitigem Widerspruch des X beschränkt A seine Forderung für das streitige Verfahren auf 1000,- DM.
Es entstehen folgende Gerichtsgebühren:
½ Gebühr nach Nr. 1000 KV von 1500,- DM	25,50 DM
½ Gebühr nach Nr. 1005 KV von 1000,- DM	21,- DM

---

[33] *Hartmann*, Anm. 2 zu KV Nr. 1014-1017 (S. 296).
[34] Vgl. OLG Düsseldorf, MDR 80, 239.

Die Kostenentscheidung, Urteil

Hätte A von vornherein nur eine Klage in Höhe von 1000,– DM erhoben, wäre insgesamt nur eine Gebühr Nr. 1010 von diesem Betrag in Höhe von 42,– DM angefallen. Die Gebühr Nr. 1005 KV kann daher nur in Höhe von 16,50 DM (42,– DM minus 25,50 DM) erhoben werden.

dd) Besonderheiten bei Antragsrücknahme

38 Die Gebühr für das Verfahren im allgemeinen nach Nr. 1005 entfällt, wenn der Antrag auf Durchführung des streitigen Verfahrens unter den Voraussetzungen der Nr. 1006 zurückgenommen wird. Entsprechendes gilt für die Gebühr Nr. 1010 KV im Klageverfahren, dem kein Mahnverfahren vorausgegangen ist, unter den weiteren Voraussetzungen der Nr. 1012 KV, wenn die Klage zurückgenommen wird. Zweck dieser Regelungen ist eine gebührenrechtliche „Belohnung" des Antragstellers bzw. Klägers. Da die Nrn. 1006, 1012 KV nicht darauf abstellen, ob das Gericht vor der Rücknahme des Antrages bzw. der Klage etwas getan hat, ist die Arbeitsersparnis des Gerichts in diesem Zusammenhang nur nachrangig von Bedeutung.

39 Der Begriff **„Klagerücknahme"** i. S. des Kostenverzeichnisses ist nicht unbedingt mit demselben Begriff der Zivilprozeßordnung identisch. Vielmehr wird von Nr. 1012 KV auch der Fall umfaßt, daß der Kläger das Gericht vor dem Eintritt der Rechtshängigkeit darum bittet, von weiteren Maßnahmen abzusehen; es genügt daher jedes Verhalten der Parteien, das den Prozeß tatsächlich erledigt.[35] Auch ein Prozeßvergleich ist nach Nr. 1006, 1012 KV zu beurteilen.[36]

40 Etwas anderes gilt jedoch, wenn der Rechtsstreit einseitig oder übereinstimmend für **erledigt** erklärt wird. Soweit eine Entscheidung nach § 91 a zu treffen ist, ergibt sich dies unmittelbar aus den Nrn. 1006, 1012 KV. Danach stehen Erledigungserklärungen nach § 91 a einer Zurücknahme i. S. der Nrn. 1006, 1012 KV nicht gleich. Bei einer einseitigen Erledigungserklärung folgt dies daraus, daß das Gericht eine streitige Sachentscheidung zu treffen hat und damit der Prozeß alleine infolge der Erledigungserklärung gerade nicht erledigt ist.[37]

ee) Besonderheiten im Versäumnisverfahren

41 Die Gebührenfreiheit des Versäumnisurteils beschränkt sich auf die **echten Versäumnisurteile**, d. h. auf solche, die aufgrund der Säumnis einer Partei gegen diese ergehen (§§ 330, 331, 345).[38] Die echten Versäumnisurteile werden durch die Gebühr für das Verfahren im allgemeinen abgegolten. Das sog. **unechte** Versäumnisurteil, das bei Säumnis des Beklagten im Falle der Unschlüssigkeit der Klage gegen den Kläger ergeht (§ 331 II), und das Urteil nach Lage der Akten (§ 331 a) sind hingegen gebührenpflichtig, da es sich um streitige Endurteile handelt. Hier gelten die Gebührentatbestände der Nrn. 1014 ff. KV.[39]

42 Ist der Antrag auf Erlaß des Versäumnisurteils durch einen (gebührenfreien) Beschluß nach § 335 I zurückgewiesen worden, entsteht in dem sich daran anschließenden **Beschwerdeverfahren** (§ 336) eine Beschwerdegebühr nach Nr. 1181 KV nur dann, wenn die sofortige Beschwerde als unzulässig verworfen oder als unbegründet zurückgewiesen wird. Hat die sofortige Beschwerde Erfolg, sind der ihr stattgebende Beschluß ebenso wie das nun antragsgemäß zu erlassende Versäumnisurteil gebührenfrei.

43 Wird gegen das Versäumnisurteil **Einspruch** gem. § 338 eingelegt, ist der Beschluß, durch den der Einspruch als **unzulässig** verworfen wird (§ 341), gebührenfrei. Dagegen wird im Beschwerdeverfahren gegen die Verwerfung des Einspruchs (§ 341 II 2) nach Nr. 1181 KV

---

35) *Hartmann*, Anm. 2 A zu KV Nr. 1012 (S. 292).
36) OLG München, Rpfleger 72, 267; *Hartmann*, Anm. 2 B zu KV Nr. 1012 (S. 292 f.); a. A. OLG Köln, Rpfleger 73, 376.
37) *Hartmann*, Anm. 3 zu KV Nr. 1012 (S. 293).
38) Zu § 345 vgl. BGH, JZ 78, 653; allgemein *Anders/Gehle*, Rd.Ziff. 360 ff.
39) *Thomas/Putzo*, Vorbem. § 330 Anm. 2; *Zöller*, Vor § 330 Rd.Ziff. 11.

Kosten des Rechtsstreits

ebenfalls eine Beschwerdegebühr erhoben, sofern die sofortige Beschwerde ohne Erfolg bleibt. Wird ihr abgeholfen, fallen keine Kosten an.

Ist der **Einspruch** gegen das Versäumnisurteil **zulässig**, entscheidet das Gericht nach Maßgabe des § 343, indem es den Ausspruch des Versäumnisurteils im Endurteil aufrechterhält bzw. ganz oder teilweise aufhebt. Für dieses Endurteil gelten die Gebührentatbestände der Nrn. 1014 f. bzw. Nrn. 1016 f. des KV. 44

ff) Besonderheiten bei Erledigung der Hauptsache

Erklären die Parteien den Rechtsstreit übereinstimmend in der Hauptsache für erledigt, ist über die Kosten des Rechtsstreits gem. § 91 a durch Beschluß zu entscheiden. Dieser Beschluß ist gebührenpflichtig. Während grundsätzlich Beschlüsse gebührenfrei sind, sind für den Beschluß nach § 91 a in den Nrn. 1018, 1019 KV verschiedene Gebührentatbestände vorgesehen. 45

Die Erledigung der Hauptsache kommt in jedem **Rechtszug** in Betracht. Demgemäß sieht das Kostenverzeichnis für jede Instanz entsprechende und in der Höhe gleichbleibende Gebühren vor, nämlich für das erstinstanzliche Verfahren eine einfache Gebühr bei einem begründeten Beschluß (Nr. 1018 KV) und eine ½ Gebühr bei einem Beschluß in der Form des § 313 a analog (Nr. 1019 KV). Entsprechendes gilt für das Berufungsverfahren (Nr. 1028, 1029 KV) und für das Revisionsverfahren (Nr. 1038, 1039 KV). 46

Trifft eine Gebühr für einen Beschluß nach § 91 a mit einer **Urteilsgebühr** bezüglich der gesamten Streitsache zusammen, entfällt die Beschlußgebühr in der ersten und zweiten Instanz (vgl. Überschriften vor Nrn. 1018, 1028 KV). 47

gg) Besonderheiten beim Vergleich

Bei Beendigung eines Rechtsstreits durch Vergleich entsteht grundsätzlich keine besondere Gebühr. Die Protokollierung eines Vergleichs ist vielmehr durch die Gebühr für das Verfahren im allgemeinen abgedeckt. 48

Eine Ausnahme besteht dann, wenn nicht allein die rechtshängige Forderung des Prozesses verglichen wird, sondern die Parteien zusätzlich andere, nicht in diesem Verfahren anhängige Ansprüche vergleichen. Dann fällt für diese zusätzlich verglichenen Ansprüche eine ¼ Gebühr nach Nr. 1170 KV an, soweit nicht der dort geregelte Ausnahmetatbestand vorliegt und der Vergleichsgegenstand den Streitgegenstand übersteigt.[40] 49

> **Beispiel:**
> A verklagt X auf Zahlung von 12 500,– DM aus einem Kaufvertrag. In der mündlichen Verhandlung schließen die Prozeßbevollmächtigten im Einverständnis der Parteien unter Einschluß einer weiteren, aus einem anderen Kaufvertrag herrührenden Forderung über 8000,– DM einen Vergleich dahin, daß X zum Ausgleich aller Ansprüche aus den beiden Kaufverträgen an A einen Betrag von 16 000,– DM zahlt. An Gerichtsgebühren fallen an:
> 1 Gebühr Nr. 1010 KV von 12 500,– DM   258,– DM
> ¼ Gebühr Nr. 1170 KV von 8000,– DM   46,50 DM

Dies gilt nicht im **arbeitsgerichtlichen Verfahren,** in dem eine generelle Gebührenfreiheit für nicht rechtshängige Streitpunkte besteht (Nr. 2112 des Gebührenverzeichnisses zu § 12 I ArbGG).

c) Berufungs- und Revisionsverfahren

Die Gebührentatbestände im Berufungs- und Revisionsverfahren (Nrn. 1020 ff., 1030 ff. KV) entsprechen im wesentlichen den Gebührentatbeständen der ersten Instanz. Allerdings gilt eine Besonderheit zum Beispiel für die Gebühr für das Verfahren im allgemeinen. Sie entsteht im Berufungsverfahren in Höhe von einer Gebühr mit einem anderthalbfachen Gebührensatz (Nr. 1020 KV) und im Revisionsverfahren in Höhe von einer Gebühr mit doppeltem Gebührensatz (Nr. 1030 KV). 50

---

[40] Vgl. Teil D, Ausschnitt 2, Stichwort „Vergleich", insbesondere Rd.Ziff. 1, 3.

Die Kostenentscheidung, Urteil

Auch für die Rechtsmittelinstanz ist in den Nrn. 1021 und 1031 KV als Anlage 1 zu § 11 I GKG eine Ermäßigung der Gebühr für das Verfahren im allgemeinen vorgesehen, wenn die Klage bzw. das Rechtsmittel unter den dort genannten Voraussetzungen zurückgenommen wird; die Ermäßigung nach Nr. 1021 KV tritt aber nicht ein, wenn die Berufungsrücknahme im Anschluß an den Verwerfungsbeschluß nach § 519 b erklärt wird, auch wenn dieser Beschluß noch nicht rechtskräftig ist und keine Maßnahme i. S. der Nr. 1021 KV getroffen wurde.[41]

d) Arrest und einstweilige Verfügung

51 Die Gebührentatbestände in den Verfahren über Anträge auf Anordnung, Aufhebung oder Abänderung eines Arrestes oder einer einstweiligen Verfügung (§§ 916 ff.) sind in den Nrn. 1050 ff. KV geregelt. Diese Verfahren sind gegenüber dem ordentlichen Prozeßverfahren gebührenrechtlich selbständig, so daß eine Gebührenanrechnung grundsätzlich nicht stattfindet.[42] Im Falle des § 942 gilt das Verfahren vor dem Amtsgericht und dem Gericht der Hauptsache als ein Rechtsstreit (Nr. 1050 II KV).

Für das erstinstanzliche Verfahren über einen Antrag auf Anordnung eines Arrestes oder einer einstweiligen Verfügung (Nr. 1050 KV) sowie auf Aufhebung und Abänderung eines Arrestes oder einer einstweiligen Verfügung (Nr. 1051 KV) fallen jeweils ½ Gebühr an. Mit der Gebühr Nr. 1050 KV wird grundsätzlich das gesamte Verfahren einschließlich des Widerspruchs gegen den Anordnungsbeschluß (§ 924) und des Vollzuges des Arrestes bzw. der einstweiligen Verfügung abgegolten.[43] Für das Hauptsacheverfahren gelten aber, auch wenn es nach § 926 angeordnet wurde, die Nrn. 1010 ff. KV.

52 Wird der Antrag auf Anordnung eines Arrestes bzw. einer einstweiligen Verfügung abgelehnt, kann gegen den Zurückweisungsbeschluß im Wege der einfachen **Beschwerde** (§ 567 I) vorgegangen werden. Im Beschwerdeverfahren entsteht die Gebühr Nr. 1180 KV.

53 In den Fällen, in denen Anordnungsanträge nach mündlicher Verhandlung (§ 922 I) oder nach Widerspruch (§ 925 I) durch **Endurteil**[44] beschieden werden, entsteht nach den Nrn. 1054, 1055 KV eine (einfache) oder eine ½ Urteilsgebühr, je nachdem, ob das Urteil eine Begründung enthält und enthalten muß oder ob ein Fall des § 313 a vorliegt. Gleiches gilt für Endurteile im Aufhebungs- und Abänderungsverfahren (Nrn. 1056, 1057 KV). Ausgenommen sind wiederum Anerkenntnisurteile, Verzichtsurteile und echte Versäumnisurteile.

54 Gegen die erstinstanzlichen Endurteile bezüglich der Anordnung, Aufhebung und Abänderung von Arresten und einstweiligen Verfügungen findet die **Berufung** nach den allgemeinen Vorschriften statt (§§ 511 ff.). Nach Nr. 1060 KV entsteht in der Berufungsinstanz eine ¾ Gebühr für das Verfahren im allgemeinen sowie unter den Voraussetzungen der Nrn. 1061, 1062 KV eine (einfache) oder ½ Urteilsgebühr.

4. Die Gerichtsauslagen

a) Allgemeines

55 Die geschuldeten **Auslagen** sind in den Nrn. 1900 bis 1920 KV **abschließend** aufgezählt. Ebenso wie bei den Gebühren entsteht auch bei den Auslagen keine Ersatzpflicht, soweit dies im Kostenverzeichnis nicht vorgesehen ist.[45]

Beispiel:
Verwendung von Papier.

---

41) KG, Rpfleger 91, 435; allgemein: Rd.Ziff. 38 ff.
42) *Hartmann*, Anm. 2 zu KV Nr. 1050 (S. 314).
43) *Hartmann*, Anm. 2 zu KV Nr. 1050 (S. 314).
44) Zum Begriff „Endurteil" vgl. Rd.Ziff. 29.
45) *Hartmann*, Anm. 1 zu Übersicht KV Nr. 1900 (S. 398).

Die Auslagen sind grundsätzlich **nicht pauschaliert**. Es werden vielmehr die ausgelegten Summen in voller Höhe eingefordert. Ausnahmsweise enthält Nr. 1900 KV einen pauschalierten Aufwendungsbetrag für Schreibauslagen. 56

Die Nrn. 1900 ff. KV gelten nicht für Auslagen, die ein **Dritter** veranlaßt hat, etwa durch seinen Antrag auf Erteilung einer Abschrift. Derartige Auslagen setzt die Justizverwaltung nach den Verwaltungsvorschriften fest.[46] 57

Folgende Auslagentatbestände sind im Zivilprozeß von besonderer Bedeutung:

b) Schreibauslagen

Nach Nr. 1900 KV betragen die Schreibauslagen für die ersten 50 Seiten 1,– DM pro Seite und für jede weitere Seite 0,30 DM. Für welche Schreibarbeiten die Auslagenpauschale im einzelnen erhoben wird, ist in Nrn. 1900, 1 a bis c KV aufgeführt. Schreibauslagen fallen allerdings nicht an, soweit es sich um notwendige Ausfertigungen handelt (Nrn. 1900, 2 a bis d KV). Schreibauslagen werden ebensowenig unter den Voraussetzungen von Nr. 1900, 3. und 4. KV erhoben. Die Auslagen des Gerichts sind insoweit bereits durch die Gebühr für das Verfahren im allgemeinen gedeckt. 58

c) Postauslagen

Nach Nrn. 1901 f. KV sind Telegrafen- und Fernschreibgebühren in voller Höhe zu erstatten, ebenso die Postgebühren bei Zustellung mit Zustellungsurkunde (Nr. 1902 KV), die sich derzeit auf 6,– DM pro Zustellung belaufen. 59

d) Zeugen- und Sachverständigenentschädigung

Nr. 1904 KV betrifft die von Amts wegen an Zeugen und Sachverständige zu zahlenden Beträge für ihre Inanspruchnahme in einem Rechtsstreit zu Beweiszwecken nach dem Gesetz über die Entschädigung von Zeugen und Sachverständigen (ZSEG).[47] 60

III. Außergerichtliche Kosten

1. Allgemeines

Zu den wichtigsten außergerichtlichen Kosten, die auch als **Parteikosten** bezeichnet werden, gehört die Vergütung der für die Parteien tätig gewordenen **Rechtsanwälte**. Die Rechtsanwälte werden aufgrund eines privatrechtlichen Vertrages tätig; dabei handelt es sich in der Regel um einen **Dienstvertrag**, der eine Geschäftsbesorgung zum Gegenstand hat (§§ 611 ff., 675 BGB).[48] Nach § 1 BRAGO bemißt sich die Vergütung des Rechtsanwalts ausschließlich nach der **Bundesgebührenordnung für Rechtsanwälte (BRAGO)**. 61

Die Bundesgebührenordnung für Rechtsanwälte gilt grundsätzlich nach Kapitel III, Sachgebiet A, Abschnitt III Ziff. 26 der Anlage I zu Art. 8 des Einigungsvertrages (Drucksache 600/90) auch für die **fünf neuen Länder**. Es sind allerdings einige Sonderregelungen getroffen worden. So ermäßigen sich die Rechtsanwaltsgebühren um 20% für Rechtsanwälte, die ihre Kanzlei in dem in Art. 3 des Einigungsvertrages genannten

---

46) *Hartmann*, Anm. 1 zu Übersicht KV Nr. 1900 (S. 398).
47) Zur Berücksichtigung der Zeugen- und Sachverständigenentschädigung bei Bestimmung der Höhe der Sicherheitsleistung im Rahmen der vorläufigen Vollstreckbarkeit vgl. Teil C, Rd.Ziff. 30.
48) BGH, NJW 87, 316; *Hartmann*, Grundz. Vor § 1 BRAGO Anm. 3 A (S. 1078).

Die Kostenentscheidung, Urteil

Gebiet eingerichtet haben oder vor Gerichten und Behörden tätig werden, die ihren Sitz in dem in Art. 1 I des Einigungsvertrages genannten Gebiet haben.

Nach § 3 BRAGO können höhere Gebühren als dort vorgesehen nur gefordert werden, wenn der Auftraggeber sich schriftlich dazu bereit erklärt hat. Damit ist die Vertragsfreiheit zwischen den Vertragspartnern eingeschränkt. Ohne die Bestimmungen in der BRAGO könnten der Auftraggeber und der Rechtsanwalt, deren Vertragsverhältnis grundsätzlich den Regeln des Schuldrechts unterliegt, die gesamten Vergütungsfragen frei aushandeln. Zu erklären sind diese Einschränkungen der Vertragsfreiheit damit, daß der Rechtsanwalt als unabhängiges Organ der Rechtspflege (§ 1 BRAO) besonderen Rechten und Pflichten unterliegt.

62 Nach § 1 BRAGO setzt sich die Vergütung des Rechtsanwalts aus den **Gebühren** und den **Auslagen** zusammen. Mit den Gebühren, die ein privat-rechtliches Entgelt darstellen,[49] sind die allgemeinen Geschäfts(un)kosten abgedeckt (§ 25 BRAGO). Grundsätzlich werden die Gebühren nach dem Gegenstandswert bestimmt (§ 7 BRAGO), der sich in gerichtlichen Verfahren in der Regel nach dem für die Gerichtsgebühren maßgeblichen Wert richtet (§§ 9, 10 BRAGO).[50]

63 Ausgangspunkt für die Vergütung eines Rechtsanwalts ist die volle (= $^{10}/_{10}$) Gebühr, deren Höhe sich, bezogen auf den Gegenstandswert, nach der **Gebührentabelle** zu § 11 BRAGO bestimmt.[51] **In Berufungs- und Revisionsverfahren** erhöht sich die volle Gebühr um $^{3}/_{10}$ (§ 11 I 4 BRAGO), in Revisionsverfahren die Prozeßgebühr sogar um $^{10}/_{10}$ unter den in § 11 I 5 BRAGO genannten Voraussetzungen. In der BRAGO sind neben der üblicherweise vorgesehenen $^{10}/_{10}$ Gebühr auch sogenannte **Bruchteilsgebühren** vorgesehen.
Beispiel:
½ Gebühr für die nichtstreitige Verhandlung (§ 33 BRAGO).

64 Der Gebührenanspruch **entsteht**, sobald der Rechtsanwalt die gebührenpflichtige Tätigkeit vorgenommen hat.[52] Die **Fälligkeit** tritt hingegen erst unter den in § 16 BRAGO genannten Voraussetzungen ein.

Nach § 17 kann der Rechtsanwalt für eine noch nicht fällige Vergütung einen angemessenen **Vorschuß** verlangen.[53] Aus dem Merkmal „angemessene Vergütung" folgt, daß der Vorschuß jedenfalls die voraussichtlich endgültige Vergütung nicht übersteigen darf.

2. Grundsatz der Einmaligkeit und Höchstbetragsgrenze

65 Mit den Gebühren wird grundsätzlich die gesamte Tätigkeit des Rechtsanwalts vom Auftrag bis zur Erledigung der Angelegenheit (§ 13 I BRAGO) abgegolten, und zwar unabhängig vom Umfang des Arbeitsaufwandes und der Dauer der Tätigkeit. Grundsätzlich kann der Rechtsanwalt die Gebühren in derselben Angelegenheit in jedem Rechtszug nur einmal fordern (§ 13 II BRAGO), sogenannter **Grundsatz der Einmaligkeit**.
Dieser Grundsatz der Einmaligkeit gilt auch für die Bruchteilsgebühr.[54]
Beispiel:
Nimmt der Rechtsanwalt an mehreren, nicht streitigen Verhandlungsterminen teil, verdient er nur einmal die ½ Gebühr (§ 33 I BRAGO).

---

49) *Schneider*, S. 60.
50) Vgl. zum Streitwert im einzelnen Teil D.
51) Vgl. Anhang II im *Schönfelder*, Spalte 2.
52) *Hartmann*, § 16 BRAGO Anm. 1.
53) BGH, NJW 85, 2264; *Hartmann*, § 17 BRAGO Anm. 1 A.
54) *Gerold/Schmidt*, § 13 Rd.Ziff. 17 und § 31 Rd.Ziff. 10; *Hartmann*, § 13 BRAGO Anm. 3 C; vgl. auch Rd.Ziff. 63.

Treffen eine höhere und eine geringere Gebühr zusammen, geht die geringere Gebühr in der höheren auf.[55)]   66

Beispiel:
Der Rechtsanwalt verhandelt einmal streitig und einmal unstreitig. Dann entsteht nur eine volle (= $^{10}/_{10}$) Verhandlungsgebühr.

Ausnahmen von dem Grundsatz der Einmaligkeit sind in den §§ 38 bis 41 BRAGO vorgesehen.

Auch für die Rechtsanwaltsgebühren gilt gemäß § 13 III BRAGO eine **Höchstbetragsgrenze.**[56)] Diese Vorschrift entspricht dem § 21 II, III GKG. Nach § 13 III BRAGO erhält der Rechtsanwalt für Teile des Streitgegenstandes, für die unterschiedliche Gebührensätze anzuwenden sind, gesondert berechnete Gebühren, jedoch nicht mehr als die aus dem Gesamtbetrag der Wertteile nach dem höchsten Gebührensatz berechnete Gebühr. § 13 III gilt nicht nur bei verschiedenen Gebührensätzen, sondern auch dann, wenn für einzelne Wertteile in derselben Instanz jeweils für dieselbe Handlung Gebühren zu berechnen sind.[57)]   67

Beispiele:
1. Die Parteien verhandeln teilweise streitig und teilweise nicht streitig, so daß zum einen eine volle (§ 31 I Nr. 2 BRAGO) und zum anderen eine halbe Verhandlungsgebühr (§ 33 I 1 BRAGO), d. h. also unterschiedliche Gebührensätze entstehen.
2. Das Gericht erhebt über verschiedene Teile des Gegenstandes gesondert Beweis. Dann muß die Beweisgebühr für jeden Teil besonders berechnet werden. Sie darf jedoch die Beweisgebühr, die sich aus dem Gesamtbetrag errechnen würde, nicht übersteigen.
3. Klage auf Zahlung von insgesamt 33 000,– DM. Erste Verhandlung und Teilurteil über 12 000,– DM:

Verhandlungsgebühr nach § 31 I Nr. 2 BRAGO	601,– DM
zweite Verhandlung und Teilurteil über 4000,– DM; Verhandlungsgebühr	227,– DM
dritte Verhandlung und Teilurteil über 17 000,– DM; Verhandlungsgebühr	756,– DM
	1584,– DM

   Bei einheitlicher Verhandlung und Entscheidung über 33 000,– DM hätte die Verhandlungsgebühr 1044,– DM betragen. Daher kann für die dritte Verhandlung nur eine Verhandlungsgebühr von 216,– DM (1044,– DM minus 601,– DM und minus 227,– DM) geltend gemacht werden.

3. Die Gebühren des § 31 BRAGO

a) Allgemeines

Die wichtigsten Gebühren des Rechtsanwalts für ein Tätigwerden im Zivilprozeß sind in § 31 BRAGO aufgeführt. Voraussetzung ist, daß der Rechtsanwalt eine **Prozeßvollmacht** von seinem Mandanten erhalten hat; Umfang und Wirkungen der Prozeßvollmacht ergeben sich aus den §§ 80 f.[58)]   68

Bei den Gebühren des § 31 BRAGO handelt es sich um **Pauschgebühren**. Bereits der Beginn der Tätigkeit i. S. des Gebührentatbestandes löst die volle Einzelgebühr aus (vgl. § 13 I BRAGO).[59)] Welche Tätigkeiten zu einem Rechtszug gehören, ergibt sich aus § 37 BRAGO. Es entsteht grundsätzlich eine Prozeßgebühr. Bei entsprechender weiterer   69

---

55) *Hartmann*, § 13 BRAGO Anm. 3 C.
56) Vgl. hierzu Rd.Ziff. 33 (zu § 21 II, III GKG).
57) KG, Rpfleger 73, 441; *Hartmann*, § 13 BRAGO Anm. 5; zu dem vergleichbaren § 21 II, III GKG Rd.Ziff. 33.
58) Vgl. OVG Koblenz, NJW 83, 1509; *Gerold/Schmidt*, § 31 Rd.Ziff. 1; *Hartmann*, § 31 BRAGO Anm. 2.
59) *Hartmann*, § 31 BRAGO Anm. 1.

Die Kostenentscheidung, Urteil

Tätigkeit des Rechtsanwalts können zusätzliche Gebühren geltend gemacht werden, wobei nach § 31 II BRAGO eine Anrechnung der Verhandlungs- und der Erörterungsgebühr aufeinander erfolgt. Eine einmal entstandene Gebühr kann nicht wieder untergehen, sondern allenfalls nach § 31 II angerechnet werden. Jede Gebühr entsteht nach § 31 BRAGO in **demselben Rechtszug** grundsätzlich nur einmal (vgl. § 13 II, 37 BRAGO: **Grundsatz der Einmaligkeit**).[60] Daher kann der Rechtsanwalt in derselben Instanz wegen desselben Gegenstandes in der Regel maximal vier volle Gebühren geltend machen, nämlich die Prozeßgebühr (§ 31 I Nr. 1 BRAGO), die Verhandlungsgebühr (§ 31 I Nr. 2 BRAGO), die Beweisgebühr (§ 31 I Nr. 3 BRAGO) und die Vergleichsgebühr (§ 23 BRAGO). Eine Erhöhung ist denkbar nach § 6 BRAGO und gemäß §§ 38 II, 39, 41 BRAGO.

b) Die Prozeßgebühr

70   Die Prozeßgebühr (§§ 31 I Nr. 1, 32 BRAGO) erhält der Prozeßbevollmächtigte für das Betreiben des Geschäfts einschließlich der Information, die zur Bearbeitung des Prozeßstoffes notwendig ist.[61] Sie entsteht, sobald der Prozeßbevollmächtigte irgendeine Tätigkeit zur Ausführung des prozeßbezogenen Auftrages vorgenommen hat (vgl. § 37 BRAGO), und zwar unabhängig davon, ob Rechtshängigkeit eintritt.[62] Dabei ist jeweils zwischen den einzelnen Instanzen zu unterscheiden.

Die Prozeßgebühr richtet sich in gerichtlichen Verfahren nach dem **Gegenstandswert** (Streitwert). Da sie bereits mit Beginn der Tätigkeit entsteht, kann eine spätere **Reduzierung des Gegenstandswertes** keine Bedeutung haben. Jedoch wächst die Prozeßgebühr, die in demselben Rechtszug nur einmal entsteht (§ 13 II BRAGO), mit jeder **Erhöhung des Gegenstandswertes**. Bei Eventualverhältnissen

Beispiele:
Hilfsaufrechnung, Hilfsantrag und Hilfswiderklage

kann sich der Streitwert nur bei Eintritt bzw. Nichteintritt der Bedingung (endgültig) erhöhen, so daß sich auch nur dann die Gebühr danach richtet.[63]

Einzelfälle:[64]

Mehrere Auftraggeber

71   Gemäß § 6 BRAGO erhält der Rechtsanwalt, der in derselben Angelegenheit für mehrere Auftraggeber tätig wird, die Gebühren nur einmal; allerdings erhöht sich die Prozeßgebühr für jeden weiteren Auftraggeber um ³/₁₀. Dabei kommt es nach h. M. nicht auf den Arbeitsumfang an, so daß z. B. die erhöhte Gebühr auch bei Ehegatten, für Gesellschafter einer BGB-Gesellschaft und für Wohnungseigentümer entsteht, jedenfalls wenn der Rechtsanwalt unmittelbar mit den Eigentümern in Kontakt tritt und nicht lediglich mit dem bevollmächtigten Verwalter.[65] Ferner ist es überwiegende Meinung, daß sich jede Prozeßgebühr, insbesondere auch die des § 32 BRAGO erhöht, auch wenn in § 6 I S. 2 nur § 31 I Nr. 1 BRAGO zitiert ist.[66]

---

60) Vgl. zum Grundsatz der Einmaligkeit Rd.Ziff. 65.
61) *Gerold/Schmidt*, § 31 Rd.Ziff. 13; *Hartmann*, § 31 BRAGO Anm. 5 A; *Schneider*, S. 61.
62) OLG München, AnwBl. 85, 44; KG, MDR 88, 1067; *Gerold/Schmidt*, § 31 Rd.Ziff. 16; *Hartmann*, § 31 BRAGO Anm. 5 C.
63) Näher zur Hilfswiderklage Rd.Ziff. 554.
64) Weitere Einzelfälle zur Prozeßgebühr vgl. *Hartmann*, § 31 BRAGO Anm. 5 E.
65) *Gerold/Schmidt*, § 6 Rd.Ziff. 3, 7; *Hartmann*, § 6 BRAGO Anm. 2 B, jeweils m. w. N.; für Wohnungseigentumssachen vgl. BGH, JurBüro 88, 64; *von Eicken*, Rd.Ziff. B 559.
66) *Gerold/Schmidt*, § 6 BRAGO Rd.Ziff. 29; *Hartmann*, § 6 BRAGO Anm. 6 A a, jeweils m. w. N.

Prozeßkostenhilfe

Wenn der Rechtsanwalt einen Auftrag zur Durchführung des Rechtsstreites hat, entsteht die Prozeßgebühr mit dem Stellen des Prozeßkostenhilfeantrags.[67] Wenn er hingegen nur einen Auftrag hatte, einen Prozeßkostenhilfeantrag anzubringen, erhält er lediglich die Gebühr nach § 51 BRAGO (5/10).   72

Widerklage

Die Prozeßgebühr entsteht erst mit dem Auftrag zur Einlegung der Widerklage, nicht hingegen schon, wenn der Widerkläger im Parteienprozeß Widerklage erhebt.[68]   73

§ 31 I Nr. 1 BRAGO wird durch **§ 32 BRAGO** eingeschränkt. Wenn der **Auftrag** des Prozeßbevollmächtigten **endet**, bevor dieser die Klage, den das Verfahren einleitenden Antrag,   74

Beispiel:
Rechtsmittelantrag

einen Schriftsatz mit einem Sachantrag, einer Klagerücknahme oder einer Antragsrücknahme eingereicht oder den Termin für seine Partei wahrgenommen hat, erhält er nach § 32 BRAGO nur eine halbe (5/10) Prozeßgebühr. Dasselbe gilt, wenn lediglich beantragt ist, eine Einigung der Parteien zu Protokoll zu nehmen (§ 32 II BRAGO). Dabei ist der Begriff „Einigung" weitergehend als der des „Vergleichs", weil ein gegenseitiges Nachgeben nicht erforderlich ist.[69]

§ 32 BRAGO greift auch ein, wenn der Auftrag nur **zum Teil endet**.[70]   75

Beispiel:
Der Rechtsanwalt wird mit einer Klage in Höhe von 20 000,– DM beauftragt. Nach Einholung von Informationen zahlt der Schuldner 5000,– DM. Daraufhin wird nur Klage in Höhe von 15 000,– DM erhoben. Da der höchste Gegenstandswert maßgeblich ist und die Prozeßgebühr bereits mit der Einholung von Informationen entstanden ist, kann eine Prozeßgebühr von 20 000,– DM geltend gemacht werden, allerdings in Höhe von 5000,– DM gemäß § 32 BRAGO nur zu ½.

Richtet sich die Prozeßgebühr teilweise nach § 31 und teilweise nach § 32, ist § 13 III BRAGO zu beachten. Das bedeutet, daß die Summe der einzelnen Gebühren die Prozeßgebühr nach dem Gesamtbetrag nicht übersteigen darf (= **Höchstbetragsgrenze**).

Beispiel:
Gesamtauftrag: 50 000,– DM. Nach Einholung von Informationen werden nur 40 000,– DM gerichtlich geltend gemacht. Dann werden die Prozeßgebühren wie folgt berechnet:

Eine 10/10 Gebühr gem. § 31 I Nr. 1 BRAGO von 40 000,– DM	1109,– DM
Eine 5/10 Gebühr gem. § 32 I BRAGO von 10 000,– DM	269,50 DM
	1378,50 DM
Insgesamt dürfen die Prozeßgebühren wegen § 13 III BRAGO jedoch nicht mehr ausmachen als eine 10/10 Gebühr von 50 000,– DM	1239,– DM[71]

c) Die Verhandlungsgebühr

Neben der Prozeßgebühr erhält der Prozeßbevollmächtigte nach § 31 I Nr. 2 BRAGO   76

---

67) *Gerold/Schmidt*, § 31 Rd.Ziff. 17.
68) *Hartmann*, § 31 BRAGO Anm. 5 E Stichwort „Widerklage".
69) *Hartmann*, § 32 BRAGO Anm. 3 A.
70) *Hartmann*, § 31 BRAGO Anm. 5 F und § 32 BRAGO Anm. 2 D; *Schneider*, S. 61.
71) Zur Berechnungsart vgl. auch *Gerold/Schmidt*, § 31 Rd.Ziff. 43; vgl. auch Rd.Ziff. 67.

bzw. § 33 I BRAGO eine volle bzw. halbe (5/10) Verhandlungsgebühr, wenn es zur **mündlichen Verhandlung** kommt. Diese Gebühr entsteht nach § 35 BRAGO auch ohne mündliche Verhandlung in Verfahren, für die an sich eine mündliche Verhandlung vorgesehen ist, die aber im Einverständnis mit den Parteien (§ 128 II) oder gemäß §§ 128 III, 307 II bzw. 331 III ohne mündliche Verhandlung entschieden werden.

Findet eine mündliche Verhandlung statt, ist die Anzahl der Verhandlungstermine unerheblich. Mit der Verhandlungsgebühr sind nämlich alle Tätigkeiten des Prozeßbevollmächtigten, die nicht bereits von der Prozeßgebühr erfaßt sind, abgegolten, soweit nicht die BRAGO weitere Gebührentatbestände vorsieht.

> *Beispiele:*
> Beweisgebühr (§ 31 I Nr. 3 BRAGO), Vergleichsgebühr (§ 23 BRAGO)

77 Aus dem Umstand, daß der Gesetzgeber zwischen der Verhandlungsgebühr und der Erörterungsgebühr (§ 31 I Nr. 4 BRAGO) unterscheidet und in § 31 II vorgesehen hat, daß die Gebühren aufeinander angerechnet werden, ergibt sich für den Begriff der mündlichen Verhandlung folgendes: Die **bloße Erörterung** der Sache, auch im Rahmen von Vergleichsverhandlungen, reicht nicht aus; vielmehr muß der Prozeßbevollmächtigte, wie auch § 137 I verdeutlicht, einen Sachantrag gestellt haben.[72] Wirksam ist der Antrag, wenn er verlesen wird (§ 297 I), wobei eine Bezugnahme auf Schriftsätze möglich ist (§ 297 II).

Ferner folgt aus § 33 II BRAGO, daß im Rahmen des § 31 I Nr. 2 BRAGO ein Antrag zur **Prozeß- oder Sachleitung** nicht ausreicht; für einen solchen Antrag sieht nämlich § 33 II BRAGO nur eine 5/10 Verhandlungsgebühr vor. Nach alledem muß es sich im Rahmen des § 31 I Nr. 2 BRAGO um einen **Sachantrag** handeln, d. h. um einen Antrag, der den Inhalt der gewünschten Sachentscheidung bestimmt.[73]

> *Beispiele für Prozeß- oder Sachleitungsanträge:*
> Antrag auf Akteneinsicht, Antrag auf Terminverlegung; sonstige Anträge, die den Gang des Verfahrens betreffen.

78 Die BRAGO unterscheidet zwischen einer **streitigen** und einer **nicht streitigen Verhandlung**. Wie §§ 31 I Nr. 2, 33 I BRAGO verdeutlichen, wird von § 31 I Nr. 2 BRAGO nur die streitige mündliche Verhandlung erfaßt. Beide genannten Vorschriften setzen eine Verhandlung voraus, d. h. wenigstens eine der Parteien muß zur Sache verhandelt haben.[74] Erscheinen daher beide Parteien nicht im Termin, sind beide im Anwaltsprozeß nicht durch einen bei dem betreffenden Gericht zugelassenen Rechtsanwalt vertreten oder stellen beide Parteien bzw. ihre Prozeßbevollmächtigten trotz Erscheinens keinen Sachantrag (vgl. § 333), findet § 33 I BRAGO keine Anwendung, selbst wenn das Gericht in einer solchen Situation gemäß § 251 a nach Aktenlage entscheidet; denn § 251 a ist in § 33 I 2 Ziff. 1 BRAGO nicht erwähnt.[75]

Von einer Verhandlung im Sinne der §§ 31 I Nr. 2, 33 I BRAGO kann ferner nicht ausgegangen werden, wenn sich der Sachantrag erledigt, bevor er in der mündlichen Verhandlung gestellt wurde.

> *Beispiele:*
> Klagerücknahme, Vergleich, Erledigungserklärung.

In diesem Fall kann der Prozeßbevollmächtigte keine Verhandlungsgebühr in Rechnung stellen; u. U. kann er jedoch eine Erörterungsgebühr geltend machen.

---

72) *Gerold/Schmidt*, § 31 Rd.Ziff. 55; *Hartmann*, § 31 BRAGO Anm. 6 B a; *Schneider*, S. 61.
73) OLG München, NJW-RR 89, 575; *Hartmann*, § 31 BRAGO Anm. 6 B a und § 33 BRAGO Anm. 2 A a; *Schneider*, S. 61.
74) OLG Koblenz, VersR 88, 643; *Gerold/Schmidt*, § 31 Rd.Ziff. 55; *Hartmann*, § 33 BRAGO Anm. 2 A a.
75) *Hartmann*, § 33 BRAGO Anm. 2 A a.; vgl. auch Rd.Ziff. 118 ff.

Eine **nicht streitige Verhandlung** ist anzunehmen, wenn im Verhandlungstermin nur eine der Parteien einen Sachantrag stellt, weil entweder der Prozeßgegner nicht anwesend oder zwar erschienen ist, aber keinen Sachantrag stellt (§ 333). Darüber hinaus ist von einer nicht streitigen Verhandlung auszugehen, wenn beide Parteien Sachanträge stellen, diese aber inhaltlich übereinstimmen.[76]

> **Beispiel:**
> Der Beklagte erkennt die Klageforderung an.

Stellen hingegen beide Parteien, im Anwaltsprozeß durch ihre Prozeßbevollmächtigten, widerstreitende Sachanträge, kann eine **streitige Verhandlung** angenommen werden. Bei einer solchen streitigen Verhandlung erhält der Prozeßbevollmächtigte eine volle Verhandlungsgebühr nach § 31 I Nr. 2 BRAGO, während er bei einer nicht streitigen Verhandlung grundsätzlich nur eine halbe (5/10) Verhandlungsgebühr geltend machen kann. Ausnahmsweise fällt auch bei einer nicht streitigen Verhandlung eine volle Gebühr an, soweit die Voraussetzungen des § 33 I 2 BRAGO gegeben sind.

Wird **teilweise streitig** und teilweise **unstreitig** verhandelt, ist die Verhandlungsgebühr für den jeweiligen Verhandlungsteil getrennt zu berechnen.[77] Die Summe der Einzelgebühren darf nach § 13 III BRAGO den Gesamtbetrag der Wertteile nach dem höchsten Gebührensatz (= **Höchstbetrag**) nicht übersteigen.[78]

79

Wird in einem Rechtsstreit gegen zwei **Gesamtschuldner** zunächst gegen den einen, dann gegen den anderen streitig verhandelt, entsteht nur eine Verhandlungsgebühr.[79]

80

Die **Höhe** der Verhandlungsgebühr richtet sich grundsätzlich nach dem **Gegenstandswert**, von dem die streitige Verhandlung betroffen ist. Maßgeblich ist dabei der Sachantrag, der tatsächlich in der mündlichen Verhandlung gestellt wurde. Es kommt hingegen nicht darauf an, welcher Antrag in den Schriftsätzen angekündigt wird. Daraus folgt, daß u. U. die Verhandlungsgebühr geringer sein kann als die Prozeßgebühr, nicht jedoch höher, da die Prozeßgebühr mit jedem neu zu stellenden Antrag entsprechend steigt.[80] Ermäßigt sich später der Gegenstandswert, etwa durch eine teilweise Klagerücknahme, bleibt die einmal entstandene Verhandlungsgebühr bestehen. Durch Erweiterung der Klage wächst entsprechend die Verhandlungsgebühr an.

81

Wird der Rechtsanwalt in derselben Angelegenheit für **mehrere Auftraggeber** tätig, erhält er die Gebühr nur einmal, da für die Verhandlungsgebühr in § 6 BRAGO – anders als für die Prozeßgebühr – keine Erhöhung vorgesehen ist.

82

d) Die Beweisgebühr

Neben der Prozeßgebühr und der Verhandlungsgebühr kann eine Beweisgebühr gem. § 31 I Nr. 3 BRAGO entstehen, wenn der Prozeßbevollmächtigte seinen Mandanten in einem gerichtlichen Beweisaufnahmeverfahren oder im Falle des § 613 vertritt. Dabei ist, wie § 35 BRAGO verdeutlicht, nicht erforderlich, daß eine mündliche Verhandlung stattgefunden hat oder noch stattfindet.

83

Eine **Ausnahme** von § 31 I Nr. 3 BRAGO (bzw. § 35 BRAGO) ist in § 34 BRAGO enthalten. Danach entsteht unter bestimmten Voraussetzungen eine Beweisgebühr nicht, wenn es um die Vorlage von Urkunden oder um die Beibringung von Akten geht – in beiden Fällen handelt es sich um einen Urkundsbeweis. Zu begründen ist diese Ausnahme-

84

---

76) KG, AnwBl. 84, 507.
77) *Gerold/Schmidt*, § 31 Rd.Ziff. 77; *Hartmann*, § 33 BRAGO Anm. 2 A d.
78) Entsprechendes Beispiel für die Prozeßgebühr vgl. Rd.Ziff. 75; vgl. auch allgemein zum Höchstbetrag Rd.Ziff. 67 und 33 (für die Gerichtskosten).
79) *Gerold/Schmidt*, § 31 Rd.Ziff. 78 a. E.
80) Vgl. hierzu Rd.Ziff. 26 (für die entsprechende Gerichtsgebühr KV Nr. 1010) und 70.

Die Kostenentscheidung, Urteil

regelung damit, daß die in § 34 BRAGO genannten Fälle in der Regel keine besondere Mühe verursachen.[81]

85 Voraussetzung für die Entstehung einer Beweisgebühr ist grundsätzlich ein **Beweisaufnahmeverfahren**. Ein Beweisaufnahmeverfahren findet zur Klärung streitiger Tatsachen, die entscheidungserheblich sind, statt, wenn das Gericht die Absicht hat, diese Tatsache zu klären.[82] Für die Frage, ob diese Voraussetzungen vorliegen, kommt es allein auf die bei verständiger Würdigung festzustellende Absicht des Prozeßgerichtes zu dem Zeitpunkt an, zu dem der Prozeßbevollmächtigte für seinen Mandanten tätig wird.[83] Ob die Rechtsauffassung des Prozeßgerichts zutreffend ist und ob sich möglicherweise die Umstände bzw. die Absicht des Gerichtes ändern, ist unerheblich. Eine Beweisgebühr entsteht demnach bereits dann, wenn das Gericht zu erkennen gibt, daß es über eine nach seiner Ansicht beweisbedürftige Tatsache Beweis erheben will.[84] Das ist immer der Fall, wenn ein **förmlicher Beweisbeschluß** i. S. des § 358 erlassen wird, ohne daß es darauf ankommt, ob später eine Beweisaufnahme erfolgt. Aber auch ohne einen förmlichen Beweisbeschluß kann eine Beweisgebühr entstehen, da ein solcher Beschluß zur Durchführung der Beweisaufnahme nicht zwingend erforderlich ist (vgl. § 273 II). Allerdings muß die **Absicht des Gerichts** zur Beweiserhebung hinreichend verdeutlicht sein.

> *Beispiel:*
> Das Gericht vernimmt den von einer Partei im Termin gestellten Zeugen zur Sache.

86 Die Beweisaufnahme ist eine Tätigkeit des Gerichts; streitig ist, ob es ausreicht, daß diese durch **Hilfskräfte** auf Veranlassung des Gerichts durchgeführt wird.[85]

> *Beispiel:*
> Ortsbesichtigung durch einen Sachverständigen; Augenscheinsinnahme durch einen Arzt.

Wir halten diese Streitfrage für nicht bedeutsam. Die Beweisgebühr setzt nicht voraus, daß die Beweisaufnahme vollständig durchgeführt wird; vielmehr reicht schon der Beginn der Beweisaufnahme aus.

> *Beispiel:*
> Wirksamwerden eines Beweisbeschlusses.

Wenn daher das Gericht eine Hilfsperson einschaltet, um eine streitige Frage zu klären, ist die Beweisgebühr schon mit dieser Maßnahme entstanden.

87 Auch die **Anhörung von Zeugen und Sachverständigen** durch das Prozeßgericht löst eine Beweisgebühr aus, selbst wenn diese nur danach gefragt werden, ob sie zu dem Beweisthema etwas bekunden können; wenn der Zeuge oder der Sachverständige nämlich diese Frage verneint, liegt bereits ein Beweisergebnis vor.[86]

88 Wird die Beweisaufnahme von einer **Bedingung** abhängig gemacht,

> *Beispiel:*
> Das Gericht will die Beweisaufnahme nur bei Widerruf eines Prozeßvergleichs durchführen.

kann von einer Beweisaufnahme nur ausgegangen werden, wenn die aufschiebende Wirkung eintritt oder die auflösende Bedingung wegfällt.[87] Mit Rücksicht darauf wird bei

---

81) OLG Frankfurt/Main, MDR 84, 63 f.; *Hartmann*, § 34 BRAGO Anm. 1.
82) *Gerold/Schmidt*, § 31 Rd.Ziff. 83; *Hartmann*, § 31 BRAGO Anm. 7 B a bis e.
83) *Gerold/Schmidt*, § 31 Rd.Ziff. 83; *Hartmann*, § 31 BRAGO Anm. 7 B b aa, c cc.
84) OLG Frankfurt/Main, AnwBl. 85, 207; *Gerold/Schmidt*, § 31 Rd.Ziff. 90, 91; *Hartmann*, § 31 BRAGO Anm. 7 B f, Stichwort „Absicht des Gerichts".
85) Bejahend: *Gerold/Schmidt*, § 31 Rd.Ziff. 83; verneinend: OLG Hamm, JurBüro 72, 701; *Mümmler*, JurBüro 83, 657.
86) So auch: OLG Celle, AnwBl. 80, 78; OLG München, AnwBl. 81, 110; *Gerold/Schmidt*, § 31 Rd.Ziff. 87; a. A.: OLG Bamberg; NJW 72, 912; OLG Schleswig, JurBüro 85, 878.
87) OLG Koblenz, MDR 83, 65; *Gerold/Schmidt*, § 31 Rd.Ziff. 92; *Hartmann*, § 31 BRAGO Anm. 7 B f, Stichwort „Bedingung".

prozeßleitenden **Verfügungen** i. S. des § 273 II, mit denen z. B. Zeugen oder ein Sachverständiger zum Termin geladen werden, in der Praxis häufig wie folgt formuliert:

„Das Gericht beabsichtigt, unter Umständen die vorgenannten Zeugen zu folgender Frage zu hören: ..."

Damit soll verhindert werden, daß die Beweisgebühr bereits mit der prozeßleitenden Verfügung entsteht. Allerdings ist in einem solchen Fall zu berücksichtigen, daß sich die Prozeßbeteiligten bei Mitteilung des Beweisthemas genauso vorbereiten werden wie bei Erlaß eines Beweisbeschlusses. Gleichwohl entsteht nach unserer Auffassung die Beweisgebühr bei prozeßleitenden Verfügungen i. S. des § 273 II erst dann, wenn das Gericht die Beweiserhebung in der mündlichen Verhandlung beschließt, und zwar unabhängig davon, ob ein Auslagenvorschuß nach § 379 angefordert wurde.[88] Durch Maßnahmen nach § 273 II soll nämlich durch den Vorsitzenden oder ein von ihm bestimmtes Mitglied eine Beweisaufnahme des Gerichts erst vorbereitet werden; durch diese vorsorgliche Maßnahme wird dem Gericht ermöglicht, die Beweisaufnahme sofort durchzuführen, falls diese in der mündlichen Verhandlung für notwendig erachtet wird. Daher entsteht nach unserer Auffassung die Beweisgebühr mit der prozeßleitenden Verfügung grundsätzlich nicht. Etwas anderes gilt jedoch für die Einholung von **amtlichen Auskünften** nach § 273 II Nr. 2. Diese stellt eine vorweggenommene Beweisaufnahme dar, so daß schon mit der Einholung die Beweisgebühr entsteht. Hiervon ist eine Ausnahme zu machen, wenn lediglich mit der Einholung der amtlichen Auskunft der Parteivortrag ergänzt werden soll.[89] Auch die **Beiziehung von Akten** kann ausnahmsweise eine Beweisgebühr auslösen, wenn sie vom Gericht erkennbar zu Beweiszwecken erfolgt.[90] Eine Beweisgebühr entsteht aber noch nicht, wenn die Partei einen Zeugen zum Termin stellt, selbst wenn dies auf Veranlassung des Gerichts erfolgt. Der Zeuge muß vielmehr vernommen werden.

Schließlich kann eine Beweisgebühr nach § 31 I Nr. 3 BRAGO auch im Falle des § 613 entstehen, wenn die Anhörung oder die Vernehmung eines der Ehegatten nicht zur Klärung einer streitigen, entscheidungserheblichen Tatsache erfolgt und es sich deshalb nicht um eine Beweisaufnahme handelt, wie sie nach dieser Vorschrift ansonsten erforderlich ist.

89

Eine Beweisaufnahme durch **Augenscheinseinnahme** ist anzunehmen, wenn die Parteien einen entsprechenden Beweis angeboten haben und das Gericht zu erkennen gibt, eine Beweisaufnahme durchzuführen, um sich ein eigenes Urteil über eine streitige Tatsache zu bilden; hiervon zu unterscheiden ist eine Besichtigung durch das Gericht zu dem Zweck, den Parteivortrag besser zu verstehen; letzteres kann in der Regel angenommen werden, wenn die betreffenden Tatsachen nicht streitig sind.[91]

90

Die bloße **Anhörung der Parteien** nach § 141 ist im Gegensatz zur Parteivernehmung nach §§ 445 ff., 450 I 1 keine Beweisaufnahme. Ist zweifelhaft, ob eine bloße Anhörung der Partei oder eine Parteivernehmung vorliegt, ist grundsätzlich von einer Anhörung auszugehen.[92] Dies gilt insbesondere deshalb, weil die Parteivernehmung nach §§ 445 ff. einen förmlichen Beweisbeschluß erfordert (§ 450 I).

91

Wenn das **Rechtsmittelgericht** die in erster Instanz durchgeführte Beweisaufnahme

92

---

[88] So auch LG Hannover, JurBüro 91, 696.
[89] OLG Düsseldorf, JurBüro 85, 1824; LG Oldenburg, JurBüro 85, 877; *Gerold/Schmidt*, § 31 Rd.Ziff. 109 m. w. N.
[90] *Gerold/Schmidt*, § 31 Rd.Ziff. 109 a. E., m. w. N.
[91] OLG Köln, JurBüro 68, 806; OLG Hamburg, JurBüro 86, 1669; LG Hanau, JurBüro 91, 1086; *Gerold/Schmidt*, § 31 Rd.Ziff. 10 C.
[92] *Gerold/Schmidt*, § 31 Rd.Ziff. 106.

verwertet und sich der Gegenstand der Beweisaufnahme in beiden Instanzen deckt, entsteht in der Rechtsmittelinstanz keine Beweisgebühr.[93]

93 Die Beweisgebühr verdient der **Rechtsanwalt** nur dann, wenn er seinen Mandanten in dem Beweisaufnahmeverfahren **vertritt**. Dies ist immer der Fall, wenn der Beweistermin in seiner Anwesenheit stattfindet. Die Tätigkeit des Rechtsanwalts muß aber nicht nach außen in Erscheinung treten. Es kommt auch nicht auf den Umfang der Tätigkeit an. Daher reicht schon die gedankliche Überprüfung der Beweisanordnung aus.[94] Dasselbe gilt für eine Beratung des Mandanten, da eine solche die kritische Überprüfung der Beweisanordnung voraussetzt.[95] Für die Beweisgebühr nicht ausreichend ist auf der anderen Seite das bloße Fortbestehen der Prozeßvollmacht, die Anwesenheit des Prozeßbevollmächtigten bei Verkündung des Beweisbeschlusses oder die kommentarlose Information der Partei von der beabsichtigten Beweisaufnahme.[96]

94 Der Rechtsanwalt erhält die Beweisgebühr immer in voller **Höhe**. Für die **Wertberechnung** ist der Gegenstand des Beweisaufnahmeverfahrens zum Zeitpunkt der Beweisanordnung von Bedeutung. Er kann geringer, in keinem Fall aber höher als der Streitgegenstand sein.[97] Wird über Prozeßvoraussetzungen Beweis erhoben, ist für die Wertberechnung der Wert des gesamten Anspruchs maßgeblich, es sei denn, die Prozeßvoraussetzungen sind nur hinsichtlich eines Teiles des Klageanspruchs klärungsbedürftig.[98]

> Beispiele:
> 1) Der Beklagte wird auf Zahlung von 20 000,- DM in Anspruch genommen. Er erkennt die Klageforderung in Höhe von 10 000,- DM an. Hinsichtlich der restlichen 10 000,- DM wird Beweis erhoben. Dann wird die Beweisgebühr nach einem Gegenstandswert von 10 000,- DM berechnet.[99]
> 2) Nach dem Erlaß des Beweisbeschlusses und vor der Vernehmung des Zeugen wird die Klage ermäßigt. Dann richtet sich die Beweisgebühr nach dem Streitwert zum Zeitpunkt der Beweisanordnung, es sei denn, daß der Rechtsanwalt erstmals nach der Ermäßigung im Beweistermin tätig wird.

Wird die Klage nach Durchführung der Beweisaufnahme **erhöht**, und wird das Ergebnis der Beweisaufnahme auch für die Erhöhung verwertet, ist fraglich, ob sich die Beweisgebühr nach dem erhöhten Streitwert berechnet. Wir schließen uns der Auffassung an, die diese Frage verneint, da auch die im Einverständnis mit den Parteien erfolgte Verwertung von Beweisaufnahmen in anderen Verfahren

> Beispiel:
> Strafverfahren

keine Beweisgebühr auslöst.[100]

e) Die Erörterungsgebühr

95 Wenn das Gericht die Sache rechtlich oder tatsächlich im Termin erörtert, entsteht unabhängig von der Verhandlungsgebühr eine Erörterungsgebühr gem. § 31 I Nr. 4 BRAGO. Dabei ist unerheblich, aus welchem Grund die Erörterung erfolgt und zu welchem Ergebnis sie führt.[101]

96 Die Erörterungsgebühr entsteht z. B. auch, wenn die Erörterung mit dem Ziel geführt

---

93) *Gerold/Schmidt*, § 31 Rd.Ziff. 99.
94) Vgl. hierzu näher *Hartmann*, § 31 BRAGO Anm. 7 D a.
95) OLG Köln, VersR 84, 1176; *Hartmann*, § 31 BRAGO Anm. 7 D c, Stichwort „Beratung".
96) *Hartmann*, § 31 BRAGO Anm. 7 D a.
97) OLG Frankfurt/Main, MDR 84, 154; *Hartmann*, § 31 BRAGO Anm. 7 E.
98) *Gerold/Schmidt*, § 31 Rd.Ziff. 144.
99) A. A. OLG Frankfurt/Main, AnwBl. 81, 155.
100) KG, JurBüro 70, 246; OLG Düsseldorf, JurBüro 80, 1189; *Gerold/Schmidt*, § 31 Rd.Ziff. 145.
101) *Gerold/Schmidt*, § 31 Rd.Ziff. 152, 154.

wird, daß die Klage zurückgenommen oder die Hauptsache für erledigt erklärt werden soll, ohne daß es darauf ankommt, ob der Kläger entsprechend reagiert. Wenn allerdings der Sachantrag vor oder nach der Erörterung gestellt wird, wird die Erörterungsgebühr auf die **Verhandlungsgebühr angerechnet** (§ 31 II BRAGO). Bei der Erörterungsgebühr handelt es sich nicht um eine subsidiäre Gebühr; entsteht jedoch die volle Verhandlungsgebühr aus dem gleichen Gegenstandswert, ist nur diese zu berechnen.[102] Entsprechendes gilt, wenn eine 5/10 Verhandlungsgebühr entsteht, z. B. eine 5/10 Verhandlungsgebühr nach § 33 I 1, II BRAGO.

Eine Erörterung i. S. des § 31 I Nr. 4 BRAGO setzt die **Anwesenheit beider Prozeßbevollmächtigten** voraus.[103] Auch die Erörterung von **Zulässigkeitsfragen** löst u. U. eine Erörterungsgebühr aus.[104] Streitig ist hingegen, ob die Erörterungsgebühr anfällt, wenn nur die **Prozeß- und Sachleitung** erörtert wird.[105] Wenn sich diese Erörterung nur auf Verfahrensfragen bezieht, die nicht gleichzeitig die Zulässigkeit der Klage berühren, ist der Anspruch selbst nicht betroffen. In diesem Fall entsteht nach unserer Ansicht keine Erörterungsgebühr; allerdings kann eine Gebühr nach § 33 II BRAGO anfallen. 97

Wird ein **Prozeßvergleich** geschlossen, spricht unserer Ansicht keine tatsächliche Vermutung dafür, daß die Parteien diese Angelegenheit vorher erörtert haben.[106] Denkbar ist nämlich, daß die Parteien sich außergerichtlich verglichen und lediglich um die Protokollierung des Vergleichs gebeten haben. Hat tatsächlich vor Abschluß des Vergleichs eine Erörterung stattgefunden, empfiehlt es sich, dies im Sitzungsprotokoll zu erwähnen. 98

Für die **Höhe** der Erörterungsgebühr gelten gegenüber der Verhandlungsgebühr keine Besonderheiten.[107] Sie kann ebenso wie die Verhandlungsgebühr nicht höher sein als der Streitwert, so daß eine Erörterung über Ansprüche, die nicht rechtshängig sind, keine Erhöhung der Erörterungsgebühr zur Folge hat.[108] 99

> **Beispiel:**
> Der Auftrag des Rechtsanwalts bezieht sich auf eine Forderung in Höhe von 20 000,– DM. Er erhebt für seinen Mandanten Klage hinsichtlich eines Teilanspruchs in Höhe von 5000,– DM. Im Termin wird der gesamte Anspruch erörtert. Damit sind folgende Gebühren angefallen:
> 10/10 Prozeßgebühr von 5000,– DM (§ 31 I Nr. 1 BRAGO),
> 10/10 Erörterungsgebühr von 5000,– DM (§ 31 I Nr. 4 BRAGO),
> 5/10 Prozeßgebühr von 15 000,– DM (§§ 32 I, 31 II BRAGO).

Es entsteht immer eine volle Erörterungsgebühr, ohne daß es auf die Unterscheidung zwischen „streitiger" und „unstreitiger" Erörterung oder auf die sonstigen Unterschiede, die bei der Verhandlungsgebühr gemacht werden,[109] ankommt. Denkbar ist demnach, daß nur eine halbe Verhandlungsgebühr, jedoch eine volle Erörterungsgebühr entsteht, so daß eine Anrechnung gem. § 31 II BRAGO nur in Höhe von 5/10 erfolgt. 100

---

102) *Gerold/Schmidt*, § 31 Rd.Ziff. 160.
103) Streitig; wie hier: *Gerold/Schmidt*, § 31 Rd.Ziff. 156 m. w. N.; verneinend: *Hartmann*, § 31 BRAGO Anm. 8 B, Stichworte „Abwesenheit", „Einseitige Verhandlung" m. w. N.
104) OLG Düsseldorf, Rpfleger 78, 232; OLG Hamburg, JurBüro 80, 77; *Gerold/Schmidt*, § 31 Rd.Ziff. 155.
105) Teilweise bejahend: *Hartmann*, § 31 BRAGO Anm. 8 B, Stichwort „Prozeß- und Sachleitung", wobei *Hartmann* wohl übersieht, daß die Verspätungsfolge eine materielle Frage ist; a. A.: KG, MDR 82, 505; OLG Hamburg, MDR 88, 788; *Gerold/Schmidt*, § 31 Rd.Ziff. 155.
106) A. A. OLG Hamm, MDR 77, 238.
107) Vgl. Rd.Ziff. 81.
108) *Gerold/Schmidt*, § 31 Rd.Ziff. 149.
109) Vgl. Rd.Ziff. 76–78.

Die Kostenentscheidung, Urteil

Beispiel:
Es wird über den rechtshängigen Anspruch in Höhe von 20 000,– DM erörtert. Der Beklagte erkennt diesen Anspruch an. Dann entsteht eine 10/10 Erörterungsgebühr und eine 5/10 Verhandlungsgebühr (§ 33 I 1 BRAGO), wobei diese auf die höhere Erörterungsgebühr angerechnet wird.

4. Die Vergleichsgebühr

101 Nach § 23 BRAGO erhält der Rechtsanwalt für die **Mitwirkung** beim Abschluß eines Vergleichs (§ 779 BGB) eine volle Vergleichsgebühr; dasselbe gilt auch, wenn er nur bei den Vergleichsverhandlungen mitgewirkt hat, es sei denn, daß dies für den Vergleichsabschluß nicht ursächlich war.

Beispiel[110]:
Abraten vom Vergleich.

102 Schon aus der systematischen Stellung des § 23 BRAGO ist abzuleiten, daß es für die Vergleichsgebühr nicht darauf ankommt, ob ein **gerichtlicher** oder ein **außergerichtlicher Vergleich** geschlossen wird.[111] Im übrigen handelt es sich auch bei den Kosten für einen außergerichtlichen Vergleich um Aufwendungen, die eine Partei im Hinblick auf einen bestimmten Prozeß getätigt hat, und damit um Kosten des Rechtsstreits.[112] Dann aber sollte der Partei die Titulierung der Vergleichsgebühr im Wege der Kostenfestsetzung nicht verschlossen sein.

103 Eine Vergleichsgebühr entsteht nur, wenn ein Vergleich nach **§ 779 BGB** geschlossen wird. Deshalb muß es sich um einen Vertrag handeln, durch den der Streit oder die Ungewißheit der Parteien über ein Rechtsverhältnis im Wege des gegenseitigen Nachgebens beseitigt wird.[113] Daher kann z. B. ein bloßes Anerkenntnis nicht als Vergleich gewertet werden.[114]

104 Aus § 23 II BRAGO ist abzuleiten, daß der Vergleich **wirksam** sein muß; ergibt sich jedoch erst später die Unwirksamkeit,

Beispiel:
Anfechtung (§ 142 BGB)

bleibt die einmal verdiente Vergleichsgebühr bestehen.[115]

105 Eine Vergleichsgebühr beträgt mindestens eine volle 10/10 Gebühr. Diese erhöht sich nach § 11 I 4 BRAGO auf 13/10, wenn der Vergleich im **Berufungs- oder Revisionsverfahren** geschlossen wird. Dabei richtet sich die Vergleichsgebühr nach dem Wert der Forderungen, die in den Vergleich einbezogen wurden (sog. **Vergleichsgegenstand**); auf welchen Betrag sich die Parteien verglichen haben, ist dagegen ohne Belang.[116] Wenn der Vergleich in einem gerichtlichen Verfahren abgeschlossen wird, bestimmt sich der Wert gem. § 8 I BRAGO nach den für die Gerichtsgebühren maßgeblichen Vorschriften. Das gilt allerdings nur, wenn der Streitgegenstand und der Vergleichsgegenstand identisch sind. Zur Klarstellung wird auch in diesen Fällen üblicherweise im Sitzungsprotokoll folgender Beschluß formuliert:

„Streitwert für den Rechtsstreit und den Vergleich: 15 000,– DM."

---

110) Weitere Beispiele vgl. *Hartmann*, § 23 BRAGO Anm. 3 C.
111) OLG Stuttgart, JurBüro 80, 1728; OLG Karlsruhe, Justiz 83, 16 *Gerold/Schmidt*, § 23 Rd.Ziff. 2; *Hartmann*, § 23 BRAGO Anm. 2 A; *von Eicken*, Rd.Ziff. B 561; a. A. OLG Düsseldorf, JurBüro 82, 1672, wonach § 23 BRAGO nur für gerichtliche Vergleiche gilt.
112) Vgl. hierzu allgemein Rd.Ziff. 14.
113) VGH Kassel, AnwBl. 84, 52; *Gerold/Schmidt*, § 23 Rd.Ziff. 5; *Hartmann*, § 23 BRAGO Anm. 2 A a.
114) OLG Koblenz, JurBüro 77, 1393; *Gerold/Schmidt*, § 23 Rd.Ziff. 12; *Hartmann*, § 23 BRAGO Anm. 2 C, Stichwort „Anerkenntnis".
115) SchlHOLG, JurBüro 91, 932; *Hartmann*, § 23 BRAGO Anm. 2 B c.
116) OLG Hamburg, JurBüro 81, 1182; *Gerold/Schmidt*, § 23 Rd.Ziff. 41; vgl. auch Teil D, Stichwort „Vergleich", Rd.Ziff. 4.

Sind der Streitgegenstand und der Vergleichsgegenstand dagegen nicht identisch, muß das Gericht in jedem Fall neben dem Streitwert den Wert des Vergleichs festsetzen. Dies können die Prozeßbevollmächtigten nach § 10 BRAGO auch beantragen. Soweit sich der Wert des Vergleichsgegenstandes nach dem für die Bemessung der Gerichtsgebühren maßgebenden Wert richtet, sind grundsätzlich die Wertvorschriften des Gerichtskostengesetzes und ergänzend die der Zivilprozeßordnung (§ 12 I GKG) anzuwenden.[117]

Beispiel:
Die Parteien vergleichen sich über die Kosten des Rechtsstreits, nachdem sie sich bereits zuvor über die Hauptsache verglichen haben. Dann erhält der Rechtsanwalt neben der Vergleichsgebühr, die sich nach der Hauptsache richtet, keine Vergleichsgebühr im Hinblick auf die Kosten. Dies folgt aus § 12 I GKG i. V. m. § 4 I.

Bei der Bemessung des **Vergleichswertes** sind nach unserer Auffassung auch **nichtstreitige Ansprüche** mitzuberücksichtigen, soweit sie in den Vergleich einbezogen wurden und diese Einbeziehung nicht lediglich deklaratorischen Charakter hat.[118] Der Hinweis in § 23 BRAGO auf § 779 BGB bedeutet nach unserer Auffassung nicht, daß jeder Punkt zwischen den Partnern streitig sein muß, sondern vielmehr lediglich, daß der Streit oder die Ungewißheit über ein Rechtsverhältnis im Wege des gegenseitigen Nachgebens beseitigt wird. Davon kann aber auch dann ausgegangen werden, wenn ein Vollstreckungstitel über verschiedene Forderungen durch gegenseitiges Nachgeben geschaffen wird, von denen nur einige streitig sind.

106

Wird hingegen in der **höheren Instanz** ein Anspruch einbezogen, über den bereits in der unteren Instanz rechtskräftig entschieden worden ist, ist nur der in der höheren Instanz anhängige Anspruch bedeutsam.[119] Es liegt nämlich bereits ein rechtskräftiger Titel vor, so daß die Einbeziehung des titulierten Anspruches lediglich deklaratorischen Charakter hat. Sind die verglichenen Rechtsstreitigkeiten **in verschiedenen Instanzen** anhängig und wird der **Vergleich in der höheren Instanz** geschlossen, entsteht eine $^{13}/_{10}$ Vergleichsgebühr, die sich nach der Summe aller verglichenen Ansprüche richtet.[120] Wird der **Vergleich** hingegen **in der unteren Instanz** geschlossen, ist der **Gebührensatz** problematisch. Manche halten den Gebührensatz der Instanz für maßgebend, in der der Vergleich geschlossen wurde.[121] Andere meinen, daß dann ein einheitlicher Gebührensatz des höheren Rechtszuges zur Anwendung komme.[122] Eine dritte Meinung berechnet die Gebühr teils nach der höheren und teils nach der unteren Instanz, wobei zusätzlich § 13 III BRAGO berücksichtigt wird.[123]

Beispiel für die Berechnung nach der dritten Meinung:
Im ersten Rechtszug wird ein Vergleich geschlossen über die in dieser Instanz befindlichen 20 000,– DM und über die in der zweiten Instanz befindlichen 30 000,– DM. Dann können eine $^{10}/_{10}$ Gebühr von 20 000,– DM = 849,– DM und eine $^{13}/_{10}$ Gebühr von 30 000,– DM = 1272,70 DM berechnet werden. Jedoch ist die Gebühr insgesamt gemäß § 13 III BRAGO auf $^{13}/_{10}$ von 50 000,– DM = 1610,70 DM begrenzt.

---

117) *Gerold/Schmidt*, § 23 Rd.Ziff. 43; vgl. auch Teil D, Stichwort „Vergleich", insbesondere Rd.Ziff. 3.
118) Streitig; bejahend: OLG Köln, MDR 63, 690; OLG Oldenburg, MDR 72, 618; *Gerold/Schmidt*, § 23 Rd.Ziff. 56; differenzierend: OLG Zweibrücken, MDR 78, 496; verneinend: KG, NJW 69, 434; LAG Rheinland-Pfalz, JurBüro 85, 397; *Riedel/Sußbauer*, § 23 Anm. 32, 36; vgl. auch Teil D, Stichwort „Vergleich", Rd.Ziff. 8 ff.
119) So auch *Gerold/Schmidt*, § 23 Rd.Ziff. 57; a. A. OLG Hamburg, JurBüro 81, 1182 = MDR 81, 945.
120) *Gerold/Schmidt*, § 23 Rd.Ziff. 57.
121) LAG Hamm, MDR 81, 347.
122) OLG Karlsruhe, NJW 58, 1546; OLG Oldenburg, NJW 72, 1331; *Hartmann*, § 23 BRAGO Anm. 4 A.
123) *Gerold/Schmidt*, § 23 Rd.Ziff. 53.

Die Kostenentscheidung, Urteil

Wir halten die erste Meinung für zutreffend und gegenüber der dritten Meinung, für die vom Ansatz her einiges spricht, auch praktikabler. Überzeugende Argumente für die zweite Meinung sehen wir hingegen nicht. Bei der Vergleichsgebühr handelt es sich grundsätzlich um eine 10/10 Gebühr, die sich nur dann auf 13/10 erhöht, wenn der Vergleich in der Berufungs- oder Revisionsinstanz geschlossen wurde. Geschieht dies hingegen in der unteren Instanz, kann es keinen Unterschied machen, ob neben der in dieser Instanz anhängigen Forderung eine nicht anhängige oder eine in der höheren Instanz anhängige Forderung mitverglichen wird; vielmehr sollte es dann insgesamt bei der 10/10 Gebühr verbleiben, so daß im obigen Beispielsfall sich eine 10/10 Gebühr von 50 000,– DM = 1239,– DM ergibt.

5. Besonderheiten beim Mahnverfahren

a) Allgemeines

107 Nach § 43 BRAGO erhält der Rechtsanwalt für die Tätigkeit im Mahnverfahren bis zur Antragstellung und Mitteilung des Widerspruchs an den Auftraggeber eine volle Gebühr (I Nr. 1), für die Erhebung des Widerspruches eine 3/10 Gebühr (I Nr. 2) und für die Tätigkeit im Verfahren über den Antrag auf Erlaß des Vollstreckungsbescheides eine 5/10 Gebühr (I Nr. 3). Kommt es anschließend zum streitigen Verfahren, werden die Gebühren nach § 43 I Nr. 1 und 2 BRAGO auf die Prozeßgebühr angerechnet (§ 43 II BRAGO). Dies gilt hingegen nicht für die Gebühr nach § 43 I Nr. 3 BRAGO. Diese Vorschrift ist mit § 38 II BRAGO zu vergleichen, geht dieser aber als Sonderregelung vor, obwohl nach § 700 I der Vollstreckungsbescheid einem Versäumnisurteil gleichgestellt wird. Endet der Auftrag vor Einreichung des Antrages, erhält der Rechtsanwalt nur eine ½ Gebühr (§ 43 III BRAGO i. V. m. § 32 BRAGO).

108 Die in § 43 BRAGO getroffenen Regelungen sind für das Mahnverfahren i. S. der §§ 688 ff. abschließend, d. h. die gesamte Tätigkeit des Rechtsanwalts in diesem Bereich ist damit abgegolten.[124]

b) Gebühr des § 43 I Nr. 1 BRAGO

109 Die Gebühr wird mit Einreichung des Antrags auf Erlaß des Mahnbescheids verdient; ob der Mahnbescheid erlassen wird, ist unerheblich.[125] Abgegolten ist mit dieser Gebühr die gesamte Tätigkeit des Rechtsanwalts in dem Mahnverfahren.

> Beispiele:
> Entgegennahme von Informationen, Vorbereitung und Abfassung des Mahnantrages, Korrespondenz mit dem Gericht und dem Antragsteller, Ermittlung der Anschrift des Antragsgegners, Antrag auf Abgabe an ein anderes Gericht, vorsorglicher Antrag auf Durchführung eines Streitverfahrens, Mitteilung von der Zustellung des Mahnbescheides, Mitteilung von dem Widerspruch des Antragsgegners.[126]

110 Der **Rechtsanwalt des Antragsgegners** wird in der Regel nicht vor Erhebung des Widerspruchs tätig und erhält dann, wenn kein Widerspruch eingelegt wird, keine Gebühr nach § 43 BRAGO. Etwas anderes gilt jedoch, wenn das Gericht den Antragsgegner vor der Entscheidung über den Erlaß eines Mahnbescheides anhört und dieser einen Rechtsanwalt einschaltet. Dann wird der Rechtsanwalt des Antragsgegners, der im Mahnverfahren eine Erklärung abgibt, gem. § 43 I Nr. 1 BRAGO vergütet.[127]

---

124) *Gerold/Schmidt*, § 43 Rd.Ziff. 1.
125) *Gerold/Schmidt*, § 43 Rd.Ziff. 2, 5.
126) *Gerold/Schmidt*, § 43 Rd.Ziff. 5; *Hartmann*, § 43 BRAGO Anm. 2 B.
127) *Hartmann*, § 43 BRAGO Anm. 2 B.

c) Gebühr des § 43 I Nr. 2 BRAGO

Die wirksame Widerspruchserklärung durch den Rechtsanwalt des Antragsgegners löst eine 5/10 Gebühr aus, ohne daß es auf den weiteren Fortgang des Verfahrens ankommt.[128] Unerheblich ist auch, ob und inwieweit der Widerspruch begründet ist.[129] Der **Rechtsanwalt des Antragstellers** erhält diese Gebühr nicht, auch nicht für die Mitteilung von der Einlegung des Widerspruchs. Diese Tätigkeit ist vielmehr mit der Gebühr des § 43 I Nr. 1 BRAGO abgegolten.

111

Der **Gegenstandswert**, nach dem die Gebühr gem. § 43 I Nr. 2 BRAGO zu berechnen ist, richtet sich nach dem Wert des Mahnantrages, soweit gegen ihn Widerspruch erhoben wird. Allerdings bemißt sich die Gebühr dann nach dem Gesamtbetrag, wenn der Rechtsanwalt einen entsprechenden Auftrag erhält, aber seinem Mandanten rät, den Widerspruch auf einen Teil zu beschränken.[130]

112

d) Gebühr des § 43 I Nr. 3 BRAGO

Wenn der Antragsgegner nicht rechtzeitig Widerspruch einlegt oder der Widerspruch gem. § 703 a II Nr. 4 beschränkt ist, erhält der Rechtsanwalt für den Antrag auf Erlaß eines Vollstreckungsbescheides nach § 699 I eine 5/10 Gebühr. Die Gebühr entsteht nicht, wenn der Antrag vor Ablauf der Widerspruchsfrist und damit in **nicht zulässiger Weise** (vgl. § 699 I 2) gestellt wird.[131] Dasselbe gilt, wenn der Rechtsanwalt in Kenntnis, daß bereits Widerspruch erhoben wurde, tätig wird; denn ein solcher Antrag ist, auch wenn der Widerspruch verspätet ist, wegen § 694 I ohne weitere Wirkung.[132]

113

Durch die Formulierung „Verfahren über den Antrag auf Erlaß des Vollstreckungsbescheides" in § 43 I Nr. 3 wird jede Tätigkeit in diesem Rahmen erfaßt. Hierzu zählt z. B. auch die Erwirkung einer besonderen Vollstreckungsklausel. Ein Antrag auf Erlaß eines Vollstreckungsbescheids muß nicht unbedingt gestellt werden. Vielmehr kann die Entgegennahme des Auftrages ausreichen, so z. B., wenn sich die Angelegenheit durch Zahlung erledigt hat.[133]

114

6. Besonderheiten beim Versäumnisverfahren

Nach § 33 BRAGO entsteht bei einer **nicht streitigen Verhandlung** grundsätzlich nur eine 5/10 Verhandlungsgebühr. Eine nicht streitige Verhandlung in diesem Sinne ist anzunehmen, wenn eine Partei säumig ist und der Gegner neben seinem Sachantrag einen Antrag auf Erlaß eines Versäumnisurteils stellt.[134] Säumig ist die Partei dann, wenn sie selbst oder – soweit sie nicht postulationsfähig ist – ihr Prozeßbevollmächtigter im Termin nicht erscheint oder nicht verhandelt (§§ 331 I, 333) und die Voraussetzungen des § 337 nicht vorliegen.[135] Ergeht daher ein Versäumnisurteil gegen die nicht erschienene Partei aufgrund der Säumnis (echtes Versäumnisurteil) und ist vorher nicht verhandelt worden, kann der erschienene Rechtsanwalt nur eine 5/10 Verhandlungsgebühr geltend machen. War die Verhandlungsgebühr aber schon entstanden, so erhält der Rechtsanwalt nach § 13 II wegen des Antrages auf Erlaß eines Versäumnisurteils keine weitere Verhandlungsgebühr.

115

---

128) OLG München, OLGZ 88, 494; *Hartmann*, § 43 BRAGO Anm. 2 C.
129) OLG Köln, JurBüro 89, 491; *Gerold/Schmidt*, § 43 Rd.Ziff. 6; *Hartmann*, § 43 BRAGO Anm. 2 C.
130) *Gerold/Schmidt*, § 43 Rd.Ziff. 6.
131) OLG Hamburg, MDR 83, 143; *Gerold/Schmidt*, § 43 Rd.Ziff. 8; *Hartmann*, § 43 BRAGO Anm. 2 D b aa.
132) *Gerold/Schmidt*, § 43 Rd.Ziff. 8; *Hartmann*, § 43 BRAGO Anm. 2 D b aa.
133) *Gerold/Schmidt*, § 43 Rd.Ziff. 8.
134) Vgl. hierzu Rd.Ziff. 78.
135) *Hartmann*, § 33 BRAGO Anm. 2 A c; vgl. hierzu auch *Anders/Gehle*, Rd.Ziff. 363 ff.

Die Kostenentscheidung, Urteil

116 Kommt es **nach** dem **Einspruch** zu einer **streitigen Verhandlung**, entfällt die Verhandlungsgebühr nach § 33 I BRAGO entgegen § 13 II BRAGO nicht; vielmehr kann der betreffende Rechtsanwalt diese ⁵/₁₀-Gebühr neben der dann entstehenden vollen Verhandlungsgebühr nach § 31 I Nr. 2 BRAGO beanspruchen (§ 38 II BRAGO).

117 Wird der **Einspruch** gegen ein Versäumnisurteil **zurückgenommen** oder **verworfen** (vgl. §§ 341 I 2, 345), gilt das Verfahren über den Einspruch nach § 38 I 1 BRAGO als besondere Angelegenheit mit der Folge, daß ein neuer Vergütungsanspruch des Rechtsanwalts entsteht. Allerdings wird nach § 38 I 2 BRAGO die Prozeßgebühr des bisherigen Verfahrens auf die gleiche Gebühr des Verfahrens über den Einspruch angerechnet.

118 Ausnahmsweise entsteht auch bei einer nicht streitigen Verhandlung eine ¹⁰/₁₀ **Verhandlungsgebühr**. Diese Fälle sind in § 33 I 2 Nr. 1 und 2 BRAGO geregelt. Stellt die erschienene Partei bei Säumnis der anderen Partei den Antrag, **nach Lage der Akten** gemäß § 331a zu entscheiden, entsteht nach § 33 I 2 Nr. 1 die volle Verhandlungsgebühr. Ob das Gericht dem Antrag stattgibt, ist dabei unerheblich.[136] Bei Entscheidung nach Lage der Akten gemäß § 251a ist § 33 BRAGO nicht anwendbar. In diesem Fall findet überhaupt keine Verhandlung statt, weil beide Parteien säumig sind. Voraussetzung für eine Entscheidung nach § 251a ist aber, daß bereits in einem früheren Termin mündlich verhandelt wurde (§ 251a II 1) und daher die Verhandlungsgebühr schon entstanden ist.[137]

119 Wenn der **Berufungs**kläger oder der **Revisions**kläger den Erlaß eines Versäumnisurteils beantragt, ergeht eine Sachentscheidung (§§ 542 II, 557, 331). Für diesen Antrag erhält der Rechtsanwalt nach § 33 I 2 Nr. 2 BRAGO unabhängig von der Reaktion des Gerichts eine volle Verhandlungsgebühr, und zwar in diesem Fall ¹³/₁₀ (§ 11 I 4 BRAGO). Dies gilt auch für die **Anschlußberufung**, d. h. der Anschluß-Rechtsmittelkläger erhält eine volle Gebühr nach dem Wert des Anschlußrechtsmittels, wenn er gegen den Anschluß-Rechtsmittelbeklagten Versäumnisurteil beantragt; wenn er zugleich den Antrag stellt, durch Versäumnisurteil das Rechtsmittel zurückzuweisen, gilt für das Haupt-Rechtsmittel § 33 I 1.[138] Das bedeutet, daß er eine ½ Verhandlungsgebühr nach dem Wert des Hauptrechtsmittels und eine volle Verhandlungsgebühr nach dem Wert des Anschlußrechtsmittels berechnen kann. Insoweit gilt aber § 13 III BRAGO, so daß der Rechtsanwalt insgesamt nicht mehr als die volle Gebühr von den zusammengerechneten Werten erhält.

7. Besonderheiten bei Erledigung der Hauptsache

120 Erklären die Parteien den Rechtsstreit **übereinstimmend für erledigt**, entfällt die Rechtshängigkeit, und es ist lediglich über die Kosten nach § 91a zu entscheiden. Wenn die Parteien bis dahin keine Sachanträge gestellt haben, entsteht keine Verhandlungsgebühr zur Hauptsache.[139] Soweit sich an die übereinstimmenden Erledigungserklärungen der Parteien eine Verhandlung über die Kosten anschließt, entsteht bei insoweit widerstreitenden Anträgen eine volle Verhandlungsgebühr, die sich nach dem Wert der bisher entstandenen Kosten berechnet.[140]

121 Etwas anderes gilt bei einer **einseitigen Erledigungserklärung** des Klägers. In diesem Fall entfällt die Rechtshängigkeit nicht. Das Gericht hat vielmehr über den Feststellungsantrag,

---

136) *Gerold/Schmidt*, § 33 Rd.Ziff. 11.
137) Vgl. allgemein zu den Voraussetzungen für eine Verhandlungsgebühr Rd.Ziff. 76 ff.
138) *Gerold/Schmidt*, § 33 Rd.Ziff. 14; zum Anschlußrechtsmittel vgl. unten Rd.Ziff. 596 ff. und Teil D, Stichwort „Rechtsmittel", Rd.Ziff. 31 ff.
139) OLG Frankfurt/Main, MDR 84, 63 (Nr. 88); OLG Stuttgart, JurBüro 85, 90; *Gerold/Schmidt*, § 31 Rd.Ziff. 62.
140) OLG Koblenz, JurBüro 86 1669; *Gerold/Schmidt*, § 31 Rd.Ziff. 62; vgl. auch Teil D, Stichwort „Erledigung der Hauptsache", Rd.Ziff. 1 f.

daß sich der Rechtsstreit erledigt hat, zu befinden. Mithin entsteht dann die Verhandlungsgebühr nach dem für den Feststellungsantrag maßgeblichen Wert,[141] soweit diese Gebühr nicht bereits vorher entstanden ist.

8. Besonderheiten bei Berufung und Revision

Im Rechtsmittelverfahren entstehen sämtliche Gebühren neu (§ 13 II 2 BRAGO). § 13 I 1 BRAGO findet demnach für die verschiedenen Instanzen keine Anwendung. Dagegen können in einem einheitlichen Rechtsmittelverfahren[142] die Gebühren grundsätzlich nur einmal geltend gemacht werden. 122

In § 37 BRAGO ist beispielhaft („insbesondere") aufgeführt, was zum **Rechtszug** gehört. Diese Vorschrift stellt eine Ergänzung zu § 13 I, II BRAGO dar.

Für die Rechtsmittelinstanz kann ein Rechtsanwalt nur dann Gebühren geltend machen, wenn ihm eine entsprechende **Prozeßvollmacht** erteilt wurde, die auch wirksam ist. So kann z. B. der erstinstanzliche Prozeßbevollmächtigte, der beim Rechtsmittelgericht nicht zugelassen ist, für die Einreichung der Berufung keine Gebühr verlangen. 123

Nach § 11 I 4 BRAGO betragen die Gebühren in der Rechtsmittelinstanz grundsätzlich 13/10; die Prozeßgebühr beträgt unter den Voraussetzungen des § 11 I 5 BRAGO in der Revision sogar 20/10. Für die Gebührentatbestände gelten gegenüber der ersten Instanz keine Besonderheiten, so daß auf die bisherigen Ausführungen Bezug genommen werden kann. An dieser Stelle sollen lediglich einige Besonderheiten dargestellt werden: 124

Wenn der Prozeßbevollmächtigte des Berufungsbeklagten einen Antrag auf Zurückweisung der Berufung stellt, bevor die Berufungsbegründung eingegangen ist, ist streitig, ob bereits dadurch eine volle Prozeßgebühr entsteht und dementsprechend eine Beschränkung der Berufung keine Bedeutung hat.[143] 125

Wird in der Rechtsmittelinstanz ein Antrag auf Erlaß eines **Versäumnisurteils** gestellt, ist § 33 I 2 Ziff. 2 BRAGO zu beachten.[144] 126

Für die **Vergleichsgebühr** gelten dann Besonderheiten, wenn ein Teil der Klageforderung noch in der ersten Instanz anhängig oder bereits eine rechtskräftige Teilentscheidung ergangen ist. Insoweit kann auf die obigen Ausführungen Bezug genommen werden.[145] 127

9. Ersatz von Auslagen und Postgebühren

a) Allgemeine Geschäftskosten

Nach § 25 I BRAGO werden mit den Gebühren grundsätzlich auch die allgemeinen Geschäfts(un)kosten[146] abgegolten. 128

> Beispiele:
> Kosten für die Unterhaltung der Kanzlei, z. B. Miete, Gehälter für Angestellte; Kosten für die Anschaffung und Unterhaltung von Büromaschinen und Mobiliar; Aufwendungen für Literatur; Mitgliedsbeiträge für Fachvereinigungen; Schreibmaterial, Verpackungsmaterial; Fahrtkosten.

---

141) Zum Meinungsstreit hinsichtlich des Streitwerts bei einseitiger Erledigungserklägung vgl. *Anders/Gehle*, Rd.Ziff. 55 und Teil D, Stichwort „Erledigung der Hauptsache", Rd.Ziff. 10 ff.
142) Vgl. hierzu *Gerold/Schmidt*, § 13 Rd.Ziff. 37 ff.; Teil D, Stichwort „Rechtsmittel", Rd.Ziff. 23 ff.
143) Vgl. hierzu näher *Hartmann*, § 31 BRAGO Anm. 5 E, Stichwort „Berufung", m. w. N.; zum Gebührenstreitwert vgl. Teil D, Stichwort „Rechtsmittel", Rd.Ziff. 28.
144) Vgl. hierzu näher Rd.Ziff. 119.
145) Vgl. hierzu näher Rd.Ziff. 106.
146) Der Gesetzgeber spricht von „Unkosten"; betriebswirtschaftlich gibt es aber nur „Kosten".

b) Erstattungsfähige Auslagen

129 Nach § 25 III BRAGO sind die Postgebühren i.S. des § 26 BRAGO, die Schreibauslagen (§ 27 BRAGO) und die Reisekosten (§ 28 BRAGO) erstattungsfähig.

130 Darüber hinaus sind **Aufwendungen** zu ersetzen, die der Rechtsanwalt für erforderlich halten durfte (vgl. §§ 670, 675 BGB).[147]

Beispiele:
Vorschüsse für Gerichtsgebühren und Auslagen des Gerichts; Kosten für die Ermittlung von Anschriften; Detektivkosten; Kosten für Auskünfte aus dem Handelsregister; Kosten für Übersetzungen; Gerichtsvollzieherkosten.[148]

131 Nach § 26 Satz 1 BRAGO kann der Rechtsanwalt Ersatz der bei der Ausführung des Auftrages entstandenen **Post-, Telegrafen-, Fernsprech- und Fernschreibgebühren** verlangen.

§ 26 Satz 2 eröffnet ihm die Wahl, entweder die tatsächlich entstandenen Kosten abzurechnen oder einen **Pauschsatz** von 15% von den gesetzlichen Gebühren, höchstens aber 40,– DM, zu verlangen.

Nicht erfaßt werden von § 26 BRAGO Auslagen für die Einschaltung eines **Boten**.[149]

132 Für zusätzlich gefertigte **Abschriften** und **Ablichtungen** und für Abschriften sowie Ablichtungen aus Behörden- und Gerichtsakten stehen dem Rechtsanwalt nach § 27 BRAGO **Schreibauslagen** zu, soweit die Abschrift oder Ablichtung zur sachgerechten Bearbeitung der Rechtssache geboten war. Andere Abschriften und Ablichtungen sowie Urschriften gelten als allgemeine Geschäftskosten und sind daher nicht besonders erstattungsfähig.[150]

Im gerichtlichen Verfahren bemißt sich die Höhe der Schreibauslagen nach den für die gerichtlichen Schreibauslagen im GKG bestimmten Beträgen.

133 Nach § 28 I BRAGO erhält der Rechtsanwalt für **Geschäftsreisen**, wenn er den eigenen PKW benutzt, 0,45 DM für jeden angefangenen Kilometer des Hin- und Rückweges, ferner das in § 28 II BRAGO bestimmte Tage- und Abwesenheitsgeld sowie Ersatz der Übernachtungskosten. Eine Geschäftsreise im Sinne dieser Vorschrift liegt vor, wenn der Rechtsanwalt außerhalb des Ortes seines Büros oder seines davon verschiedenen Wohnsitzes reist; Reisekosten innerhalb der Gemeinde sind hingegen allgemeine Geschäftskosten und damit nicht erstattungsfähig; zu den erstattungsfähigen Reisekosten gehören auch nicht die Kosten für Fahrten von der Wohnung bzw. vom Büro zum Gericht.[151] Voraussetzung für die Erstattungsfähigkeit ist, daß die Fahrt im Auftrag des Mandanten unternommen wird.[152]

c) Ersatz der Mehrwertsteuer

134 Nach § 25 II BRAGO hat der Rechtsanwalt auch einen Anspruch auf Ersatz der auf die gesamte Vergütung (Gebühren und Auslagen) entfallenden Mehrwertsteuer[153] (= Umsatz-

---

147) *Gerold/Schmidt*, § 25 Rd.Ziff. 4.
148) *Gerold/Schmidt*, § 25 Rd.Ziff. 4; *Hartmann*, § 25 BRAGO Anm. 4.
149) *Gerold/Schmidt*, § 26 Rd.Ziff. 2.
150) OLG Schleswig, JurBüro 89, 632; *Gerold/Schmidt*, § 27 Rd.Ziff. 3, 5; *Hartmann*, § 27 BRAGO Anm. 1.
151) *Gerold/Schmidt*, § 28 Rd.Ziff. 3; *Hartmann*, § 28 BRAGO Anm. 2 A.
152) *Hartmann*, § 28 BRAGO Anm. 2 B.
153) Zur Erstattungsfähigkeit der Mehrwertsteuer bei *Vorsteuerabzugsberechtigung:* OLG Köln, NJW 91, 3156; OLG Stuttgart, NJW 91, 3158; vgl. auch Rd.Ziff. 149.

steuer). Der Mehrwertsteuersatz beträgt derzeit 14%, soweit der Rechtsanwalt „nur" freiberuflich tätig ist.[154] Für den Steuersatz ist der Zeitpunkt der Fälligkeit maßgeblich.[155]

§ 4 Regelungsgegenstand der Kostenentscheidung

I. Bestimmung des Kostenschuldners

Wer die **Gerichtskosten** an den Staat (Justizfiskus) zu zahlen hat – insoweit handelt es sich um eine öffentlich-rechtliche Pflicht –, ergibt sich unmittelbar aus dem GKG. Es bestimmt, wer Kostenschuldner ist, wer von der Kostenschuld befreit ist (§ 2 GKG), wann Fälligkeit eintritt sowie wann und in welchem Umfang ein Vorschuß zu zahlen ist.[156]

135

Nach § 49 GKG ist **Kostenschuldner** zunächst unabhängig von der Kostenentscheidung der Antragsteller. Dieser hat auch die Gerichtskosten zu zahlen, die vor der Entscheidung fällig werden (vgl. § 65 GKG). Antragsteller ist nur die Partei selbst, nicht hingegen der gesetzliche Vertreter oder der Prozeßbevollmächtigte.[157] Grundsätzlich ist der Kläger der Antragsteller. Soweit jedoch der Beklagte zum Angriff übergeht und damit zum Antragsteller wird,

136

> **Beispiele:**
> Widerklage, Einspruch gegen den Vollstreckungsbescheid, Anschlußberufung

haftet er primär nach § 49 GKG für die von ihm veranlaßten Kosten.[158] Der **Streithelfer** ist lediglich Gehilfe einer Partei und damit auch dann nicht Antragsteller, wenn er selbst einen Antrag stellt.[159] Da die Kosten getrennt nach den Instanzen behandelt werden, kommt es für die Frage, wer Kostenschuldner ist, immer nur darauf an, wer den Antrag in der betreffenden Instanz gestellt hat.[160]

Ergeht im Urteil eine Kostenentscheidung zu Lasten des Gegners des Antragstellers, entfällt dessen Haftung für die Gerichtskosten nicht. Die Kostenentscheidung im Urteil hat daher für die Bestimmung des Kostenschuldners im Hinblick auf die Gerichtskosten keine unmittelbare Bedeutung. Jedoch bestimmt § 54 Nr. 1 GKG, daß auch derjenige Kostenschuldner ist, dem durch das Urteil die Kosten des Rechtsstreits auferlegt sind. Soweit danach der Beklagte die Kosten des Rechtsstreits ganz oder teilweise trägt (sog. **Entscheidungsschuldner**), besteht zwischen ihm und dem Kläger gem. § 58 I GKG ein Gesamtschuldverhältnis. Die Gerichtskasse soll sich aber als Vollstreckungsbehörde primär an den Beklagten und erst sekundär an den Antragsteller halten (§ 58 II GKG). Fehlt eine Kostenentscheidung, ist zu prüfen, ob die Kosten zu denjenigen eines anderen Verfahrens gehören und damit von der Kostenentscheidung dieses Verfahrens erfaßt werden.

> **Beispiel:**
> Selbständiges Beweisverfahren

---

154) Vgl. zu den Besonderheiten bei der Höhe der Mehrwertsteuer: *Hartmann*, § 25 BRAGO Anm. 3 C. Zum Anspruch auf Zahlung von Mehrwertsteuer bei Vertretung in eigener Sache vgl. LG Bonn, Rpfleger 87, 80.
155) OLG Köln, AnwBl. 82, 256; Rpfleger 83, 41; *Hartmann*, § 25 BRAGO Anm. 3 C.
156) *Hartmann*, Übers. § 49 GKG Anm. 1; *Stein/Jonas*, Vor § 91 Rd.Ziff. 29.
157) *Hartmann*, § 49 GKG Anm. 2 A.
158) *Hartmann*, § 49 GKG Anm. 2 A, 2 C (für die Anschlußberufung).
159) *Hartmann*, § 49 GKG Anm. 2 A.
160) *Hartmann*, § 49 GKG Anm. 2 C.

Die Kostenentscheidung, Urteil

137 Unmittelbar aus der Kostenentscheidung selbst ergibt sich, ob und inwieweit eine Partei der anderen Partei die **außergerichtlichen Kosten** zu erstatten hat. Die außergerichtlichen Kosten hat die Partei zunächst selbst zu tragen.[161] Werden jedoch im Urteil die Kosten des Rechtsstreits einer Partei auferlegt, ist sie dem Gegner zur Erstattung verpflichtet (sog. **Kostenerstattungsanspruch**).

II. Kostenerstattungsanspruch

1. Prozessualer Kostenerstattungsanspruch

138 Die Kostenentscheidung im Urteil (oder Beschluß) richtet sich ausschließlich nach den Regeln der Zivilprozeßordnung, so z. B. nach den §§ 91 ff., 269 III 2, 281 III 2, 344. Maßgebend ist grundsätzlich das Prozeßrechtsverhältnis, d. h., die Entscheidung hängt in der Regel davon ab, welche Partei in welchem Umfang in dem Rechtsstreit unterlegen ist. Das bürgerliche Recht ist in diesem Zusammenhang jedenfalls unmittelbar nicht anwendbar.[162] Es kommt insbesondere nicht darauf an, aus welchem Grund die Partei unterlegen ist, ob sie ein Verschulden trifft, ob sie geschäftsfähig ist und ob Haftungsbeschränkungen bestehen. Man spricht in diesem Zusammenhang vom prozessualen Kostenerstattungsanspruch.[163]

139 Beim prozessualen Kostenerstattungsanspruch handelt es sich um den Anspruch einer Partei gegen die andere, die ihr entstandenen Prozeßkosten zu erstatten. Auch wenn er auf den Vorschriften der Zivilprozeßordnung beruht, ist er ein privatrechtlicher Anspruch, d. h. ein **Ausgleichsanspruch** unter Privatpersonen.[164] Über ihn hat das Zivilgericht zu entscheiden, allerdings nicht in einem selbständigen Prozeß, sondern von Amts wegen (§ 308 II) in dem Rechtsstreit, in dem die Prozeßkosten entstanden sind bzw. noch entstehen.[165]

140 Nach den §§ 91, 91 a, 92, 96, 97 I gilt für den Inhalt der Kostenentscheidung, daß der Unterlegene dem Obsiegenden die Kosten des Rechtsstreits zu erstatten hat (= **Prinzip der Erfolglosigkeit**); auf sein Verschulden kommt es nicht an.[166] Andere Regelungen, die gegenüber den genannten Grundregeln Sondervorschriften darstellen, orientieren sich am **Verschuldensprinzip**, so z. B. § 95, am **Veranlassungsprinzip**, so z. B. §§ 93, 94, 95, oder am Prinzip der **Säumnis**, so z. B. § 95, 1. Alternative, § 344.[167] Die genannten Prinzipien lassen sich nicht strikt voneinander abgrenzen; in den vorgenannten Fällen ist ebenso wie bei §§ 91, 91 a, 92, 96, 97 I das Prinzip der Veranlassung mit von Bedeutung. Die Kostenregelungen über die Rücknahme (§§ 269 III 2, 515 III 1, 566) lassen sich sowohl in das Prinzip der Erfolglosigkeit als auch in das Prinzip der Veranlassung einordnen; ferner ist das Prinzip der Säumnis ein Sonderfall des Veranlassungsprinzips. Da es letztlich nur auf die zutreffende Kostenentscheidung ankommt, sollen an dieser Stelle die Kostenprinzipien nicht weiter vertieft werden.

---

161) *Baumbach/Lauterbach/Albers/Hartmann*, Übersicht § 91 Anm. 2 B dd; *Thomas/Putzo*, Vorbem. § 91 Anm. II.
162) *Baumbach/Lauterbach/Albers/Hartmann*, Übersicht § 91 Anm. 3 A; *Furtner*, S. 15.
163) *Becker-Eberhard*, S. 5 ff.; *Baumbach/Lauterbach/Albers/Hartmann*, Übersicht § 91 Anm. 3 A; *Thomas/Putzo*, Vorbem. § 91 Anm. IV 1.
164) *Becker-Eberhard*, S. 12 ff.; *Thomas/Putzo*, Vorbem. § 91 Anm. IV 1.
165) *Becker-Eberhard*, S. 14; *Zöller*, Vor § 91 Rd.Ziff. 10.
166) *Baumbach/Lauterbach/Albers/Hartmann*, Übersicht § 91 Anm. 3 E; *Becker-Eberhard*, S. 19 f.; *Stein/Jonas*, Vor § 91 Rd.Ziff. 7.
167) Vgl. hierzu näher *Becker-Eberhard*, S. 19 ff.

Regelungsgegenstand der Kostenentscheidung

Der prozessuale Kostenerstattungsanspruch **entsteht** nach h. M.[168] nicht erst mit dem Erlaß bzw. der Rechtskraft der Entscheidung, sondern vielmehr schon **aufschiebend bedingt** zum Zeitpunkt der Entstehung des Prozeßrechtsverhältnisses, d. h. mit dem Eintritt der Rechtshängigkeit. Bedingung ist der Erlaß der Entscheidung, die dem Gegner die Kosten auferlegt. Mit der Kostenentscheidung im Urteil verwandelt sich dieser Anspruch in einen **auflösend bedingten**; erst mit dem Eintritt der Rechtskraft der Kostenentscheidung oder in den Fällen der §§ 269 III, 515 III, 566 kraft Gesetzes entfällt jede Bedingung; auflösende Bedingung ist hier demnach die Aufhebung oder das Unwirksamwerden der Entscheidung. Der aufschiebend bedingte Kostenerstattungsanspruch ist weder fällig noch aufrechenbar, kann aber bereits abgetreten, verpfändet, gepfändet oder im Konkurs angemeldet werden. 141

Fällig wird der Kostenerstattungsanspruch schon vor Rechtskraft, wenn das Urteil für vorläufig vollstreckbar erklärt wird.[169] Der prozessuale Kostenerstattungsanspruch **verjährt** in 30 Jahren (§§ 195, 218 BGB).[170]

2. Materieller Kostenerstattungsanspruch

Von dem prozessualen Kostenerstattungsanspruch zu unterscheiden ist der materiellrechtliche Kostenerstattungsanspruch, der jedenfalls grundsätzlich in einem gesonderten Rechtsstreit, ausnahmsweise auch in demselben Rechtsstreit als Schadensersatzposten geltend zu machen ist; Besonderheiten ergeben sich insoweit insbesondere bei der **Erledigungserklärung**.[171] Der materiell-rechtliche Kostenerstattungsanspruch ist unabhängig vom Ausgang des betreffenden Rechtsstreits. Er bedarf einer materiell-rechtlichen Anspruchsgrundlage. 142

> **Beispiele:**
> Anspruch aus Vertrag;
> Schadensersatzansprüche nach § 286 I BGB, aus positiver Vertragsverletzung, aus culpa in contrahendo, nach §§ 823 ff. BGB und nach § 840 III 2 ZPO;
> Aufwendungsersatzanspruch nach den Regeln über die Geschäftsführung ohne Auftrag.

Ob auch die Vorschriften über die **verfahrensrechtliche Kostentragungspflicht** als Anspruchsgrundlage in Betracht kommen können — analoge Anwendung der §§ 91 ff. —, ist hingegen fraglich.[172] 143

Der materiell-rechtliche Kostenerstattungsanspruch ist weitergehend als der prozessuale Kostenerstattungsanspruch, da er sich nicht auf die reinen Prozeßkosten[173] beschränkt. Zu dem materiell-rechtlichen Kostenerstattungsanspruch zählen nämlich auch vorgerichtliche Rechtsverfolgungskosten und sogenannte Vorbereitungskosten. 144

> **Beispiele:**
> Mahnkosten, Detektivkosten, Gutachterkosten, Kredit- bzw. Finanzierungskosten.

---

168) BGH, NJW 83, 284; BGH, NJW 88, 3204 = JZ 88, 675; OLG Nürnberg, MDR 77, 936; *Anders/Gehle*, Rd.Ziff. 153; *Baumbach/Lauterbach/Albers/Hartmann*, Übersicht § 91 Anm. 3 B; *Thomas/Putzo*, Vorbem. § 91 Anm. IV 1 a aa; *Zöller*, Vor § 91 Rd.Ziff. 10.
169) BGH, Rpfleger 76, 176.
170) OLG München, NJW 71, 1755; *Thomas/Putzo*, Vorbem. § 91 Anm. IV 1 b; *Zöller*, Vor § 91 Rd.Ziff. 10.
171) *Schneider*, MDR 81, 353; *Baumbach/Lauterbach/Albers/Hartmann*, Übersicht § 91 Anm. 4 A; *Becker-Eberhard*, S. 50 ff.; *Stein/Jonas*, Vor § 91 Rd.Ziff. 17, 19; *Thomas/Putzo*, Vorbem. § 91 Anm. IV 2; zu den Besonderheiten bei der Erledigungserklärung vgl. Rd.Ziff. 474 ff. (Feststellung des Kosteninteresses), insbes. Rd.Ziff. 481.
172) Offengelassen: BGH, NJW 83, 284; ablehnend: BGH, NJW 88, 2032; *Thomas/Putzo*, Vorbem. § 91 Anm. IV 2, jeweils m. w. N.
173) Vgl. zum Begriff „Prozeßkosten" oder „Kosten des Rechtsstreits" Rd.Ziff. 141.

Die Kostenentscheidung, Urteil

145 Zur Durchsetzung der betreffenden Ansprüche bedarf es grundsätzlich einer **besonderen Klage** mit einem bezifferten Antrag. Sind die Ansprüche bereits vor der gerichtlichen Entscheidung über den Hauptanspruch entstanden, können sie mit diesem zusammen eingeklagt werden. Im Einzelfall kann der materiell-rechtliche Kostenerstattungsanspruch aber auch im **Kostenfestsetzungsverfahren** geltend gemacht werden, wobei bei einer rechtskräftigen Entscheidung im Kostenfestsetzungsverfahren über den materiell-rechtlichen Kostenerstattungsanspruch dann endgültig entschieden wird, d. h. eine erneute Geltendmachung nicht möglich ist.[174] Auf der anderen Seite können Kosten, deren Festsetzung im Kostenfestsetzungsverfahren an sich möglich wäre, auch als materiell-rechtliche Position eingeklagt werden, wenn sie zweifelhaft sind und eine materiell-rechtliche Grundlage vorhanden ist.[175]

> Beispiel:
> Kosten eines Privatgutachtens, das zur Durchsetzung von Schadensersatzansprüchen eingeholt wird.

Soweit sich aber der prozessuale und der materiell-rechtliche Kostenerstattungsanspruch decken, ist – abgesehen von dem genannten Sonderfall – eine gesonderte Klage wegen fehlenden Rechtsschutzbedürfnisses unzulässig.[176]

> Beispiel:
> Kosten eines während des Prozesses eingeholten Privatgutachtens zur Substantiierung des Parteivortrags oder zum Angriff gegen ein Gerichtsgutachten.

III. Kostengrund und Kostenfestsetzung

1. Allgemeines

146 Mit der Kostenentscheidung wird nur der **Kostengrund** geregelt. Es wird bestimmt, welche Partei die Kosten des Rechtsstreits zu tragen hat.[177] Erst in einem sich an die Kostengrundentscheidung anschließenden Kostenfestsetzungsverfahren wird der Betrag des Kostenerstattungsanspruchs tituliert.

2. Kostenfestsetzungsverfahren

147 Im Kostenfestsetzungsverfahren wird die **Höhe** der Kosten, die eine Partei der anderen zu erstatten hat, auf der Grundlage der Kostengrundentscheidung ermittelt. Hiervon zu unterscheiden ist die Frage, welche Kosten eine Partei der Gerichtskasse zu zahlen hat; diese Entscheidung wird im **Kostenansatzverfahren** getroffen.[178] Ebenfalls nicht geregelt wird im Kostenfestsetzungsverfahren, welche Kosten eine Partei ihrem **Rechtsanwalt** schuldet; dies wird in dem Verfahren nach § 19 BRAGO oder in einem ordentlichen Zivilrechtsstreit entschieden.[179]

148 Geregelt ist das Kostenfestsetzungsverfahren in den §§ 103 ff. i. V. m. § 21 RPflG. **Zuständig** für die Entscheidung im Kostenfestsetzungsverfahren ist der Rechtspfleger (§ 104 I 1 i. V. m. § 21 I Nr. 1 RPflG). Dieser wird grundsätzlich auf **Gesuch der Partei** (§ 103 II) tätig. Nur im Falle des § 105 II ist ein Gesuch entbehrlich. Antragsberechtigt ist die obsiegende Partei

---

174) *Baumbach/Lauterbach/Albers/Hartmann*, Übersicht § 91 Anm. 5; *Zöller*, Vor § 91 Rd.Ziff. 12, jeweils m. w. N.
175) *Schneider*, S. 344.
176) BGHZ 75, 236; *Furtner*, S. 16; *Thomas/Putzo*, Vorbem. § 91 Anm. IV, 2.
177) *Baumbach/Lauterbach/Albers/Hartmann*, Übersicht § 91 Anm. 3 C.
178) Vgl. Rd.Ziff. 17.
179) *Schneider*, S. 343.

(= **Kostengläubiger**); im Falle der Kostenteilung steht jeder Partei ein Antragsrecht zu. Das Gesuch ist für alle Instanzen bei der Geschäftsstelle des ersten Rechtszuges schriftlich oder zu Protokoll der Geschäftsstelle anzubringen (§ 103 II). Ein Anwaltszwang besteht nicht (vgl. § 103 II 1 i. V. m. § 78 II). In dem Kostengesuch hat die Partei ihre Kosten unter Beifügung der Belege darzustellen und glaubhaft zu machen; bei den dem Rechtsanwalt erwachsenen Auslagen an Post-, Telegrafen- und Fernsprechgebühren genügt die Versicherung des Rechtsanwalts, daß diese Auslagen entstanden sind (§ 104 II 2).

Der Rechtspfleger entscheidet über die von der unterliegenden Partei zu erstattenden Kosten durch **Beschluß** (vgl. § 104 III). Dieser Beschluß bildet nach § 794 I Nr. 2 den Titel für die Vollstreckung der Kosten des Rechtsstreits. Vor Erlaß des Beschlusses ist dem Gegner rechtliches Gehör zu gewähren (§ 104 I 2). Der Rechtspfleger prüft dann in den Grenzen des § 308 I auf der Grundlage der Kostengrundentscheidung, welche Kosten in welcher Höhe entstanden und erstattungsfähig sind, insbesondere, welche Kosten zur zweckentsprechenden Rechtsverfolgung oder Rechtsverteidigung notwendig waren (vgl. § 91 I 1 am Ende) und ob die **Mehrwertsteuer** bei Vorsteuerabzugsberechtigung berücksichtigt werden kann.[180] **Gerichtskosten** sind nur zu berücksichtigen, soweit die erstattungsberechtigte Partei vorschußweise Gebühren und Auslagen

149

> Beispiele:
> § 65 I GKG, § 379

geleistet hat; diese Kosten gelten im Kostenfestsetzungsverfahren als **Parteikosten**.[181] Der Rechtspfleger ist an die Kostengrundentscheidung im Urteil gebunden.

Eine Korrektur dieser Kostenentscheidung ist im Kostenfestsetzungsverfahren nach unserer Auffassung nicht möglich, und zwar auch nicht bei offensichtlichen Fehlern.[182]

> Beispiel:
> Das Gericht vergißt die Tenorierung nach § 281 III 2. Hier kommt nur eine Urteilsberichtigung nach § 321 in Betracht.

In dem Kostenfestsetzungsbeschluß sind der Titel, der Gesamtbetrag der erstattungsfähigen Kosten und, soweit berechtigt, die Zinsen anzugeben (§ 104 I 2). Des weiteren enthält der Beschluß eine Kostenentscheidung.[183] Die vorläufige Vollstreckbarkeit ist nicht auszusprechen, da der Kostenfestsetzungsbeschluß kraft Gesetzes (§ 794 I Nr. 2) vollstreckbar ist.

150

Der Kostenfestsetzungsbeschluß kann nach § 105 I ZPO auf das Urteil gesetzt werden, soweit noch keine Ausfertigung des Titels erteilt wurde.

Soweit die Prozeßkosten nach Quoten verteilt worden sind, soll möglichst eine doppelte Kostenfestsetzung vermieden werden und deshalb ein einheitlicher Kostenfestsetzungsbeschluß ergehen – sogenannte **Kostenausgleichung**.[184] Deshalb sieht § 106 I vor, daß nach Anbringung des Festsetzungsgesuches die Geschäftsstelle den Gegner auffordert, die Berechnung seiner Kosten binnen 2 Wochen einzureichen. Bei fruchtlosem Ablauf der Frist verliert der Gegner zwar nicht sein Recht auf eine Kostenfestsetzung; er muß jedoch die Mehrkosten tragen, die durch die getrennte Kostenfestsetzung entstehen (§ 106 II, 2).

151

---

180) OLG Köln, NJW 91, 3156; OLG Stuttgart, NJW 91, 3158, jeweils m. w. N.
181) *Schneider*, S. 345.
182) So auch KG, MDR 76, 405; OLG Schleswig, JurBüro 82, 1404; OLG Koblenz, Rpfleger 86, 447; LG Frankfurt/Main, Rpfleger 88, 203; OLG München, Rpfleger 91, 121; *Schneider*, S. 289; *Thomas/Putzo*, § 281 Anm. 4 d; a. A. OLG Saarbrücken, NJW 75, 982; *Zöller*, § 281 Rd.Ziff. 19.
183) Vgl. Rd.Ziff. 661 ff.
184) Vgl. näher *Thomas/Putzo*, § 106 Anm. 1 a; *Schneider*, S. 350; *Zöller*, § 106 Rd.Ziff. 1; *von Eicken*, Rd.Ziff. 140 ff.; zur Unanwendbarkeit des § 106 I bei der Haftung des Beklagten als Gesamtschuldner: OLG Köln, NJW 91, 3156; zur Kostenausgleichung auch bei Prozeßkostenhilfe: OLG Düsseldorf, AnwBl. 91, 652.

Die Kostenentscheidung, Urteil

152 Gegen den Kostenfestsetzungsbeschluß und gegen die Entscheidung des Rechtspflegers, mit der der Antrag auf Kostenfestsetzung aus sachlichen Gründen zurückgewiesen wird, kann eine befristete Erinnerung nach § 11 I RpflG (§ 104 I 1), die als **Durchgriffserinnerung** ausgestaltet ist, eingelegt werden.[185] Dies gilt auch dann, wenn der Rechtspfleger ein Tätigwerden ohne Sachprüfung ablehnt.[186] Die für die befristete Erinnerung in § 21 II 1 RpflG vorgesehene Zweiwochenfrist beginnt mit der Zustellung des Kostenfestsetzungsbeschlusses oder der zurückweisenden Entscheidung. Der Rechtspfleger kann der Erinnerung abhelfen (§ 21 II 2 RpflG). Ansonsten legt er die Erinnerung dem Richter vor (§ 21 II 3 RpflG). Zuständig ist das Gericht, dessen Rechtspfleger entschieden hat. Der Richter trifft eine Entscheidung, wenn er die Erinnerung für zulässig und begründet erachtet, oder wenn gegen die Entscheidung, hätte er sie selbst erlassen, kein Rechtsmittel gegeben wäre (§ 21 II 3 RpflG).

    Beispiele:
    Beschwerdegegenstand bis 100,– DM – § 567 II;
    Entscheidung des Oberlandesgerichts – § 567 III.

Ansonsten legt der Richter die Erinnerung dem Rechtsmittelgericht vor, wodurch die Erinnerung dann als Beschwerde gilt (§§ 11 II 4, 5, 21 II 4 RpflG).

153 Auch nach Rechtskraft des Kostenfestsetzungsbeschlusses kann eine Änderung der Berechnungsgrundlage geltend gemacht werden (§ 107).

---

185) *Thomas/Putzo*, § 104 Anm. 3.
186) *Zöller*, § 103 Rd.Ziff. 13.

Regelungsgegenstand der Kostenentscheidung

3. Beispiele für eine Kostenrechnung, eine Kostenausgleichung und einen Kostenfestsetzungsbeschluß

Kostenrechnung:

Anlage 1

Geschäftsstelle des Oberlandesgerichts

Geschäfts-Nr.: 7 O 25/90	Ort und Tag
Geschäfts-Nr. XXXXXXXXXXXXXX AG/LG	Köln, den 01. 12. 1990
An XXX	Reinschrift Kost 3 Fl. fertigen und an Kasse absenden
Geschäftsstelle des Amts/Landgerichts	Reinschrift Kost 3 Fl.
Köln XX	Verglichen und abgesandt am
An XXXXXXX EdXXXXXXX HeHaXXXXXX SchriftstücKE	

In Sachen .... Schmitz/Meyer ....
werden nach Beendigung des Verfahrens in der Berufungsinstanz die anliegenden Akten
XXXXXXXXXXXXXXXXXXXXXXXXX und eine beglaubigte Abschrift der ergangenen Entscheidung übersandt
Es wird gebeten die nachstehend berechneten Kosten anzuziehen XX

Kostenrechnung

Lfd. Nr.	Blatt der Akten	Nummer des Kostenverzeichnisses (Anlage 1 zu § 11 Abs. 1 GKG)	Wert des Gegenstandes		Betrag		Gezahlte oder erhobene Beträge: vom Kläger:		
			Bl.	DM	DM	Pf			
1	1	1010 (Gebühr)	185	20 000	342,	— —	Bl.	DM	(KM-KSt-ZA-KSB)
2	175	1016 (Gebühr)	185	10 000	444,	— —		1346,—	
		(Gebühr)							
		1900 (Schreibauslagen)					vom Bekl.:		
3		Blatt: 20, 30			30,	— —	Bl.	DM	(KM-KSt-ZA-KSB)
		DM: 30,—					88	120	
		1904 (Zeugenentschädigung)							
4		Blatt: 150							
		DM: 120,—			120,	— —			
		1904 (Sachverständigenentschädigung)							
5		Blatt: 100							
		DM: 1000,—			1000,	— —			
		1902 (Auslagen für Zustellungen)							
		Blatt:							
		DM:							
		(Sonstige Auslagen)							
		Blatt:							
		DM:							

	Zusammen:	1936,	— —
Kostenrechnung über DM 470,—	Anzurechnen:	1466,	— —
an	Noch zu zahlen:	470,	— —
Meyer			

Zweitschuldnerhaftung, Mithaft besteht
(x) ja/( ) nein

zu Az.: 7 O 25/90
( ) ZA erbeten
(Ausland

zahlt (x) Kostenschuldner ( ) für .... xY — Rechtspfleger ....
(Name, Amtsbezeichnung)

Die Kostenentscheidung, Urteil

155 Kostenausgleichung

Fall:
Der Kläger hat gegen den Beklagten auf Zahlung von 20 000,– DM geklagt. Die Parteien haben den Rechtsstreit in Höhe von 10 000,– DM vor der ersten mündlichen Verhandlung übereinstimmend für erledigt erklärt. Durch Urteil vom 1. 8. 1991 wird der Beklagte verurteilt, an den Kläger weitere 8000,– DM zu zahlen. Im übrigen wird die Klage abgewiesen. Die Kostenentscheidung lautet wie folgt:

„Die Kosten des Rechtsstreits tragen der Kläger zu ⅖ und der Beklagte zu ⅗."

Nunmehr beantragt der Kläger Kostenfestsetzung und beziffert
seine Kosten wie folgt:

10/10 Prozeßgebühr	Streitwert: 20 000,– DM	849,00 DM
10/10 Verhandlungsgebühr	Streitwert: 10 000,– DM	539,00 DM
10/10 Beweisgebühr	Streitwert: 10 000,– DM	539,00 DM
Kostenpauschale		40,00 DM
		1967,00 DM
14% MWSt.		275,38 DM
		2242,38 DM
Gerichtskostenvorschuß:		1346,00 DM
		= 3588,38 DM

Der Rechtspfleger fordert den Beklagten nach § 106 auf, seinerseits einen Kostenfestsetzungsantrag zu stellen. Daraufhin reicht der Beklagte folgende Kostenrechnung ein, mit der er dieselben außergerichtlichen Kosten wie der Kläger geltend macht, nämlich in Höhe von 2242,38 DM
und darüber hinaus einen Gerichtskostenvorschuß in Höhe von 120,00 DM
berücksichtigt.

  2362,38 DM

Nach Überprüfung der Notwendigkeit kommt es zu folgender Kostenausgleichung:
Es haben gefordert und es werden unter Außerachtlassen der Gerichtskosten festgesetzt für

1. den Kläger	3588,38 DM
2. den Beklagten	2362,38 DM
	5950,76 DM.

Hiervon tragen:

der Kläger	⅖ = 2380,30 DM
der Beklagte	⅗ = 3570,46 DM

Mithin hat der Beklagte dem Kläger folgenden Betrag zu erstatten:

  3588,38 DM (= erstattungsfähige Kosten des Klägers)
abzüglich 2380,30 DM (vom Kläger zu tragender Betrag)
  1208,08 DM.

Dies ergibt zusammen mit den erstattungsfähigen Kosten des Beklagten in Höhe von 2362,38 DM den vom Beklagten zu tragenden Betrag in Höhe von 3570,46 DM.

156 Im Ausgangsfall ergeht folgender **Kostenfestsetzungsbeschluß**:

Beschluß
In dem Rechtsstreit
(volles Rubrum)

Nach dem Urteil des Landgerichts Köln vom 01. 08. 1990 (Az.: . . .) werden die von dem

Beklagten an den Kläger zu erstattenden Kosten auf 1208,08 DM (in Worten: eintausendzweihundertacht Deutsche Mark) festgesetzt.
Köln, den ...
Landgericht Köln
Der Rechtspfleger

§ 5 Grundsätze der Kostenentscheidung

Im Zivilprozeß gilt der Grundsatz der Kosteneinheit. Nur in bestimmten Ausnahmefällen erfolgt eine Kostentrennung. 157

I. Kosteneinheit

Der Grundsatz der Einheit der Kostenentscheidung bedeutet, daß einheitlich über die Kosten des Rechtsstreits in der jeweiligen Instanz entschieden wird, und zwar unabhängig von den einzelnen Prozeßhandlungen, den Prozeßabschnitten und der Anzahl der Urteile in derselben Instanz.[187] Die Entscheidung erfolgt grundsätzlich in dem Urteil, das die Instanz beendet, sog. Schlußurteil; Teilurteile (§ 301), Zwischenurteile (§§ 280 II, 303) und Grundurteile (§ 304) beenden die Instanz nicht insgesamt und dürfen wegen des Grundsatzes der Kosteneinheit jedenfalls grundsätzlich keine Kostenentscheidung enthalten.[188] Dem Grundsatz der Kosteneinheit wird im Tenor wie folgt Rechnung getragen: 158

„Die Kosten des Rechtsstreits trägt der Kläger (Beklagte)."
Oder:
„Die Kosten des Rechtsstreits werden dem Kläger zu ⅖ (= 40%) und dem Beklagten zu ⅗ (= 60%) auferlegt."

Ein **Verstoß** gegen den Grundsatz der Kosteneinheit würde hingegen vorliegen, wenn bestimmte Verfahrensabschnitte, Prozeßhandlungen oder Urteile in derselben Instanz zum Anknüpfungspunkt einer gesonderten, selbständigen Kostenentscheidung gemacht würden. So kann z. B. ein klageabweisendes Teilurteil über 1000,– DM bei einem Gesamtstreitwert von 3000,– DM nicht mit der Kostenentscheidung ergehen: „Die Kosten des Rechtsstreits trägt der Kläger zu ⅓." Diese Kostenquote kann nämlich je nach Entwicklung des Rechtsstreits unzutreffend sein. 159

> **Beispiel:**
> Eingeklagt sind 3000,– DM. Es ergeht ein klageabweisendes Urteil über 1000,– DM. Im Hinblick auf den Rest von 2000,– DM findet eine Beweisaufnahme statt und der Kläger obsiegt insoweit. Dann sind die Kosten wie folgt zu verteilen:
> Gerichtskosten: Nr. 1010-Gebühr: 96,– DM;
> hiervon tragen: der Kläger ⅓ = 32,– DM und
> der Beklagte ⅔ = 64,– DM.
> Von der Nr. 1016-Gebühr (doppelter Ansatz) = 192,– DM tragen:
> der Kläger ⅓ = 64,– DM und
> der Beklagte ⅔ = 128,– DM (wegen § 21 II GKG braucht nicht getrennt nach dem Teilurteil und dem Schlußurteil unterschieden werden).

---

[187] *Anders/Gehle*, Rd.Ziff. 154; *Rosenberg/Schwab*, S. 497; *Schneider*, S. 72, 278; *Stein/Jonas*, § 91 Rd.Ziff. 14; *Thomas/Putzo*, § 91 Anm. 2; *Zöller*, § 91 Rd.Ziff. 3.
[188] Vgl. hierzu im einzelnen, insbes. zu den Ausnahmen: Rd.Ziff. 3 ff., insbes. 5 ff.

Die Kostenentscheidung, Urteil

Anwaltsgebühren:
Von der Prozeßgebühr bei einem Streitwert von 3000,– DM = 175,– DM tragen der Kläger ⅓ = 58,30 DM und der Beklagte ⅔ = 116,70 DM. Dasselbe gilt für die Verhandlungsgebühr (vgl. § 13 II BRAGO). Die Beweisgebühr, Streitwert 2000,– DM, trägt hingegen der Beklagte allein = 130,– DM. Mithin haben der Kläger insgesamt an Kosten 212,60 DM und der Beklagte 555,40 DM zu tragen. Dies ergibt eine Kostenquote von 28% zu Lasten des Klägers und 72% zu Lasten des Beklagten.

Gegen den Grundsatz der Kosteneinheit würde es auch verstoßen, die Kostenentscheidung nach **Klage und Widerklage** zu unterteilen („der Kläger trägt die Kosten der Widerklage, der Beklagte trägt die Kosten der Klage"). Dabei bliebe nämlich unberücksichtigt, daß einheitliche Gebühren nach einem Gesamtstreitwert entstehen. Weitere Beispiele für einen Verstoß gegen den Grundsatz der Kosteneinheit sind, dem Kläger die Kosten des Rechtsstreits aufzuerlegen, soweit er die Klageforderung anerkannt hat, oder dem Kläger die Kosten des Rechtsstreits aufzuerlegen, soweit er die Klage zurückgenommen hat. Es gibt nämlich keine Anerkenntniskosten und keine Klagerücknahmekosten, die gesondert ermittelt werden könnten. Aus denselben Gründen können die Kosten auch nicht getrennt nach **Haupt- und Hilfsantrag** bzw. nach den einzelnen Stufenanträgen im Rahmen einer **Stufenklage** sowie nach Klage und **Aufrechnung** unterteilt werden.[189]

160 Dagegen ist der Grundsatz der Kosteneinheit nicht tangiert, wenn die **Gerichtskosten** und die **außergerichtlichen Kosten** der Parteien unterschiedlich quotiert werden.

Beispiel:
Streitgenossenprozeß[190]

Dabei geht es nämlich lediglich darum, die verschiedenen, jeweils nach eigenen Entstehungstatbeständen anfallenden **Kostenblöcke** nach dem individuellen Obsiegen und Unterliegen der Parteien aufzuteilen. Jeder Kostenblock wird jedoch für sich gesehen nach dem Grundsatz der Kosteneinheit verteilt und dem jeweiligen Kostenschuldner zugeordnet.

161 Der Grundsatz der Kosteneinheit folgt aus einzelnen Vorschriften des Kostenrechts, wie z. B. aus §§ 91 bis 93, 97 und aus den Besonderheiten des Gebührenrechts.

Nach den genannten Kostenvorschriften hat eine Partei, in der Regel die unterliegende, die Kosten des Rechtsstreits in vollem Umfang zu tragen, bzw. die Kosten des Rechtsstreits werden bei einem Teilunterliegen grundsätzlich quotenmäßig zwischen den Parteien verteilt. Diese Kostenvorschriften gehen ohne Unterscheidung von den „**Kosten des Rechtsstreits**" aus und unterscheiden nicht zwischen einzelnen Verfahrensabschnitten, einzelnen Prozeßhandlungen und der Anzahl der Urteile in einer Instanz.

Eine solche Unterscheidung wäre auch mit den Besonderheiten des Gebührenrechts nicht in Einklang zu bringen. Dabei sind insbesondere das Prinzip der Pauschgebühren, das Prinzip der Gebührendegression und das Prinzip der Höchstbetragsgrenzen von Bedeutung.

162 Als **Pauschgebühren** erfassen die Gebührentatbestände des Gerichtskostengesetzes und der Bundesrechtsanwaltsgebührenordnung nur einen weiten, allgemeinen verfahrensbezogenen Abgeltungsbereich für die Tätigkeit des Gerichts und der Prozeßbevollmächtigten.

Beispiele:
Prozeßgebühr nach § 31 I Nr. 1 BRAGO[191]
Nr. 1010-Gebühr für das Verfahren im allgemeinen[192]

Prozessuale Besonderheiten werden nach dem Gebührenrecht häufig nicht gesondert

---

189) Vgl. hierzu auch unten Rd.Ziff. 529 (Widerklage), Rd.Ziff. 360 ff. (Haupt- und Hilfsantrag) und Rd.Ziff. 373 ff. (Stufenklage).
190) Vgl. zu derartigen Tenorierungen im Streitgenossenprozeß Rd.Ziff. 259 ff.
191) Vgl. zum Umfang Rd.Ziff. 70.
192) Vgl. zum Umfang Rd.Ziff. 25.

Grundsätze der Kostenentscheidung

berücksichtigt.[193] So sind z. B. für Teilurteile, Klage/Widerklage, Teilanerkenntnis und Teilrücknahme keine besonderen Gebührentatbestände vorhanden. Eine gesonderte Verteilung wäre mithin in derartigen Fällen nicht möglich. Schon das Prinzip der Pauschgebühren spricht daher für den Grundsatz der Kosteneinheit. Allerdings gilt dies nicht für alle prozessualen Besonderheiten, weil nämlich in Einzelfällen besondere Gebührentatbestände vorhanden sind.

Beispiel:
Beweisaufnahme löst eine Beweisgebühr nach § 31 I Nr. 3 BRAGO aus.[194]

Daneben ist aber das Prinzip der **Gebührendegression** von Bedeutung. Danach steigen die Gebührenwerte langsamer als der ihnen zugrundeliegende Gebührenstreitwert.

163

Beispiel:
Aus der Gebührentabelle zu § 11 I BRAGO ergeben sich folgende Steigerungen:

Streitwert:	Gebühr:	
500,– DM	55,– DM	
1000,– DM	85,– DM	(statt 110,– DM bei einer linearen Steigerung)
5000,– DM	279,– DM	(statt 550,– DM)
10 000,– DM	539,– DM	(statt 1100,– DM)

Ähnlich verhält es sich bei der Steigerung der Gerichtsgebühren nach dem Kostenverzeichnis (KV) zu § 11 II GKG.
Würden einzelne Verfahrensabschnitte oder sonstige prozessuale Besonderheiten in der Kostenentscheidung gesondert ausgewiesen, wären die Parteien nicht gleichmäßig an diesem Degressionsprinzip beteiligt. Außerdem würden sich Schwierigkeiten bei der Feststellung der Höhe der erstattungsfähigen Kosten im Kostenfestsetzungsverfahren ergeben.

Aus denselben Gründen kann schließlich das Prinzip der **Höchstbetragsgrenzen** nach § 21 II, III GKG und § 13 III BRAGO für den Grundsatz der Kosteneinheit angeführt werden. Fallen dieselben Gebührentatbestände mehrfach an und sind dabei verschiedene Gebührensätze anzuwenden, darf nach den genannten Vorschriften der Wert nicht überschritten werden, der sich ergeben würde, wenn die Gebühr nur einmal, allerdings nach der Summe der einzelnen Gebührenstreitwerte, anfiele.[195] Würden aber die Kosten des Rechtsstreits nach Verfahrensabschnitten verteilt, bliebe unklar, wie dem Prinzip der Höchstbetragsgrenzen Rechnung zu tragen wäre.

164

Nach alledem muß das Prinzip der Kosteneinheit beachtet werden, weil nur so die Besonderheiten des Gebührenrechts berücksichtigt werden können und eine Berechnung der Kostenhöhe ohne Schwierigkeiten möglich ist.

II. Kostentrennung

1. Allgemeines

Von dem Grundsatz der Kosteneinheit zu unterscheiden ist der Grundsatz der Kostentrennung. In einzelnen, im Gesetz hervorgehobenen Fällen,

165

Beispiele:
§§ 94, 95, 96, 101 I, 238 IV, 281 III S. 2, 344, § 34 KO

entstehen besondere Kosten bzw. die betreffenden Kosten lassen sich eindeutig ermitteln.

---

193) *Hartmann*, Einl. II A, 4 B a.
194) Vgl. hierzu Rd.Ziff. 83 ff.
195) Vgl. hierzu näher mit Beispielen Rd.Ziff. 33, 37, 67, 75. 119.

Die Kostenentscheidung, Urteil

In diesen Fällen wird hinsichtlich der **Sonderkosten** nicht gequotelt; vielmehr werden diese der belasteten Partei unabhängig vom Ausgang des Rechtsstreits auferlegt.[196] Auch in den Fällen der Kostentrennung erfolgt die Kostenentscheidung erst im Schlußurteil, nicht hingegen bereits dann, wenn der Tatbestand für die Sonderkosten erfüllt ist.[197]

> **Beispiel für den Kostentenor:**
> „Die Kosten ... trägt der Kläger, die übrigen Kosten des Rechtsstreits werden dem Beklagten auferlegt."

Auch wenn der Tatbestand der Norm, nach der eine Partei unabhängig von dem sonstigen Rechtsstreit bestimmte Sonderkosten zu tragen hat, vorliegt, erfolgt eine solche Tenorierung aber nicht, wenn die betreffende Partei auch die übrigen Kosten des Rechtsstreits in vollem Umfang zu tragen hat. Dann ergibt sich nämlich aus dem Tenor,

> „Der Kläger trägt die Kosten des Rechtsstreits."

daß er auch Kostenschuldner der Sonderkosten ist.

2. Besonderheiten bei einzelnen Tatbeständen der Kostentrennung

a) § 344 ZPO

166 Ergeht gegen eine Partei ein Versäumnisurteil, können ihr unter den Voraussetzungen des § 344 im Wege der Kostentrennung die durch die Säumnis veranlaßten Kosten auferlegt werden.

> **Beispiel:**
> A klagt gegen X auf Zahlung von 2000,– DM. Es ergeht auf Antrag des A gegen den ordnungsgemäß geladenen, aber nicht erschienenen X ein Versäumnisurteil. Auf den form- und fristgemäß eingelegten Einspruch des X wird das Versäumnisurteil aufgehoben und die Klage wird abgewiesen. Dann lautet der Kostentenor:
> „Der Beklagte trägt die Kosten seiner Säumnis.[198] Die übrigen Kosten des Rechtsstreits werden dem Kläger auferlegt."

b) § 281 III 2 ZPO

167 Ein weiterer Fall der Kostentrennung liegt vor, wenn der Kläger eine Klage vor einem sachlich oder örtlich unzuständigen Gericht erhebt und auf seinen Antrag eine Verweisung an das zuständige Gericht erfolgt. In diesem Fall sind ihm nach § 281 III 2 die Mehrkosten gesondert aufzuerlegen, die durch die Anrufung des unzuständigen Gerichts entstanden sind. Der Tenor lautet:

> „Der Kläger trägt die durch die Anrufung des unzuständigen Gerichts entstandenen Mehrkosten. Die übrigen Kosten des Rechtsstreits werden ... auferlegt."

Die **Mehrkosten** i. S. des § 281 III 2 bestehen in der Differenz zwischen den Kosten, die dem Beklagten in dem Rechtsstreit wirklich entstanden sind und denjenigen, welche ihm entstanden wären, wenn der Rechtsstreit von vornherein vor dem zuständigen Gericht ausgetragen worden wäre.[199] Da die Entscheidung über die Mehrkosten im Schlußurteil[200] getroffen wird, obliegt sie dem Gericht, das dieses Urteil erläßt.[201] Das ist in der Regel das

---

[196] *Anders/Gehle*, Rd.Ziff. 155; *Schneider*, S. 279; *Thomas/Putzo*, § 91 Anm. 2; *Zöller*, § 91 Rd.Ziff. 3.
[197] *Schneider*, S. 279.
[198] Zu den Kosten der Säumnis (§§ 33 I 1; 38 II BRAGO) vgl. oben Rd.Ziff. 78, 115 ff. und im einzelnen zu § 344 vgl. Rd.Ziff. 506 ff.
[199] LAG Düsseldorf, NJW 59, 1894; OLG Düsseldorf, Rpfleger 71, 409; KG, Rpfleger 76, 325; OLG Frankfurt/Main, KostRspr ZPO § 281 Nr. 9 = JurBüro 80, 1588; LG Köln, MDR 57, 304; *Thomas/Putzo*, § 281 Anm. 4 d.
[200] Zum Begriff „Schlußurteil" vgl. Rd.Ziff. 3.
[201] *Schneider*, S. 289; *Thomas/Putzo*, § 281 Anm. 4 d.

Gericht, an das der Rechtsstreit endgültig verwiesen wird. Etwas anderes gilt nur, wenn der Rechtsstreit vom höheren Gericht an ein unteres Gericht verwiesen wird; in diesem Fall hat das höhere Gericht über die Mehrkosten entsprechend § 281 III 2 zu entscheiden.[202] Wird die Mehrkostenentscheidung im Urteil unterlassen, folgen auch die Mehrkosten der Kostengrundentscheidung.[203] Bei nicht eindeutiger Formulierung der Mehrkostenentscheidung kann das Zitat des § 281 III 2 in den Entscheidungsgründen zur Auslegung herangezogen werden.[203a]

Wird der Rechtsstreit vom Amtsgericht oder Landgericht zum **Arbeitsgericht** verwiesen, ist die Anwendung des § 281 III 2 problematisch, weil § 12a ArbGG eine Kostenerstattung im ersten Rechtszug ausschließt. Da aber die vor dem unzuständigen Gericht erwachsenen Anwaltskosten schon entstanden sind, bevor Rechtshängigkeit bei dem Arbeitsgericht eingetreten ist, sind diese nach unserer Auffassung erstattungsfähig und müssen deshalb von dem Arbeitsgericht tenoriert werden.[204]

c) § 238 IV ZPO

Nach § 238 IV trägt der Antragsteller die Kosten des Wiedereinsetzungsverfahrens und damit auch die des für ihn erfolgreichen Beschwerdeverfahrens, wenn nicht der Gegner unbegründet widerspricht. Der Ausnahmetatbestand wird selten anzunehmen sein, da die hierzu erforderliche Kausalität kaum festzustellen ist.[205] Da für das Wiedereinsetzungsverfahren keine besonderen Gebühren vorgesehen sind, können insoweit nur Auslagen der Parteien und Kosten durch eine Beweisaufnahme entstehen. Im Falle des § 238 IV wird wie folgt tenoriert:

> „Die Kosten der Wiedereinsetzung trägt der Kläger. Die übrigen Kosten des Rechtsstreits werden ... auferlegt."

§ 238 IV greift nicht ein, wenn der Antrag aus § 233 I zurückgewiesen wird. Vielmehr erfolgt dann eine Kostenregelung nach den §§ 91 ff.

d) § 94 ZPO

Macht der Kläger einen auf ihn übergegangenen Anspruch geltend, ohne daß er vor Klageerhebung den Forderungsübergang dem Beklagten mitgeteilt hat, fallen ihm die Prozeßkosten insoweit zur Last, als der Beklagte deshalb veranlaßt worden ist, den Anspruch zu bestreiten (§ 94). Die Kostenentscheidung erfolgt im Schlußurteil. Dabei muß der kostenverursachende Vorgang

> Beispiel:
> Beweisaufnahme oder Teile hiervon (z. B. Zeugenvernehmungen)

genau bezeichnet werden.

> Beispiel:
> „Die durch die Vernehmung des Zeugen ... entstandenen Kosten trägt der Kläger. Die übrigen Kosten des Rechtsstreits werden ... auferlegt."

e) § 95 ZPO und § 34 GKG

Eine Partei, die einen Termin oder eine Frist versäumt bzw. die Verlegung eines Termins, die Vertagung einer Verhandlung, die Anberaumung eines Termins zur Fortsetzung der Verhandlung oder die Verlängerung einer Frist durch ihr Verschulden veranlaßt, hat die

---

202) BGHZ 12, 52, 69; 22, 65, 71.
203) H. M., vgl. OLG Düsseldorf, JurBüro 88, 784; OLG Bamberg, JurBüro 88, 885; *Stein/Jonas*, § 281 Rd.Ziff. 42; a. A. OLG Hamm, RPfleger 91, 267.
203a) OLG Koblenz, RPfleger 91, 477.
204) LAG Hamm, AP § 276 ZPO Nr. 21; LAG Mainz, AnwBl. 71, 90; OLG Hamm, AnwBl. 71, 88; *Schneider*, S. 290; *Zöller*, § 281, Rd.Ziff. 20.
205) OLG Hamm, MDR 82, 501; *Baumbach/Lauterbach/Albers/Hartmann*, § 238 Anm. 3; *Thomas/Putzo*, § 238 Anm. 6; *Zöller*, § 238 Rd.Ziff. 11.

Die Kostenentscheidung, Urteil

dadurch entstandenen Kosten zu tragen. § 344 geht dieser Vorschrift als lex specialis vor.[206] § 95 ist als Mittel gegen eine Prozeßverschleppung gedacht. Diese Vorschrift hat kaum praktische Bedeutung, zumal besondere Kosten, sieht man einmal von den Versäumniskosten ab, in seltenen Fällen durch die in § 95 genannten Fälle entstehen.[207]

Beispiel für Mehrkosten:
Zusätzliche Kosten für einen Sachverständigen oder Zeugen bei Vertagung des Beweistermins durch Verschulden einer Partei. Die Partei verwehrt z. B. dem Sachverständigen bei der Ortsbesichtigung den Zutritt zu den zu begutachtenden Räumlichkeiten, weil ihr Prozeßbevollmächtigter sie von dem Sachverständigentermin nicht unterrichtet hat. Hier können die Mehrkosten der Parteien nach §§ 95 analog, 85 II der betreffenden Partei auferlegt werden.[208]

Die Entscheidung nach § 95 ergeht im Schlußurteil, wo das kostenverursachende Verhalten der Partei konkret bezeichnet werden muß.[209]

Beispiel:
„Der Kläger hat die Mehrkosten zu tragen, die durch seine schuldhafte Weigerung, dem Sachverständigen ... das Betreten der Räumlichkeiten ... zu gestatten, entstanden sind. Die übrigen Kosten des Rechtsstreits werden ... auferlegt."

Neben § 95 kann das Gericht nach **§ 34 GKG** einer Partei eine Verzögerungsgebühr von ¼ bis ¹⁄₁ der vollen Gebühr (vgl. Kostenverzeichnis Nr. 1185) auferlegen, wenn durch Verschulden dieser Partei oder ihres Vertreters die Vertagung einer mündlichen Verhandlung oder die Anberaumung eines neues Termins zur mündlichen Verhandlung veranlaßt wird. Das gilt auch, wenn die Erledigung des Rechtsstreits durch schuldhaftes nachträgliches Vorbringen von Angriffs- oder Verteidigungsmitteln usw. verzögert worden wäre. Diese Vorschrift, die selten Anwendung findet, scheidet aus, wenn das Gericht den Vortrag wegen Verspätung zurückweist, ohnehin hätte vertagen müssen oder die Verspätung hätte abgewendet werden können.[210]

In jedem Fall ist der Partei vor Anwendung des § 95 bzw. des § 34 GKG rechtliches Gehör zu gewähren.[211]

f) § 96 ZPO

171 Verursacht eine Partei durch **erfolglose Angriffs- oder Verteidigungsmittel**

Beispiele in § 282 I:
Behauptungen, Bestreiten, Einwendungen und Einreden, Beweisanträge.

zusätzliche Kosten, können ihr diese gemäß § 96 gesondert auferlegt werden. Zu den Angriffs- und Verteidigungsmitteln zählen nicht die Klage, Widerklage, Berufung und Revision, da es sich hierbei nicht um Angriffsmittel, sondern um den Angriff selbst handelt.[212] Verschulden oder Vorhersehbarkeit sind im Rahmen des § 96 nicht erforderlich. Die Entscheidung nach § 96 erfolgt im Schlußurteil. Sie kann wie folgt lauten:

„Die durch die Beweisaufnahme entstandenen Kosten trägt der Kläger; die übrigen Kosten des Rechtsstreits werden ... auferlegt."

172 Für die Kostenentscheidung nach § 96 sind nur die erfolglosen Angriffs- und Verteidigungsmittel relevant, durch die unmittelbar Kosten verursacht worden sind. Der Hauptanwendungsfall des § 96 liegt daher in einer **erfolglosen Beweisaufnahme**. Klagebegründungen, Behauptungen und Bestreiten verursachen dagegen keine besonderen Kosten, so daß

---

206) *Schneider*, S. 283 f.; *Thomas/Putzo*, § 95 Anm. 1.
207) *Schneider*, S. 282 f.; *Thomas/Putzo*, § 95 Anm. 1.
208) OLG Köln, MDR 74, 240; *Schneider*, S. 283; *Thomas/Putzo*, § 95 Anm. 2 d.
209) OLG Köln, NJW 72, 1999; *Zöller*, § 95 Rd.Ziff. 4.
210) *Zöller*, § 95 Rd.Ziff. 5; vgl. zum Verzögerungsbegriff *Anders/Gehle*, Rd.Ziff. 388 m. w. N.
211) *Zöller*, § 95 Rd.Ziff. 6.
212) *Anders/Gehle*, Rd.Ziff. 386; *Schneider*, S. 287; *Baumbach/Lauterbach/Albers/Hartmann*, § 96 Anm. 1.

Grundsätze der Kostenentscheidung

§ 96 insoweit keine Anwendung findet. Gelingt es der beweisbelasteten Partei nicht, die Richtigkeit der behaupteten Tatsache zu beweisen, verläuft die Beweisaufnahme also erfolglos, sind ihr die betreffenden Kosten gesondert aufzuerlegen. Dasselbe gilt entsprechend, wenn die erfolglose Beweisaufnahme lediglich auf einen Teil der Klage beschränkt ist. Eine getrennte Kostenentscheidung erfolgt allerdings nur, wenn die betreffende Partei die übrigen Kosten des Rechtsstreits jedenfalls nicht in vollem Umfang zu tragen hat. Ansonsten werden mit der Kostenentscheidung

„Die Kosten des Rechtsstreits trägt der ..."

auch die Kosten des erfolglosen Angriffs- oder Verteidigungsmittels erfaßt.[213]

Beispiele:

1) A klagt gegen X auf Rückzahlung eines Darlehens. X bestreitet das Zustandekommen eines Darlehensvertrages. Die hierzu durchgeführte Beweisaufnahme verläuft zugunsten des Beklagten, woraufhin A weitere Tatsachen vorträgt, die einen Zahlungsanspruch aus ungerechtfertigter Bereicherung ergeben. Mit dieser Anspruchsgrundlage wird der Klage stattgegeben. Die Kosten der Beweisaufnahme wären nicht angefallen, wenn der Kläger von vornherein genügend Tatsachen für einen Anspruch aus § 812 BGB vorgetragen hätte. Die Kosten der Beweisaufnahme sind daher dem Kläger gesondert aufzuerlegen. Der Kostentenor kann wie folgt lauten:

„Die durch die Beweisaufnahme entstandenen Kosten werden dem Kläger auferlegt. Die übrigen Kosten des Rechtsstreits trägt der Beklagte."

2) In dem Rechtsstreit des A gegen X über 10 000,– DM wird über einen Teilanspruch in Höhe von 4000,– DM Beweis erhoben. Die Beweisaufnahme verläuft für den Kläger negativ. Da die Klage im übrigen begründet ist, wird der Beklagte zur Zahlung von 6000,– DM verurteilt, und die Klage wird im übrigen abgewiesen. Die allein am Grad des Unterliegens und Obsiegens orientierte Kostenquote von $3/5$ zu Lasten des Beklagten und $2/5$ zu Lasten des Klägers würde den Beklagten unangemessen benachteiligen. Denn mit einer solchen Kostenentscheidung würden dem Beklagten auch $2/5$ der Kosten der Beweisaufnahme auferlegt, die nach § 96 der Kläger allein zu tragen hat. Daher lautet der Tenor:

„Die durch die Beweisaufnahme entstandenen Kosten trägt der Kläger; die übrigen Kosten des Rechtsstreits werden dem Kläger zu $2/5$ und dem Beklagten zu $3/5$ auferlegt."

3) In dem Rechtsstreit des A gegen X über 10 000,– DM wird über eine Teilforderung von 4000,– DM Beweis erhoben. Die Beweisaufnahme ergibt, daß die Klage insoweit in Höhe von 2000,– DM begründet ist. X wird zur Zahlung von 8000,– DM verurteilt, und die Klage wird im übrigen abgewiesen. In diesem Fall sind die Kosten der Beweisaufnahme den Parteien je zur Hälfte aufzuerlegen. Die übrigen Kosten des Rechtsstreits richten sich nach dem Grad des Obsiegens und Unterliegens. Die auf den §§ 92 I, 96 beruhende Kostenentscheidung lautet:

„Die Kosten der Beweisaufnahme tragen der Kläger und der Beklagte je zur Hälfte; die übrigen Kosten des Rechtsstreits werden dem Beklagten zu $4/5$ und dem Kläger zu $1/5$ auferlegt."

4) In einem Rechtsstreit über 10 000,– DM wird über die zur Aufrechnung gestellte Gegenforderung in Höhe von 4000,– DM Beweis erhoben. Anschließend läßt der Beklagte den Aufrechnungseinwand fallen. Die Klage wird aufgrund neuer Verteidigungsmittel abgewiesen. (Hier findet keine Streitwerterhöhung nach § 19 III GKG statt, da über die Gegenforderung nicht entschieden wird, sog. **streitwertneutrale Aufrechnung**.)[214] Die auf §§ 91 I 1, 1. Halbs., 96 beruhende Kostenentscheidung lautet:

„Die Kosten der Beweisaufnahme trägt der Beklagte. Die übrigen Kosten des Rechtsstreits werden dem Kläger auferlegt."

Bestimmte Angriffs- bzw. Verteidigungsmittel verursachen **keine** gesonderten, **austrennbaren Kosten**, die sich in einer dem Kostentrennungsprinzip folgenden Kostenentscheidung ausdrücken ließen; hierunter fallen Angriffs- und Verteidigungsmittel, die zu einer Erhöhung des Gebührenstreitwertes führen.

173

---

213) Vgl. Rd.Ziff. 165.
214) Vgl. Rd.Ziff. 336 ff.

Beispiel:
Hilfsaufrechnung unter den Voraussetzungen des § 19 III GKG.

Eine Kostenentscheidung nach § 96 kann in derartigen Fällen nicht ergehen, da aussonderbare Kosten wegen des zu bildenden Gesamtstreitwertes nicht zu ermitteln sind. Hier muß die Kostenentscheidung nach dem Prinzip der Kosteneinheit ergehen, ggf. durch Bildung einer Kostenquote nach § 92.[215]

g) § 101 ZPO

174 Eine Kostenentscheidung im Sinne einer Kostentrennung ergeht auch für die Kosten des **Streithelfers** im Falle des § 101. Tritt ein Dritter dem Rechtsstreit auf seiten einer Partei bei, §§ 66 ff., ist unter den Voraussetzungen des § 101 I über dessen außergerichtliche Kosten zu entscheiden. Aus der Existenz des § 101 folgt, daß diese Kosten nicht zu den Kosten des Rechtsstreits im Sinne der §§ 91 ff. gehören.[216] Die Partei, der der Streithelfer beigetreten ist, hat dessen Kosten nicht zu tragen. Soweit der Gegner dieser Partei unterliegt und mit den Kosten des Rechtsstreits belastet wird, sind ihm auch die Kosten des Streithelfers aufzuerlegen; im übrigen trägt der Streithelfer seine Kosten selbst (§ 101 I am Ende).

Beispiel:
D tritt dem Rechtsstreit auf seiten des Klägers bei. Der Kläger obsiegt nur teilweise und muß ¼ der Kosten des Rechtsstreits tragen. Der Kostentenor lautet:
„Die Kosten des Rechtsstreits tragen der Kläger zu ¼ und der Beklagte zu ¾. Die Kosten der Streithilfe werden dem Beklagten zu ¾ und dem Streithelfer zu ¼ auferlegt."

175 Im Falle der Streitverkündung nach § 72 gilt § 101 nur, wenn der Dritte tatsächlich dem Rechtsstreit auf seiten einer Partei beitritt. Dazu ist er nicht verpflichtet. Wenn er nicht beitritt, ist er am Rechtsstreit nicht beteiligt (§ 74 II) und wird im Urteil auch an keiner Stelle erwähnt. Allerdings trifft ihn auch ohne Beitritt die sogenannte Nebeninterventionswirkung i. S. des § 68 (vgl. § 74 III), was jedoch erst im Nachfolgeprozeß zwischen dem Streitverkünder und dem Dritten bedeutsam ist.[217]

176 § 101 I regelt nur die Kosten des Streithelfers bei einer unselbständigen Streithilfe; die Vorschrift findet, wie sich aus § 101 II ergibt, im **Streitgenossenprozeß** keine Anwendung; der Streitgenosse ist Partei, so daß insoweit die allgemeinen Kostentragungsregelungen für ihn gelten.

§ 6 Rechtsmittel gegen die Kostenentscheidung

I. § 99 I ZPO

177 Grundsätzlich ist nach § 99 I ZPO eine **isolierte Anfechtung** der Entscheidung über den Kostenpunkt unzulässig. Eine Überprüfung kann danach nur mit dem Rechtsmittel gegen die Entscheidung zur Hauptsache erfolgen, wenn das Rechtsmittel zur Hauptsache zulässig ist; auf die Motivation der Rechtsmitteleinlegung kommt es nicht an, so daß auch das Hauptziel des Rechtsmittels gegen die Hauptsachenentscheidung eine Änderung der

---

[215] Vgl. zur Berechnung der Quoten nach § 92 Rd.Ziff. 193 ff.; zur Kostenentscheidung bei streitwertneutraler Aufrechnung Rd.Ziff. 172, 340.
[216] OLG München, MDR 89, 548; *Schneider*, S. 291; *Baumbach/Lauterbach/Albers/Hartmann*, § 101 Anm. 2 B.
[217] Vgl. zu weiteren Einzelheiten bei § 101 I Rd.Ziff. 319 ff.

Rechtsmittel gegen die Kostenentscheidung

Kostenentscheidung sein kann.[218] Ferner ist unerheblich, ob das Rechtsmittel in der Sache Erfolg hat. Zu einer Korrektur der Kostenentscheidung kann es auch kommen, wenn das Rechtsmittel zurückgewiesen wird.[219] Der Tenor mag in derartigen Fällen lauten:

> „Unter Zurückweisung der Berufung des ... im übrigen wird die Kostenentscheidung in dem Urteil des ... vom ... teilweise abgeändert und wie folgt neugefaßt:
> Die Kosten der ersten Instanz werden dem ... auferlegt.
> Die Kosten der Berufung trägt ..."

Bei zulässigem Rechtsmittel ist außerdem immer die gesamte Kostenentscheidung der Vorinstanz zu überprüfen, auch wenn das Rechtsmittel beschränkt war.[220]

Zu den **Rechtsmitteln** im Sinne der ZPO zählen die Beschwerde, die Berufung und die Revision. Kennzeichnend für die Rechtsmittel sind der Suspensiveffekt (§ 705 Satz 2) – d. h. der Eintritt der Rechtskraft wird gehemmt – und der Devolutiveffekt – d. h. über das Rechtsmittel entscheidet die nächst höhere Instanz.[221] § 99 I findet hingegen keine Anwendung bei den **Rechtsbehelfen**, die diese Wirkung nicht haben. 178

> *Beispiele:*
> Einspruch gegen das Versäumnisurteil: Hier kann wegen des Kostenpunktes Einspruch eingelegt werden;
> Erinnerung.

§ 99 I gilt nicht für das **Anschlußrechtsmittel**, das allein wegen der Kosten zulässig ist.[222] 179
§ 99 I greift ferner grundsätzlich nur im Verhältnis der **Parteien** zueinander und lediglich in Ausnahmefällen auch im Verhältnis zwischen einer Partei und einem **Dritten** ein; das ist dann der Fall, wenn es um einen Zwischenstreit geht, in dem der Dritte eine Parteistellung einnimmt.[223]

§ 99 I findet auch Anwendung, wenn über die Hauptsache und über die Kosten in getrennten Urteilen entschieden wird.[224] 180

> *Beispiel:*
> **Teilurteil** über die Hauptsache und **Schlußurteil** über die Kosten.

Dann kann das Schlußurteil nur angegriffen werden, wenn ein zulässiges Rechtsmittel gegen das Teilurteil eingelegt wird oder eingelegt worden ist. Dagegen erfaßt das Rechtsmittel gegen das Teilurteil nicht gleichzeitig das Schlußurteil. Wurde aber ein solches Rechtsmittel eingelegt, ist das weitere isolierte Rechtsmittel gegen das Schlußurteil, bei dem es nur um die Kosten geht, entgegen § 99 I zulässig.[225] Ansonsten würde nämlich kein Rechtsschutz bestehen, obwohl das Schlußurteil nur die notwendige Ergänzung des keinen Kostenanspruch enthaltenen Teilurteils darstellt.

---

218) OLG Düsseldorf, JurBüro 91, 430; *Schneider,* S. 293; *Thomas/Putzo,* § 99 Anm. 1 C; *Zöller,* § 99 Rd.Ziff. 4.
219) BGH, NJW 81, 48; *Zöller,* § 97 Rd.Ziff. 6; vgl. auch Teil D, Stichwort „Rechtsmittel", Rd.Ziff. 23 ff.
220) BGH, NJW 81, 46; MDR 81, 928; *Zöller,* § 97 Rd.Ziff. 6; a. A. bei nur teilweiser Annahme der Revision BGH, NJW-RR 86, 548.
221) Vgl. näher *Anders/Gehle,* Rd.Ziff. 613.
222) BGHZ 17, 392, 396; *Schneider,* S. 294; *Baumbach/Lauterbach/Albers/Hartmann,* § 99 Anm. 3 B; *Thomas/Putzo,* § 99 Anm. 2 b; vgl. auch unten Rd.Ziff. 596 ff. und Teil D Stichwort „Rechtsmittel", Rd.Ziff. 32.
223) *Schneider,* S. 293; *Baumbach/Lauterbach/Albers/Hartmann,* § 99 Anm. 4 E.
224) *Schneider,* S. 294; *Thomas/Putzo,* § 99 Anm. 2 c aa, bb.
225) BGH, NJW 87, 2997 m. w. N.

Die Kostenentscheidung, Urteil

II. Statthaftigkeit der sofortigen Beschwerde

181 Als Ausnahmetatbestände zu § 99 I hat der Gesetzgeber in den Fällen einer Kostenentscheidung bei **beiderseitigen Erledigungserklärungen** gemäß § 91a II, im Falle eines **Anerkenntnisurteils** gemäß § 99 II und bei einer **Klagerücknahme** nach § 269 III 5 eine sofortige Beschwerde über den Kostenpunkt vorgesehen. § 91a gilt nicht für die einseitige Erledigungserklärung; der Kostentenor, der im Falle einer einseitigen Erledigungserklärung nur eine prozessuale Nebenentscheidung darstellt, ist nicht isoliert anfechtbar (§ 99 I).

182 §§ 91a II, 99 II, 269 III 5 regeln nur die **Statthaftigkeit** der sofortigen Beschwerde.

183 Daneben müssen die **Zulässigkeitsvoraussetzungen** der §§ 567ff., § 577 vorliegen. In diesem Zusammenhang von besonderer Bedeutung ist **§ 567 II**, wonach die Beschwerde gegen die Kosten nur zulässig ist, wenn der Wert des Beschwerdegegenstandes 200,– DM übersteigt. Dabei kommt es nicht auf den Streitwert der Hauptsache an; vielmehr geht es nur um den Betrag, um den sich der Beschwerdeführer verbessern will.[226] Darüber hinaus ist anerkannt, daß die sofortige Beschwerde nicht zulässig ist, wenn die Entscheidung in der Hauptsache wegen Nichterreichens des Wertes der Beschwerde (sog. **Erwachsenheitssumme** oder Beschwerdesumme) unanfechtbar ist bzw. wäre.[227]

> **Beispiele:**
> – Es ergeht ein Anerkenntnisurteil über 1100,– DM. Die Kosten werden dem Kläger gemäß § 93[228] auferlegt.
> – Die Parteien erklären den Rechtsstreit, bei dem es um die Zahlung von 2000,– DM ging, übereinstimmend für erledigt. Es ergeht ein Beschluß nach § 91a,[229] in dem die Kosten gegeneinander aufgehoben werden, weil das Gericht nach dem bisherigen Sach- und Streitstand die Klage in Höhe von 1000,– DM für begründet, im übrigen für unbegründet hält.
>
> In diesen Fällen wäre eine Berufung wegen Nichterreichens der Berufungssumme (vgl. § 511a I) unzulässig. Daher kommt auch eine sofortige Beschwerde wegen der Kostenentscheidung nach § 99 II bzw. § 91a II nicht in Betracht.

Die Beschwerde ist nach **§ 567 III, IV** auch – grundsätzlich – nicht zulässig gegen Entscheidungen der Landgerichte und im Beschwerdeverfahren sowie gegen Entscheidungen der Oberlandesgerichte. Nach Anlage I Kapitel III, Sachgebiet A Abschnitt III 2 5 d des Einigungsvertrages gilt § 567 grundsätzlich auch in den **neuen Ländern**. Absätze 3 und 4 allerdings nur mit der Maßgabe, daß grundsätzlich die Beschwerde gegen Entscheidungen des Bezirksgerichts unzulässig ist; und folgende Erstentscheidungen ausgenommen sind: nach §§ 71, 89 I 3, 135, 141 III, 372a, 380, 387, 390, 406, 409, 411 II, 519b, 542 III in Verbindung mit §§ 341 II, 568a, 621e II.

184 Über die gesetzlich geregelten Fälle hinaus (§§ 91a II, 99 II, 269 III 5) ist eine sofortige Beschwerde bei **Verfahrensverstößen** im Zusammenhang mit der Kostenentscheidung als statthaft angesehen worden.

---

226) *Schneider*, S. 297; *Stein/Jonas*, § 91a Rd.Ziff. 34.
227) BGH, WM 82, 1336; OLG Karlsruhe, NJW 87, 387; OLG Frankfurt/Main, NJW-RR 88, 838; *Schneider*, S. 296; *Baumbach/Lauterbach/Albers/Hartmann*, § 99 Anm. 1 C; *Zöller*, § 99 Rd.Ziff. 2.
228) Vgl. im einzelnen zu § 93 Rd.Ziff. 224ff.
229) Vgl. im einzelnen zu § 91a Rd.Ziff. 431ff.

Beispiele:
1. Das Gericht verstößt gegen das Gebot, über die Kosten einheitlich zu entscheiden, indem es in einem Teilurteil eine Teilkostenentscheidung trifft. Hier wird eine isolierte Anfechtung gegen die Kostenentscheidung für zulässig angesehen, und zwar teilweise eine sofortige Beschwerde und teilweise eine Berufung.[230]
2. Ein Verstoß gegen § 281 III soll hingegen nicht genügen.[231]

Wir schließen uns der Meinung an, die bei Verfahrensverstößen grundsätzlich eine sofortige Beschwerde für statthaft hält. § 99 I will eine gesonderte Überprüfung der Hauptsache allein wegen der Kosten verhindern und widersprechende Entscheidungen vermeiden.[232] In dem Beispiel 1) geht es jedoch nicht primär um den Inhalt der Kostenentscheidung, sondern darum, daß diese unter Verletzung der Verfahrensvorschriften ergangen ist. Für diesen Fall trifft der Sinn des § 99 I nicht zu. Dabei erscheint uns die **sofortige Beschwerde** und nicht die Berufung das richtige Rechtsmittel, zumal der Gesetzgeber auch in den gesetzlich geregelten Fällen einer isolierten Anfechtung von Kostenentscheidungen nur die sofortige Beschwerde vorgesehen hat. Diese Wertung des Gesetzgebers spricht für eine Analogie der §§ 91 a II, 99 II, 269 III 5.

III. Prinzip der Meistbegünstigung

In den Fällen der beiderseitigen übereinstimmenden Erledigungserklärung und in den Fällen der Klagerücknahme hat das Gericht über die Kosten durch Beschluß zu entscheiden (§ 91 a I 2, 269 III 4). Wenn jedoch das Gericht fehlerhaft ein Urteil erläßt, steht den Parteien wegen der äußeren Form das Rechtsmittel der Berufung zu.[233] Aus dem Fehler des Gerichts dürfen den Parteien allerdings keine Nachteile erwachsen; es kann von ihnen nicht verlangt werden, bei der Frage nach dem Rechtsmittel zu überprüfen, ob die Form der Entscheidung richtig war; vielmehr können sie die tatsächlich ergangene Entscheidung zum Ausgangspunkt nehmen. Nach dem sogenannten Prinzip der Meistbegünstigung[234] hat die beschwerte Partei aber auch die Möglichkeit, nach ihrer Wahl das Rechtsmittel einzulegen, das bei richtiger Entscheidung statthaft gewesen wäre, d. h. also im erwähnten Ausgangsfall die sofortige Beschwerde.

185

IV. Kostenmischfälle

Die Kostenentscheidung kann teilweise nach dem Prinzip der **Kosteneinheit**[235] und teilweise nach dem Prinzip der **Kostentrennung**[236] ergehen. Das bereitet für das Rechtsmittel keine Schwierigkeiten, weil sowohl für die Fälle der Kosteneinheit als auch für die Fälle der Kostentrennung grundsätzlich § 99 I gilt.[237]

186

---

230) Vgl. hierzu: OLG Stuttgart, NJW 63, 1015; OLG Frankfurt/Main, NJW 75, 742; OLG Köln, NJW-RR 87, 1088; OLG Düsseldorf, MDR 90, 832; LG Bonn, NJW 73, 1375; *Baumbach/Lauterbach/Albers/Hartmann*, § 99 Anm. 3 B Stichwort „Unzulässige Kostenentscheidung"; *Thomas/Putzo*, § 99 Anm. 2 c cc (Berufung).
231) OLG Koblenz, MDR 85, 851; LG Bonn, NJW 73, 1375.
232) OLG Frankfurt/Main, NJW 75, 742; OLG Hamm, MDR 85, 590; *Schneider*, S. 292; *Baumbach/Lauterbach/Albers/Hartmann*, § 99 Anm. 2.
233) BGH, MDR 66, 232; *Schneider*, S. 300.
234) BGH, NJW 87, 443; NJW-RR 90, 1483; OLG Düsseldorf, NJW-RR 87, 571; *Schneider*, S. 301; *Baumbach/Lauterbach/Albers/Hartmann*, § Grundz. § 511 Anm. 4 B c; *Zöller*, vor § 511 Rd.Ziff. 29.
235) Vgl. Rd.Ziff. 158 ff.
236) Vgl. Rd.Ziff. 165 ff.
237) *Schneider*, S. 298.

Die Kostenentscheidung, Urteil

187 Soweit die Parteien den Rechtsstreit in vollem Umfang übereinstimmend für erledigt erklären, der Beklagte die Klage in vollem Umfang anerkennt oder der Kläger die Klage in vollem Umfang zurücknimmt, ist unzweifelhaft nach der Gesetzeslage die sofortige Beschwerde zulässig (§§ 91a II, 99 II, 269 III 5).

Die vorgenannten prozessualen Besonderheiten können sich aber auch nur auf einen Teil des Streitgegenstandes beziehen, weil die Parteien den Rechtsstreit nur **teilweise übereinstimmend für erledigt** erklärt haben, der Beklagte den Klageanspruch nur **teilweise anerkannt hat** und darauf ein Teilanerkenntnisurteil ergeht oder der Kläger die Klage nur **teilweise zurückgenommen** hat. Wegen des Grundsatzes der Kosteneinheit[238] kann auch in den Beispielsfällen 1) und 3) die Kostenentscheidung, soweit sie auf §§ 91a I bzw. 269 III 3 beruht, nicht durch Beschluß ergehen, sondern muß einheitlich im Urteil mit der übrigen Kostenentscheidung getroffen werden.[239] Die gesamte Kostenentscheidung wird zusammen mit dem Rechtsmittel über die Hauptsachenentscheidung überprüft. Ob daneben eine sofortige Beschwerde über die Kostenentscheidung möglich ist, hat der Gesetzgeber nicht geregelt. Wir folgen der herrschenden Meinung,[240] die eine sofortige Beschwerde gegen die Kostenentscheidung für statthaft hält, soweit sie auf § 91a I oder § 269 III 3 beruht. Der Partei darf nämlich aus dem Umstand, daß wegen des Grundsatzes der Kosteneinheit eine einheitliche Kostenentscheidung im Urteil nach verschiedenen Regeln zu erfolgen hat, das nach dem Gesetz vorgesehene Rechtsmittel der sofortigen Beschwerde nicht genommen werden. Wenn die sofortige Beschwerde ganz oder teilweise Erfolg hat, ist aus Gründen der Klarheit die gesamte Kostenentscheidung neu zu formulieren.

Bei einer gemischten Kostenentscheidung gilt für die **Revision** jedoch auch **§ 567 III**; danach ist die Revision unzulässig, soweit mit ihr im Fall der Anfechtung einer mit einer gemischten Kostenentscheidung verbundenen Sachentscheidung die erneute Überprüfung der auf § 91a oder § 269 III 2, 3 beruhenden Kostenentscheidung begehrt wird.[241]

§ 7 Kostenentscheidung nach § 91 ZPO

188 Wird der Klage in vollem Umfang entsprochen oder wird sie in vollem Umfang abgewiesen, ist grundsätzlich eine Kostenentscheidung nach § 91 I 1, 1. Halbsatz zu treffen. Die übrigen Regelungen des § 91 beziehen sich nicht auf die Kostengrundentscheidung, sondern wirken sich erst im Kostenfestsetzungsverfahren aus. Nach § 91 I 1, 1. Halbsatz werden die Kosten des Rechtsstreits der Partei auferlegt, die in vollem Umfang unterlegen ist. Das bedeutet, daß der Verlierer die eigenen außergerichtlichen Kosten selbst trägt und die Kosten des Siegers zu erstatten hat. Außerdem haftet er für die Gerichtskosten entweder unabhängig von der Kostenentscheidung nach § 49 GKG oder aber nach § 54 Nr. 1 GKG[242]

---

238) Vgl. Rd.Ziff. 158.
239) BGH, NJW 91, 2020; OLG Köln, JMBl. NW 77, 95; *Anders/Gehle*, Rd.Ziff. 166, 542a; *Schellhammer*, LB, Rd.Ziff. 1470; *Schneider*, S. 139; *Baumbach/Lauterbach/Albers/Hartmann*, § 91a Anm. 18 C; *Thomas/Putzo*, § 91a Anm. 12c; *Zöller*, § 91a Rd.Ziff. 54; vgl. zu § 91a unten Rd.Ziff. 448.
240) BGHZ 40, 270; BGH, NJW 67, 1131; OLG Düsseldorf, FamRZ 82, 723; OLG München, AnwBl. 84, 313; LG Freiburg, NJW 77, 2217; *Anders/Gehle*, Rd.Ziff. 544; *Schneider*, S. 300; *Baumbach/Lauterbach/Albers/Hartmann*, § 91a Anm. 10 A, § 399 Anm. 4c; *Thomas/Putzo*, § 91a, Anm. 12c aa; § 269 Anm. 5d; *Zöller*, § 91a Rd.Ziff. 54ff., 56.
241) BGH, NJW 91, 2020 m.w.N.
242) Vgl. oben Rd.Ziff. 136.

Der **Tenor** wird wie folgt formuliert: 189

„Der Kläger/Der Beklagte trägt die Kosten des Rechtsstreits."
Oder:
„Dem Kläger/Dem Beklagten werden die Kosten des Rechtsstreits auferlegt."

Ungenau ist dagegen die Formulierung „Kosten des Verfahrens", da sich ein Rechtsstreit aus verschiedenen Verfahren, z. B. Prozeßkostenhilfeverfahren und Hauptsacheverfahren, oder verschiedenen Verfahrensabschnitten zusammensetzen kann und im Schlußurteil über alle Kosten einheitlich zu entscheiden ist (= Grundsatz der Kosteneinheit).[243]

In den **Entscheidungsgründen** des Urteils braucht die Kostenentscheidung nach § 91 I 1, 190
1. Halbsatz nicht begründet zu werden. Es reicht aus, wenn am Ende des Urteils vermerkt wird:

„Die Kostenentscheidung folgt aus § 91 I 1, 1. Halbsatz ZPO."

Die Entscheidung kann nach § 91 I 1, 1. Halbsatz nur **bei vollem Erfolg** bzw. **Mißerfolg** 191
der Klage ergehen. Wird die Klage auch nur zu einem ganz geringfügigen Teil abgewiesen oder zugesprochen, ist nicht nach § 91, sondern nach § 92 zu entscheiden.

Ausnahmen von dem Grundsatz, daß die unterlegene Partei die gesamten Kosten des 192
Rechtsstreits zu tragen hat, sind in den §§ 93 bis 96, 97 II, III und in den §§ 238 IV, 281 III 2, 344 enthalten. Die Vorschriften, die teilweise eine getrennte Kostenentscheidung vorsehen, sind nur dann bedeutsam, wenn die betreffende Partei nicht ohnehin die Kosten des Rechtsstreits nach § 91 I 1, 1. Halbsatz zu tragen hat.[244] In den Fällen der §§ 281 III 2, 344 z. B. lautet der Kostentenor bei vollem Obsiegen des Klägers wie folgt:

„Dem Kläger werden die durch die Anrufung des unzuständigen Gerichts entstandenen Mehrkosten auferlegt. Die übrigen Kosten des Rechtsstreits trägt der Beklagte" (§§ 91 I 1, 1. Halbsatz, 281 III 2).
Oder:
„Der Kläger trägt die Kosten seiner Säumnis. Die übrigen Kosten des Rechtsstreits werden dem Beklagten auferlegt" (§§ 91 I 1, 1. Halbsatz, 344).[245]

Dabei prüft das Gericht nicht, ob tatsächlich Mehrkosten durch die Verweisung bzw. Säumniskosten entstanden sind. Dies bleibt dem Kostenfestsetzungsverfahren vorbehalten. Unterliegt hingegen die Partei, die auch nach §§ 281 III 2 bzw. 344 die betreffenden (Mehr-)Kosten zu tragen hat, ist eine getrennte Kostenentscheidung nicht erforderlich. Hier wird vielmehr nur wie folgt formuliert:

„Der Kläger/Der Beklagte trägt die Kosten des Rechtsstreits."
Oder:
„Dem Kläger/Dem Beklagten werden die Kosten des Rechtsstreits auferlegt."

§ 8 Kostenentscheidung nach § 92 ZPO

I. Allgemeines

Bei teilweisem Obsiegen und Unterliegen der Parteien ist eine Kostenentscheidung ausschließlich nach § 92 zutreffend, soweit die Zivilprozeßordnung für den Einzelfall keine besondere Regelung enthält. Ein **Teilunterliegen** kann immer dann angenommen werden, 193

---

243) Vgl. oben Rd.Ziff. 158.
244) Vgl. oben Rd.Ziff. 165, 172.
245) Vgl. näher Rd.Ziff. 166, 167.

Die Kostenentscheidung, Urteil

wenn der stattgebende Teil hinter dem zurückbleibt, was in der letzten mündlichen Tatsachenverhandlung beantragt worden ist. Dabei kommt es nur auf die Entscheidung an; wie sich der Prozeß entwickelt hat, ist hingegen ohne Bedeutung. Ein Teilunterliegen wird im Hauptsachentenor dadurch dargestellt, daß die Klage teilweise abgewiesen wird. Von einem Teilunterliegen ist auch dann auszugehen, wenn die Klage nur zu einem ganz **geringfügigen Teil** Erfolg hat, wie z. B. bei Abweisung der Klage im Hinblick auf Zinsen für einen Tag.

Weitere Beispiele für Teilunterliegen:[246]
Abweisung von Klage und Widerklage;[247] Zug-um-Zug-Verurteilung statt der beantragten uneingeschränkten Verurteilung;[248] bei Klage auf eine zukünftige Leistung, wenn ein späterer als der beantragte Zeitpunkt zugrunde gelegt wird.[249]

Ein Teilunterliegen liegt aber nicht vor, wenn die Klage ursprünglich unbegründet war, zur Zeit der letzten mündlichen Tatsachenverhandlung jedoch begründet ist oder wenn nur einzelne Angriffs- oder Verteidigungsmittel

Beispiel:
Aufrechnung

keinen Erfolg haben.[250]

194 § 92 enthält **drei Alternativen** und unterscheidet je nach dem Maß des Unterliegens zwischen

– der verhältnismäßigen Teilung (§ 92 I 1, 2. Alternative),
– der Aufhebung der Kosten gegeneinander (§ 92 I 1, 1. Alternative),
– der vollen Kostentragungspflicht bei geringfügigem Unterliegen des Gegners (§ 92 II) oder in den sonstigen, in § 92 II genannten Fällen.

Bei einer verhältnismäßigen Teilung sind beide Parteien quotenmäßig an den Kosten beteiligt, so daß wechselseitige Kostenerstattungsansprüche entstehen. Allerdings kann eine **Kostenausgleichung** erfolgen.[251] Werden die Kosten gegeneinander aufgehoben, trägt jede Partei ihre eigenen außergerichtlichen Kosten selbst und die Gerichtskosten zur Hälfte. Bei einem geringfügigen Unterliegen einer Partei können unter den weiteren Voraussetzungen des § 92 II der anderen Partei die gesamten Kosten des Rechtsstreits auferlegt werden. Dasselbe gilt für die anderen in § 92 II genannten Fälle, so z. B., wenn der Forderungsbetrag von der Festsetzung durch richterliches Ermessen abhängt.

Beispiel:
§ 847 BGB.

II. Verhältnismäßige Teilung

1. Kostenentscheidung nach der Streitwertrelation

195 Der häufigste Anwendungsfall des § 92 ist die verhältnismäßige Teilung gemäß § 92 I 1, 2. Alternative. Anknüpfungspunkt sind der jeweilige Grad des Unterliegens (= Ver-

---

246) Vgl. auch: *Baumbach/Lauterbach/Albers/Hartmann*, § 92 Anm. 4 C a; *Stein/Jonas*, § 92 Rd.Ziff. 1; *Thomas/Putzo*, § 92 Anm. 1 d; *Zöller*, § 92 Rd.Ziff. 3.
247) Vgl. Rd.Ziff. 534 ff.
248) OLG Hamm, MDR 78, 403; vgl. auch unten Rd.Ziff. 220.
249) BGH, VersR 79, 472.
250) *Baumbach/Lauterbach/Albers/Hartmann*, § 92 Anm. 4 C, Stichwort „Begründetheit".
251) Vgl. näher Rd.Ziff. 151, 155.

Kostenentscheidung nach § 92 ZPO

lustquote) und der **Gebührenstreitwert**.[252] Soweit sich keine Besonderheiten ergeben, bestimmt sich die Kostenquote, die die jeweilige Partei zu tragen hat, nach dem Verhältnis des Unterliegens zum Gebührenstreitwert. Es gilt folgende allgemeine Grundformel:

$$\frac{\text{Verlustquote}}{\text{Gebührenstreitwert}} = \text{Kostenlast.}$$

Die verhältnismäßige Teilung kann in **Brüchen** und **Prozentzahlen** ausgedrückt werden.[253] Für zulässig angesehen wird es darüber hinaus, **bestimmte Beträge** auszuweisen, wie:

> „Der Kläger trägt 500,– DM der Kosten des Rechtsstreits. Die übrigen Kosten des Rechtsstreits werden dem Beklagten auferlegt."[254]

Diese Möglichkeit, die Kosten zu verteilen, halten wir zwar für zulässig, aber nur dann für praktikabel, wenn ohnehin die Kosten des Rechtsstreits auszurechnen sind. Denn ansonsten müßte das Gericht, um einen Festbetrag auszuweisen, die gesamten Kosten des Rechtsstreits ermitteln und entsprechend der Verlustquote einen Teilbetrag einer Partei auferlegen. Dann aber erscheint es uns sinnvoller, nur die Quote durch Brüche oder Prozentzahlen festzulegen, auch wenn diese geringfügig ist.

Wird bei der Ermittlung der Kostenquote ein Taschenrechner oder Computer verwendet, ist es einfacher, die Kostenquoten in Prozentzahlen auszudrücken. Dadurch wird auch eine größere Genauigkeit erzielt. Außerdem hat dies einen Vorteil für den Rechtspfleger im Kostenfestsetzungsverfahren, da dieser in der Regel eine Rechenmaschine bzw. einen Taschenrechner oder einen Computer benutzt und deshalb Brüche erst in Prozentzahlen umsetzen müßte. Eine mathematisch völlig exakte Berechnung ist für die Kostenquote nicht erforderlich, vielmehr kann diese begradigt werden. Allerdings sollte man sich im Interesse der Parteien um eine möglichste Genauigkeit bemühen.

Beispiel:
$$\frac{378}{523} = 72{,}28\% - \text{begradigt: } 72{,}3\%$$

Anhand folgender Beispiele soll die Ermittlung der Kostenquote näher verdeutlicht werden.

1. Gebührenstreitwert: 10 000,– DM
   Hauptsachentenor: „Unter Abweisung der Klage im übrigen wird der Beklagte verurteilt, an den Kläger 6000,– DM zu zahlen."

   Der Kläger hat zu tragen: $\dfrac{4\,000\ (=\text{Verlustquote})}{10\,000\ (=\text{Streitwert})} = \tfrac{2}{5} = 40\%$

   Der Beklagte hat zu tragen: $\dfrac{6\,000}{10\,000} = \tfrac{3}{5} = 60\%$

   Der Kostentenor lautet:

   > „Von den Kosten des Rechtsstreits tragen der Kläger ⅖ (40%) und der Beklagte ⅗ (60%)."

---

[252] *Schneider*, S. 78; *Baumbach/Lauterbach/Albers/Hartmann*, § 92 Anm. 4 A; *Thomas/Putzo*, § 92 Anm. 1 b; *Zöller*, § 92 Rd.Ziff. 2; zum Gebührenstreitwert vgl. Teil D, 1. Abschnitt, Rd.Ziff. 8 ff. und die maßgeblichen Stichwörter.

[253] *Anders/Gehle*, Rd.Ziff. 161; *Baumbach/Lauterbach/Albers/Hartmann*, § 92 Anm. 5 D; *Zöller*, § 92 Rd.Ziff. 2.

[254] *Baumbach/Lauterbach/Albers/Hartmann*, § 92 Anm. 5 F; *Furtner*, S. 27; *Zöller*, § 92 Rd.Ziff. 2.

Die Kostenentscheidung, Urteil

Oder:

„Die Kosten des Rechtsstreits werden dem Kläger zu ⅖ (40%) und dem Beklagten zu ⅗ (60%) auferlegt."

2. Gebührenstreitwert: 10 000,– DM

Hauptsachentenor: „Der Beklagte wird verurteilt, an den Kläger 3580,– DM zu zahlen. Im übrigen wird die Klage abgewiesen."

Der Kläger hat zu tragen: $\frac{6\,420\ (=\text{Verlustquote})}{10\,000\ (=\text{Streitwert})}$ – begradigt: ⅔ = 64%.

Der Beklagte hat zu tragen: $\frac{3\,580}{10\,000}$ – begradigt: ⅓ = 36%.

Der Kostentenor lautet:

„Von den Kosten des Rechtsstreits tragen der Kläger ⅔ (= 64%) und der Beklagte ⅓ (= 36%)."

Oder:

„Die Kosten des Rechtsstreits werden dem Kläger zu ⅔ (= 64%) und dem Beklagten zu ⅓ (= 36%) auferlegt."

3. Der Kläger verlangt von dem Beklagten, seinem Nachbarn, die Beseitigung einer auf der Grundstücksgrenze errichteten Mauer (Streitwert: 1400,– DM) und die Beseitigung von 7 Nadelbäumen (Streitwert: 2450,– DM). Der Hauptsachentenor lautet: „Der Beklagte wird verurteilt, 2 auf seinem Grundstück ... stehende Nadelbäume, Höhe ..., genauer Standort ..., zu beseitigen. Im übrigen wird die Klage abgewiesen."

Der Gesamtstreitwert beträgt 3850,– DM (Klageantrag zu 1 und 2 – § 12 I GKG, § 5). Die Verlustquote des Klägers beträgt 1400,– DM (= Klageantrag zu 1) + 1750,– DM (= 5 Bäume, Klageantrag zu 2).

Der Kläger hat zu tragen: $\frac{3150}{3850} = \frac{9}{11} = 81{,}82\%$.

Der Beklagte hat zu tragen: $\frac{700}{3850} = \frac{2}{11} = 18{,}18\%$.

Der Kostentenor lautet:

„Von den Kosten des Rechtsstreits tragen der Kläger 9/11 (= 82%) und der Beklagte 2/11 (= 18%)."

Oder:

„Die Kosten des Rechtsstreits werden dem Kläger zu 9/11 (= 82%) und dem Beklagten zu 2/11 (= 18%) auferlegt."

2. Besonderheiten bei unselbständigen Nebenforderungen
   — fiktiver Streitwert —

198 Nebenforderungen sind Forderungen, die in Abhängigkeit zur Hauptforderung entstehen.[255)]

Beispiele:
Früchte (§ 99 BGB); Nutzungen (§ 100 BGB); Zinsen, auch wenn der Betrag ausgerechnet ist; Mehrwertsteuer, vorgerichtliche, außergerichtliche und gerichtliche Kosten.

Werden die Nebenforderungen selbständig geltend gemacht, ergeben sich für die Kostenentscheidung keine Besonderheiten. Wenn sie jedoch neben der Hauptforderung

---

255) *Thomas/Putzo*, § 4 Anm. 2 a; vgl. auch zum Streitwert bei Nebenforderungen Teil D, Stichwort „Nebenforderungen".

Kostenentscheidung nach § 92 ZPO

eingeklagt werden, d. h. unselbständig sind, bleiben sie nach § 4 I, 2. Halbsatz, Abs. 2, § 22 I GKG bei der Streitwertberechnung unberücksichtigt, soweit es sich um die in den vorgenannten Vorschriften aufgeführten Nebenforderungen handelt.[256]

Soweit die unselbständigen Nebenforderungen den Gebührenstreitwert nicht beeinflussen, könnten sie bei Anwendung der Grundformel 199

$$\frac{\text{Verlustquote}}{\text{Gebührenstreitwert}} = \text{Kostenlast}$$

nicht in die Verlustquote einbezogen und damit kostenmäßig nicht erfaßt werden. Die Nichtberücksichtigung einer unselbständigen Nebenforderung führt jedoch zu unbilligen Ergebnissen, wenn diese im Verhältnis zur Hauptforderung wirtschaftlich bedeutend ist.

> **Beispiele:**
> K klagt 10000,– DM nebst 14% Zinsen seit dem 1. 5. 1985 ein. Mit Urteil vom 1. 5. 1990 wird der Klage in Höhe von 10000,– DM nebst 4% Zinsen seit dem 1. 5. 1985 stattgegeben; im übrigen wird die Klage abgewiesen. Damit ist der Kläger mit 10% Zinsen von 10000,– DM für 5 Jahre = 5000,– DM unterlegen. Dieser Betrag ist gegenüber der Hauptforderung nicht als geringfügig zu bezeichnen.
> Auf der anderen Seite würde die Anwendung der Grundformel hier nicht weiterführen, da danach der Kläger $\frac{5000,- \text{DM (= Verlustquote − Zinsen)}}{10000,- \text{DM (= tatsächlicher Streitwert)}} = \frac{1}{2}$ und
>
> der Beklagte $\frac{10000,- \text{DM (= Verlustquote)}}{10000,- \text{DM}} = \frac{1}{1}$ der Kosten
>
> des Rechtsstreits zu tragen hätten.

Nach Wieczorek[257] sollen unselbständige Nebenforderungen, die keinen Einfluß auf den Streitwert haben, unabhängig von ihrer wirtschaftlichen Bedeutung im Rahmen des § 92 keine Rolle spielen. Diese Auffassung wird von der h. M.[258] nicht geteilt. Auch wir halten sie nicht für vertretbar und meinen, daß die unselbständige Nebenforderung bei der Festsetzung der Kostenquote jedenfalls dann berücksichtigt werden muß, wenn sie im Verhältnis zu der Hauptforderung nicht geringfügig ist, wobei dann allerdings, wie noch näher auszuführen sein wird, nicht der tatsächliche, sondern ein **fiktiver Streitwert** zugrunde zu legen ist.

Gegen die Auffassung von Wieczorek sprechen wirtschaftliche Erwägungen und darüber hinaus auch die Gesetzessystematik. Der Gesetzgeber hat ohne jede Einschränkung in § 92 I bei Ermittlung der Kostenquote an den Grad des Obsiegens und Unterliegens angeknüpft, nicht aber an den tatsächlichen Streitwert. Daß unselbständige Nebenforderungen auf den Gebührenstreitwert grundsätzlich keinen Einfluß haben, ist lediglich in § 92 II berücksichtigt worden. Das Merkmal „keine besonderen Kosten veranlaßt" im Rahmen dieser Vorschrift wirkt sich nämlich insbesondere bei Zinsen und sonstigen unselbständigen Nebenforderungen im Sinne des § 4 aus; § 92 II findet aber nur dann Anwendung, wenn außerdem der abgewiesene Betrag geringfügig ist.[259] Daraus kann geschlossen werden, daß im übrigen die unselbständigen Nebenforderungen unabhängig vom Streitwert für die Kostenentscheidung eine Bedeutung haben. Schneider[260] argumentiert weiter, daß durch die Nebenforderungen besondere Kosten veranlaßt sein könnten, so, wenn über die Nebenforderungen Beweis erhoben wurde. Dieses zusätzliche Argu-

---

[256] *Thomas/Putzo*, § 4 Anm. 2 c; vgl. auch zum Streitwert bei Nebenforderungen Teil D, Stichwort „Nebenforderungen".
[257] § 92 Anm. A I a.
[258] Vgl. RGZ 42, 82; BGH, MDR 61, 141; *Anders/Gehle*, Rd.Ziff. 162; *Schneider*, S. 102; *Thomas/Putzo*, § 92 Anm. 1 d.
[259] Vgl. hierzu näher Rd.Ziff. 213 ff.
[260] S. 102.

Die Kostenentscheidung, Urteil

ment halten wir nicht für zwingend. Es besteht nämlich u. U. die Möglichkeit, diese Kosten der Beweisaufnahme dem Kläger nach § 96 getrennt aufzuerlegen.[261] Aber auch ohne das weitere Argument von Schneider halten wir aus den dargelegten Gründen die h. M. für zutreffend, bei der Ermittlung der Kostenquote die unselbständigen Nebenforderungen zu berücksichtigen, wenn sie im Verhältnis zur Hauptforderung nicht geringfügig ist.

200 Bei der Frage der **Geringfügigkeit** ist das richterliche Ermessen angesprochen.[262] Nach unserer Auffassung ist die Grenze der Geringfügigkeit grundsätzlich überschritten, wenn die abgewiesene Nebenforderung mehr als $1/10$ der Hauptforderung ausmacht.[263] Soweit die Nebenforderung beziffert ist, ergeben sich für die danach vorzunehmende Berechnung keine Schwierigkeiten. Soweit es um nicht bezifferte Zinsen geht, ist bei der Ermittlung ihres Wertes der beantragte Beginn der Verzinsung, die Urteilsverkündung und der Zeitpunkt der voraussichtlichen Befriedigung der Hauptforderung im Falle eines für den Kläger positiven Ausgangs des Rechtsstreites zu berücksichtigen. Soweit keine besonderen Anhaltspunkte bestehen, dürfte für das Zinsende etwa ein halbes Jahr nach der Urteilsverkündung anzusetzen sein. Zwischen der Urteilsverkündung und dem Beginn von Vollstreckungsmaßnahmen vergehen nämlich erfahrungsgemäß mehrere Monate.[264]

201 Ergibt sich, daß die abgewiesene unselbständige Nebenforderung mehr als $1/10$ der Hauptforderung ausmacht, wird die Kostenquote nach § 92 I ermittelt, indem man ebenfalls die Verlustquote in das Verhältnis zum Streitwert setzt. Allerdings wird dabei nicht der tatsächliche Gebührenstreitwert berücksichtigt, vielmehr ist zu diesem tatsächlichen Streitwert der Wert der unselbständigen Nebenforderung zu addieren. Diesen für die Ermittlung der Kostenquote maßgeblichen Streitwert, der von dem tatsächlichen Gebührenstreitwert abweicht, bezeichnen wir als **fiktiven Streitwert**.[265] Danach ergibt sich bei einer nicht geringfügigen unselbständigen Nebenforderung, die keinen Einfluß auf den Streitwert hat (vgl. § 4), folgende Kostenformel:

$$\frac{\text{Verlustquote}}{\text{Gebührenstreitwert} + \text{Wert der Nebenforderung} = \text{fiktiver Streitwert}} = \text{Kostenquote}$$

Folgende Beispiele sollen die Berechnung der Kostenquote in derartigen Fällen verdeutlichen:

1. Der Kläger macht 10 000,– DM nebst 20% Zinsen für 3 Jahre geltend. Zugesprochen werden 10 000,– DM nebst 20% Zinsen für ein Jahr. Der Gebührenstreitwert beträgt hier 10 000,– DM (§ 4 I i. V. m. § 12 I GKG). Bei der Ermittlung der Kostenquote muß jedoch fiktiv der Wert der geltend gemachten Zinsen (= 20% für drei Jahre = 6000,– DM) hinzugerechnet werden.

   Der Kläger hat danach zu tragen:

   $$\frac{4000 \text{ (Verlustquote = Zinsen für 2 Jahre)}}{16 000 \text{ (= fiktiver Streitwert)}} = 1/4 = 25\%.$$

   Der Beklagte hat zu tragen:

   $$\frac{12 000}{16 000} = 3/4 = 75\%.$$

   Der Tenor lautet: „Der Beklagte wird verurteilt, an den Kläger 10 000,– DM nebst 20% Zinsen seit dem ... bis zum ... zu zahlen; im übrigen wird die Klage abgewiesen. Die Kosten des Rechtsstreits tragen der Kläger zu $1/4$ (= 25%) und der Beklagte zu $3/4$ (= 75%).

---

261) Vgl. Rd.Ziff. 171 ff.
262) RG JW 38, 2767; *Schneider*, S. 104.
263) So auch *Thomas/Putzo*, § 92 Anm. 4 a.
264) Vgl. zum ähnlichen Problem bei der Berechnung der Sicherheitsleistung Teil C, Rd. Ziff. 27.
265) *Anders/Gehle*, Rd. Ziff. 162.

2. In dem Beispielfall wurde nur ein Teil der geltend gemachten Zinsen abgewiesen. Entsprechendes gilt jedoch auch, wenn ein erheblicher Zinsanspruch geltend gemacht wird und ein nicht unerheblicher Teil der Klageforderung und damit auch die Nebenforderung abgewiesen wird.

Wie im Ausgangsfall. Zugesprochen werden 4000,– DM nebst Zinsen für ein Jahr. Würde man hier die Kostenquote nur nach dem tatsächlichen Streitwert (= 10 000,– DM) berechnen, ergäbe sich für den Kläger eine Kostenquote von 6/10 und für den Beklagten eine Kostenquote von 4/10. Bei Berücksichtigung der Zinsen lautet die Kostenquote:

für den Kläger: $\frac{11\,200}{16\,000} = 7/10 = 70\%$

für den Beklagten: $\frac{4\,800}{16\,000} = 3/10 = 30\%$

3. A beantragt, den X zur Zahlung von 6000,– DM nebst 14% Zinsen seit dem 1. 4. 1990 zu verurteilen. Das am 3. 10. 1991 verkündete Urteil enthält folgenden Hauptsachentenor: „Der Beklagte wird verurteilt, an den Kläger 5000,– DM nebst 5% Zinsen seit dem 1. 4. 1991 zu zahlen. Im übrigen wird die Klage abgewiesen."

Der Wert der von A beanspruchten Zinsen beträgt 14% von 6000,– DM für zwei Jahre, nämlich für die Zeit vom 1. 4. 1990 bis 31. 3. 1992 (= etwa 6 Monate nach Urteilsverkündung) = 1680,– DM. Zuerkannt worden sind 5% Zinsen von 5000,– DM für 1 Jahr, nämlich für die Zeit vom 1. 4. 1991 bis 31. 3. 1992 = 250,– DM, so daß die Verlustquote für den Kläger im Hinblick auf die Hauptforderung 1000,– DM und für die Zinsen 1430,– DM beträgt. Daraus ergibt sich folgende Kostenquote zu Lasten des Klägers:

$$\frac{1000,- \text{DM} + 1430,- \text{DM} (= \text{Verlustquote})}{6000,- \text{DM} + 1680,- \text{DM} (= \text{fiktiver Streitwert})} = \frac{2430}{7680} = - \text{begradigt} - 32\%.$$

Der Kostentenor lautet: „Die Kosten des Rechtsstreits werden dem Kläger zu 32% und dem Beklagten zu 68% auferlegt."

4. Im Ausgangsbeispiel – Rd.Ziff. 199 – beträgt der Wert der geltend gemachten Nebenforderung 14% von 10 000,– DM für 5½ Jahre, nämlich für die Zeit von 1. 5. 1985 bis 1. 11. 1990 (= 6 Monate nach Urteilsverkündung) = 7700,– DM. Der Kläger hat lediglich 4% Zinsen von 10 000,– DM ab 1. 5. 1985 zugesprochen bekommen = 2200,– DM. Daraus ergibt sich folgende Kostenquote:

für den Kläger: $\frac{5\,500,- \text{DM} (= \text{Verlustquote})}{17\,700,- \text{DM} (= \text{fiktiver Streitwert})} = 31\%$ (aufgerundet)

für den Beklagten: $\frac{12\,200,- \text{DM}}{17\,700,- \text{DM}} = 69\%$ (aufgerundet)

Der Kostentenor lautet: „Von den Kosten des Rechtsstreits tragen der Kläger 31% und der Beklagte 69%."

3. Weitere Fälle zum fiktiven Streitwert

a) Klage und Widerklage

Von einem fiktiven Streitwert bei der Ermittlung der Kostenquote ist auch bei Klage und Widerklage auszugehen, wenn der Streitwert gem. § 19 I GKG nach dem „einfachen Wert

Die Kostenentscheidung, Urteil

des Streitgegenstandes" zu berechnen ist und eine Kostenentscheidung nach § 92 I erfolgen muß.[266]

b) Haupt- und Hilfsantrag

203 Wird im Urteil über den Haupt- und den (echten) Hilfsantrag entschieden, richtet sich der Streitwert gem. § 19 IV GKG nach einem der beiden Anträge, und zwar nach dem höherwertigen. Soweit die Klage mit beiden Anträgen abgewiesen wird, ergeben sich für die Kostenentscheidung keine Besonderheiten. Der Kläger trägt die Kosten des Rechtsstreits nach § 91 I 1, 1. Halbsatz. Wird aber die Klage mit dem Hauptantrag abgewiesen und wird ihr mit dem gleich- oder höherwertigen Hilfsantrag stattgegeben, will der Bundesgerichtshof[267] dem Beklagten nach § 91 die Kosten des Rechtsstreits auferlegen; nach einer Gegenmeinung[268] findet § 92 Anwendung, wobei dann bei der Berechnung der Kostenquote nicht der tatsächliche Streitwert nach § 19 IV GKG, sondern der sich aus einer Addition der Werte beider Anträge ergebende fiktive Streitwert zugrunde zu legen ist.[269]

c) Künftige Leistung

204 Der fiktive Streitwert kann auch bedeutsam sein, wenn der Kläger auf künftige Leistung nach § 257 klagt, da die Verschiebung des Fälligkeitstermins streitwertmäßig nicht erfaßt wird.[270]

Beispiel:
X erhebt am 1. 10. 1990 Klage auf Zahlung von 10 000,– DM zum 1. 7. 1991. Mit Urteil vom 1. 3. 1991 wird der Beklagte zur Zahlung von 10 000,– DM zum 1. 1. 1995 verurteilt; im übrigen wird die Klage abgewiesen. Unterstellt man, daß X ab 1. 7. 1991 die 10 000,– DM zu einem Zinssatz von 5% Zinsen hätte anlegen können, ergibt sich folgendes:
Wenn der Klage antragsgemäß stattgegeben worden wäre, hätte der Kläger für die Zeit vom 1. 7. 1991 bis 31. 12. 1993 (= 2½ Jahre) 5% Zinsen von 10 000,– DM = 1250,– DM erzielen können. Dann ergibt sich folgende Kostenquote für den Kläger:

$$\frac{1\,250,-\text{DM (= Verlustquote)}}{11\,250,-\text{DM (= fiktiver Streitwert)}} = 11\%$$

Der Kostentenor lautet:
„Die Kosten des Rechtsstreits tragen der Kläger zu 11% und der Beklagte zu 89%."

d) Zug-um-Zug, § 780 ZPO, Kopfteile

205 Ferner ist nach unserer Auffassung ein fiktiver Streitwert bei einer Zug-um-Zug-Verurteilung, einer Verurteilung unter dem Vorbehalt der beschränkten Erbenhaftung und bei einer Verurteilung nach Kopfteilen, soweit der Kläger von einer gesamtschuldnerischen Haftung ausgegangen ist, zu bilden, wenn § 92 I zur Anwendung kommt.[271]

---

266) Vgl. zum Streitwert Teil D, Stichwort „Widerklage", und zur Berechnung der Kostenquote unten Rd.Ziff. 529 ff.
267) BGH, LM § 92 ZPO Nr. 8.
268) *Zöller*, § 92 Rd.Ziff. 8.
269) Vgl. hierzu näher *Anders/Gehle*, Rd.Ziff. 415 und Teil D, Stichwort „Echte Hilfsanträge", Rd.Ziff. 4 ff.
270) Vgl. hierzu *Schneider*, S. 103; a. A. *Wieczorek*, § 92 Anm. A I b; vgl. auch näher Teil D, Stichwort „Künftige Leistung".
271) Vgl. Rd.Ziff. 222 f.

III. Aufhebung der Kosten gegeneinander

1. Allgemeines

Obsiegen bzw. unterliegen die Parteien in etwa, wenn auch nicht notwendigerweise exakt, zur Hälfte,

> **Beispiel:**
> Bei einer Klage auf Zahlung von 3000,– DM wird der Beklagte zur Zahlung von 1450,– DM verurteilt; im übrigen wird die Klage abgewiesen.

können die Kosten des Rechtsstreits „gegeneinander aufgehoben" werden (§ 92 I 1, 1. Alternative). Folge dieses Ausspruches ist, daß jede Partei ihre eigenen außergerichtlichen Kosten selbst zu tragen hat und die Gerichtskosten jeder Partei zur Hälfte zur Last fallen. Ein Kostenfestsetzungsverfahren findet in diesem Fall nicht statt. Kostenerstattungsansprüche kommen nur hinsichtlich der von einer Partei vorschußweise eingezahlten Gerichtsgebühren und -auslagen in Betracht.[272]

Die Kostenentscheidung lautet:

> „Die Kosten des Rechtsstreits werden gegeneinander aufgehoben."

Ist bei einem etwa hälftigen Obsiegen und Unterliegen beider Parteien für das Gericht erkennbar, daß auf der einen Seite weitaus **höhere außergerichtliche Kosten** entstanden sind,

> **Beispiel:**
> Nur eine Partei ist anwaltlich vertreten oder nur eine Partei hat einen Korrespondenzanwalt.

ist zu überlegen, die Kosten des Rechtsstreits ebenso wie in den Fällen, in denen eine Partei zu mehr als der Hälfte unterliegt, verhältnismäßig zu teilen.[273] Der Tenor lautet in diesem Fall:

> „Die Kosten des Rechtsstreits tragen die Parteien zu je ½ (50%)."

Würde man auch in derartigen Fällen die Kosten gegeneinander aufheben, wäre eine der Parteien, der erkennbar höhere Kosten entstanden sind, benachteiligt, weil sie dann keinen Erstattungsanspruch erhalten würde. Es steht allerdings im Ermessen des Gerichts, ob es nach § 92 I, 1. Alternative oder 2. Alternative vorgeht.[274]

2. §§ 93 a, 93 c ZPO

In **Ehesachen** einschließlich der gleichzeitig zu entscheidenden Folgesachen und bei Klagen auf **Ehelichkeitsanfechtung** hat der Gesetzgeber für den Fall, daß die Verfahren erfolgreich verlaufen, grundsätzlich die Aufhebung der Kosten gegeneinander vorgesehen (§ 93 a I 1 und III 1, 93 c 1). § 93 a gilt auch für abgetrennte oder isoliert angefochtene FGG-Folgesachen sowie für Vorabentscheidungen im Verbundverfahren; der Grundsatz, daß ein Teilurteil keine Kostenentscheidung zu enthalten hat, greift für die Vorabentscheidungen nicht ein.[275] Damit ist das Kostenprinzip, die Kosten des Rechtsstreits nach dem Grad des Obsiegens und Unterliegens zu verteilen (sog. **Erfolgsprinzip**), durchbrochen. Soweit die Voraussetzungen des § 93 a bzw. § 93 c vorliegen, stellen diese gegenüber den

---

272) *Thomas/Putzo*, § 92 Anm. 2.
273) So auch LG Hamburg, Rpfleger 85, 374 m. Anm. *Schneider*; *Baumbach/Lauterbach/Albers/Hartmann*, § 92 Anm. 6 A.
274) *Baumbach/Lauterbach/Albers/Hartmann*, § 92 Anm. 6 A.
275) Allgemein: *Thomas/Putzo*, § 93 a Anm. 1 e. Zur Vorabentscheidung im Verbund vgl. OLG München, Rpfleger 91, 434; zur Kostenentscheidung im Teilurteil: Rd.Ziff. 4 ff.

Die Kostenentscheidung, Urteil

§§ 91 ff. Sonderregelungen dar.[276] Etwas anderes gilt jedoch, wenn der Scheidungsantrag bzw. die Anfechtungsklage abgewiesen wird. Für diesen Fall greifen die allgemeinen Kostenregelungen der §§ 91 ff. ein, so daß die Kosten nur dann gem. § 92 I 1, 1. Alternative gegeneinander aufgehoben werden, wenn die Parteien in etwa je zur Hälfte obsiegen und unterliegen.

Beispiele:
1. Beide Parteien haben die Scheidung beantragt; beide Anträge werden zurückgewiesen.
2. Beide Parteien haben die Scheidung beantragt; beide Parteien nehmen ihre Anträge später zurück.

Darüber hinaus ist dem Gericht in Ehesachen gem. § 93 a I 2, III 2 die Möglichkeit eingeräumt worden, bei Vorliegen der Härteklausel (Abs. 1 Nr. 1) oder der Billigkeitsklausel (Abs. 1 Nr. 2) die Kosten nach billigem Ermessen anderweitig zu verteilen.[277] Darüber hinaus kann das Gericht eine Kostenvereinbarung der Parteien in vollem Umfang oder teilweise zugrunde legen (§ 93 a I 3).

IV. § 92 II ZPO

1. Allgemeines

209 Eine Sonderregelung zu § 92 I stellt § 92 II dar. Diese Vorschrift ist immer, jedenfalls gedanklich, zu prüfen, bevor eine verhältnismäßige Teilung erfolgt. Nach § 92 II können trotz Teilunterliegens einer Partei der anderen Partei die gesamten Kosten des Rechtsstreits auferlegt werden. Der Kostentenor lautet in diesem Fall:

„Die Kosten des Rechtsstreits trägt der Beklagte (Kläger)."

Am Ende der Entscheidungsgründe wird ausgeführt:

„Die Kostenentscheidung beruht auf § 92 II ZPO."

Nicht richtig ist hingegen, in einem solchen Fall auch oder nur § 91 zu zitieren, da diese Vorschrift ausschließlich bei einem vollständigen Obsiegen bzw. Unterliegen zur Anwendung kommt.

2. Geringfügiges Unterliegen (1. Alternative)

a) Allgemeines

210 Der Hauptanwendungsfall des § 92 II ist die 1. Alternative dieser Vorschrift. Diese hat zwei Voraussetzungen, nämlich

a) keinen besonderen Kostenanfall durch die Zuvielforderung und
b) eine verhältnismäßig geringfügige Zuvielforderung.

Damit geht der Gesetzgeber davon aus, daß der Kläger weitgehend obsiegt. § 92 II ist aber entsprechend anwendbar, wenn der Beklagte nur zu einem geringfügigen Betrag verurteilt und die Klage im übrigen abgewiesen wird.[278] Zwar kann man nicht von einer „Zuvielforderung" im wörtlichen Sinne des § 92 II sprechen, wenn der Beklagte beantragt hat, die Klage abzuweisen, der Abweisungsantrag jedoch nicht voll durchgedrungen ist. Die Interessenlage ist jedoch mit der von § 92 II direkt erfaßten Situation vergleichbar. Es ist

---

276) *Thomas/Putzo*, § 93 a Anm. 1 b.
277) Vgl. zu den Voraussetzungen im einzelnen: *Baumbach/Lauterbach/Albers/Hartmann*, § 93 a Anm. 3 ff.; *Thomas/Putzo*, § 93 a Anm. 2 c, 4 c; *Zöller*, § 93 a Rd.Ziff. 4, 8.
278) RGZ 142, 84; *Schneider*, S. 108; *Thomas/Putzo*, § 92 Anm. 4 a; *Zöller*, § 92 Rd.Ziff. 11.

Kostenentscheidung nach § 92 ZPO

lediglich umgekehrt zu fragen: Ist die Verurteilung des Beklagten verhältnismäßig geringfügig und sind dadurch keine besonderen Kosten entstanden?

b) Kein besonderer Kostenanfall

Durch die Zuvielforderung sind dann keine besonderen Kosten veranlaßt worden, wenn auch bei Geltendmachung nur der zugesprochenen Forderung dieselben Rechtsanwalts- und Gerichtskosten entstanden wären, d. h. wenn **kein Gebührensprung** gegeben ist.[279] Anhand der Gebührentabelle[280] ist zu ermitteln, wie hoch die Rechtsanwaltsgebühren und die Gerichtsgebühren nach dem tatsächlichen Streitwert und nach dem Streitwert sind, der sich abzüglich der Zuvielforderung ergibt. Sind die Gebühren danach identisch, ist ein Gebührensprung zu verneinen. Dann sind durch die Zuvielforderung keine besonderen Kosten entstanden. Ansonsten findet § 92 II, 1. Alternative keine Anwendung.

211

Beispiele:
1. Der Kläger verlangt Zahlung von 2100,– DM. Zugesprochen werden 2000,– DM. Sowohl bei einem Streitwert von 2100,– DM als auch bei einem solchen in Höhe von 2000,– DM betragen eine Gerichtsgebühr 69,– DM und eine Anwaltsgebühr 130,– DM. Daher liegt kein Gebührensprung vor.
2. Der Kläger verlangt Zahlung von 2500,– DM. Zugesprochen werden 2400,– DM. Bei einem Streitwert von 2500,– DM betragen eine Gerichtsgebühr 87,– DM und eine Anwaltsgebühr 160,– DM. Bei einem Streitwert von 2400,– DM betragen eine Anwaltsgebühr 145,– DM und eine Gerichtsgebühr 78,– DM. Hier hat die Zuvielforderung besondere Kosten verursacht.

Entsprechendes gilt, wie bereits dargelegt,[281] wenn der Beklagte nur zur Zahlung eines verhältnismäßig geringfügigen Betrages verurteilt wird. Bei der Frage, ob besondere Kosten angefallen sind, kommt es auf die Gebührenbeträge nach dem tatsächlichen Streitwert abzüglich der Urteilssumme an. Wenn sich danach kein Gebührensprung ergibt, ist ein besonderer Kostenanfall zu verneinen.

212

Beispiele:
1. Klage auf Zahlung von 8000,– DM. Der Beklagte wird zur Zahlung von 100,– DM verurteilt. Im übrigen wird die Klage abgewiesen. Sowohl bei einem Streitwert von 8000,– DM als auch bei einem solchen von 7900,– DM betragen eine Anwaltsgebühr 435,– DM und eine Gerichtsgebühr 186,– DM. Daher ist ein Gebührensprung zu verneinen.
2. Klage auf Zahlung von 8100,– DM. Der Beklagte wird zur Zahlung von 100,– DM verurteilt. Im übrigen wird die Klage abgewiesen. Bei einem Streitwert von 8100,– DM betragen eine Anwaltsgebühr 461,– DM und eine Gerichtsgebühr 195,– DM. Bei einem Streitwert von 8000,– DM betragen daher eine Anwaltsgebühr 435,– DM und eine Gerichtsgebühr 186,– DM. Daher ist in diesem Fall ein Gebührensprung vorhanden, so daß § 92 II, 1. Alternative keine Anwendung findet.

c) Geringfügige Zuvielforderung

Die Beurteilung der Frage, wann eine Zuvielforderung verhältnismäßig geringfügig ist, liegt im Ermessen des Gerichts.[282] Wegen der insgesamt relativ hohen Kosten eines Rechtsstreits sollte die Geringfügigkeitsgrenze jedoch bei weniger als 10% des Streitwertes angenommen werden.[283]

213

---

279) OLG München, JurBüro 88, 657; *Anders/Gehle*, Rd.Ziff. 163; *Thomas/Putzo*, § 92 Anm. 4 a.
280) Anhang II im *Schönfelder*; vgl. zu den Gerichtsgebühren auch Rd.Ziff. 16 ff. und zu den Rechtsanwaltsgebühren auch Rd.Ziff. 68 ff.
281) Vgl. Rd. Ziff. 210.
282) *Schneider*, S. 107; *Baumbach/Lauterbach/Albers/Hartmann*, § 92 Anm. 7 C; *Furtner*, S. 28.
283) Vgl. hierzu die ähnliche Problematik bei „Unselbständigen Nebenforderungen i. R. d. § 92 I", Rd.Ziff. 200.

d) Besonderheiten bei unselbständigen Nebenforderungen

214 Ein **Gebührensprung** liegt nie vor, wenn eine unselbständige Nebenforderung i. S. des § 4[284]) ganz oder teilweise unberechtigt ist; das folgt daraus, daß diese Nebenforderungen bei der Ermittlung des Streitwertes nicht berücksichtigt werden (vgl. § 4 I, § 12 I GKG).[285]) Gleichwohl kann in einem solchen Fall nicht automatisch § 92 II angewendet werden; vielmehr muß auch die erste Voraussetzung, nämlich eine **Geringfügigkeit der Zuvielforderung**, erfüllt sein. Hier gilt u. E. die schon aufgezeigte Geringfügigkeitsgrenze ebenfalls, nämlich, daß die Zuvielforderung nicht mehr als **10%** des fiktiven Streitwertes (= tatsächlicher Streitwert + Wert der Nebenforderungen[286])) beträgt.

215 Wenn sowohl die **Hauptforderung** als auch die **Zinsforderung** jeweils **teilweise** als unberechtigt angesehen werden, ist folgendes zu unterscheiden:

1. Hat die Abweisung der Klage mit einem Teil der Hauptforderung „besondere Kosten" verursacht?
   Ja: Kostenentscheidung nach § 92 I, nicht hingegen nach § 92 II, 1. Alternative.
   Nein:
2. Beträgt die teilweise Klageabweisung hinsichtlich der Hauptforderung weniger als 10%? (= verhältnismäßig geringfügig)
   Nein: Kostenentscheidung nach § 92 I, nicht nach § 92 II, 1. Alternative.
   Ja:
3. Sind die zuviel geforderten Zinsen und der abgewiesene Teil der Hauptforderung „verhältnismäßig geringfügig" (= unter 10% von der Gesamtforderung)?
   Nein: Kostenentscheidung nach § 92 I, nicht nach § 92 II, 1. Alternative.
   Ja: Kostenentscheidung nach § 92 II.

216 Wird die Klage nur mit einem **Teil der Zinsen** abgewiesen, kommt es entsprechend darauf an, ob der abgewiesene Teil der Zinsforderung im Verhältnis zur Hauptforderung einschließlich der geltend gemachten Zinsen verhältnismäßig geringfügig, d. h. unter 10% der Gesamtforderung liegt. Bei der Ermittlung des Gesamtbetrages der Zinsforderung ist deren Laufzeit von Bedeutung. Maßgeblich sind der geltend gemachte Beginn der Laufzeit und der Zeitpunkt etwa 6 Monate nach Verkündung des Urteils, da nach der Erfahrung die Vollstreckung eines Urteils etwa 6 Monate nach der Verkündung erfolgt.[287]) Bei der Überprüfung der „Geringfügigkeit" i. S. des § 92 II ist von folgender Formel auszugehen:

$$\frac{\text{Zuvielforderung} \times 100}{\text{Gesamtforderung (= fiktiver Streitwert)}}$$

Die **Gesamtforderung** setzt sich aus der Hauptforderung und den geltend gemachten Zinsen zusammen. Die Zuvielforderung wird ermittelt durch die Gesamtforderung abzüglich der zuerkannten Hauptforderung nebst den zuerkannten Zinsen. Ergibt diese Formel weniger als 10%, ist von einer Geringfügigkeit i. S. des § 92 II, 1. Alternative auszugehen.

Beispiele:
1. A klagt gegen X auf Zahlung von 4500,– DM nebst 5% Zinsen seit dem 1. 10. 1988. Das Urteil vom 3. 4. 1990 enthält den Hauptsachentenor: „Der Beklagte wird verurteilt, an den Kläger 4500,– DM nebst 4% Zinsen seit dem 15. 4. 1989 zu zahlen. Im übrigen wird die Klage abgewiesen."
Geht man von einer Vollstreckung 6 Monate nach Verkündung des Urteils aus,[288]) hat der Kläger in etwa für zwei Jahre 5% Zinsen von der Klageforderung geltend gemacht, das sind 450,– DM. Zuerkannt worden sind ihm 4% Zinsen ab 15. 4. 1989 (etwa 1½ Jahre)

---
284) Zum Begriff „unselbständige Nebenforderungen" vgl. Rd.Ziff. 198.
285) Vgl. zum Streitwert Teil D, Stichwort „Nebenforderungen".
286) Vgl. zum fiktiven Streitwert oben Rd.Ziff. 201.
287) Vgl. Rd.Ziff. 200 und Teil C, Rd.Ziff. 27.
288) Vgl. Rd.Ziff. 200.

= 270,– DM, so daß Zinsen in Höhe von 180,– DM abgewiesen worden sind. Nach der vorgenannten Formel ergibt sich folgende Quote für die Zuvielforderung:

$$\frac{180 \times 100}{4500 + 450} = \text{etwa } 1/30 = 3{,}64\%.$$

Damit ist die Zuvielforderung geringfügig, so daß § 92 II erfüllt ist. Der Kostentenor nach dieser Vorschrift lautet:

„Die Kosten des Rechtsstreits trägt der Beklagte."

2. Im Ausgangsfall werden 4000,– DM nebst 4% Zinsen ab 15. 4. 1989 zuerkannt. Die Klage wird im übrigen abgewiesen. Da schon mehr als 10% von der Hauptforderung abgewiesen wird und die abgewiesene Zinsforderung erkennbar nicht mehr als 10% der Hauptforderung beträgt, kann die Zinsforderung bei der Kostenentscheidung vernachlässigt werden. Es ergibt sich folgende Kostenquote:

$$\frac{500}{4500} = 11\% \text{ zu Lasten des Klägers.}$$

Dann lautete die Kostenentscheidung: „Die Kosten des Rechtsstreits tragen der Kläger zu 11% und der Beklagte zu 89%."

3. Im Ausgangsfall werden 4100,– DM nebst 4% Zinsen ab 15. 4. 1989 zuerkannt. Die Klage wird im übrigen abgewiesen. Da die Hauptforderung mit weniger als 10% abgewiesen wird, kommt es hier auf die Zinsen an. Dann lautet die Formel:

$$\frac{400,- \text{DM (aberkannte Hauptforderung)} + 180,- \text{DM (abgewiesene Zinsen)} \times 100}{4500,- \text{DM (= Hauptforderung)} + 450,- \text{DM (geltend gemachte Zinsen)}} = 11{,}71\%$$

In diesem Fall ist die Zuvielforderung nicht mehr geringfügig, so daß § 92 II keine Anwendung findet, die Kosten vielmehr verhältnismäßig zu verteilen sind. Die Kostenentscheidung lautet: „Die Kosten des Rechtsstreits tragen der Kläger zu 11% und der Beklagte zu 89%."

e) Minimalbeträge bei Vorliegen eines Gebührensprunges

Liegt erkennbar eine ganz geringfügige Zuvielforderung (= sog. Minimalforderung) vor, führt diese aber zu einem Gebührensprung, wird teilweise die analoge Anwendung des § 92 II befürwortet.[289]

217

> **Beispiel:**
> Der Kläger verlangt einen Betrag von 9005,– DM, der ihm in Höhe von 9000,– DM zugesprochen wird. Die abgewiesenen 5,– DM sind im Verhältnis zur Hauptforderung geringfügig (= 0,06%). Jedoch ist ein Gebührensprung vorhanden. Bei einem Streitwert von 9005,– DM beträgt eine Anwaltsgebühr 513,– DM; bei einem Streitwert von 9000,– DM beträgt sie 487,– DM.

Schneider[290] befürwortet im Ausgangsbeispiel eine analoge Anwendung des § 92 II und argumentiert dabei mit dem Ermessensspielraum des Gerichts. Er meint, daß das Gericht im Rahmen des § 92 II deshalb nicht schlechthin gebunden sei, Pfennigbeträge in die Verteilung einbringen zu müssen. Schneider sieht sich allerdings nicht in der Lage, insoweit eine generelle Grenzziehung vorzunehmen. Vielmehr will er, was sicherlich konsequent ist, das Verhältnis zum Gesamtstreitwert berücksichtigen. Allerdings möchte er, gestützt auf die AV des Justizministers des Landes Nordrhein-Westfalen vom 21. 8. 1975 (JMBl. NRW S. 214), bei der es um die Beitreibung von Kostenbeträgen geht, jeden Kostenanteil als Minimalbetrag ansehen, der zu einer Belastung von nicht mehr als 10,– DM führt. Wir wollen dieser Meinung nicht folgen, sondern uns an dem Wortlaut des § 92 II 1, 1. Alternative halten, auch wenn es sich um Minimalforderungen handelt. Diese Vorschrift findet nach ihrem Wortlaut unabhängig von dem Umfang der Zuvielforderung keine Anwendung, wenn diese besondere Kosten verursacht hat. Es mag auf den

---

289) *Schneider*, S. 109; *Zöller*, § 92 Rd.Ziff. 11.
290) *Schneider*, S. 109.

ersten Blick kleinlich aussehen, eine Partei mit Kleinstbeträgen an den Kosten zu beteiligen. Jedoch entspricht diese Handhabung dem Gesetzeswortlaut, und sie ist auch praktikabler. Dies mag letztlich den Gesetzgeber veranlaßt haben, Minimalbeträge nicht ohne weiteres dem § 92 II zu unterstellen. Wir halten die Meinung von Schneider aus folgenden Gründen für wenig praktikabel: Danach muß zunächst die Quote ermittelt und dann errechnet werden, welche Kosten insgesamt entstanden sind und nach dieser Quote zu erstatten wären. Erst dann kann Schneider eine sichere Aussage darüber machen, ob es sich um einen Minimalbetrag in seinem Sinne handelt. Dieser Aufwand ist jedoch gerade bei ganz geringfügigen Zuvielforderungen zweifelhaft. Wir halten es für praktikabler, auch in diesen Fällen eine Quote zu ermitteln, wobei sich hier u. U. ein ausgewiesener Betrag anbietet,[291] der nicht höher sein sollte als der Differenzbetrag zwischen je einer Gerichts- und Rechtsanwaltsgebühr nach den beiden maßgeblichen Streitwerten.

Beispiel:
Im Ausgangsfall beträgt die Differenz bei einer Anwaltsgebühr 26,– DM und bei einer Gerichtsgebühr 9,– DM. Daher könnte aus Vereinfachungsgründen tenoriert werden: „Der Kläger trägt 35,– DM der Gerichtskosten, die übrigen Kosten des Rechtsstreits werden dem Beklagten auferlegt."

3. Richterliches Ermessen, Ermittlung durch einen Sachverständigen, Abhängigkeit von gegenseitiger Berechnung (2. Alternative)

218   Einer Partei können nach § 92 II, 2. Alternative trotz teilweisen Obsiegens die gesamten Kosten auch auferlegt werden, wenn die Zuvielforderung der anderen Partei von der Festsetzung durch richterliches Ermessen, von der Ermittlung durch einen Sachverständigen oder von einer gegenseitigen Berechnung abhängig war. Diese Alternative des § 92 II wird in der Praxis selten angewendet. Es wird zum Teil sogar vermutet, daß sie manchen unbekannt ist.[292] Gemeinsam ist den Fällen des § 92 II, 2. Alternative, daß die teilweise Klageabweisung nicht in die Sphäre des Klägers fällt oder jedenfalls nicht von ihm ohne weiteres vorauszusehen war. Der Hauptanwendungsfall der 2. Alternative ist der des § 287.[293] Darüber hinaus sind die Fälle der §§ 315, 319 BGB zu nennen.

219   Ob § 92 II, 2. Alternative auch bei einer **Schmerzensgeldklage** (§ 847 BGB) anwendbar ist, hängt davon ab, ob man in diesem Fall mit der h. M.[294] eine unbezifferte Leistungsklage für zulässig hält. Die h. M. kommt nicht zur Anwendung des § 92 II, 2. Alternative. Geht man davon aus, daß der Streitwert mit dem ausgeurteilten Betrag identisch ist, soweit der Kläger keine besonderen Angaben zum Streitwert macht,[295] findet § 91 Anwendung. Soweit man den Streitwert nach dem Betrag bemißt, den der Kläger als angemessen bezeichnet hat,[296] oder den Streitwert nach dem Betrag bewertet, der auf der Grundlage des Klägervortrages angemessen wäre,[297] findet je nach dem Ergebnis § 91 I 1, 1. Alternative oder § 92 I bzw. § 92 II, 1. Alternative Anwendung. Auch dann ist kein Raum für § 92 II, 2. Alternative. Gerstenberg[298] hingegen hält bei einer Schmerzensgeldklage einen

---

291) Vgl. hierzu Rd.Ziff. 196.
292) *Gerstenberg*, NJW 88, 1352 m. w. N., hier Fn. 58 („Dornröschenschlaf des § 92 Abs. 2 ZPO").
293) Vgl. zu § 287: *Anders/Gehle*, Rd.Ziff. 337.
294) OLG Frankfurt/Main, MDR 57, 173; OLG Stuttgart, NJW 61, 81; OLG München, NJW 88, 1396; *Schneider*, Streitwert, Rd.Ziff. 4340 ff.; *Baumbach/Lauterbach/Albers/Hartmann*, Anh. § 3, Stichwort „Schmerzensgeld"; *Zöller*, § 3 Rd.Ziff. 16, Stichwort „unbezifferter Leistungsantrag".
295) So wohl *Thomas/Putzo*, § 3 Anm. 2, Stichwort „Ermessensanträge".
296) OLG Schleswig, Rpfleger 62, 425; JurBüro 80, 604.
297) OLG Düsseldorf, Rpfleger 81, 317; OLG Hamm, AnwBl. 84, 202; *Schneider*, Streitwert, Rd.Ziff. 4377 m. w. N.
298) NJW 88, 1352.

unbezifferten Leistungsantrag für unzulässig; nach seiner Ansicht können die Kostenprobleme, die sich angesichts der Rechtsunsicherheit hinsichtlich der Anspruchshöhe ergeben, durch § 92 II, 2. Alternative interessengerecht gelöst werden. Wie noch im einzelnen darzustellen sein wird, folgen wir im Ergebnis der Meinung, die den Streitwert nach dem Betrag bewertet, der auf der Grundlage des Klägervortrages angemessen wäre.[299] Daher ist nach unserer Ansicht bei einer Schmerzensgeldklage § 92 II, 2. Alternative nicht anzuwenden.

V. Besonderheiten beim Zurückbehaltungsrecht und der Erbenhaftung

1. Zurückbehaltungsrecht

Erstrebt der Kläger von vornherein eine Verurteilung **Zug-um-Zug** und wird seinem Antrag stattgegeben, hat er in vollem Umfang obsiegt. Die Kostenentscheidung ergibt sich in einem solchen Fall aus § 91 I 1, 1. Halbsatz. Beantragt der Kläger hingegen eine uneingeschränkte Verurteilung des Beklagten und wird dieser auf eine entsprechende Einrede nur zur Leistung Zug-um-Zug verurteilt, hat der Kläger mit seiner Klage nur teilweise Erfolg. Sie muß „im übrigen" abgewiesen werden.[300] Die Kostenentscheidung ist dementsprechend nicht nach § 91,[301] sondern grundsätzlich nach § 92 zu treffen.[302]

220

Da die Gegenleistung den Streitwert nicht erhöht, kann § 92 II zur Anwendung kommen, wenn die Gegenleistung im Verhältnis zur Klageforderung verhältnismäßig geringfügig ist, d. h. höchstens 10% von der Hauptforderung beträgt.[303] Dann trägt der Beklagte die gesamten Kosten des Rechtsstreits. Davon ist allerdings eine Ausnahme zu machen, wenn der Beklagte den Klageanspruch mit der Maßgabe anerkennt, daß nur eine Verurteilung Zug-um-Zug erfolgt. Hier kommt eine Kostenentscheidung zu Lasten des Klägers nach § 93 in Betracht.[304]

221

Sind die Voraussetzungen des § 92 II nicht erfüllt, ist eine **Quote** nach § 92 I zu bilden. Es bestehen zwei Möglichkeiten, die Kostenquote zu ermitteln. Der Wert der Gegenleistung, begrenzt auf den Wert der Leistung, kann zu diesem ins Verhältnis gesetzt werden; dann kann sich allenfalls eine Kostenquote zu Lasten des Klägers von 50% = ½ ergeben, so, wenn die Gegenleistung denselben und einen höheren Wert hat. Die Kostenentscheidung lautet in diesem Fall:

222

„Die Kosten dieses Rechtsstreits tragen die Parteien zu je ½ (50%)."
Oder:
„Die Kosten werden gegeneinander aufgehoben."

Wir folgen dieser Auffassung nicht, sondern meinen, daß bei der Ermittlung der Kostenquote auch der Umstand zu berücksichtigen ist, daß nur der Kläger, nicht aber der Beklagte einen Vollstreckungstitel erlangt, und der Beklagte sich erst einen Titel verschaffen muß, um zwangsweise gegen den Kläger vorzugehen.[305] Aus diesem Grund muß nach

---

299) Vgl. unten Teil D, Stichwort „Unbezifferter Leistungsantrag".
300) *Anders/Gehle*, Rd.Ziff. 359; *Baumbach/Lauterbach/Albers/Hartmann*, § 92 Anm. 4 C; *Schneider*, S. 92; *Thomas/Putzo*, § 92 Anm. 1 d; *Zöller*, § 92 Rd.Ziff. 3.
301) A. A.: OLG Hamburg, MDR 60, 150.
302) Siehe Fn. 279 und *Furtner*, S. 27.
303) Vgl. oben Rd.Ziff. 205, 213 ff.
304) *Schneider*, S. 92; *Baumbach/Lauterbach/Albers/Hartmann*, § 93 Anm. 5, Stichwort „Zug-um-Zug-Anspruch"; *Thomas/Putzo*, § 93 Anm. 3 b aa; *Zöller*, § 93 Rd.Ziff. 6, Stichwort „Zurückbehaltungsrecht"; zu § 93 allgemein vgl. Rd.Ziff. 224 ff.
305) So wohl auch *Furtner*, S. 27.

unserer Meinung die Kostenquote zu Lasten des Klägers weniger als 50% betragen. Um hinreichend den Wert der Gegenleistung berücksichtigen zu können, erscheint uns folgender Weg praktikabel: Man halbiert den Wert der Gegenleistung, begrenzt auf den Wert der Klageforderung, und addiert diesen Wert mit dem tatsächlichen Streitwert (= Wert der Forderung).[306] Dieser **fiktive Streitwert**[307] wird bei der Ermittlung der Kostenquote zugrunde gelegt. Danach kann sich eine maximale Quote zu Lasten des Klägers in Höhe von einem Drittel ergeben, wenn die Gegenleistung denselben oder einen höheren Wert als die Klageforderung hat.

Beispiele:

1. Die Klageforderung beträgt 10 000,– DM; der Wert der Gegenforderung beträgt 15 000,– DM. Die Gegenforderung wird zu 5000,– DM (= ½ von 10 000,– DM) berücksichtigt, so daß sich ein fiktiver Streitwert von 15 000,– DM ergibt (= Klageforderung + 5000,– DM für die Gegenforderung). Der Kläger ist zu 5000,– DM und der Beklagte zu 10 000,– DM unterlegen. Daher ergeben sich folgende Kostenquoten:

Kläger: $\dfrac{5\,000}{15\,000} = \frac{1}{3}$

Beklagter: $\dfrac{10\,000}{15\,000} = \frac{2}{3}$

Der Kostentenor lautet wie folgt:
„Von den Kosten des Rechtsstreits tragen der Kläger ⅓ und der Beklagte ⅔."

2. Die Klageforderung beträgt 10 000,– DM; die Gegenforderung beträgt 5000,– DM. Die Gegenforderung wird zu 2500,– DM (= ½ von 5000,– DM) berücksichtigt, so daß sich ein fiktiver Streitwert von 12 500,– DM ergibt. Der Kläger ist mit 2500,– DM und der Beklagte mit 10 000,– DM unterlegen. Daher ergeben sich folgende Kostenquoten:

Kläger: $\dfrac{2\,500}{12\,500} = \frac{1}{5}$

Beklagter: $\dfrac{10\,000}{12\,500} = \frac{4}{5}$.

Der Kostentenor lautet daher wie folgt:
„Von den Kosten des Rechtsstreits tragen der Kläger ⅕ und der Beklagte ⅘."

2. Beschränkte Erbenhaftung

223 Begehrt der Kläger eine unbeschränkte Verurteilung, wird der Beklagte aber nur mit dem Vorbehalt der beschränkten Erbenhaftung verurteilt (vgl. §§ 780 ff.; §§ 1973, 1975, 1990, 1992 BGB), unterliegt der Kläger ebenfalls teilweise.[308] Der Kläger erlangt nämlich einen Titel, der zwar eine Zwangsvollstreckung ohne Einschränkung ermöglicht, bei dem aber eine Vollstreckungsabwehrklage nach §§ 785, 767 mit den Einwendungen der §§ 781 ff. zugelassen wird, und zwar mit dem Ziel, die Haftung auf den Nachlaß zu beschränken.[309] In der Regel wird in einem solchen Fall § 92 II anzuwenden sein.[310] Der Vorbehalt der beschränkten Erbenhaftung wirkt sich auf den Streitwert nicht aus, so daß kein Gebührensprung anzunehmen ist (= keine besonderen Kosten). Im Hinblick darauf, daß bei einem derartigen Titel zunächst eine unbeschränkte Zwangsvollstreckung möglich ist, und auch eine volle Befriedigung erlangt wird, wenn der Nachlaß ausreicht, dürfte in der Regel das

---

306) Vgl. hierzu auch *Anders/Gehle*, Rd.Ziff. 359.
307) Vgl. Rd.Ziff. 201, 205.
308) *Schneider*, S. 92.
309) BGH, NJW 83, 2379.
310) *Schneider*, S. 92.

Merkmal „Geringfügigkeit der Zuvielforderung" angenommen werden können. Dies gilt um so mehr, als der Beklagte die Zwangsvollstreckung in sein sonstiges Vermögen nur durch eine Klage nach §§ 785, 767 verhindern kann. Unseres Erachtens findet § 92 II, 1. Alternative auch dann Anwendung, wenn Anhaltspunkte dafür bestehen, daß der Nachlaß geringfügig ist, und deshalb eine vollständige Befriedigung des Klägers aus dem Nachlaß von vornherein ausgeschlossen erscheint. Würde man bei dieser Fallkonstellation von § 92 I ausgehen, müßte im Rahmen der Kostenentscheidung der Nachlaß bewertet werden. Dies ist jedoch vom Gesetzgeber nicht gewollt und erscheint uns auch wenig praktikabel.

§ 9 Kostenentscheidung nach § 93 ZPO

I. Allgemeines

§ 93 durchbricht den Grundsatz, daß der in dem Rechtsstreit Unterlegene in entsprechendem Umfang mit den Kosten zu belasten ist. Die Vorschrift schützt den leistungswilligen Beklagten. Der Kläger, der ohne Veranlassung eine Klage erhebt, hat die Kosten des Rechtsstreits zu tragen, wenn der Beklagte die Klageforderung sofort anerkennt und daraufhin verurteilt wird. Sind hingegen die Voraussetzungen des § 93 nicht erfüllt, gelten die allgemeinen Regeln der §§ 91 ff.

Der Gesetzgeber bezweckt mit § 93, unnötigen Prozessen vorzubeugen. Wer einen überflüssigen Prozeß führt, soll auch den Preis dafür zahlen, selbst wenn er in der Hauptsache obsiegt.[311]

II. Form der Entscheidung und Rechtsmittel

Erkennt der Beklagte die Klageforderung in vollem Umfang an, kann bei Vorliegen der betreffenden Voraussetzungen eine Kostenentscheidung nach § 93 ergehen. Die Kostenentscheidung ist in Abweichung von § 99 I isoliert durch eine **sofortige Beschwerde** anfechtbar (§ 99 II).[312]

Erkennt der Beklagte die Klageforderung nur **teilweise an,** kann die Kostenentscheidung auch nur für diesen Teil auf § 93 beruhen. In diesem Fall ist aber insoweit ebenfalls eine sofortige Beschwerde statthaft.[313]

In der Regel wird ein **Anerkenntnisurteil** bzw. Teilanerkenntnisurteil (§ 307) ergehen, zumal nach unserer Auffassung ein Antrag des Klägers i. S. des § 307 nicht erforderlich ist.[314] Ein Anerkenntnisurteil ist als solches zu kennzeichnen. Es bedarf keines Tatbestandes sowie keiner Entscheidungsgründe (vgl. § 313 b). Ein Anerkenntnisurteil ist aber für die Anwendbarkeit des § 93 nicht zwingend erforderlich.[315]

Wenn der Beklagte den Anspruch unter den Voraussetzungen des § 93 nur teilweise

224

225

226

227

---

311) *Baumbach/Lauterbach/Albers/Hartmann,* § 93 Anm. 2; *Schneider,* S. 152; *Stein/Jonas,* § 93 Rd.Ziff. 1; *Thomas/Putzo,* § 93 Anm. 1; *Zöller,* § 93 Rd.Ziff. 1.
312) Vgl. Rd.Ziff. 181 ff.
313) Vgl. Rd.Ziff. 187.
314) So auch: BGHZ 10, 333; *Thomas/Putzo,* § 307 Anm. 4 a.
315) *Baumbach/Lauterbach/Albers/Hartmann,* § 93 Anm. 5 C.

Die Kostenentscheidung, Urteil

anerkennt und ein **Teilanerkenntnisurteil** ergeht, im übrigen aber streitig verhandelt wird, darf über die Kosten des Rechtsstreits erst im Schlußurteil entschieden werden. Die Anerkenntniskosten sind nämlich gebührenrechtlich nicht aussonderbar. Zum Zeitpunkt des Erlasses des Teilanerkenntnisurteils steht außerdem noch nicht fest, wie der Prozeß hinsichtlich des im Streit verbleibenden Teils zu entscheiden ist. Die Kostenentscheidung ist daher dem Schlußurteil vorzubehalten, in dem sie für den gesamten Rechtsstreit einheitlich zu treffen ist.[316]

228 Eine Besonderheit gilt, wenn nach Erlaß des Teilanerkenntnisurteils ein **Schlußurteil entbehrlich** wird, etwa, weil der Kläger den Rest zurücknimmt oder weil insoweit die Parteien den Rechtsstreit übereinstimmend für erledigt erklären. Bei einer Klagerücknahme oder bei übereinstimmenden Erledigungserklärungen ist über die Kosten des Rechtsstreits grundsätzlich im Rahmen eines Kostenbeschlusses nach § 269 III oder § 91 a zu entscheiden. Wir meinen, daß bei einem vorangegangenen Teilanerkenntnisurteil dann auch der auf § 93 beruhende Teil der Kostenentscheidung in Beschlußform ergehen kann, ein gesondertes Urteil hingegen nicht erforderlich ist.[317] Da die auf § 93 beruhende Kostenentscheidung unabhängig von der Form ohnehin nach § 99 II angefochten werden kann und dasselbe auch für eine Kostenentscheidung nach § 269 III bzw. § 91 a gilt, würde es keinen Sinn ergeben, wenn in einem solchen Fall der Erlaß eines Urteils erforderlich wäre.

III. Geltungsbereich des § 93 ZPO

229 § 49 Vergleichsordnung verdrängt als Sonderregelung den § 93. Im übrigen findet diese Vorschrift unmittelbare Anwendung in allen Verfahren, in denen der Beklagte die Klageforderung anerkennen kann. Der Erlaß eines Anerkenntnisurteils ist dabei nicht erforderlich.[318]

230 **Unanwendbar** ist § 93 in Verfahren, in denen die Beteiligten über den Streitgegenstand keine Verfügungsbefugnis haben.

Beispiele:
Eheverfahren, Aufgebotsverfahren.

231 Keine Anwendung findet § 93 im **Mahnverfahren,** da diese Vorschrift die Erhebung einer Klage voraussetzt.[319] Dem leistungswilligen Schuldner, der keine Einwendung gegen den Anspruch des Gläubigers erheben will, ist jedoch dann, wenn er mit dem Mahnverfahren überzogen wird, nicht zumutbar, auf den Widerspruch zu verzichten. Denn dann müßte er in jedem Fall die Kosten des Mahnverfahrens tragen, weil für ein Anerkenntnis kein Raum ist. Umstritten ist, wie der Schuldner zu reagieren hat, um bei einer solchen Fallkonstellation gegebenenfalls der Kostenlast zu entgehen. Nach einer Ansicht[320] muß der Schuldner seinen Widerspruch auf die Kosten des Mahnverfahrens beschränken; ansonsten könne im nachfolgenden Streitverfahren sein Widerspruch als nachträgliche Klageveranlassung gedeutet werden mit der Folge, daß die Anwendbarkeit des § 93 ausgeschlossen sei. Gegen

---

316) Vgl. zum Grundsatz der Kosteneinheit und zur Kostenentscheidung im Schlußurteil Rd.Ziff. 3 ff., 158 ff.
317) So auch: *Schneider,* S. 177; *Wieczorek,* § 93 Anm. B III; a. A.: OLG Düsseldorf, JMBl. NW 56, S. 65.
318) Vgl. Rd.Ziff. 226.
319) *Schneider,* S. 152; *Thomas/Putzo,* § 93 Anm. 2 a.
320) OLG Zweibrücken, OLGZ 71, 380; OLG Frankfurt/Main, MDR 84, 149; OLG Hamm, DB 88, 956; *Baumbach/Lauterbach/Albers/Hartmann,* § 93 Anm. 4 D, Stichwort „Mahnverfahren".

diese Auffassung ist zu Recht eingewendet worden, daß der Kläger danach wegen der unwidersprochen gebliebenen Hauptforderung einen Vollstreckungsbescheid beantragen könne, und der Schuldner für die Kosten des Vollstreckungsbescheides einstehen müßte, wenn er nicht auch gegen die Kostenregelung im Vollstreckungsbescheid Einspruch einlege; eine Kostenbelastung wolle er jedoch gerade vermeiden.[321] Wir meinen, daß der Schuldner, der mit einem Mahnbescheid überzogen wird und in den Genuß des § 93 kommen möchte, uneingeschränkt Widerspruch einlegen darf, um in der mündlichen Verhandlung dann kostenbefreiend (§ 93) anzuerkennen.[322] Die Lösung der Gegenansicht ist recht kompliziert und für den Schuldner, der im Mahnverfahren anwaltlich nicht vertreten wird, schwer zu durchschauen. Außerdem darf der Schuldner nicht benachteiligt werden, wenn das Klageverfahren nicht durch eine Klage, sondern durch einen Mahnbescheid eingeleitet wird. Außerdem ist anerkannt, daß der Klageanlaß nicht durch das bloße Verhalten des Beklagten **nach** Prozeßbeginn „nachwachsen" kann.[323] Warum dies bei Einleitung des Verfahrens durch einen Mahnbescheid anders sein sollte, ist nicht ersichtlich. Im übrigen dürfte wohl schon der aufgezeigte Meinungsstreit für die von uns vertretene Auffassung sprechen, weil dem Schuldner nicht zumutbar ist, sich vor Einlegung des Widerspruchs für eine dieser Meinungen zu entscheiden.

Umstritten ist ferner die analoge Anwendbarkeit des § 93 bei einem **Arrest** und bei einer **einstweiligen Verfügung**. Nach einer Meinung[324] kann der Schuldner, ebenso wie im Mahnverfahren, uneingeschränkt Widerspruch (§§ 924, 936) einlegen mit dem Ziel, die mündliche Verhandlung zu erzwingen und dort sofort kostenbefreiend anzuerkennen. Nach anderer Ansicht[325] hat der Schuldner in diesem Fall den Widerspruch auf die Kosten zu beschränken. Wir meinen, daß auch beim Arrest und der einstweiligen Verfügung ein uneingeschränkter Widerspruch der Anwendbarkeit des § 93 nicht entgegensteht. Wenn der Antragsgegner keinen Anlaß für den Antrag auf Erlaß eines Arrestes bzw. einer einstweiligen Verfügung gegeben hat, hat nicht er, sondern der Antragsteller die Kosten verursacht; damit muß er die Möglichkeit haben, durch den Widerspruch in den Genuß des § 93 zu kommen, ohne daß ihm eine „nachträgliche Klageveranlassung" angelastet werden könnte. Im übrigen sprechen die eben aufgezeigten Argumente, die für die Anwendbarkeit des § 93 bei einem uneingeschränkt eingelegten Widerspruch gegen einen Mahnbescheid angeführt worden sind,[326] auch bei einem Arrest und einer einstweiligen Verfügung für einen uneingeschränkt einzulegenden Widerspruch.

232

Eine entsprechende Anwendung des § 93 wird für den Kläger im Rahmen des § 91a bejaht, wenn dieser eine zulässige, aber unbegründete Klage erhebt, jedoch schuldlos keine Kenntnis von der Unbegründetheit hatte und sofort nach Kenntniserlangung den Rechtsstreit nicht mehr weiterverfolgt.[327]

233

---

321) *Furtner*, S. 30; *Schneider*, S. 153 f.; *Wieczorek*, § 93 Anm. A I 1.
322) So auch *Schneider*, S. 153 f.; *Wieczorek*, § 93 Anm. A I b 1.
323) BGH, NJW 79, 2040; OLG München, MDR 84, 409; *Thomas/Putzo*, § 93 Anm. 3 a; vgl. hierzu auch näher Rd.Ziff. 236.
324) OLG Köln, NJW 75, 454; LG Hamburg, NJW-RR 87, 381; *Schneider*, S. 155; *Thomas/Putzo*, § 93 Anm. 2 a (wohl für direkte Anwendung); *Wieczorek*, § 93 Anm. A I b 2.
325) KG, MDR 85, 770; OLG Düsseldorf, NJW-RR-86, 37; *Baumbach/Lauterbach/Albers/Hartmann*, § 924 Anm. 2 A, § 93 Anm. 4 D, Stichwort „Arrest, einstweilige Verfügung"; *Stein/Jonas*, § 93 Rd.Ziff. 23.
326) Vgl. Rd.Ziff. 231.
327) Vgl. hierzu: OLG Köln, NJW-RR 86, 22; *Rixecker*, MDR 85, 635; *Baumbach/Albers/Hartmann*, § 93 Anm. 6 B; *Furtner*, S. 33; *Zöller*, § 93 Rd.Ziff. 6, Stichwort „Drittschuldnerprozesse". Vgl. auch unten Rd.Ziff. 438.

Beispiel:

Der Kläger pfändet eine angebliche Forderung seines Schuldners S gegen den Beklagten X, der ihm gegenüber angibt, die Forderung bestehe in Höhe von 10 000,– DM. Als X nicht zahlt, verklagt der Kläger ihn auf Zahlung von 10 000,– DM (= sog. Drittschuldnerprozeß). Nunmehr stellt sich heraus, daß die Forderung des S gegen X nicht besteht. Daraufhin erklären die Parteien den Rechtsstreit übereinstimmend für erledigt.

Da zwischen dem Kläger und X, sieht man von der Pfändung ab, keine Rechtsbeziehung besteht und der Kläger auf Auskünfte des X (vgl. § 840) angewiesen ist, kann bei der nach § 91a zu treffenden Kostenentscheidung der Rechtsgedanke des § 93 in umgekehrtem Sinn – neben § 840 II S. 2 – berücksichtigt werden.

234 Keine entsprechende Anwendung findet § 93 bei einem **Klageverzicht;** vielmehr ergeht hier eine Kostenentscheidung nach § 91.[328)]

IV. Voraussetzungen des § 93 ZPO

235 § 93 setzt voraus, daß der Beklagte durch sein Verhalten keinen Anlaß zur Klage gegeben und ein sofortiges, wirksames Anerkenntnis abgegeben hat. Die Beweislast für diese Voraussetzungen trägt der Beklagte.[329)] Es handelt sich nämlich bei § 93 um einen gegenüber §§ 91 ff. günstigen Ausnahmetatbestand.

1. Fehlende Klageveranlassung

236 Der Beklagte gibt Veranlassung zur Erhebung der Klage durch ein Verhalten, das vernünftigerweise den Schluß auf die Notwendigkeit eines Prozesses rechtfertigt.[330)] Daraus folgt, daß es auf das Verhalten des Beklagten **vor** dem Prozeß ankommt. Sein Verhalten nach Klageerhebung kann zwar für die Beurteilung dieser Frage als Indiz mitberücksichtigt werden; das bedeutet aber nicht, daß ein Anlaß zur Klageerhebung „nachwachsen" kann.[331)] Leistet der Schuldner nach Klageerhebung nicht, kann diese Verhaltensweise je nach Fallkonstellation Rückschlüsse auf die Frage zulassen, ob von ihm eine freiwillige Leistung früher zu erwarten war. In jedem Fall zwingend ist diese Schlußfolgerung aber nicht, zumal der Gesetzgeber in § 93 nur an das Anerkenntnis, nicht aber auch an die Erfüllung anknüpft.[332)] Allerdings sind wir mit Schneider[333)] der Auffassung, daß derjenige, der einen Prozeß über sich ergehen läßt und bis zur mündlichen Verhandlung die von ihm als berechtigt anerkannte Forderung nicht begleicht, in der Regel dadurch seine Veranlassung zur Klageerhebung verdeutlicht. Nicht ausreichend ist hingegen die bloße Überschreitung des Fälligkeitstermins.[334)]

237 In der Regel hat der Beklagte Anlaß zur Klageerhebung gegeben, wenn er bei einem

---

328) OLG Koblenz, NJW-RR 86, 1443; LG Hamburg, NJW-RR 87, 381; *Thomas/Putzo,* § 93 Anm. 2a; *Zöller,* § 93 Rd.Ziff. 2, 6, Stichwort „Verzicht".
329) OLG Hamm, MDR 87, 329; *Baumbach/Lauterbach/Albers/Hartmann,* Anh. § 286 Anm. 4 Stichwort „Anerkenntnis"; *Thomas/Putzo,* § 93 Anm. 3a; *Furtner,* S. 30; *Zöller,* § 93 Rd.Ziff. 6 Stichwort „Beweislast".
330) BGH, NJW 79, 2040; OLG Hamm, JurBüro 88, 1564; LG Bonn, MDR 90, 558; *Schneider,* S. 196; *Furtner,* S. 29; *Baumbach/Lauterbach/Albers/Hartmann,* § 93 Anm. 4 B; *Stein/Jonas,* § 93 Rd.Ziff. 11; *Thomas/Putzo,* § 93 Anm. 3a; *Zöller,* § 93 Rd.Ziff. 3.
331) BGH, NJW 79, 2040; OLG Frankfurt/Main, MDR 84, 149; OLG Schleswig, MDR 87, 940; OLG München, NJW 88, 270; OLG Köln, NJW-RR 88, 187; *Schneider,* S. 156; *Baumbach/Lauterbach/Albers/Hartmann,* § 93 Anm. 4 C; *Stein/Jonas,* § 93 Rd.Ziff. 12; *Zöller,* § 93 Rd.Ziff. 3; vgl. auch Rd.Ziff. 231.
332) BGH, NJW 79, 2040; OLG Schleswig, MDR 87, 940.
333) *Schneider,* S. 156f.; für die Auskunftsklage: OLG Frankfurt/Main, KostRspr. § 93 ZPO, Nr. 137.
334) *Stein/Jonas,* § 93 Rd.Ziff. 16; *Thomas/Putzo,* § 93 Anm. 3a.

fälligen Anspruch auf eine **Aufforderung** hin bzw. bei einer Unterlassungsklage auf eine **Abmahnung** in für ihn zumutbarer Zeit nicht leistet. Trotz Aufforderung oder Abmahnung kann § 93 allerdings zur Anwendung kommen, wenn dem Schuldner die Leistung deshalb nicht zumutbar ist, weil der Gläubiger seinen Anspruch nicht hinreichend beziffert hat.[335]

Die **materielle Rechtslage** ist bei der Frage der fehlenden Klageveranlassung ohne Bedeutung, zumal dies wegen des Anerkenntnisses ohnehin nicht geprüft wird.[336] 238

Erklärt sich der Schuldner nur zu **Teilleistungen** bereit, gibt er in der Regel Veranlassung zur Klage, da eine solche Bereitschaft des Schuldners das Titulierungsinteresse des Gläubigers nicht ausschließt.[337] 239

2. Wirksames Anerkenntnis

Unter einem Anerkenntnis versteht man die Unterwerfung des Beklagten unter den Klageanspruch ohne jede Rechtsverteidigung.[338] Hat der Kläger objektiv **zuviel** gefordert, genügt es, wenn der Beklagte den berechtigten Teil der Klageforderung anerkennt.[339] Im übrigen findet bei einem Teilanerkenntnis § 93 Anwendung, wenn sich der Kläger nach Treu und Glauben auf die entsprechende Teilleistung einlassen mußte.[340] 240

Das Anerkenntnis muß **eindeutig** und **bedingungslos** sein.[341] 241

Ferner muß es durch die Partei oder im Anwaltsprozeß durch einen bei dem zuständigen Gericht zugelassenen Rechtsanwalt vor dem erkennenden Gericht in der **mündlichen Verhandlung,** im schriftlichen Vorverfahren (§ 307 II) oder im schriftlichen Verfahren (§ 128 II, III) abgegeben werden.[342] 242

Wenn die Voraussetzungen für ein wirksames Anerkenntnis vorliegen, erfolgt keine Schlüssigkeitsprüfung; vielmehr wird dann aufgrund des Anerkenntnisses verurteilt.[343] 243

Ein Anerkenntnis **Zug um Zug** oder mit einer Haftungsbeschränkung kann genügen, wenn eine entsprechende Berechtigung hierzu besteht und der Beklagte vorher nur die unbedingte Leistung verweigert hat.[344] 244

Ist der Anspruch von einer richterlichen **Schätzung** abhängig, muß der Beklagte den vom Gericht für angemessen gehaltenen Anspruch anerkennen.[345] 245

Ein Anerkenntnis unter **Verwahrung gegen die Kostenlast,** kann im Rahmen des § 93 ausreichen, dann nämlich, wenn der Beklagte lediglich leugnet, Anlaß zur Klage gegeben zu haben; will er hingegen in Wirklichkeit den Anspruch bestreiten, hat er Anlaß zur Klage 246

---

335) *Zöller,* § 93 Rd.Ziff. 6, Stichwort „Darlegungen gegenüber dem Beklagten"; vgl. auch OLG Köln, NJW-RR 89, 58.
336) OLG Schleswig, JurBüro 82, 596; OLG Zweibrücken, JurBüro 82, 1083; OLG Hamm, JurBüro 90, 915; *Schneider,* S. 161; *Thomas/Putzo,* § 93 Anm. 3 a; *Zöller,* § 93 Rd.Ziff. 3.
337) OLG Stuttgart, NJW 78, 112; *Zöller,* § 93 Rd.Ziff. 6, Stichwort „Unterhaltssachen".
338) *Schneider,* S. 165.
339) OLG Hamm, VersR 77, 955; *Schneider,* S. 165; *Baumbach/Lauterbach/Albers/Hartmann,* § 93 Anm. 5 B.
340) *Schneider,* S. 165; *Stein/Jonas,* § 93 Rd.Ziff. 4.
341) BGH, NJW 85, 2713 (2716); *Baumbach/Lauterbach/Albers/Hartmann,* § 93 Anm. 5 B.
342) *Baumbach/Lauterbach/Albers/Hartmann,* § 93 Anm. 5 B; *Thomas/Putzo,* § 307 Anm. 2 a; *Zöller,* § 93 Rd.Ziff. 4.
343) OLG Hamm, JurBüro 90, 915.
344) *Schneider,* S. 167; *Baumbach/Lauterbach/Albers/Hartmann,* § 93 Anm. 5 D, Stichwort „Zug-um-Zug-Leistung"; *Thomas/Putzo,* § 93 Anm. 3 b aa.
345) *Schneider,* S. 165; *Baumbach/Lauterbach/Albers/Hartmann,* § 93 Anm. 5 D, Stichwort „Schätzung".

Die Kostenentscheidung, Urteil

gegeben und nur im Rechtsstreit freiwillig seine Verteidigung aufgegeben; dann muß er auch die Kosten tragen.[346]

3. Sofortiges Anerkenntnis

247 Sofort i. S. des § 93 wird nur dann anerkannt, wenn die Erklärung bei der ersten sich bietenden Gelegenheit abgegeben wird. Das ist in der Regel in der ersten mündlichen Tatsachenverhandlung der Fall, d. h. in dem Termin, in dem erstmalig streitig verhandelt wird.[347] Allerdings braucht der Beklagte (noch) nicht anzuerkennen, solange die Klage unzulässig bzw. das Klagevorbringen unschlüssig ist.[348]

Beispiel:
Die Klageforderung wird erst im Laufe des Prozesses fällig.

248 Ist das **schriftliche Vorverfahren** (§ 276) angeordnet, muß das Anerkenntnis in der Regel in der Klageerwiderungsschrift erklärt werden; ist ein schriftliches Verfahren angeordnet worden (§ 128 II, III), muß das Anerkenntnis – grundsätzlich – im ersten Schriftsatz erfolgen.[349] Im **Urkundsprozeß**[350] ist das Anerkenntnis im ersten Termin des Nachverfahrens verspätet.[351]

4. Besonderheiten bei einer Drittwiderspruchsklage

249 Besonderheiten für die Frage der Voraussetzungen des § 93 ergeben sich bei einer Drittwiderspruchsklage i. S. des § 771, und zwar aus folgenden Gründen:

Zwischen den Parteien eines solchen Prozesses bestehen, sieht man von der Pfändung ab, keine Rechtsbeziehungen.

Beispiel:
Der Gläubiger G beauftragt den Gerichtsvollzieher mit der Vollstreckung eines Zahlungstitels gegen den Schuldner S. Der Gerichtsvollzieher pfändet in der Wohnung des S ein Klavier. Der Dritte erhebt gegen G Drittwiderspruchsklage i. S. des § 771 mit der Begründung, ihm stehe ein die Veräußerung hinderndes Recht an dem Klavier zu, da er Eigentümer sei.

Der vollstreckende Gläubiger hat keine Möglichkeit, von sich aus die Behauptung des Dritten zum angeblich die Veräußerung hindernden Recht zu überprüfen. Die gesetzliche Vermutung des § 1006 BGB spricht sogar gegen die Version des Dritten, da danach das Eigentum des Schuldners vermutet wird. Aufgrund dieser Besonderheiten ist es dem Gläubiger nicht zumutbar, allein aufgrund eines Hinweises des Dritten auf sein angebliches, die Veräußerung hinderndes Recht den Pfändungsgegenstand freizugeben und damit auf sein Pfandrecht zu verzichten. Vielmehr muß der Dritte in einem solchen Fall sein die Veräußerung hinderndes Recht hinreichend darlegen, insbesondere vortragen, wie er die Rechtsposition erlangt, diese aber durch Überlassung an den Schuldner nicht verloren hat. Die betreffenden Angaben sind ferner durch Urkunden oder sonstige Beweismittel zu belegen. Eine eidesstattliche Versicherung des Dritten und des Schuldners reichen in der Regel hierzu nicht aus. Aus § 294 ist nichts Gegenteiliges abzuleiten. Die dort geregelte

---

346) *Baumbach/Lauterbach/Albers/Hartmann*, § 93 Anm. 5 D, Stichwort „Verwahrung gegen die Kostenlast".
347) OLG Köln, NJW-RR 88, 1341; *Schneider*, S. 165 f.; *Baumbach/Lauterbach/Albers/Hartmann*, § 93 Anm. 5 C; *Stein/Jonas*, § 93 Rd.Ziff. 5 ff.; zum Begriff „streitige Verhandlung" vgl. Rd.Ziff. 78.
348) *Schneider*, S. 166.
349) *Baumbach/Lauterbach/Albers/Hartmann*, § 93 Anm. 5 D, Stichwort „Schriftsatz"; *Thomas/Putzo*, § 93 Anm. 3 c; *Zöller*, § 93 Rd.Ziff. 4.
350) Vgl. zum Urkundsverfahren: *Anders/Gehle*, Rd.Ziff. 559.
351) OLG Düsseldorf, MDR 83, 496; *Zöller*, § 93 Rd.Ziff. 4.

Glaubhaftmachung bezieht sich auf die Überzeugung des Gerichts; hier geht es jedoch um die Überzeugung des pfändenden Gläubigers. Daher ist allein entscheidend, ob für diesen bei objektiver Betrachtung das Recht des Dritten wahrscheinlich ist. Erst im Anschluß an die hinreichende Darlegung des Dritten ist dem Gläubiger eine Freigabe des Pfandgegenstandes und damit ein Anerkenntnis i. S. des § 93 zumutbar. Ist dem Vollstreckungsgläubiger vor Klageerhebung das die Veräußerung hindernde Recht nicht in dem vorgenannten Sinne wahrscheinlich gemacht worden, hat er trotz Aufforderung zur Freigabe des Pfändungsgegenstandes durch den Dritten keinen Anlaß zur Klageerhebung gegeben; außerdem kann das Anerkenntnis noch „sofort" i. S. des § 93 sein, wenn es erst nach einer Beweisaufnahme oder sogar erst in der zweiten Instanz erklärt wird, dann nämlich, wenn erst zu diesem Zeitpunkt dem Vollstreckungsgläubiger das Recht i. S. des § 771 wahrscheinlich gemacht worden ist.[352]

5. Besonderheiten im Haftpflichtprozeß

Im Haftpflichtprozeß, insbesondere bei Verkehrsunfallsachen, ist letztlich der Haftpflichtversicherer der wirtschaftliche Schuldner. Da er an dem Schadensereignis nicht beteiligt war und auf die Informationen des Versicherungsnehmers, des juristischen Schuldners, angewiesen ist, hat er nicht immer von vornherein ein verläßliches Bild über den Umfang seiner Haftung. Unter Berücksichtigung von Treu und Glauben muß in derartigen Fällen der Gläubiger mehr Geduld aufbringen als in sonstigen Rechtsstreitigkeiten. Er hat auf der anderen Seite dann aber auch den Vorteil, einem leistungsfähigen und grundsätzlich leistungswilligen Schuldner gegenüberzustehen. Es ist deshalb anerkannt, daß der Gläubiger dem Versicherer eine angemessene Prüfungsfrist – in der Regel mindestens vier Wochen – einräumen muß; u. U. gibt der Versicherer keinen Anlaß zur Klage, wenn er einen Schadensbetrag leistet und sich bereit erklärt, ggf. über den Betrag hinaus weitergehende Ansprüche zu erfüllen, falls sich bei der folgenden Prüfung derartige Ansprüche ergeben.[353] Der Haftpflichtversicherer gibt in einem solchen Fall keinen Anlaß zur Klageerhebung, wenn die Prüfung in der gegebenen Situation sachgerecht erscheint.

250

> **Beispiele:**
> In der gegebenen Situation kann die Einsichtnahme in die Ermittlungsakten sachgerecht sein. Unter Umständen kann der Versicherer die Leistungen von der Einsichtnahme in vom Gläubiger vorzulegende Unterlagen abhängig machen.[354]

In derartigen Fällen muß der Gläubiger, der gleichwohl Klage erhebt, die Kosten des Rechtsstreits nach § 93 tragen, wenn der Haftpflichtversicherer nach Abschluß der sachgerechten Prüfung anerkennt.

---

352) So die h. M.: OLG München, WM 79, 292; *Schneider*, S. 167; *Baumbach/Lauterbach/Albers/ Hartmann*, § 93 Anm. 4 D, Stichwort „Widerspruchsklage"; *Thomas/Putzo*, § 93 Anm. 3 c aa; *Zöller*, § 93 Rd.Ziff. 6, Stichwort „Widerspruchsklage nach § 771".
353) KG, VersR 71, 966; OLG München, VersR 78, 479; OLG Köln, VersR 83, 451; *Schneider*, S. 173; *Baumbach/Lauterbach/Albers/Hartmann*, § 93 Anm. 4 D, Stichwort „Schadensersatz"; *Thomas/Putzo*, § 93 Anm. 3 a; *Zöller*, § 93 Rd.Ziff. 6, Stichwort „Haftpflichtversicherer".
354) OLG Celle, VersR 61, 1144; *Schneider*, S. 174.

§ 10 Kostenentscheidung im Streitgenossenprozeß

I. Allgemeines

251 Sind auf der Kläger- und der Beklagtenseite mehrere Personen beteiligt (Streitgenossen), gelten für diese die allgemeinen Kostenregelungen der §§ 91 ff. Darüber hinaus enthält § 100 einige Sonderbestimmungen. Grundsätzlich haften mehrere unterliegende Streitgenossen gemäß § 100 I nach Kopfteilen. Hiervon gibt es drei Ausnahmen. Ist die Beteiligung der Streitgenossen erheblich verschieden, kann das Gericht anstelle der Haftung nach Kopfteilen die Beteiligung zum Maßstab machen (§ 100 II). Soweit ein Streitgenosse besondere Angriffs- oder Verteidigungsmittel geltend macht, haftet er für die dadurch entstandenen Kosten allein (§ 100 III). Werden schließlich mehrere Beklagte als Gesamtschuldner verurteilt, haften sie für die Kostenerstattung ebenfalls als Gesamtschuldner (§ 100 IV).

§ 100 gilt unabhängig davon, welche Art von Streitgenossenschaft, d. h. ob eine **einfache** (§§ 59 ff.) oder eine **notwendige** (§ 62) vorliegt.[355] Unerheblich ist auch, ob die Streitgenossenschaft von vornherein bestand oder später entstanden ist.

> **Beispiele:**
> Klageerweiterung, Prozeßverbindung (§ 147).

Darüber hinaus ist § 100 nach § 101 II auch auf die **streitgenössische Nebenintervention** anwendbar.

§ 100 regelt die Kostenlast im Streitgenossenprozeß nur unvollständig, nämlich nur für den Fall, daß alle Streitgenossen gleichmäßig unterliegen.[356] Auch enthält diese Vorschrift keine Bestimmung über das Innenverhältnis.[357]

252 Ergeht gegen einen Streitgenossen ein **Teilurteil**, darf dieses keine Kostenentscheidung enthalten; wird die Klage gegen einen Streitgenossen abgewiesen, wird jedoch im Teilurteil über die diesem entstandenen außergerichtlichen Kosten entschieden.[358]

> **Beispiel:**
> „Die außergerichtlichen Kosten des Beklagten zu 1) trägt der Kläger; im übrigen bleibt die Kostenentscheidung dem Schlußurteil vorbehalten."

II. Kopfteilhaftung

253 Grundsätzlich haften die im Rechtsstreit unterliegenden Streitgenossen nach Kopfteilen (§ 100 I). Dabei bestimmt die Zahl der Streitgenossen den Bruchteil. Weder im Tenor noch in den Entscheidungsgründen wird üblicherweise ausdrücklich die Haftung nach Kopfteilen hervorgehoben. Vielmehr ist immer eine Haftung nach Kopfteilen als Regelfall anzunehmen, wenn keine andere Bestimmung getroffen ist.[359]

§ 100 I gilt sowohl bei einer Streitgenossenschaft auf der Klägerseite als auch bei einer solchen auf der Beklagtenseite. Allerdings wird bei Streitgenossen auf der Beklagtenseite häufiger die Sonderregelung des § 100 IV zum Tragen kommen.

---

355) *Schneider*, S. 202; *Thomas/Putzo*, § 100 Anm. 1 b; *Zöller*, § 100 Rd.Ziff. 1.
356) *Anders/Gehle*, Rd.Ziff. 167; *Thomas/Putzo*, § 100 Anm. 1 a.
357) *Schneider*, S. 203.
358) Vgl. Rd.Ziff. 4, 5.
359) *Schneider*, S. 203; *Thomas/Putzo*, § 100 Anm. 2 a; *Zöller*, § 100 Rd.Ziff. 3.

Beispiele:
1. Auf der Klägerseite sind drei Personen beteiligt. Die Klage wird abgewiesen. Die Kostenentscheidung kann unabhängig davon, in welchem Rechtsverhältnis die drei Kläger stehen, wie folgt lauten:
   „Die Kläger tragen die Kosten des Rechtsstreits ..."
   Da keine besonderen Bestimmungen getroffen sind, bedeutet dies, daß die Kläger nach Kopfteilen, d. h. zu gleichen Teilen haften. Man kann jedoch zur Klarstellung auch wie folgt tenorieren:
   „Die Kosten des Rechtsstreits tragen die Kläger zu je ⅓."
2. Der Kläger macht gegen den Beklagten zu 1) 4000,– DM, gegen den Beklagten zu 2) 6000,– DM geltend. Der Klage wird stattgegeben. Die unterschiedliche Beteiligung der Beklagten muß bei der Ermittlung der Kostenquote berücksichtigt werden. Der Tenor lautet:
   „Die Kosten des Rechtsstreits tragen der Beklagte zu 1) zu ⅖ und der Beklagte zu 2) zu ⅗."
   Würde in diesem Fall der Tenor nur lauten:
   „Die Kosten des Rechtsstreits tragen die Beklagten",
   würden diese zu je ½ kostenmäßig haften.

III. Gesamtschuldnerische Haftung

1. Echte Gesamtschuldnerschaft

Werden mehrere Beklagte in der Hauptsache als Gesamtschuldner verurteilt, haften sie für die Kostenerstattung ebenfalls als Gesamtschuldner (§ 100 IV). Diese Haftung tritt kraft Gesetzes aufgrund des Ausspruches im Hauptsachentenor ein, ohne daß eine Bestimmung im Tenor getroffen werden müßte.[360] Üblicherweise wird zur Klarstellung wie folgt tenoriert: 254

„Die Kosten des Rechtsstreits tragen die Beklagten als Gesamtschuldner."
(= §§ 91 I 1, 1. Halbsatz, 100 IV).

Es reicht aber auch folgender Tenor aus:

„Die Kosten des Rechtsstreits tragen die Beklagten."

Soweit die Beklagten nur **teilweise** als Gesamtschuldner verurteilt werden, findet § 100 IV auch nur für diesen Teil Anwendung. 255

Beispiele:
1. In dem Rechtsstreit des A gegen X, Y und Z auf Zahlung von 8000,– DM als Gesamtschuldner wird für Recht erkannt:
   „Die Beklagten X, Y und Z werden als Gesamtschuldner verurteilt, an den Kläger 6000,– DM zu zahlen. Im übrigen wird die Klage abgewiesen."
   Der Kostentenor lautet:
   „Die Kosten des Rechtsstreits tragen der Kläger zu ¼ und die Beklagten als Gesamtschuldner zu ¾."
2. A verlangt von X, Y und Z Zahlung von 8000,– DM als Gesamtschuldner und von X die Zahlung von weiteren 2000,– DM. Der Hauptsachentenor lautet: „Die Beklagten werden verurteilt, als Gesamtschuldner an den Kläger 8000,– DM zu zahlen. X wird darüber hinaus verurteilt, an den Kläger weitere 2000,– DM zu zahlen."
   Dann lautete der Kostentenor:
   „Die Kosten des Rechtsstreits tragen die Beklagten als Gesamtschuldner zu ⅘ und der X darüber hinaus allein zu einem weiteren ⅕."

---

[360] OLG Hamm, Rpfleger 74, 271; LG Köln, MDR 81, 502; *Schneider*, S. 204; *Baumbach/Lauterbach/Albers/Hartmann*, § 100 Anm. 8 B; *Stein/Jonas*, § 100 Rd.Ziff. 3; *Thomas/Putzo*, § 100 Anm. 2 b; *Zöller*, § 100 Rd.Ziff. 11.

Die Kostenentscheidung, Urteil

256 § 100 IV greift nicht ein, wenn mehrere Kläger unterliegen, auch wenn sie als **Gesamtgläubiger** geklagt haben.[361] Dies ergibt sich aus dem eindeutigen Wortlaut des § 100 IV.

> **Beispiel:**
> Im vorgenannten Beispiel 1 (Rd.Ziff. 255) klagen A und B als Gesamtgläubiger.
> Dann lautet der Kostentenor:
> „Die Kosten des Rechtsstreits tragen die Kläger zu je ⅛ und die Beklagten als Gesamtschuldner zu ¾."

257 Wird zunächst nur ein Streitgenosse durch **Teilurteil** verurteilt, steht noch nicht fest, ob eine gesamtschuldnerische Haftung anzunehmen ist. Außerdem muß in diesem Fall ohnehin die Kostenentscheidung dem Schlußurteil vorbehalten bleiben.[362] Daher ist im Rahmen des Teilurteils kein Raum für § 100 IV. Wird dann im Schlußurteil der zweite Streitgenosse ebenfalls verurteilt und eine gesamtschuldnerische Haftung festgestellt, lautet der Hauptsachentenor:

> „Der Beklagte zu 2) wird verurteilt, als Gesamtschuldner mit dem bereits durch Teilurteil vom ... (Az.: ...) verurteilten Beklagten zu 1) an den Kläger 10 000,– DM zu zahlen."

Für die auf §§ 91 I 1, 1. Halbsatz, 100 IV beruhende Kostenentscheidung gelten keine Besonderheiten. Sie lautet:

> „Die Beklagten tragen die Kosten des Rechtsstreits."
> Oder:
> „Die Beklagten tragen die Kosten des Rechtsstreits als Gesamtschuldner."

2. Gesamtschuldähnliche Verhältnisse

258 Ob die Beklagten in der Hauptsache als Gesamtschuldner verurteilt werden, hängt allein vom materiellen Recht ab. Eine Gesamtschuld i. S. des § 421 BGB liegt vor, wenn mehrere Forderungen gegen verschiedene Schuldner auf dieselbe Leistung gerichtet sind und der Gläubiger berechtigt ist, die Leistung von jedem der Schuldner zu beanspruchen, allerdings nur einmal.[363] Es gibt jedoch auch Fallkonstellationen, bei der nur eine Forderung besteht, für die mehrere Personen oder mehrere Haftungsmassen in Anspruch genommen werden können, allerdings ebenfalls mit der Maßgabe, daß der Gläubiger die Leistung nur einmal beanspruchen kann.

> **Beispiele:**
> 1. Haftung der **Personenhandelsgesellschaft** (§ 124 HGB) und ihrer persönlich haftenden Gesellschafter (§§ 128, 161 II HGB).
>   Zwischen einer Personenhandelsgesellschaft und ihren persönlich haftenden Gesellschaftern besteht materiell-rechtlich kein Gesamtschuldverhältnis; es handelt sich nicht um mehrere eigenständige Verbindlichkeiten der Gesellschaft einerseits und der Gesellschafter andererseits, sondern um eine einheitliche Verbindlichkeit, für die lediglich verschiedene Vermögensmassen, nämlich zum einen das Gesellschaftsvermögen (vgl. § 124 II HGB) und zum anderen das Gesellschaftervermögen (vgl. § 129 II HGB) haften.[364]
> 2. Haftung des Hauptschuldners und des Bürgen.
>   Soweit man überhaupt eine gemeinsame Klage für zulässig hält,[365] haften Hauptschuldner und Bürge nicht als Gesamtschuldner, weil nur eine Forderung besteht; der Gläubiger kann aber die Schuldsumme nur einmal beanspruchen, und zwar entweder von dem Hauptschuldner oder von dem Bürgen.[366]

---

361) *Schneider*, S. 207; *Thomas/Putzo*, § 100 Anm. 2 b.
362) Vgl. Rd.Ziff. 4 und zu den Ausnahmen Rd.Ziff. 5 ff.
363) *Palandt*, § 421 Rd.Ziff. 1.
364) BGHZ 34, 293 (297); OLG Karlsruhe, NJW 73, 1202.
365) Vgl. BGH, JZ 56, 99; *Baumbach/Lauterbach/Albers/Hartmann*, § 100 Anm. 3 D, Stichwort „Bürgschaft", die dies für zweifelhaft halten.
366) BGH, JZ 56, 99.

Anerkannt ist, daß in derartigen Fällen im Hauptsachentenor zum Ausdruck kommen muß, daß der Kläger die Leistung insgesamt nur einmal beanspruchen kann. Deshalb wird in derartigen Fällen wie folgt formuliert:

> „Die Beklagten werden verurteilt, **wie Gesamtschuldner** an den Kläger 1000,– DM zu zahlen."[367]

Entsprechendes gilt für den Kostentenor, der dann auf §§ 91 I 1, 1. Halbsatz, 100 IV analog beruht.

> „Die Kosten des Rechtsstreits tragen die Beklagten wie Gesamtschuldner."

IV. Die „Baumbach'sche Formel"

1. Allgemeines

§ 100 enthält keine Regelung für den Fall, daß Streitgenossen nicht einheitlich, sondern in unterschiedlichem Maß obsiegen und unterliegen. Für diesen Fall ist die „Baumbach'sche Formel"[368] entwickelt worden. Sie ist zwar nicht unumstritten;[369] sie wird jedoch in der Praxis weitgehend verwendet, ohne daß in den Entscheidungsgründen eines Urteils auf die Grundlagen eingegangen wird. Eine bessere und gerechtere Methode ist u. E. bisher nicht entwickelt worden. Deshalb gehen wir im folgenden von der Baumbach'schen Formel aus.

259

2. Grundfall – volles Obsiegen gegen einen Streitgenossen und volles Unterliegen gegen den anderen

a) Grundüberlegungen

Die Baumbach'sche Formel betrifft folgenden **Grundfall**:

260

> A klagt gegen X und Y auf Zahlung von 6000,– DM als Gesamtschulder. Es ergeht folgendes Urteil zur Hauptsache:
> „Der Beklagte X wird verurteilt, an den Kläger 6000,– DM zu zahlen. Im übrigen wird die Klage abgewiesen."

In diesem Ausgangsfall werden die Kosten des Rechtsstreits nach der Baumbach'schen Formel wie folgt verteilt:

> „Die Gerichtkosten und die außergerichtlichen Kosten des Klägers tragen der Kläger und der Beklagte X zu je ½. Die außergerichtlichen Kosten des Beklagten Y werden dem Kläger auferlegt. Die außergerichtlichen Kosten des Beklagten X trägt dieser selbst."

Oder anders ausgedrückt:

> „Die Gerichtskosten tragen der Kläger und der Beklagte X zu je ½. Von den außergerichtlichen Kosten tragen der Kläger die des Beklagten Y voll und der Beklage X die des Klägers zu ½. Im übrigen findet eine Kostenerstattung nicht statt."

Die Baumbach'sche Formel beruht auf folgenden **Erwägungen**:

261

Eine Situation, in der mehrere Beklagte in einem Rechtsstreit in Anspruch genommen werden, ohne daß ein einheitliches, alle Streitgenossen auf der Beklagtenseite gleichmäßig treffendes Urteil ergeht, kann nur bei **einfacher** (§ 59), nicht aber bei notwendiger (§ 62) Streitgenossenschaft eintreten. Handelt es sich nämlich um eine **notwendige Streitgenos-**

---

367) OLG Karlsruhe, NJW 73, 1202; *Furtner*, S. 40; *Thomas/Putzo*, § 100 Anm. 2 b.
368) Vgl. BGHZ 8, 325; OLG Stuttgart, Rpfleger 90, 183; *Schneider*, S. 208; *Baumbach/Lauterbach/Albers/Hartmann*, § 100 Anm. 11 C; *Stein/Jonas*, § 100 Rd.Ziff. 17; *Thomas/Putzo*, § 100 Anm. 4 a.
369) Vgl. zum Meinungsstreit: *Baumbach/Lauterbach/Albers/Hartmann*, § 100 Anm. 11 C; *Stein/Jonas*, § 100 Rd.Ziff. 17 Fußn. 28; *Zöller*, § 100 Rd.Ziff. 7.

senschaft, kann „das streitige Rechtsverhältnis allen Streitgenossen gegenüber nur einheitlich festgestellt werden" (§ 62 I).

Bei einer einfachen Streitgenossenschaft handelt es sich hingegen um eine willkürliche Häufung von Einzelangriffen desselben Inhalts gegenüber verschiedenen Beklagten in einem Prozeß, die auch in getrennten Prozessen geltend gemacht werden könnten. Dieser Gesichtspunkt des **mehrfachen Angriffs** in einem Rechtsstreit ist einer der tragenden Gesichtspunkte der Baumbach'schen Formel. Wird die Klage gegenüber einem Beklagten zugesprochen, gegenüber dem anderen dagegen abgewiesen, hat der Kläger mit seinem zweifachen Angriff einmal obsiegt und einmal verloren. Daraus folgt, daß in jedem Fall § 92 Grundlage der Kostenentscheidung ist.[370]

Dieser Gedanke des Mehrfachangriffs wirkt sich in gleicher Weise für die Gerichtskosten und die außergerichtlichen Kosten des Klägers aus. Diese Kosten entstehen einheitlich in einem Prozeß unabhängig von der Anzahl der Angriffe. Es handelt sich dabei um sogenannte **Gemeinschaftskosten.** Nach dem Grundprinzip der Baumbach'schen Formel muß der Kläger nach dem Grad seines Unterliegens an den Gerichtskosten und an seinen außergerichtlichen Kosten beteiligt werden. Hat er gegenüber einem Beklagten voll obsiegt und gegenüber dem anderen voll verloren, ist er an den Gerichtskosten und seinen außergerichtlichen Kosten jeweils zu ½ zu beteiligen. Die andere Hälfte hat der unterliegende Streitgenosse zu tragen.

Für die Anwendung der Baumbach'schen Formel ist weiter zu berücksichtigen, daß zwischen den Streitgenossen kein Prozeßrechtsverhältnis besteht und daher die **außergerichtlichen Kosten der Beklagten** auch nur in dem jeweiligen Prozeßrechtsverhältnis entstehen (sog. **Individualkosten**). Deshalb darf der unterlegene Streitgenosse nicht an den außergerichtlichen Kosten des obsiegenden Streitgenossen beteiligt werden. Hier ist fiktiv von zwei getrennten Prozessen auszugehen. Die außergerichtlichen Kosten der Streitgenossen werden unter Berücksichtigung des Grundgedankens der §§ 91, 92 nach dem Grad des Obsiegens und Unterliegens zwischen dem Kläger und dem jeweiligen Streitgenossen aufgeteilt. Obsiegt einer der Streitgenossen in vollem Umfang, müssen dem Kläger dessen außergerichtliche Kosten auferlegt werden; unterliegt hingegen der andere Streitgenosse, hat das zur Folge, daß er seine eigenen außergerichtlichen Kosten selbst zu tragen hat. Eine Kostenerstattung findet in diesem Fall nicht statt.

b) Entwicklung von Formeln aus dem Grundfall

262 Die Baumbach'sche Grundformel ist entsprechend anzuwenden, wenn mehr als zwei Beteiligte vorhanden sind und wenn der Kläger nicht in vollem Umfang gegen einen Beklagten obsiegt und gegen den anderen Beklagten unterliegt, dieses Ergebnis vielmehr nur einen Teil der Klageforderung betrifft, ferner dann, wenn die Beklagten unterschiedlich an dem Prozeß beteiligt sind. Diese Konstellationen bereiten in der Praxis nicht unerhebliche Schwierigkeiten. Man denke nur an einen Prozeß, in dem mehrere Beklagte zu teilweise unterschiedlichen Beträgen in Anspruch genommen werden, ein Beklagter durch echtes Versäumnisurteil ausscheidet, der zweite Beklagte anerkennt, eine Beweisaufnahme nur bezüglich zweier Beklagter durchgeführt wird, die aber unterschiedlich am Prozeß beteiligt sind, und erst dann abschließend entschieden wird. Um derartige Fälle kostenmäßig zutreffend zu lösen, muß das Gericht in der Lage sein, die Baumbach'sche Formel, soweit sie zur Anwendung kommt, möglichst schnell und effektiv anzuwenden. Folgende Überlegungen sollen dabei eine Hilfestellung bieten:

aa) Gerichtskosten und außergerichtliche Kosten des Klägers

263 Bei der Verteilung der Gemeinschaftskosten – **Gerichtskosten** und **außergerichtliche Kosten des Klägers** – muß im Fall einer gesamtschuldnerischen Inanspruchnahme der

---

370) BGHZ 8, 325; *Baumbach/Lauterbach/Albers/Hartmann*, § 100 Anm. 10 A.

Kostenentscheidung im Streitgenossenprozeß

Beklagten zunächst als rechnerische Größe ein **fiktiver Streitwert**[371] gebildet werden. Dieser bemißt sich nicht nach dem tatsächlichen Gebührenstreitwert, sondern nach einem gedachten Streitwert, der die Idee des Mehrfachangriffs verwirklicht. Maßgebend ist der Wert des Gesamtangriffs, der sich aus der Summe aller Einzelangriffe ergibt. Werden zwei Beklagte auf Zahlung von 10 000,– DM verklagt, beträgt der Wert des Gesamtangriffs 20 000,– DM, bei drei Beklagten 30 000,– DM usw. Denn eigentlich hätte der Kläger zwei, drei usw. Einzelangriffe im Wert von jeweils 10 000,– DM in gesonderten Prozessen durchführen können. Rechnerisch wird der tatsächliche Streitwert, der sich bei einer Gesamtschuld nur nach dem Wert der von dem Kläger geforderten Leistung, nicht nach der Zahl der Gesamtschuldner richtet,[372] mit der Anzahl der beklagten Streitgenossen multipliziert. Die Ermittlung dieses fiktiven Streitwertes kann anhand des folgenden Schaubilds[373] verdeutlicht werden, wobei sich die Zahlen aus dem Ausgangsfall (Rd.Ziff. 260) ergeben:

Angriff gegen X	6 000,– DM = tatsächlicher Streitwert
Angriff gegen Y	6 000,– DM = tatsächlicher Streitwert
Summe	12 000,– DM = fiktiver Streitwert

Bei drei Beklagten würde der fiktive Streitwert hier 18 000,– DM betragen (= dreifacher Angriff à 6000,– DM).
Werden die Beklagten nicht als Gesamtschuldner in Anspruch genommen,

> **Beispiel:**
> Der Kläger verlangt von X und Y in einem Prozeß die Zahlung von je 10 000,– DM.

ist bei der Ermittlung des Streitwertes der Wert der Einzelangriffe ohnehin zu addieren (vgl. § 12 I GKG, § 5), so daß es bei der Ermittlung der Kostenquoten dann nicht auf den fiktiven, sondern auf den (tatsächlichen) **Gesamtstreitwert** ankommt.
Nach Ermittlung des fiktiven Streitwertes (bzw. Gesamtstreitwertes) wird der (tatsächliche) Wert des Unterliegens (Verlustquote) des Klägers ins Verhältnis zum fiktiven Streitwert gesetzt. Daraus ergibt sich, in welchem Umfang der Kläger an den Gerichtskosten und seinen außergerichtlichen Kosten zu beteiligen ist. Die Berechnung kann nach folgender Formel erfolgen:

$$\frac{\text{Verlustquote (= Wert der Klageabweisung)}}{\text{fiktiver Streitwert (= Streitwert} \times \text{Anzahl der Beklagten)} \atop \text{(bzw. Gesamtstreitwert)}} = \textbf{Haftung des Klägers}$$

Die übrigen Gerichtskosten und die außergerichtlichen Kosten des Klägers tragen (trägt) die (der) unterliegende(n) Streitgenosse(n).

bb) Außergerichtliche Kosten der Beklagten

Als zweiter Schritt ist die Verteilung der **außergerichtlichen Kosten der Beklagten** vorzunehmen. Hier ist die rechnerische Bezugsgröße nicht der Wert des Gesamtangriffs, sondern allein der Wert jedes einzelnen Angriffs, der bei einer gesamtschuldnerischen Inanspruchnahme mit dem **tatsächlichen Streitwert** übereinstimmt. Das folgt daraus, daß sich die Verteilung der außergerichtlichen Kosten jedes einzelnen Beklagten nur an dem Erfolg und Mißerfolg des gegen ihn gerichteten Einzelangriffs orientieren kann. Zur Ermittlung der Kostenquote, die dem Kläger im Verhältnis zu dem obsiegenden Streitge-

264

---

371) Vgl. zum fiktiven Streitwert auch Rd.Ziff. 198 ff.
372) Vgl. unter Teil D, Stichwort „Gesamtschuldner".
373) Vgl. auch Rd.Ziff. 266.

Die Kostenentscheidung, Urteil

nossen bzw. dem unterliegenden Streitgenossen aufzuerlegen ist, sind folgende Formeln anzuwenden:

Für die **außergerichtlichen Kosten der obsiegenden Streitgenossen**, die der Kläger zu tragen hat:

$$\frac{\text{Wert des Angriffs} - \text{Wert der evtl. Verurteilung} \ (= \text{Verlustquote})}{\text{Streitwert (bzw. Wert des Einzelangriffs)}}$$

Für die **außergerichtlichen Kosten des unterliegenden Streitgenossen**, die dieser selbst zu tragen hat:

$$\frac{\text{Wert der Verurteilung} \ (= \text{Verlustquote})}{\text{Streitwert (bzw. Wert des Einzelangriffs)}}$$

cc) Lösung des Grundfalles nach den Formeln

265 Für den Grundfall (Rd.Ziff. 260) ergibt sich bei Anwendung dieser Formeln folgendes:
Gerichtskosten und außergerichtliche Kosten des Klägers (die dieser zu tragen hat):

$$\frac{6000,- \text{ DM } (= \text{Wert der Klageabweisung})}{12000,- \text{ DM } (= \text{fiktiver Streitwert})} = \frac{1}{2};$$

die andere Hälfe der Gerichtskosten und der außergerichtlichen Kosten des Klägers trägt der unterliegende Beklagte X.

Außergerichtliche Kosten des X (die dieser selbst zu tragen hat):

$$\frac{6000,- \text{ DM } (= \text{Wert der Verurteilung})}{6000,- \text{ DM } (= \text{tatsächlicher Streitwert})} = 1.$$

Außergerichtliche Kosten des Y (die der Kläger zu tragen hat):

$$\frac{6000,- \text{ DM } (= \text{Wert des Angriffs; kein Abzug, da keine Verurteilung des Y erfolgt ist})}{6000,- \text{ DM } (= \text{tatsächlicher Streitwert})} = 1.$$

c) Lösung des Grundfalles in grafischer Darstellung

266 Der Grundfall (Rd.Ziff. 260) hat wenige Bezugszahlen und läßt sich anhand von Formeln ohne Schwierigkeiten lösen. Einer grafischen Darstellung bedarf es bei solchen einfach gelagerten Kostenfällen nicht. Eine große Hilfe stellt jedoch die Grafik[374] in den Fällen dar, in denen mehr als zwei Streitgenossen mit unterschiedlicher Beteiligung und/oder unterschiedlichem Prozeßausgang vorhanden sind.

Bei dem Grundfall ergibt sich nachstehendes Bild:

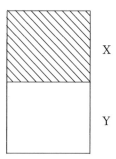

---

[374] Vgl. Rd.Ziff. 263.

Kostenentscheidung im Streitgenossenprozeß

Dem liegen folgende Überlegungen zugrunde: Für jeden Einzelangriff, d. h. für jeden Beklagten und, soweit mehrere Kläger vorhanden sind, auch für jeden Kläger sind gleich große Kästchen zu bilden. Im Grundfall entspricht jedes Kästchen bei Berücksichtigung des Streitwertes einer Einheit von 10 000,— DM. Diese Einheit stellt den **größten gemeinsamen Teiler** aller Verlustquoten sowie des tatsächlichen und fiktiven Streitwertes dar. Die Anzahl der Kästchen für jeden einzelnen Beklagten und/oder Kläger ergibt sich daraus, daß der tatsächliche Streitwert in dem betreffenden Prozeßrechtsverhältnis durch den größten gemeinsamen Teiler geteilt wird. Im Ausgangsbeispiel beträgt der größte gemeinsame Teiler 10 000,— DM, wobei die Bezugszahlen die Verlustquoten (Kläger und Beklagter X: 10 000,— DM) und den tatsächlichen Streitwert (10 000,— DM) sowie den fiktiven Streitwert (20 000,— DM) darstellen. Der tatsächliche Streitwert für jeden Beklagten beträgt 10 000,— DM, so daß sich die Anzahl der Kästchen wie folgt ermittelt:

$$\frac{10\,000,-\text{DM (= tatsächlicher Streitwert im jeweiligen Prozeßrechtsverhältnis)}}{10\,000,-\text{DM (= größter gemeinsamer Teiler)}} = 1 \text{ Kästchen für jeden Beklagten}$$

Der Ausgangspunkt für die grafische Darstellung soll durch folgenden weiteren Beispielsfall verdeutlicht werden:

Die Beklagten X und Y werden vom Kläger auf Zahlung von 10 000,— DM als Gesamtschuldner in Anspruch genommen. X und Y werden zur Zahlung von 2500,— DM als Gesamtschuldner und X wird darüber hinaus zur Zahlung von weiteren 2500,— DM verurteilt.

Hier beträgt der größte gemeinsame Teiler von 2500,— DM, 5000,— DM, 7500,— DM (= Verlustquote des Klägers gegenüber X), 10 000,— DM und 20 000,— DM = 2500,— DM

Danach ergibt sich folgende Anzahl von Kästchen für jeden Beklagten:

$$\frac{10\,000,-\text{DM (= Streitwert im Verhältnis des Klägers zu X)}}{2\,500,-\text{DM (= größter gemeinsamer Teiler)}} = 4 \text{ Kästchen.}$$

Die Grafik sieht dementsprechend wie folgt aus: **266a**

Welches Ergebnis sich daraus ablesen läßt, wird noch im einzelnen dargestellt werden.[375]

Jetzt jedoch zurück zum Grundfall (Rd.Ziff. 260): Aus der Grafik zum Grundfall (Rd.Ziff. 266) läßt sich folgendes für die **Gerichtskosten** und die **außergerichtlichen Kosten des Klägers** ablesen:

Die Anzahl aller Felder (hier: 2) entspricht dem Nenner der zu ermittelnden Kostenquote. Die Anzahl der schraffierten Felder entspricht dem Zähler der für den verlierenden

---
375) Vgl. Rd.Ziff. 271.

Beklagten maßgeblichen Quote (X = 1). Die Anzahl der nicht schraffierten Felder ergibt den Zähler der für den Kläger maßgeblichen Quote (= 1).
Danach gilt für die Gerichtskosten und die außergerichtlichen Kosten des Klägers folgendes:

für den Kläger: $\dfrac{1 \,(= \text{weiße Felder})}{2 \,(= \text{Anzahl aller Felder})}$

für X: $\dfrac{1}{2}$ (= schraffiertes Feld bezüglich X).

Für die **außergerichtlichen Kosten** der Beklagten läßt sich aus der Grafik zum Grundfall folgendes ablesen:

Der **Nenner** ergibt sich aus der Anzahl der waagerechten Felder für jeden Beklagten (= Einzelangriff) und beträgt hier also 1. Für die Quote des **Klägers** wird die Anzahl der weißen waagerechten Felder für jeden Beklagten als Zähler eingesetzt, so daß der Kläger nach der Grafik die außergerichtlichen Kosten des Y wie folgt zu tragen hat:

$\dfrac{1 \,(= \text{Anzahl der Felder})}{1 \,(= \text{Anzahl der weißen Felder})}$, d. h. also in vollem Umfang.

Da im Verhältnis zu X keine weißen Felder vorhanden sind, ergibt sich aus der Grafik, daß der Kläger an den außergerichtlichen Kosten des X nicht beteiligt ist. Für die Beklagten ergibt sich die Quote, zu der sie an ihren eigenen außergerichtlichen Kosten beteiligt sind, daraus, daß man die Anzahl der schraffierten waagerechten Felder ins Verhältnis zur Gesamtzahl der waagerechten Kästchen für jeden Beklagten setzt.

Danach ergibt sich, daß der Beklagte Y an seinen außergerichtlichen Kosten nicht zu beteiligen ist (keine schraffierten Felder) und X wie folgt haftet:

$\dfrac{1 \,(= \text{Anzahl der schraffierten waagerechten Felder})}{1 \,(= \text{Anzahl aller waagerechten Felder})} = 1$

Dementsprechend kann auch anhand der Grafik (Rd.Ziff. 266 a) die Lösung des Grundfalls nach der Baumbach'schen Formel abgelesen werden.[376]

3. Beteiligung von drei beklagten Streitgenossen

267 Entsprechend anzuwenden ist die Baumbach'sche Formel, wenn mehr als zwei Beklagte vorhanden sind. Dies soll an einem Beispielsfall, bei dem drei Streitgenossen beteiligt sind, verdeutlicht werden.

Beispiel:
A begehrt von X, Y und Z als Gesamtschuldnern Zahlung von 10 000,- DM. Der Hauptsachetenor lautet: „X und Y werden verurteilt, als Gesamtschuldner an den Kläger 10 000,- DM zu zahlen. Im übrigen wird die Klage abgewiesen."

Für die **Gerichtskosten** und die **außergerichtlichen Kosten des Klägers** gilt bei Anwendung der dargestellten Formeln[377] folgendes:

Der fiktive Streitwert beträgt 30 000,- DM (= 3 Angriffe à 10 000,- DM). Der Kläger hat insoweit 10 000,- DM verloren, so daß er mit

$\dfrac{10\,000 \,(= \text{Verlustquote})}{30\,000 \,(= \text{fiktiver Streitwert})} = \dfrac{1}{3}$

zu beteiligen ist.

---
376) Vgl. hierzu Rd.Ziff. 271.
377) Vgl. zu den Formeln Rd.Ziff. 260 ff., insbes. 263, 265.

Kostenentscheidung im Streitgenossenprozeß

Im übrigen sind X und Y mit je 10 000,- DM unterlegen, so daß sie von den Gerichtskosten und den außergerichtlichen Kosten des Klägers

$$\frac{20\,000}{30\,000} = \frac{2}{3}$$

als Gesamtschulder zu tragen haben.

Für die **außergerichtlichen Kosten der Beklagten** gilt:

Da X und Y im Verhältnis zum Kläger in vollem Umfang unterlegen sind, tragen sie jeweils ihre außergerichtlichen Kosten selbst. Da der Kläger im Verhältnis zu Z in vollem Umfang unterlegen ist, trägt er dessen außergerichtliche Kosten.

Dasselbe Ergebnis läßt sich an folgender Grafik ablesen, wobei der größte gemeinsame Teiler 10 000,- DM beträgt und sich daraus die Anzahl der Felder ergibt:[378]

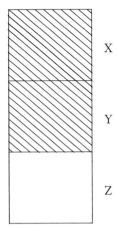

Die Kostenentscheidung im Beispielsfall lautet daher:

„Die Gerichtskosten werden dem Kläger zu ⅓ und X und Y als Gesamtschuldnern zu ⅔ auferlegt; von den außergerichtlichen Kosten tragen der Kläger die des Z; X und Y tragen die des Klägers als Gesamtschuldner zu ⅔; im übrigen findet eine Kostenerstattung nicht statt."

4. Verurteilung der beklagten Streitgenossen (keine Gesamtschuld) zu unterschiedlichen Anteilen

Wenn alle Streitgenossen verurteilt werden, allerdings zu jeweils unterschiedlichen Anteilen, **ohne daß eine gesamtschuldnerische Haftung** besteht, finden die Grundsätze der Baumbach'schen Formel ebenfalls Anwendung.

a) Beteiligung von zwei beklagten Streitgenossen

aa) Beispielsfall

In dem Rechtsstreit des A gegen X und Y auf Zahlung von je 10 000,- DM wird X zur Zahlung von 5000,- DM, Y zur Zahlung von 2500,- DM verurteilt; im übrigen wird die Klage abgewiesen.

---

378) Vgl. im einzelnen zur Grafik Rd.Ziff. 266.

bb) Lösung anhand von Formeln[379]

270 Da alle Beteiligten, A, X und Y, verloren haben, sind sie sowohl an den **Gerichtskosten** als auch an den **außergerichtlichen Kosten des Klägers** zu beteiligen. Der **Gesamtstreitwert** beträgt 20000,– DM, da zwei Angriffe à 10000,– DM vorliegen. Dieser tatsächliche Streitwert berücksichtigt – anders als bei einer gesamtschuldnerischen Haftung – den Gesamtwert der Einzelangriffe (vgl. § 12 I GKG, § 5), so daß in derartigen Fällen kein fiktiver Streitwert zu ermitteln ist. Der Kläger ist gegenüber X mit 5000,– DM, gegenüber Y mit 7500,– DM unterlegen. Von den Gerichtskosten und seinen eigenen außergerichtlichen Kosten trägt er somit

$$\frac{7500,\text{– DM} + 5000,\text{– DM (= Verlustquote)}}{20000,\text{– DM (= Gesamtstreitwert)}} = \tfrac{5}{8}.$$

Entsprechend der Höhe ihrer jeweiligen Verurteilung tragen von den Gerichtskosten und den außergerichtlichen Kosten des Klägers der Beklagte X

$$\frac{5000,\text{– DM (= Verlustquote)}}{20000,\text{– DM}} = \tfrac{2}{8}.$$

der Beklagte Y

$$\frac{2500,\text{– DM (= Verlustquote)}}{20000,\text{– DM}} = \tfrac{1}{8}.$$

Für die **außergerichtlichen Kosten der Beklagten** gilt:

Rechnerische Bezugsgröße ist hier nur der Wert der Einzelangriffe, also 10000,– DM. An den außergerichtlichen Kosten der Beklagten ist der Kläger in dem Umfang seines jeweiligen Unterliegens zu beteiligen, und zwar bei dem Beklagten X mit

$$\frac{5000}{10000} = \tfrac{1}{2},$$

bei dem Beklagten Y mit

$$\frac{7500}{10000} = \tfrac{3}{4}.$$

Den Rest ihrer außergerichtlichen Kosten tragen die insoweit unterliegenden Beklagten selbst.

Die Kostenentscheidung lautet im Beispielsfall:

> „Die Gerichtskosten und die außergerichtlichen Kosten des Klägers werden dem Kläger zu 5/8, dem Beklagten X zu 2/8 und dem Beklagten Y zu 1/8 auferlegt. Die außergerichtlichen Kosten des Beklagten X tragen dieser und der Kläger zu je 1/2. Die außergerichtlichen Kosten des Beklagten Y werden diesem zu 1/4 und dem Kläger zu 3/4 auferlegt."
>
> Oder:
>
> „Die Gerichtskosten werden dem Kläger zu 5/8, dem Beklagten X zu 2/8 und dem Beklagten Y zu 1/8 auferlegt. Von den außergerichtlichen Kosten tragen die des Klägers der Beklagte X zu 2/8 und der Beklagte Y zu 1/8, die des Beklagten X der Kläger zu 1/2 und die des Beklagten Y der Kläger zu 3/4. Im übrigen findet eine Kostenerstattung nicht statt."

cc) Lösung anhand der Grafik

271 Derselbe Tenor ergibt sich nach folgender Grafik:[380]

379) Vgl. zu den Formeln Rd.Ziff. 260ff., insbes. 263, 264.

380) Vgl. im einzelnen zur Grafik Rd.Ziff. 266.

Kostenentscheidung im Streitgenossenprozeß

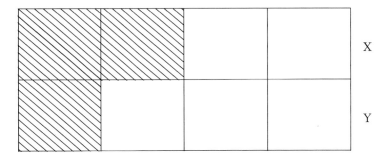

Erläuterungen:

Jedes Feld entspricht einer Einheit von 2500,– DM. Diese Einheit stellt den größten gemeinsamen Teiler aller Verlustquoten sowie des Einzel- und Gesamtstreitwertes (bei der Gesamtschuld der tatsächliche und der fiktive Streitwert) dar. Die Anzahl der Felder für jeden einzelnen Beklagten ergibt sich daraus, daß der tatsächliche Streitwert im jeweiligen Prozeßrechtsverhältnis durch den größten gemeinsamen Teiler geteilt wird. Im Ausgangsbeispiel beträgt der größte gemeinsame Teiler 2500,– DM, wobei die Bezugszahlen die Verlustquoten (Kläger: 5000,– DM bzw. 7500,– DM; X: 5000,– DM; Y: 2500,– DM) und den (Gesamt-)Streitwert in Höhe von 20 000,– DM darstellen. Der Einzelstreitwert für jeden Beklagten beträgt 10 000,– DM, so daß die Anzahl der Felder wie folgt zu ermitteln ist:

$$\frac{10\,000,- \text{DM}}{2\,500,- \text{DM}} = 4 \text{ Felder.}$$

Für die **Gerichtskosten** und die **außergerichtlichen Kosten** des Klägers gilt folgendes: Die Anzahl aller Felder (hier: 8) entspricht dem Nenner der zu ermittelnden Kostenquoten. Die Anzahl der schraffierten Felder entspricht dem Zähler der für die Beklagten jeweils maßgeblichen Verlustquote (X = 2; Y = 1). Die Anzahl der nicht schraffierten Felder ergibt den Zähler der für den Kläger maßgeblichen Quote (= 5). Danach haben von den Gerichtskosten und den außergerichtlichen Kosten des Klägers zu tragen:

der Kläger $\frac{5 \ (= \text{weiße Felder})}{8 \ (= \text{Anzahl aller Felder})}$

X $\frac{2}{8}$ (= Anzahl der schraffierten Felder bezüglich X),

Y $\frac{1}{8}$ (= Anzahl der schraffierten Felder bezüglich Y).

Die Quoten für die außergerichtlichen Kosten der Beklagten lassen sich anhand der Grafik ermitteln, indem getrennt nach dem jeweiligen Beklagten die schraffierten Felder waagerecht ins Verhältnis zu der Anzahl der waagerechten Felder gesetzt werden. Danach ergeben sich folgende Quoten:

für X $\frac{2 \ (= \text{schraffierte Felder})}{4 \ (= \text{Anzahl der waagerechten Felder})}$

für Y $\frac{1}{4}$.

Die jeweils restlichen außergerichtlichen Kosten hat der Kläger zu tragen. Dies ergibt sich auch anhand der weißen Felder waagerecht im Verhältnis zur Anzahl der jeweiligen waagerechten Felder.

Die Kostenentscheidung, Urteil

b) **Fallvariante**

aa) **Beispielsfall**

272 Angenommen, im Beispielsfall – Rd.Ziff. 269 – werden X zur Zahlung von 5000,– DM und Y zur Zahlung von 1500,– DM verurteilt.

bb) **Lösung anhand von Formeln**

273 Nach den dargestellten Formeln[381)] lassen sich die Kostenquoten wie folgt ermitteln:
Für die **Gerichtskosten** und die **außergerichtlichen Kosten des Klägers** ist von einem Gesamtstreitwert von 20 000,– DM (= 2 Angriffe à 10 000,– DM) auszugehen.
Der Kläger ist gegenüber X mit 5000,– DM und gegenüber Y mit 8500,– DM, d. h. also mit insgesamt 13 500,– DM unterlegen, so daß sich für ihn eine Verlustquote von

$$\frac{13\,500}{20\,000} = {}^{27}/_{40} \text{ ergibt.}$$

X ist mit 5000,– DM unterlegen, so daß sich für ihn eine Verlustquote von

$$\frac{5\,000}{20\,000} = {}^{10}/_{40} \text{ ergibt.}$$

Y ist mit 1500,– DM unterlegen, so daß sich für ihn eine Verlustquote von

$$\frac{1\,500}{20\,000} = {}^{3}/_{40} \text{ ergibt.}$$

Für die **außergerichtlichen Kosten des X und des Y** ist jeweils deren Verlustquote ins Verhältnis zu dem für den einzelnen Beklagten maßgeblichen Streitwert (= 10 000,– DM) zu setzen, wodurch sich jeweils der Umfang ihrer Beteiligung an den eigenen außergerichtlichen Kosten ergibt. Danach sind die Beklagten an ihren eigenen außergerichtlichen Kosten wie folgt zu beteiligen:

$$X \text{ mit } \frac{5\,000,- \text{ DM (= Verlustquote)}}{10\,000,- \text{ DM (= Einzelstreitwert)}} = {}^{1}/_{2},$$

$$Y \text{ mit } \frac{1\,500,- \text{ DM}}{10\,000,- \text{ DM}} = {}^{3}/_{20}.$$

Im übrigen trägt der Kläger die außergerichtlichen Kosten der Beklagten, nämlich die des X zu ½ und die des Y zu ¹⁷/₂₀.
Danach ergibt sich folgende Kostenentscheidung:

„Die Gerichtskosten und die außergerichtlichen Kosten des Klägers werden dem Kläger zu ²⁷/₄₀, X zu ¼ und Y zu ³/₄₀ auferlegt. Von den außergerichtlichen Kosten des X tragen dieser und der Kläger je ½. Von den außergerichtlichen Kosten des Y werden diesem ³/₂₀ und dem Kläger ¹⁷/₂₀ auferlegt."
Oder:
„Die Gerichtskosten tragen der Kläger zu ²⁷/₄₀, X zu ¼ und Y zu ³/₄₀. Von den außergerichtlichen Kosten werden die des Klägers dem X zu ¼ und Y zu ³/₄₀, die des X dem Kläger zu ½ und die des Y dem Kläger zu ¹⁷/₂₀ auferlegt. Im übrigen findet eine Kostenerstattung nicht statt."

cc) **Lösung anhand der Grafik**

274 Dasselbe Ergebnis läßt sich anhand der Grafik[382)] ermitteln. Im Beispielsfall beträgt der

---

381) Vgl. zu den Formeln Rd.Ziff. 260 ff., insbes. 263–265.
382) Vgl. im einzelnen zur Grafik Rd.Ziff. 266, 271.

größte gemeinsame Teiler 500,— DM, so daß für beide Beklagte je 20 Felder zu bilden sind. Nach der Grafik stellt sich die Kostenentscheidung dann wie folgt dar:

X	x	x	x	x	x	x	x	x	x	x										
Y	x	x	x																	

Die Kreuze entsprechen den jeweiligen Verlustquoten der beiden Beklagten. Dann tragen die **Gerichtskosten** und die **außergerichtlichen Kosten des Klägers**:

X zu $\dfrac{10 \;(= \text{Anzahl der Kreuze bei X})}{40 \;(= \text{Gesamtanzahl der Felder})}$

Y zu $\dfrac{3 \;(= \text{Anzahl der Kreuze bei Y})}{40}$

der Kläger zu $\dfrac{27 \;(= \text{Anzahl der weißen Felder})}{40}$

Von den außergerichtlichen Kosten des X tragen dieser und der Kläger je

$\dfrac{10 \;(= \text{Anzahl der Kreuze bzw. weißen Felder})}{20 \;(= \text{Anzahl der waagerechten Felder bei X})} = \tfrac{1}{2}$

Von den außergerichtlichen Kosten des Y tragen

Y $\dfrac{3 \;(= \text{Anzahl der Kreuze bei Y})}{20 \;(= \text{Anzahl der waagerechten Felder bei Y})}$

der Kläger $\dfrac{17 \;(= \text{Anzahl der weißen Felder bei Y})}{20}$

5. Gesamtschuldnerische Haftung der beklagten Streitgenossen zu einem Teil und unterschiedlicher Prozeßausgang im übrigen

a) Beteiligung von zwei Streitgenossen

aa) Ermittlung der Kostenquoten unter Berücksichtigung der Formeln

Werden Streitgenossen als Gesamtschuldner verklagt, jedoch nur wegen einer Teilforderung gesamtschuldnerisch verurteilt und obsiegt einer hinsichtlich der Restforderung, während der andere insoweit unterliegt, findet die **Baumbach'sche Formel** nur **teilweise** Anwendung.

> **Beispiel:**
> Auf die Zahlungsklage des A über 10 000,— DM gegen X und Y als Gesamtschuldner ergeht folgende Hauptsachenentscheidung:
> „Die Beklagten werden verurteilt, als Gesamtschuldner an den Kläger 2500,— DM zu zahlen. Der Beklagte X wird darüber hinaus verurteilt, an den Kläger weitere 2500,— DM zu zahlen. Im übrigen wird die Klage abgewiesen."

Die Baumbach'sche Formel ist in diesem Fall nur anzuwenden, soweit der Prozeß für die Beklagten **unterschiedlich** ausgegangen ist, nämlich in Höhe von 2500,— DM (Verurteilung des X allein). Denn nur insoweit hat der Kläger, wie im Grundfall (Rd.Ziff. 260) einmal gewonnen und einmal verloren. Die Kosten, die auf die gesamtschuldnerische Verteilung entfallen, sind hingegen den Beklagten als Gesamtschuldner entsprechend der Verlustquote aufzuerlegen. Würde die Kostenentscheidung im Beispielsfall ausschließlich anhand der Baumbach'schen Formel ermittelt werden, ohne eine teilweise gesamtschuldnerische Kostenhaftung der Beklagten auszusprechen, gelangte man zu einer Kostenentscheidung, die der materiellen Rechtslage nicht entspräche.

275

Die Kostenentscheidung, Urteil

276 Unter Berücksichtigung der dargestellten Formeln[383] ergeben sich für die **Gerichtskosten** und die **außergerichtlichen Kosten des Klägers** folgende Kostenquoten:

Die Beklagten haften insoweit als Gesamtschuldner (§ 100 IV) zu

$$\frac{2\,500\ \text{DM}\ (= \text{Verurteilung als Gesamtschuldner})}{10\,000\ \text{DM}\ (= \text{tatsächlicher Streitwert})} = 2/8 = 1/4.$$

Im Hinblick auf die übrigen ¾ der Gerichtskosten und der außergerichtlichen Kosten des Klägers sind die Verlustquoten für den Kläger und den insoweit unterliegenden X unter Berücksichtigung des fiktiven Streitwertes von 20 000,– DM (= 2 Angriffe à 10 000,– DM) zu ermitteln. Danach haben der Kläger

$$\frac{12\,500,-\ \text{DM}\ (= \text{Verlust insgesamt unter Berücksichtigung des 2fach-Angriffs;}\ \text{gegen X: 5000,– DM und gegen Y: 7500,– DM})}{20\,000,-\ \text{DM}\ (= \text{fiktiver Streitwert})} = 5/8$$

und der X (über die gesamtschuldnerische Haftung hinaus)

$$\frac{2\,500,-\ \text{DM}\ (= \text{weiterer Verlust})}{20\,000,-\ \text{DM}\ (= \text{fiktiver Streitwert})} = 1/8$$

zu tragen.

277 Die **außergerichtlichen Kosten des X** tragen der Kläger und der Beklagte X zu je

$$\frac{5\,000,-\ \text{DM}\ (= \text{Verlust})}{10\,000,-\ \text{DM}\ (= \text{tatsächlicher Streitwert})} = 1/2.$$

Die **außergerichtlichen Kosten des Y** tragen der Kläger zu

$$\frac{7\,500,-\ \text{DM}\ (= \text{Verlust})}{10\,000,-\ \text{DM}\ (= \text{tatsächlicher Streitwert})} = 3/4$$

und der Beklagte Y zu

$$\frac{2\,500,-\ \text{DM}\ (= \text{Verlust})}{10\,000,-\ \text{DM}\ (= \text{tatsächlicher Streitwert})} = 1/4.$$

278 Der Kostentenor lautet im Beispielsfall wie folgt:

„Die Gerichtskosten und die außergerichtlichen Kosten des Klägers tragen dieser zu ⅝, die Beklagten als Gesamtschuldner zu ¼ und X allein zu einem weiteren ⅛. Die außergerichtlichen Kosten des X trägt der Kläger zu ½ und die des Y zu ¾. Im übrigen tragen die Beklagten ihre außergerichtlichen Kosten selbst."

Oder:

„Die Gerichtskosten tragen der Kläger zu ⅝, die Beklagten als Gesamtschuldner zu ¼ und der X allein zu einem weiteren ⅛. Von den außergerichtlichen Kosten werden die des Klägers zu ¼ den Beklagten als Gesamtschuldnern sowie dem X allein zu einem weiteren ⅛, die des X dem Kläger zu ½ und die des Y dem Kläger zu ¾ auferlegt. Im übrigen findet eine Kostenerstattung nicht statt."

---

[383] Vgl. zu den Formeln Rd.Ziff. 260 ff., insbes. 263–265.

bb) Lösung anhand der Grafik

Die vorgenannte Kostenentscheidung läßt sich auch anhand der Grafik[384] ermitteln. 279

Erläuterungen:

Die Felder werden kariert dargestellt, soweit eine gesamtschuldnerische Haftung besteht, und schraffiert, soweit einer der Beklagten darüber hinaus allein haftet. Die Anzahl der Felder wird wiederum für den jeweiligen Beklagten wie folgt ermittelt:

$$\frac{\text{tatsächlicher Streitwert}}{\text{größter gemeinsamer Teiler der Verlustquoten und des Streitwertes}} = \frac{10\,000,-\text{DM}}{2500,-\text{DM}} = 4$$

Für die **Gerichtskosten** und die **außergerichtlichen Kosten des Klägers** ist die Gesamtzahl der Felder im Nenner darzustellen, während die karierten Felder im Zähler die gesamtschuldnerische Haftung der Beklagten (= 2/8 = 1/4) und das schraffierte Feld im Zähler die darüber hinausgehende Haftung des X (= 1/8) ergeben. Die weißen Felder verdeutlichen im Zähler die Haftung des Klägers (= 5/8).

Die jeweils waagerechten weißen Felder im Verhältnis zur jeweiligen Gesamtzahl der waagerechten Felder (= 4) ergeben die Haftung des Klägers für die außergerichtlichen Kosten des X (= 2/4 = 1/2) und für die außergerichtlichen Kosten des Y (= 3/4). Im übrigen haften die Beklagten für ihre eigenen außergerichtlichen Kosten selbst.

b) Beteiligung von drei Streitgenossen

Sind auf der Beklagtenseite drei Personen beteiligt, und werden sie nur teilweise als 280
Gesamtschuldner verurteilt, gelten die vorstehenden Ausführungen entsprechend.

> **Beispiel:**
> A begehrt von X, Y und Z als Gesamtschuldnern die Zahlung von 10 000,- DM. Der Hauptsachetenor lautet: „Die Beklagten werden verurteilt, als Gesamtschuldner an den Kläger 2500,- DM zu zahlen. X und Y werden weiter verurteilt, als Gesamtschuldner an den Kläger 2500,- DM zu zahlen. Darüber hinaus wird X verurteilt, weitere 2500,- DM an den Kläger zu zahlen. Im übrigen wird die Klage abgewiesen."

aa) Ermittlung der Kostenquoten unter Berücksichtigung der Formeln[385]

Für die **Gerichtskosten** und die **außergerichtlichen Kosten des Klägers** gilt folgendes: 281
Soweit alle Beklagten als Gesamtschuldner verurteilt worden sind, tragen sie entsprechend dem Grad ihres Verlustes diese Kosten als Gesamtschuldner.

$$\frac{2\,500,-\text{DM (= Verlustquote)}}{10\,000,-\text{DM (= tatsächlicher Streitwert)}} = 1/4 = 3/12.$$

---
384) Vgl. im einzelnen zur Grafik Rd.Ziff. 266, 271.
385) Vgl. zu den Formeln Rd.Ziff. 260 ff., insbes. 263, 264.

Die Kostenentscheidung, Urteil

Für die restlichen ¾ der betreffenden Kosten ist die **Baumbach'sche Formel** von Bedeutung. Dabei ist der fiktive Streitwert zu berücksichtigen, der wegen des Dreifachangriffs 30 000,– DM beträgt. Der Kläger hat insgesamt 15 000,– DM verloren, und zwar gegen X: 2500,– DM, gegen Y: 5000,– DM und gegen Z: 7500,– DM. Daher trägt er

$$\frac{15\,000,-\text{DM} (= \text{Verlustquote})}{30\,000,-\text{DM} (= \text{fiktiver Streitwert})} = \frac{1}{2} = \frac{6}{12}.$$

Die Beklagten X und Y haben zusätzlich als Gesamtschuldner je 2500,– DM verloren, so daß sie zusätzlich als Gesamtschuldner

$$\frac{5\,000,-\text{DM} (= \text{Verlustquote})}{30\,000,-\text{DM} (= \text{fiktiver Streitwert})} = \frac{1}{6} = \frac{2}{12}$$

zu tragen haben.

Darüber hinaus hat X 2500,– DM allein verloren, so daß ihm weitere

$$\frac{2\,500,-\text{DM}}{30\,000,-\text{DM}} = \frac{1}{12}$$

aufzuerlegen sind.

Für die **außergerichtlichen Kosten der Beklagten** gelten keine Besonderheiten. Für die Verlustquoten ist der jeweilige Betrag, zu dem der Kläger die Beklagten im einzelnen in Anspruch nehmen kann, ins Verhältnis zum tatsächlichen Streitwert zu setzen. Danach ergibt sich eine Kostenquote

für X: $\dfrac{7\,500,-\text{DM}}{10\,000,-\text{DM}} = \dfrac{3}{4}$

für Y: $\dfrac{5\,000,-\text{DM}}{10\,000,-\text{DM}} = \dfrac{1}{2}$

für Z: $\dfrac{2\,500,-\text{DM}}{10\,000,-\text{DM}} = \dfrac{1}{4}$

Im übrigen trägt der Kläger die außergerichtlichen Kosten des jeweiligen Beklagten.

Die Kostenentscheidung kann lauten:[386]

> „Die Gerichtskosten tragen der Kläger zu ½, die Beklagten als Gesamtschuldner zu ¼, die Beklagten X und Y als Gesamtschuldner zu einem weiteren ⅙ und darüber hinaus der Beklagte X zu einem weiteren 1/12. Von den außergerichtlichen Kosten tragen die des Klägers die Beklagten als Gesamtschuldner zu ¼, die Beklagten X und Y als Gesamtschuldner zu einem weiteren ⅙ und der Beklagte X allein zu einem weiteren 1/12 sowie der Kläger die des Beklagten X zu ¼, die des Beklagten Y zu ½ und die des Beklagten Z zu ¾. Im übrigen findet eine Kostenerstattung nicht statt."

bb) Lösung anhand der Grafik

282 Nach der Grafik[387] stellt sich die Kostenentscheidung wie folgt dar (größter gemeinsamer Teiler von 2500,– DM, 5000,– DM, 7500,– DM und 10 000,– DM bzw. 30 000,– DM ist **2500,– DM**):

---

[386] Im folgenden werden die Kosten, die die jeweilige Partei selbst zu tragen hat, nicht mehr gesondert dargestellt, vielmehr wird nur darauf hingewiesen, daß eine Kostenerstattung nicht stattfindet.

[387] Vgl. im einzelnen zur Grafik Rd.Ziff. 266, 271.

Kostenentscheidung im Streitgenossenprozeß

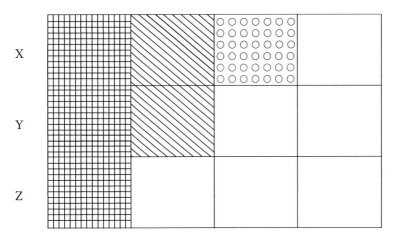

Erläuterungen:

Die **Gerichtskosten** und die **außergerichtlichen Kosten des Klägers** sind wie folgt zu verteilen.

Kläger: $\dfrac{6 \ (= \text{weiße Felder})}{12 \ (= \text{Gesamtzahl der Felder})} = \frac{1}{2}$,

Alle Beklagten als Gesamtschuldner:

$\dfrac{3 \ (= \text{karierte Felder})}{12 \ (= \text{Gesamtzahl der Felder})} = \frac{1}{4}$

Für X und Y als Gesamtschuldner:

$\dfrac{2 \ (= \text{schraffierte Felder})}{12 \ (= \text{Gesamtzahl der Felder})} = \frac{1}{6}$

X allein:

$\dfrac{1 \ (= \text{gepunktetes Feld})}{12 \ (= \text{Gesamtzahl der Felder})} = \frac{1}{12}$

Von den **außergerichtlichen Kosten** des X trägt der Kläger:

$\dfrac{1 \ (= \text{weißes waagerechtes Feld bei X})}{4 \ (= \text{waagerechte Felder bei X})} = \frac{1}{4}$

Von den außergerichtlichen Kosten des Y trägt der Kläger:

$\dfrac{2 \ (= \text{weiße waagerechte Felder bei Y})}{4 \ (= \text{Gesamtzahl der waagerechten Felder bei Y})} = \frac{1}{2}$

Von den außergerichtlichen Kosten des Z trägt der Kläger:

$\dfrac{3 \ (= \text{weiße waagerechte Felder bei Z})}{4 \ (= \text{Gesamtzahl der waagerechten Felder bei Z})} = \frac{3}{4}$

Im übrigen tragen die Beklagten ihre außergerichtlichen Kosten selbst.

6. Beteiligung von mehreren Klägern und Beklagten

a) Allgemeines

283 Die Baumbach'sche Formel ist auch zu beachten, wenn mehrere Kläger mehrere Beklagte als Gesamtschuldner in einem Prozeß in Anspruch nehmen und nicht alle Streitgenossen auf beiden Seiten in gleichem Umfang obsiegen und unterliegen. Neben dem Gesichtspunkt des Mehrfachangriffs, der im Zusammenhang mit dem Grundfall der Baumbach'schen Kostenformel bereits dargestellt wurde,[388] ist hier von Bedeutung, daß der Angriff nicht nur von einem, sondern von mehreren Klägern getragen wird. Damit liegt je nach Anzahl der Kläger ein verdoppelter, verdreifachter usw. Mehrfachangriff vor. Da auch die Klägerseite an den Kosten gleichmäßig zu beteiligen ist, muß für jede Kostenposition ein gesonderter fiktiver Streitwert[389] bzw. ein Gesamtstreitwert, soweit keine gesamtschuldnerische Haftung gegeben ist, gebildet werden.

284 Bei der Ermittlung der Quoten hinsichtlich der **Gerichtskosten** ist der nach der Anzahl der Beklagten bereits vervielfachte Streitwert nochmals mit der Anzahl der Kläger zu multiplizieren. Führt z. B. ein Kläger einen Gesamtangriff, führen zwei Kläger zwei Gesamtangriffe. Die Quote, die jeder Prozeßbeteiligte von den Gerichtskosten zu tragen hat, ergibt sich aus folgender Formel:

$$\frac{\text{Unterliegensbetrag}}{\text{tatsächlicher Streitwert (oder Einzelstreitwert)} \times \text{Anzahl der Kläger} \times \text{Anzahl der Beklagten}}$$

285 Die nach dieser Formel berechneten Quoten gelten im Unterschied zum Grundfall der Baumbach'schen Formel nur für die Gerichtskosten, nicht aber auch für die außergerichtlichen Kosten der Kläger. Das beruht darauf, daß die Gerichtskosten **Gemeinschaftkosten** sind, an denen jeder Prozeßbeteiligte, also auch jeder einzelne Kläger, nach dem Verhältnis seines (Teil-)Unterliegens zu der Summe aller geführten Angriffe zu beteiligen ist. Die **außergerichtlichen Kosten der einzelnen Kläger** sind dagegen **Individualkosten**, die ausschließlich im Verhältnis des jeweiligen Klägers zu den Beklagten zu verteilen sind. Bei Ermittlung des danach maßgeblichen fiktiven Streitwertes (oder Gesamtstreitwertes) kann infolgedessen nur die Zahl der Beklagten im Verhältnis zum jeweils einzelnen Kläger berücksichtigt werden. Es gilt folgende Formel:

$$\frac{\text{Unterliegensbetrag}}{\text{tatsächlicher Streitwert (oder Einzelangriff)} \times \text{Anzahl der Beklagten}}$$

Diese Formel ist für jeden Beklagten erneut zu verwenden.

286 Bei den **außergerichtlichen Kosten der Beklagten**, die auch Individualkosten sind, muß wiederum eine Verteilung zwischen den einzelnen Beklagten und Klägern erfolgen. Insoweit ist bei dem fiktiven Streitwert die Anzahl der Kläger zu berücksichtigen, deren Summe von Einzelangriffen der jeweilige Beklagte abzuwehren hat. Hier gilt im Verhältnis des Beklagten zu jedem einzelnen Kläger die Formel:

$$\frac{\text{Unterliegensbetrag}}{\text{Streitwert (oder Einzelangriff)} \times \text{Anzahl der Kläger}}$$

b) Beispielsfall

287 A und B klagen gegen X und Y auf Zahlung von 8000,– DM als Gesamtschuldner. Die Entscheidung zur Hauptsache lautet: „Der Beklagte X wird verurteilt, an den Kläger A 4000,– DM zu zahlen. Der Beklagte Y wird verurteilt, an den Kläger A 2000,– DM zu zahlen. Im übrigen wird die Klage abgewiesen."

---

388) Vgl. Rd.Ziff. 259 ff., insbes. 261.
389) Vgl. Rd.Ziff. 263.

Die Kostenentscheidung wird wie folgt ermittelt:

aa) Lösung anhand der Grafik

Für die Grafik[390)] gilt:

288

Der größte gemeinsame Teiler von 4000,– DM, 2000,– DM und 8000,– DM beträgt 2000,– DM, so daß für jedes Prozeßrechtsverhältnis 4 Felder (8000,– DM : 2000,– DM) zu bilden sind.

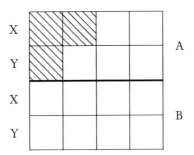

Erläuterungen:

Für die **Gerichtskosten** gilt:

Die schraffierten Felder ergeben den Verlust des jeweiligen Beklagten, die weißen Felder verdeutlichen den Verlust der Kläger. Diese Felder sind jeweils zur Gesamtzahl der Felder ins Verhältnis zu setzen. Danach werden die Gerichtskosten wie folgt verteilt: A = $5/16$, B = $8/16$, X = $2/16$, Y = $1/16$.

Für die **außergerichtlichen Kosten des A** sind die vorbezeichneten Felder jeweils ins Verhältnis zur Gesamtzahl der Felder im Prozeßrechtsverhältnis A zu setzen, so daß diese Kosten wie folgt zu verteilen sind: A = $5/8$, X = $2/8$, Y = $1/8$.

Die **außergerichtlichen Kosten des B** trägt dieser selbst, weil X und Y insoweit keine Verlustquoten aufweisen.

Für die **außergerichtlichen Kosten des X und des Y** ist ebenfalls der Nenner 8 maßgeblich, da die Beklagten jeweils zu vier Anteilen (größter gemeinsamer Teiler) im Prozeßrechtsverhältnis A und im Prozeßrechtsverhältnis B beteiligt sind. Danach ergeben sich folgende Quoten: Für die außergerichtlichen Kosten des X: für X = $2/8$, A = $2/8$, B = $1/8$; für die außergerichtlichen Kosten des Y: für Y = $1/8$, für A = $3/8$ und für B = $1/8$.

bb) Ermittlung der Kostenquoten unter Berücksichtigung der Formeln

Nach den dargestellten Formeln[391)] werden die Kostenquoten wie folgt ermittelt:

289

Gerichtskosten:

Da alle Parteien zumindest teilweise unterliegen, sind sie sämtlich an den Gerichtskosten zu beteiligen. Der fiktive Streitwert als rechnerische Bezugsgröße ergibt sich aus der Anzahl aller Beteiligten, beträgt also 8000,– DM × 2 (Kläger) × 2 (Beklagte) = 32 000,– DM, da jeder Kläger gegen jeden Beklagten jeweils einen Angriff geführt hat. Kläger A ist gegenüber X mit 4000,– DM, gegenüber Y mit 6000,– DM unterlegen.

---

390) Vgl. im einzelnen zur Grafik Rd.Ziff. 266, 271.
391) Vgl. zu den Formeln Rd.Ziff. 260 ff., insbes. 263–265.

Die Kostenentscheidung, Urteil

Er trägt daher $\frac{10\,000}{32\,000} = \frac{5}{16}$ der Gerichtskosten.

Kläger B ist gegenüber beiden Beklagten mit je 8000,– DM unterlegen und trägt daher $\frac{16\,000}{32\,000} = \frac{8}{16} = \frac{1}{2}$ der Gerichtskosten.

Der Beklagte X wurde zur Zahlung von 4000,– DM verurteilt und trägt somit $\frac{4000}{32\,000} = \frac{2}{16} = \frac{1}{8}$, der Beklagte Y trägt entsprechend seiner Verurteilung $\frac{2000}{32\,000} = \frac{1}{16}$ der Gerichtskosten.

Außergerichtliche Kosten der Kläger:

Da sich der Angriff der Kläger gegen zwei Beklagte richtete, ist hier als fiktiver Streitwert 16 000,– DM in Ansatz zu bringen.

Der Kläger **A** ist mit insgesamt 10 000,– DM gegenüber X und Y unterlegen und trägt somit $\frac{10\,000}{16\,000} = \frac{5}{8}$ seiner außergerichtlichen Kosten selbst. Der Beklagte **X** hat gegenüber dem Kläger A zu 4000,– DM verloren, so daß er $\frac{4000}{16\,000} = \frac{2}{8} = \frac{1}{4}$ der außergerichtlichen Kosten des Klägers A zu tragen hat. Der Beklagte **Y** hat 2000,– DM verloren, so daß er $\frac{2000}{16\,000} = \frac{1}{8}$ der außergerichtlichen Kosten des Klägers A zu tragen hat.

Der Kläger **B** ist gegenüber beiden Beklagten in vollem Umfang unterlegen und trägt daher seine außergerichtlichen Kosten in voller Höhe selbst $\left(\frac{16\,000}{16\,000} = 1 \right)$.

Außergerichtliche Kosten der Beklagten:

Jeder Beklagte hatte Einzelangriffe von zwei Klägern abzuwehren. Der fiktive Streitwert beträgt daher auch insoweit 16 000,– DM.

Außergerichtliche Kosten des X:

Der Beklagte X ist insgesamt unterlegen mit 4000,– DM und trägt folglich $\frac{4000}{16\,000} = \frac{1}{4}$ seiner Kosten selbst. In Höhe von 4000,– DM ist Kläger A unterlegen, so daß er $\frac{4000}{16\,000} = \frac{1}{4}$ der außergerichtlichen Kosten des Beklagten X zu tragen hat. Den Angriff des Klägers B hat X voll abgewehrt, so daß dieser ihm $\frac{8000}{16\,000} = \frac{1}{2}$ seiner außergerichtlichen Kosten erstatten muß.

Außergerichtliche Kosten des Beklagten Y:

Der Beklagte Y ist unterlegen mit $\frac{2000}{16\,000} = \frac{1}{8}$, das er selbst zu tragen hat. Den Angriff des Klägers A hat er in Höhe von 6000,– DM abgewehrt, so daß dieser ihm $\frac{6000}{16\,000} = \frac{3}{8}$ seiner außergerichtlichen Kosten zu erstatten hat. Wegen seines Erfolges gegenüber B erhält er von diesem die verbleibende Hälfte, die sich aus $\frac{8000}{16\,000}$ ergibt.

Kostenentscheidung im Streitgenossenprozeß

Der Kostentenor lautet wie folgt:

„Die Gerichtskosten werden A zu 5/16, B zu 1/2, X zu 1/8 und Y zu 1/16 auferlegt. Von den außergerichtlichen Kosten des A trägt X 1/4 und Y 1/8, von denen des X der A 1/4 und B 1/2, von denen des Y der A 3/8 sowie B 1/2. Im übrigen findet eine Kostenausgleichung nicht statt."

c) **Ermittlung der Kostenquote anhand einer Tabelle (weitere Methode) bei mehreren Streitgenossen auf der Kläger- und der Beklagtenseite**

Bisher wurden zwei Methoden zur Kostenermittlung bei einer Streitgenossenschaft auf der Kläger- und Beklagtenseite dargestellt. Eine weitere Möglichkeit, die Kostenquoten zu ermitteln, ergibt sich anhand folgender Tabelle:

290

	a	b	c	d	e	f
1	Verlustquoten	K	Bekl. zu 1) bis 3) als Gesamtschuldner	Bekl. 1)	Bekl. 2)	= Außergerichtl. Kosten der Beklagten
2	K ∕ Bekl. zu 1)					$\dfrac{\text{Verlustquote}}{\text{(Einzel-) Streitwert}}$ zu 1)
3	K ∕ Bekl. zu 2)					$\dfrac{\text{Verlustquote}}{\text{Streitwert}}$ zu 2)
4	K ∕ Bekl. zu 3)					$\dfrac{\text{Verlustquote}}{\text{Streitwert}}$ zu 3)
5	Summen = Verlustquoten insgesamt					
6	Außergerichtliche Kosten d. Klägers u. Gerichtskosten	Verlustquote (insges.) fiktiver Streitwert	Verlustquote (insgesamt) fiktiver Streitwert (als Gesamtschuldner)	Verlustquote (insges.) fiktiver Streitwert	Verlustquote (insges.) fiktiver Streitwert	

Erläuterungen:

In der Spalte a (senkrecht) werden alle Angriffe des Klägers (bei mehreren Klägern jeweils getrennt) gegen jeden einzelnen Beklagten vermerkt. Anschließend werden in die Spalte 1 waagerecht (hier b bis e) zunächst der (die) Kläger und dann die Beklagten aufgenommen, soweit sie verloren haben, und zwar getrennt nach ihrer gesamtschuldnerischen Haftung einerseits – insoweit werden die Beklagten wie eine Person behandelt – und ihrer evtl. darüber hinausgehenden Einzelhaftung andererseits. Anschließend werden in den Spalten b bis – in diesem Beispielsfall – e senkrecht (hier von 2 bis 4) die jeweiligen Verlustquoten eingetragen und in der Spalte 5b bis – in diesem Fall – e (waagerecht) die Summen ermittelt, die mit den Verlustquoten im Falle von Einzelangriffen insgesamt identisch sind. Die Quersumme muß immer den fiktiven Streitwert ergeben. Diese Verlustquoten insgesamt setzt man in der Spalte 6 waagerecht (hier b bis e) zum fiktiven Streitwert ins Verhältnis und erhält so die Quoten für die außergerichtlichen Kosten des Klägers und die Gerichtskosten. In Spalte f senkrecht (hier 2 bis 4) werden die Verlustquoten nach den jeweiligen Einzelangriffen (jeweils getrennt nach den Prozeßrechtsverhältnissen des Klägers gegen jeden einzelnen Beklagten) ermittelt. Die Quersumme muß jeweils den tatsächlichen Streitwert oder den fiktiven Streitwert entsprechend der Anzahl der Kläger ergeben. Diese Verlustquoten werden ins Verhältnis zu dem tatsächlichen Streitwert gesetzt, der bei

Die Kostenentscheidung, Urteil

einem getrennten Vorgehen der Kläger gegen jeden Beklagten maßgeblich wäre. So erhält man die Quoten für die außergerichtlichen Kosten der Beklagten.

Anhand von Beispielen soll dies näher verdeutlicht werden:

291 **Beispiel 1:**
K verlangt von A und B als Gesamtschuldnern 10 000,– DM. A und B werden als Gesamtschuldner zur Zahlung von 5000,– DM verurteilt, A darüber hinaus zur Zahlung von weiteren 2500,– DM. Im übrigen wird die Klage abgewiesen.

Danach ergibt sich folgende Tabelle:

Verlustquoten	K	A + B Gesamtschuldner	A	= Außergerichtliche Kosten der Beklagten
K ⁄ A	2 500	5 000	2 500	$K = \frac{2500}{10000} = \frac{1}{4}$ des A $\qquad A = \frac{7500}{10000} = \frac{3}{4}$ (selbst)
K ⁄ B	5 000	5 000		$K = \frac{5000}{10000} = \frac{1}{2}$ $\qquad B = \frac{5000}{10000} = \frac{1}{2}$ (selbst)
Summen insgesamt	7 500	10 000	2 500	20 000,– DM (= fiktiver Streitwert)
Außergerichtliche Kosten des Klägers und Gerichtskosten	$\frac{7500}{20000} = \frac{3}{8}$	$\frac{10000}{20000} = \frac{1}{2}$ (Gesamtschuldner)	$\frac{2500}{20000} = \frac{1}{8}$	

Der Tenor lautet:
„Die Gerichtskosten tragen der Kläger zu $\frac{3}{8}$, die Beklagten als Gesamtschuldner zu $\frac{1}{2}$ und der Beklagte A allein zu einem weiteren $\frac{1}{8}$. Von den außergerichtlichen Kosten werden die des Klägers den Beklagten zu $\frac{1}{2}$ als Gesamtschuldnern und dem Beklagten A allein zu einem weiteren $\frac{1}{8}$, die des Beklagten A dem Kläger zu $\frac{1}{4}$ und die des Beklagten B dem Kläger zu $\frac{1}{2}$ auferlegt. Im übrigen findet eine Kostenerstattung nicht statt."

292 **Beispiel 2:**
K klagt gegen A, B und C auf Zahlung von 10 000,– DM als Gesamtschuldner. Der Hauptsachetenor lautet: „Die Beklagten werden verurteilt, als Gesamtschuldner an den Kläger 4000,– DM zu zahlen. Darüber hinaus werden verurteilt: Die Beklagten A und B, als Gesamtschuldner an den Kläger 1000,– DM zu zahlen, der B, an den Kläger weitere 2000,– DM zu zahlen und C, an den Kläger weitere 4000,– DM zu zahlen. Im übrigen wird die Klage abgewiesen."

Kostenentscheidung im Streitgenossenprozeß

Die Tabelle stellt sich wie folgt dar:

Verlustquoten	K	A + B + C Gesamtsch.	A + B Gesamtsch.	B	C	Außergerichtliche Kosten der Bekl.
K ⊁ A	5 000	4 000	1 000			$K = \frac{5000}{10000} = \frac{1}{2}$ $A = \frac{5000}{10000} = \frac{1}{2}$ (= selbst)
K ⊁ B	3 000	4 000	1 000	2 000		$K = \frac{3000}{10000} = \frac{3}{10}$ $B = \frac{7000}{10000} = \frac{7}{10}$ (= selbst)
K ⊁ C	2 000	4 000			4 000	$K = \frac{2000}{10000} = \frac{1}{5}$ $C = \frac{8000}{10000} = \frac{4}{5}$ (= selbst)
Summen	10 000	12 000	2 000	2 000	4 000	= 30 000 (= fiktiver Streitwert)
Außergerichtl. Kosten des Klägers und Gerichtskosten	$\frac{10000}{30000} = \frac{5}{15}$	$\frac{12000}{30000} = \frac{6}{15}$	$\frac{2000}{30000} = \frac{1}{15}$	$\frac{2000}{30000} = \frac{1}{15}$	$\frac{4000}{30000} = \frac{2}{15}$	

Der Kostentenor lautet:

„Die Gerichtskosten werden dem Kläger zu 5/15, den Beklagten als Gesamtschuldnern zu 6/15, A und B als Gesamtschuldnern zu einem weiteren 1/15, B weiter zu 1/15 allein und C zu 2/15 allein auferlegt. Von den außergerichtlichen Kosten der Beklagten trägt der Kläger folgende: die des A zu 1/2, die des B zu 3/10 und die des C zu 1/5. Von den außergerichtlichen Kosten des Klägers tragen: die Beklagten als Gesamtschuldner 6/15, A und B darüber hinaus als Gesamtschuldner 1/15, B allein weitere 1/15 und C allein weitere 2/15. Eine weitere Kostenerstattung findet nicht statt."

Anhand der **Grafik**, wie sie bereits oben dargestellt wurde,[392] kann die Kostenentscheidung wie folgt ermittelt werden: Der größte gemeinsame Teiler von Verlustquoten und Streitwert beträgt 1000,– DM, so daß für jeden Beklagten 10 Felder zu bilden sind.

293

A	X	X	X	X	▨					
B	X	X	X	X	▨	••	••			
C	X	X	X	X	•	•	•	•		

---

[392] Vgl. Rd.Ziff. 260 ff., insbes. 263, 264, 266 und 271.

Die Kostenentscheidung, Urteil

Für die **Gerichtskosten** und die **außergerichtlichen Kosten des Klägers** gilt:

Gesamtschuldernische Haftung von A, B und C: $\frac{12 \ (= \text{Anzahl der Kreuze})}{30 \ (= \text{Gesamtzahl der Felder})} = \frac{6}{15}$,

gesamtschuldnerische Haftung von A und B: $\frac{2 \ (= \text{Anzahl der schraffierten Felder})}{30} = \frac{1}{15}$,

Haftung des B allein: $\frac{2 \ (= \text{Anzahl der doppelt gepunkteten Felder})}{30} = \frac{1}{15}$,

Haftung des C allein: $\frac{4 \ (= \text{Anzahl der einfach gepunkteten Felder})}{30} = \frac{2}{15}$,

Haftung des Klägers: $\frac{10 \ (= \text{weiße Felder})}{30} = \frac{5}{15}$.

Außergerichtliche Kosten der Beklagten – Haftung des Klägers:

Die des A: $\frac{5 \ (= \text{weiße Felder waagerecht bez. A})}{10 \ (= \text{Gesamtzahl der Kästchen bez. A})} = \frac{1}{2}$,

die des B: $\frac{3 \ (= \text{weiße Felder waagerecht bez. B})}{10 \ (= \text{Gesamtzahl der Kästchen bez. B})}$,

die des C: $\frac{2 \ (= \text{weiße Felder waagerecht bez. C})}{10 \ (= \text{Gesamtzahl der Felder bez. C})} = \frac{1}{5}$.

Im übrigen findet eine Kostenerstattung nicht statt.

294 Beispiel 3:
A und B begehren von X und Y die Zahlung von 10 000,– DM als Gesamtschuldner. Der Hauptsachetenor lautet: „X und Y werden verurteilt, als Gesamtschuldner an A und B 5000,– DM und an A weitere 1000,– DM zu zahlen. Darüber hinaus werden verurteilt: X an B 2000,– DM, Y an A 1000,– DM zu zahlen. Im übrigen wird die Klage abgewiesen."

Die Tabelle stellt sich wie folgt dar:

Verlustquoten	A	B	X + Y	X	Y	Außergerichtliche Kosten der Bekl.
A ⅄ X	4 000		6 000			$A = \frac{4000}{20\,000} = \frac{4}{20} = \frac{1}{5}$ $X = \frac{6000}{20\,000}$ (= selbst)
A ⅄ Y	3 000		6 000		1 000	$A = \frac{3000}{20\,000} = \frac{3}{20}$ $Y = \frac{7000}{20\,000}$ (= selbst)
B ⅄ X		3 000	5 000	2 000		$B = \frac{3000}{20\,000}$ $X = \frac{7000}{20\,000}$ (= selbst)

Kostenentscheidung im Streitgenossenprozeß

Verlustquoten	A	B	X + Y	X	Y	Außergerichtliche Kosten der Bekl.
B ⊀ Y		5 000	5 000			$B = \dfrac{5000}{20000}$ $Y = \dfrac{5000}{20000}$ (= selbst)
Summen	7 000	8 000	22 000	2 000	1 000	
Außergerichtl. Kosten des A (fiktiver Streitwert: 20 000)	$\dfrac{7000}{20000} = \dfrac{7}{20}$		$\dfrac{12000}{20000} = \dfrac{12}{20}$		$\dfrac{1000}{20000} = \dfrac{1}{20}$	
Außergerichtl. Kosten des B (fiktiver Streitwert: 20 000)		$\dfrac{8000}{20000} = \dfrac{4}{10}$	$\dfrac{10000}{20000} = \dfrac{5}{10}$	$\dfrac{2000}{20000} = \dfrac{1}{10}$		
Gerichtskosten (fiktiver Streitwert: 40 000)	$\dfrac{7000}{40000} = \dfrac{7}{40}$	$\dfrac{8000}{40000} = \dfrac{8}{40}$	$\dfrac{22000}{40000} = \dfrac{22}{40}$	$\dfrac{2000}{40000} = \dfrac{2}{40}$	$\dfrac{1000}{40000} = \dfrac{1}{40}$	

Danach lautet die Kostenentscheidung:

„Die Gerichtskosten werden dem A zu 7/40, dem B zu 8/40, den Beklagten als Gesamtschuldnern zu 22/40 und darüber hinaus dem X zu 2/40 und dem Y zu 1/40 auferlegt. Von den außergerichtlichen Kosten tragen: die des A die Beklagten als Gesamtschuldner zu 12/20 und darüber hinaus Y zu 1/20, die des B die Beklagten als Gesamtschuldner zu 5/10 und darüber hinaus X zu 1/10; die des X der A zu 4/20 und der B zu 3/20; die des Y der A zu 3/20 und der B zu 5/20. Darüber hinaus findet eine Kostenerstattung nicht statt."

Anhand der **Grafik**[393] werden die Kosten wie folgt ermittelt: Der größte gemeinsame Teiler von Verlustquoten und Streitwert beträgt 1000,– DM. 295

X	X	X	X	X	X	/				A
Y	X	X	X	X	X	/	••			
X	X	X	X	X	X	•	•			B
Y	X	X	X	X	X					

---

393) Vgl. im einzelnen zur Grafik Rd.Ziff. 266, 271.

Die Kostenentscheidung, Urteil

Erläuterungen:

Gerichtskosten:

A: $\dfrac{7 \text{ (Gesamtzahl der weißen Felder, bezogen auf A)}}{40 \text{ (Gesamtzahl aller Felder)}}$

B: $\dfrac{8 \text{ (Gesamtzahl der weißen Felder, bezogen auf B)}}{40}$

X und X als Gesamtschuldner:

$\dfrac{22 \text{ (alle mit X und / gekennzeichneten Felder)}}{40}$

Y allein:

$\dfrac{1 \text{ (Feld mit } \bullet \bullet \text{)}}{40}$

X allein:

$\dfrac{2 \text{ (Felder mit } \bullet \text{)}}{40}$

Außergerichtliche Kosten des Klägers A:

X und Y als Gesamtschuldner:

$\dfrac{12 \text{ (Anzahl der mit X und / bezüglich A gekennzeichneten Felder}}{20}$

Y allein:

$\dfrac{1 \text{ (1 Feld mit } \bullet \bullet \text{ gekennzeichnet)}}{20}$

Außergerichtliche Kosten des Klägers B:

X und Y als Gesamtschuldner:

$\dfrac{10 \text{ (Gesamtzahl der mit X gekennzeichneten Felder bez. B)}}{20 \text{ (Gesamtzahl der Felder bez. B)}} = \dfrac{5}{10}$

X allein:

$\dfrac{2 \text{ (Felder mit } \bullet \text{ gekennzeichnet bez. B)}}{20} = \dfrac{1}{10}$

Außergerichtliche Kosten des X:

Kläger A:

$\dfrac{4 \text{ (Gesamtzahl der weißen Felder bez. A und X)}}{20 \text{ (Gesamtzahl der Felder bez. X)}}$

Kläger B:

$\dfrac{3 \text{ (Gesamtzahl der weißen Felder bez. B und X)}}{20}$

X:

13 (Gesamtzahl der mit X, / und • gekennzeichneten Felder bez. X)
20

Außergerichtliche Kosten des Y:

Kläger A:

3 (Gesamtzahl der weißen Felder bez. A und Y)
20 (Gesamtzahl der Felder bez. Y)

Kläger B:

5 (Gesamtzahl der weißen Felder bez. B und Y)
20

Y:

12 (Gesamtzahl der mit X, / und •• gekennzeichneten Felder)
20

V. Ungleichmäßige Beteiligung von Streitgenossen am Rechtsstreit

1. Allgemeines

Sind die Streitgenossen erheblich verschieden am Rechtsstreit beteiligt, kann das Gericht nach pflichtgemäßem Ermessen die Kosten nach dem Grad der Beteiligung verteilen (§ 100 II). Wann eine „erhebliche" Verschiedenheit i.S. des § 100 II vorliegt, hängt von den Umständen des Einzelfalles ab. Jedenfalls kann dieses Merkmal verneint werden, wenn die Verschiedenheit verhältnismäßig geringfügig ist und keine besonderen Kosten i.S. des § 92 II verursacht hat.[394] § 100 II enthält keinen Fall der Kostentrennung.[395] Bei einer unterschiedlichen Beteiligung können dementsprechend die Kosten nicht teilweise abgesondert, vielmehr müssen sie gequotelt werden.[396]

296

> Beispiele für eine unterschiedliche Beteiligung:
> Unterschiedliche Inanspruchnahme der beklagten Streitgenossen; Ausscheiden eines Streitgenossen durch Anerkenntnis- bzw. Versäumnisurteil, dann Verurteilung der anderen Streitgenossen nach umfänglicher Beweisaufnahme; einer der Streitgenossen erhebt Widerklage oder erklärt hilfsweise die Aufrechnung.[397]

2. Unterschiedliche Beteiligung am Streitgegenstand

Die unterschiedliche Beteiligung der Streitgenossen kann sich auf den Streitgegenstand beschränken, d.h. die Streitgenossen sind an diesem in verschiedenem Umfang beteiligt. Wann diese unterschiedliche Beteiligung erheblich i.S. des § 100 II ist, ist grundsätzlich dem richterlichen Ermessen anheimgestellt. Die Erheblichkeitsgrenze dürfte bei einer Divergenz der Beteiligungsquoten von mehr als 10% anzunehmen sein.[398]

297

---

394) *Schneider*, S. 204; *Thomas/Putzo*, § 100 Anm. 2 c; vgl. zu § 92 II Rd.Ziff. 199 f., 213.
395) Zur Kostentrennung vgl. Rd.Ziff. 165 ff.
396) *Schneider*, S. 204; a. A. wohl *Thomas/Putzo*, § 100 Anm. 2 c.
397) Vgl. zur Kostenentscheidung bei streitwerterhöhender Aufrechnung eines Streitgenossen Rd.Ziff. 356.
398) Vgl. Rd.Ziff. 199 f., 213..

Die Kostenentscheidung, Urteil

a) Volles Obsiegen oder Unterliegen der Streitgenossen

298 Wird der Klage in vollem Umfang **stattgegeben** oder wird sie in vollem Umfang **abgewiesen**, ergeben sich für die Kostenentscheidung allein aufgrund der unterschiedlichen Beteiligung der Streitgenossen am Streitgegenstand keine Schwierigkeiten. Die unterschiedliche Beteiligung wird ins Verhältnis zu dem nach dem Wert der Einzelansprüche zusammengerechneten Gesamtstreitwert (§ 12 I GKG i. V. m. § 5) gesetzt. Hat die Klage vollen Erfolg oder wird sie in vollem Umfang abgewiesen, ergeben sich die Einzelquoten aus folgender Formel:

$$\frac{\text{Wert der Verurteilung (Einzelangriff) bzw. Klageabweisung}}{\text{Gesamtstreitwert}} (= \text{Verlustquote})$$

Beispiel:
A begehrt in einem einheitlichen Prozeß von X die Zahlung von 3000,– DM und von Y Zahlung von 1000,– DM. Nach Beweisaufnahme wird der Klage stattgegeben.

Der Gesamtstreitwert beträgt 4000,– DM. Hieran ist X mit $\frac{3000,- \text{DM}}{4000,- \text{DM}} = \frac{3}{4}$ und

Y mit $\frac{1000,- \text{DM}}{4000,- \text{DM}} = \frac{1}{4}$ beteiligt.

Entsprechend haften die Beklagten für die Gerichtskosten und die außergerichtlichen Kosten des Klägers. Ihre außergerichtlichen Kosten tragen die Beklagten selbst. Dies braucht aber nicht unbedingt in der Kostenentscheidung zum Ausdruck zu kommen. Die Kostenentscheidung kann daher lauten:

„Die Gerichtskosten und die außergerichtlichen Kosten des Klägers werden dem Beklagten X zu ¾ und dem Beklagten Y zu ¼ auferlegt. Im übrigen findet eine Kostenerstattung nicht statt."

b) Teilunterliegen der Streitgenossen

299 Besonderheiten für die Ermittlung der Kostenquote ergeben sich bei einer unterschiedlichen Beteiligung der Streitgenossen am Streitgegenstand, wenn der Klage gegen einen oder alle Streitgenossen nur **teilweise stattgegeben** und sie im übrigen abgewiesen wird.

Beispiel:
In dem unter a) beschriebenen Rechtsstreit wird X zur Zahlung von 2000,– DM und Y zur Zahlung von 500,– DM verurteilt; im übrigen wird die Klage abgewiesen.

Auch hier muß unterschieden werden zwischen den Gerichtskosten und den außergerichtlichen Kosten des Klägers einerseits – diese Kosten entstehen einheitlich – und den außergerichtlichen Kosten der Beklagten andererseits, die nur in dem jeweiligen Prozeßrechtsverhältnis entstehen.[399]

300 Bezugspunkt für die **Gerichtskosten** und die **außergerichtlichen Kosten des Klägers** ist der Gesamtstreitwert (hier: 4000,– DM). Hier gilt die Formel:

$$\frac{\text{Wert der Verurteilung (bzw. Klageabweisung)}}{\text{Gesamtstreitwert}} = \text{Verlustquote}$$

Danach ergeben sich für die **Gerichtskosten** und die **außergerichtlichen Kosten** des **Klägers** im Beispielsfall folgende Quoten:

Kläger: $\frac{1500,- \text{DM (Verlustquote insgesamt)}}{4000,- \text{DM (Gesamtstreitwert)}} = \frac{3}{8}$,

Beklagter X: $\frac{2000,- \text{DM (Verlustquote)}}{4000,- \text{DM}} = \frac{1}{2}$,

Beklagter Y: $\frac{500,- \text{DM (Verlustquote)}}{4000,- \text{DM}} = \frac{1}{8}$.

---

[399] Vgl. hierzu allgemein Rd.Ziff. 261 (Baumbach'sche Formel).

Für die **außergerichtlichen Kosten der beklagten Streitgenossen** gilt folgendes: 301
Haben die Streitgenossen **verschiedene Prozeßbevollmächtigte,** richten sich die Rechtsanwaltsgebühren nicht nach dem Gesamtstreitwert, sondern nach dem Wert des gegen den jeweiligen Streitgenossen geführten Einzelangriffs. Das ergibt sich aus § 7 I BRAGO. Danach fallen für jeden Anwalt die Gebühren der BRAGO nur entsprechend dem Wert des jeweils erteilten Auftrages an. Üblicherweise wird deshalb bei der Streitwertfestsetzung neben dem Gesamtstreitwert der Wert der Einzelangriffe angegeben, und zwar im Beispielsfall wie folgt:

Streitwert 4000,– DM; Beklagter zu 1: 3000,– DM; Beklagter zu 2: 1000,– DM).

Werden in unterschiedlichem Umfang verklagte oder klagende Streitgenossen durch einen **gemeinsamen Anwalt** vertreten, richten sich die Gebühren zwar nach dem Gesamtstreitwert. Der Anwalt kann von jedem Streitgenossen jedoch nur Gebühren in der Höhe verlangen, die dem Wert des jeweiligen Einzelangriffs entsprechen (§ 6 II BRAGO). Der im geringeren Umfang beteiligte Streitgenosse wird demzufolge nicht dadurch belastet, daß ein anderer Streitgenosse zu einem höheren Betrag verklagt wird oder klagt.

Immer dann, wenn die unterschiedlich am Streitgegenstand beteiligten Beklagten nicht antragsgemäß, sondern nur teilweise verurteilt werden, muß die Verlustquote ins Verhältnis zu dem Wert des jeweiligen Einzelangriffs gesetzt werden, da dieser Einzelangriff für die Berechnung der Anwaltsgebühren maßgebend ist. Es gilt folgende Formel:

$$\frac{\text{Verlustquote (= Wert der Verurteilung oder Betrag der Abweisung)}}{\text{Einzelangriff}}$$

Im Beispielsfall 2 gilt daher für die außergerichtlichen Kosten der Beklagten:

Beklagter X: Kläger: $\dfrac{1000,- \text{ DM (= Verlustquote)}}{3000,- \text{ DM (= Einzelangriff} \measuredangle \text{ X)}} = \frac{1}{3}$,

Beklagter Y: Kläger: $\dfrac{500,- \text{ DM (= Verlustquote)}}{1000,- \text{ DM (= Einzelangriff} \measuredangle \text{ Y)}} = \frac{1}{2}$.

Im übrigen tragen die Beklagten ihre außergerichtlichen Kosten selbst.

Der Kostentenor lautet:

„Die Gerichtskosten und die außergerichtlichen Kosten des Klägers tragen dieser zu ⅜, der Beklagte X zu ½ sowie der Beklagte Y zu ⅛. Die außergerichtlichen Kosten des Beklagten X werden zu ⅓ und die des Beklagten Y zu ½ jeweils dem Kläger auferlegt. Im übrigen findet eine Kostenerstattung nicht statt."

c) Gesamtschuldnerische Haftung der Streitgenossen für einen Teilbetrag

Eine weitere Besonderheit bei der unterschiedlichen Beteiligung der Streitgenossen am 302
Streitgegenstand ergibt sich, wenn der Kläger mehrere Beklagte teilweise als Gesamtschuldner in Anspruch nimmt, darüber hinaus aber einen von ihnen wegen eines weitergehenden Anspruchs verklagt.

Beispiel:
A beantragt, X und Y als Gesamtschuldner zur Zahlung von 1000,– DM, X allein zur Zahlung von 2000,– DM zu verurteilen. Es ergeht folgende Hauptsachenentscheidung: „Die Beklagten werden als Gesamtschuldner verurteilt, an den Kläger 500,– DM zu zahlen; der Beklagte X wird verurteilt, an den Kläger weitere 1000,– DM zu zahlen. Im übrigen wird die Klage abgewiesen."

Es ist wiederum zwischen den Gerichtskosten und den außergerichtlichen Kosten des Klägers einerseits, diese entstehen einheitlich für den gesamten Prozeß, und den außerge-

Die Kostenentscheidung, Urteil

richtlichen Kosten der Beklagten andererseits, diese entstehen nur im jeweiligen Prozeßrechtsverhältnis, zu unterscheiden.[400]

303 Bezugspunkt für die Gerichtskosten und die außergerichtlichen Kosten des Klägers ist der Gesamtstreitwert. Zunächst ist zu ermitteln, zu welchem Anteil die Beklagten als Gesamtschuldner an diesen Kosten zu beteiligen sind. Sodann sind die verbleibenden Kosten zwischen den über den Gesamtschuldausspruch hinaus verurteilten Beklagten und dem Kläger anhand des Verhältnisses des weiteren Unterliegens zum Gesamtstreitwert zu verteilen. Schließlich wird bei den außergerichtlichen Kosten der Beklagten der Grad ihres Unterliegens (= Verlustquote) zum Wert der Einzelangriffe ins Verhältnis gesetzt. Danach ergeben sich für das Beispiel folgende Kostenquoten:

Gerichtskosten und **außergerichtliche Kosten des Klägers:**
Der Gesamtstreitwert beträgt 3000,– DM. Dementsprechend ergibt sich für die gesamtschuldnerische Haftung der Beklagten:

$$\frac{500,- \text{ DM (Verlustquote der Gesamtschuldner)}}{3000,- \text{ DM (Gesamtstreitwert)}} = \frac{1}{6}.$$

Über den Wert der gesamtschuldnerischen Verurteilung hinaus hat X weitere 1000,– DM verloren; damit ist er darüber hinaus in Höhe von $\frac{1000}{3000} = \frac{1}{3}$ an den Kosten zu beteiligen.

Der Kläger hat, gemessen am Gesamtstreitwert,

$$\frac{1500,- \text{ DM (= gesamte Verlustquote des Klägers)}}{3000,- \text{ DM (= Gesamtstreitwert)}} = \frac{1}{2}$$

verloren.

Für die **außergerichtlichen Kosten der Beklagten** gilt folgendes: Der Beklagte X hat den gegen ihn gerichteten Angriff im Gesamtwert von 3000,– DM in Höhe von

$$\frac{1500,- \text{ DM (Verlustquote des X insgesamt)}}{3000,- \text{ DM (= Angriff gegen X)}} = \frac{1}{2}$$

verloren, die andere Hälfte wird dem Kläger auferlegt.

Der Beklagte Y hat den gegen ihn gerichteten Angriff (= 1000,– DM) in Höhe von

$$\frac{500,- \text{ DM (Verlustquote des Y)}}{1000,- \text{ DM (Einzelangriff)}} = \frac{1}{2}$$

verloren; die andere Hälfte seiner Kosten ist vom Kläger zu erstatten.

Somit lautet die Kostenentscheidung im Beispielsfall wie folgt:

> „Die Gerichtskosten und die außergerichtlichen Kosten des Klägers tragen dieser zur Hälfte, die Beklagten als Gesamtschuldner zu 1/6 und der Beklagte X zu einem weiteren 1/3. Die außergerichtlichen Kosten der Beklagten werden dem Kläger jeweils zur Hälfte auferlegt. Im übrigen findet eine Kostenerstattung nicht statt."

3. Unterschiedliche Beteiligung am Prozeßverlauf

a) Allgemeines

304 § 100 II findet auch Anwendung, wenn die Parteien in nicht unerheblich unterschiedlichem Umfang am Prozeßverlauf beteiligt sind. Das Erkenntnisverfahren entwickelt sich in derartigen Fällen für die einzelnen Streitgenossen unterschiedlich. Wenn der Kläger zumindest teilweise obsiegt, muß sich dies bei einer nicht völlig unerheblichen Abweichung vom Prozeßverlauf auf die Kostenquote auswirken.

---

[400] Vgl. hierzu allgemein Rd.Ziff. 261 (Baumbach'sche Formel).

Kostenentscheidung im Streitgenossenprozeß

Die Baumbach'sche Kostenformel[401] hilft in einem solchen Fall alleine ebensowenig wie die zuvor dargestellten Grundsätze bei einer unterschiedlichen Beteiligung der Streitgenossen am Streitgegenstand. Vielmehr sind die Streitgenossen wegen unterschiedlicher Beteiligung am Prozeß an den einzelnen Gebühren, die sich nach demselben Streitwert richten, unterschiedlich zu beteiligen. Dies ist deshalb erforderlich, weil einzelne Gebühren nur für einen Streitgenossen oder erst nach dem Ausscheiden eines Streitgenossen entstehen können mit der Folge, daß dieser Streitgenosse mit den betreffenden Gebühren nicht belastet werden kann.

Beispiel:
Teilanerkenntnisurteil

Bei der Verteilung der Gebühren sind für die Gerichtskosten, die außergerichtlichen Kosten des Klägers und die der beklagten Streitgenossen jeweils eigene Quoten zu ermitteln. Diese Notwendigkeit ergibt sich daraus, daß die Gebührentatbestände des Gerichtskostengesetzes (Kostenverzeichnis als Anlage 1 zu § 11 I GKG) und der BRAGO an unterschiedliche **Entstehungsvoraussetzungen** geknüpft sind.[402] Darüber hinaus ist für die außergerichtlichen Kosten der Beklagten von Bedeutung, daß diese nicht einheitlich entstehen, sich vielmehr nach dem jeweiligen Prozeßrechtsverhältnis des Klägers zu dem jeweiligen Beklagten richten.

Ferner sind bei der Verteilung der Anwaltsgebühren die besonderen **Anrechnungsvorschriften** der Bundesrechtsanwaltsgebührenordnung (BRAGO) – wie §§ 31 II, 33 I 1, 38 BRAGO – zu beachten. Findet z. B. gegenüber einem Streitgenossen nur eine Erörterung statt, während im übrigen streitig verhandelt wird (vgl. § 137), erhält der Prozeßbevollmächtigte nur eine Verhandlungsgebühr (§ 31 I Nr. 2, II BRAGO). An dieser Gebühr ist jedoch auch der beklagte Streitgenosse beteiligt, mit dem lediglich erörtert wurde. Die Verteilung erfolgt in diesem Fall dadurch, daß man für jeden Streitgenossen einzeln feststellt, welche Gebühr angefallen wäre, wenn er nur allein verklagt worden wäre. Stellt sich heraus, daß in diesem hypothetischen Fall ebenfalls eine selbständige Gebühr entstanden wäre (Erörterungsgebühr), ist die aufgrund der Anrechnung in Ansatz zu bringende Gebühr, die Verhandlungsgebühr, zwischen den Streitgenossen verhältnismäßig zu teilen.[403]

b) Volles Obsiegen des Klägers

Beispiel:[404]

305

A beantragt, X und Y als Gesamtschuldner zu verurteilen, an ihn 10 000,– DM zu zahlen. Im ersten Termin zur mündlichen Verhandlung am 15. Januar 1991 beantragt Y, die Klage abzuweisen. X erkennt die Klageforderung nach Fristsetzung an, worauf antragsgemäß ein Teilanerkenntnisurteil mit folgendem Tenor ergeht:

„Der Beklagte X wird verurteilt, an den Kläger 10 000,– DM zu zahlen. Die Kostenentscheidung bleibt dem Schlußurteil vorbehalten. Das Urteil ist vorläufig vollstreckbar..."

Im übrigen erhebt das Gericht Beweis. Im Anschluß daran ergeht folgendes Schlußurteil:

„Der Beklagte Y wird verurteilt, als Gesamtschuldner mit dem durch Teilanerkenntnisurteil vom..., Az.:..., verurteilten Beklagten X an den Kläger 10 000,– DM zu zahlen."

Furtner[405] schlägt in derartigen Fällen vor, wie folgt zu tenorieren:

306

„Die bis zum 15. 1. 1991 entstandenen Kosten des Rechtsstreits tragen die Beklagten als Gesamtschuldner; die übrigen Kosten des Rechtsstreits trägt der Beklagte zu 2) allein."

Wer dieser Auffassung folgt, hat im Beispielsfall keine Probleme. Wir können von dieser

---

401) Vgl. Rd.Ziff. 260 ff.
402) Vgl. hierzu näher Rd.Ziff. 22 ff. (GKG) und 68 ff. (BRAGO).
403) Vgl. auch Rd.Ziff. 407.
404) Weitere Beispiele: Rd.Ziff. 416 ff. (Teilrücknahme); Rd.Ziff. 427 (Teilversäumnisurteil).
405) *Furtner,* S. 41.

Die Kostenentscheidung, Urteil

Tenorierung aber nur abraten. Sie bringt im Kostenfestsetzungsverfahren Unsicherheiten mit sich, weil unter Umständen, wie in dem Beispielsfall, nicht klar ist, wie bestimmte Kosten, die einheitlich entstehen,
> **Beispiel:**
> Prozeßgebühr, Auslagenpauschale der Rechtsanwälte.

zu verteilen sind.

307 Wir empfehlen folgende Berechnung:

Gerichtskosten

Da der Kläger in vollem Umfang obsiegt hat, ist er an den Gerichtskosten nicht zu beteiligen. Das Teilanerkenntnisurteil ist gebührenfrei, so daß lediglich die Gebühr für das Verfahren im allgemeinen (Nr. 1010 des Kostenverzeichnisses), nicht aber auch die Urteilsgebühr für das Schlußurteil (zweifacher Gebührensatz, Nr. 1016 des KV)[406] zwischen X und Y zu verteilen ist. Für die Gebühr nach Nr. 1010 des KV (einfacher Gebührensatz) haften X und Y als Gesamtschuldner; da drei Gebührensätze zu berücksichtigen sind und sich die gesamtschuldnerische Haftung nur auf einen Gebührensatz (= ⅓) auswirkt, ergibt sich für die Haftung bezüglich der Gerichtskosten:
die Beklagten als Gesamtschuldner zu ⅓ und der Beklagte Y zu weiteren ⅔.

Außergerichtliche Kosten des Klägers[407]

An ihnen werden wiederum nur X und Y beteiligt. Die im Verhältnis zu X angefallene Erörterungsgebühr wird auf die Verhandlungsgebühr, die im Verhältnis zu Y entsteht, zwar angerechnet, jedoch ist X an dieser Verhandlungsgebühr zu beteiligen.[408] Damit haften X und Y als Gesamtschuldner sowohl für die Prozeßgebühr (§ 31 I Nr. 1 BRAGO) und auch für die Verhandlungsgebühr (§ 31 I Nr. 2 BRAGO), während Y zusätzlich für die nur ihm gegenüber angefallene Beweisgebühr (§ 31 I Nr. 3 BRAGO) haftet.[409] Da drei Gebühren angefallen sind, ergibt sich somit folgende Haftung bezüglich der außergerichtlichen Kosten des Klägers:
die Beklagten als Gesamtschuldner zu ⅔ und der Beklagte Y allein zu einem weiteren ⅓.

Außergerichtliche Kosten der Beklagten

Die außergerichtlichen Kosten der Beklagten tragen diese jeweils selbst, da sie den Einzelangriffen des Klägers in vollem Umfang unterlegen sind.
Es ergibt sich folgender Kostentenor:
> „Die Gerichtskosten werden den Beklagten als Gesamtschuldnern zu ⅓ und dem Beklagten Y allein zu weiteren ⅔ auferlegt. Die außergerichtlichen Kosten des Klägers tragen die Beklagten als Gesamtschuldner zu ⅔ und der Beklagte Y allein zu einem weiteren ⅓. Im übrigen findet eine Kostenerstattung nicht statt."

c) Unterschiedlicher Prozeßerfolg des Klägers gegenüber den einzelnen Streitgenossen

308 Wenn die beklagten Streitgenossen bei gleicher Streitwertbeteiligung nicht nur am Prozeßverlauf unterschiedlich beteiligt sind, sondern zusätzlich in unterschiedlichem Umfang unterliegen bzw. obsiegen, hat neben den vorgenannten Grundsätzen im Beispielsfall unter b) die Baumbach'sche Formel[410] teilweise Bedeutung.

---

406) Zu den Gerichtsgebühren vgl. Rd.Ziff. 22 ff.
407) Zu den Anwaltsgebühren vgl. Rd.Ziff. 68 ff.
408) Vgl. Rd.Ziff. 96 und 304.
409) Vgl. zur Beweisgebühr Rd.Ziff. 83 ff.
410) Vgl. hierzu näher Rd.Ziff. 260 ff.

Beispiel:[411]
Wie im Beispielsfall unter b), Rd.Ziff. 305.

Nach Erlaß des gleichlautenden Teilanerkenntnisurteils und Durchführung der Beweisaufnahme hinsichtlich des gegen Y gerichteten Angriffs ergeht folgendes Schlußurteil: „Der Beklagte Y wird verurteilt, als Gesamtschuldner mit dem durch Teilanerkenntnisurteil vom . . . verurteilten Beklagten X an den Kläger 5000,– DM zu zahlen. Im übrigen wird die Klage abgewiesen."

Bei Verteilung der im einzelnen angefallenen Gebühren muß zunächst ermittelt werden, in welchem Verhältnis die Beteiligten bei Berücksichtigung des Streitwertes mit Kostenanteilen belastet werden dürfen. Dann erst kann eine Verteilung auf die einzelnen Gebühren erfolgen. Soweit der Kläger gegen einen Streitgenossen obsiegt und gegenüber dem anderen unterliegt, werden diese Quoten nach der Baumbach'schen Formel errechnet.

Darüber hinaus ist zu ermitteln, in welchem Umfang eine gesamtschuldnerische Haftung der Beklagten angenommen werden muß. Eine solche zu treffende Kostenentscheidung beruht auf den §§ 91 bzw. 92, 100 II, IV.

Im einzelnen gilt für die Lösung des Beispielsfalles folgendes:

1. Schritt
Als **Gesamtschuldner** sind X und Y in Höhe von 5000,– DM verurteilt worden, so daß eine Quote von $\frac{5\,000,-\text{DM} \,(= \text{Verlustquote})}{10\,000,-\text{DM} \,(= \text{Streitwert})} = \frac{1}{2}$ zu berücksichtigen ist. In Höhe der weiteren 5000,– DM hat der Kläger, gemessen an den beiden Einzelangriffen, einmal obsiegt und einmal verloren. Bei Berücksichtigung des **fiktiven Streitwertes**[412] von 20 000,– DM (Zweifachangriff à 10 000,– DM) ergibt sich eine Quote für den unterliegenden Beklagten X und den Kläger in Höhe von je

$$\frac{5\,000,-\text{DM} \,(= \text{Verlustquote})}{20\,000,-\text{DM} \,(= \text{fiktiver Streitwert})} = \text{je } \frac{1}{4}.$$

2. Schritt
Bei Berücksichtigung dieser Quoten muß nunmehr überprüft werden, inwieweit die beiden Beklagten an den einzelnen Gebühren beteiligt sind.

Gerichtsgebühren

Die Gebühr Nr. 1010 KV (einfacher Gebührensatz) ist unter allen Beteiligten nach Maßgabe der Streitwertbeteiligung aufzuteilen. Die Urteilsgebühr (zweifacher Gebührensatz) ist hingegen nur von A und Y zu tragen, da ein Anerkenntnisurteil gerichtsgebührenfrei ist.[413] A und Y haben jeweils 5000,– DM gewonnen und 5000,– DM verloren (Einzelangriff). Deshalb haftet jeder für die Hälfte der Urteilsgebühr, d. h. also je ein Gebührensatz geht zu Lasten des A und zu Lasten des Y. An folgender Tabelle kann die Beteiligung an den Gerichtsgebühren näher verdeutlicht werden.

---

411) Weiteres Beispiel: Teilversäumnisurteil, vgl. Rd.Ziff. 427.
412) Vgl. hierzu näher Rd.Ziff. 263 (Baumbach'sche Formel).
413) Rd.Ziff. 28.

Die Kostenentscheidung, Urteil

Gebühren	A	X und Y als Gesamtschuldner	X	Y
Nr. 1010 KV (einfacher Satz)	$\frac{1}{4}$	$\frac{1}{2}$	$\frac{1}{4}$	–
Nr. 1016 KV (doppelter Satz)	1	–	–	1
Gebührenbeteiligung	$1\frac{1}{4}$	$\frac{1}{2}$	$\frac{1}{4}$	1

Demnach haften für die Gerichtskosten (dreifacher Gebührensatz)

X und Y als Gesamtschuldner: zu $\frac{1}{2} \times 3$ (= 3 Gebührensätze) = ⅙ (= ²⁄₁₂)

A: zu $\frac{5}{4} \times 3$ = ⁵⁄₁₂

X: zu $\frac{1}{4} \times 3$ = ¹⁄₁₂

Y: 1 × ⅓ = ⅓ (= ⁴⁄₁₂)

311 Außergerichtliche Kosten des Klägers

Die Prozeßgebühr ist unter allen Beteiligten zu verteilen, wobei im Hinblick auf 5000,– DM eine gesamtschuldnerische Haftung der Beklagten besteht und im Hinblick auf die restlichen 5000,– DM die Baumbach'sche Formel zu beachten ist, weil A, bezogen auf seine Einzelangriffe gegen X gewonnen und gegen Y verloren hat. Dasselbe gilt für die Verhandlungsgebühr; im Verhältnis zu X ist zwar nur eine Erörterungsgebühr entstanden, die in der Verhandlungsgebühr aufgegangen ist. Wie jedoch bereits dargelegt,[414] kann dies X nicht zum Vorteil gereichen. Im Hinblick auf die Beweisgebühr ist lediglich eine Beteiligung von A und Y vorzusehen.

Anhand folgender Tabelle sollen die einzelnen Quoten verdeutlicht werden.

Gebühren	A	X und Y (als Gesamtschuldner)	X	Y
Prozeßgebühr	$\frac{1}{4}$	$\frac{1}{2}$	$\frac{1}{4}$	
Verhandlungsgebühr	$\frac{1}{4}$	$\frac{1}{2}$	$\frac{1}{4}$	
Beweisgebühr	$\frac{1}{2}$			$\frac{1}{2}$
= Kostenquote	$\frac{1 (= \text{Summe})}{3 (\text{Anzahl der Gebühren})} = \frac{1}{3}$	$= \frac{1}{2 \times 3} = \frac{1}{6}$	$= \frac{1}{2 \times 3} = \frac{1}{6}$	

---

414) Rd.Ziff. 96 und 304.

Außergerichtliche Kosten der Beklagten

Dem Einzelangriff von 10 000,– DM ist X voll unterlegen, so daß er seine eigenen außergerichtlichen Kosten in voller Höhe selbst zu tragen hat. Mit seinem Einzelangriff gegen Y hat der Kläger zur Hälfte obsiegt und zur Hälfte verloren, so daß er an diesen Kosten mit ½ zu beteiligen ist.

Die Kostenentscheidung lautet:

„Die Gerichtsgebühren tragen die Beklagten zu ⅙ als Gesamtschuldner, der Beklagte X allein zu einem weiteren ¹⁄₁₂, der Beklagte Y zu einem weiteren ⅓ und der Kläger zu ⁵⁄₁₂. Die außergerichtlichen Kosten des Klägers tragen X und Y als Gesamtschuldner zu ⅓ und X sowie Y allein zu je einem weiteren ⅙. Die außergerichtlichen Kosten des Beklagten Y werden dem Kläger zu ½ auferlegt. Im übrigen findet eine Kostenerstattung nicht statt."

4. Unterschiedliche Beteiligung am Streitgegenstand und unterschiedlicher Prozeßverlauf

Eine weitere in Betracht kommende Variante betrifft den Fall, in dem Beklagte und klagende Streitgenossen sowohl am Prozeßverlauf als auch am Streitgegenstand unterschiedlich beteiligt sind. Es handelt sich um eine Kombination beider unter § 100 II fallender Alternativen.

Beispiel:
A klagt in einem Prozeß gegen X auf Zahlung von 2000,– DM und gegen Y auf Zahlung von 4000,– DM. X erkennt den gegen ihn gerichteten Anspruch an, nachdem streitig verhandelt worden ist. Es ergeht antragsgemäß Teilanerkenntnisurteil. Im Prozeßrechtsverhältnis A zu Y findet eine Beweisaufnahme statt. Im Anschluß daran wird Y verurteilt, an den Kläger 3000,– DM zu zahlen. Im übrigen wird die Klage abgewiesen."

Anders als in den zuvor dargestellten Fällen besteht die Besonderheit hier darin, daß sich mit dem Teilanerkenntnisurteil der Streitwert ändert. Er beträgt bis zu diesem Zeitpunkt 6000,– DM und ab diesem Zeitpunkt 4000,– DM. Würde man die aufgezeigten Grundsätze zur unterschiedlichen Beteiligung am Streitgegenstand kombinieren, würde unberücksichtigt bleiben, daß die Gebühren[415] nach verschiedenen Streitwerten berechnet werden. Die Gebühr für das Verfahren im allgemeinen (Nr. 1010 des KV) sowie die Prozeß- und Verhandlungsgebühr der Rechtsanwälte (§§ 31 I Nr.1, 2, 13 III BRAGO) sind nach einem Streitwert von 6000,– DM angefallen. Die nach Erlaß des Teilanerkenntnisurteils, das gebührenfrei ist,[416] entstandenen Gebühren, nämlich die Urteilsgebühr nach Nr. 1016 des KV (zweifacher Gebührensatz) und die Beweisgebühr nach § 31 I Nr. 3 BRAGO sind dagegen nur nach einem Streitwert von 4000,– DM zu berechnen. Um dieser Besonderheit Rechnung zu tragen, müssen zunächst die Quoten ermittelt werden, zu denen die Kostenschuldner an den jeweiligen Gebühren beteiligt sind. Sodann sind die einzelnen Gebühren betragsmäßig festzustellen und unter Berücksichtigung der ermittelten Quoten auf die Kostenschuldner zu verteilen. Anhand der nachfolgenden beiden Tabellen soll dies an dem Beispielsfall verdeutlicht werden.

---

415) Vgl. hierzu näher Rd.Ziff. 22 ff. (GKG) und 68 ff. (BRAGO).
416) Vgl. Rd.Ziff. 28.

Die Kostenentscheidung, Urteil

315 Es ergeben sich folgende Quoten:

Gebühren	A	X	Y
Nr. 1010-Gebühr + Prozeßgebühr + Verhandlungsgebühr	$\dfrac{1000 \ (= \text{Verlustquote})}{6000 \ (= \text{Streitwert})} = \dfrac{1}{6}$	$\dfrac{2000}{6000} = \dfrac{2}{6}$	$\dfrac{3000}{6000} = \dfrac{3}{6}$
Nr. 1016-Gebühr + Beweisgebühr	$\dfrac{1000}{4000} = \dfrac{1}{4}$	–	$\dfrac{3000}{4000} = \dfrac{3}{4}$

316 Unter Berücksichtigung dieser Quoten sind die nach einem Streitwert von 6000,– DM bzw. 4000,– DM zu ermittelnden Gebühren auf die einzelnen Beteiligten wie folgt zu verteilen:

	Betrag	A	X	Y
Nr. 1010-Gebühr (Streitwert: 6000,– DM)	150,– DM	$\dfrac{150 \times 1}{6}$ = 25 DM	$\dfrac{150 \times 2}{6}$ = 50 DM	$\dfrac{150 \times 3}{6}$ = 75 DM
Nr. 1016-Gebühr (Streitwert: 4000,– DM) (doppelter Gebührensatz)	228,– DM	$\dfrac{228 \times 1}{4}$ = 57 DM	–	$\dfrac{228 \times 3}{4}$ = 171 DM
Prozeßgebühr (Streitwert: 6000,– DM)	331,– DM	$\dfrac{331 \times 1}{6}$ = 55,17 DM	$\dfrac{331 \times 2}{6}$ = 110,33 DM	$\dfrac{331 \times 3}{6}$ = 165,50 DM
Verhandlungsgebühr (wie Prozeßgebühr)	331,– DM	$\dfrac{331 \times 1}{6}$ = 55,17 DM	$\dfrac{331 \times 2}{6}$ = 110,33 DM	$\dfrac{331 \times 3}{6}$ = 165,50 DM
Beweisgebühr (Streitwert: 4000,– DM)	227,– DM	$\dfrac{227 \times 1}{4}$ = 56,75 DM	–	$\dfrac{227 \times 3}{4}$ = 170,25 DM
Summen	1267,– DM	249,09 DM	270,66 DM	747,25 DM
Kostenquoten		$\dfrac{249,09 \ (\text{Anteil})}{1267 \ (\text{Gesamtkosten})}$ = 20%	$\dfrac{270,66}{1267}$ = 21%	$\dfrac{747,25}{1267}$ = 59%

Der Kostentenor lautet:
  „Die Kosten des Rechtsstreits tragen der Kläger A zu 20%, der Beklagte X zu 21% und der Beklagte Y zu 59%."

Die unterschiedliche Beteiligung am Rechtsstreit tritt insbesondere in den Fällen vorzeitiger Teilbeendigung eines Rechtsstreits auf. 317

Beispiele:
Teilanerkenntnis, Teilverzicht, übereinstimmende Teilerledigung.[417]

VI. Besondere Angriffs- und Verteidigungsmittel

Hat ein Streitgenosse besondere Angriffs- oder Verteidigungsmittel geltend gemacht, haften die anderen Streitgenossen nach § 100 III nicht für die dadurch veranlaßten Kosten. In § 282 I sind Beispiele für Angriffs- und Verteidigungsmittel aufgeführt. Nicht hierzu zählt der Angriff selbst, wie z. B. die Widerklage durch einen von mehreren Streitgenossen. § 100 III stellt eine sog. Mußvorschrift dar und greift unabhängig davon ein, ob das Mittel Erfolg hat.[418] Ist dies nicht der Fall, kann außerdem § 96 zur Anwendung kommen.[419] 318

Beispiel:
Ein Streitgenosse beruft sich auf entscheidungserhebliche Tatsachen, die sich die anderen nicht zu eigen machen. Dadurch werden eine Beweisaufnahme und damit auch verbundene Kosten verursacht.

An diesen Kosten ist nach § 100 III nur der betreffende Streitgenosse zu beteiligen, der diese Kosten veranlaßt hat. Zur Berechnung der Kosten wird auf die vorstehenden Ausführungen zu V., 4.[420] Bezug genommen.

§ 11 Die Kostenentscheidung zur Streithilfe

I. Allgemeines

Tritt ein Streithelfer dem Rechtsstreit auf seiten des Klägers oder des Beklagten bei, muß unter den Voraussetzungen des § 101 I gesondert über die Kosten der Streithilfe entschieden werden. Dabei handelt es sich um einen Fall der **Kostentrennung**; aus der Existenz des § 101 I folgt nämlich, daß die außergerichtlichen Kosten des Streithelfers nicht zu den Kosten des Rechtsstreits i. S. der §§ 91 ff. gehören und deshalb gesondert festzusetzen sind; das bedeutet, daß neben der im übrigen erforderlichen Kostenentscheidung 319

„Die Kosten des Rechtsstreits tragen..."

unter den Voraussetzungen des § 101 I eine Aussage über die Kosten der Streithilfe gemacht werden muß:[421]

„Die Kosten der Streithilfe werden dem... zu... auferlegt."

Dabei kommt es nicht darauf an, ob die Streithilfe zulässig war.[422] § 101 I regelt auch die Kosten des Streithelfers bei einer unselbständigen Streithilfe. Die Vorschrift findet, wie

---

[417] Rd.Ziff. 400 ff. (Allgemeines); 441 ff. und 459 ff. (Erledigung).
[418] *Stein/Jonas*, § 700 Rd.Ziff. 8.
[419] Vgl. Rd.Ziff. 171.
[420] Vgl. Rd.Ziff. 314 ff.
[421] OLG München, JurBüro 89, 1121; vgl. auch Rd.Ziff. 174 ff. und zur Kostentrennung allgemein Rd.Ziff. 165 ff.
[422] *Schneider*, S. 292.

Die Kostenentscheidung, Urteil

sich aus § 101 II ergibt, im Streitgenossenprozeß keine Anwendung, da der Streitgenosse Partei ist und für ihn somit die allgemeinen Kostenregelungen gelten.[423)]

320 Für § 101 I ergeben sich zwei **Kostengrundsätze,** nämlich:

1.
Die Kosten der Streithilfe (= außergerichtliche Kosten des Streithelfers) können nur dem Streithelfer selbst oder der gegnerischen Partei bzw. beiden nach Quoten auferlegt werden.[424)] Dagegen ist die von dem Streithelfer unterstützte Partei d. h. die Partei, auf deren Seite der Beitritt erfolgt ist, auch dann nicht mit Kosten der Streithilfe zu belasten, wenn diese Partei ganz oder teilweise unterliegt. Ein prozessualer Kostenerstattungsanspruch entsteht nämlich ausschließlich im Verhältnis des Streithelfers zur Gegenpartei, niemals jedoch im Verhältnis zur unterstützten Hauptpartei. Ebensowenig ist der Streithelfer mit Kosten der (teilweise obsiegenden) gegnerischen Partei zu belasten.

2.
Der Streithelfer teilt das kostenrechtliche Schicksal der von ihm unterstützten Hauptpartei.[425)] Die zugunsten des Streithelfers festzusetzende Kostenquote ist mit der für die unterstützte Hauptpartei festzusetzenden Quote identisch.

Beispiel:
S tritt dem Beklagten bei, der auf Zahlung in Höhe von 10 000,– DM in Anspruch genommen und zur Zahlung von 7000,– DM unter Abweisung der Klage im übrigen verurteilt wird. Damit ergibt sich eine Kostenquote zu Lasten des Klägers von 30% und zu Lasten des Beklagten von 70%. Die Kostenentscheidung lautet:

„Die Kosten des Rechtsstreits tragen der Kläger zu 30% und der Beklagte zu 70%. Die Kosten der Streithilfe werden dem Kläger zu 30% und dem Streithelfer zu 70% auferlegt."

II. Kostenentscheidung

1. Zweiparteienprozeß

321 Im Zweiparteienprozeß sind die Kosten der Streithilfe entsprechend dem Umfang des Unterliegens und Obsiegens der Hauptparteien untereinander zwischen dem Streithelfer und der gegnerischen Partei verhältnismäßig zu teilen oder dem einen oder anderen voll aufzuerlegen. Im Urteil wird neben den üblichen Kostenvorschriften auch § 101 I zitiert. Anhand folgender Beispiele sollen einzelne Varianten des Kostentenors verdeutlicht werden:
In einem Rechtsstreit des A gegen X auf Zahlung von 8000,– DM ist der Streithelfer N auf seiten des Klägers dem Rechtsstreit beigetreten.

322 1.
Der Tenor zur Hauptsache und zur Hauptkostenentscheidung lautet:

„Die Klage wird abgewiesen. Die Kosten des Rechtsstreits trägt der Kläger."

In diesem Fall muß der Streithelfer seine eigenen Kosten selbst tragen, da die gegnerische Partei von allen Kosten freigestellt ist. Zur Klarstellung kann, muß aber nicht wie folgt weiter tenoriert werden:

„Der Streithelfer trägt seine eigenen Kosten in voller Höhe selbst."

---

423) Vgl. Rd.Ziff. 176.
424) *Furtner*, S. 46 f.; *Stein/Jonas*, § 101 Rd.Ziff. 5; *Thomas/Putzo*, § 101 Anm. 1 a; *Zöller*, § 101 Rd.Ziff. 3.
425) OLG Köln, JurBüro 89, 102; *Stein/Jonas*, § 101 Rd.Ziff. 5; *Thomas/Putzo*, § 101 Anm. 1 a; *Zöller*, § 101 Rd.Ziff. 2 f.

2. 323

„Der Beklagte wird verurteilt, an den Kläger 8000,— DM zu zahlen.
Der Beklagte trägt die Kosten des Rechtsstreits."

Die Kosten des Streithelfers treffen hier den Beklagten in vollem Umfang. Es ist weiter zu tenorieren:

„Die Kosten der Streithilfe werden dem Beklagten auferlegt."

3. 324

„Der Beklagte wird verurteilt, an den Kläger 2000,— DM zu zahlen.
Im übrigen wird die Klage abgewiesen. Die Kosten des Rechtsstreits tragen der Kläger zu ¾ und der Beklagte zu ¼."

In dem Umfang, in dem die unterstützte Partei in dem Rechtsstreit unterliegt und folglich die eigenen Kosten neben den Gerichtskosten zu tragen hat, muß auch der Streithelfer seine Kosten tragen. Der Kostentenor lautet weiter:

„Die Kosten der Streithilfe werden dem Beklagten zu ¼, im übrigen dem Streithelfer selbst auferlegt."

Wenn hinsichtlich der Kosten des Rechtsstreits keine verhältnismäßige Teilung vorgenommen wird, sondern die **Kosten gegeneinander aufgehoben** werden (vgl. § 92 I, 1. Alternative), hat der Streithelfer die eigenen Kosten zur Hälfte selbst zu tragen, während die restliche Hälfte vom Gegner seiner Hauptpartei erstattet wird.[426] Zur Klarstellung sollte diese Rechtsfolge im Tenor erwähnt werden: 325

„Die Kosten des Rechtsstreits werden gegeneinander aufgehoben. Von den Kosten der Streithilfe werden dem ... 50% auferlegt. Im übrigen trägt der Streithelfer seine Kosten selbst."

Haben die Parteien einen **Prozeßvergleich** geschlossen, ergibt sich durch den Hinweis in § 101 auf § 98, daß der Streithelfer seine Kosten entsprechend der Kostenregelung im Vergleich erstatten verlangen kann, wobei die vorgenannten Grundsätze des § 101 I zu beachten sind.[427] Unerheblich ist dabei, ob der Streithelfer am Prozeß beteiligt war.[428] 326

Beispiel:
Werden im Vergleich die Kosten gegeneinander aufgehoben, sind dem Gegner der Hauptpartei 50% der Kosten des Streithelfers aufzuerlegen.

Die vergleichsweise Regelung der Parteien über die Kosten des Rechtsstreits enthält aber keinen Titel über die Kostenfestsetzung von Kosten des Streithelfers; insoweit ist ein gesonderter Beschluß erforderlich.[429]

2. Streitgenossenprozeß

Bei einer Streithilfe im Streitgenossenprozeß ist zu unterscheiden zwischen einem einseitigen und einem allseitigen Beitritt des Streithelfers. Tritt der Streithelfer dem Rechtsstreit **nur auf seiten eines** von mehreren **Streitgenossen** bei, entspricht die Quote der dem Streithelfer zu erstattenden bzw. von ihm selbst zu tragenden Kosten derjenigen Quote, die für die außergerichtlichen Kosten des unterstützten Streitgenossen ermittelt wird. 327

Beispiel:
In dem Rechtsstreit des A gegen X und Y auf Zahlung von 10 000,— DM tritt D dem Rechtsstreit auf seiten des Y bei. Die Hauptsachenentscheidung lautet: „Der Beklagte Y wird

---

[426] Zöller, § 101 Rd.Ziff. 11 m. w. N.
[427] BGH, NJW 61, 460; NJW 67, 983; KG, AnwBl. 85, 384; OLG Schleswig, JurBüro 89, 424; Furtner, S. 56; Baumbach/Lauterbach/Albers/Hartmann, § 101 Anm. 8; Stein/Jonas, § 101 Rd.Ziff. 7; Thomas/Putzo, § 101 Anm. 1 a cc.
[428] OLG Hamm, MDR 90, 252; Furtner, S. 46.
[429] OLG München, KostRspr ZPO, § 101 Nr. 55; OLG Braunschweig, JurBüro 88, 78.

Die Kostenentscheidung, Urteil

verurteilt, an den Kläger 5000,– DM zu zahlen. Im übrigen wird die Klage abgewiesen."
Entsprechend seinem Unterliegen von 5000,– DM zum Einzelangriff von 10 000,– DM trägt der Beklagte Y ½ seiner Kosten.[430]

In diesem Umfang muß auch der Streithelfer seine eigenen Kosten tragen. Der Kostentenor lautet:

„Die Gerichtskosten und die außergerichtlichen Kosten des Klägers tragen dieser zu ¾ und der Beklagte Y zu ¼. Die außergerichtlichen Kosten des Beklagten Y sowie die Kosten der Streithilfe trägt der Kläger jeweils zur Hälfte, die des Beklagten X voll. Im übrigen findet eine Kostenerstattung nicht statt."

Tritt der Streithelfer dagegen **allen Streitgenossen** auf der Kläger- oder Beklagtenseite bei, ist der Entscheidung über die Kosten der Streithilfe die Erfolgs- bzw. Mißerfolgsquote zugrunde zu legen, die sich für die Gesamtheit der Streitgenossen gegenüber dem Gesamtangriff der Gegenseite ergibt.

Beispiel:
Wäre N im obigen Beispiel sowohl auf seiten des X als auch auf seiten des Y beigetreten, hätten die von D unterstützten Streitgenossen den Gesamtangriff des A im Gesamtwert von 20 000,– DM in Höhe von 15 000,– DM, also zu ¾ abgewehrt. An dieser Erfolgsquote ist D zu beteiligen. Der Kostentenor lautet:

„Die Gerichtskosten sowie die außergerichtlichen Kosten des Klägers trägt dieser zu ¾ und der Beklagte Y zu ¼. Die außergerichtlichen Kosten des Beklagten Y werden dem Kläger zur Hälfte und die des Beklagten X dem Kläger in voller Höhe auferlegt. Die Kosten der Streithilfe trägt der Kläger zu ¾. Im übrigen findet eine Kostenerstattung nicht statt."

3. Erledigung der Hauptsache

328 Die vorstehenden Grundsätze zur Entscheidung über die Kosten der Streithilfe gelten auch dann, wenn die Parteien den Rechtsstreit in der Hauptsache für erledigt erklären. In den sodann zu treffenden Kostenbeschluß nach § 91 a sind auch die Kosten der Streithilfe einzubeziehen, ohne daß es eines gesonderten Antrags bedarf (§ 308 II).[431]

4. Klagerücknahme

329 Nimmt der Streithelfer seinen Beitritt zurück, treten die gleichen kostenrechtlichen Folgen ein wie bei einer Klagerücknahme. Der Streithelfer trägt seine außergerichtlichen Kosten analog § 269 III selbst. Wir stimmen insoweit mit Schneider[432] überein, daß in einem solchen Fall ein Kostenbeschluß nicht erforderlich ist. Da eine Kostenerstattungspflicht des Streithelfers gegenüber den Parteien ohnehin nicht in Betracht kommt, bedarf es nämlich keines gesonderten Titels.

330 Umstritten ist die Frage, ob der Streithelfer im Falle der **Klagerücknahme durch den Kläger** als unterstützte Hauptpartei die eigenen Kosten selbst zu tragen hat.[433] Unseres Erachtens ist der Meinung zuzustimmen, nach der der Streithelfer auch in diesem Fall seine Kosten selbst zu tragen hat. Es ist nämlich kein Grund ersichtlich, von dem Grundsatz der „kostenrechtlichen Schicksalsgemeinschaft" zwischen dem Streithelfer und der unterstützten Partei gegenüber der gegnerischen Partei abzuweichen. Ob die unterstützte Partei obsiegt oder verliert, liegt allein im Risikobereich des Streithelfers. Nichts anderes kann gelten, wenn diese Partei den Prozeß vorzeitig durch eine Klagerücknahme erledigt.

---

430) Vgl. zur Berechnung Rd.Ziff. 260 ff., 269 ff. (Im Hinblick auf 5000,– DM findet die Baumbach'sche Formel Anwendung.)
431) *Schneider*, S. 291; allgem. zur Kostenentscheidung nach § 91 a vgl. Rd.Ziff. 431 ff.
432) *Schneider*, S. 291.
433) So *Wieczorek*, § 101 Anm. B III a 1 m. w. N. zum Meinungsstreit.

Insbesondere darf der Beitritt nicht dazu führen, daß die unterstützte Partei über den Weg drastisch erhöhten Prozeßrisikos in ihrer prozessualen Dispositionsfreiheit eingeschränkt wird.

Etwas anderes gilt jedoch im umgekehrten Fall, in dem der **Kläger als Gegenpartei** der unterstützten Hauptpartei die Klage **zurücknimmt**. Dem Kläger sind unter diesen Voraussetzungen über § 269 III auch die Kosten der Streithilfe aufzuerlegen. 331

5. Zwischenstreit

§ 101 I gilt nicht in einem Zwischenstreit über die Zulassung der Streithilfe nach § 71. An diesem Zwischenstreit nehmen der Streithelfer und die dem Beitritt widersprechende Partei als Parteien teil mit der Folge, daß das Zwischenverfahren kostenrechtlich als selbständiger Verfahrensabschnitt behandelt wird.[434] Die Kostenlast richtet sich nach den allgemeinen Vorschriften der §§ 91 ff. Wird der Beitritt zugelassen, treffen die Kosten die widersprechende Partei, während bei einer Zurückweisung der Streithelfer kostenmäßig zu belasten ist. 332

§ 12 Kostenentscheidung bei einer Aufrechnung des Beklagten im Prozeß

I. Allgemeines

Die Erklärung der Aufrechnung (§ 388 S. 1 BGB) stellt die Ausübung eines **Gestaltungsrechtes** dar, dessen Voraussetzungen und Wirkungen sich ausschließlich nach materiellem Recht richten (§§ 387 ff. BGB). Von der Erklärung zu unterscheiden ist die Geltendmachung der Aufrechnung im Prozeß. Insoweit stellt die Aufrechnung ein Verteidigungsmittel dar, dessen Voraussetzungen und Wirkungen sich allein nach dem Prozeßrecht richten.[435] 333

Es sind zwei Arten der Prozeßaufrechnung voneinander zu unterscheiden, nämlich die **Hauptaufrechnung** (Primäraufrechnung), die der Beklagte als ein einziges Verteidigungsmittel in den Rechtsstreit einführt und die **Hilfsaufrechnung** (Eventualaufrechnung), die der Beklagte nachrangig hinter einem oder mehreren anderen Verteidigungsmitteln geltend macht. Nach der herrschenden Beweiserhebungstheorie[436] bindet der Beklagte das Gericht an die von ihm gewählte Reihenfolge. 334

Bei der Streitwertfestsetzung sind gemäß § 19 III GKG ebenfalls zwei Fälle voneinander zu unterscheiden, nämlich die sogenannte **streitwertneutrale** und die **streitwerterhöhende Aufrechnung**. 335

Streitwertneutral sind die Hauptaufrechnung, die Hilfsaufrechnung mit einer unbestrittenen Gegenforderung und die unzulässige Hilfsaufrechnung.[437] Darüber hinaus hat die

---

434) *Schneider*, S. 291.
435) Vgl. zu den Besonderheiten der Prozeßaufrechnung *Anders/Gehle*, Rd.Ziff. 343 ff.; *Rosenberg/Schwab*, S. 606; *Schellhammer*, Rd.Ziff. 388; *Thomas/Putzo*, § 145, Anm. II 2; *Zöller*, § 145 Rd.Ziff. 11, 15.
436) *Anders/Gehle*, Rd.Ziff. 353; *Rosenberg/Schwab*, S. 607; *Schellhammer*, Rd.Ziff. 392 f.; *Thomas/Putzo*, § 545, Anm. II 3; *Zöller*, § 322 Rd.Ziff. 17.
437) *Schneider*, S. 89; s. auch Teil D, Stichwort „Aufrechnung".

Die Kostenentscheidung, Urteil

Hilfsaufrechnung für den Streitwert keine Bedeutung, wenn über sie nicht entschieden wird, weil bereits die Hauptverteidigung des Beklagten Erfolg hat.

Streitwerterhöhend ist nur die Hilfsaufrechnung mit einer bestrittenen Gegenforderung, soweit über sie eine nach § 322 II der Rechtskraft fähige Sachentscheidung ergeht (vgl. § 19 III GKG).[438]

II. Kostenentscheidung bei der streitwertneutralen Aufrechnung

1. Grundsatz

336 Nach der h. M.[439] orientiert sich die Kostenentscheidung im Regelfall ausschließlich am Schicksal der mit der Klage geltend gemachten Forderung, wenn die Aufrechnung keinen Einfluß auf den Streitwert hat, d. h. streitwertneutral ist. Das soll auch dann gelten, wenn über die zur Aufrechnung gestellte Forderung eine der Rechtskraft fähige Entscheidung (§ 322 II) ergeht.

> **Beispiele:**
> 1. Die Klageforderung ist begründet, wobei die Hauptaufrechnung des Beklagten ohne Erfolg bleibt. Der Beklagte wird daher antragsgemäß verurteilt und hat gemäß § 91 I 1, 1. Halbs. die Kosten des Rechtsstreits zu tragen.
> 2. Die Klage wird aufgrund einer erfolgreichen Hauptaufrechnung des Beklagten abgewiesen. Die Kosten des Rechtsstreits trägt gemäß § 91 I 1, 1. Halbs. der Kläger.

Eine abweichende Ansicht[440] will bei erfolgreicher streitwertneutraler Aufrechnung die Kosten generell nach dem Verhältnis der begründeten Klageforderung zum maßgeblichen Gegenanspruch nach § 92 verteilen. Für diesen Standpunkt läßt sich anführen, daß über den Gegenanspruch gemäß § 322 II eine der Rechtskraft fähige Entscheidung ergeht, der Beklagte ihn daher nicht noch einmal einklagen kann. Dennoch gebührt der h. M. der Vorzug. Wenn infolge des Aufrechnungseinwandes keine Mehrkosten entstehen, ist nicht einzusehen, weshalb der Kläger, der den Rechtsstreit eingeleitet hat und letztlich unterlegen ist, von einem Teil der Kostenlast freigestellt werden soll. Er kann zu seinem Schutz die Existenz eventueller Gegenforderungen vor der Klageerhebung prüfen und selbst aufrechnen[441] sowie, wenn er erst im Verlauf des Rechtsstreits mit einem möglicherweise nach Klageerhebung entstandenen Gegenanspruch konfrontiert wird, eine Erledigungserklärung abgeben.[442] Nimmt der Kläger hingegen die Aufrechnung nicht hin und beantragt er trotz des vom Beklagten erhobenen Einwandes den Erlaß eines Zahlungsurteils, ist bei Erfolg der Aufrechnung und sich daraus ergebender Klageabweisung ein volles Unterliegen des Klägers im Sinne des § 91 I 1, 1. Halbs. gegeben.

337 Entsprechendes gilt, wenn die streitwertneutrale Aufrechnung lediglich einen **Teil der Klageforderung** abdeckt oder nur teilweise durchgreift. Dann ist eine Kostenentscheidung nach § 92 zu treffen, wobei allein der Grad des Obsiegens und Unterliegens, orientiert an der Klageforderung, maßgebend ist.

---

438) Zu Einzelheiten vgl. Teil D, Stichwort „Aufrechnung"; *Anders/Gehle*, Rd.Ziff. 357; *Schneider*, S. 87 ff.
439) *Anders/Gehle*, Rd.Ziff. 352; *Schneider*, S. 88; *Baumbach/Lauterbach/Albers/Hartmann*, § 91, Anm. 7 D; *Furtner*, S. 61 f.; *Stein/Jonas*, § 91, Rd.Ziff. 14, Fn. 17, § 92 Rd.Ziff. 2.
440) OLG Celle, VersR 76, 50; OLG Karlsruhe, JurBüro 89, 1008.
441) So die Argumentation von *Zöller*, § 145 Rd.Ziff. 27.
442) *Baumbach/Lauterbach/Albers/Hartmann*, § 91, Anm. 7 D.

Kostenentscheidung bei einer Aufrechnung des Beklagten im Prozeß

Beispiel:
Der Kläger verlangt Zahlung von 10 000,– DM. Der Beklagte erklärt mit Erfolg die Hauptaufrechnung mit einer Gegenforderung in Höhe von 4000,– DM. Er wird bei Abweisung der weitergehenden Klage zu einer Zahlung von 6000,– DM verurteilt.
Die Kosten des Rechtsstreits haben der Kläger zu ⅖, der Beklagte zu ⅗ zu tragen.

Dasselbe ergibt sich, wenn der Beklagte mit einer vermeintlichen Gegenforderung von 6000,– DM aufrechnet, deren Höhe er nur zum Betrag von 4000,– DM schlüssig darlegen und erfolgreich durchsetzen kann.

Ist die Gegenforderung höher als der vom Kläger geltend gemachte Anspruch, bestehen für die Kostenentscheidung ebenfalls keine Besonderheiten. Selbst wer der Mindermeinung folgt, wird äußerstenfalls zu dem Ergebnis kommen, daß die Kosten gegeneinander aufzuheben sind (§ 92 I, 1. Alternative). 338

Kommt eine Hilfsaufrechnung nicht zum Zuge, weil die Hauptverteidigung des Beklagten durchgreift, ist die Hilfsaufrechnung unzulässig 339

— **Beispiele:**
Nichtbeachtung des Bestimmtheitsgrundsatzes (§ 253 II Nr. 2 analog).
Bestrittene, nicht rechtskräftig festgestellte Aufrechnungsforderung, die in einen anderen Gerichtszweig (außer Arbeitsgericht) gehört.
§ 767 II bei einer Vollstreckungsgegenklage.
Aufrechnung im Betragsverfahren (§ 304), wenn Aufrechnungslage bereits während des Verfahrens über den Grund bestand.[443] —

oder ist die Aufrechnungsforderung unbestritten, bleibt es mangels Vorliegens der Voraussetzungen des § 19 III GKG bei dem für die Klageforderung maßgeblichen Streitwert und damit bei dem für die Kostenentscheidung dargestellten Grundsatz. Auch hier orientiert sich die Kostenentscheidung nach der von uns vertretenen Auffassung ausschließlich am Wert der Klageforderung. Der aufgezeigte Meinungsstreit ist allerdings nur bedeutsam, wenn die Aufrechnungsforderung unbestritten ist, über sie aber entschieden wird.

2. Besondere Kosten durch die streitwertneutrale Aufrechnung

Entstehen aufgrund der Aufrechnung besondere Kosten, 340

Beispiel:
Hauptaufrechnung des Beklagten, Beweisaufnahme über die vom Kläger bestrittene Gegenforderung.

ergeben sich für die Kostenentscheidung grundsätzlich keine Besonderheiten. Wenn die Gegenforderung nicht besteht und der Beklagte daher zur Zahlung verurteilt wird, trägt er die Kosten des Rechtsstreits nach § 91 I 1, 1. Halbs. ohnehin. Kann er das Bestehen der Gegenforderung hingegen beweisen und wird alsdann die Klage aufgrund der Aufrechnung abgewiesen, ist es gerechtfertigt, dem Kläger im Rahmen der nach § 91 I 1, 1. Halbs. zu treffenden Entscheidung auch die Kosten der Beweisaufnahme aufzuerlegen, weil er in dieser Streitfrage unterlegen ist.

Im Einzelfall kann aber bei der streitwertneutralen Aufrechnung § 96 angewendet werden. Wenn der Beklagte trotz seines Mißerfolgs mit der Aufrechnung aus anderen Gründen obsiegt, können ihm die im Zusammenhang mit dem Aufrechnungseinwand entstandenen Mehrkosten auferlegt werden.[444]

Beispiele:
— Der Kläger beruft sich gegenüber dem Aufrechnungseinwand des Beklagten auf ein Aufrechnungsverbot. Die hierüber durchgeführte Beweisaufnahme bestätigt seine Behauptung. Dennoch wird die Klage aufgrund neuen Verteidigungsvorbringens des Beklagten abgewiesen.

---

[443] *Anders/Gehle*, Rd.Ziff. 348; *Zöller*, § 145 Rd.Ziff. 13.
[444] *Schneider*, S. 91; allgemein zu § 96 Rd.Ziff. 171 ff.

Die Kostenentscheidung, Urteil

– Nach durchgführter Beweisaufnahme über das Bestehen der Gegenforderung läßt der Beklagte den Aufrechnungseinwand fallen.[445] Der Kläger unterliegt aufgrund neuen Verteidigungsvorbringens.

Die Kostenentscheidung würde in den Beispielsfällen lauten:

Die Kosten der Beweisaufnahme trägt der Beklagte. Die übrigen Kosten des Rechtsstreits werden dem Kläger auferlegt.[446]

3. Aufrechnung eines Streitgenossen

341 Bei der unter 1. aufgestellten Grundregel bleibt es auch dann, wenn nur einer von mehreren beklagten Streitgenossen die Aufrechnung erklärt. Hat der Einwand Erfolg, wird also die Klage aus diesem Grunde ganz oder teilweise abgewiesen, muß der Kläger die Kosten der übrigen Streitgenossen gemäß § 91 I 1, 1. Halbs. im Umfang der Abweisung tragen. Allerdings kann auch hier § 96 zur Anwendung kommen, wenn durch die Aufrechnung eines Streitgenossen besondere Kosten verursacht werden

Beispiel:
Beweisaufnahme

und die weiteren Voraussetzungen des § 96 erfüllt sind.[447]

III. Kostenentscheidung bei der streitwerterhöhenden Aufrechnung

1. Grundsatz

342 Nicht einheitlich wird die Frage beantwortet, wie die Kostenentscheidung bei einer streitwerterhöhenden Hilfsaufrechnung (§ 19 III GKG) zu treffen ist.

Keine Schwierigkeiten ergeben sich, wenn die streitwerterhöhende Hilfsaufrechnung keinen Erfolg hat, der Beklagte somit in vollem Umfang unterliegt. Dann hat er die Kosten des Rechtsstreits nach § 91 I 1, 1. Halbs. zu tragen

Problematisch ist jedoch die Kostenentscheidung, wenn die Klage wegen der streitwerterhöhenden Hilfsaufrechnung ganz oder teilweise abgewiesen wird. Es stellt sich dann die Frage, ob ein Teilunterliegen des Beklagten im Sinne des § 92 angenommen werden kann, weil er mit seiner Hauptverteidigung keinen Erfolg hatte und durch die Hilfsaufrechnung wegen der Streitwerterhöhung nach § 19 III GKG zusätzliche Kosten entstanden sind.

Nach einer Meinung[448] bleibt bei der Kostenentscheidung die Streitwertaddition außer Betracht; es kommt nur auf das Endergebnis an. Hiernach hat der Kläger also dann, wenn die streitwerterhöhende Hilfsaufrechnung durchgreift, alle Kosten des Rechtsstreits einschließlich der Mehrkosten zu tragen.

Nach einer zweiten Auffassung[449] treffen den Beklagten nur die durch die Streitwerterhöhung verursachten **Mehrkosten**. Auch danach soll § 92 I nicht anwendbar sein, da es insoweit ausschließlich auf das Schicksal des Klageantrages, nicht aber auf das wirtschaftli-

---

445) Zur Zulässigkeit einer Rücknahme des Aufrechnungseinwandes OLG Hamburg, MDR 73, 57.
446) § 96 kommt nicht bei der streitwerterhöhenden Aufrechnung zur Anwendung, vgl. hierzu Rd.Ziff. 354 ff. und 173.
447) Allgemein zu § 96 vgl. Rd.Ziff. 171 ff.
448) KG, MDR 76, 846; *Baumbach/Lauterbach/Albers/Hartmann*, § 91, Anm. 21; *Stein/Jonas*, § 91 Rd.Ziff. 14, Fn. 17 mit Nachweisen aus der älteren Literatur und § 92 Rd.Ziff. 2; *Förster*, NJW 74, 222.
449) OLG Frankfurt/Main, JurBüro 82, 1701; *Lappe* in Anm. zu OLG Köln, KostRspr § 92 ZPO Nr. 22 = MDR 83, 226.

che Endergebnis des Rechtsstreits ankomme. Die kostenmäßige Belastung des Beklagten wird auf § 96[450)] gestützt.

Nach h. M.[451)] hingegen ist § 92 anzuwenden, wenn der Beklagte mit seiner Hilfsaufrechnung durchdringt und § 19 III GKG zur Anwendung kommt.

Wir folgen der h. M., die alleine den Besonderheiten des § 19 III GKG gerecht wird. Der Grund für die Streitwerterhöhung nach § 19 III GKG besteht in folgendem: Das Gericht entscheidet über zwei materielle Ansprüche, nämlich über die Klageforderung und die zur Aufrechnung gestellte Gegenforderung und erledigt beide endgültig. Darüber hinaus scheitert der Beklagte mit seiner Hauptverteidigung gegenüber der Klageforderung und verliert deshalb seine Gegenforderung in dem Umfang, in dem seine Hilfsaufrechnung Erfolg hat. In diesem Umfang liegt mithin ein teilweises Unterliegen des Beklagten vor. Wenn der Gesetzgeber in § 19 III GKG bei einer Hilfsaufrechnung mit einer bestrittenen Gegenforderung eine Streitwerterhöhung in dem Umfang anordnet, in dem das Gericht über die Hilfsaufrechnung entscheidet, und der Kläger insoweit auf den Streitwert keinen Einfluß nehmen kann, muß der Beklagte bei einer erfolgreichen Hilfsaufrechnung an den Kosten gemäß § 92 beteiligt werden. Nach unserer Auffassung ist hingegen eine Kostenbeteiligung nach § 96, wie sie von der zweiten Auffassung vorgeschlagen wird, abzulehnen, weil danach die sich aus der degressiven Gebührenstaffel ergebenden Vorteile alleine dem Beklagten zugute kämen.

Nach der von uns vertretenen Auffassung müssen also in den Fällen, in denen die Hilfsaufrechnung des Beklagten mit einer bestrittenen Gegenforderung ganz oder teilweise Erfolg hat, die Kosten nach Streitwertanteilen verteilt werden. Bei der Ermittlung der Kostenquoten nach § 92[452)] werden die Verlustquoten der Parteien für die Klage (ohne Aufrechnung) und die Aufrechnung getrennt errechnet und diese Beträge ins Verhältnis zu dem Gebührenstreitwert gesetzt.[453)]

343

---

450) Zu § 96 allgemein vgl. unter Rd.Ziff. 171 ff.
451) BGH, WM 85, 254 (267 f. III 2) = KostRspr § 19 GKG Nr. 92 mit insoweit zustimmender Anm. *Schneider;* OLG Celle, Nds.Rpfl. 75, 63; OLG Köln, MDR 82, 941; 83, 226; OLG Hamm, JurBüro 84, 424 mit zustimmender Anm. *Mümmler,* 85, 932; OLG Schleswig, SchlHA 86, 143; VersR 87, 996; OLG Oldenburg, JurBüro 91, 1257; *Anders/Gehle,* Rd.Ziff. 358; *Pfennig,* NJW 76, 1076; *Thomas/Putzo,* § 91, Anm. 1 a, § 92, Anm. 1 d; *Zöller,* § 92 Rd.Ziff. 3.
452) Vgl. allgemein zur Ermittlung der Kostenquote nach § 92 Rd.Ziff. 193 ff.
453) BGH, KostRspr § 19 GKG Nr. 92 = WM 85, 264 III 2; OLG Köln, MDR 82, 941 Nr. 82; vgl. zur entsprechenden Berechnung der Kostenquote bei der streitwerterhöhenden Widerklage Rd.Ziff. 531 ff.
Man kann auch vom Ergebnis des Rechtsstreits für die Rubrik „Klage" ausgehen und in der Rubrik „Hilfsaufrechnung" als Verlust für den Beklagten den Umfang berücksichtigen, zu dem er durch die Entscheidung seine Gegenforderung verliert. Die Ergebnisse sind mit denen nach der noch aufzuzeigenden Methode grundsätzlich identisch. Die nachfolgende Tabelle sähe dann im Beispiel Rd.Ziff. 345 wie folgt aus:

	Kläger	Beklagter
Klage	10 000	–
Hilfsaufrechnung	–	10 000
Gesamtverlust	10 000	10 000

Unterschiede – zum Beispiel Rd.Ziff. 343, 345 – ergeben sich lediglich dann, wenn nur einer von mehreren Streitgenossen eine streitwerterhöhende Hilfsaufrechnung erklärt; vgl. hierzu Rd.Ziff. 356.

Die Kostenentscheidung, Urteil

Bei einer in vollem Umfang erfolgreichen Hilfsaufrechnung mit einer bestrittenen Gegenforderung y gegen die Klageforderung x ergeben sich daher folgende Kostenquoten:

	Kläger (Verlustquote)	Beklagter (Verlustquote)
Klage	–	x
Hilfsaufrechnung	y	–
Gesamtverlust	y	x
Kostenquote	y/Gesamtstreitwert	x/Gesamtstreitwert

2. Kostenbeispiele bei ganz oder teilweise erfolgreicher Hilfsaufrechnung mit einer bestrittenen Gegenforderung

344 Anhand folgender Beispielsfälle soll die Ermittlung der Kostenquoten bei einer ganz oder teilweise erfolgreichen Hilfsaufrechnung im Sinne des § 19 III GKG verdeutlicht werden.

1. Beispiel:

345 Der Kläger verlangt Zahlung von 10 000,– DM. Der Beklagte erklärt hilfsweise die Aufrechnung mit einer bestrittenen Gegenforderung in Höhe von ebenfalls 10 000,– DM. Seine Hauptverteidigung gegen die Klageforderung hat keinen Erfolg. Die Hilfsaufrechnung greift in vollem Umfang durch, so daß die Klage abgewiesen wird.
Der Streitwert beläuft sich auf 20 000,– DM (§ 19 III GKG).

Zur Ermittlung der Kostenquote werden die von den Parteien verlorenen Streitwertanteile (Verlustquoten), getrennt nach Klage (ohne Aufrechnung) und Hilfsaufrechnung, in eine Tabelle eingetragen.

	Kläger	Beklagter
Klageforderung	–	10 000
Aufrechnung	10 000	–
Gesamtverlust	10 000	10 000
Quote (Verlust/ Streitwert von 20 000)	½	½

Die Kosten sind also hälftig zu teilen bzw. gegeneinander aufzuheben.[454]

2. Beispiel:

346 (Ausgangslage wie im 1. Beispielsfall)
Die Klage wird abgewiesen, weil die Klageforderung nur in Höhe von 5000,– DM entstanden und in dieser Höhe durch die Hilfsaufrechnung untergegangen ist.
Umfang der Rechtskraftwirkung nach § 322 II: 5000,– DM, Streitwert: 15 000,– DM.
Der Streitwert erhöht sich hier nach § 19 III GKG nur um 5000,– DM auf 15 000,– DM, weil über die Gegenforderung nur in diesem Umfang entschieden wird.[455]

Zur Ermittlung der Kostenquote werden die von den Parteien verlorenen Streitwertanteile (= Verlustquoten), getrennt nach Klage (ohne Aufrechnung) und Hilfsaufrechnung, in die Tabelle eingetragen. Danach betragen die Verlustquoten:

---

454) Allgemein zur hälftigen Teilung bzw. zur Aufhebung Rd.Ziff. 206 f.
455) Zum Streitwert vgl. Teil D, Stichwort „Aufrechnung".

Kostenentscheidung bei einer Aufrechnung des Beklagten im Prozeß

	Kläger	Beklagter
Klageforderung	5 000	5 000
Hilfsaufrechnung	5 000	–
Gesamtverlust	10 000	5 000
Quote (Gesamtverlust/ Streitwert von 15 000)	⅔	⅓

3. Beispiel:
(Ausgangslage wie im 1. Beispielsfall)
Der Klage wird in Höhe von 7500,– DM stattgegeben, weil die Klageforderung zwar entstanden, aber in Höhe von 2500,– DM infolge der Hilfsaufrechnung untergegangen ist; im übrigen wird die Gegenforderung für nicht bestehend erkannt.
Streitwert: 20 000,– DM; denn über die Hilfsaufrechnung wird im vollen Umfang von 10 000,– DM entschieden.

347

Zur Ermittlung der Kostenquoten werden die von den Parteien verlorenen Streitwertanteile (= Verlustquoten), getrennt nach Klage (ohne Aufrechnung) und Hilfsaufrechnung, in die Tabelle eingetragen. Danach betragen die Verlustquoten:

	Kläger	Beklagter
Klageforderung	–	10 000
Hilfsaufrechnung	2 500	7 500
Gesamtverlust	2 500	17 500
Quote (Gesamtverlust/ Streitwert von 20 000)	⅛	⅞

4. Beispiel:
Der Kläger verlangt Zahlung von 10 000,– DM. Der Beklagte erklärt hilfsweise die Aufrechnung mit einer bestrittenen Gegenforderung in Höhe von 6000,– DM. Die Klageforderung ist nur zu einem Betrag von 4000,– DM schlüssig dargelegt. Die Gegenforderung ist in Höhe von 3000,– DM begründet und greift insoweit durch; darüber hinaus ist sie unbegründet.
Der Beklagte wird also zur Zahlung von 1000,– DM verurteilt; im übrigen wird die Klage abgewiesen.
Streitwert: 14 000,– DM; denn über die zur Aufrechnung gestellte Gegenforderung wird nur in Höhe von 4000,– DM entschieden.

348

Zur Ermittlung der Kostenquoten werden die von den Parteien verlorenen Streitwertanteile, getrennt nach Klage (ohne Aufrechnung) und Hilfsaufrechnung, in die Tabelle eingetragen. Danach betragen die Verlustquoten:

	Kläger	Beklagter
Klageforderung	6 000	4 000
Hilfsaufrechnung	3 000	1 000
Gesamtverlust	9 000	5 000
Quote (Gesamtverlust/ Streitwert von 14 000)	9/14 (64%)	5/14 (36%)

3. Mehrere Gegenforderungen

349 Werden mehrere Gegenansprüche zur Aufrechnung gestellt, können sich Probleme für die Zulässigkeit der Aufrechnung ergeben. Soweit die Summe der Gegenansprüche die Klageforderung nicht übersteigt, gelten keine Besonderheiten. Der Beklagte kann die Ansprüche kumulativ zur Aufrechnung stellen. Übersteigen die Gegenforderungen insgesamt den Klageanspruch, muß der Beklagte nach § 253 II Nr. 2 mit Rücksicht auf § 322 II klarstellen, in welcher Reihenfolge bzw. in genau welchem Umfang über seine Ansprüche eine der Rechtskraft fähige Entscheidung ergehen soll.[456] Ihm bleibt nur die Möglichkeit, mit den einzelnen Gegenansprüchen hilfsweise hintereinander aufzurechnen – dann muß die Reihenfolge angegeben werden – oder von jedem Gegenanspruch den Teilbetrag anzugeben, der zur Aufrechnung gestellt wird, wobei die Summe der Teilbeträge die Höhe der Klageforderung nicht übersteigen darf.

350 Von einer **kumulativen** Aufrechnung mit mehreren Gegenansprüchen ist auszugehen, wenn der Beklagte diese addiert und sie der Klageforderung gleichzeitig entgegenhält.

> **Beispiel:**
> Der Beklagte erklärt gegenüber einer Klageforderung in Höhe von 10 000,– DM hilfsweise die Aufrechnung mit mehreren Gegenansprüchen in Höhe von insgesamt 10 000,– DM, und zwar mit dem Kaufpreisanspruch aus dem Kauf 1989 in Höhe von 3500,– DM, mit dem Kaufpreisanspruch aus dem Kauf 1990 in Höhe von 4000,– DM und dem Schadensersatzanspruch aus dem Unfall 1990 in Höhe von 2500,– DM.

Insoweit gelten gegenüber der Aufrechnung mit nur einer Gegenforderung für die Kostenentscheidung keine Besonderheiten. Sind die Voraussetzungen des § 19 III GKG gegeben – der Streitwert kann sich danach maximal verdoppeln – und hat die Hilfsaufrechnung des Beklagten ganz oder teilweise Erfolg, ist dieser gemäß § 92 an den Kosten zu beteiligen.[457]

351 Der Beklagte kann des weiteren mit einzelnen Gegenansprüchen hilfsweise hintereinander aufrechnen. Wenn die Summe dieser Ansprüche die Klageforderung übersteigt, liegt hierin eine der beiden Möglichkeiten einer zulässigen Aufrechnung.[458]

> **Beispiel:**
> Die Klageforderung beläuft sich auf 10 000,– DM. Die Beklagte erklärt hilfsweise die Aufrechnung mit einer bestrittenen Gegenforderung in Höhe von 10 000,– DM und äußerst hilfsweise mit einer weiteren Forderung in Höhe von 6000,– DM, mit der aufgerechnet werden soll, soweit die erste Aufrechnung den Klageanspruch nicht zum Erlöschen bringt.

Nicht einheitlich wird die Frage beantwortet, wie hoch der Streitwert ist, wenn über mehrere hilfsweise zur Aufrechnung gestellte Forderungen im Sinne des § 322 II entschieden wird. Wir folgen der Meinung, nach der sich der Gebührenstreitwert entsprechend der Anzahl dieser Forderungen vervielfältigt, jeweils begrenzt durch die Höhe der Klageforderung.[459] Die mehrfache Streitwerterhöhung nach § 19 III GKG ist auch bei der Kostenentscheidung zu berücksichtigen.[460]

> **Beispiel:**
> Angenommen, im obigen Ausgangsbeispiel werden folgende Ergebnisse erzielt:
> Die Klageforderung ist zum Betrag von 8000,– DM schlüssig dargetan, im übrigen ist sie unbegründet. Die erste Gegenforderung ist mit 3000,– DM begründet, die zweite Gegenforderung mit 4000,– DM. In dieser Höhe greifen die Hilfsaufrechnungen durch; im übrigen sind die

---

456) OLG Schleswig, MDR 76, 50; *Schellhammer*, Rd.Ziff. 390.
457) Vgl. allgemein zur Ermittlung der Kostenquoten Rd.Ziff. 342.
458) Vgl. oben Rd.Ziff. 349.
459) OLG Celle, Nds.Rpfl. 85, 249; OLG Hamm, AnwBl. 86, 204; *Schneider*, S. 90; näher vgl. Teil D, Stichwort „Aufrechnung".
460) *Schneider*, S. 90 f.

Kostenentscheidung bei einer Aufrechnung des Beklagten im Prozeß

Gegenforderungen unbegründet. Der Beklagte wird demnach zur Zahlung von 1000,– DM verurteilt.

Für den Streitwert gilt folgendes:

Klageforderung	10 000,– DM
1. Hilfsaufrechnung, die auf eine nur zu 8000,– DM begründete Klageforderung stößt (§ 19 III GKG)	8000,– DM
2. Hilfsaufrechnung, die auf eine nur noch zu 5000,– DM begründete Klageforderung stößt	5 000,– DM
Streitwert	23 000,– DM

In die Kostentabelle werden die Verlustquoten der Parteien, jeweils getrennt nach Klage (ohne Aufrechnung) und Hilfsaufrechnungen eingetragen. Danach ergeben sich folgende Kostenquoten:

	Kläger	Beklagter
Klageforderung	2 000	8 000
1. Hilfsaufrechnung	3 000	5 000
2. Hilfsaufrechnung	4 000	1 000
Gesamtverlust	9 000	14 000
Quote (Gesamtverlust/ Streitwert von 23 000)	⅖ (39%)	⅗ (61%)

Handelt es sich im Ausgangsbeispiel bei der ersten Aufrechnung um eine primäre oder um eine unzulässige, findet für sie § 19 III GKG keine Anwendung. Dann hat die erste Aufrechnung auch auf die Kostenentscheidung keinen Einfluß.   **352**

Der Streitwert beläuft sich in diesem Fall auf:

Klageforderung	10 000,– DM
2. Aufrechnung (Hilfsaufrechnung)	5000,– DM
Streitwert	15 000,– DM

Dementsprechend werden in die Kostentabelle nur die Verlustquoten der Parteien in bezug auf die Klageforderung und die zweite Aufrechnung (Hilfsaufrechnung) eingetragen. Es ergibt sich also folgendes:

	Kläger	Beklagter
Klageforderung	2 000	8 000
2. Aufrechnung	4 000	1 000
Gesamtverlust	6 000	9 000
Quote (Gesamtverlust/ Streitwert von 15 000)	⅖ (40%)	⅗ (60%)

Verteidigt sich der Beklagte ausschließlich mit der **(Haupt-)Aufrechnung**, übersteigen aber die im Eventualverhältnis stehenden Gegenforderungen insgesamt wertmäßig die Klageforderung, findet § 19 III GKG direkt oder analog für den Teil der Gegenforderung Anwendung, der die Klageforderung übersteigt.[461] Auch dieser Teil wird nämlich nur hilfsweise geltend gemacht. Soweit § 19 III GKG Anwendung findet, hat die Aufrechnung auch für die Kostenentscheidung eine Bedeutung.   **353**

---

461) OLG Celle, Nds.Rpfl. 85, 249; OLG Hamm, AnwBl. 86, 204; vgl. auch Teil D, Stichwort „Aufrechnung".

Die Kostenentscheidung, Urteil

Beispiel:
Eingeklagt werden 10 000,– DM. Der Beklagte erhebt keine Einwendungen gegen die Klageforderung, rechnet jedoch mit einer Gegenforderung in Höhe von 8000,– DM, hilfsweise mit einer Gegenforderung in Höhe von 6000,– DM auf. Das Gericht hält die erste Aufrechnung in Höhe von 6000,– DM und die zweite Aufrechnung in Höhe von 1000,– DM für gerechtfertigt und gibt der Klageforderung daher in Höhe von 3000,– DM statt.
Der Streitwert beträgt 12 000,– DM. Da die erste Aufrechnung bereits in Höhe von 6000,– DM gerechtfertigt ist, wird über die zweite Aufrechnung nur in Höhe von 4000,– DM entschieden. Insoweit stellt die Aufrechnung in Höhe von 2000,– DM eine Hauptaufrechnung dar, da die erste Aufrechnung nur mit einer Gegenforderung von 8000,– DM erfolgte, die Klageforderung aber 10 000,– DM beträgt. Nur der verbleibende Restbetrag von 2000,– DM ist dem Wert der Klageforderung hinzuzurechnen.

Die Verlustquoten werden anhand der Kostentabelle, getrennt nach der Klage einschließlich der Hauptaufrechnung bis zu 10 000,– DM und der Aufrechnung, soweit diese 10 000,– DM übersteigt und soweit über sie entschieden wird, wie folgt ermittelt:

	Kläger	Beklagter
Klage einschließlich Aufrechnung bis 10 000 DM	7 000	3 000
Aufrechnung über 10 000 DM		2 000
Gesamtverlust	7 000	5 000
Quote (Gesamtverlust/ Streitwert von 12 000)	⁷⁄₁₂ (58 %)	⁵⁄₁₂ (42 %)

4. Besonderer Kostenaufwand für Klage- oder Aufrechnungsforderung

354 Wird nur über eine der einander gegenüberstehenden Forderungen Beweis erhoben, fallen die Beweisgebühren der Prozeßbevollmächtigten nur nach dem Wert der betreffenden Forderung an, soweit sie für den Streitwert von Bedeutung ist (vgl. § 19 III GKG).[462] Eine getrennte Kostenentscheidung nach § 96 ist nicht möglich.[463] Jedoch ist bei der Berechnung der Kostenquote der Grundgedanke des § 96 zu berücksichtigen. Daher muß man die Kosten der Beweisaufnahme nach dem Schicksal der hiervon betroffenen Forderung und die übrigen Kosten nach den allgemeinen Grundsätzen quotieren und sodann alle Kosten in eine Kostentabelle einstellen, um die Gesamt-Kostenquote errechnen zu können.

355 **Beispiel:**
Der Kläger verlangt Zahlung von 10 000,– DM. Der Beklagte erklärt hilfsweise die Aufrechnung mit einer bestrittenen Gegenforderung von 6000,– DM. Allein hierüber wird mit einem zusätzlichen Gerichtskostenaufwand von 600,– DM (Auslagen für Zeugen) Beweis erhoben. Die Gegenforderung erweist sich in Höhe von 4000,– DM als begründet und im übrigen als unbegründet. Der Beklagte wird daher zur Zahlung von 6000,– DM verurteilt. Die weitergehende Klage wird abgewiesen.
Streitwert: 16 000,– DM (§ 19 III GKG)
Ohne Rücksicht auf die Beweisaufnahme ergibt sich nach allgemeinen Grundsätzen folgende Kostenquote:[464]

---

462) OLG Hamburg, JurBüro 79, 1658.
463) Vgl. Rd.Ziff. 173.
464) Vgl. allgemein zur Ermittlung der Kostenquote bei der streitwerterhöhenden Aufrechnung Rd.Ziff. 342 ff.

Kostenentscheidung bei einer Aufrechnung des Beklagten im Prozeß

	Kläger	Beklagter
Klageforderung	–	10 000
Aufrechnung	4 000	2 000
Gesamtverlust	4 000	12 000
Quote (Gesamtverlust/ Streitwert von 16 000)	¼ (25%)	¾ (75%)

Die Kosten der Beweisaufnahme verteilen sich demgegenüber im Verhältnis ⅔ zu ⅓, da es dem Beklagten gelungen ist, das Bestehen der Gegenforderung zu ⅔ zu beweisen.

Anhand der beiden ermittelten Quoten sind nunmehr die Kosten des Rechtsstreits[465] wie folgt zu verteilen:

	Kläger	Beklagter
1) Kosten der Beweisaufnahme Streitwert: 6000 DM (= Wert der Gegenforderung) Quote: ⅔ : ⅓		
§ 31 I Nr. 3 BRAGO, 2 × 331 DM	441,33	220,67
Gerichtskosten: 600 DM	400,00	200,00
2) Sonstige Kosten Streitwert: 16 000 DM Quote: ¼ : ¾		
Nr.-1010-Gebühr, 1 × 294 DM	73,50	220,50
Nr.-1016-Gebühr, 2 × 294 DM	147,00	441,00
§ 31 I Nr. 1 BRAGO, 2 × 725 DM	362,50	1087,50
§ 31 I Nr. 2 BRAGO, 2 × 725 DM	362,50	1087,50
Gesamt:	1786,83	3257,17
Quote (Gesamtverlust/ Gesamtkosten von 5044 DM)	35%	65%

5. Aufrechnung eines Streitgenossen

Werden Streitgenossen als Gesamtschuldner verklagt und erklären sie mit einer ihnen gemeinsam zustehenden Gegenforderung eine streitwerterhöhende Aufrechnung, gelten für die Ermittlung der Kostenquoten die allgemeinen Regeln.

Anders ist jedoch dann zu entscheiden, wenn nur ein Streitgenosse aufrechnet.

Beispiel:[466]

Der Kläger verlangt von den Beklagten zu 1) und 2) als Gesamtschuldnern Zahlung von 5547,36 DM. Der Beklagte zu 2) erklärt eine Hilfsaufrechnung mit einem bestrittenen Gegenanspruch in Höhe von 3467,10 DM. Die Klageforderung ist für sich gesehen zu einem Betrag von 4622,80 DM begründet und mit dem Restbetrag von 924,56 DM unbegründet. Die Gegenforderung ist in Höhe von 2712,63 DM begründet und greift in diesem Umfang durch, da die

---

465) Allgemein hierzu Rd.Ziff. 14 ff.
466) Nach OLG Schleswig, JurBüro 86, 1064 = SchlHA 86, 143.

Die Kostenentscheidung, Urteil

weitergehende Hauptverteidigung der Beklagten scheitert. Mit einem Betrag von 754,47 DM ist die Gegenforderung unbegründet.

Die Beklagten werden als Gesamtschuldner zu einer Zahlung von 1910,17 DM verurteilt; im übrigen wird die Klage abgewiesen.

Die Gerichtskosten und die außergerichtlichen Kosten des Klägers, die einheitlich entstehen,[467] verteilen sich nach der Kostentabelle wie folgt:[468]

	Kläger	Beklagte zu 1) + 2) als Gesamtschuldner	Beklagter zu 2)
Klageforderung	924,56	4622,80	–
Aufrechnung	2712,63	–	754,47
Gesamtverlust	3637,19	4622,80	754,47
Quote	40%	51%	9%

(errechnet aus dem jeweiligen Gesamtverlust/Gesamtstreitwert: 9014,46 DM)

Bei den außergerichtlichen Kosten der Beklagten ist zu berücksichtigen, daß die aufgrund der Hilfsaufrechnung anfallenden höheren Kosten nur beim Beklagten zu 2) entstehen, da allein dieser die Aufrechnung erklärt. Hier ist also zu differenzieren:

a) Außergerichtliche Kosten des Beklagten zu 1)

	Kläger		Beklagter zu 1)
	3637,19		1910,17
Streitwert bez. des Beklagten zu 1)		5547,36	
Quote	⅔ (67%)		⅓ (33%)

b) Außergerichtliche Kosten der Beklagten zu 2)

	Kläger		Beklagter zu 2)
Klage	924,56		4622,80
Aufrechnung	2712,63		754,47
Gesamtverlust	3637,19		5377,27
Gesamtstreitwert		9014,46	
Quote	⅖ (40%)		⅗ (60%)

Die Kostenentscheidung lautet also:

Die Gerichtskosten und die außergerichtlichen Kosten des Klägers werden diesem selbst zu 40%, den Beklagten als Gesamtschuldnern zu 51% und dem Beklagten zu 2) zu weiteren 9% auferlegt. Der Kläger trägt die außergerichtlichen Kosten des Beklagten zu 1) zu 67% und diejenigen des Beklagten zu 2) zu 40%. Im übrigen tragen die Beklagten ihre außergerichtlichen Kosten selbst.

---

[467] Allgemein zur Streitgenossenschaft vgl. Rd.Ziff. 260 ff.; allgemein zur Kostenentscheidung bei unterschiedlicher Beteiligung vgl. Rd.Ziff. 296 ff.

[468] Allgemein zur Kostenermittlung bei streitwerterhöhender Aufrechnung Rd.Ziff. 342 ff.

6. Abändernde Entscheidung in zweiter Instanz

Wenn die zweite Instanz im Hinblick auf die streitwerterhöhende Hilfsaufrechnung anders entscheidet als die erste Instanz, ergeben sich je nach Fallkonstellation unterschiedliche Probleme.

357

Beispiele:

1. Der Beklagte wird in erster Instanz antragsgemäß zur Zahlung von 10 000,– DM verurteilt. In der Berufungsinstanz erklärt er hilfsweise die Aufrechnung mit einer bestrittenen Gegenforderung von ebenfalls 10 000,– DM und hat hiermit Erfolg. Die Klage wird unter Aufhebung des erstinstanzlichen Urteils abgewiesen.

2. Der Beklagte hat bereits in erster Instanz mit einer bestrittenen Gegenforderung hilfsweise die Aufrechnung erklärt und hiermit Erfolg gehabt. Im Urteil sind die Kosten des Rechtsstreits gegeneinander aufgehoben worden. Das Berufungsgericht bestätigt die Abweisung, weil das Vorbringen des Klägers unschlüssig ist.

Nach unserer Auffassung[469] ist in derartigen Fällen der Gebührenstreitwert für jede Instanz selbständig zu ermitteln. § 19 III GKG findet in der Instanz Anwendung, in der eine der Rechtskraft fähige Entscheidung über die hilfsweise zur Aufrechnung gestellte und bestrittene Gegenforderung ergeht. Ob dagegen tatsächlich Rechtskraft eintritt, ist ohne Bedeutung. Dementsprechend ist auch für jede Instanz eine Kostenentscheidung unter Berücksichtigung des jeweiligen Streitwertes zu treffen. Dies bedeutet für die Beispielsfälle folgendes:

Beispielsfall 1:

Hier trägt der Kläger die Kosten des ersten Rechtszuges in vollem Umfang, da insoweit der Streitwert bei 10 000,– DM bleibt. Die Kosten des zweiten Rechtszuges können geteilt oder gegeneinander aufgehoben werden.[470] Wenn allerdings § 97 II[471] eingreift, etwa weil der Beklagte bereits in der ersten Instanz mit der Gegenforderung hätte aufrechnen können, trägt der Beklagte die Kosten des Rechtsmittels in vollem Umfang.

Beispielsfall 2:

Da der Streitwert in der ersten Instanz bei 20 000,– DM bleibt, muß folgerichtig auch die Kostenaufhebung bestätigt werden, während der Kläger die Kosten des zweiten Rechtszuges in vollem Umfang trägt. Denn hier beläuft sich der Streitwert nur noch auf 10 000,– DM; § 19 III GKG findet keine Anwendung.

Nur wer zum Streitwert eine andere Ansicht vertritt[472] und den Streitwert der ersten Instanz nachträglich auf 10 000,– DM reduziert, kann dem Kläger die Kosten des Rechtsstreits in vollem Umfang auferlegen. Nach der von uns vertretenen Auffassung zum Streitwert ist dies jedoch nicht möglich, auch wenn der Beklagte in vollem Umfang obsiegt, ohne letztlich seine Gegenforderung einzubüßen.

§ 13 Kostenentscheidung bei Haupt- und Hilfsantrag

I. Allgemeines

Man unterscheidet zwei Arten von Hilfs- oder Eventualanträgen, nämlich den echten und den unechten Hilfsantrag.

358

---

469) Vgl. hierzu näher Teil D, Stichwort „Aufrechnung", Rd.Ziff. 11.
470) Vgl. Rd.Ziff. 206 f.
471) Vgl. näher zu § 97 II Rd.Ziff. 580 ff.
472) Vgl. hierzu näher Teil D, Stichwort „Aufrechnung", Rd.Ziff. 11.

Die Kostenentscheidung, Urteil

Der **echte Hilfsantrag** steht unter der auflösenden Bedingung einer für den Kläger günstigen Entscheidung über den Hauptantrag.[473] Das bedeutet, daß der Hilfsantrag bereits mit der Klageerhebung rechtshängig wird, die **Rechtshängigkeit** jedoch rückwirkend entfällt, soweit positiv über den Klageantrag entschieden wird.

Der **unechte Hilfsantrag** baut auf den Hauptantrag auf. Eine Entscheidung über den unechten Hilfsantrag kann nur bei einem Zuspruch auf den Hauptantrag erfolgen; indes ist die Durchsetzung des Hilfsantrages in der Zwangsvollstreckung durch den Eintritt eines weiteren Ereignisses bedingt.[474]

> **Beispiele:**
> 1. Der Kläger beantragt, den Beklagten zu einer bestimmten Leistung zu verurteilen und ihm hierfür gemäß § 255 eine Frist zu setzen. Er beantragt weiter, den Beklagten für den Fall des fruchtlosen Fristablaufs zur Zahlung von Schadensersatz zu verurteilen.
> 2. Der Beklagte beruft sich gegenüber dem Leistungsantrag des Klägers auf Unmöglichkeit. Der Kläger beantragt daher, den Beklagten „im Unvermögensfall" zur Zahlung von Schadensersatz zu verurteilen.

Für die Fälle des **echten Hilfsantrages** ist der **Streitwert** in § 19 III GKG eindeutig geregelt. Nicht zu folgen ist den Ansichten, die hier je nach Fallkonstellation entgegen dem Wortlaut des Gesetzes im Einzelfall eine Streitwertaddition befürworten.[475] Für den **unechten Hilfsantrag** vertreten wir die Ansicht, daß es insoweit analog §§ 18, 19 IV GKG immer allein auf den höchsten Einzelstreitwert ankommt.[476] Generell sind Hilfsanträge für den Streitwert nur dann von Bedeutung, wenn zumindest über ihre Zulässigkeit entschieden wird. Ist dies nicht der Fall, etwa weil hinsichtlich des Hilfsbegehrens nur ein Vergleich geschlossen wird,[477] oder weil das Gericht den erst nachträglich gestellten Hilfsantrag analog § 263 nicht bescheidet,[478] bleibt der Hilfsantrag unberücksichtigt.

II. Echte Hilfsanträge

1. Volles Obsiegen oder Unterliegen des Klägers

359 Keine Probleme bereitet die Kostenentscheidung, wenn der Kläger mit dem Hauptantrag obsiegt, so daß die Rechtshängigkeit des Hilfsantrags entfällt, oder wenn er mit beiden Anträgen unterliegt.

In diesen Fällen ist – abgesehen von Sonderproblemen (z. B. § 93) – § 91 I 1, 1. Halbs. anzuwenden, so daß der Unterliegende die gesamten Kosten des Rechtsstreits zu tragen hat.

2. Unterliegen mit dem Hauptantrag und Obsiegen mit dem Hilfsantrag

360 Problematisch kann jedoch die Behandlung des Falles sein, daß der Kläger mit dem Hauptantrag ganz oder teilweise unterliegt und alsdann mit dem Hilfsantrag ganz oder teilweise durchdringt.

---

473) RGZ 144, 71 (73); BGH, NJW 68, 692 (693); 85, 1841; *Anders/Gehle*, Rd.Ziff. 406; *Thomas/Putzo*, § 260, Anm. 2 c, 4 c.
474) RGZ 144, 71 (73); *Anders/Gehle*, Rd.Ziff. 424, 428, 442 ff.; *Baumbach/Lauterbach/Albers/Hartmann*, § 260, Anm. 2 D.
475) Vgl. hierzu näher Teil D, Stichwort „Echte Hilfsanträge", Rd.Ziff. 4 f.
476) Teil D, Stichwort „Unechte Hilfsanträge", Rd.Ziff. 5.
477) OLG Hamm, MDR 86, 860.
478) OLG Nürnberg, MDR 80, 238.

Kostenentscheidung bei Haupt- und Hilfsantrag

Beispiel:
Der Kläger verlangt mit dem Hauptantrag die Rückzahlung eines Darlehens in Höhe von 2000,- DM. Hilfsweise stützt er den Klageanspruch auf ein weiteres Darlehen über ebenfalls 2000,- DM. Der Hauptantrag wird abgewiesen, dem Hilfsantrag wird in vollem Umfang stattgegeben.

a) Mindermeinung zum Streitwert

Wer entgegen dem Wortlaut des § 19 IV GKG und entgegen der h. M. die Streitwerte der beiden Anträge addiert, im Beispielsfall also zu einem Gegenstandswert von 4000,- DM gelangt, muß das Schicksal beider Anträge nach Maßgabe ihres jeweiligen Streitwertes berücksichtigen. Die Verlustanteile der Parteien stellen sich danach also wie folgt dar:

361

	Kläger	Beklagter
Hauptantrag	2000	–
Hilfsantrag	–	2000
Gesamtverlust	2000	2000
Quote (Verlust/Streitwert von 4 000)	½	½

Die Kosten werden also nach § 92 I geteilt oder gegeneinander aufgehoben.
Nach der von uns vertretenen Meinung ist allerdings der aufgezeigten Mindermeinung zum Streitwert nicht zu folgen.

b) Herrschende Meinung zum Streitwert

Innerhalb der h. M.,[479] die beim Wortlaut des § 19 IV GKG bleibt, ist umstritten, ob im Ausgangsbeispiel entsprechend dem Gegenstandswert (2000,- DM) dem Beklagten gemäß § 91 I 1, 1. Halbs. die gesamten Kosten des Rechtsstreits aufzuerlegen sind oder ob wegen des Unterliegens des Klägers mit dem Hauptantrag § 92 I Anwendung findet. Dann müßten für die Berechnung der Kosten die Werte der beiden Anträge fiktiv addiert[480] und diesem Betrag müßten die Verlustquoten entsprechend der zu a) dargestellten Tabelle gegenübergestellt werden.

362

Die Auswirkungen des Meinungsstreits sollen im folgenden näher dargestellt werden.

aa) Die Auffassung der Rechtsprechung und eines Teils der Literatur

Der BGH und ihm folgend ein Teil der Literatur[481] halten im Beispielsfall die Voraussetzungen des § 92 I nicht für gegeben. Obwohl der Hauptantrag abgewiesen wird, soll es allein darauf ankommen, daß der Kläger mit seinem Anspruch auf Zahlung von 2000,- DM, der dem Gegenstandswert des Rechtsstreits zugrunde liegt, in vollem Umfang durchdringt. Maßgeblich ist also der am Streitwert gemessene wirtschaftliche Erfolg der Klage.

363

Ist der Beklagte demnach zu einem Betrag verurteilt worden, der dem tatsächlichen Streitwert entspricht, hat er die Kosten des Rechtsstreits alleine zu tragen, und zwar auf der Grundlage des § 91 I 1, 1. Halbs., soweit keine besonderen Kostenregelungen, wie z. B. § 93, eingreifen. Daher ist nach der h. M. die Abweisung des Hauptantrages kostenmäßig ohne Belang, wenn der Klage mit dem Hilfsantrag stattgegeben wird und der Hilfsantrag denselben oder einen höheren Wert hat.

Die Abweisung des Hauptantrages hat allerdings insoweit Folgen für die Kostenentschei-

---
479) Vgl. Teil D, Stichwort „Echte Hilfsanträge".
480) Zum fiktiven Streitwert allgemein vgl. Rd.Ziff. 198 ff., 203.
481) BGH, LM § 92 ZPO Nr. 8 = NJW 62, 915 = MDR 62, 382; *Baumbach/Lauterbach/Albers/ Hartmann*, § 92, Anm. 4 C; *Wieczorek*, § 92, Anm. A I a 3; *Stein/Jonas*, § 92 Rd.Ziff. 1; *Furtner*, S. 59 f. und JZ 58, 727.

Die Kostenentscheidung, Urteil

dung, als der Wert des Hauptantrages denjenigen des Hilfsantrages übersteigt. Falls keine kostenrechtlichen Sonderregelungen eingreifen, findet in derartigen Fällen auch nach der h. M. § 92 Anwendung. Allerdings kann ein nur geringfügiger Mehrbetrag der abgewiesenen Hauptforderung nach § 92 II außer Betracht bleiben.

364 Soweit der Hauptantrag einen höheren Wert hat als der Hilfsantrag, werden die Kostenquoten nach der h. M. wie folgt errechnet:

Beispiele:
1. Der Kläger verlangt mit dem Hauptantrag die Rückzahlung eines Darlehens in Höhe von 3000,– DM. Hilfsweise stützt er den Klageanspruch auf eine weitere Darlehensforderung über 2000,– DM. Der Hauptantrag wird abgewiesen, wohingegen der Hilfsantrag Erfolg hat.
Streitwert: 3000,– DM
2. Der Kläger verlangt mit dem Hauptantrag Zahlung von 4000,– DM, mit dem Hilfsantrag Zahlung von 2000,– DM. Auf den Hauptantrag werden ihm 1500,– DM zugesprochen, auf den Hilfsantrag 1000,– DM. Im übrigen wird die Klage abgewiesen.
Streitwert: 4000,– DM

Zum Beispielsfall 1:

Nach der h. M. darf der Mißerfolg des Hauptantrages bei der Verteilung der Verlustquoten nur mit 1000,– DM berücksichtigt werden, also mit demjenigen Betrag, um den sein Gegenstandswert den Wert des Hilfsantrages übersteigt. In die Kostentabelle ist also einzutragen:

	Kläger	Beklagter
Hauptantrag	1000	–
Hilfsantrag	–	2000
Gesamtverlust	1000	2000
Quote (Verlust/Streitwert von 3 000)	⅓	⅔

Zum Beispielsfall 2:

Bei der Verteilung der Verlustanteile ist wiederum zu beachten, daß der Hauptantrag den Wert des Hilfsantrages nur um 2000,– DM übersteigt. Dieser Betrag ist nach dem Maßstab von Gewinn und Verlust auf die Parteien aufzuteilen:

	Kläger	Beklagter
Hauptantrag	500	1500
Hilfsantrag	1000	1000
Gesamtverlust	1500	2500
Quote (Verlust/Streitwert von 4 000)	⅜ (37,5%)	⅝ (62,5%)

365 Der h. M. ist entgegengehalten worden, daß der Kläger bei Geltung der aufgezeigten Grundsätze hinter eine Reihe eventualiter gestaffelter, zweifelhafter Ansprüche äußerst hilfsweise eine den Streitwert ausschöpfende, sichere Forderung stellen könne, um das Kostenrisiko auf den Beklagten abzuwälzen. Diesem bleibt indes die Möglichkeit, den letzten Anspruch anzuerkennen. Sind auch die übrigen Voraussetzungen des § 93 erfüllt, muß das Gericht, bei Abweisung der übrigen Ansprüche, dem Kläger gemäß § 93 die Kosten des Rechtsstreits in vollem Umfang auferlegen.[482]

Dasselbe gilt, wenn der Beklagte den letzten Anspruch begleicht, die Parteien den Rechtsstreit daraufhin insoweit übereinstimmend für in der Hauptsache erledigt erklären und im Rahmen der sodann nach § 91 a zu treffenden Kostenentscheidung § 93 entsprechend anwendbar ist.[483]

bb) Die abweichende Ansicht

Einen anderen Ausgangspunkt wählt die insbesondere von Schneider vertretene Mindermeinung.[484] Danach führt bereits die Abweisung des Hauptantrages zu einer Kostenbeteiligung des Klägers nach § 92 I, ohne daß es auf die Frage ankäme, welchen wirtschaftlichen Gesamterfolg der Kläger erreicht hat. 366

Bei der Berechnung der Kostenquoten differenziert Schneider[485] im wesentlichen nach folgenden Gesichtspunkten: 367

Beruhen Haupt- und Hilfsantrag auf verschiedenen Lebenssachverhalten, soll sich die Kostenverteilung nach einem fiktiven Streitwert, der entgegen § 19 IV GKG durch eine Wertaddition zu ermitteln sei, ergeben.[486] In den Beispielen Rd.Ziff. 364 wären danach folgende Kostenquoten zu ermitteln:

Beispiel 1:
Fiktiver Streitwert: 5000,– DM
Kostenquote zu Lasten des Klägers: 3000,–/5000,– DM = ⅗
Kostenquote zu Lasten des Beklagten: 2000,–/5000,– DM = ⅖.

Beispiel 2:
Fiktiver Streitwert: 6000,– DM
Kostenquote zu Lasten des Klägers: 3500,–/6000,– DM = 7/12
Kostenquote zu Lasten des Beklagten: 2500,–/6000,– DM = 5/12.

Beruhen hingegen der Haupt- und der Hilfsantrag auf „dem nämlichen Sachverhalt", unterscheidet Schneider danach, ob der Hilfsantrag geringer oder höher zu bewerten ist als der Hauptantrag, bzw. ob beide Anträge gleichwertig sind.

Hat der abgewiesene Hauptantrag einen höheren Wert als der erfolgreiche Hilfsantrag, soll die Wertdifferenz zum Gegenstandswert des Hilfsantrages in Beziehung gesetzt werden. Schneider bietet hierfür zwei Rechenmethoden mit unterschiedlichen Ergebnissen und läßt offen, welcher Methode er den Vorzug gibt. Im Beispielsfall (Rd.Ziff. 364) beträgt der Wertunterschied zwischen dem Haupt- und dem Hilfsantrag 1000,– DM. Schneider hält es für vertretbar, diesen Unterschiedsbetrag ins Verhältnis zum tatsächlichen Streitwert zu setzen (1000,–/3000,– DM = ⅓) und den Kläger entsprechend an den Kosten zu beteiligen. Er hält es aber auch für vertretbar, die Anträge selbst ins Verhältnis zu setzen und dementsprechend im Beispielsfall 1 (Rd.Ziff. 364) dem Kläger ⅗ und dem Beklagten ⅖ der Kosten des Rechtsstreits aufzuerlegen.

Ist der Hilfsantrag höher- oder gleichwertig, soll nach Schneider der abgewiesene Hauptantrag bei der Quotenbildung mit der Hälfte seines Streitwertes zu Buche schlagen, weil sein Wertanteil „auch im Hilfsantrag steckt".

---

[482] Vgl. allgemein zu § 93 Rd.Ziff. 224 ff.
[483] Vgl. Rd.Ziff. 233 und Rd.Ziff. 438.
[484] LG Münster, JMBl.NW 57, 7; *Schneider*, S. 83 ff.; MDR 68, 21 f.; *Zöller*, § 92 Rd.Ziff. 8 (Bearbeiter: *Schneider*); *Thomas/Putzo*, § 92, Anm. 1 b.
[485] S. 84 f.
[486] Vgl. allgemein zum fiktiven Streitwert Rd.Ziff. 198 ff., 203.

Die Kostenentscheidung, Urteil

Beispiele:

1. Hauptantrag: 2000,– DM, Hilfsantrag: 3000,– DM.
Der Klage wird nur mit dem Hilfsantrag stattgegeben. Dann soll der abgewiesene Hauptantrag mit 2000,– DM / (2000,– + 1000,– DM) berücksichtigt werden, so daß der Kläger sich danach mit 1000,–/3000,– DM = ⅓ an den Kosten des Rechtsstreits zu beteiligen hat.

2. Der Wert von Haupt- und Hilfsantrag beträgt je 2000,– DM.
Dann soll der Beklagte nach Schneider zunächst einmal mit den halben Kosten belastet werden, weil er antragsgemäß verurteilt worden ist. Die restliche Kostenhälfte, die wertmäßig sowohl im Haupt- als auch im Hilfsantrag enthalten ist, soll geteilt werden, weil der Kläger und der Beklagte je einmal obsiegt und einmal verloren haben. Danach sollen dem Kläger ¼ und dem Beklagten ¾ der Kosten auferlegt werden.

368 Die übrigen Vertreter der abweichenden Meinung[487] differenzieren nicht danach, ob Haupt- und Hilfsantrag auf verschiedenen Sachverhalten oder einem einheitlichen Lebenssachverhalt beruhen. Vielmehr soll die Kostenquote unter Zugrundelegen eines fiktiven Streitwertes ermittelt werden, wie ihn Schneider bei verschiedenen Lebenssachverhalten anwendet.

cc) Stellungnahme

369 Die differenzierende Auffassung von Schneider führt zu einer Fülle von Abgrenzungsproblemen, die der Gesetzgeber durch die Fassung des § 19 IV GKG gerade hat vermeiden wollen. Die abweichende Ansicht ist daher aus der Intention des Gesetzgebers heraus und aus praktischen Gründen abzulehnen.

Ebensowenig ist der Ansicht zu folgen, die generell vom fiktiven Streitwert ausgeht, da sie ebenso wie die Meinung von Schneider mit der Regelung des § 19 IV GKG nicht in Einklang zu bringen ist.

Für zutreffend erachten wir allein die herschende Meinung. Nach einem Vergleich zwischen der begehrten Leistung und dem Urteilsausspruch hat der Kläger dann, wenn der Hilfsantrag mindestens den selben Wert wie der Hauptantrag hat, sein Ziel erreicht. Der Beklagte wird in derartigen Fällen wegen der Regelung des § 19 IV GKG grundsätzlich nicht mit höheren Kosten belastet, als wenn er von vornherein nur mit dem Hilfsantrag verklagt worden wäre. Der Einwand der Gegenmeinung,[488] die h. M. führe im Einzelfall zu einer Belastung des Beklagten mit Kosten, die allein im Zusammenhang mit dem abgewiesenen Hauptantrag entstanden seien,

Beispiel:
Beweisaufnahme zum Hauptantrag, der abgewiesen wird.

ist nicht stichhaltig. Denn nach § 96 können dem Kläger die Kosten der (erfolglosen) Beweisaufnahme, die für den Hauptantrag durchgeführt wurde, auferlegt werden, mag er auch nach der hier vertretenen Auffassung im Endergebnis obsiegen.[489] Anders als im Fall der streitwerterhöhenden Aufrechnung[490] kann hier eine getrennte Kostenentscheidung erfolgen, die lautet:

Die Kosten der Beweisaufnahme trägt der Kläger. Die übrigen Kosten des Rechtsstreits werden dem Beklagten auferlegt.

Da durch Haupt- und Hilfsantrag eine Streitwerterhöhung nicht eintritt (§ 19 IV GKG), und die Kosten der Beweisaufnahme ausschließlich für den Hauptantrag angefallen sind, können sie ausgetrennt und gesondert ermittelt werden.

---

487) Vgl. Fn. 484.
488) *Schneider*, S. 85.
489) *Furtner*, S. 60 und JZ 58, 728, befürwortet eine analoge Anwendung des § 96, was sich jedoch wegen des klägerischen Obsiegens erübrigt; allgemein zu § 96 vgl. Rd.Ziff. 171 ff.
490) Vgl. Rd.Ziff. 354 ff.

3. Nachträglicher Hilfsantrag in zweiter Instanz

Wenn der Kläger mit einem erst in der zweiten Instanz gestellten Hilfsantrag obsiegt, stellt sich die Frage, wie über die Kosten des ersten Rechtszuges zu entscheiden ist. 370

Nach Auffassung des BGH und eines Teils der Literatur[491] ist die im zweiten Rechtszug zu treffende Kostenentscheidung auch für die Kosten der ersten Instanz maßgeblich. Ist der Wert des abgewiesenen Hauptantrages also nicht der höhere, muß der Beklagte die gesamten Kosten des Rechtsstreits tragen.

Die Gegenmeinung[492] will es bei der erstinstanzlichen Kostenentscheidung belassen, da der Kläger dort mit Recht abgewiesen worden sei.

Der h. M. gebührt der Vorzug, da er hier allein auf das Endergebnis des Rechtsstreits, also das zweitinstanzliche Urteil ankommt, demzufolge der Kläger in vollem Umfang obsiegt hat. Unbillige Härten verhindert die Regelung des § 97 II.[493]

III. Unechte Hilfsanträge

Beispiel: 371
Der Kläger verlangt von dem Beklagten die Herausgabe eines Bildes im Wert von 10 000,– DM. Weiterhin beantragt er, dem Beklagten für die Erfüllung seiner Herausgabepflicht eine angemessene Frist zu setzen und den Beklagten für den Fall des fruchtlosen Fristablaufs zu einer Schadensersatzleistung in Höhe von 15 000,– DM zu verurteilen.

Da der Kläger für den über den unstreitigen Wert des Bildes hinausgehenden Schaden keinen Beweis anbietet, ergeht folgendes Urteil:

Der Beklagte wird verurteilt, das (näher bezeichnete) Bild an den Kläger herauszugeben.
Ihm wird hierfür eine Frist von zwei Wochen ab Rechtskraft des Urteils gesetzt.
Für den Fall des fruchtlosen Fristablaufs wird er zu einer Zahlung von 10 000,– DM verurteilt.
Im übrigen wird die Klage abgewiesen.

Das Gericht hat den Streitwert wie folgt festgesetzt:

Herausgabeanspruch	10 000,– DM
Fristsetzung	2500,– DM
Schadensersatzanspruch	15 000,– DM
Gesamtstreitwert (§§ 18, 19 IV GKG)[494]	15 000,– DM

Eine gerechte Kostenentscheidung läßt sich hier nur dann finden, wenn man nicht von dem analog §§ 18, 19 IV GKG gebildeten Streitwert (15 000,– DM) ausgeht, sondern von einem aus allen Einzelwerten gebildeten fiktiven Gesamtstreitwert.[495] Anders als beim echten Hilfsantrag erstrebt der Kläger von Anfang an mehr als einen Titel; er stellt seine Anträge nicht alternativ, sondern kumulativ. Während bei der Eventualhäufung von Hauptantrag und echtem Hilfsantrag von vornherein feststeht, daß der Kläger im günstigsten Falle mit einem der beiden Anträge durchdringt, erstrebt er beim unechten Hilfsantrag die gleichzeitige Verurteilung des Gegners nach allen Anträgen, um mit verschiedenen Vollstreckungsmöglichkeiten vorgehen und auf den Beklagten über die Fristsetzung zusätzlichen Druck ausüben zu können. Bei voller oder teilweiser Abweisung des Fristset- 372

---

491) BGH, NJW 57, 543; ihm folgend *Baumbach/Lauterbach/Albers/Hartmann*, § 92, Anm. 4 C; *Stein/Jonas*, § 92 Rd.Ziff. 1; *Wieczorek*, § 92, Anm. A I a 3.
492) *Schneider*, S. 87, 251 ff.; *Zöller*, § 92 Rd.Ziff. 8.
493) Zu § 97 II vgl. Rd.Ziff. 580 ff.
494) Zum Streitwert bei unechten Hilfsanträgen und zur Tenorierung vgl. Teil A und D, jeweils Stichworte „Fristsetzung" und „Unechte Hilfsanträge".
495) Allgemein zum fiktiven Streitwert vgl. Rd.Ziff. 198 ff.

zungs- und/oder des unechten Hilfsantrages bleibt die Rechtsposition des Klägers im Verhältnis zu einem umfassenden Sieg in einem Maße hinter dem Klageziel zurück, daß es gerechtfertigt ist, ihn mit einer Kostenquote zu belasten, die seinem Teilunterliegen entspricht.

Daher sind die Verlustquoten bezüglich aller Einzelangriffe in die Tabelle einzustellen, wie dies auch bei der Stufenklage geschieht.[496] Im Beispielsfall ergeben sich danach folgende Kostenquoten:

	Kläger	Beklagter
Herausgabeantrag	–	10 000
Fristsetzung	–	2 500
Schadensersatzanspruch	5 000	10 000
Gesamt	5 000	22 500
Quote (Gesamtverlust/ fiktiver Gesamtwert von 27 500)	2/11 (18%)	9/11 (82%)

Die dargestellte Methode ermöglicht es u. a. auch, einen unangemessen kurzen Fristantrag des Klägers[497] und besondere Kosten einer Beweisaufnahme nur über einen der Anträge[498] kostenmäßig zu berücksichtigen.

§ 14 Die Kostenentscheidung bei der Stufenklage

I. Allgemeines

373 Der Kläger, der seinen Leistungsanspruch noch nicht hinreichend konkretisieren kann, der aber glaubt, sich mit Hilfe eines Auskunfts- bzw. Rechnungslegungsanspruchs (vgl. z. B. §§ 402, 666, 1379, 1605, 2027 BGB) insoweit Gewißheit verschaffen zu können, hat nach § 254 die Möglichkeit, mit der Klage auf **Auskunft** bzw. **Rechnungslegung** und gegebenenfalls auf Abgabe einer eidesstattlichen Versicherung (§§ 259 II, 260 II BGB) einen Antrag auf Leistung nach Maßgabe der Auskunft/Rechnungslegung zu verbinden, ohne diesen zunächst konkretisieren zu müssen.[499]

Prozessuales Charakteristikum der Stufenklage ist die **stufenweise Erledigung** des Rechtsstreits. Zwar werden mit Erhebung der Klage alle verbundenen Ansprüche rechtshängig; eine Verhandlung findet jedoch nur auf der anstehenden Stufe statt; grundsätzlich werden die ersten beiden Stufen jeweils durch Teilurteil erledigt; erst nach Eintritt der Rechtskraft des betreffenden Teilurteils kann auf der nächst höheren Stufe weiterverhandelt werden.[500]

374 Ungeachtet der Tatsache, daß alle Klageanträge einen eigenen Streitwert haben, bestimmt

---

496) Vgl. Rd.Ziff. 380 und Teil D, Stichwort „Stufenklage".
497) Vgl. Teil A und D, Stichwort „Fristsetzung".
498) Vgl. Rd.Ziff. 369 und allgemein § 96 Rd.Ziff. 171 ff.
499) Vgl. hierzu näher *Anders/Gehle*, Rd.Ziff. 472 ff. (insbes. zu den materiell-rechtlichen Fragen); *Thomas/Putzo*, § 254, Anm. 1; *Zöller*, § 254 Rd.Ziff. 1, 2; *Baumbach/Lauterbach/Albers/ Hartmann*, § 254, Anm. 1, 2.
500) BGH, NJW-RR 87, 1030; NJW 89, 2821; *Anders/Gehle*, Rd.Ziff. 478 f.; *Baumbach/Lauterbach/Albers/Hartmann*, § 254 Anm. 1; *Thomas/Putzo*, § 254 Anm. 2 b; *Zöller* § 254 Rd.Ziff. 3

Kostenentscheidung bei der Stufenklage

§ 18 GKG, daß für die Wertberechnung nur der höhere der verbundenen Ansprüche, in der Regel also der anfangs noch unbezifferte Leistungsantrag, maßgebend ist.[501] Nach diesem **Gesamtstreitwert** richten sich jedoch nicht alle im Rechtsstreit anfallende Gebühren. Nur die Gebühr für das Verfahren im allgemeinen nach Nr. 1010 KV (Anlage 1 zu § 11 I GKG) und die Prozeßgebühren der Anwälte nach § 31 I Nr. 1 BRAGO werden hiernach ermittelt, da sie für den gesamten Rechtsstreit nur einmal anfallen.[502] Alle übrigen Gebühren, nämlich die Urteilsgebühr nach Nr. 1016 KV (Anlage 1 zu § 11 I GKG) für die auf den unteren Stufen erlassenen Teilurteile und das Schlußurteil, sowie die Anwaltsgebühren nach § 31 I Nr. 2–4 BRAGO, namentlich die Verhandlungs- und Beweisgebühren, entstehen nach dem Wert der Stufe, auf welcher sie jeweils anfallen.[503] Auf diese Gebühren sind § 21 II, III GKG und § 13 III BRAGO anzuwenden, d. h., sie fallen als Teilgebühren an, werden jedoch zur Anpassung an die degressive Gebührenstaffel im Gesamtumfang auf das Maß einer nach der Summe der Einzelstreitwerte zu zahlenden Gebühr begrenzt (sogenannte Höchstbetragsgrenzen).[504]

375 Daraus ergibt sich für die Kostenentscheidung, daß diese sich nicht alleine an dem auf der letzten Stufe erzielten Ergebnis orientieren darf, sondern daß zusätzlich die auf den unteren Stufen ergangenen Entscheidungen mit ihrem kostenmäßigen Gewicht zu berücksichtigen sind.[505] Unverzichtbar ist daher eine klare Wertfestsetzung, aus der nicht nur der Gesamtwert, sondern auch die für die einzelnen Stufen maßgeblichen Streitwerte zu ersehen sind.[506]

Beispiel:
Beschluß
In pp.
wird der Gesamtstreitwert gemäß § 18 GKG auf **50 000,– DM** festgesetzt.
Der Streitwert für die einzelnen Stufen beträgt:

Klageantrag zu 1	20 000,– DM
Klageantrag zu 2	10 000,– DM
Klageantrag zu 3	50 000,– DM

376 Im Verlauf des Rechtsstreits eintretende Streitwertänderungen sind im Festsetzungsbeschluß mit der Angabe des maßgeblichen Datums zu vermerken.[507]

377 Auf der unteren Stufe ergehende **Teilurteile** dürfen noch keine Kostenentscheidung enthalten, da über die auf den gesamten Rechtsstreit gezahlten Verfahrens- und Prozeßgebühren nur einheitlich entschieden werden kann (Grundsatz der Kosteneinheit)[508] und zusätzlich aufgrund der **Höchstbetragsgrenzen** (§ 21 II, III GKG, § 13 III BRAGO) eine nach Stufen getrennte Kostenfestsetzung nicht in Betracht kommt. Daher ist die Kostenentscheidung dem Schlußurteil vorzubehalten.

---

501) Vgl. zum Streitwert näher Teil D, Stichwort „Stufenklage" m. w. N.
502) Vgl. hierzu näher Teil D, Stichwort „Stufenklage", Rd.Ziff. 13 und zu den Rechtsanwaltsgebühren allgemein Rd.Ziff. 68 ff.; zur Nr. 1010-Gebühr Rd.Ziff. 25 ff.
503) Vgl. hierzu näher mit Rechenbeispielen Teil D, Stichwort „Stufenklage", Rd. Ziff. 13.
504) Zu den Höchstbetragsgrenzen allgemein vgl. Rd.Ziff. 33, 37 (GKG) und Rd.Ziff. 67, 75, 79, 119 (BRAGO); für die Stufenklage mit Beispielen Teil D, Stichwort „Stufenklage", Rd.Ziff. 14 f.
505) OLG München, MDR 88, 782 (auch zum sofortigen Anerkenntnis im Sinne des § 93 auf einzelnen Stufen); 90, 636.
506) Auch hierzu näher Teil D, Stichwort „Stufenklage", Rd.Ziff. 13.
507) Vgl. Teil D, Stichwort „Stufenklage", Rd.Ziff. 16.
508) Vgl. Rd.Ziff. 4 ff.; zum Grundsatz der Kosteneinheit Rd.Ziff. 158 ff.; zu den Höchstbetragsgrenzen Rd.Ziff. 33, 37, 67, 75, 79, 119.

II. Kostenentscheidung bei vollem Unterliegen oder vollem Obsiegen des Klägers

378 Die **Auskunftsklage** kann schon deshalb unbegründet sein, weil der Kläger nicht berechtigt ist, von dem Beklagten die letztlich begehrte Leistung zu verlangen.

Beispiele:
Der nach § 2027 BGB vorgehende Kläger ist nicht Erbe.
Der sich auf § 666 BGB stützende Kläger kann die Erteilung eines Auftrags nicht nachweisen.

In diesen Fällen wird – ungeachtet der Tatsache, daß die Parteien bis dahin nur auf der ersten Stufe verhandelt haben – die gesamte Stufenklage als unbegründet abgewiesen.[509]
Denn das Schicksal des Leistungsbegehrens steht bereits fest.

Der Kläger kann auch auf allen drei Stufen in vollem Umfang obsiegen.

Die Kostenentscheidung bietet hier keine Schwierigkeiten. Sie ergeht nach § 91 I 1, 1. Halbs. Bei einer Abweisung der gesamten Stufenklage bereits auf der ersten Stufe trägt der Kläger die Kosten des Rechtsstreits. Bei vollem Obsiegen werden dem Beklagten im Schlußurteil die Kosten auferlegt.

III. Teilerfolg des Klägers ohne kostenmäßige Besonderheiten

379 Wenn sich auf keiner Stufe kostenmäßige Besonderheiten ergeben, insbesondere keine Beweisaufnahme stattfindet, kann die Kostenverteilung anhand der von den Parteien verlorenen Streitwertanteile errechnet werden.

380 **Beispiel:**
Der Kläger verlangt von dem Beklagten aufgrund eines gemeinsam betriebenen Geschäfts Rechnungslegung für die Jahre 1989 und 1990. Weiterhin begehrt er die Abgabe der eidesstattlichen Versicherung. Den Zahlungsantrag läßt er vorerst unbeziffert, teilt dem Gericht aber mit, daß er sich für jedes Jahr einen Gewinnanteil von 25 000,– DM verspreche.
Auf der ersten Stufe gibt das Gericht dem Klagebegehren nur hinsichtlich des Jahres 1990 statt. Im übrigen weist es die Klage ab, weil die vom Beklagten für 1989 vorgelegten Unterlagen den Anforderungen an eine nachvollziehbare Rechnungslegung genügen. Auf der zweiten Stufe verurteilt das Gericht den Beklagten zur Abgabe der eidesstattlichen Versicherung hinsichtlich beider Jahre. Auf der dritten Stufe beziffert der Kläger seine Ansprüche auf 50 000,– DM, wovon er 40 000,– DM zugesprochen erhält.

Das Gericht hat den Streitwert, wie vorstehend unter I)[510] dargestellt, auf 20 000,– DM für die erste Stufe, 10 000,– DM für die zweite Stufe und 50 000,– DM für die dritte Stufe festgesetzt.

Da der sich gemäß § 18 GKG ebenfalls auf 50 000,– DM belaufende Gesamtstreitwert nicht für alle Kosten des Rechtsstreits maßgeblich ist, kann hier eine sachgerechte Kostenverteilung nur aufgrund des **fiktiven Streitwertes**[511] erfolgen, der sich nach Addition der Einzelwerte auf 80 000,– DM beläuft. In der nachstehenden Tabelle stellen sich die Verlustanteile der Parteien danach wie folgt dar:

---

[509] BGH, NJW 82, 235; OLG Stuttgart, NJW-RR 90, 766; *Thomas/Putzo*, § 254 Anm. 2 a.
[510] Rd.Ziff. 375.
[511] Vgl. Rd.Ziff. 198 ff.; insbes. 201.

	Kläger	Beklagter
1. Stufe (20 000)	10 000	10 000
2. Stufe (10 000)		10 000
3. Stufe (50 000)	10 000	40 000
Gesamt (80 000)	20 000	60 000
Quote (Verlustanteil/80 000)	¼ (25%)	¾ (75%)

Unterliegt der Kläger mit dem Leistungsantrag, nachdem er auf den unteren Stufen erfolgreich war, etwa weil die Auskunft des Beklagten entgegen der Annahme des Klägers den Rückschluß auf einen Leistungsanspruch nicht zuläßt, so bedeutet dies nicht, daß er die gesamten Kosten des Rechtsstreits zu tragen hätte. Sein teilweises Obsiegen auf den unteren Stufen muß sich in der Kostenentscheidung niederschlagen. Denn andernfalls stünde sich der Kläger schlechter, als wenn er den Beklagten vorerst nur mit der isolierten Auskunftsklage in Anspruch genommen hätte. Das hingegen liefe Sinn und Zweck des § 254, der dem Gedanken der Prozeßökonomie Rechnung tragen soll, zuwider.[512]

381

Gleiches gilt selbst dann, wenn sich erst auf der letzten Stufe herausstellt, daß Ansprüche des Klägers von Anfang an dem Grunde nach nicht gegeben waren.

382

Beispiel:
Der Kläger klagt aus §§ 2027 I, 2018 BGB. Nachdem das Gericht den Beklagten zur Auskunftserteilung und zur Abgabe der eidesstattlichen Versicherung verurteilt hat, gelangt es nach neuem unstreitigem Sachvortrag auf der letzten Stufe zu der Erkenntnis, daß der Kläger nicht Erbe ist, und weist den Leistungsantrag ab.

Bei Kenntnis dieses Umstandes hätte das Gericht bereits auf den ersten Termin hin die gesamte Klage abgewiesen.[513] Dennoch müssen die Kosten der unteren Stufen dem Beklagten auferlegt werden, weil dieser mit rechtskräftigen Teilurteilen unterlegen ist. Wird in dem vorstehend durchgerechneten Beispielsfall die Klage auf der dritten Stufe abgewiesen, ermitteln sich die Kostenquoten wie folgt:

	Kläger	Beklagter
1. Stufe (20 000)	10 000	10 000
2. Stufe (10 000)		10 000
3. Stufe (50 000)	50 000	
Gesamt (80 000)	60 000	20 000
Quote (Verlustanteil/80 000)	¾ (75%)	¼ (25%)

IV. Teilerfolg des Klägers bei kostenmäßigen Besonderheiten

Wenn auf einzelnen Stufen besondere Kosten entstehen,

383

Beispiel:
Beweisaufnahme auf einer Stufe.

kann die Quotenbildung allein aufgrund des **fiktiven Streitwertes**[514] ungenau werden, weil sie das erhöhte kostenmäßige Gewicht der betreffenden Stufe unberücksichtigt

---
512) OLG Stuttgart, NJW 69, 1216; a. A. OLG Hamm, NJW-RR 91 (für den Fall der Rücknahme des noch unbezifferten Leistungsantrages).
513) Vgl. Rd.Ziff. 378; *Anders/Gehle*, Rd.Ziff. 485.
514) Vgl. Rd.Ziff. 198 ff., 201.

läßt.[515] Die Quotenbildung erfolgt daher in diesen Fällen grundsätzlich durch eine überschlägige Berechnung der tatsächlich entstandenen Kosten.[516] Im einzelnen geschieht dies unter Beachtung der nachstehend dargelegten Grundsätze:

Die Gebühr für das Verfahren im allgemeinen nach Nr. 1010 KV der Anlage 1 zu § 11 I GKG und die Prozeßgebühren der Anwälte nach § 31 I Nr. 1 BRAGO können unberücksichtigt bleiben. Sie werden einmal für den gesamten Rechtsstreit gezahlt und wären daher auf die einzelnen Stufen nach deren jeweiligem Streitwertanteil zu verteilen. Damit haben sie jedoch keinen Einfluß auf die erst noch zu bildende Kostenquote. Wenn, wie in dem zu III. besprochenen Fall, die Kostenquote anhand der Einzelstreitwerte ermittelt wird, werden die genannten Gebühren stillschweigend genauso behandelt.

Die sich aus § 21 II, III GKG und § 13 III BRAGO ergebenden **Höchstbetragsgrenzen**[517] sind für die Ermittlung der Kostenquote ebenfalls ohne Belang, da bei der Kostenentscheidung lediglich festzustellen ist, welches kostenmäßige Gewicht die einzelnen Stufen in ihrem Verhältnis zueinander haben.

Beispiel:
Für den unter III. besprochenen Fall (Rd.Ziff. 380) wird angenommen, daß auf der ersten Stufe eine Beweisaufnahme mit weiteren Kosten von 1500,– DM stattgefunden hat.

Anstelle von Streitwertanteilen müssen jetzt überschlägig die auf den einzelnen Stufen angefallenen Kosten in eine Tabelle eingestellt werden:

	Kläger	Beklagter
1. Stufe: Streitwert: 20 000 DM Kostenquote: ½ : ½ Anwaltsgebühren nach § 31 I Nr. 2 und 3 BRAGO: 4 × 849 DM = 3396 DM Weitere Kosten: 1500 DM Teilurteilsgebühr: 684 DM	1698,00 750,00 342,00	1698,00 750,00 342,00
2. Stufe: Streitwert: 10 000 DM Kosten: der Beklagte 2 Verhandlungsgebühren Teilurteilsgebühr		1078,00 444,00
3. Stufe Streitwert: 50 000 DM Kostenquote: ⅕ : ⅘ 2 Anwaltsgebühren: 2478 DM Schlußurteilsgebühr: 1116 DM	495,60 223,20	1982,40 892,80
Gesamt: 10 696 DM	3508,80	7187,20
Quote (Anteil/10 696)	⅓ (33%)	⅔ (67%)

---

515) Vgl. hierzu die Rechenbeispiele Rd.Ziff. 380, 382.
516) Zu den Kosten des Rechtsstreits allgemein vgl. Rd.Ziff. 14 ff.
517) Vgl. Rd.Ziff. 33, 37 (GKG), 67, 75, 79, 119 (BRAGO).

384 Die aufwendige Quotenermittlung anhand der tatsächlich anfallenen Gebühren ist nicht in allen Fällen erforderlich. Zu annähernd gleichen Ergebnissen führt eine allein aufgrund der Streitwertanteile vorgenommene Kostenermittlung insbesondere dann, wenn die sich auf den einzelnen Stufen ergebenden Kostenquoten in etwa gleich sind oder wenn der Streitwert einer Stufe (der dritten) deutlich überwiegt, weil in diesem Falle die sich auf der höher bewerteten Stufe ergebende Kostenquote für die gesamte Kostenentscheidung bestimmend bleibt.
Ähnliches ergibt sich, wenn der Beklagte auf der unteren Stufe ein Anerkenntnis erklärt oder ein Versäumnisurteil ergehen läßt, da in diesem Falle keine Urteilsgebühr und deutlich niedrigere Anwaltsgebühren entstehen, vgl. § 33 I 1 BRAGO.[518]
Bei Erledigung des Rechtsstreits auf einer Stufe[519] gilt entsprechendes. Die auf dieser Stufe angefallenen Kosten müssen gemäß ihrer Verteilung nach § 91 a (übereinstimmende Erledigung) oder nach § 91 (streitige Erledigung) in die Tabelle eingestellt werden.

V. Kostenentscheidung bei teilweiser Rücknahme

1. Allgemeines

385 Der Kläger kann sich nach Erledigung der unteren Stufen aus Kostengründen veranlaßt sehen, seinen Leistungsantrag nicht mehr weiterzuverfolgen oder ihn zu reduzieren.

Beispiel:
Nach Erlaß positiver Teilurteile auf den unteren Stufen erhebt der Beklagte neue Einwände gegen den Grund der vom Kläger erhobenen Ansprüche. Der Kläger erkennt, daß er im Unrecht ist und seinen Leistungsantrag nicht wird durchsetzen können.

386 Der Kläger kann in derartigen Fällen vor mündlicher Verhandlung auf der dritten Stufe den Leistungsantrag noch ohne Zustimmung des Beklagten nach § 269 I zurücknehmen.[520] Das hat in jedem Fall den kostenrechtlichen Vorteil, daß auf der dritten Stufe keine Gebühren nach dem Streitwert des Leistungsantrages mehr anfallen können.[521]

2. Ermittlung der Kostenquote bei Anwendung des § 269 III 2 ZPO

387 Gemäß § 269 III 2 hat der Kläger im Umfang der Klagerücknahme die Kosten des Rechtsstreits zu tragen. Die Klagerücknahme bezieht sich jedoch nur auf einen Teil des Rechtsstreits. Soweit der Kläger, wie im Ausgangsbeispiel, auf den ersten beiden Stufen obsiegt und Teilurteile erstreitet, ist die Kostenentscheidung dem Schlußurteil vorzubehalten.[522] Wegen des Grundsatzes der Kosteneinheit[523] ist deshalb entgegen § 269 III 3 nicht durch Beschluß zu entscheiden; vielmehr ist die Kostenentscheidung in einem Kosten-Schlußurteil zu treffen.[524] Sie beruht bei im übrigen vollem Obsiegen auf §§ 91 I 1, 1. Halbs., 269 III 2, bei teilweisem Unterliegen auf §§ 92 I, 269 III 2.[525] Im einzelnen gilt folgendes:

388 Hat der Kläger auf den unteren Stufen voll obsiegt, fallen die dort entstandenen Gebühren (Nr. 1016 KV der Anlage 1 zu § 11 I GKG und § 31 I Nr. 2–4 BRAGO) dem Beklagten

---

518) Vgl. Rd.Ziff. 27 ff. (Urteilsgebühr), 78 ff. (§ 33 BRAGO).
519) Vgl. Rd.Ziff. 441.
520) OLG Stuttgart, NJW 69, 1216; OLG Düsseldorf, NJW 73, 2034; a. A. OLG Köln, NJW 73, 1848.
521) Zum Streitwert im einzelnen Teil D, Stichwort „Stufenklage", Rd.Ziff. 12 ff.
522) Vgl. Rd.Ziff. 377 und 4 ff.
523) Vgl. Rd.Ziff. 158 ff.
524) Vgl. Rd.Ziff. 187.
525) Allgemein zur Teilrücknahme Rd.Ziff. 403 ff.

Die Kostenentscheidung, Urteil

zur Last. Eine Kostenbeteiligung des Klägers kann sich also nur hinsichtlich der auf das gesamte Verfahren nach dem anfänglichen Wert des Leistungsantrags angefallenen Gebühren (Nr. 1010 KV und § 31 I Nr. 1 BRAGO) ergeben. Da diese jedoch auch für die Durchführung der unteren Stufen gezahlt wurden, trifft den Kläger eine Belastung nur in Höhe desjenigen Anteils, der auf den zurückgenommenen Leistungsantrag entfällt.

389 Dieser Anteil errechnet sich wie nachstehend dargelegt:

Zuerst ist überschlägig festzustellen, in welcher Höhe die Nr. 1010-Gebühr und die Prozeßgebühren entstanden sind. Geht man von den Streitwerten des Beispiels aus (Rd.Ziff. 375), so ergeben sich bei einem Streitwert von 50 000,– DM Beträge von 558,– DM (Nr. 1010) und 2478,– DM (2 Prozeßgebühren), insgesamt also Kosten in Höhe von 3036,– DM.

Alsdann ist zu ermitteln, welcher Teilbetrag hiervon auf den Beklagten entfällt. Dies geschieht auf dem Weg über den fiktiven Gesamtstreitwert der einzelnen Stufen,[526] der hier 80 000,– DM beträgt. Nur den auf den Leistungsantrag mit einem Wert von 50 000,– DM entfallenden Kostenanteil trägt der Beklagte. Da der Wert des Leistungsantrages am gesamten fiktiven Streitwert gemessen 5/8 ausmacht, trägt der Kläger einen entsprechenden Teil der vorstehend errechneten Kosten, nämlich 1897,50 DM. Die verbleibenden 1138,50 DM entfallen aufgrund der beiden Teilurteile auf den Beklagten.[527]

Die Kostenquoten sind nunmehr anhand einer Tabelle zu errechnen, in welche die gesamten (überschlägig ermittelten) Kosten des Rechtsstreits eingetragen werden:

	Kläger	Beklagter
1. Stufe: Streitwert: 20 000 DM 2 Verhandlungsgebühren Teilurteilsgebühr		1698,00 684,00
2. Stufe: Streitwert: 10 000 DM 2 Verhandlungsgebühren Teilurteilsgebühr		1078,00 444,00
Übrige Kosten[528]: Streitwert: 50 000 DM Gesamtkosten (1010-Gebühr und 2 Prozeßgebühren): 3036 DM Quote: ⅝ : ⅜	1897,50	1138,50
Gesamtkosten: 6940 DM	1897,50	5042,50
Quote (Verlustanteil/6940)	27%	73%

Eine Rundung auf das Verhältnis von ¼ zu ¾ ist vertretbar.

---

526) Allgemein Rd.Ziff. 198 ff., insbes. 201.
527) Diese Berechnungsweise ist u. E. trotz der Regelung des § 18 GKG richtig, obwohl die betr. Kosten nur zum gegebenen Höchststreitwert (hier: 50 000,– DM) entstehen, weil diese Kosten nun einmal auf den gesamten Rechtsstreit und damit auch für die kostenmäßig besonders zu berücksichtigenden unteren Stufen gezahlt werden; so auch OLG München, MDR 90, 636 m. w. N. Wir halten es jedoch auch für vertretbar, die nach dem gemäß § 18 maßgeblichen Wert anfallenden Kosten insgesamt als Kosten allein der dritten Stufe zu behandeln und sie im Beispielsfall uneingeschränkt dem Kläger aufzuerlegen; so OLG Hamm, NJW-RR 91, 1407.
528) Wer der in der vorstehenden Fußnote dargelegten anderen Ansicht folgt, setzt hier alle übrigen Kosten zu Lasten allein des Klägers an.

Die Nr. 1010-Gebühr und die Prozeßgebühren sind also in diesem Falle ausnahmsweise in die Kostentabelle einzustellen, da andernfalls der Anteil der vom Kläger zu tragenden Kosten nicht ermittelt werden kann.

Ist der Kläger auf den unteren Stufen nur teilweise durchgedrungen, haben sich auf einer der unteren Stufen besondere Kosten ergeben oder erklärt der Kläger die Rücknahme des Leistungsantrages erst nach einer mündlichen Verhandlung auf der dritten Stufe, sind die aus all dem sich ergebenden Mehrkosten in der Kostentabelle mit zu berücksichtigen. Im letzteren Fall etwa müßte der Kläger die nach dem Wert des Leistungsantrages angefallenen Verhandlungsgebühren in vollem Umfang tragen.

Die gleichen Grundsätze gelten, wenn der Kläger den Rechtsstreit hinsichtlich eines auf der unteren Stufe erhobenen Anspruchs einseitig für erledigt erklärt und den Leistungsantrag zurücknimmt.[529]

VI. Lösungen bei negativer Auskunft

1. Darstellung des Problems

Ist der Auskunftsanspruch gegeben und erteilt der Beklagte, gegebenenfalls nach entsprechender Verurteilung, eine **negative Auskunft**, kann der Kläger den Leistungsantrag nicht weiterverfolgen.

> **Beispiel:**
> Nach Verurteilung auf der ersten Stufe erklärt der als Erbschaftsbesitzer in Anspruch genommene Beklagte, es sei kein Nachlaß vorhanden. Nach weiterer Verurteilung versichert er an Eides Statt die Richtigkeit der Auskunft.

In der Hauptsache wird der Kläger kein weiteres obsiegendes Urteil erstreiten können. Da indes der Beklagte die Auskunft ohne weiteres auch vor Beginn des Rechtsstreits hätte erteilen und dadurch die Klageerhebung hätte vermeiden können, stellt sich die Frage nach einer diesem Umstand Rechnung tragenden, befriedigenden Kostenentscheidung.

Nimmt der Kläger den Leistungsantrag zurück, ist er grundsätzlich, wie unter V.[530] dargestellt, mit Kosten zu belasten.[531] Es sind jedoch verschiedene Lösungswege erarbeitet worden, die dieses Ergebnis vermeiden.

2. Lösung über die Wertfestsetzung

In zwei Urteilen der Oberlandesgerichte Stuttgart[532] und Frankfurt[533] sind die Kosten, nachdem der Kläger auf den unteren Stufen obsiegt und den Leistungsantrag zurückgenommen hatte, in vollem Umfang dem Beklagten auferlegt worden. Die sich hieran anknüpfende Frage, wie es zu rechtfertigen ist, daß der Beklagte damit auch die Gebühr für das Verfahren im allgemeinen (Nr. 1010 KV als Anl. 1 zu § 11 I GKG) und die Prozeßgebühren (§ 31 I Nr. 1 BRAGO)[534] in vollem Umfang tragen muß, lösen die beiden

---

529) OLG München, MDR 90, 636; gegen Zulässigkeit einer Erledigungserklärung in solchen Fällen OLG Köln, FamRZ 84, 1029; dafür: OLG Frankfurt, MDR 89, 1108.
530) Vgl. Rd.Ziff. 385 ff.
531) So OLG Düsseldorf, JurBüro 83, 1876.
532) NJW 69, 1216.
533) JurBüro 87, 878.
534) Rd.Ziff. 374.

Die Kostenentscheidung, Urteil

OLG durch eine von der h. M. **abweichende Streitwertfestsetzung**,[535] indem sie sich hinsichtlich des nach § 18 GKG zu bestimmenden Gesamt-Streitwertes nicht am Leistungsantrag, sondern am Wert des bis zur Rücknahme verhandelten höchsten Klageantrages orientieren, in der Regel also den Wert des Auskunftsverlangens den vorerwähnten Gebühren zugrundelegen. Bei dieser Betrachtung hat der Leistungsantrag in der Tat keine Mehrkosten verursacht, so daß der Beklagte allein aufgrund der rechtskräftigen Teilurteile mit den gesamten Kosten des Rechtsstreits belastet werden kann. Die Lage ist demnach nicht anders, als wenn der Kläger den Leistungsantrag von Anfang an nicht gestellt hätte.

394 Folgt man der h. M. zur Wertfestsetzung und legt den Streitwert nach § 18 GKG aufgrund einer anfänglichen Bewertung des Leistungsantrages fest, ist diese Lösung nicht vertretbar. Denn die einmal entstandene Nr. 1010-Gebühr und die Prozeßgebühren dürfen nachträglich nicht reduziert werden.[536]

3. Erledigung des Rechtsstreits

395 Erklären die Parteien im Ausgangsfall **übereinstimmend** die **Erledigung** des Rechtsstreits, kann die dem Beklagten vorzuwerfende Veranlassung der Prozeßkosten im Rahmen der Billigkeitsentscheidung nach § 91 a die Kostenentscheidung tragen und zu einer kostenmäßigen Belastung des Beklagten führen.[537]

Fraglich ist jedoch, ob der Kläger nach negativer Auskunft den Rechtsstreit hinsichtlich des Leistungsbegehrens **einseitig** für in der Hauptsache erledigt erklären kann, mit der Folge, daß der Beklagte die Kosten des Rechtsstreits zu tragen hat.

Nach älterer Meinung ist dies deshalb zu bejahen, weil der Leistungsantrag durch die von dem Beklagten zu erteilende Auskunft bedingt ist und seine Rechtshängigkeit infolge der negativen Auskunft wegfällt.[538] Dem steht entgegen, daß allein die Bezifferung des Leistungsantrages, nicht aber dessen nach § 254 nun einmal ausdrücklich zugelassene Rechtshängigkeit von der Auskunft abhängt.

396 Auch die jüngere Rechtsprechung folgt vereinzelt diesem Lösungsansatz.[539] Unseres Erachtens kommt in derartigen Fällen eine streitige Feststellung der Erledigung mit Rücksicht auf die Rechtsprechung des BGH[540] nicht in Betracht, weil die Leistungsklage nicht infolge der negativen Auskunft unbegründet geworden ist, sondern die Begründetheit von Anfang an nicht gegeben war.

4. Feststellung des Kosteninteresses

397 Eine befriedigende Lösung ermöglicht unserer Ansicht nach nur die vom BGH[541] aufgezeigte Möglichkeit, den **materiellen Kostenerstattungsanspruch**[542] im Wege des Feststellungsantrages in den Rechtsstreit einzuführen.[543]

---

535) Vgl. zum Streitwert Teil D, Stichwort „Stufenklage".
536) Vgl. Rd. Ziff. 26, 70.
537) Vgl. Rd.Ziff. 431 ff; OLG Karlsruhe, FamRZ 89, 1200; 90, 74; a. A. OLG Düsseldorf, FamRZ 88, 1701; zur Erledigung auf unterer Stufe in der Rechtsmittelinstanz OLG Hamm, JurBüro 89, 1739.
538) OLG Dresden, OLG 25, 89; *Wieczorek*, § 254 Anm. B III c 1.
539) OLG Karlsruhe, FamRZ 89, 1100; OLG Frankfurt/Main, NJW-RR 87, 964; ablehnend OLG Hamm, MDR 89, 461 (Kostenbelastung des Klägers).
540) NJW 81, 990; 82, 1598; 86, 588.
541) NJW 81, 990.
542) Vgl. hierzu allgem. Rd.Ziff. 142 ff.
543) Ausführlich Rd.Ziff. 481 ff.

Am Bestehen eines solchen Anspruchs ist in Fällen der vorliegenden Art[544] nicht zu zweifeln. Der Beklagte befand sich bei oder durch die Klageerhebung mit der Erfüllung des Auskunftsanspruchs in Verzug. Er hat daher dem Kläger den **Verzugsschaden** zu ersetzen. Da die Erhebung einer Stufenklage zu den adäquaten Folgen des Verzugs mit der Erfüllung eines Auskunftsverlangens gehört, haftet der Beklagte auf vollen Ersatz der dem Kläger entstandenen Prozeßkosten.

Sind auf den unteren Stufen bereits Teilurteile gegen den Beklagten ergangen, ergibt sich diese Kostenfolge auch aus § 91 I,[545] so daß insoweit der materielle Kostenerstattungsanspruch nicht geltend zu machen ist. Seine Geltendmachung beschränkt sich auf die übrigen Kosten, namentlich die Nr. 1010-Gebühr und die Prozeßgebühren. Zur sprachlichen Vereinfachung ist der Kläger jedoch berechtigt, insoweit auf eine Differenzierung zu verzichten. Er kann beantragen,

    die Kosten des Rechtsstreits dem Beklagten aufzuerlegen.[546]

Bei vollem Obsiegen des Klägers lautet der Urteilstenor entsprechend.[547]

Ist der Kläger auf den unteren Stufen teilweise unterlegen oder stellt sich auf der letzten Stufe die Unbegründetheit der Klage dem Grunde nach heraus, folgt die Kostenentscheidung den für diese Fälle bereits dargelegten Grundsätzen, und zwar unter Berücksichtigung des § 92 I.[548]

398

399

§ 15 Kostenentscheidung nach Teilbeendigung des Rechtsstreits (Teilrücknahme, Teilurteil)

I. Allgemeines

Wird der Rechtsstreit vor Erlaß des Schlußurteils teilweise beendet,

Beispiele:
- Teilrücknahme[549]
- Teilurteil[550]
- teilweise Erledigung[551]

kommt mit Rücksicht auf den Grundsatz der Kosteneinheit[552] eine sich lediglich auf den beendeten Teil beziehende Kostenentscheidung grundsätzlich nicht in Betracht.[553] Über die gesamten Kosten des Rechtsstreits ist erst im **Schlußurteil** zu entscheiden.[554]

400

---

544) Siehe Beispielsfall oben Rd.Ziff. 392.
545) Vgl. BGH, NJW 87, 2997; Zöller, § 99 Rd.Ziff. 10.
546) Allgemein zur sprachlichen Vereinfachung in diesen Fällen Rd.Ziff. 484.
547) So wohl auch OLG Frankfurt/Main, MDR 89, 1108.
548) Vgl. Rd.Ziff. 379 ff.
549) Vgl. Rd.Ziff. 403 ff.
550) Vgl. Rd.Ziff. 425 ff.
551) Vgl. Rd.Ziff. 441 ff.
552) Vgl. Rd.Ziff. 158 ff.; vgl. auch *Schneider*, Kostenentscheidung bei teilweiser Klagerücknahme? NJW 64, 1055.
553) *Zöller*, § 269 Rd.Ziff. 19; zur Ausnahme bei der Kostenentscheidung gegenüber einem Streitgenossen vgl. Rd.Ziff. 5.
554) *Schneider*, S. 196, hält es für zulässig, im Falle der Teilrücknahme insoweit durch Beschluß und im übrigen mit dem Urteil zu entscheiden, solange beide Entscheidungen insgesamt genau 1/1 aller Kosten erfassen. Wir halten dies für vertretbar, indes ist die einheitliche Entscheidung im Urteil auf jeden Fall zweckmäßiger.

Die Kostenentscheidung, Urteil

401 Hierbei muß berücksichtigt werden, daß sich infolge der Teilbeendigung für den noch im Streit befindlichen Teil im Regelfall der **Gebührenstreitwert ändert**. Das ist nur dann nicht der Fall, wenn der betreffende Teil allein aus Nebenforderungen besteht, die nach § 4 I von vornherein nicht berücksichtigt werden.[555] Einfluß auf die Kostenentscheidung hat die Teilbeendigung des weiteren dann nicht, wenn der erledigte Teil wertmäßig so geringfügig ist, daß er nach § 92 II außer Betracht zu bleiben hätte.[556]

Beispiele:
1. Ermäßigung des Zinsantrages.
2. Teilanerkenntnisurteil über die Hauptforderung, Schlußurteil über den Zinsanspruch.

402 Bei Vorliegen einer kostenrelevanten **Streitwertänderung** ist es nicht zulässig, die Kosten im Schlußurteil alleine nach dem Maßstab von Obsiegen und Unterliegen zu verteilen. Denn in diesem Fall bliebe unbeachtet, daß vor und nach der Teilbeendigung, z. B. der Teilrücknahme, Gebühren unterschiedlicher Höhe angefallen sind. Nur hinsichtlich der schon entstandenen Gebühren gelten die für die Teilbeendigung maßgeblichen Kostenregelungen, wie z. B. § 269 III 2. Auf die später erst entstandenen Kosten ist das betreffende Ereignis ohne Einfluß. Sie folgen ausschließlich dem Schicksal des noch anhängigen Teils. Hieraus ergibt sich, daß eine sachgerechte Gesamt-Kostenentscheidung nur gefunden werden kann, wenn man die im einzelnen angefallenen Gebühren und sonstigen erheblichen Kosten nach dem jeweiligen Unterliegen auf die Parteien verteilt und aus dem so erzielten Ergebnis eine Kostenquote bildet. Eine nach Verfahrensabschnitten differenzierende Kostenentscheidung

Beispiel:
Die bis zum Erlaß des Teilurteils (bis zur Teilrücknahme) vom... angefallenen Kosten tragen der Kläger zu..., der Beklagte zu...; die übrigen Kosten tragen der Kläger zu..., der Beklagte zu...

mag zwar in der Praxis üblich sein. Sie ist jedoch bedenklich, da im Einzelfall zweifelhaft bleiben kann, in welchem Stadium des Rechtsstreits einzelne Kosten entstanden sind und wie pauschalierte Nebenkosten, etwa nach § 26 BRAGO, umgelegt werden müssen.[557]

II. Teilrücknahme

1. Allgemeines

403 Im Falle der auch als **Klageermäßigung**[558] bezeichneten teilweisen Klagerücknahme hat das Gericht gemäß § 308 II von Amts wegen, d. h. auch ohne einen Antrag des Beklagten, nach §§ 91 ff. über die Kosten zu entscheiden[559] und in diesem Zusammenhang den Grundsatz des § 269 III 2 zu berücksichtigen. Erklärt der Beklagte jedoch ausdrücklich, er stelle insoweit **keinen Kostenantrag**, liegt hierin eine das Gericht bindende Disposition über die Kostenverteilung, die im Regelfall dahingehend auszulegen ist, daß der Beklagte die auf den zurückgenommenen Teil entfallenden eigenen außergerichtlichen Kosten selbst tragen will, wohingegen der Kläger die übrigen Kosten (sonstige außergerichtliche und

---

555) Vgl. Teil D, Stichwort „Nebenforderungen".
556) Vgl. Rd.Ziff. 211 f.; *Schneider*, S. 194 für die Teilrücknahme.
557) Ablehnend BGH, LM § 99 ZPO, Nr. 3; *Baumbach/Lauterbach/Albers/Hartmann*, § 92, Anm. 5 A, 5 C m. w. N.; *Thomas/Putzo*, § 92, Anm. 1 c; *Zöller*, § 92 Rd.Ziff. 5; a. A. OLG Köln, MDR 81, 590.
558) *Schneider*, S. 193; ders., Kostenrechtliche Probleme bei der Klagerücknahme, MDR 61, 545, 643.
559) OLG Stuttgart, NJW 84, 2538; vgl. auch Rd.Ziff. 187.

gerichtliche Kosten) übernehmen soll. Dies ist bei der Berechnung der Kostenquote dergestalt zu berücksichtigen, daß die betreffenden Kostenanteile in der Berechnungstabelle[560] entsprechend verteilt bzw. bei der Ermittlung der durch die ursprüngliche Klageerhebung veranlaßten Mehrkosten außer Ansatz gelassen werden.

Über die außergerichtlichen Kosten des infolge Rücknahme ausscheidenden Streitgenossen ist demgegenüber der zweifelsfrei auch insoweit einschlägigen Regelung des § 269 III 3 nur auf dessen Antrag zu entscheiden.

2. Berechnungsmethode

Streitig ist, ob die bei Wirksamwerden der Teilrücknahme bereits angefallenen Kosten dem Kläger mit einer nach dem Wertanteil des zurückgenommenen Anspruchs errechneten Quote[561] auferlegt werden sollen, oder ob der Kläger lediglich mit den durch den zurückgenommenen Anspruch verursachten Mehrkosten[562] zu belasten ist. Die erste Ansicht (**Unterliegenstheorie**) sieht die Teilrücknahme als Teilunterliegen im Sinne des § 92 I; für sie spricht der Wortlaut des § 269 III 2, der anders als § 281 III 2 und § 344 keinen Hinweis auf Mehrkosten enthält. Zugunsten der zweiten Ansicht (**Mehrkostentheorie**) läßt sich anführen, daß die Parteien im Falle einer Rücknahme, die keine der Rechtskraft fähige Entscheidung über den betroffenen Anspruch zur Folge hat,[563] nicht anders stehen sollen, als wenn der Kläger insoweit die Klage nicht erhoben hätte. 404

Die letztere Ansicht stellt den Kläger etwas günstiger, da er infolge der Gebührendegression[564] mit niedrigeren Kosten belastet wird, als wenn sein Anteil an diesen Kosten aufgrund einer Wertquote ermittelt würde. Da allerdings die Degression in relativ kleinen Sprüngen erfolgt, ist der Unterschied zwischen den beiden Ergebnissen sehr gering. Er liegt normalerweise innerhalb des **Rundungsspielraums**,[565] so daß eine ausführliche Auseinandersetzung mit dem Thema in der Praxis grundsätzlich nicht erforderlich ist. Der Examenskandidat sollte sich mit kurzer Begründung für eine der beiden Methoden entscheiden.

Ergeben sich im Hinblick auf die Teilrücknahme **abgrenzbare Beträge,** 405

> Beispiel:
> Die ursprüngliche Mehrforderung hatte nur bei der Nr. 1010-Gebühr einen Gebührensprung zur Folge.

so ist es vertretbar, im Kostentenor eine entsprechende Trennung vorzunehmen und nur im übrigen zu quotieren.[566]

> Beispiel:
> Die Kosten des Rechtsstreits tragen..., mit Ausnahme von 36,– DM Gerichtskosten, die dem Kläger auferlegt werden.

Bei der **übereinstimmend erklärten Teilerledigung**[567] stellt sich das Problem in vergleichbarer Weise. 406

---

560) Vgl. Rd.Ziff. 408.
561) *Schneider*, S. 194, 197 ff.; *Zöller*, § 269 Rd.Ziff. 18.
562) *Balzer/Forsen*, S. 122 f.; *Siegburg*, Rd.Ziff. 70; *Baumbach/Lauterbach/Albers/Hartmann*, § 269 Anm. 4 B c; *Schellhammer*, Rd.Ziff. 1456.
563) *Zöller*, § 269 Rd.Ziff. 21.
564) Vgl. Rd.Ziff. 163.
565) Vgl. Rd.Ziff. 196.
566) Vgl. Rd.Ziff. 196.
567) Vgl. Rd.Ziff. 441 ff.

Die Kostenentscheidung, Urteil

3. Berechnungsbeispiel

407 Zur Darstellung der möglichen Berechnungsmethoden sei von folgendem Beispielsfall ausgegangen:

> Eingeklagt sind 10 000,– DM. Vor Beginn der mündlichen Verhandlung nimmt der Kläger die Klage in Höhe von 5000,– DM zurück. Nach Beweisaufnahme wird der Beklagte zur Zahlung von 3000,– DM verurteilt. Im übrigen wird die Klage abgewiesen.

a) Quotenmethode (Unterliegenstheorie)

408 Nach der **Quotenmethode** der **Unterliegenstheorie**[568] sind dem Kläger die bis zur Teilrücknahme – nach einem Streitwert von 10 000,– DM – zu berechnenden Kosten nach § 269 III 2 zur Hälfte und wegen seines späteren Teilunterliegens (mit 2000,– DM) zu weiteren 2/10 aufzuerlegen. Die nach der Rücknahme angefallenen Kosten – Streitwert nunmehr: 5000,– DM – tragen der Kläger zu 2/5, der Beklagte zu 3/5.

Es ergibt sich folgende tabellarische Übersicht:

Gebühr	Kläger	Beklagter
bis zur Rücknahme: (Wert: 10 000; Quote: 7/10 : 3/10) Nr. 1010 KV, 222 DM 2 Prozeßgebühren, 1078 DM	155,40 754,60	66,60 323,40
ab Rücknahme: (Wert: 5000; Quote: 2/5 : 3/5 Nr. 1016 KV, 264 DM 2 Verhandlungsgebühren + 2 Beweisgebühren, 1116 DM	105,60 446,40	158,40 669,60
Gesamtergebnis: 2680 DM	1462,00	1218,00
Kostenquote	55%	45%

409 Führt die Teilrücknahme nach Nr. 1006, 1012 KV der Anl. 1 zu § 11 GKG zur **Reduzierung** der Gebühr nach Nr. 1000, 1005 KV, bzw. Nr. 1010 KV, entfällt auf den Kläger insoweit kein Kostenanteil. Erklärt der Beklagte **ausdrücklich oder konkludent** den **Verzicht** auf einen Kostenantrag,[569] sind seine auf den zurückgenommenen Teil entfallenden außergerichtlichen Kosten bei ihm und nicht beim Kläger anzusetzen.

b) Mehrkostenmethode

410 Nach der **Mehrkostenmethode**[570] sind vorab die durch die ursprüngliche Mehrforderung von 5000,– DM verursachten Kosten zu ermitteln. Alsdann verteilen sich die übrigen Kosten im Verhältnis 2/5 zu 3/5.

Hätte der Kläger von Anfang an lediglich 5000,– DM eingeklagt, wären die Nr. 1010-Gebühr und die beiden Prozeßgebühren der Anwälte um insgesamt 610,– DM niedriger ausgefallen. Von den nach Abzug dieser Position verbleibenden Kosten (2680 – 610 = 2070) trägt der Kläger 2/5, mithin 828,80 DM. Auf den Beklagten entfallen 1241,20 DM. Auf die Gesamtkosten von 2680,– DM bezogen tragen der Kläger also 54% und der Beklagte 46%.

---

568) Vgl. Rd.Ziff. 404.
569) Vgl. Rd.Ziff. 403.
570) Vgl. Rd.Ziff. 404.

c) Besondere Kosten

Fallen nach der Teilrücknahme oder aufgrund des zurückgenommenen Teils besondere, dem Umfang nach zu berücksichtigende Kosten an,

> Beispiel:
> Kosten für eine Beweisaufnahme.

sind diese im jeweiligen Zusammenhang zusätzlich in Ansatz zu bringen. Hat etwa das Gericht im obigen Beispielsfall für 1500,– DM ein Sachverständigengutachten eingeholt, sind davon 600,– DM dem Kläger und 900,– DM dem Beklagten anzurechnen, was dessen Kostenbelastung erhöht. Dies kann nur bei Anwendung der **Quotenmethode** berücksichtigt werden.

Besondere, auf den zurückgenommenen Teil entfallende Kosten belasten ausschließlich den Kläger, was sich für die Kosten einer nur insoweit durchgeführten Beweisaufnahme auch bei Anwendung der Quotenmethode jedenfalls aus dem Gedanken des § 96 ergibt.[571)]

4. Rücknahme gegenüber einem Streitgenossen oder von einem Streitgenossen

a) Grundsätze

Nimmt der Kläger die Klage nur hinsichtlich eines von mehreren Beklagten in vollem Umfang zurück, liegt insoweit eine Gesamtrücknahme, keine Teilrücknahme vor. Demzufolge kann hinsichtlich der außergerichtlichen Kosten des ausscheidenden Beklagten ein **Kostenbeschluß** ergehen, da diese Kosten abtrennbar sind.[572)] Erforderlich ist ein Antrag des betreffenden Beklagten, der im Anwaltsprozeß nur von einem bei dem Gericht zugelassenen Rechtsanwalt gestellt werden kann.[573)] Der BGH verlangt zusätzlich ein berechtigtes Interesse des Ausscheidenden, das z. B. bei Gefahr der Uneinbringlichkeit gegeben ist.[574)] Der Tenor des Beschlusses lautet:

> Der Kläger trägt die außergerichtlichen Kosten des Beklagten zu ...

Vertretbar ist zur Klarstellung der Zusatz:

> ..., nachdem er die gegen diesen gerichtete Klage zurückgenommen hat.

Der ausscheidende Beklagte darf aufgrund des Beschlusses seine außergerichtlichen Kosten in vollem Umfang liquidieren, auch wenn sein Anwalt gleichzeitig für den oder die Streitgenossen tätig ist.[575)]

Für die Beteiligung der Parteien an den Gerichtskosten und für die Verteilung der außergerichtlichen Kosten des Klägers gilt die Baumbach'sche Formel, wenn der Kläger im übrigen ganz oder teilweise obsiegt.[576)] Wenn also der Kläger die Klage gegen den betreffenden Streitgenossen in vollem Umfang zurücknimmt, trägt er die bis dahin angefallenen Kosten entsprechend dem Anteil des Beklagten am ursprünglichen Streitge-

---

571) Grundsätzlich findet § 96 auf die Kostenentscheidung nach § 269 III 2 keine Anwendung, OLG Celle, NJW 61, 1363; *Baumbach/Lauterbach/Albers/Hartmann*, § 269 Anm. 4 B c.
572) BGH, NJW 52, 545; OLG Zweibrücken, JurBüro 83, 1881; *Schellhammer*, Rd.Ziff. 1456; *Baumbach/Lauterbach/Albers/Hartmann*, § 92, Anm. 4 C „Klagerücknahme"; vgl. auch allgemein Rd.Ziff. 4 f.
573) Vgl. *Egon* und *Harald Schneider*, Kostenprobleme in einem Streitgenossenprozeß, MDR 87, 462; *Zöller*, § 269 Rd.Ziff. 19; zur grundsätzlichen Entbehrlichkeit des Kostenantrags bei Teilrücknahme vgl. Rd.Ziff. 187.
574) BGH, MDR 91, 330.
575) OLG München, NJW 64, 1079.
576) OLG Frankfurt/Main, MDR 63, 317; *Schneider*, MDR 61, 644; allgemein hierzu vgl. Rd.Ziff. 259 ff.

Die Kostenentscheidung, Urteil

genstand und an der Gesamtzahl der Streitgenossen. Die nach der Rücknahme entstehenden Kosten verteilen sich wiederum ausschließlich nach dem Erfolgsmaßstab.

415 Vertreter der **Mehrkostentheorie**[577] müssen folgerichtig die Klageerhebung gegen den ausscheidenden Streitgenossen bei der Verteilung der übrigen Kosten unberücksichtigt lassen, da die Mehrkosten ausschließlich dessen außergerichtliche Kosten betreffen.

Nimmt einer von mehreren Klägern die Klage zurück, gilt entsprechendes; die Kostenentscheidung erfolgt erst im Urteil.

b) Beispielsfall

416 Der Kläger nimmt die Beklagten zu 1) und 2) gesamtschuldnerisch auf Zahlung von 10 000,- DM in Anspruch. Vor Beginn der mündlichen Verhandlung erklärt er gegenüber dem Beklagten zu 1) die Klagerücknahme. Der Beklagte zu 2) wird nach Beweisaufnahme zur Zahlung von 5000,- DM verurteilt. Im übrigen wird die Klage abgewiesen.

417 Der Kläger hat die außergerichtlichen Kosten des Beklagten zu 1) in vollem Umfang zu tragen (§ 269 III 2). Die bis zur Teilrücknahme angefallenen Gerichtskosten und außergerichtlichen Kosten des Klägers verteilen sich nach der Baumbach'schen Formel im Verhältnis ¾ (Kläger) zu ¼ (Beklagter zu 2), da der Kläger hinsichtlich des Beklagten zu 1) in vollem Umfang und hinsichtlich des Beklagten zu 2) ½ gewonnen und ½ verloren hat.[578] Die außergerichtlichen Kosten des Beklagten zu 2) sowie die ab der Rücknahme entstandenen Kosten tragen der Kläger und der Beklagte zu 2) je zu ½. Es ergibt sich demnach folgende tabellarische Übersicht:

	Kläger	Beklagter zu 2)
Nr. 1010-Gebühr, 222 DM	166,50	55,50
Prozeßgebühr RA Kl., 539 DM	404,25	134,75
Prozeßgebühr RA Bekl.	269,50	269,50
Verhandlungs- und Beweisgebühren, 2156 DM	1078,00	1078,00
Urteilsgebühr, 444 DM	222,00	222,00
Gesamtkosten: 3900 DM	2140,25	1759,75
Quote	55%	45%

Die Kostenentscheidung lautet also:

Die Gerichtskosten und die außergerichtlichen Kosten des Klägers tragen dieser selbst zu 55%, der Beklagte zu 2) zu 45%. Die außergerichtlichen Kosten des Beklagten zu 2) tragen dieser selbst und der Kläger je zu 50%. Die außergerichtlichen Kosten des Beklagten zu 2) trägt der Kläger. (Der letzte Satz entfällt, wenn insoweit vorab durch Beschluß entschieden worden ist.)

418 Erhebliche Kosten der Beweisaufnahme sind ebenfalls in die Tabelle einzustellen, was im Beispielsfall die Quoten einander annähert.

419 Einer gesonderten **Begründung** bedarf die **Kostenentscheidung** in Fällen der vorliegenden Art nicht, da ihre Herleitung sich aus § 269 III 2 ohnehin zwingend ergibt. Im Falle einer sofortigen **Beschwerde**[579] muß das Rechtsmittelgericht die Kostenentscheidung nachvollziehen, um den auf der entsprechenden Anwendung des § 269 beruhenden, auf diesem Wege angreifbaren Teil einzugrenzen.

---

577) Vgl. Rd.Ziff. 404.
578) Zum Grundfall der Baumbach'schen Formel vgl. Rd.Ziff. 260 ff.; allgemein zur Kostenentscheidung bei unterschiedlicher Beteiligung von mehreren beklagten Steitgenossen vgl. Rd.Ziff. 269 ff.
579) Vgl. Rd.Ziff. 187; allgemein zur Statthaftigkeit der sofortigen Beschwerde Rd.Ziff. 181 ff.

5. Parteiwechsel

Beim Parteiwechsel[580] gelten die vorstehend dargelegten Grundsätze für das Verhältnis zwischen der ausscheidenden Partei und dem Gegner entsprechend.[581] Eine Parallele ergibt sich insbesondere deshalb, weil die Nr. 1010-Gebühr und die von der im Rechtsstreit verbleibenden Partei zu zahlende Prozeßgebühr ohne Rücksicht auf den Parteiwechsel nur einmal anfallen.[582]

420

6. Rechtsmittel

Soweit die Kostenentscheidung des Urteils auf dem aus § 269 III 2 entnommenen Grundsatz beruht, ist entsprechend § 269 III 5 die sofortige Beschwerde statthaft.[583] Allerdings müssen die weiteren Zulässigkeitsvoraussetzungen erfüllt sein. Die sofortige Beschwerde ist nur zulässig, wenn eine hinsichtlich des zurückgenommenen Teils in der Hauptsache ergangene Entscheidung ihrerseits mit einem Rechtsmittel hätte angefochten werden dürfen.[584] Des weiteren muß hinsichtlich des auf § 269 III 2 beruhenden Kostenanteils die Wertgrenze des § 567 II überschritten sein.[585] Die Regelung des § 567 III gilt ebenfalls.[586]

421

Auf die Berufung einer Partei ist die Kostenentscheidung, auch soweit sie aus § 269 III 2 hergeleitet wurde, von Amts wegen mit zu überprüfen.[587]

422

7. Rücknahme von Klage oder Widerklage

Auch die Rücknahme von **Klage** oder **Widerklage** ist eine Teilrücknahme, für die der Grundsatz des § 269 III 2 gilt; über die Kosten darf nur im Rahmen einer einheitlichen Kostenentscheidung befunden werden.[588] Zur Berechnungsmethode[589] gelten keine Besonderheiten. Die bis zur Rücknahme angefallenen Kosten werden aufgrund des Gesamtergebnisses verteilt; die später entstehenden Kosten folgen dem Schicksal des noch streitigen Teilanspruchs.

423

Werden **Klage und Widerklage** zurückgenommen, ist eine Kostenquote zu bilden und auf Antrag im Beschluß auszuwerfen. In diesem Falle liegt nämlich eine vollständige Rücknahme mit allen Konsequenzen des § 269 III vor.

424

---

580) Allgemein zum Parteiwechsel vgl. *Anders/Gehle*, Rd.Ziff. 594 ff.
581) OLG Stuttgart, NJW 73, 1756; OLG München, OLGZ 81, 89; *Schneider*, S. 185 f. und S. 455; *Baumbach/Lauterbach/Albers/Hartmann*, § 269 Anm. 1 A; *Anders/Gehle*, Rd.Ziff. 602.
582) OLG Düsseldorf, MDR 82, 590.
583) Vgl. Rd.Ziff. 187.
584) OLG Hamburg, MDR 60, 772; OLG Celle, NJW 60, 1816; *Zöller*, § 269 Rd.Ziff. 20; *Baumbach/Lauterbach/Albers/Hartmann*, § 269, Anm. 4 E; vgl. auch Rd.Ziff. 183.
585) *Zöller*, § 269 Rd.Ziff. 20; vgl. auch Rd.Ziff. 183.
586) *Zöller*, § 269 Rd.Ziff. 20; vgl. auch Rd.Ziff. 183; zum vergleichbaren Fall bei der übereinstimmend erklärten Teilerledigung vgl. Rd.Ziff. 446.
587) Vgl. Rd.Ziff. 187 und zum Grundsatz der Kosteneinheit Rd.Ziff. 158 ff.
588) Vgl. Rd.Ziff. 158 ff.
589) Vgl. Rd.Ziff. 404 ff., insbesondere 408.

Die Kostenentscheidung, Urteil

III. Teilurteil

425 Im Teilurteil ist eine **Kostenentscheidung** nur hinsichtlich abtrennbarer Kosten zulässig.[590]

Beispiel:
Außergerichtliche Kosten eines Streitgenossen, dessen Beteiligung am Rechtsstreit sich durch ein für ihn günstiges Teilurteil erledigt.

Für die Kostenentscheidung des **Schlußurteils** gilt in diesem Falle wiederum die Baumbach'sche Formel.[591]

426 Im übrigen erfolgt nach Erlaß eines Teilurteils die Ermittlung der Kostenbelastung allein nach der **Quotenmethode**.[592] Die bis zum Teilurteil angefallenen Kosten verteilen sich nach Maßstabe des Gesamtergebnisses der Klage. Besondere Kosten des vorab beschiedenen Teils und die Teilurteilsgebühr folgen dem Schicksal des Teilanspruchs. Die Kostentabelle entspricht also weitgehend dem Fall der Teilrücknahme.[593]

427 Liegt ein **Teilversäumnis-** oder eine **Teilanerkenntnisurteil** vor, ist dessen Gebührenfreiheit[594] zu beachten. Bei einem streitigen und damit gebührenpflichtigen Teilurteil kommt es für die Quotenberechnung auf die im Zusammenhang mit dem Schlußurteil geltende **Höchstbetragsgrenze**[595] nicht an, da die sich allein aus der Gebührendegression[596] ergebende betragsmäßige Differenz zwischen den auf beide Urteile entfallenden Kosten und den nach § 21 II GKG anzusetzenden Gesamtkosten in jedem Falle so gering ist, daß sie vernachlässigt werden kann.

428 Die **Kostenentscheidung des Schlußurteils** kann abweichend von § 99 I mit der Berufung oder der Revision **isoliert angefochten** werden, wenn gegen das Teilurteil ein zulässiges Rechtsmittel eingelegt und noch nicht beschieden ist.[597]

§ 16 Erledigung des Rechtsstreits

I. Übereinstimmend erklärte Erledigung

1. Allgemeines

429 Aufgrund ihrer **Dispositionsfreiheit**[598] können die Parteien durch übereinstimmende Erledigungserklärung den Rechtsstreit in der Hauptsache beenden.[599] Die Erklärung kann auch konkludent abgegeben werden.[600] Das Gericht ist an die Erklärung gebunden, ohne

---

590) Vgl. Rd.Ziff. 5.
591) Vgl. Rd.Ziff. 259 ff. und 414, 417.
592) Vgl. Rd.Ziff. 404, 408.
593) Vgl. Rd.Ziff. 408.
594) Vgl. Rd.Ziff. 22.
595) Vgl. Rd.Ziff. 33, 37, 67, 75, 79, 119, 164.
596) Vgl. Rd.Ziff. 163.
597) Vgl. Rd.Ziff. 180.
598) Allgemein *Zöller*, vor § 128 Rd.Ziff. 9; *Baumbach/Lauterbach/Albers/Hartmann*, Grundz. § 128 Anm. 3 B.
599) Zu Sonderproblemen im Verfahren der freiwilligen Gerichtsbarkeit vgl. *Klaus Lerch*, Die sog. Erledigung der Hauptsache im Verfahren der freiwilligen Gerichtsbarkeit, NJW 87, 1923.
600) BGH, NJW-RR 91, 1211.

daß die Frage, ob[601]) und gegebenenfalls zu welchem Zeitpunkt[602]) es tatsächlich zu einer Erledigung der Hauptsache gekommen ist, Gewicht hätte. Nicht rechtskräftige Entscheidungen werden aufgrund der Erledigungserklärung wirkungslos[603]) und verlieren damit ihre Bedeutung für die Kostenverteilung.[604])

Das Gericht hat nach der Erledigung nur noch gemäß § 91 a die Kostenentscheidung zu treffen. Dies geschieht durch einen **Beschluß,** der als Vollstreckungsgrundlage mit vollem Rubrum und wegen seiner Anfechtbarkeit (§ 91 a II) mit Gründen zu versehen ist.[605]) Der Tenor verhält sich grundsätzlich nur über die Kosten. 430

> **Beispiel:**
> Die Kosten des Rechtsstreits werden gegeneinander aufgehoben.

Zusätze wie: „(Die Kosten) des in der Hauptsache erledigten Rechtsstreits..." sind aus Gründen der Klarstellung zulässig, aber nicht erforderlich. Einen Fehler stellt es dar, im Beschlußtenor die Erledigung des Rechtsstreits ausdrücklich festzustellen, da diese Folge allein durch die Parteierklärungen herbeigeführt wird.[606]) Anderes gilt nur bei der einseitigen Erledigungserklärung.[607])

Es ist allerdings zweckmäßig, in dem Beschluß auch den Streitwert festzusetzen[608]) und den Ausspruch hierüber aus Gründen der Klarheit mit in den Tenor aufzunehmen. Einer Vollstreckbarkeitsentscheidung bedarf es wegen § 794 I Nr. 3 nicht.

2. Grundsätze für die Kostenentscheidung

Maßstab der Kostenverteilung ist die **Billigkeit,** wobei der bisherige **Sach- und Streitstand** berücksichtigt werden muß. Hieraus lassen sich im wesentlichen folgende Grundsätze ableiten: 431

a) Grundsätzlicher Vorrang des Sach- und Streitstandes

Da eine Kostenentscheidung, die den Sach- und Streitstand unbeachtet läßt, schlechthin nicht der Billigkeit entsprechen kann, ist vorrangig zu prüfen, ob und inwieweit im Rechtsstreit ein bestimmtes Ergebnis erzielt worden wäre. 432

Steht ein solches Ergebnis fest, richtet sich die Kostenentscheidung grundsätzlich nach den aus §§ 91 ff. ersichtlichen allgemeinen Regeln,[609]) d. h. es ist zu untersuchen, welche Partei ohne die Erledigung die Kosten tragen müßte.[610])

Dies gilt auch für Sonderregelungen wie §§ 93 b,[611]) 281 III 2[612]) und 344.[613])

---

601) OLG Nürnberg, NJW 75, 2206; *Rosenberg/Schwab,* § 133 II 1; *Thomas/Putzo,* § 91 a Anm. 6; *Zöller,* § 91 a Rd.Ziff. 12; a. A. *Baumbach/Lauterbach/Albers/Hartmann,* § 91 a Anm. 6 F.
602) *Zöller,* § 91 a Rd.Ziff. 16; *Schneider,* S. 130, 137; a. A. OLG Frankfurt/Main, JurBüro 83, 444; offengelassen in BGHZ 21, 298.
603) *Zöller,* a. a. O. Rd.Ziff. 12.
604) Ausnahme: abtrennbare Kosten, vgl. Rd.Ziff. 5, 441.
605) Eingehend *Anders/Gehle,* Rd.Ziff. 536 f.; zur sofortigen Beschwerde nach § 91 a II vgl. allgemein Rd.Ziff. 181 ff.; zum Rechtsmittel bei der Teilerledigung vgl. Rd.Ziff. 441 ff.; zur Begründungspflicht bei Teilerledigung vgl. Rd.Ziff. 450 f.
606) OLG Schleswig, JurBüro 72, 426.
607) Vgl. Rd.Ziff. 454 ff.
608) Im einzelnen siehe Teil D, Stichwort „Erledigung".
609) OLG Zweibrücken, NJW 86, 939; *Zöller,* § 91 a Rd.Ziff. 24.
610) *Schellhammer,* Rd.Ziff. 1462.
611) *Zöller,* § 91 a Rd.Ziff. 24.
612) OLG Nürnberg, NJW 75, 2206.
613) OLG Stuttgart, Justiz 84, 19.

Die Kostenentscheidung, Urteil

433 **Rechtsfragen** müssen geklärt werden. Einen Rechtsentscheid braucht das Gericht jedoch nicht einzuholen.[614]

Die Ergebnisse einer bereits **durchgeführten Beweisaufnahme** sind zu verwerten, weil sie Teil des „bisherigen" Sach- und Streitstandes sind.

Erlischt die Klageforderung infolge einer während des Rechtsstreits erklärten **Primäraufrechnung**[615] nach § 389 BGB rückwirkend zu einem vor der Klageerhebung liegenden Zeitpunkt, trägt grundsätzlich der Kläger die Kosten,[616] da seine Klage sich als von Anfang an unbegründet herausstellt.[617]

434 Nur wenn sich aus tatsächlichen Gründen **kein bestimmtes Ergebnis** erzielen läßt, darf eine summarische Prüfung vorgenommen werden.[618] Eine Beweisaufnahme ist grundsätzlich nicht mehr zulässig, da nicht mehr die Hauptsache aufgeklärt, sondern nur noch über den Nebenpunkt der Kosten entschieden wird. Ausnahmen sind im Interesse materieller Kostengerechtigkeit jedoch zulässig, sofern sie nicht mit zusätzlichem Kosten- oder Zeitaufwand einhergehen,[619] namentlich also bei Vorhandensein **präsenter Beweismittel**, die jedoch geeignet sein müssen, den Streitpunkt vollständig zu bereinigen.

435 Ist der Sachverhalt nicht **aufgeklärt**, darf das Gericht im Rahmen eines weiten Ermessensspielraums[620] eine Prognose auf die voraussichtliche Entwicklung des Rechtsstreits stellen.[621] Die Kostenentscheidung darf sich hieran jedoch nur dann orientieren, wenn mit sehr hoher Wahrscheinlichkeit ein bestimmtes Ergebnis erzielt worden wäre. Bei Erledigung im Urkunden-, Wechsel- oder Scheckprozeß ist in diesem Sinne auch der mutmaßliche Ausgang des Nachverfahrens mit zu berücksichtigen.[622]

Bleibt das **Ergebnis ungewiß**, sind die Kosten mangels weiterer Anhaltspunkte gegeneinander aufzuheben.[623]

436 **Maßgeblicher Zeitpunkt** ist die letzte mündliche Verhandlung, nicht hingegen der Tag, an dem die Klageschrift bei Gericht eingeht;[624] zu berücksichtigen sind die Erfolgsaussichten bis zum möglichen Eintritt eines erledigenden Ereignisses.[625]

b) Billigkeitsentscheidung abweichend vom Sach- und Streitstand

437 Trotz feststehenden Ergebnisses zum bisherigen Sach- und Streitstand kann sich aus besonderen Billigkeitsgesichtspunkten eine abweichende Kostenverteilung rechtfertigen. Dies ist namentlich in den nachstehend aufgeführten Fällen zu bejahen:

438 Der Beklagte hat die Klageforderung unter den Voraussetzungen des § 93 durch Erklärung

---

614) BayObLG, MDR 87, 1026.
615) Zur Kostenentscheidung bei der Aufrechnung allgemein vgl. Rd.Ziff. 333 ff.
616) H. M., vgl. RGZ 50, 389, 391; *Zöller*, § 91 a Rd.Ziff. 58, „Aufrechnung".
617) Zu Sonderproblemen bei der mietrechtlichen Kautionsklage *Wiek*, Das Kostenrisiko des Mieters bei einer Kautionsklage, WM 89, 549.
618) BGH, NJW 77, 436.
619) BGHZ 21, 300; OLG Köln, MDR 69, 848; *Schneider*, MDR 76, 885; *Zöller*, § 91 a Rd.Ziff. 26; *Thomas/Putzo*, § 91 a Anm. 10 a; a. A. OLG Hamm, AnwBl. 90, 48; *Baumbach/Lauterbach/Albers/Hartmann*, § 91 a Anm. 8 C.
620) *Baumbach/Lauterbach/Albers/Hartmann*, § 91 a Anm. 8 D.
621) OLG Frankfurt/Main, NJW 87, 1410; *Baumbach/Lauterbach/Albers/Hartmann*, § 91 a Anm. 8 C.
622) OLG Hamm, MDR 63, 317.
623) OLG Frankfurt/Main, WM 78, 222.
624) A. A.: *Zöller*, § 91 a Rd.Ziff. 16.
625) OLG Köln, FamRZ 88, 1273.

oder auch konkludent durch Erfüllung **anerkannt**. Die Kosten können entsprechend der Vorschrift dem Kläger auferlegt werden.[626]

Ein **Anerkenntnis** führt ohne Rücksicht auf den Sach- und Streitstand grundsätzlich zur Kostenbelastung,[627] es sei denn, der Beklagte habe erkennbar nur zur Vermeidung eines kostspieligen Rechtsstreits erfüllt.[628]

Bei einem **außergerichtlichen Vergleich** kann der Rechtsgedanke des § 98 herangezogen[629] oder der Umfang des wechselseitigen Nachgebens[630] berücksichtigt werden. 439

Ein **materieller Kostenerstattungsanspruch**,[631] z. B. aus § 286 I BGB, pFV oder cic, ist jedenfalls dann zu beachten, wenn er sich auf der Grundlage des Sachverhalts zweifelsfrei feststellen läßt.[632] 440

> **Beispiele:**
> Der Kläger darf nach sorgfältiger Abwägung davon ausgehen, daß der Beklagte ihm zu einer Leistung verpflichtet sei. Der Beklagte stellt entgegen einer vertraglichen Aufklärungspflicht erst im Laufe des Rechtsstreits den wahren Sachverhalt klar, aufgrund dessen seine Leistungspflicht nicht besteht.[633]
> Der Drittschuldner gibt entgegen § 840 I keine Erklärung ab. Erst nachdem der Gläubiger ihn auf Leistung verklagt hat, stellt sich heraus, daß die Pfändung ins Leere gegangen ist. Der Drittschuldner haftet nach § 840 II 2 auf die Prozeßkosten.[634]

Die Berücksichtigung des materiellen Anspruchs bietet vom Standpunkt der Prozeßökonomie den Vorteil, daß der Kläger, dem ein solcher Anspruch zusteht, nicht darauf angewiesen ist, die Klage zurückzunehmen, um alsdann den materiellen Kostenerstattungsanspruch in einem neuen Verfahren einzuklagen. Es darf in diesem Zusammenhang allerdings keine summarische Überprüfung[635] erfolgen, da der materielle Kostenerstattungsanspruch nicht Gegenstand des Rechtsstreits war und daher durch die übereinstimmende Erledigungserklärung nicht der Billigkeitsentscheidung des Gerichts anheimgegeben worden ist.[636]

Eine Mitschuld des Klägers hinsichtlich der Kostenverursachung

> **Beispiel:**
> Verspätete Abgabe der Erledigungserklärung hat zusätzliche Kosten zur Folge; vorwerfbares Absehen von geeigneten Aufklärungsmaßnahmen.

kann nach § 254 BGB quotenmäßig berücksichtigt werden. Die den Kläger treffende Quote ermittelt man zweckmäßig durch eine Gegenüberstellung der vermeidbaren mit den insgesamt angefallenen Kosten.

Erteilt der mit der **Stufenklage** in Anspruch genommene Beklagte eine negative Auskunft und erklären die Parteien daraufhin den Rechtsstreit übereinstimmend für in der Hauptsa-

---

626) OLG Köln, VersR 80, 463; VersR 86, 300; 557; OLG Frankfurt/Main, MDR 82, 328; *Zöller*, § 91 a Rd.Ziff. 24; s. o. Rd.Ziff. 233 und allgemein zu § 93 Rd.Ziff. 224 ff.
627) OLG Karlsruhe, MDR 86, 240.
628) OLG Celle, NJW-RR 86, 1061; *Zöller*, § 91 a Rd.Ziff. 25.
629) OLG Frankfurt/Main, MDR 84, 674; *Zöller*, § 91 a Rd.Ziff. 24.
630) OLG München, NJW 73, 154 mit Anm. S. 716.
631) Vgl. Rd.Ziff. 142 ff.
632) BGH, MDR 81, 126; OLG Nürnberg, NJW 75, 2206; OLG Köln, NJW 78, 111; VersR 86, 300; *Schellhammer*, Rd.Ziff. 1467; *Zöller*, § 91 a Rd.Ziff. 24; *Thomas/Putzo*, § 91 a Anm. 10 c.
633) Nach OLG Nürnberg, NJW 75, 2206.
634) Zur Feststellung des Kosteninteresses vgl. BGH, NJW 81, 989, 990 a. E. und Rd.Ziff. 474 ff.
635) Vgl. Rd.Ziff. 434.
636) Zum vergleichbaren Fall bei der Feststellung des Kosteninteresses vgl. Rd.Ziff. 483.

che erledigt, kann der Beklagte auch bei Unbegründetheit der Leistungsklage unter dem Aspekt des materiellen Kostenerstattungsanspruchs auf die gesamten Kosten haften.[637)]

c) Rechtsmittel

Die Kostenentscheidung unterliegt gemäß § 91 a II 1 der sofortigen Beschwerde. § 570 ist grundsätzlich nicht anwendbar, da es auf den Sach- und Streitstand bei Erledigung ankommt; anderes gilt, wenn z. B. eine Urkunde den eindeutigen Rückschluß darauf zuläßt, daß eine Beweiserhebung in erster Instanz zu einem falschen Ergebnis geführt hat.[638)] § 91 a II 1 regelt nur die Statthaftigkeit der sofortigen Beschwerde. Daneben müssen die Zulässigkeitsvoraussetzungen der §§ 567 ff. vorliegen; insbesondere muß der Wert des Beschwerdegegenstandes 200 DM übersteigen (§ 567 II); außerdem ist die sofortige Beschwerde unzulässig, wenn die Hauptsachenentscheidung wegen Nichterreichens des Beschwerdewertes unanfechtbar ist.[638a)]

3. Teilerledigung

a) Allgemeines

441 Die Parteien können hinsichtlich abtrennbarer Teile des Streitgegenstandes eine Teilerledigungserklärung abgeben.[639)] Bei Zahlungsklagen ist sie also generell zulässig. Bei der **Stufenklage** kommt sie auch hinsichtlich einzelner Stufen in Betracht.[640)] Mit Rücksicht auf den Grundsatz der **Kosteneinheit**[641)] darf jedoch in solchen Fällen grundsätzlich kein gesonderter Kostenbeschluß ergehen.[642)] Vielmehr ist im **Schlußurteil** eine einheitliche Kostenentscheidung zu treffen,[643)] die sich hinsichtlich des erledigten Teils nach den für § 91 a geltenden Grundsätzen, im übrigen nach §§ 91 ff. richtet.[644)] Es ergeht also eine Kostenmischentscheidung.[645)] Da die Rechtshängigkeit entfällt, soweit die Parteien den Rechtsstreit übereinstimmend für erledigt erklären, ist in der Hauptsache nur noch über den Teil zu entscheiden, der streitig bleibt.

Das gilt auch bei der Stufenklage, wenn der Rechtsstreit hinsichtlich des Auskunftsanspruchs übereinstimmend für erledigt erklärt wird.[646)]

---

637) Str., vgl. OLG Karlsruhe, FamRZ 89, 1200 (Bekl. trägt ganz oder teilweise die Kosten der unteren Stufen); OLG Karlsruhe, FamRZ 90, 74 (es kommt auf die Erfolgschancen der Leistungsklage an); OLG Düsseldorf, FamRZ 88, 1701 (Kl. trägt das volle Kostenrisiko); zur vergleichbaren Problematik bei der streitigen Erledigung und zur Feststellung des Kosteninteresses vgl. Rd.Ziff. 474 ff. Weitere Einzelfälle bei *Zöller*, § 91 a Rd.Ziff. 29, 58 ff.; *Baumbach/Lauterbach/Albers/Hartmann*, § 91 a, Anm. 8 E.
638) OLG Frankfurt/Main, NJW-RR 91, 1392.
638a) Vgl. hierzu näher Rd.Ziff. 183 f. und 445 f.
639) BGH, LM § 99 Nr. 10; *Baumbach/Lauterbach/Albers/Hartmann*, § 91 a, Anm. 6 M.
640) BGH, NJW 91, 1893.
641) Vgl. Rd.Ziff. 158 ff.
642) Zur Ausnahme im Streitgenossenprozeß vgl. Rd.Ziff. 5 ff.
643) BGH, NJW 62, 2252; OLG Koblenz, JurBüro 84, 1395 (keine Kostenentscheidung nach Zeitabschnitten); OLG Köln, FamRZ 88, 1273; *Schellhammer*, Rd.Ziff. 1470; *Schneider*, S. 139; *Baumbach/Lauterbach/Albers/Hartmann*, § 91 a, Anm. 18 C.
644) BGH, NJW 70, 761; *Zöller*, § 91 a Rd.Ziff. 54; *Baumbach/Lauterbach/Albers/Hartmann*, Anm. 7 G; *Schneider*, Zinsen und Kosten beim Streitwert nach teilweiser Hauptsacheerledigung, JurBüro 79, 1589, 1593; OLG München, JurBüro 81, 1096 für Teilleistung des Schuldners vor Zustellung eines Vollstreckungsbescheids und anschließendem Einspruch: Kostenbelastung des Schuldners.
645) *Zöller*, § 91 a Rd.Ziff. 54; zur Kostenentscheidung über Teilerledigung in der Revisionsinstanz BGH, MDR 76, 379; und bei Teilerledigung nach Einreichen der Revisionsbegründungsschrift und anschließender Verwerfung der Revision BGH, NJW 77, 1883 (LS); vgl. allgemein zu Kostenmischfällen auch Rd.Ziff. 186 f.
646) OLG Düsseldorf, JurBüro 83, 1876.

Wird nach Teilbeendigung des Rechtsstreits, etwa durch **Teilrücknahme** oder **Teilurteil**,⁶⁴⁷⁾ 442
der Rechtsstreit hinsichtlich des noch im Streit verbliebenen Restanspruchs übereinstimmend
für erledigt erklärt, liegt eine umfassende, nicht lediglich eine teilweise Erledigungserklärung
vor, so daß insgesamt nach § 91 a über die Kosten zu entscheiden ist.⁶⁴⁸⁾

b) Berechnungsmethode

Die Berechnung der Gesamt-Kostenquote richtet sich nach den Grundsätzen, die bei der 443
Teilrücknahme dargelegt wurden.⁶⁴⁹⁾ Denn auch bei der Teilerledigung verringert sich für
den verbleibenden Teil des Anspruchs der **Streitwert**.⁶⁵⁰⁾
Wer mit der Mindermeinung die Ansicht vertritt, der Streitwert des noch streitigen
Anspruchs sei um das auf den erledigten Teil entfallende **Kosteninteresse** zu erhöhen,⁶⁵¹⁾
muß dem auch bei der Kostenverteilung Rechnung tragen, da die Gebühren im weiteren
Verlauf des Rechtsstreits aufgrund eines höheren Streitwertes berechnet werden. Wegen
der Einzelheiten wird auf das vergleichbare Problem bei der einseitigen Teilerledigung
verwiesen.⁶⁵²⁾ Bei verhältnismäßig geringem Wertanteil der Erledigung kann dieser
Gesichtspunkt unabhängig von der Streitwertermittlung vernachlässigt werden.

Da nach herrschender Auffassung die übereinstimmende Erledigungserklärung einer 444
erneuten Klageerhebung nicht entgegensteht,⁶⁵³⁾ kann man folgerichtig statt der **Quotenmethode**⁶⁵⁴⁾ die **Mehrkostenmethode**⁶⁵⁵⁾ anwenden. Der rechnerische Unterschied ist auch
hier sehr gering.⁶⁵⁶⁾

c) Rechtsmittel

Soweit die Kostenentscheidung auf § 91 a beruht, kann das Urteil abweichend von § 99 I 445
entsprechend § 91 a II mit der **sofortigen Beschwerde** im Kostenpunkt isoliert angefochten werden.⁶⁵⁷⁾ Denn der beschwerten Partei darf kein Nachteil daraus entstehen, daß
wegen der Notwendigkeit einer einheitlichen Kostenentscheidung⁶⁵⁸⁾ über den
Kostenpunkt allein im Urteil erkannt wird und damit eine direkte Anwendung des § 91 a II
ausscheidet. Die Beschwerde ist nur zulässig, wenn die auf den erledigten Teil entfallenden
Kosten der Parteien die **Beschwerdesumme** nach § 567 II erreichen, also den Betrag von
200,– DM übersteigen.⁶⁵⁹⁾

Außerdem muß der von der Erledigung erfaßte Teil für sich gesehen die Voraussetzungen 446
eines in der Hauptsache eingelegten Rechtsmittels erfüllen, es muß also insbesondere
hinsichtlich dieses Teils nach § 511 a die **Rechtsmittelsumme** erreicht sein.⁶⁶⁰⁾ Wird die
Entscheidung vom OLG erlassen, findet nach § 567 III die Beschwerde an den BGH nicht
statt.⁶⁶¹⁾

Das Beschwerdegericht überprüft die Kostenentscheidung nur insoweit, als sie auf § 91 a 447

---

647) Vgl. Rd.Ziff. 400 ff.
648) *Baumbach/Lauterbach/Albers/Hartmann*, § 91 a Anm. 18 E.
649) Vgl. Rd.Ziff. 404, 408, 410.
650) Vgl. Teil D, Stichwort „Erledigung".
651) Vgl. Teil D, Stichwort „Erledigung", Rd.Ziff. 5.
652) Vgl. Rd.Ziff. 466 ff.
653) *Baumbach/Lauterbach/Albers/Hartmann*, § 91 a Anm. 13 B; *Zöller*, § 91 a Rd.Ziff. 28 mit
    Nachweisen zur Mindermeinung.
654) Vgl. Rd.Ziff. 404, 408.
655) Vgl. Rd.Ziff. 404, 410.
656) Vgl. Rd.Ziff. 408, 410.
657) Vgl. Rd.Ziff. 187.
658) Vgl. Rd.Ziff. 158 ff. und 187.
659) Vgl. Rd.Ziff. 183, 187.
660) Vgl. Rd.Ziff. 183, 187.
661) BGH, NJW 67, 1131; NJW 91, 2020; *Zöller*, § 91 a Rd.Ziff. 56.

Die Kostenentscheidung, Urteil

beruht.[662] Gelangt es zu einem abweichenden Ergebnis, ist die gesamte Kostenentscheidung einheitlich neu zu formulieren.[663]

448 Die betreffend den erledigten Teil erlassene Kostenentscheidung ist auch dann zu überprüfen, wenn gegen das Urteil **Berufung** eingelegt wird.[664] Der zusätzlichen, auch für sich gesehen zulässigen sofortigen Beschwerde bedarf es nicht,[665] wenngleich diese unschädlich ist und zu einer Verbindung der beiden Sachen im Berufungsverfahren führt.[666] Das Erreichen der Berufungssumme nach § 511a ist ohne Rücksicht auf die Kosten des erledigten Teils zu prüfen.[667] Das folgt aus der Regelung des § 4 I a. E., die auch für den Rechtsmittelstreitwert gilt.[668]

449 Ist nach übereinstimmend erklärter Teilerledigung über den noch offenen Teil ein **Anerkenntnis-Schlußurteil** ergangen, bleibt hinsichtlich der Kostenentscheidung nach §§ 91a II, 99 II nur die Möglichkeit der sofortigen Beschwerde. Die Berufung ist ausgeschlossen.[669]

d) Darstellung im Urteil

450 Mit Rücksicht auf die Möglichkeit, die nach § 91a ergangene Kostenentscheidung isoliert mit der sofortigen Beschwerde anzugreifen,[670] müssen die Entscheidungsgründe zweifelsfrei erkennen lassen, inwieweit der Kostenausspruch auf dieser Vorschrift beruht und welche Erwägung insoweit maßgeblich waren.[671]

> Beispiel:
> Soweit die Parteien den Rechtsstreit hinsichtlich eines Teilbetrages von ... in der Hauptsache übereinstimmend für erledigt erklärt haben, sind die Kosten gemäß § 91a ZPO gegeneinander aufzuheben. Das ergibt sich aus folgendem: ...

451 Die sofortige Beschwerde ist selbstverständlich auch dann zulässig, wenn die Entscheidungsgründe des Urteils eine eindeutige Abgrenzung nicht erkennen lassen.[672] Der **Begründungsmangel** führt jedoch in aller Regel zur Aufhebung der gesamten Kostenentscheidung wegen des darin liegenden Verfahrensfehlers.[673]

Selbst wenn das Gericht die Regelung des § 91a in bezug auf den erledigten Teil offenbar übergangen hat, ist eine Urteilsberichtigung nach § 319 nicht zulässig.[674]

4. Erledigung hinsichtlich eines Streitgenossen

452 Im Falle **notwendiger Streitgenossenschaft** kann die übereinstimmend erklärte Erledigung nur bei Zustimmung aller Steitgenossen eintreten.[675] Im übrigen ist sie uneinge-

---

662) Rd.Ziff. 187.
663) Vgl. Rd.Ziff. 187.
664) Rd.Ziff. 187.
665) KG, MDR 86, 241; OLG Hamm, OLGZ 87, 375; *Zöller*, § 91a Rd.Ziff. 56.
666) *Stein/Jonas*, § 91a Rd.Ziff. 34.
667) BGH, NJW 62, 2252; *Stein/Jonas*, § 91a Rd.Ziff. 34.
668) Vgl. Teil D, Stichwort „Rechtsmittel".
669) BGH, LM § 99 ZPO Nr. 10.
670) Vgl. Rd.Ziff. 187, 445.
671) Zur Behandlung im Gutachten *Anders/Gehle*, Rd.Ziff. 543.
672) *Zöller*, § 91a Rd.Ziff. 56.
673) Vgl. OLG Köln, NJW-RR 87, 1152; *Zöller*, § 329, Rd.Ziff. 24.
674) KG, JurBüro 81, 614.
675) *Wieczorek*, § 91a Anm. A IV a 1; *Zöller*, § 91a Rd.Ziff. 33.

schränkt zulässig, und zwar als Gesamterledigung, die zum Ausscheiden des betreffenden Streitgenossen aus dem Rechtsstreit führt, wie auch als Teilerledigung.[676] Im ersteren Fall kann, wie bei der Teilrücknahme,[677] über die außergerichtlichen Kosten des Streitgenossen vorab durch Beschluß entschieden werden.[678] Die Entscheidung steht entsprechend § 301 im Ermessen des Gerichts. Sinnvoll ist sie nur dann, wenn dem im Rechtsstreit verbleibenden Gegner Kosten des Ausscheidenden auferlegt werden, damit dieser sie abrechnen kann.

Hat der durch Teilurteil uneingeschränkt verurteilte Streitgenosse die Forderung **bezahlt** und erklären daraufhin die übrigen den Rechtsstreit für in der Hauptsache erledigt, muß, auch soweit der Verurteilte betroffen ist, ein einheitlicher Kostenbeschluß ergehen.[679] **453**

II. Einseitige Erledigungserklärung

1. Allgemeines

In der einseitigen, vom Beklagten mit dem Abweisungsantrag beantworteten Erledigungserklärung des Klägers ist nach heute h. M. der konkludente Antrag enthalten, die Erledigung des Rechtsstreits in der Hauptsache **festzustellen**, d. h. zu erkennen, daß die ursprüngliche Klage zulässig und begründet war und infolge eines nachträglichen Ereignisses unzulässig oder unbegründet geworden ist.[680] Die Voraussetzungen des § 256 I sind bei einem solchen Antrag immer zu bejahen, was keiner näheren Erörterung bedarf. Das Feststellungsbegehren ist begründet, wenn die Hauptsache sich im Sinne des Antrags erledigt hat. Die Klage muß also sowohl zulässig als auch begründet gewesen sein, damit die Frage der Erledigung sich überhaupt stellen kann.[681] Alsdann genügt der Fortfall der Zulässigkeit oder der Begründetheit. Der in der Praxis häufigste Fall ist die Zahlung des verklagten Schuldners. **454**

Maßgeblich für den Eintritt eines „nachträglichen" Ereignisses ist die Zeit ab **Rechtshängigkeit**. Frühere Vorgänge können die Erledigung im Rechtssinne nicht herbeiführen;[682] in so gelagerten Fällen kann indes der Kläger die Feststellung des Kosteninteresses[683] beantragen.[684] **455**

---

676) Vgl. zur Teilerledigung allgemein Rd.Ziff. 441 ff.
677) Vgl. Rd.Ziff. 413.
678) *Baumbach/Lauterbach/Albers/Hartmann*, § 91 a Anm. 6 N; vgl. auch Rd.Ziff. 5 ff.
679) OLG Schleswig, JurBüro 72, 426.
680) BGH, NJW 86, 588; *Anders/Gehle*, Rd.Ziff. 545 ff., *Schellhammer*, Rd.Ziff. 1417; *Thomas/Putzo*, § 91 a Anm. 7; *Zöller*, § 91 a Rd.Ziff. 43; frühere Ansichten zur Rechtsnatur der einseitigen Erledigungserklärung dürften als überholt angesehen werden, vgl. die Nachweise bei *Zöller*, § 91 a Rd.Ziff. 34; *Göppinger*, Die Ermäßigung des Klageanspruchs, JurBüro 75, 1409.
681) OLG München, NJW 88, 349.
682) BGH, NJW 82, 1598; dazu abl. Anm. *Bode*, JurBüro 83, 647; BGH, NJW 86, 588; *Baumbach/Lauterbach/Albers/Hartmann*, § 91 a Anm. 5 C–E; *Zöller*, § 91 a Rd.Ziff. 40 f., jeweils mit Nachweisen der anderen Ansichten.
683) Vgl. Rd.Ziff. 481 ff.
684) Zur Formulierung von Antrag und Tenor vgl. Teil A, Erledigung und Feststellung des Kosteninteresses.

Die Kostenentscheidung, Urteil

2. Kostenentscheidung

a) Grundsatz

456 Da auf den Feststellungsantrag nach streitiger Verhandlung eine (normale) Hauptsachenentscheidung ergeht, ist über die Kosten nicht nach § 91 a, sondern nach §§ 91 ff. zu befinden.[685]

b) Teilweises Obsiegen des Klägers

457 Obsiegt der Kläger bei vollständiger Erledigungserklärung nur teilweise,

Beispiele:
Die Klage war von Anfang an nur zum Teil zulässig oder begründet.
Entgegen der Annahme des Klägers ist Erledigung nur zum Teil eingetreten.

richtet sich die Kosenquote unabhängig von der Frage, welchen Streitwert der Feststellungsantrag hat,[686] grundsätzlich nach dem Endergebnis des Rechtsstreits. War die Klage nur zur Hälfte begründet oder ist bei anfangs begründeter Klage nur in diesem Umfang Erledigung eingetreten, tragen die Parteien die Kosten je zur Hälfte, bzw. die Kosten werden gegeneinader aufgehoben. Eine Unterscheidung nach den bis zur Erledigungserklärung sowie in der Zeit danach angefallenen Kosten[687] ist nicht erforderlich, da der ursprüngliche Antrag und der spätere Feststellungsantrag sich jeweils auf den gesamten Streitgegenstand beziehen, so daß die Erfolgsquoten für beide Verfahrensabschnitte gleich bleiben.

Kosten einer erfolglosen Beweisaufnahme, die nur mit Rücksicht auf einen Teil des Streitgegenstandes aufgewendet worden sind, können möglicherweise nach § 96 getrennt ausgeworfen werden.[688]

c) Rechtsmittel

458 Die Kostenentscheidung des „Erledigungsurteils" kann gemäß § 99 I **nicht isoliert** angefochten werden.[689] Das Urteil ist nur in der Hauptsache mit dem jeweils zulässigen Rechtsmittel – Berufung oder Revision – angreifbar, wobei dann die Kostenentscheidung von Amts wegen mit überprüft wird.[690]

3. Teilerledigung

a) Allgemeines

459 Die einseitige Erledigungserklärung kann sich auch auf einen Teil des Streitgegenstandes beziehen.[691] Dieser muß lediglich von dem Klageanspruch im übrigen **abtrennbar** sein.[692] Es gelten insoweit die selben Regeln wie bei der übereinstimmend abgegebenen Teilerledigungserklärung.[693]

---

685) OLG Düsseldorf, NJW 66, 507 (mit heute überholten Ausführungen zum rechtlichen Interesse des Beklagten an der Aufrechterhaltung des Abweisungsantrags); *Anders/Gehle,* Rd.Ziff. 545.
686) Vgl. Teil D, Stichwort „Erledigung".
687) Vgl. hierzu Problematik bei Teilrücknahme, Rd.Ziff. 403 ff.
688) Siehe o. Rd.Ziff. 171 ff.
689) *Zöller,* § 91 a Rd.Ziff. 57; vgl. auch Rd.Ziff. 177.
690) BGH, NJW 72, 112; str.; vgl. *Zöller,* § 91 a Rd.Ziff. 49 m. w. N.
691) Allgemeine Meinung, vgl. OLG Düsseldorf, NJW 66, 507; *Baumbach/Lauterbach/Albers/Hartmann,* § 91 a Anm. 18 A; *Zöller,* § 91 a Rd.Ziff. 57.
692) Der Hinweis von *Baumbach/Lauterbach/Albers/Hartmann,* § 91 a, Anm. 18 A, die Voraussetzungen des § 301 brauchten nicht vorzuliegen, ist überflüssig, da die Abgabe der Erledigungserklärung aufgrund der freien Entscheidung des Klägers erfolgt und daher ohnehin nicht im Ermessen des Gerichts steht.
693) Vgl. Rd.Ziff. 441 ff.

Unter den Voraussetzungen des § 301 kann ein Teilurteil ergehen, das grundsätzlich keine Kostenentscheidung enthält.[694)]
Nicht selten erfolgt die Abgabe der Erklärung durch die Wendung „abzüglich".[695)]   460

> **Beispiel:**
> Der Kläger hat Zahlung von 10 000,– DM nebst 8% Zinsen seit dem 2. 1. 1990 verlangt. Zum 2. 1. 1991 leistet der Beklagte eine Abschlagszahlung von 6000,– DM.
> Der Kläger beantragt nunmehr, den Beklagten zu verurteilen, an ihn 10 000,– DM nebst 8% Zinsen seit dem 2. 1. 1990, abzüglich am 2. 1. 1991 gezahlter 6000,– DM zu zahlen.

Hinsichtlich der durch die Abschlagszahlung getilgten Teilforderung erklärt der Kläger den Rechtsstreit hierdurch im Zweifel konkludent für in der Hauptsache erledigt. Eine Teilrücknahme liegt normalerweise wegen der Kostenfolge des § 269 III 2 nicht vor. Sie ist nur dann gegeben, wenn der Kläger selbst zu erkennen gibt, daß er den betreffenden Anspruch für unbegründet hält.

Die Formulierung „abzüglich" wird als zulässig angesehen.[696)] Zu beachten ist allerdings, daß diese Formulierung, verstanden als Teilerledigungserklärung, auf einer Verrechnung des Zahlungseingangs nach § 366 II BGB beruht, d. h. daß die bereits aufgelaufenen Zinsen und die eventuell mit geltend gemachten vorgerichtlichen Kosten zuerst abzuziehen sind, bevor sich die Hauptforderung verringert. Der richtige, sprachlich nicht verkürzte Klageantrag würde also lauten:

> ... den Beklagten zu verurteilen, an den Kläger 4800,– DM nebst 8% Zinsen seit dem 2. 1. 1991 zu zahlen und im übrigen (oder: hinsichtlich einer Teilforderung von 5200,– DM nebst 8% Zinsen vom 2. 1. 1990 bis zum 1. 1. 1991) festzustellen, daß der Rechtsstreit in der Hauptsache erledigt ist.

Hat der Schuldner jedoch eine anderweitige Leistungsbestimmung getroffen, geht diese gemäß § 366 I BGB der Verrechnung nach § 366 II BGB vor. Erklärt im Beispielsfall der Beklagte, er zahle allein auf die Hauptforderung, müßte der Antrag lauten:

> ... den Beklagten zu verurteilen, an den Kläger 4000,– DM nebst 8% Zinsen von 10 000,– DM vom 2. 1. 1990 bis zum 1. 1. 1991 und von 4000,– DM seit dem 2. 1. 1991 zu zahlen und hinsichtlich eines Teilbetrages der Hauptforderung in Höhe von 6000,– DM den Rechtsstreit für in der Hauptsache erledigt zu erklären.

b) Hauptsachenentscheidung

Im Falle der einseitigen Erledigungserklärung muß, anders als bei der übereinstimmend   461
erklärten Erledigung,[697)] auch hinsichtlich des erledigten Teils ein Ausspruch zur Hauptsache (Feststellung der Erledigung) erfolgen.[698)] Die Wendung „abzüglich" ist auch im Tenor erlaubt.
Obsiegt der Kläger im vorstehenden Beispielsfall (Rd.Ziff. 460), müßte der Tenor lauten:

> Der Beklagte wird verurteilt, an den Kläger 10 000,– DM nebst 8% Zinsen seit dem 2. 1. 1990 abzüglich am 2. 1. 1991 gezahlter 6000,– DM zu zahlen.

Die Feststellung der Erledigung ist daneben nicht erforderlich.
Erfolgt demgegenüber die Verrechnung der Teilzahlung nach der Leistungsbestimmung des Beklagten allein auf die Hauptforderung, stellt der Kläger aber dennoch den Antrag „abzüglich...", ist zu tenorieren:

---

694) Allgemein vgl. Rd.Ziff. 4 ff. und 452 f.; Ausnahme: Streitgenossenprozeß, vgl. Rd.Ziff. 5 ff. und 472 ff.
695) *Anders/Gehle*, Rd.Ziff. 547.
696) Vgl. OLG Frankfurt/Main, MDR 77, 56; OLG Koblenz, AnwBl. 90, 172.
697) Vgl. Rd.Ziff. 441.
698) Vgl. Rd.Ziff. 454 und zur Formulierung Teil A, „Erledigung".

Die Kostenentscheidung, Urteil

Der Beklagte wird verurteilt, an den Kläger 4000,— DM nebst 8% Zinsen von 10 000,— DM vom 2.1.1990 bis zum 1.1.1991 und von 4000,— DM seit dem 2.1.1991 zu zahlen. Hinsichtlich eines Teilbetrages der Hauptforderung in Höhe von 6000,— DM ist der Rechtsstreit in der Hauptsache erledigt. Im übrigen wird die Klage abgewiesen.

Die Abweisung im übrigen ist geboten, weil der Kläger abweichend von seinem Zahlungsantrag nicht 4800,— DM, sondern nur 4000,— DM ab dem 2.1.1991 verzinst erhält. In dieser Zinsdifferenz liegt der gegenüber dem Antrag erlittene Verlust.

c) Kostenentscheidung

462 Die Kostenentscheidung muß sich bei der streitigen Teilerledigung nach den allgemeinen Vorschriften der §§ 91 ff. richten; § 91 a ist nicht anwendbar.[699] Ein Teilunterliegen ist, wie nachfolgend näher dargelegt, quotenmäßig zu berücksichtigen. Die Grundsätze der Mehrkostentheorie[700] sind nicht anwendbar, da auch hinsichtlich des erledigten Teils in jedem Fall eine der Rechtskraft fähige Sachentscheidung ergeht.[701]

aa) Allgemeine Grundsätze

463 Das Kernproblem der Kostenentscheidung liegt wie bei jeder anderen **Teilbeendigung**[702] darin, daß sich grundsätzlich der **Streitwert** ändert und damit nach der Teilerledigungserklärung geringere Gebühren anfallen.

In einem ersten Arbeitsschritt ist demzufolge für die beiden Abschnitte des Rechtsstreits der Streitwert festzusetzen. Hierbei muß berücksichtigt werden, daß die auf den erledigten Teil entfallenden Kosten den verbleibenden Reststreitwert erhöhen.[703]

464 Die **vor** der Abgabe der Erledigungserklärung entstandenen Kosten verteilen sich, da sie nach dem ursprünglichen Streitwert berechnet werden, gemäß dem Gesamtschicksal der Klage. Für die **später** anfallenden Kosten ist alleine der Erfolg des Klägers mit den Ansprüchen maßgeblich, für welche diese Kosten aufgewendet werden.

Die aufgrund dieser differenzierenden Berechnung ermittelten Kostenanteile sind zu addieren und in eine Gesamtquote umzurechnen.

bb) Beispiel

465 In dem zu Eingang gebildeten Beispielsfall[704] hat der Beklagte eine nicht näher bestimmte, nach § 366 II BGB zu verrechnende Abschlagszahlung von 6000,— DM geleistet. Dies geschieht jedoch „ohne Anerkennung einer Rechtspflicht". Der Kläger stellt zu Beginn der mündlichen Verhandlung den Antrag „abzüglich..."; der Beklagte beantragt Klageabweisung. Über die Berechtigung des gesamten ursprünglichen Anspruchs wird Beweis erhoben. Es ergibt sich, daß die Klage bei Erhebung im Umfang von 7000,— DM nebst Zinsen begründet war. Dem Kläger werden noch 1800,— DM nebst 8% Zinsen seit dem 2.1.1991 zugesprochen. Hinsichtlich 5200,— DM ursprünglicher Hauptforderung zuzüglich 800,— DM Zinsen wird (gegebenenfalls durch die Wendung „abzüglich..." im Tenor, vgl. Rd.Ziff. 462) festgestellt, daß der Rechtsstreit in der Hauptsache erledigt ist.

466 Der anfängliche **Streitwert** beläuft sich auf 10 000,— DM. Da die Zahlung des Beklagten vorrangig auf die 1990 im Umfang von 800,— DM aufgelaufenen Zinsen zu verrechnen ist, bleiben von der Hauptforderung noch 4800,— DM im Streit. Hinzuzurechnen ist der auf den erledigten Anspruch entfallende Kostenanteil. Da die Hauptforderung im Umfang von

---

[699] Vgl. Rd.Ziff. 456; die gegenteilige Auffassung von *Baumbach/Lauterbach/Albers/Hartmann*, § 91 a Anm. 18 E, dürfte auf einer mißverständlichen Interpretation der Entscheidung BGHZ 40, 265 (269) = NJW 64, 660 beruhen, die sich auf eine übereinstimmend erklärte Teilerledigung bezieht.
[700] Vgl. Rd.Ziff. 404, 410; a. A. OLG Köln, JurBüro 91, 1385.
[701] Vgl. *Anders/Gehle,* Rd.Ziff. 552.
[702] Vgl. Rd.Ziff. 400 ff., 441 ff.
[703] Vgl. Teil D, Stichwort „Erledigung der Hauptsache".
[704] Vgl. Rd.Ziff. 460.

5200,– DM getilgt wurde, erhöht sich der Streitwert um 52% der bis zur Abgabe der Erledigungserklärun angefallenen Kosten, also der Nr. 1010-Gebühr und der beiden anwaltlichen Prozeßgebühren.

Die Nr. 1010-Gebühr macht 222,– DM aus; die Summe der beiden Anwaltsgebühren ergibt 1078,– DM, einschließlich MWSt. 1298,92 DM. 52% des Gesamtbetrages machen rund 755,– DM aus, so daß sich für den weiteren Verlauf des Rechtsstreits ein Streitwert von 5555,– DM (oder: bis 6000,– DM) ergibt.

Von den bis zur Erledigungserklärung angefallenen Kosten tragen der Kläger 30%, der Beklagte 70%, da die Klage ursprünglich im Umfang von 70% begründet war. Die später entstehenden Kosten verteilen sich im Verhältnis 3000,– DM zu 2555,– DM, da die Klage im Umfang von 3000,– DM abgewiesen wird und der Kläger im übrigen, d. h. mit den zugesprochenen 1800,– DM und mit dem Kostenanteil des Erledigungsantrags obsiegt. Hier ergibt sich eine Quote von 54% : 46%.

Im tabellarischen Überblick errechnet sich die Kostenentscheidung demnach wie folgt: **467**

	Kläger	Beklagter
1. Kosten bis zur Abgabe der Erledigungserklärung: 222 + 1078[705)] = 1300 DM Quote: 30% : 70%	390	910
2. spätere Kosten: Urteilsgebühr 300 + Anwaltsgebühren 1324 = 1624 DM Quote: 54% : 46%	877	747
Gesamtverteilung	1267	1657
Quote	43%	57%

Wie das vorstehende Beispiel zeigt, wird die Kostenentscheidung dadurch, daß man beim Streitwert des verbleibenden Teils das auf die Erledigung entfallende Kosteninteresse berücksichtigt, komplizierter, ohne daß sich ein größerer Gewinn an Genauigkeit ergäbe. Wenn der erledigte Teil verhältnismäßig geringfügig ist, erscheint es u. E. vertretbar, diesen Posten im Rahmen der Kostenentscheidung unberücksichtigt zu lassen und wie bei der Teilrücknahme[706)] zu verfahren. Gleiches gilt selbstverständlich immer, wenn man beim Streitwert den Kostenanteil gänzlich unberücksichtigt läßt,[707)] z. B. bei der übereinstimmend erklärten Teilerledigung.[708)] **468**

Leistet der Beklagte nur auf die Hauptforderung, so daß eine Verrechnung nach § 366 II BGB nicht stattfindet, trägt der Kläger dem aber bei der Formulierung seines Antrags nicht Rechnung,[709)] ist die darin liegende Zuvielforderung in beiden Abschnitten des Rechtsstreits als Verlustanteil des Klägers anzusetzen. **469**

Verursacht die Beweisaufnahme hohe Kosten, werden diese in der Tabelle anteilsmäßig berücksichtigt. Mußten z. B. im obigen Fall 1500,– DM zusätzlich aufgewendet werden, ergibt sich ein Verhältnis von 2077,– DM zu 2347,– DM, also eine Quote von 47% zu 53%. **470**

---

705) Die Mehrwertsteuer bleibt trotz Berücksichtigung beim Streitwert hier außer Ansatz, da sie bei der Quotenbildung nicht ins Gewicht fällt.
706) Vgl. Rd.Ziff. 403 ff.
707) Vgl. Teil D, Stichwort „Erledigung".
708) Vgl. Rd.Ziff. 443.
709) Vgl. Rd.Ziff. 454.

Die Kostenentscheidung, Urteil

d) Rechtsmittel

471 Die Kostenentscheidung des Urteils kann wie im Falle der Gesamterledigung[710] nicht isoliert angefochten werden.[711]

4. Einseitige Erledigungserklärung im Verhältnis zu einzelnen Streitgenossen

472 Bei streitiger Erledigung unter Beteiligung lediglich einzelner Streitgenossen[712] kann ein Teilurteil ergehen, das, wenn es sich insoweit um eine Gesamterledigung handelt, hinsichtlich der **außergerichtlichen Kosten** der ausscheidenden Partei mit einer Kostenentscheidung zu versehen ist.[713]

473 Wird im Verhältnis zu einem Streitgenossen eine **Teilerledigungserklärung** abgegeben, ist für die Kostenentscheidung im Schlußurteil — jedenfalls bei einem erheblichen Wertanteil des erledigten Anspruchs — der geringere Streitwert des verbleibenden Streitgegenstands zu beachten.[714]
Im übrigen verbleibt es bei den Grundsätzen des **Baumbach'schen Formel**.[715]

III. „Erledigung" vor Rechtshängigkeit, Feststellung des Kosteninteresses

1. Allgemeines

a) Problemstellung

474 Wird die Klage infolge eines vor Rechtshängigkeit eintretenden Ereignisses gegenstandslos,
Beispiel:
Der Schuldner zahlt vor Zustellung der Klageschrift.
kann der Kläger zwar bei übereinstimmend erklärter Erledigung der Hauptsache,[716] nicht hingegen mit einer einseitigen Erledigungserklärung eine für ihn günstige Kostenentscheidung erreichen.[717] Beantragt der Beklagte weiterhin Klageabweisung, namentlich weil er eine der Rechtskraft fähige Entscheidung wünscht, stellt sich für den Kläger das Problem, auf welchem Wege er dem Beklagten die Kostenlast überbürden kann.
Bleibt streitig, ob sich der Rechtsstreit in der Hauptsache erledigt hat oder ob das betreffende Ereignis vor Rechtshängigkeit eingetreten ist, so muß unter Beachtung der allgemeinen materiell-rechtlichen Beweisregeln der Sachverhalt aufgeklärt werden.[718]

b) Lösungsansätze

475 Da das Problem sich in der Praxis relativ häufig ergibt, sind im Laufe der Zeit viele verschiedene Lösungsansätze entwickelt worden, die jedoch gemessen an der unter 2. (Rd.Ziff. 481) zu behandelnden Feststellung des Kosteninteresses z. T. aus praktischen, z. T. aus dogmatischen Gründen nicht zufriedenstellen.

---

710) Vgl. Rd.Ziff. 458.
711) *Zöller*, § 91a Rd.Ziff. 57; zur abweichenden Behandlung bei der übereinstimmend erklärten Teilerledigung vgl. Rd.Ziff. 445 ff.
712) Zum vergleichbaren Fall bei der übereinstimmend erklärten Erledigung vgl. Rd.Ziff. 452 f.
713) Vgl. Rd.Ziff. 5 ff.
714) Vgl. Rd.Ziff. 463 ff.
715) Vgl. Rd.Ziff. 259 ff.
716) Vgl. Rd.Ziff. 440.
717) Vgl. Rd.Ziff. 454; eingehend *Anders/Gehle*, Rd.Ziff. 554 ff.
718) OLG Düsseldorf, JurBüro 91, 429.

aa) Klagerücknahme

Es bleibt in Fällen der vorliegenden Art dem Kläger unbenommen, die Klage zurückzunehmen und die ihm entstandenen bzw. die ihm auf Antrag des Beklagten nach § 269 III 2 auferlegten Kosten aufgrund einer **materiell-rechtlichen Anspruchsgrundlage**,[719] z. B. § 286 I BGB, in einem neuen Rechtsstreit von dem Beklagten ersetzt zu verlangen.[720] Die aufgrund der Rücknahme zum Nachteil des Klägers erlassene prozessuale Kostenentscheidung[721] steht dem nicht entgegen.[722]

476

Der entscheidende Nachteil dieser Lösung liegt in der Notwendigkeit eines zweiten Rechtsstreits. Auch könnte der Kläger im Kostenfestsetzungsverfahren dem möglicherweise zahlungsunfähigen Beklagten den materiellen Erstattungsanspruch vor der kaum in kurzer Frist zu erreichenden Titulierung nicht aufrechnungsweise entgegenhalten.[723]

bb) Bezifferung im laufenden Verfahren

Um den praktischen Nachteilen der vorstehend erörterten Lösung zu entgehen, könnte der Kläger seinen materiellen Kostenerstattungsanspruch im laufenden Verfahren **beziffern** und im Wege der **Klageänderung** in das Verfahren einführen.[724]

477

Abgesehen von der Frage, ob es sich hierbei nicht um eine Teilrücknahme handelt, die ihrerseits entsprechend § 269 III 2 eine für den Kläger nachteilige Kostenfolge mit sich bringt,[725] wäre ein derartiges Vorgehen ebenfalls praktischen Bedenken ausgesetzt, da es das Erkenntnisverfahren mit einem Prozeßstoff belastete, der nach der Intention des Gesetzgebers ohne den dem Gericht gegebenen Entscheidungsspielraum grundsätzlich im Verfahren nach §§ 103 ff.[726] geltend gemacht werden soll. Außerdem müßte der Kläger grundsätzlich wohl die Freistellung von eventuellen Erstattungsansprüchen des Beklagten beantragen.[727]

cc) Aufrechnung

Die vereinzelt diskutierte Möglichkeit des Klägers, mit seinem materiellen Kostenerstattungsanspruch gegen den prozessualen Erstattungsanspruch aufzurechnen, führt nicht zu einer befriedigenden Lösung, da der Kläger in diesem Falle seinen Anspruch allein deshalb opfern müßte, um einen im Grunde nicht berechtigten Anspruch des Beklagten abzuwehren.[728]

478

dd) Teleologische Reduktionen und Analogien

Teilweise sind Lösungen vertreten worden, die auf einer teleologischen Reduktion kostenrechtlicher Vorschriften bzw. auf Analogien hierzu aufbauen.[729] Namentlich disku-

479

---

719) Zum materiellen Kostenerstattungsanspruch vgl. Rd.Ziff. 142 ff.
720) BGH, NJW 82, 1598, a. E.; *Zöller*, § 91 a Rd.Ziff. 40.
721) Vgl. zum prozessualen Kostenerstattungsanspruch Rd.Ziff. 138 ff.
722) Vgl. *Mümmler*, JurBüro 90, 689.
723) OLG Düsseldorf, JurBüro 75, 819; MDR 88, 782.
724) BGH, WM 79, 1128; *Baumbach/Lauterbach/Albers/Hartmann*, § 840 Anm. 3 C m. w. N.
725) Vgl. Rd.Ziff. 403; vgl. auch KG, OLGZ 80, 241 f.; *Wieczorek*, § 264 Anm. D V a.
726) Vgl. Rd.Ziff. 147 ff.
727) *Becker-Eberhard*, S. 226.
728) Vgl. *Becker-Eberhard*, S. 254; auf S. 252 ablehnend zur Zulässigkeit einer dolo-petit-Einrede; BGHZ 75, 275, 280; OLG Hamburg, HRR 30, Nr. 1166; OLG Celle, Nds.RPfl. 58, 155.
729) Vgl. im einzelnen *Altenmüller*, Die Entscheidung über die Kosten des Beweissicherungsverfahrens, NJW 76, 92; *Beuermann*, Erledigung der Hauptsache im schriftlichen Vorverfahren, DRiZ 78, 311; *Blomeyer*, Die Schuldtilgung durch den Beklagten nach Einreichung der Klage als Kostenproblem, NJW 82, 2750; *Bode*, JurBüro 83, 647; *Gross*, Zur Anwendung der Klageänderungs- und Klagerücknahmevorschriften auf den Parteiwechsel, ZZP 76, 200; *Haubelt*, Erledigung der Hauptsache vor Rechtshängigkeit, ZZP 89, 192; *Lang*, Erledigung der Hauptsache vor Zustellung der Klage, AnwBl. 83, 441 und 508; *Linke*, Erledigung der Hauptsache vor

Die Kostenentscheidung, Urteil

tiert wurden die Reduktion des § 269 III 2 auf Fälle einer den Kläger treffenden materiellen Erstattungspflicht[730] sowie Analogieschlüsse insbesondere zu den §§ 91 a,[731] 93,[732] 96[733] und 269.[734] Letztlich war damit beabsichtigt, die Kostenentscheidung unter Berücksichtigung materiell-rechtlicher Gesichtspunkte auf das **Verursacherprinzip** zurückzuführen.

480 Gegen all diese Erwägungen spricht jedoch die für die Vielzahl denkbarer Fälle nicht hinreichende Flexibilität der vorgeschlagenen Lösungen sowie die Tatsache, daß Analogien wegen der nachstehend unter 2. dargestellten Möglichkeit, bei direkter Gesetzesanwendung zu einer materiell richtigen, leicht zu errechnenden und anpassungsfähigen Lösung zu gelangen, nicht erforderlich sind.[735]

2. Feststellung des Kosteninteresses

a) Darstellung des Lösungswegs

481 Nach der vom 8. Zivilsenat des BGH entwickelten Lösung[736] ist der Kläger berechtigt, seinen **materiell-rechtlichen Kostenerstattungsanspruch,** welcher in der Höhe die Kosten des Rechtsstreits umfaßt,[737] durch einen Feststellungsantrag in den Rechtsstreit einzuführen.[738] Der Klageantrag müßte also lauten:

> Es wird festgestellt, daß der Beklagte verpflichtet ist, dem Kläger den infolge der Klageerhebung entstandenen, in den bisher angefallenen Kosten des Rechtsstreits bestehenden Schaden zu ersetzen.

Die mit der gleichzeitigen Aufgabe des ursprünglichen Klageziels einhergehende **Klageänderung** ist aus Gründen der Prozeßökonomie jedenfalls nach § 263 zulässig. Die Regelung des § 269 III 2 ist im Hinblick auf die zwangsläufig erfolgende wertmäßige Reduzierung des Streitgegenstandes nicht anzuwenden.[739]

482 Steht dem Kläger der materiell-rechtliche Kostenerstattungsanspruch zu, ergeht ein für ihn obsiegendes Feststellungsurteil mit der Folge, daß die Kosten des Rechtsstreits in der **prozessualen Kostenentscheidung** nach § 91 I 1, 1. Halbs. dem Beklagten aufzuerlegen sind. Alsdann werden die beim Kläger angefallenen notwendigen Kosten gemäß §§ 103 ff. im Kostenfestsetzungsverfahren gegen den Beklagten tituliert.

Gegen diese Verfahrensweise läßt sich nicht einwenden, ein Feststellungsurteil dürfe nicht ausschließlich der Vorbereitung einer Kostenfestsetzung dienen.[740] Denn gerade hierin liegt gegenüber der Geltendmachung des Anspruchs in einem neuen Rechtsstreit[741] der entscheidende, Zeit und Kosten sparende Vorteil der Lösung, die dem Gericht im Normalfall nichts

---

Rechtshängigkeit, JR 84, 48; *Mümmler,* Kostenansatz aufgrund materieller Erstattungspflicht, JurBüro 81, 1638; *Rixecker,* Die nichterledigende Erledigungserklärung, ZZP 96, 505; *Sannwald,* Der Übergang auf die Kostenklage nach „Erledigung der Hauptsache vor Rechtshängigkeit", NJW 85, 898; *Schneider,* Der materielle Kostenerstattungsanspruch, MDR 81, 353.

730) Vgl. *Haubelt,* ZZP 89, 192; hiermit setzt sich OLG Hamm, JurBüro 91, 1696, auseinander und verneint dies.
731) *Schmidt,* JR 51, 555.
732) Vgl. auch *Zöller,* § 91 a Rd.Ziff. 41; OLG Frankfurt/Main, NJW-RR 89, 571; gegen Analogie zu §§ 91 ff. OLG Frankfurt/Main, WM 78, 461, 463; BGH, NJW 81, 224; 83, 284.
733) Vgl. *Becker-Eberhard,* S. 220.
734) Vgl. *Rosenberg/Schwab,* § 131 III 2 d.
735) Kritisch hierzu auch BGH, WM 79, 1128 und BGH, NJW 81, 900.
736) BGH, NJW 81, 990; bestätigt in NJW 82, 1598; so wohl auch OLG Hamm, MDR 87, 770; KG, NJW 91, 499.
737) BGHZ 36, 18, 21.
738) Zu Sonderproblemen bei der Kautionsklage des Mieters vgl. *Wiek,* WM 89, 549.
739) Vgl. *Zöller,* § 269 Rd.Ziff. 5.
740) So *Becker-Eberhard,* S. 327 ff.; ihm folgend *Zöller,* § 91 a Rd.Ziff. 40.
741) Vgl. Rd.Ziff. 476.

als eine Kostengrundentscheidung abverlangt und die genaue Berechnung des Erstattungsanspruchs dem nach § 21 I Nr. 1 RPflG zuständigen Rechtspfleger überläßt.[742)]
Ein zusätzlicher Vorteil der Lösung liegt in der Anwendbarkeit des § 254 I BGB, wodurch ein sehr differenziertes Eingehen auf die Besonderheiten des Falles möglich wird.[743)] Auch kann aus § 91 der Gedanke entnommen werden, daß der Kläger für die Rechtsverfolgung nicht mehr als die **notwendigen Kosten** aufwenden darf.[744)]

b) Vereinfachte Formulierung und Auslegung des Klageantrags
Aus Gründen der Vereinfachung läßt sich der vom Kläger zu stellende Antrag ohne weiteres auf die Kostenfrage beschränken, so daß auch die Formulierung
> Es wird beantragt, dem Beklagten die Kosten des Rechtsstreits aufzuerlegen.

zulässig ist.[745)]
Anträge, die ein entsprechendes Ziel des Klägers erkennen lassen, sind im Sinne des Feststellungsantrags auszulegen.[746)] So kann z. B. die Wendung: „... **abzüglich** am ... gezahlter ...", wenn nicht Anhaltspunkte entgegenstehen, als Antrag auf teilweise Feststellung des Kosteninteresses[747)] ausgelegt werden, wenn die Zahlung **vor** Rechtshängigkeit erfolgte.[748)]

Eine ausdrückliche Erledigungserklärung darf jedoch, da sie einen gänzlich anderen Inhalt hat,[749)] nicht in einen Kostenfeststellungsantrag umgedeutet werden. Das Gericht muß allerdings nach § 139 I auf eventuelle Zweifel an der Begründetheit des Erledigungsantrags hinweisen, dies insbesondere deshalb, weil der dargestellte Lösungsweg unserer Erfahrung nach in der Praxis noch nicht allgemein bekannt ist.[750)]

3. Formulierungsbeispiele

a) Zusprechendes oder abweisendes Urteil
Obsiegt der Kläger in vollem Umfang,
> **Beispiele:**
> Der Beklagte befand sich bereits vor Klageerhebung in Verzug (Anspruch aus § 286 I BGB). Der mit der Klage in Anspruch genommene, vermeintliche Drittschuldner setzt erst nach Klageerhebung den Kläger davon in Kenntnis, daß der Anspruch nicht besteht (Kostenhaftung nach § 840 II).[751)]

wäre genau genommen im Tenor zuerst die Ersatzpflicht des Beklagten festzustellen,[752)] um alsdann die prozessuale Kostenentscheidung zu treffen.
> **Beispiel:**
> (Hauptsacheentscheidung) Es wird festgestellt, daß der Beklagte verpflichtet ist, dem Kläger den Schaden zu ersetzen, der infolge der Klageerhebung durch die bis zum ... (= Klageänderung) angefallenen Kosten des Rechtsstreits entstanden sind.
> (Kostenentscheidung) Die Kosten des Rechtsstreits trägt der Beklagte.

Durch eine solche Formulierung würde der Tatsache Rechnung getragen, daß der dem Feststellungstenor zugrundeliegende materielle Kostenerstattungsanspruch mit dem in der

---
742) Zum Kostenfestsetzungsverfahren im einzelnen vgl. Rd.Ziff. 147 ff.
743) Zum vergleichbaren Fall bei der übereinstimmend erklärten Erledigung vgl. Rd.Ziff. 440.
744) *Stein/Jonas*, vor § 91 Rd.Ziff. 18.
745) So wohl auch *Sannwald*, NJW 85, 898, 899.
746) Allgemein zur Auslegung des Klageantrags *Anders/Gehle*, Rd.Ziff. 76 m. w. N.
747) Vgl. dazu Rd.Ziff. 492 ff.
748) Zum vergleichbaren Fall bei der Erledigung vgl. Rd.Ziff. 460.
749) Vgl. Rd.Ziff. 492 ff.
750) Zu Besonderheiten in der Examensarbeit *Anders/Gehle*, Rd.Ziff. 556.
751) Nach BGH, NJW 81, 990.
752) Wie im Antrag Rd.Ziff. 481.

Die Kostenentscheidung, Urteil

Kostenentscheidung titulierten prozessualen Anspruch keinesfalls identisch ist. Denn der materielle Anspruch umfaßt lediglich die bis zur Klageänderung angefallenen Kosten. Sind diese einmal Gegenstand des Rechtsstreits in der Hauptsache, wird also nur noch um ihre Verteilung gestritten, bildet der sich nunmehr ergebende, aus dem Kosteninteresse abgeleitete Streitwert[753] die Grundlage für die Entstehung weiterer Gebührenansprüche (zumindest der Urteilsgebühr und — wenn die Klageänderung vor der mündlichen Verhandlung erfolgt — auch von Verhandlungs- und evtl. von Beweisgebühren), die nicht unter den Feststellungsantrag fallen und über die daher ausschließlich im Wege einer prozessualen Kostenentscheidung nach §§ 91 ff. zu erkennen ist.

487 Dennoch ist grundsätzlich eine Differenzierung zwischen den beiden Erstattungsansprüchen nicht erforderlich.[754] Im Gegenteil vereinfacht es in zulässiger Weise die Durchsetzung des Urteils, wenn der Urteilstenor sich auf den Ausspruch beschränkt:

> Die Kosten des Rechtsstreits trägt der Beklagte.

Damit wird der prozessuale Kostenerstattungsanspruch entgegen der Ansicht von Sannwald[755] nicht „zur Hauptsache gemacht". Es erfolgt lediglich eine sprachliche Zusammenfassung der beiden Entscheidungen.[756]

In den **Entscheidungsgründen** ist die **Doppelbedeutung** dieses Tenors klarzustellen.

488 Ist der materielle Erstattungsanspruch des Klägers **nicht begründet,**

> *Beispiele:*
> Kein Verzug des Beklagten vor Klageerhebung.
> Keine Auskunftpflicht des Drittschuldners wegen Verstoß gegen § 840 II 1.

bleibt es bei der hergebrachten Aufteilung des Tenors.

> *Beispiel:*
> Die Klage wird abgewiesen.
> Die Kosten des Rechtsstreits trägt der Kläger.
> (Vollstreckbarkeitsentscheidung)

Eine Reduzierung des Tenors auf den Kostenausspruch brächte hier keine nennenswerte Vereinfachung mit sich, so daß die größere Klarheit der Sachentscheidung zum Tragen gebracht werden sollte.

b) Teilerfolg des Klägers

489 Ist der materielle Kostenerstattungsanspruch des Klägers nur zum Teil begründet,

> *Beispiel:*
> Der Beklagte befand sich bis zur Klageerhebung nur mit der Bezahlung eines Teilanspruchs in Verzug.

genügt für die Kostenentscheidung der Grundgedanke, daß der Kläger mit derjenigen Quote, welche dem Anteil der ohne Verzug eingeklagten Teile an der gesamten Klageforderung entspricht, an den Kosten des Rechtsstreits zu beteiligen ist.

490 Über Kosten einer erfolglosen Beweisaufnahme, die nur wegen eines Teilbetrags durchgeführt worden ist,

> *Beispiel:*
> Zeugenvernehmung über den Zugang einer sich auf diese Forderung beziehenden Mahnung.

kann möglicherweise nach § 96 getrennt entschieden werden.[757]

---

753) Vgl. Teil D, Stichwort „Feststellung des Kosteninteresses".
754) Ausnahme nur bei „Teilerledigung", s. Rd.Ziff. 492 ff.
755) NJW 85, 899.
756) So auch LG Freiburg, MDR 84, 237; a. A. KG, NJW 91, 499, das generell eine sprachliche Differenzierung verlangt, und *Sannwald*, NJW 85, 899; zum prozessualen und materiellen Kostenerstattungsanspruch vgl. Rd.Ziff. 138 ff. und 142 ff.
757) Vgl. allgemein zu § 96 Rd.Ziff. 171 ff.

c) Mitverschulden des Klägers bei der Verursachung von Kosten

Ein entscheidender Vorteil der Lösung liegt darin, daß ein Mitverschulden des Klägers nach § 254 I BGB berücksichtigt werden kann.[758] Je nach Art des Falles läßt sich die Verursachung bestimmter Kosten durch vorwerfbares Verhalten des Klägers ebenso berücksichtigen wie eine wertend gebildete Haftungsquote.

491

> **Beispiele:**
> Der Kläger hat gegen den Beklagten den Erlaß eines Mahnbescheids beantragt. Einen Tag vor dessen Zustellung geht der geforderte Geldbetrag bei ihm ein. Der Beklagte erhebt Widerspruch. Aus Unachtsamkeit stellt der Kläger nicht allein den Kostenantrag, sondern „den Antrag aus dem Mahnbescheid", bevor er seinen Irrtum erkennt und die Klageänderung vornimmt. Zwischenzeitlich hat der Beklagte einen Anwalt beauftragt.
>
> Der Kläger erhebt gegen den untätigen Drittschuldner Leistungsklage, obwohl er auch durch zumutbare eigene Nachforschung das Nichtbestehen des Anspruchs hätte aufklären können.

Im ersten Fall sind die bei dem Beklagten infolge der falschen Antragstellung zusätzlich angefallenen Anwaltskosten in ihrem Verhältnis zum Gegenstandswert des Feststellungsantrags quotenmäßig zu berücksichtigen. Im Umfang dieses Anteils trägt der Kläger die Kosten des Rechtsstreits. Gleiches gilt, wenn der Kläger es versäumt hat, durch rechtzeitige Beschränkung des Klageantrags zusätzliche Kosten zu vermeiden.

Im zweiten Fall kann ohne Rücksicht auf nicht bezifferbare Mehrkosten nach § 254 I BGB eine Mithaftungsquote von z. B. ½ gebildet und sowohl der materiellen als auch der prozessualen Kostenentscheidung zugrunde gelegt werden.

d) Teil-Feststellungsantrag

Ist der Anspruch vor Zustellung der Klage lediglich teilweise hinfällig geworden,

492

> **Beispiel:**
> Teilzahlung des Schuldners (auf die der Kläger eventuell mit dem Antrag „abzüglich..." reagiert.[759])

kann der Feststellungsantrag sich nur auf diejenigen Kosten beziehen, welche infolge dieses Teilbetrags angefallen sind.

> **Beispiel:**
> Der Kläger verlangt nach vergeblicher Mahnung von dem Beklagten die Zahlung von 10000,– DM. Kurz vor Zustellung der bereits eingereichten Klage zahlt der Beklagte 4000,– DM. Nach der Zustellung beauftragt er einen Anwalt. Vor der mündlichen Verhandlung ändert der Kläger seinen Antrag. Er verlangt jetzt Zahlung von 6000,– DM und stellt im übrigen, da der Beklagte einer Erledigungserklärung nicht zustimmt, Kostenantrag (Antrag auf Feststellung des Kosteninteresses). Der Beklagte beantragt Klageabweisung. Wegen des Restanspruchs findet eine Beweisaufnahme statt. Dem Kläger werden noch 2200,– DM zugesprochen. Der materielle Kostenerstattungsanspruch steht ihm zu.

Der Kostenantrag macht das auf den materiellen Erstattungsanspruch gestützte Feststellungsbegehren hinreichend deutlich. Einer anderweitigen, den Feststellungsantrag ausdrücklich zum Tragen bringenden Formulierung bedarf es nicht.[760]

493

Da hier für verschiedene Streitgegenstände Kosten aufgewendet worden sind, kommt eine rein quotenmäßige Betrachtungsweise nicht in Betracht. Vielmehr sind die einzelnen Kosten nach dem Schicksal der ihnen zugrundeliegenden Ansprüche zu verteilen.

494

---

758) Vgl. Rd.Ziff. 483.
759) Vgl. Rd.Ziff. 484.
760) Zu Formulierung und Auslegung des Klageantrags vgl. Rd.Ziff. 484 ff.

Die Kostenentscheidung, Urteil

495 Vorweg muß der **Streitwert** geklärt werden. Er beläuft sich für die Zeit bis zur Klageänderung auf 10 000,– DM. Danach setzt er sich aus den verbleibenden 6000,– DM und dem auf die bezahlte Teilforderung entfallenden Kosten zusammen. Das sind 40% der Nr. 1010-Gebühr und der beiden anwaltlichen Prozeßgebühren, d. h. einschließlich der Nebenkosten rund 600,– DM. Der Streitwert für die Zeit ab Klageänderung wird also auf 6600,– DM festgesetzt.

496 Die Nr. 1010-Gebühr und die Prozeßgebühren verteilen sich im Verhältnis 38% (Kläger) zu 62%, da der Anspruch vor der Zahlung zu 62% bestand. Der Beklagte muß nach § 286 I BGB die auf die Teilzahlung entfallenden Gebühren (= 40%) und wegen des Verlusts von 2200,– DM zusätzlich 22% der bis zur Klageänderung angefallenen Kosten tragen, also 62%.

Was die weiteren Gebühren (und eventuell zusätzliche Kosten der Beweisaufnahme) anbetrifft, obsiegt der Kläger mit einem Streitwertanteil von 2800,– DM (600,– DM Kosten und 2200,– DM zugesprochener Restanspruch), im Verhältnis zum verbliebenen Gesamtstreitwert von 6600,– DM also mit 42%. Die Kostenverteilung geschieht hier also im Verhältnis 58% zu 42%.

Im tabellarischen Überblick stellt sich die Ermittlung der Kostenquote demnach wie folgt dar:

	Kläger	Beklagter
1. Kosten bis Klageänderung Wert: 10 000 Quote: 38% zu 62% Kosten (222 + 1078 = 1300)	494	806
2. Kosten ab Klageänderung Wert: 6600 Quote: 58% zu 42% Kosten: 4 × 383 = 1532 + 2 × 168, insgesamt 1868	1083	785
Gesamt	1577	1591
Quote	½	½

Erhebliche Kosten der Beweisaufnahme können unter Ziff. 2 in die Tabelle eingestellt werden.

497 Bei der **Formulierung** des Tenors reicht es gemäß den oben aufgezeigten Möglichkeiten einer Vereinfachung[761] aus, den Beklagten zur Zahlung des Restbetrags zu verurteilen, die Klage hinsichtlich des weitergehenden Zahlungsanspruchs abzuweisen und in der Kostenentscheidung die Kostenquote auszuwerfen.

> **Beispiel:**
> Der Beklagte wird verurteilt, an den Kläger 2200,– DM zu zahlen. Im übrigen wird die Zahlungsklage abgewiesen.
> Die Kosten des Rechtsstreits tragen die Parteien zu je ½. (Oder: Die Kosten des Rechtsstreits werden gegeneinander aufgehoben.)

Unterliegt der Kläger allein mit seinem Antrag auf Feststellung des materiellen Kostenerstattungsanspruchs, ist die Abweisung „im übrigen" ebenfalls geboten. Der Erstattungsanspruch selbst wird wie vorstehend beschrieben in die prozessuale Kostenentscheidung eingerechnet.

---

761) Vgl. Rd.Ziff. 487.

4. Rechtsmittel

Der auf den Feststellungsanstrag ergehende Anspruch kann als Hauptsacheentscheidung mit dem zulässigen Rechtsmittel angefochten werden. Maßgeblich für die **Erwachsenheitssumme** (Rechtsmittelstreitwert)[762] ist die Beschwer[763] bzw. der Beschwerdegenstand[764] (vgl. §§ 511 a, 546 I), wobei der in den Kosten bestehende Schaden des Klägers zugrunde zu legen ist.

498

§ 17 Die Kostenentscheidung im Versäumnisurteil und nach Einspruch gegen ein Versäumnisurteil oder einen Vollstreckungsbescheid

I. Erstes Versäumnisurteil

Wird eine Klage durch **Versäumnisurteil** gegen den Kläger abgewiesen (§ 330) oder wird der säumige Beklagte durch Versäumnisurteil gemäß § 331 I, III verurteilt,[765] ergeben sich für die Kostenentscheidung keine Besonderheiten. Es gelten die allgemeinen Regeln der §§ 91 ff. Ergeht antragsgemäß Versäumnisurteil, sind die Kosten des Rechtsstreits der säumigen Partei nach § 91 I S. 1, 1. Halbs. aufzulegen. Hat der Kläger beantragt, den säumigen Beklagten durch Versäumnisurteil zu verurteilen, ist die Klage jedoch nur teilweise schlüssig und infolgedessen zum Teil durch ein sogenanntes **unechtes Versäumnisurteil** nach § 331 II abzuweisen, sind die Kosten nach § 92 I zu quoteln oder einer Partei nach § 92 II aufzuerlegen.[766]

499

II. Entscheidung nach Einspruch

1. Allgemeines

Gegen ein echtes Versäumnisurteil ist grundsätzlich weder die Berufung noch die Revision (§§ 513 I, 566) zulässig. Es kann jedoch **Einspruch** eingelegt werden (§§ 338 ff.).[767] Der zulässige Einspruch bewirkt, daß der Prozeß in die Lage vor der Säumnis zurückversetzt wird (§ 342). Der Inhalt der Kostenentscheidung in dem „Einspruchsurteil" hängt davon ab, ob der Einspruch verworfen (§§ 341, 345) bzw. ob das Versäumnisurteil aufrechterhalten oder aufgehoben wird (§ 343). Nur wenn das Versäumnisurteil ganz oder teilweise aufgehoben wird, kann die kostenrechtliche Sonderregelung des § 344 eingreifen, während im übrigen keine Besonderheiten gelten.

500

Der **Vollstreckungsbescheid** (§ 699), der ebenfalls eine Kostenentscheidung enthält (vgl. § 699 III), steht nach § 700 I einem für vorläufig vollstreckbar erklärten Versäumnisurteil gleich. Daher gelten für die Kostenentscheidung in einem Urteil nach Einspruch (bzw.

501

---

762) Vgl. Teil D, 1. Abschnitt, Rd.Ziff. 7.
763) Vgl. zum Begriff der „Beschwer" Teil D, Stichwort „Rechtsmittel", Rd.Ziff. 3 ff.
764) Vgl. zum Begriff „Beschwerdegegenstand" Teil D, Stichwort „Rechtsmittel", Rd.Ziff. 3 ff.
765) Zu den allgemeinen Voraussetzungen für den Erlaß eines Versäumnisurteils vgl. *Anders/Gehle*, Rd.Ziff. 363 ff.
766) Zu § 92 allgemein vgl. Rd.Ziff. 193 ff.
767) Vgl. zur Zulässigkeit des Einspruchs im einzelnen *Anders/Gehle*, Rd.Ziff. 372 ff.

Die Kostenentscheidung, Urteil

Beschluß nach §§ 341 I, 700 I) gegen den Vollstreckungsbescheid dieselben Grundsätze. Hierzu ist im einzelnen folgendes zu bemerken:

2. Unzulässigkeit des Einspruchs

502 Ist eine Zulässigkeitsvoraussetzung zu verneinen, ist „der Einspruch **als unzulässig zu verwerfen**" (§ 341 I S. 2). Dies kann ohne mündliche Verhandlung durch *Beschluß* erfolgen, der der *sofortigen Beschwerde* unterliegt (§ 341 II). Andernfalls wird nach einem Einspruchstermin (§ 341 a) durch (Schluß-)Urteil entschieden, gegen das Berufung oder Revision eingelegt werden kann. Da das Versäumnisurteil (der Vollstreckungsbescheid) bereits eine Kostenentscheidung enthält, ist in dem Beschluß bzw. in dem Urteil nur über die **weiteren** Kosten des Rechtsstreits zu entscheiden. § 344 greift nicht ein, da infolge des Einspruchs keine abändernde Entscheidung erlassen wird. Vielmehr gelten die allgemeinen Regelungen. Nach unserer Auffassung ergibt sich die Kostenentscheidung aus § 91,[768)] während andere § 97 I analog anwenden.[769)] Gegen die analoge Anwendung des § 97 spricht, daß der Einspruch mangels Devolutiveffektes kein Rechtsmittel ist.

Der **Kostentenor** im Urteil oder Beschluß lautet:

„Der Beklagte/Kläger trägt die weiteren Kosten des Rechtsstreits."

3. Zweites Versäumnisurteil

503 Ein zweites Versäumnisurteil nach § 345 (§ 700 I), mit dem „der Einspruch verworfen wird", setzt voraus, daß die Partei, die den Einspruch eingelegt hat, im Einspruchstermin wiederum säumig ist. Das zweite Versäumnisurteil ist ein **echtes Versäumnisurteil**, allerdings mit der Besonderheit, daß kein Einspruch statthaft ist. Es kann jedoch mit einem **Rechtsmittel** (§§ 513 II, 566) überprüft werden, ob ein Fall der Säumnis vorlag.[770)]

504 Da auch bei einem zweiten Versäumnisurteil das erste Versäumnisurteil (der Vollstreckungsbescheid) und damit die darin enthaltene Kostenentscheidung nicht aufgehoben wird, ist ebenso wie bei einer Entscheidung nach § 341 nur über die **weiteren Kosten** des Rechtsstreits zu befinden. Auch hier lautet die Kostenentscheidung:

„Der Kläger/Beklagte trägt die weiteren Kosten des Rechtsstreits."

Sie beruht nach unserer Auffassung auf § 91 I, S. 1, 1. Halbs.,[771)] während andere § 97 I analog zitieren.[772)] Die Voraussetzungen des § 344 sind nicht erfüllt, da das Versäumnisurteil nicht abgeändert wird.

4. Volle Aufrechterhaltung des Versäumnisurteils

505 Wird der Einspruch nicht verworfen (§§ 341, 345), ist aber das Versäumnisurteil (der Vollstreckungsbescheid) sachlich richtig, wird es einschließlich der Kostenentscheidung aufrechterhalten (§ 343). Auch dann ist nur über die **weiteren Kosten** des Rechtsstreits zu entscheiden, wobei nach unserer Ansicht Grundlage der Kostenentscheidung § 91

---

768) So auch *Baumbach/Lauterbach/Albers/Hartmann*, § 97 Anm. 5 C, Stichwort „Einspruch"; *Berg*, S. 86.
769) *Schellhammer*, LB, Rd.Ziff. 1307 (Fn. 54 f.); *Thomas/Putzo*, § 341 Anm. 3 a; *Zöller*, § 97 Rd.Ziff. 1.
770) Zu den Besonderheiten bei einem zweiten Versäumnisurteil vgl. *Anders/Gehle*, Rd.Ziff. 374.
771) Vgl. Rd.Ziff. 502.
772) *Thomas/Putzo*, § 345 Anm. 2 a.

Die Kostenentscheidung im Versäumnisurteil

I S. 1, 1. Halbs., nicht aber § 97 I ist.[773)] § 344 findet keine Anwendung, weil infolge des Einspruchs keine abändernde Entscheidung erlassen wird. Die Kostenentscheidung lautet:

„Der Kläger/Beklagte trägt die weiteren Kosten des Rechtsstreits."

5. Volle oder teilweise Aufhebung des Versäumnisurteils

Wird der Einspruch nicht verworfen und stellt sich nach Überprüfung der Zulässigkeit sowie Begründetheit der Klage heraus, daß das Versäumnisurteil (der Vollstreckungsbescheid) ganz oder teilweise **sachlich unrichtig** ist, wird es ganz oder teilweise aufgehoben (§ 343). Zugleich wird die sachlich richtige Entscheidung getroffen. In diesen Fällen wird die im Versäumnisurteil getroffene Kostenentscheidung in vollem Umfang hinfällig. Sie muß stets neu gefaßt werden. Dabei ist zwischen den durch die **Säumnis** der einspruchsführenden Partei entstandenen **Mehrkosten** und den übrigen Kosten des Rechtsstreits zu unterscheiden. 506

Für die „**übrigen Kosten des Rechtsstreits**" gelten keine Besonderheiten. Sie werden, soweit kein kostenrechtlicher Sondertatbestand eingreift, 507

Beispiel:
§ 93

nach dem Grad des Obsiegens und Unterliegens zwischen den Parteien gemäß § 91 I S. 1, 1. Halbs., § 92 verteilt.

Bezüglich der durch die Säumnis der einen Partei entstandenen **Mehrkosten** ist § 344 zu beachten, der einen Fall der **Kostentrennung** enthält.[774)] Das Versäumnisurteil selbst ist gerichtsgebührenfrei,[775)] so daß durch die Säumnis keine zusätzlichen Gerichtsgebühren entstehen. Jedoch erhält der Rechtsanwalt, wenn nach dem Einspruch zur Hauptsache verhandelt wird, eine besondere halbe Verhandlungsgebühr (§§ 33 I, 1, 38 II BRAGO),[776)] die einschließlich der Mehrwertsteuer zu den Kosten der Säumnis gehört. Darüber hinaus können aufgrund der Säumnis einer Partei z. B. zusätzliche Kosten durch die Terminwahrnehmung des Gegners (Reisekosten) und durch die nochmalige Ladung von Zeugen entstanden sein. 508

§ 344 knüpft allein an das **Verursachungsprinzip,** nicht hingegen an den Unterliegensgrundsatz der allgemeinen Regeln (§§ 91, 92) an. Dementsprechend werden in § 344 diejenigen Kosten ausgeklammert, die zwar in unmittelbarem sachlichem Zusammenhang mit der Säumnis angefallen sind, die jedoch auf einem unberechtigten Verhalten des Gegners beruhen. Insoweit handelt es sich um die „übrigen Kosten des Rechtsstreits", für welche die allgemeinen Kostenregeln gelten. 509

Beispiel:
Kosten einer Beweisaufnahme über die Zulässigkeit des Einspruchs, die der Gegner bestreitet, so z. B. über den Zeitpunkt der Zustellung des Versäumnisurteils.

Ob und welche Mehrkosten im einzelnen entstanden sind, ist für die Kostenentscheidung nicht von Bedeutung. Dies ist gegebenenfalls erst bei der Bestimmung der Höhe der Sicherheitsleistung (§§ 709, 711),[777)] jedenfalls aber im Rahmen des Kostenfestsetzungsverfahrens[778)] im einzelnen zu klären. § 344 findet unter den dort genannten weiteren 510

---

773) Vgl. Rd.Ziff. 502.
774) Vgl. hierzu allgemein Rd.Ziff. 165, 166.
775) Vgl. näher Rd.Ziff. 28.
776) Vgl. näher Rd.Ziff. 115 f.
777) Vgl. hierzu Teil C, Rd.Ziff. 17 ff.
778) Vgl. Rd.Ziff. 147 ff.

287

Voraussetzungen auch dann Anwendung, wenn der Anfall von Mehrkosten ungewiß ist.[779]

511 **Voraussetzung** für die Anwendbarkeit des § 344 ist, daß das Versäumnisurteil (der Vollstreckungsbescheid) ganz oder teilweise aufgehoben wird und daß es in gesetzlicher Weise ergangen ist. Daher gilt § 344 nicht, wenn der Einspruch verworfen wird (§§ 341, 344), wenn das Versäumnisurteil in vollem Umfang aufrechterhalten wird – dann trägt ohnehin der Einsprechende die gesamten Kosten des Rechtsstreits – oder wenn es nicht in gesetzlicher Weise ergangen ist. **In gesetzlicher Weise** ist das Versäumnisurteil dann ergangen, wenn die Voraussetzungen für seinen Erlaß gemäß §§ 330 ff. gegeben waren, wozu bei einem Versäumnisurteil gegen den Beklagten auch die Schlüssigkeit des Klägervorbringens gehört.[780] Im Rahmen der Kostenentscheidung nach § 344 sind daher von Amts wegen die Voraussetzungen für den Erlaß eines Versäumnisurteils zu prüfen, wobei unerheblich ist, ob dem Gericht das Fehlen einer Voraussetzung bei Erlaß des Versäumnisurteils bekannt war.[781]

> **Beispiel:**
> Die Partei entschuldigt nachträglich ihre Säumnis. Wenn dem Gericht dies von vornherein bekannt gewesen wäre, hätte das Versäumnisurteil wegen § 337 nicht ergehen dürfen. Dann findet § 344 keine Anwendung, auch wenn das Gericht von seinem damaligen Kenntnisstand das Versäumnisurteil zu Recht erlassen hat.

512 Soweit die Voraussetzungen des § 344 erfüllt sind, sind im Kostentenor die Kosten der Säumnis **auszusondern** und unabhängig vom Grad des Obsiegens und Unterliegens der säumigen Partei aufzuerlegen.

> **Beispiele:**
> „Der Kläger trägt die Kosten seiner Säumnis; die übrigen Kosten des Rechtsstreits werden dem Beklagten auferlegt."
> „Die Kosten des Rechtsstreits trägt der Kläger, mit Ausnahme der durch die Säumnis des Beklagten veranlaßten Kosten, die dem Beklagten auferlegt werden."
> „Der Beklagte trägt die Kosten seiner Säumnis; die übrigen Kosten des Rechtsstreits werden dem Kläger zu 30% und dem Beklagten zu 70% auferlegt."
> „Der Kläger trägt die Kosten seiner Säumnis; die übrigen Kosten des Rechtsstreits werden gegeneinander aufgehoben."

III. Besonderheiten bei Klagerücknahme im Einspruchsverfahren

1. Rücknahme der gesamten Klage

513 Soweit das **Versäumnisurteil** (Vollstreckungsbescheid) **gegen den Kläger** ergangen ist und dieser Einspruch eingelegt hat, ergeben sich im Falle der Klagerücknahme für die Kostenentscheidung keine Besonderheiten. Der Kläger hat ohnehin nach § 269 III 3 die Kosten des Rechtsstreits einschließlich der durch seine Säumnis entstandenen Mehrkosten zu tragen.

514 Problematisch ist jedoch der umgekehrte Fall, in dem ein **Versäumnisurteil gegen den Beklagten** ergangen ist und der Kläger nach Einspruch durch den Beklagten die Klage zurücknimmt. Umstritten ist die Frage, ob dann ausschließlich eine Kostenentscheidung zu Lasten des Klägers nach § 269 III 2, 3 zu treffen ist oder ob dem Beklagten nach § 344

---

779) *Zöller,* § 344 Rd.Ziff. 2.
780) Vgl. zu den einzelnen Voraussetzungen für den Erlaß eines Versäumnisurteils *Anders/Gehle,* Rd.Ziff. 363 ff.
781) *Thomas/Putzo,* § 344 Anm. 3; *Zöller,* § 344 Rd.Ziff. 1.

bei Vorliegen der weiteren Voraussetzungen die durch seine Säumnis entstandenen Mehrkosten aufzuerlegen sind.

Nach der herrschenden Meinung[782] umfaßt die aus § 269 III 2 folgende Kostentragungspflicht des Klägers auch die allein durch die Säumnis des Beklagten verursachten Mehrkosten. Diese Meinung begründet den Vorrang des § 269 III 2 vor § 344 im wesentlichen mit systematischen Erwägungen, denen zufolge der ausschließlich feststellende (deklaratorische) Ausspruch eines Kostenbeschlusses nach § 269 III 3 eine rechtsgestaltende Aussonderung von Säumniskosten nach § 344 ausschließe. Die Gegenmeinung[783] hält demgegenüber die „rechtstechnischen" Erwägungen der h. M. für nicht geeignet, den Beklagten von allen Kosten – zu Lasten des Klägers – freizustellen. Die Vorschrift des § 344 beruhe auf demselben Prinzip wie § 269 III 3, nach dem derjenige, der unnütze Kosten verursacht habe, diese in jedem Falle zu tragen habe. Im Kollisionsfalle werde § 344 als speziellere Norm daher nicht durch § 269 III 2 verdrängt.

Wir folgen im Ergebnis der h. M. und vertreten die Auffassung, daß § 344 i. R. des § 269 III 2 keine Anwendung findet. § 344 stellt eine Ausnahmevorschrift zu den §§ 91, 92 dar, nach denen die Parteien nach dem Grund ihres Unterliegens die Kosten des Rechtsstreits zu tragen haben. Dabei setzt § 344 eine von dem vorangegangenen Versäumnisurteil abweichende gerichtliche Entscheidung voraus. Diese Situation besteht aber bei einer Klagerücknahme nicht. Eine sachliche Entscheidung ergeht nicht, und der Kläger soll unabhängig von der materiellen Rechtslage ohne Einschränkung die Kosten nach § 269 III 2 zu tragen haben. Wir meinen, daß auch aus Gründen der materiellen Kostengerechtigkeit kein anderes Ergebnis geboten ist. Zwar hat der Kläger die durch die Säumnis des Beklagten entstandenen Mehrkosten nicht verursacht. Es entspricht jedoch dem mit einer Klagerücknahme immer verbundenen Kostenrisiko, den Kläger mit sämtlichen Kosten und somit auch mit denjenigen i. S. des § 344 zu belasten. Der Kläger allein hat es in der Hand, die nachteiligen Kostenfolgen der Klagerücknahme abzuwenden. Dabei darf es keinen Unterschied machen, ob diese Kosten zum Teil durch ein Verhalten des Gegners entstanden sind. Dies soll gerade, wie der eindeutige Wortlaut des § 269 III 2 verdeutlicht, aus Gründen der Kostenklarheit nicht mehr zu überprüfen sein. Entscheidend ist allein, daß überhaupt keine Kosten entstanden wären, wenn der Kläger von vornherein auf die gerichtliche Geltendmachung seines Anspruchs verzichtet hätte. Nimmt er von der Rechtsverfolgung erst nach Klageerhebung Abstand – gleich aus welchem Grund –, muß er auch sämtliche Kosten seines (voreiligen) Handelns tragen. Daher ist es gerechtfertigt, den Kläger im Falle der Klagerücknahme u. U. hinsichtlich der Kosten der Säumnis schlechter zu stellen, als wenn er den Prozeß fortgesetzt hätte. In jedem Fall erspart er sich durch die Klagerücknahme die Kosten, die erst im Anschluß daran angefallen wären.

Beispiel:
Urteilsgebühr.

Es ist allein Sache des Klägers, die eventuell mit der Klagerücknahme verbundenen Nachteile bezüglich der Mehrkosten i. S. des § 344 in Kauf zu nehmen oder aber den Prozeß fortzusetzen.

---

782) KG, NJW 70, 1799; OLG Bremen, NJW 76, 632 = MDR, 76, 319; OLG Stuttgart, MDR 76, 51; OLG Hamm, MDR 77, 233; MDR 83, 64; OLG Frankfurt, MDR 79, 1029; *Thomas/Putzo*, § 269 Anm. 5 c; *Zöller*, § 269 Rd.Ziff. 18; a. A. i. R. des § 515 III: *Zöller*, § 515 Rd.Ziff. 24.

783) OLG Düsseldorf, MDR 72, 1043 und NJW 75, 1569; *Baumbach/Lauterbach/Albers/Hartmann*, § 269 Anm. 4 B, b); *Schneider*, S. 180 f., 284; so auch für § 515 III: OLG Köln, MDR 90, 256; *Zöller*, § 515 Rd.Ziff. 24.

Die Kostenentscheidung, Urteil

2. Teilweise Klagerücknahme

515 Nimmt der Kläger nach dem Einspruch des Beklagten die Klage teilweise zurück, gelten die vorstehenden Ausführungen für den zurückgenommenen Teil entsprechend. Wer § 344 i. R. des § 269 III 2 anwendet, hat insoweit keine Schwierigkeiten. Danach sind die durch die Säumnis entstandenen Mehrkosten insgesamt dem Beklagten aufzuerlegen. Wer jedoch mit uns § 344 i. R. des § 269 III 2 für nicht anwendbar hält,[784] muß in derartigen Fällen auch für die durch die Säumnis des Beklagten entstandenen Mehrkosten eine Quote ermitteln. Diese hat nämlich der Kläger nach § 269 III 2 zu tragen, soweit die Klage zurückgenommen wurde. Für die Ermittlung dieser Quote kommen die sogenannte Mehrkostenmethode oder die sogenannte Quotenmethode, wie sie im einzelnen bei der Teilklagerücknahme dargestellt wurden,[785] in Betracht. Nach der Mehrkostenmethode ergibt sich die Kostenquote für die Mehrkosten, die durch die Säumnis entstanden sind, durch die vergleichende Gegenüberstellung des tatsächlichen Wertes der Säumnisgebühren (§ 38 II BRAGO) und deren hypothetischen Wert, wenn der Kläger von Anfang an nur den im Streit verbliebenen Teilanspruch eingeklagt hätte. Nach der Quotenmethode läßt sich die auf § 269 III 2 beruhende Quote dadurch ermitteln, daß man den ursprünglich eingeklagten Betrag ins Verhältnis zu dem zurückgenommenen (= Quote zu Lasten des Klägers) bzw. zu dem verbleibenden Betrag (= Quote zu Lasten des Beklagten) setzt. Die Kostenentscheidung mag, soweit sie auf § 269 III 2 beruht, wie folgt lauten:

> „Die durch die Säumnis des Beklagten verursachten Kosten werden dem Kläger zu ⅖ und dem Beklagten zu ⅗ auferlegt. Die Kosten des Rechtsstreits im übrigen..."

IV. Besonderheiten im Streitgenossenprozeß

1. Kostenentscheidung bei einem Versäumnisurteil gegen einen Streitgenossen

a) Verurteilung aller Streitgenossen

516 Bei einem Versäumnisurteil im Streitgenossenprozeß folgt die Kostenentscheidung den oben bereits dargestellten Grundsätzen, wenn das Versäumnisurteil einheitlich zu Lasten aller säumigen Streitgenossen ergeht.

517 Schwieriger wird es, wenn das (Teil-)Versäumnisurteil nur gegenüber einem von mehreren Streitgenossen ergeht, während gegenüber dem oder den übrigen Streitgenossen weiter streitig verhandelt und durch kontradiktorisches Urteil entschieden wird.

Beispiel:
A klagt gegen X und Y als Gesamtschuldner auf Zahlung von 4000,– DM. Im ersten Verhandlungstermin ergeht gegen den säumigen X antragsgemäß ein Teilversäumnisurteil mit dem Tenor: „Der Beklagte X wird verurteilt, an den Kläger 4000,– DM zu zahlen. Die Kostenentscheidung bleibt dem Schlußurteil vorbehalten..."
Nach streitiger Verhandlung und Beweisaufnahme bezüglich der gegen Y gerichteten Klage ergeht Schlußurteil mit dem Tenor: „Der Beklagte Y wird verurteilt, als Gesamtschuldner mit dem durch Teilversäumnisurteil vom ... (Az. ...) verurteilten Beklagten X an den Kläger 4000,– DM zu zahlen."

---

784) Vgl. hierzu näher Rd.Ziff. 514.
785) Vgl. hierzu im einzelnen Rd.Ziff. 404, 408, 410.

Die Kostenentscheidung im Versäumnisurteil

Für die Kostenentscheidung, die erst im Schlußurteil, nicht hingegen im Teilversäumnisurteil zu treffen ist,[786] ist neben § 100 IV auch § 100 II bedeutsam, weil die Parteien in nicht unerheblich **unterschiedlichem** Umfang am **Prozeßverlauf** beteiligt sind.[787]

Einzelne **Gebühren** sind nämlich erst nach dem Erlaß des Teilversäumnisurteils entstanden, so daß X dafür nicht haftet. Dies gilt für die Urteilsgebühr mit dem doppelten Gebührensatz nach Nr. 1016 KV (Anlage 1 zu § 11 I GKG), da das Versäumnisurteil gerichtsgebührenfrei ist[788] und für die Beweisgebühr nach § 31 I Nr. 3 BRAGO.[789] Die Gebühr für das Verfahren im allgemeinen nach Nr. 1010 KV (Anlage 1 zu § 11 I GKG)[790] und die Prozeßgebühr nach § 31 I Nr. 1 BRAGO[791] sind hingegen mit Erhebung der Klage entstanden, so daß beide Beklagten insoweit als Gesamtschuldner haften. Für die **Verhandlungsgebühr** (§§ 31 Nr. 2, 33 I S. 1 BRAGO)[792] gelten folgende Besonderheiten:

Der säumige Beklagte ist an der $^{10}/_{10}$-Gebühr für die streitige Verhandlung (§ 31 I Nr. 2 BRAGO) nicht beteiligt, da er nicht streitig verhandelt hat. Die $^{5}/_{10}$-Gebühr für die nichtstreitige Verhandlung (§ 33 I 1 BRAGO) gegenüber dem säumigen Beklagten kann der klägerische Anwalt allerdings nicht geltend machen, da sie in der Verhandlungsgebühr des § 31 I Nr. 2 BRAGO aufgeht (§ 13 II BRAGO). Die demnach allein in Ansatz zu bringende Gebühr für die streitige Verhandlung ginge infolgedessen grundsätzlich in voller Höhe zu Lasten des im Streit verbliebenen Streitgenossen Y. Ein solches Verfahren würde indessen den säumigen Streitgenossen unberechtigterweise begünstigen; er darf nämlich keinen Vorteil aus dem Umstand ziehen, daß der andere Streitgenosse streitig verhandelt hat und nur aufgrund dieser Tatsache eine die Gebühr des § 33 I 1 BRAGO verdrängende Verhandlungsgebühr nach § 31 I Nr. 2 BRAGO entstanden ist. Ebensowenig darf der streitig verhandelnde Streitgenosse benachteiligt werden; denn seine Kostenbelastung wäre durch eine gesamtschuldnerische Haftung zwischen ihm und dem säumigen Streitgenossen jedenfalls niedriger ausgefallen, wenn auch er nichtstreitig bzw. der säumige Streitgenosse ebenfalls streitig verhandelt hätte. Daraus folgt, daß die Beklagten für eine $^{5}/_{10}$-Verhandlungsgebühr als Gesamtschuldner haften und dem Beklagten Y die restliche $^{5}/_{10}$-Verhandlungsgebühr allein auferlegt wird.

Da die Gebührentatbestände des Gerichtskostengesetzes (Kostenverzeichnis als Anlage 1 zu § 11 I GKG) und der BRAGO (§§ 31 ff. BRAGO) an unterschiedliche Entstehungsvoraussetzungen anknüpfen, müssen in derartigen Fällen, wie bereits allgemein dargelegt,[793] für die **Gerichtskosten** und die **außergerichtlichen Kosten** – je nach Beteiligung der Parteien – jeweils eigene Quoten gebildet werden.

Danach ist im **Ausgangsbeispiel** die **Kostenentscheidung** wie folgt zu ermitteln:

Da der Kläger in vollem Umfang obsiegt hat, hat er die Kosten des Rechtsstreits nicht zu tragen. Ihre eigenen außergerichtlichen Kosten tragen die Beklagten in voller Höhe selbst, da sie dem Angriff des Klägers in vollem Umfang unterlegen waren. Im übrigen gilt folgendes:

518

519

520

---

786) Vgl. zu den Besonderheiten einer Kostenentscheidung bei Teilurteilen Rd.Ziff. 4 ff.
787) Vgl. hierzu allgemein mit Beispielen Rd.Ziff. 304 ff.
788) Zu der Urteilsgebühr allgemein vgl. Rd.Ziff. 27 ff.
789) Zur Beweisgebühr vgl. Rd.Ziff. 83 ff.
790) Zur Gebühr für das Verfahren im allgemeinen vgl. Rd.Ziff. 25 ff.
791) Zur Prozeßgebühr vgl. Rd.Ziff. 70 ff.
792) Zur Verhandlungsgebühr vgl. Rd.Ziff. 76 ff.
793) Vgl. Rd.Ziff. 304 ff.

Die Kostenentscheidung, Urteil

	X u. Y als Gesamtschuldner	Y allein
Gerichtskosten: Nr. 1010-Gebühr	1	–
Nr. 1016-Gebühr (doppelter Gebührensatz)	–	2
Anzahl der Gebührensätze	1	2
Quote	$\frac{1}{3}$ (= Gesamtzahl der Gebührensätze)	$\frac{2}{3}$
Außergerichtliche Kosten des Klägers: § 31 I Nr. 1 BRAGO § 31 I Nr. 2 BRAGO § 31 I Nr. 3 BRAGO	1 ½ –	– ½ 1
Gesamtzahl der Gebühren	1½	1½
Quote	$\frac{3}{2 \cdot 3}$ (= Gesamtzahl der Gebühren) $= \frac{1}{2}$	$\frac{3}{2 \cdot 3} = \frac{1}{2}$

Die Kostenentscheidung im Ausgangsbeispiel, die auf §§ 91 I S. 1, 1. Halbs., 100 II, IV beruht, lautet:

> „Die Gerichtskosten werden den Beklagten als Gesamtschuldnern zu ⅓ und dem Beklagten Y allein zu weiteren ⅔ auferlegt. Die außergerichtlichen Kosten des Klägers tragen die Beklagten als Gesamtschuldner zu ½ und der Beklagte Y allein zu weiteren ½. Im übrigen findet eine Kostenerstattung nicht statt."

b) Verurteilung eines Streitgenossen und Klageabweisung im übrigen

521 Soweit ein Teilversäumnisurteil gegen einen Streitgenossen ergeht und die Klage gegen die anderen Streitgenossen nach streitiger Verhandlung ganz oder teilweise abgewiesen wird, liegt nicht nur eine **unterschiedliche Beteiligung** am Prozeßverlauf vor (§ 100 II), vielmehr hat man es außerdem mit einem **unterschiedlichen Prozeßerfolg** des Klägers gegenüber den einzelnen Streitgenossen zu tun. In derartigen Fällen muß, wie bereits anhand von Beispielsfällen im einzelnen dargestellt wurde,[794)] neben den vorgenannten Grundsätzen die **Baumbach'sche Formel**[795)] berücksichtigt werden, soweit der Kläger gegen einen Streitgenossen obsiegt oder gegen den anderen unterliegt.

522 Beispiel:
Im Ausgangsbeispiel – Rd.Ziff. 517 – wird nach Erlaß des gegen X gerichteten Teilversäumnisurteils die Klage gegen Y nach streitiger Verhandlung und Beweisaufnahme abgewiesen.

---

794) Vgl. Rd.Ziff. 308 ff.
795) Zur Baumbach'schen Formel allgemein vgl. Rd.Ziff. 260 ff.

Die Kostenentscheidung im Versäumnisurteil

In derartigen Fällen sind die angefallenen **Gebühren**[796] nur zwischen dem Kläger und dem unterliegenden X zu verteilen, da Y in vollem Umfang obsiegt hat. Entsprechend den dargestellten Grundsätzen ist X aber nur an den Gebühren zu beteiligen, die bis zum Erlaß des Teilversäumnisurteils entstanden sind. Für die diesbezüglichen Gerichtsgebühren und die außergerichtlichen Kosten des Klägers haften X und der Kläger jeweils zur Hälfte, weil der Kläger insoweit einmal obsiegt (gegen X) und einmal verloren (gegen Y) hat (Baumbach-'sche Formel.[797]) Da bis zum Ausscheiden des X aber nur eine $5/10$-Verhandlungsgebühr gemäß § 33 I 1 BRAGO entstanden und dann in der durch die streitige Verhandlung entstandenen $10/10$-Gebühr gemäß § 31 I Nr. 2 BRAGO aufgegangen ist (§ 13 II BRAGO), darf der X auch nur mit 50% an der $5/10$-Verhandlungsgebühr beteiligt werden.[798]

523

Die außergerichtlichen Kosten des X trägt dieser selbst, weil er in vollem Umfang unterlegen ist, während die außergerichtlichen Kosten des Y dem Kläger aufzuerlegen sind.

524

Für die **Gerichtskosten** und die **außergerichtlichen Kosten** des **Klägers** gilt folgendes:

	Kläger	X
Gerichtskosten: Nr. 1010 KV	½	½
Nr. 1016 KV (doppelter Gebührensatz)	2	
Summe der Gebührensätze	2½	½
Quote	$\dfrac{5}{2 \cdot 3}$ (= Gesamtzahl der Gebührensätze) $= \dfrac{5}{6}$	$\dfrac{1}{2 \cdot 3} = \dfrac{1}{6}$
Außergerichtliche Kosten der Kläger: § 31 I Nr. 1 BRAGO	½	½
§ 31 I Nr. 2 BRAGO (§ 33 I/BRAGO)	½ + ¼	¼
§ 31 I Nr. 3 BRAGO	1	–
Summe	2¼	¾
Quote	$\dfrac{9}{4 \cdot 3}$ (= Gesamtzahl der Gebühren) $= \dfrac{9}{12} = \dfrac{3}{4}$	$\dfrac{3}{4 \cdot 3} = \dfrac{3}{12} = \dfrac{1}{4}$

---

796) Zu den Gebühren vgl. Rd.Ziff. 518.
797) Vgl. Rd.Ziff. 304.
798) Vgl. hierzu näher Rd.Ziff. 518.

Die Kostenentscheidung, Urteil

Die Kostenentscheidung im Ausgangsbeispiel lautet daher:

„Die Gerichtskosten tragen der Kläger zu ⅚ und der Beklagte X zu ⅙. Die außergerichtlichen Kosten des Klägers werden dem Beklagten X zu ¼ auferlegt. Die außergerichtlichen Kosten des Beklagten Y trägt der Kläger. Im übrigen findet eine Kostenausgleichung nicht statt."

Die Kostenentscheidung beruht auf §§ 91 I 1, 1. Halbs., 92 I, 100 II.

2. Kostenentscheidung nach Einspruch

525 Ergeht ein Versäumnisurteil gegen alle Streitgenossen, hat der Einspruch nur eines Streitgenossen im Falle der einfachen Streitgenossenschaft keine Auswirkungen auf die anderen Streitgenossen.

526 Wenn das Versäumnisurteil **weder** ganz noch teilweise **aufgehoben** wird,

Beispiele:
Verwerfung des Einspruchs nach §§ 341, 345;
das Versäumnisurteil ist sachlich richtig (vgl. § 343).

ergeben sich für die Kostenentscheidung keine Besonderheiten. Sie lautet im Beispielsfall:

„Der Beklagte trägt die weiteren Kosten des Rechtsstreits".[799]

527 Wenn jedoch das Versäumnisurteil aufgrund des Einspruchs nur eines Streitgenossen ganz oder teilweise **aufgehoben** wird,

Beispiel:
A verklagt X und Y als Gesamtschuldner auf Zahlung von 6000,– DM. Da beide Beklagte im Termin säumig sind, ergeht antragsgemäß Versäumnisurteil. Hiergegen legt nur X form- und fristgemäß Einspruch ein, worauf nach streitiger Verhandlung und Beweisaufnahme folgendes Schlußurteil ergeht:
„Das Versäumnisurteil vom ... wird insoweit aufrechterhalten, als der Beklagte Y zur Zahlung von 6000,– DM an den Kläger verurteilt worden ist. Im übrigen wird das Versäumnisurteil aufgehoben und die Klage abgewiesen."

wird die gesamte Kostenentscheidung im Versäumnisurteil hinfällig.[800] Die nachträgliche Veränderung der Unterliegens- und Obsiegensanteile aller Parteien macht es erforderlich, die gesamten Kosten des Rechtsstreits neu zu verteilen.

528 Auch hier sind die Grundsätze zu beachten, die für eine **unterschiedliche Beteiligung** von Streitgenossen **am Prozeßverlauf** und für den **unterschiedlichen Prozeßerfolg** des Klägers gegenüber den einzelnen Streitgenossen gelten.[801] Y kann neben dem Kläger nur an einer ⁵⁄₁₀-Verhandlungs**gebühr**, an der Prozeßgebühr und an der Nr. 1010-Gebühr für das Verfahren im allgemeinen beteiligt werden. Für die übrigen Gebühren haftet der Kläger als Unterlegener allein, soweit es um die Gerichtskosten und seine außergerichtlichen Kosten geht.[802] Die Kosten seiner Säumnis trägt der X nach § 344. Die außergerichtlichen Kosten des X werden im übrigen dem unterlegenen Kläger auferlegt, während ansonsten eine Kostenerstattung nicht stattfindet.

Die Kostenentscheidung lautet im Beispielsfall:

„Der Beklagte X trägt die Kosten seiner Säumnis. Im übrigen haben zu tragen: die Gerichtskosten der Kläger zu ⅚ und der Beklagte Y zu ⅙; die außergerichtlichen Kosten des Klägers der Beklagte Y zu ¼; die außergerichtlichen Kosten des Beklagten X der Kläger in vollem Umfang. Im übrigen findet eine Kostenerstattung nicht statt."

---

799) Vgl. hierzu allgemein Rd.Ziff. 505.
800) Vgl. Rd.Ziff. 506.
801) Vgl. Rd.Ziff. 304 ff., 308 ff. sowie 518, 521 ff.
802) Vgl. zur Ermittlung der Quoten das Schaubild, Rd.Ziff. 524.

§ 18 Die Kostenentscheidung bei der Widerklage

I. Allgemeines

Die bei einer Widerklage zu treffende Kostenentscheidung basiert auf zwei grundsätzlichen **Ausgangspunkten:** 529

Zum einen muß vorab geklärt werden, ob es gemäß § 19 I 1 GKG bei dem **Streitwert** der Klage bleibt oder ob gemäß Satz 2 der Vorschrift eine **Wertaddition** vorzunehmen ist.[803]

Zum anderen ist unabhängig von der Streitwertfrage in jedem Fall zu berücksichtigen, daß die von den Parteien zu zahlenden Gerichts- und Anwaltsgebühren sich ausschließlich nach dem für den gesamten Rechtsstreit einheitlich festgesetzten Streitwert richten. Eine Kostentrennung, d. h. eine Unterscheidung zwischen den „Kosten der Klage" und den „Kosten der Widerklage" darf nicht erfolgen, da eine solche im Kostenfestsetzungsverfahren nicht umgesetzt werden könnte. Das Gericht muß vielmehr eine die Klage und die Widerklage umfassende, **einheitliche Kostenentscheidung** treffen.[804]

Dies hat selbst dann zu erfolgen, wenn die Parteien den Rechtsstreit hinsichtlich der Klage oder Widerklage **übereinstimmend für erledigt** erklärt haben. Der Erlaß eines sich nur auf den erledigten Teil des Rechtsstreits beziehenden Beschlusses nach § 91 a ist, wie generell bei der Teilerledigung, nicht zulässig. Auch insoweit hat im Urteil eine einheitliche Kostenentscheidung zu ergehen.[805] 530

II. Kostenentscheidung bei der streitwerterhöhenden Widerklage

1. Volles Obsiegen oder geringfügiges Unterliegen

Ohne Rücksicht auf die Frage des Streitwerts bereitet die Kostenentscheidung keine Schwierigkeiten, wenn eine Partei hinsichtlich Klage und Widerklage **voll obsiegt.** Es ist § 91 I 1, 1. Halbs. anzuwenden, ohne daß Klage und Widerklage im Kostentenor des Urteils eigens erwähnt würden. Die Kostenentscheidung lautet wie üblich: 531

„Die Kosten des Rechtsstreits trägt der Kläger/Beklagte."

Nicht anders ist zu formulieren, wenn eine der beiden Klagen im Verhältnis zum Begehren des Gegners nur geringfügige Bedeutung hat und keine besonderen Kosten verursacht. 532

Beispiel:
Klage auf Zahlung von 7600,– DM, Widerklage auf Herausgabe einer Sache im Wert von 300,– DM. Klage und Widerklage werden abgewiesen, bzw. beiden Klagen wird stattgegeben.

In diesem Fall findet § 92 II Anwendung, so daß die Kostenentscheidung sich ausschließlich am Schicksal des höherwertigen Begehrens orientiert, im Beispielsfall also an der Zahlungsklage.[806]

---

803) Vgl. Teil D, Stichwort „Widerklage", Rd.Ziff. 2 ff.
804) Zum Grundsatz der Kosteneinheit vgl. Rd.Ziff. 158 ff. und zu den gesetzlich geregelten Fällen, in denen ausnahmsweise eine Kostentrennung zulässig ist, vgl. Rd.Ziff. 165 ff.
805) Vgl. hierzu Rd.Ziff. 187, 441; zur Ermittlung der Kostenquoten in diesen Fällen vgl. Rd.Ziff. 404 ff.; 443 ff.
806) Zu § 92 II im einzelnen vgl. Rd.Ziff. 209 ff.

Die Kostenentscheidung, Urteil

2. Teilweises Obsiegen und Unterliegen

533 Sind gemäß § 19 I 2 GKG die Streitwerte von Klage und Widerklage zu addieren, muß der sich daraus ergebende **Gesamtstreitwert** bei der Ermittlung der Kostenentscheidung zugrunde gelegt werden. Haben Klage und/oder Widerklage nur teilweise Erfolg, sind für die Bildung der Kostenquote nach § 92 I grundsätzlich die von den Parteien verlorenen Wertanteile maßgeblich.[807]

a) Grundfall

534 **Beispiel:**
Der Kläger verlangt Zahlung von 4000,– DM; der Beklagte begehrt mit der Widerklage Zahlung von 6000,– DM. Beiden Parteien werden 1000,– DM zugesprochen. Der Streitwert beläuft sich auf 10 000,– DM.

Die Kostenquote ermittelt sich anhand einer Tabelle, in die man die von den Parteien hinsichtlich Klage und Widerklage verlorenen Streitwertanteile einträgt:

	Kläger	Beklagter
Klage	3000	1000
Widerklage	1000	5000
Gesamt	4000	6000
Quote (Verlustanteil/10 000)	⅖ (40%)	⅗ (60%)

b) Besondere Kosten für Klage oder Widerklage

535 Die Orientierung allein am Streitwert führt zu Ungenauigkeiten, wenn sich für Klage oder Widerklage kostenmäßige Besonderheiten ergeben.

Beispiele:
– Beweissicherungsverfahren
– Beweisaufnahme
– Anerkenntnis-, Versäumnis-, Verzichtsurteil[808]

Diese Besonderheiten dürfen bei der Kostenentscheidung nicht übergangen werden.[809]

536 § 96 findet nur Anwendung, wenn das Angriffs- oder Verteidigungsmittel, das besondere Kosten verursacht hat, **erfolglos** geblieben ist.[810] Soweit besondere Kosten durch die Klage oder die Widerklage selbst entstanden sind,

Beispiel:
Urteilsgebühren für nur eine der Klagen, weil im übrigen Teilversäumnisurteil ergeht.[811]

greift § 96 nicht ein, weil es sich insoweit um Kosten des Angriffs selbst, nicht aber um diejenigen des Angriffsmittels handelt.[812] Soweit § 96 Anwendung findet, kann bei der streitwerterhöhenden Widerklage keine getrennte Kostenentscheidung

Beispiel:
„Die Kosten der Beweisaufnahme trägt der . . . Die übrigen Kosten des Rechtsstreits werden . . ."

---

807) Zur Anwendung des § 92 I vgl. *Baumbach/Lauterbach/Albers/Hartmann*, § 92 Anm. 4 C, Stichwort „Widerklage"; *Thomas/Putzo*, § 92 Anm. 1 b, d; *Zöller*, § 92 Rd.Ziff. 5; zur vergleichbaren Berechnungsmethode bei der Aufrechnung vgl. Rd.Ziff. 343; zur Quotenbildung nach § 92 I allgemein vgl. Rd.Ziff. 195 ff.
808) Bei diesen Urteilen entstehen keine Urteilsgebühren, vgl. Rd.Ziff. 28.
809) BGH, NJW 56, 182.
810) Allgemein zu § 96 Rd.Ziff. 171 ff.
811) Zu den Urteilsgebühren Rd.Ziff. 27 ff.
812) BGH, NJW 81, 1217; 86, 2257; *Anders/Gehle*, Rd.Ziff. 386; *Schneider*, S. 287; vgl. auch Rd.Ziff. 171.

Die Kostenentscheidung bei der Widerklage

ergehen, weil dies den Besonderheiten der Gebührendegression nicht gerecht würde.[813] Vielmehr müssen die besonderen Kosten bei der Ermittlung einer Kostenquote als unselbständige Position berücksichtigt werden. Dasselbe gilt bei allen übrigen kostenmäßigen Besonderheiten, bei denen § 96 ohnehin nicht eingreift.[814]

Die Quote ist wie folgt zu ermitteln: 537

Beispiel:
Im Grundfall[815] ist allein wegen der Widerklage eine Beweisaufnahme durchgeführt worden, die weitere Kosten von 1000,– DM verursacht hat.

Der Bearbeiter hat nunmehr in drei Schritten vorzugehen:
Anhand der dargestellten Tabelle (Rd.Ziff. 534) ist eine Kostenquotierung zu errechnen, die für alle Kosten des Rechtsstreits mit Ausnahme derjenigen der Beweisaufnahme maßgeblich bleibt. Die Kostenverteilung lautet insoweit $2/5$ (Kläger) zu $3/5$ (Beklagter).
Alsdann ist zusätzlich unter Berücksichtigung des Einzelwertes der Widerklage (6000,– DM) und des Schicksals der Widerklageforderung eine weitere Quote zu ermitteln, nach der man die Kosten der Beweisaufnahme verteilt. Insoweit geschieht die Kostenverteilung unter Berücksichtigung der Verlustquoten und des Wertes der Widerklage im Verhältnis $1/6$ (Kläger) zu $5/6$ (Beklagter).
Danach sind die angefallenen Gebühren und sonstigen Kosten aufgrund der jeweils maßgeblichen Quotierung auf die Parteien zu verteilen.[816] Das geschieht im Beispielsfall wie folgt:

	Kläger	Beklagter
1. Kosten des Rechtsstreits mit Ausnahme der Beweisaufnahme: Streitwert: 10 000 DM Quote: $2/5$: $3/5$		
Nr. 1010 KV: 222 DM	88,80	133,20
Nr. 1016 KV: 2 × 222 DM	177,60	266,40
§ 31 I Nr. 1 BRAGO: 2 × 539 DM	431,20	646,80
§ 31 I Nr. 2 BRAGO: 2 × 539 DM	431,20	646,80
2. Kosten der Beweisaufnahme: Streitwert: 6000 DM Quote: $1/6$: $5/6$		
§ 31 I Nr. 3 BRAGO: 2 × 331 DM	110,33	551,67
Weitere Kosten: 1000 DM	166,67	833,33
Gesamt (4484 DM)	1405,80	3078,20
Quote	31%	69%
Gerundet	$3/10$	$7/10$

Gegenüber einem Abstellen allein auf den Gesamterfolg von Klage und Widerklage ergibt sich also eine deutliche Abweichung, die nicht übergangen werden darf.

Die Unterschiede zwischen den zu a) und b) dargestellten Berechnungsmethoden sind 538
allerdings in folgenden Fällen gering:

---

813) Zum vergleichbaren Problem bei der Aufrechnung vgl. Rd.Ziff. 354 ff.
814) BGHZ 19, 173 (allerdings will der BGH die Berücksichtigung der besonderen Kosten in das Ermessen des Gerichts stellen); *Schneider*, S. 80.
815) Siehe Rd.Ziff. 534.
816) Zu den Kosten des Rechtsstreits allgemein vgl. Rd.Ziff. 14 ff.

Die Kostenentscheidung, Urteil

einer der gegenseitig erhobenen Ansprüche führt zwar zu einem Gebührensprung, ist dennoch aber relativ geringfügig;

die Erfolgsquoten von Klage und Widerklage sind annähernd gleich;

die Beweisaufnahme verursacht keine oder nur geringe Kosten.

In diesen Fällen kann es bei einer Quotenbildung aufgrund der Streitwertanteile verbleiben.

3. Besonderheiten bei der Teilrücknahme

539 Werden die Klage oder die Widerklage ganz oder teilweise zurückgenommen, können wegen des Grundsatzes der Kosteneinheit[817] dem Kläger nicht die Kosten auferlegt werden, „soweit er die Klage zurückgenommen hat". Vielmehr ist eine Kostenquote zu bilden. Außerdem ist über die gesamten Kosten des Rechtsstreits einschließlich der Kosten, die auf den zurückgenommenen Teil entfallen (§ 269 III 2) einheitlich durch **Schlußurteil** und nicht teilweise durch Beschluß (§ 269 III 3) zu entscheiden.[818]

540 Für die beiden nach der **Quotenmethode** (Unterliegenstheorie)[819] und der **Mehrkostenmethode** (Mehrkostentheorie)[820] möglichen Berechnungsweisen folgender Beispielsfall:

Der Kläger verlangt Zahlung von 4000,– DM. Der Beklagte macht mit der Widerklage einen Zahlungsanspruch in Höhe von 6000,– DM geltend. Vor der mündlichen Verhandlung nimmt er die Widerklage um 4000,– DM zurück. Alsdann findet über Klage und Widerklage eine Beweisaufnahme statt, für die insgesamt 500,– DM an weiteren Kosten aufgewendet werden. Im Urteil spricht das Gericht dem Kläger 1000,– DM zu und weist Klage und Widerklage im übrigen ab.

541 Nach der **Unterliegenstheorie** errechnet sich die Kostenverteilung in zwei Stufen:

Zuerst muß ermittelt werden, welche Quotierung sich bei einer isolierten Betrachtung der beiden Verfahrensabschnitte (vor und nach der Teilrücknahme) ergäbe. Wäre bereits vor der Teilrücknahme ein Urteil ergangen, hätte der Kläger, bei einem Streitwert von 10 000,– DM, einen Verlust von 3000,– DM hinnehmen müssen; der Beklagte hätte 7000,– DM verloren. Es ergibt sich also eine Quotierung von $3/10$ (Kläger) zu $7/10$ (Beklagter). Das nach der Teilrücknahme erlassene Urteil führt, bei einem Streitwert von jetzt nur noch 6000,– DM, für beide Parteien zu einem Verlust von jeweils 3000,– DM, also zu einer Kostenverteilung von $1/2 : 1/2$.

Anschließend sind die in den beiden Verfahrensabschnitten angefallenen Kosten anhand der ermittelten Quoten auf die Parteien wie folgt zu verteilen:

	Kläger	Beklagter
1. Kosten bis zu Teilrücknahme: Streitwert: 10 000 DM Quote: $3/10 : 7/10$		
Nr. 1010 KV: 222 DM	66,60	155,40
§ 31 I Nr. 1 BRAGO: 2 × 539 DM	323,40	754,60

---

817) Vgl. hierzu allgemein Rd.Ziff. 158 ff.; zur Teilrücknahme Rd.Ziff. 403 ff.
818) Vgl. hierzu näher Rd.Ziff. 158 ff. und Rd.Ziff. 400 ff.
819) Vgl. Rd.Ziff. 404, 408.
820) Vgl. Rd.Ziff. 404, 410.

	Kläger	Beklagter
2. Danach entstandene Kosten: Streitwert: 6000 DM Quote: ½ : ½		
§ 31 I Nr. 2 BRAGO: 2 × 331 DM	331,00	331,00
§ 31 I Nr. 3 BRAGO: 2 × 331 DM	331,00	331,00
Weitere Kosten: 500 DM	250,00	250,00
Nr. 1016 KV: 300 DM	150,00	150,00
Gesamt (3424 DM)	1452,00	1972,00
Quote	42%	58%
Gerundet	⅖	⅗

Nach der **Mehrkostentheorie** sind die Kostenquoten wie folgt zu ermitteln: **542**
Tatsächlich sind, wie sich aus der obigen Tabelle ergibt, insgesamt Kosten in Höhe von 3424,– DM entstanden. Hätte der Streitwert von vornherein nur 6000,– DM betragen, ergäben sich folgende Kosten:

Nr. 1010 KV	150,– DM
Nr. 1016 KV	300,– DM
6 Anwaltsgebühren	1986,– DM
Insgesamt	2836,– DM

Also betragen die auf die Teilrücknahme entfallenden Mehrkosten (3424 − 2836 =) 588,– DM. Diese Kosten muß entsprechend § 269 III 2 der Beklagte tragen. Die restlichen Kosten werden gemäß dem Endergebnis des Rechtsstreits unter Berücksichtigung des Streitwertes nach der Teilrücknahme – hier: ½ zu ½ – verteilt.

Danach ergeben sich folgende Quoten:
   Kläger: 2836 : 2 : 3424 = 41%
   Beklagter: (2836 : 2 + 588) : 3424 = 59%

4. Widerklage unter Beteiligung einzelner Streitgenossen oder Dritter

Erhebt nur einer von mehreren Beklagten Widerklage oder geht der Beklagte auf diesem **543** Wege gegen den Kläger und einen Dritten vor, der bis dahin am Rechtsstreit nicht beteiligt war,[821] liegt im Sinne des § 100 II eine unterschiedliche Beteiligung am Rechtsstreit vor, die – wenn die Unterschiede erheblich sind – bei der Kostenentscheidung berücksichtigt werden muß.[822]

> **Beispiel:**
> Der Kläger verlangt aufgrund eines Verkehrsunfalls von den Beklagten zu 1) (Haftpflichtversicherer) und 2) (Unfallgegner) gesamtschuldnerisch die Zahlung von 15 000,– DM. Der bei dem Unfall ebenfalls geschädigte Beklagte zu 2) nimmt mit der Widerklage den Kläger (= Widerbeklagten zu 1)) sowie dessen Haftpflichtversicherer (den Widerbeklagten zu 2)) gesamtschuldnerisch auf Zahlung von 10 000,– DM in Anspruch. Im Urteil erhalten der Kläger 10 000,– DM, der Beklagte zu 2) 5000,– DM zugesprochen. Die weitergehenden Klagen werden abgewiesen.

---
821) Zur Zulässigkeit im einzelnen vgl. BGH, NJW 66, 1028; 71, 446; 75, 1228; 77, 1637; 81, 2642; 84, 2104; *Zöller*, § 33 Rd.Ziff. 23.
822) Vgl. hierzu näher Rd.Ziff. 296 ff.

Die Kostenentscheidung, Urteil

544 Soweit eine gesamtschuldnerische Haftung besteht, haften die jeweils Verurteilten gemäß § 100 IV auch für die Kosten des Rechtsstreits als **Gesamtschuldner**.[823] Im übrigen haben der Kläger und der Beklagte zu 2) die Kosten nach Maßgabe ihres Unterliegens zu tragen. Die unterschiedliche Beteiligung der Parteien am Rechtsstreit führt dazu, daß zwischen Gerichtskosten und außergerichtlichen Kosten unterschieden werden muß.[824]

545 Die **Gerichtskosten** verteilen sich wie folgt:

	Kläger	Kläger und Widerbeklagter zu 2) als Gesamtschuldner	Beklagte zu 1) u. 2) als Gesamtschuldner	Beklagter zu 2)
Klage	5000[a]		10 000[b]	
Widerklage		5000[c]		5000[d]
Gesamt	5000	5000	10 000	5000
Quote	⅕ (20%)	⅕ (20%)	⅖ (40%)	⅕ (20%)

[a]: Verlust der Klageforderung, [b]: Verurteilung
[c]: Verurteilung, [d]: Verlust der Widerklageforderung

546 Da der Kläger und der Beklagte zu 2) am Rechtsstreit in vollem Umfang beteiligt sind, verteilen sich ihre **außergerichtlichen Kosten** wie die Gerichtskosten. Die auf die jeweiligen Prozeßgegner entfallenden Quoten werden ihnen ersetzt, im übrigen haben sie ihre außergerichtlichen Kosten selbst zu tragen.

Die außergerichtlichen Kosten **des Klägers** tragen:
die Beklagten zu 1) und 2) als Gesamtschuldner zu ⅖,
der Beklagte zu 2) zu einem weiteren ⅕.

Die außergerichtlichen Kosten **des Beklagten zu 2)** tragen:
der Kläger und der Widerbeklagte zu 2) als Gesamtschuldner zu ⅕,
der Kläger zu einem weiteren ⅕.

547 Der Widerbeklagte zu 2) und der Beklagte zu 1) sind am Rechtsstreit nicht in vollem Umfang beteiligt, sondern lediglich hinsichtlich eines der geltend gemachten Ansprüche. An dessen Streitwert hat sich die Kostenentscheidung zu orientieren.
Der Widerbeklagte zu 2) ist vom Beklagten zu 2) auf Zahlung von 10 000,– DM in Anspruch genommen worden. Der Beklagte zu 2) hat hiervon 5000,– DM verloren, so daß er dem Widerbeklagten zu 2) die Hälfte der außergerichtlichen Kosten zu ersetzen hat. Der Kläger hat den Beklagten zu 1) (gesamtschuldnerisch) auf Zahlung von 15 000,– DM in Anspruch genommen und hiervon 5000,– DM durch Klageabweisung verloren. Er muß also dem Beklagten zu 1) ⅓ der außergerichtlichen Kosten erstatten.

548 Insgesamt ergibt sich also folgender **Kostentenor**:

Die Gerichtskosten tragen der Kläger zu ⅕ alleine, der Kläger und der Widerbeklagte zu 2) als Gesamtschuldner zu einem weiteren ⅕, die Beklagten als Gesamtschuldner zu ⅖ und der Beklagte zu 2) alleine zu einem weiteren ⅕.

Die außergerichtlichen Kosten der Parteien verteilen sich wie folgt:
diejenigen des Klägers tragen die Beklagten als Gesamtschuldner zu ⅖ und der Beklagte zu 2) zu einem weiteren ⅕,
diejenigen des Widerbeklagten zu 2) trägt der Beklagte zu 2) zu ½,
diejenigen des Beklagten zu 1) trägt der Kläger zu ⅓,

---

823) Vgl. Rd.Ziff. 254 ff.
824) Vgl. hierzu Rd.Ziff. 299 ff.; allgemein zur Baumbach'schen Formel vgl. Rd.Ziff. 259 ff.

Die Kostenentscheidung bei der Widerklage

diejenigen des Beklagten zu 2) tragen der Kläger und der Widerbeklagte als Gesamtschuldner zu ⅕ und der Kläger zu einem weiteren ⅕.
Im übrigen tragen die Parteien ihre außergerichtlichen Kosten selbst.[825]

III. Kostenentscheidung bei der streitwertneutralen Widerklage

1. Identische Gegenstandswerte

Weniger eindeutig ist die Kostenfrage in den Fällen des § 19 I 1 GKG. Hier läßt sich darüber streiten, ob das Schicksal der Widerklage auf die Kostenentscheidung Einfluß haben soll.[826]

549

Beispiel:
Der Kläger verlangt Zahlung von 6000,- DM. Der Beklagte erhebt Widerklage mit dem Antrag, festzustellen, daß der dem Zahlungsanspruch zugrundeliegende Vertrag nichtig sei.

Da § 19 I 1 GKG anzuwenden ist,[827] bleibt der Streitwert bei 6000,- DM, obwohl die Widerklage für sich gesehen als negative Zwischenfeststellungs-Widerklage (§ 256 II) ebenfalls einen Gegenstandswert von 6000,- DM hat.[828] Wenn das Gericht dem Kläger 3000,- DM zuspricht und die weitergehende Klage sowie die Widerklage abweist, bieten sich für die Kostenentscheidung zwei Ansatzpunkte:

Wenn man sich ausschließlich am **Gebührenstreitwert** orientiert und die Widerklage nur berücksichtigt, soweit sie einen höheren Streitwert hat als die Klage,[829] ergibt sich im Beispielsfall eine Kostenverteilung von ½ (3000 : 6000) zu ½.

550

Nach einer Literaturmeinung[830] ist die Widerklage bei Ermittlung der Kostenquote zu berücksichtigen. Dabei soll ein **fiktiver Streitwert**[831] zugrunde gelegt werden, der sich aus einer Addition der beiden Gegenstandswerte ergibt. Im Beispielsfall:

	Kläger	Beklagter
Klage	3000	3000
Widerklage		6000
Gesamt	3000	9000
Quote (Anteil/12 000)	¼ (25%)	¾ (75%)

Wir folgen der ersten Meinung, wonach es auf den tatsächlichen Streitwert ankommt. Gegen die zweite Ansicht spricht, daß sie der Widerklage, die lediglich eine Vorfrage des Klageanspruchs betrifft, ein zu hohes Gewicht einräumt. In Fällen dieser Art sollte unserer

551

---

825) *Schneider*, S. 227 ff., gelangt im wesentlichen zum selben Ergebnis. Die von ihm vorgeschlagene Bruchrechnung ist jedoch sehr kompliziert; außerdem läßt er im Tenor den Rechtspfleger über den Umfang der gesamtschuldnerischen Haftung gänzlich im unklaren, was zwar nach § 100 IV zulässig, aus praktischen Gründen aber nur schwerlich vertretbar ist. Nicht minder kompliziert *Olivet*, S. 26 ff.
826) Vgl. zum Streitwert Teil D, Stichwort „Widerklage".
827) Vgl. Teil D, Stichwort „Widerklage", Rd.Ziff. 6.
828) Vgl. Teil D, Stichwort „Feststellungsklage", Rd.Ziff. 13.
829) Für den ähnlichen Fall bei Haupt- und Hilfsantrag, § 19 IV GKG, vgl. BGH, NJW 62, 915; auch Rd.Ziff. 360 ff.
830) *Schneider*, S. 79; *Thomas/Putzo*, § 92 Anm. 1 d; *Zöller*, § 92 Rd.Ziff. 5; vgl. auch *Anders/Gehle*, Rd.Ziff. 460.
831) Vgl. Rd.Ziff. 201 ff.

Die Kostenentscheidung, Urteil

Auffassung nach der Streitwert der Widerklage daher außer Betracht bleiben. Die Kosten sind danach im Beispielsfall, da der Kläger von 6000,– DM die Hälfte verloren hat, hälftig zu teilen oder gegeneinander aufzuheben.[832]

2. Mischfälle

552 In manchen Fällen überschneiden sich die Gegenstandswerte von Klage und Widerklage nur teilweise.

> **Beispiel:**
> Der Kläger erhebt Teilklage auf Rückzahlung eines Darlehensbetrages von 5000,– DM. Der Beklagte erhebt Widerklage mit dem Antrag festzustellen, daß die gesamte vermeintliche Darlehensforderung des Klägers in Höhe von 15 000,– DM nicht bestehe.

Der Gegenstandswert der Klageforderung beläuft sich auf 5000,– DM; die negative Feststellungs-Widerklage hat für sich gesehen einen Streitwert von 15 000,– DM. Nach § 19 I 1 GKG ergibt sich jedoch ein Gesamtstreitwert von lediglich 15 000,– DM, da die Streitgegenstände von Klage und Widerklage hinsichtlich des geltend gemachten Zahlungsanspruchs im Sinne der Norm identisch sind.[833]

> Unterstellt, das Gericht verurteilt den Beklagten zur Zahlung von 2000,– DM, weist die Klage im übrigen ab und stellt auf die Widerklage fest, daß dem Kläger weitergehende Ansprüche aus dem Darlehensvertrag nicht zustehen.

553 Nach unserer zu 1. (Rd.Ziff. 551) dargelegten Ansicht kann die Widerklage nur mit einem Wert von 10 000,– DM in die Tabelle eingestellt werden. Im übrigen kommt es allein auf die Klage an, so daß sich ergibt:

	Kläger	Beklagter
Klage	3 000	2 000
Widerklage	10 000	
Gesamt	13 000	2 000
Quote (Anteil/15 000)	¹³⁄₁₅ (87%)	²⁄₁₅ (13%)

Will man demgegenüber den Wert der Widerklage in vollem Umfang berücksichtigen, verliert der Kläger 16 000,– DM von dem sich auf 20 000,– DM belaufenden fiktiven Streitwert, nämlich 3000,– DM auf die Klage und 13 000,– DM auf die Widerklage, die in diesem Umfang begründet war. Er trägt mithin ⅘ der Kosten. Auch hier wäre die Widerklage durch den im Ergebnis doppelten Ansatz des Teilbetrages von 5000,– DM, um den die beiden Klagen sich überschneiden, zu hoch bewertet. Die Kosten würden im übrigen in einer Weise verteilt, wie sie aufgrund der Wertfestsetzung überhaupt nicht anfallen.

IV. Besonderheiten bei der Hilfswiderklage

554 Eine Hilfswiderklage[834] kann sich nach § 19 I 2 GKG auf den Streitwert nur dann auswirken, wenn der Eventualfall eintritt. Geschieht dies nicht, fällt die Rechtshängigkeit

---

832) Zur Kostenaufhebung vgl. Rd.Ziff. 206 ff.
833) Vgl. Teil D, Stichwort „Widerklage", Rd.Ziff. 6.
834) Vgl. *Anders/Gehle*, Rd.Ziff. 466.

der Hilfswiderklage, wie es auch bei jedem anderen echten Hilfsantrag der Fall ist, rückwirkend wieder fort, so daß sich eine Erhöhung des Streitwerts nicht ergeben kann. Hieraus folgt, daß insoweit grundsätzlich auch keine Gebühren anfallen.[835] Einfluß auf die Kostenentscheidung hat die Hilfswiderklage demnach nur bei Eintritt des Eventualfalles. Das gilt allerdings auch dann, wenn die Widerklage sich letztlich als unzulässig erweist und das Gericht sie daher durch Prozeßurteil abweist.

§ 19 Die Kostenentscheidung in der Rechtsmittelinstanz

I. Allgemeines

Einzelne Regelungen über Kosten bei Rechtsmitteln (Berufung, Revision und Beschwerde),[836] sind in § 97 enthalten. Nach Absatz 1 dieser Vorschrift fallen die Kosten eines **erfolglosen** Rechtsmittels der Partei zur Last, die es eingelegt hat. § 97 II bestimmt, daß die Kosten eines erfolgreichen Rechtsmittels der obsiegenden Partei u. U. bei neuem Vorbringen in der höheren Instanz aufzuerlegen sind. Nach Absatz 3 gelten die vorgenannten Regelungen für bestimmte Familiensachen entsprechend. 555

§ 97 deckt nicht alle regelungsbedürftigen Kostenfälle bei Einlegung von Rechtsmitteln ab. Neben Sonderregelungen 556

Beispiel:
Berufungs- oder Revisionsrücknahme – §§ 515 III, 566.

finden die allgemeinen Kostenregelungen, insbesondere die §§ 91 ff. Anwendung. Die ZPO geht – stillschweigend – davon aus, daß die Kosten eines **erfolgreichen** Rechtsmittels auch Kosten des Rechtsstreits sind, über die zusammen mit den Kosten der Vorinstanz zu entscheiden ist.[837]

Wird ein zulässiges Rechtsmittel eingelegt, erstreckt sich die Überprüfung in der Rechtsmittelinstanz auch auf die **Kostenentscheidung in dem angefochtenen Urteil.** Allerdings haben die Prozeßkosten der unteren Instanz keinen Einfluß auf die Rechtsmittelbeschwer (§§ 2, 4).[838] Konsequenterweise ist eine **isolierte Anfechtung** der Kostenentscheidung nach § 99 I grundsätzlich nicht möglich.[839] 557

Ausnahmen:
Anschlußrechtsmittel, das allein gegen die Kostenentscheidung zulässig ist[840];
§§ 91 a, II, 99 II, 269 III 5.[841]

Soweit das Rechtsmittel erfolgreich ist, wird das angefochtene Urteil **aufgehoben.** Damit wird gleichzeitig die darin enthaltene **Kostenentscheidung hinfällig** und muß neu getroffen werden. Aber auch wenn das Rechtsmittel keinen Erfolg hat, muß der Kostenaus- 558

---

835) Zu den Gebühren allgemein vgl. Rd.Ziff. 26; betr. die Prozeßgebühr nach § 31 I Nr. 1 BRAGO vgl. Rd.Ziff. 70.; vgl. auch *Hartmann*, § 19 GKG, 2 D c und Teil D, Stichwort „Widerklage", Rd.Ziff. 8.
836) Vgl. Rd.Ziff. 178.
837) *Anders/Gehle*, Rd.Ziff. 627 b; *Thomas/Putzo*, § 97 Anm. 3 b.
838) Vgl. Teil D, Stichwort „Rechtsmittel" und allgemein zur Beschwer Teil D, 1. Abschnitt, Rd.Ziff. 21 ff.
839) Vgl. allgemein zu Rechtsmitteln gegen die Kostenentscheidung Rd.Ziff. 177 ff.
840) Rd.Ziff. 179.
841) Rd.Ziff. 181 ff., insbesondere zu den Kostenmischfällen Rd.Ziff. 186 ff.

Die Kostenentscheidung, Urteil

spruch in der angefochtenen Entscheidung von Amts wegen überprüft werden.[842] Daher kann die Kostenentscheidung der Vorinstanz korrigiert werden, obwohl das Rechtsmittel im übrigen zurückgewiesen wird.[843] Dabei ist immer die gesamte Kostenentscheidung zu überprüfen, ohne daß es darauf ankommt, ob und inwieweit das Rechtsmittel beschränkt ist.[844]

559 Ob eine Kostenentscheidung in der Rechtsmittelinstanz getroffen wird und wenn ja, auf welcher Grundlage, hängt von dem Inhalt der Entscheidung über das Rechtsmittel ab. Für die Kostenentscheidung gelten grundsätzlich die schon dargestellten Grundsätze. Soweit die Kosten im einzelnen zu berechnen sind, ist zusätzlich zu beachten, daß für die Rechtsmittelinstanzen **erhöhte Gebühren** anfallen.[845]

Im folgenden sollen einige kostenrechtliche Besonderheiten dargestellt werden.

II. Erfolgloses Rechtsmittel

560 Ist das Rechtsmittel ohne Erfolg geblieben, trägt grundsätzlich nach § 97 I der **Rechtsmittelkläger** die Kosten des Rechtsmittelverfahrens. Da die Entscheidung der Vorinstanz einschließlich der dort getroffenen Kostenentscheidung bestehenbleibt, braucht über die Kosten dieser Instanz nicht erneut entschieden zu werden.

Der Kostentenor nach § 97 I kann lauten:

„Der Kläger/Beklagte trägt die Kosten der Berufung/Revision."
Oder:
„Dem Kläger/Beklagten werden die Kosten der Berufung/Revision auferlegt."

561 **Erfolglos** ist das Rechtsmittel, wenn es (als unzulässig verworfen) (§§ 519 b I 2, 554 a I 2)[846] oder wenn es (als unbegründet) zurückgewiesen wird, weil das angefochtene Urteil sachlich richtig ist.

562 Wird das Urteil der Vorinstanz nur in einem **Nebenpunkt** abgeändert, der für den Beschwerdewert nach § 4 I, 2. Halbs. keine Bedeutung hat,

Beispiele:
Kosten,[847] Zinsen

findet grundsätzlich § 97 I ebenfalls Anwendung, d. h. das Rechtsmittel wird als erfolglos bewertet.[848] Etwas anderes kann gelten, wenn der betreffende Nebenpunkt im Verhältnis zum Beschwerdewert erheblich ist,[849] wovon nach unserer Ansicht schon ausgegangen werden kann, wenn der geänderte Nebenpunkt 10% bis 20% von dem Beschwerdewert beträgt. In derartigen Fällen muß, wie bei jedem Teilerfolg des Rechtsmittels,[850] eine Quote gebildet werden. Dabei wird nicht der tatsächliche Rechtsmittelstreitwert, sondern der **fiktive Streitwert** berücksichtigt, der sich aus einer Addition des tatsächlichen Streitwertes und dem Wert des Nebenpunktes ergibt.[851]

---

842) BGH, WM 81, 48; Zöller, § 97 Rd.Ziff. 6; vgl. auch Rd.Ziff. 177.
843) Tenorierungsbeispiel vgl. Rd.Ziff. 177.
844) BGH, WM 81, 46; MDR 81, 928; Zöller, § 97 Rd.Ziff. 6; a. A. bei nur teilweiser Annahme der Revision BGH, NJW-RR 86, 548.
845) Vgl. Rd.Ziff. 50, 122 ff.
846) Zur Zulässigkeit der Berufung vgl. *Anders/Gehle*, Rd.Ziff. 615 ff.
847) Zur Möglichkeit der Abänderung der Kostenentscheidung bei sonst erfolglosem Rechtsmittel vgl. Rd.Ziff. 558.
848) BGH, MDR 59, 209; BayObLGZ 57, 157; Zöller, § 97 Rd.Ziff. 1.
849) So auch *Schneider*, S. 242.
850) Vgl. Rd.Ziff. 567, 573, 588 ff.
851) Vgl. allgemein zum fiktiven Streitwert Rd.Ziff. 198 ff.

Hat das Rechtsmittel nur deshalb keinen Erfolg, weil nach Erlaß des angefochtenen Urteils eine **Gesetzesänderung** eintritt oder sich die Sachlage ändert, **563**
  Beispiel:
  Nach Klageabweisung und Berufung des Klägers begleicht der Beklagte die bestehende Schuld.

findet § 97 I ebenfalls Anwendung,[852] es sei denn, daß der Kläger den Rechtsstreit für in der Hauptsache erledigt erklärt[853] bzw. der Beklagte, wenn er der Rechtsmittelführer ist, sofort i. S. des § 93 anerkennt.[854]

III. Erfolgreiches Rechtsmittel

1. Zurückverweisung der Sache

a) Allgemeines

Wenn das Rechtsmittel zulässig und das angefochtene Urteil unrichtig ist, hebt das Rechtsmittelgericht dieses auf. Grundsätzlich hat es in der Sache auch selbst zu entscheiden. Jedoch kann es in den Fällen der §§ 538, 539 (Berufung) und der §§ 564 II, 565 (Revision) die Sache – gegebenenfalls unter gleichzeitiger Aufhebung des Verfahrens – an die Vorinstanz zurückverweisen. Das hat zur Folge, daß die Rechtsmittelinstanz abgeschlossen ist, die Sache insoweit erneut in der Vorinstanz verhandelt sowie entschieden werden muß und diese Instanz an die Rechtsauffassung des Rechtsmittelgerichts gebunden ist (§ 565 II direkt oder analog).[855] **564**

b) Vollständige Aufhebung und Zurückverweisung

Auch wenn die abgeschlossene Rechtsmittelinstanz bei einer Aufhebung und Zurückverweisung für den Rechtsmittelführer erfolgreich war, ist sein Erfolg in der Sache selbst noch offen. Deshalb entscheidet die Rechtsmittelinstanz, die keine eigene Sachentscheidung trifft, nicht über die Kosten; vielmehr wird die **Kostenentscheidung** der **Vorinstanz** übertragen, die eine Kostenentscheidung hinsichtlich des Rechtsstreits einschließlich der Kosten der Rechtsmittelinstanz gemäß §§ 91 ff. trifft, und zwar – soweit keine Sonderregelung eingreift – nach dem Grad des Obsiegens und Unterliegens; auf den Erfolg in der Rechtsmittelinstanz kommt es dabei grundsätzlich nicht an.[856] Es besteht lediglich nach § 8 I GKG unter den dort genannten Voraussetzungen die Möglichkeit, die Gerichtskosten nicht zu erheben, so gegebenenfalls bei einer Aufhebung des erstinstanzlichen Urteils wegen eines Verfahrensfehlers.[857] **565**

In der Praxis wird üblicherweise im **Tenor** wie folgt klargestellt, daß in der Vorinstanz auch über die Rechtsmittelkosten entschieden werden muß: **566**

„Auf die Berufung des ... wird das Urteil ... (Az. ...) aufgehoben. Die Sache wird zur erneuten Verhandlung und Entscheidung, auch über die Kosten der Berufung, an das ... zurückverwiesen."

---

852) BGHZ 37, 233; *Zöller*, Rd.Ziff. 3.
853) Zur Erledigung vgl. Rd.Ziff. 429 ff.
854) Zu § 93 vgl. Rd.Ziff. 224.
855) Vgl. näher *Anders/Gehle*, Rd.Ziff. 628, 626.
856) *Anders/Gehle*, Rd.Ziff. 628; *Baumbach/Lauterbach/Albers/Hartmann*, § 539 Anm. 1 C; *Schneider*, S. 257; *Thomas/Putzo*, § 97 Anm. 3 c), aa); *Zöller*, § 97 Rd.Ziff. 7.
857) Nach *Schneider*, S. 257, ist bei einem Verfahrensmangel die Anwendung des § 8 GKG zwingend.

Die Kostenentscheidung, Urteil

c) Teilweise Aufhebung und Zurückverweisung

567 Wird nur wegen eines **Teils des Beschwerdegegenstandes** aufgehoben und zurückverwiesen, ergeht aber im übrigen eine endgültige Sachentscheidung, kann wegen des Grundsatzes der Kosteneinheit[858] grundsätzlich ebenfalls nicht über die Kosten der Rechtsmittelinstanz entschieden werden.[859] Auch dann ist nämlich der Grad des Obsiegens und Unterliegens der Parteien noch offen und hängt von der Entscheidung in der Vorinstanz ab.

> **Beispiel:**
> Klage auf Zahlung von 10 000,- DM. Klageabweisung in der ersten Instanz. Berufung des Klägers. Das Berufungsgericht hält die Klage in Höhe von 3000,- DM für begründet und in Höhe von 2000,- DM für unbegründet. Im übrigen soll das Urteil aufgehoben und die Sache wegen eines Verfahrensfehlers an das Landgericht zurückverwiesen werden.
> Dann mag der Tenor lauten:
> „Auf die Berufung des Klägers wird das Urteil des Landgerichts (Az. ...) – teilweise zur Klarstellung – aufgehoben. Der Beklagte wird verurteilt, an den Kläger 3000,- DM zu zahlen. Wegen der weitergehenden Klage auf Zahlung von 5000,- DM wird die Sache zur erneuten Verhandlung und Entscheidung, auch über die gesamten Kosten der Berufung, an das Landgericht zurückverwiesen. Wegen der restlichen 2000,- DM werden die Klage abgewiesen und die Berufung des Klägers zurückgewiesen.

568 Ausnahmsweise kann bei einer teilweisen Aufhebung und Zurückverweisungn und einer im übrigen eigenen Sachentscheidung – ebenso wie bei Teilurteilen[860] – in der Rechtsmittelinstanz eine Teilkostenentscheidung getroffen werden. Das ist dann der Fall, wenn sich die eigene Sachentscheidung auf die Klage gegen einen Streitgenossen bezieht und die Klage abgewiesen wird bzw. die Voraussetzungen des § 93 erfüllt sind. Dann kann tenoriert werden:[861]

> „Auf die Berufung ... wird ... aufgehoben. Die Klage gegen den Beklagten zu 1) wird abgewiesen. Im übrigen wird die Sache zur erneuten Verhandlung und Entscheidung, auch über die Kosten der Berufung, soweit darüber nicht im folgenden entschieden wird, an das ... zurückverwiesen.
> Der Kläger trägt die außergerichtlichen Kosten des Beklagten zu 1)."

d) Inhalt der Kostenentscheidung in der Vorinstanz

aa) Identische Streitwerte

569 Sind die Streitwerte in den Instanzen identisch, gelten bei einer Aufhebung und Zurückverweisung keine kostenrechtlichen Besonderheiten. Für die Kostenentscheidung kommt es in derartigen Fällen auch nicht darauf an, welche Kosten im einzelnen entstehen. Entscheidend ist nur der Grad des Obsiegens und Unterliegens.

> **Beispiel:**
> Klage auf Zahlung von 10 000,- DM. Kläger legt gegen das Urteil, mit dem die Klage abgewiesen wird, Berufung ein. Das Berufungsgericht hebt das erstinstanzliche Urteil auf und verweist die Sache zur erneuten Verhandlung und Entscheidung an die erste Instanz zurück. Nach Verhandlung und Durchführung einer Beweisaufnahme wird der Klage in Höhe von 6000,- DM stattgegeben; im übrigen wird sie abgewiesen.
> Dann lautet die Kostenentscheidung nach § 92 I, die auch die Kosten der Berufung umfaßt:
> „Die Kosten des Rechtsstreits tragen der Kläger zu ⅖ und der Beklagte zu ⅗."

---

[858] Vgl. Rd.Ziff. 158 ff.
[859] So auch: *Schneider*, S. 257; *Wieczorek*, § 97 Anm. A II a 3.
[860] Vgl. Rd.Ziff. 5.
[861] Vgl. zur Begründung und zu weiteren Einzelheiten die Ausführungen zu der vergleichbaren Situation bei Teilurteilen, Rd.Ziff. 5–7; bei der Klagerücknahme gegen einen Streitgenossen Rd.Ziff. 413 ff.; bei der Erledigung Rd.Ziff. 452.

bb) Volles Obsiegen oder Unterliegen bei unterschiedlichen Streitwerten

Wird nur wegen eines Teils der Klageforderung Berufung (Revision) eingelegt, sind folgende Fälle zu unterscheiden:

570

Wird die Klage letztlich **abgewiesen,** trägt der Kläger, soweit keine kostenrechtliche Sonderregelung eingreift, nach § 91 I, 1. Halbs. die Kosten des Rechtsstreits, zu denen auch die Kosten der Berufung gehören. Für diese Kostenentscheidung ist ohne Bedeutung, welcher Streitwert für die einzelnen Instanzen festgesetzt werden muß und welche Kosten im einzelnen entstanden sind.

571

Dasselbe gilt, wenn der Klage insgesamt stattgegeben wird und dem Beklagten nach § 91 I 1, 1. Halbs. die Kosten des Rechtsstreits aufzuerlegen sind.

572

> **Beispiel:**
> Klage auf Zahlung von 10 000,– DM. Antragsgemäße Verurteilung durch das Landgericht. Zulässige Berufung durch den Beklagten bezüglich 5000,– DM. Aufhebung, soweit Berufung eingelegt wurde, und Zurückverweisung. Verurteilung zur Zahlung von 5000,– DM. Da der Kläger letztlich in vollem Umfang obsiegt hat, lautet die Kostenentscheidung nach § 91 I 1, 1. Halbs.:
> „Die Kosten des Rechtsstreits trägt der Beklagte."

cc) Teilweises Obsiegen und Unterliegen bei unterschiedlichen Streitwerten

Findet hingegen § 92 I Anwendung, weil der Kläger nach Aufhebung und Zurückverweisung nur teilweise obsiegt, haben die unterschiedlichen Streitwerte für die Kostenentscheidung eine Bedeutung. Es sind nämlich unterschiedliche Quoten, je nach dem Grad des Unterliegens im Verhältnis zum maßgeblichen Streitwert zu bilden. Dabei können unterschiedliche Quoten für die verschiedenen Instanzen festgesetzt werden, ohne daß der Grundsatz der **Kosteneinheit**[862] verletzt wäre. Denn die Gebühren entstehen für jede Instanz gesondert, so daß auch bei unterschiedlichen Quoten die Kosten für jede Instanz gesondert ermittelt werden können.

573

Für die erste Instanz müssen jedoch bei dieser Fallkonstellation neben den unterschiedlichen Quoten zusätzlich die **gebührenrechtlichen Besonderheiten** bei einer Zurückverweisung berücksichtigt werden. Nach § 15 I 1 BRAGO gilt bei einer Zurückverweisung das weitere Verfahren vor dem untergeordneten Gericht als ein neuer Rechtszug. Das bedeutet, daß mit Ausnahme der Prozeßgebühr nach § 31 I Nr. 1 BRAGO[863] – diese fällt nur bei einer Zurückverweisung an ein anderes Gericht an (vgl. § 15 I 2 BRAGO) – die anderen Rechtsanwaltsgebühren

574

> **Beispiele:**
> Verhandlungsgebühr nach § 31 I Nr. 2 BRAGO.[864]
> Beweisgebühr nach § 31 I Nr. 3 BRAGO.[865]

entgegen § 13 II BRAGO erneut entstehen. Allerdings richten sich diese Gebühren dann nur noch nach dem Wert des zurückverwiesenen Teils. Eine dem § 15 I BRAGO entsprechende Regelung ist für die Gerichtsgebühren[866] nicht vorhanden. Vielmehr fallen die Gerichtsgebühren nur einmal an (§§ 27, 33 GKG), allerdings nach dem höchsten Wert (vgl. § 21 III GKG).[867]

Wegen der gebührenrechtlichen Besonderheit des § 15 I BRAGO und dem Grundsatz der Kosteneinheit können die **Quoten** für die untere Instanz nicht allein nach dem Grad des

575

---

862) Vgl. Rd.Ziff. 158 ff.
863) Vgl. allgemein zur Prozeßgebühr Rd.Ziff. 70 ff.
864) Vgl. allgemein zur Verhandlungsgebühr Rd.Ziff. 76 ff.
865) Vgl. allgemein zur Beweisgebühr Rd.Ziff. 83 ff.
866) Zu den Gerichtsgebühren allgemein vgl. Rd.Ziff. 16 ff.
867) So auch *Schneider*, S. 259; zu den Höchstbetragsgrenzen vgl. Rd.Ziff. 33, 67, 427 (Teilurteil).

Die Kostenentscheidung, Urteil

Unterliegens im Verhältnis zum Streitwert ermittelt werden. Vielmehr sind die Gebühren im einzelnen zu berechnen.

Beispiel:
Klage auf Zahlung von 10 000,– DM. Nach antragsgemäßer Verurteilung legt der Beklagte in zulässiger Weise Berufung wegen eines Teilbetrages in Höhe von 5000,– DM ein. Das Berufungsgericht hebt das Urteil insoweit auf und verweist die Sache zur erneuten Verhandlung und Entscheidung an die erste Instanz zurück.

Nach Durchführung einer erneuten Verhandlung und Beweisaufnahme gibt die erste Instanz der Klage über die bereits ausgeurteilten 5000,– DM hinaus in Höhe von 2500,– DM statt und weist die Klage in Höhe von 2500,– DM ab.

576 Für die **Kostenentscheidung** gilt folgendes:

Der Streitwert für die zweite Instanz beträgt 5000,– DM. Da der Kläger insoweit in Höhe von 2500,– DM letztlich Erfolg hat, sind die Kosten der zweiten Instanz den Parteien zu je ein halb aufzuerlegen oder sie sind gegeneinander aufzuheben.[868]

Für die erste Instanz beträgt der Streitwert vor der Zurückverweisung 10 000,– DM. Für die danach zu berechnenden Gebühren sind Quoten von ¼ zu Lasten des Klägers und von ¾ zu Lasten des Beklagten zu berücksichtigen. Nach der Zurückverweisung beträgt der Streitwert 5000,– DM. Hier gelten Kostenquoten von ½ zu ½. Im einzelnen:

Gerichtskosten (nach 10 000 DM)	insgesamt	Kläger	Beklagter
Nr. 1010-Gebühr (KV gemäß Anlage 1 zu § 11 I GKG)	222	55,50	166,50
Nr. 1016-Gebühr (doppelter Ansatz)	444	111	333
Zwischensumme		166,50	499,50
Außergerichtliche Kosten: Vor Zurückverweisung (von 10 000,– DM; Quote ¼ zu ¾)			
Prozeßgebühr für 2 Rechtsanwälte	1078	269,50	808,50
Verhandlungsgebühr	1078	269,50	808,50
Nach Zurückverweisung (von 5000,– DM; Quote ½ zu ½)			
Verhandlungsgebühr	558	279	279
Beweisgebühr	558	279	279
Insgesamt	3938	1263,50	2674,50

Danach ergeben sich für die erste Instanz Kostenquoten zu Lasten des Klägers von $\frac{1263,50}{3938} \sim \frac{8}{25} \sim 32\%$ und zu Lasten des Beklagten von $\frac{2674,50}{3938} \sim \frac{17}{25} \sim 68\%$.

Die Kostenentscheidung lautet im erstinstanzlichen Urteil:

„Die Kosten der ersten Instanz tragen der Kläger zu 32% und der Beklagte zu 68%. Die Kosten der zweiten Instanz werden gegeneinander aufgehoben (oder: werden den Parteien zu je 50% auferlegt)."

dd) Teilweises Obsiegen und Unterliegen bei Klageerweiterung und Zurückverweisung

577 In ähnlicher Weise sind bei einer Aufhebung und Zurückverweisung die Quoten im Falle des § 92 I zu ermitteln, wenn die **Klage** nach der Zurückverweisung **erweitert** wird.

---

[868] Zu diesen beiden Möglichkeiten des § 92 I vgl. Rd.Ziff. 195 ff. und 206 f.

Beispiel:[869]

Klage auf Zahlung von 5000,– DM. Nach Klageabweisung legt der Kläger in zulässiger Weise Berufung ein. Das Berufungsgericht hebt das angefochtene Urteil auf und verweist die Sache an die erste Instanz zurück. Der Kläger erweitert die Klage um 5000,– DM. Nach erneuter Verhandlung und Beweisaufnahme werden 6000,– DM zugesprochen, wobei zugunsten des Klägers 1000,– DM von dem ursprünglich eingeklagten Betrag berücksichtigt sind. Im übrigen wird die Klage abgewiesen.

Der Streitwert der zweiten Instanz beträgt 5000,– DM. Entsprechend dem Ergebnis in der ersten Instanz haben von den Kosten in dieser Instanz der Kläger ⅘ und der Beklagte ⅕ zu tragen.

Der Streitwert in der ersten Instanz beläuft sich vor der Zurückverweisung auf 5000,– DM und im Anschluß daran auf 10000,– DM. Hier sind Quoten von ⅖ zu Lasten des Klägers und von ⅗ zu Lasten des Beklagten zugrunde zu legen, soweit der Streitwert 10000,– DM beträgt. Für die Berechnung der Quoten sind auch hier § 15 I BRAGO und §§ 27, 33 GKG zu beachten. Eine Abweichung von dem zuvor dargestellten Fall ergibt sich deshalb, weil die Prozeßgebühr nach § 31 I Nr. 1 BRAGO und die Gerichtsgebühren (Nr. 1010 und Nr. 1016 KV) jeweils nur einmal anfallen, sich aber wegen der Klageerweiterung nach dem höheren Streitwert richten (vgl. §§ 21 III GKG, 13 III BRAGO). Es entstehen daher folgende Gebühren in der ersten Instanz:

Gerichtskosten (von 10000 DM; Quote ⅖ zu ⅗)	insgesamt	Kläger	Beklagter
Nr. 1010-Gebühr	222	88,80	133,20
Nr. 1016-Gebühr (doppelter Ansatz)	444	177,60	266,40
Außergerichtliche Kosten:			
Prozeßgebühr (2 Rechtsanwälte) (Streitwert: 10000 DM; Quoten: ⅖ zu ⅗)	1078	431,20	646,80
Verhandlungsgebühr vor Zurückverweisung (Streitwert: 5000 DM; Quote: ⅘ zu ⅕)	558	446,40	111,60
Verhandlungsgebühr nach Zurückverweisung (Streitwert 10000 DM; Quoten ⅖ zu ⅗)	1078	431,20	646,80
Beweisgebühr	1078	431,20	646,80
	4458	2006,40	2451,60

Danach ergeben sich Kostenquoten zu Lasten des Klägers von $\frac{2006,40}{4458} \sim \frac{4}{9} \sim 45\%$ und zu Lasten des Beklagten von $\frac{2451,60}{4458} \sim \frac{5}{9} \sim 55\%$.

Im Beispielsfall lautet die Kostenentscheidung in der ersten Instanz:

„Die Kosten der ersten Instanz tragen der Kläger zu 45% und der Beklagte zu 55%. Von den Kosten der zweiten Instanz werden dem Kläger 80% und dem Beklagten 20% auferlegt.

869) Weiteres Beispiel vgl. *Schneider*, S. 258 ff.

2. Eigene Sachentscheidung

a) Allgemeines

578 Hat das Rechtsmittel Erfolg und entscheidet das Rechtsmittelgericht nach Aufhebung des angefochtenen Urteils in der Sache selbst, muß eine einheitliche Kostenentscheidung über die Kosten aller Instanzen ergehen. Grundlage für diese Kostenentscheidung sind die allgemeinen Kostenregeln der §§ 91 ff. und gegebenennfalls § 97 II, soweit die dort genannten Voraussetzungen erfüllt sind. Wie bereits dargelegt,[870] geht die ZPO – stillschweigend – davon aus, daß die Kosten eines erfolgreichen Rechtsmittels auch Kosten des Rechtsstreits sind, über die zusammen mit den Kosten der unteren Instanz (bzw. Instanzen) im Rechtsmittelurteil entschieden werden muß. Dabei kommt es nicht darauf an, welche Partei in den unteren Instanzen obsiegt hat. Allein entscheidend ist das endgültige Ergebnis des Rechtsstreits, wie es sich in der letzten Instanz darstellt.

> **Beispiel:**
> Der Kläger obsiegt in der ersten und zweiten Instanz. Auf die Revision des Beklagten wird das Berufungsurteil aufgehoben und die Klage wird abgewiesen. Dann hat der Kläger nach § 91 I 1, 1. Halbs. die Kosten aller drei Instanzen zu tragen, obwohl er in zwei Instanzen erfolgreich war.

b) Volles Obsiegen bei identischen Streitwerten

aa) Grundsatz

579 Richtet sich das Rechtsmittel gegen das gesamte Urteil der Vorinstanz und sind die Streitwerte der Instanzen identisch, ergeht bei vollem Obsiegen in der Rechtsmittelinstanz grundsätzlich eine Kostenentscheidung auf der Grundlage des § 91 I 1, 1. Halbs. Sie lautet:

> „Die Kosten des Rechtsstreits trägt der Kläger/Beklagte."

bb) Kostenpflicht der obsiegenden Partei (§ 97 II ZPO)

580 Ausnahmsweise werden nach § 97 II die Kosten des Rechtsmittelverfahrens dem Obsiegenden auferlegt, wenn er aufgrund neuen Vortrags obsiegt, den er in dem früheren Rechtszug hätte geltend machen können. Zu den Kosten eines Berufungsverfahrens gehören auch die Kosten, die durch die Zurückverweisung der Sache vom Revisionsgericht entstanden sind.[871] Für die Kosten der Vorinstanzen gelten hingegen die allgemeinen Regeln der §§ 91 ff., so daß es grundsätzlich auf den Grad des Obsiegens und Unterliegens ankommt. Der Kostentenor im Falle des § 97 II kann lauten:

> „Die Kosten der Berufung trägt der Kläger/Beklagte.
> Die übrigen Kosten des Rechtsstreits werden dem Beklagten/Kläger auferlegt."

581 Sind die Voraussetzungen des § 97 II erfüllt, ist das Rechtsmittelgericht **verpflichtet,** der obsiegenden Partei die Kosten des Rechtsmittels aufzuerlegen.[872] Ein Ermessensspielraum wird dem Gericht nicht eingeräumt.

582 Für die Anwendbarkeit des § 97 II ist nicht **Voraussetzung,** daß die obsiegende Partei in der Vorinstanz unterlegen ist; ferner wird ein schuldhaftes Verhalten nicht verlangt; entscheidend ist vielmehr nur, daß die Partei ohne das **neue Vorbringen,** das sie bereits in einem früheren Rechtszug hätte geltend machen können, in der Rechtsmittelinstanz verloren hätte.[873] Wird das neue Vorbringen bereits wegen Verspätung zurückgewiesen (§§ 296, 527, 528),[874] ist daher kein Raum für die Anwendbarkeit des § 97 II.

---

870) Vgl. Rd.Ziff. 556.
871) *Schneider,* S. 264; *Zöller,* § 97 Rd.Ziff. 15.
872) *Schneider,* S. 264.
873) OLG Hamm, NJW 73, 198; VersR 82, 1080; *Schneider,* S. 261 f.; *Thomas/Putzo,* § 97 Anm. 3 d; *Zöller,* § 97 Rd.Ziff. 14.
874) Vgl. hierzu näher *Anders/Gehle,* Rd.Ziff. 384 ff., 614 b.

Die Kostenentscheidung in der Rechtsmittelinstanz

Unter **Vorbringen** i. S. des § 97 II sind alle Angriffs- und Verteidigungsmittel (vgl. § 282 I) zu verstehen; Rechtsansichten gehören nicht dazu.[875] **Neu** ist das Vorbringen dann, wenn es erstmalig in der Rechtsmittelinstanz erfolgt. Hierzu zählt auch ein Vortrag nach der letzten mündlichen Tatsachenverhandlung in der Vorinstanz. Zu dem Vorbringen in einem früheren Rechtszug war die Partei dann **imstande**, wenn es ihr möglich war und dies einer sorgfältigen Prozeßführung entsprochen hätte (vgl. § 282 I).[876]

583

Beispiele:
Verspätete Geltendmachung einer Verjährungseinrede, es sei denn, die Frage der Verjährung war rechtlich zweifelhaft.[877]
Obsiegen aufgrund eines erst in der Berufung gestellten Hilfsantrages.[878]
Obsiegen aufgrund der Umstellung des Feststellungsantrages auf einen Leistungsantrag.[879]

Alle Umstände, die erst **nach der letzten mündlichen Tatsachenverhandlung** in der Vorinstanz eingetreten sind, können nicht die Kostentragungspflicht nach § 97 II auslösen.[880] Zu einem solchen Vorbringen war die Partei nämlich nicht zu einem früheren Zeitpunkt imstande.

584

Beispiele:
Klageforderung wird erst in der zweiten Instanz fällig;[881] insoweit kommt § 93 in Betracht, wenn der Gegner „sofort anerkennt".[882]
Eine Partei obsiegt in der zweiten Instanz, weil sie aufgrund einer Gesetzesänderung ergänzend vorträgt,[883] aber auch hier kommt eventuell § 93 in Betracht.

c) Volles Obsiegen bei nicht identischen Streitwerten

aa) Höherer Streitwert in der Rechtsmittelinstanz

Richtet sich das Rechtsmittel gegen das gesamte Urteil der Vorinstanz und wird zusätzlich in der Rechtsmittelinstanz die **Klage erweitert,** ist der Streitwert in dieser Instanz höher als in der Vorinstanz. Hier gelten bei einem vollen Obsiegen des Rechtsmittelführers keine kostenrechtlichen Besonderheiten. Soweit keine Sonderregelungen, wie z. B. § 97 II, eingreifen, sind die gesamten Kosten des Rechtsstreits dem Unterliegenden nach § 91 I 1, 1. Halbs. aufzuerlegen.

585

bb) Geringerer Streitwert in der Rechtsmittelinstanz

Das Rechtsmittel kann auf einen Teil des Streitgegenstandes, über den die Vorinstanz entschieden hat, beschränkt werden. Dann ist der Streitwert in der Rechtsmittelinstanz niedriger als in der Vorinstanz. Wenn in derartigen Fällen das Rechtsmittel in vollem Umfang erfolgreich ist und keine kostenrechtliche Sonderregelung eingreift, trägt der Gegner des Rechtsmittelführers die Kosten des Rechtsmittelverfahrens nach § 91 I 1, 1. Halbs. Für die Vorinstanz muß jedoch der höhere Streitwert berücksichtigt werden. Wenn der Gesamterfolg des Rechtsmittelführers hinter diesem Wert zurückbleibt, ist grundsätzlich nach § 92 I für die Vorinstanz eine Kostenquote zu bilden.

586

---

875) *Anders/Gehle,* Rd.Ziff. 386; *Thomas/Putzo,* § 97 Anm. 3 d, aa.
876) *Thomas/Putzo,* § 97 Anm. 3 d, cc; *Zöller,* § 97 Rd.Ziff. 11.
877) BGH, KostRspr., § 97 ZPO Nr. 12.
878) OLG Karlsruhe, KostRspr., § 97 ZPO Nr. 19.
879) OLG Hamm, KostRspr., § 97 ZPO Nr. 22.
880) *Schneider,* S. 262.
881) Beispiel von *Schneider,* S. 262.
882) Zu § 93 vgl. Rd.Ziff. 224 ff.
883) BGHZ 36, 233.

Die Kostenentscheidung, Urteil

587 **Beispiele:**
1. Klageforderung: 10 000,– DM (= Streitwert erster Instanz); antragsgemäße Verurteilung. Der Beklagte legt in Höhe von 6000,– DM in zulässiger Weise Berufung ein (Streitwert der zweiten Instanz: 6000,– DM).
Daraufhin wird das erstinstanzliche Urteil in Höhe von 6000,– DM aufgehoben, und die Klage wird insoweit abgewiesen.
Dann war die Berufung des Beklagten in vollem Umfang erfolgreich, so daß der Kläger die Kosten der Berufungsinstanz zu tragen hat (§ 91 I 1, 1. Halbs.). Für die Kosten der ersten Instanz ist nach § 92 I eine Quote zu bilden, und zwar sind die Verlustquoten der Parteien ins Verhältnis zum Streitwert = 10 000,– DM zu setzen, so daß sich Quoten zu Lasten des Klägers von $\frac{6000}{10\,000} = \frac{3}{5}$ und zu Lasten des Beklagten von $\frac{4000}{10\,000} = \frac{2}{5}$ ergeben.

Die Kostenentscheidung lautet:
„Die Kosten der Berufung trägt der Kläger. Die übrigen Kosten des Rechtsstreits werden dem Kläger zu ⅗ und dem Beklagten zu ⅖ auferlegt."

2. Klageforderung: 10 000,– DM (= Streitwert der ersten Instanz): die Klage wird abgewiesen; der Kläger legt Berufung ein und beschränkt diese auf 5000,– DM (= Streitwert der zweiten Instanz): der Kläger hat mit seiner Berufung in vollem Umfang Erfolg.
Dann lautet die auf §§ 91 I 1, 1. Halbs., 92 I beruhende Kostenentscheidung:
„Der Beklagte trägt die Kosten der Berufung; die übrigen Kosten des Rechtsstreits werden gegeneinander aufgehoben (oder: tragen die Parteien zu je 50%)."

IV. Teilerfolg des Rechtsmittels

588 Soweit das Rechtsmittelgericht das Urteil der Vorinstanz teilweise aufhebt und die Sache insoweit an die Vorinstanz **zurückverweist,** im übrigen aber selbst entscheidet, kann auf die obigen Ausführungen Bezug genommen werden[884].

Hier sollen die Fälle behandelt werden, in denen das Rechtsmittel teilweise erfolgreich ist und das Berufungsgericht in der Sache selbst entscheidet. In derartigen Fällen beruht die Kostenentscheidung auf § 97 I, soweit das Rechtsmittel zurückgewiesen wird, und im übrigen auf § 92.

Auch hier ist zu unterscheiden, ob die Streitwerte der Instanzen identisch sind.

589 Bei **Identität der Streitwerte** kommt es nur auf den Umfang des endgültigen Obsiegens und Unterliegens an. Die endgültigen Verlustquoten werden ins Verhältnis zum Streitwert gesetzt.

Beispiel:
Klageforderung: 10 000,– DM (= Streitwert der ersten Instanz); Klageabweisung in der ersten Instanz; zulässige Berufung des Klägers; Verurteilung des Beklagten in Höhe von 2000,– DM unter Abweisung der Klage und Zurückweisung der Berufung im übrigen.
Verlustquote: Kläger 8000,– DM; Beklagter 2000,– DM. Daher lautet die auf §§ 92 I, 97 I beruhende Kostenentscheidung bei Berücksichtigung eines Streitwertes von 10 000,– DM:
„Die Kosten des Rechtsstreits tragen der Kläger zu ⅘ und der Beklagte zu ⅕."

590 Sind die **Streitwerte** der Instanzen **nicht identisch,** muß die jeweilige Quote für die Instanzen getrennt nach dem endgültigen Ergebnis ermittelt werden. Ein Verstoß gegen den Grundsatz der Kosteneinheit besteht nicht.[885]

Beispiele:
1. Klageforderung: 10 000,– DM (= Streitwert erster Instanz).
Verurteilung des Beklagten: 4000,– DM.

---

[884] Vgl. Rd.Ziff. 567 ff.
[885] Vgl. Rd.Ziff. 158 ff. (allgemein zur Kosteneinheit) und 573 (Rechtsmittel).

Berufung des Klägers (Streitwert der zweiten Instanz: 6000,– DM).
Verurteilung des Beklagten in der zweiten Instanz: (weitere) 1000,– DM.
Die Kostenentscheidung lautet:
„Die Kosten der Berufung tragen der Kläger zu ⅚ und der Beklagte zu ⅙. Die übrigen Kosten des Rechtsstreits werden gegeneinander aufgehoben."
2. Klageforderung: 10 000,– DM (= Streitwert erster Instanz).
Verurteilung: 3000,– DM.
Berufung des Beklagten wegen einer Verurteilung von 2000,– DM (= Streitwert der zweiten Instanz).
In Höhe von 1000,– DM ist die Berufung erfolgreich.
Der Kostentenor lautet:
„Die Kosten der Berufung werden gegeneinander aufgehoben. Die übrigen Kosten des Rechtsstreits werden dem Kläger zu ⅓ und dem Beklagten zu ⅓ auferlegt."

In derartigen Fällen kann eine getrennte Kostenentscheidung vermieden und eine **einheitliche Quote** gebildet werden, wenn die gesamten angefallenen Kosten der ersten und der zweiten Instanz ermittelt und je nach dem Grad des Obsiegens und Unterliegens betragsmäßig verteilt werden.[886] Diese Methode ist sehr aufwendig und deshalb nicht zu empfehlen.

V. Besonderheiten bei einem Rechtsmittel gegen ein Grund- oder Teilurteil

Grundurteile (§ 304) und Teilurteile enthalten wegen des Grundsatzes der **Kosteneinheit** grundsätzlich keine Kostenentscheidung, weil die Instanz noch nicht abgeschlossen ist und das Endergebnis nicht feststeht.[887]

591

1. Grundurteil

Wird jedoch ein Rechtsmittel gegen ein **Grundurteil** eingelegt und ist dieses Rechtsmittel **erfolglos**, ist über die Kosten der Rechtsmittelinstanz nach § 97 I zu entscheiden.[888] Die Rechtsmittelinstanz ist nämlich endgültig abgeschlossen, und unabhängig von dem Ergebnis des Rechtsstreits steht fest, daß das Rechtsmittel keinen Erfolg hat. Das löst die Kostenfolge des § 97 I aus, d. h., daß in jedem Fall der Rechtsmittelführer die Kosten des Rechtsmittels tragen muß. Dann aber besteht kein Grund, diese zwingende Folge erst in einem späteren Urteil zur Höhe auszusprechen.

592

Anders sind jedoch die Fälle zu beurteilen, in denen das Rechtsmittel gegen ein Schlußurteil – jedenfalls teilweise – Erfolg hat und in der **Rechtsmittelinstanz** ein **Grundurteil** unter Zurückweisung der Sache im übrigen ergeht.

593

> **Beispiele:**
> 1. In der ersten Instanz wird der Klage in vollem Umfang stattgegeben. Auf die Berufung des Beklagten wird dieses Urteil in ein Grundurteil abgeändert und die Sache im übrigen zur Entscheidung über die Höhe zurückverwiesen.
> 2. In der ersten Instanz wird die Klage abgewiesen. Auf die Berufung des Klägers ergeht ein Grundurteil; im übrigen wird die Sache wegen der Entscheidung zur Höhe zurückverwiesen.

In derartigen Fällen ist im Rechtsmittelurteil keine Entscheidung über die Kosten zu treffen.[889] Wie auch in allen anderen Fällen der Zurückverweisung[890] steht bei Erlaß eines Grundurteils noch nicht fest, wer letztlich in der Sache in welchem Umfang obsiegt.

---

886) Vgl. hierzu näher *Schneider*, S. 243 f.
887) Vgl. näher Rd.Ziff. 4 ff.
888) BGHZ 20, 397; *Schneider*, S. 253; *Thomas/Putzo*, § 97 Anm. 2 f.; *Zöller*, § 97 Rd.Ziff. 2.
889) *Schneider*, S. 254.
890) Vgl. Rd.Ziff. 564 ff.

Die Kostenentscheidung, Urteil

594 In der Rechtsmittelinstanz ist aber über die Kosten des Rechtsstreits zu entscheiden, wenn die Vorinstanz ein Grundurteil erlassen hat, dieses in der Rechtsmittelinstanz aufgehoben und die Klage abgewiesen wird.[891]

2. Teilurteil

595 Die Entscheidung über ein Rechtsmittel gegen ein **Teilurteil** wird kostenmäßig nicht anders behandelt als ein sonstiges, die Instanz abschließendes Urteil. Grundsätzlich enthält das Rechtsmittelurteil, das sich auf ein Teilurteil bezieht, eine Kostenentscheidung, weil diese Instanz unabhängig vom Ausgang des Rechtsstreits abgeschlossen ist.[892]

> **Beispiele:**
> 1. Das Rechtsmittel gegen das Teilurteil ist in der Sache erfolgreich.
> Dann lautet der auf § 91 I 1, 1. Halbs. beruhende Kostentenor:
> „Der Kläger trägt die Kosten der Berufung/Revision."
> 2. Das Rechtsmittel gegen das Teilurteil ist erfolglos.
> Dann lautet der auf § 97 I beruhende Kostentenor:
> „Der Beklagte trägt die Kosten der Berufung/Revision."
> 3. Das Rechtsmittel hat teilweise Erfolg und wird im übrigen zurückgewiesen.
> Dann lautet der auf §§ 92, 97 I beruhende Kostentenor:
> „Die Kosten der Berufung/Revision tragen der ... zu ... und der ... zu ..."

VI. Besonderheiten bei einem Anschlußrechtsmittel

1. Allgemeines

596 Wenn beide Parteien durch das Urteil beschwert sind,

> **Beispiele:**
> Teilweise Klageabweisung.
> Abweisung von Klage und Widerklage.
> Abweisung der Klage wegen der Hilfsaufrechnung des Beklagten.

können sie unabhängig voneinander das in der ZPO vorgesehene Rechtsmittel einlegen. Insoweit gelten keine Besonderheiten. Der Rechtsmittelbeklagte kann sich aber auch nach §§ 521 ff., 556 unter den dort genannten Voraussetzungen dem Rechtsmittel des Gegners anschließen, wobei dann für ihn gewisse Erleichterungen bei den Zulässigkeitsvoraussetzungen bestehen. Zweck eines solchen Anschlußrechtsmittels ist, daß der Rechtsmittelbeklagte durch einen eigenen Sachantrag den Entscheidungsumfang mitbestimmt. Er erreicht, daß das Gericht sich auch mit der Frage auseinandersetzen muß, ob das Urteil zu seinen Gunsten zu ändern ist. Allein mit dem Antrag des Rechtsmittelbeklagten auf Zurückweisung des Rechtsmittels kann dieses Ziel wegen des aus § 536 folgenden Verschlechterungsverbotes nicht erreicht werden.

597 Das Anschlußrechtsmittel kann **selbständig** und unselbständig sein. Wenn alle Zulässigkeitsvoraussetzungen, die für das Hauptrechtsmittel gelten, auch für das Anschlußrechtsmittel erfüllt sind, ist dieses selbständig mit der Folge, daß die Zurücknahme, die Verwerfung oder die Nichtannahme der Revision keine Auswirkungen haben (vgl. §§ 522 II, 556). Ist das Anschlußrechtsmittel hingegen nicht innerhalb der für das Haupt-

---

891) *Schneider*, S. 255.
892) *Schneider*, S. 255.

rechtsmittel vorgesehenen Frist eingelegt worden und damit unselbständig, verliert es in den vorgenannten Fällen seine Wirkungen (§§ 522 I, 556 II 3, 4).[893]

Für die **Kostenentscheidung** ist der Grundsatz der **Kosteneinheit**[894] zu beachten. Deshalb darf nicht tenoriert werden: „Die Kosten der Berufung (Revision) trägt der ...; die Kosten der Anschlußberufung werden dem... auferlegt." Denn auch bei einem Anschlußrechtsmittel wird ein einheitlicher Streitwert gebildet, nach dem sich die Gebühren richten. 598

Durch das Anschlußrechtsmittel kann sich nach § 19 II GKG der **Gebührenstreitwert** um dessen Wert **erhöhen,** wenn beide Rechtsmittel nicht denselben Streitgegenstand betreffen; ansonsten gilt der einfache Wert von Hauptrechtsmittel oder Anschlußrechtsmittel, und zwar der jeweils höhere.[895] Die Frage, ob das Anschlußrechtsmittel streitwerterhöhend wirkt, kann – ebenso wie bei der Widerklage[896] – für die Kostenentscheidung von Bedeutung sein, soweit nicht eine Partei in vollem Umfang unterliegt oder nur verhältnismäßig geringfügig obsiegt. Besonderheiten ergeben sich, wenn das Rechtsmittel zurückgenommen, verworfen oder die Revision nicht angenommen wird. Im übrigen gelten die allgemeinen Kostengrundsätze, die insbesondere bei der Widerklage[897] und bei den Rechtsmitteln allgemein[898] dargestellt worden sind. Hierzu im einzelnen: 599

2. Volles Unterliegen oder verhältnismäßig geringfügiges Obsiegen

Unabhängig vom Streitwert bereitet die Kostenentscheidung – soweit eine solche in der Rechtsmittelinstanz zu treffen ist[899] – keine Schwierigkeiten, wenn eine Partei die Kosten des Rechtsstreits nach §§ 91 I 1, 1. Halbs., 97 I zu tragen hat, weil sie in vollem Umfang unterlegen ist und ihr Rechtsmittel keinen Erfolg hat. 600

> **Beispiel:**
> Klage auf Zahlung von 10 000,– DM. Urteil der ersten Instanz: Der Beklagte wird verurteilt, an den Kläger 5000,– DM zu zahlen; im übrigen wird die Klage abgewiesen. Der Kläger legt Berufung ein und erstrebt die weiteren 5000,– DM; der Beklagte schließt sich der Berufung an; er möchte die Aufhebung des erstinstanzlichen Urteils und die Klageabweisung in vollem Umfang erreichen.
> Angenommen, der Beklagte wird auf die Berufung des Klägers zur Zahlung von weiteren 5000,– DM verurteilt und seine Anschlußberufung wird zurückgewiesen. Dann ist der Beklagte in vollem Umfang unterlegen und hat nach §§ 91 I 1, 1. Halbs., 97 I die Kosten des Rechtsstreits zu tragen.
> Dasselbe gilt umgekehrt für den Kläger, wenn auf die Anschlußberufung des Beklagten unter Zurückweisung der Berufung des Klägers das erstinstanzliche Urteil aufgehoben und die Klage abgewiesen wird.

In derartigen Fällen lautet die Kostenentscheidung:

> „Die Kosten des Rechtsstreits trägt der Beklagte/Kläger."

Nicht anders ist zu formulieren, wenn eines der beiden Rechtsmittel im Verhältnis zu dem anderen nur **geringfügige Bedeutung** hat, keine besonderen Kosten verursacht und die im übrigen obsiegende Partei insoweit unterliegt. 601

---

893) Vgl. näher zum Anschlußrechtsmittel *Anders/Gehle,* Rd.Ziff. 629, 625.
894) Vgl. zum Grundsatz der Kosteneinheit Rd.Ziff. 158 ff.
895) Vgl. Teil D, Stichwort „Rechtsmittel", Rd.Ziff. 31 f.
896) Vgl. im einzelnen Rd.Ziff. 533 ff. und 531 f.
897) Rd.Ziff. 531 ff.
898) Rd.Ziff. 555 ff.
899) Vgl. Rd.Ziff. 565 ff.

Die Kostenentscheidung, Urteil

Beispiel:
Die Klage wird abgewiesen. Hiergegen Berufung des Klägers.
Die Anschlußberufung richtet sich gegen einen Teil der Kostenentscheidung (§ 93), der weniger als 5% vom Wert der Hauptberufung ausmacht.
Beide Rechtsmittel werden zurückgewiesen.

In derartigen Fällen trägt eine der Parteien gemäß §§ 92 II, 97 I — im Beispielsfall der Kläger — die Kosten des Rechtsstreits.[900]

3. Teilweises Obsiegen und Unterliegen

a) Das streitwerterhöhende Anschlußrechtsmittel

602 Soweit das Rechtsmittelgericht eine eigene Sachentscheidung trifft[901] und die beiden Rechtsmittelführer teilweise obsiegen und unterliegen, müssen — abgesehen von dem Fall des § 92 II — **Kostenquoten** nach §§ 92 I, 97 I gebildet werden. Dabei sind die verlorenen Wertanteile ins Verhältnis zu dem — durch eine Addition der Einzelwerte von beiden Rechtsmitteln ermittelten — **Gesamtstreitwert** (§ 19 II GKG)[902] zu setzen. Daraus ergibt sich die für die Rechtsmittelinstanz maßgebliche Kostenquote. Sind die Streitwerte aller Instanzen identisch, sind die gesamten Kosten des Rechtsstreits danach zu verteilen; ansonsten muß anstelle des Gesamtstreitwertes nach § 19 II GKG der für die anderen Instanzen maßgebliche Streitwert zugrunde gelegt werden.[903]

Beispiele:
1. Im Ausgangsbeispiel unter 2 (Rd.Ziff. 600) werden die Berufung und die Anschlußberufung zurückgewiesen.
Der Streitwert beträgt in beiden Instanzen 10 000,— DM.

603 Die Kostenquoten — in diesem Fall für beide Instanzen — können ebenso wie bei der Widerklage[904] durch eine Tabelle ermittelt werden, in welche die von den Parteien verlorenen Streitwertanteile für das Rechtsmittel und das Anschlußrechtsmittel eingetragen werden.

	Kläger	Beklagter
Berufung	5000	—
Anschlußberufung	—	5000
Gesamt	5000	5000
Quote	$\dfrac{5000}{10000\ (=\text{Gesamtstreitwert})} = \dfrac{1}{2}$	$\dfrac{5000}{10000} = \dfrac{1}{2}$

Die Kostenentscheidung lautet:
„Die Kosten des Rechtsstreits tragen die Parteien zu je ½" (oder: „... werden gegeneinander aufgehoben").

604 2. Im Ausgangsbeispiel (Rd.Ziff. 600) lautet der Hauptsachetenor:
„Auf die Berufung des Klägers wird das Urteil ... abgeändert und wie folgt neu gefaßt: Unter Abweisung der Klage im übrigen wird der Beklagte verurteilt, an den Kläger 7500,— DM zu zahlen. Die Anschlußberufung des Beklagten und die Berufung des Klägers im übrigen werden zurückgewiesen."
Der Streitwert in beiden Instanzen beträgt 10 000,— DM.

---

900) Zu § 92 II im einzelnen Rd.Ziff. 209 ff.
901) Zu den Kostengrundsätzen bei Rechtsmitteln allgemein Rd.Ziff. 560 ff.
902) Zum Streitwert vgl. Teil D, Stichwort „Rechtsmittel".
903) Zur Ermittlung der Kostenquoten bei unterschiedlichen Streitwerten in den einzelnen Instanzen vgl. Rd.Ziff. 570 ff., 585 ff.
904) Vgl. Rd.Ziff. 534.

Die Kostenentscheidung in der Rechtsmittelinstanz

Die Kostenquoten – in diesem Fall für beide Instanzen – werden anhand der Tabelle wie folgt ermittelt:

	Kläger	Beklagter
Berufung	2500	2500
Anschlußberufung	–	5000
Gesamt	2500	7500
Quote	$\dfrac{2500}{10000\,(=\text{Gesamtstreitwert})} = \dfrac{1}{4}$	$\dfrac{7500}{10000} = \dfrac{3}{4}$

Die Kostenentscheidung lautet:

„Die Kosten des Rechtsstreits tragen der Kläger zu ¼ und der Beklagte zu ¾."

3. Klage auf 10 000,– DM. Urteil in der ersten Instanz: 605
„Unter Abweisung der Klage im übrigen wird der Beklagte verurteilt, an den Kläger 6000,– DM zu zahlen."
Der Beklagte legt – in zulässiger Weise – Berufung ein und erstrebt die Klageabweisung insgesamt. Der Kläger legt Anschlußberufung ein; er möchte eine weitere Verurteilung des Beklagten in Höhe von 2000,– DM.
Angenommen, der Streitwert in der Berufung beträgt 8000,– DM (§ 19 II GKG).

Der Hauptsachetenor lautet:
„Auf die Berufung des Beklagten wird das Urteil des ... (Az. ...) teilweise abgeändert und wie folgt neu gefaßt:
Der Beklagte wird verurteilt, an den Kläger 4000,– DM zu zahlen. Im übrigen wird die Klage abgewiesen; die Berufung und die Anschlußberufung des Klägers werden zurückgewiesen."

Der Streitwert in der ersten Instanz beträgt 10 000,– DM. Hiervon haben der Kläger 6000,– DM und der Beklagte 4000,– DM verloren, so daß sie folgende Kosten der ersten Instanz zu tragen haben: der Kläger: $\dfrac{6000}{10000} = \dfrac{3}{5}$ und der Beklagte $\dfrac{4000}{10000} = \dfrac{2}{5}$.

Die Tabelle zur Ermittlung der Kosten der Berufung sieht wie folgt aus:

	Kläger	Beklagter
Berufung	2000	4000
Anschlußberufung	2000	–
Gesamt	4000	4000
Quote	$\dfrac{4000}{8000\,(=\text{Gesamtstreitwert})} = \dfrac{1}{2}$	$\dfrac{4000}{8000} = \dfrac{1}{2}$

Der Kostentenor lautet:

„Die Kosten der ersten Instanz werden dem Kläger zu ⅗ und dem Beklagten zu ⅖ auferlegt. Die Kosten der Berufungsinstanz tragen die Parteien zu je ½ (oder: ... werden gegeneinander aufgehoben)."

Soweit für das Hauptrechtsmittel oder das Anschlußrechtsmittel **besondere Kosten** entstanden sind, muß für diese Kosten eine zusätzliche Quote anhand des Verlustanteils und des Einzelwertes für das betreffende Rechtsmittel ermittelt werden. Die einzelnen angefallenen Gebühren und sonstigen Kosten sind sodann nach der üblichen Quote und dann 606

317

Die Kostenentscheidung, Urteil

nach der so ermittelten Quote zu verteilen. Hier ist zu beachten, daß für die Rechtsmittelinstanzen erhöhte Gebühren anfallen.[905] Im übrigen gelten dieselben Grundsätze, die bereits für Klage und Widerklage dargestellt wurden, so daß auf das betreffende Beispiel in diesem Kapitel Bezug genommen werden kann.[906]

607 Soweit nur einer von mehreren **Streitgenossen** das Anschlußrechtsmittel einlegt und keine notwendige Streitgenossenschaft besteht, liegt eine **unterschiedliche Beteiligung am Rechtsstreit** im Sinne des § 100 II vor, die bei der Kostenentscheidung berücksichtigt werden muß.[907]

b) Das streitwertneutrale Anschlußrechtsmittel

608 Wenn das Anschlußrechtsmittel nicht zu einer Streitwerterhöhung führt, weil derselbe Streitgegenstand betroffen ist (vgl. § 19 I 1, II GKG),[908] ist fraglich, ob das Schicksal des Anschlußrechtsmittels Einfluß auf die Kostenentscheidung hat. Hier bieten sich zwei Lösungsmöglichkeiten an: Entweder orientiert man sich ausschließlich am **Gebührenstreitwert**, so daß das Anschlußrechtsmittel nur berücksichtigt wird, soweit es einen höheren Wert als das Hauptrechtsmittel hat; oder man legt für die Ermittlung der Kostenquoten einen **fiktiven Streitwert**[909] zugrunde, der sich aus einer Addition der Einzelwerte ergibt.[910] Wir bevorzugen – ebenso wie bei dem vergleichbaren Problem im Rahmen von Klage und Widerklage[911] – die erste Methode. Soweit nämlich das Anschlußrechtsmittel denselben Streitgegenstand wie das Hauptrechtsmittel hat – nur dann wirkt es nicht streiterhöhend (vgl. §§ 19 I, II) –,

Beispiel:
Zahlungsklage und negative Feststellungsklage auf Feststellung, daß das betreffende Rechtsverhältnis nicht besteht.

würde ihm mit dem fiktiven Streitwert ein zu hohes Gewicht eingeräumt werden. Das hat der Gesetzgeber mit der Streitwertregelung des § 19 I 1, II jedoch gerade nicht beabsichtigt.

4. Zurücknahme des Rechtsmittels, Verwerfung als unzulässig und Ablehnung der Annahme der Revision

609 Wenn es zu keiner sachlichen Entscheidung über das Hauptrechtsmittel kommt, sich dieses vielmehr anderweitig erledigt,

Beispiele:
Zurücknahme des Hauptrechtsmittels (§§ 515, 566).
Verwerfung als unzulässig (§§ 519 b I 2, 554 a I 2).
Ablehnung der Annahme der Revision (§ 554 b).

verliert das unselbständige Anschlußrechtsmittel[912] seine Wirkung (§§ 522 I, 556 II S. 3, 4).
In allen Fällen trägt der Rechtsmittelführer nach § 97 I (= erfolgloses Rechtsmittel)[913] oder

---

905) Vgl. Rd.Ziff. 50, 122 ff.
906) Rd.Ziff. 535 ff., insbesondere 537.
907) Vgl. hierzu näher die vergleichbare Problematik bei Klage und Widerklage mit Beispielen, Rd.Ziff. 543 ff.
908) Vgl. Teil D, Stichwort „Rechtsmittel", Rd.Ziff. 32.
909) Zum fiktiven Streitwert vgl. Rd.Ziff. 198 ff.
910) Vgl. zu beiden Methoden mit Beispielen Rd.Ziff. 361 ff. (Haupt- und Hilfsantrag); 550 (Widerklage).
911) Vgl. Rd.Ziff. 551.
912) Vgl. Rd.Ziff. 597.
913) Vgl. Rd.Ziff. 561.

nach §§ 515 III 1, 566⁹¹⁴⁾ die Kosten des Rechtsmittels. Für die **Kosten des Anschlußrechtsmittels** gilt folgendes:

Bei einer Zurücknahme des Rechtsmittels (§§ 515, 566) kommt es darauf an, ob die Rücknahme vor Beginn der mündlichen Verhandlung oder später erfolgte. **Vor Beginn der mündlichen Verhandlung** sind die Kosten des Anschlußrechtsmittels als gewöhnliche Rechtsverteidigungskosten dem Rechtsmittelkläger nach §§ 515 III, 566 aufzuerlegen; ansonsten hat der Rechtsmittelbeklagte nach dem Veranlassungsprinzip die Kosten für das Anschlußrechtsmittel zu tragen, da die Wirksamkeit der Rücknahme nach §§ 515 I, 566 von seiner Einwilligung abhängig ist.⁹¹⁵⁾ 610

Wenn der **Rechtsmittelbeklagte** die Kosten des Anschlußrechtsmittels zu tragen hat, müssen auch hier wegen des Grundsatzes der Kosteneinheit⁹¹⁶⁾ Quoten gebildet werden. Die Kostenentscheidung beruht insoweit auf § 92 I. 611

Wird das Rechtsmittel als **unzulässig verworfen** (§§ 519 b, 554 a), ist ebenfalls nach dem Veranlassungsprinzip zu differenzieren. Wenn das Rechtsmittel form- und fristgerecht eingelegt worden ist, hat der Rechtsmittelkläger auch die Kosten des unselbständigen Anschlußrechtsmittels zu tragen; ansonsten hatte der Rechtsmittelbeklagte keine Veranlassung, sich einem von vornherein unzulässigen Rechtsmittel anzuschließen, so daß ihm dann die Kosten für das unselbständige Anschlußrechtsmittel nach § 92 I aufzuerlegen sind.⁹¹⁷⁾ 612

Wird die **Annahme der Revision abgelehnt** (§ 554 b), trägt der Revisionsbeklagte die Kosten der dadurch wirkungslos gewordenen Anschlußrevision, wobei nach den addierten Streitwerten von Revision und Anschlußrevision abgerechnet werden muß.⁹¹⁸⁾ Nur wenn die unselbständige Anschlußrevision Nebenforderungen i. S. des § 4 betrifft, soll sie kostenmäßig nicht berücksichtigt werden, weil sie in den Streitwert nicht einfließt.⁹¹⁹⁾ 613

VII. Besonderheiten bei der Zurücknahme der Klage oder des Rechtsmittels

1. Zurücknahme der Klage

Die **Klage** kann unter den Voraussetzungen des § 269 I jederzeit bis zum Eintritt der Rechtskraft und damit auch in jeder Instanz zurückgenommen werden. Mit der wirksamen Klagerücknahme entfällt rückwirkend die Rechtshängigkeit, und ein noch nicht rechtskräftiges Urteil wird wirkungslos (§ 269 III 1). Mit dem Wegfall der Rechtshängigkeit entfallen auch die daran geknüpften materiellen Wirkungen. 614

Beispiele:
Verjährungsunterbrechung (§§ 209, 212 BGB).
Rechtshängigkeitszinsen (§ 291 BGB).

Der Kläger trägt bei einer Klagerücknahme nach § 269 III 2 die gesamten Kosten des Rechtsstreits, die in den einzelnen Instanzen angefallen sind, soweit über sie nicht bereits rechtskräftig entschieden wurde. Ob hiervon eine Ausnahme zu machen ist, wenn der Beklagte besondere Kosten verursacht hat, die ihm an sich unabhängig vom Ausgang des Rechtsstreits aufzuerlegen sind, 615

---

914) Vgl. Rd.Ziff. 619.
915) BGHZ 4, 230; OLG Düsseldorf, MDR 83, 64; OLG Frankfurt, NJW-RR 87, 1087; OLG München, NJW-RR 89, 575; *Schneider*, S. 265; *Zöller*, § 521 Rd. Ziff. 32.
916) Vgl. Rd.Ziff. 158 ff.
917) BGHZ 4, 240; OLG Nürnberg, MDR 89, 648; *Schneider*, S. 265; *Zöller*, § 521 Rd.Ziff. 32.
918) BGHZ 80, 146; *Zöller*, § 556 Rd.Ziff. 9.
919) BGH, MDR 85, 52; hierzu kritisch *Zöller*, § 556 Rd.Ziff. 9.

Die Kostenentscheidung, Urteil

Beispiel:
Kosten der Säumnis nach § 344.

ist bestritten; nach unserer Ansicht hat der Kläger im Falle der Klagerücknahme auch diese Kosten gemäß § 269 III 2 zu tragen.[920]

616 Die Kostenfolge des § 269 III 2 wird grundsätzlich durch **Beschluß** ausgesprochen (§ 269 III 3, 4). Im Falle der Teilrücknahme ergeht jedoch wegen des Grundsatzes der Kosteneinheit eine einheitliche Kostenentscheidung im **(Schluß-)Urteil**, wobei allerdings in Abweichung von § 99 I eine sofortige Beschwerde (§ 269 III 4) eingelegt werden kann, soweit die Kostenentscheidung auf § 269 III 2 beruht.[921]

617 Soweit die Klage in **vollem Umfang** zurückgenommen wird, ergeben sich für die Kostenentscheidung keine Schwierigkeiten. Sie lautet:

„Der Kläger trägt die Kosten des Rechtsstreits."

618 Wenn jedoch nur eine **Teilrücknahme** erfolgt und dem Kläger nicht auch im übrigen alle Kosten des Rechtsstreits aufzuerlegen sind, müssen für die einheitlich im Urteil zu treffende Entscheidung Quoten gebildet werden. Die Kostenentscheidung beruht dann auf §§ 91 I 1, 1. Halbs.; 269 III 2

Beispiel:
Der Kläger obsiegt bezüglich des nicht zurückgenommenen Teils.

oder auf §§ 92 I, 269 III 2.

Beispiel:
Der Kläger obsiegt bezüglich des nicht zurückgenommenen Teils nur teilweise.

Die auf § 269 III 2 beruhende Kostenquote kann nach zwei Methoden ermittelt werden, nämlich nach der Mehrkostentheorie oder nach der Unterliegenstheorie (Quotenmethode).[922]

2. Zurücknahme des Rechtsmittels

a) Vollständige Zurücknahme

619 Von der Zurücknahme der Klage zu unterscheiden ist die Zurücknahme des Rechtsmittels (§§ 515, 566). Dies kann nur in der jeweiligen Instanz durch Erklärung gegenüber dem Gericht erfolgen, und zwar entweder in der mündlichen Verhandlung oder durch Einreichung eines Schriftsatzes (§ 515 II). Wie jede Prozeßhandlung ist auch die Rechtsmittelrücknahme **bedingungsfeindlich** und kann auch nur durch einen **Instanzanwalt** erfolgen.[923] In der **Beschränkung des Rechtsmittelantrages** kann keine teilweise Zurücknahme gesehen werden, wenn vorher keine weitergehenden Anträge angebracht worden sind.[924]

620 Durch die Zurücknahme des Rechtsmittels entfallen nicht die **Rechtshängigkeit** und die daran geknüpften Rechtsfolgen; vielmehr bewirkt sie nur den **Verlust** des konkret eingelegten **Rechtsmittels** (§ 515 III 1) und damit nur dann die Rechtskraft der angefochtenen Entscheidung, wenn die Rechtsmittelfrist verstrichen ist.[925] Solange jedoch diese

---

920) Vgl. hierzu näher Rd.Ziff. 514.
921) Vgl. näher Rd.Ziff. 186 ff., 400.
922) Vgl. hierzu im einzelnen mit Beispielen Rd.Ziff. 404, 408, 410.
923) BGH, NJW-RR 90, 67; *Thomas/Putzo*, § 515 Anm. 3; *Zöller*, § 515 Rd.Ziff. 9, 21.
924) BGH, NJW-RR 89, 992; *Thomas/Putzo*, § 515 Anm. 3; *Zöller*, § 515 Rd. Ziff. 1, 6; *Schneider*, S. 247; vgl. auch Rd.Ziff. 625.
925) *Schneider*, S. 247.

Frist nicht abgelaufen ist und kein Rechtsmittelverzicht erklärt wurde, kann das Rechtsmittel **erneut eingelegt** werden.[926)]

621 Die Zurücknahme des Rechtsmittels ist erst **nach** Einlegung des Rechtsmittels (§§ 518, 553) möglich, während **vorher** nur ein Rechtsmittelverzicht in Betracht kommt (§§ 514, 566); sie kann bis zur Beendigung der Rechtsmittelinstanz erfolgen, d. h. in der Berufungsinstanz bis zur Rechtskraft des Berufungsurteils oder Einlegung der Revision und in der Revisionsinstanz bis zu deren rechtskräftigem Abschluß.[927)]

622 Bis zum Beginn der mündlichen Verhandlung kann die Zurücknahme des Rechtsmittels ohne **Einwilligung** des Rechtsmittelbeklagten erfolgen (§§ 515 I, 566). Das hat Auswirkungen auf die Kosten des unselbständigen Anschlußrechtsmittels; soweit die Einwilligung des Rechtsmittelbeklagten nicht erforderlich ist, hat der Rechtsmittelkläger auch diese Kosten zu tragen.[928)]

623 Die wirksame Zurücknahme des Rechtsmittels hat neben dem Verlust des eingelegten Rechtsmittels zur Folge, daß der Rechtsmittelkläger die durch das Rechtsmittel entstandenen **Kosten** zu tragen hat (§§ 515 III 1, 566). Dies bezieht sich auch auf die Kosten des **Anschlußrechtsmittels**, soweit die Zurücknahme ohne Einwilligung des Rechtsmittelbeklagten erfolgen kann (§ 515 I). Nach unserer Ansicht werden von §§ 515 III 1, 566 auch die **Säumniskosten** des Gegners (§ 344) erfaßt, da dafür dieselben Gründe sprechen, die bereits bei der Klagerücknahme im Einspruchsverfahren dargestellt wurden.[929)] Soweit allerdings die Zurücknahme des Rechtsmittels aufgrund eines **außergerichtlichen Vergleichs** erfolgt, greift § 98 ein, der entsprechend für einen außergerichtlichen Vergleich gilt,[930)] sofern die Parteien nicht erkennbar eine andere Regelung beabsichtigt haben; von einer anderen Absicht ist aber schon dann auszugehen, wenn die Parteien mit der Rücknahme des Rechtsmittels die Anerkennung des angefochtenen Urteils einschließlich der Kostenentscheidung wollten; dann gehen §§ 515 III, 1, 566 dem § 98 vor.[931)]

624 Auf **Antrag** des Rechtsmittelbeklagten sind die Wirkungen der Zurücknahme des Rechtsmittels durch **Beschluß** auszusprechen (§§ 515 III 2, 566). Ein solcher Beschluß kann lauten:

> „Auf Antrag des ... wird der ... der eingelegten Berufung/Revision für verlustig erklärt und ihm werden die Kosten des Berufungs-(Revision-)Verfahrens auferlegt, weil er die Berufung/Revision zurückgenommen hat (§ 515 III, § 566)."

Dieser Beschluß, der unanfechtbar ist und der keiner mündlichen Verhandlung bedarf (§§ 515 III 3, 566), kann auch während der **Gerichtsferien** ergehen.[932)] Die Streitfrage, ob der Antrag i. S. des § 515 III 2 dem Anwaltszwang unterliegt und ob dementsprechend nur für den Antrag ein Rechtsanwalt bestellt werden muß,[933)] ist durch das am 1. 4. 1991 in Kraft tretende Rechtspflege-Vereinfachungsgesetz vom 17. 12. 1990 geklärt worden. § 515 III 2 lautet nunmehr wie folgt:

> „Auf Antrag des Gegners sind diese Wirkungen durch Beschluß auszusprechen; hat der Gegner für die Berufungsinstanz keinen Prozeßbevollmächtigten bestellt, so kann der Antrag von einem bei dem Berufungsgericht nicht zugelassenen Rechtsanwalt gestellt werden."

---

926) OLG Frankfurt, NJW 74, 1389; *Thomas/Putzo*, § 515 Anm. 1, 5; *Zöller*, § 515 Rd.Ziff. 23.
927) BGH, FamRZ 88, 496; *Thomas/Putzo*, § 515 Anm. 2 b); *Zöller*, § 515 Rd.Ziff. 1.
928) Vgl. näher Rd.Ziff. 610.
929) Vgl. Rd.Ziff. 514; a. A.: OLG Köln, MDR 90, 256; *Zöller*, § 515 Rd.Ziff. 24.
930) BGH, NJW 89, 39; OLG Hamm, MDR 87, 589; *Thomas/Putzo*, § 98 Anm. 1 a.
931) BGH, WM 88, 1460; NJW 89, 40; *Thomas/Putzo*, § 98 Anm. 2 b; *Zöller*, § 515 Rd.Ziff. 24.
932) OLG Frankfurt, MDR 83, 943; *Thomas/Putzo*, § 515 Anm. 5 c.
933) Vgl. zu dieser Streitfrage BGH, NJW 78, 1262; BGHZ 93, 12; *Zöller*, § 515 Rd.Ziff. 25 m.w.N.

Die Kostenentscheidung, Urteil

Damit hat der Gesetzgeber nach unserer Meinung gleichzeitig klargestellt, daß der Antrag nicht von der Partei persönlich gestellt werden kann.[934]

b) Teilweise Zurücknahme

625 Die Zurücknahme des Rechtsmittels kann sich auf einen zum Erlaß eines Teilurteils geeigneten Teil des Streitgegenstandes beschränken.[935] Wie bereits dargelegt,[936] ist in der bloßen Beschränkung des Rechtsmittelantrages nicht ohne weiteres eine Teilrücknahme zu sehen. Nur wenn der schriftsätzlich formulierte oder in der mündlichen Verhandlung gestellte Antrag später reduziert wird und keine anderen Prozeßhandlungen gewollt sind,

Beispiel:
Teilerledigung

gilt etwas anderes.

626 Gegenüber der vollständigen Rücknahme gelten bei der Teilrücknahme folgende Besonderheiten:

Über die Kosten gemäß §§ 515 III 2, 566 kann wegen des **Grundsatzes der Kosteneinheit**[937] nur einheitlich mit den anderen Kosten des Rechtsstreits oder des Rechtsmittels in dem die Instanz abschließenden Urteil oder in dem Urteil der unteren Instanz — soweit die Rechtsmittelinstanz keine eigene Kostenentscheidung trifft[938] — entschieden werden. Ein **Kostenbeschluß** ergeht entgegen §§ 515 III 3, 566 — ebenso wie bei der teilweisen Klagerücknahme — nicht.[939]

627 Die Kostenentscheidung, die teilweise auf § 515 III 2 (§ 566) und teilweise auf den allgemeinen Kostenregelungen der §§ 91 ff. beruht, bereitet keine Schwierigkeiten, wenn der Rechtsmittelkläger auch die übrigen Kosten des Rechtsstreits oder des Rechtsmittels zu tragen hat.

Beispiele:
Soweit das Rechtsmittel nicht zurückgenommen wurde, wird es zurückgewiesen (§ 97 I). Der Erfolg des Rechtsmittelklägers ist nur geringfügig und verursacht keine besonderen Kosten (§ 92 II).

Dann kann die Kostenentscheidung lauten:

„Der ... trägt die Kosten der Berufung (Revision)"
(§§ 97 I, 515 III 2).

Oder:

„Der ... trägt die Kosten des Rechtsstreits"
(§§ 92 II, 97 I, 515 III 2).

628 Wenn der Rechtsmittelkläger jedoch die übrigen Kosten des Rechtsstreits nicht oder nicht in vollem Umfang trägt,

Beispiel:
Soweit das Rechtsmittel nicht zurückgenommen wird, unterliegt der Rechtsmittelbeklagte ganz oder teilweise.

müssen **Kostenquoten** gebildet werden, die je nach Ergebnis z. B. auf §§ 91 I 1, 1. Halbs., 515 III 2 oder auf §§ 92 I, 97 I, 515 III 2 beruhen können. Es gibt zwei Möglichkeiten, die auf § 515 III 2 entfallende Quote zu ermitteln. Nach der **Mehrkostentheorie** sind die tatsächlich entstandenen Kosten des Rechtsmittels oder des Rechtsstreits und die Kosten zu berechnen, die ohne den zurückgenommenen Teil des Rechtsmittels entstanden wären;

---

934) A. A. zur alten Rechtslage: OLG Köln, MDR 76, 1025; OLG Schleswig, SchlHA 89, 15.
935) *Zöller,* § 515 Rd.Ziff. 6.
936) Vgl. Rd.Ziff. 619.
937) Vgl. Rd.Ziff. 158 ff.
938) Vgl. Rd.Ziff. 565 ff.
939) Zum vergleichbaren Problem bei der teilweisen Klagerücknahme vgl. Rd.Ziff. 187, 400.

der Differenzbetrag ist ins Verhältnis zu den tatsächlich entstandenen Kosten zu setzen; daraus ergibt sich die auf § 515 III 2 entfallende Quote.[940] Nach der **Unterliegenstheorie** (= Quotenmethode) muß zunächst festgestellt werden, welche Quoten sich vor und nach der Teilrücknahme aus dem Verhältnis der Verlustquoten zu dem jeweils geltenden Streitwert ergeben; die tatsächlich angefallenen Gebühren und sonstigen Kosten sind dann entsprechend zu verteilen.[941]

VIII. Besonderheiten im Streitgenossenprozeß

Soweit mehrere Personen auf der Kläger- oder Beklagtenseite im Rechtsmittelverfahren beteiligt sind, gelten für die Kostenentscheidung die schon dargestellten Grundsätze zum Streitgenossenprozeß.[942] Bei der einfachen Streitgenossenschaft sind diejenigen Streitgenossen in der Rechtsmittelinstanz beteiligt, die das Rechtsmittel selbst eingelegt haben oder gegen die sich das Rechtsmittel richtet. Die **notwendigen Streitgenossen** (§ 62) können ihre Rechte nur einheitlich verfolgen, und ihnen gegenüber kann auch nur eine Gesamtentscheidung ergehen.[943] Dementsprechend sind einzelne notwendige Streitgenossen auch dann, wenn sie selbst kein Rechtsmittel eingelegt haben, durch die Rechtsmitteleinlegung der anderen Streitgenossen in der Rechtsmittelinstanz Partei geworden.[944] An den Kosten können diese Streitgenossen aber nicht beteiligt werden.[945]

629

Ist nur einer von mehreren (einfachen) Streitgenossen in der Rechtsmittelinstanz beteiligt, wird das vorinstanzliche Urteil bezüglich der anderen Streitgenossen rechtskräftig. Das gilt auch für die Kostenentscheidung im angefochtenen Urteil, wenn sich infolge des Rechtsmittels an sich eine andere Quote ergeben würde.[946]

630

> **Beispiel:**
> A nimmt X und Y als Gesamtschuldner auf Zahlung von 10 000,- DM in Anspruch. X wird antragsgemäß verurteilt, während die Klage gegen Y abgewiesen wird.
> Dann lautet die auf der Baumbach'schen Formel beruhende Kostenentscheidung:[947] „Die Gerichtskosten und die außergerichtlichen Kosten des Klägers tragen der Beklagte X und der Kläger zu je ½. Die außergerichtlichen Kosten des Beklagten Y werden dem Kläger auferlegt. Im übrigen findet eine Kostenerstattung nicht statt."
> Angenommen, A legt Berufung ein und Y wird daraufhin unter Zurückweisung der Berufung zur Zahlung von 5000,- DM als Gesamtschuldner mit X verurteilt. Von den Kosten des Rechtsstreits müßten – soweit man nur das Endergebnis berücksichtigt – an sich tragen:
> Von den Gerichtskosten und den außergerichtlichen Kosten des Klägers die Beklagten als Gesamtschuldner ½ sowie A und X jeweils ¼ (= insoweit Baumbach'sche Formel); von den außergerichtlichen Kosten des Y der Kläger ½. Im übrigen findet eine Kostenerstattung nicht statt. Da X aber im Berufungsverfahren nicht beteiligt ist, darf die Kostenentscheidung insoweit nicht geändert werden, d. h. ihm dürfen insgesamt nicht mehr als ½ der Gerichtskosten und der außergerichtlichen Kosten des Klägers auferlegt werden.
> Daher lautet die Kostenentscheidung:
> „Die Gerichtskosten und die außergerichtlichen Kosten des Klägers tragen die Beklagten als Gesamtschuldner und der Kläger zu je ½. Dem Kläger werden außerdem ½ der außergerichtlichen Kosten des Y auferlegt. Im übrigen findet eine Kostenerstattung nicht statt."

---

940) Vgl. zur Mehrkostentheorie mit Beispielen Rd.Ziff. 404, 410.
941) Vgl. zur Unterliegenstheorie mit Beispielen Rd.Ziff. 404, 408.
942) Vgl. Rd.Ziff. 251–318.
943) BGH, NJW 88, 2113; NJW 91, 101.
944) BGH, NJW 91, 101.
945) *Zöller*, § 97 Rd.Ziff. 4.
946) *Schneider*, S. 249.
947) Grundfall der Baumbach'schen Formel, vgl. Rd.Ziff. 259 ff.

IX. Besonderheiten bei der Streithilfe

631 Für den Streithelfer gilt die schon dargestellte Kostenregelung des § 101.[948]

Ein Streithelfer kann nach § 67 unabhängig von der Hauptpartei ein Rechtsmittel einlegen. Wenn die Hauptpartei sich an dem Rechtsmittelverfahren beteiligt, gelten gegenüber der ersten Instanz keine kostenrechtlichen Besonderheiten. Wenn jedoch nur der Streithelfer allein, nicht aber die Hauptpartei im Rechtsmittelverfahren tätig ist, liegt nur bei ihm das Kostenrisiko und er muß – je nach dem Ergebnis – die Kosten der Rechtsmittelinstanz tragen.[949]

---

948) Vgl. Rd.Ziff. 319 ff.
949) BGHZ 39, 298; *Schneider*, S. 251.

2. Abschnitt
Beschluß

§ 1 Allgemeine Grundsätze

Der Beschluß ist entsprechend § 308 II mit einer Kostenentscheidung zu versehen,[1)] wenn in dem betreffenden Verfahren Kosten angefallen sind, über deren Verteilung in diesem Verfahren (normalerweise nach §§ 91 ff.) entschieden werden muß.[2)] Es gelten im wesentlichen folgende, im einzelnen erläuterte **Grundregeln:**

632

> Es ergeht keine Kostenentscheidung, soweit nach dem Gesetz eine Kostenerstattung unterbleibt. Eine Kostenentscheidung ist nur in selbständigen, nicht in unselbständigen Beschlußverfahren zu treffen.[3)]
>
> Eine Kostenentscheidung ist nur erforderlich, wenn Parteikosten (außergerichtliche Kosten und vorschußweise eingezahlte Gerichtskosten)[4)] entstanden sein können, nicht aber, wenn es nur um die (übrigen) Gerichtskosten geht.
>
> Eine gesonderte Kostenentscheidung unterbleibt, wenn diese ohnehin Regelungsgegenstand des Beschlusses ist.

Hat ein Beschluß lediglich **verfahrensleitende Funktion** in einem laufenden Rechtsstreit, kommt ihm also im Verhältnis der Parteien zueinander eine selbständige Bedeutung nicht zu, ist er nicht mit einer Kostenentscheidung zu versehen, da über die Verteilung der im **unselbständigen Beschlußverfahren** anfallenden Kosten erst in der die Instanz abschließenden Entscheidung zu befinden ist. Denn es handelt sich insoweit um Kosten des Rechtsstreits im Sinne der §§ 91 ff. Das gilt namentlich für folgende Fälle:[5)]

633

- Aussetzung (§§ 148 ff.),[6)] Verbindung (§ 147), Trennung (§ 145)
- Bestimmung des zuständigen Gerichts (§ 37)[7)]
- Wertfestsetzung (§§ 24 f. GKG)
- Pflegerbestellung nach § 57 I[8)]
- Verweisungsbeschluß (§ 281 III 1, 2)[9)]
- Hinweis-, Auflagenbeschluß
- Beweisbeschluß – dieser löst zwar die anwaltliche Beweisgebühr nach § 31 Nr. 3 BRAGO aus (vgl. Rd.Ziff. 83 ff.), indes ist auch über deren Verteilung nach §§ 91 ff. erst in der abschließenden Entscheidung zu befinden
- Beweissicherung im Hauptverfahren (§§ 485 ff.)[10)]
- Berichtigungsverfahren (§ 319)[11)] – die für notwendig erachtete Kostenentscheidung im Ergänzungsurteil nach § 321 rechtfertigt sich allein daraus, daß anderenfalls das Mißverständnis aufkommen könnte, die (Gerichts-)Kosten des Ergänzungsverfahrens sollten genauso verteilt werden wie die Kosten der Hauptsache.[12)]

---

1) OLG Koblenz, Rpfleger 74, 26; *Zöller*, § 329 Rd.Ziff. 29; *Baumbach/Lauterbach/Albers/Hartmann*, § 329 Anm. 3 B.
2) *Schneider*, S. 272; *Zöller*, § 567, Rd.Ziff. 60.
3) Beispiele hierzu nachfolgend Rd.Ziff. 640 ff.
4) Allgemein vgl. Rd.Ziff. 61 ff.; 149.
5) Beispiele bei *Zöller* (§ 91 Rd.Ziff. 9).
6) OLG Koblenz, FamRZ 73, 376, Nr. 202.
7) *Wieczorek*, § 37, Anm. B II c.
8) Zur Ausnahme bei Beteiligung eines nicht zum Prozeßbevollmächtigten bestellten Anwalts vgl. Rd.Ziff. 635.
9) *Zöller*, § 281 Rd.Ziff. 18 mit Nachweisen zur anderweitigen Entscheidung im Urteil des Rechtsmittelgerichts; vgl. auch Teil A „Verweisung".
10) Zum selbständigen Beweissicherungsverfahren vgl. Rd.Ziff. 641 ff.
11) Vgl. *Zöller*, § 319 Rd.Ziff. 24.
12) Vgl. *Baumbach/Lauterbach/Albers/Hartmann*, § 321 Anm. 3 B; *Zöller*, § 321, Rd.Ziff. 10.

Die Kostenentscheidung, Beschluß

634 Auch Beschlüsse über die **Einstellung der Zwangsvollstreckung** ergehen ohne Kostenentscheidung.[13] Eine solche ist selbst dann nicht zu erlassen, wenn das Gericht nach mündlicher Verhandlung beschließt, da die in diesem Falle gemäß § 49 I BRAGO entstehende Gebühr von dem im Rechtsstreit Unterlegenen zu erstatten ist.[14]

635 Treten allerdings im unselbständigen Beschlußverfahren Personen auf, die im übrigen am Rechtsstreit nicht beteiligt sind, etwa ein nicht zum Prozeßbevollmächtigten bestellter Anwalt im Verfahren über die **Pflegerbestellung** nach § 57,[15] muß eine Kostenentscheidung ergehen, da die insoweit anfallenden Kosten (vgl. § 56 I BRAGO) von der die Instanz abschließenden Entscheidung nicht erfaßt werden.

636 Die Entscheidung über ein **Ablehnungsgesuch** (§ 46) ergeht regelmäßig nicht unter Beteiligung des Prozeßgegners. Da mithin ein kontradiktorisches Verfahren[16] nicht vorliegt, bedarf es grundsätzlich keiner Kostenentscheidung.[17] Eine beachtliche Mindermeinung will indes bei der Zurückweisung des Antrags die Kosten dem Antragsteller auferlegen, was sich auf eine entsprechende Anwendung des § 97 stützen läßt[18] und jedenfalls dann zu bejahen ist, wenn abweichend von § 37 I 3 BRAGO beim Gegner außergerichtliche Kosten anfallen,[19] wenn der Gegner des Antragstellers durch das Gericht zur Stellungnahme aufgefordert worden ist[20] oder wenn die Beschwerde gegen eine zurückweisende Entscheidung ohne Erfolg bleibt.[21]

Zu der Frage, ob eine **Vorabentscheidung** nach § 534 ZPO mit einer Kostenentscheidung zu versehen ist, haben wir im dortigen Zusammenhang Stellung genommen.[22]

637 Da sich die Haftung der Parteien für die **Gerichtskosten** unmittelbar aus dem Gesetz ergibt (vgl. § 49 GKG),[23] bedarf es einer gerichtlichen Kostenentscheidung nur, wenn die Erstattung **außergerichtlicher Kosten** und vorschußweise eingezahlter Gerichtskosten, die als Parteikosten gelten,[24] zu regeln ist.[25] Sind solche nicht angefallen oder in dem Verfahren, in welchem der Beschluß ergeht, nicht auszugleichen, braucht das Gericht keine Kostenentscheidung zu treffen. Das gilt, über die vorstehend aufgeführten Fälle des unselbständigen Beschlußverfahrens hinaus, insbesondere für den gesamten Regelungsbereich des § 3 BRAGO, soweit in diesem Zusammenhang selbständige Beschlüsse ergehen. In der Praxis wird allerdings eine Kostenentscheidung bereits wegen der Zustellungskosten, die nicht im Sinne des § 37 BRAGO „zum Rechtszug gehören", regelmäßig ergehen müssen.[26]

638 Bisweilen darf eine Kostenentscheidung nicht ergehen, weil ausdrücklich vorgeschrieben ist, daß eine **Kostenerstattung unterbleibt**.

---

13) Zöller, § 707 Rd.Ziff. 19; Baumbach/Lauterbach/Albers/Hartmann, § 707, Anm. 3 A a. E.; Stein/Jonas, § 707, Rd.Ziff. 25; OLG Frankfurt/Main, AnwBl. 78, 425: auch bei Entscheidung auf Gegenvorstellung; Zöller, § 719 Rd.Ziff. 10.
14) OLG Düsseldorf, Rpfleger 72, 235.
15) Vgl. Wieczorek, § 57, Anm. B IV.
16) Zu vergleichbaren Fällen bei der Zwangsvollstreckung s. Rd.Ziff. 676, 678.
17) OLG Düsseldorf, Rpfleger 75, 257; OLG Hamm, MDR 75, 235; Zöller, § 46 Rd.Ziff. 8; a. A. für die Zurückweisung OLG Nürnberg, MDR 80, 1026.
18) So Stein/Jonas, § 46 Rd. Ziff. 5.
19) So Wieczorek, § 46, Anm. B IV.
20) Von OLG Hamm, MDR 75, 235 offengelassen, jedoch zu bejahen, da in diesem Falle von § 37 BRAGO nicht erfaßte außergerichtliche Kosten angefallen sein können.
21) OLG Nürnberg, MDR 80, 1026.
22) Vgl. Teil C, Rd.Ziff. 141.
23) Vgl. näher Rd.Ziff. 136 ff.
24) Vgl. Rd.Ziff. 61 ff.
25) Zöller, vor § 91, Rd.Ziff. 2 ff.
26) Zur besonderen Relevanz dieser Frage im Kostenfestsetzungsverfahren vgl. Rd.Ziff. 146 ff.

Beispiele:
§§ 5 IV, 25 III GKG.
§ 31 III 2, 3 KostO.
§ 16 V 2 ZSEG[27)].

Überflüssig ist eine gesonderte Kostenentscheidung, wenn die Verteilung der **Kosten** ohnehin **Gegenstand des Beschlusses** ist.

Beispiele:
§§ 91 a und 269 III 2.

Bei einer Teilbeendigung eines Rechtsstreits durch Prozeßhandlungen, die einen solchen Kostenbeschluß bei einer vollständigen Beendigung zur Folge hätten,

Beispiele:
Teilklagerücknahme (vgl. § 269 III) oder
teilweise übereinstimmende Erledigung des Rechtsstreits.

ist normalerweise einheitlich im Schlußurteil über die Kosten des Rechtsstreits zu entscheiden; dabei sind die besonderen kostenrechtlichen Verteilungsgesichtspunkte bei der Ermittlung der Kostenquote rechnerisch zu berücksichtigen.[28)]

Wird ein Beschluß **fälschlich** mit einer **Kostenentscheidung** versehen,

Beispiel:
„Kostenpflichtige" Zurückweisung einer Streitwertbeschwerde.

kann unserer Ansicht nach eine Festsetzung von Kosten dennoch nicht erfolgen, da die Entscheidung nicht geeignet ist, abweichend von der Rechtslage einen Erstattungsanspruch zu begründen.[29)] Eine dahingehende Willensbetätigung des Gerichts ist solchen, normalerweise auf erkennbarer Nachlässigkeit beruhenden Formulierungen nicht zu entnehmen. Vielmehr will das Gericht hiermit in der Regel nur zum Ausdruck bringen, daß die gesetzliche Kostenfolge, mithin die sich aus den allgemeinen Vorschriften ergebende Haftung für die Gerichtskosten, angeordnet werden soll.[30)]

§ 2 Einzelfälle

Nachstehend werden einige in der Praxis häufiger vorkommende Fälle und Fallgruppen dargestellt.

I. Selbständiges Beweisverfahren

Der in einem Rechtsstreit erlassene Beweissicherungsbeschluß bedarf keiner Kostenentscheidung, weil über die Verteilung der betreffenden Kosten insgesamt erst in der abschließenden Entscheidung zu befinden ist.[31)] Gleiches gilt grundsätzlich auch für den in

---

27) Zu § 19 BRAGO s. u. Rd.Ziff. 666.
28) Allgemein zur Teilbeendigung Rd.Ziff. 400 ff.
29) A. A. *Schneider*, S. 271, der meint, es müßten aufgrund des unanfechtbaren Titels Kosten festgesetzt werden.
30) So letztlich auch *Schneider* in Zöller, § 118 Rd.Ziff. 23.
31) Siehe o. Rd.Ziff. 4; SchlHOLG, JurBüro 91, 961; 962; zum Grundsatz der Kosteneinheit vgl. Rd.Ziff. 158 ff.

Die Kostenentscheidung, Beschluß

einem selbständigen Beweisverfahren außerhalb eines Rechtsstreits[32)] erlassenen **Beschluß**. Eine den Grundsätzen der §§ 91 ff. folgende Kostenentscheidung kommt hier nicht in Betracht, weil das Gericht in dem Verfahren selbst noch keine Klarheit über die sachliche Berechtigung des vom Antragsteller erhobenen Anspruchs schaffen kann.[33)] Die Kostenerstattung ist daher nur nach einer Kostengrundentscheidung im Hauptverfahren oder aufgrund eines besonderen, materiell-rechtlich begründeten Titels möglich, z. B. gemäß § 635 BGB oder aus dem Gesichtspunkt der pFV.[34)]

642 Ausnahmsweise ist der Antragsteller entsprechend § 91 mit den Kosten zu belasten, wenn sein Antrag von Anfang an **unzulässig** war.[35)] Denn hier hat der Gedanke, daß es im Beweissicherungsverfahren keinen Sieger oder Verlierer gibt, wegen des eindeutigen Ergebnisses keine Berechtigung. Die Entscheidung ist allerdings nur dann erforderlich, wenn der Antragsgegner am Verfahren beteiligt worden ist. Andernfalls entstehen keine außergerichtlichen Kosten, die dem Antragsteller aufzuerlegen wären. Alleine der Anfall von Gerichtskosten rechtfertigt die Kostenentscheidung nicht.[36)]

643 In gleicher Weise ist zu verfahren, wenn der Antragsteller den Antrag **zurücknimmt**[37)] oder wenn das Gesuch bei ursprünglicher Unzulässigkeit im Verlaufe des dennoch durchgeführten Verfahrens **hinfällig** wird.[38)] Andererseits kann die **Erledigung** eines zulässigen Antrags, etwa durch Zerstörung des zu begutachtenden Gegenstandes, keine Kostenentscheidung nach sich ziehen, da eine auf das Beweissicherungsverfahren bezogene, eindeutige Klärung des letztlich eintretenden Erfolgs nicht möglich ist.

644 Für die **Beschwerde**, die nur bei Zurückweisung eines Antrags und bei einer Einschränkung des Beweisbeschlusses zum Nachteil des Antragstellers zulässig ist,[39)] gilt bei Erfolglosigkeit § 97.[40)] Hat demgegenüber die Beschwerde des Antragstellers Erfolg, ist nach den vorstehend dargelegten Grundsätzen eine Kostenentscheidung nicht zu erlassen. Eine Ausnahme kann sich aus § 97 II ergeben.[41)]

Bei **Versäumung der Klagefrist** sind die Kosten des Gegners gemäß § 494 a II 1 dem Antragsteller aufzuerlegen.

---

32) Eingehend *Altenmüller*, Die Entscheidung über die Kosten des Beweissicherungsverfahrens, NJW 76, 92; beachte jetzt aber § 494 a; *Herget*, Kostenentscheidung im selbständigen Beweisverfahren, MDR 91, 314; *Bandemer*, Die Grundlagen der materiell-rechtlichen Kostenerstattung im Beweissicherungsverfahren nach neuem Recht, JurBüro 91, 1017.
33) OLG Düsseldorf, AnwBl. 82, 127; *Zöller*, § 490 Rd.Ziff. 5; *Baumbach/Lauterbach/Albers/Hartmann*, § 91 Anm. 21 „Selbständiges Beweisverfahren".
34) Vgl. *Zöller*, § 490 Rd.Ziff. 5; zum materiellen Kostenerstattungsanspruch vgl. Rd.Ziff. 142 ff.
35) OLG München, NJW-RR 86, 1442; LG Dortmund, MDR 88, 590; *Zöller*, § 490 Rd.Ziff. 5; nach BGH, NJW 83, 284 „spricht manches dafür"; a. A. LG Frankenthal, MDR 81, 940 und OLG Düsseldorf, AnwBl. 82, 127.
36) Siehe o. Rd.Ziff. 637.
37) LG Dortmund, MDR 88, 590.
38) OLG Hamm, MDR 85, 415.
39) *Zöller*, § 490 Rd.Ziff. 4.
40) *Zöller*, § 490 Rd.Ziff. 5.
41) *Altenmüller*, NJW 76, 95.

II. Arrest und einstweilige Verfügung, einstweilige Anordnung im familiengerichtlichen Verfahren

1. Arrest und einstweilige Verfügung

Der auf einen Arrest- oder Verfügungsantrag hin erlassene Beschluß ist in jedem Falle mit einer an den Grundsätzen der §§ 91 ff. ausgerichteten **Kostenentscheidung** zu versehen.[42] Dies gilt unabhängig davon, ob ein Hauptsacheverfahren bereits anhängig ist.[43] Eine Kostenentscheidung ist auch bei einer Zurückweisung des Antrags ohne Beteiligung des Antragsgegners erforderlich, falls dieser vorher eine Schutzschrift eingereicht hatte.[44] Nur wenn feststeht, daß bei dem Antragsgegner keine erstattungsfähigen Kosten angefallen sind, ist es vertretbar, auf eine Kostenentscheidung zu Lasten des Antragstellers zu verzichten.

645

Bei einer **Zurückweisung des Antrags** kann der Antragsteller auch dann keine Kostenerstattung verlangen, wenn er in der Hauptsache obsiegt. Hat der Arrest- bzw. Verfügungsantrag Erfolg, unterliegt indes der Antragsteller in der Hauptsache, haftet er dem Gegner auf dessen Kosten nach § 945.[45]

646

Ist die Kostenentscheidung unterblieben, kann eine **Ergänzung** entsprechend § 321 erfolgen. Ergeht eine Kostenentscheidung im Hauptsacheverfahren, deckt diese die Kosten des Arrest-/Verfügungsverfahrens grundsätzlich mit ab, da im Normalfall davon auszugehen ist, daß das Gericht eine dahingehende Regelung gewollt hat.[46]

647

Der **Widerspruch** braucht nach unserer Ansicht nicht auf den Kostenpunkt beschränkt zu werden, was bei Anwendbarkeit des § 93 Bedeutung haben kann.[47]

648

2. Sonderregelung für das familiengerichtliche Verfahren

a) Allgemeines

Nach § 620 g (vormals: § 627) gelten die im Verfahren der einstweilige Anordnung entstehenden Kosten (§ 41 I lit b BRAGO) für die Kostenentscheidung als Teil der in der Hauptsache anfallenden Kosten.[48] In der Anordnung selbst ist also eine Kostenentscheidung grundsätzlich nicht zu treffen.[49]

649

Die Regelung gilt allerdings nur dann, wenn die **Hauptsache** bei Erlaß der Anordnung bereits **rechtshängig** und nicht lediglich anhängig war[50] und in der Hauptsache ein Urteil noch nicht verkündet worden ist.[51] In anderen Fällen muß eine Kostenentscheidung getroffen werden. Unterbleibt sie, steht dem obsiegenden Teil die Möglichkeit der Beschwerde nach § 567 offen.[52]

650

---

42) OLG Hamm, NJW 76, 1459; allgemein *Schneider*, Die Kostenentscheidung bei Arrest und einstweiliger Verfügung, JurBüro 68, 291.
43) *Zöller*, § 922 Rd.Ziff. 8; *Baumbach/Lauterbach/Albers/Hartmann*, § 91, Anm. 21 „Arrest"; vgl. auch *Hartmann*, § 40 BRAGO, Anm. 2.
44) OLG Nürnberg, MDR 77, 936 Nr. 54.
45) BGH, NJW 66, 1513.
46) Vgl. *Baumbach/Lauterbach/Albers/Hartmann*, § 91, Anm. 21 „Arrest" A; uneinheitlich *Zöller*: ähnlich wie hier *Schneider*, § 91 Rd.Ziff. 10; a. A. *Vollkommer*, § 922 Rd.Ziff. 8.
47) Siehe o. Rd.Ziff. 232; a. A. *Baumbach/Lauterbach/Albers/Hartmann*, § 924 Anm. 2 A.
48) Ausführlich *Schneider*, Kostenbelastung bei einstweiliger Anordnung nach § 627 ZPO (= dem heutigen § 620 g), JurBüro 74, 841.
49) *Zöller*, § 620 g Rd.Ziff. 6 ff.
50) OLG Hamm, FamRZ 81, 189.
51) OLG Frankfurt/Main, FamRZ 90, 539 a. E.
52) OLG Hamm, FamRZ 81, 189.

Die Kostenentscheidung, Beschluß

651 Nach § 96,[53)] der ausdrücklich für entsprechend anwendbar erklärt wird, kann in der Kostenentscheidung des die Hauptsache beendenden Urteils berücksichtigt werden, daß der Anordnungsantrag unzulässig oder unbegründet war.[54)]

652 Wird die einstweilige Anordnung vom **Berufungsgericht** erlassen, ist für die Kostenverteilung das Urteil der ersten Instanz maßgeblich, nicht die nur für den Gegenstand der Berufung geltende, abweichende Kostenentscheidung im Berufungsurteil.[55)]

b) Einzelne Streitpunkte

Hinsichtlich einzelner Fallgestaltungen ist die Anwendbarkeit des § 620 g streitig.[56)]

653 Für die **Rücknahme** wird sie überwiegend bejaht, zumal die **Mehrkosten** des Anordnungsverfahrens im Urteil entsprechend § 96 dem Antragsteller auferlegt werden können.[57)] Der von der Gegenmeinung[58)] vorgebrachte Einwand, die Kosten des Anordnungsverfahrens könnten wegen der Rücknahme bei der abschließenden Entscheidung übersehen werden, rechtfertigt eine Anwendung des § 269 III 2 nicht, da § 620 g auch bei einer Zurückweisung des Antrags eingreift und die Vermeidung von Fehlern im Einzelfall die Frage der Rechtsanwendung nicht beeinflussen darf.

654 Gleiches gilt für die **Erledigung** des Anordnungsverfahrens,[59)] und zwar unabhängig davon, ob die Parteien übereinstimmende Erledigungserklärungen abgeben.

655 Schließen die Parteien im Anordnungsverfahren einen **Vergleich** ohne Kostenregelung, geht § 620 g dem § 98, der nicht für entsprechend anwendbar erklärt ist, vor.[60)] Treffen allerdings die Parteien in dem Vergleich **Vereinbarungen,** die über den Gegenstand des Anordnungsverfahrens hinausgehen, ist der Regelungsbereich des § 620 g überschritten, so daß bei Fehlen einer Kostenregelung § 98 eingreifen muß.[61)]

c) Beschwerde

656 Bei unbegründeter oder erst aufgrund neuen Sachvortrags begründeter Beschwerde gegen die einstweilige Anordnung greift § 97 I, II[62)] ein, bei der Beschwerderücknahme gilt § 515 III analog.[63)] Im übrigen bleibt es bei der Regelung des § 620 g.

657 Erklären die Parteien das Anordnungsverfahren im Beschwerderechtszug **übereinstimmend** in der Hauptsache für erledigt, sind bei anfänglicher Aussichtslosigkeit der Beschwerde die Kosten des Beschwerdeverfahrens gemäß § 91 a dem Beschwerdeführer aufzuerlegen.[64)] Die Lage ist nicht anders, als wenn über die unbegründete Beschwerde zu entscheiden wäre oder wenn eine Rücknahme erfolgte. In gleicher Weise ist entsprechend

---

53) Vgl. allgemein zu § 96 Rd.Ziff. 171 ff.
54) OLG Hamm, NJW 71, 2079 Nr. 12, wo die Einschränkung dieses Grundsatzes auf unzulässige Anträge mit Recht für nicht vertretbar erachtet wird; vgl. auch *Zöller,* § 620 g Rd.Ziff. 4; *Thomas/Putzo,* § 620 g Anm. 4.
55) OLG München, MDR 89, 462.
56) Überblick bei *Zöller,* § 620 g Rd.Ziff. 4 und *Baumbach/Lauterbach/Albers/Hartmann,* § 620 g Anm. 2.
57) OLG Köln, KR § 620 g Nr. 7; OLG Saarbrücken, JurBüro 85, 1888; *Thomas/Putzo,* § 620 g Anm. 3.
58) OLG Düsseldorf, FamRZ 78, 910.
59) OLG Frankfurt/Main, FamRZ 84, 720.
60) KG, MDR 75, 763 Nr. 59; OLG Stuttgart, NJW-RR 87, 253; a. A. (für Anwendbarkeit des § 98) OLG Karlsruhe, MDR 82, 1025.
61) OLG München, AnwBl. 89, 233.
62) Zu § 97 I, II vgl. Rd.Ziff. 555 f., 560 ff.
63) OLG Karlsruhe, Justiz 81, 480; FamRZ 88, 855; 89, 522; *Zöller,* § 620 g Rd.Ziff. 8 f.; *Baumbach/Lauterbach/Albers/Hartmann,* § 620 g, Anm. 2 d.
64) OLG Karlsruhe, Justiz 81, 480.

dem Rechtsgedanken des § 97 II zu entscheiden, wenn die Beschwerde alleine aufgrund neuen Vorbringens Erfolg gehabt hätte. In allen anderen Fällen ergeht die Entscheidung über die Kosten auch des Beschwerdeverfahrens erst im **Urteil**. Der anderen Ansicht, die generell nach § 91 a entscheidet,[65] ist nicht zu folgen, da bei Unanwendbarkeit des § 97 auch im Falle der Erledigung ein Abweichen von § 620 g nicht gerechtfertigt ist.

III. Prozeßkostenhilfe

Bei Bewilligung von Prozeßkostenhilfe kann eine Kostenhaftung des Gegners nur aufgrund der Hauptsachenentscheidung entstehen (§§ 122 f.). Im Falle einer Zurückweisung des Antrages werden zudem die dem Gegner entstandenen Kosten gemäß § 118 I 4 nicht erstattet. Daher hat eine **Kostenentscheidung** im Beschluß über das Prozeßkostenhilfegesuch generell zu unterbleiben.[66] Das gilt nach § 127 IV auch für Entscheidungen in der **Beschwerdeinstanz**.[67] Für die Gerichtskosten im Beschwerdeverfahren 658

Beispiel:
Nr. 1181 KV der Anlage 1 zu § 11 I GKG.

haftet der Antragsteller gemäß § 49 1 GKG auch ohne Kostengrundentscheidung kraft Gesetzes.[68]

Im Einzelfall kann allerdings ein **materiell-rechtlicher Kostenerstattungsanspruch** gegeben sein, der im Wege der Klage geltend zu machen ist.[69] 659

Streitig ist, inwieweit die Parteien aufgrund der etwa im Urteil erlassenen abschließenden Kostenentscheidung die im Prozeßkostenhilfeverfahren angefallenen außergerichtlichen **Kosten** gegen den unterlegenen Teil **festsetzen** lassen können. Nach der jüngeren Rechtsprechung[70] sind so begründete Erstattungsansprüche grundsätzlich zu verneinen. 660

IV. Kostenfestsetzungsbeschluß

Das Kostenfestsetzungsverfahren ist gerichtsgebührenfrei und gehört gemäß § 37 Ziff. 7 BRAGO für die anwaltliche Tätigkeit zum Rechtszug. Dennoch ist nach ganz h. M. der Kostenfestsetzungsbeschluß von Amts wegen mit einer Kostengrundentscheidung zu versehen.[71] Diese ist deshalb erforderlich, weil der Antragsteller als Antragsschuldner des 661

---

65) OLG Köln, JMBl. NW 73, 185; OLG Düsseldorf, FamRZ 80, 1047; vgl. auch *Zöller*, § 620 g Rd.Ziff. 8 f.; *Baumbach/Lauterbach/Albers/Hartmann*, § 620 g Anm. 2 d.
66) H. M., vgl. *Zöller*, § 118 Rd.Ziff. 22; *Baumbach/Lauterbach/Albers/Hartmann*, § 118 Anm. 6 C jeweils m. w. N.
67) So bereits die h. M. für den früheren Rechtszustand: OLG Bamberg, JurBüro 84, 296; *Zöller*, § 118 Rd.Ziff. 23 und *Baumbach/Lauterbach/Albers/Hartmann*, § 118, Anm. 7 C; zum Streitwert in der Beschwerdeinstanz Teil D, Stichwort „Prozeßkostenhilfe".
68) OLG Bamberg, JurBüro 88, 71; vgl. auch Rd.Ziff. 136 ff.
69) OLG Karlsruhe, AnwBl. 82, 491; allgemein s. o. Rd.Ziff. 142 ff.
70) Nachweise bei *Zöller*, § 118 Rd.Ziff. 25.
71) BVerfG, NJW 77, 145; OLG Düsseldorf, JurBüro 89, 1578 mit zustimmender Anmerkung *Mümmler*; LG Aschaffenburg, JurBüro 84, 287; *Zöller*, §§ 103 f. Rd.Ziff. 21 „Kostentragung" (u. E. nur scheinbar auf das Erinnerungs- und Beschwerdeverfahren beschränkt); *Baumbach/Lauterbach/Albers/Hartmann*, § 104 Anm. 2 B a; *Stein/Jonas*, § 104 Rd.Ziff. 23.

Die Kostenentscheidung, Beschluß

Auslagenerstattungsanspruchs nach Nr. 1900 ff. KV einen Titel benötigt, um diese, in der Regel vorgeschossenen[72] Kosten vom Gegner erstattet verlangen zu können.[73]

662 Mag es auch dem Wesen des Festsetzungsverfahrens zuwiderlaufen, den Beschluß mit einer weiteren Kostengrundentscheidung zu versehen, so ist dies doch wegen des nicht immer vorher zu klärenden Kostenaufwandes unvermeidbar. Kosten, die von Anfang an feststehen, wie etwa die Zustellungskosten für die nicht anwaltlich vertretene Partei, müssen allerdings im Beschluß **beziffert** ausgeworfen werden, damit nicht durch eine Nachfestsetzung unnötiger weiterer Aufwand entsteht.[74]

663 Wenn der Gegener, der vor der Zustellung des Festsetzungsantrages den genauen von ihm geschuldeten Betrag meist nicht kennt, auf die Mitteilung hin ein **Anerkenntnis** erklärt und freiwillig leistet, findet § 93 Anwendung.[75]

664 Kommt es zu einer **Kostenausgleichung**,[76] muß diejenige Partei, welche dem Gegner zur Erstattung verpflichtet ist, die diesem entstandenen Auslagen in vollem Umfang tragen. Eine Quotelung ist nicht angezeigt, da die Auslagen auch dann angefallen wären, wenn der erstattungsberechtigte Teil von Anfang an nur die Festsetzung der Differenz beantragt hätte. Es handelt sich ohnehin normalerweise um Kleinstbeträge, die keiner detaillierteren Behandlung bedürfen.

665 Auch bei **Abhilfe im Erinnerungsverfahren** und bei Entscheidungen im **Beschwerdeverfahren** ist grundsätzlich eine Kostenentscheidung zu treffen.[77] Im Hinblick auf die außergerichtlichen Kosten folgt dies zusätzlich aus § 61 I Nr. 1 BRAGO. Erklärt allerdings der erstattungspflichtige Gegner auf die Erinnerung des Antragstellers, er trete dem Rechtsbehelf nicht entgegen, hat unabhängig vom Erfolg der Erinnerung keine Kostenentscheidung zu ergehen, da an dem Verfahren nur eine Partei beteiligt ist.[78] Wird das Festsetzungsverfahren wegen zwischenzeitlichen Fortfalls des Titels **gegenstandslos**, hat der Antragsteller nach dem Rechtsgedanken des § 717 II, III die Kosten zu tragen.[79]

666 Im Festsetzungsverfahren nach § 19 BRAGO ergeht mit Rücksicht auf die Regelung des § 19 II 5, 6 keine Kostenentscheidung[80].

V. Zwangsvollstreckung

1. Allgemeines

667 Die im Vollstreckungsverfahren ergehenden Beschlüsse bedürfen als selbständige Entscheidungen grundsätzlich auch eines Ausspruchs über die **Kosten**.

---

72) Gegen Vorschußpflicht LG Berlin, AnwBl. 87, 493; in der Praxis jedenfalls hinsichtlich Zustellungskosten jedoch weitgehend üblich.
73) LG Berlin, AnwBl. 87, 493 und JurBüro 72, 821.
74) *Baumbach/Lauterbach/Albers/Hartmann*, § 104 Anm. 2 B a und *Stein/Jonas*, § 104 Rd.Ziff. 23 scheinen hiervon als selbstverständlich auszugehen.
75) OLG Düsseldorf, JurBüro 89, 1578; *Zöller*, §§ 103 f. Rd.Ziff. 21 „Kostentragung"; *Thomas/Putzo*, § 93 Anm. 2 a; allgemein zu § 93 vgl. Rd.Ziff. 224 ff.
76) Allgemein zur Kostenausgleichung vgl. Rd.Ziff. 155 f.
77) AG Überlingen, MDR 84, 588 (bei Abhilfe § 97 analog); *Zöller*, §§ 103 f. Rd.Ziff. 21 „Kostentragung" m. w. N.
78) OLG Koblenz, JurBüro 84, 446.
79) KG, Rpfleger 78, 384.
80) BVerfG NJW 77, 145; *Hartmann*, § 19 BRAGO Anm. 3 F.

Da indes gemäß § 788 I die notwendigen Kosten der Zwangsvollstreckung ohnehin kraft Gesetzes dem Schuldner zur Last fallen, ist bei Eingreifen dieser Regelung[81])

Hauptanwendungsfall:
Beschlüsse nach §§ 887 ff.[82])

eine besondere Kostenentscheidung nicht erforderlich.[83])

Die Notwendigkeit des nach § 788 I zu berücksichtigenden Kostenaufwandes bestimmt sich aus der objektivierten anfänglichen Sicht des Gläubigers.[84])

Bei Anwendung des § 788 III ist demgegenüber generell eine Kostenentscheidung zu treffen.[85])

2. Entscheidungen nach §§ 887 ff. ZPO

Nach überwiegender Ansicht ist bei einer **antragsgemäßen Entscheidung** aufgrund des § 788 I keine Kostenregelung zu treffen.[86]) Die Gegenmeinung[87]) verneint die Anwendbarkeit des § 788 I aus der grundsätzlichen Erwägung heraus, daß diese Norm nur auf einseitige, nicht aber auf kontradiktorisch ausgestaltete Verfahren anwendbar sei. Das ist unserer Ansicht nach nicht stichhaltig. Bereits die systematische Stellung der Norm im allgemeinen Teil des Vollstreckungsrechts läßt darauf schließen, daß sie für alle Maßnahmen der Zwangsvollstreckung gelten soll. Ein praktischer Unterschied zwischen den beiden Meinungen besteht indes für den genannten Fall nicht. Denn selbst wenn im Beschluß eine Kostenentscheidung getroffen wird, hat der Schuldner nach § 91 nur die notwendigen Kosten zu tragen; dasselbe ergibt sich aber aus § 788 I. 668

Wird der **Antrag** aufgrund fehlender Voraussetzungen **zurückgewiesen**, müssen – jedenfalls wenn der Schuldner am Verfahren beteiligt worden ist – dessen außergerichtliche Kosten dem Gläubiger auferlegt werden; es hat also nach § 91 eine Kostenentscheidung zu ergehen.[88]) Allein auf § 788 I kann dieses Ergebnis nicht gestützt werden,[89]) da die Norm zu den Kosten des Schuldners keine Regelung trifft. Teilweise wird eine Einschränkung dahingehend gemacht, daß auch bei Zurückweisung des Antrags der Gläubiger nur mit den im Sinne des § 788 I notwendigen Kosten belastet werden dürfe.[90]) Da ein unbegründeter Antrag grundsätzlich nicht notwendig gewesen sein kann, kommt dem nur geringe praktische Bedeutung zu. Vertretbar ist die Ansicht in Fällen, in denen die Unbegründetheit erst nach Antragstellung eingetreten ist. 669

Bei einer **Rücknahme** des Antrags stellt sich die Frage nach der Anwendbarkeit des § 269 III 2. Sie wird mit der Begründung befürwortet, im Falle der Rücknahme seien die 670

---

81) Zu den Anwendungsfällen vgl. Zöller, § 788 Rd.Ziff. 13; Baumbach/Lauterbach/Albers/Hartmann, § 788 Anm. 5.
82) Vgl. Rd.Ziff. 668 ff.
83) Vgl. Zöller, § 788 Rd.Ziff. 20; Stein/Jonas, § 788 Rd.Ziff. 11; OLG Hamm, MDR 85, 590 Nr. 78.
84) OLG Karlsruhe, Justiz 86, 410.
85) Zöller, § 788 Rd.Ziff. 26; Stein/Jonas, § 788 Rd.Ziff. 41.
86) OLG Saarbrücken, OLGZ 1965, 58; OLG Stuttgart, ZZP 68, 1955, 105; OLG Hamm, MDR 85, 590 Nr. 78; Zöller, § 887 Rd.Ziff. 9; § 888 Rd.Ziff. 13; Stein/Jonas, § 788 Rd.Ziff. 11; § 887 Rd.Ziff. 55; § 888 Rd.Ziff. 45.
87) OLG München, MDR 64, 769; 83, 1029 Nr. 75; NJW-RR 91, 638; OLG Koblenz, GRUR 1984, 838.
88) OLG Hamm, Rpfleger 73, 104; OLG Koblenz, JurBüro 82, 1897; OLG Hamm, MDR 85, 590 Nr. 78; OLG Zweibrücken, MDR 90, 258.
89) So aber OLG München, Rpfleger 74, 320.
90) OLG Hamm, MDR 78, 585; wohl auch KG, JurBüro 83, 781 (wichtig: in WEG-Sachen wird § 47 WEG von §§ 91 ff. ZPO, 45 III WEG verdrängt).

Die Kostenentscheidung, Beschluß

Kosten im Sinne des § 788 I unter keinen Umständen notwendig gewesen.[91] Dem ist nur für den Fall anfänglicher Erfolglosigkeit des Antrags zu folgen,[92] weil die gedankliche Ausgangsposition der Lösung nur in diesem Falle zutrifft. Hat sich demgegenüber die Unbegründetheit des Antrags erst im Laufe des Verfahrens ergeben, wäre eine Kostenbelastung des Gläubigers im Lichte des § 788 I nicht zu rechtfertigen. Denn Kosten, die einmal notwendig waren, muß der Schuldner tragen, ohne daß es auf eine nachträgliche Änderung der Verfahrenslage ankommt.[93] Notwendige und nicht notwendige Kosten sind in eine **einheitliche Kostenquote** einzurechnen.[94]

671 Auch bei der **übereinstimmend** erklärten **Erledigung** des Verfahrens ist im Rahmen der nach § 91 a zu treffenden Kostenentscheidung der sich aus § 788 I ergebende Grundsatz zu beachten, so daß die zur Rücknahme dargelegten Erwägungen hier ebenfalls gelten.[95]

672 Besteht der Titel in einem **Vergleich,** haben dort eventuell ausdrücklich oder konkludent getroffene Kostenregelungen Vorrang.[96] Im übrigen gelten die vorstehend dargelegten allgemeinen Grundsätze.

673 Über Kosten des erfolglos durchgeführten **Beschwerdeverfahrens** ist nach § 97 zu entscheiden.[97] Bei **Rücknahme** der Beschwerde gilt hinsichtlich der Kosten des Beschwerdeverfahrens § 515 III entsprechend; im übrigen bleibt es bei den allgemeinen Regeln.[98]

3. Andere Beschlüsse

674 Für die nach § 732 I zu treffende Entscheidung wird vertreten, es sei keine Kostenentscheidung zu erlassen, da die Erinnerung gegen die Erteilung der Vollstreckungsklausel nach §§ 57, 58 III Nr. 1 BRAGO zur Instanz gehöre.[99] Dem ist mit Rücksicht auf die Auslagenerstattung nicht zu folgen.

675 Gewährt das Gericht Vollstreckungsschutz nach § 765 a, ergeht keine Kostenentscheidung, da die Kosten gemäß § 788 I vom Schuldner zu tragen sind.[100] Nur im Falle einer Billigkeitsentscheidung nach § 788 III muß gegen den Gläubiger eine Kostenentscheidung ergehen.[101]

676 Im Erinnerungsverfahren nach § 766 I findet § 788 I keine Anwendung, da es sich um ein eigenständiges Verfahren handelt, das auch vom Schuldner betrieben werden kann. Daher ist gemäß §§ 91 ff. über die Kosten zu entscheiden.[102] Im Verfahren nach § 766 II hat

---

[91] OLG Saarbrücken, JurBüro 87, 934.
[92] OLG Karlsruhe, Justiz 77, 377.
[93] KG NJW-RR 87, 192; *Zöller,* § 788 Rd.Ziff. 20; *Baumbach/Lauterbach/Albers/Hartmann,* § 888 Anm. 2 B.
[94] Zur Methode s. Rd.Ziff. 404, 408, 410.
[95] OLG Karlsruhe, Justiz 86, 410; OLG Koblenz, JurBüro 82, 1897.
[96] *Schröder,* Die Kostenregelung des selbständigen Strafandrohungsbeschlusses gem. § 890 II ZPO nach einem Prozeßvergleich, MDR 70, 553; *Stein/Jonas,* § 890 Rd.Ziff. 67; LG München, MDR 68, 931; a. A. OLG Hamm, NJW 66, 2415.
[97] OLG Nürnberg, NJW 65, 1282; *Zöller,* § 788 Rd.Ziff. 27; *Stein/Jonas,* § 788 Rd.Ziff. 16; a. A. *Thomas/Putzo,* § 788 Anm. 5 a; vgl. allgemein zu § 97: Rd.Ziff. 560 ff., 580 ff.
[98] Ähnlich LAG Bremen, AnwBl. 88, 173 (§ 269 III 2 analog); vgl. auch Rd.Ziff. 656.
[99] *Stein/Jonas,* § 732 Rd.Ziff. 15.
[100] *Zöller,* § 765 a Rd.Ziff. 22; *Baumbach/Lauterbach/Albers/Hartmann,* § 765 a Anm. 3 F; *Stein/Jonas,* § 765 a Rd.Ziff. 29.
[101] Rd.Ziff. 667.
[102] BGH, NJW-RR 89, 125; *Baumbach/Lauterbach/Albers/Hartmann,* § 766 Anm. 3 E; *Thomas/Putzo,* § 766, Anm. 9 a.

demgegenüber keine Kostenentscheidung zu ergehen, da der **Schuldner nicht Partei** ist.[103]

Trifft das Gericht eine einstweilige Anordnung nach § 769, hat eine Kostenentscheidung zu unterbleiben. Über die Kosten wird mit der abschließenden Entscheidung nach §§ 767 f. befunden.[104] Das gilt auch dann, wenn die einstweilige Anordnung auf eine Beschwerde hin aufgehoben wird.[105] Die Entscheidung im Verfahren nach § 769 II bedarf demgegenüber wegen ihres selbständigen Charakters eines Kostenausspruchs.[106]

Für Beschwerdeentscheidungen nach § 793 gelten die allgemeinen Regeln.[107]

Der Pfändungs- und Überweisungsbeschluß nach § 829 enthält keine Kostenentscheidung, da die anfallenden Kosten nach § 788 I zu ersetzen sind. Selbst bei einer Zurückweisung des Antrags kann die Entscheidung im Regelfall unterbleiben, es sei denn, der Schuldner wäre abweichend von § 834 ausnahmsweise angehört worden.

Beispiel:
§ 850 b III.

§ 3 Beschwerdeverfahren

Im Beschwerdeverfahren[108] hat gemäß §§ 91 ff., 97 grundsätzlich dann eine Kostenentscheidung zu ergehen, wenn Gegenstand der Beschwerde eine im **selbständigen Beschlußverfahren** getroffene Entscheidung ist. Für das **unselbständige Verfahren**[109] bleibt es jedenfalls dann, wenn die Beschwerde zum Erlaß der ursprünglich beantragten Entscheidung führt, bei dem Grundsatz, daß über die Kosten erst in der die Instanz abschließenden Entscheidung zu befinden ist.[110] Die auf eine Beschwerde gegen den **Aussetzungsbeschluß** ergehende Entscheidung etwa enthält keinen Kostenausspruch.[111] Gleiches gilt für die Wertfestsetzungsbeschwerde.[112]

Wer hingegen für die Zurückweisung eines auf den Erlaß einer im unselbständigen Beschlußverfahren ergehenden Entscheidung gerichteten Antrags eine Kostenentscheidung verlangt,[113] muß folgerichtig auch beim Mißerfolg in der Beschwerde über die Kosten entscheiden. Auch wird bei **Zurückweisung** der Beschwerde eine Kostenentscheidung erforderlich, wenn auf der Gegenseite, etwa nach § 61 BRAGO, besondere Kosten anfallen können, d. h. bei Beteiligung des Gegners.[114]

Dasselbe gilt für die erfolgreiche Beschwerde gegen einen **Verweisungsbeschluß**, da insoweit nur Kosten des Rechtsstreits anfallen; wird die Beschwerde hingegen zurückge-

---

103) LG Düsseldorf, JurBüro 84, 1734.
104) *Zöller*, § 769 Rd.Ziff. 11; *Baumbach/Lauterbach/Albers/Hartmann*, § 769 Anm. 1 B.
105) LG Frankfurt/Main, Rpfleger 85, 208.
106) LG Frankfurt/Main, Rpfleger 85, 208; a. A. *Baumbach/Lauterbach/Albers/Hartmann*, § 769 Anm. 2 B.
107) Vgl. *Baumbach/Lauterbach/Albers/Hartmann*, § 793 Anm. 2 C; allgem. Rd.Ziff. 679 ff.
108) Allgemein *Gubelt*, Zur Kostenentscheidung im Beschwerdeverfahren, MDR 70, 895; *Schneider*, Mehrere Beschwerden – Kosten und Streitwert, MDR 73, 979; *Zöller*, § 567 Rd.Ziff. 60 ff.
109) Rd.Ziff. 633.
110) *Gubelt*, MDR 70, 895; *Baumbach/Lauterbach/Albers/Hartmann*, § 573 Anm. 3 E.
111) OLG Koblenz, FamRZ 73, 376.
112) LG Berlin, Rpfleger 90, 185.
113) Für die Pflegerbestellung Rd.Ziff. 633, 635.
114) Für Ablehnungsverfahren und Pflegerbestellung Rd.Ziff. 635 f.

Die Kostenentscheidung, Beschluß

682 wiesen, ist wegen Unanwendbarkeit des § 281 III 1 nach § 97 über die Kosten zu entscheiden.[115]

682 Für einzelne Fälle ist die **Kostenerstattung** und damit der Erlaß einer Kostenentscheidung ausgeschlossen, namentlich für den Anwendungsbereich der §§ 5 IV, 25 III GKG, des § 31 III 2, 3 KostO und des § 16 V ZSEG. Erfaßt sind alle insoweit ergehenden Beschwerdeentscheidungen – so etwa auch über einen Antrag, nach § 8 GKG Kosten niederzuschlagen.

683 **Zuständig** für den Erlaß des Kostenausspruchs ist das Gericht, welches die abschließende Entscheidung trifft. Im Falle der vollständigen Abhilfe hat also die untere Instanz über die Kosten zu entscheiden.[116] Im übrigen ist das Beschwerdegericht zuständig, es sei denn, daß ausnahmsweise eine Zurückverweisung erfolgt.[117] Gleiches gilt auch für die Teilabhilfe, weil eine einheitliche Kostenentscheidung zu ergehen hat.[118]

684 Nimmt der Beschwerdeführer das Rechtsmittel **zurück**, trägt er die Kosten analog § 515 III.[119] Auch in diesem Falle muß das Gericht der unteren Instanz die Kostenentscheidung treffen, wenn die Sache noch nicht an das Beschwerdegericht weitergeleitet wurde.[120] Ab der Vorlage ist grundsätzlich die höhere Instanz zuständig.[121] Bei Rücknahme einer (unzulässigen) Beschwerde gegen eine Entscheidung des Oberlandesgericht ist allein dort über die Kosten zu entscheiden; die Weiterleitung an den Bundesgerichtshof erfolgt nicht.[122]

685 Bei **übereinstimmend** erklärter **Erledigung** gilt § 91 a.[123]

686 Legt der **Gegner** des Beschwerdeführers gegen den Abhilfebeschluß seinerseits **Beschwerde** ein, liegen zwei voneinander verschiedene Beschwerdeverfahren vor, in denen zwei Kostenentscheidungen ergehen.[124] Bei der **Durchgriffserinnerung** (vgl. § 11 II 4 RPflG) liegt ein einheitliches Beschwerdeverfahren vor; der Nichtabhilfebeschluß ist, wie im Normalfall der Beschwerde, nicht mit einer Kostenentscheidung zu versehen.[125]

687 Werden gegen eine Entscheidung von beiden Seiten Beschwerden eingelegt, gelten die für die Kostenentscheidung beim **Anschlußrechtsmittel** entwickelten Grundsätze entsprechend.[126]

Bei mehreren Beteiligten sind die für den **Streitgenossenprozeß** erarbeiteten Regeln anzuwenden.[127]

Hinsichtlich der bei einzelnen Beschlußgegenständen geltenden Besonderheiten wird auf den vorstehenden § 2 verwiesen.[128]

---

115) OLG Koblenz, Rpfleger 74, 26.
116) KG, DR 40, 2190.
117) Allgemein zur Kostenentscheidung bei einer Zurückverweisung durch das Rechtsmittelgericht vgl. Rd.Ziff. 564 ff.
118) OLG Frankfurt/Main, JurBüro 85, 1718; KG, DR 40, 2190; zum Grundsatz der Kosteneinheit vgl. Rd.Ziff. 158 ff.
119) BGH, LM § 515 ZPO Nr. 1.
120) OLG Neustadt, NJW 65, 591.
121) *Gubelt*, MDR 70, 895.
122) BGH, LM § 567 ZPO Nr. 2.
123) OLG München, NJW 69, 617; *Baumbach/Lauterbach/Albers/Hartmann*, § 573 Anm. 3 E.
124) OLG Nürnberg, JurBüro 63, 648.
125) OLG Schleswig, JurBüro 80, 1731.
126) *Zöller*, § 567 Rd.Ziff. 63; vgl. auch eingehend hierzu Rd.Ziff. 596 ff.
127) *Schneider*, MDR 73, 979; vgl. auch eingehend hierzu Rd.Ziff. 260 ff.
128) Rd.Ziff. 640 ff.

Teil C
Vorläufige Vollstreckbarkeit

§ 1 Grundsätze

I. Allgemeines

Gemäß § 704 I ZPO[1] findet die Zwangsvollstreckung aus Endurteilen statt, die rechtskräftig oder für vorläufig vollstreckbar erklärt sind. Rechtskraft und vorläufige Vollstreckbarkeit haben im Hinblick auf die Zwangsvollstreckung also grundsätzlich dieselbe Wirkung. Für die Durchsetzung nicht rechtskräftiger Urteile ist die **Vollstreckbarkeitserklärung** zwingend erforderlich. Sie hat, wie sich aus §§ 708, 709 („sind zu erklären") ergibt, von Amts wegen zu erfolgen;[2] der häufig gestellte Parteiantrag, das Urteil für vorläufig vollstreckbar zu erklären, ist ohne Bedeutung. Unterläßt es das Gericht, eine erforderliche Vollstreckbarkeitsentscheidung zu treffen, kommt gemäß §§ 716, 321 nur eine Ergänzung des Urteils in Betracht. 1

Die Regelung des § 704 I bezieht sich ausschließlich auf **Endurteile,** d. h. auf Urteile, in denen über den Klageanspruch für die jeweilige Instanz ganz oder teilweise abschließend entschieden wird;[3] mithin erfaßt die Vorschrift auch Teilurteile aufgrund des § 301. Nicht zu den Endurteilen zählen die **Vorbehaltsurteile,** da nach ihrem Erlaß die Instanz erst durch das im Nachverfahren ergehende Schlußurteil abgeschlossen wird. Da indes Vorbehaltsurteile nur dann einen praktischen Wert haben, wenn sie wie die anderen Leistungsurteile vorläufig vollstreckbar sind, hat der Gesetzgeber sie in §§ 302 III und 599 III für die Rechtsmittel und die Zwangsvollstreckung den Endurteilen gleichgestellt. Es ergeht also eine Vollstreckbarkeitsentscheidung nach den §§ 704 ff. 2

Der Ausspruch über die vorläufige Vollstreckbarkeit bezieht sich immer auch auf die **Kostenentscheidung.** Er gilt für jeden Prozeßbeteiligten, der aufgrund des Urteils Ansprüche geltend machen kann, also z. B. auch für den Kostenerstattungsanspruch eines Streithelfers. Vom rechtskräftigen Urteil unterscheidet sich die vorläufig vollstreckbare Entscheidung dadurch, daß ihre Vollstreckbarkeit mit der Verkündung − nicht erst mit der Rechtskraft − eines Urteils, das die Entscheidung in der Hauptsache oder die Vollstreckbarkeitserklärung aufhebt oder abändert, gemäß § 717 I im Umfang der Aufhebung oder Abänderung außer Kraft tritt. Hat der Gläubiger bereits vollstreckt, ist er dem Schuldner gemäß § 717 II zur Leistung von Schadensersatz verpflichtet.[4] Deshalb stellt die vorläufige Vollstreckung allgemein ein großes Risiko dar. Gemäß § 717 II 2 kann der Vollstreckungsschuldner seinen Schadensersatzanspruch noch im anhängigen Rechtsstreit durch Inzidentantrag[5] geltend machen. Eine abweichende Regelung gilt gemäß § 717 III nur für die unter § 708 Nr. 10 fallenden kontradiktorischen Urteile der Oberlandesgerichte. Da für diese eine erhöhte Richtigkeitsvermutung spricht, beschränken sich die Rechte des Vollstreckungsschuldners auf die Geltendmachung von Bereicherungsansprüchen. 3

---

1) §§ ohne Gesetzesangabe sind solche der ZPO; Rd.Ziff. verweist auf Teil C, wenn nicht ein anderer Teil angegeben ist.
2) *Thomas/Putzo,* § 704, Anm. 3, Vorbem. § 708, Anm. 1.
3) *Thomas/Putzo,* Vorbem. § 300, Anm. II 4 a.
4) Zum Umfang dieses Anspruchs im einzelnen BAG, NJW 87, 2251; *Stein/Jonas,* § 717 Rd.Ziff. 25 ff.
5) Siehe Teil A, Inzidentantrag.

Vorläufige Vollstreckbarkeit

Streitig ist, ob die nach § 717 I beendete vorläufige Vollstreckbarkeit eines Urteils wieder auflebt, wenn das aufhebende Berufungsurteil seinerseits in der Revision aufgehoben wird.[6] Mit Rücksicht auf den eindeutigen Wortlaut des § 717 I, der entsprechendes nicht vorsieht, folgen wir der ablehnenden Ansicht.

4 Die vorläufige Vollstreckbarkeit endet mit dem **Eintritt der Rechtskraft,** mit der das Urteil endgültig vollstreckbar wird. Alle Anordnungen, die im Zusammenhang mit der vorläufigen Vollstreckbarkeit getroffen worden sind, werden hinfällig. Insbesondere sind eventuell geleistete Sicherheiten zurückzugeben.[7] Das gilt auch für Vorbehaltsurteile, die zwar nicht materiell, wohl aber mit Ablauf der Rechtsmittelfrist formell rechtskräftig werden.[8] Um den Vollstreckungsschuldner während des Nachverfahrens aber nicht gänzlich schutzlos zu lassen, sieht das Gesetz in § 707 I u. a. für diese Fälle die einstweilige Einstellung der Zwangsvollstreckung vor.[9]

II. Ausnahmen

5 In vielen Fällen hat eine Vollstreckbarkeitsentscheidung im Urteil zu unterbleiben, weil sie gesetzlich nicht zulässig ist, von Art und Inhalt des Urteils her nicht in Betracht kommt oder weil das Urteil bereits mit seiner Verkündung rechtskräftig wird.

1. Urteile in Ehe- und Kindschaftssachen

6 Gemäß § 704 II dürfen Urteile in Ehe- und Kindschaftssachen nicht für vorläufig vollstreckbar erklärt werden. Erfaßt hiervon sind alle unter § 606 I und § 640 II fallenden Streitsachen. Die Regelung gilt darüber hinaus auch für den nach § 643 I 1 erfolgenden Ausspruch über die Zahlung von Regelunterhalt.

Nicht für vorläufig vollstreckbar zu erklären sind auch die in den betreffenden Urteilen enthaltenen Kostenentscheidungen, Urteile der zweiten Instanz sowie klageabweisende Entscheidungen.[10] Nicht unter das Vollstreckbarkeitsverbot fallen demgegenüber Urteile auf Zahlung von Zugewinnausgleich, sonstige Unterhaltssachen und der Anspruch auf Herausgabe des Kindes nach § 1632 BGB.[11]

7 Familiensachen i. S. des § 621 sind unter den Voraussetzungen des § 623 als **Folgesachen** mitzuverhandeln, sog. „Verbund". Gemäß § 629 d werden Entscheidungen in Folgesachen vor Rechtskraft des Scheidungsausspruchs nicht wirksam. Wegen dieser Regelung ist streitig, ob und gegebenenfalls von wann ab Urteile in Folgesachen für vorläufig vollstreckbar zu erklären sind.

Einigkeit besteht nur insoweit, als eine Vollstreckbarkeitsentscheidung jedenfalls dann zu erfolgen hat, wenn in der betreffenden Folgesache ein Urteil erst nach Rechtskraft des Scheidungsausspruchs ergeht.[12]

Streitig ist jedoch, ob ein im Scheidungs-Verbundurteil enthaltener Folgeausspruch, etwa der **Unterhaltstitel,** sofort für vorläufig vollstreckbar erklärt werden kann. Dafür wird

---

6) Ablehnend: KG, NJW 89, 3025 f.; befürwortend: OLG Frankfurt/Main, NJW 90, 721; differenzierend *Boemke-Albrecht,* NJW 91, 1333.
7) Siehe Teil A, Rückgabe der Sicherheit.
8) BGH, NJW 78, 43.
9) Näheres vgl. Rd.Ziff. 113 ff.
10) *Stein/Jonas,* § 704 Rd.Ziff. 4; *Zöller,* § 704 Rd.Ziff. 12.
11) OLG Schleswig, SchlWHA 82, 43; *Zöller,* § 704 Rd.Ziff. 12.
12) OLG Schleswig, SchlWHA 82, 43; *Thomas/Putzo,* § 629 d Anm. 2; *Baumbach/Lauterbach/Albers/Hartmann,* § 629 d. Anm. 2.

vorgebracht, dies folge aus Sinn und Zweck des Verbundverfahrens, das die Erledigung der Sache konzentrieren und beschleunigen soll; unterbleibe insbesondere hinsichtlich des Unterhaltstitels die in § 704 II ja gerade nicht für unzulässig erklärte Vollstreckbarkeitsentscheidung, werde der im Verbundverfahren vorgehende Ehegatte gegenüber dem isoliert auf Unterhaltszahlung Klagenden benachteiligt.[13] Des weiteren geschehe es sehr häufig, daß der Scheidungsausspruch mit Ablauf der Rechtsmittelfrist unanfechtbar werde, wohingegen die Parteien um den Unterhalt in der höheren Instanz weiter stritten. Daher sei ein Ausspruch zur vorläufigen Vollstreckbarkeit gerade des Unterhaltsurteils sachlich geboten.[14]

Der dargelegten Auffassung kann unseres Erachtens nicht gefolgt werden. Ihre Vertreter wollen entgegen dem klaren Wortlaut des § 629 d die Durchsetzbarkeit des in einer Folgesache erlassenen Titels nicht von der Rechtskraft des Scheidungsausspruchs, sondern von einer bloßen Prognose hierauf abhängig machen. Die gesetzliche Regelung hat jedoch den Zweck, jede Durchsetzung von Folgeentscheidungen zu verhindern, bis die Ehe rechtskräftig geschieden ist. Nur so lassen sich die weitreichenden Komplikationen vermeiden, die auftreten können, wenn Folgesachen durchgesetzt werden, eine Ehescheidung jedoch wider Erwarten nicht erfolgt. In dringenden Notfällen kann mit dem Erlaß einer einstweiligen Anordnung nach § 620 geholfen werden. Eine vorläufige Vollstreckbarkeit des Folgesachenurteils vor Rechtskraft des Scheidungsanspruchs kommt hingegen nicht in Betracht.[15]

Den Vertretern der Gegenmeinung kann allerdings nicht abgesprochen werden, daß sie ein Kernproblem des Verbundverfahrens treffend erkannt haben. In der Tat wird der im Verbundurteil enthaltene Scheidungsausspruch insbesondere in Anbetracht des § 629 a III normalerweise alsbald rechtskräftig. Eine Vollstreckbarkeit des Unterhaltstitels ist daher wünschenswert, um zu vermeiden, daß der Unterhaltsschuldner aus reinem Verzögerungsinteresse insoweit Rechtsmittel einlegt. Dem kann man dadurch Abhilfe schaffen, daß man die vollstreckbaren Teile des Verbundurteils mit Wirkung ab Rechtskraft des Scheidungsausspruchs für vorläufig vollstreckbar erklärt.[16]

Beispiel:
Das Urteil ist im Ausspruch zu Ziffer 2 (z. B. Unterhaltstitel) ab Rechtskraft des Ausspruchs zu Ziff. 1 (Scheidung) vorläufig vollstreckbar.

2. Arrest und einstweilige Verfügung

Urteile in Arrest- und Verfügungssachen sind, ebenso wie die aufgrund der §§ 921, 937 II ergehenden Beschlüsse, bereits ihrer Natur nach vollstreckbar, so daß es eines besonderen Ausspruchs hierüber nicht bedarf. Ebensowenig müssen Urteile, die eine im Arrest- bzw. Verfügungsverfahren ergangene Entscheidung bestätigen, für vorläufig vollstreckbar erklärt werden. Das gilt sowohl für das Widerspruchsverfahren als auch für die Rechtsmittelinstanz.[17]

Andererseits ist – wie sich aus § 708 Nr. 6 ergibt – in Urteilen, durch die Arreste oder einstweilige Verfügungen aufgehoben werden, auch über die Vollstreckbarkeit zu entscheiden.

8

---

13) *Gießler*, FamRZ 86, 958.
14) *Zöller*, § 629 d Rd.Ziff. 12.
15) *Thomas/Putzo*, § 629 d, Anm. 2.
16) So *Baumbach/Lauterbach/Albers/Hartmann*, § 629 d, Anm. 2 und *Kemnade*, FamRZ 86, 625, 627.
17) *Thomas/Putzo*, § 704, Anm. 3; *Furtner*, S. 76.

Vorläufige Vollstreckbarkeit

3. Urteile mit nicht vollstreckungsfähigem Inhalt

9 Urteile, die von ihrem Inhalt her mit den Mitteln der Zwangsvollstreckung nicht durchgesetzt werden können, bedürfen zur Hauptsache naturgemäß keiner Vollstreckbarkeitsentscheidung. Es handelt sich hierbei insbesondere um:
- klageabweisende Urteile
- Feststellungsurteile, § 256
- Zwischenurteile, §§ 280, 303 (näher unter Ziff. 4)
- Grundurteile, § 304
- Gestaltungsurteile

Alle diese Urteile dürfen aber keine Kostenentscheidung enthalten (vgl. Rd.Ziff. 10).

Ausgenommen sind allerdings die **vollstreckungsrechtlichen Gestaltungsurteile** nach §§ 767, 768, 771; diese müssen mit Rücksicht auf §§ 775 Nr. 1, 776 für vorläufig vollstreckbar erklärt werden, da anderenfalls eine Einstellung der Zwangsvollstreckung erst ab Rechtskraft erfolgen könnte.

Bei Urteilen auf **Abgabe einer Willenserklärung**, § 894, hat eine Vollstreckbarkeitsentscheidung zu unterbleiben, weil die Willenserklärung erst mit Rechtskraft des Urteils als abgegeben gilt. Vollstreckungsmaßnahmen, etwa nach § 888, kommen grundsätzlich nicht in Betracht.[18] Anders ist jedoch dann zu verfahren, wenn das Urteil unter dem Vorbehalt der beschränkten **Erbenhaftung** ergeht, weil insoweit § 894 nicht anwendbar sein kann. Vielmehr muß die Abgabe der Willenserklärung über § 888 erzwungen werden, woraufhin der Erbe die Möglichkeit hat, seine sich aus §§ 780 ff. ergebenden Rechte geltend zu machen. In diese Fällen muß das Urteil also für vorläufig vollstreckbar erklärt werden.[19]

Einer Vollstreckbarkeitsentscheidung bedarf es darüber hinaus bei der Anwendbarkeit des § 895, was sich bereits aus dem Gesetz selbst ergibt. Unter diese Ausnahme fällt auch ein Urteil, mit dem der Einspruch gegen ein nach § 895 vollstreckbares Versäumnisurteil zurückgewiesen wird[20].

10 Sofern die im vorstehenden aufgeführten Urteile eine **Kostenentscheidung** enthalten, sind sie nach den allgemeinen Vorschriften für vorläufig vollstreckbar zu erklären. Zur Klarstellung wird bisweilen wie folgt tenoriert:

Das Urteil ist wegen der Kosten/ hinsichtlich der Kostenentscheidung vorläufig vollstreckbar.

Diese Formulierung hat den Vorteil, daß der Verfasser des Urteils kaum den Fehler machen wird, den Wert der Hauptsache bei der **Sicherheitsleistung** mit zu berücksichtigen. Dennoch sollte es, um den Tenor von Überflüssigem freizuhalten, bei der Formulierung bleiben:

Das Urteil ist vorläufig vollstreckbar.

Nachteilige Auswirkungen auf die dem Inhalt nach nicht vollstreckbare Hauptsacheentscheidung können sich hieraus nicht ergeben.[21]

4. Zwischenurteile

11 Ergeht ein Zwischenurteil gegenüber einem **Drittbeteiligten**, etwa dem **Nebenintervenienten** nach § 71, einem **Prozeßbevollmächtigten** nach § 135, einem **Zeugen** nach § 387 oder einem **Sachverständigen** nach §§ 387, 402, so ist das Urteil jedenfalls dann, wenn der Dritte an den weiteren Kosten des Rechtsstreits nicht mehr beteiligt ist, mit einer

---
18) Vgl. *Zöller*, § 894 Rd.Ziff. 2, der allerdings bei unklarem Inhalt der Verurteilung § 888 ZPO anwenden will; *Furtner*, S. 101 f.
19) *Furtner*, S. 105 m. w. N.
20) *Baumbach/Lauterbach/Albers/Hartmann*, § 895, Anm. 1.
21) *Wieczorek*, § 704, Anm. J II a 1/2; für eine ausführliche Formulierung *Schneider*, Kosten, S. 312.

Kostenentscheidung zu versehen. Dennoch erübrigt sich grundsätzlich ein Ausspruch über die Vollstreckbarkeit, weil auf diese Zwischenurteile § 794 I Nr. 3 anzuwenden ist.[22]

Anders liegen die Dinge jedoch bei Zwischenurteilen, mit denen über die Zulässigkeit eines **Parteiwechsels** entschieden wird. Diese Urteile müssen, wenn ein Beklagter aus dem Rechtsstreit ausscheidet, im Hinblick auf die diesem entstandenen Kosten mit einer sich nach § 269 III 2 richtenden Kostenentscheidung versehen werden.[23] Da das einen Parteiwechsel betreffende Zwischenurteil unter § 280 fällt,[24] gemäß Abs. 2 der Vorschrift also mit der Berufung angefochten werden kann, ist § 794 I Nr. 3 nicht anwendbar. Daher müssen diese Urteile wegen des Kostenausspruchs für vorläufig vollstreckbar erklärt werden.

5. Urteile, die mit ihrem Erlaß rechtskräftig werden

Wird ein Urteil mit Verkündung oder mit Zustellung (§ 310 III) rechtskräftig, braucht das Gericht aufgrund § 704 I, 1. Alternative nicht über die vorläufige Vollstreckbarkeit zu entscheiden. Im einzelnen handelt es sich um folgende Urteile: 12

- Berufungsurteile des Landgerichts, vgl. § 545 I
- Berufungsurteile des Oberlandesgerichts in Arrest- und Verfügungssachen, § 545 II 1[25]
- Urteile des Oberlandesgerichts über die vorzeitige Besitzeinweisung in Enteignungs- oder in Umlegungsverfahren, § 545 II 2
- Kostenurteile des Oberlandesgerichts, §§ 99 II, 567 III[26]
- Revisionsurteile des Bundesgerichtshofs und des BayObLG

Streitig ist, ob **obergerichtliche Urteile**, die zwar grundsätzlich der Revision unterliegen, jedoch im konkreten Fall aufgrund der einschränkenden Voraussetzungen des § 546 nicht angefochten werden können, für vorläufig vollstreckbar erklärt werden müssen oder ob sie im Hinblick auf die Zwangsvollstreckung einem rechtskräftigen Urteil gleichstehen. Insbesondere für den Bereich der nichtvermögensrechtlichen Streitigkeiten ist vertreten worden, daß die aufgrund § 546 unanfechtbaren Urteile mit der Verkündung rechtskräftig werden und daher keiner Vollstreckbarkeitsentscheidung bedürfen.[27] Das soll, zur Vermeidung von Unklarheiten, im Urteil noch besonders klargestellt werden durch Wendungen wie: 13

Das Urteil ist rechtskräftig/endgültig vollstreckbar/unbedingt vollstreckbar.[28]

Diese Auffassung ist abzulehnen. Sie verkennt, daß über die Frage, ob nach § 546 die Revision zulässig ist, allein das Revisionsgericht und nicht das Oberlandesgericht entscheidet. So ist etwa denkbar, daß der Wert der Beschwer entgegen der Annahme des Berufungsgerichts über der Revisionssumme liegt oder daß keine nichtvermögensrechtliche, sondern eine vermögensrechtliche Streitigkeit gegeben ist. Letztlich spricht die Existenz des § 713 dafür, daß bei grundsätzlicher Statthaftigkeit eines Rechtsmittels die

---

22) *Stein/Jonas*, § 794 Rd.Ziff. 79; zur Formulierung des gesamten Tenors s. Teil A, Zwischenurteil.
23) OLG Stuttgart, NJW 73, 1756; *Anders/Gehle*, Rd.Ziff. 602; vgl. auch Teil B, Rd.Ziff. 4 ff.
24) BGH, NJW 81, 989.
25) Allgemein *Münzberg*, NJW 77, 2058; *Thomas/Putzo*, § 705, Anm. 3 a.
26) *Baumbach/Lauterbach/Albers/Hartmann*, § 705, Anm. 1 C b, bb.
27) OLG Hamm, NJW 78, 382 (für nichtvermögensrechtliche Streitigkeiten); OLG Saarbrücken, NJW 76, 1325 (allgemein).
28) OLG Köln, NJW 78, 1442; *Schneider*, DRiZ 77, 115.

Vorläufige Vollstreckbarkeit

Rechtskraft des Urteils generell erst mit Ablauf der Rechtsmittelfrist eintritt.[29] Gleiches gilt für den einseitigen **Rechtsmittelverzicht**; nur bei einem beiderseitigen Verzicht auf Rechtsmittel wird das Urteil sofort rechtskräftig.[30]
Auch in den Fällen des § 629 a I muß wegen Abs. 2 der Ablauf der Rechtsmittelfrist abgewartet werden.

III. Entscheidung im Streitgenossenprozeß

14 Richtet sich das Urteil, sei es im Hauptsachen-, sei es im Kostenausspruch, gegen mehrere Parteien, sind die vorerwähnten Voraussetzungen einer Vollstreckbarkeitsentscheidung für jede der betroffenen Parteien getrennt zu prüfen, insbesondere müssen Sicherheitsleistungen getrennt ausgerechnet werden.[31]

§ 2 Vollstreckung gegen Sicherheitsleistung, § 709 ZPO

I. Allgemeines

15 Grundsätzlich ist jedes Urteil für gegen Sicherheitsleistung vorläufig vollstreckbar zu erklären. Eine Vollstreckbarkeit ohne Sicherheitsleistung ist, wie sich aus §§ 709 S. 1, 708 ergibt, die Ausnahme. Die praktische Bedeutung einer auf § 709 S. 1 gestützten Vollstreckbarkeitsentscheidung liegt darin, daß dem Vollstreckungsgläubiger die **Klausel** zwar sofort erteilt wird (§ 726 I), die Zwangsvollstreckung jedoch gemäß § 751 II erst bei Nachweis der Sicherheitsleistung beginnen kann.

16 Einer Entscheidung des LG Offenburg[32] zufolge ist der **Fiskus** von der Pflicht zur Sicherheitsleistung generell befreit. Hierfür spricht, daß die Staatskasse de jure über unerschöpfliche Geldmittel verfügt. Dennoch verneint die h. M.[33] mit Recht eine von § 709 abweichende Privilegierung des Fiskus. Dieser genießt nach § 2 I GKG und nach § 882 a ohnehin eine bevorzugte Stellung. Wollte man ihn der Pflicht zur Sicherheitsleistung entheben, wäre die Lage des Vollstreckungsgegners zwar in finanzieller Hinsicht nicht gefährdet, wohl aber müßte der Betroffene in Streitfällen bei der jeweiligen Behörde sein Recht suchen, anstatt den gewohnten Weg des Vollstreckungsverfahrens gehen zu können. Auf eine vom Fiskus geleistete Sicherheit kann er ohne weiteres Zugriff nehmen, wohingegen er im anderen Falle möglicherweise längere Bearbeitungszeiten in Kauf nehmen müßte.

---

29) H. M., vgl. BGHZ 109, 211; OLG Hamm, MDR 80, 408; OLG Celle, JurBüro 76, 1699; KG, NJW 83, 2266; wohl auch GemS, BGHZ 88, 353, 357; *Münzberg*, NJW 77, 2058; *Baumbach/Lauterbach/Albers/Hartmann*, § 705, Anm. 1 C c; *Stein/Jonas*, § 705 Rd.Ziff. 3; *Zöller*, § 705 Rd.Ziff. 7; *Thomas/Putzo*, § 705, Anm. 3 a; wohl auch *Furtner*, S. 77 f.
30) *Baumbach/Lauterbach Albers/Hartmann*, § 705, Anm. 1 D; *Stein/Jonas*, § 705 Rd.Ziff. 9; *Zöller*, § 705 Rd.Ziff. 9.
31) *Stein/Jonas*, § 708 Rd.Ziff. 31; *Thomas/Putzo*, § 709, Anm. 2; Einzelheiten s. u. Rd.Ziff. 39 ff.
32) LG Offenburg, NJW 61, 1216.
33) Für die h. M. OLG Frankfurt/Main, MDR 86, 63; *Zöller*, § 709 Rd.Ziff. 1.

II. Bestimmung der Sicherheit

1. Grundsätze

Die Höhe der Sicherheit ist immer in einem bestimmten Geldbetrag festzulegen, bei dessen Ermittlung dem Gericht ein **Schätzungsermessen** zusteht.[34]

Die vom Vollstreckungsgläubiger zu erbringende Sicherheitsleistung (**Vollstreckungssicherheit**) soll einen eventuellen Ersatzanspruch des Schuldners aus § 717 II abdecken.[35] Läßt sich die Höhe des denkbaren Schadens nicht zweifelsfrei abschätzen, ist generell eine Sicherheitsleistung zu wählen, die den bei vernünftiger Betrachtung höchstmöglichen Nachteil des Vollstreckungsschuldners umfaßt.

Bei der **Zug-um-Zug-Verurteilung** bleibt die vom Gläubiger zu erbringende Gegenleistung außer Betracht. Die Höhe der Sicherheitsleistung beschränkt sich nicht etwa auf die Differenz zwischen der vom Schuldner zu erbringenden Leistung und der Gegenleistung des Gläubigers. Das ergibt sich aus dem Hergang der Zwangsvollstreckung in diesen Fällen. Gemäß § 726 II erhält der Gläubiger, wenn nicht der Beklagte zur Abgabe einer Willenserklärung verurteilt ist, eine vollstreckbare Ausfertigung des Titels, ohne daß er einen Annahmeverzug des Schuldners nachweisen müßte. Sobald er diesen Nachweis zu führen vermag, kann gemäß §§ 756, 765 die Zwangsvollstreckung beginnen. Demnach ist es durchaus denkbar, daß dem Schuldner die gesamte Leistung abverlangt wird, während der Gläubiger die Gegenleistung behält. Wird in einem solchen Fall das Urteil aufgehoben, kann dem Schuldner aus § 717 II ein Schadensersatzanspruch zustehen, dessen Höhe die volle von ihm erbrachte Leistung zugrunde liegt. Soll aber die Vollstreckungssicherheit diesen Schadensersatzanspruch wirksam abdecken, darf die Gegenleistung des Gläubigers nicht in Abzug gebracht werden.[36]

Grundsätzlich nicht zulässig ist es, dem Vollstreckungsgläubiger zu gestatten, die Sicherheit „in Höhe des jeweils beizutreibenden Betrages" zu leisten. Der Gläubiger könnte aufgrund einer solchen Anordnung dazu übergehen, nur geringe Teilbeträge der ihm abverlangten Sicherheitsleistung zu hinterlegen, alsdann wegen dieses Teilbetrages beim Schuldner zu vollstrecken und den hierbei erzielten Erlös als Sicherheit für eine weitere Teilvollstreckung verwenden. Am Ende wäre dann die Sicherheit im wesentlichen dem Vermögen des Schuldners entnommen worden, was der vom Gesetzgeber gewollten Risikoverteilung widerspräche. Insbesondere dem Wortlaut des § 709 S. 1 und der Regelung des § 710 läßt sich entnehmen, daß es grundsätzlich die Aufgabe des Gläubigers ist, die volle Sicherheitsleistung aufzubringen, bevor mit der Zwangsvollstreckung begonnen werden kann.[37]

Eine Ausnahme muß allerdings für den Fall **künftig fällig werdender Leistungen** zugelassen werden. Deren Gesamtumfang ist nicht immer so zuverlässig zu ermitteln, daß die Berechnung einer alle Teilleistungen umfassenden Sicherheit möglich wäre. Außerdem soll der Gläubiger in aller Regel bei Eintritt einer neuen Fälligkeit ohne übermäßig großen Aufwand allein wegen des Teilbetrages vollstrecken können. Besondere Bedeutung hat die Teilsicherheit bei **Mietzinsansprüchen** und bei **Rentenforderungen,** die nicht unter § 708 Nr. 8 fallen. Für aufgelaufene Forderungen, wegen denen die Zwangsvollstreckung sofort betrieben werden kann, ist eine Gesamtsicherheit zu bilden. Muß der Schuldner die künftig fällig werdenden Teilforderungen verzinsen oder ist aus anderem Grunde denkbar, daß sein möglicher Vollstreckungsschaden höher liegt als der Betrag des Teilanspruches,

---

34) *Thomas/Putzo* vor § 708, Anm. 4, 4 a.
35) KG, NJW 77, 2270.
36) H. M., vgl. *Zöller,* § 709 Rd.Ziff. 6.
37) OLG Karlsruhe, OLGZ 75, 485; *Baumbach/Lauterbach/Albers/Hartmann,* § 709, Anm. 1 B, 2.

Vorläufige Vollstreckbarkeit

muß dies bei der Bemessung der Sicherheit ebenfalls berücksichtigt werden. Im Regelfall dürfte es ausreichen, die Sicherheit um 10% des jeweils beizutreibenden Betrages zu erhöhen.[38]

Beispiel:
Der Beklagte wird (am 10. 12. 1991) verurteilt, an den Kläger 10 000,- DM nebst 8% Zinsen seit dem 1. 6. 1991 sowie beginnend mit dem 1. 1. 1992 bis zum 31. 12. 1999 zu jedem Monatsersten 1 000,- DM nebst 4% Zinsen seit Fälligkeit zu zahlen.
Die Kosten des Rechtsstreits trägt der Beklagte.
Das Urteil ist vorläufig vollstreckbar, hinsichtlich des sofort zahlbaren Betrages und der Kosten gegen Sicherheitsleistung in Höhe von 13 000,- DM, im übrigen gegen Sicherheitsleistung in Höhe des jeweils beizutreibenden Betrages zuzüglich 10% der Hauptforderung.

22 Wird der Schuldner zu **mehreren selbständigen Leistungen** verurteilt, kann dem Gläubiger ebenfalls gestattet werden, wegen jeder Einzelleistung gegen eine separat errechnete Sicherheit zu vollstrecken.[39] Dies bringt es mit sich, daß auch wegen des Kostenerstattungsanspruchs eine eigene Sicherheit auszuwerfen ist.

Beispiel:
Der Beklagte wird verurteilt, an den Kläger 10 000,-, DM nebst 8% Zinsen seit dem ... zu zahlen und den (näher bezeichneten) PKW ... herauszugeben.
Der Beklagte trägt die Kosten des Rechtsstreits.
Das Urteil ist gegen Sicherheitsleistung vorläufig vollstreckbar. Die Höhe der Sicherheit beläuft sich hinsichtlich des Zahlungsanspruchs auf 12 000,- DM, hinsichtlich des Herausgabeanspruchs auf 6000,- DM, hinsichtlich der Kosten auf 3000,- DM.

Die Entscheidung, ob eine **Teil-Sicherheit** oder eine **Gesamt-Sicherheit** angeordnet wird, liegt im pflichtgemäßen Ermessen des Gerichts. Es ist zu berücksichtigen, daß der Kläger, hätte er nicht den Weg der objektiven Klagenhäufung gewählt, ebenfalls wegen jeder Einzelleistung hätte vollstrecken können. Fallen die einzelnen Ansprüche für sich gesehen unter § 708 Nr. 11, in ihrer Gesamtheit jedoch unter § 709 S. 1, kommt nur die letztgenannte Vorschrift zur Anwendung. In diesen Fällen sollten Teil-Sicherheiten nicht gewährt werden, weil anderenfalls das Vollstreckungsverfahren auf Kleinbeträge aufgesplittert und mithin zu kompliziert würde.

2. Einzelansätze

23 Um die Höhe der Sicherheit den Erfordernissen entsprechend festlegen zu können, hat das Gericht so eingehend wie möglich zu ermitteln, wegen welcher Ansprüche der Gläubiger die Zwangsvollstreckung betreiben kann. Zu berücksichtigen sind alle Haupt- und Nebenforderungen, insbesondere auch der Kostenerstattungsanspruch. Ist denkbar, daß dem Schuldner infolge der Zwangsvollstreckung ein weiterer Schaden entstehen kann, muß auch dieser in Ansatz gebracht werden.[40]

a) Hauptforderung

24 Macht der Gläubiger einen Zahlungsanspruch geltend, ist die Lage meist eindeutig. Der Sicherheit wird der Betrag des Anspruchs zugrunde gelegt. Lautet der Titel auf Zahlung in **ausländischer Währung**, muß die Sicherheit dennoch in Deutscher Mark bemessen werden; hierbei sind denkbare Kursschwankungen, die zu einer Benachteiligung des

---

38) H. M., vgl. Fn. 37 sowie KG, NJW 77, 2270; *Stein/Jonas*, § 708 Rd.Ziff. 30; *Thomas/Putzo*, Vorbem. § 708, Anm. 4b; *Zöller*, § 709 Rd.Ziff. 6.
39) OLG Frankfurt/Main, Rpfleger 69, 395 = MDR 69, 1016; *Baumbach/Lauterbach/Albers/ Hartmann*, § 709, Anm. 1B.
40) OLG München, MDR 80, 408.

Schuldners führen können, mitzuberücksichtigen.⁴¹⁾ Bei **Herausgabeansprüchen**⁴²⁾ kommt es allein auf den **Wert der Sache** an, auch wenn die Herausgabe aufgrund eines Pfandrechts erfolgt und der Wert des gesicherten Anspruchs geringer ist.

Muß der Schuldner eine unter § 895 fallende **Willenserklärung** abgeben, bemißt sich die Sicherheit nach den Kosten der Grundbucheintragung und nach dem Schaden, der dem Schuldner möglicherweise aus der verlorengehenden Dispositionsfreiheit über sein Grundstück erwächst. In letzterem Zusammenhang ist allerdings zu beachten, daß in Fällen der vorliegenden Art ein Widerspruch oder eine Vormerkung häufig bereits aufgrund einer einstweiligen Verfügung eingetragen ist.⁴³⁾ Wird der Schuldner zur Erteilung einer **Auskunft** verpflichtet, müssen die denkbaren Kosten einer Inventarerrichtung sowie der eventuell aus einem Geheimnisverrat entstehende Schaden in Ansatz gebracht werden.⁴⁴⁾ Entsprechendes gilt für Urteile auf Abgabe einer **Widerrufserklärung**.

25

Bei der **Herausgabe eines Kindes** kommt es auf die Kosten an, die dem Schuldner bei der Erfüllung seiner Pflichten entstehen können, namentlich auf Fahrtkosten.⁴⁵⁾

Wenn ein Vollstreckungsschaden des Schuldners ausgeschlossen ist, etwa bei einem Urteil auf Unterlassen ehrenrühriger Äußerungen, kann die Bestimmung einer Sicherheit entfallen.⁴⁶⁾ Nach § 890 festzusetzende **Ordnungsgelder** bleiben außer Betracht, da aller Erfahrung nach Erzwingungsanträge nur äußerst selten gestellt werden und, falls dies einmal der Fall ist, der Schuldner normalerweise auf deren bloße Androhung hin das ihm untersagte Verhalten einstellt.

26

Das Gericht darf sich bei der Ermittlung des denkbaren Vollstreckungsschadens an der Lebenserfahrung orientieren. Nach fernliegenden Möglichkeiten eines weiteren Schadens braucht es nicht zu suchen. Vielmehr ist es die Aufgabe des Schuldners, hierzu vorzutragen.

b) Materiell-rechtliche Nebenforderungen

Zu den berücksichtigungsfähigen Nebenforderungen gehören in erster Line die **Zinsen** auf Zahlungsansprüche. Soweit es sich um aufgelaufene Zinsen handelt, bereitet deren Ermittlung keine Schwierigkeiten. Fraglich ist nur, für welchen Zeitraum der in die Zukunft weiterlaufende Zinsanspruch ausgerechnet werden muß. Die Gerichtspraxis berücksichtigt im Regelfall den Zeitraum von sechs Monaten ab Urteilsverkündung.⁴⁷⁾ Liegt es auf der Hand, daß der Vollstreckungsschuldner ein Rechtsmittel einlegen wird und die Durchsetzung des Urteils einen längeren Zeitraum in Anspruch nehmen kann, etwa infolge mangelnder Leistungsfähigkeit, muß der berücksichtigungsfähige Zeitraum entsprechend verlängert werden.

27

Als weitere Nebenforderungen kommen **Mahnkosten** und **Wechselprovisionen** in **Betracht**.

c) Gerichtskosten

Gerichtskosten sind nur insoweit anzusetzen, als der Vollstreckungsgläubiger sie tatsächlich eingezahlt hat und sie verbraucht worden sind. Die **Verfahrensgebühr** nach Nr. 1010 KV, Anl. 1 zu § 11 I GKG kann daher grundsätzlich nur für eine vom Kläger zu leistende Sicherheit Bedeutung haben, da nur von diesem, nicht aber vom Beklagten ein Gerichtskostenvorschuß im Sinne des § 65 GKG verlangt wird.

28

---

41) Zur Bewertung im einzelnen vgl. Teil D, Stichwort „Ausländische Währung".
42) Zur Bewertung im einzelnen vgl. Teil D, Stichwort „Besitz".
43) *Furtner*, S. 102.
44) *Zöller*, § 709 Rd.Ziff. 6; vgl. auch Teil D, Stichwort „Auskunft", Rd.Ziff. 3.
45) OLG Zweibrücken, OLGZ 75, 451.
46) OLG München, MDR 80, 408.
47) *Anders/Gehle*, Rd.Ziff. 178.

Vorläufige Vollstreckbarkeit

29 Die **Urteilsgebühren** bleiben unberücksichtigt. Sie werden gemäß §§ 54 Ziff. 1, 58 II GKG unmittelbar von der unterlegenen Partei eingefordert. Der obsiegende Kläger haftet nur dann, wenn die Beitreibung beim Beklagten gescheitert ist.[48] Das wirkt sich normalerweise erst nach Rechtskraft des Urteils aus.

30 In die Sicherheitsleistung einzubeziehen sind **Kostenvorschüsse** für **Zustellungen** sowie für die **Auslagen** von Zeugen und Sachverständigen, §§ 379, 402. Bei Auslagenvorschüssen ist allerdings zu prüfen, inwiefern sie überhaupt verbraucht worden sind, da Überschüsse der einzahlenden Partei ohnehin aus der Staatskasse wieder erstattet werden. Anhand der Zahlungsanweisungen läßt sich diese Frage meist mit Leichtigkeit klären.

d) Außergerichtliche Kosten

31 Bei den außergerichtlichen Kosten sind in erster Linie die Verpflichtungen des Vollstreckungsgläubigers gegenüber seinem Prozeßbevollmächtigten bedeutsam. Die Gebühren werden so angesetzt, wie sie nach § 31 BRAGO angefallen sind. Hinzu kommen eventuell weitere Gebühren, etwa nach §§ 23 und 33 BRAGO.[49]

32 Sind Anhaltspunkte für die Einschaltung eines **Verkehrsanwaltes** gegeben, müssen auch die hierfür nach § 52 BRAGO zu leistenden Zahlungen berücksichtigt werden. Die Schwierigkeit liegt darin, daß die Parteien hierzu häufig nichts vortragen. Aus der bloßen Tatsache, daß eine Partei weit entfernt vom Gerichtsort ihren Wohnsitz hat, lassen sich keine hinreichenden Rückschlüsse ziehen. Sichere Anhaltspunkte ergeben sich jedoch bisweilen aus vorgerichtlichen Mahnschreiben des Verkehrsanwalts und daraus, daß der vor dem Gericht auftretende Prozeßbevollmächtigte nicht seinen vorgedruckten Briefbogen verwendet, sondern auf Blankoschriftsätze lediglich seinen Kanzleistempel setzt.

33 Auf die Anwaltsgebühren werden Auslagen und Mehrwertsteuer nach §§ 25 ff. BRAGO aufgeschlagen.[50] **Ablichtungen**, insbesondere wenn der Anwalt sie zu den Akten gereicht hat, müssen in dem von § 27 II BRAGO i.V.m. Ziff. 1900 Anl. I GKG gezogenen Rahmen angesetzt werden. Gerade wegen Ablichtungen kommt es recht häufig zum Streit, da sie nicht selten in zu großer Zahl hergestellt werden. Das darf jedoch bei der Bemessung der Sicherheit keine Rolle spielen. Eine Klärung läßt sich insoweit erst im Kostenfestsetzungsverfahren herbeiführen. Für die diesem Verfahren vorausgehende Bemessung der Sicherheit ist allein derjenige Betrag maßgeblich, dessen Titulierung denkbar ist.

34 Auch sonstige außergerichtliche Kosten sind berücksichtigungsfähig, namentlich **Fahrtkosten** sowie eventueller Aufwand für die Erstattung eines **Privatgutachtens**.[51] Im übrigen kann alles angesetzt werden, was im Sinne des § 91 I 1 an notwendigem Aufwand entstanden ist.[52]

Die nach § 788 erstattungsfähigen **Vollstreckungskosten** bleiben grundsätzlich außer Betracht, da normalerweise ungewiß ist, welchen Weg der Zwangsvollstreckung der Gläubiger wählen wird und ob nicht der Schuldner allein unter dem Eindruck drohender Zwangsmaßnahmen freiwillig leistet.

---

48) Vgl. Teil B, Rd.Ziff. 34.
49) Vgl. zu den Gebühren allgemein Teil B, Rd.Ziff. 61 ff.
50) Vgl. Teil B, Rd.Ziff. 128 ff.
51) Vgl. *Zöller*, § 91 Rd.Ziff. 13; *Baumbach/Lauterbach/Albers/Hartmann*, § 91, Anm. 21.
52) Vgl. *Thomas/Putzo*, § 91, Anm. 3 und *Zöller*, § 91 Rd.Ziff. 13 zu weiteren denkbaren Fällen.

III. Art der Sicherheit

1. Regelfall

Wie die Höhe, so wird auch die Art der vom Vollstreckungsgläubiger zu leistenden Sicherheit gemäß § 108 I 1 durch das Gericht nach freiem Ermessen festgelegt.[53] Wenn nicht die Parteien etwas anderes beantragen, kann der Richter sich darauf beschränken, Sicherheitsleistung in Geld anzuordnen.

35

> **Beispiel:**
> Das Urteil ist gegen Sicherheitsleistung in Höhe von ... DM vorläufig vollstreckbar

Ist allein diese Anordnung getroffen, kann die Sicherheitsleistung gemäß § 108 I 2 nur durch Hinterlegung von Geld oder von Wertpapieren erbracht werden, die nach § 234 I BGB hierzu geeignet sind. Gemäß § 234 III BGB werden Wertpapiere allerdings nur zum Wert von ¾ ihres Kurses entgegengenommen.

2. Andere Art der Sicherheit, Bankbürgschaft

Die häufigste Art einer anderweitigen Sicherheitsleistung ist die **Bankbürgschaft**, die von der Gerichtspraxis in aller Regel auch ohne Antrag zugelassen wird. Hat eine Partei einen hierauf gerichteten Antrag ausdrücklich gestellt, sollte dem, wenn nicht durchgreifende Bedenken entgegenstehen, stattgegeben werden. Abweichend von § 232 II BGB braucht das Gericht nicht zu prüfen, ob die Partei zu anderweitiger Sicherheitsleistung nicht in der Lage ist. Vielmehr kann die Bankbürgschaft ohne Rücksicht hierauf zugelassen werden.

36

An die Qualität der Bürgschaft sind hohe Anforderungen zu stellen. Sie muß den Verzicht auf die Einrede der Vorausklage enthalten (§ 239 II BGB), also selbstschuldnerisch erklärt und des weiteren unwiderruflich sowie unbefristet sein.[54] An der Bonität des Bürgen darf kein Zweifel bestehen, § 239 I BGB. Das bedeutet für die Praxis, daß als Bürge grundsätzlich nur Großbanken und öffentlich-rechtliche Sparkassen in Frage kommen. Die Frage, ob auch Privatleute Sicherheitsbürge sein können, ist rein theoretischer Natur. Einen Sonderfall bilden die **Raiffeisenbanken** (Volksbanken, Genossenschaftsbanken, Spar- und Darlehenskassen), die normalerweise nur über eine oder einige wenige Niederlassungen verfügen, eine relativ geringe Bilanzsumme aufzuweisen haben und daher nicht unbedingt als „Großbank" angesehen werden können. Um ihre Haftungsrisiken abzudecken, haben sich jedoch die meisten Raiffeisenbanken einem **Einlagensicherungsfonds** angeschlossen, der sie in die Lage versetzt, größeren Zahlungsverpflichtungen zu genügen, selbst wenn im Einzelfall eine Bankniederlassung hieran wirtschaftlich scheitern sollte. Da Banken darauf angewiesen sind, ihren Stammkunden auch mit Sicherheitsbürgschaften beistehen zu können, bedeutet die Beschränkung der tauglichen Bürgen auf Großbanken und Sparkassen für die Raiffeisenbanken eine nicht gerechtfertigte Benachteiligung. Dies sollten die Gerichte vermeiden, indem sie als Bürgen auch solche Banken zulassen, die dem Einlagensicherungsfonds angeschlossen sind.

37

Eine weitere Möglichkeit, die Eignung des Bürgen zu umschreiben, besteht darin, daß man eine Zulassung des betreffenden Kreditinstituts als **Zoll-** bzw. **Steuerbürge** verlangt.

Der Bürge muß seinen Sitz im Inland haben (§ 239 I BGB), damit Ersatzansprüche im Streitfall leicht durchgesetzt werden können.

Ein bestimmtes Kreditinstitut braucht der Antragsteller nicht zu nennen.[55] Beschränkt er

---

53) Dazu BGH, MDR 66, 501; *Anders/Gehle*, Rd.Ziff. 180.
54) *Schellhammer*, Rd.Ziff. 784; *Thomas/Putzo*, § 108, Anm. 5 d.
55) H. M., vgl. *Zöller*, § 108, Rd.Ziff. 8; *Schneider*, S. 331; *Baumbach/Lauterbach/Albers/Hartmann*, § 108, Anm. 2 B; a. A. OLG Frankfurt/Main, OLGZ 66, 304.

Vorläufige Vollstreckbarkeit

seinen Antrag dennoch auf einen namentlich genannten Bürgen, sollte das Gericht dem – Bonität vorausgesetzt – stattgeben, um den Vollstreckungsorganen eine Bonitätsprüfung zu ersparen.

> Formulierungsbeispiele:
> – Als Sicherheit genügt die selbstschuldnerische, unwiderrufliche und unbefristete Bürgschaft einer deutschen Großbank, einer sonstigen, dem Einlagensicherungsfonds angeschlossenen Bank oder einer öffentlich-rechtlichen Sparkasse.
> – Dem Kläger/Beklagten wird nachgelassen, die Sicherheitsleistung durch die selbstschuldnerische, unwiderrufliche und unbefristete Bürgschaft eines als Zoll- oder Steuerbürge im Inland zugelassenen Kreditinstituts zu erbringen.

3. Form der Entscheidung

38   Gemäß § 709 ist im Urteil lediglich die Höhe der Sicherheit festzulegen; insoweit unterliegt die Entscheidung des Gerichts den Bindungswirkungen des § 318. Die Art der Sicherheit könnte daneben in einem getrennt erlassenen **Beschluß** bestimmt werden. Nur aus praktischen Gründen nimmt man diese Entscheidung ebenfalls mit in den Urteilstenor auf.

Dennoch bleibt § 318 in dieser Hinsicht unanwendbar. Das bedeutet, daß das Gericht über die Art der Sicherheit in einem nachträglich erlassenen Beschluß anderweitig entscheiden darf.[56] Häufigster praktischer Fall ist der erst nach Verkündung des Urteils beantragte Nachlaß einer Bankbürgschaft. Auch wenn die Sache in der **Rechtsmittelinstanz** schwebt, entscheidet hierüber das Ausgangsgericht.[57]

Demgegenüber kann betreffend die Höhe der Sicherheit nur unter den Voraussetzungen der §§ 716, 321, 319 oder in einem abändernden Urteil der höheren Instanz anderweit entschieden werden.

IV. Mehrere Vollstreckungsgläubiger oder -schuldner

1. Gegenseitige Ansprüche der Parteien

39   Der praktisch häufigste Fall gegenseitiger Ansprüche der Parteien ergibt sich bei nur teilweisem Obsiegen des Klägers, wenn der Beklagte einen Anspruch auf Kostenerstattung hat. Ähnlich ist die Lage bei einem Erfolg von Klage und **Widerklage,** wobei jedoch beachtet werden muß, daß gegenseitige Zahlungsansprüche, auch wenn ein Aufrechnungsverbot besteht, mit Rücksicht auf die Regelung der §§ 829, 835 f. miteinander verrechnet werden können.

Bei der Ermittlung der Sicherheit sind die den Parteien jeweils zustehenden titulierten Ansprüche mit ihrer vollen Höhe anzusetzen. Die nach § 106 stattfindende **Kostenausgleichung**[58] bleibt unberücksichtigt, da grundsätzlich denkbar ist, daß eine Seite keine Kostenfestsetzung oder jedenfalls keine fristgemäße beantragt.

> Formulierungsbeispiele:
> – Das Urteil ist vorläufig vollstreckbar, für den Kläger gegen Sicherheitsleistung in Höhe von ... DM, für den Beklagten gegen Sicherheitsleistung in Höhe von ... DM.
> – (Wenn etwa der Beklagte nach § 708 Nr. 11 vollstrecken darf):
>   Das Urteil ist vorläufig vollstreckbar, für den Kläger jedoch nur gegen Sicherheitsleistung in Höhe von ... DM.

---

56) *Baumbach/Lauterbach/Albers/Hartmann*, § 709, Anm. 1 B; *Thomas/Putzo*, § 108, Anm. 2 d.
57) *Schneider*, Kosten, S. 331.
58) Vgl. Teil B, Rd.Ziff. 151, 155.

— Der Kläger darf die Zwangsvollstreckung des Beklagten gegen Sicherheitsleistung in Höhe von ... DM abwenden, wenn nicht der Beklagte vor der Vollstreckung Sicherheit in gleicher Höhe leistet.

2. Streitgenossen

a) Als Vollstreckungsgläubiger

Wenn Streitgenossen in der Hauptsache Vollstreckungsgläubiger sind, hat der Schuldner in der Regel an alle gemeinsam zu leisten, weil der geltend gemachte Anspruch den Gläubigern gemeinsam zusteht, etwa als **Gesamt-** oder **Gesamthandsgläubigern** (nicht rechtsfähiger Verein, BGB-Gesellschaft, Erbengemeinschaft). Es wird daher wegen des gesamten Klageanspruchs eine Zwangsvollstreckung durchgeführt. Daraus ergibt sich, daß auf die Hauptsacheentscheidung hin nur eine Sicherheitsleistung festzusetzen ist, deren Höhe sich aus den dargelegten allgemeinen Grundsätzen ergibt.[59]

Anderes gilt für die **Kosten** des Rechtsstreits. Insoweit sind die Vollstreckungsgläubiger (unabhängig von der Frage, ob mehrere Kläger oder mehrere Beklagte obsiegen) nur nach Kopfteilen forderungsberechtigt.[60] Hier müssen mehrere Fallkonstellationen voneinander unterschieden werden:

aa) Die Gläubiger sind durch einen Prozeßbevollmächtigten vertreten

In diesen Fällen kann davon ausgegangen werden, daß trotz der nach Kopfteilen vorzunehmenden Kostenfestsetzung und den sich daraus möglicherweise ergebenden Komplikationen jedenfalls vor Rechtskraft des Urteils die Zwangsvollstreckung auch wegen der Kosten über den einen Prozeßbevollmächtigten durchgeführt wird, der für eine den gesamten Kostenerstattungsanspruch abdeckende Sicherheitsleistung seiner Mandanten Sorge trägt. Denn wenn die Gläubiger sich auf einen Prozeßbevollmächtigten geeinigt haben, werden sie sich normalerweise auch in der Zwangsvollstreckung einig sein. Das Innenverhältnis der Gläubiger zueinander ist in diesem Zusammenhang ohne Bedeutung. Das Gericht kann also im Rahmen des ihm eingeräumten freien Ermessens die Vollstreckbarkeitsentscheidung so treffen, als sei lediglich ein Vollstreckungsgläubiger vorhanden. Insbesondere muß die Sicherheitsleistung nicht auf die Kopfteilansprüche der einzelnen Gläubiger verteilt, sondern kann vielmehr einheitlich festgesetzt werden. Für die Höhe der Sicherheit ist allerdings § 6 BRAGO[61] zu beachten.

bb) Die Streitgenossen haben verschiedene Anwälte beauftragt oder sind nicht anwaltlich vertreten

In diesen Fällen liegt es nicht fern, daß den einzelnen Vollstreckungsgläubigern unterschiedlich hohe Kosten entstanden sind (z. B. für einen Verkehrsanwalt) und daß sie die Zwangsvollstreckung insoweit getrennt voneinander betreiben werden.

Das Gericht ist unseres Erachtens nach nicht berechtigt, die Gläubiger in einer so gelagerten Prozeßsituation durch einheitliche Festsetzung einer Gesamtsicherheit de facto zu zwingen, die Zwangsvollstreckung gemeinsam zu betreiben. Vielmehr hat hier für jeden Gläubiger eine **separate Vollstreckbarkeitsentscheidung** zu erfolgen, wobei die Höhe der einzelnen Sicherheitsleistungen sich nach den jeweils zu vollstreckenden Erstattungsforderungen richten muß. Allein hierdurch ist gewährleistet, daß jeder Gläubiger ohne Rücksicht auf die anderen eine Zwangsvollstreckung betreiben kann. Bei einheitlicher Entscheidung müßte demgegenüber derjenige Gläubiger, der als einziger aus dem vorläufig

---

[59] Siehe o. Rd.Ziff. 23 f.
[60] *Baumbach/Lauterbach/Albers/Hartmann*, § 100, Anm. 9 A; *Zöller*, § 709 Rd.Ziff. 4.
[61] Vgl. Teil B, Rd.Ziff. 71.

Vorläufige Vollstreckbarkeit

vollstreckbaren Urteil vorgehen will, für alle Streitgenossen Sicherheit leisten, um die Zwangsvollstreckung betreiben zu können.

Formulierungsbeispiele:
- Das Urteil ist vorläufig vollstreckbar, hinsichtlich der Hauptsachenentscheidung gegen Sicherheitsleistung in Höhe von ... DM, hinsichtlich der Kostenentscheidung für jeden Kläger gegen Sicherheitsleistung in Höhe von jeweils weiteren ... DM.
- Das Urteil ist vorläufig vollstreckbar, hinsichtlich der Kostenentscheidung für den Kläger zu 1) gegen Sicherheitsleistung in Höhe von weiteren ... DM, für den Kläger zu 2) gegen Sicherheitsleistung in Höhe von weiteren ... DM.

Die Gläubiger können sich sodann gemeinsam eine vollstreckbare Ausfertigung des Urteils erteilen[62] und ihre Kosten nach §§ 103 ff. getrennt festsetzen lassen. Wer von ihnen die Kostensicherheit hinterlegt, kann aufgrund des Urteils aus dem Kostenfestsetzungsbeschluß vollstrecken, § 795 a.

cc) Obsiegen in unterschiedlichem Umfang

43 Obsiegen die Gläubiger auch in der Hauptsache dergestalt, daß der Schuldner ihnen verschiedene Leistungen zu erbringen hat, oder kann nur ein Streitgenosse aufgrund der Hauptsacheentscheidung vollstrecken,

Beispiel:
Teilweise erfolgreiche Klage und Widerklage im Verkehrsunfallprozeß unter Beteiligung der Haftpflichtversicherer

ist für jeden der Streitgenossen eine **separate Sicherheitsleistung** zu errechnen. Denn selbst wenn die Streitgenossen, wie es im Verkehrsunfallprozeß die Regel ist, jeweils einen gemeinsamen Prozeßbevollmächtigten haben, kann hier nicht ohne weiteres von einheitlich durchgeführter Zwangsvollstreckung ausgegangen werden. Denkbar ist z. B., daß die unfallverletzte Partei auf sofortiger Vollstreckung besteht, wohingegen der Haftpflichtversicherer mit seinen Kostenerstattungsansprüchen die Rechtskraft des Urteils abwarten will. Die Höhe der Sicherheitsleistung bemißt sich für jeden Streitgenossen nach der Hauptsachenforderung zuzüglich eventueller materieller Nebenforderungen und der vollen erstattungsfähigen Kosten. Auch wenn die Streitgenossen einen gemeinsamen Anwalt beauftragt haben, sind dessen Honoraransprüche bei jedem Streitgenossen in der vollen Höhe zu berücksichtigen, da nicht festgestellt werden kann, für welchen Gläubiger diesbezüglich die Kostenfestsetzung beantragt werden wird.

b) Als Vollstreckungsschuldner

44 Sind Streitgenossen Vollstreckungsschuldner, müssen mehrere Fälle voneinander unterschieden werden.

Die Streitgenossen können zum einen als **Gesamtschuldner** haften. Hier ergeben sich keine Besonderheiten. Dem Gläubiger steht insgesamt eine Forderung zu, für die eine Sicherheitsleistung festzusetzen ist.[63]

Zum anderen kann es vorkommen, daß die Streitgenossen nach **Kopfteilen** haften. In so gelagerten Fällen muß für jede Einzelvollstreckung eine Sicherheitsleistung festgesetzt werden.

Haften die Streitgenossen teilweise als Gesamtschuldner und hinsichtlich weiterer Ansprüche nach Kopfteilen, ist für jeden Schuldner dessen Kopfteilhaftung und dessen gesamtschuldnerische Haftung in deren voller Höhe für die Ermittlung der Sicherheitsleistung zugrunde zu legen. Denn der Gläubiger kann jeden Gesamtschuldner auf die volle Leistung in Anspruch nehmen.

---

62) Zöller, § 724 Rd.Ziff. 12.
63) Zöller, § 708 Rd.Ziff. 13.

Haften Streitgenossen gemäß § 100 I nach Kopfteilen auf die Kostenerstattungsansprüche ihres Gegners, sind dessen Ansprüche getrennt auszurechnen und so der Sicherheitsleistung zugrunde zu legen. Zur Anwendbarkeit des § 708 Nr. 11 in Fällen der vorliegenden Art haben wir in § 3 Stellung genommen.[64]

3. Streithelfer

Ist ein Streithelfer Gläubiger von Kostenerstattungsansprüchen (§ 101 I), gelten die allgemeinen Grundsätze. Der Streithelfer wird in jeder Hinsicht wie eine obsiegende Partei behandelt.

> **Beispiel:**
> Das Urteil ist vorläufig vollstreckbar, ... für den Streithelfer des Beklagten gegen Sicherheitsleistung in Höhe von ...

Unterliegt die Hauptpartei, sind Ansprüche gegen den Streithelfer nur im Falle der §§ 69, 101 II gegeben (**streitgenössische Nebenintervention**). Da der Streithelfer hier mit der unterstützten Partei als Gesamtschuldner in Anspruch genommen wird, gelten die im vorstehenden Abschnitt 2 b) dargelegten Grundsätze. In allen anderen Fällen ist eine Kostenhaftung des Streithelfers nicht gegeben, so daß für eine Vollstreckbarkeitsentscheidung keine Grundlage besteht.

V. Berechnungsbeispiele

Das Gericht braucht in den Entscheidungsgründen des Urteils nicht mitzuteilen, wie es im einzelnen die Sicherheitsleistung errechnet hat. Nur im Gutachten der Examensarbeit ist eine genauere Darlegung erforderlich.[65] Berechnung der Sicherheit bedeutet allerdings nicht, daß es darauf ankäme, ein im Betrag möglichst genaues Ergebnis zu erzielen. Vielmehr hat das Gericht im Rahmen seines Schätzungsermessens auch zu berücksichtigen, daß unwägbare zusätzliche Kosten entstehen können, die von der Sicherheit ebenfalls abzudecken sind. Das Rechenergebnis ist daher in jedem Falle maßvoll aufzurunden. Wir schlagen vor, bis zu Beträgen von 2 000,– DM die Hunderter, bis zu 10 000,– DM die Fünfhunderter und darüber hinaus die Tausender aufzufüllen. Hierdurch sollte allerdings der errechnete Betrag um äußerstenfalls 20% erhöht werden.

Nachstehende Berechnungsbeispiele zeigen das Vorgehen im Regelfall auf.

1. Volles Obsiegen des Klägers

> **Beispielsfall:**
> Der Beklagte wird am 1. 12. 1990 verurteilt, an den Kläger 10 000,– nebst 7% Zinsen seit dem 1. 6. 1990 sowie 15,– DM vorgerichtliche Mahnkosten zu zahlen und die Kosten des Rechtsstreits zu tragen. Der Kläger hat für die Beweisaufnahme 900,– DM an Kostenvorschüssen eingezahlt, von denen 800,– DM verbraucht worden sind.
>
> Die Sicherheitsleistung berechnet sich wie folgt:

Hauptanspruch	10 000,– DM
Nebenansprüche:	
– aufgelaufene Zinsen	350,– DM
– Zinsen bis 6 Monate nach Verkündung	350,– DM
– vorgerichtliche Kosten	15,– DM

---

64) Siehe u. Rd.Ziff. 78 ff.
65) *Anders/Gehle*, Rd.Ziff. 178 f., 233.

Vorläufige Vollstreckbarkeit

Gerichtskosten:
- 1 Gebühr nach § 11 II GKG i. V. m.
  Nr. 1010 KV der Anl. 1 zu § 11 I GKG   222,– DM
- Zustellungskosten   5,– DM
- verbrauchte Auslagenvorschüsse   800,– DM

Außergerichtliche Kosten:
- 1 Prozeßgebühr nach § 31 I Nr. 1 BRAGO   539,– DM
- 1 Verhandlungsgebühr nach § 31 I Nr. 2 BRAGO   539,– DM
- 1 Beweisgebühr nach § 31 I Nr. 3 BRAGO   539,– DM
- Auslagenpauschale, § 26 BRAGO   40,– DM

Zwischensumme   1657,– DM
+ 14% MWSt.   231,98 DM
- Gesamtbetrag der Kosten   1 888,98 DM
- Gesamtforderung   13 630,98 DM

Das Ergebnis wird auf 14 000,– DM aufgerundet.

Tenor:
Das Urteil ist gegen Sicherheitsleistung in Höhe von 14 000,– DM vorläufig vollstreckbar.

Für wen das Urteil vollstreckbar ist, braucht nicht erwähnt zu werden, da es sich hier von selbst versteht, daß allein der Kläger die Zwangsvollstreckung betreiben kann.

2. Teilweises Obsiegen des Klägers

Beispielsfall:
Der Kläger verlangt vom Beklagten die Zahlung von 20 000,– DM nebst 7% Zinsen seit dem 1. 6. 1990 sowie 15,– DM vorgerichtlicher Mahnkosten. Nach Beweisaufnahme – Kläger und Beklagter haben je 400,– DM an verbrauchten Auslagenvorschüssen eingezahlt – ergeht am 1. 12. 1990 das Urteil:

Der Beklagte wird verurteilt, an den Kläger 5000,– DM nebst 7% Zinsen seit dem 1. 6. 1990 sowie 15,– DM Mahnkosten zu zahlen. Im übrigen wird die Klage abgewiesen. Die Kosten des Rechtsstreits tragen der Kläger zu ¾, der Beklagte zu ¼.

Die Sicherheitsleistung errechnet sich wie folgt:

Vollstreckung des Klägers
Hauptforderung   5000,– DM
Nebenforderungen:
- aufgelaufene Zinsen   175,– DM
- Zinsen für ½ Jahr nach Urteilsverkündung   175,– DM

Gerichtskosten:
- 1 Gebühr nach § 11 II GKG i. V. m.
  Nr. 1010 KV der Anl. 1 zu § 11 I GKG   342,– DM
- Zustellkosten   5,– DM
- verbrauchte Auslagenvorschüsse   400,– DM

Zwischensumme   747,– DM
Hiervon kann der Kläger ¼ ersetzt verlangen   186,75 DM

Außergerichtliche Kosten:
- 1 Prozeßgebühr nach § 31 I Nr. 1 BRAGO   849,– DM
- 1 Verhandlungsgebühr nach § 31 I Nr. 2 BRAGO   849,– DM
- 1 Beweisgebühr nach § 31 I Nr. 3 BRAGO   849,– DM
- Auslagenpauschale nach § 26 BRAGO   40,– DM

Zwischensumme   2587,– DM
+ 14% MWSt.   362,18 DM
Gesamtsumme   2949,18 DM

Vollstreckung ohne Sicherheitsleistung

Hiervon kann der Kläger ¼ ersetzt verlangen:	737,30 DM
Gesamtsumme	6274,05 DM
aufgerundet	6500,– DM
Vollstreckung des Beklagten	
Gerichtskosten:	
Auslagen für Zeugen	400,– DM
davon ¾	300,– DM
Außergerichtliche Kosten:	
Anwaltskosten wie oben	2949,18 DM
davon ¾	2211,89 DM
Gesamtsumme	2511,89 DM
aufgerundet	3000,– DM

Die Vollstreckbarkeitsentscheidung ergibt sich für beide Parteien aus § 709.

> **Tenor:**
> Das Urteil ist vorläufig vollstreckbar, für den Kläger gegen Sicherheitsleistung in Höhe von 6500,– DM, für den Beklagten gegen Sicherheitsleistung in Höhe von 3000,– DM.
> Oder:
> Das Urteil ist gegen Sicherheitsleistung vorläufig vollstreckbar; deren Höhe beläuft sich für den Kläger auf 6500,– DM, für den Beklagten auf 3000,– DM.

§ 3 Vollstreckung ohne Sicherheitsleistung

Die ohne Sicherheit betriebene Zwangsvollstreckung aus einem vorläufig vollstreckbaren Urteil ist als **Ausnahme** von § 709 S. 1 nur bei besonderer gesetzlicher Regelung zulässig. 51

I. Anwendungsfälle des § 708 ZPO

Die Ausnahmeregelung des § 708 umfaßt eine Reihe von Fällen, in denen die Zwangsvollstreckung deshalb nicht von einer Sicherheitsleistung abhängig gemacht werden muß, weil der Vollstreckungsschuldner aus verschiedensten Gesichtspunkten keines erhöhten Schutzes bedarf. 52

Der Tenor braucht grundsätzlich keinen Hinweis darauf zu enthalten, daß das Urteil ohne Sicherheitsleistung vorläufig vollstreckbar ist. Es reicht die Formulierung:

> Das Urteil ist vorläufig vollstreckbar.

Zur Klarstellung können Ausnahmen hiervon geboten sein, etwa dann, wenn lediglich ein **Teil des Hauptsacheausspruchs** unter § 708 fällt.[66]

> **Beispiel:**
> Das Urteil ist vorläufig vollstreckbar, hinsichtlich des Hauptsacheausspruchs zu Ziff. 1a ohne Sicherheitsleistung, im übrigen gegen Sicherheitsleistung in Höhe von ... DM.

---

66) *Baumbach/Lauterbach/Albers/Hartmann*, § 708, Anm. 1.

Vorläufige Vollstreckbarkeit

1. § 708 Nr. 1 bis 3 ZPO

53 In den hier aufgeführten Fällen rechtfertigt sich der Verzicht auf die Beibringung einer Sicherheit durch den Vollstreckungsgläubiger aus dem Verhalten des Vollstreckungsschuldners, der entweder seine Position ausdrücklich aufgegeben oder aber seine Verteidigungsmöglichkeiten nicht wahrgenommen hat. In Nr. 1 und 3 besteht darüber hinaus eine gesteigerte Aussicht auf endgültigen Bestand des Urteils.

Erfaßt sind naturgemäß auch Nebenforderungen und Kosten.[67] § 708 Nr. 2 greift auch bei Erlaß eines **zweiten Versäumnisurteils** nach § 345 ein, nicht hingegen bei Erlaß eines **unechten Versäumnisurteils** gegen die erschienene Partei.[68]

54 Beruht das Urteil nur **teilweise** auf einem der die Voraussetzungen des § 708 Nr. 1 bis 3 bildenden Umstände,

> **Beispiele:**
> Teilanerkenntnisurteil
> Teilversäumnisurteil

erfolgt die Vollstreckbarkeitsentscheidung nur insoweit nach § 708 Nr. 1; im übrigen gelten die allgemeinen Regeln.[69]

Hinsichtlich der Kosten sollte aus Gründen der Praktikabilität, damit nicht je nach Entwicklung des Falles zwei Kostenfestsetzungsverfahren stattfinden müssen, einheitlich entschieden werden. Ist der unter § 708 Nr. 1 bis 3 fallende Teil der im Verhältnis geringere, können die Kosten insoweit unberücksichtigt bleiben und ausschließlich der Vollstreckbarkeitsentscheidung im übrigen (nach § 709) folgen. Im umgekehrten Fall (Überwiegen des privilegierten Anspruchs) kann hinsichtlich der Kosten alleine nach § 708 Nr. 1 bis 3 entschieden werden.[70]

> **Beispiel:**
> Der Beklagte wird zu einer Zahlung von 20 000,– DM nebst 8% Zinsen seit dem … verurteilt. In Höhe von 8000,– DM nebst Zinsen hat er die Klageforderung anerkannt.
> Vollstreckbarkeitsentscheidung:
> Das Urteil ist vorläufig vollstreckbar, hinsichtlich eines Teilbetrages von 8000,– DM nebst anteiliger Zinsen ohne Sicherheitsleistung, im übrigen gegen Sicherheitsleistung von … DM.

2. § 708 Nr. 4 und 5 ZPO

55 Hier rechtfertigt sich die vereinfachte Durchsetzung des Urteils aus der besonders hohen Zuverlässigkeit des Urkundenbeweises. Außerdem wird der im Urkundenprozeß verstärkt zum Tragen gebrachte Gedanke der Verfahrensbeschleunigung (vgl. §§ 604 II, 605 a ZPO, § 200 II Ziff. 6 und 7 GVG) durch die erleichterte Vollstreckung aus dem Vorbehaltsurteil weiter betont. Nr. 4 erfaßt auch **abweisende Urteile,**[71] so daß eine Kostenvollstreckung jenseits der Grenzen des § 708 Nr. 11 ohne Sicherheitsleistung ebenfalls möglich ist. Nur wenn im Nachverfahren ein Vorbehaltsurteil aufgehoben wird, gelten die allgemeinen Vorschriften.

56 Baumbach/Lauterbach[72] wollen bei einem Anerkenntnis im Urkundenprozeß generell § 708 Nr. 1 anwenden. Dem kann für den Fall, daß der Beklagte das **Anerkenntnis unter**

---

67) *Baumbach/Lauterbach/Albers/Hartmann*, § 708, Anm. 2 A–C.
68) *Stein/Jonas*, § 708, Rd.Ziff. 17; *Zöller*, § 708 Rd.Ziff. 4; *Baumbach/Lauterbach/Albers/Hartmann*, § 708, Anm. 2 B.
69) *Thomas/Putzo*, § 708, Anm. 2 a; *Baumbach/Lauterbach/Albers/Hartmann*, § 708, Anm. 1.
70) Vgl. zu § 711 Rd.Ziff. 75.
71) *Baumbach/Lauterbach/Albers/Hartmann*, § 708, Anm. 2 D; *Zöller*, § 708 Rd.Ziff. 6.
72) *Baumbach/Lauterbach/Albers/Hartmann*, § 708, Anm. 2 D.

Vorbehalt erklärt,⁷³⁾ nicht gefolgt werden. Denn in der Regel beugt sich der Beklagte damit lediglich seiner aufgrund §§ 592, 595 II aussichtslosen Beweissituation, ohne seine Verteidigung, wie beim uneingeschränkten Anerkenntnis, bereits gänzlich aufzugeben. Die Lage entspricht daher eher derjenigen, die bei Erlaß eines kontradiktorischen Vorbehaltsurteils vorliegt, so daß es nicht gerechtfertigt ist, dem Beklagten über eine Anwendung des § 708 Nr. 1 die Abwendungsbefugnis nach § 711 zu nehmen.⁷⁴⁾

Wenn der Kläger im Nachverfahren die Klage ändert und seinem Anspruch einen anderen, nicht urkundlich belegten Sachverhalt zugrunde legt,⁷⁵⁾ darf das obsiegende Schlußurteil unseres Erachtens nach keine Vollstreckbarkeitsentscheidung gemäß § 708 Nr. 5 enthalten, da ein Anlaß für eine vollstreckungsrechtliche Privilegierung des Klägers nicht mehr gegeben ist. Analog § 709 S. 2 muß die vorläufige Vollstreckbarkeit hier vielmehr den allgemeinen Regeln folgen. 57

3. § 708 Nr. 6 ZPO

Während Urteile, in denen ein Arrest bzw. eine einstweilige Verfügung ausgesprochen oder bestätigt wird, keiner Vollstreckbarkeitsentscheidung bedürfen, da sie ohnehin sofort vollstreckbar sind,⁷⁶⁾ bestimmt das Gesetz für **ablehnende** oder **aufhebende Urteile** die vorläufige Vollstreckbarkeit ohne Sicherheitsleistung. Die Notwendigkeit einer Vollstreckbarkeitsentscheidung ergibt sich in diesen Fällen aus §§ 775 Nr. 1, 776 i. V. m. §§ 928, 936. Nur hierdurch wird es dem obsiegenden Arrest- oder Verfügungsbeklagten ermöglicht, bereits getroffene Maßnahmen der Zwangsvollstreckung vor Rechtskraft des Urteils wieder zu beseitigen. § 708 Nr. 6 verbessert seine Situation noch dadurch, daß dies ohne Sicherheitsleistung möglich ist.⁷⁷⁾ Er erhält hierdurch einen billigen Ausgleich für die notgedrungene Inkaufnahme der kurzfristig oder gar völlig unerwartet getroffenen Entscheidung. Die Vorschrift gilt auch für nur teilweise abändernde Urteile.⁷⁸⁾ Zu beachten ist, daß § 708 Nr. 6 für Urteile der Oberlandesgerichte nicht einschlägig ist, da diese gemäß § 545 II 1 bereits mit der Verkündung rechtskräftig werden.⁷⁹⁾ 58

4. § 708 Nr. 7 ZPO

Der Vorschrift liegt derselbe gesetzgeberische Zweck wie den Zuständigkeitsregelungen des § 23 Nr. 2 a GVG zugrunde. Sie trägt der sozialen Verantwortung des Vermieters in besonderer Weise Rechnung, wohingegen der Mieter seinerseits nach § 721 erhöhten Schutz genießt. Erfaßt ist auch das klageabweisende Urteil.⁸⁰⁾ 59

5. § 708 Nr. 8 ZPO

Die Regelung erfaßt **alle Unterhaltstitel**, mögen sie aufgrund von Vorschriften des BGB, der §§ 834 f., aufgrund haftungsrechtlicher Gesetze, z. B. des StVG, des HaftPflG, des LuftVerkG, des AtomG, oder auf der Grundlage einer vertraglichen Vereinbarung ergan- 60

---

73) Nach h. M. zulässig, vgl. *Zöller*, § 599, Rd.Ziff. 8; *Thomas/Putzo*, § 599, Anm. 1 e; *Anders/Gehle*, Rd.Ziff. 582.
74) LG Aachen, NJW-RR 86, 359.
75) Zulässig, vgl. BGH, NJW 55, 790, 791; *Anders/Gehle*, Rd.Ziff. 589.
76) Siehe o. Rd.Ziff. 8.
77) *Furtner*, S. 80.
78) *Baumbach/Lauterbach/Albers/Hartmann*, § 708, Anm. 2 F; *Stein/Jonas*, § 708, Rd.Ziff. 20; *Zöller*, § 708 Rd.Ziff. 8.
79) Siehe o. Rd.Ziff. 12.
80) *Baumbach/Lauterbach/Albers/Hartmann*, § 708, Anm. 2 G; *Thomas/Putzo*, § 708, Anm. 2 g.

Vorläufige Vollstreckbarkeit

gen sein.[81] Sie soll die Versorgung des Unterhaltsbedürftigen sichern und dient so mittelbar auch einer Entlastung der staatlichen Sozialhilfe. Nach ihrem Sinn und Zweck erfaßt die Norm daher nicht nur **Leistungstitel**, sondern auch **Abänderungsurteile** nach § 323.[82]

Nicht mehr anwendbar ist § 708 Nr. 8, wenn die Unterhaltsforderung den Charakter einer Ersatzforderung annimmt, etwa dann, wenn der Gläubiger sie an einen Dritten abgetreten hat.[83] Keine Unterhaltsforderung i. S. der Regelung sind zudem Ansprüche aus §§ 845, 847 BGB[84] und vorbereitende Auskunftsansprüche.[85]

61 Die Anwendbarkeit der Regelung unterliegt zudem **zeitlichen Grenzen**. Privilegiert sind nur Unterhaltsforderungen, die nach Klageerhebung oder während des letzten Vierteljahres vor der Klageerhebung fällig geworden sind. Streitig ist, welchen Regelungen die vor dieser Zeit fällig gewordenen Forderungen unterliegen. Der Gesetzgeber hat die Frage nicht eindeutig beantwortet. Zum Teil wird vertreten, diese Rückstände müßten isoliert betrachtet werden und fielen, sofern sie den Betrag von 1 500,– DM nicht überschritten, unter § 708 Nr. 11, im übrigen unter § 709 S. 1.[86] Andere meinen, § 708 Nr. 11 sei auf die älteren Rückstände nur dann anwendbar, wenn der Gesamtbetrag der titulierten Unterhaltsforderung sich im Rahmen der von § 708 Nr. 11 gezogenen Grenze hält.[87] Für die letztgenannte Auffassung spricht, daß der Gesetzgeber die Zwangsvollstreckung nach § 708, wenn nicht einer der in § 708 Nr. 1 bis 10 genannten Fälle vorliegt, auf Forderungen relativ begrenzten wirtschaftlichen Umfangs beschränkt wissen will. Andererseits ist grundsätzlich davon auszugehen, daß Unterhaltsansprüche sich auf fortlaufend gleichhohe Beträge richten. Wenn also der nicht unter Nr. 8 fallende Rückstand für sich gesehen die Wertgrenze der Nr. 11 nicht überschreitet, wird sein Anteil an der gesamten vollstreckbaren Forderung kaum so hoch sein, daß allein seinetwegen eine Entscheidung nach § 709 ergehen müßte. Wir folgen daher der erstgenannten Auffassung. Nur wenn der frühere Unterhaltsrückstand jenseits der 1 500-DM-Grenze liegt, ist die vorläufige Vollstreckbarkeit gemäß § 709 insoweit von einer Sicherheitsleistung des Gläubigers abhängig zu machen.

6. § 708 Nr. 9 ZPO

62 Die Norm ist eine Sonderregelung für die Anspruchsgrundlagen der §§ 861 f., 865, 869 BGB. Die sich aus § 863 BGB ergebende materiell-rechtliche Privilegierung des **gestörten Besitzers** wird durch den Verzicht auf Sicherheitsleistung vollstreckungsrechtlich untermauert.[88]

---

81) *Baumbach/Lauterbach/Albers/Hartmann*, § 708, Anm. 2 H; *Stein/Jonas*, § 708 Rd.Ziff. 22 f.
82) H. M., vgl. *Baumbach/Lauterbach/Albers/Hartmann*, § 708, Anm. 2 H; *Zöller*, § 708, Rd.Ziff. 10; a. A. *Scheffler*, FamRZ 86, 533, Ziff. 11.
83) *Stein/Jonas*, § 708 Rd.Ziff. 22.
84) H. M., OLG Dresden, OLG 35, 111 (zu § 845); *Baumbach/Lauterbach/Albers/Hartmann*, § 708, Anm. 2 H; *Stein/Jonas*, § 708 Rd.Ziff. 22.
85) OLG München, FamRZ 90, 84; anders die wohl h. M., vgl. *Zöller*, § 708 Rd.Ziff. 10; *Baumbach/Lauterbach/Albers/Hartmann*, § 708, Anm. 2 H.
86) *Schneider*, Kosten, S. 321; *Zöller*, § 708 Rd.Ziff. 10; unklar *Baumbach/Lauterbach/Albers/Hartmann*, § 708, Anm. 2 H.
87) *Stein/Jonas*, § 708 Rd.Ziff. 23.
88) *Stein/Jonas*, § 708 Rd.Ziff. 24.

7. § 708 Nr. 10 ZPO

Grundlage dieser Sonderregelung ist die für obergerichtliche Urteile sprechende gesteigerte **Richtigkeitsvermutung**.[89] Auch dann, wenn das OLG kein Sachurteil erläßt, sondern das angefochtene Urteil aufhebt und die Sache an die untere Instanz zurückverweist, bzw. wenn es ein Verweisungsurteil nach § 281 erläßt, muß mit Rücksicht auf § 775 Nr. 1 ebenfalls eine Vollstreckbarkeitsentscheidung getroffen werden, die sich nach § 708 Nr. 10 richtet.[90]

63

8. § 708 Nr. 11 ZPO

Diese Regelung stellt im Katalog des § 708 eine Ausnahme dar, weil sie ausschließlich an **Wertgrenzen** anknüpft. Der Verzicht auf Sicherheitsleistung des Vollstreckungsgläubigers rechtfertigt sich daraus, daß der relativ geringe Umfang der Zwangsvollstreckung keine unverhältnismäßige Schädigung des Schuldners befürchten läßt.[91] Im Rahmen der Nr. 11 sind zwei Fälle voneinander zu unterscheiden:

64

a) 1. Alternative

Erfaßt sind Urteile in vermögensrechtlichen Streitigkeiten, wenn der Gegenstand der Verurteilung in der Hauptsache 1 500,– DM nicht übersteigt. Die Wertermittlung richtet sich grundsätzlich nach § 4 I; Zinsen und Kosten bleiben unberücksichtigt.[92] Bei einem Urteil auf **Herausgabe von Sachen** ist auf § 6 abzustellen.[93] **Mehrere Ansprüche** sind, sofern sie nicht für sich gesehen unter § 708 Nr. 1 bis 9 fallen, zusammenzurechnen.[94]

65

Urteile auf Abgabe einer Willenserklärung, auf die § 895 anzuwenden ist, fallen unter die 1. Alternative. Die Norm gilt des weiteren für Entscheidungen nach §§ 767 und 771, da sie mit Rücksicht auf § 775 Nr. 1 auch in der Hauptsache für vorläufig vollstreckbar erklärt werden müssen.[95] Stein/Jonas meinen demgegenüber, in diesen Fällen sei die 1. Alternative generell nicht anwendbar. Vielmehr komme es hier lediglich auf die Frage an, ob, gäbe es die Regelung des § 708 Nr. 11 nicht, die Höhe der festzusetzenden Vollstreckungssicherheit sich ausschließlich an der Kostenentscheidung zu orientierten hätte; daher (!) fielen sowohl Fälle i. S. des § 895 als auch Urteile, welche die Wirkungen des § 775 Nr. 1 nach sich ziehen, unter die 2. Alternative.[96]

Die Ansicht ist weder in der Herleitung noch in ihren wirtschaftlichen Konsequenzen zu billigen. Die Frage, ob eine Sicherheitsleistung sich ausschließlich am Kostenerstattungsanspruch zu orientieren hat, läßt sich nur unter Berücksichtigung der legitimen Interessen des Schuldners beantworten. Muß dieser wegen der für vorläufig vollstreckbar erklärten Hauptsacheentscheidung mit Vermögensnachteilen rechnen, darf die Frage der angemessenen Sicherheit nicht lediglich aufgrund des Kosteninteresses beantwortet werden. Vielmehr muß man auch die übrigen, dem Schuldner drohenden Schäden berücksichtigen, so daß die Fälle der §§ 895, 775 Nr. 1 unter die 1. Alternative einzuordnen sind, eben weil die Höhe einer Sicherheitsleistung sich hier gerade nicht nur an den Kosten orientieren kann.[97]

---

89) Zöller, § 717 Rd.Ziff. 16; auch für Urteile des LAG, vgl. LAG Hamm, NJW 78, 1119.
90) OLG München, MDR 82, 238; streitig, vgl. Baumbach/Lauterbach/Albers/Hartmann, § 708, Anm. 2 K; Zöller, § 708 Rd.Ziff. 12; zur Verweisung in der höheren Instanz vgl. Teil A, Stichwort „Verweisung".
91) Thomas/Putzo, § 708, Anm. 2 k.
92) Baumbach/Lauterbach/Albers/Hartmann, § 708, Anm. 2 L a; Stein/Jonas, § 708 Rd.Ziff. 28; vgl. auch Teil D, Stichwort „Nebenforderungen".
93) Thomas/Putzo, § 708, Anm. 2 k, aa (1).
94) Zöller, § 708 Rd.Ziff. 13; Baumbach/Lauterbach/Albers/Hartmann, § 708, Anm. 2 L a.
95) Thomas/Putzo, § 708, Anm. 2 k, aa (2).
96) Stein/Jonas, § 708 Rd.Ziff. 30.
97) Siehe auch Rd.Ziff. 25.

Vorläufige Vollstreckbarkeit

b) 2. Alternative

66 In den Regelungsbereich der Norm fallen deren Wortlaut nach weiterhin Fälle, in denen „nur die Entscheidung über die Kosten vollstreckbar ist". Die Wertgrenze beläuft sich insoweit auf 2 000,– DM, da bei Eingreifen der 1. Alternative eine Addition von Hauptsache- und Kostenforderung im Durchschnitt ebenfalls zu einem Betrag von um die 2 000,– DM führt. „Nur über die Kosten" vollstreckbar sind alle Urteile, die im Hauptsacheausspruch nicht für vollstreckbar erklärt werden können, also insbesondere **abweisende, feststellende** und **gestaltende Entscheidungen**.[98]

Urteile auf Abgabe einer **Willenserklärung** (§ 894) fallen grundsätzlich unter die 2. Alternative, wohingegen im Falle des § 895 die 1. Alternative anzuwenden ist.[99]

c) Klärung des Vollstreckungsumfangs

67 Die Frage, ob der Rahmen des § 708 Nr. 11 überschritten ist, muß aufgrund einer pflichtgemäßen Wertschätzung beantwortet werden, was bei Zahlungsklagen keine Schwierigkeiten bereitet, im übrigen aber eine sorgfältige Abwägung aller sich darbietenden Umstände erfordert. Im Zweifel entscheidet man sich für die Anwendung des § 709. Fraglich ist unseres Erachtens die Anwendbarkeit des § 708 Nr. 11, wenn, etwa aufgrund einer **Teilerledigung**,[100] nur noch eine relativ geringe Hauptsachenforderung von nicht mehr als 1 500,– DM geltend gemacht wird, die Parteien aber andererseits um ein hohes Kosteninteresse streiten. Soweit die Literatur sich mit diesem Problem überhaupt befaßt,[101] hält sie die Höhe des Kostenerstattungsanspruchs in diesen Fällen für unbeachtlich. § 708 Nr. 11 ist hiernach also auch dann anzuwenden, wenn die Kostenforderung des Vollstreckungsgläubigers ein Mehrfaches des Hauptsacheanspruchs ausmacht. Das ist mit dem Zweck der Regelung nicht zu vereinbaren. Zwar hat der Gesetzgeber für die 1. Alternative nicht eindeutig angegeben, in welchem Umfang zu der Hauptsacheforderung Kostenerstattungsansprüche hinzutreten dürfen, ohne daß die Anwendbarkeit der Norm hierdurch ausgeschlossen würde, doch zeigt die 2. Alternative, daß ein Vollstreckungsbetrag von 2 000,– DM die Grenze dessen markiert, was dem Vollstreckungsschuldner an wirtschaftlichen Risiken zugemutet werden kann. Mag es auch im Rahmen der 1. Alternative nicht erforderlich sein, bereits bei einer Gesamtforderung (Hauptsache plus Kosten) von mehr als 2 000,– DM auf § 709 überzugehen, denn immerhin hat der Gesetzgeber bei den Kostenerstattungsansprüchen eine gewisse Schwankungsbreite in seine Überlegungen miteinbezogen, so muß doch spätestens ab einer Gesamtforderung von mehr als 3 000,– DM die Anwendbarkeit der Nr. 11 ausgeschlossen werden. Nur so lassen sich zudem Widersprüche vermeiden, die folgendes Beispiel verdeutlicht:

> Nach einseitig erklärter Teilerledigung ist in der Hauptsache noch eine Restforderung von 1 200,– DM im Streit. Die Kosten des Klägers belaufen sich auf 10 000,– DM. Obsiegt der Kläger (bei unterstellter Begründetheit der Erledigungserklärung) im Hinblick auf den Restanspruch auch nur teilweise, ist dem Wortlaut der Regelung nach die 1. Alternative der Nr. 11 anzuwenden, wohingegen bei einem insoweit abweisenden Urteil allein die 2. Alternative einschlägig ist, so daß § 709 angewendet werden müßte. Eine so tiefgreifend unterschiedliche Sachbehandlung bei in etwa gleichbleibenden vollstreckbaren Ansprüchen läßt sich jedoch nicht rechtfertigen.

68 Auf klageabweisende Urteile in **nichtvermögensrechtlichen Streitigkeiten** ist § 708 Nr. 11, 2. Alternative, nach h. M. entsprechend anwendbar.[102]

---

98) Siehe o. Rd.Ziff. 10.
99) Siehe o. Rd.Ziff. 65.
100) Vgl. Teil B, Rd.Ziff. 441 ff., 459 ff.
101) *Schneider*, Kosten, S. 323.
102) *Zöller*, § 708 Rd.Ziff. 13 a. E.

II. Abwendungsbefugnis nach § 711 ZPO

1. Allgemeines

Gemäß § 711 hat das Gericht dem Vollstreckungsschuldner in den Fällen des § 708 Nr. 4 bis 11 eine Abwendungsbefugnis zuzusprechen. Nur bei Anwendbarkeit des § 708 Nr. 1 bis 3 kommt eine solche Befugnis nicht in Betracht, da hier das Verhalten des Schuldners eine alsbaldige ungehinderte Durchsetzung des Urteils gebietet. Nicht unter § 711 einzuordnen sind des weiteren die Fälle der **Sicherungsvollstreckung**, da § 720 III a insoweit eine Spezialregelung enthält.[103]

69

Die Entscheidung nach § 711 ergeht von Amts wegen; ein Antrag ist nicht erforderlich. Unterläßt das Gericht die Schutzanordnung, läßt diese sich nicht im Beschlußwege, sondern lediglich unter den Voraussetzungen der §§ 716, 321 nachholen.[104]
In Anlehnung an den Gesetzestext wird üblicherweise tenoriert:

70

> (Für den Fall, daß der Beklagte Vollstreckungsschuldner ist.)
> Das Urteil ist vorläufig vollstreckbar. Der Beklagte darf die Zwangsvollstreckung gegen Sicherheitsleistung in Höhe von . . . DM abwenden, wenn nicht der Kläger vor der Vollstreckung Sicherheit in gleicher Höhe leistet.

Die Worte „vor der Vollstreckung" in § 711 verdeutlichen folgendes: Es kommt ausschließlich darauf an, daß der Vollstreckungsgläubiger die Sicherheitsleistung gemäß § 751 II vor dem Beginn der Zwangsvollstreckung erbringt. Es ergeben sich demnach verschiedene Fallkonstellationen:

Der Schuldner leistet keine Sicherheit:
Der Gläubiger kann ungehindert vollstrecken.

Der Schuldner leistet die Sicherheit:
In diesem Falle sind evtl. bereits getroffene Vollstreckungsmaßnahmen gemäß § 776 aufzuheben. Der Gläubiger kann die Zwangsvollstreckung nur dann durchführen bzw. fortsetzen, wenn er seinerseits die festgesetzte Sicherheitsleistung erbringt.

Der Gläubiger leistet die Sicherheit:
Er kann ohne Rücksicht auf das Verhalten des Schuldners vollstrecken. Hat der Schuldner bereits eine Sicherheit geleistet, kann er sie gemäß § 109 zurückverlangen.[105] Der Gläubiger darf die Rückgabe nicht davon abhängig machen, daß der Schuldner ihm seine Sicherheitsleistung ebenfalls zurückgibt.[106]

Auch wenn der Schuldner von der Abwendungsbefugnis keinen Gebrauch macht, greift zu seinen Gunsten § 720 ein. Der Gläubiger darf gepfändetes Geld bzw. den Erlös aus der Verwertung gepfändeter Gegenstände nicht einvernehmen; vielmehr hat er das Geld zu hinterlegen. Nur wenn er die Sicherheitsleistung erbringt, darf er wie aus einem rechtskräftigen Urteil vollstrecken.[107]

2. Die Höhe der Abwendungssicherheit

a) Bei voller Abwendungsbefugnis

Maßgeblich für die Höhe der vom Schuldner zu leistenden Abwendungssicherheit ist grundsätzlich allein das Interesse des Gläubigers an seiner vollen Sicherstellung. Auf § 717 II kommt es in diesem Zusammenhang nicht an, weil die Norm nur bei einer

71

---

103) *Baumbach/Lauterbach/Albers/Hartmann*, § 711, Anm. 1.
104) BGH, MDR 78, 127 u. oben Rd.Ziff. 38.
105) Siehe Teil A, Stichwort „Rückgabe".
106) OLG Oldenburg, Rpfleger 85, 504.
107) BGHZ 12, 92.

Vorläufige Vollstreckbarkeit

Schädigung des Schuldners, nicht hingegen zugunsten des Gläubigers eingreift.[108] In der Regel ist für die Bemessung der Abwendungssicherheit der Wert desjenigen maßgeblich, was der Gläubiger im Wege der Zwangsvollstreckung vom Schuldner herausverlangen kann. Ein höheres Interesse des Gläubigers ist nur bei besonderer Darlegung zu beachten.

Die Abwendungssicherheit kann niedriger angesetzt werden, wenn der Anspruch des Gläubigers bereits gesichert ist (z. B. durch Vormerkung bei der Klage auf Übereignung eines Grundstücksrechts) und nur noch der **Verzögerungsschaden** abgedeckt werden muß.[109] Gleiches gilt für einen unter §§ 708, 711 fallenden Auskunftsanspruch.[110]

72 Normalerweise sind die Abwendungssicherheit des Schuldners und die vom Gläubiger nach § 711 S. 1 a. E. zu leistende Vollstreckungssicherheit in der Höhe identisch. Es sind jedoch **Ausnahmefälle** denkbar.

Beispiel:
Der Beklagte hat dem Kläger zur Sicherung eines Anspruchs über 800,– DM ein Radiogerät verpfändet, dessen Verkehrswert sich auf 1 300,– DM beläuft. Er hat das Gerät unberechtigt wieder an sich genommen. Der Kläger verlangt erfolgreich die Herausgabe zum Zweck der Zwangsvollstreckung.

Hier ist der Kläger nur im Umfang des Pfandrechts abzusichern, wohingegen er selbst dem Beklagten für den Verkehrswert des Radiogerätes Sicherheit leisten muß. Unter Berücksichtigung der Prozeßkosten hätte der Tenor also zu lauten:

Das Urteil ist vorläufig vollstreckbar. Der Beklagte kann die Zwangsvollstreckung durch Sicherheitsleistung in Höhe von 1 100,– DM abwenden, wenn nicht der Kläger vor der Zwangsvollstreckung Sicherheit in Höhe von 1 600,– DM leistet.

73 Bei **wiederkehrenden Leistungen**[111] muß die Abwendungssicherheit in der Regel um einen festen Prozentsatz des zu vollstreckenden Betrages erhöht werden, um denkbare Mehrforderungen, etwa Zinsen, abzudecken.[112]

Beispiel:
Der Beklagte darf die Zwangsvollstreckung gegen Sicherheitsleistung in Höhe des jeweils beizutreibenden Betrages zuzüglich 10% der Hauptforderung abwenden, wenn nicht der Kläger vor der Zwangsvollstreckung Sicherheit in gleicher Höhe leistet.

74 Die dem Schuldner in § 711 S. 1 neben der Sicherheitsleistung ermöglichte **Hinterlegung** kann nur bei Herausgabeansprüchen gestattet werden.[113] Bei Zahlungsansprüchen ist der Nachlaß eines Hinterlegungsrechts ohne praktischen Wert, da Sicherheitsleistung in Geld, die allein zur Abwendung von Zahlungsansprüchen in Betracht kommt, die Hinterlegung von Geld als einen denkbaren Weg mitumfaßt.[114] Des weiteren kommt die Hinterlegung nur dann in Betracht, wenn die herauszugebende Sache i. S. des § 5 HinterlO hinterlegungsfähig ist.[115] Kann dies nicht bejaht werden, bleibt es wiederum bei der Sicherheitsleistung in Geld. Ist die streitbefangene Sache hinterlegungsfähig, kann das Gericht Sicherheitsleistung oder Hinterlegung wahlweise zulassen. Einem hierauf gerichteten Antrag des Schuldners ist stattzugeben. Man muß in diesem Zusammenhang allerdings berücksichtigen, daß die Hinterlegung der herauszugebenden Sache das Kosteninteresse des Gläubigers regelmäßig nicht mit abdecken wird. Daher kommt es insoweit zu einer Aufspaltung der Abwendungsbefugnis.

---

108) *Stein/Jonas*, § 711 Rd.Ziff. 4.
109) *Zöller*, § 711 Rd.Ziff. 2.
110) OLG Schleswig, SchlHA 74, 169.
111) Vgl. Teil D, Stichwort „Wiederkehrende Leistungen".
112) Zu Einzelheiten s. o. Rd.Ziff. 21.
113) *Thomas/Putzo*, § 711, Anm. 2.
114) *Stein/Jonas*, § 711 Rd.Ziff. 4.
115) *Baumbach/Lauterbach/Albers/Hartmann*, § 711, Anm. 3.

> **Beispiel** (für einen Herausgabetitel):
> Das Urteil ist vorläufig vollstreckbar. Der Beklagte darf die Zwangsvollstreckung gegen Sicherheitsleistung in Höhe von 1 750,– DM oder durch Hinterlegung des im Tenor zu Ziff. 1 bezeichneten Goldringes zuzüglich einer Sicherheitsleistung in Höhe von 350,– DM abwenden, wenn nicht der Kläger vor der Vollstreckung in Höhe von 1 750,– DM Sicherheit leistet.

b) Bei teilweiser Abwendungsbefugnis

Ist § 711 nur auf einen Teil der Vollstreckbarkeitsentscheidung anwendbar, muß dies im Tenor zum Ausdruck kommen. 75

> **Beispiel:**
> Der Kläger verlangt Zahlung von 1 800,– DM zuzüglich 8% Zinsen seit dem ... In der mündlichen Verhandlung erklärt der Beklagte ein Teilanerkenntnis über 1 000,– DM nebst den hierauf entfallenden Zinsen. Der Erlaß eines Teilanerkenntnisurteils wird nicht beantragt. Im alsbald verkündeten Endurteil wird der Beklagte in vollem Umfang verurteilt.

Soweit das Urteil auf dem Anerkenntnis des Beklagten beruht, findet § 708 Nr. 1 Anwendung, so daß § 711 nicht zum Zuge kommt. Das gilt jedoch uneingeschränkt nur für die Hauptsacheentscheidung.

Bei den Kosten des Rechtsstreits ist aus Gründen der Praktikabilität je nach dem Gewicht des nach § 708 Nr. 1–3 privilegierten Teils über die Kosten entweder in vollem Umfang oder überhaupt nicht gemäß § 711 zu befinden.[116] 76

Im Beispielsfall wäre also zu tenorieren:

> Das Urteil ist vorläufig vollstreckbar. Der Beklagte darf die Zwangsvollstreckung wegen eines Teils der Hauptforderung in Höhe von 800,– DM nebst anteiliger Zinsen gegen Sicherheitsleistung von ... DM (= 800,– DM zuzüglich Aufschlag für die Zinsen) abwenden, wenn nicht der Kläger vor der Vollstreckung in gleicher Höhe Sicherheit leistet.

Ergeht vorab ein nach § 708 Nr. 1 bis 3 privilegiertes Teilurteil, z. B. ein Teilanerkenntnisurteil, so ist auf den Kostenausspruch im Schlußurteil § 711 ebenfalls uneingeschränkt oder gar nicht anzuwenden. 77

3. Mehrere Vollstreckungsgläubiger

Hat die Klage nur zum Teil Erfolg, ergeben sich normalerweise auch für den Beklagten Kostenerstattungsansprüche, aufgrund derer das Urteil ebenfalls für vorläufig vollstreckbar erklärt werden muß. Die Frage, ob § 708 Nr. 11 anwendbar ist, hat das Gericht für jede Partei separat zu prüfen. Die Möglichkeit einer Kostenausgleichung nach § 106 bleibt unberücksichtigt.[117] 78

> **Beispiel:**
> Das Urteil ist vorläufig vollstreckbar.
> Dem Beklagten wird nachgelassen, die Zwangsvollstreckung gegen Sicherheitsleistung in Höhe von ... DM abzuwenden, wenn nicht der Kläger vor der Vollstreckung Sicherheit in gleicher Höhe leistet.
> Dem Kläger steht die entsprechende Abwendungsbefugnis bei Leistung einer Sicherheit von ... DM zu.

Stehen mehrere Vollstreckungläubiger auf einer Seite, 79

> **Beispiele:**
> – klagende Gesamthand.
> – als Gesamtschuldner in Anspruch genommene Beklagte obsiegen.

stellt sich die Frage, ob für die Anwendbarkeit des § 708 Nr. 11 die den Gläubigern zustehenden Einzelansprüche addiert werden müssen oder ob sie einer getrennten Betrachtung unterliegen.

---

116) Vgl. o. Rd.Ziff. 54.
117) Siehe o. Rd.Ziff. 39, 43.

Vorläufige Vollstreckbarkeit

Beispiel:
Der Gläubiger zu 1) hat Kostenerstattungsansprüche von 1 000,– DM, dem Gläubiger zu 2) stehen Ansprüche von 1 300,– DM zu. Ist § 708 Nr. 11, 2. Alternative oder § 709 S. 1 anzuwenden?

Zum Teil wird vertreten, in Fällen der vorliegenden Art seien die einzelnen Vollstreckungsbeträge zu addieren; § 708 Nr. 11 greife nur dann ein, wenn die **Gesamtsumme** sich im Rahmen der dort aufgestellten Wertgrenzen halte, anderenfalls sei § 709 S. 1 anzuwenden.[118] Im Beispielsfall käme den beiden Gläubigern die Privilegierung des § 708 Nr. 11 also nicht zugute. Andererseits kann jedoch von den Gläubigern nicht verlangt werden, daß sie beide die gesamte Sicherheitsleistung erbringen; diese muß sich vielmehr auf den jeweils durchzusetzenden **Einzelbetrag** beschränken. Zu tenorieren wäre also:

Das Urteil ist vorläufig vollstreckbar, für den Gläubiger zu 1) gegen Sicherheitsleistung in Höhe von 1000,– DM, für den Gläubiger zu 2) gegen Sicherheitsleistung in Höhe von 1 300,– DM.

Diese Formulierung wird den Leser, der in den Wertgrenzen des § 708 Nr. 11 denkt, nur verwirren. Den ihr zugrundeliegenden Überlegungen ist unseres Erachtens nach nicht zu folgen. § 708 Nr. 11 trifft i. V. m. § 711 bei Kleinbeträgen auch im Hinblick auf § 717 II eine sachgerechte Risikoverteilung. Diese wird bei mehreren Vollstreckungsgläubigern auch dann gewahrt, wenn die vollstreckbaren Ansprüche der Gläubiger für sich gesehen unter § 708 Nr. 11 fallen und nur in ihrer Gesamtheit die Grenzen der Norm überschreiten. Denn immerhin hat der Vollstreckungsschuldner, sollte es zur Geltendmachung eines Schadensersatzanspruchs aus § 717 II kommen, in diesen Fällen mehr als einen Anspruchsgegner, was die höhere Gesamtsumme des denkbaren Schadens aufwiegt.[119] Es ist daher für jeden Vollstreckungsgläubiger nach § 708 Nr. 11 separat zu entscheiden.

Beispiel:
(Für den Fall obsiegender Beklagter.)
Das Urteil ist vorläufig vollstreckbar. Der Kläger kann die Zwangsvollstreckung des Beklagten zu 1) gegen Sicherheitsleistung in Höhe von 1000,– DM und die Zwangsvollstreckung des Beklagten zu 2) gegen Sicherheitsleistung in Höhe von 1 300,– DM abwenden, wenn nicht der jeweilige Beklagte vor der Zwangsvollstreckung Sicherheit in Höhe des Abwendungsbetrages leistet.

80 Hat ein **Streithelfer** Kostenerstattungsansprüche, muß er auch in der Vollstreckbarkeitsentscheidung gesondert erwähnt werden.[120]

Beispiel:
Der Kläger kann die Zwangsvollstreckung des Streithelfers gegen Sicherheitsleistung in Höhe von ... DM abwenden, wenn nicht der Streithelfer vor der Vollstreckung Sicherheit in gleicher Höhe leistet.

III. Unterbleiben von Schutzanordnungen nach § 713 ZPO

81 Der Zweck des § 713 ist es, in den Fällen, in denen ein Rechtsmittel des Schuldners nach menschlichem Ermessen nicht zulässig ist, eine Verzögerung der Zwangsvollstreckung zu verhindern. Die Norm erfaßt alle Fälle, in denen ein Rechtsmittel zwar nicht grundsätzlich ausgeschlossen ist, wie etwa bei einem Urteil, das mit Verkündung oder Zustellung (§ 310 III) rechtskräftig wird,[121] in denen seine Zulässigkeit jedoch aufgrund konkreter

---

118) *Stein/Jonas,* § 708, Rd.Ziff. 28.
119) A. A. *Thomas/Putzo,* § 708, Anm. 2 k, bb.
120) Allgemein zum Problem der mehreren Vollstreckungsgläubiger und -schuldner s. o. Rd.Ziff. 39 ff.
121) Siehe o. Rd.Ziff. 12.

Regelungen, etwa §§ 511 a, 546, verneint werden muß. Bei der Beurteilung dieser Frage steht dem Richter ein Ermessensspielraum zu.[122] Zahlungsklagen bereiten praktisch keine Schwierigkeiten; Probleme können sich jedoch bei allen anderen Ansprüchen ergeben, etwa bei Auskunfts- oder Herausgabeklagen. Hier muß der Richter die Beschwer des Vollstreckungsschuldners nach §§ 3 ff. ZPO schätzen. In **Zweifelsfällen** greift § 713, wie der Wortlaut klarstellt, nicht ein, so daß es bei der Schutzanordnung nach § 711 verbleibt.[123]

Ein Fall des § 713 liegt auch dann nicht vor, wenn zwar der Schuldner für sich gesehen kein Rechtsmittel einlegen kann, wohl aber dem Vollstreckungsgläubiger, etwa weil dieser hinreichend beschwert ist, ein solches Recht zusteht. In diesem Fall nämlich kann der Vollstreckungsschuldner nach §§ 521, 556 ein **Anschlußrechtsmittel** einlegen, so daß die Voraussetzungen des § 713 wiederum nicht vorliegen.[124]

82

Hat gemäß § 713 eine Schutzanordnung zu unterbleiben, braucht dies im Tenor nicht gesondert erwähnt zu werden. Vielmehr wird der Ausspruch nach § 711 ohne nähere Erläuterung übergangen. Zusätze wie: „Das Urteil ist unbedingt vollstreckbar",[125] sind überflüssig.

IV. Entscheidungen im arbeitsgerichtlichen Verfahren

Gemäß §§ 62, 64 VII ArbGG sind Urteile, gegen die der Einspruch oder die Berufung zulässig ist, stets ohne Sicherheitsleistung vorläufig vollstreckbar. Eine Vollstreckbarkeitsentscheidung kann im Tenor des Urteils daher unterbleiben.[126]

83

Wenn der Beklagte glaubhaft macht, daß die Zwangsvollstreckung ihm einen nicht zu ersetzenden Nachteil bringen würde, ist auf seinen Antrag hin die vorläufige Vollstreckbarkeit des Urteils im Tenor auszuschließen. §§ 707, 719 I sind entsprechend anwendbar.

Im Beschlußverfahren kann gemäß § 85 I 1 ArbGG die Zwangsvollstreckung grundsätzlich nur aus rechtskräftigen Entscheidungen betrieben werden, so daß die Frage der vorläufigen Vollstreckbarkeit sich nicht stellt. Nur Beschlüsse in vermögensrechtlichen Streitigkeiten sind gemäß § 85 I 2 ArbGG vorläufig vollstreckbar; § 62 I 2 und 3 ArbGG gelten entsprechend.

§ 4 Parteianträge nach §§ 710, 712 ZPO

I. Allgemeines

Das Gericht muß von den in §§ 708 f. getroffenen Regelungen abweichen, wenn die in §§ 710, 712 aufgeführten besonderen Umstände es gebieten und ein entsprechender

84

---

122) *Baumbach/Lauterbach/Albers/Hartmann*, § 713, Anm. 1; *Zöller*, § 713 Rd.Ziff. 1.
123) *Baumbach/Lauterbach/Albers/Hartmann*, § 713, Anm. 2; *Zöller*, § 713 Rd.Ziff. 1.
124) Eingehend zur Anschlußberufung *Anders/Gehle*, Rd.Ziff. 629 ff.; vgl. auch Teil D, Stichwort „Rechtsmittel".
125) So wohl *Baumbach/Lauterbach/Albers/Hartmann*, § 713, Anm. 2; vgl. auch *Schneider*, DRiZ 77, 116.
126) *Baumbach/Lauterbach/Albers/Hartmann*, § 704, Anm. 1 A m w. N.; *Thomas/Putzo*, § 704, Anm. 3.

Vorläufige Vollstreckbarkeit

Antrag vorliegt.[127] Dieser ist gemäß § 714 I vor Schluß der mündlichen Verhandlung zu stellen; seine tatsächlichen Voraussetzungen sind nach §§ 714 II, 294 glaubhaft zu machen. Streitig ist, ob der Antrag auch noch in der **Berufungsinstanz** gestellt werden kann.[128] Die nunmehr wohl h. M. bejaht dies.[129] Ihr zufolge hat das Berufungsgericht die Wahl, ob es nach § 718 verfährt oder den Antrag im Berufungsurteil berücksichtigt, soweit hierzu noch Anlaß besteht.[130]

85 Häufig werden insbesondere in Anwaltsschriftsätzen floskelhaft oder formularmäßig „Anträge" etwa folgenden Inhalts gestellt:

... das Urteil ohne, notfalls gegen Sicherheitsleistung für vorläufig vollstreckbar zu erklären.
... dem Beklagten Vollstreckungsschutz, notfalls gegen Sicherheitsleistung, zu gewähren.

In solchen Fällen ist, zumindest gedanklich, zu prüfen, ob ein unter §§ 710, 712, 720 a III fallender Antrag vorliegt.[131] Meist ist dies jedoch nicht der Fall. Vielmehr beruhen derartige „Anträge" auf einer überholten Gesetzeslage, oder sie dienen lediglich der Beruhigung des Mandanten. Als Anträge im Sinne der erwähnten Vorschriften sind sie nur dann zu verstehen, wenn sie unter Eingehen auf die Voraussetzungen der einschlägigen Norm näher begründet werden; das ist nur selten der Fall. **Allerweltsformulierungen,** die nicht eindeutig auf eine Anwendung der genannten Vorschriften abzielen, können selbst in Relationen oder sonstigen Gutachten kommentarlos übergangen werden.

86 Ist ein Antrag nach §§ 710, 712, 720 a III eindeutig gestellt, bleibt er jedoch erfolglos, kann seine **Zurückweisung** im Tenor ausgesprochen werden, was der Klarstellung dienlich ist. Es genügt indes auch eine Behandlung der Frage alleine in den Entscheidungsgründen.[132] Die Zurückweisung des Antrags kann nur im Rahmen des für das Urteil zulässigen Rechtsmittels angefochten werden.[133]

II. Vorläufige Vollstreckbarkeit ohne Sicherheitsleistung, § 710 ZPO

87 Die Norm dient alleine dem Schutz des Gläubigers. Die Lage des Schuldners, der notfalls einen Antrag nach § 712 stellen muß, spielt hier keine Rolle.[134]

Grundlegende Voraussetzung für eine Entscheidung nach § 710 ist es, daß der Gläubiger die gemäß § 709 zu erbringende Sicherheit nicht oder nur unter erheblichen **Schwierigkeiten** leisten kann. Als solche Schwierigkeit werden angesehen:

---

127) Übersicht über die generell in der Zwangsvollstreckung möglichen Anträge bei *Stein/Jonas,* § 708, vor Rd.Ziff. 1.
128) Ablehnend OLG Schleswig, SchlHA 79, 144, wo der Gläubiger auf den umständlichen Weg der einstweiligen Verfügung verwiesen wird; vgl. auch OLG Frankfurt/Main, NJW-RR 86, 486.
129) OLG Schleswig, SchlHA 79, 144; 85, 156; OLG Koblenz, NJW-RR 89, 1024; JurBüro 90, 396; OLG Bamberg, FamRZ 90, 184; *Baumbach/Lauterbach/Albers/Hartmann,* § 714, Anm. 2; a. A. OLG Karlsruhe, FamRZ 89, 774; *Zöller,* § 714 Rd.Ziff. 1.
130) *Thomas/Putzo,* vor § 714, Anm. 3 a.
131) *Baumbach/Lauterbach/Albers/Hartmann,* § 711, Anm. 2.
132) *Schneider,* Kosten, S. 310; *Thomas/Putzo,* § 712, Anm. 3 b; *Zöller,* § 712 Rd.Ziff. 7; *Baumbach/Lauterbach/Albers/Hartmann,* § 712, Anm. 4.
133) *Thomas/Putzo,* Vorbem. § 708, Anm. 7.
134) *Baumbach/Lauterbach/Albers/Hartmann,* § 710, Anm. 5; *Zöller,* § 710 Rd.Ziff. 2.

- Das Fehlen von Geldmitteln.[135]
- Im Falle nicht völliger Mittellosigkeit auch eine bei Leistung der Sicherheit eintretende unzumutbare Beeinträchtigung in der Lebenshaltung.[136]
- Drohender Bonitätsverlust durch Kreditaufnahme sowie drohende Absage eines notwendigen Urlaubs.[137]

Weiter ist erforderlich, daß die Aussetzung der Vollstreckung dem Gläubiger einen schwer zu ersetzenden oder schwer abzusehenden **Nachteil** bringen würde. Dies ist insbesondere zu bejahen: 88

- Bei bevorstehender Auswanderung des Schuldners, grundsätzlich also immer bei Vorliegen von Arrestgründen und zusätzlich bei drohender Vermögenslosigkeit.[138]
- Wenn der Schuldner eine Sache herauszugeben hat, die der Gläubiger dringend benötigt.
- Bei drohendem Rufschaden.[139]
- Wenn nur Naturalherstellung in Betracht kommt, diese aber lediglich unter Schwierigkeiten durchführbar ist.[140]

Anstelle eines Nachteils reicht es aus, wenn die Aussetzung der Vollstreckung aus einem sonstigen Grunde für den Gläubiger **unbillig** wäre, insbesondere weil dieser die Leistung für seine Lebenshaltung oder seine Erwerbstätigkeit dringend benötigt. Gerade hierdurch stellt der Gesetzgeber klar, daß die Interessen des Gläubigers großzügig zu berücksichtigen sind und die Norm daher weit ausgelegt werden muß. Hat der Gläubiger allerdings seine Notlage selbst verschuldet, kann es die Billigkeit gebieten, den Antrag zurückzuweisen.[141] Auf die Fälle des § 708 Nr. 4 bis 11 ist § 710 gemäß § 711 S. 2 entsprechend anwendbar. Das bedeutet im Ergebnis, daß der Schuldner, wenn zugunsten des Gläubigers § 710 eingreift, keine Möglichkeit zugesprochen erhält, die Zwangsvollstreckung abzuwenden. Der Tenor des Urteils lautet in jedem Falle: 89

Das Urteil ist vorläufig vollstreckbar.

Zusätze wie „ohne Sicherheitsleistung" oder bei Eingreifen des § 711 S. 2: „Der Beklagte darf die Zwangsvollstreckung nicht abwenden", sind überflüssig.

Wenn der Gläubiger mit seinem Antrag nicht durchdringt, kann er nach h. M. dennoch, ohne daß er hieran durch die abweisende Entscheidung gehindert würde, den Erlaß eines **Arrestbefehls** beantragen, der gemäß § 922 unter erweiterten Voraussetzungen ohne Sicherheitsleistung vollstreckbar ist.[142] Die Gegenmeinung[143] verneint in diesen Fällen das Vorliegen eines Rechtsschutzbedürfnisses. Der Streit hat in der Praxis keine große Bedeutung. Denn wenn das Arrestgericht feststellt, daß der Antragsteller, nachdem sein Vorgehen über § 710 erfolglos war, nur auf anderem Wege eine Zwangsvollstreckung ohne Sicherheitsleistung erreichen will, wird es sehr naheliegen, vom Antragsteller nach § 921 II 2 Sicherheitsleistung zu verlangen. 90

---

135) *Thomas/Putzo*, § 710; *Baumbach/Lauterbach/Albers/Hartmann*, § 710, Anm. 2 B; *Zöller*, § 710 Rd.Ziff. 2.
136) *Baumbach/Lauterbach/Albers/Hartmann*, § 710, Anm. 2 B; *Stein/Jonas*, § 710 Rd.Ziff. 2.
137) *Baumbach/Lauterbach/Albers/Hartmann*, § 710, Anm. 2 B.
138) *Thomas/Putzo*, § 710.
139) *Baumbach/Lauterbach/Albers/Hartmann*, § 710, Anm. 3.
140) *Stein/Jonas*, § 710 Rd.Ziff. 5.
141) *Baumbach/Lauterbach/Albers/Hartmann*, § 710, Anm. 4 B.
142) OLG Celle, MDR 64, 333: bei Titel auf Rückauflassung eines Grundstücks sogar ohne Rücksicht auf § 895, wenn der Gläubiger insoweit nur gegen Sicherheit durchdringen könnte; *Baumbach/Lauterbach/Albers/Hartmann*, § 917, Anm. 1 D b; OLG Hamburg, NJW 58, 1145 mit zust. Anm. *Lent*; OLG Hamm, GRUR 90, 1536; a. A. *Rosenberg/Gaul*, § 75 II 2, S. 777.
143) OLG Neustadt, MDR 61, 62, Nr. 92; *Wieczorek*, § 916, Anm. B I c 3.

III. Abwendung der Vollstreckung nach § 712 ZPO

91 Die Regelung des § 712 dient dem Schutz des Vollstreckungsschuldners. Sie ermöglicht es dem Gericht, bei Vorliegen der gesetzlichen Voraussetzungen die Zwangsvollstreckung gegen oder ohne Sicherheitsleistung einzustellen bzw. auf bestimmte Maßregeln zu beschränken.

1. § 712 I 1 ZPO

92 Im Grundfall setzt eine Schutzanordnung voraus, daß die Vollstreckung dem Schuldner einen nicht zu ersetzenden **Nachteil** bringen würde. Das ist z. B. dann zu bejahen, wenn im Falle einer Zwangsvollstreckung die wirtschaftliche Existenz des Schuldners gefährdet wäre oder eine Betriebseinstellung zu erfolgen hätte.[144] Der Nachteil muß mit Sicherheit zu erwarten sein; daß er, wie in § 710 vorausgesetzt, schwer absehbar ist, reicht nicht aus. Der Gesetzgeber kommt dem Gläubiger also mehr entgegen als dem Schuldner.[145]

93 Die Abwendungsbefugnis ist dem Schuldner grundsätzlich nur gegen **Sicherheitsleistung** oder Hinterlegung zuzusprechen. Auf die Frage, ob dem Schuldner, der zur Sicherheitsleistung in der Lage ist, hierdurch Nachteile entstehen, etwa eine Einschränkung seiner Dispositionsfreiheit, kommt es nicht an.[146] Die Höhe der Sicherheitsleistung richtet sich nach den für die Ermittlung der Abwendungssicherheit im Falle des § 711 bereits dargelegten Grundsätzen.[147] Eine Hinterlegung kommt nur beim Anspruch auf Herausgabe hinterlegungsfähiger Sachen in Betracht.[148]

Abwendungsbefugnis „ohne Rücksicht auf eine Sicherheitsleistung des Gläubigers" bedeutet folgendes:

- Liegt ein Fall des § 709 vor, kann der Gläubiger, Sicherheitsleistung oder Hinterlegung seitens des Schuldners vorausgesetzt, die Zwangsvollstreckung auch dann nicht durchführen, wenn er seinerseits die Sicherheitsleistung erbringt.
- Sind §§ 708, 711 anzuwenden, entfällt die sich für den Gläubiger aus § 711 S. 1, 2. Halbs., ergebende Vollstreckungsmöglichkeit.[149]

94 Der Tenor des Urteils lautet also:

Das Urteil ist (gegen Sicherheitsleistung in Höhe von ... DM) vorläufig vollstreckbar.
Der Beklagte kann die Zwangsvollstreckung durch Sicherheitsleistung in Höhe von ... DM/ durch Hinterlegung ... abwenden.

Furtner[150] will hinzufügen: „... ohne Rücksicht auf eine Sicherheitsleistung des Klägers ...". Das ist nicht erforderlich. Zur Klarstellung reicht es auf jeden Fall aus, auf die Entscheidung nach § 712 in den Entscheidungsgründen näher einzugehen. Sicherheitsleistung oder Hinterlegung durch den Schuldner haben zur Folge, daß die Zwangsvollstreckung nach § 775 Nr. 3 **einzustellen** ist. Auch dann, wenn der Schuldner die Voraussetzungen der Einstellung nicht erfüllt, genießt er den Schutz des § 720, d. h., daß gepfändetes Geld bzw. der Erlös aus der Verwertung gepfändeter Gegenstände zu hinterlegen sind.

---

144) *Thomas/Putzo*, § 712, Anm. 2 a.
145) *Baumbach/Lauterbach/Albers/Hartmann*, § 712, Anm. 2 A; *Zöller*, § 712 Rd.Ziff. 1.
146) *Baumbach/Lauterbach/Albers/Hartmann*, § 711, Anm. 3 und oben Rd.Ziff. 74.
147) Siehe o. Rd.Ziff. 71 ff.
148) Siehe o. Rd.Ziff. 74.
149) *Zöller*, § 712 Rd.Ziff. 3 f.
150) S. 96.

2. Unvermögen des Schuldners, § 712 I 2 ZPO

Ist der Schuldner selbst bei Inkaufnahme von Nachteilen zur Sicherheitsleistung nicht in der Lage, kann die Schutzanordnung ohne Absicherung des Gläubigers getroffen werden. Zu bejahen ist das Unvermögen zur Sicherheitsleistung nur bei völliger **Mittellosigkeit**; bloße Erschwernisse reichen nicht aus, da die Interessen des Gläubigers grundsätzlich Vorrang haben.[151]

Ist der Schuldner mittellos, hat das Gericht **zwei Möglichkeiten**. Zum einen kann es von einer Vollstreckbarkeitserklärung **absehen**. In diesem Falle wird die Vollstreckbarkeitsentscheidung im Urteilstenor kommentarlos übergangen; Erläuterungen erfolgen lediglich in den Entscheidungsgründen. Es ist nicht erforderlich, in den Tenor erklärende Zusätze etwa des Inhalts: „Das Urteil ist nicht vorläufig vollstreckbar"[152] aufzunehmen.

Zum anderen kann das Gericht die Zwangsvollstreckung auf die in § 720 a I, II bezeichneten Maßregeln, also die sog. Sicherungsvollstreckung beschränken. Obwohl das Gesetz diese Möglichkeit erst an zweiter Stelle nennt, hat sie mit Rücksicht auf die berechtigten Interessen des Gläubigers grundsätzlich Vorrang.[153] Der Tenor lautet in diesem Falle:

> Das Urteil ist (gegen Sicherheitsleistung in Höhe von ...) vorläufig vollstreckbar.
> Die Zwangsvollstreckung ist auf die in § 720 a I, II ZPO bezeichneten Maßregeln beschränkt.

Eine Aufzählung dieser Maßregeln im Tenor braucht nicht zu erfolgen.[154]

3. Überwiegendes Interesse des Gläubigers, § 712 II ZPO

Da die Regelung des § 712 nicht zu einer einseitigen Bevorzugung des (unvermögenden) Schuldners führen soll, hat in jedem Falle eine **Interessenabwägung** stattzufinden. Überwiegen die Interessen des Gläubigers, darf eine Schutzanordnung grundsätzlich nicht erfolgen. Hierbei ist zu beachten, daß eine ungewöhnliche Lage des Gläubigers einer ungewöhnlichen Lage des Schuldners generell vorgeht. In Zweifelsfällen ist den Belangen des Gläubigers der Vorrang einzuräumen.[155] Neben einer Zurückweisung des Schutzantrages kommt in den Fällen des § 708 gemäß § 712 II 2 eine dahingehende Anordnung des Gerichts in Betracht, daß die Zwangsvollstreckung nur gegen Sicherheitsleistung erfolgen darf. Es ist dann zu tenorieren wie bei Anwendung des § 709.

4. Unterbleiben von Schutzanordnungen, § 713 ZPO

Die Voraussetzungen, unter denen gemäß § 713 eine Schutzanordnung zu unterbleiben hat, sind im Zusammenhang mit § 711 besprochen.[156]

---

151) *Baumbach/Lauterbach/Albers/Hartmann*, § 712, Anm. 3; *Thomas/Putzo*, § 712, Anm. 2 b.
152) So aber *Furtner*, S. 91; wie hier *Thomas/Putzo*, § 712, Anm. 3 a, bb; *Stein/Jonas*, § 712 Rd.Ziff. 6.
153) *Baumbach/Lauterbach/Albers/Hartmann*, § 712, Anm. 3.
154) *Stein/Jonas*, § 712 Rd.Ziff. 7.
155) *Baumbach/Lauterbach/Albers/Hartmann*, § 712, Anm. 5; *Thomas/Putzo*, § 712, Anm. 2 b.
156) Siehe o. Rd.Ziff. 69.

Vorläufige Vollstreckbarkeit

§ 5 Urteile nach Einspruch gegen ein Versäumnisurteil oder einen Vollstreckungsbescheid

I. Allgemeines

98 Bei der Aufhebung eines **Versäumnisurteils** nach § 343 S. 2 (oder eines **Vollstreckungsbescheids**, der gemäß § 700 I dem VU gleichsteht und auf den im folgenden nicht näher eingegangen wird) entfällt die Vollstreckbarkeit des Titels gemäß § 717 I bereits mit der Verkündung des Aufhebungsurteils. Die vorläufige Vollstreckbarkeit des kontradiktorischen Schlußurteils richtet sich nach den allgemeinen Regeln der §§ 708 ff.

99 Anders liegen die Dinge, wenn das Versäumnisurteil nach § 343 S. 1 aufrechterhalten wird. Die **Aufrechterhaltung** erfaßt auch die Vollstreckbarkeitsentscheidung. Gerade hierin liegt der wesentliche Sinn des § 343. Vollstreckungsmaßnahmen, die aufgrund des Versäumnisurteils bereits getroffen worden sind, bleiben wirksam und erhalten dem Gläubiger einen nach § 804 III evtl. erworbenen **Rangvorteil.** Nur die Fortsetzung der Zwangsvollstreckung ist, wie aus § 709 S. 2 ersichtlich, einschränkenden Voraussetzungen unterworfen.[157]

Das aufrechterhaltende, kontradiktorische Urteil seinerseits nimmt an der Privilegierung des § 708 Nr. 2 nicht teil, da es nicht aufgrund einer Säumnis ergeht.[158] Das ergibt sich mittelbar auch aus der Existenz des § 708 Nr. 5, der für Urteile nach § 343 keine Parallele hat.

II. Vollstreckbarkeitsentscheidung im aufrechterhaltenden Urteil

100 Die Frage, wie im Falle des § 343 S. 1 über die vorläufige Vollstreckbarkeit zu entscheiden sei, war vor dem Inkrafttreten des § 709 in seiner jetzigen Fassung im Gesetz nicht geregelt. Die h. M. nahm an, daß sich mit Erlaß des aufrechterhaltenden Urteils die vorläufige Vollstreckbarkeit auch des betroffenen Versäumnisurteils nunmehr nach den allgemeinen Vorschriften richte, daß also die vollstreckungsrechtliche Privilegierung des Versäumnisurteils (heute § 708 Nr. 2) fortfalle.[159] Eine Mindermeinung vertrat demgegenüber den Standpunkt, ein Urteil, durch das ein Versäumnisurteil aufrechterhalten werde, sei stets ohne Sicherheitsleistung vorläufig vollstreckbar.[160]

Vor dem Hintergrund dieses Meinungsstreits hat der Gesetzgeber die Regelung des § 709 S. 2 erlassen. Sie stellt klar, daß aufgrund des Versäumnisurteils getroffene Vollstreckungsmaßnahmen ohne weiteres ihren Bestand behalten, daß aber gleichzeitig eine Fortsetzung der Zwangsvollstreckung, sofern § 709 S. 1 eingreift, nur gegen Sicherheitsleistung zulässig ist.[161] In Einzelfragen bietet die nunmehrige Rechtslage jedoch Anlaß zu neuen Zweifeln.

---

157) *Stein/Jonas,* § 709 Rd.Ziff. 12; *Thomas/Putzo,* § 709, Anm. 3 d.
158) *Baumbach/Lauterbach/Albers/Hartmann,* § 708, Anm. 2 B; *Thomas/Putzo,* § 708, Anm. 2 b; *Zöller,* § 708 Rd.Ziff. 4.
159) Vgl. *Schneider,* Kosten, dessen Lösungsansatz wir uns anschließen, S. 314 f.; *Furtner,* S. 94.
160) *Schneider* und *Furtner,* a.a.O.
161) BT-Drucksache 7/2729, S. 107.

1. Anwendungsfälle des § 709 S. 2 ZPO

a) Auslegung der Norm

Dem Wortlaut nach regelt § 709 S. 2 zweifelsfrei den Fall, daß das aufrechterhaltende Urteil für sich gesehen bereits unter § 709 S. 1 fällt („handelt es sich ..."). Aufgrund dessen wird die Ansicht vertreten, weitere Anwendungsfälle der Norm seien nicht gegeben.[162] Da das aufgrund des § 343 ergehende kontradiktorische Urteil nur hinsichtlich der weiteren Kosten des Rechtsstreits überhaupt einen vollstreckungsfähigen Inhalt hat, wäre der Anwendungsbereich des § 709 S. 2 bei dieser Auslegung eng begrenzt, nämlich auf Streitwerte ab rund 100 000,– DM bei Anfall lediglich einer Verhandlungsgebühr im Einspruchsverfahren und auf Streitwerte ab rund 20 000,– DM bei Durchführung einer Beweisaufnahme.

101

Hiergegen bestehen Bedenken. Folgt man dieser engen Auslegung, werden im Endergebnis für die vorläufige Vollstreckbarkeit neue Wertgrenzen geschaffen, die jenseits des in § 708 Nr. 11 gezogenen Rahmens liegen und vom Kostenanfall im Einspruchsverfahren abhängen. Das führt zu Ungereimtheiten bei der Abgrenzung des § 709 von den Fällen, in denen eine Fortsetzung der Zwangsvollstreckung gegen Sicherheitsleistung nicht verlangt wird und steht zudem in Widerspruch zu den dargelegten Intentionen des Gesetzgebers. Bei sachgerechter Auslegung des § 709 S. 2 muß die Anwendbarkeit der Norm bereits dann bejaht werden, wenn eine **zusammenfassende Betrachtung** von Versäumnis- und Schlußurteil zu dem Ergebnis führt, daß § 709 S. 1 anzuwenden wäre, etwa deshalb, weil die Wertgrenzen des § 708 Nr. 11 überschritten sind.[163]

102

Beispiele:
- Aufrechterhaltenes Versäumnisurteil gegen den Beklagten auf Zahlung von mehr als 1 500,– DM.
- Aufrechterhaltenes Versäumnisurteil gegen den Kläger, Gesamtkosten des Beklagten im Säumnis- und Einspruchsverfahren über 2 000,– DM.

b) Berechnung der Sicherheit

Aus dem vorstehenden folgt weiter, daß Versäumnis- und Schlußurteil auch bei der Berechnung der Sicherheit zusammenzufassen sind.[164]

103

Beispiel:
Der anwaltlich vertretene Kläger verlangt vom Beklagten Zahlung von 2 000,– DM nebst 6% Zinsen seit dem 1. 6. 1991. Es ergeht antragsgemäß Versäumnisurteil. Nach Einspruch des Beklagten wird über die Sache streitig verhandelt; das Versäumnisurteil bleibt im Urteil vom 23. 12. 1991 aufrechterhalten, wobei dem Beklagten die weiteren Kosten des Rechtsstreits auferlegt werden.

Die Sicherheitsleistung ist wie folgt zu berechnen:

1. Hauptsache
   Hauptforderung   2 000,– DM
   Zinsen für 1 Jahr[165]   120,– DM
2. Kosten
   a) Gerichtskosten
      – Nr. 1010 KV der Anl. 1 zu § 11 I GKG   69,– DM
      – Zustellungskosten   5,– DM

---

162) *Stein/Jonas*, § 709 Rd.Ziff. 13; *Thomas/Putzo*, § 709, Anm. 3 a.
163) So im Ergebnis auch *Mertins*, DRiZ 83, 228.
164) *Zöller*, § 709 Rd.Ziff. 8.
165) Siehe o. Rd.Ziff. 27.

Vorläufige Vollstreckbarkeit

b) Außergerichtliche Kosten
- § 31 I Ziff. 1 BRAGO   130,00 DM
- §§ 33 I 1, 38 II BRAGO   65,00 DM
- § 31 I Ziff. 2 BRAGO   130,00 DM
- § 26 BRAGO   40,00 DM
- MWSt.   51,10 DM

Gesamtsumme	416,10 DM
Gesamtforderung	2 610,10 DM
Aufgerundet	3 000,00 DM

Auf §§ 33 I 1, 38 II BRAGO, die in diesem Zusammenhang häufig vergessen werden, sei hier nur vorsorglich besonders hingewiesen.[166]

104 Die Sicherheitsleistung ist für Versäumnis- und Schlußurteil einheitlich errechnet worden. Eine Aufspaltung in die auf das Versäumnis- und das Einspruchsverfahren entfallenden Beträge erfolgt nicht. Zu einem anderen Ergebnis gelangt Mertins,[167] der insoweit eine Trennung vornehmen und gesondert tenorieren will, so daß für Versäumnis- und Schlußurteil zwei Vollstreckbarkeitsentscheidungen zu treffen wären. Diese Ansicht ist abzulehnen. Sie ist unpraktisch; insbesondere kann sie den Vollstreckungsgläubiger, der sich die bis zum Erlaß des Versäumnisurteils entstandenen Kosten nicht auf dem Urteil selbst hat festsetzen lassen, dazu bewegen, für das Säumnis- und das Einspruchsverfahren zwei getrennte Kostenfestsetzungsanträge zu stellen. Mertins geht sogar soweit, daß er dann, wenn das Versäumnisurteil für sich gesehen unter § 709 S. 1 fällt, wohingegen auf das Schlußurteil § 708 Nr. 11 anwendbar ist, über die vorläufige Vollstreckbarkeit unterschiedlich entscheiden will. Das ist unnötig kompliziert, kann vom Gesetzgeber, obwohl der Wortlaut des § 709 S. 2 insoweit nicht eindeutig ist, nicht gewollt sein und läuft dem praktischen Bedürfnis nach Vereinfachung des Vollstreckungsverfahrens zuwider. Es bleibt daher bei der von uns vorgeschlagenen einheitlichen Betrachtung der beiden Urteile.

c) Tenor

105 Bei der Formulierung des Tenors kann man, soweit § 709 eingreift, dem Wortlaut des § 709 S. 2 folgen. Weiterer Klarstellungen bedarf es nicht.

> **Beispiel:**
> Das Versäumnisurteil vom ... bleibt aufrechterhalten.
> Die weiteren Kosten des Rechtsstreits trägt der Beklagte.
> Das Urteil ist gegen Sicherheitsleistung in Höhe von ... DM vorläufig vollstreckbar. Die Zwangsvollstreckung aus dem Versäumnisurteil darf nur nach Leistung dieser Sicherheit fortgesetzt werden.[168]

Zum Teil wird allerdings vertreten, im Tenor müsse zum Ausdruck gebracht werden, daß die Vollstreckbarkeit des Versäumnisurteils sich nunmehr ausschließlich nach dem kontradiktorischen Schlußurteil richte.

> **Beispiel:**
> Das Versäumnisurteil vom ... bleibt mit der Maßgabe aufrechterhalten, daß seine vorläufige Vollstreckbarkeit sich nach dem vorliegenden Urteil richtet.[169]

Das mag zu Zeiten des früheren Rechtszustandes aus Gründen der Klarstellung erforderlich gewesen sein,[170] ist jedoch heute überflüssig. Die von uns vorgeschlagene Formulierung genügt den Erfordernissen des § 775 Ziff. 2.

---

166) Vgl. hierzu Teil B, Rd.Ziff. 115 ff.
167) DRiZ 83, 228.
168) Ähnlich *Thomas/Putzo*, § 709, Anm. 3 d.
169) *Schneider*, S. 314 f.
170) Siehe o. Rd.Ziff. 100.

2. Fälle des § 708 ZPO

Das Gesetz enthält keine eindeutige Regelung der Frage, was geschieht, wenn das aufrechterhaltende Urteil nicht unter § 709 S. 1 fällt. Das ist denkbar insbesondere im Anwendungsbereich des § 708 Nr. 11, aber auch in allen anderen Fällen des § 708, namentlich Nr. 2, wenn das Versäumnisurteil nach zwischenzeitlicher Verhandlung durch ein **weiteres Versäumnisurteil** aufrechterhalten wird.[171]

106

Es wird die Ansicht vertreten, bei Unanwendbarkeit des § 709 sei über die Zwangsvollstreckung aus dem Versäumnisurteil nicht zu entscheiden. Diese könne vielmehr uneingeschränkt fortgesetzt werden, wohingegen § 708 allein auf das Schlußurteil (also dessen Kostenentscheidung) anzuwenden sei.[172] Zur Begründung wird angeführt, § 709 S. 2 sei eine Sonderregelung nur für die Fälle des § 709, hingegen sollten im übrigen die Zwecke des § 708 nicht unterlaufen werden.[173]

Wir sind anderer Auffassung. Wenn bei Anwendbarkeit des § 709 Versäumnisurteile hinsichtlich der weiteren Zwangsvollstreckung im Ergebnis wie kontradiktorische Urteile behandelt werden müssen, kann nicht bei Unanwendbarkeit des § 709 ohne weiteres die Regelung des § 708 Nr. 2 fortgelten. Vielmehr sind auch in den zuletzt genannten Fällen die allgemeinen Regeln, d. h. etwa §§ 708 Nr. 11, 711 einschlägig. Denn nur so läßt sich die Frage der vorläufigen Vollstreckbarkeit für den gesamten Anwendungsbereich des § 343 S. 1 einheitlich beantworten. Bei anderer Entscheidung wäre die sich aus § 708 Nr. 2 ergebende Privilegierung des Gläubigers, der mit Erlaß des kontradiktorischen Schlußurteils nicht mehr anders stehen soll als jeder obsiegende Gläubiger, zu weitgehend.[174]

107

Beispiele:
— Gegen den Beklagten ergeht antragsgemäß ein Versäumnisurteil auf Zahlung von 1 000,– DM. Dieses bleibt im Schlußurteil aufrechterhalten.

Tenor:
Das Versäumnisurteil vom ... bleibt aufrechterhalten.
Die weiteren Kosten des Rechtsstreits trägt der Beklagte.
Das Urteil ist vorläufig vollstreckbar.
Der Beklagte darf die Zwangsvollstreckung aus diesem Urteil sowie die Fortsetzung der Zwangsvollstreckung aus dem Versäumnisurteil gegen Sicherheitsleistung in Höhe von 1 400,– DM abwenden, wenn nicht der Kläger vor der Vollstreckung Sicherheit in gleicher Höhe leistet.

In der Praxis findet sich folgende Kurzformel:

Der Beklagte darf die Zwangsvollstreckung gegen Sicherheitsleistung von ... abwenden, wenn nicht der Kläger vor der Vollstreckung Sicherheit in gleicher Höhe leistet.
Wenn man nicht die Gefahr sieht, daß bei einer solchen Formulierung die Fortsetzung der Zwangsvollstreckung aus dem Versäumnisurteil streitig werden könnte, ist gegen die Kurzform nichts einzuwenden.
Gleiches gilt für alle übrigen Fälle des § 711, also § 708 Nr. 4 bis 10.
Wird das Versäumnisurteil seinerseits durch ein Versäumnisurteil aufrechterhalten, lautet der Tenor:
Das Urteil ist vorläufig vollstreckbar.

---

171) Es ergeht hier kein zweites Versäumnisurteil nach § 345, vgl. *Thomas/Putzo*, § 345, Anm. 1 b; *Baumbach/Lauterbach/Albers/Hartmann*, § 345, Anm. 1 B; *Zöller*, § 345 Rd.Ziff. 2; oben Rd.Ziff. 53; zur Anwendbarkeit des § 708 Nr. 2 *Stein/Jonas*, § 345 Rd.Ziff. 13.
172) So ausdrücklich *Stein/Jonas*, § 709 Rd.Ziff. 13; nicht eindeutig *Baumbach/Lauterbach/Albers/Hartmann*, § 709, Anm. 1 A; *Thomas/Putzo*, § 709, Anm. 3 a.
173) *Stein/Jonas*, § 709 Rd.Ziff. 13.
174) So wohl auch *Schneider*, Kosten, S. 314 f.

Vorläufige Vollstreckbarkeit

108 Der Schuldner kann die ihm nach § 711 eingeräumte Abwendungsbefugnis über § 775 Nr. 3 durchsetzen.[175] Selbstverständlich ist § 713 anwendbar.

3. §§ 710, 712 ZPO

109 Die besonderen Regelungen der §§ 710, 712 sind auch auf § 709 S. 2 anzuwenden.[176] Das Gericht trifft eine Vollstreckbarkeitsentscheidung, die, falls erforderlich, auf die Fortsetzung der Zwangsvollstreckung aus dem Versäumnisurteil zu beziehen ist.

> **Beispiele:**
> – Gegen den Beklagten ergeht ein Versäumnisurteil auf Zahlung von 20 000,– DM. Dieses bleibt im Schlußurteil aufrechterhalten. Dem Beklagten wird eine Abwendungsbefugnis nach § 712 I eingeräumt.
> **Tenor:**
> Das Urteil ist vorläufig vollstreckbar.
> Der Beklagte kann die Zwangsvollstreckung aus dem vorliegenden Urteil und aus dem Versäumnisurteil gegen Sicherheitsleistung in Höhe von 25 000,– DM abwenden.
> – Vollstreckungsschutz nach § 712 I 2:
> 1. Alternative:
> Die Zwangsvollstreckung aus dem Versäumnisurteil darf bis zur Rechtskraft des vorliegenden Urteils nicht fortgesetzt werden.
> 2. Alternative:
> Die weitere Zwangsvollstreckung aus dem Versäumnisurteil wird einstweilen auf die in § 720 a I, II ZPO bezeichneten Maßregeln beschränkt.

III. Mischfälle

1. Teilweise Aufrechterhaltung des Versäumnisurteils

110 Bei nur teilweiser Aufrechterhaltung des Versäumnisurteils wird dessen Kostengrundentscheidung in vollem Umfang aufgehoben. Ein evtl. bereits erlassener **Kostenfestsetzungsbeschluß** (z. B. nach § 105) wird, soweit er nicht bereits durchgesetzt ist, hinfällig.[177] Über die Kosten ist demnach im Schlußurteil insgesamt neu zu entscheiden.

Dies gilt jedoch nicht für die Hauptsachenentscheidung. Insoweit muß der Tenor auch in schwierigen Fällen erkennen lassen, daß und inwieweit das Versäumnisurteil aufrechterhalten bleibt. Nicht zulässig ist es, mit Schneider das Versäumnisurteil ganz aufzuheben, „um einen klaren und übersichtlichen Titel zu schaffen", und gänzlich neu zu tenorieren.[178] Denn hierdurch würde dem Gläubiger ein evtl. nach § 804 III bereits erworbener Vorrang vor anderen Vollstreckungsgläubigern verlorengehen, zumindest aber könnte er streitig werden.[179]

> **Beispiel:**
> Gegen den Beklagten ergeht ein Versäumnisurteil auf Zahlung von 2 000,– DM zuzüglich 8% Zinsen seit dem ... In der mündlichen Verhandlung ergibt sich, daß dem Kläger nur ein Anspruch auf Zahlung von 1 500,– DM zuzüglich 4% Zinsen zusteht.

---

175) *Thomas/Putzo*, § 711, Anm. 3 b.
176) *Thomas/Putzo*, § 710, § 712 Anm. 1 a.
177) H. M., vgl. OLG Frankfurt/Main, Rpfleger 83, 456; OLG Hamm, Rpfleger 77, 215 f.; a. A. die zwar begrüßenswerte, aber vereinzelt gebliebene Entscheidung LG Köln, Rpfleger 84, 112.
178) Kosten, S. 315.
179) Vgl. auch Teil A, Stichwort „Versäumnisurteil".

Urteile nach Einspruch gegen Versäumnisurteil/Vollstreckungsbescheid

Tenor:
Das Versäumnisurteil vom ... bleibt insoweit aufrechterhalten, als der Beklagte verurteilt ist, an den Kläger 1 500,– DM nebst 4% Zinsen seit dem ... zu zahlen. Im übrigen wird es, unter Abweisung der weitergehenden Klage, aufgehoben.
Die Kosten des Rechtsstreits tragen der Kläger zu ¼, der Beklagte zu ¾, mit Ausnahme der Kosten seiner Säumnis, die der Beklagte in vollem Umfang trägt.
Das Urteil ist vorläufig vollstreckbar.
Der Beklagte kann die Zwangsvollstreckung aus dem vorliegenden Urteil und aus dem Versäumnisurteil gegen Sicherheitsleistung in Höhe von insgesamt 2 000,– DM abwenden, wenn nicht der Kläger vor der Vollstreckung Sicherheit in gleicher Höhe leistet.
Der Kläger kann die Zwangsvollstreckung gegen Sicherheitsleistung in Höhe von 100,– DM abwenden, wenn nicht der Beklagte vor der Vollstreckung Sicherheit in gleicher Höhe leistet.

2. Klageerweiterung im Einspruchsverfahren

Wenn der Kläger im Einspruchsverfahren die Klage erweitert und auch hiermit im Schlußurteil durchdringt, ist über die vorläufige Vollstreckbarkeit aufgrund einer **Gesamtbetrachtung** aller titulierten Ansprüche einheitlich zu entscheiden, mögen sie bereits im Versäumnisurteil ihren Niederschlag gefunden oder erstmals im kontradiktorischen Urteil erwähnt sein.

111

Beispiel:
Gegen den Beklagten ergeht ein Versäumnisurteil auf Zahlung von 10 000,– DM. Im Einspruchsverfahren verlangt der Kläger weitere 1 000,– DM. Er obsiegt in vollem Umfang.

Tenor:
Das Versäumnisurteil vom ... bleibt aufrechterhalten. Der Beklagte wird verurteilt, an den Kläger weitere 1 000,– DM zu zahlen.
Er trägt die weiteren Kosten des Rechtsstreits.
Das Urteil ist gegen Sicherheitsleistung von 13 000,– DM vorläufig vollstreckbar. Die Zwangsvollstreckung aus dem Versäumnisurteil darf nur nach Leistung dieser Sicherheit fortgesetzt werden.

IV. Unterbrochene Zwangsvollstreckung aus dem Versäumnisurteil

Ergeht eine Entscheidung nach § 709 S. 2 oder leistet der Schuldner nach §§ 711 f. eine Abwendungssicherheit, ist die Zwangsvollstreckung aus dem Versäumnisurteil unterbrochen. Solange die Unterbrechung andauert, sind alle Handlungen unzulässig, welche die Vollstreckung vorantreiben, namentlich die Verwertung bereits gepfändeter Gegenstände oder die Androhung bzw. Festsetzung von Ordnungsmitteln. Zulässig bleiben Vollstreckungsakte nach § 720 a, da sie ohnehin keine Sicherheitsleistung des Gläubigers voraussetzen.[180]

112

---

180) *Stein/Jonas*, § 708 Rd.Ziff. 14 m. w. N.

Vorläufige Vollstreckbarkeit

§ 6 Einstellung der Zwangsvollstreckung und Rechtsmittelverfahren

I. Entscheidung gemäß § 707 ZPO

1. Anwendungsbereich der Norm

113 § 707 ist direkt anwendbar auf folgende Fälle:
- Antrag auf **Wiedereinsetzung** in den vorigen Stand, § 233.
- Antrag auf **Wiederaufnahme**, § 578.
- Fortsetzung des Rechtsstreits im **Nachverfahren** nach Erlaß eines Vorbehaltsurteils, §§ 302, 600.

Grundlegende Voraussetzung für eine Entscheidung nach § 707 ist, daß die Partei, von der die Einstellung beantragt wird, die für die vorstehend aufgeführten Verfahren erforderlichen prozessualen **Anträge** tatsächlich gestellt hat. Ein Antrag auf Bewilligung von Prozeßkostenhilfe reicht nicht aus.[181]

114 In einer Reihe weiterer Fälle ist § 707 **entsprechend** anwendbar:
- Aufgrund gesetzlicher Regelung nach §§ 719, 924 II, 936, 1042 c II, 1044 a III, § 165 KO.
- Analoge Anwendung kommt des weiteren in Betracht:[182]
  Bei Streit um die Wirksamkeit eines Prozeßvergleichs.[183]
  Im Verfahren nach § 321, wenn die Zwangsvollstreckung aus dem Urteil im Streit ist.[184]
  Im Unterhaltsprozeß nach Erlaß einer einstweiligen Anordnung gemäß §§ 620 ff.[185]

115 Nicht anwendbar ist § 707 demgegenüber, wenn im Gesetz besondere Regelungen getroffen sind, wie etwa in §§ 732 II, 769.[186]

2. Voraussetzungen

116 Eine Entscheidung kann nur auf Antrag des Vollstreckungsschuldners ergehen. Der Antrag muß auf eine bestimmte der in § 707 I aufgeführten Maßnahmen gerichtet sein, er kann aber hilfsweise andere Entscheidungsmöglichkeiten mit einbeziehen.[187]

Beispiel:
..., die Zwangsvollstreckung aus dem Versäumnisurteil vom... ohne Sicherheitsleistung, hilfsweise gegen Sicherheitsleistung, die auch durch Bankbürgschaft erbracht werden kann, einstweilen einzustellen.

117 Ein **rechtliches Interesse** des Schuldners an der einstweiligen Einstellung besteht ab Beginn der Vollstreckungsmöglichkeit, bei einem Urteil also ab Erteilung der Klausel, bei einem Vollstreckungsbescheid grundsätzlich sofort (vgl. § 796). Es endet mit dem Abschluß der Zwangsvollstreckung, etwa nach § 757.[188] Wenn der Gläubiger ohnehin nur gegen Sicherheitsleistung vollstrecken darf, etwa nach § 709 oder § 712 II 2, fehlt das Rechtsschutzinteresse normalerweise von Anfang an.[189] Der Grund hierfür liegt darin, daß

---

181) *Stein/Jonas*, § 707 Rd.Ziff. 2.
182) *Stein/Jonas*, § 707 Rd.Ziff. 26; *Thomas/Putzo*, § 707, Anm. 2 b; *Baumbach/Lauterbach/Albers/Hartmann*, § 707, Anm. 5 A; vgl. auch Teil B, Rd.Ziff. 634.
183) OLG Düsseldorf, MDR 74, 52; OLG Hamm, FamRZ 85, 307.
184) LG Hamm, MDR 80, 408.
185) OLG Karlsruhe, FamRZ 81, 295.
186) *Baumbach/Lauterbach/Albers/Hartmann*, § 707, Anm. 5 B m. w. N.
187) *Thomas/Putzo*, § 707, Anm. 4 a.
188) *Stein/Jonas*, § 707 Rd.Ziff. 4; *Thomas/Putzo*, § 707, Anm. 4 b.
189) OLG Nürnberg, JurBüro 64, Spalte 523; a. A. OLG Frankfurt/Main, NJW 76, 2137.

der Schuldner in diesem Falle hinreichend gesichert ist. Außerdem ist es sachgerecht, daß der Gläubiger, der ja in aller Regel berechtigt ist, die relativ preiswerte Bankbürgschaft zu stellen, trotz grundsätzlicher Anwendbarkeit des § 707 die Zwangsvollstreckung fortsetzen darf und nicht etwa der Schuldner die Befugnis erhält, gegen Beibringung der auch für ihn preiswerten Bankbürgschaft die weitere Zwangsvollstreckung zu verhindern.

Stellt der Vollstreckungsschuldner den Einstellungsantrag, ist dem Gegner **rechtliches Gehör** zu gewähren, wobei eine Frist von einer Woche, wenn nicht der Fall ungewöhnlich schwierig ist, ausreicht. Nur wenn die Sachlage es verbietet, den Gegner zu hören, etwa weil dieser daraufhin Maßnahmen ergreifen könnte, die geeignet sind, den Zweck der Einstellung zu vereiteln, kann eine sofortige Entscheidung ergehen.[190] 118

Nach wohl allgemeiner Ansicht darf die Einstellung nur dann angeordnet werden, wenn die Verteidigung des Schuldners **Aussicht auf Erfolg** hat. Ist dies nicht der Fall, darf dem Gläubiger ein Abwarten mit der Durchsetzung des Titels nicht zugemutet werden.[191] Es findet insoweit jedoch lediglich eine **summarische Prüfung statt.** Wenn diese zu dem Ergebnis führt, daß eine Erfolgsaussicht schlechthin nicht besteht, wird der Einstellungsantrag zurückgewiesen. Eine **vorweggenommene Beweiswürdigung** ist zulässig.[192] Die Praxis verfährt mit Einstellungen insgesamt gesehen recht großzügig, da normalerweise vom Schuldner eine Sicherheitsleistung verlangt werden kann. 119

Im Rahmen des sich aus § 707 I 1 ergebenden Ermessensspielraums hat das Gericht des weiteren eine sorgfältige **Abwägung** der widerstreitenden Interessen vorzunehmen[193]. Hierbei kann sich z. B. ergeben, daß eine Einstellung der Zwangsvollstreckung gegen Sicherheit dem Gläubiger angesichts der sich darbietenden finanziellen Lage des Schuldners günstiger ist als fruchtlose Vollstreckungsversuche. Denn bisweilen bringen Einstellungsbeschlüsse Geld zutage, auf das der Gläubiger bei einer Fortsetzung der Zwangsvollstreckung zurückgreifen kann. Auch aus diesem Grunde ist die Praxis mit Einstellungen gegen Sicherheit schnell bei der Hand. 120

Eine strenge Prüfung hat allerdings stattzufinden, wenn der Schuldner Einstellung ohne Sicherheit beantragt (§ 707 I 2). Er muß glaubhaft machen, daß er über die zur Sicherheitsleistung erforderlichen Mittel nicht verfügt und daß die Zwangsvollstreckung ihm einen nicht zu ersetzenden Nachteil bringen würde. Von letzterem ist nur dann auszugehen, wenn dem Schuldner ein Schaden droht, dessen Umfang auf jeden Fall schwerwiegend ist, in seinen näheren Auswirkungen jedoch nicht abgeschätzt werden kann. Namentlich handelt es sich hierbei um Betriebseinstellung, Verlust von „good will" oder Arbeitsplätzen. **Nicht ausreichend** sind eine bloße **Kreditgefährdung**, da diese mit jeder Zwangsvollstreckung einhergehen kann, sowie ein Fehler beim Erlaß der angefochtenen Entscheidung.[194]

3. Entscheidungsmöglichkeiten

Das Gericht entscheidet durch Beschluß (§ 707 II). Das Gesetz gibt ihm verschiedene Gestaltungsmöglichkeiten an die Hand. Im einzelnen handelt es sich um folgende: 121

— Einstellung der Zwangsvollstreckung gegen oder ohne Sicherheitsleistung:
  Die Zwangsvollstreckung (aus dem näher bezeichneten Titel) wird (gegen Sicherheitsleistung in Höhe von ... DM) einstweilen eingestellt.

---

190) OLG Celle, MDR 76, 63.
191) *Baumbach/Lauterbach/Albers/Hartmann,* § 707, Anm. 2 F; *Stein/Jonas,* § 707 Rd.Ziff. 5; *Thomas/Putzo,* § 707, Anm. 4 c; *Zöller,* § 719 Rd.Ziff. 5.
192) *Zöller,* § 707 Rd.Ziff. 9; § 719 Rd.Ziff. 3.
193) *Zöller,* § 707 Rd.Ziff. 7 ff.
194) OLG Frankfurt/Main, MDR 84, 764; *Baumbach/Lauterbach/Albers/Hartmann,* § 707, Anm. 3 C b; a. A. OLG Hamburg, ZMR 90, 17.

Vorläufige Vollstreckbarkeit

- Durchführung oder Fortsetzung der Zwangsvollstreckung nur gegen Sicherheitsleistung:
  Die Zwangsvollstreckung (aus dem näher bezeichneten Titel) darf einstweilen nur bei Leistung einer Sicherheit in Höhe von ... DM durchgeführt oder fortgesetzt werden.
- Aufhebung bestimmter Vollstreckungsmaßnahmen (immer!) gegen Sicherheitsleistung:
  Der Pfändungs- und Überweisungsbeschluß vom ... wird gegen Sicherheitsleistung in Höhe von ... DM aufgehoben.
  Diese Möglichkeit hat insbesondere bei der meist existenzbedrohenden Kontenpfändung große Bedeutung.
- Als minus zur Einstellung kann nach h. M. auch die Fortsetzung der Pfandverwertung von einer Sicherheitsleistung abhängig gemacht, die Pfandverwertung kann auch gegen Sicherheit eingestellt werden:[195]
  Die Pfandverwertung des am ... vom Gerichtsvollzieher X – DR-Nr.: ... – gepfändeten PKW ... darf einstweilen nur gegen Sicherheitsleistung in Höhe von ... DM fortgesetzt werden/ist gegen Sicherheitsleistung in Höhe von ... DM einstweilen einzustellen.

122 Das Gericht kann die Entscheidung auf einen selbständigen **Teil des Titels** beschränken.[196]

Beispiel:
Die Zwangsvollstreckung aus dem Versäumnisurteil vom ... wird, soweit der Beklagte zur Herausgabe des PKW ... verurteilt ist, gegen Sicherheitsleistung in Höhe von ... DM einstweilen eingestellt.

123 Die Einstellung nach § 707 ist **vorläufiger Natur.** Die Wirkungen des Beschlusses enden mit dem Erlaß einer abschließenden Hauptsacheentscheidung oder mit der Rücknahme des Rechtsbehelfs bzw. -mittels.[197]

124 Über Verfahrenskosten ist im Einstellungsbeschluß nicht zu befinden, da es sich um Kosten des Rechtsstreits handelt, über die im Urteil mitentschieden wird.[198]

4. Anfechtbarkeit der Entscheidung

125 Gemäß § 707 II 2 findet eine Anfechtung des Beschlusses nicht statt. Zulässig ist jedoch, da § 318 nicht eingreift, die Selbstabänderung auf Antrag einer Partei.[199] Somit ist bei Einlegung einer Beschwerde gegen den Einstellungsbeschluß grundsätzlich zu prüfen, ob eine Abänderung in Betracht kommt.[200]

Darüber hinaus erachtet die h. M. entgegen dem Wortlaut des § 707 II 2 die sofortige Beschwerde nach § 793 für zulässig, dies allerdings nur in Fällen, in denen die gesetzlichen Voraussetzungen des § 707 verkannt sind, insbesondere ein Ermessensfehl- oder Ermessensnichtgebrauch vorliegt.[201] Eine präzise Umschreibung der Beschwerdevoraussetzungen ist kaum möglich. Die Gerichte neigen zu ad-hoc-Entscheidungen, mit denen unträgbare Konsequenzen aus der Welt geschafft werden. Unbestrittene Beispielsfälle sind:

- Anwendung des § 707 auf Fälle, für die die Regelung nicht vorgesehen ist.
- Einstellung ohne Sicherheitsleistung, obwohl der Antragsteller zu den Voraussetzungen des § 707 I 2 nichts vorgetragen hat.
- Ablehnung einer Maßnahme nach § 707 I, obwohl ein Grund hierfür schlechthin nicht erkennbar ist.

---

195) *Stein/Jonas*, § 707 Rd.Ziff. 7.
196) *Thomas/Putzo*, § 707, Anm. 5.
197) *Stein/Jonas*, § 707 Rd.Ziff. 19; *Thomas/Putzo*, § 707, Anm. 6 a.
198) *Thomas/Putzo*, § 707, Anm. 8; Teil B, Rd.Ziff. 634.
199) H. M., vgl. OLG Celle, MDR 86, 63; *Baumbach/Lauterbach/Albers/Hartmann*, § 707, Anm. 4 C.
200) *Zöller*, § 707 Rd.Ziff. 22; zu Besonderheiten bei der sofortigen Beschwerde vgl. unten Rd.Ziff. 128.
201) OLG Celle, MDR 86, 63; OLG Hamburg, ZMR 91, 27; *Baumbach/Lauterbach/Albers/ Hartmann*, § 707, Anm. 4 B; *Stein/Jonas*, § 707 Rd.Ziff. 23; *Zöller*, § 707 Rd.Ziff. 22; *Schneider*, MDR 80, 529 und MDR 85, 547, jeweils m. w. N.

Ob die bloße Nichtgewährung **rechtlichen Gehörs** die sofortige Beschwerde rechtfertigt, ist umstritten.[202] Unseres Erachtens nach ist die sofortige Beschwerde in diesen Fällen nur dann begründet, wenn der Beschwerdeführer weitere Gesichtspunkte vorträgt, die für sich gesehen eine anderweitige Sachentscheidung erforderlich machen. 126

Einstellungsbeschlüsse der Oberlandesgerichte unterliegen gemäß § 567 III der sofortigen Beschwerde nicht. Gleiches gilt nach § 567 III S. 1 in den Fällen, in denen das Landgericht als Berufungs- oder Beschwerdeinstanz entscheidet.[203] 127

Bestritten ist die Frage, ob das Erstgericht bei Einlegung einer sofortigen Beschwerde selbst noch eine **abändernde Entscheidung** erlassen darf. Stein/Jonas[204] lehnen dies unter Hinweis auf § 577 III ab. Wir sind anderer Auffassung. Wenn schon, im Gegensatz zu Beschlüssen etwa nach § 91 a, die auf § 707 gestützte Entscheidung vom Ausgangsgericht selbst abgeändert werden kann,[205] darf bei Einlegung einer sofortigen Beschwerde nichts anderes gelten. Hierfür sprechen vor allem praktische Gesichtspunkte. Die für die Zulässigkeit des Rechtsmittels geforderte greifbare und grundlegende Rechtsverletzung wird in aller Regel auch dem Ausgangsgericht einleuchten. Es bedeutete demnach nichts als eine unnötige Belastung des Beschwerdegerichts, wollte man der unteren Instanz die Selbstabänderung in diesem Falle verbieten. Ein Nichtabhilfebeschluß muß allerdings mangels gesetzlicher Voraussetzungen nicht ergehen, so daß das Ausgangsgericht die Sache auch ohne weiteres vorlegen kann. 128

Das Beschwerdegericht darf jedenfalls bei Ermessensfehlgebrauch der unteren Instanz keine eigene Sachentscheidung treffen. Es muß den angefochtenen Beschluß aufheben und die Sache an das Ausgangsgericht zurückverweisen.[206] Nur dann, wenn eine Ermessensausübung nicht stattzufinden hat, 129

Beispiele:
– Abweisung des Einstellungsantrags wegen Unanwendbarkeit des § 707.
– Rechenfehler bei der Ermittlung der Sicherheit.

erläßt das Beschwerdegericht eine Sachentscheidung.

II. Entscheidung gemäß §§ 707, 719 ZPO

1. Nach Einspruch gegen Versäumnisurteil oder Vollstreckungsbescheid

In diesen Fällen gilt gemäß § 719 I 2 die Besonderheit, daß die Zwangsvollstreckung nur gegen Sicherheitsleistung eingestellt werden darf, es sei denn, die mit dem Einspruch angefochtene Entscheidung ist nicht in gesetzlicher Weise ergangen oder die säumige Partei macht glaubhaft, daß ihre Säumnis unverschuldet war. Die Auslegung dieser Vorschrift ist umstritten. 130

Nach h. M. stellt § 719 I 2 nichts anderes als eine weitere Einschränkung des gemäß § 719 I 1 anzuwendenden § 707 I dar. Dessen Voraussetzungen müssen daher zusätzlich erfüllt sein, wenn die Zwangsvollstreckung ohne Sicherheitsleistung eingestellt werden 131

---

202) Bejahend: OLG Celle, MDR 86, 63; ablehnend: OLG Schleswig, SchlHA 75. 62 und 84, 164; BGH, NJW 90, 830 (für die Berufung): *Schneider*, MDR 80, 529; *Baumbach/Lauterbach/Albers/Hartmann*, § 707, Anm. 4 B b, aa.
203) So bereits die früher h. M., vgl. OLG Celle, NJW 67, 401; *Stein/Jonas*, § 707 Rd.Ziff. 24.
204) Rd.Ziff. 22, Fn. 67.
205) Siehe o. Rd.Ziff. 125.
206) H. M. OLG Oldenburg, Nds.Rpfl. 75, 22; *Stein/Jonas*, § 707 Rd.Ziff. 23; *Schneider*, MDR 80, 529; a. A. unter Bezugnahme auf die hier nicht einschlägige Entscheidung OLG Hamm, FamRZ 85, 307: *Baumbach/Lauterbach/Albers/Hartmann*, § 707, Anm. 4 C.

Vorläufige Vollstreckbarkeit

soll, d. h., der Schuldner muß nach § 707 I 2 glaubhaft machen, daß er zur Sicherheitsleistung nicht in der Lage ist und die Vollstreckung einen nicht zu ersetzenden Nachteil bringen würde.[207] Die Mindermeinung erachtet § 719 I 2 für abschließend und will auf die weitere Voraussetzung des § 707 I 2 nicht zurückgreifen.[208]

Für die h. M. spricht die Fassung des § 719 I, der in erster Linie auf § 707 verweist und für Versäumnisurteile eine zusätzliche Sonderregelung trifft. Der Schuldner wird hierdurch nicht in unzulässiger Weise benachteiligt. Ein Versäumnisurteil ist, auch wenn es nicht hätte erlassen werden dürfen, bei materieller Begründetheit gemäß § 343 aufrechtzuerhalten. Daraus rechtfertigt es sich, daß die Zwangsvollstreckung aus dem Versäumnisurteil bei Einspruch ohne Sicherheitsleistung des Gläubigers fortgesetzt werden darf und der Schuldner die Vollstreckung grundsätzlich nur gegen Sicherheitsleistung abwenden kann.

132 **In nicht gesetzlicher Weise** ist das Versäumnisurteil dann ergangen, wenn es trotz der Säumnis nicht hätte erlassen werden dürfen, insbesondere:

– bei Fehlen von Prozeßvoraussetzungen.
– bei nicht ordnungsgemäßer Ladung.
– im Falle eines Versäumnisurteils gegen den Beklagten bei Unschlüssigkeit der Klage.
– bei Vorliegen der in §§ 335, 337 aufgeführte Hindernisse.[209]

Diese Umstände sind von Amts wegen zu prüfen und bei Erlaß einer Entscheidung festzustellen.[210]

133 § 719 I 2 greift ein, wenn die säumige Partei glaubhaft macht, daß ihre Säumnis unverschuldet war. Es ist ein strenger Maßstab anzulegen, da der Gesetzgeber, wie aus dem Ausnahmecharakter des § 719 I 2 ersichtlich, die Stellung des Säumigen zum Vorteil des Gläubigers bewußt hat schwächen wollen.[211] Die Glaubhaftmachung erfolgt nach § 294.

2. In der Berufungsinstanz

134 Auch für das Berufungsverfahren verweist § 719 I 1 auf § 707. Es gilt daher das bereits Ausgeführte mit Ausnahme der Tatsache, daß § 719 I 2 nicht eingreift. In Beschwerdesachen ist allein die speziellere Vorschrift des § 572 anzuwenden.[212]

3. In der Revisionsinstanz

135 Die insoweit einschlägige Regelung des § 719 II ist dem § 712 nachgebildet. Sie stellt besonders strenge Voraussetzungen auf, um verzögernde Revisionen zu verhindern. Ein unersetzlicher Nachteil im Sinne der Vorschrift ist nur dann gegeben, wenn die Zwangsvollstreckung endgültige Verhältnisse schafft, die auch bei erfolgreicher Revision bestehen bleiben, z. B. wenn die Sicherheitsleistung des Gläubigers den denkbaren Schaden des Schuldners nicht abdeckt.[213] Kein unersetzlicher Nachteil liegt vor, wenn der Schuldner die ihm drohenden Schäden über § 712 hätte abwenden können.[214] Selbst drohender Konkurs des Schuldners infolge der Zwangsvollstreckung reicht nicht, wenn es sich bei dem Schuldner um eine Gesellschaft handelt, die sich bereits in der Liquidation befindet.[215]

---

207) KG, MDR 85, 330; *Stein/Jonas*, § 719 Rd.Ziff. 4; *Thomas/Putzo*, § 719, Anm. 2; *Zöller*, § 719 Rd.Ziff. 2.
208) LG Düsseldorf, MDR 81, 941; *Baumbach/Lauterbach/Albers/Hartmann*, § 719, Anm. 1 C.
209) *Zöller*, § 344 Rd.Ziff. 1; *Baumbach/Lauterbach/Albers/Hartmann*, § 344, Anm. 1.
210) *Stein/Jonas*, § 719 Rd.Ziff. 4.
211) *Baumbach/Lauterbach/Albers/Hartmann*, § 719, Anm. 1 C.
212) *Schneider*, Kosten, S. 338; *Thomas/Putzo*, § 707, Anm. 2 c.
213) BGHZ 21, 377.
214) BGHZ 16, 376 (zum inhaltlich entsprechenden § 713 II a. F.); BGH, MDR 91, 1085 = NJW 91, 1216.
215) BGH, MDR 87, 122; *Stein/Jonas*, § 719 Rd.Ziff. 7 ff.

Einstellung der Zwangsvollstreckung und Rechtsmittelverfahren

4. Beschwerderecht

Da auch § 707 II entsprechend anwendbar ist, gilt für die Beschwerde gegen Entscheidungen nach § 719 I und II das oben bereits Ausgeführte.[216] Die praktische Bedeutung des sich aus § 793 herleitenden, ohnehin stark eingeschränkten Beschwerderechts ist allerdings im Rechtsmittelverfahren sehr gering, da Beschlüsse der Landgerichte und der Oberlandesgerichte in Berufungssachen (§ 567 III, IV) und Beschlüsse des BGH generell nicht anfechtbar sind. Hier bleibt nur der Antrag auf **Selbstabänderung**.

136

III. Vorabentscheidungen im Rechtsmittelverfahren

1. Beschluß nach § 534 ZPO

a) Ausgangslage

Die teilweise Anfechtung eines Urteils hemmt nach h. M. dessen Rechtskraft in vollem Umfang. Der Grund hierfür leuchtet ohne weiteres ein: Auch ein beschränktes Rechtsmittel kann bis zum Schluß der mündlichen Verhandlung erweitert werden; des weiteren kann der Gegner sich dem Rechtsmittel gemäß §§ 522, 556 anschließen.[217] Eine Ausnahme gilt nur dann, wenn nach einer Teilanfechtung alle Verfahrensbeteiligten im übrigen auf Rechtsmittel verzichten.[218]

137

Dennoch bietet die unterbliebene Anfechtung eines Teils der vorinstanzlichen Entscheidung in aller Regel eine hohe Wahrscheinlichkeit für die insoweit endgültig eintretende Rechtskraft. Daher ermöglicht § 534 im Hinblick auf den nicht angefochtenen Teil eine uneingeschränkte **Vollstreckbarkeitsentscheidung.** Diese soll dem Berufungsbeklagten die ungehinderte Durchsetzung des nicht angegriffenen Teils ermöglichen und dem Berufungskläger eine kostengünstige Verzögerung der Zwangsvollstreckung, die sich andernfalls aus der Teilanfechtung ergäbe, erschweren. Soweit der Berufungskläger in erster Instanz ein vollstreckbares Urteil erstritten hat, ist auch er antragsberechtigt.[218a]

b) Anwendungsbereich

§ 534 regelt nach seinem Wortlaut folgende Fälle:

138

- Das Urteil der ersten Instanz ist nicht für vorläufig vollstreckbar erklärt.
- Das Urteil der ersten Instanz ist nicht unbedingt – also nur gegen Sicherheitsleistung – vorläufig vollstreckbar.

Betroffen sind also die Fallgruppen der §§ 709, 712. Es kommt nicht darauf an, ob die Vollstreckbarkeitsentscheidung richtig oder falsch ist; es entscheidet allein die Tatsache, daß die Voraussetzungen des § 534 I erfüllt sind.[219]

Darüber hinaus erfaßt § 534 I alle Fälle, in denen der Gläubiger zwar ohne Sicherheisleistung vollstrecken, der Schuldner die Zwangsvollstreckung jedoch nach § 711 abwenden darf, oder die Vollstreckbarkeit nach §§ 712 I 2, 720a beschränkt ist. Denn soweit der Schuldner das Urteil nicht anficht, besteht für derartige Vollstreckungshindernisse kein Anlaß mehr.[220]

---

216) Siehe o. Rd.Ziff. 130 ff.; *Baumbach/Lauterbach/Albers/Hartmann*, § 719, Anm. 3; *Zöller*, § 719 Rd.Ziff. 10; *Schneider*, MDR 80, 529 und 85, 547; a. A. OLG Düsseldorf, MDR 80, 675.
217) BGHZ 7, 144; OLG Karlsruhe, MDR 83, 676 und OLGZ 75, 484; *Baumbach/Lauterbach/Albers/Hartmann*, § 705, Anm. 2 A; *Zöller*, § 705 Rd.Ziff. 11; § 534 Rd.Ziff. 1; *Furtner*, S. 108.
218) OLG Hamburg, FamRZ 84, 706 f.
218a) Str., vgl. OLG Hamm, NJW-RR 90, 1470; *Waltermann*, NJW 92, 159.
219) *Furtner*, S. 108.
220) *Thomas/Putzo*, § 534, Anm. 1 c; *Furtner*, S. 108.

Vorläufige Vollstreckbarkeit

139 Nicht anwendbar ist § 534 demgegenüber, wenn die Zwangsvollstreckung aus dem Urteil kraft Gesetzes ausgeschlossen (§ 704 II) oder ohne besonderen Ausspruch zulässig ist, etwa in **Arrestsachen**.[221] Gleiches gilt, wenn der Rechtsmittelführer die Vollstreckbarkeitsentscheidung selbst angefochten hat. Dann kann nur § 718 eingreifen.[222]

140 Umstritten ist, ob die **Kostenentscheidung** des von der unteren Instanz erlassenen Urteils hinsichtlich der auf den nicht angefochtenen Teil entfallenden Quote für vorläufig vollstreckbar erklärt werden darf. Das wird von einigen für den Fall bejaht, daß die betreffende Quote eindeutig zu ermitteln ist.[223] In der Tat spricht für eine Anwendung des § 534 auf den Kostenerstattungsanspruch der Zweck der Regelung, die dem Gläubiger die alsbaldige Durchsetzung seiner Ansprüche sichern soll. Nicht ganz verständlich ist jedoch die von den Vertretern dieser Ansicht gemachte Einschränkung. Denn „eindeutig zu ermitteln" ist eine Kostenquote im Rahmen des § 92 I entweder immer oder nie.

Gegen die dargelegte Auffassung sprechen unserer Ansicht nach erhebliche Bedenken. Der Wortlaut des § 534 zwingt nicht zu dem Schluß, die Vollstreckbarkeitsentscheidung müsse sich auch auf die Kosten beziehen. Da gemäß § 534 I 1 eine Entscheidung nur auf Antrag ergeht, läßt sich die Auslegung vertreten, daß diese Entscheidung nur solche Ansprüche erfaßt, über die auf Antrag erkannt wird; hierzu gehört die Kostenentscheidung nach § 308 II gerade nicht. Außerdem nimmt das Herausgreifen einer Quote allein zugunsten des Rechtsmittelgegners dem Rechtsmittelführer, der ja im Rahmen seines Rechtsmittels durchaus obsiegen kann, die Möglichkeit der Kostenausgleichung nach § 106. Bei Erlaß eines Teilurteils der obsiegende Kläger in aller Regel ebenfalls bis zum Schlußurteil auf die Kostenentscheidung warten. Letztlich wird bei anderer Ansicht das Kostenfestsetzungsverfahren mit unnötigen Problemen belastet, da bei einer Änderung der Kostengrundentscheidung des angefochtenen Urteils auch ein erst in Anbetracht eines Beschlusses nach § 534 beantragter und erlassener Kostenfestsetzungsbeschluß wieder hinfällig wird.[224]

Wir vertreten daher die Ansicht, daß § 534 auf die Kostenentscheidung nicht anzuwenden ist.[225]

141 Man streitet außerdem um die Frage, ob der **Beschluß** selbst eine **Kostenentscheidung** enthalten muß. Unbezweifelbar entstehen im Vorfahren nach § 534 gemäß §§ 49 II, 37 Nr. 7 BRAGO besondere Kosten. Überwiegend wird daher eine Kostenentscheidung im Vollstreckbarkeitsbeschluß für notwendig erachtet. § 788 ist insoweit nämlich nicht anwendbar. Des weiteren meinen die Vertreter der dargelegten Auffassung, die Kostenentscheidung könne im Berufungsurteil nicht mehr nachgeholt werden, da diese Entscheidung sich auf einen anderen Streitgegenstand, nämlich den angefochtenen Teil des erstinstanzlichen Urteils beziehe. Als Grundlage der Kostenentscheidung sollen die §§ 91 ff. entsprechend herangezogen werden.[226] Wir folgen dieser Ansicht insoweit, als wir eine Kostenentscheidung im Beschluß selbst für vertretbar halten. Sie vereinfacht das Verfahren und verhindert ein gänzliches Übergehen der Kostenfrage. Wir sind aber andererseits der

---

221) Siehe o. Rd.Ziff. 8; *Thomas/Putzo*, § 534, Anm. 1 d.
222) *Furtner*, S. 110.
223) *Stein/Jonas*, § 534 Rd.Ziff. 2 (analog); *Zöller*, § 534 Rd.Ziff. 6 (einschränkend).
224) OLG Frankfurt/Main, Rpfleger 83, 456; s. o. Rd.Ziff. 110.
225) So auch OLG Schleswig, SchlHA 83, 168; MDR 85, 679; *Baumbach/Lauterbach/Albers/Hartmann*, § 534, Anm. 1; *Thomas/Putzo*, § 534, Anm. 1 b.
226) OLG Düsseldorf, MDR 55, 560; OLG Hamm, NJW 72, 2314; *Baumbach/Lauterbach/Albers/Hartmann*, § 534, Anm. 2 B; *Zöller*, § 534 Rd.Ziff. 14.

Einstellung der Zwangsvollstreckung und Rechtsmittelverfahren

Auffassung, daß die Kostenentscheidung im Berufungsurteil noch nachgeholt werden kann.[227]

Da es sich bei den Kosten des Beschlußverfahrens um abtrennbare Kosten handelt, braucht eine gemischte Kostenentscheidung nicht zu ergehen. Vielmehr ist gesondert zu entscheiden, etwa in der Form:

> Die aufgrund der Vorabentscheidung über die vorläufige Vollstreckbarkeit entstandenen Kosten trägt der Kläger/Beklagte.

Ein Beschluß nach § 534 ist kein Hindernis, den Berufungsantrag zu erweitern oder Anschlußberufung einzulegen; die Vollstreckbarkeitsentscheidung bleibt hiervon unberührt.[228] Eine Abänderung ist jedoch analog §§ 707, 719 möglich.[229]

142

c) Tenor

Die Vollstreckbarkeitsentscheidung muß zweifelsfrei erkennen lassen, hinsichtlich welcher Ansprüche die unbedingte Vollstreckbarkeit zulässig ist. Eine **Abwendungsbefugnis** darf dem Schuldner nicht eingeräumt werden.[230]

143

> **Beispiele:**
> – Das Urteil des Landgerichts X vom ... – Aktenzeichen: ... – wird bis zu einem Betrag von ... DM nebst ... Zinsen seit dem ... für ohne Sicherheitsleistung vorläufig vollstreckbar erklärt.
> – Die dem Beklagten im Urteil des Landgerichts X vom ... – Aktenzeichen: ... – eingeräumte Befugnis, die Zwangsvollstreckung gegen Sicherheitsleistung abzuwenden, wird auf den Betrag beschränkt, der ... DM nebst ... Zinsen seit dem ... übersteigt. Die Abwendungssicherheit beläuft sich nunmehr auf ... DM.
> – Kostenentscheidung:
> Die Kosten des Verfahrens trägt der Beklagte.

d) Rechtsmittel

Gemäß § 534 II ist der Beschluß unanfechtbar. Eine Abänderung stattgebender Beschlüsse kommt wegen deren faktischer Auswirkungen auf das Vollstreckungsverfahren nicht in Betracht.[231] Zum Teil wird vertreten, ablehnende Entscheidungen dürften auf Antrag geändert werden.[232] Dem ist zu folgen.

144

2. Teilurteil nach § 718 ZPO

Für den Fall, daß die Vollstreckbarkeitsentscheidung selbst als fehlerhaft gerügt wird, sieht das Gesetz eine **Vorabentscheidung** vor, die, da sie das angefochtene Urteil teilweise abändert, in der Form des Teilurteils ergehen muß.[233] Auch eine zurückweisende Entscheidung ergeht in dieser Form.[234]

Auf Antrag ist über die Vollstreckbarkeitsentscheidung vorab zu verhandeln, was allerdings nicht notwendig bedeutet, daß vor der Verhandlung zur Hauptsache ein eigener

145

---

227) So auch *Furtner*, S. 109 f.; allgemein zur Kostenentscheidung im Beschluß vgl. Teil B, Rd.Ziff. 632 ff.
228) *Baumbach/Lauterbach/Albers/Hartmann*, § 534, Anm. 2 B.
229) *Zöller*, § 534 Rd.Ziff. 9.
230) *Baumbach/Lauterbach/Albers/Hartmann*, § 534, Anm. 2 B; *Thomas/Putzo*, § 534, Anm. 2; *Zöller*, § 534 Rd.Ziff. 10.
231) *Baumbach/Lauterbach/Albers/Hartmann*, § 534, Anm. 2 C; *Stein/Jonas*, § 534 Rd.Ziff. 7; *Thomas/Putzo*, § 534, Anm. 2.
232) *Baumbach/Lauterbach/Albers/Hartmann*, § 534, Anm. 2 C.
233) OLG Karlsruhe, OLGZ 75, 484; *Zöller*, § 718 Rd.Ziff. 3.
234) *Thomas/Putzo*, § 718, Anm. 1.

Vorläufige Vollstreckbarkeit

Verhandlungstermin stattfinden muß.[235] Die abgesonderte Verhandlung kann dem Haupttermin auch unmittelbar vorausgehen. Ist die Zwangsvollstreckung bereits beendet, fehlt es für einen Antrag nach § 718 am Rechtsschutzbedürfnis.[236]

Über die **Art der Sicherheit** (§ 108 I) darf das Berufungsgericht im Rahmen des § 718 nicht befinden. Diese Entscheidung obliegt weiterhin der unteren Instanz. Anderes gilt nur dann, wenn Grund und Höhe der Sicherheitsleistung ebenfalls im Streit sind.[237] Das Teilurteil enthält selbstverständlich keine Kostenentscheidung.[238] Der Tenor kann etwa wie folgt formuliert werden:

> Auf die (Anschluß-)Berufung des Klägers wird das Urteil des Landgerichts X vom ... – Aktenzeichen: ... – im Ausspruch über die vorläufige Vollstreckbarkeit abgeändert und wie folgt neu gefaßt:
> ...

3. Beschluß nach § 560 ZPO

146 Die Regelung entspricht derjenigen des § 534, so daß auf die vorstehenden Ausführungen verwiesen werden kann.

IV. Rechtsmittel gegen Vollstreckbarkeitsentscheidungen

1. Anfechtung der Vollstreckbarkeits-Grundentscheidung

147 Die Frage, ob das von der unteren Instanz erlassene Urteil für vorläufig vollstreckbar zu erklären und ob Sicherheitsleistung anzuordnen war, kann nur Gegenstand einer Berufung sein, die allein auf diesen Punkt beschränkt bleiben darf.[239] Die Revision gegen obergerichtliche Urteile ist insoweit generell ausgeschlossen (§ 718 II).

2. Beschwerde gegen die Entscheidung nach § 108 I ZPO

148 Hat das Gericht es unterlassen, über die vorläufige Vollstreckbarkeit zu entscheiden, kann gemäß §§ 716, 321 der Erlaß eines Ergänzungsurteils beantragt werden. Die Ermessensentscheidung des Gerichts nach § 108 I ist, soweit ein bestimmter Antrag zurückgewiesen oder nicht behandelt wird, mit der Beschwerde anfechtbar.[240] Ebenso kann auf einen bestimmten Abänderungsantrag hin eine beschwerdefähige Entscheidung ergehen.[241]

Der Antragsteller ist berechtigt, seinerseits einen bestimmten Antrag zu stellen. Werden von keiner Seite Anträge vorgebracht, ist die Entscheidung des Gerichts nach § 567 I nicht anfechtbar.[242]

---

235) *Baumbach/Lauterbach/Albers/Hartmann*, § 534, Anm. 2.
236) OLG Köln, MDR 80, 764.
237) OLG Frankfurt/Main, NJW-RR 86, 486.
238) OLG Karlsruhe, FamRZ 87, 497; *Baumbach/Lauterbach/Albers/Hartmann*, § 718, Anm. 2.
239) *Thomas/Putzo*, Vorbem. §§ 708 ff., Anm. 7.
240) *Zöller*, § 108 Rd.Ziff. 16.
241) *Zöller*, § 108 Rd.Ziff. 16.
242) *Baumbach/Lauterbach/Albers/Hartmann*, § 108, Anm. 5; *Zöller*, § 108 Rd.Ziff. 16.

Teil D
Der Streitwert

1. Abschnitt
Allgemeine Grundsätze

§ 1 Streitwertarten

I. Allgemeines

Der Streitwert im Zivilprozeß ist in mehrfacher Hinsicht von Bedeutung. Es gibt einen Zuständigkeitsstreitwert, einen Rechtsmittelstreitwert, einen Gebührenstreitwert, einen Verurteilungsstreitwert und einen Bagatellstreitwert. Von besonderer Bedeutung für die einzelnen Streitwerte sind die §§ 2 bis 9 ZPO[1] sowie die §§ 12 bis 26 GKG.

Im Streitwertrecht sind verschiedene Grundsätze vorhanden, die für die Auslegung und Anwendung einzelner Streitwertrechtvorschriften zu berücksichtigen sind. Bedeutsam ist insbesondere das **wirtschaftliche Interesse** desjenigen, der einen Anspruch zur Entscheidung stellt[2]. Das ist in der Regel der Kläger. Es kann aber auch der Beklagte sein, wenn er „Antragsteller" ist.

> **Beispiele,** in denen der Beklagte Antragsteller ist:
> Widerklage, Aufrechnung, Rechtsmittel des Beklagten.

Das wirtschaftliche Interesse des Antragstellers ist für den Streitwert aber nicht allein von Bedeutung. Vielmehr gibt es zahlreiche Vorschriften und Prinzipien, die andere Kriterien in den Vordergrund stellen. Schumann[3] bezeichnet das Klägerinteresse deswegen auch als **„Auffangprinzip",** das vornehmlich im Rahmen des § 3 (§ 12 I GKG), der streitwertrechtlichen **Auffangvorschrift,** von Bedeutung ist.

Ein wichtiges anderes Prinzip besteht bei **bezifferten Leistungsklagen** darin, die im Antrag angegebene Summe, soweit es um die Hauptforderung geht, zugrunde zu legen[4]. Dabei kann das wirtschaftliche Interesse des Antragstellers ein anderes sein. Darüber hinaus dienen die besonderen Streitwertvorschriften der **Rechtssicherheit** und der **Gleichbehandlung**[5], so daß im Einzelfall auch deswegen das Interesse des Klägers in den Hintergrund rückt. So hat in manchen Fällen der Gesetzgeber den Streitwert auf eine bestimmte Höhe unabhängig vom Einzelfall begrenzt, um das Kostenrisiko überschaubarer zu halten[6].

> **Beispiele:**
> §§ 17, 17a, 20 II GKG, § 12 II GKG, § 22 AGBG.

1

2

3

4

---

1) Paragraphen ohne Gesetzesangabe sind solche der ZPO.
2) *Zöller,* § 3 Rd.Ziff. 2.
3) NJW 82, 1258.
4) Vgl. hierzu Stichwort „Bezifferter Leistungsantrag".
5) *Schumann,* NJW 82, 1258.
6) *Schumann,* NJW 82, 1258.

Der Streitwert, Allgemeine Grundsätze

II. Zuständigkeitsstreitwert

5   Nach §§ 23 Nr. 1, 71 I GVG hängt die sachliche Zuständigkeit des Amtsgerichts oder des Landgerichts in **vermögensrechtlichen Streitigkeiten** von einem bestimmten „Wert des Streitgegenstandes" ab, wenn nicht eine ausschließliche oder streitwertunabhängige Zuständigkeit besteht. Derzeit beträgt der Zuständigkeitsstreitwert 6000,– DM (§ 23 Nr. 1 GVG), d. h., bei Streitigkeiten über vermögensrechtliche Ansprüche, deren Gegenstand die Summe von 6000,– DM nicht übersteigt, ist das Amtsgericht zuständig, soweit keine Sonderregelungen eingreifen.

6   Es sind gemäß § 2 die Streitwertvorschriften der §§ 3 bis 9 anzuwenden. Maßgeblich ist danach grundsätzlich das wirtschaftliche Interesse des Antragstellers am Streitgegenstand[7].

III. Rechtsmittelstreitwert

7   Der Rechtsmittelstreitwert, der auch Beschwerdegegenstand oder Wert der Beschwer genannt wird, betrifft die Zulässigkeit eines Rechtsmittels[8]. Zu den Rechtsmitteln gehören die Berufung, die Revision und die Beschwerde[9]. Nach § 511 a ist die **Berufung** in vermögensrechtlichen Streitigkeiten unzulässig, wenn der Wert des Beschwerdegegenstandes einen bestimmten Betrag (derzeit: 1200,– DM) nicht übersteigt. Nach § 546 I findet die **Revision,** soweit sie nicht vom Oberlandesgericht zugelassen wird, unter den weiteren Zulässigkeitsvoraussetzungen in vermögensrechtlichen Streitigkeiten nur statt, wenn der Wert der Beschwer einen Betrag von (derzeit) 60 000,– DM übersteigt. Die **Beschwerde** gegen Entscheidungen über Kosten ist gemäß § 567 II zulässig, wenn der Wert des Beschwerdegegenstandes einen bestimmten Betrag (derzeit: 200,– DM für die Kostengrundentscheidung und im übrigen 100,– DM) übersteigt.

Ebenso wie beim Zuständigkeitsstreitwert finden für den Rechtsmittelstreitwert gemäß § 2 die §§ 3 bis 9 Anwendung.

IV. Gebührenstreitwert

8   Nach dem Gebührenstreitwert werden im Zivilprozeß die Gerichts- und die Anwaltsgebühren[10] berechnet. Die Gerichtsgebühren richten sich nach dem **„Wert des Streitgegenstandes"** (§ 11 II GKG). Gemäß § 7 I BRAGO werden die Anwaltsgebühren nach dem „Gegenstandswert" berechnet. Da sich nach § 8 I BRAGO der Gegenstandswert nach den für die Gerichtsgebühren geltenden Wertvorschriften bestimmt, soweit solche vorgesehen sind und für die Anwaltsgebühren gelten (vgl. § 10 I BRAGO), ist für die Gerichtsgebühren und die Rechtsanwaltsgebühren grundsätzlich ein einheitlicher Gebührenstreitwert maßgebend.

9   Dieser Gebührenstreitwert richtet sich nach den besonderen **Vorschriften** der §§ 12 ff. GKG (vgl. §§ 12 I GKG, 8 I BRAGO) sowie nach sonstigen Sonderregelungen.

   Beispiele:
   § 247 AktG (Anfechtungsklage), § 22 AGBG, § 148 KO.

   Subsidiär, d. h. soweit keine besonderen Vorschriften vorhanden sind, greifen gemäß § 12 I GKG die §§ 3 bis 9 ein.

---

7) *Schumann,* NJW 82, 1258; *Thomas/Putzo,* § 2 Anm. 4 a aa; vgl. o. Rd.Ziff. 3.
8) *Frank,* § 1 Anm. 2 = S. 1; *Thomas/Putzo,* § 2 Anm. 4 a, bb; *Zöller,* § 3 Rd.Ziff. 4.
9) Vgl. Rd.Ziff. Teil B Rd.Ziff. 178.
10) Vgl. zu den Gebühren im einzelnen Teil B, Rd.Ziff. 16 ff.

Der Gebührenstreitwert ist grundsätzlich Maßstab für die **Kostenverteilung** nach § 92[11]. 10
Ferner muß er bei der Ermittlung der **Sicherheitsleistung** nach den §§ 709 ff. für angefallene Kosten, die im Rahmen der Vollstreckung eingezogen werden können, berücksichtigt werden[12].

V. Weitere Streitwertarten

Neben den genannten Streitwertarten werden in der Zivilprozeßordnung folgende Streitwerte behandelt: 11

1. Bagatellstreitwert

Das Gericht kann nach § 128 III unter den dort genannten weiteren Voraussetzungen das 12
schriftliche Verfahren anordnen, wenn bei vermögensrechtlichen Streitigkeiten der Wert des Streitgegenstandes bei Einreichung der Klage (derzeit) 1200,– DM nicht übersteigt (= Bagatellstreitwert).

2. Verurteilungsstreitwert

Nach § 708 Nr. 11 ist ein Urteil in vermögensrechtlichen Streitigkeiten ohne **Sicherheitsleistung** für vorläufig vollstreckbar zu erklären, wenn der „Gegenstand der Verurteilung" in der Hauptsache 1500,– DM nicht übersteigt (= Verurteilungsstreitwert). Hier werden Parallelen zum Rechtsmittelstreitwert deutlich[13]. Auch insoweit gelten über § 2 die §§ 3 bis 9. 13

3. Vollstreckungsstreitwert

Im Rahmen der Immobiliarvollstreckung darf gemäß § 866 III eine **Sicherungshypothek** 14
nur für einen Betrag von mehr als 500,– DM eingetragen werden, wobei Zinsen unberücksichtigt bleiben (= Vollstreckungsstreitwert).

§ 2 Die Begriffe in den einzelnen Streitwertvorschriften

I. Vermögensrechtliche und nichtvermögensrechtliche Streitigkeiten

Die Begriffe „Streitigkeiten über vermögensrechtliche Ansprüche" bzw. „nichtvermögensrechtliche Streitigkeiten" sind für alle Streitwertarten von Bedeutung. 15
> **Beispiele:**
> §§ 23 Nr. 1, 71 I GVG (= Zuständigkeitsstreitwert); §§ 511 a I, 546 I (= Rechtsmittelstreitwert); § 12 II GKG (= Gebührenstreitwert); § 128 III (= Bagatellstreitwert); § 708 Nr. 11 (= Verurteilungsstreitwert).

---
11) Vgl. Teil B, Rd.Ziff. 195 ff.
12) Vgl. Teil C, Rd.Ziff. 28 ff.
13) *Frank*, S. 2; *Schumann*, NJW 82, 1262.

Der Streitwert, Allgemeine Grundsätze

16 Ob eine **vermögensrechtliche Streitigkeit** vorliegt, hängt allein von der Natur des Rechts ab, für das der Kläger Rechtsschutz begehrt; die Einwendungen des Beklagten haben hingegen keine Bedeutung[14]. Vermögensrechtlich ist jeder auf Geld gerichtete oder geldwerte Anspruch sowie jeder sonstige Anspruch, der auf einer vermögensrechtlichen Beziehung beruht, ohne daß es auf die Rechtsnatur des zugrunde liegenden Rechtsverhältnisses ankommt[15]. Alle übrigen Ansprüche sind **nicht vermögensrechtlicher Natur**.

Beispiele:

17 **Vermögensrechtliche Ansprüche:** Unterhaltsanspruch; Unterlassungsanspruch des gewerblichen Rechtsschutzes und nach § 824 BGB; Kostenstreit in einer nichtvermögensrechtlichen Angelegenheit, wenn die Kosten zur Hauptsache geworden sind; Klage aus Namensrecht, wenn es um die wirtschaftliche Verwertung geht; Feststellung der Echtheit einer Mietvertragsurkunde; Anfechtung von Hauptversammlungsbeschlüssen einer Aktiengesellschaft; Klage auf Ausschluß aus einer OHG, KG, AG, GmbH oder eines wirtschaftlichen Vereins; Streit um ein Patent[16].

18 **Nichtvermögensrechtliche Streitigkeiten:** Kindschaftssachen außer Unterhalt (§ 640); Widerrufs- und Unterlassungsansprüche, die den sozialen Geltungsanspruch des Klägers in der Öffentlichkeit vor drohender Beeinträchtigung schützen sollen[17]; Verletzung des Persönlichkeitsrechts[18]; Anspruch auf Unterlassung von Anrufen, die eine Störung des persönlichen Bereichs darstellen[19]; Klage auf Ausschluß aus einem Idealverein; Anspruch auf presserechtliche Gegendarstellung; Umbettung einer Leiche[20].

II. Streitgegenstand

19 Der Zuständigkeitsstreitwert, der Bagatellstreitwert und der Gebührenstreitwert werden nach dem „Streitgegenstand" („geltend gemachter Anspruch", „dem Werte des Gegenstandes") bestimmt.

Beispiele:
§§ 2, 128 III; §§ 11 II, 12 II, 14 II, 15 I, 19 I, 21 I, 23 GKG; § 7 I BRAGO.

Der Begriff „Streitgegenstand" oder inhaltsgleiche Wendungen finden sich auch in anderen gesetzlichen Regelungen, die sich nicht auf den Streitwert beziehen,

Beispiele:
§§ 148, 261 II

jedoch insbesondere für die Frage der Rechtshängigkeit, der Rechtskraft, der Klageänderung oder der Klagenhäufung von Bedeutung sind[21]. Eine Legaldefinition findet sich in der Zivilprozeßordnung nicht. Lediglich § 253 II Ziff. 2 bietet einen Anhaltspunkt für die inhaltlichen Anforderungen des Begriffs „Streitgegenstand". Danach muß die Klage-

---

14) *Baumbach/Lauterbach/Albers/Hartmann*, Übers. § 1 Anm. 3; *Hartmann*, § 12 GKG Anm. 2 B, *Hillach/Rohs*, S. 33, 36; *Markl*, § 12 Rd.Ziff. 4, 5; *Schneider*, Streitwert, Rd.Ziff. 3385 ff.; *Thomas/Putzo*, Einl. IV, Anm. 1.
15) BGHZ 14, 72; *Hartmann*, § 12 GKG Anm. 2 B; *Schellhammer*, LB, Rd.Ziff. 753; *Schneider*, Streitwert, Rd.Ziff. 3385.
16) Weitere Beispiele: vgl. *Baumbach/Lauterbach/Albers/Hartmann*, Übers. § 1 Anm. 3 B a; *Hartmann*, § 12 GKG Anm. 2 B; *Markl*, § 12 Rd.Ziff. 4, 6; *Schellhammer*, LB, Rd.Ziff. 753; *Thomas/Putzo*, Einl. IV 1.
17) BGH, NJW 86, 3143.
18) BGH, NJW 74, 1470.
19) BGH, NJW 85, 809.
20) Weitere Beispiele: vgl. *Baumbach/Lauterbach/Albers/Hartmann*, Übers. § 1 Anm. 3 B b; *Hillach/Rohs*, S. 36; *Markl*, § 12 Rd.Ziff. 5; *Schellhammer*, LB, Rd.Ziff. 753; *Schneider*, Streitwert, Rd.Ziff. 3391 ff.; *Thomas/Putzo*, Einl. IV 2 (Idealverein).
21) Weitere Beispiele bei *Anders/Gehle*, Rd.Ziff. 394; *Hillach/Rohs*, S. 5.

schrift die bestimmte Angabe des Gegenstandes und des Grundes des erhobenen Anspruchs sowie einen bestimmten Antrag enthalten.

In Literatur und Rechtsprechung werden unterschiedliche Theorien zum Streitgegenstand vertreten[22], deren Darstellung den Rahmen dieses Buches sprengen würde. Wir wollen uns deshalb auf den von der Rechtsprechung und einem Teil der Literatur[23] seit jeher vertretenen **zweigliedrigen Streitgegenstandsbegriff** beschränken. Danach wird der Streitgegenstand anhand des Klageantrages und des zur Begründung vorgetragenen Lebenssachverhaltes bestimmt. Auf den Antrag des Beklagten oder auf dessen vorgebrachte Einwendungen zum Klägerantrag kommt es nicht an[24]. Diese zweigliedrige Streitgegenstandstheorie hat ebenso wie die anderen Streitgegenstandstheorien Schwächen[25]. Sie kann z. B. im Rahmen des § 19 I GKG, der den Gebührenstreitwert bei Klage und Widerklage betrifft, nicht zugrunde gelegt werden[26]. Jedoch gehen wir im folgenden grundsätzlich von der zweigliedrigen Streitgegenstandstheorie aus, zumal für sie insbesondere § 253 II Nr. 2 spricht. Soweit hiervon Abweichungen erforderlich werden, wird dies bei den jeweiligen Ausführungen besonders hervorgehoben.

20

III. Beschwer und Beschwerdegegenstand

1. Rechtsmittelstreitwert

Für den Rechtsmittelstreitwert sind die Begriffe „Beschwer" (§ 546 I) und „Beschwerdegegenstand" (§§ 511 a, 567 II) von Bedeutung. Diese Begriffe sind unterschiedlich zu definieren. Der Ausdruck „**Beschwer**" (vgl. § 546 I) ist der umfassendere. Maßgeblich ist, ob der rechtskraftfähige Inhalt der Entscheidung für den Rechtsmittelkläger rechtlich nachteilig ist; auf den Umfang des Rechtsmittels (= Rechtsmittelantrag) kommt es nicht an[27]. Bei dem **Wert des Beschwerdegegenstandes** (§§ 511 a, 567 II) hingegen muß auch der Rechtsmittelantrag berücksichtigt werden, wobei allerdings der Wert der Beschwer die Grenze für den Wert des Beschwerdegegenstandes bildet[28]. Maßstab für die Beschwer ist dabei grundsätzlich das wirtschaftliche Interesse des Rechtsmittelführers an der vollständigen Beseitigung der ihn belastenden Entscheidung.

21

Der Streitwert der Vorinstanz, die Beschwer und der Beschwerdegegenstand müssen nicht identisch sein.

22

> **Beispiel:**
> Klage auf Zahlung von 10 000,– DM; Verurteilung in Höhe von 2500,– DM und im übrigen Klageabweisung; der Kläger legt hiergegen Berufung ein; er möchte mit der Berufung eine weitere Verurteilung in Höhe von 5000,– DM erreichen. Dann ergeben sich folgende Werte:

---

22) Vgl. *Frank*, S. 9 ff.; *Schellhammer*, LB, Rd.Ziff. 207; *Thomas/Putzo*, Einl. II; *Zöller*, Einl. Rd.Ziff. 60 ff.
23) BGHZ 27, 268; BGH, NJW 81, 2301; *Baumbach/Lauterbach/Albers/Hartmann*, § 2 Anm. 2; *Frank*, S. 10 f.; *Schellhammer*, LB, Rd.Ziff. 707; *Thomas/Putzo*, Einl. II.
24) So h. M.: BGH, NJW 81, 1097, 2306, 90, 1795; *Zöller*, Einl. Rd.Ziff. 60 ff.; *Stein/Jonas*, § 2 Rd.Ziff. 11; *Frank*, S. 27, jeweils m. w. N.
25) Vgl. hierzu näher *Anders/Gehle*, Rd.Ziff. 395 m. w. N.
26) Vgl. hierzu näher Stichwort „Widerklage", Rd.Ziff. 5.
27) BGH, NJW 84, 371; *Baumbach/Lauterbach/Albers/Hartmann*, § 546 Anm. 2 a; *Frank*, S. 16; *Schellhammer*, LB, Rd.Ziff. 945; *Stein/Jonas*, § 2 Rd.Ziff. 36; *Thomas/Putzo*, § 546 Anm. 3 b; *Zöller*, § 546, Rd.Ziff. 11 ff.
28) *Anders/Gehle*, Rd.Ziff. 619; *Baumbach/Lauterbach/Albers/Hartmann*, § 511 a Anm. 3 A; *Frank*, S. 19; *Schellhammer*, LB, Rd.Ziff. 953; *Stein/Jonas*, § 2 Rd.Ziff. 36; *Thomas/Putzo*, § 511 a Anm. 1; *Zöller*, § 511 Rd.Ziff. 4; vgl. auch Stichwort „Rechtsmittel", Rd.Ziff. 3.

Der Streitwert, Allgemeine Grundsätze

Streitwert der Vorinstanz	10 000,– DM,
Beschwer des Klägers	7 500,– DM,
Beschwer des Beklagten	2 500,– DM,
Beschwerdegegenstand	5 000,– DM.[29]

23 Da es auf den **rechtskraftfähigen Inhalt des Urteils** ankommt, kann eine Beschwer nicht allein darin liegen, daß der Tatbestand oder die Urteilsbegründung mit den Vorstellungen des Rechtsmittelklägers nicht übereinstimmt. Tatbestand und Entscheidungsgründe können lediglich zur Auslegung des Tenors mit herangezogen werden.

24 Für den **Kläger** kommt es auf die **formelle Beschwer** an, d. h. entscheidend ist, inwieweit die angefochtene Entscheidung von seinem Antrag abweicht[30].

25 Ist hingegen der **Beklagte** der Rechtsmittelkläger, ist die **materielle Beschwer** maßgeblich, d. h. es kommt darauf an, inwieweit die rechtskraftfähige Entscheidung ihn rechtlich benachteiligt; ob und welchen Antrag er gestellt hat, ist hingegen ohne Bedeutung[31].

26 Häufig findet sich der Satz, daß die Beschwer maximal so weit reicht, wie der Streitwert bzw. der Streitgegenstand der Vorinstanz[32]. Daran ist sicherlich richtig, daß sich die Beschwer nicht erst durch eine Widerklage bzw. durch eine Klageerweiterung ergeben kann[33]. Gleichwohl ist die Beschwer im Einzelfall höher als der Streitwert der Vorinstanz.

Beispiele:
1. Die Klage auf Zahlung von 1000,– DM wird abgewiesen. Auf die **Widerklage** wird der Kläger zur Zahlung von 1000,– DM verurteilt. Für den Zuständigkeitsstreitwert findet nach § 5 S. 2 keine Zusammenrechnung statt[34]. Wenn zudem derselbe Streitgegenstand i. S. des § 19 I 1 GKG vorliegt[35], beträgt der Gebührenstreitwert 1000,– DM. Der Kläger ist jedoch in Höhe von 2000,– DM beschwert.
2. Der Kläger macht einen Herausgabeanspruch (Wert der Sache: 500,– DM) und einen Anspruch auf Herausgabe der gezogenen **Nutzungen** in Höhe von 800,– DM geltend. Dann beträgt der Zuständigkeitsstreitwert 500,– DM, weil die gezogenen Nutzungen als Nebenforderungen gemäß § 4 I, 2. Halbs., nicht mitberücksichtigt werden[36]. Dasselbe gilt für den Gebührenstreitwert gemäß §§ 22 I, 12 I GKG, § 4 I, 2. Halbs. Wenn die Klage abgewiesen wird und der Kläger nur wegen der Nutzungen Berufung einlegt, ist aber der Nutzungsherausgabeanspruch selbständig zu bewerten, so daß die Beschwer dann 800,– DM beträgt[37].

27 Auch der Streitgegenstand der Vorinstanz kann nicht in jedem Fall die Begrenzung für die Beschwer darstellen.

Beispiele:
1. Wird über die hilfsweise zur Aufrechnung gestellte und bestrittene Forderung rechtskraftfähig entschieden (vgl. § 322 II), muß dies bei der Beschwer berücksichtigt werden[38]. Die Aufrechnung hat jedoch für den Streitgegenstand keine Bedeutung; sie stellt vielmehr nur ein Verteidigungsmittel dar[39].

---

29) Weitere Beispiele vgl. Stichwort „Rechtsmittel", Rd.Ziff. 3.
30) *Frank*, S. 17; *Schellhammer*, LB, Rd.Ziff. 945 f.; *Thomas/Putzo*, Vorbem. § 511, Anm. IV 2a; *Zöller*, vor § 511 Rd.Ziff. 11 ff.; vgl. auch Stichwort „Rechtsmittel", Rd.Ziff. 5 ff.
31) *Frank*, S. 17; *Schellhammer*, LB, Rd.Ziff. 945, 947; *Thomas/Putzo*, Vorbem. § 511 Anm. IV 2a; *Zöller*, vor § 511 Rd.Ziff. 17 ff.; vgl. auch Stichwort „Rechtsmittel", Rd.Ziff. 5 ff., 8.
32) *Baumbach/Lauterbach/Albers/Hartmann*, § 511a Anm. 3; *Thomas/Putzo*, § 2 Anm. 4a, bb.
33) BGH, MDR 88, 665; *Frank*, S. 24; *Thomas/Putzo*, Vorbem. § 511 Anm. IV 2b.
34) Vgl. Stichwort „Widerklage", Rd.Ziff. 1 ff.
35) Vgl. Stichwort „Widerklage", Rd.Ziff. 5.
36) Vgl. Stichwort „Nebenforderungen", Rd.Ziff. 4.
37) Vgl. Stichwort „Nebenforderungen", Rd.Ziff. 2 und Stichwort „Rechtsmittel", Rd.Ziff. 12.
38) Vgl. Stichwort „Aufrechnung", Rd.Ziff. 3 und Stichwort „Rechtsmittel", Rd.Ziff. 16.
39) *Anders/Gehle*, Rd.Ziff. 346; *Thomas/Putzo*, § 145 Anm. 2.

2. Die Beschwer ist auch höher als der Streitgegenstand der unteren Instanz, wenn unter Verstoß gegen § 308 I mehr zugesprochen oder abgewiesen wurde, als beantragt war[40].

2. Der Gebührenstreitwert

Der Gebührenstreitwert[41] bestimmt sich gemäß § 14 I 1 GKG nach den Anträgen des Rechtsmittelklägers oder gemäß § 14 I 2 GKG nach der Beschwer, soweit der Rechtsmittelkläger keine Anträge oder diese jedenfalls nicht innerhalb der Rechtsmittelbegründungsfrist einreicht. Nach § 14 II GKG wird der Streitwert zwar durch den Wert des Streitgegenstandes der ersten Instanz begrenzt; jedoch muß eine Erweiterung des Streitgegenstandes unter den Voraussetzungen des § 15 I GKG berücksichtigt werden. Daher können der Streitwert der Vorinstanz, die Beschwer, der Beschwerdegegenstand und der Gebührenstreitwert der Rechtsmittelinstanz unterschiedlich sein.

28

§ 3 Maßgeblicher Zeitpunkt

I. Zuständigkeitsstreitwert

Für den Zuständigkeitsstreitwert ist Bewertungsstichtag der Tag, an dem die Klage bei Gericht eingeht (§ 4 I). Spätere Wertänderungen

29

Beispiel:
Änderung des Wertpapierkurses

sind ohne Bedeutung[42]. Etwas anderes kann jedoch bei Änderungen des Streitgegenstandes gelten, nämlich dann, wenn die Voraussetzungen für eine Verweisung vom Amtsgericht an das Landgericht nach § 506 gegeben sind. Eine spätere Verminderung des Streitgegenstandes hat hingegen nach § 261 III Nr. 2 für die Zuständigkeit keine Bedeutung[43].

II. Rechtsmittelstreitwert

Für den Rechtsmittelstreitwert[44] kommt es im Falle der **Berufung** und der **Beschwerde** auf den Zeitpunkt der Rechtsmitteleinlegung an (§ 4 I). Die Ansicht von Schneider[45], der den Eingang der Berufungsbegründungsschrift für maßgeblich hält, wenn erst in ihr der Berufungsantrag enthalten ist, teilen wir nicht. Zwar kann in einem solchen Fall erst nach Eingang der Berufungsbegründung beurteilt werden, ob die Berufungssumme (§ 511 a) erreicht ist. Jedoch ist auch dann wegen des eindeutigen Wortlautes des § 4 I auf den Eingang der Rechtsmittelschrift abzustellen. Das ist bedeutsam, wenn zwischenzeitlich der Wert, etwa infolge von Kursschwankungen, sinkt. Dies hat nach unserer Ansicht für die Zulässigkeit des Rechtsmittels keine Bedeutung[46]. Etwas anderes kann hingegen gelten,

30

---

40) *Baumbach/Lauterbach/Albers/Hartmann*, § 308 Anm. 1 D; *Frank*, S. 24 f.; *Thomas/Putzo*, § 308 Anm. 1 d; vgl. auch Stichwort „Rechtsmittel", Rd.Ziff. 9.
41) Vgl. hierzu näher Stichwort „Rechtsmittel", Rd.Ziff. 23 ff.
42) *Schellhammer*, LB, Rd.Ziff. 1202; *Thomas/Putzo*, § 4 Anm. 1 a, aa; *Zöller*, § 4 Rd.Ziff. 2.
43) *Schellhammer*, LB, Rd.Ziff. 1202; *Thomas/Putzo*, § 4 Anm. 1 a, aa.
44) Vgl. hierzu näher Stichwort „Rechtsmittel", Rd.Ziff. 21 f.
45) *Zöller*, § 4 Rd.Ziff. 4.
46) So auch *Thomas/Putzo*, § 4 Anm. 1 b.

Der Streitwert, Allgemeine Grundsätze

wenn der Rechtsmittelführer später freiwillig seinen Antrag reduziert und dadurch die Berufungs- bzw. Beschwerdesumme nicht mehr erreicht wird[47].

31 Für die **Revision,** bei der es allein auf die Beschwer ankommt (§ 546 I), ist der Erlaß des Berufungsurteils entscheidend; spätere Veränderungen nach diesem Zeitpunkt haben grundsätzlich keine Bedeutung[48].

Jedoch kann sich der Rechtsmittelführer hinsichtlich der Höhe der Beschwer auf Tatsachen berufen, die sich nicht aus den Akten ergeben. Soweit diese Tatsachen eines Nachweises bedürfen, sind sie glaubhaft zu machen; § 546 II steht dem nicht entgegen, da mit dieser Vorschrift nur verhindert werden sollte, daß eine Revision, die im Vertrauen auf die Wertfestsetzung des Berufungsgerichts eingelegt worden war, mit der Begründung verworfen wird, der Wert sei in Wirklichkeit niedriger[49].

III. Gebührenstreitwert

32 Für den Gebührenstreitwert gelten grundsätzlich dieselben Prinzipien (§§ 12 I GKG, § 4 I), d. h., es kommt grundsätzlich auf den Eingang der Klage bzw. der Rechtsmittelschrift an[50]. Allerdings trifft § 15 I GKG eine Sonderregelung für den Fall, daß sich bei Beendigung der Instanz der Streitwert bei unverändertem Streitgegenstand erhöht hat. Dann ist auf den Zeitpunkt der Beendigung der Instanz abzustellen. Vorübergehende, bei Beendigung der Instanz nicht mehr vorhandene Werterhöhungen bleiben unberücksichtigt[51]. Auf den Fall der Änderung des Streitgegenstandes ist § 15 I GKG nicht anzuwenden; vielmehr sind dann die Gebühren nach dem jeweils maßgeblichen Streitwert zu dem Zeitpunkt, zu dem sie anfallen, zu berechnen[52].

> **Beispiel:**
> Verhandlungsgebühr gemäß § 31 I Nr. 2 BRAGO, die mit dem Stellen der Anträge (vgl. § 147 I) entsteht[53].

33 Bei den **Rechtsmitteln** greift für den Gebührenstreitwert die Sonderregelung des § 14 ein. Über § 14 II 3 GKG gilt aber auch § 15 I, so daß es im Falle eines Urteils auf den Schluß der letzten mündlichen Tatsachenverhandlung ankommt, wenn während der Einlegung des Rechtsmittels eine Werterhöhung ohne Veränderung des Streitgegenstandes eingetreten ist und bis zu diesem Zeitpunkt noch andauert.

---

47) Vgl. *Thomas/Putzo,* § 4 Anm. 1 b; vgl. auch Stichwort „Rechtsmittel", Rd.Ziff. 22.
48) BGH, NJW 89, 2755; *Stein/Jonas,* § 4 Rd.Ziff. 9; *Thomas/Putzo,* § 2 Anm. 4 b; § 546 Anm. 3 c a. E.; *Zöller,* § 546 Rd.Ziff. 1 f.
49) BGH, NJW 81, 579; Beschluß vom 17. 9. 1990 (IV 2 R 294/89).
50) *Stein/Jonas,* § 4 Rd.Ziff. 11; *Thomas/Putzo,* § 4 Anm. 1 a, bb; *Zöller,* § 4 Rd.Ziff. 6.
51) *Schneider,* Streitwert, Rd.Ziff. 3744, 3750; *Stein/Jonas,* § 4 Rd.Ziff. 12, Zöller, § 4 Rd.Ziff. 6; vgl. auch Stichwort „Rechtsmittel", Rd.Ziff. 30.
52) *Stein/Jonas,* § 4 Rd.Ziff. 12; *Zöller,* § 4 Rd.Ziff. 6; vgl. auch Stichwort „Rechtsmittel", Rd.Ziff. 30.
53) Vgl. Teil B, Rd.Ziff. 76 ff.

§ 4 Streitwertfestsetzung

I. Allgemeines

Die **Parteiangaben** zum Streitwert sind bei allen Streitwertarten für das Gericht nicht bindend[54]. Vielmehr setzt das Gericht den Streitwert gemäß § 12 I GKG, § 3 nach freiem Ermessen fest. Die Partei ist an ihre Angaben zum Streitwert auch nicht gebunden. Sie darf hierzu später einen anderen Standpunkt einnehmen.

Zuständig für die Streitwertfestsetzung ist grundsätzlich das Gericht, bei dem sich das betreffende Verfahren befindet. Für die Kammer für Handelssachen ist allerdings eine Sonderregelung in § 349 II Nr. 11 vorgesehen; insoweit ist nicht die Kammer, sondern der Vorsitzende zuständig.

Darüber hinaus enthält § 546 II für den Rechtsmittelstreitwert einer **Revision** eine Sonderbestimmung. Der Wert der Beschwer wird in vermögensrechtlichen Streitigkeiten von dem Oberlandesgericht festgesetzt, und das Revisionsgericht ist daran gebunden, wenn der festgesetzte Wert der Beschwer 60 000,– DM übersteigt. In derartigen Fällen kann das Revisionsgericht lediglich die Annahme der Revision nach § 554 b ablehnen. Setzt das Oberlandesgericht die Beschwer jedoch niedriger an (60 000,– DM oder weniger), und läßt es des weiteren die Revision nicht zu, ist das Rechtsmittel unstatthaft, wenn sich das Revisionsgericht dieser Meinung anschließt. Es kann jedoch die Beschwer höher bewerten, wobei hier auch von den Parteien vorgetragene Tatsachen, die sich nicht aus den Akten ergeben, berücksichtigt werden können[55].

II. Besonderheiten zum Zuständigkeitsstreitwert

Grundsätzlich wird über den Zuständigkeitsstreitwert erst im Urteil, und zwar nicht im Tenor, sondern in den Entscheidungsgründen entschieden. Ausführungen zur sachlichen Zuständigkeit erfolgen in der Regel nur dann, wenn diese Frage problematisch ist oder wenn die Parteien sich darüber streiten. Das Gericht hat aber auch die Möglichkeit, vorab über die Zuständigkeit, und zwar inzidenter durch einen Verweisungsbeschluß nach § 281 oder in einem Zwischenurteil nach § 280 zu entscheiden. Ein Zwischenurteil nach § 280 I ist grundsätzlich mit einem erheblichen Zeitverlust verbunden und wird daher nur dann in Betracht kommen, wenn die Frage der sachlichen Zuständigkeit einen Kernpunkt des Streites zwischen den Parteien bildet.

Soweit das Gericht in einem gesonderten Beschluß nach § 329 zur Zuständigkeit Stellung nimmt, tritt eine Bindungswirkung erst mit der Endentscheidung ein[56].

Grundsätzlich ist die Entscheidung über den Zuständigkeitsstreitwert nur zusammen mit der Hauptsacheentscheidung **anfechtbar**. Eine Ausnahme bildet das Zwischenurteil nach § 280 I, das gemäß § 280 II bezüglich der Rechtsmittel als Endurteil i. S. der §§ 511, 545 I anzusehen ist. Daher ist das Rechtsmittel in derartigen Fällen bei Vorliegen der weiteren Zulässigkeitsvoraussetzungen zulässig.

---

54) OLG Bamberg, JurBüro 87, 1831; *Thomas/Putzo*, § 2 Anm. 4 c.
55) Vgl. o. Rd.Ziff. 31.
56) *Schellhammer*, LB, Rd.Ziff. 1211; *Thomas/Putzo*, § 2 Anm. 3 c.

III. Rechtsmittelstreitwert

39 Für den Rechtsmittelstreitwert gelten im wesentlichen dieselben Grundsätze wie für den Zuständigkeitsstreitwert. In der Regel wird darüber erst im Urteil entschieden. Das Rechtsmittelgericht kann aber auch durch ein Zwischenurteil (§ 280 I) oder durch einen gesonderten Beschluß über den Rechtsmittelstreitwert entscheiden. Für die Revision gelten darüber hinaus die Besonderheiten des § 546 II[57].

IV. Gebührenstreitwert

1. Allgemeines

40 Für die Festsetzung des Gebührenstreitwertes im Zivilprozeß ist ein besonderes Verfahren in § 25 GKG i. V. m. §§ 9, 10 BRAGO vorgesehen. Die Wertfestsetzung für die **Gerichtsgebühren** erfolgt nach § 25 GKG. Eine solche Entscheidung ist gemäß § 9 I BRAGO in der Regel auch für die **Rechtsanwaltsgebühren** maßgeblich. Nur wenn sich die Rechtsanwaltsgebühren nicht nach dem für die Gerichtsgebühren maßgeblichen Wert berechnen

> **Beispiel:**
> Der Rechtsanwalt vertritt nur einen Streitgenossen, gegen den die Klage zurückgenommen wird; die anderen Streitgenossen machen andere Ansprüche geltend.

oder wenn es an einem solchen Wert fehlt, erfolgt eine gesonderte Wertfestsetzung für die Rechtsanwaltsgebühren nach § 10 BRAGO.

41 §§ 9, 10 BRAGO gelten nur für die Wertfestsetzung in einem **gerichtlichen Verfahren** einschließlich des Mahnverfahrens, wobei auch diejenige Tätigkeit des Rechtsanwalts umfaßt wird, die das gerichtliche Verfahren vorbereitet oder außergerichtlich begleitet (§ 8 I 2 BRAGO)[58]. Kommt es nicht zu einem gerichtlichen Verfahren oder betrifft die Tätigkeit von vornherein kein gerichtliches Verfahren,

> **Beispiel:**
> Beratung im Rahmen eines Vertragsabschlusses

hat der Rechtsanwalt den Gegenstandswert selbst zu beurteilen; ist der Gegner damit nicht einverstanden, muß der Rechtsanwalt seine Gebühren einklagen, wobei sich dann das Gericht auch mit dem Gegenstandswert zu beschäftigen hat[59].

42 Eine **gesonderte Streitwertfestsetzung** nach § 25 GKG (i. V. m. § 9 I BRAGO) erfolgt nicht, wenn eine Entscheidung des Prozeßgerichts in der betreffenden Instanz zum Zuständigkeitsstreitwert oder Rechtsmittelstreitwert ergangen ist (§ 24 S. 1 GKG), es sei denn, daß für den Gebührenstreitwert die besonderen Regelungen der §§ 14 bis 20 GKG gelten (§ 24 S. 2 GKG). Durch die Verweisung in § 24 S. 2 GKG auf §§ 14, 15 GKG wird verdeutlicht, daß der dargestellte Grundsatz nur gilt, wenn keine unterschiedlichen Zeitpunkte maßgeblich sind[60]. Eine gesonderte Gebührenstreitwertfestsetzung ist auch dann erforderlich, wenn der Zuständigkeitsstreitwert bzw. der Rechtsmittelstreitwert nicht in bestimmter Höhe festgesetzt ist; § 24 S. 1 GKG hat in diesen Fällen nur insoweit eine Bindungswirkung, als bei bejahter Zuständigkeit des Landgerichts ein Streitwert von

---

[57] Vgl. o. Rd.Ziff. 36.
[58] *Hartmann*, § 9 BRAGO Anm. 1.
[59] *Hartmann*, § 9 BRAGO Anm. 1.
[60] *Hartmann*, § 24 GKG Anm. 2 c.

mindestens 6000,- DM (vgl. §§ 23 Nr. 1, 71 I GKG) und bei bejahter Zulässigkeit der Berufung ein Streitwert von über 1200,- DM (vgl. § 511 a) angenommen werden muß[61].

2. Festsetzung nach § 25 GKG, § 9 BRAGO

a) Zuständigkeit

Das **Prozeßgericht** setzt den Gebührenstreitwert fest, wenn es dies für angemessen erachtet (§ 25 I 1 GKG) oder wenn es beantragt wird. Das gilt nur für die förmliche Festsetzung. Zuständig ist der zur Entscheidung über die Sache berufene Richter bzw. der Spruchkörper der jeweiligen Instanz, für die die Festsetzung erfolgen soll. Bei den Kammern für Handelssachen kann der Vorsitzende ohne Mitwirkung der Handelsrichter entscheiden (§ 349 II Nr. 11). Soweit der Rechtspfleger das Geschäft bearbeitet, nimmt er als der zuständige Richter die Festsetzung selbst vor (§ 4 I RpflG)[62].

Wenn kein Antrag i. S. des § 25 I 1 GKG gestellt wird und das Prozeßgericht eine Streitwertfestsetzung auch nicht für angemessen hält, entscheidet der **Urkundsbeamte der Geschäftsstelle** als das zur Kostenberechnung berufene Organ, indem er in einem nicht förmlichen Verfahren bei der Berechnung der Kosten einen bestimmten Gebührenstreitwert annimmt (vgl. §§ 4 I, 5 I KostVfg.)[63]. Üblich ist es, daß der Urkundsbeamte in Zweifelsfragen den Richter um die Festsetzung des Gebührenstreitwertes bittet. Da er jedoch kein Antragsrecht hat, kann dies nur als Anregung verstanden werden, auf die der Richter aber in der Regel reagieren wird, obwohl er dazu grundsätzlich

> **Ausnahme:**
> Ermessensschrumpfung auf Null

nicht verpflichtet ist.

43

44

b) Antrag

Wenn das Prozeßgericht keine Festsetzung von Amts wegen für angemessen erachtet, ist ein Antrag erforderlich.

Antragsberechtigt sind die in § 25 I 1 GKG genannten Personen bzw. Stellen, nämlich jede Partei, die weiter am Verfahren Beteiligten sowie die Staatskasse (Bezirksrevisor) und gemäß § 9 II S. 1 BRAGO jeder am Verfahren beteiligte Rechtsanwalt.

Der Antrag kann gemäß § 25 I 2 GKG **schriftlich** oder zu **Protokoll der Geschäftsstelle** gestellt werden. Ein Anwaltszwang besteht nicht (vgl. § 78 III).

45

46

47

c) Rechtsschutzbedürfnis

Wie bei jeder gerichtlichen Entscheidung muß auch für die Festsetzung des Gebührenstreitwertes ein Rechtsschutzbedürfnis vorliegen[64]. Dieses fehlt z. B., wenn der Gebührenstreitwert ohne jede Schwierigkeit errechnet werden kann.

> **Beispiel:**
> Bezifferte Leistungsklage[65].

Der eigene Antrag des **Rechtsanwaltes** ist wegen fehlenden Rechtsschutzbedürfnisses unzulässig, wenn der Rechtsanwalt aus keinem denkbaren Gesichtspunkt ein eigenes rechtliches Interesse an der Festsetzung hat[66].

48

---

61) *Hartmann*, § 24 GKG Anm. 2 a, aa; *Thomas/Putzo*, § 2 Anm. 3 c.
62) *Hartmann*, § 25 GKG Anm. 2 B b, cc.
63) *Hartmann*, § 25 GKG Anm. 1 B.
64) *Hartmann*, § 25 GKG Anm. 2 B d.
65) *Hartmann*, § 25 GKG Anm. 2 B d; a. A. OLG Frankfurt, Rpfl. 82, 487.
66) *Hartmann*, § 9 BRAGO Anm. 3 A.

Der Streitwert, Allgemeine Grundsätze

d) Sonstige Verfahrensfragen

49 Eine zeitliche Begrenzung für das Antragsrecht und den Erlaß der Entscheidung über den Gebührenstreitwert gibt es nicht. Insbesondere ist eine solche Entscheidung auch noch nach Abschluß des gesamten Verfahrens zulässig[67]. Eine mündliche Verhandlung ist nicht zwingend, kann aber erfolgen[68].

3. Entscheidung

a) Form

50 Das Prozeßgericht entscheidet über den Gebührenstreitwert gemäß § 25 I 1 GKG durch Beschluß[69]. Die **Gerichtsferien** haben keine Bedeutung, da die Streitwertfestsetzung zum Kostenfestsetzungsverfahren i. S. des § 202 GVG gehört[70].

51 In den Fällen, in denen sich der Gebührenstreitwert nicht ohne weiteres aus dem Antrag selbst ergibt,

Beispiel:
Zahlungsklage

findet sich häufig **am Ende des Urteils,** und zwar nach den Ausführungen zu den prozessualen Nebenentscheidungen und vor der Unterschrift der Richter, eine **Streitwertfestsetzung**.

Beispiel:
„Die prozessualen Nebenentscheidungen beruhen auf §§ 91 I 1, 1. Halbs., 709 S. 1 ZPO.
Der Streitwert wird auf 1000,– DM festgesetzt (§ 19 I GKG). Oder kürzer:
Streitwert: 1000,– DM (§ 19 I GKG).
Maier   Schulz   Müller
(= Unterschriften der Richter)."

Diese Streitwertfestsetzung ist kein Bestandteil des Urteils, sondern stellt einen eigenständigen Beschluß gemäß § 25 I 1 GKG dar[71]. Nur aus Vereinfachungsgründen wird dieser Beschluß unter das Urteil gesetzt, weil man sich dadurch die nochmalige Angabe der Parteien, ihrer Prozeßbevollmächtigten, ihrer Parteistellung usw. sowie die Unterschriften und jedenfalls einen Teil der Begründung erspart.

52 Die Streitwertfestsetzung ist grundsätzlich zumindest stichwortartig zu **begründen**, damit die Grundlage für eine Nachprüfbarkeit und Nachvollziehbarkeit für die Parteien geschaffen wird. Dies hat spätestens zu erfolgen, wenn das Gericht einer Beschwerde nicht abhilft[72]. Der Gesetzgeber hat zwar eine Begründung in § 25 GVG nicht vorgeschrieben. Zudem ist in der allgemein für Beschlüsse geltenden Vorschrift des § 329 der § 313 nicht zitiert. Jedoch folgt die Notwendigkeit, den Streitwertbeschluß zu begründen, aus Art. 20 III GG[73]. Dabei kann im Einzelfall das Zitat der angewendeten Vorschrift ausreichen. Dies gilt insbesondere bei Streitwertbeschlüssen, die unmittelbar unter das Urteil gesetzt werden, weil sich die Einzelheiten zum Sach- und Streitstand schon aus dem Tatbestand und aus den Entscheidungsgründen ergeben und diese in der Regel auch für den Gebührenstreitwert von Bedeutung ist.

---

67) *Hartmann,* § 25 GKG Anm. 2 B c.
68) *Hartmann,* § 25 GKG Anm. 2 B c.
69) Allgemein zur Form eines Beschlusses vgl. *Anders/Gehle,* Rd.Ziff. 235 ff.
70) OLG Nürnberg, JurBüro 81, 1548.
71) *Anders/Gehle,* Rd.Ziff. 234; *Hartmann,* § 25 GKG Anm. 2 C a; *Schneider,* Kosten, S. 42; *Schneider,* Streitwert, Rd.Ziff. 4069.
72) KG, NJW 74, 2010; OLG Köln, NJW-RR 91, 1280; LAG Baden-Württemberg, JurBüro 90, 1272; *Hartmann,* § 25 GKG, Anm. 2 C b; *Schneider,* Streitwert, Rd.Ziff. 4102, 4107.
73) BVerfGE 6, 44; OLG Karlsruhe, MDR 86, 1034; *Baumbach/Lauterbach/Albers/Hartmann,* § 329 Anm. 1 b, aa.

Da das Gericht nicht immer allein aufgrund des Sach- und Streitstandes den Gebührenstreitwert festsetzen kann, ist es auf weitere **Angaben der Parteien** zum Streitwert angewiesen. Hierzu ist der Kläger nach § 23 GKG verpflichtet, wobei er gemäß § 23 II GKG diese Angaben jederzeit ändern kann. Das Gericht selbst ist an die Angaben des Klägers nicht gebunden. Soweit keine konkreten Anhaltspunkte vorhanden sind, nimmt es eine **Schätzung** vor. Dabei kann allerdings auch ein Sachverständigengutachten gemäß § 26 GKG eingeholt werden. Dies sollte aber nur in bedeutsamen, schwierig zu beurteilenden Fällen erfolgen, da das Sachverständigengutachten mit nicht unerheblichen Kosten verbunden ist[74]. Die Kosten des Sachverständigengutachtens trägt grundsätzlich der Staat. Ausnahmsweise sind sie der Partei aufzuerlegen, die sie schuldhaft verursacht hat, etwa wenn schuldhaft überhaupt keine anderweitigen Wertangaben erfolgen und nur deshalb die Einholung des Gutachtens erforderlich wird.

53

Der **Festsetzungsbeschluß** muß im Falle einer mündlichen Verhandlung verkündet werden (§ 329 I). Im übrigen reicht grundsätzlich eine formlose Mitteilung von Amts wegen aus. Eine förmliche **Zustellung** ist gemäß § 329 II, III nur vorgesehen, wenn die Entscheidung eine Terminsbestimmung enthält, eine Frist in Lauf setzt, einen Vollstreckungstitel bildet oder der sofortigen Beschwerde bzw. der befristeten Erinnerung unterliegt. Abgesehen von dem Fall des § 107, trifft dies für die Streitwertfestsetzung nicht zu[75]. Insbesondere wird keine Frist in Lauf gesetzt, zumal die Frist zur Abänderung gemäß § 25 I 4 GKG keine Frist i. S. des § 329 II 2 ZPO darstellt[76].

54

4. Änderung des Festsetzungsbeschlusses

Das Gericht kann gemäß § 25 I 3 GKG den Festsetzungsbeschluß von Amts wegen innerhalb von 6 Monaten nach Rechtskraft der Hauptsacheentscheidung oder der anderweitigen Erledigung des Verfahrens (§ 25 I 4 GKG) ändern. Grundsätzlich ist hierzu nur das festsetzende Gericht befugt. Das Rechtsmittelgericht kann den Festsetzungsbeschluß der unteren Instanz nur ändern, wenn und solange das Verfahren über die Hauptsache, den Streitwert, den Kostenansatz oder die Kostenfestsetzung in der Rechtsmittelinstanz anhängig ist[77]. Nach Abschluß des Rechtsmittelverfahrens ist das Rechtsmittelgericht allerdings auf Gegenvorstellung des Betroffenen befugt, die von ihm selbst erlassene Entscheidung abzuändern[78].

55

Die Änderungsbefugnis rechtfertigt aber keine Erstfestsetzung für das **Rechtsmittelgericht**[79]. Aus dieser Zuständigkeitsverteilung folgt auch, daß das Instanzgericht an die Streitwertfestsetzung der höheren Instanz, die erstmalig den Streitwert für sich festsetzt, nicht gebunden ist[80]. Hat das Rechtsmittelgericht den Streitwert geändert, erlischt die Abänderungsbefugnis der Vorinstanz[81].

56

Die Änderung ist nur innerhalb von 6 Monaten nach Rechtskraft der Hauptsacheentscheidung oder anderweitiger Erledigung des Verfahrens zulässig (§ 25 I 4 GKG). Unter Erledigung in diesem Sinne ist nicht nur die Erledigung in einer Instanz, sondern auch die Erledigung des Rechtsstreits zu verstehen[82].

57

---

74) *Hartmann*, § 26 GKG Anm. 2 A; *Schneider*, Streitwert, Rd.Ziff. 209.
75) *Hartmann*, § 25 GKG Anm. 2 C d.
76) *Schneider*, Streitwert, Rd.Ziff. 42.
77) OLG Hamm, Rpfleger 73, 107; *Hartmann*, § 25 GKG Anm. 3 B b; a. A. OLG Frankfurt, MDR 82, 589; vgl. auch *Schneider*, MDR 89, 781.
78) Hess. VGH, JurBüro 90, 1465.
79) *Schneider*, Streitwert, Rd.Ziff. 22.
80) OLG Hamm, JurBüro 59, 473; *Schneider*, Streitwert, Rd.Ziff. 22.
81) *Schneider*, Streitwert, Rd.Ziff. 24.
82) *Schneider*, Streitwert, Rd.Ziff. 40.

Beispiele:
Prozeßvergleich; beim Teilanerkenntnisurteil erst ab Rechtskraft der Schlußentscheidung.

Durch die Gerichtsferien wird der Lauf der Frist des § 25 I 4 GKG nicht gehemmt.

58 Bestritten ist, ob eine Änderung des Festsetzungsbeschlusses auch erfolgen kann, wenn dadurch die **Kostenentscheidung unrichtig** wird; Bedenken ergeben sich deshalb, weil nach § 99 I die Kostenentscheidung nicht isoliert anfechtbar ist[83].

Diejenigen, die eine Streitwertänderung für zulässig erachten, vertreten teilweise weiter die Auffassung, daß die Kostenentscheidung nach § 319 zu berichtigen ist. Nach unserer Auffassung findet § 319 keine Anwendung, weil die dort genannten Voraussetzungen nicht gegeben sind. Daher ist die Änderung der Kostenentscheidung nach unserer Auffassung nicht möglich. Daraus folgt jedoch nicht gleichzeitig, daß eine Änderung der Streitwertfestsetzung unmöglich ist. Die Wertfestsetzung hat nämlich nicht nur für die Kostenentscheidung, sondern auch für die Höhe der zu berechnenden Kosten eine Bedeutung. Nicht vertretbar wäre es, zum Nachteil der belasteten Partei den unrichtigen Wertansatz aufrechtzuerhalten, damit rein rechnerisch die Kostenquote richtig bleibt.

59 Eine Änderung nach § 25 I 3 GKG hat zu erfolgen, wenn das Gericht innerhalb der Frist des § 25 I 4 GKG feststellt, daß der Streitwert nicht zutreffend festgesetzt wurde. Trotz der Formulierung „kann" steht es dem Gericht nicht frei, eine solche Maßnahme vorzunehmen. Vielmehr besteht hierzu eine Verpflichtung. Erfolgt eine erforderliche Korrektur des Streitwertes nicht, kann dies Amtshaftungsansprüche auslösen[84]. Diese Abänderungspflicht besteht für alle Instanzen[85]. Kein Fall des § 25 I 3 GKG liegt vor, wenn es sich um eine offenbare Unrichtigkeit handelt. Dann findet § 319 Anwendung.

5. Beschwerde

60 Gegen den Beschluß, mit dem das Prozeßgericht den Gebührenstreitwert festgesetzt hat, ist die **Beschwerde statthaft,** wenn der Wert des Beschwerdegegenstandes (derzeit) 100,— DM übersteigt (§ 25 II 1 GKG). Hat der Urkundsbeamte der Geschäftsstelle den Gebührenstreitwert angesetzt, muß zunächst eine Entscheidung des Gerichts herbeigeführt werden. Erst gegen die gerichtliche Entscheidung ist eine Beschwerde statthaft[86].

61 Unzulässig ist die Beschwerde, wenn das **Rechtsmittelgericht** den Beschluß erlassen hat (§ 25 II 2 GKG). Eine eigenständige Bedeutung hat § 25 II 2 GKG nur für das Landgericht als Berufungsgericht. Die Beschwerde gegen einen Beschluß des Oberlandesgerichts ist hingegen ohnehin schon gemäß § 25 II 1, 2. Halbs. GKG i. V. m. § 5 II 2 GKG unzulässig. Die weitere Beschwerde ist immer unzulässig (§ 25 II 1, 2. Halbs. i. V. m. § 5 II 7 GKG.

62 Teilweise wird die Ansicht vertreten, daß dann, wenn ein bestimmter Streitwert auf Antrag beider Parteien festgesetzt ist, von einem **Verzicht** auf die Beschwerde ausgegangen

---

83) Bejahend: OLG Hamm, VersR 77, 935; OLG Köln, MDR 80, 761; *Baumbach/Lauterbach/Albers/Hartmann,* § 319 Anm. 1 B; *Hartmann,* § 25 GKG Anm. 3 A b; *Schneider,* Streitwert, Rd.Ziff. 20, 4160.
Verneinend: KG, NJW 75, 2107; OLG Köln, MDR 77, 584; OLG Köln, VersR 79, 945; *Schellhammer,* LG, Rd.Ziff. 764; *Thomas/Putzo,* § 319 Anm. 2 a. Der BGH, MDR 77, 925, hält eine Beschwerde für unzulässig, wenn die rechtskräftige Kostenquote nach einer Streitwertänderung dem Prozeßergebnis widerspräche.
84) BGHZ 36, 144; OVG Münster, NJW 75, 1183; *Lappe,* NJW 87, 1868.
85) *Hartmann,* § 25 Anm. 3 A a.
86) *Hartmann,* § 25 GKG Anm. 4 B a.

werden kann mit der Folge, daß das Rechtsmittel unzulässig ist[87]. Wir geben der Gegenmeinung den Vorzug, weil die übereinstimmenden Angaben der Parteien das Gericht nicht binden, jederzeit geändert werden können (§ 23 II GKG) und der Rechtsmittelverzicht vor Erlaß einer Entscheidung grundsätzlich unbeachtlich ist.

Beschwerdeberechtigt sind diejenigen Personen bzw. Stellen, die auch antragsberechtigt sind, d. h. die Parteien, die Rechtsanwälte (vgl. § 9 II BRAGO), die sonstigen Beteiligten und die Staatskasse – der Bezirksrevisor, soweit dieser an der Streitwertfestsetzung beteiligt ist –. 63

Wie bei jedem Rechtsmittel ist auch für die Beschwerde eine **Beschwer** erforderlich[88]. Daraus folgt, daß sich Rechsanwälte aus eigenem Recht nach § 9 II BRAGO nur über eine zu niedrige, die Parteien nur über eine zu hohe Wertfestsetzung beschweren können[89]. Die Partei ist darüber hinaus auch beschwert, wenn ihr die Inanspruchnahme als Zweitschuldner gemäß §§ 54, 58 GKG bevorsteht[90]. Die Staatskasse kann sowohl im Fall einer zu niedrigen als auch bei einer zu hohen Festsetzung beschwert sein[91]. Um im Einzelfall beurteilen zu können, ob eine Beschwer vorliegt, muß der Rechtsanwalt angeben, ob er im eigenen oder im fremden Namen Beschwerde einlegen will. 64

Die **Beschwerdesumme** ergibt sich aus der Differenz zwischen den Gebühren, die sich nach den verschiedenen maßgeblichen Streitwerten berechnen bzw. berechnen würden[92]. Abzustellen ist dabei auf die Gebühren und die sonstigen Kosten, nämlich Zustellungskosten, Auslagenpauschale, Mehrwertsteuer, für die der Beschwerdeführer einzustehen hat[93]. 65

Die Beschwerde kann **schriftlich** oder **zu Protokoll der Geschäftsstelle** erfolgen (§§ 25 I 1, 2. Halbs., 5 III 1 GKG); es besteht kein Anwaltszwang (vgl. § 78 III). 66

Auch wenn es sich um eine einfache Beschwerde handelt, müssen die **Fristen** des § 25 II 3 GKG beachtet werden. Die Beschwerde ist danach unzulässig, wenn sie später als nach den in § 25 I 4 GKG genannten Zeitpunkten eingelegt wird; wenn die Festsetzung später als einen Monat vor Ablauf der in § 25 I 4 GKG genannten Frist, aber noch innerhalb der 6-Monats-Frist erfolgt, läuft die Beschwerdefrist noch einen Monat nach Zustellung oder nach der formlosen Mitteilung des Festsetzungsbeschlusses. Wenn die Festsetzung erst nach Ablauf der Frist des § 25 I 4 GKG erfolgt, ist eine Abänderung möglich, wenn innerhalb einer angemessenen Frist ein entsprechender Antrag gestellt wird[94]. Nach der Auffassung des OLG Düsseldorf[95] läuft auch in diesem Falle die Monatsfrist, da der nach Ablauf der 6-Monats-Frist festgesetzte Wert ebenfalls „später als einen Monat" vor Fristablauf festgesetzt worden sei. 67

Das festsetzende Gericht kann der Beschwerde **abhelfen** (§ 571). Ansonsten legt es die Beschwerde dem **Beschwerdegericht** vor, das durch Beschluß über sie entscheidet. Das Verbot der **reformatio in peius** gibt es für die Streitwertbeschwerde nicht[96]. Das bedeutet, 68

---

87) So: OLG Hamburg, MDR 77, 407; *Thomas/Putzo*, § 2 Anm. 3 d; a. A.: OLG München, JurBüro 81, 392; *Schneider*, Streitwert, Rd.Ziff. 4143 f.; 4217.
88) *Schneider*, Streitwert, Rd.Ziff. 4111 ff., insbes. 4131 ff.; vgl. zum Begriff „Beschwer" auch Rd.Ziff. 21 und Stichwort „Rechtsmittel", Rd.Ziff. 3 ff.
89) *Hartmann*, § 25 GKG, Anm. 4 A b; *Schellhammer*, LB, Rd.Ziff. 764; *Schneider*, Streitwert, Rd.Ziff. 4131, 4137.
90) *Schneider*, Streitwert, 4115; vgl. zur Zweitschuldnerhaftung auch Teil B, Rd.Ziff. 136.
91) *Hartmann*, § 25 GKG Anm. 4 b.
92) KG, Rpfleger 62, 121 zu § 23 GKG, a; *Schneider*, Streitwert, Rd.Ziff. 4150.
93) *Schneider*, Streitwert, Rd.Ziff. 4151 ff.
94) OLG Köln, Rpfl. 77, 148; *Hartmann*, § 25 GKG Anm. 4 B c.
95) JurBüro 90, 914.
96) OLG München, JurBüro 77, 1421; LAG Düsseldorf, JurBüro 85, 1710; VGH Baden-Württemberg, JurBüro 90, 1207; *Schneider*, Streitwert, Rd.Ziff. 4198.

Der Streitwert, Allgemeine Grundsätze

daß in dem Beschwerdeverfahren die Streitwertentscheidung auch zu Lasten des Beschwerdeführers abgeändert werden kann. Der Beschwerdebeschluß ist ebenfalls nicht zuzustellen, sondern formlos mitzuteilen (vgl. § 329 II, III).

Im Beschwerdeverfahren entstehen keine Gebühren, wohl aber Auslagen. Eine Kostenerstattung findet nicht statt (§ 25 III GKG). Eine Kostenentscheidung zu Lasten des Prozeßgegners ergeht nicht, da dieser nicht Gegner in dem Beschwerdeverfahren ist[97].

6. Festsetzung nach § 10 BRAGO

69 Der Streitwert für die Rechtsanwaltsgebühren kann im gerichtlichen Verfahren nach § 10 BRAGO festgesetzt werden, wenn der für die Gerichtsgebühren festgesetzte Streitwert insoweit nicht maßgeblich ist oder fehlt. Erforderlich ist ein **Antrag** entweder des Rechtsanwalts, der die Streitwertfestsetzung für die Berechnung seiner Gebühren benötigt,

Beispiel:
Verkehrsanwalt[98]

oder des Auftraggebers, des erstattungspflichtigen Gegners und der Staatskasse, soweit Prozeßkostenhilfe bewilligt wurde (§ 10 II 2 BRAGO).

Der Antrag ist erst zulässig, wenn die Vergütung fällig ist (§ 16 BRAGO). Der Antrag kann zu Protokoll der Geschäftsstelle oder schriftlich erfolgen; ein Anwaltszwang besteht nicht.

70 **Zuständig** ist das Gericht desjenigen Rechtszuges, in dem der Rechtsanwalt tätig wurde. Soweit das Geschäft dem Rechtspfleger übertragen wurde, entscheidet der Rechtspfleger (§ 4 I RpflG.).

71 Das Gericht muß vor einer Entscheidung alle Beteiligten **anhören.** Beteiligt sind alle Antragsberechtigten[99].

72 Die Entscheidung selbst ergeht durch **Beschluß,** der zugestellt werden muß, da er die Beschwerdefrist nach § 10 III 3 BRAGO in Lauf setzt (vgl. § 329 II 2). Das Verfahren ist gerichtsgebührenfrei (§ 10 II 3 BRAGO). Auch der Rechtsanwalt, für den die Festsetzung erfolgt, erhält keine Gebühr.

73 Gegen den Beschluß, mit dem der Streitwert festgesetzt wurde, kann **Beschwerde** innerhalb einer Frist von zwei Wochen nach Zustellung eingelegt werden, wenn der Beschwerdegegenstand 100,- DM übersteigt (§ 10 III S. 1, 3 BRAGO). Die Beschwerde kann schriftlich oder zu Protokoll der Geschäftsstelle erfolgen, wobei auch insoweit kein Anwaltszwang besteht (§ 10 IV BRAGO). Beschwerdeberechtigt sind die Antragsberechtigten, d. h. also auch der erstattungspflichtige Gegner[100]. Im übrigen gelten die §§ 567 ff. (§ 10 III 4 BRAGO). Eine weitere Beschwerde ist unter den Voraussetzungen des § 10 III 5, 6 BRAGO statthaft.

---

97) LG Frankfurt, Rpfleger 85, 208; *Hartmann,* § 25 GKG, Anm. 4 B e; *Schneider,* Streitwert, Rd.Ziff. 4176; vgl. auch näher Teil B, Rd.Ziff. 638.
98) *Hartmann,* § 10 BRAGO Anm. 2 A, a, bb.
99) *Hartmann,* § 10 BRAGO Anm. 2 C.
100) *Schneider,* Streitwert, Rd.Ziff. 247.

2. Abschnitt
Einzelfälle in alphabetischer Anordnung

Im folgenden werden Einzelfälle, alphabetisch sortiert, dargestellt. Die Ausführungen beziehen sich auf den Zuständigkeitsstreitwert, den Rechtsmittelstreitwert und den Gebührenstreitwert, soweit keine Besonderheiten dargestellt sind. Ergeben sich hier Abweichungen, ist dies im Einzelfall jeweils gesondert vermerkt.

Inhaltsübersicht

Abänderungsklage
   I.   Allgemeines
  II.   Zuständigkeitsstreitwert, Rechtsmittelstreitwert
 III.   Gebührenstreitwert
Abänderungsverfahren nach §§ 641 l bis 641 t ZPO
Abfindungsvergleich
s. Vergleich
Abgabe
s. Verweisung
s. Willenserklärung
Ablehnung von Richtern, Sachverständigen und Schiedsrichtern
Abmeierungsklage
s. Wohnungseigentum, Rd.Ziff. 3
Abnahme
   I.   Kaufsache (§ 433 II BGB)
  II.   Werk (§ 640 I BGB)
Absonderungsrecht
s. Konkurs, Rd.Ziff. 12
Abstammungsstreitigkeit
s. Kindschaftssachen
Abtretung
Abwehrinteresse
s. Auskunft, Rd.Ziff. 3
Additionsverbot
s. Klagenhäufung, Rd.Ziff. 12 ff.
Aktien
s. Besitz, Rd.Ziff. 19
s. Gesellschaftsrecht, Rd.Ziff. 6
Aktiengesellschaft
s. Gesellschaftsrecht
s. Anfechtungsklagen, Rd.Ziff. 6 ff.
Allgemeine Geschäftsbedingungen
Altenteil
s. Reallast, Rd.Ziff. 5
s. Wohnrecht, Rd.Ziff. 2
Alternativer Klageantrag
s. Wahlschulden, Rd.Ziff. 5
Anderweitige Verwertung
s. Zwangsvollstreckung wegen einer titulierten Geldforderung, Rd.Ziff. 5
Anerkenntnis

Der Streitwert, Einzelfälle in alphabetischer Anordnung

Anfechtung nach dem Anfechtungsgesetz
s. Anfechtungsklagen, Rd.Ziff. 2
Anfechtungsklagen
   I.   Konkursanfechtung
  II.   Anfechtungsgesetz
 III.   Gesellschaftsrecht
Anschlußpfändung
s. Zwangsvollstreckung wegen einer titulierten Geldforderung, insbesondere Rd.Ziff. 8
Anspruchsmehrheit
s. Klagenhäufung
s. auch Alternativer Klageantrag
s. auch Aufrechnung
s. auch Echte Hilfsanträge
s. auch Rechtsmittel, insbesondere Rd.Ziff. 15 ff. (Widerklage) und 31 ff. (Anschlußrechtsmittel)
s. auch Stufenklage
s. auch Unechte Hilfsanträge
s. auch Widerklage
Anwartschaften
Arbeitnehmer
Arrest
   I.   Zuständigkeit und Rechtsmittelstreitwert
  II.   Gebührenstreitwert
      1. Allgemeine Grundsätze
      2. Besondere Verfahrenssituationen
         a) Widerspruch
         b) Aufhebungsverfahren
         c) Vollziehungsverfahren
Aufgebotsverfahren
Auflassung
s. Auflassungsvormerkung
s. Grundstück, Rd.Ziff. 3
Auflassungsvormerkung
Aufopferung
Aufrechnung
   I.   Zuständigkeitsstreitwert
  II.   Rechtsmittelstreitwert
 III.   Gebührenstreitwert
      1. Streitwertneutrale Aufrechnung
      2. Streitwerterhöhende Aufrechnung
      3. Mehrere Gegenforderungen
         a) Primär- oder Hauptaufrechnung
         b) Hilfsaufrechnung
         c) Zusammentreffen von Primär- und Hilfsaufrechnung
      4. Abändernde Entscheidung in der zweiten Instanz
      5. Prozeßvergleich
Ausgleichsansprüche
Auskunft
   I.   Zuständigkeitsstreitwert
  II.   Rechtsmittelstreitwert
 III.   Gebührenstreitwert
Ausländische Währung
   I.   Allgemeines
  II.   Veränderungen des Umrechnungskurses
      1. Zuständigkeitsstreitwert

Der Streitwert, Einzelfälle in alphabetischer Anordnung

    2. Gebührenstreitwert
       a) Erhöhung
       b) Verminderung

Ausscheiden und Ausschließen
s. Gesellschaftsrecht
s. Verein

Aussetzung des Verfahrens

Aussonderungsrecht
s. Konkurs, Rd.Ziff. 3

Automatenaufstellvertrag

Bauhandwerkersicherungshypothek

Baulandsachen

Bedingte Ansprüche

Befreiung von einer Verbindlichkeit

Beherbergungsvertrag
s. Miete und Pacht, Rd.Ziff. 7

Berichtigung
s. Grundbuchberichtigung
s. Urteilsberichtigung

Berufung
s. Rechtsmittel

Berufungsrücknahme
s. Zurücknahme des Rechtsmittels

Beschwerde
s. Prozeßkostenhilfe
s. Rechtsmittel

Beseitigungsklage

Besitz
   I.   Herausgabe des Besitzes
      1. Allgemeines
      2. Besitzklagen im Sinne des § 6 ZPO
      3. Bestimmung des Sachwertes
        a) Allgemeine Grundsätze
        b) Besonderheiten bei beweglichen Sachen
        c) Besonderheiten bei Urkunden
        d) Besonderheiten bei Grundstücken
  II. Besitzeinweisung
 III. Besitzstörung

Besitzeinweisung

Besitzstörung
s. Beseitigungsklagen
s. Besitz, Rd.Ziff. 29

Beweissicherung (selbständiges Beweisverfahren)

Bewirtungsvertrag
s. Bezifferter Leistungsantrag und Nebenforderungen
s. Miete und Pacht, Rd.Ziff. 7

Bezifferter Leistungsantrag

Bezugsverpflichtung
s. auch Bierlieferungsvertrag

Bierlieferungsvertrag

Bürgschaft

Campingvertrag
s. Miete und Pacht, Rd.Ziff. 7

Darlehnsvertrag

Der Streitwert, Einzelfälle in alphabetischer Anordnung

Deckungsprozeß
s. auch Versicherungsschutz, Rd.Ziff. 6
s. auch Wiederkehrende Leistungen, insbesondere Rd.Ziff. 32
Depotschein
s. Besitz, Rd.Ziff. 20
Dienstbarkeit
Dienstverhältnis
Dingliche Sicherung
s. Hypothek und Grundschuld
Drittschuldnerklage
    I.   Anzuwendende Streitwertvorschrift
   II.   Streitwertprivilegierungen
Drittwiderspruchsklage
s. Widerspruchsklage
Duldung der Zwangsvollstreckung
s. Anfechtungsklagen, Rd.Ziff. 2 ff.
s. Duldungsklagen, Rd.Ziff. 3
s. Hypothek, Rd.Ziff. 4
s. Nießbrauch, Rd.Ziff. 6
s. Pfändungspfandrecht
Duldungsklagen
Durchsuchungsanordnung
Echte Hilfsanträge
    I.   Zuständigkeitsstreitwert
   II.   Rechtsmittelstreitwert
  III.   Gebührenstreitwert
Ehegattenunterhalt
s. Folgesachen, insbesondere Rd.Ziff. 23 ff.
s. Wiederkehrende Leistungen, insbesondere Rd.Ziff. 19 ff., 24 ff.
Ehelichkeitsanfechtung
s. Kindschaftssachen
Ehesachen
    I.   Allgemeines
   II.   § 12 II GKG
        1. Allgemeines
        2. Maßgeblicher Bewertungszeitpunkt
        3. Einkommen
        4. Vermögen
        5. Bedeutung der Sache
        6. Umfang der Sache
  III.   Zusammentreffen mit anderen Ansprüchen
  IV.   § 19 a GKG (Scheidungs- und Folgesachen)
Ehescheidung
s. Ehesachen
s. Ehewohnung
s. Einstweilige Anordnung
s. Folgesachen, Rd.Ziff. 22 ff.
s. Hausrat
s. Versorgungsausgleich
Ehewohnung
    I.   Zuweisung im Zusammenhang mit der Scheidung
   II.   Störung durch einen Dritten
Ehrkränkende Äußerungen
Eidesstattliche Versicherung

Der Streitwert, Einzelfälle in alphabetischer Anordnung

Eigentum
- I. Herausgabeklage
- II. Feststellungsklage
- III. Eigentumsstörung
- IV. Besonderheiten beim Notwegrecht
- V. Besonderheiten beim Überbau
- VI. Besonderheiten bei Eigentumsvorbehalt, Sicherungseigentum, Enteignung, Baulandsachen

Eigentumsvorbehalt

Eigentumswohnung
s. Wohnungseigentum

Einheitswert
s. Besitz, Rd.Ziff. 23

Einseitige Erledigungserklärung
s. Erledigung der Hauptsache

Einstweilige Anordnung
- I. Allgemeines
- II. Notwendigkeit einer Streitwertfestsetzung
- III. Anordnungsgegenstände
    1. § 620 S. 1 Ziff. 1–8 ZPO
    2. § 641 d ZPO
    3. §§ 127 a, 620 S. 1 Ziff. 9, 621 f. ZPO
- IV. Besonderheiten zu den einzelnen Streitwertbestimmungen

Einstweilige Einstellung der Zwangsvollstreckung

Einstweilige Verfügung
- I. Zuständigkeit und Rechtsmittelstreitwert
- II. Gebührenstreitwert
    1. Allgemeine Grundsätze
    2. Besondere Verfahrenssituationen
        a) Widerspruch und Aufhebung
        b) Vollziehungsverfahren

Elterliche Sorge

Enteignung

Entmündigung

Entziehung des Wohnungseigentums
s. Wohnungseigentum, Rd.Ziff. 3

Erbbaurecht

Erbbauzins
s. Erbbaurecht, Rd.Ziff. 4

Erbenhaftung

Erbrechtliche Streitigkeiten
- I. Erbauseinandersetzungen
- II. Erbunwürdigkeit
- III. Klage gegen einen Dritten
- IV. Auskunft und Vorlegung
- V. Erbschein und sonstige Urkunden
- VI. Erbersatzanspruch des nichtehelichen Kindes
- VII. Vor- und Nacherbschaft
- VIII. Pflichtteil
- IX. Vermächtnis
- X. Vorkaufsrecht
- XI. Aufgebot von Nachlaßgläubigern

Erbschein

Erbunwürdigkeit
s. Erbrechtliche Streitigkeiten, Rd.Ziff. 8 f.

Erbvertrag

Der Streitwert, Einzelfälle in alphabetischer Anordnung

Erledigung der Hauptsache
  I. Übereinstimmend erklärte Erledigung
     1. Vollständige Erledigung
     2. Teilerledigung
  II. Einseitige Erledigungserklärung
     1. Vollständige Erledigung
     2. Teilerledigung

Ermessensanträge
s. Unbezifferte Leistungsanträge

Ersatzvornahme

Erwirkung
s. Zwangsvollstreckung zur Erwirkung von Handlungen und Unterlassungen
s. Zwangsvollstreckung zur Erwirkung der Herausgabe von Sachen

Eventualantrag
s. Echter Hilfsantrag
s. Unechter Hilfsantrag

Facultas alternativa
s. Wahlschulden, Rd.Ziff. 6

Fälligkeit

Familiensachen
s. Folgesachen

Feriensache

Feststellung des Kosteninteresses

Feststellungsklage
  I. Positive Feststellungsklage
     1. Feststellung von Leistungsansprüchen
        a) Grundsatz
        b) Ausnahmen
     2. Feststellung des Eigentums- oder Erbrechts
     3. Feststellung von vertraglichen Beziehungen
     4. Vaterschaftsfeststellung
     5. Gleichzeitige Klage auf Teilleistung
     6. Annahmeverzug
     7. Künftig entstehender Schaden
  II. Negative Feststellungsklage

Film
s. Besitz, Rd.Ziff. 18

Filmverleih
s. Miete und Pacht, Rd.Ziff. 7

Firma
s. Namensrecht, Rd.Ziff. 2

Fischerei

Folgesachen
  I. Allgemeines
  II. Gebührenstreitwert im Verbundverfahren
     1. Allgemeines
     2. § 19a GKG
     3. Besonderheiten bei Rechtsmitteln
     4. Besonderheiten beim Vergleich
     5. Besonderheiten bei Auskunftsansprüchen
     6. Einverständliche Ehescheidung
  III. Allgemeine Grundsätze bei selbständigen Familiensachen
  IV. Gebührenstreitwert für die Familiensachen im einzelnen
     1. Elterliche Sorge für das eheliche Kind
     2. Umgang mit dem Kind und Herausgabe des Kindes
     3. Unterhaltspflicht gegenüber den ehelichen Kindern und dem Ehegatten

Der Streitwert, Einzelfälle in alphabetischer Anordnung

   4. Versorgungsausgleich
   5. Ehewohnung und Hausrat
   6. Ansprüche aus dem ehelichen Güterrecht
   7. Verfahren nach §§ 1382, 1383 BGB

Forderungen
s. Besitz
s. Bezifferter Leistungsantrag
s. Eigentum, Rd.Ziff 1 ff.
s. Geldforderungen
s. Pfändung
s. Sicherstellung
s. Unbezifferter Leistungsantrag

Frachtbrief
s. Besitz, Rd.Ziff. 21

Frachtführerpfandrecht

Freigabe

Fristsetzung
s. Unechte Hilfsanträge

Gastwirtspfandrecht

Gegenleistung
s. Zug-um-Zug-Leistung

Geldforderungen

Genossenschaft
s. Anfechtungsklagen, Rd.Ziff. 6 ff.

Gepäckschein
s. Besitz, Rd.Ziff. 21

Gesamtgläubiger

Gesamtschuldner

Geschäftsbrief
s. Besitz, Rd.Ziff. 21

Geschäftsbücher
s. Besitz, Rd.Ziff. 21

Gesellschaftsrecht

Gewerblicher Rechtsschutz
  I. Allgemeines
 II. Unterlassungsklagen
     1. Angriffsfaktor
     2. Verbandsklagen
     3. Streitgenossenprozeß
     4. Beseitigung, öffentliche Bekanntmachung
     5. Einstweilige Verfügung
III. Feststellungsantrag
IV. Auskunftsklage
 V. Streitwertbegünstigung

Gewerk
s. Anfechtungsklagen, Rd.Ziff. 10

Gläubigeranfechtung
s. Anfechtungsklagen, Rd.Ziff. 2 ff.

GmbH
s. Anfechtungsklagen, Rd.Ziff. 6 ff.
s. Gesellschaftsrecht

Grenzklagen

Der Streitwert, Einzelfälle in alphabetischer Anordnung

Grundbuchberichtigung
s. Berichtigung
s. Grundstück, Rd.Ziff. 6
s. Widerspruch gegen die Unrichtigkeit des Grundbuches
Grunddienstbarkeit
  I. Allgemeines
  II. Anwendungsbereich des § 7 ZPO
  III. Wertberechnung
Grundpfandrechte
s. Pfandrecht, Grundschuld, Hypothek
s. Aufgebotsverfahren, Rd.Ziff. 7
Zur Berücksichtigung bei der Ermittlung der Verkehrswerte:
s. Besitz, Rd.Ziff. 25 f.
s. Eigentum, Rd.Ziff. 2
s. Erbbaurecht, Rd.Ziff. 2
Grundschuld
s. Hypothek
Grundschuldbrief
s. Aufgebotsverfahren, insbesondere Rd.Ziff. 4
s. Besitz, Rd.Ziff. 20
Grundstück
Haftpflichtversicherungsschutz
s. Deckungsprozeß
s. Versicherungsschutz, Rd.Ziff. 6
Handelsregistereintragung
s. Gesellschaftsrecht, Rd.Ziff. 5
s. Willenserklärung
Handelsvertreter
s. Ausgleichsansprüche, Rd.Ziff. 3
Hausmeisterwohnung
s. Miete und Pacht, Rd.Ziff. 7
Hausrat
Heimfallanspruch
s. Erbbaurecht, Rd.Ziff. 3
Herausgabe
Herausgabevollstreckung
s. Zwangsvollstreckung zur Erwirkung der Herausgabe von Sachen
Hilfsanträge
s. Echte Hilfsanträge
s. Rechtsmittel, Rd.Ziff. 17
s. Unechte Hilfsanträge
s. Vergleich, Rd.Ziff. 17
Hilfswiderklage
s. Widerklage, insbesondere Rd.Ziff. 8
Hinterlegung
Hypothek
Hypothekenbrief
s. Aufgebotsverfahren, Rd.Ziff. 4
s. Besitz, Rd.Ziff. 20
Immissionen
Inhaberpapiere
s. Wertpapiere
Kaufvertrag
Kaution

Der Streitwert, Einzelfälle in alphabetischer Anordnung

Kind
  s. Einstweilige Anordnung, insbesondere Rd.Ziff. 7 f., 14 ff.
  s. Folgesachen, insbesondere Rd.Ziff. 23 ff.
  s. Kindesherausgabe
  s. Kindschaftssachen
  s. Umgang mit dem Kind
  s. Unterhaltsansprüche
Kindesherausgabe
  I. Familiensache
  II. Klage gegen einen Dritten
Kindschaftssachen
Klageerweiterung
Klagenhäufung
  I. Allgemeines
  II. Grundsatz der Zusammenrechnung
  III. Additionsverbote
    1. Allgemeines
    2. Nebenforderungen
    3. Prozeßverbindung und Prozeßtrennung
    4. Wirtschaftliche Identität bei vermögensrechtlichen Streitigkeiten
      a) Wirtschaftliche Identität bei subjektiver Klagenhäufung
      b) Zusammentreffen von Leistungs- und Feststellungsklage
      c) Zahlung und Sicherung des Zahlungsanspruchs
    5. Besonderheiten bei nichtvermögensrechtlichen Streitigkeiten
Klagerücknahme
Kommanditgesellschaft
  s. Gesellschaftsrecht
Kommissionärpfandrecht
Konkurs
  I. Konkursverfahren
  II. Aussonderungsanspruch
  III. Konkursfeststellungsklage gegen den Konkursverwalter oder einen anderen Konkursgläubiger
  IV. Feststellungsklage gegen den Gemeinschuldner
  V. Feststellung oder Zahlung von Massekosten und Masseschulden
  VI. Feststellung des Rechts auf abgesonderte Befriedigung
  VII. Konkursanfechtung
Konkursanfechtung
  s. Konkurs, Rd.Ziff. 13 f.
Konkursfeststellungsklage
  s. Konkurs, Rd.Ziff. 4
Kraftfahrzeug
Kraftfahrzeugbrief
Kraftfahrzeugschein
  s. Besitz, Rd.Ziff. 21
Kraftloserklärung von Urkunden
  s. Aufgebotsverfahren
Krankenhaus
  s. Bezifferte Leistungsklagen und Nebenforderungen
  s. Miete und Pacht, Rd.Ziff. 7
Krankenhaustagegeld
  s. Versicherungsschutz, Rd.Ziff. 3
Kündigung
  s. Miete und Pacht, insbesondere Rd.Ziff. 20, 38
Künftige Leistung
Lagerhalterpfandrecht

Der Streitwert, Einzelfälle in alphabetischer Anordnung

Leasingvertrag
Lebensversicherungspolice
s. Besitz, Rd.Ziff. 21
Legitimationspapier
s. Besitz, Rd.Ziff. 20
Leibgedinge, Leibzucht
s. Reallast, Rd.Ziff. 5
s. Wohnrecht, Rd.Ziff. 2
Leistungsklage
s. Bezifferter Leistungsantrag
s. Feststellungsklage, Rd.Ziff. 12
s. Unbezifferter Leistungsantrag
Licht- und Fensterrechte
s. Grunddienstbarkeit, Rd.Ziff. 6
Lieferungsverträge
s. Bierlieferungsverträge
Löschung
s. Auflassungsvormerkung, Rd.Ziff. 4
s. Grundschuld
s. Hypothek, Rd.Ziff. 1
s. Widerspruch gegen die Unrichtigkeit des Grundbuchs, Rd.Ziff. 2
Mahnverfahren
Massekosten
s. Konkurs, Rd.Ziff. 11
Masseschulden
s. Konkurs, Rd.Ziff. 11
Mehrere Ansprüche
s. Klagenhäufung
s. auch Anspruchsmehrheit und die dortigen Hinweise
Miete und Pacht
   I. Allgemeines
   II. Anwendungsbereich des § 8 ZPO, § 16 GKG
   III. Wertberechnung nach § 8 ZPO und § 16 GKG
      1. Zins
      2. Streitige Zeit
   IV. Die einzelnen Streitigkeiten
      1. Bestand oder Dauer
      2. Herausgabe und Räumung
      3. Fortsetzung des Mietverhältnisses aus sozialen Gründen
      4. Miet- oder Pachtzinsklagen
      5. Duldung zu Instandsetzung bzw. -haltung und Modernisierungsmaßnahmen
      6. Inhalt und Abschluß des Vertrages
      7. Räumungsfrist
      8. Vollstreckungsschutz nach § 765 a ZPO
Minderung
Miterben
s. Erbrechtliche Streitigkeiten
Nachbesserung
s. Werkvertrag, Rd.Ziff. 4, 6 f.
Nacherbschaft
s. Erbrechtliche Streitigkeiten, Rd.Ziff. 17
Nachlaßverzeichnis
s. Erbrechtliche Streitigkeiten, Rd.Ziff. 12
Nachverfahren
s. Wertpapiere, Rd.Ziff. 6 ff.

Der Streitwert, Einzelfälle in alphabetischer Anordnung

Namensaktien
s. Wertpapiere
s. Zwangsvollstreckung wegen einer titulierten Geldforderung, Rd.Ziff. 5
Namensrecht
Nebenforderungen
Nebenintervention
Nichtigkeitsklagen
s. Anfechtungsklagen, Rd.Ziff. 6 ff.
s. Wiederaufnahmeverfahren
Nichtvermögensrechtliche Streitigkeiten
  I. Zuständigkeitsstreitwert und Rechtsmittelstreitwert
  II. Gebührenstreitwert
Nießbrauch
Notwegrecht
s. Eigentum, Rd.Ziff. 7 f.
s. Grunddienstbarkeit, Rd.Ziff. 6
Nutzungen, wiederkehrende
s. Wiederkehrende Leistungen
Nutzungsverhältnisse
s. Miete und Pacht
Offenbarungsversicherung
s. Eidesstattliche Versicherung
Offene Handelsgesellschaft
s. Gesellschaftsrecht
Öffentliche Zustellung
Ordnungsgeld
Organ
Pacht
s. Miete und Pacht
Pächterpfandrecht
Pfandrecht
Pfändungspfandrecht
Pfändungs- und Überweisungsbeschluß
s. Drittschuldnerklage
s. Zwangsvollstreckung wegen einer Geldforderung, Rd.Ziff. 5 f.
Pflegeheim
s. Bezifferter Leistungsantrag
s. Miete und Pacht, Rd.Ziff. 7
s. Nebenforderungen
Pflichtteil
s. Erbrechtliche Streitigkeiten, Rd.Ziff. 18
Prozeßkostenhilfe
  I. Rechtsanwaltsgebühren
    1. Selbständiges Prozeßkostenhilfeverfahren
    2. Unselbständiges Prozeßkostenhilfeverfahren
  II. Gerichtskosten
  III. Streitwertbeschluß
Prozeßkostenvorschuß
Prozeßtrennung
Prozeßverbindung
Quittung
s. Besitz, Rd.Ziff. 21
Räumung
s. Besitz
s. Miete und Pacht

Der Streitwert, Einzelfälle in alphabetischer Anordnung

Räumungsfrist
s. Miete und Pacht, Rd.Ziff. 41
Reallast
Rechnungslegung
   I. Zuständigkeitsstreitwert
  II. Rechtsmittelstreitwert
 III. Gebührenstreitwert
Rechtsmittel
   I. Rechtsmittelstreitwert
     1. Allgemeines
     2. Beschwerdegegenstand und Beschwer
     3. Formelle und materielle Beschwer
     4. Einzelheiten zur Bestimmung des Wertes der Beschwer und des Beschwerdegegenstandes
        a) Das wirtschaftliche Interesse des Rechtsmittelführers
        b) Besonderheiten bei Einzelfällen
           aa) Nebenforderungen
           bb) Widerklage
           cc) Aufrechnung
           dd) Hilfsanträge
           ee) Stufenklage
           ff) Zug-um-Zug-Verurteilung
     5. Maßgeblicher Zeitpunkt
  II. Gebührenstreitwert
     1. § 14 GKG
        a) Geltungsbereich
        b) Einzelheiten zu den Voraussetzungen
        c) Maßgeblicher Zeitpunkt und Wertveränderungen
     2. § 19 II GKG
        a) Streitgegenstand
        b) Wechselseitige Rechtsmittel in nicht getrennten Prozessen
     3. Besonderheiten bei einer Revisionsbeschwerde
     4. Besonderheiten bei der Aufrechnung
Reisevertrag
s. Bezifferter Leistungsantrag und Nebenforderungen
s. Miete und Pacht, Rd.Ziff. 7
Rektapapiere
s. Besitz, Rd.Ziff. 20
Rente
Rentenschuld
Rentenschuldbrief
s. Aufgebotsverfahren, insbesondere Rd.Ziff. 4
s. Besitz, Rd.Ziff. 20
Reparaturschein
s. Besitz, Rd.Ziff. 21
Restitutionsklage
s. Wiederaufnahmeverfahren
Revision
s. Rechtsmittel
Rückauflassung
s. Grundstück, Rd.Ziff. 3
Rückstände
s. Abänderungsklage, Rd.Ziff. 8
s. Wiederkehrende Leistungen, Rd.Ziff. 16, 38 ff.
Scheck
s. Wertpapiere

Der Streitwert, Einzelfälle in alphabetischer Anordnung

Schmerzensgeld
s. Unbezifferter Leistungsantrag
Schuldbefreiung
s. Befreiung von einer Verbindlichkeit
Schuldschein
s. Aufgebotsverfahren, insbesondere Rd.Ziff. 5
s. Besitz, Rd.Ziff. 21
s. Widerklage, Rd.Ziff. 5 f.
Schuldtitel
Sicherheitsleistung
Sicherstellung
Sicherungseigentum
Sorgerechtsregelung
s. Einstweilige Anordnung, insbesondere Rd.Ziff. 7, 14 ff.
s. Folgesachen, insbesondere Rd.Ziff. 18 ff.
s. Kindschaftssachen
Sozialplanansprüche
s. Konkurs, Rd.Ziff. 6
Sparkassenbuch
Spediteurpfandrecht
Streitgenossen
  I. Allgemeines
  II. Selbständige Ansprüche
  III. Unselbständige Ansprüche
Stufenklage
  I. Allgemeines
  II. Zuständigkeitsstreitwert
    1. Leistungsanspruch
    2. Auskunfts- bzw. Rechnungslegungsanspruch
    3. Anspruch auf Abgabe der eidesstattlichen Versicherung
  III. Rechtsmittelstreitwert
  IV. Gebührenstreitwert
Tagebücher
s. Besitz, Rd.Ziff. 21
Tankstellendienstbarkeit
s. Dienstbarkeit, Rd.Ziff. 3
Teilungsplan
s. Verteilungsverfahren
Teilungsversteigerung
s. Widerspruchsklage, Rd.Ziff. 10
Testament
s. Besitz, Rd.Ziff. 21
s. Erbrechtliche Streitigkeiten, Rd.Ziff. 2, 15
Testamentsvollstreckung
Titel
s. Schuldtitel
Todesfallversicherung
s. Versicherungsschutz, Rd.Ziff. 4
Überbau
s. Eigentum, Rd.Ziff. 9 f.
Übereinstimmend erklärte Erledigung
s. Erledigung der Hauptsache
Überweisungsbeschluß
s. Pfändungs- und Überweisungsbeschluß
s. Zwangsvollstreckung wegen einer titulierten Geldforderung, insbesondere Rd.Ziff. 2, 5 f.

Der Streitwert, Einzelfälle in alphabetischer Anordnung

Umgang mit dem Kind
s. Einstweilige Anordnung, insbesondere Rd.Ziff. 7, 14 ff.
s. Folgesachen, insbesondere Rd.Ziff. 22
Umlegung
s. Baulandsachen, Rd.Ziff. 4 ff.
Umschreibung
s. Grundstück, Rd.Ziff. 5, 6
Unbezifferter Leistungsantrag
   I.   Allgemeines
   II. Besonderheiten zur Streitwertbemessung
Unechte Hilfsanträge
   I.   Allgemeines
   II. Zuständigkeitsstreitwert
   III. Rechtsmittelstreitwert
   IV. Gebührenstreitwert
Unterhaltsansprüche
Unterlassung
s. Besitz, Rd.Ziff. 29
s. Eigentum, Rd.Ziff. 6
s. Zwangsvollstreckung zur Erwirkung von Handlungen und Unterlassungen, Rd.Ziff. 4
s. Ehewohnung, Rd.Ziff. 5
s. Ehrkränkende Äußerungen
s. Einstweilige Verfügung, Rd.Ziff. 4
s. Nichtvermögensrechtliche Streitigkeit
Urkundenprozeß
s. Aufgebotsverfahren
s. Wertpapiere, Rd.Ziff. 6 ff.
Urteilsberichtigung
Urteilsergänzung
Vaterschaftsanerkennung
s. Einstweilige Anordnung
s. Kindschaftssachen
Verbundverfahren
s. Folgesachen
Verein
Vergleich
   I.   Gebührenrechtliche Bedeutung
   II. Grundsätze der Bewertung
   III. Besonderheiten beim Abfindungsvergleich
   IV. Besonderheiten bei der Hilfsaufrechnung
   V. Besonderheiten bei Haupt- und Hilfsantrag
   VI. Besonderheiten bei Unwirksamkeit des Prozeßvergleichs
Verkehrswert
s. Besitz, Rd.Ziff. 11 ff.
Verlustigkeitsbeschluß
s. Zurücknahme des Rechtsmittels
Vermächtnis
s. Erbrechtliche Streitigkeiten, Rd.Ziff. 19
Vermieterpfandrecht
Vermögensübernahme
Vermögensverzeichnis
Verpächterpfandrecht
s. Vermieterpfandrecht
Versicherungsschutz

Der Streitwert, Einzelfälle in alphabetischer Anordnung

Versorgungsausgleich
 I. Allgemeines
 II. Besonderheiten zum Gebührenstreitwert
  1. § 17a GKG
  2. § 99 III KostO
 III. Besonderheiten im Rechtsmittelverfahren
Verteilungsverfahren
Verweisung
Vollstreckungsabwehrklage
Vollstreckungsklausel
 I. Erteilung der Vollstreckungsklausel
 II. Klauselgegenklage
Vollstreckungsschutz nach §§ 765a, 813a ZPO
Vorerbschaft
 s. Erbrechtliche Streitigkeiten, Rd.Ziff. 17
Vorkaufsrecht
Vormerkung
 s. Auflassungsvormerkung
 s. Bauhandwerkersicherungshypothek, Rd.Ziff. 3
 s. Nießbrauch, Rd.Ziff. 5
Vornahme
 s. Zwangsvollstreckung zur Erwirkung von Handlungen und Unterlassungen
Vorzugsweise Befriedigung
Wahlschulden
Wandelung
Wechsel
 s. Wertpapiere
Werkswohnungen
 s. Miete und Pacht, Rd.Ziff. 6
Werkunternehmerpfandrecht
Werkvertrag
Wertpapiere
 I. Echte Wertpapiere
 II. Andere Wertpapiere
 III. Besonderheiten beim Urkunden-, Wechsel- oder Scheckprozeß
 IV. Kraftloserklärung
Wettbewerb
 s. Gewerblicher Rechtsschutz
Widerklage
 I. Zuständigkeitsstreitwert
 II. Rechtsmittelstreitwert
 III. Gebührenstreitwert
Widerruf
 s. Ehrkränkende Äußerungen
 s. Nichtvermögensrechtliche Streitigkeiten
Widerspruch gegen die Unrichtigkeit des Grundbuches
Widerspruchsklage
 I. § 771 ZPO
 II. § 773 ZPO
 III. § 180 ZVG
 IV. § 878 ZPO
Wiederaufnahmeverfahren

Der Streitwert, Einzelfälle in alphabetischer Anordnung

Wiederkaufsrecht
s. Vorkaufsrecht
Wiederkehrende Leistungen
  I. Allgemeines
  II. Zuständigkeitsstreitwert
    1. Allgemeines
    2. Anwendungsbereich
    3. Berechnung
    4. Rückstände
  III. Rechtsmittelstreitwert
  IV. Gebührenstreitwert
    1. Allgemeines
    2. § 17 GKG
      a) Gesetzlicher Unterhaltsanspruch
      b) Schadensersatz auf Zahlung einer Geldrente
      c) Dienst- oder Arbeitsverhältnisse
      d) Rückstände
    3. § 17 a GKG
    4. § 20 II GKG
Willenserklärung
Wohnrecht
Wohnungseigentum
Zahlungsklage
s. Bezifferter Leistungsantrag
s. Gesamtschuldner, Rd.Ziff. 4
Zinsen
s. insbesondere Nebenforderungen
s. Bürgschaft, Rd.Ziff. 2 f.
s. Erbbaurecht, Rd.Ziff. 4
s. Hinterlegung, Rd.Ziff. 4
s. Konkurs, Rd.Ziff. 7, 14
Zug-um-Zug-Leistung
  I. Zuständigkeitsstreitwert und Gebührenstreitwert
  II. Rechtsmittelstreitwert
Zurückbehaltungsrecht
s. Zug-um-Zug-Leistung
Zurücknahme des Rechtsmittels
Zwangsgeld
s. Ordnungsgeld
s. Zwangsvollstreckung zur Erwirkung von Handlungen und Unterlassungen
Zwangsversteigerung
  I. Gerichtsgebühren
  II. Anwaltsgebühren
  III. Beschwerdeverfahren
Zwangsverwaltung
  I. Gerichtskosten
  II. Anwaltsgebühren
  III. Beschwerdeverfahren
Zwangsvollstreckung
s. Drittschuldnerklage
s. Drittwiderspruchsklage
s. Duldung der Zwangsvollstreckung
s. Durchsuchungsanordnung
s. Eidesstattliche Versicherung
s. Einstweilige Einstellung der Zwangsvollstreckung
s. Pfändungspfandrecht

Der Streitwert, Einzelfälle in alphabetischer Anordnung

s. Pfändungs- und Überweisungsbeschluß
s. Vollstreckungsabwehrklage
s. Vollstreckungsklausel
s. Vollstreckungsschutzverfahren
s. Zwangsversteigerung
s. Zwangsverwaltung
s. Zwangsvollstreckung aus rechtskräftigen Titeln
s. Zwangsvollstreckung wegen einer titulierten Geldforderung
s. Zwangsvollstreckung zur Erwirkung der Herausgabe von Sachen
s. Zwangsvollstreckung zur Erwirkung von Handlungen und Unterlassungen
Zwangsvollstreckung aus rechtskräftigen Titeln
Zwangsvollstreckung wegen einer titulierten Geldforderung
   I.   Körperliche Sachen und Rechte
       1. Anknüpfungspunkt: Beizutreibende Geldforderung
       2. Maßgeblicher Zeitpunkt
       3. Anknüpfungspunkt: § 6 S. 2 ZPO
       4. Besonderheiten bei der Anschlußpfändung
   II. Unbewegliches Vermögen
Zwangsvollstreckung zur Erwirkung der Herausgabe von Sachen
Zwangsvollstreckung zur Erwirkung von Handlungen und Unterlassungen
Zwischenfeststellungsklage
Zwischenstreit

Abänderungsklage

Abänderungsklage

I. Allgemeines

1 Eine Abänderungsklage nach § 323 bezieht sich auf Titel, die auf künftig fällig werdende, **wiederkehrende Leistungen** gerichtet sind und bei denen eine wesentliche Veränderung der maßgeblichen Verhältnisse eingetreten ist. Eine Abänderungsklage ist gegen **Urteile** (Abs. 1) und gegen die in Abs. 4 und 5 benannten **Schuldtitel** möglich. § 323 bezieht sich auf einseitige, künftig fällig werdende, wiederkehrende Leistungen; darunter sind Leistungen zu verstehen, die auf einem einheitlichen Rechtsgrund beruhen und wenigstens annähernd in gleichmäßigen und regelmäßigen Abständen wiederkehren, wobei die jeweilige Fälligkeit lediglich vom Zeitablauf abhängt; ferner dürfen sie nicht aus zweiseitigen Verträgen stammen, d. h. nicht von einer Gegenleistung oder sogar von einer vorangegangenen Gegenleistung abhängig sein.

(Baumbach/Lauterbach/Albers/Hartmann, § 323 Anm. 2 B; Zöller, § 323 Rd.Ziff. 25; vgl. auch Stichwort „Wiederkehrende Leistungen", Rd.Ziff. 2)

Beispiele:
Unterhaltsansprüche zugunsten eines Kindes, betriebliches Ruhegeld, Renten.

Nicht erfaßt werden Titel auf **Kapitalabfindung** statt einer Rente.

(Baumbach/Lauterbach/Albers/Hartmann, § 323 Anm. 2 B und Anh. § 3, Stichwort „Abänderungsklage")

II. Zuständigkeitsstreitwert, Rechtsmittelstreitwert

2 Der Zuständigkeitsstreitwert und der Rechtsmittelstreitwert werden nach § 9 festgesetzt. Maßgeblich ist die Differenz zwischen dem bisherigen und dem künftigen Jahresbetrag, der gezahlt werden soll.

(Schneider, Streitwert, Rd.Ziff. 60)

Dabei wird das 12½fache des (Differenz-)Jahresbetrages zugrunde gelegt, wenn der künftige Wegfall des Bezugsrechtes gewiß, die Zeit des Wegfalls aber ungewiß ist (1. Alternative); der 25fache Jahresbetrag hingegen ist bei unbeschränkter oder bestimmter Dauer des Bezugsrechtes maßgebend (2. Alternative). Wenn allerdings bei bestimmter Dauer des Bezugsrechtes der Gesamtbetrag geringer als das 25fache des einjährigen Betrages ist, muß von dem Wert des Bezugsrechtes ausgegangen werden (vgl. allgemein zu § 9 Stichwort „Wiederkehrende Leistungen", Rd.Ziff. 10 ff.).

Beispiele
für die 1. Alternative:
Unterhaltsgewährung bis zur wirtschaftlichen Selbständigkeit eines Kindes, Ansprüche, die an das Leben einer Person geknüpft sind;
für die 2. Alternative:
Reallast, Notweg- oder Überbaurenten.

3 Bei **ungleichmäßigen Beträgen** ist der höchste des streitigen Jahresbetrages maßgebend.

(Stein/Jonas, § 9 Rd.Ziff. 3; Thomas/Putzo, § 9 Anm. 2)

4 Umstritten ist, ob der 12½fache Betrag auch angesetzt werden kann, wenn ein 12jähriger Bezug zweifelhaft ist, so z. B. bei einem **hohen Lebensalter** oder einer schlechten gesundheitlichen Verfassung eines Rentenberechtigten, bei dem die Rente auf Lebenszeit auszuzahlen ist. Manche wenden auch in derartigen Fällen § 9 ohne jede Einschränkung an.

(OLG Hamm, JMBl. 1960, 136; JurBüro 60, 449)

Nach h. M. hingegen kann der Streitwert für Rentenansprüche auf Lebenszeit bei einem besonders hohen Alter des Gläubigers (sog. Hochbetagte) entgegen § 9 gemäß § 3 nach freiem Ermessen festgesetzt werden.

Abänderungsklage

(BGH, Rpfl. 62, 260; OLG Frankfurt, JurBüro 64, 32; 70, 1096; Schneider, Streitwert, Rd.Ziff. 3889; Thomas/Putzo, § 9 Anm. 1 d).

Manche wollen bei Hochbetagten § 24 II KostO entsprechend anwenden.

(OLG Celle, JurBüro 67, 73 und 513; OLG Braunschweig, NJW 67, 161; OLG Karlsruhe, JurBüro 88, 1551; OLG Nürnberg, JurBüro 92, 50).

Das würde bedeuten, daß ab einem bestimmten Lebensalter von über 55 Jahren nicht mehr der 12½fache (Differenz-)Jahresbetrag gemäß § 9, sondern folgende Beträge zugrunde zu legen wären:
bei einem Lebensalter
über 55 bis 65 Jahren der 11fache Betrag,
über 65 bis 75 Jahren der 7½fache Betrag,
über 75 bis 80 Jahren der 5fache Betrag und
über 80 Jahren der 3fache Betrag.

Da die Festsetzung des Streitwertes nach § 9 immer mit einem Unsicherheitsfaktor verbunden und die vorgenannte Bewertungsstaffel mit der derzeitigen Lebenserwartung in Einklang zu bringen ist, folgen wir der zuletzt genannten Ansicht, nach der § 24 II KostO entsprechend anzuwenden ist, wenn es um Rentenzahlungen zugunsten eines Gläubigers geht, der über 75 Jahre alt ist. Ansonsten kann jedoch nicht von einem „Hochbetagten" ausgegangen werden. Für Begünstigte bis zu 75 Jahren muß es nach unserer Ansicht bei der Regelung des § 9 verbleiben (vgl. hierzu auch Stichwort „Wiederkehrende Leistungen", Rd.Ziff. 9).

III. Gebührenstreitwert

Für den Gebührenstreitwert einer Abänderungsklage gilt die Sonderregelung des § 17 GKG. Nur soweit keine der dort genannten Voraussetzungen erfüllt ist, greift über § 12 I GKG der schon behandelte § 9 ein. Insoweit wird auf die Ausführungen zu II Bezug genommen, die dann auch für den Gebührenstreitwert gelten.

5

§ 17 GKG greift bei gesetzlichen Unterhaltspflichten (Absatz 1), bei Unfallrenten gemäß §§ 843, 844 BGB (Absatz 2) und bei Ansprüchen aus einem öffentlich-rechtlichen Dienst- oder Amtsverhältnis sowie bei den sonstigen in § 17 III GKG genannten wiederkehrenden Leistungen ein. Daraus folgt, daß vertragliche Unterhaltspflichten von § 17 GKG nicht erfaßt werden. Etwas anderes gilt jedoch, wenn eine gütliche Regelung über einen gesetzlichen Unterhaltsanspruch getroffen wird und sich diese im Rahmen der gesetzlichen Unterhaltspflicht hält.

6

(Hartmann, § 17 GKG Anm. 2 A; Schneider, Streitwert, Rd.Ziff. 61; vgl. allgemein zum Regelungsbereich des § 17 GKG auch Stichwort „Wiederkehrende Leistungen", Rd.Ziff. 24 ff.)

Ebenso wie bei § 9 ist auch bei § 17 GKG auf die **Differenz** zwischen dem bisherigen und dem künftigen Jahresbetrag, der gezahlt werden soll, abzustellen. Dieser ist bei gesetzlichen Unterhaltsansprüchen maßgeblich, wobei im Falle von schwankenden Beträgen der **höchste Jahresbetrag** zugrunde zu legen ist.

7

(Hartmann, § 17 GKG, Anm. 3 B)

Bei Unterhaltsrenten i. S. des § 17 II GKG wird der **5fache Jahresbetrag** berücksichtigt oder aber der geforderte Gesamtbetrag, soweit dieser geringer ist. Im Rahmen des § 17 III kommt es auf den **3fachen Jahresbetrag** an, wenn nicht der Gesamtbetrag der geforderten Leistungen geringer ist.

Nach § 17 IV GKG werden die mit eingeklagten **Rückstände** für die Zeit vor Klageerhebung im Rahmen der Streitwertermittlung hinzugerechnet. Unter Rückständen versteht man diejenigen Raten, die bei Klageeinreichung schon fällig waren und damit keine wiederkehrende Leistung darstellen.

8

Abänderungsklage

(Zöller, § 3 Rd.Ziff. 16, Stichwort „Rückstände"; vgl. zur Definition des Begriffs „Wiederkehrende Leistungen" Rd.Ziff. 1, und zu den Rückständen allgemein unter Stichwort „Wiederkehrende Leistungen" Rd.Ziff. 17 f., 38 ff.)

9   Schneider

(in Zöller, § 3 Rd.Ziff. 16, Stichwort „Abänderungsklage")

will die Rückstände nur mit einem Bruchteil ihres Nennbetrages ansetzen, wenn sie nur schwer beitreibbar sind. Dieser Ansicht folgen wir nicht, da kein Grund ersichtlich ist, warum bei einer Abänderungsklage, anders als bei anderen Klagen, für die Berechnung des Streitwertes die Beitreibbarkeit eine Rolle spielen sollte. Allerdings halten wir es bei gesetzlichen Unterhaltsansprüchen für vertretbar, die Streitwertprivilegierung des § 17 I GKG auf den Streitwert für die Rückstände zu erstrecken und hier ebenfalls maximal den Gesamtjahresbetrag zu berücksichtigen.

(Vgl. hierzu auch Schneider, Streitwert, Rd.Ziff. 65)

10 Wird entgegen § 323 III eine **Abänderung** des Titels für die Zeit **vor Einreichung der Abänderungsklage** verlangt, ist die Klage im Hinblick auf die vor Klageerhebung fällig gewordenen Beträge abzuweisen; auch hier ist aber der Wert dieser Beträge dem Streitwert hinzuzurechnen.

(OLG Hamm, JurBüro 79, 873; OLG Schleswig, JurBüro 88, 1557; Schneider, Streitwert, Rd.Ziff. 63; Zöller, § 3 Rd.Ziff. 16, Stichwort „Abänderungsklage")

11 Klagt der Kläger auf **Erhöhung**, der Beklagte auf **Herabsetzung** der titulierten Ansprüche, handelt es sich um verschiedene Streitgegenstände i. S. des § 19 I GKG, so daß die Werte zu addieren sind.

(Schneider, Streitwert, Rd.Ziff. 66; vgl. auch unter Stichwort „Widerklage", Rd.Ziff. 5, 6)

Abänderungsverfahren gemäß §§ 641 l bis 641 t ZPO

1   Gemäß § 1612 a BGB kann der zu entrichtende Unterhalt zugunsten Minderjähriger unter bestimmten Voraussetzungen der allgemeinen Entwicklung der wirtschaftlichen Verhältnisse angepaßt werden. Die §§ 641 l ff. regeln das Verfahren (= vereinfachtes Verfahren). Für den **Gebührenstreitwert** gelten dieselben Grundsätze, die unter dem Stichwort „Abänderungsklage" dargestellt worden sind. Gemäß § 17 I GKG ist auf die Differenz zwischen dem Jahresbetrag des mit der Abänderung verlangten Unterhalts und der titulierten Unterhaltszahlung abzustellen.

(Schneider, Streitwert, Rd.Ziff. 69)

Der **Zuständigkeitsstreitwert** ist ohne Bedeutung, da für das vereinfachte Verfahren das Amtsgericht gemäß § 641 l III ausschließlich zuständig ist.

2   Gegen den Abänderungsbeschluß ist nach § 641 p III die **sofortige Beschwerde** mit den dort genannten Einwendungen statthaft. Eine bestimmte Beschwerdesumme muß nicht erreicht sein, so daß es auf den **Rechtsmittelstreitwert** nicht ankommt.

Der Wert der Beschwerde nach § 641 p III richtet sich nach dem Betrag, der angeblich falsch sein soll.

Abfindungsvergleich

s. Stichwort „Vergleich", Rd.Ziff. 13

Abgabe

s. Stichwort „Verweisung"
s. Stichwort „Willenserklärung"

Ablehnung von Richtern, Sachverständigen und Schiedsrichtern

§§ 42, 406, 1032

Zur Frage der Höhe des Streitwertes werden drei Meinungen vertreten:

Nach einer Ansicht richtet sich der Streitwert nach dem Hauptsachestreitwert, es sei denn, daß sich der Befangenheitsantrag nur auf einen Teil der Hauptsache bezieht.

(BGH, NJW 68, 796; OLG Düsseldorf, JurBüro 82, 761; Hartmann, Anh. I § 12 GKG Stichwort „Ablehnung des Richters")

Nach einer anderen Ansicht ist der Streitwert nach § 3 zu schätzen; er beträgt danach grundsätzlich einen Bruchteil des Hauptsachestreitwertes, etwa ¹⁄₁₀ bis ⅓.

(OLG Frankfurt, JurBüro 80, 279; OLG Koblenz, Rpfleger 88, 507; Hillach/Rohs, S. 267 f.; Thomas/Putzo, § 3 Stichwort „Ablehnung")

Eine dritte Meinung geht davon aus, es liege immer eine nichtvermögensrechtliche Streitigkeit vor; sie bewertet dementsprechend nach § 12 II GKG.

(OLG Nürnberg, MDR 83, 846; OLG Köln, Rpfleger 87, 166; Schneider, Streitwert, Rd.Ziff. 80, 85, 93)

Wir folgen einer vermittelnden Meinung, nach der je nach Art der Hauptsachestreitigkeit § 3 (vermögensrechtlich) oder § 12 II S. 1 GKG (nichtvermögensrechtlich) zur Anwendung kommt,

(BayObLG, NJW 89, 44)

gehen aber unabhängig von den Grenzen der § 12 II S. 4 GKG höchstens von einem Bruchteil des Hauptsachestreitwertes, etwa ¹⁄₁₀ bis ⅓, aus. Das ergibt sich nach unserer Auffassung daraus, daß das Ablehnungsverfahren immer als Annex zum Hauptsacheverfahren zu werten ist und das Interesse der Partei, daß ein bestimmter Richter oder Sachverständiger nicht mitwirkt, in aller Regel geringer ist als das Interesse an der Hauptsache.

Abmeierungsklage

§ 18 WEG, § 3

s. Wohnungseigentum, Rd.Ziff. 3

Abnahme

I. Kaufsache (§ 433 II BGB)

Der Streitwert ist im Wege der Schätzung nach § 3 zu bestimmen; maßgeblich ist das 1
Interesse des Klägers an der Besitzbefreiung, z. B. Räumung von Lagerraum, Schutz vor Beschädigungen, Diebstahl usw.

(Hartmann, Anh. I § 12 GKG Stichwort „Abnahme der Kaufsache"; Hillach/Rohs, S. 128 f.; Schneider, Streitwert, Rd.Ziff. 95; Stein/Jonas, § 3 Rd.Ziff. 41 Stichwort „Abnahme von Sachen"; Thomas/Putzo, § 3 Stichwort „Abnahme von Sachen")

§ 6 findet dagegen keine Anwendung, da es nicht um die Erlangung oder Erhaltung des Besitzes, sondern um dessen Entledigung geht.

(Hillach/Rohs, S. 128; Schneider, Streitwert, Rd.Ziff. 95)

Wird gleichzeitig auf **Abnahme und Zahlung** des Kaufpreises geklagt, kommt es regelmä- 2
ßig nur auf den Wert des Zahlungsanspruches an, da eine wirtschaftliche Identität besteht (vgl. hierzu Stichwort „Klagenhäufung", Rd.Ziff. 12 ff.); etwas anderes gilt, wenn der Kläger ein besonderes Interesse an der Abnahme hat; dann muß der nach § 3 zu schätzende Wert neben dem Zahlungsanspruch berücksichtigt werden.

Abnahme

(Hartmann, Anh. I § 12 GKG Stichwort „Abnahme der Kaufsache"; Schneider, Streitwert, Rd.Ziff. 96; Stein/Jonas, § 5 Rd.Ziff. 9)

Wegen der Besonderheit bei *Bierlieferungsverträgen* wird auf das entsprechende Stichwort Bezug genommen.

II. Werk (§ 640 I BGB)

Der Streitwert wird im Wege der Schätzung nach § 3 ermittelt; maßgeblich ist das Interesse des Klägers, das grundsätzlich einem Bruchteil des Werklohns, etwa ¼, entspricht.

(Schneider, Streitwert, Rd.Ziff. 5018; Zöller, § 3 Rd.Ziff. 16 Stichwort „Werkvertrag")

Absonderungsrecht

§§ 47 ff. KO, § 6
s. Stichwort „Konkurs", Rd.Ziff. 12

Abstammungsstreitigkeit

s. Stichwort „Kindschaftssachen"

Abtretung

1   Bei Klagen auf Abtretung von **Geldforderungen** ist der Wert der abzutretenden Forderung, oder, wenn die Abtretung zu Sicherungszwecken erfolgen soll, der Wert der zu sichernden Forderung maßgeblich; es gilt § 6 S. 1, bei wiederkehrenden Leistungen § 9; Zinsen und Kosten werden nicht berücksichtigt, soweit es sich um Nebenforderungen i. S. des § 4 I, § 22 GKG handelt.

(Hartmann, Anh. I § 12 GKG Stichwort „Abtretung"; Hillach/Rohs, S. 121; Zöller, § 3 Rd.Ziff. 16 Stichwort „Abtretung")

Wegen der Einzelheiten wird auf die Stichworte „Bezifferte Leistungsklage", „Wiederkehrende Leistungen" und „Nebenforderungen" Bezug genommen.

2   Geht es um eine **Hypothek** oder **Grundschuld,** wird der Streitwert nach § 6 S. 1 und 2 bestimmt (vgl. Stichwort „Hypothek", Rd.Ziff. 1).

Abwehrinteresse

des Beklagten
s. Stichwort Auskunft, Rd.Ziff. 3

Additionsverbot

Abweichung von § 5, 1. Alternative
s. Stichwort „Klagenhäufung", Rd.Ziff. 12 ff.

Aktien

§ 6 S. 1 (Herausgabe)
s. Stichworte „Besitz", Rd.Ziff. 19
„Gesellschaftsrecht", Rd.Ziff. 6

Aktiengesellschaft

§ 3
s. Stichwort „Gesellschaftsrecht"
§ 247 AktG
s. Stichwort „Anfechtungsklagen", Rd.Ziff. 6 ff.

Allgemeine Geschäftsbedingungen

Bei Unterlassungs- und Widerrufsklagen (§ 13 AGBG) besteht gemäß § 22 AGBG eine Streitwerthöchstgrenze von 500 000,– DM. Innerhalb dieser Grenze ist das nach § 3 zu schätzende Interesse des Klägers an der Unterlassung oder dem Widerruf wertbestimmend.
(Hartmann, Anh. I § 12 GKG Stichwort „Allgemeine Geschäftsbedingungen"; Thomas/Putzo, § 3 Stichwort „Allgemeine Geschäftsbedingungen"; vgl. auch Beispiele bei Schneider, Streitwert, Rd.Ziff. 133–143)
Bei einer Verbandsklage gemäß § 13 II AGBG kommt es auf das Interesse der Allgemeinheit an; dabei ist dieses Interesse bei Grundsatzurteilen zu vergleichbaren AGB-Klauseln höher zu bewerten als bei Folgeentscheidungen (BGH, NJW-RR 91, 1074; Thomas/Putzo, § 3 Stichwort „Allgemeine Geschäftsbedingungen").

Altenteil

§ 23 Ziff. 2 g GVG (Zuständigkeit des Amtsgerichts ohne Rücksicht auf den Streitwert)
§ 9, § 17 I GKG (gesetzlicher Unterhalt)
s. Stichworte „Reallast", Rd.Ziff. 5; „Wohnrecht", Rd.Ziff. 2

Alternativer Klageantrag

s. Stichwort „Wahlschulden", Rd.Ziff. 5

Anderweitige Verwertung

§§ 825, 857 V, § 6 S. 1 und 2, § 57 II S. 2 BRAGO
s. Stichwort „Zwangsvollstreckung wegen einer titulierten Geldforderung", Rd.Ziff. 5

Anerkenntnis

Das Anerkenntnis (§ 307) hat auf den Streitwert keinen Einfluß; das gilt auch für das Anerkenntnisurteil, 1
(OLG Düsseldorf, FamRZ 87, 1281; Hartmann, Anh. I § 12 GKG Stichwort „Anerkenntnis"; Zöller, § 3 Rd.Ziff. 16 Stichwort „Anerkenntnis")
das selbst allerdings gerichtsgebührenfrei ist (vgl. Teil B, Rd.Ziff. 28). Das bedeutet, daß der Rechtsmittelstreitwert und der Gebührenstreitwert der höheren Instanzen unabhängig von dem Anerkenntnis zu ermitteln sind.

Beispiel:
Der Beklagte erkennt die Klageforderung in Höhe von 10 000,– DM an, und er wird entsprechend verurteilt. Legt er uneingeschränkt Berufung ein, betragen sowohl der Rechtsmittel- als auch der Gebührenstreitwert 10 000,– DM.

Bei einem Teilanerkenntnis tritt die Verringerung des Streitwerts auf den Wert des Restanspruchs erst mit Erlaß des Teilanerkenntnisurteils ein. Bis dahin bleibt es beim ursprünglichen Gesamtwert (OLG Bamberg, JurBüro 90, 771) 2

Anerkenntnis

3   Bei der sofortigen Beschwerde i. S. des § 99 II gegen eine auf § 93 beruhenden Kostenentscheidung im Urteil (vgl. zur Kostenentscheidung Teil B, Rd.Ziff. 226 ff., 400) geht es allerdings nicht um den anerkannten Klageanspruch, so daß dieser für den Streitwert der Beschwerde nicht zugrunde gelegt werden kann. Hier ist vielmehr das Kosteninteresse maßgeblich.

(so wohl auch OLG Frankfurt/Main, AnwBl. 81, 155; vgl. hierzu Stichwort „Erledigung der Hauptsache", Rd.Ziff. 3)

Anfechtung nach dem Anfechtungsgesetz

§ 6 S. 1 und 2 analog, § 20 I GKG i. V. m. § 3
s. Stichwort „Anfechtungsklagen", Rd.Ziff. 2

Anfechtungsklagen

I. Konkursanfechtung

1   Erhebt der Konkursverwalter eine Anfechtungsklage nach §§ 29 ff. KO auf Rückgewähr des anfechtbar Erworbenen, richtet sich der Streitwert gemäß § 3 nach dem Wert des Zurückverlangten für die Masse; geht es bei der Anfechtungsklage hingegen um die Beseitigung eines Pfandrechtes, ist im Rahmen der nach § 3 vorzunehmenden Schätzung § 6 S. 1 und 2 entsprechend anzuwenden, so daß es auf den geringeren Wert der Forderung des Beklagten oder des Pfandgegenstandes ankommt (vgl. hierzu Stichwort „Konkurs", Rd.Ziff. 13, 14 m. w. N.).

II. Anfechtungsgesetz

2   Klagen gemäß § 7 AnfG sind grundsätzlich auf die **Duldung der Zwangsvollstreckung** (vgl. Stichwort) in den anfechtbar erworbenen Gegenstand gerichtet. Die geforderte Bereitstellung bestimmter Gegenstände, damit sie dem Vollstreckungsgläubiger als Haftungsobjekt dienen, ist sachlich mit der Auslieferung als **Pfandsache** zu vergleichen. Daher findet § 6 S. 1 und 2 entsprechend Anwendung, d. h., der Streitwert bei Klagen nach dem Anfechtungsgesetz bestimmt sich nach dem Wert der Forderung des Anfechtenden oder nach dem Verkehrswert des Gegenstandes (zum Verkehrswert vgl. allgemein Stichwort „Besitz", Rd.Ziff. 11 ff.), soweit dieser geringer ist; da es sich um eine einheitliche Gesamtleistung handelt, werden **Zinsen und Kosten** entgegen § 4, § 22 GKG (vgl. hierzu allgemein Hillach/Rohs, S. 73 und unter Stichwort „Nebenforderungen", Rd.Ziff. 6) hinzugerechnet.

(BGH, WM 82, 435; Hillach/Rohs, S. 364 f.; Hartmann, Anh. I § 12 GKG Stichwort „Duldung"; Schneider, Streitwert, Rd.Ziff. 2240 f., 2243; Stein/Jonas, § 6 Rd.Ziff. 21; Thomas/Putzo, § 3 Stichwort „Anfechtungsklage"; Zöller, § 3 Rd.Ziff. 16 Stichwort „Anfechtungsklage"; vgl. näher zu § 6 S. 1 und 2 Stichwort „Pfandrecht")

Unerheblich ist, ob auch andere Gläubiger anfechten können und was für den Kläger möglicherweise übrigbleibt (Hillach/Rohs, S. 356).

3   Geht es um die Anfechtung eines Anspruchs auf **wiederkehrende Leistung,** erfolgt die Bewertung dieses Anspruchs nach § 9; § 17 I GKG findet keine Anwendung, da es bei der Klage nach § 7 AnfG nicht um einen Unterhaltsanspruch geht.

(Schneider, Streitwert, Rd.Ziff. 2242; vgl. allgemein Stichwort „Wiederkehrende Leistungen")

4   Wird im Falle der Weiterveräußerung des anfechtbar Erworbenen auf **Wertersatz** geklagt, richtet sich der Streitwert gemäß § 6 S. 1 nach dem bezifferten Betrag (vgl. hierzu allgemein Stichworte „Geldforderungen" und „Bezifferter Leistungsantrag").

Wird eine solche Klage mit der Klage gegen den Rechtsnachfolger gemäß § 11 AnfG auf

Duldung in die Zwangsvollstreckung verbunden, findet wegen **wirtschaftlicher Identität** keine Zusammenrechnung nach § 5 S. 1 statt.

> (Schneider, Streitwert, Rd.Ziff. 2246; vgl. allgemein zum Additionsverbot Stichwort „Klagenhäufung", Rd.Ziff. 12 ff., 15)

Bei einer **einstweiligen Verfügung** zur Sicherung eines Anspruchs nach §§ 7, 11 AnfG wird der Streitwert gemäß § 20 I GKG i. V. m. § 3 im Wege der Schätzung nach dem Interesse des Antragstellers an der Sicherung ermittelt; grundsätzlich ist ein Bruchteil vom Hauptsachestreitwert, etwa ⅕ bis ¼, gerechtfertigt (vgl. hierzu allgemein Stichwort „Einstweilige Verfügung"). 5

III. Gesellschaftsrecht

Für **Anfechtungsklagen** eines Aktionärs gegen Beschlüsse der Hauptversammlung einer **Aktiengesellschaft** ist eine besondere Streitwertregelung in § 247 AktG vorhanden. Diese Regelung gilt auch für **Nichtigkeitsklagen** gemäß § 249 AktG. Darüber hinaus wird § 247 für anwendbar erklärt bei der Anfechtung der Wahl von Aufsichtsratsmitgliedern gemäß § 251 III AktG, des Beschlusses über die Verwendung der Bilanzgewinne gemäß § 254 II AktG und der Kapitalerhöhung gegen Einlagen gemäß § 255 III AktG sowie für Klagen auf Nichtigkeit des festgestellten Jahresabschlusses gemäß § 257 II AktG und für die Klage auf Nichtigerklärung der Gesellschaft gemäß § 275 IV AktG. 6

Nach § 247 I wird der Streitwert durch das Prozeßgericht nach **billigem Ermessen** unter Berücksichtigung der Umstände des Einzelfalles bestimmt; der Streitwert darf ¹⁄₁₀ des Grundkapitals, jedenfalls aber 1 Mio. DM nicht übersteigen, es sei denn, daß die Bedeutung der Sache für den Kläger höher ist. Für eine **wirtschaftlich schwache Partei** kann der nach § 247 I AktG zu bestimmende Gebührenstreitwert unter den Voraussetzungen des § 247 II AktG herabgesetzt werden, und zwar auch noch in der **Berufung** (OLG Frankfurt/Main, BB 85, 1360). 7

Maßgeblich ist für die Streitwertbemessung neben dem **Interesse des Klägers,** das durch den Wert seines Aktienbesitzes begrenzt wird, das Interesse der Gesellschaft an der Aufrechterhaltung oder Gültigkeit des betreffenden Beschlusses; diese Interessen sind gegeneinander abzuwägen; maßgeblich für das Interesse der Gesellschaft ist u. a. ihre Größe, ihr Grundkapital und die Kosten für die Vorbereitung einer neuen Hauptversammlung.

> (BGH, JurBüro 82, 66 und 218; OLG Frankfurt/Main, WM 84, 655 und 1470; Hillach/Rohs, S. 375; Zöller, § 3 Rd.Ziff. 16 Stichwort „Anfechtungsklage"; Schneider, Streitwert, Rd.Ziff. 164 ff.)

Das OLG Frankfurt/Main (WM 84, 655) will den Streitwert auf 50% des Leistungs- oder Schadensersatzanspruchs reduzieren. Eine solche Festlegung halten wir jedoch nicht für vertretbar, da es auf die Umstände des Einzelfalles ankommt und diese je nach Art sowie Inhalt des Beschlusses sehr unterschiedlich sein können.

Das Interesse der Gesellschaft ist regelmäßig höher als das auf den Wert des Aktienbesitzes begrenzte Interesse des Klägers. Daraus erklärt sich wohl, daß einige **allein** auf das **Interesse der Gesellschaft** abstellen und die Beteiligung des Klägers nicht für maßgeblich halten (vgl. Hartmann, Anh. I § 12 GKG Stichwort „Gesellschaft"). Dem steht aber der eindeutige Wortlaut des § 247 I AktG entgegen, wonach die Bedeutung der Sache für die **Parteien** – also beider Parteien – zu berücksichtigen ist. 8

Werden **mehrere Beschlüsse** der Hauptversammlung angefochten, sind sie getrennt zu bewerten, auch wenn sie im Zusammenhang stehen. 9

> (OLG Frankfurt/Main, WM 84, 655; Hillach/Rohs, S. 368)

§ 247 S. 1, II AktG gilt entsprechend für die Anfechtung der Beschlüsse der Gesellschafts- 10

Anfechtungsklagen

versammlung einer **GmbH**, einer **Genossenschaft** und eines **Gewerkes**; § 247 I S. 2 AktG findet jedoch keine Anwendung, da diese Vorschrift dem Schutz der Kleinaktionäre dient.

(OLG Bamberg, JurBüro 80, 759; Hillach/Rohs, S. 377 f.; Schneider, Streitwert, Rd.Ziff. 181 ff.)

Ebenso wie bei der Aktiengesellschaft wird der Streitwert nicht durch den Wert des Geschäfts- oder Genossenschaftsanteils begrenzt.

(Schneider, Streitwert, Rd.Ziff. 184, 188; vgl. auch Rd.Ziff. 7 f.)

Anschlußpfändung

§ 826, § 6 S. 1, 2
s. Stichwort „Zwangsvollstreckung wegen einer titulierten Geldforderung", insbesondere Rd.Ziff. 8

Anspruchsmehrheit

§ 5, 1. Halbs.
s. Stichwort „Klagenhäufung"
s. auch Stichworte:
„Alternativer Klageantrag"
„Aufrechnung"
„Echte Hilfsanträge"
„Rechtsmittel", insbesondere Rd.Ziff. 15–18, Rd.Ziff. 31 ff. (Anschlußrechtsmittel)
„Stufenklage"
„Unechte Hilfsanträge"
„Widerklage"

Anwartschaften

Dingliche Anwartschaftsrechte stellen eine Vorstufe des Vollrechts dar.

Beispiel:
Eigentumsvorbehalt

Soweit **Herausgabe eines Gegenstandes** verlangt wird, richtet sich der Streitwert gemäß § 6 S. 1 nach dem Wert des Gegenstandes.

(Schneider, Streitwert, Rd.Ziff. 254; vgl. hierzu näher unter Stichwort „Eigentumsvorbehalt")

Soweit es um **bedingte Ansprüche** aufgrund der Anwartschaft geht, hat eine Bewertung gemäß § 3 unter Berücksichtigung der Wahrscheinlichkeitsgrades für den Erwerb des Vollrechtes zu erfolgen.

(Schneider, Streitwert, Rd.Ziff. 254; vgl. hierzu auch unter Stichwort „Bedingte Ansprüche")

Arbeitnehmer

1 Arbeitnehmer sind unselbständig Beschäftigte, wobei die Höhe der Vergütung für sich gesehen belanglos ist und allenfalls ein Indiz für die Frage der Unselbständigkeit darstellt.

(BGH, NJW-RR 86, 676; OLG Koblenz, JurBüro 76, 648; Zöller, § 3 Rd.Ziff. 16 Stichwort „Arbeitnehmer")

Wer in diese Personengruppe fällt, ist im Einzelfall zu entscheiden. Maßgeblich im Grenzfall ist die soziale Abhängigkeit.

(OLG Koblenz, MDR 1980, 319; vgl. auch Schneider, Streitwert, Rd.Ziff. 258 ff.)

2 Für das Arbeitsgerichtsverfahren ist neben den allgemeinen Streitwertregeln (vgl. §§ 46, 64 VI ArbGG) insbesondere die Sonderregelung des § 12 VII ArbGG zu beachten (vgl. hierzu Stein/Jonas, § 2 Rd.Ziff. 123 ff.).

Soweit es um **wiederkehrende Leistungen** im Zivilprozeß geht, ist grundsätzlich § 9 und für 3
den Gebührenstreitwert bei Vorliegen der dort genannten weiteren Voraussetzungen § 17 III
GKG maßgeblich (vgl. hierzu näher Stichwort „Wiederkehrende Leistungen").

Bei Klagen von **Organmitgliedern** einer juristischen Person auf Einkünfte aus einem 4
Anstellungsverhältnis gilt § 17 III GKG dann, wenn diese sich hinsichtlich ihrer sozialen
Abhängigkeit in einer arbeitnehmerähnlichen Stellung befinden; ansonsten richtet sich der
Gebührenstreitwert nach § 9 (bestritten; vgl. näher Stichwort „Organ").

Soweit **keine Sonderregelung** eingreift, es insbesondere nicht um wiederkehrende Leistun- 5
gen geht, bestimmt sich der Streitwert gemäß § 3 nach dem Interesse des Klägers, wobei es auf
die Umstände des Einzelfalles ankommt.

> **Beispiel:**
> Negative Feststellungsklage wegen Bestehens eines Mitarbeiterverhältnisses (OLG München,
> NJW-RR 88, 190)

Bei der Klage auf **Entfernung** einer **Abmahnung** aus den Personalakten ist nach § 3 auf das
wirtschaftliche Interesse des Klägers abzustellen; 500,– DM sind vertretbar (LAG Baden-
Württemberg, JurBüro 90, 1333). Für den **Beschäftigungsanspruch** ist im Regelfall ein
Monatseinkommen anzusetzen (LAG Hamburg, AnwBl. 90, 49).

Arrest

s. Stichwort „Einstweilige Verfügung"

I. Zuständigkeit und Rechtsmittelstreitwert

Für die **Zuständigkeit** hat der Streitwert wegen § 919 keine Bedeutung. Da die Revision nach 1
§ 545 II nicht zulässig ist, kommt es nur für die Berufung auf den **Rechtsmittelstreitwert** an,
wenn über den Arrest nach mündlicher Verhandlung durch Urteil entschieden worden ist
(§ 922 I). Insoweit greift § 3 ein. Hier gelten dieselben Grundsätze wie für den Gebührenstreitwert, so daß auf die nachfolgenden Ausführungen Bezug genommen werden kann.

II. Gebührenstreitwert

1. Allgemeine Grundsätze

Gemäß § 20 I GKG bestimmt sich der Gebührenstreitwert in Verfahren über einen Antrag auf 2
Anordnung, Abänderung oder Aufhebung eines Arrestes nach § 3. Maßgeblich für die
danach vorzunehmende Schätzung ist das **Interesse** des Antragstellers an der von ihm
begehrten Entscheidung; auf das Abwehrinteresse des Gegners kommt es nicht an (Schneider,
Streitwert, Rd.Ziff. 266, 267). Ausgangspunkt ist der **Wert der Hauptsache** zum Zeitpunkt
des Eingangs des Antrags oder des Rechtsmittels; wegen des vorläufigen Charakters des
Arrestes ist aber grundsätzlich nur ein Bruchteil des Hauptsachestreitwertes, und zwar in der
Regel ¼ bis ⅓ in Ansatz zu bringen.

> (OLG Frankfurt/Main, AnwBl. 84, 94; Hartmann, § 20 GKG Anm. 1 A; Hillach/Rohs, S. 335;
> Schneider, Streitwert, Rd.Ziff. 269 ff.; Stein/Jonas, § 3 Rd.Ziff. 41 Stichwort „Arrest")

Für den Ausgangspunkt, den Hauptsachestreitwert, gelten die allgemeinen Grundsätze und 3
Streitwertregeln, so daß auf die jeweiligen Stichworte Bezug genommen werden kann. So sind
beispielsweise bei Unterhaltsforderungen die Grundsätze des § 17 GKG zu beachten.

> (OLG Bamberg, JurBüro 89, 1605; Hillach/Rohs, S. 337; Schneider, Streitwert, Rd.Ziff. 278; vgl.
> auch Stichwort „Wiederkehrende Leistungen")

Nebenforderungen i. S. des § 4 werden wertmäßig grundsätzlich nicht berücksichtigt (vgl.
Stichwort „Nebenforderungen").

Arrest

4   Der Wert des Arrestverfahrens kann sich im Einzelfall dem **Wert der Hauptsache** nähern und mit ihm sogar identisch sein, wenn mit dem Arrest praktisch schon die volle Befriedigung des Antragstellers verbunden ist und das Hauptverfahren aller Voraussicht nach nicht mehr durchgeführt wird.

(OLG Frankfurt/Main, AnwBl. 83, 89; Hartmann, § 20 GKG Anm. 1 A; Hillach/Rohs, S. 335; Schneider, Streitwert, Rd.Ziff. 271)

In jedem Fall darf aber der Wert der Hauptsache nicht überschritten werden.

(Hartmann, § 20 GKG Anm. 1 A; Stein/Jonas, § 3 Rd.Ziff. 41 Stichwort „Arrest")

5   Eine Erhöhung des regelmäßig anzunehmenden Streitwertes (= ¼ bis ⅓ des Hauptsachestreitwertes) kommt auch in Betracht, wenn der Antragsgegner im Ausland wohnt und die durch den Arrest gesicherte Forderung das einzige inländische Vermögen darstellt (Schneider, Streitwert, Rd.Ziff. 274).

6   Werden der **persönliche** und der **dingliche Arrest** gleichzeitig beantragt, ist nur ein Streitwert anzunehmen, weil es sich um dieselbe Angelegenheit handelt.

(Hillach/Rohs, S. 338; Schneider, Streitwert, Rd.Ziff. 289)

7   Bei gleichzeitiger Beantragung eines **Arrestes** und einer **einstweiligen Verfügung** werden die gesondert zu ermittelnden Streitwerte nach § 5, 1. Halbs. i. V. m. § 12 I GKG addiert.

(Hillach/Rohs, S. 338; Schneider, Streitwert, Rd.Ziff. 290)

Wird jedoch einer der beiden Anträge **hilfsweise** gestellt, berechnet sich der Streitwert unter Berücksichtigung des in § 19 IV GKG (vgl. Stichwort „Echte Hilfsanträge") enthaltenen Grundsatzes nur nach dem höheren Wert (Hillach/Rohs, S. 328).

2. Besondere Verfahrenssituationen

a) Widerspruch

8   Der Streitwert für das Widerspruchsverfahren nach § 924 f. ist mit dem Streitwert für das Anordnungsverfahren identisch (vgl. Rd.Ziff. 2 ff.). Soweit allerdings eine teilweise Abänderung oder Aufhebung des Arrestes begehrt wird, ist nur ein entsprechender Teil zu berücksichtigen. Bei dem Widerspruchsverfahren kommt es ebenfalls nur auf das Interesse des Antragstellers, nicht hingegen auf das Interesse des Widersprechenden an.

(Hillach/Rohs, S. 338; Stein/Jonas, § 3 Rd.Ziff. 41 Stichwort „Arrest")

Wird lediglich Kostenwiderspruch eingelegt, bestimmt sich der Wert nach dem Kosteninteresse (OLG Frankfurt/Main, JurBüro 90, 1332).

b) Aufhebungsverfahren

9   Im Aufhebungsverfahren nach § **927** gilt ebenfalls über § 20 I GKG der § 3, so daß es wie das Anordnungsverfahren zu bewerten ist.

(Hillach/Rohs, S. 339; Schneider, Streitwert, Rd.Ziff. 283)

Maßgeblich ist auch hier das Interesse des Gläubigers (vgl. Rd.Ziff. 2 ff.). Allerdings kann eine Verringerung des zu bewertenden Interesses eingetreten sein.

Beispiel:
Die Parteien haben sich außergerichtlich geeinigt, so daß nur noch auf die Beseitigung des formalen Bestandes der Anordnung abzustellen ist (Schneider, Streitwert, Rd.Ziff. 283)

10 Bei einem Aufhebungsverfahren nach § 926 II wird der Streitwert immer geringer zu bewerten sein als der des Anordnungsverfahrens (vgl. Hillach/Rohs, S. 339).

c) Vollziehungsverfahren

Das Vollziehungsverfahren (§§ 928 ff.) stellt als **Vollstreckungsverfahren** ein gegenüber dem Anordnungsverfahren besonderes Verfahren dar, das einen eigenständigen Streitwert hat (Hillach/Rohs, S. 340). 11

Der **Streitwert** für das **Arrestverfahren** selbst wird durch die Vollziehung des Arrestes nicht erhöht. 12

(Hillach/Rohs, S. 340; Schneider, Streitwert, Rd.Ziff. 281)

Der **Streitwert für die Vollziehung des Arrestes** ist in keinem Fall höher als der Wert für das Anordnungsverfahren. 13

(OLG Köln, JurBüro 86, 1546; OLG Hamburg, JurBüro 90, 116 [Hypothek]; KG, Rpfleger 91, 126; Hartmann, § 20 GKG Anm. 1 B; Hillach/Rohs, S. 340; Schneider, Streitwert, Rd.Ziff. 282; vgl. auch Stichwort „Einstweilige Verfügung", Rd.Ziff. 14)

Denn auch die Vollziehungsmaßnahme führt grundsätzlich ebenso wie die Arrestanordnung lediglich zu einer vorläufigen Sicherstellung. Allerdings kann der Streitwert im Vollziehungsverfahren im Einzelfall geringer als der des Anordnungsverfahrens sein; das folgt aus einer entsprechenden Anwendung des § 6 S. 2.

(KG, Rpfleger, 91, 126; Schneider, Streitwert, Rd.Ziff. 282)

Aufgebotsverfahren

Das Aufgebotsverfahren gemäß §§ 946 ff., d. h. die öffentliche Aufforderung zur Anmeldung von Ansprüchen und Rechten, gehört an sich zur freiwilligen Gerichtsbarkeit; da die ZPO es aber als Teil der streitigen Gerichtsbarkeit behandelt, findet im Hinblick auf den Streitwert nicht die KostO, es finden vielmehr die ZPO und das GKG Anwendung, es sei denn, daß andere gesetzliche Regelungen vorhanden sind. 1

(Baumbach/Lauterbach/Albers/Hartmann, Grundzüge §§ 946 ff. Anm. 2)

Das Aufgebotsverfahren hat zur Wirkung, daß nicht angemeldete Rechte einen Rechtsnachteil erleiden. Es findet nach § 946 nur in den gesetzlich bestimmten Fällen statt, nämlich für die Ausschließung des Grundstückseigentümers (§§ 977 ff.), des Schiffseigentümers (§ 981 a), eines Grundpfandgläubigers oder eines anderen dinglich Berechtigten (§§ 982 ff.) und eines Nachlaß-, Gesamtguts- oder Schiffsgläubigers (§§ 989 ff.) sowie für die Kraftloserklärung einer Urkunde (§§ 1003 ff.).

Bezüglich der **Zuständigkeit** kommt es auf den Streitwert nicht an, da unabhängig davon gemäß § 23 Ziff. 2 h GVG das Amtsgericht zuständig ist. 2

Im übrigen ist der Streitwert gemäß § 3 nach dem **Interesse des Antragstellers** zu schätzen, und zwar unter Berücksichtigung des jeweiligen Aufgebotsgegenstandes; im Einzelfall kann der Rechtsgedanke des § 6 mit herangezogen werden; grundsätzlich wird ein Bruchteil des Wertes des Aufgebotsgegenstandes, etwa 10 bis 20%, in Ansatz zu bringen sein. 3

(LG Berlin, Rpfleger 88, 548; Hartmann, Anh. I § 12 GKG Stichwort „Aufgebot"; Hillach/Rohs, S. 347; Schneider, Streitwert, Rd.Ziff. 297, 298; Zöller, § 3 Rd.Ziff. 16 Stichwort „Aufgebotsverfahren")

Beispiele für Aufgebotsverfahren:

a) Hypotheken-, Grundschuld- oder Rentenschuldbrief 4

10 bis 20% des Nennbetrages, nicht des Wertes der Forderung; soweit der Grundstückswert geringer ist, soll dieser anstelle des Nennbetrages maßgeblich sein.

(LG Berlin, Rpfleger 88, 548; Hartmann, Anh. I § 12 GKG Stichwort „Aufgebot"; Hillach/Rohs, S. 347; Schneider, Streitwert, Rd.Ziff. 298; vgl. auch Stichwort „Hypothek", Rd.Ziff. 6)

Aufgebotsverfahren

b) Sparkassenbuch, Schuldschein, Versicherungsschein, Pfandschein

5   10 bis 20% des Nennbetrages
(Hillach/Rohs, S. 348; Stein/Jonas, § 3 Rd.Ziff. 41 Stichwort „Aufgebotsverfahren"; Schneider, Streitwert, Rd.Ziff. 299; Zöller, § 3 Rd.Ziff. 16 Stichwort „Aufgebotsverfahren")

c) Grundstückseigentümer

6   Verkehrswert des Grundstückes entsprechend § 6 S. 1, beim Miteigentum ist der Wert des Miteigentumsanteils des Antragstellers in Abzug zu bringen.
(Hillach/Rohs, S. 348; Zöller, § 3 Rd.Ziff. 16 Stichwort „Aufgebotsverfahren"; Stein/Jonas, § 3 Rd.Ziff. 41 Stichwort „Aufgebotsverfahren"; zum Verkehrswert eines Grundstückes allgemein vgl. unter Stichwort „Besitz" Rd.Ziff. 23 ff.)

d) Dinglich Berechtigte

7   Nach dem Wert der Forderung oder dem geringeren Wert des Grundstückes entsprechend § 6 S. 1 und S. 2.
(Hillach/Rohs, S. 348; Zöller, § 3 Rd.Ziff. 3 Stichwort „Aufgebotsverfahren"; vgl. zur Bewertung von Forderungen und Grundstücken unter Stichworte „Forderungen" und „Besitz", Rd.Ziff. 23 ff.)

e) Echte Wertpapiere

8   Nach dem Wert der verbrieften Forderung entsprechend § 6 (Stein/Jonas, § 3 Rd.Ziff. 41 Stichwort „Aufgebotsverfahren").

f) Nachlaßgläubiger

9   Unterschiede in der Vermögensbelastung (Hillach/Rohs, S. 339).

10   Der Streitwert für die Anwaltsgebühren bei **Anmeldung von Rechten eines Dritten,** der nicht Antragsteller ist (vgl. § 953), richtet sich entsprechend § 6 S. 1 und 2 nach dem geringeren Wert entweder des angemeldeten Rechts oder des Rechts des Antragstellers (Hillach/Rohs, S. 339).

Auflassung

§ 3, § 20 I GKG: 1/10 bis 1/3 des Verkehrswertes
s. Stichwort „Auflassungsvormerkung"
§ 6 (Erteilung), § 3 (Entgegennahme)
s. Stichwort „Grundstück", Rd.Ziff. 3 ff.

Auflassungsvormerkung

1   Gemäß § 883 BGB können Vormerkungen zur Sicherung eines Anspruchs auf Einräumung oder Aufhebung eines Rechts an einem Grundstück oder an einem das Grundstück belastenden Rechte oder auf Änderung des Inhalts oder des Ranges eines solchen Rechts eingetragen werden. Die Auflassungsvormerkung dient der Sicherung eines Auflassungsanspruchs

Beispiel:
Anspruch aus § 433 I BGB

und kann u. U. im Wege der einstweiligen Verfügung (vgl. hierzu allgemein Stichwort) durchgesetzt werden.

2   Soweit es um eine einstweilige Verfügung geht, bestimmt sich der Gebührenstreitwert über § 20 I GKG nach § 3 (vgl. näher Stichwort „Einstweilige Verfügung").

Auflassungsvormerkung

Aber auch im übrigen findet nach unserer Auffassung § 3 und nicht § 6 S. 1 Anwendung, so daß der Streitwert nicht dem Wert des zu sichernden Rechts, sondern grundsätzlich nur einem Bruchteil hiervon entspricht.

(so auch Hillach/Rohs, S. 194 ff.; Schneider, Streitwert, Rd.Ziff. 358 ff.; Thomas/Putzo, § 3 Stichwort „Vormerkung"; a. A. Stein/Jonas, § 6 Rd.Ziff. 21, insbesondere 49; Zöller, § 3 Rd.Ziff. 16 Stichwort „Vormerkung")

Im einzelnen gilt folgendes:

Der Streitwert für ein Verfahren, bei dem es um die **Eintragung** einer Auflassungsvormerkung geht, ist im Wege der Schätzung gemäß § 3 nach dem Interesse des Klägers/Antragstellers an der Sicherung seines Eigentumserwerbs zu ermitteln. 3

(OLG Hamm, JurBüro 87, 887; Hillach/Rohs, S. 194; Schneider, Streitwert, Rd.Ziff. 358; Thomas/Putzo, § 3 Stichwort „Vormerkung")

Dies ergibt sich für ein einstweiliges Verfügungsverfahren aus § 20 I GKG.

(vgl. Stichwort „Einstweilige Verfügung", Rd.Ziff. 2, 4 ff.)

Ausgangspunkt ist der **Verkehrswert**,

(vgl. Stichworte „Besitz", Rd.Ziff. 11 ff., insbesondere 23 ff. und „Eigentum", Rd.Ziff. 2)

der die oberste Grenze für den Streitwert bei Verfahren auf Eintragung einer Auflassungsvormerkung bildet (Schneider, Streitwert, Rd.Ziff. 360). In der Regel ist aber nicht der Verkehrswert, sondern nur ein Bruchteil hiervon, etwa $1/10$ bis $1/3$ maßgeblich, da es nur um eine vorläufige Sicherungsmaßnahme (vgl. Rd.Ziff. 1) geht.

(LG Bayreuth, JurBüro 81, 758; Hillach/Rohs, S. 194; Schneider, Streitwert, Rd.Ziff. 361, 362; Thomas/Putzo, § 3 Stichwort „Vormerkung"; Zöller, § 3 Rd.Ziff. 16 Stichwort „Vormerkung")

Im Einzelfall kann sich jedoch dieser Streitwert dem Verkehrswert annähern oder sogar mit ihm identisch sein, wenn der Rechtsverlust unmittelbar droht.

Der Streitwert eines Verfahrens auf **Löschung der Auflassungsvormerkung** ist ebenfalls frei gemäß § 3 nach dem Interesse des Klägers/Antragstellers an ihrer Beseitigung zu schätzen; dabei ist auch hier grundsätzlich ein Bruchteil des Verkehrswertes des Grundstückes, etwa $1/10$ bis $1/3$, maßgeblich; im Einzelfall entspricht der Streitwert dem Verkehrswert, wenn das Grundstück mit der Auflassungsvormerkung praktisch unveräußerbar ist und eine konkrete Veräußerungsabsicht des Klägers angenommen werden kann. 4

(OLG Köln, MDR 83, 495; OLG Bamberg, JurBüro 90, 1511; Hillach/Rohs, S. 195; Schneider, Streitwert, Rd.Ziff. 366, 367; Stein/Jonas, § 3 Rd.Ziff. 62 Stichwort „Vormerkung"; Zöller, § 3 Rd.Ziff. 16 Stichwort „Vormerkung")

Geht es hingegen nur um die Beseitigung einer formalen Grundbuchposition,

Beispiel:
Es liegt ein rechtskräftiger Titel über die Unbegründetheit der Auflassungsvormerkung vor.

ist der Streitwert gering.

(vgl. zum ähnlichen Problem Stichwort „Widerspruch gegen die Unrichtigkeit des Grundbuches", Rd.Ziff. 2)

Aufopferung

Grundsätzlich gilt § 9, für den Gebührenstreitwert bei Vorliegen der dort genannten weiteren Voraussetzungen § 17 II GKG (vgl. hierzu im einzelnen Stichworte „Abänderungsklage" und „Wiederkehrende Leistungen").

Aufrechnung

I. Zuständigkeitsstreitwert

1 Der Zuständigkeitsstreitwert richtet sich allein nach der Klageforderung. Es gelten die allgemeinen Streitwertregeln. Klage- und Aufrechnunsforderung werden hingegen nicht zusammengerechnet, insbesondere gilt nicht § 5, 1. Halbs. (Schneider, Streitwert, Rd.Ziff. 491). Es ist allein der Wert der Klageforderung bestimmend, und zwar unabhängig davon, ob über die Aufrechnungsforderung entschieden wird.

II. Rechtsmittelstreitwert

2 Soweit der **Kläger** das Rechtsmittel einlegt, gilt dasselbe wie beim Zuständigkeitsstreit. Es kommt lediglich darauf an, in welchem Umfang die Urteilssumme hinter seiner Klageforderung zurückbleibt (sog. formelle Beschwer); unerheblich ist hingegen das Schicksal der Aufrechnungsforderung; eine Addition findet nicht statt (BGH, KostRspr. § 19 GKG Nr. 33; Schneider, Streitwert, Rd.Ziff. 492).

3 Für den **Beklagten** hingegen ist die materielle Beschwer bedeutsam, d. h., er ist unabhängig davon, ob er in der ersten Instanz anerkannt und welchen Antrag er gestellt hat, beschwert, wenn die Entscheidung für ihn materiell nachteilig ist.

(Anders/Gehle, Rd.Ziff. 619; Schellhammer, LB, Rd.Ziff. 945, 947; Thomas/Putzo, Vorbem. § 511 Anm. IV 2 a; c bb; d bb; Zöller, vor § 511 Rd.Ziff. 17 ff.)

Wird der Klage stattgegeben, ist der Beklagte doppelt beschwert, wenn das Gericht seine Hilfsaufrechnung für unberechtigt erklärt.

(Schneider, Streitwert, Rd.Ziff. 493; BGHZ 48, 212; 59, 17)

In diesem Fall erhöht sich daher die Rechtsmittelbeschwer um den Wert der Gegenforderung, soweit über sie entschieden wird. Verteidigt sich der Beklagte lediglich mit der Aufrechnung (sog. Primär- oder Hauptaufrechnung), entspricht seine Beschwer nur dem Wert der Klageforderung, soweit das Gericht diese für berechtigt hält. Stellen die Gegenansprüche lediglich unselbständige Rechnungsposten im Rahmen einer **vertraglichen Abrechnung** dar, ergeht über sie nie eine rechtskraftfähige Entscheidung i. S. des § 322 II; deshalb erhöht sich durch sie nicht der Wert der Beschwer des Beklagten (BGH, NJW 92, 317).

III. Gebührenstreitwert

1. Streitwertneutrale Aufrechnung

4 Allein der Wert der Klageforderung ist nach § 12 I GKG, § 3 bzw. § 6 S. 1 maßgebend, wenn sich der Beklagte ausschließlich mit der Aufrechnung verteidigt (sog. Haupt- oder Primäraufrechnung), wenn die Hilfsaufrechnung mit einer unbestrittenen Gegenforderung erklärt wird, wenn die Hilfsaufrechnung unzulässig ist (vgl. Teil B, Rd.Ziff. 339) oder wenn über die Hilfsaufrechnung nicht entschieden wird, weil die Hauptverteidigung des Beklagten Erfolg hat.

(OLG Frankfurt/Main, JurBüro 91, 1387; Baumbach/Lauterbach/Albers/Hartmann, Anh. § 3, Stichwort „Aufrechnung"; Schneider, Streitwert, Rd.Ziff. 397, 437; Thomas/Putzo, § 3, Stichwort „Aufrechnung"; Zöller, § 3 Rd.Ziff. 16, Stichwort „Aufrechnung")

2. Streitwerterhöhende Aufrechnung

5 Eine Wertaddition hat gemäß § 19 III GKG zu erfolgen, wenn der Beklagte hilfsweise mit einer bestrittenen Gegenforderung aufrechnet und über die Gegenforderung eine der Rechtskraft fähige Entscheidung (vgl. § 322 II) ergeht. Dabei ist unerheblich, ob das der Klage stattgebende Urteil die Aufrechnung für unbegründet erklärt oder das Urteil die

Aufrechnung

Klage wegen der für begründet erklärten Aufrechnung abweist; auch im zweiten Fall wird nämlich gemäß § 322 II entschieden, daß die Gegenforderung – wegen der Aufrechnung (§ 389 BGB) – nicht **mehr** besteht (Thomas/Putzo, § 322 Anm. 8 b). Unerheblich ist ferner, ob die Aufrechnung vor oder im Prozeß erstmalig erklärt wird (Schneider, Streitwert, Rd.Ziff. 426).

Soweit die Voraussetzungen des **§ 19 III GKG** erfüllt sind, erhöht sich der Gebührenstreitwert um den Wert der Gegenforderung im **Umfang der Rechtskraftwirkung** gemäß § 322 II. Höher als die Klageforderung kann deshalb die Aufrechnungsforderung nicht in Ansatz gebracht werden. 6

(OLG Schleswig, JurBüro 1984, 257; OLG Bamberg, JurBüro 1984, 903; Schneider, Streitwert, Rd.Ziff. 424)

Dies soll an folgenden **Beispielen** verdeutlicht werden:

(1)

Klageforderung: 10 000,– DM; Hilfsaufrechnung mit einer bestrittenen Gegenforderung in Höhe von 15 000,– DM

(a) Die Klage wird abgewiesen, weil die Klageforderung zwar entstanden, aber durch die Hilfsaufrechnung untergegangen ist.
Umfang der Rechtskraftwirkung des § 322 II:
10 000,– DM
Streitwert: 20 000,– DM (§ 19 III GKG)

(b) Die Klage wird abgewiesen, weil die Klageforderung nur in Höhe von 5000,– DM entstanden und in dieser Höhe durch die Hilfsaufrechnung untergegangen ist.
Umfang der Rechtskraftwirkung des § 322 II:
5000,– DM
Streitwert: 15 000,– DM (§ 19 III GKG)

(c) Der Klage wird in Höhe von 7500,– DM stattgegeben, weil die Klageforderung zwar entstanden, aber in Höhe von 2500,– DM infolge der Hilfsaufrechnung untergegangen ist; im übrigen wird die Gegenforderung für nicht gerechtfertigt gehalten.
Umfang der Rechtskraftwirkung des § 322 II: 10 000,– DM
Streitwert: 20 000,– DM (§ 19 III GKG)

(2)

Klageforderung: 10 000,– DM; Hilfsaufrechnung mit einer bestrittenen Gegenforderung in Höhe von 6000,– DM
Die Klageforderung ist nur in Höhe von 4000,– DM schlüssig dargelegt. Die Gegenforderung ist in Höhe von 3000,– DM begründet, im übrigen unbegründet. Unter Abweisung der Klage im übrigen wird der Beklagte zur Zahlung von 1000,– DM verurteilt.
Umfang der Rechtskraftwirkung des § 322 II:
4000,– DM
Streitwert: 14 000,– DM (§ 19 III GKG)

3. Mehrere Gegenforderungen

a) Primär- oder Hauptaufrechnung

Verteidigt sich der Beklagte ausschließlich mit der Aufrechnung (sog. **Primär- oder Hauptaufrechnung**) und übersteigt die Summe der Gegenforderungen die Klageforderung nicht, greift § 19 III GKG nicht ein. Der Streitwert richtet sich dann nur nach der Klageforderung. 7

Aufrechnung

Beispiel:
Der Beklagte bestreitet die Klageforderung in Höhe von 10 000,– DM nicht. Er rechnet jedoch mit Gegenforderungen in Höhe von insgesamt 10 000,– DM auf, und zwar mit dem Kaufpreisanspruch aus dem Kauf 1989 in Höhe von 3500,– DM, mit dem Kaufpreisanspruch aus dem Kauf 1990 in Höhe von 4000,– DM und mit dem Schadensersatzanspruch aus dem Verkehrsunfall 1990 in Höhe von 2500,– DM.
Streitwert: 10 000,– DM

b) Hilfsaufrechnung

8 Werden mehrere Gegenforderungen, die insgesamt die Klageforderung übersteigen, zur Aufrechnung gestellt, muß der Beklagte mit Rücksicht auf § 322 II klarstellen, in welcher Reihenfolge und in welchem Umfang eine Entscheidung über seine Gegenforderungen ergehen soll (§ 253 II Ziff. 2); ansonsten ist die Aufrechnung nicht zulässig (vgl. hierzu Teil B, Rd.Ziff. 340, 349). Keine Bedenken gegen die Zulässigkeit der Aufrechnung bestehen, wenn der Beklagte hilfsweise mehrere bestrittene Gegenforderungen, die insgesamt die Klageforderung übersteigen, jeweils in voller Höhe gestaffelt zur Aufrechnung stellt. Je nach dem Ergebnis wird über mehrere Gegenforderungen eine der Rechtskraft fähige Entscheidung getroffen.

Beispiel:
Der Kläger macht eine Forderung in Höhe von 10 000,– DM geltend. Der Beklagte erklärt hilfsweise die Aufrechnung mit einer Gegenforderung in Höhe von 15 000,– DM und äußerst hilfsweise mit einer weiteren Forderung in Höhe von 6000,– DM.
Die Klageforderung ist in Höhe von 8000,– DM schlüssig dargetan, im übrigen unbegründet. Die erste Gegenforderung ist mit 3000,– DM begründet, die zweite Gegenforderung mit 4000,– DM. Insoweit greifen die Hilfsaufrechnungen durch. Der Beklagte wird zur Zahlung von 1000,– DM verurteilt; im übrigen wird die Klage abgewiesen.
Es ergehen folgende rechtskraftfähige Entscheidungen:
– Klageforderung (§ 322 I)   10 000,– DM
– 1. Hilfsaufrechnung gegenüber der begründeten Klageforderung
  in Höhe von 8000,– DM (§ 322 II)   8 000,– DM
– 2. Hilfsaufrechnung gegenüber der nach der 1. Hilfsaufrechnung noch
  verbleibenden, begründeten Klageforderung in Höhe von 5000,– DM (§ 322 II) 5 000,– DM

9 Streitig ist, wie der Streitwert nach § 19 III GKG in derartigen Fällen zu ermitteln ist. Nach h. M.

(BGHZ 73, 249 (251); OLG Bamberg, JurBüro 83, 105; OLG Zweibrücken, Rpfleger 85, 328; OLG München, JurBüro 89, 137; Anders/Gehle, Rd.Ziff. 358; Schneider, Streitwert, Rd.Ziff. 456; Zöller, § 3 Rd.Ziff. 16, Stichwort „Aufrechnung")

ist neben dem Wert der Klageforderung der Wert aller Gegenforderungen zu berücksichtigen, soweit über diese eine der Rechtskraft fähige Entscheidung ergeht. Daher beträgt der Streitwert im Ausgangsbeispiel nach der h. M. 23 000,– DM.

(zur Kostenentscheidung im Ausgangsbeispiel vgl. Teil B, Rd.Ziff. 351)

Das OLG Frankfurt (MDR 80, 587; JurBüro 86, 1388; ähnlich OLG Köln, JMBl. NRW 79, 70; OLG Karlsruhe, JurBüro 89, 1408; Thomas/Putzo, § 3 Anm. 2, Stichwort „Aufrechnung") will nach § 19 III GKG eine Wertaddition ungeachtet der Fallgestaltung nur bis zur Höhe der Klageforderung, im Beispielsfall also bis zu einem Betrag von 10 000,– DM, zulassen. Wir folgen der h. M., wonach sich der Gebührenstreitwert um den Wert aller Gegenforderungen im Umfang der Rechtskraftwirkung (§ 322 II) erhöht, so daß eine mehrfache Wertaddition erforderlich sein kann. Das OLG Frankfurt stützt seine gegenteilige Auffassung auf § 19 IV GKG, der bei mehreren Hilfsanträgen keine Wertaddition vorschreibt. Das OLG Frankfurt übersieht hierbei nach unserer Ansicht, daß § 19 III GKG für die streitige Hilfsaufrechnung die Wertaddition vorsieht und damit der

Aufrechnung

Tatsache, daß über zwei Ansprüche entschieden wird, Rechnung trägt. Im Falle des § 19 IV GKG liegen die Dinge bei vergleichbarer Ausgangslage (Entscheidung über zwei Ansprüche) anders: Hier erfolgt keine Wertaddition. Man mag darüber streiten, ob der Gesetzgeber mit § 19 III eine sinnvolle Regelung getroffen hat. Eine analoge Anwendung des § 19 IV GKG auf die Hilfsaufrechnung ist dennoch nicht zulässig, da sie die Grundsatzentscheidung des Gesetzgebers mißachtet. Vielmehr ist aus § 19 III GKG abzuleiten, daß sich der Streitwert bei der Hilfsaufrechnung mit bestrittenen Gegenforderungen in dem Umfang erhöht, in dem rechtskraftfähige Entscheidungen über die Gegenforderungen ergehen. Daher kann sich bei einer hilfweisen Mehrfachaufrechnung – wie im Ausgangsbeispiel – der Streitwert nach § 19 III GKG mehr als verdoppeln.

c) Zusammentreffen von Primär- und Hilfsaufrechnung

Einen Sonderfall bildet das Zusammentreffen von Primär- und Hilfsaufrechnung. Auch in derartigen Fällen verteidigt sich der Beklagte ausschließlich mit der Aufrechnung. Wenn die zur Aufrechnung gestellten Forderungen die Klageforderung wertmäßig übersteigen, muß der Beklagte im Hinblick auf § 322 II klarstellen, in welcher Reihenfolge und in welchem Umfang eine Entscheidung über seine Gegenforderungen erfolgen soll; ansonsten ist die Aufrechnung nicht zulässig (vgl. Rd.Ziff. 8 und Teil B, Rd.Ziff. 340, 349).

In derartigen Fällen findet § 19 III GKG entweder direkt oder analog für den Teil der Gegenforderungen Anwendung, die die Klageforderung übersteigen, wenn und soweit über sie eine der Rechtskraft fähige Entscheidung i. S. des § 322 II ergeht

(OLG Celle, Niedersächsische Rechtspflege 85, 249; OLG Hamm, AnwBl. 86, 204; OLG Schleswig, JurBüro 1987, 737; Schneider, Streitwert, Rd.Ziff. 464; Anders/Gehle, Rd.Ziff. 358; a. A. Lappe, NJW 83, 1467, 1468)

Auch dieser Teil wird nämlich nur hilfsweise geltend gemacht. Dabei sind, ebenso wie bei der Hilfsaufrechnung (vgl. Rd.Ziff. 8 ff.), zu der Klageforderung alle hilfsweise geltend gemachten und bestrittenen Gegenforderungen, soweit über sie i. S. des § 322 II entschieden wird, zu addieren, auch wenn ihre Summe die Klageforderung übersteigt.

Beispiel:
Wie im Beispielsfall Rd.Ziff. 7.
Darüber hinaus erklärt der Beklagte die Aufrechnung mit einer Darlehnsforderung 1988 in Höhe von 8000,– DM sowie mit einer Darlehnsforderung 1990 in Höhe von 5000,– DM und stellt darüber hinaus klar, daß die Aufrechnung in der Reihenfolge erfolgen soll, in der er die Gegenforderungen in seinem Schriftsatz genannt hat.
Angenommen, alle Gegenforderungen sind bestritten und die Klageforderung hat der Kläger nur in Höhe von 5000,– DM schlüssig vorgetragen. Das Gericht hält alle Forderungen bis auf die Darlehnsforderung 1990 in Höhe von 5000,– DM für unbegründet und weist die Klageforderung wegen der zur Aufrechnung gestellten Darlehnsforderung 1990 ab.
Dann stellen die Aufrechnungen mit der Kaufpreisforderung 1989 in Höhe von 3500,– DM und mit der Kaufpreisforderung 1990 in Höhe von 1500,– DM gegenüber der schlüssig vorgetragenen Klageforderung in Höhe von 5000,– DM Haupt- bzw. Primäraufrechnungen dar, die den Streitwert nicht beeinflussen.
Dagegen findet § 19 III GKG direkt oder analog auf folgende (hilfsweise erklärte) Aufrechnungen Anwendung:
Kaufpreis 1990   2 500,– DM
Schadensersatz 1990   2 500,– DM
Darlehn 1988   5 000,– DM
Darlehn 1990   5 000,– DM
                                                       = 15 000,– DM
Daher beträgt der Streitwert 25 000,– DM.

Aufrechnung

4. Abändernde Entscheidung in der zweiten Instanz

11 Schwierigkeiten ergeben sich bei der Streitwertfestsetzung, wenn die zweite Instanz die Rechtslage zur Hilfsaufrechnung mit einer bestrittenen Gegenforderung anders beurteilt als die erste Instanz. Es sind drei Fälle zu unterscheiden:

Beispiele:
Es geht um eine Klageforderung in Höhe von 10 000,– DM und um eine Hilfsaufrechnung mit einer bestrittenen Gegenforderung in Höhe von 10 000,– DM.

1. Die erste Instanz weist die Klage ab, weil sie den Klägervortrag für unschlüssig hält. Das Berufungsgericht bestätigt die Klageabweisung wegen der Hilfsaufrechnung.

2. Die erste Instanz weist die Klage wegen der Hilfsaufrechnung ab. Der Beklagte nimmt seine Berufung vor der ersten mündlichen Verhandlung zurück.

3. Die erste Instanz weist die Klage wegen der Hilfsaufrechnung ab. Das Berufungsgericht bestätigt die Klageabweisung, weil es das Klägervorbringen für unschlüssig hält.

Wir vertreten die Auffassung, daß der Gebührenstreitwert für jede Instanz selbständig zu ermitteln ist; § 19 III GKG findet in der Instanz Anwendung, in der eine der Rechtskraft fähige Entscheidung über die hilfweise zur Aufrechnung gestellte und bestrittene Gegenforderung ergeht; ob die Entscheidung tatsächlich rechtskräftig wird, ist hingegen nach unserer Meinung ohne Bedeutung.

(so h. M.: Schneider, Streitwert, Rd.Ziff. 470 ff.; Zöller, § 3 Rd.Ziff. 16, Stichwort „Aufrechnung"; für den Beispielsfall 1: BGH, Rpfleger 87, 37; KG, JurBüro 81, 1232; für den Beispielsfall 2: OLG Celle, JurBüro 85, 911; KG, JurBüro 85, 913; OLG Schleswig, JurBüro 82, 1863, JurBüro 86, 1064; OLG München, JurBüro 90, 1337; KG, JurBüro 90, 387 (Verwerfung der Berufung als unzulässig); für den Beispielsfall 3: OLG Saarbrücken, KoRspr. § 19 GKG Nr. 16, Nr. 31 KG, KoRspr. § 19 GKG Nr. 49; OLG Celle, JurBüro 87, 1053; a. A. für den Beispielsfall 1: LG Berlin, KoRspr. § 19 GKG Nr. 27; für den Beispielsfall 2: BGH, JurBüro 79, 41; 79, 358, str. 131, wonach der addierte Wert der Vorinstanz für die Rechtsmittelinstanz auch bei Rücknahme des Rechtsmittels gelten soll; für den Beispielsfall 3: OLG Frankfurt, AnwBl. 80, 503; Lappe, Komm. zum GKG, § 19 Anm. 16)

Für die h. M. spricht schon der Wortlaut des § 19 III GKG, der für die Streitwerterhöhung lediglich eine der Rechtskraft fähige Entscheidung verlangt, nicht hingegen ein rechtskräftiges Urteil. Darüber hinaus ist der Sinn und Zweck des § 19 III GKG zu berücksichtigen. Danach soll die durch eine Entscheidung dokumentierte Tätigkeit des Gerichts und der Prozeßbevollmächtigten bezüglich der Gegenforderung gebührenrechtlich honoriert werden (Schneider, Streitwert, Rd.Ziff. 472). Daher ist nicht einzusehen, warum etwa im Beispielsfall 3 die in erster Instanz tätig gewordenen Prozeßbevollmächtigten ihre Gebühren nach dem erhöhten Streitwert wieder verlieren sollen, wenn die zweite Instanz anders entscheidet. Im umgekehrten Beispielsfall 1 darf wegen dieser Gesichtspunkte eine erst in der zweiten Instanz eingetretene Werterhöhung nicht auf die erste Instanz zurückwirken, da die Voraussetzungen hierfür nicht gegeben waren. Dasselbe muß aber auch im Beispielsfall 2 für die zweite Instanz gelten.

Nach der von uns vertretenen Auffassung ergeben sich in den Beispielsfällen folgende Gebührenstreitwerte:

Beispiele
1. 1. Instanz: 10 000,– DM
   2. Instanz: 20 000,– DM
2. 1. Instanz: 20 000,– DM
   2. Instanz: 10 000,– DM
3. 1. Instanz: 20 000,– DM
   2. Instanz: 10 000,– DM

Aufrechnung

Auch ohne Vorliegen der Voraussetzungen des § 19 III GKG kann in der Rechtsmittelinstanz im Einzelfall die Aufrechnung des Beklagten für den Gebührenstreitwert von Bedeutung sein, nämlich im Falle des § 14 I 2 GKG, nicht hingegen im Falle des § 14 I 1 GKG (vgl. näher Stichwort „Rechtsmittel", Rd.Ziff. 37 f.).

5. Prozeßvergleich

Wird eine Gegenforderung, die hilfsweise zur Aufrechnung gestellt war, in einen Prozeßvergleich einbezogen und dadurch endgültig erledigt, ist sie in vollem Umfang oder, soweit sie schwer zu realisieren ist, zu einem Bruchteil bei der Ermittlung des **Vergleichsstreitwertes** zu berücksichtigen (vgl. Stichwort „Vergleich", Rd.Ziff. 14). Dabei gelten nicht die Einschränkungen des § 19 III S. 1 GKG, so daß z. B. auch dann der volle Wert der Gegenforderung maßgeblich ist, wenn diese die Klageforderung übersteigt und hinsichtlich des übersteigenden Betrages eine der Rechtskraft fähige Entscheidung (§ 322 II) nicht hätte ergehen können. 12

Nach § 19 III S. 2 GKG kommt es bei einem Prozeßvergleich, mit dem die hilfsweise zur Aufrechnung gestellte Forderung mit erledigt wird, auch zur Erhöhung des **Streitwertes für den Rechtsstreit**. Ein direkter Anwendungsfall des § 19 III S. 1 GKG ist nicht gegeben, da bei einem Vergleich eine der Rechtskraft fähige Entscheidung nicht ergeht. Nach unserer Ansicht ist § 19 III S. 2 GKG dahin gehend zu verstehen, daß mit der „entsprechenden Anwendbarkeit" des § 19 III S. 1 GKG auch die dort geregelten Einschränkungen gelten; das bedeutet, daß die Gegenforderung maximal bis zur Höhe der Klageforderung und nur dann berücksichtigt wird, wenn und soweit sie in den Vergleich einbezogen wurde. 13

(so auch: OLG Köln, MDR 79, 412; Stein/Jonas, § 3 Rd.Ziff. 62, Stichwort „Vergleich")

Beispiele:
1. Im Vergleich wird keine Regelung über die hilfsweise zur Aufrechnung gestellte Forderung getroffen. Dann bleibt die Gegenforderung sowohl für den Vergleichsstreitwert als auch für den Streitwert des Rechtsstreits unberücksichtigt.
2. Klageforderung: 10 000,- DM; hilfsweise zur Aufrechnung gestellte Gegenforderung 5000,- DM. In den Prozeßvergleich werden beide Forderungen einbezogen.
Dann beträgt der Streitwert für den Rechtsstreit und den Vergleich 15 000,- DM.
3. Klageforderung: 10 000,- DM; hilfsweise zur Aufrechnung gestellte Gegenforderung 20 000,- DM. In den Prozeßvergleich werden beide Forderungen einbezogen.
Dann beträgt der Streitwert für den Vergleich entsprechend den Werten der einbezogenen Forderungen 30 000,- DM. Der Streitwert für den Rechtsstreit ist hingegen wegen der Beschränkung des § 19 III S. 2, 1 GKG nur auf 20 000,- DM festzusetzen.

Der Streitwert für den Vergleich ist bedeutsam für die Vergleichsgebühr und § 23 BRAGO (vgl. Teil B, Rd.Ziff. 101 ff.) und für die u. U. entstehende ¼-Gebühr gemäß **Nr. 1170 KV** (Anlage 1 zu § 11 I GKG) (vgl. Stichwort „Vergleich", Rd.Ziff. 1), während sich die übrigen Gebühren nach dem Streitwert für den Rechtsstreit richten. Soweit § 19 III S. 2 GKG Anwendung findet, hat dies auch Auswirkungen auf die ¼-Gebühr nach **Nr. 1170 KV**. Diese Gebühr entsteht nur für den Teil des Vergleichsstreitwertes, um den dieser den Streitwert des Rechtsstreits übersteigt. Erhöht sich dieser Streitwert gemäß § 19 III S. 2, 1 GKG, kann die Nr.-1170-Gebühr nur für den danach zu ermittelnden überschießenden Betrag geltend gemacht werden. (Stein/Jonas, § 3 Rd.Ziff. 62 Stichwort „Vergleich"). 14

Beispiele:
Für die Beispiele 2 und 3 (Rd.Ziff. 13) gilt folgendes:
2. Da der Vergleichsstreitwert den Streitwert für den Rechtsstreit nicht übersteigt, entsteht keine Nr.-1170-Gebühr.
3. Der Vergleichsstreitwert übersteigt den Streitwert für den Rechtsstreit um 10 000,- DM, so daß von diesem Betrag die Nr.-1170-Gebühr zu berechnen ist.

Ausgleichsansprüche

Ausgleichsansprüche

1 Für die bezifferten Ausgleichsansprüche gelten keine Besonderheiten. Der Streitwert richtet sich nach dem bezifferten Betrag.

2 Soweit Ausgleichsansprüche aus dem **ehelichen Güterrecht** geltend gemacht werden, handelt es sich um eine Familiensache gemäß § 621 I Ziff. 8. Das gilt auch für die Stundung nach § 1382 BGB und für die Übertragung von Vermögensgegenständen zur Erfüllung von Ausgleichsforderungen nach § 1383 BGB. Insoweit wird, insbesondere zu den Besonderheiten im Verbundverfahren nach § 19 a GKG, auf das Stichwort „Folgesachen", Rd.Ziff. 1 ff., Rd.Ziff. 32 f., Bezug genommen.

3 Für den **Ausgleichsanspruch des Handelsvertreters** nach § 89 b HGB gelten ebenfalls keine Besonderheiten, soweit er beziffert ist. Der Streitwert entspricht dem bezifferten Antrag (Schneider, Streitwert, Rd.Ziff. 508). Beim **unbezifferten Antrag** ist der Streitwert unter Berücksichtigung des § 89 b II HGB und der generellen Grundsätze für unbezifferte Leistungsanträge (vgl. Stichwort) nach § 3 zu schätzen (Schneider, Streitwert, Rd.Ziff. 509 f.). Für den Auskunftsanspruch und die Feststellungsklage sind die allgemeinen Bewertungsregeln maßgeblich (OLG Bamberg, JurBüro 91, 1693; s. näher Stichworte „Auskunft" und „Feststellungsklage").

4 Geht es um die Feststellung der **erbrechtlichen** Ausgleichspflicht, z. B. nach § 2050 BGB, ist der Streitwert nach § 3 zu bestimmen (vgl. Stichwort „Erbrechtliche Streitigkeiten", Rd.Ziff. 3).

Zu Ausgleichsansprüchen im **Familienrecht** wird auf das Stichwort „Folgesachen", Rd.Ziff. 32, 33 (eheliches Güterrecht) Bezug genommen.

Auskunft

I. Zuständigkeitsstreitwert

1 Bei **nichtvermögensrechtlichen Auskunftsansprüchen** (Beispiele vgl. Rd.Ziff. 5) ist unabhängig vom Streitwert das Landgericht zuständig (vgl. §§ 23, 71 I GVG).

Bei vermögensrechtlichen Auskunftsansprüchen gilt folgendes:

Das Interesse des Klägers an der Auskunft ist zu schätzen (§ 3). Anknüpfungspunkt ist der durch die Auskunftsklage vorbereitete Leistungsanspruch; von diesem ist für den Streitwert der Auskunftsklage ein Bruchteil anzunehmen, der auf etwa ¹/₁₀ bis ¼ angesetzt werden kann.

(OLG Köln, VersR 1976, 1154; FamRZ 84, 1029; OLG Bamberg, JurBüro 85, 576; 89, 1306; OLG Frankfurt, MDR 87, 509 und 91, 354; OLG Stuttgart, FamRZ 90, 652; Anders/Gehle, Rd.Ziff. 492; Schneider, Streitwert; Rd.Ziff. 516 ff., 4270 f.; Thomas/Putzo, § 3 Anm. 2, Stichwort „Auskunftsanspruch"; Zöller, § 3 Rd.Ziff. 16, Stichwort „Auskunft", vgl. auch Stichwort „Stufenklage" – Zuständigkeitsstreitwert –)

Im Einzelfall kann der Streitwert auch mit dem Wert des Leistungsanspruchs identisch sein, diesen aber niemals überschreiten. Das hängt davon ab, welche Kenntnisse der Kläger überhaupt von den den zukünftigen Leistungsanspruch begründenden Tatsachen hat. Je weniger er weiß, desto höher wird der Streitwert für die Auskunftsklage sein. Eine geringe Bewertung ist hingegen angezeigt, wenn der Kläger lediglich einige ergänzende Hinweise benötigt.

2 Die **Schätzung** richtet sich nach objektiven Kriterien. Dabei kommt es auf die realistischen Erwartungen des Klägers bezüglich seines Leistungsbegehrens, nicht hingegen auf seine Wunschvorstellungen an, und zwar zu Beginn der Instanz.

(OLG Karlsruhe, Justiz 85, 374; OLG Düsseldorf, JurBüro 87, 736; OLG Zweibrücken, JurBüro 87, 563; Schneider, Streitwert, Rd.Ziff. 522, 4256)

II. Rechtsmittelstreitwert

Für die Beschwer des Klägers gelten insoweit gegenüber dem Zuständigkeitsstreitwert keine Besonderheiten. Für die **Beschwer der Beklagten** ist jedoch folgendes zu beachten: Seine Beschwer ist mit dem Streitwert nicht identisch. Vielmehr kommt es auf sein **Abwehrinteresse** an, das sich in erster Linie nach der Ersparnis des Beklagten an Zeit und Kosten, die mit der Auskunft verbunden sind, sowie in zweiter Linie an seinem Geheimhaltungsinteresse richtet.

(BGH, FamRZ 89, 730; NJW-RR 88, 693; 91, 956; NJW 91, 1833; Schneider, Streitwert, Rd.Ziff. 552 ff., 4280; Thomas/Putzo, § 3 Anm. 2, Stichwort „Auskunftsanspruch"; vgl. auch Stichwort „Stufenklage" – Rechtsmittelstreitwert –)

Das Interesse des Beklagten, die Information zu vereiteln oder zu erschweren, hat keine Bedeutung (BGH, Rpfleger 78, 53, Nr. 48).

Soweit der Auskunftspflichtige zur Duldung der Ermittlung eines Grundstückswertes durch einen Sachverständigen verurteilt worden ist, hat er die Sachverständigenkosten nicht zu tragen, so daß diese bei der Bewertung seines Abwehrinteresses nicht zu berücksichtigen sind (BGH, NJW-RR 92, 188).

III. Gebührenstreitwert

Auch hier kommt es gemäß § 12 I GKG, § 3 auf das Interesse des Klägers an der Auskunft an, wenn es um einen vermögensrechtlichen Auskunftsanspruch geht. Es kann insoweit auf die Ausführungen zum Zuständigkeitsstreitwert verwiesen werden.

Bei **nichtvermögensrechtlichen Auskunftsansprüchen** gilt § 12 II GKG.

(Schneider, Streitwert, Rd.Ziff. 514; zu den Bewertungsumständen vgl. Schneider, Streitwert, Rd.Ziff. 3411 und Stichwort „Nichtvermögensrechtliche Streitigkeit")

Beispiel:
Einsicht in Personalakten, die bei einer privatrechtlich organisierten Begabtenförderungsstelle für den Kläger geführt werden (OLG Köln, JurBüro 80, 578, Nr. 34).

Ausländische Währung

I. Allgemeines

Für eine Geldschuld, deren Erfüllung in ausländischer Währung verlangt wird, oder bei Vollstreckbarkeitserklärungen eines ausländischen Urteils (§§ 722, 723), eines ausländischen Schiedsspruchs (§ 1044) oder eines Schiedsvergleichs (§ 1044 a) ist eine Umrechnung in die deutsche Währung erforderlich, um den Streitwert zu bestimmen. Grundsätzlich gilt für den Zuständigkeitsstreitwert, den Rechtsmittelstreitwert und den Gebührenstreitwert gemäß § 4 I (i. V. m. § 12 I GKG) der **Umrechnungskurs** zum Zeitpunkt der Klageerhebung oder der Einlegung des Rechtsmittels.

(OLG Frankfurt, NJW 91, 643; Baumbach/Lauterbach/Albers/Hartmann, Anh. 3 Stichwort „Auslandswährung"; Schneider, Streitwert, Rd.Ziff. 563 f.; Stein/Jonas, § 2 Rd.Ziff. 96; Zöller, § 3 Rd.Ziff. 16 Stichwort „Ausländische Währung")

II. Veränderungen des Umrechnungskurses

1. Zuständigkeitsstreitwert

Der Umrechnungskurs zum Zeitpunkt der Klageerhebung ist für den **Zuständigkeitsstreitwert** endgültig. Spätere Veränderungen haben nach § 261 III Nr. 2 keine Bedeutung (Schneider, Streitwert, Rd.Ziff. 566).

Ausländische Währung

2. Gebührenstreitwert

a) Erhöhung

3   Für den **Gebührenstreitwert** ist § 15 GKG zu beachten. Ist der Umrechnungskurs bei Beendigung der Instanz **höher** als zu Beginn, gilt für den Gebührenstreitwert der höhere Umrechnungskurs.

> (Hartmann, § 15 GKG Anm. 1 A; Schneider, Streitwert, Rd.Ziff. 567; Zöller, § 3 Rd.Ziff. 16 Stichwort „Ausländische Währung"; vgl. auch Stichwort „Rechtsmittel", Rd.Ziff. 30)

Nach unserer Auffassung greift § 15 I GKG wegen seines eindeutigen Wortlautes nur ein, wenn die Erhöhung zum Zeitpunkt der Beendigung der Instanz noch andauert.

> (Vgl. Stichwort „Rechtsmittel" Rd.Ziff. 30; wie hier: Hartmann, § 15 GKG Anm. 1 A; a. A. Schneider, Streitwert, Rd.Ziff. 567, der den höchsten Wert zwischen Klageerhebung und Urteil für maßgebend hält)

4   § 15 I GKG ist nicht anwendbar, wenn sich der Umrechnungskurs selbst nicht erhöht, die Klage aber **erweitert** wird (Hartmann, § 15 GKG Anm. 1 A). Dann ist der durch die Klageerweiterung erhöhte Streitwert nur für die danach entstandenen Gebühren maßgeblich.

b) Verminderung

5   Der Fall der **Verminderung** des Umrechnungskurses während der Instanz ist im Gesetz nicht geregelt. Nach der überwiegenden Meinung in der Literatur

> (Baumbach/Lauterbach/Albers/Hartmann, Anh. § 3 Stichwort „Auslandswährung", Hartmann, § 15 GKG Anm. 1 B; Schneider, Streitwert, Rd.Ziff. 567; Zöller, § 3 Rd.Ziff. 16 Stichwort „Ausländische Währung")

soll eine Verminderung keine Bedeutung haben, es vielmehr bei dem Anfangswert verbleiben. Der BGH hat sich mit dieser Frage noch nicht auseinandergesetzt. Die von Hartmann (§ 15 GKG Anm. 1 B) zitierte Entscheidung des BGH (VersR 82, 591) betrifft den Streitwert bei Änderung der Rechtslage, während es hier um die Änderung tatsächlicher Umstände geht. Das Oberlandesgericht Frankfurt/Main hat in einer Entscheidung vom 15. 10. 1990 (NJW 91, 643) die Meinung vertreten, daß auch bei einem „Kursverfall" sich der Streitwert nur nach dem Umrechnungskurs bei Erlaß der Gerichtsentscheidung bemißt. Zur Begründung wird angeführt, daß der Schuldner wahlweise in deutscher oder ausländischer Währung tilgen könne, wenn nichts anderes vereinbart worden sei (§ 244 BGB); auch nach einer Verurteilung könne er – unabhängig vom Kursverfall – durch Zahlung in DM-Beträgen erfüllen; damit sei der Wert der Forderung zum Zeitpunkt der Verurteilung geringer als zu Beginn des Rechtsstreits bzw. der Instanz, was sich auf den Streitwert auswirken müsse. Der Ausgangspunkt des OLG Frankfurt/Main ist zutreffend. Wegen der eindeutigen Regelung des § 4 I (i. V. m. § 12 I GKG) und wegen des Fehlens einer Ausnahmeregelung ist nach unserer Ansicht jedoch der herrschenden Lehre zu folgen und auch bei einer Verminderung des Umrechnungskurses auf den Zeitpunkt des Beginns der Instanz abzustellen. Das gilt insbesondere deshalb, weil der umgekehrte Fall in § 15 I GKG geregelt und deshalb nicht davon auszugehen ist, daß das dargestellte Problem übersehen wurde.

Ausscheiden und Ausschließen

§ 3
s. Stichworte „Gesellschaftsrecht", Rd.Ziff. 4

§ 12 II S. 1 GKG (Idealverein), § 3 (wirtschaftlicher Verein)
s. Stichwort „Verein"

Aussetzung des Verfahrens

Der Streitwert für ein Verfahren über einen Antrag auf Aussetzung i. S. des § 148 richtet sich gemäß § 3 nach dem Interesse der Parteien an der Aussetzung; dieser ist nicht mit dem Wert des Hauptsacheverfahrens identisch; anzusetzen ist grundsätzlich etwa 1/5 bis höchstens 1/3 des Hauptsachewertes. 1

(BGHZ 22, 283; OLG Bamberg, JurBüro 78, 1243; Hillach/Rohs, S. 261 f.; Schneider, Streitwert, Rd.Ziff. 596; Stein/Jonas, § 3 Rd.Ziff. 41, Stichwort „Aussetzung des Verfahrens"; Thomas/Putzo, § 3 Stichwort „Aussetzung")

Dieselben Grundsätze gelten auch im Beschwerdeverfahren. 2

(BGHZ 22, 283; OLG Frankfurt/Main, JurBüro 79, 1072; OLG Köln, MDR 73, 683; Hartmann, Anh. I § 12 GKG Stichwort „Aussetzungsantrag")

Aussonderungsrecht

§ 43 KO
Der Streitwert ergibt sich aus allgemeinen Regeln, insbesondere aus § 6
s. Stichwort „Konkurs", Rd.Ziff. 3

Automatenaufstellvertrag

Bei dem Automatenaufstellvertrag handelt es sich um einen gemischten Vertrag. Da die Elemente der Gebrauchsüberlassung bezüglich der Fläche oder des Raumes nicht überwiegen, es vielmehr in der Hauptsache um die Beteiligung am Spielgewinn geht, finden § 8, § 16 GKG keine Anwendung (vgl. Stichwort „Miete und Pacht" m. w. N.). 1

In der Regel wird eine bezifferte Leistungsklage erhoben werden, für die gemäß § 6 S. 1 der geltend gemachte Betrag ohne Nebenforderung maßgeblich ist (Schneider, Streitwert, Rd.Ziff. 607; vgl. näher Stichworte „Bezifferter Leistungsantrag" und „Nebenforderungen"). 2

Im übrigen greift mangels spezieller Streitwertvorschrift § 3 ein, so daß es auf das zu schätzende Interesse des Klägers ankommt. 3

(OLG Koblenz, Rpfleger 80, 486; Schneider, Streitwert, Rd.Ziff. 606, 608)

Beispiel:
Klage auf Unterlassung der Aufstellung

Bauhandwerkersicherungshypothek

Der Streitwert für eine Klage auf **Bewilligung der Eintragung** einer Bauhandwerkersicherungshypothek gemäß § 648 BGB richtet sich nach dem **Wert der Forderung,** wobei Kosten und Zinsen gemäß § 4, § 22 I GKG unberücksichtigt bleiben. 1

(Hartmann, Anh. I § 12 GKG Stichwort „Bauhandwerkersicherungshypothek"; Schneider, Streitwert, Rd.Ziff. 610; Thomas/Putzo, § 3 Stichwort „Bauhandwerkersicherungshypothek"; vgl. auch allgemein Stichworte „Hypothek" und „Nebenforderungen")

Wird gleichzeitig auf **Zahlung des Werklohns** geklagt, erhöht sich der Streitwert nicht, da eine wirtschaftliche Identität besteht. 2

(Schneider, Streitwert, Rd.Ziff. 614; vgl. allgemein Stichwort „Klagenhäufung", Rd.Ziff. 12 ff.)

Bei der Eintragung oder Löschung einer **Vormerkung** richtet sich der Streitwert gemäß § 3 (eventuell i. V. m. § 20 I GKG) nach dem Interesse des Gläubigers an der Absicherung; dabei sind neben der Höhe der Werklohnforderung die Dringlichkeit der Sicherung 3

Bauhandwerkersicherungshypothek

und die Rangwahrung von Bedeutung; in der Regel wird ein Bruchteil der Forderung, etwa ¼ bis ⅓, angemessen sein.

(OLG Bamberg, JurBüro 75, 940; OLG Bremen, JurBüro 82, 1052; Hartmann, Anh. I § 12 GKG Stichwort „Bauhandwerkerhypothek"; vgl. auch Stichwort „Einstweilige Verfügung")

Baulandsachen

1   Wird eine **Geldentschädigung** verlangt, ist nach allgemeinen Regeln (§ 6 S. 1) der geforderte Betrag oder, soweit es bei dem Streit nur um die Höhe geht, die Differenz zwischen dem begehrten und dem festgesetzten Betrag maßgeblich.

(Schneider, Streitwert, Rd.Ziff. 618; Zöller, § 3 Rd.Ziff. 16 Stichwort „Baulandverfahren"; vgl. auch Stichworte „Enteignung" und „Bezifferter Leistungsantrag")

Bei einer **unbezifferten Leistungsklage** richtet sich der Streitwert nach dem Betrag, der bei Zugrundelegung des Klägervortrages angemessen ist; er wird außerdem durch die vom Kläger genannten Mindest- und Höchstbeträge begrenzt.

(OLG München, NJW 68, 1937; OLG Köln, JurBüro 70, 606; Schneider, Streitwert, Rd.Ziff. 620, 621; Zöller, § 3 Rd.Ziff. 16, Stichwort „Baulandverfahren"; vgl. auch allgemein Stichwort „Unbezifferter Leistungsantrag")

2   Bei einem Rechtsstreit über die **Zulässigkeit der Enteignung** (Rechtmäßigkeit des Verwaltungsaktes, vgl. §§ 85 ff. BauGB) ist für den Streitwert der Verkehrswert des Grundstückes bzw. der zu enteignenden Fläche (vgl. hierzu Stichwort „Besitz", Rd.Ziff. 11 ff.) maßgeblich; das folgt aus § 6 S. 1.

(BGH, NJW 68, 153; Hillach/Rohs, S. 187; Schneider, Streitwert, Rd.Ziff. 626; Zöller, § 3 Rd.Ziff. 16 Stichwort „Enteignung"; Thomas/Putzo, § 3 Stichwort „Baulandverfahren" (1); vgl. auch Stichwort „Enteignung", Rd.Ziff. 4)

3   Dasselbe gilt entsprechend bei einem **Antrag auf Einleitung eines Enteignungsverfahrens.**

(Hillach/Rohs, S. 188; Thomas/Putzo, § 3 Stichwort „Baulandverfahren"; Schneider, Streitwert, Rd.Ziff. 645)

4   Im **Umlegungsverfahren** (§§ 45 ff. BauGB) ist gemäß § 6 für den Streitwert ebenfalls der Verkehrswert (vgl. Stichwort „Besitz", Rd.Ziff. 11 ff.) von Bedeutung, wenn sich der Eigenbesitzer bzw. der Eigentümer gegen die Einbeziehung seines Grundstückes in das Umlegungsverfahren sowie dagegen wendet, daß ihm dieses entzogen wird; denn dann geht es um den totalen Rechtsverlust.

(OLG Düsseldorf, KostRspr. §§ 161, 162 BBauG Nr. 27; Schneider, Streitwert, Rd.Ziff. 629 f.; Thomas/Putzo, § 3 Stichwort „Baulandverfahren" (2); Zöller, § 3 Rd.Ziff. 16 Stichwort „Baulandverfahren")

5   Erstrebt der Eigentümer hingegen nur eine **günstigere Regelung** im Zusammenhang mit der Umlegung und ficht er den Umlegungsplan deshalb an, ist der Streitwert nicht entsprechend dem Verkehrswert festzusetzen. Zu berücksichtigen ist nämlich, daß die Umlegung ihrem Wesen nach eine ungebrochene Fortsetzung des Eigentums an dem verwandelten Grundstück bedeutet und daher keine Enteignung darstellt (BGHZ 51, 341). In diesen Fällen ist der Streitwert gemäß § 3 zu schätzen, wobei auch hier vom Verkehrswert der einzuziehenden Fläche einschließlich der Aufbauten auszugehen und je nach Interesse des Klägers an der Aufhebung ein Bruchteil hiervon, etwa 10% bis 20%, in Ansatz zu bringen ist.

(BGHZ 49, 317; 51, 341; OLG Bamberg, JurBüro 83, 537; Harmtann, Anh. I § 12 GKG Stichwort „Baulandsache"; Hillach/Rohs, S. 183; Schneider, Streitwert, Rd.Ziff. 631; Thomas/Putzo, § 3 Stichwort „Baulandverfahren"; Zöller, § 3 Rd.Ziff. 16 Stichwort „Baulandverfahren")

Beispiele:
- Geht es um die Vermeidung von Erschwernissen, z. B. bei einer Grundstückszufahrt: ¹/₁₀ des Verkehrswertes.
 (OLG Karlsruhe, AnwBl. 74, 353; Hartmann Anh. I § 12 GKG Stichwort „Baulandsache"; Schneider, Streitwert, Rd.Ziff. 631)
- Geht es um die Abwehr eines Umlegungsplanes mit dem Ziel eines Grundstücksaustausches, um die Bebauung zu verhindern: nicht mehr als ⅕.
 (so: Schneider, Streitwert, Rd.Ziff. 632; höher: OLG Bamberg, KostRspr. § 3 ZPO Nr. 210)

Wenden sich **verschiedene Eigentümer** gegen die Einbeziehung ihres jeweiligen Grundstückes in das Umlegungsverfahren, hat eine Zusammenrechnung der Werte, die sich jeweils aus einem Bruchteil vom Verkehrswert ergeben (vgl. Rd.Ziff. 5), nach § 5, 1. Alt., zu erfolgen. 6

(so: BGHZ 49, 317; Hillach/Rohs, S. 190; Schneider, Streitwert, Rd.Ziff. 634 ff.; nach OLG München, Rpfleger 71, 366, soll eine Halbierung der zusammengerechneten Verkehrswerte erfolgen; vgl. auch Hillach/Rohs, S. 183, Fußn. 280)

Bei einer **vorzeitigen Besitzeinweisung** nach § 116 BauGB ist ebenfalls das Interesse an der Aufhebung gemäß § 3 zu schätzen, wobei wegen des vorläufigen Charakters der Maßnahme ein Bruchteil des Verkehrswertes, in der Regel höchstens 20%, angemessen ist. 7

(BGH, JurBüro 74, 186, Hillach/Rohs, S. 171; Hartmann, Anh. I § 12 GKG Stichwort „Baulandsache"; Schneider, Streitwert, Rd.Ziff. 641 ff.; Stein/Jonas, § 3 Rd.Ziff. 42 Stichwort „Besitzeinweisung")

Bedingte Ansprüche

Bei **aufschiebenden Bedingungen** ist der Streitwert gemäß § 3 nach dem **Interesse des Klägers** zu schätzen; auszugehen ist zwar von den allgemeinen Streitwertregeln, wie z. B. § 3; jedoch ist auch die Wahrscheinlichkeit des Eintritts der Bedingung zu berücksichtigen. 1

(BGH, MDR 82, 36; Hartmann, Anh. I § 12 Stichwort „Bedingter Anspruch"; Hillach/Rohs, S. 36; Schneider, Streitwert, Rd.Ziff. 654; Stein/Jonas, § 3 Rd.Ziff. 42 Stichwort „Bedingte Rechte")

Danach kann je nach Einzelfall der Wert des bedingten Anspruchs mit dem des entsprechenden unbedingten Rechts identisch, aber nie höher sein.

Wegen der Besonderheiten bei **Anwartschaften** wird auf die Stichworte „Anwartschaften" und „Eigentumsvorbehalt" Bezug genommen. 2

Bei einer **auflösenden Bedingung** gelten keine Besonderheiten. Der Streitwert ist nach allgemeinen Grundsätzen zu ermitteln. Er stimmt mit dem Wert des entsprechenden unbedingten Rechts überein. 3

(Schneider, Streitwert, Rd.Ziff. 657; Stein/Jonas, § 3 Rd.Ziff. 42 Stichwort „Bedingte Rechte")

Befreiung von einer Verbindlichkeit

Der Streitwert ist nach § 3 (§ 12 I GKG) zu **schätzen**. 1

(BGH, NJW 74, 2128; Schneider, Streitwert, Rd.Ziff. 658; Thomas/Putzo, § 3 Stichwort „Befreiung von Verbindlichkeit")

Grundsätzlich ist der vom Kläger genannte **Betrag der Schuld** maßgeblich, von der befreit werden soll.

(BGH, WM 90, 616; OLG Köln, MDR 85, 769; Hartmann, Anh. I § 12 GKG Stichwort „Befreiung"; Schneider, Streitwert, Rd.Ziff. 660; Thomas/Putzo, § 3 Stichwort „Befreiung von Verbindlichkeit")

Die in § 4, § 22 I GKG genannten **Nebenforderungen** (vgl. Stichwort „Nebenforderungen")

Befreiung

Beispiel:
Zinsen

werden nicht berücksichtigt.

(BGH, NJW 60, 2336; Hartmann, Anh. I § 12 GKG Stichwort „Befreiung"; Thomas/Putzo, § 3 Stichwort „Befreiung von Verbindlichkeit")

Zu diesen Nebenforderungen gehören aber nicht die Kosten des Vorprozesses, die für die Streitwertbestimmung bedeutsam sind, wenn der Kläger auch insoweit Schuldbefreiung verlangt (BGH, MDR 76, 649; NJW-RR 90, 958).

2 Wird die Befreiung von einer **Bürgschaftsverpflichtung** oder die Befreiung von der persönlichen Haftung für eine **Hypothek** verlangt, kommt es auf den Nennbetrag der zugrundeliegenden Schuld an; nicht entscheidend ist die Summe, auf die der Bürge oder persönlich haftende Schuldner wahrscheinlich in Anspruch genommen werden.

(OLG Karlsruhe, AnwBl. 73, 168; Hartmann, Anh. I § 12 GKG Stichwort „Befreiung"; Schneider, Streitwert, Rd.Ziff. 663, 676; Zöller, § 3 Rd.Ziff. 16 Stichwort „Befreiung")

Schneider und Schumann

(Streitwert, Rd.Ziff. 664; Stein/Jonas, § 3 Rd.Ziff. 42 Stichwort „Befreiung von Verbindlichkeit")

wollen dann eine geringere Bewertung in Betracht ziehen, wenn der Bürge mit großer Wahrscheinlichkeit voraussichtlich nicht auf die volle Hauptsumme in Anspruch genommen wird. Dem folgen wir schon aus praktischen Erwägungen nicht, weil sich das dann maßgebliche Befreiungsinteresse nur schwer ermitteln lassen wird. Außerdem ist für uns nicht einleuchtend, warum es hier auf die voraussichtliche Realisierbarkeit bzw. Inanspruchnahme ankommen soll, während bei bezifferten Zahlungsklagen immer der Nennbetrag der Schuld von Bedeutung ist (vgl. Stichwort „Bezifferter Leistungsantrag").

3 Wird **gleichzeitig** auf die Befreiung von der **persönlichen** und der **dinglichen Haftung** geklagt, findet keine Wertaddition statt; vielmehr ist wegen **wirtschaftlicher Identität** die Forderung nur einmal anzusetzen.

(KG, JurBüro 68, 466; Hartmann, Anh. I § 12 GKG Stichwort „Befreiung"; Schneider, Streitwert, Rd.Ziff. 678; Thomas/Putzo, § 3 Stichwort „Befreiung von Verbindlichkeit"; Zöller, § 3 Rd.Ziff. 16 Stichwort „Befreiung"; vgl. auch unter Stichwort „Klagenhäufung"; Rd.Ziff. 12 ff.)

4 Verlangt ein **Gesamtschuldner** von dem anderen Befreiung von der Mithaft, kann grundsätzlich nicht der volle Betrag in Ansatz gebracht werden, zu dem die Gesamtschuldner gegenüber dem Dritten haften. Dabei bliebe unberücksichtigt, daß in der Regel der andere im Innenverhältnis für einen bestimmten Anteil ohnehin verantwortlich ist. Wir meinen, daß auf die Höhe des Anteils abzustellen ist, auf den der Kläger im Innenverhältnis nach seinem Vortrag haftet; mangels anderer Anhaltspunkte ist nach § 426 I BGB von einer Haftung im Innenverhältnis zu gleichen Teilen auszugehen, so daß der Streitwert in der Regel bei zwei Gesamtschuldnern der Hälfte der Forderung entspricht.

(vgl. OLG Hamburg, JurBüro 80, 279; Hartmann, Anh. I § 12 GKG, Stichwort „Befreiung"; Thomas/Putzo, § 3 Stichwort „Befreiung von Verbindlichkeit")

Schneider will daneben auch berücksichtigen, wen der Gläubiger voraussichtlich in Anspruch genommen hätte (Streitwert, Rd.Ziff. 673 f.; 680). Dieses Kriterium halten wir aus den schon dargelegten Gründen für nicht ausschlaggebend (vgl. Rd.Ziff. 2). Jedoch kann dieser Gesichtspunkt bei der Frage, in welchem Umfang der Beklagte im Innenverhältnis haftet, u. U. berücksichtigt werden.

Beispiel:
Die nicht mitverdienende Ehefrau hat einen Vertrag als Vertragspartnerin zusammen mit

Befreiung

ihrem Ehemann unterschrieben. Dann haftet möglicherweise der Ehemann im Innenverhältnis allein oder jedenfalls zu einem überwiegenden Teil, was bei der Streitwertfestsetzung nach § 3 zu berücksichtigen ist.

Wird auf Befreiung von einer **Unterhaltspflicht** geklagt, ist weder § 9 noch § 17 GKG, sondern allein § 3 anzuwenden.   5

(BGH, NJW 74, 2128; Hartmann, Anh. I § 12 GKG Stichwort „Befreiung"; Schneider, Streitwert, Rd.Ziff. 681)

Denn es geht hier nicht primär um die Unterhaltsverpflichtung. Allerdings können im Einzelfall die genannten Vorschriften als Richtschnur bei der Schätzung nach § 3 bedeutsam sein (vgl. BGH, JurBüro 75, 325).

Dasselbe gilt für Befreiungsansprüche aus der **Haftpflichtversicherung** (BGH, VersR 52,   6
64; Schneider, Streitwert, Rd.Ziff. 683 ff.).

Bei der Klage auf Feststellung eines Anspruchs auf Befreiung von einer **unbezifferten**   7
Verbindlichkeit ist der bei der positiven Feststellungsklage (vgl. Stichwort „Feststellungsklage", Rd.Ziff. 1) übliche Abschlag zu machen, und zwar in der Regel 20%.

(OLG Frankfurt, KostRspr. § 3 ZPO Nr. 655; Schneider, Streitwert, Rd.Ziff. 671)

Beherbergungsvertrag

§ 8, § 16 GKG, wenn der miet- oder pachtähnliche Teil überwiegt

s. Stichwort „Miete und Pacht", insbesondere Rd.Ziff. 7;
ansonsten je nach Begehren die allgemeinen Regeln, insbesondere § 3

Berichtigung

— **Grundbuchberichtigung**
§ 6 oder § 3
s. Stichwort „Grundstücke", Rd.Ziff. 6
s. Stichwort „Widerspruch gegen die Unrichtigkeit des Grundbuches"

— **Urteilsberichtigung**
§ 3, §§ 319, 320
s. Stichwort „Urteilsberichtigung"

Berufung

s. Stichwort „Rechtsmittel"

Berufungsrücknahme

s. Stichwort „Zurücknahme des Rechtsmittels"

Beschwerde

s. Stichwort „Prozeßkostenhilfe"
s. Stichwort „Rechtsmittel"

Beseitigungsklage

Der Streitwert ist grundsätzlich nach § 3, § 12 I GKG zu schätzen, wobei das **Interesse des**   1
Klägers an der Wiederherstellung des rechtmäßigen Zustandes entscheidend ist.

(OLG Saarbrücken, JurBüro 80, 280; Zöller, § 3 Rd.Ziff. 15 Stichwort „Beseitigungsklage"; vgl. auch Stichworte „Besitz", Rd.Ziff. 29, und „Eigentum", Rd.Ziff. 6)

Beseitigungsklage

Beispiele:
- **Beseitigung von Leuchtreklame:** Es ist die jährlich zu erzielende Nutzungsentschädigung zu ermitteln, und diese ist nach dem Rechtsgedanken des § 9 hochzurechnen.
  (OLG Saarbrücken, JurBüro 80, 280; Schneider, Streitwert, Rd.Ziff. 814)
- **Beseitigung von Aufbauten** auf einem herauszugebenden Grundstück: voraussichtliche Abbruchkosten.
  (Schneider, Streitwert, Rd.Ziff. 815)

2 Auf das **Abwehrinteresse des Beklagten** kann es nur für den Rechtsmittelstreitwert ankommen, wenn der Beklagte Rechtsmittelführer ist (vgl. zum ähnlichen Problem: Stichworte „Auskunft", Rd.Ziff. 3, und „Eigentum", Rd.Ziff. 6).

3 Bezüglich des Streitwertes bei Klagen auf Beseitigung des **Überbaus** wird auf das Stichwort „Eigentum", Rd.Ziff. 9, 10 Bezug genommen.

4 Geht es um die Störung der **Ehewohnung** durch einen Dritten, bestimmt sich der Streitwert nach § 12 II GKG (vgl. Stichwort „Ehewohnung", Rd.Ziff. 5).

Besitz

s. Stichwort „Eigentum"

I. Herausgabe des Besitzes

1. Allgemeines

1 Bei einer Klage auf Herausgabe einer Sache bestimmen sich der **Zuständigkeitsstreitwert** und der **Rechtsmittelstreitwert** gemäß § 6 S. 1 nach dem Wert der herauszugebenden Sache.

2 § 6 gilt über § 12 I GKG auch für den **Gebührenstreitwert.** Bestritten ist, ob bei dieser entsprechenden Anwendung immer von dem Wert der Sache auszugehen

(so: OLG Frankfurt/Main, AnwBl. 84, 94; Hillach/Rohs, S. 165 f.; Mümmler, JurBüro 82, 1282; 1297)

oder ob auf den wirklichen wirtschaftlichen Streit der Parteien abzustellen ist, wenn dieser mit dem Wert der Sache nicht übereinstimmt.

(so: OLG Köln, KostRspr. § 6 ZPO Nr. 78; OLG Frankfurt/Main, JurBüro 81, 759; Zöller § 6 Rd.Ziff. 1)

Wir meinen, daß derartige wirtschaftliche Gesichtspunkte im Rahmen des § 6 nur bei der Frage berücksichtigt werden können, wie hoch der Wert der herauszugebenden Sache ist.

Beispiel:
Belastungen wirken sich wertmindernd aus (vgl. Rd.Ziff. 25).

Darüber hinaus wenden wir bei Klagen aus Eigentum, bei denen es nicht gleichzeitig um den Besitz geht, § 3 und nicht § 6 an (vgl. Stichwort „Eigentum", Rd.Ziff. 5) und meinen, daß damit wirtschaftliche Gesichtspunkte hinreichend berücksichtigt werden können.

2. Besitzklagen im Sinn des § 6 ZPO

3 § 6 gilt für **alle Arten des Besitzes** (§ 854 BGB), nämlich für den unmittelbaren und den mittelbaren Besitz, für den Eigenbesitz und den Fremdbesitz, den vorübergehenden und dauernden Besitz, soweit keine Sondervorschriften

Beispiele:
§ 8, § 16 GKG (Miete und Pacht), § 20 I GKG (einstweiliger Rechtsschutz)
eingreifen.

(Hillach/Rohs, S. 165 f.; Schneider, Streitwert, Rd.Ziff. 820; Stein/Jonas, § 6 Rd.Ziff. 4)

Wird nur die Einräumung des Mitbesitzes verlangt, ist auch auf § 6 abzustellen; allerdings gilt die Besonderheit, daß nur ein Teilbetrag des Sachwertes den Streitwert ausmacht (Hillach/Rohs, S. 166).   4

§ 6 gilt unabhängig von dem Rechtsgrund; vielmehr ist nur der Gegenstand des Streites entscheidend. Diese Vorschrift ist nicht nur bei einem **dinglichen** Herausgabeanspruch anzuwenden,   5

    Beispiele:
    § 861, 985 BGB

sondern auch – soweit keine Sonderregelungen eingreifen – bei **schuldrechtlichen** Ansprüchen aus Vertrag

    Beispiele:
    Leihe, Verwahrung

und Gesetz.

    (Hartmann, § 6 ZPO [Anh. I § 12 GKG], Anm. 1 B; Schneider, Streitwert, Rd.Ziff. 823 f.; Stein/Jonas, § 6 Rd.Ziff. 4)

    Beispiel:
    § 812 BGB

Keine Anwendung findet § 6 bei Ansprüchen auf Vorlegung von Sachen.   6

    Beispiel:
    § 809 BGB

und auf Abnahme einer Kaufsache (Stein/Jonas, § 6 Rd.Ziff. 5; vgl. auch Stichwort „Abnahme").

Der Streitwert bestimmt sich ferner bei **vorläufigen Besitzeinweisungsstreitigkeiten,** z. B. § 116 BauGB, nicht nach § 6, sondern nach § 3, wobei grundsätzlich ein Bruchteil des Sachwertes, etwa 20%, in Ansatz zu bringen ist (vgl. Stichworte „Baulandsachen", Rd.Ziff. 7, und „Besitzeinweisung"). Bei anderen Besitzeinweisungsstreitigkeiten greift hingegen § 6 ein (vgl. Rd.Ziff. 28).   7

Auch im übrigen ist bei **vorläufigen Regelungen** der Besitzverhältnisse durch einstweilige Maßnahmen, etwa durch eine einstweilige Verfügung, nicht § 6 S. 1, sondern § 3, eventuell i. V. m. § 20 I GKG, anzuwenden, und dementsprechend ist grundsätzlich nur ein Bruchteil des Sachwertes maßgeblich (vgl. Stichwort „Einstweilige Verfügung").   8

Geht es lediglich um ein **Mitbenutzungsrecht,** greift § 6 nicht ein, da Gegenstand des Streites nicht der Besitz der Sache ist (Hillach/Rohs, S. 171). Der Wert des Mitbenutzungsrechts ist gemäß § 3 nach freiem Ermessen zu bestimmen.   9

Eine Klage auf **Duldung der Wegnahme** steht einer Klage auf Herausgabe des Besitzes gleich. Hier findet § 6 Anwendung (Hillach/Rohs, S. 171; vgl. auch unter Stichwort „Duldungsklagen", Rd.Ziff. 1).   10

3. Bestimmung des Sachwertes

a) Allgemeine Grundsätze

Maßgebend für den Streitwert ist der **objektive Verkehrswert,** d. h. der Wert, der sich bei einer Veräußerung erzielen läßt; dieser Wert ist nach freiem Ermessen zu schätzen, wobei hier die Parteiangaben zu berücksichtigen sind (Hartmann, § 6 ZPO [Anh. I § 12 GKG] Anm. 1 C; Hillach/Rohs, S. 172; Schneider, Streitwert, Rd.Ziff. 4722 ff.).   11

Ein **Liebhaber-** oder **Affektionsinteresse** hat in diesem Zusammenhang keine Bedeutung.

    (Hillach/Rohs, S. 172; Schneider, Streitwert, Rd.Ziff. 4722; Stein/Jonas, § 6 Rd.Ziff. 13)

Bei der Wertermittlung kommt es grundsätzlich nach § 4 I (§ 12 I GKG) auf den **Zeitpunkt** der Anhängigkeit bzw. des Eingangs der Rechtsmittelschrift bei Gericht an;   12

Besitz

etwas anderes gilt für den Gebührenstreitwert nach § 15 I GKG, wenn der Wert bei Beendigung der Instanz höher ist als zu Beginn (vgl. hierzu näher Abschnitt 1, Rd.Ziff. 29 ff., insbesondere 32 f. und Stichwort „Rechtsmittel", Rd.Ziff. 21, 30).

13 Für die Ermittlung des Sachwertes haben die **Einwendungen, insbesondere Gegenrechte** des Beklagten
Beispiel: Zurückbehaltungsrecht
Verwendungen, die der Kläger dem Beklagten zu ersetzen hat
keine Bedeutung.
(OLG Frankfurt, AnwBl. 84, 94; Hartmann, Anh. I § 12 GKG Stichwort „Besitz"; Hillach/Rohs, S. 173; Stein/Jonas, § 6 Rd.Ziff. 15; Zöller, § 6 Rd.Ziff. 2)
Dementsprechend wirken sie sich auf den Zuständigkeits- und auf den Gebührenstreitwert grundsätzlich nicht aus.
Ausnahme:
Hilfsaufrechnung i. S. des § 19 III GKG (vgl. Stichwort „Aufrechnung")
Etwas anderes kann für den Rechtsmittelstreitwert bei Geltendmachung eines Zurückbehaltungsrechtes gelten, weil es insoweit auf die Beschwer ankommt (vgl. Stichwort „Zug-um-Zug-Leistung", Rd.Ziff. 3).

b) Besonderheiten bei beweglichen Sachen

14 Der Streitwert einer Klage auf Herausgabe eines **gebrauchten Kraftfahrzeuges** ist in der Regel nicht mit dem Betrag gleichzusetzen, zu dem der Händler ihn in Zahlung nimmt; vielmehr ist der Streitwert höher, da auch bei einem Privatverkauf ein höherer Kaufpreis zu erzielen ist.
(Hillach/Rohs, S. 176; Schneider, Streitwert, Rd.Ziff. 4735; Stein/Jonas, § 6 Rd.Ziff. 15)

15 Geht es um **eingebaute Sachen** und sollen diese ausgebaut werden,
Beispiel:
Klage auf Duldung der Wegnahme
muß ein verminderter Verkehrswert zugrunde gelegt werden, wenn die Sache nach der Trennung weniger wert ist als vor dem Einbau (Hillach/Rohs, S. 166).

16 Wird **Herausgabe** einer Sache **an den Gerichtsvollzieher** zum Zwecke der Verwertung begehrt, ist der Streitwert nach § 6 zu bestimmen (Hillach/Rohs, S. 171).

17 Bei einer **finanzierten Kaufsache** müssen die Finanzierungskosten außer Betracht bleiben (Schneider, Streitwert, Rd.Ziff. 4736).

18 Wird Herausgabe von **Filmmaterial** verlangt, ist der Verkehrswert weder mit dem Materialwert noch mit den Herstellungskosten identisch; vielmehr kommt es auf die Auswertungsmöglichkeiten an, für die ein Bruchteil des zu erwartenden Reingewinns anzusetzen ist.
(Hillach/Rohs, S. 176; Stein/Jonas, § 3 Rd.Ziff. 46 Stichwort „Film")
Für **Goldbarren** ist der Börsen-Ankaufskurs maßgeblich (BGH, NJW-RR 91, 1210).

c) Besonderheiten bei Urkunden

19 Bei **echten Wertpapieren,** bei denen das Recht aus dem Papier dem Recht am Papier folgt, bestimmt sich der Streitwert gemäß § 6 nach dem Wert des verbrieften Rechts zum Zeitpunkt der Klageerhebung; beim Gebührenstreitwert sind zudem die Besonderheiten des § 15 I GKG zu berücksichtigen.
(BGH, NJW 89, 2755; Stein/Jonas, § 6 Rd.Ziff. 7; Zöller, § 6 Rd.Ziff. 7; vgl. hierzu näher Stichwort „Wertpapiere")
Zu den echten Wertpapieren zählen die Inhaber- und die Orderpapiere.

Beispiele:
Inhaberaktien, Inhabergrundschuldbriefe, Wechsel, Schecks, Kaufmännische Orderpapiere des § 363 HGB

Bei den sogenannten **Rektapapieren** 20
Beispiele:
Hypotheken-, Grundschuld- oder Rentenschuldbrief
und **qualifizierten Legitimationspapieren**
Beispiele:
Sparkassenbuch, Depotschein

wird das Recht durch die Urkunde nicht verkörpert, auch wenn diesen Papieren eine gewisse Legitimationswirkung zukommt. Hier folgt das Recht am Papier dem Recht aus dem Papier. Für diese Papiere gilt nicht § 6; vielmehr wird der Streitwert nach § 3 bestimmt, d. h., der Wert wird nach dem Interesse des Klägers an der Herausgabe geschätzt; dabei kommt es darauf an, welchen Zweck die Urkunde erfüllen soll, wobei die bescheinigte Forderung die obere Grenze bildet; der **Papierwert** ist nicht entscheidend.

(OLG Bremen, Rpfleger 85, 77; Hillach/Rohs, S. 177; Stein/Jonas, § 6 Rd.Ziff. 7; Zöller, § 6 Rd.Ziff. 7; s. auch Stichworte „Hypothek", Rd.Ziff. 6 und „Wertpapiere")

Dasselbe gilt für die **reinen Beweisurkunden** ohne jede Legitimationswirkung. 21
Beispiele:
Quittung, Schuldschein, Gepäckschein, Reparaturschein, Lebensversicherungspolice, Schuldtitel, Frachtbrief, Erbschein, Geschäftsbücher, Geschäftsbriefe, Tagebücher, Kraftfahrzeugschein

Der Streitwert bestimmt sich nicht nach § 6, sondern nach § 3, wobei das Interesse des Klägers an dem Besitz der Urkunde entscheidet; das Interesse kann nie höher sein als der Wert des Rechtes, das bewiesen werden soll; auf den Papierwert kommt es nicht an.

(Hillach/Rohs, S. 177 ff.; Stein/Jonas, § 6 Rd.Ziff. 7; Zöller, § 6 Rd.Ziff. 7)

Beim **Schuldtitel** ist z. B. auf das Interesse des Schuldners abzustellen, eine mißbräuchliche Benutzung des Titels zu verhindern; der Streitwert kann nie höher sein als die Forderung und hängt im Einzelfall von dem Umfang der drohenden Gefahr des Mißbrauchs ab (Schneider, Streitwert, Rd.Ziff. 4920). Soweit neben der Herausgabe des Schuldtitels gleichzeitig eine Vollstreckungsabwehrklage nach § 767 erhoben wird, besteht eine wirtschaftliche Identität, und der Herausgabeantrag wirkt sich nicht auf den Streitwert aus (vgl. Stichworte „Vollstreckungsabwehrklage", Rd.Ziff. 7, und „Schuldtitel").

Geht es um die Herausgabe eines **Kraftfahrzeugbriefes**, ist der Streitwert ebenfalls nach § 3, 22 nicht hingegen nach § 6 zu bestimmen. Maßgeblich ist das Interesse des Klägers an der Erlangung des Briefes, das grundsätzlich mit dem Wert des Kraftfahrzeuges nicht identisch ist; allerdings ist die besondere Bedeutung des Kraftfahrzeugbriefes im Rechtsverkehr zu berücksichtigen, da ohne den Brief in der Regel über das Fahrzeug nicht verfügt werden kann; deshalb kann der Wert des Fahrzeuges bei der Bewertung des Klägerinteresses nicht unberücksichtigt bleiben.

(Hillach/Rohs, S. 178; vgl. auch Stichwort „Kraftfahrzeugbrief", Rd.Ziff. 1)

d) Besonderheiten bei Grundstücken

Auch bei Grundstücken muß zur Ermittlung des Verkehrswertes auf den Preis abgestellt 23 werden, der im freien Verkauf zu erzielen ist; auf den **Einheitswert** und auf den **Versicherungswert** kommt es hingegen nicht an.

(Hartmann [Anh. I § 12 GKG, Stichwort „Besitz"]; Hillach/Rohs, S. 173; Schneider, Streitwert, Rd.Ziff. 2285, 4722, 4725)

Besitz

Wie der Verkehrswert zu ermitteln ist, hängt von den Umständen des Einzelfalles ab. Notfalls muß er durch ein Sachverständigengutachten geklärt werden.

24 Bei der vorzunehmenden Schätzung können insbesondere bei bebauten Grundstücken der **Ertragswert** und der **Gebäudewert** mitberücksichtigt werden (Hillach/Rohs, S. 173; Schneider, Streitwert, Rd.Ziff. 4725). Auch der **Kaufpreis** kann insoweit indizielle Wirkung haben, was jedoch nicht immer zwingend der Fall ist (Stein/Jonas, § 6 Rd.Ziff. 13). Ist das Grundstück bebaut, ist sein Verkehrswert im bebauten Zustand maßgebend (Hillach/Rohs, S. 173). Darüber hinaus haben die Bebaubarkeit eines Grundstückes oder die Bebauung ohne Baugenehmigung Auswirkungen auf den Verkehrswert (Schneider, Streitwert, Rd.Ziff. 4731 ff.)

25 **Dauernde Lasten,** die die wirtschaftliche Nutzungsmöglichkeit des Grundstückes verringern,

Beispiel:
Wegerechte

mindern den Wert des Grundstückes und sind daher für den Streitwert von Bedeutung.

(BGH, JurBüro 58, 387; Hillach/Rohs, S. 174; Thomas/Putzo, § 6 Anm. 1; Zöller, § 6 Rd.Ziff. 2)

26 Ob auch **andere Lasten** und **Schulden**

Beispiele:
Hypotheken, Grundschulden, Nießbrauch, Wohnrecht

wertmindernd zu berücksichtigen sind, ist bestritten.

(bejahend: OLG Köln, KostRspr. § 6 ZPO Nr. 83; LG Köln, NJW 77, 255; Hartmann, § 6 ZPO [Anh. I § 12 GKG] Anm. 1 c; Stein/Jonas, § 6 Rd.Ziff. 14; verneinend: BGH, NJW 58, 1397, JurBüro 82, 697; OLG München, MDR 81, 501; OLG Düsseldorf, JurBüro 87, 395; OLG Bamberg, JurBüro 90, 94; LG Hannover, JurBüro 74, 878; Hillach/Rohs, S. 174 f. [insbesondere Baurecht]; Thomas/Putzo, § 6 Anm. 1; differenzierend wohl: Schneider, Streitwert, 338 f.; vgl. auch Rd.Ziff. 828, 843, 2295 ff., 4728)

Wir schließen uns der Meinung an, nach der diese Belastungen für den Verkehrswert von Bedeutung sind. Der Kaufpreis für ein belastetes Grundstück wird zwar üblicherweise ohne die Belastung festgesetzt. Diesen Kaufpreis erhält der Verkäufer jedoch nicht. Vielmehr wird ein Teil dieses Kaufpreises vorweg zur Ablösung der Belastungen verwendet, wenn nicht der Käufer das belastete Grundstück übernimmt, dann aber nur den Kaufpreis abzüglich des Wertes der Belastungen begleicht. Dementsprechend ist der bei der Veräußerung zu erzielende Wert, d. h. der Verkehrswert, von vornherein wegen der Belastungen gemindert, und der Kaufpreis stellt lediglich eine Berechnungsgröße, nicht jedoch den wirtschaftlichen Wert dar. Allerdings ist der Verkehrswert nicht auf Null reduziert, wenn das Grundstück überbelastet ist. Vielmehr hat es auch dann noch einen wirtschaftlichen Wert, der im Einzelfall ermittelt werden muß.

27 Geht es um **Grundstücksteile,**

Beispiele:
Wohnungen und Geschäftsräume

ist der Streitwert ebenfalls nach § 6 zu bestimmen, so daß es auf den Verkehrswert der umstrittenen Teile ankommt.

(Hillach/Rohs, S. 175; Schneider, Streitwert, Rd.Ziff. 826, 843)

Ausgangspunkt sind dabei der Wert der ganzen Sache und der Ertragswert des gesamten Objektes sowie der betreffenden Räume (vgl. Rechenbeispiel bei Hillach/Rohs, S. 175).

II. Besitzeinweisung

Der Streitwert für die nicht nur vorläufige Einweisung in den Besitz bestimmt sich ebenfalls nach § 6 S. 1 (Schneider, Streitwert, Rd.Ziff. 833). Es gelten dieselben Grundsätze wie für Herausgabeklagen bezüglich des Besitzes (vgl. Rd.Ziff. 1 ff. und zur **vorläufigen Besitzeinweisung** Rd. Ziff. 7; vgl. ferner Stichwort „Besitzeinweisung"). 28

III. Besitzstörung

Besitzstörungsklagen, z. B. nach § 862 BGB, sind auf die Beseitigung gegenwärtiger Störungen und auf die **Unterlassung** künftiger Störungen gerichtet. 29

Beispiele:
Beseitigung von Bauschutt, Beseitigung von Reklameanlagen (vgl. Stichwort „Beseitigungsklagen"), Verbot, bestimmte Räumlichkeiten zu betreten.

§ 6 gilt nicht. Der Streitwert ist nach § 3 zu bestimmen, wobei das **Interesse des Kägers** an der Beseitigung oder Unterlassung der Besitzstörung zu schätzen ist.

(OLG Zweibrücken, JurBüro 84, 284; Hillach/Rohs, S. 179; Schneider, Streitwert, Rd.Ziff. 836; Thomas/Putzo, § 6 Anm. 1 a)

Soweit die Besitzstörung unter **Verletzung von Strafgesetzen** begangen wurde, ist der Streitwert hoch anzusetzen. 30

(OLG Köln, ZMR 77, 62; Hillach/Rohs, S. 179; Schneider, Streitwert, Rd.Ziff. 842)

Besitzeinweisung

Grundsätzlich bestimmt sich der Streitwert gemäß § 6 S. 1 nach dem **Verkehrswert** der Sache (vgl. Stichwort „Besitz", Rd.Ziff. 28).

Etwas anderes gilt jedoch bei einer **vorläufigen Besitzeinweisung,** insbesondere nach § 116 BauGB; hier ist – ebenso wie beim vorläufigen Rechtsschutz generell (vgl. Stichwort „Einstweilige Verfügung") – in der Regel gemäß § 3 ein Bruchteil des Sachwertes, etwa 20%, in Ansatz zu bringen (vgl. Stichworte „Baulandsachen", Rd.Ziff. 7, und „Besitz", Rd.Ziff. 7 m. w. N.).

Besitzstörung

§ 3
s. Stichworte
„Beseitigungsklagen",
„Besitz", Rd.Ziff. 29

Beweissicherung (selbständiges Beweisverfahren)

Soweit ein selbständiges Beweisverfahren i. S. der §§ 485 ff. **während des anhängigen Prozesses** durchgeführt wird, gelten keine Besonderheiten. Maßgeblich ist der Streitwert des Hauptsacheverfahrens. 1

(OLG Koblenz, BB 85, 2202; Hartmann, Anh. I § 12 GKG Stichwort „Beweissicherung")

Für das frühere **isolierte Beweissicherungsverfahren** sollte nach einer Meinung der Streitwert gemäß § 3 nach dem Interesse des Antragstellers an der Beweissicherung geschätzt werden, wobei ein Bruchteil der zu sichernden Forderung für angemessen gehalten wurde. 2

(OLG Frankfurt/Main, NJW 76, 1325; LG Freiburg, MDR 80, 852; LG Karlsruhe, AnwBl. 84, 614; LG Bayreuth, JurBüro 88, 106; LG Heilbronn, MDR 89, 999; LG Aachen, JurBüro 90, 1038; Hillach/Rohs, S. 271; Schneider, Streitwert, Rd.Ziff. 875, 893; Stein/Jonas, § 3 Rd.Ziff. 42 Stichwort „Beweissicherungsverfahren")

Beweissicherung

Nach anderer Ansicht war der Wert der zu sichernden Forderung zugrunde zu legen.
(LG Koblenz, AnwBl. 82, 198; LG München II, AnwBl. 83, 175; LG Verden, AnwBl. 83, 89; Hartmann, Anh. I § 12 GKG Stichwort „selbständiges Beweisverfahren")

Wir folgen der ersten Meinung, nach der für den Streitwert eines isolierten Beweissicherungsverfahrens ein Bruchteil der zu sichernden Forderung, etwa ⅓ bis ½, in Ansatz zu bringen war. Es ist nämlich zu berücksichtigen, daß allein mit dem Beweissicherungsverfahren die zwangsweise Durchsetzung des Anspruchs nicht erreicht werden konnte und das Beweissicherungsverfahren insoweit lediglich einen Hilfscharakter hatte. Für das nunmehr durch das Rechtspflege-Vereinfachungsgesetz vom 17. 12. 1990 eingeführte Beweisverfahren anstelle des Beweissicherungsverfahrens gelten nach unserer Ansicht keine anderen Gesichtspunkte, so daß das Vorstehende auf das **Beweisverfahren außerhalb eines Rechtsstreits** übertragbar ist (vgl. hierzu allgemein Schreiber, NJW 91, 2600: „Das selbständige Beweisverfahren").

Bewirtungsvertrag

§ 6, § 3, § 4
s. Stichworte „Bezifferter Leistungsantrag" und „Nebenforderungen"
nicht § 8, § 16 GKG
s. Stichwort „Miete und Pacht", Rd.Ziff. 7

Bezifferter Leistungsantrag

1 Wird ein bezifferter Leistungsantrag gestellt, ist nach einer ungeschriebenen, allgemein anerkannten Regel des Streitwertrechtes grundsätzlich von der bezifferten Summe auszugehen.
(Hillach/Rohs, S. 34; Rosenberg/Schwab, § 32 Anm. IV 4; Schneider, Streitwert, Rd. Ziff. 1873; 2781; Schumann, NJW 82, 1258; Stein/Jonas, § 2 Rd.Ziff. 95; § 6 Rd.Ziff. 19)

Ebenso wie beim Eigentum (vgl. Stichwort „Eigentum", Rd.Ziff. 1) hat der Gesetzgeber – sieht man von Sonderregelungen ab – bei Geldforderungen keine spezielle Streitwertregelung getroffen. Wenn aber schon bei der Sicherstellung oder bei dem Pfandrecht gemäß § 6 der Streitwert grundsätzlich durch den Betrag der Forderung bestimmt wird, muß dies erst recht gelten, wenn es um die Geldforderung selbst geht.
(Hartmann, Anh. I § 12 GKG Stichwort „Geldforderungen"; Hillach/Rohs, S. 34; Schneider, Streitwert, Rd.Ziff. 1873; Stein/Jonas, § 6 Rd.Ziff. 19; Thomas/Putzo, § 6 Anm. 2; Zöller, § 6 Rd.Ziff. 8)

2 Soweit Geldbeträge in **ausländischer Währung** geltend gemacht werden, sind sie in inländische Währung umzurechnen.
(Hillach/Rohs, S. 34; vgl. Stichwort „Ausländische Währung")

3 Unerheblich ist, ob das **wirtschaftliche Interesse** des Antragstellers mit dieser Summe übereinstimmt.
(Schumann, NJW 82, 1258)

Beispiel:
In einem Musterprozeß wird ein Betrag von 50 000,– DM eingeklagt. Das wirtschaftliche Interesse des Klägers an einer für ihn positiven Entscheidung beträgt mehrere Millionen DM. Gleichwohl ist der Streitwert mit 50 000,– DM zu bewerten.

Ferner kommt es nicht darauf an, ob der Kläger eine Chance hat, die **Forderung** nach Titulierung **durchzusetzen** (LAG Hamm, MDR 91, 1203; Schneider, Streitwert, Rd.Ziff. 1874).

4 Die im Antrag bezifferte Summe ist grundsätzlich auch wertbestimmend, wenn das Gericht entgegen § 308 I mehr zugesprochen hat, als beantragt wurde.
(BGH, MDR 74, 36; Schneider, Streitwert, Rd.Ziff. 2781)

Bezifferter Leistungsantrag

Besonderheiten gelten hier allerdings für den Rechtsmittelstreitwert.
(Vgl. Stichwort „Rechtsmittelstreitwert", Rd.Ziff. 9)

Allein auf den bezifferten Antrag kann nicht abgestellt werden, wenn es um mehrere 5
Anträge geht und ein Additionsverbot besteht.
(Vgl. Stichwort „Klagenhäufung", Rd.Ziff. 5 ff.)

Beispiel:
Antrag auf Feststellung der Unwirksamkeit eines Kaufvertrages, nach dem der Beklagte 1 Mio. DM zahlen soll, und Antrag auf Zahlung eines Teilbetrages hiervon in Höhe von 50 000,– DM. In Höhe dieses Teilbetrages greift das Additionsverbot ein, d. h. es ist nur auf den Feststellungsantrag abzustellen, der einen höheren Wert als der Leistungsantrag hat.

Darüber hinaus werden grundsätzlich **Nebenforderungen** i. S. des § 4 I, II, § 22 I GKG 6
nicht berücksichtigt.
(Vgl. Stichwort „Nebenforderungen")

Bezugsverpflichtung

§ 3
s. Stichwort „Bierlieferungsvertrag"
Die dort dargestellten Grundsätze gelten entsprechend bei anderen Bezugsverpflichtungen, wie z. B. bei einem Milchlieferungsvertrag.

Bierlieferungsvertrag

Bei einer Klage, bei der es um die **Bezugsverpflichtung** aus dem Bierlieferungsvertrag 1
geht, ist der Streitwert nach § 3 zu schätzen; dabei kommt es auf das Interesse des Klägers an der Erfüllung bzw. Nichterfüllung der Bezugsverpflichtung an; dieses Interesse entspricht grundsätzlich dem **Gewinn**, den der Lieferant bei Einhaltung der Verpflichtung voraussichtlich zu erwarten hat.
(OLG Bamberg, JurBüro 85, 441; Hartmann, Anh. I § 12 GKG Stichwort „Bezugsverpflichtung"; Hillach/Rohs, S. 127; Schneider, Streitwert, Rd.Ziff. 900; Stein/Jonas, § 3 Rd.Ziff. 42, Stichwort „Bezugsverpflichtung"; Thomas/Putzo, § 3 Stichwort „Bezugsverpflichtung"; Zöller, § 3 Rd.Ziff. 16 Stichwort „Bezugsverpflichtung")

Daneben ist insbesondere bei Klagen der **Brauerei** im Hinblick auf **längerfristige Bezugs-** 2
verpflichtungen deren Interesse an der Stetigkeit des Umsatzes zu berücksichtigen, so daß je nach Fallkonstellation ein mehr oder minder großer Aufschlag auf den Streitwert zu machen ist.
(Hillach/Rohs, S. 129; Schneider, Streitwert, § 3 Rd.Ziff. 902; Stein/Jonas, § 3 Rd.Ziff. 42, Stichwort „Bezugsverpflichtung"; Zöller, § 3 Rd.Ziff. 16 „Bezugsberechtigung")

Allerdings erscheint uns ein Abstellen auf die Umsatzminderung grundsätzlich nicht gerechtfertigt.
(so auch: Stein/Jonas, § 3 Rd.Ziff. 42, Stichwort „Bezugsverpflichtung"; a. A. wohl OLG Saarbrücken, JurBüro 78, 1718)

Wird auf **Einhaltung des Bierlieferungsvertrages** geklagt, ist nach § 6 S. 1 der Verkehrs- 3
wert der gesamten, vom Verkäufer zu erbringenden Leistung maßgebend (Hillach/Rohs, S. 125). Wegen des maßgeblichen Zeitpunktes wird auf Abschnitt 1, Rd.Ziff. 29 ff., Bezug genommen.

Bürgschaft

Bürgschaft

1 Die Bürgschaft ist eine Form der Sicherstellung einer Forderung i. S. des § 6 S. 1, da der Bürge sich gemäß § 765 BGB gegenüber dem Gläubiger eines Dritten verpflichtet, für die Erfüllung der Verbindlichkeit des Dritten einzustehen (vgl. Stichwort „Sicherstellung"). Dementsprechend bemessen sich Klagen auf **Bestellung** und **Feststellung** des **Bestehens** oder **Nichtbestehens** einer Bürgschaft sowie auf **Freistellung** von einer Bürgschaftsverpflichtung gemäß § 6 S. 1 nach dem Wert der Hauptforderung; Nebenforderungen bleiben unberücksichtigt, soweit es sich um solche des § 4, § 22 GKG handelt.

(Hartmann, Anh. I § 12 GKG Stichwort „Bürgschaft", Hillach/Rohs, S. 160 f.; Schneider, Streitwert, Rd.Ziff. 937; Stein/Jonas, § 3 Rd.Ziff. 42 Stichwort „Bürgschaft"; § 4 Rd.Ziff. 29; § 6 Rd.Ziff. 21; Thomas/Putzo, § 6 Anm. 2; Zöller, § 3 Rd.Ziff. 16 Stichwort „Bürgschaft"; vgl. auch unter Stichwort „Nebenforderungen")

Bei einer positiven Feststellungsklage ist allerdings der übliche Abschlag von etwa 20% zu machen (vgl. Stichwort „Feststellungsklage", Rd.Ziff. 1 ff.).

2 Wird der Bürge auf Zahlung aus der Bürgschaft in Anspruch genommen, richtet sich der Streitwert nach dem Klageantrag; dabei gelten die allgemeinen Regeln.

(Schneider, Streitwert, Rd.Ziff. 931 ff.; 943; Thomas/Putzo, § 3 Stichwort „Bürgschaft"; Zöller, § 3 Rd.Ziff. 16 Stichwort „Bürgschaft"; vgl. allgemein Stichwort „Bezifferter Leistungsantrag")

Beispiele:
- Liegt der Bürgschaft ein Miet- oder Pachtzinsanspruch zugrunde, ist nach § 8, § 16 GKG zu bewerten.
- Bei Unterhaltsansprüchen greifen § 9, § 17 GKG ein.
- Nebenforderungen i. S. von § 4, § 22 GKG, wie z. B. Zinsen, bleiben unberücksichtigt.

3 Klagt der in Anspruch genommene Bürge gegen den Schuldner im Wege des **Rückgriffs** (vgl. § 774 BGB), gelten grundsätzlich ebenfalls die allgemeinen Regeln; allerdings werden in diesem Fall Zinsen, Kosten sowie sonstige Nebenforderungen i. S. von § 4, § 22 I GKG mitberücksichtigt, da sie keine **Nebenforderungen** des einheitlichen Rückgriffsanspruchs sind; dieser setzt sich nämlich aus allen Posten zusammen, auf die der Bürge in Anspruch genommen wurde.

(Hartmann, Anh. I § 12 GKG Stichwort „Bürgschaft"; Thomas/Putzo, § 3 Stichwort „Bürgschaft"; Schneider, Streitwert, Rd.Ziff. 944; Zöller, § 3 Rd.Ziff. 16 Stichwort „Bürgschaft"; a. A. Hillach/Rohs, S. 157; vgl. hierzu allgemein Stichwort „Nebenforderungen", Rd.Ziff. 7)

4 Wird auf Herausgabe der **Bürgschaftsurkunde** geklagt, ist der Streitwert nach § 3 im Wege der Schätzung zu ermitteln; maßgeblich ist das Interesse des Klägers, wobei der Wert der Bürgschaftsforderung die oberste Grenze bildet; grundsätzlich werden 20 bis 30% dieses Wertes anzusetzen sein, soweit keine Besonderheiten vorliegen.

(OLG Hamm, JurBüro 81, 434; OLG Düsseldorf, JurBüro 81, 1893; OLG Bamberg, JurBüro 90, 1512; Schneider, Streitwert, Rd.Ziff. 948; Zöller, § 3 Rd.Ziff. 16 Stichwort „Streitwert"; vgl. hierzu auch oben Stichwort „Besitz", Rd.Ziff. 21)

5 Beim Zusammentreffen einer **Zahlungsklage** und einer **Klage auf Herausgabe der Bürgschaftsurkunde** liegt eine **wirtschaftliche Identität** vor, soweit sich die Streitwerte überschneiden. Da die Zahlungsklage in der Regel einen höheren Wert hat, ist allein ihr Wert maßgeblich.

(OLG Bamberg, JurBüro 74, 1437; Schneider, Streitwert, Rd.Ziff. 952; Stein/Jonas, § 5 Rd.Ziff. 9; Zöller, § 3 Rd.Ziff. 15 Stichwort „Bürgschaft"; vgl. auch zur wirtschaftlichen Identität unter Stichwort „Klagenhäufung" Rd.Ziff. 12 ff.)

6 Auch bei einer Klage gegen den **Hauptschuldner** und den **Bürgen** findet wegen wirtschaftlicher Identität keine Zusammenrechnung nach § 5, 1. Altern. statt.

(Schneider, Streitwert, Rd.Ziff. 942; Stein/Jonas, § 5 Rd.Ziff. 10; Thomas/Putzo, § 3 Stichwort „Bürgschaft"; Zöller, § 3 Rd.Ziff. 16 Stichwort „Bürgschaft")

Beruft sich der Bürge hilfsweise auf eine **Aufrechnung** mit einer Gegenforderung des 7
Hauptschuldners, findet § 19 III GKG (vgl. hierzu allgemein Stichwort „Aufrechnung",
Rd.Ziff. 4 ff.) keine Anwendung; aufrechnen kann nur der Hauptschuldner oder der
Gläubiger, während dem Bürgen lediglich eine Einrede gemäß § 770 II BGB zustehen
kann; daher kann die „Aufrechnung" nur als Geltendmachung der Einrede oder so
verstanden werden, daß der Hauptschuldner die Aufrechnung erklärt hat; dann aber tritt
die Rechtskraftwirkung des § 322 II nicht ein.

(BGH, NJW 73, 146; Schneider, Streitwert, Rd.Ziff. 953)

Campingvertrag

§ 8, § 16 GKG
s. Stichwort „Miete und Pacht", insbesondere Rd.Ziff. 7

Darlehnsvertrag

Der Streitwert für eine Klage auf **Gewährung eines Darlehns** bemißt sich nach dem 1
Darlehnsbetrag, und zwar gemäß § 4, § 22 GKG ohne Zinsen und Kosten, auch wenn sie
kapitalisiert sind.

(BGH, NJW 59, 1493; Schneider, Streitwert, Rd. Ziff. 954; 959; Stein/Jonas, § 3 Rd. Ziff. 44;
Zöller, § 3 Rd.Ziff. 16 Stichwort „Darlehn"; vgl. allgemein zu den Zinsen und Kosten unter
Stichwort „Nebenforderungen")

Soweit ein **Teil aberkannt** wird, richtet sich die Beschwer nach dem Differenzbetrag.

(BGH, WM 85, 279; Schneider, Streitwert, Rd.Ziff. 964; Zöller, § 3 Rd.Ziff. 16 Stichwort
„Darlehen")

Wird auf **sofortige Rückzahlung** der gesamten Darlehnsvaluta anstelle der vereinbarten 2
Ratenzahlungen geklagt, ist gemäß § 3 das wirtschaftliche Interesse des Klägers an der
sofortigen Rückzahlung, das in der Regel dem üblichen Zinsgewinn entsprechen wird, zu
schätzen (Schneider, Streitwert, Rd.Ziff. 958).

Deckungsprozeß

Der Deckungsprozeß im Versicherungsvertragsrecht ist grundsätzlich unabhängig von der 1
Formulierung des Antrags eine **Feststellungsklage,** so daß der für die positive Feststellungsklage übliche Abschlag von 20% zu machen ist; das gilt auch unter Berücksichtigung
des Umstandes, daß die Versicherung üblicherweise auf einen entsprechenden Feststellungstitel hin leistet.

(BGH, JurBüro 65, 985; NJW 82, 1399; NJW-RR 91, 1149; OLG Frankfurt/Main, JurBüro 81,
272; Schneider, Streitwert, Rd.Ziff. 4786; a. A. wohl in Zöller, § 3 Rd.Ziff. 16 Stichwort
„Haftpflichtversicherungsschutz"; vgl. auch unter Stichwort „Feststellungsklage", insbesondere
Rd.Ziff. 1, 2)

Ausnahmsweise ist eine Klage auf Befreiung von der Verbindlichkeit gegenüber dem
Geschädigten möglich, wenn insoweit ein rechtskräftiger Titel vorliegt (vgl. hierzu Teil A,
Stichwort „Deckungsprozeß" m.w.N.); dann kommt es für den Streitwert allein auf die
Bezifferung an (vgl. Stichwort „Befreiung von einer Verbindlichkeit").

Der **Streitwert** für die Feststellungsklage ist nach § 3 (§ 12 I GKG) zu bemessen, wobei 2
bei wiederkehrenden Leistungen

Beispiel:
Renten

die Grundsätze des § 9 bedeutsam sind.

(BGH, NJW 82, 1399; OLG Hamm, AnwBl. 84, 95; Hartmann, Anh. I § 12 GKG Stichwort

Deckungsprozeß

"Versicherung"; Schneider, Streitwert, Rd.Ziff. 4780, 4781; Stein/Jonas, § 9 Rd. Ziff. 18; Thomas/Putzo, § 3 Stichwort „Deckungsprozeß"; Zöller, § 3 Rd.Ziff. 15 Stichwort „Haftpflichtversicherungsschutz"; vgl. auch unter Stichwort „Wiederkehrende Leistungen", Rd.Ziff 32)

3 Nach der h. M.,

(BGH, NJW 74, 2128, 82, 1399; OLG Köln, VersR 89, 378; Hartmann, § 17 GKG Anm. 3 b; Stein/Jonas, § 9 Rd. Ziff.18; Thomas/Putzo, § 3 Stichwort „Deckungsprozeß", a. A.: OLG Hamm, NJW 74, 1387; Schneider, Streitwert, Rd.Ziff. 4781; in Zöller, § 3 Rd.Ziff. 16 Stichwort „Haftpflichtversicherungsschutz" und „Rentenansprüche")

der wir uns anschließen, kann aber § 17 GKG im Rahmen des § 3 bei der Ermittlung des **Gebührenstreitwertes** nicht berücksichtigt werden.

Das folgt aus § 17 II S. 2 GKG, da Grundlage dieses Deckungsprozesses primär die Versicherungsvertragsbeziehung ist. Das ist sowohl für die Klage des Haftpflichtversicherten gegen die Versicherung als auch im umgekehrten Fall anzunehmen (Stein/Jonas, § 9 Rd. Ziff. 18; vgl. auch Stichwort „Wiederkehrende Leistungen", Rd.Ziff. 32).

4 Etwas anderes gilt jedoch für einen **Direktanspruch** nach § 3 Nr. 1 Pflichtversicherungsgesetz, da der Anspruch zwar an das Versicherungsverhältnis geknüpft ist, jedoch primär seine deliktische Natur behält; daher ist bei einem Direktanspruch nach § 3 Nr. 1 Pflichtversicherungsgesetz § 17 II S. 1 GKG unter den dort genannten weiteren Voraussetzungen anwendbar und nicht durch § 17 II S. 2 GKG ausgeschlossen (BGH, NJW 82, 1399).

5 Bei der Bewertung des Streitwertes im Deckungsprozeß kommt es nicht darauf an, ob die Ansprüche gegen den Versicherten berechtigt sind; etwas anderes gilt nur bei völlig **illusionären Forderungen** (Zöller, § 3 Rd. Ziff. 16 Stichwort „Haftpflichtversicherungsschutz").

6 **Unstreitige Rechtspositionen** werden nicht berücksichtigt (Schneider, Streitwert, Rd.Ziff. 4790; in Zöller, § 3 Rd.Ziff. 16 Stichwort „Haftpflichtversicherungsschutz"). Das gilt insbesondere für eine vereinbarte **Selbstbeteiligung** (OLG Frankfurt, JurBüro 83, 1086).

7 Zum Gegenstand des Deckungsprozesses gehören auch die **Kosten einer Rechtsverteidigung** gegenüber Ansprüchen des Verletzten (BGH, MDR 76, 649) sowie **Kosten** und **Zinsen,** soweit sie tituliert sind; es besteht nämlich eine einheitliche Gesamtforderung, auf die § 4 und § 22 I GKG keine Anwendung finden.

(Zöller, § 3 Rd.Ziff. 16 Stichwort „Haftpflichtversicherungsschutz"; vgl. hierzu allgemein unter Stichwort „Nebenforderungen" Rd.Ziff. 7)

8 Im Rahmen der Kfz-Haftpflicht wird der Streitwert für den Deckungsprozeß durch **interne Absprachen der Versicherer** begrenzt.

(BGH, JurBüro 82, 1017; Schneider, Streitwert, Rd.Ziff. 4794)

9 Die obere Grenze des Streitwertes bildet die vereinbarte Versicherungssumme (OLG Hamm, JurBüro 89, 523; Thomas/Putzo, § 3 Stichwort „Deckungsprozeß").

Depotschein

§ 3, nicht § 6
s. Stichwort „Besitz", Rd.Ziff. 20

Dienstbarkeit

1 Soweit es sich um eine **Grunddienstbarkeit** i. S. der §§ 1018 ff. BGB handelt, gilt die Sondervorschrift des § 7 (vgl. hierzu näher Stichwort „Grunddienstbarkeit").

2 Bei einer **beschränkt persönlichen Dienstbarkeit** i. S. des § 1090 BGB greift § 7 nicht ein

Dienstbarkeit

(vgl. Stichwort „Grunddienstbarkeit", Rd.Ziff. 7). Nach der Legaldefinition gemäß § 1090 BGB ist von einer solchen beschränkt persönlichen Dienstbarkeit dann auszugehen, wenn ein Grundstück in der Weise belastet ist, daß derjenige, zu dessen Gunsten die Belastung erfolgt, berechtigt ist, das Grundstück in einzelnen Beziehungen zu benutzen, oder daß ihm eine sonstige Befugnis zusteht, die Inhalt einer Grunddienstbarkeit bilden kann (vgl. § 1018 BGB).

Bei einer beschränkt persönlichen Dienstbarkeit bestimmt sich der Streitwert nach § 3; maßgeblich ist das **Interesse des Klägers.** 3

(Hillach/Rohs, S. 196; Schneider, Streitwert, Rd.Ziff. 968)

Hierfür lassen sich keine allgemein gültigen Regeln aufstellen, da die Dienstbarkeit sehr unterschiedlich ausgestaltet sein kann.

Beispiele:
- Bei einer Abnahmeverpflichtung aus Getränkelieferung ist Ansatzpunkt für das Interesse der vom Kläger zu erwartende Gewinn (Schneider, Streitwert, Rd.Ziff. 971).
- Bei einem **Tankstellenvertrag,** bei dem ein Grundstückseigentümer sein Grundstück zum Bau und Betrieb einer Tankstelle gegen Umsatzbeteiligung dem Berechtigten überläßt, ist im Rahmen des § 3 der Rechtsgedanke des § 9, 2. Altern. zu berücksichtigen; § 8, § 16 GKG finden hier keine Anwendung.

(Hillach/Rohs, S. 137, 203; Schneider, Streitwert, Rd.Ziff. 972, 4293, 4294; vgl. Stichwort „Miete und Pacht", Rd.Ziff. 7, 8).

Bei Klagen aus dem (dinglichen) **Wohnrecht** gemäß § 1093 BGB ist der Streitwert ebenfalls nach § 3 zu schätzen, soweit das Wohnrecht keinen mietähnlichen Charakter hat; dabei kann der Grundgedanke des § 24 KostO mitberücksichtigt werden. 4

(Hillach/Rohs, S. 203; Schneider, Streitwert, Rd.Ziff. 969)

Ist eine mietzinsähnliche Gegenleistung vereinbart worden, kann § 16 GKG Anwendung finden (vgl. hierzu Stichwort „Miete und Pacht", Rd.Ziff. 4).

Dienstverhältnis

Bei **wiederkehrenden Leistungen,** etwa beim Entgelt, gelten grundsätzlich für die Zuständigkeit und das Rechtsmittel § 9 sowie für den Gebührenstreitwert § 17 III GKG (vgl. hierzu im einzelnen Stichwort „Wiederkehrende Leistungen"). Soweit das Arbeitsgericht zuständig ist, wird § 17 III GKG durch die speziellere Regelung des § 12 VII ArbGG verdrängt. Diese Vorschrift gilt nicht vor den allgemeinen Zivilgerichten (Thomas/Putzo, § 3 Stichwort „Dienstverhältnis"). 1

Auch in **verwaltungsgerichtlichen Verfahren** greift ebenfalls § 17 III GKG ein, soweit wiederkehrende Leistungen geltend gemacht werden. Wie § 13 I S. 2 GKG verdeutlicht, gilt der Regelstreitwert von 6000,– DM nur, soweit die Sonderbestimmungen der §§ 14 bis 22 GKG weder direkt noch entsprechend anwendbar sind (vgl. Hartmann, § 13 GKG Anm. 2 B). 2

Im (allgemeinen) Zivilprozeß richtet sich der Streitwert, soweit es nicht um wiederkehrende Leistungen geht, nach den allgemeinen Regeln. Bei Streitigkeiten über die Beendigung von Dienstverhältnissen ist z. B. der Streitwert nach § 3 (§ 12 I GKG) zu schätzen. 3

(KG, KostRspr. § 3 ZPO Nr. 122; Stein/Jonas, § 3 Rd.Ziff. 44 Stichwort „Dienstverhältnis")

Im übrigen wird auf die allgemeinen Stichworte Bezug genommen.

Dingliche Sicherung

s. Stichworte „Hypothek" und „Grundschuld"

Drittschuldnerklage

I. Anzuwendende Streitwertvorschrift

1 Wird wegen einer Geldforderung eine Forderung gepfändet und zur Einziehung bzw. an Zahlung statt überwiesen (§§ 829 ff., 835), entsteht grundsätzlich ein Pfändungspfandrecht an dieser Forderung (vgl. hierzu allgemein „Pfändungspfandrecht"). Wenn der Drittschuldner die gepfändete Forderung nicht freiwillig gegenüber dem Gläubiger erfüllt, muß dieser, um gegen ihn zwangsweise vorgehen zu können, eine sogenannte Drittschuldnerklage erheben.

2 Bestritten ist, ob § 6 S. 1 und 2 Anwendung findet, d. h. der Wert der titulierten Forderung gegen den Schuldner oder aber der Wert der gepfändeten Forderung maßgeblich ist, falls dieser geringer ist,

(so: OLG Köln, Rpfleger 74, 164; Hillach/Rohs, S. 211 [a. A. wohl S. 299]; Stein/Jonas, § 6 Rd.Ziff. 23)

oder ob es allein darauf ankommt, mit welchem **Antrag der Kläger** klagt.

(so: OLG Köln, MDR 91, 899; LAG Niedersachsen, JurBüro 80, 1375; OLG Saarbrücken, JurBüro 89, 849; Hillach/Rohs, S. 308; Schneider, Streitwert, Rd.Ziff. 3593 f.; Thomas/Putzo, § 3 Stichwort „Drittschuldnerprozeß"; Zöller, § 3 Rd. Ziff. 16 Stichwort „Drittschuldnerklage"; Schneider, MDR 90, 20)

Wir schließen uns der zweiten Meinung an, wonach es allein auf den Klageantrag ankommt. Das Pfandrecht ist zwar für die Begründetheit der Klage von Bedeutung, weil der Kläger nur daraus gegenüber dem Drittschuldner seine Aktivlegitimation ableiten kann. Jedoch ist Gegenstand der Klage nicht das Pfandrecht selbst, sondern die gepfändete Forderung, soweit sie von dem Klageantrag erfaßt wird. Der dargestellte Meinungsstreit wird selten zu entscheiden sein, da sich der Gläubiger in der Regel mit der Drittschuldnerklage auf den Betrag der gepfändeten Forderung, begrenzt durch den Betrag der titulierten Forderung, beschränken wird. Dann aber führen beide Meinungen zu demselben Ergebnis.

II. Streitwertprivilegierungen

3 Wenn es auf den Klageantrag und damit auf die eingeklagte Forderung des Schuldners gegen den Dritten ankommt (vgl. Rd.Ziff. 2), gelten im Drittschuldnerprozeß die Streitwertprivilegierungen, die in dem Rechtsstreit zwischen Schuldner und Dritten anwendbar wären (OLG Köln, MDR 91, 899).

Das wirkt sich insbesondere bei **wiederkehrenden Leistungen** aus:

4 In **Arbeitsgerichtsprozessen** greift die Sonderregelung des § 12 VII S. 3 ArbGG ein, wonach der dreijährige Bezug oder ein geringerer Gesamtbetrag maßgeblich ist.

(LAG Saarland, JurBüro 88, 725; Hillach/Rohs, S. 308; Schneider, Streitwert, Rd.Ziff. 3594)

5 Dasselbe gilt für gepfändete **Gehaltsansprüche** oder Bezüge, für die nicht die Arbeitsgerichte zuständig sind, gemäß § 17 III GKG; § 17 I GKG greift insoweit nicht ein, auch wenn die Pfändung aufgrund eines Unterhaltstitels erfolgte.

(OLG München, JurBüro 85, 1522; Hillach/Rohs, S. 308; Schneider, Streitwert, Rd.Ziff. 3595)

6 Im übrigen gelten die allgemeinen Grundsätze für die wiederkehrenden Leistungen (vgl. Stichwort).

Drittwiderspruchsklage

§ 771, § 6

s. Stichwort „Widerspruchsklage", Rd.Ziff. 1 ff.

Duldung der Zwangsvollstreckung

§ 6 S. 1 und 2 analog

s. Stichworte:
„Anfechtungsklagen", Rd.Ziff. 2 ff. (§ 7 AnfG)
„Duldungsklagen", Rd.Ziff. 3
„Hypothek", Rd.Ziff. 4 (§ 1147 BGB)
„Nießbrauch", Rd.Ziff. 6 (§ 737)
„Pfändungspfandrecht"

Duldungsklagen

Wird auf **Duldung einer Handlung** geklagt — es handelt sich um eine Leistungsklage —, richtet sich der Streitwert gemäß § 3 nach dem Interesse des Klägers an der Vornahme der Handlung. 1

(Schneider, Streitwert, Rd.Ziff. 1006; Thomas/Putzo, § 3 Stichwort „Duldungsklage"; Zöller, § 3 Rd.Ziff. 16 Stichwort „Duldung")

Bei einer Klage auf **Duldung der Wegnahme von Sachen** 2
Beispiele:
§§ 547 a, 997 BGB

bestimmt sich der Streitwert gemäß § 6 S. 1 nach dem Verkehrswert der Sache; hier besteht kein Unterschied zu einer Klage auf Herausgabe des Besitzes.

(BGH, NJW 91, 3221; Schneider, Streitwert, Rd.Ziff. 1011; Thomas/Putzo, § 3 Stichwort „Duldungsklage"; vgl. allgemein zu § 6 Stichwort „Besitz", Rd.Ziff. 10; insbesondere Rd.Ziff. 11 [Verkehrswert])

Bei eingebauten Sachen ist ihr Verkehrswert **nach** der Trennung maßgeblich (BGH, NJW 91, 3221).

Die Klage auf **Duldung der Zwangsvollstreckung** in einen bestimmten Gegenstand 3
Beispiele:
§ 7 AnfG (vgl. Stichwort „Anfechtungsklage", Rd.Ziff. 2)
§ 737 (vgl. Stichwort „Nießbrauch", Rd.Ziff. 6)
§ 1147 BGB (vgl. Stichwort „Hypothek", Rd.Ziff. 4)

ist sachlich mit der Auslieferung als Pfandsache zu vergleichen. Deshalb sind wir der Auffassung, daß § 6 S. 1 und 2 entsprechend anzuwenden ist. Der Streitwert richtet sich nach dem Wert der Forderung des Klägers oder nach dem Verkehrswert des betreffenden Gegenstandes, soweit dieser geringer ist; **Zinsen** und **Kosten** bleiben grundsätzlich gemäß § 4, § 22 GKG unberücksichtigt; etwas anderes gilt aber bei Klagen nach dem Anfechtungsgesetz.

(BGH, WM 82, 435; Hillach/Rohs, S. 208; Hartmann, Anh. I § 12 GKG Stichwort „Duldung"; Schneider, Streitwert, Rd.Ziff. 1007, 1008, 1019, 2240 ff.; Stein/Jonas, § 6 Rd.Ziff. 21; Thomas/Putzo, § 3 Stichworte „Anfechtungsklage" und „Duldungsklage"; vgl. auch Stichworte „Pfandrecht" [§ 6 S. 1 und 2], „Besitz" [Verkehrswert], „Anfechtungsklagen", Rd.Ziff. 2)

Wird neben der Duldung der Zwangsvollstreckung auf Zahlung geklagt, findet keine Wertaddition gemäß § 5 statt, da eine **wirtschaftliche Identität** besteht. 4

(Schneider, Streitwert, Rd.Ziff. 1014, 2246; vgl. allgemein zum Additionsverbot Stichwort „Klagenhäufung", Rd.Ziff. 12 ff.)

Wegen des Streitwertes bei der Zwangsvollstreckung eines Duldungstitels wird auf das Stichwort „Zwangsvollstreckung zur Erwirkung von Handlungen und Unterlassungen", Rd.Ziff. 4, Bezug genommen. 5

Durchsuchungsanordnung

Durchsuchungsanordnung

Der Gerichtsvollzieher kann im Rahmen der Vollstreckung zwangsweise eine Wohnung nur betreten und durchsuchen sowie sonstige Maßnahmen i. S. des § 758 durchführen, wenn eine richterliche Durchsuchungsanordnung vorliegt (BVerfGE 76, 89).

Der Wert ist gemäß § 3 nach dem Interesse des Antragstellers an der beantragten Maßnahme zu schätzen. Da die Durchsuchung nur der Vorbereitung auf die Vollstreckungsmaßnahme dient, ist der Wert mit einem Bruchteil der zu vollstreckenden Forderung, etwa ¹⁄₁₀ bis ½, in Ansatz zu bringen.

(OLG Köln, MDR 88, 329 [½]; Hartmann, Anh. I § 12 GKG Stichwort „Durchsuchung"; Schneider, Streitwert, Rd.Ziff. 1021)

Soweit der Pfändungsgegenstand schon hinreichend konkretisiert ist, berechnet sich der Wert für die Durchsuchungsanordnung entsprechend § 6 S. 2 nach einem Bruchteil des Wertes dieses Gegenstandes, falls dieser geringer ist.

(vgl. Stichwort „Zwangsvollstreckung wegen einer titulierten Geldforderung", Rd.Ziff. 5)

Echte Hilfsanträge

I. Zuständigkeitsstreitwert

1   Abzustellen ist stets auf den **höherwertigen** der Anträge; eine Wertaddition ist ausgeschlossen.

(Zöller, § 3 Rd.Ziff. 16, Stichwort „Eventual- und Hauptantrag")

Haben der Haupt- oder Hilfsantrag einen Wert, der nach §§ 23 Ziff. 1, 71 I GKG in die Zuständigkeit des Landgerichts fällt, während der andere Antrag, würde er isoliert geltend gemacht, zur Zuständigkeit des Amtsgerichts gehören würde, ist das Landgericht für die Klage mit Haupt- und Hilfsantrag sachlich zuständig. Unerheblich ist dabei, ob über den Hilfsantrag entschieden wird. Mit der Klageerhebung wird der Hilfsantrag, wenn auch auflösend bedingt, rechtshängig (vgl. Teil B, Rd.Ziff. 358 m.w.N.). Für den Zuständigkeitsstreitwert ist aber der Zeitpunkt der Einreichung der Klage maßgebend, so daß der eventuelle spätere Eintritt der auflösenden Bedingung die sachliche Zuständigkeit des angerufenen Gerichts nicht berührt (§§ 4 I, 261 III Ziff. 2).

II. Rechtsmittelstreitwert

2   Für die Beschwer ist gemäß § 5 eine Addition der Werte der einzelnen Anträge, soweit über sie eine der Rechtskraft fähige, für die jeweilige Partei negative Entscheidung ergeht, vorzunehmen.

(BGH, WM 83, 1320 [in Abweichung von BGHZ 26, 294]; Schneider, Streitwert, Rd.Ziff. 2476 ff.; Zöller, § 3 Rd.Ziff. 16, Stichwort „Eventual- und Hauptantrag"; zur Beschwer allgemein vgl. Abschnitt 1, Rd.Ziff. 21 ff.)

3   Nicht beschiedene Hilfsanträge haben hingegen für diesen Streitwert keine Bedeutung.

Beispiel:
Der Kläger erhebt Klage auf Herausgabe eines Klaviers (Wert: 10 000,- DM), hilfsweise auf Zahlung von 12 000,- DM Schadensersatz, äußerst hilfsweise auf Zahlung eines Kaufpreises in Höhe von 8000,- DM.
a) Wird die Klage mit allen drei Anträgen abgewiesen, und ergeht damit über alle eine die Rechtskraft fähige Entscheidung, beträgt die Beschwer des Klägers 30 000,- DM.
b) Angenommen, der Klage wird mit dem ersten Hilfsantrag in Höhe von 8000,- DM stattgegeben und sie wird mit dem Hauptantrag und dem ersten Hilfsantrag im übrigen abgewiesen. Dann sind der Rechtskraft fähige Entscheidungen über den Haupt- und den ersten Hilfsantrag, nicht aber über den zweiten Hilfsantrag ergangen. Für den Kläger ungünstig sind

die Abweisung des Hauptantrages (10 000,– DM) und die Abweisung des Hilfsantrages in Höhe von 4000,– DM, so daß seine Beschwer 14 000,– DM beträgt. Der Beklagte ist in Höhe von 8000,– DM beschwert.

c) Angenommen, dem ersten Hilfsantrag wird in Höhe von 3000,– DM und dem zweiten wird in Höhe von 2000,– DM stattgegeben. Im übrigen wird die Klage abgewiesen.

Dann sind der Rechtskraft fähige Entscheidungen über den Hauptantrag, den ersten Hilfsantrag und den zweiten Hilfsantrag in Höhe von 5000,– DM (Klageantrag in Höhe von 8000,– DM abzüglich positiver Bescheidung des ersten Hilfsantrags in Höhe von 3000,– DM) ergangen (vgl. allgemein zum Hilfsantrag Teil B, Rd.Ziff. 358 m.w.N.). Ungünstig sind diese Entscheidungen für den Kläger hinsichtlich des Hauptantrages in Höhe von 10 000,– DM, hinsichtlich des ersten Hilfsantrages in Höhe von 9000,– DM und hinsichtlich des zweiten Hilfsantrages in Höhe von 3000,– DM, so daß die Beschwer des Klägers 22 000,– DM beträgt. Der Beklagte ist entsprechend seiner Verurteilung in Höhe von 5000,– DM beschwert.

III. Gebührenstreitwert

Aus § 19 IV GKG ist abzuleiten, daß für den Gebührenstreitwert **keine Wertaddition** zu erfolgen hat, vielmehr nur der Wert einer der beiden Anträge von Bedeutung ist. 4

(so h. M.: BGH, MDR 88, 403; OLG Hamm, MDR 86, 860; KG, MDR 87, 946; Baumbach/Lauterbach/Albers/Hartmann, Anh. § 3, Stichwort „Hilfsantrag"; Thomas/Putzo, § 5 Anm. 3b; Anders/Gehle, Rd.Ziff. 414; a. A. OLG Frankfurt, MDR 79, 411, NJW-RR 86, 1063; Schneider, Streitwert, Rd.Ziff. 2472; Zöller § 3 Rd.Ziff. 16, Stichwort „Eventual- und Hauptantrag")

Dies wird vielfach als unbefriedigend empfunden. Zum einen sei nicht ganz einleuchtend, weshalb ein Rechtsstreit, in dem zwei oder mehrere Klageansprüche der weiteren Auseinandersetzung zwischen den Parteien entzogen werden, wertmäßig allein auf einen der beiden Werte festgelegt werden solle; zum anderen bestehe ein deutlicher Widerspruch zu § 19 III GKG. Die Kritiker der h. M. wollen daher die Regelung des § 19 IV GKG korrigierend auslegen und jedenfalls dann eine Wertaddition vornehmen, wenn Haupt- und Hilfsantrag auf zwei voneinander verschiedenen Lebenssachverhalten beruhen (Schneider, Streitwert, Rd.Ziff. 2472, 2475), bzw. wenn sie, so das OLG Frankfurt/Main (MDR 79, 411; NJW-RR 86, 1063), zwei verschiedene Streitgegenstände betreffen. Nach der letztgenannten Auffassung ist in der Regel eine Wertaddition vorzunehmen, da Haupt- und Hilfsanspruch normalerweise in die Form zweier Anträge gekleidet sind und man in derartigen Fällen immer von zwei Streitgegenständen ausgehen muß. 5

Die Mindermeinung hat sicherlich das Rechtsgefühl auf ihrer Seite. Für die vorherrschende Ansicht, mag sie auch auf einer bedenklichen Entscheidung des Gesetzgebers beruhen, spricht demgegenüber der eindeutige Wortlaut des § 19 IV GKG. Wir folgen deshalb der h. M. und vertreten die Auffassung, daß bei Haupt- und Hilfsantrag **keine Wertaddition** erfolgen darf.

Grundsätzlich ist für den Gebührenstreitwert nur der **Wert des Hauptantrages** von Bedeutung. Nach § 19 IV GKG ist hingegen allein der **Hilfsantrag** maßgeblich, wenn er einen höheren Wert als der Hauptantrag hat **und** wenn über ihn entschieden wurde. Entschieden i. S. des § 19 IV GKG ist über den Hilfsantrag nur, wenn ebenso wie bei der Hilfsaufrechnung i. S. des § 19 III GKG (vgl. hierzu Stichwort „Aufrechnung") eine der Rechtskraft fähige Entscheidung ergeht. 6

(OLG Nürnberg, MDR 80, 238; OLG Frankfurt, NJW-RR 86, 1063; Baumbach/Lauterbach/Albers/Hartmann, Anh. § 3, Stichwort „Hilfsantrag"; Schneider, Streitwert, Rd.Ziff. 2462; teilweise a. A.: Frank, S. 251)

Daher hat der Hilfsantrag in folgenden Fällen keine Bedeutung:
– der Hauptantrag ist höherwertig,
– über den Hauptantrag wird positiv entschieden, so daß die Rechtshängigkeit des

Echte Hilfsanträge

> Hilfsantrages rückwirkend entfällt (auflösende Bedingung, vgl. Teil B, Rd.Ziff. 358 m.w.N.),
- der Hilfsantrag ist unzulässig, so daß keine Sachentscheidung über ihn ergeht (a. A. Frank, S. 251),
- der Hilfsantrag wird über eine Klageänderung in den Prozeß eingeführt, und das Gericht läßt die Klageänderung nicht zu (OLG Nürnberg, MDR 80, 238).

Beispiele:
a) Der Hauptantrag hat einen Wert von 10 000,– DM, der Hilfsantrag einen solchen von 8000,– DM. Der Gebührenstreitwert beträgt 10 000,– DM, und zwar unabhängig davon, ob und wie über den Hilfsantrag entschieden wird.
b) Der Hauptantrag hat einen Wert von 8000,– DM, der Hifsantrag einen solchen von 10 000,– DM.
- Wird über den Hauptantrag positiv entschieden, beträgt der Gebührenstreitwert 8000,– DM.
- Werden der Hauptantrag als unbegründet und der Hilfsantrag als unzulässig abgewiesen, beträgt der Streitwert 8000,– DM, da über den Hilfsantrag nicht sachlich entschieden wird.
- Wird der Hauptantrag abgewiesen und ist der Hilfsantrag zulässig, beträgt der Gebührenstreitwert 10 000,– DM, und zwar unabhängig davon, ob und gegebenenfalls in welchem Umfang der Kläger mit dem Hilfsantrag Erfolg hat.

7   Bei einem **Prozeßvergleich** über die Forderungen, die Gegenstand des Haupt- und des Hilfsantrags waren, richtet sich der Vergleichsstreitwert nach dem addierten Wert der Forderungen; § 19 IV GKG findet nach unserer Auffassung keine Anwendung (vgl. Stichwort „Vergleich" m.w.N.).

Ehegattenunterhalt

s. Stichworte
„Folgesachen", insbesondere Rd.Ziff. 23 ff.
„Wiederkehrende Leistungen", insbesondere Rd.Ziff. 19 ff., 24 ff.

Ehelichkeitsanfechtung

s. Stichwort „Kindschaftssachen"

Ehesachen

I. Allgemeines

1   Nach § 606 I S. 1 gehören zu den Ehesachen die Scheidung, die Aufhebung oder Nichtigkeitserklärung der Ehe, die Feststellung des Bestehens oder Nichtbestehens der Ehe und die Herstellung des ehelichen Lebens. Es handelt sich dabei um nichtvermögensrechtliche Streitigkeiten (Stein/Jonas, § 3 Rd.Ziff. 11, 12), für die die gebührenrechtlichen Sonderregelungen der §§ 12 II, III, 17a (vgl. Stichwort „Versorgungsausgleich"), §§ 19a, 20 II GKG (vgl. Stichwort „Einstweilige Anordnung") gelten.

II. § 12 II GKG

1. Allgemeines

2   Nach § 12 II S. 4 GKG darf der Streitwert in Ehesachen nicht unter 4000,– DM und nicht über 2 Mio. DM festgesetzt werden. In diesem Rahmen ist er gemäß § 12 II S. 1, 2 GKG unter Berücksichtigung aller Umstände des Einzelfalles, insbesondere des Umfanges und der Bedeutung der Sache sowie der Einkommens- und Vermögensverhältnisse der Parteien

nach freiem Ermessen zu bestimmen, wobei nach § 12 II S. 2 GKG für die Einkommensverhältnisse das in drei Monaten erzielte Nettoeinkommen der Eheleute einzusetzen ist.

(vgl. zu den Kriterien des § 12 II S. 1 GKG allgemein Stichwort „Nichtvermögensrechtliche Streitigkeiten"; die Regelung ist mit dem GG vereinbar, BVerfG, JurBüro 90, 248)

Die genannten Kriterien – Umfang und Bedeutung der Sache sowie Einkommens- und Vermögensverhältnisse – stehen nebeneinander und sind gegeneinander abzuwägen; ein Vorrang einzelner Kriterien ist nicht anzunehmen.

(OLG Hamm, Rpfleger 89, 104; Baumbach/Lauterbach/Albers/Hartmann, Anh. § 3 Stichwort „Ehesachen"; Schneider, Streitwert, Rd.Ziff. 1031)

Allerdings ist in der Regel von drei Nettogehältern bzw. von 4000,– DM, soweit die Nettogehälter niedriger sind, auszugehen, wenn der Einzelfall keine Besonderheiten aufweist, sondern unter Berücksichtigung der Lebensgestaltung der Parteien und ihrer Einkommens- und Vermögensverhältnisse im Bereich des „Normalen" bleibt (Schneider, Streitwert, Rd.Ziff. 1033; 1025 ff., der von dem Begriff „mittlere Einkommens- und Vermögensverhältnisse" ausgeht). Für die Streitwertermittlung nach § 12 II GKG gelten folgende Besonderheiten:

2. Maßgeblicher Bewertungszeitpunkt

Streitig ist, auf welchen **Zeitpunkt** bei der Berechnung des Nettoeinkommens der Eheleute abzustellen ist. Manche sehen den Zeitpunkt der Klageerhebung als maßgeblich an und lassen spätere Veränderungen, und zwar Erhöhungen und Verschlechterungen, grundsätzlich außer Betracht.

3

(OLG Bremen, JurBüro 84, 731; OLG Düsseldorf, JurBüro 83, 254; JurBüro 85, 419; MDR 88, 507, Nr. 94)

Das OLG Düsseldorf will allerdings streitwertmindernd berücksichtigen, wenn bei Einreichung der Klage bereits feststeht, daß der verdienende Ehegatte arbeitslos (wirksame Kündigung) und dann Arbeitslosengeld beziehen wird oder daß der Arbeitslosengeld beziehende Ehegatte demnächst Arbeitslosenhilfe erhalten wird. Andere stellen auf den Zeitpunkt der letzten mündlichen Tatsachenverhandlung ab.

(OLG Zweibrücken, AnwBl. 83, 174; für generelle Berücksichtigung der Verschlechterung OLG Nürnberg, JurBüro 89, 1603; vgl. Hartmann, § 12 GKG Anm. 2 E d aa)

Nach einer dritten Ansicht sollen die durchschnittlichen Einkünfte maßgeblich sein (OLG Düsseldorf, JurBüro 87, 1693). Schließlich wird die Auffassung vertreten, daß grundsätzlich der Zeitpunkt der Einreichung der Klageschrift maßgeblich ist, daß jedoch Verbesserungen der Einkommensverhältnisse zum Zeitpunkt der Instanzbeendigung, nicht aber Verschlechterungen berücksichtigt werden müssen.

(OLG Bamberg, JurBüro 81, 1704; OLG Düsseldorf, AnwBl. 86, 159; OLG Karlsruhe, JurBüro 89, 1161; Schneider, Streitwert, Rd.Ziff. 1051; Zöller, § 3 Rd.Ziff. 16 Stichwort „Ehesachen")

Wir folgen der letzten Auffassung, deren Richtigkeit sich aus § 4 I (i. V. m. § 12 I GKG), § 15 I GKG ergibt. Gegen die dritte Auffassung sprechen im übrigen schon Praktikabilitätserwägungen, da für die Streitwertfestsetzung danach die monatlichen Einkommensverhältnisse der Ehegatten von der Einreichung der Klage an ermittelt werden müßten. Außerdem ist die Höhe des Einkommens nur eines von mehreren Kriterien, die bei der Ermittlung des Gebührenstreitwertes zu berücksichtigen sind. Daher kann auch auf die von der ersten Meinung für bedeutsam gehaltene drohende Einkommensverschlechterung zum Zeitpunkt der Klageerhebung mit abgestellt werden, und es besteht keine Notwendigkeit, von den gesetzlichen Regelungen abzuweichen.

Ehesachen

3. Einkommen

4 Zum **Einkommen** i. S. des § 12 II GKG gehören nicht Sozialhilfeleistungen.

(OLG München, JurBüro 79, 1539; Schneider, Streitwert, 1062)

Unerheblich ist, ob es sich um ein Einkommen aus einer selbständigen oder unselbständigen Tätigkeit handelt.

Allerdings sind bei einem **Selbständigen** der Steuerbescheid oder sonstige Bewertungen, die der Betriebsinhaber selbst vornimmt, nicht ohne weiteres aussagekräftig; im Einzelfall besser geeignet ist der Lebenszuschnitt der Parteien, der sich unter Umständen aus dem Umfang der Entnahmen ablesen läßt.

(Hartmann, § 12 GKG Anm. 2 E d aa; Schneider, Streitwert, Rd.Ziff. 1132 ff.)

Steuerbelastungen und Sozialversicherungsbeiträge sind in Abzug zu bringen (Schneider, Streitwert, Rd.Ziff. 1058). Dasselbe gilt für angemessene Aufwendungen zur privaten Krankenversicherung (Schneider, Streitwert, Rd.Ziff. 1067) und für erhöhte Werbungskosten (Schneider, Streitwert, Rd.Ziff. 1068).

5 Vom Nettoeinkommen abzuziehen ist ein Betrag für jedes **unterhaltsberechtigte Kind**, der nach der Rechtsprechung zwischen 300,– DM und 500,– DM liegt.

(OLG Hamm, AnwBl. 84, 504; OLG Nürnberg, FamRZ 86, 194; OLG Düsseldorf, FamRZ 86, 706; OLG Bamberg, JurBüro 87, 1694; Schneider, Streitwert, Rd.Ziff. 1072; Zöller, § 3 Rd.Ziff. 16 Stichwort „Ehesachen")

Dasselbe gilt für einen unterhaltsberechtigten geschiedenen Ehegatten, wobei der tatsächlich gezahlte Unterhalt in Abzug gebracht werden muß, soweit er niedriger als die genannte Pauschale ist (Schneider, Streitwert, Rd.Ziff. 1073).

6 Soweit **Schulden** verhältnismäßig gering sind, bleiben sie streitwertmäßig außer Betracht (OLG Saarbrücken, JurBüro 85, 1673). Im übrigen sind sie nach der h. M. streitwertmindernd zu berücksichtigen.

(OLG Düsseldorf, JurBüro 82, 1375; 83, 1070; 86, 1681; 87, 732; OLG Bamberg, JurBüro 83, 1539; OLG Hamm, AnwBl. 84, 504; Schneider, Streitwert, Rd.Ziff.1079)

Bestritten ist jedoch, in welchem Umfang Schulden vom Einkommen abzuziehen sind (prozentualer Abschlag vom vorher errechneten Streitwert) und ob ein Gegenwert bedeutsam ist (vgl. zum Meinungsstreit: Schneider, Streitwert, Rd.Ziff. 1080 ff. m.w.N.). Wir folgen der Auffassung von Schneider,

(Streitwert, Rd.Ziff. 1080; ders. in Zöller, § 3 Rd.Ziff. 16 Stichwort „Ehesachen")

daß aus Praktikabilitätsgründen Schulden in vollem Umfang anzurechnen sind. Ein Regulativ ergibt sich durch den Mindeststreitwert nach § 12 II S. 4 GKG von mindestens 4000,– DM.

7 Wird den Parteien **Prozeßkostenhilfe** gewährt, ist grundsätzlich der Mindeststreitwert anzusetzen (OLG München, JurBüro 90, 1332; Schneider, Streitwert, Rd.Ziff. 1169 ff. m.w.N.).

4. Vermögen

8 Das Vermögen ist ebenso wie das Einkommen ein Berechnungsfaktor zur Ermittlung des Streitwertes. Um komplizierte Ermittlungen bei Festsetzung des Streitwertes zu vermeiden, sollte der Streitwert bei Vorhandensein von Vermögen um gewisse Prozentsätze erhöht werden. Unter Berücksichtigung der Rechtsprechung sind nach unserer Auffassung bei hohem Privatvermögen in etwa 10%, bei Betriebsvermögen und sonstigen Privatvermögen, soweit es nicht unverwertbar oder ohne Ertrag ist, in etwa 5% streitwerterhöhend zu berücksichtigen.

(vgl. OLG München, JurBüro 71, 698; OLG Koblenz, JurBüro 79, 1675; OLG Zweibrücken,

JurBüro 79, 1864; OLG Nürnberg, FamRZ 86, 194; Schneider, Streitwert, Rd.Ziff. 1108 ff., 1095 [kein Ertrag]; ders. in Zöller, § 3 Rd.Ziff. 16 Stichwort „Ehesachen")

Je nach Einzelfall können die Prozentzahlen allerdings höher oder niedriger ausfallen.

Vermögen wirkt nur dann streitwerterhöhend, wenn es den **Vermögenssteuerfreibetrag** (§ 6 VermögStG) für jeden Ehegatten und jedes unterhaltsberechtigte Kind übersteigt. 9

(OLG Hamm, JurBüro 84, 1543; OLG Nürnberg, FamRZ 86, 194; Hartmann, § 12 GKG Anm. 2 E d aa; Schneider, Streitwert, Rd.Ziff. 1119; Zöller, § 3 Rd.Ziff. 16 Stichwort „Ehesachen")

Zum Vermögen gehören nicht Hausrat, Kleidung, ein (normales) Kraftfahrzeug und ein kleines Sparguthaben.

(Schneider, Streitwert, Rd.Ziff. 1100; Hartmann, § 12 GKG Anm. 2 E d aa)

Hausgrundstücke sind nicht mit dem Einheitswert, sondern mit dem Verkehrswert in Ansatz zu bringen, wobei Grundstücksbelastungen abgezogen werden müssen (Schneider, Streitwert, Rd.Ziff. 1097, 1098). Soweit es um ein **Familieneigenheim** geht, halten wir die Meinung des OLG Köln (FamRZ 87, 183) für sachgerecht, dieses maximal mit einer dreimonatigen Kaltmiete für ein entsprechendes Objekt zu berücksichtigen. 10

(so auch Schneider, Streitwert, 1115; ders. in Zöller, § 3 Rd.Ziff. 16 Stichwort „Ehesachen")

Bei einem „Freiberufler" ist hinsichtlich des Vermögens nicht ohne weiteres auf den Jahresabschluß oder den Steuerbescheid abzustellen; vielmehr können ebenso wie bei der Frage des Einkommens (vgl. Rd.Ziff. 4) der Lebensstil der Parteien und die jeweiligen Entnahmen aussagekräftiger sein. 11

5. Bedeutung der Sache

Bedeutsam kann die Sache sein, wenn eine sehr lange Zeit bestehende Ehe geschieden werden soll oder wenn aufgrund der Stellung der Parteien in der Öffentlichkeit die Scheidung Auswirkungen wirtschaftlicher Art, so z. B. auf ein Unternehmen, haben kann. 12

(Hartmann, § 12 GKG Anm. 2 E c; Schneider, Streitwert, Rd.Ziff. 1139 ff.)

Auf das Interesse Dritter an der Ehesache kommt es jedoch nicht an, so daß ein sogenannter **Prominentenstreitwert** zu verneinen ist.

(Zöller, § 3 Rd.Ziff. 16 Stichwort „Ehesachen)

6. Umfang der Sache

Bedeutsam ist der **Umfang** der Sache in tatsächlicher und rechtlicher Hinsicht für das **Gericht**; auf die Arbeit der Anwälte für die vorgerichtliche Betreuung der Sache kommt es nicht an. 13

(OLG Düsseldorf, AnwBl. 86, 250; Hartmann, § 12 GKG Anm. 2 E b; Schneider, Streitwert, Rd.Ziff. 1142, 1176)

Abgestellt werden kann dabei auf den Umfang einer Beweisaufnahme, auf die lange Dauer des Verfahrens, auf die Anwendung ausländischen Rechts und auf den Umfang des Prozeßstoffes einschließlich der zu prüfenden Beiakten.

(OLG Zweibrücken, JurBüro 84, 899; Hartmann, § 12 GKG Anm. 2 E b; Schneider, Streitwert, Rd.Ziff. 1149 ff.; Zöller, § 3 Rd.Ziff. 16 Stichwort „Ehesachen")

Dabei kommt es auf objektive Kriterien an. Allein der Umstand, daß die Parteien durch eine falsche rechtliche oder tatsächliche Einschätzung umfangreicher als erforderlich vorgetragen haben, rechtfertigt eine Streitwerterhöhung nicht (Schneider, Streitwert, Rd.Ziff. 1144, 1148).

Auf der anderen Seite kann bei einem **geringeren Umfang** der Sache ein geringerer Streitwert als das in drei Monaten erzielte Nettoeinkommen angenommen werden, so z. B., 14

Ehesachen

wenn sich ein Scheidungsverfahren vor der ersten mündichen Verhandlung durch Aussöhnung erledigt oder die Begründung des Scheidungsantrages wenige Seiten umfaßt und im Termin übereinstimmende Anträge gestellt werden.

(OLG Düsseldorf, AnwBl. 83, 174; JurBüro 87, 732; Schneider, Streitwert, Rd.Ziff. 1156)

Die Bedeutung einer Ehesache kann auch von Art und Umfang der Folgesachen beeinflußt sein; wenn wegen der mitzuentscheidenden Folgesachen das Verbundverfahren im Einzelfall deutlich den Umfang und die Bedeutung der durchschnittlich zu entscheidenden Verfahren übersteigt, ist eine Ehesache möglicherweise höher als nach dem dreifachen monatlichen Nettoeinkommen der Parteien zu bewerten, auch wenn zwischen ihnen kein Streit über das Scheitern ihrer Ehe besteht (OLG Düsseldorf, FamRZ 91, 1079).

Der **Mindeststreitwert** von 4000,– DM darf nach unserer Ansicht wegen des eindeutigen Wortlauts des § 12 II S. 4 GKG nicht unterschritten werden (vgl. LAG Hamm, MDR 80, 613).

15   Die **einverständliche Scheidung** kommt häufig vor und bildet daher einen „Normalfall". Auch wenn der Arbeitsaufwand für das Gericht in derartigen Fällen relativ gering ist, ist nach unserer Auffassung allein deshalb ein Abschlag von dem dreimonatigen Nettoeinkommen nicht gerechtfertigt.

(so wohl auch OLG Düsseldorf, JurBüro 83, 407; 85, 1357; OLG Schleswig, JurBüro 85, 1675; Schneider, Streitwert, Rd.Ziff. 1163; a. A. ders. in Zöller, § 3 Rd.Ziff. 16 Stichwort „Ehesachen" und OLG Düsseldorf, JurBüro 87, 1693)

III. Zusammentreffen mit anderen Ansprüchen

16   Nach § 12 III GKG ist nur der höhere Anspruch maßgeblich, wenn ein nichtvermögensrechtlicher Anspruch mit einem aus ihm hergeleiteten Anspruch verbunden wird.

Beispiel:
Ein Ehegatte fordert das Recht zum Getrenntleben und die Zahlung von Unterhalt nach § 1361 BGB (OLG Saarbrücken, NJW 75, 1791; Hartmann, § 12 GKG Anm. 3).

17   Werden hingegen mehrere **nichtvermögensrechtliche** Ansprüche geltend gemacht,

Beispiel:
Klage auf Getrenntleben und auf Übertragung des Personensorgerechts (OLG München, NJW 74, 370)

ist § 12 III GKG nicht anzuwenden; vielmehr findet hier eine Streitwertaddition nach § 5, 1. Altern. statt (Hartmann, § 12 GKG Anm. 3).

18   Gemäß § 19 a S. 3 gilt § 12 III GKG nicht bei Zusammentreffen der Scheidungssache mit einer Scheidungsfolgesache (vgl. Rd.Ziff. 19).

IV. § 19 a GKG (Scheidungs- und Folgesachen)

19   Soweit die **Folgesachen** i. S. des § 621 I (vgl. hierzu im einzelnen Stichwort „Folgesachen") mit der Scheidungssache im Verbund stehen (vgl. § 623 I), gilt für alle Verbundsachen das GKG, auch soweit bei isolierten Verfahren die Kostenordnung anzuwenden wäre; der nach § 12 II GKG zu bestimmende Streitwert für das Scheidungsverfahren wird um die Streitwerte der Folgesache gemäß § 19 a S. 1 GKG erhöht, soweit das Familiengericht sich mit diesen nach außen erkennbar befaßt.

(Schneider, Streitwert, Rd.Ziff. 1829, 1831)

Wie sich aus dem Wortlaut der § 623 I S. 1 („begehrt wird") ergibt, bedarf es, um den Verbund herzustellen, keines Antrages, aber des Wunsches der Parteien.

(OLG Köln, JurBüro 78, 1698; Schneider, Streitwert, Rd.Ziff. 1830)

Beziehen sich einzelne, gebührenauslösende Tätigkeiten nur auf das Scheidungsverfahren oder eine Folgesache, kann die betreffende Gebühr auch nur nach dem Wert des Gegenstandes, auf den sie sich bezieht, berechnet werden.   20
(OLG Hamm, JurBüro 79, 700; Schneider, Streitwert, Rd.Ziff. 1833)
Beispiel:
Beweisaufnahme nur für das Scheidungsverfahren. – Beweisgebühr nur nach dem Wert dieses Verfahrens.

Ehescheidung

s. Stichworte:
„Ehesachen"
„Ehewohnung"
„Einstweilige Anordnung"
„Folgesachen", insbesondere Rd.Ziff. 22 (eheliche Kinder)
          Rd.Ziff. 23 ff. (Unterhalt)
          Rd.Ziff. 29 ff. (Ehewohnung und Hausrat)
          Rd.Ziff. 32 f. (Güterrecht)
„Hausrat"
„Versorgungsausgleich"

Ehewohnung

I. Zuweisung im Zusammenhang mit der Scheidung

Können sich die Ehegatten anläßlich der Scheidung ihrer Ehe nicht darüber einigen, wer   1
künftig die Ehewohnung bewohnen soll, wird auf Antrag das in der Hausratsverordnung (= Verordnung über die Behandlung der Ehewohnung und des Hausrates – Sechste Durchführungsverordnung zum Ehegesetz – vom 21. Oktober 1944, Reichsgesetzblatt I S. 256; abgedruckt unter Nr. 44 im Schönfelder) geregelte gerichtliche Verfahren durchgeführt. Dieses Verfahren kann auch mit dem Scheidungsverfahren verbunden werden (§§ 621 I Ziff. 7, 623). **Zuständig** ist das Familiengericht (§ 11 HausratsVO, § 23 b I Ziff. 8 GVG).

Nach § 21 II HausratsVO richtet sich der Geschäftswert nach dem **einjährigen Mietwert**.   2
Dasselbe gilt nach § 16 I, II GKG (vgl. hierzu näher Stichwort „Miete") im Verbundverfahren, wenn gemäß § 19 a S. 1 GKG ein einheitlicher Streitwert nach dem GKG durch eine Addition der Werte für die Scheidungssache und die Folgesachen zu ermitteln ist (vgl. Stichwort „Folgesachen").

Verpflichtet sich derjenige, der die Wohnung erhält, im Wege des Vergleichs zur Erbringung einer **Ausgleichsleistung,** ist ebenfalls der einjährige Mietwert anzusetzen.   3
(Hartmann, Anh. III § 98 KostO Anm. 3 A; Schneider, Streitwert, Rd.Ziff. 5126)
Hier gilt der zum Vergleich dargestellte Grundsatz, daß es auf den Vergleichsgegenstand, nicht auf den Vergleichsinhalt ankommt (vgl. Stichwort „Vergleich", Rd.Ziff. 3, 4).

Bei einer einstweiligen Anordnung ist nach § 20 II S. 2 GKG von einem dreimonatigen   4
Mietwert auszugehen (vgl. Stichwort „Einstweilige Anordnung").

II. Störung durch einen Dritten

Dringt ein Dritter in den räumlich-gegenständlichen Bereich der Ehe und Familie ein,   5
können **Unterlassungs-** und **Beseitigungsansprüche** gegen den Ehegatten und den Dritten gegeben sein (BGHZ 35; 304).

Ehewohnung

Der Streitwert richtet sich nach § 12 II GKG, so daß es auf die Umstände des Einzelfalles ankommt (vgl. zu den Kriterien Stichwort „Nichtvermögensrechtliche Streitigkeiten"). Der Mindestregelstreitwert für Ehesachen in Höhe von 4000,– DM (§ 12 II S. 4 GKG) gilt nicht unmittelbar, er kann jedoch einen Ausgangspunkt für die Bewertung bilden (vgl. Schneider, Streitwert, Rd.Ziff. 5118).

Ehrkränkende Äußerungen

Klagen auf **Unterlassung** oder **Widerruf** einer ehrkränkenden Äußerung bzw. auf eine Gegendarstellung zu einer solchen Äußerung sind **nichtvermögensrechtliche Streitigkeiten**. Für den Gebührenstreitwert gilt § 12 II, III GKG, während der Streitwert für die Zuständigkeit und die Zulässigkeit des Rechtsmittels keine Bedeutung hat.

> (Hartmann, Anh. I § 12 GKG, Stichwort „Ehre"; Hillach/Rohs, S. 163 ff.; Schneider, Streitwert, Rd.Ziff. 1188 ff.; Thomas/Putzo, § 3 Stichwort „Ehrverletzung"; vgl. näher zu § 12 II, III GKG: Stichwort „Nichtvermögensrechtliche Streitigkeiten")

Eidesstattliche Versicherung

1   Soweit es um die eidesstattliche Versicherung **nach materiellem Recht** geht (§§ 259, 260, 2006, 2028, 2057 BGB), kommt es auf das Interesse der betreffenden Partei an, das nach § 3 zu schätzen ist. Das Interesse des Klägers entspricht in der Regel $\frac{1}{20}$ bis $\frac{1}{4}$ des dahinterstehenden Leistungsbegehrens, während beim Beklagten auf sein Abwehrinteresse abzustellen ist. Wegen der Einzelheiten wird auf die Ausführungen zum Stichwort „Stufenklage", Rd.Ziff. 5, Bezug genommen.

2   Für die eidesstattliche Versicherung **im Vollstreckungsrecht** (§ 807) ist in Nr. 1152 KV (Anlage 1 zu § 11 I GKG) für das Gericht eine Festgebühr in Höhe von 25,– DM vorgesehen. Für die Rechtsanwaltsgebühr gilt die Sonderregelung des § 58 III Nr. 11 BRAGO. Danach bestimmt sich der Streitwert nach dem Betrag, der aus dem Vollstreckungstitel noch geschuldet wird; er wird aber auf höchstens 2400,– DM begrenzt. Durch diese Begrenzung wird dem Umstand Rechnung getragen, daß mit einiger Wahrscheinlichkeit bei dem Schuldner nichts oder nur wenig zu holen ist (Schneider, Streitwert, Rd.Ziff. 3462).

3   Maßgeblich sind nach unserer Ansicht neben der geschuldeten Hauptforderung auch **Zinsen** und **Kosten.**

> (so auch Schneider, Streitwert, Rd.Ziff. 3466; a. A. AG Northeim, KoRspr. §§ 57, 58 BRAGO, Nr. 23; AG Hamburg, Rpfleger 90, 314)

Eine dem § 4 entsprechende Regelung ist in der BRAGO nicht vorhanden. Vielmehr regelt § 57 II S. 1 BRAGO in Abweichung hiervon, daß bei der Zwangsvollstreckung durch Pfändung wegen einer titulierten Geldforderung der Gegenstandswert nach der zu vollstreckenden Geldforderung einschließlich der Nebenforderungen bestimmt wird. Warum dies bei § 58 III Nr. 11 BRAGO anders sein soll, ist nicht einzusehen.

4   § 58 III Nr. 11 BRAGO ist für die Berechnung der Gerichtskosten des **Beschwerdeverfahrens** analog anzuwenden; die Festgebühr in Nr. 1152 KV (Anlage 1 zu § 11 I GKG) gilt insoweit nicht.

> OLG Düsseldorf, JurBüro 84, 252; OLG München, JurBüro 87, 1847; Schneider, Streitwert, Rd.Ziff. 3463; Zöller, § 3 Rd.Ziff. 16, Stichwort „Offenbarungsversicherung")

5   § 58 III Nr. 11 BRAGO findet bei einer eidesstattlichen Versicherung nach **§ 883 II**, die unter den dort genannten Voraussetzungen bei der Vollstreckung eines Titels auf Herausgabe einer beweglichen Sache abzugeben ist, keine Anwendung. Insoweit gilt für den Streitwert § 6 entsprechend.

(LG Köln, JurBüro 77, 404; Schneider, Streitwert, Rd.Ziff. 3471; Zöller, § 3 Rd.Ziff. 16, Stichwort „Offenbarungsversicherung"; vgl. näher unter Stichwort „Zwangsvollstreckung zur Erwirkung der Herausgabe von Sachen")

Maßgebend ist danach der Wert der herauszugebenden Sachen, ohne daß die Begrenzung des § 58 III Nr. 11 BRAGO gilt.

Entsprechend ist der Wert bei § 125 KO und § 69 II VglO zu bestimmen (Zöller, § 3 Rd.Ziff. 16, Stichwort „Offenbarungsversicherung"). 6

Eigentum

I. Herausgabeklage

§ 6 stellt nur auf den Besitz, nicht aber auf das Eigentum ab. Wenn aber schon bei einer Klage auf Herausgabe des Besitzes der Wert der Sache für den Streitwert von Bedeutung ist, gilt dies erst recht für den Streitwert der auf das Eigentum gestützten Herausgabeklage. 1

Beispiele:
§ 985 BGB, § 1007 BGB

Allgemein anerkannt ist, daß auch insoweit § 6 Anwendung findet, soweit keine Sonderregelungen, wie z. B. § 8, § 16 GKG eingreifen.

(Hartmann, Anh. I § 12 GKG, § 3 ZPO, Stichwort „Eigentum", Anm. 1 A; Hillach/Rohs, S. 180; Schneider, Streitwert, Rd.Ziff. 1220; Stein/Jonas, § 6 Rd.Ziff. 8; Thomas/Putzo, § 6 Anm. 1 b)

Soweit für die Herausgabeklage aus dem Eigentum § 6 zur Anwendung kommt, gelten die für den Besitz dargestellten Grundsätze (vgl. hierzu Stichwort „Besitz"), insbesondere zur Bestimmung des Sachwertes (= Verkehrswert; vgl. „Besitz", Rd.Ziff. 11 ff.), zum maßgeblichen Zeitpunkt (Rd.Ziff. 12), zu den Einwendungen und Gegenansichten (Rd.Ziff. 13), zu den Besonderheiten bei Urkunden (Rd.Ziff. 19 ff.), bei Grundstücken (Rd.Ziff. 23 ff.) und zur Berücksichtigung von dinglichen Belastungen (Rd.Ziff. 25 f.). 2

Unerheblich ist, um welche **Art von Eigentum** es geht. So findet § 6 bei Herausgabeklagen aus dem Alleineigentum, dem Miteigentum, dem Gesamthandseigentum, dem Fahrnis- und dem Grundeigentum Anwendung (Stein/Jonas, § 6 Rd.Ziff. 9). Es besteht lediglich die Besonderheit, daß bei Klagen aus Teileigentum auch nur ein Bruchteil des Gesamtwertes anzusetzen ist (Stein/Jonas, § 6 Rd.Ziff. 9). Bei dem **Sicherungseigentum** gelten darüber hinaus die Besonderheiten des § 6 S. 2, d. h. der Verkehrswert ist nur dann für den Streitwert von Bedeutung, wenn er geringer ist als die zu sichernde Forderung (vgl. näher Stichwort „Sicherungseigentum", Rd.Ziff. 1). 3

Beim **Wohnungseigentum** bestimmt sich der Wert für eine Herausgabeklage gemäß § 6 nach dem Verkehrswert der betreffenden Eigentumswohnung; § 16 GKG findet keine Anwendung, da das Wohnungseigentum kein „ähnliches Nutzungsverhältnis" darstellt. 4

(Hillach/Rohs, S. 175; vgl. auch unter Stichwort „Wohnungseigentum")

II. Feststellungsklage

Bestritten ist, ob § 6 auch für Feststellungsklagen aus Eigentum gilt, obwohl es hier nicht um den Besitz geht, sondern lediglich das Eigentum streitig ist, 5

(so: KG, JurBüro 70, 174; OLG Frankfurt/Main, JurBüro 85, 278; Hartmann, Anh. I § 12 GKG, § 6 ZPO Anm. 1 B; Hillach/Rohs, S. 180; Stein/Jonas, § 6 Rd.Ziff. 10; Thomas/Putzo, § 6 Anm. 1 b)

oder ob hier der Streitwert im Wege der Schätzung nach § 3 zu bestimmen ist.

(so: OLG München, JurBüro 83, 1393; OLG Celle, KostRspr. § 6 ZPO Nr. 97; Schneider, Streitwert, Rd.Ziff. 1223 ff.)

Der praktische Unterschied beider Meinungen besteht darin, daß im Rahmen des § 6 nur

Eigentum

auf den Verkehrswert und gegebenenfalls auf die zu sichernde Forderung (vgl. Stichwort „Sicherungseigentum", Rd.Ziff. 1) abgestellt werden kann, während bei § 3 neben diesen Faktoren auch ein hiervon abweichendes **wirtschaftliches Interesse** des Klägers bedeutsam ist; darüber hinaus ist bei Anwendung des § 3 im Falle einer positiven Feststellungsklage der übliche Abzug zu machen (vgl. Stichwort „Feststellungsklage", Rd.Ziff. 1 ff.). Wir folgen der zweiten Auffassung und wenden bei Feststellungsklagen aus Eigentum § 3 an. Bei derartigen Klagen geht es nicht um den Besitz, so daß die Anwendung des § 6, der das Eigentum nicht nennt, hier nicht mit dem Auslegungsgrundsatz „a minore ad maius" begründet werden kann. Außerdem sind gerade bei einer Feststellungsklage von dem Verkehrswert abweichende wirtschaftliche Interessen des Klägers bedeutsam, die aber nur im Rahmen des § 3 berücksichtigt werden können.

III. Eigentumsstörung

6   Soweit es nicht um die Herausgabe, sondern nur um die **Störung des Eigentums** geht, deren **Beseitigung** oder **Unterlassung** verlangt wird,

Beispiele:
Ansprüche aus § 823 BGB, § 1004 BGB

bestimmt sich der Streitwert nicht nach § 6, sondern nach § 3 oder nach Sonderregelungen, wie z. B. § 7 (Grunddienstbarkeit). Maßgeblich ist das Interesse des Klägers an der Beseitigung oder Unterlassung der Eigentumsstörung.

(OLG Köln, JurBüro 90, 246; Hillach/Rohs, S. 182; Hartmann, Anh. § 12 GKG, § 3 ZPO Stichwort „Eigentum"; Thomas/Putzo, § 3 Stichwort „Eigentum"; Zöller, § 3 Rd.Ziff. 16 Stichwort „Eigentumsklage")

Bei der Klage auf Entsorgung von Sondermüll sind neben dem Interesse des klagenden Eigentümers an der Beseitigung auch dessen Kosten zu berücksichtigen, wenn der Kläger selbst ordnungsrechtlich zur Beseitigung verpflichtet ist (OLG Düsseldorf, MDR 91, 353). Die Nachteile, die dem Beklagten bei Befolgung des Anspruchs entstehen,

Beispiel:
Einstellung des Betriebes

können nur bei dem Rechtsmittelstreitwert für den Beklagten berücksichtigt werden, soweit sie niedriger als der im übrigen maßgebliche Streitwert zu bewerten sind (vgl. zum ähnlichen Problem: Stichwort „Auskunft", Rd.Ziff. 3).

IV. Besonderheiten beim Notwegrecht

7   Nach h. M. findet bei einer Klage auf **Einräumung eines Notwegrechtes** (§ 917 BGB) § 7 entsprechende Anwendung, d. h., maßgeblich ist entweder der Nachteil des Beklagten aufgrund des Notwegrechtes oder das Interesse des Klägers, das dem Wert entspricht, den das Notwegrecht für sein Grundstück hat; bei der vorzunehmenden Schätzung dieses Wertes können im Einzelfall die Kosten für die Errichtung und Unterhaltung des Notwegrechtes und die an den Nachbarn zu zahlende Rente, und zwar der 12½fache Jahresbetrag entsprechend § 9 Ziff. 1 (vgl. Rd.Ziff. 8) berücksichtigt werden; der höhere Wert ist für den Streitwert maßgeblich.

(OLG Köln, JurBüro 91, 1385 [12½facher Jahresbetrag der Notwegrente]; Hillach/Rohs, S. 182; Schneider, Streitwert, Rd.Ziff. 3440 ff.; Stein/Jonas, § 7 Rd.Ziff. 4; Zöller, § 3 Rd.Ziff. 16 Stichwort „Notweg"; a. A. Thomas/Putzo, § 3 Stichwort „Notweg", die von § 3 ausgehen; vgl. allgemein zu § 7 Stichwort „Grunddienstbarkeit")

8   Wird auf Zahlung einer Notwegrente nach § 917 II BGB geklagt, bestimmt sich der Streitwert nach § 9. Umstritten ist, ob auf den 12½fachen (Ziffer 1) oder auf den 25fachen (Ziffer 2) Jahresbetrag abzustellen ist.

(12½fach: Schneider, Streitwert, Rd.Ziff. 3447 ff.; 25fach: Hillach/Rohs, S. 182)

Wir folgen der Meinung von Schneider. Zwar ist die Dauer des Bezugsrechts unbeschränkt, jedoch ist der künftige Wegfall auch gewiß, da sich irgendwann einmal der Zustand ändern wird. Deshalb überschneiden sich die beiden Alternativen, und wir wollen der kostengünstigeren den Vorzug geben, d. h. von dem 12½fachen Jahresbetrag ausgehen (Argumentation von Schneider, Streitwert, Rd.Ziff. 3447).

V. Besonderheiten beim Überbau

Bei der Beseitigung des Überbaus geht es um eine Eigentumsstörung, so daß der Streitwert gemäß § 3 nach dem Interesse des Klägers an der Beseitigung des Überbaus zu schätzen ist; bedeutsam ist die durch den Überbau bewirkte Wertminderung. 9

(BGH, NJW-RR 86, 737; LG Bayreuth, JurBüro 85, 441; Hartmann, Anh. I § 12 GKG, § 7 ZPO Anm. 1 A; Hillach/Rohs, S. 183; Schneider, Streitwert, Rd.Ziff. 4330 ff.; Thomas/Putzo, § 3 Stichwort „Überbau"; Zöller, § 3 Rd.Ziff. 16 Stichwort „Überbau"; vgl. allgemein zu Eigentumsstörungen Rd.Ziff. 6)

Das gilt nach unserer Auffassung auch, wenn die Parteien über die Berechtigung des Beklagten zum Überbau streiten; auch dann findet § 7 keine Anwendung, da es lediglich um die Beeinträchtigung des klägerischen Grundstücks und nicht um ein einer Grunddienstbarkeit ähnliches Recht geht.

(so auch: BGH, NJW-RR 86, 737; Hartmann, Anh. I § 12 GKG, § 7 ZPO Anm. 1 A; Hillach/Rohs, S. 183, insb. Fußn. 257; a. A.: Schneider, Streitwert, Rd.Ziff. 4334)

Auf das **Abwehrinteresse des Beklagten**

Beispiel:
aufzuwendende Kosten für die Beseitigung

kommt es für die Streitwertbestimmung grundsätzlich nicht an; etwas anderes kann nur gelten, wenn es um die Beschwer des Beklagten im Zusammenhang mit der Einlegung eines Rechtsmittels geht.

(vgl. Stichwort „Auskunft", Rd.Ziff. 3)

Bei einer Klage auf Zahlung einer **Überbaurente** gemäß § 912 II BGB bestimmt sich der Streitwert nach § 9, wobei von dem 25fachen Jahresbetrag (Ziffer 2) auszugehen ist, weil es sich um eine Rente von unbeschränkter Dauer handelt. 10

(Hillach/Rohs, S. 183; Zöller, § 3 Rd.Ziff. 16 Stichwort „Überbau"; Thomas/Putzo, § 3 Stichwort „Überbau")

VI. Besonderheiten bei Eigentumsvorbehalt, Sicherungseigentum, Enteignung, Baulandsachen

Es wird auf die entsprechenden Stichworte Bezug genommen. 11

Eigentumsvorbehalt

s. Stichworte „Eigentum" und „Besitz"

Wird auf **Herausgabe der unter Eigentumsvorbehalt stehenden Sache** geklagt, richtet sich der Streitwert nicht nach der noch offenen Kaufpreisforderung, sondern gemäß § 6 S. 1 nach dem Verkehrswert der Sache (vgl. näher Stichwort „Besitz", Rd.Ziff. 11); anders als beim Sicherungseigentum (vgl. Stichwort, Rd.Ziff. 1) findet eine Gleichstellung mit dem Pfandrecht durch Anwendung des § 6 S. 2 nicht statt. 1

(Hartmann, Anh. I § 12 GKG, § 3 ZPO Stichwort „Eigentum"; Hillach/Rohs, S. 184; Schneider, Streitwert, Rd.Ziff. 1227 ff.; Stein/Jonas, § 6 Rd.Ziff. 4 [Gleichstellung mit dem Pfandrecht aber wohl beim verlängerten Eigentumsvorbehalt, vgl. § 6 Fußn. 7]; Thomas/Putzo, § 3 Stichwort „Eigentumsvorbehalt"; Zöller, § 3 Rd.Ziff. 16 Stichwort „Eigentumsvorbehalt")

Eigentumsvorbehalt

2 **Maßgeblicher Zeitpunkt** ist nach § 4 I grundsätzlich die Erhebung der Klage oder der Eingang der Rechtsmittelschrift; ist der Verkehrswert allerdings bei Beendigung der Instanz höher als zu Beginn, ist dies für den Gebührenstreitwert nach § 15 I GKG bedeutsam.

(vgl. Abschnitt 1, Rd.Ziff. 32 f., und Stichwort „Besitz", Rd.Ziff. 12)

Für die Herausgabeklage beim Eigentumsvorbehalt bedeutet dies, daß **Wertminderungen** durch Verschleiß usw. seit Übernahme des Vorbehaltgutes bis zum Zeitpunkt der Klageerhebung streitwertmindernd zu berücksichtigen sind (Schneider, Streitwert, Rd.Ziff. 1229). Soweit der Kaufpreis für den Verkehrswert bei Übernahme indizielle Wirkung hat – dies dürfte bei fabrikneuen Serienprodukten immer der Fall sein –, ist er abzüglich der durch den Gebrauch eingetretenen Wertminderung für den Streitwert maßgeblich (Hillach/Rohs, S. 179).

3 Wird auf **Feststellung** der Wirksamkeit des Eigentumsvorbehaltes geklagt, greift nach unserer Ansicht – ebenso wie bei dem sonstigen Eigentum (vgl. Stichwort „Eigentum", Rd.Ziff. 5) – nicht § 6, sondern § 3 ein. Das bedeutet, daß bei einer positiven Feststellungsklage der übliche Abschlag zu machen ist.

(Hillach/Rohs, S. 184; vgl. auch Stichwort „Feststellungsklage", Rd.Ziff. 1 ff.)

Darüber hinaus kann neben dem Verkehrswert der Sache ein hiervon abweichendes **wirtschaftliches Interesse des Klägers** berücksichtigt werden.

4 Klagt der Verkäufer auf Zahlung des Restkaufpreises und zugleich auf Herausgabe der Sache im Unvermögensfall, handelt es sich bei dem zweiten Antrag um einen sogenannten **unechten Hilfsantrag**. Es gelten die allgemeinen Grundsätze, d. h. beim Zuständigkeitsstreitwert und Rechtsmittelstreitwert findet nach § 5 eine Addition statt, während beim Gebührenstreitwert der höchste Einzelwert maßgeblich ist (vgl. Stichwort „Unechte Hilfsanträge").

Eigentumswohnung

s. Stichwort „Wohnungseigentum"

Einheitswert

s. Stichwort „Besitz", Rd.Ziff. 23

Einseitige Erledigungserklärung

s. Stichwort „Erledigung der Hauptsache"

Einstweilige Anordnung

I. Allgemeines

1 § 620 S. 1 Ziff. 1–9 zählt Angelegenheiten auf, die in Ehesachen im Wege der einstweiligen Anordnung geregelt werden können. Diese stimmen weitgehend mit den Familiensachen i. S. des § 621, die Folgesachen im Ehescheidungsverfahren sind, überein.

(vgl. zu den Angelegenheiten im einzelnen Stichwort „Folgesachen")

Bei den §§ 620–620 g handelt es sich um reine Verfahrensvorschriften, während die materielle Grundlage sich aus dem BGB und der Hausratsverordnung (abgedruckt unter Nr. 44 im Schönfelder) ergibt.

2 § 620 S. 1 Nr. 9 bezieht sich auf die Leistung eines **Prozeßkostenvorschusses** für Ehe-

sachen und Folgesachen. Einstweilige Anordnungen bezüglich eines Prozeßkostenvorschusses sind zudem für Unterhaltssachen in § 127a und für bestimmte Familiensachen in § 621f. vorgesehen.

In einem Rechtsstreit auf **Bestehen der Vaterschaft** (vgl. hierzu näher Stichwort „Kindschaftssache") können nach §§ 641d–641f einstweilige Anordnungen bezüglich einer Unterhaltszahlung getroffen werden. 3

Einstweilige Anordnungen setzen die Einreichung einer Antrags- bzw. Klageschrift bei Gericht oder jedenfalls einen Prozeßkostenhilfeantrag voraus (vgl. §§ 620a II, 641d II, 621f. II S. 2, 127a II S. 2). 4

II. Notwendigkeit einer Streitwertfestsetzung

Eine **Streitwertfestsetzung** von Amts wegen erfolgt nur, soweit Gerichtskosten entstehen. In den übrigen Fällen kann ein in dem Verfahren tätiger Rechtsanwalt gemäß § 10 BRAGO einen Antrag auf Wertfestsetzung stellen. 5

Wie auch in allen anderen Fällen entstehen **Gerichtsgebühren** im Verfahren auf Erlaß einer einstweiligen Anordnung nur, soweit das Gerichtskostengesetz dies vorsieht (vgl. Teil B, Rd.Ziff. 16). Das ist nach Nr. 1160–1163 des Kostenverzeichnisses als Anlage 1 zu § 11 I GKG bei Entscheidungen nach §§ 127a, 620 S. 1 Ziff. 4, 6–9, 621f und 641d der Fall. Die Verfahren nach § 620 S. 1 Ziff. 1–3, 5 sind daher – grundsätzlich – gerichtsgebührenfrei. Allerdings fallen für einzelne dieser Verfahren bei einer Entscheidung über eine Beschwerde nach § 620c S. 1 gemäß Nr. 1180 KV Gebühren an. 6

III. Anordnungsgegenstände

1. § 620 S. 1 Ziff. 1–8 ZPO

a) § 620 S. 1 Ziff. 1–3 (Sorgerechtsregelung, Umgangsregelung, Kindesherausgabe)

Keine Gerichtsgebühren in der ersten Instanz; Streitwert für die Anwaltsgebühren: § 8 II S. 3 BRAGO (Regelstreitwert: 1000,– DM); Streitwert für Gerichtsgebühren in der **Beschwerde:** § 12 II S. 1 i.V.m. § 8 II S. 3 BRAGO analog (auch hier kann von einem Regelwert in Höhe von 1000,– DM ausgegangen werden; vgl. Schneider, Streitwert, Rd.Ziff. 1272f.). 7

b) § 620 S. 1 Ziff. 4, 6 (Unterhalt)

Wertbestimmung gemäß § 20 II S. 1 GKG nach dem sechsmonatigen Bezug (vgl. zum Unterhalt Stichwort „Wiederkehrende Leistungen", insbesondere Rd.Ziff. 24ff. und 44). 8

c) § 620 S. 1 Ziff. 5 (Getrenntleben der Ehegatten)

Keine Gerichtsgebühren; Streitwert für die Anwaltsgebühren: § 12 II S. 1 GKG i.V.m. § 8 II S. 3 BRAGO analog (auch hier kann von einem Regelwert in Höhe von 1000,– DM ausgegangen werden). 9

d) § 620 S. 1 Ziff. 7 (Ehewohnung und Hausrat)

Benutzung der Ehewohnung: Wertbestimmung nach dem dreimonatigen Mietwert gemäß § 20 II S. 2 GKG (Zöller, § 3 Rd.Ziff. 16 Stichwort „Einstweilige Anordnung"). 10

Benutzung des Hausrates: Wertbestimmung nach § 20 II S. 2 GKG i.V.m. § 3; d. h. wegen des vorläufigen Charakters der Regelung ¼ des Verkehrswertes (Hartmann, § 20 GKG Anm. 2Cb; Hillach/Rohs, S. 231f.; Schneider, Streitwert, Rd.Ziff. 1301); ¼ ist

Einstweilige Anordnung

nach unserer Ansicht grundsätzlich deshalb anzusetzen, weil der Gesetzgeber dies auch für die Ehewohnung so vorgesehen hat (vgl. Stichwort „Wiederkehrende Leistungen", Rd.Ziff. 44).

e) § 620 S. 1 Ziff. 8 (Sachen zum persönlichen Gebrauch)

11 Herausgabe: § 12 I GKG i. V. m. § 6; d. h. wegen des vorläufigen Charakters der Regelung etwa ¼ des Verkehrswertes (Hillach/Rohs, S. 231; Schneider, Streitwert, Rd.Ziff. 1304); Benutzung: § 12 I GKG i. V. m. § 3; das Interesse an der Benutzung muß geschätzt werden.

2. § 641 d ZPO

12 Die Wertbestimmung erfolgt gemäß § 20 II S. 1 GKG nach dem sechsmonatigen Bezug.

3. §§ 127 a, 620 S. 1 Ziff. 9, 621 f. ZPO

13 Wird im Wege der einstweiligen Anordnung ein Prozeßkostenvorschuß (vgl. hierzu allgemein Stichwort „Prozeßkostenvorschuß") nach den genannten Vorschriften geltend gemacht, ist der verlangte Betrag maßgeblich, da diese Anordnung endgültigen Charakter hat (Hillach/Rohs, S. 236; Schneider, Streitwert, Rd.Ziff. 1305). Wird der Betrag von der Partei nicht beziffert, richtet sich der Streitwert nach dem vom Gericht festgesetzten Betrag (Hillach/Rohs, S. 236).

IV. Besonderheiten zu den einzelnen Streitwertbestimmungen

14 Die in § 20 II GKG getroffenen Regelungen für den Gebührenstreitwert gelten **ausschließlich** für Verfahren auf Erlaß einer **einstweiligen Anordnung** und für das Beschwerdeverfahren (vgl. Schneider, Streitwert, Rd.Ziff. 1265). Nicht herangezogen werden kann diese Vorschrift für das Hauptsacheverfahren oder für die betreffenden Anordnungsansprüche, die in einem anderen Eilverfahren

> **Beispiel:**
> Unzulässige einstweilige Verfügung bezüglich des Unterhalts eines Ehegatten.

geltend gemacht werden.

15 Der **Regelstreitwert** von 1000,– DM gemäß **§ 8 II S. 3 BRAGO** kann unter Berücksichtigung der Einzelumstände unter- oder überschritten werden.

(Hillach/Rohs, S. 228; Schneider, Streitwert, Rd.Ziff. 1267)

Eine Herabsetzung kommt wegen der Bedeutung der Angelegenheiten selten in Betracht (vgl. Schneider, Streitwert, Rd.Ziff. 1268). Im übrigen können die in § 12 II S. 1 GKG genannten Kriterien, insbesondere die Einkommens- und Vermögensverhältnisse der Eltern und Kinder, mit herangezogen werden.

(Hillach/Rohs, S. 235; vgl. hierzu näher Streitwerte „Nichtvermögensrechtliche Streitigkeiten", „Ehesachen" und „Kindschaftssachen")

16 Im Rahmen des § 8 II S. 3 BRAGO gilt auch § 19a S. 2 GKG entsprechend (Hillach/Rohs, S. 228; Schneider, Streitwert, Rd.Ziff. 1270). Das bedeutet, daß **bei mehreren Kindern** eine einfache Bewertung zu erfolgen hat, nicht hingegen eine Addition durchgeführt werden darf. Jedoch kann eine Erhöhung des Ausgangswertes gerechtfertigt sein.

(Schneider, Streitwert, Rd.Ziff. 1280; vgl. auch Stichwort „Folgesachen", Rd.Ziff. 20)

17 In Nrn. 1160–1162 KV als Anlage 1 zu § 11 I GKG ist vorgesehen, daß **mehrere Entscheidungen innerhalb eines Rechtszuges** über einen Antrag nach §§ 620 S. 1 Ziff. 4, 6–9, 621 f, 127 a als eine Entscheidung gelten.

18 Nach § 12 III GKG ist beim Zusammentreffen eines nichtvermögensrechtlichen

Anspruchs mit einem aus ihm hergeleiteten vermögensrechtlichen Anspruch nur der höhere maßgeblich. Für die Scheidungssache und die Folgesachen wird aber § 12 III GKG gemäß § 19 a S. 3 GKG ausgeschlossen.

> (vgl. Stichworte „Ehesachen", Rd.Ziff. 16 und „Folgesachen", Rd.Ziff. 5).

Damit findet für das Hauptsacheverfahren eine **Addition** der einzelnen Werte statt, ohne daß geprüft werden müßte, ob der eine Anspruch aus dem anderen hergeleitet wird. Dasselbe gilt entsprechend für das einstweilige Anordnungsverfahren, so daß in jedem Fall eine Zusammenrechnung zu erfolgen hat.

> (Schneider, Streitwert, Rd.Ziff. 1263; Zöller, § 3 Rd.Ziff. 16 Stichwort „Einstweilige Anordnung")

Im einstweiligen Anordnungsverfahren kann ein **Vergleich** geschlossen werden. Hier richtet sich der Streitwert für den Vergleich nach dem Vergleichsgegenstand und nicht nach dem Vergleichsinhalt, wobei in der Regel der Hauptsachenstreitwert maßgeblich sein wird (Schneider, Streitwert, Rd.Ziff. 1264).   19

Einstweilige Einstellung der Zwangsvollstreckung

Eine einstweilige Einstellung der Zwangsvollstreckung ist in den §§ 707, 719, 765 a, 769, 771 III, 785, 786 vorgesehen. Der Streitwert für dieses Verfahren richtet sich nach § 3 i. V. m. § 12 I GKG; zu bewerten ist das Interesse des Antragstellers, das einen **Bruchteil von der vollstreckbaren Forderung** oder von dem sonstigen Hauptsachewert beträgt; angenommen wird in der Regel ⅕ dieses Ausgangswertes.

> (BGH, WM 83, 968; MDR 91, 1205; KG, JurBüro 82, 1243; OLG Stuttgart, Justiz 86, 413; OLG Karlsruhe, FamRZ 88, 634; Hillach/Rohs, S. 309; Schneider, Streitwert, Rd.Ziff. 1309 f.; Stein/Jonas, § 3 Rd. Ziff. 44 Stichwort „Einstellung der Zwangsvollstreckung"; Zöller, § 3 Rd.Ziff. 16 Stichwort „Einstweilige Einstellung der Zwangsvollstreckung")

Diese Bewertung ist deshalb gerechtfertigt, weil es lediglich um eine vorläufige Vollstreckungsverhinderung geht und das wirtschaftliche Interesse häufig darauf beschränkt ist, die Sicherheitsleistung nicht zu erbringen. Für den Ausgangswert gelten die allgemeinen Streitwertbestimmungen und sonstigen Grundsätze, so daß wegen der Einzelheiten auf die betreffenden Stichworte Bezug genommen werden kann.

> **Beispiel:**
> Nebenforderungen, i. S. des § 4 und § 22 GKG, wie Zinsen und Kosten, bleiben unberücksichtigt (vgl. Stichwort „Nebenforderungen")

Wird bei **klageabweisenden Urteilen** die einstweilige Einstellung der Zwangsvollstreckung begehrt, entspricht der Streitwert nicht den vom Kläger zu erstattenden Kosten, sondern nur einem Bruchteil hiervon (Schneider, Streitwert, Rd.Ziff. 1311).

Einstweilige Verfügung

vgl. Stichwort „Arrest"

I. Zuständigkeit und Rechtsmittelstreitwert

Für die **Zuständigkeit** hat der Streitwert keine Bedeutung. Nach § 937 ist das Gericht der   1
Hauptsache unabhängig vom Streitwert des einstweiligen Verfügungsverfahrens zuständig. Für den Rechtsmittelstreitwert gilt folgendes: Eine Revision findet nicht statt (§ 545 II). Soweit durch Urteil entschieden wird (§§ 936, 922 I), muß in vermögensrechtlichen Angelegenheiten die Berufungssumme nach § 511 a erreicht sein. Für diesen Rechtsmittelstreitwert gelten dieselben Grundsätze wie für den Gebührenstreitwert, so daß auf die nachfolgenden Ausführungen Bezug genommen werden kann.

Einstweilige Verfügung

II. Gebührenstreitwert

1. Allgemeine Grundsätze

2 Nach § 20 I GKG bestimmt sich der Gebührenstreitwert im Verfahren über einen Antrag auf **Anordnung, Abänderung** oder **Aufhebung** einer einstweiligen Verfügung nach § 3. Bei dem Antrag auf Erlaß einer einstweiligen Verfügung ist das Interesse des Antragstellers zum Zeitpunkt der Antragstellung (§ 4 I) maßgeblich; auf das Abwehrinteresse des Antragsgegners ist dabei nicht abzustellen (Schneider, Streitwert, Rd.Ziff. 1314). Ausgangspunkt ist der **Wert der Hauptsache**; in der Regel ist wegen des vorläufigen Charakters der einstweiligen Verfügung nur ein Bruchteil des Hauptsachestreitwertes, und zwar in etwa ⅓ bis ½ anzusetzen; allerdings kommt es dabei auf die einzelnen Umstände an.

(OLG Frankfurt/Main, AnwBl. 84, 94; OLG Hamm, AnwBl. 84, 96; OLG Saarbrücken, JurBüro 90, 1661; OLG Bamberg, JurBüro 91, 1690; Hartmann, § 20 GKG Anm. 1 A; Hillach/Rohs, S. 341; Schneider, Streitwert, Rd.Ziff. 1316 ff.; Zöller, § 3 Rd.Ziff. 16 Stichworte „Einstweilige Verfügung", „Widerspruch", Rd.Ziff. 1)

3 Für die Ermittlung des Hauptsachestreitwertes gelten in der Regel die allgemeinen Grundsätze und Streitwertbestimmungen (Hillach/Rohs, S. 335), so daß auf die jeweiligen Stichworte Bezug genommen werden kann.

Beispiel:
Nebenforderungen i. S. des § 4 bleiben unberücksichtigt (vgl. Stichwort „Nebenforderungen").

4 Der Wert des einstweiligen Verfügungsverfahrens kann sich im Einzelfall dem **Wert der Hauptsache** annähern oder sogar mit ihm **identisch** sein, wenn mit der einstweiligen Verfügung die Erfüllung des Hauptsacheanspruchs vorweggenommen wird und das Hauptsacheverfahren aller Voraussicht nach nicht mehr durchgeführt wird; ein solcher Fall stellt eine Ausnahme dar.

(OLG Schleswig, SchlHA 78, 22; Hartmann, § 20 GKG Anm. 1 A; Hillach/Rohs, S. 341 f.; Schneider, Streitwert, Rd.Ziff. 1322)

Beispiele:
– **Prozeßkostenvorschuß** (OLG Schleswig, SchlHA 78, 22; Hillach/Rohs, S. 341; vgl. auch Stichwort „Prozeßkostenvorschuß").
– **Herausgabe** (Hillach/Rohs, S. 342); allerdings bei Herausgabe an den Sequester nur ein Bruchteil (Stein/Jonas, § 3 Rd.Ziff. 44 Stichwort „Einstweilige Anordnung").
– **Unterlassungsansprüche,** soweit anzunehmen ist, daß damit eine endgültige Regelung erreicht wird (Hartmann, § 20 GKG Anm. 1 A; Hillach/Rohs, S. 341; Stein/Jonas, § 3 Rd.Ziff. 44 Stichwort „Einstweilige Verfügung").

5 Bei **Unterhaltsansprüchen** kann in der Regel nicht von einer endgültigen Befriedigung, sondern nur von einem Notunterhalt für eine vorübergehende Zeit ausgegangen werden. Deshalb erscheint es uns sachgerecht, den Wert der einstweiligen Verfügung entsprechend § 20 II S. 1 GKG nach dem Wert des **sechsmonatigen Bezuges** und nicht – wie im Hauptsacheverfahren – gemäß § 17 I GKG bzw. § 9 festzusetzen.

(so auch: OLG München, JurBüro 85, 917; OLG Nürnberg, JurBüro 85, 1235; OLG Düsseldorf, JurBüro 86, 253; Hillach/Rohs, S. 341; Stein/Jonas, § 3 Rd.Ziff. 44 Stichwort „Einstweilige Verfügung"; Zöller, § 3 Rd.Ziff. 16 Stichwort „Einstweilige Verfügung"; zu § 17 I GKG, § 9 vgl. näher Stichwort „Wiederkehrende Leistungen")

6 Der Wert der einstweiligen Verfügung kann **nie höher** sein als der Wert der Hauptsache.

(Hartmann, § 20 GKG Anm. 1 A; Hillach/Rohs, S. 341; Stein/Jonas, § 3 Rd.Ziff. 44 Stichwort „Einstweilige Verfügung"; Zöller, § 3 Rd.Ziff. 16 Stichwort „Einstweilige Verfügung")

7 Die Begrenzung auf den Hauptsachestreitwert gilt auch bei der Androhung von hohen **Ordnungsgeldern,** die bei der Ermittlung des Streitwertes für die einstweilige Verfügung keine Berücksichtigung finden.

(Hillach/Rohs, S. 344; Schneider, Streitwert, Rd.Ziff. 1326)

Einstweilige Verfügung

§ 20 I GKG bezieht sich auch auf **nichtvermögensrechtliche Streitigkeiten**, so daß der Wert der einstweiligen Verfügung hier ebenfalls nach § 3 zu schätzen ist. In diesem Rahmen sind aber die Grundsätze des § 12 II GKG (vgl. Stichwort „Nichtvermögensrechtliche Streitigkeiten") zu beachten, insbesondere darf der Mindestwert von 600,– DM nicht unterschritten werden; auch bei nichtvermögensrechtlichen Streitigkeiten ist in der Regel nur ein Bruchteil des Hauptsachestreitwertes festzusetzen. 8

(Hillach/Rohs, S. 345; Schneider, Streitwert, Rd.Ziff. 1328 ff.; Zöller, § 3 Rd.Ziff. 16 Stichwort „Einstweilige Verfügung")

Werden gleichzeitig ein **Arrest** und eine **einstweilige Verfügung** beantragt, sind die Streitwerte gesondert für beide Verfahren zu ermitteln und nach § 5 i. V. m. § 12 I GKG zu addieren. 9

(Hillach/Rohs, S. 346; vgl. auch Stichwort „Arrest", Rd.Ziff. 7)

Wird einer der beiden Anträge nur hilfsweise gestellt, gelten jedoch die Grundsätze des § 19 IV GKG (vgl. Stichwort „Echte Hilfsanträge") entsprechend, so daß dann nur der höhere Streitwert maßgebend ist, wenn über beide Anträge entschieden wird.

2. Besondere Verfahrenssituationen

a) Widerspruch und Aufhebung

§ 20 I GKG gilt auch für das Widerspruchs- und Aufhebungsverfahren nach §§ 924, 926 II, 927 i. V. m. § 936, so daß gemäß § 3 das Interesse des Antragstellers an der einstweiligen Verfügung entsprechend den vorstehenden Ausführungen (vgl. Rd.Ziff. 2 ff.) zu schätzen ist. 10

(Hillach/Rohs, S. 346 f.; Schneider, Streitwert, Rd.Ziff. 1341 ff.; Stein/Jonas, § 3 Rd.Ziff. 44 Stichwort „Einstweilige Verfügung")

Auf das Interesse des Antragsgegners kommt es nicht an.

Allerdings kann sich seit Erlaß der einstweiligen Verfügung das für den Streitwert maßgebliche Interesse des Antragstellers verringert haben. Das ist dann anzunehmen, wenn es lediglich noch um die formelle Aufhebung der einstweiligen Verfügung geht, diese selbst hingegen nach der übereinstimmenden Auffassung der Parteien gegenstandslos geworden ist. 11

(Schneider, Streitwert, Rd.Ziff. 1343; Stein/Jonas, § 3 Rd.Ziff. 44 Stichwort „Einstweilige Verfügung")

Beispiel:
Parteien haben sich außergerichtlich geeinigt.

Wird lediglich Kostenwiderspruch eingelegt, bestimmt sich der Wert nach dem Kosteninteresse (OLG Frankfurt/Main, JurBüro 90, 1332).

Der Streitwert für das Aufhebungsverfahren oder das Widerspruchsverfahren ist auch dann geringer als der des ursprünglichen Anordnungsverfahrens, wenn lediglich ein Teil der einstweiligen Verfügung geändert werden soll. Das ergibt sich aus den allgemeinen Grundsätzen der Dispositionsmaxime. 12

b) Vollziehungsverfahren

In § 20 I GKG nicht genannt ist das Vollziehungsverfahren gemäß §§ 928 ff. i. V. m. § 936. Dieses selbständige Vollstreckungsverfahren hat einen eigenen Streitwert. Dieser ist zwar nicht für die Gerichtskosten erster Instanz bedeutsam, weil insoweit nur eine Festgebühr anfällt (Nr. 1149 KV der Anlage 1 zu § 11 I GKG). Jedoch richten sich die Anwaltskosten und die Gerichtskosten für das Beschwerdeverfahren nach dem Gebührenstreitwert. 13

Einstweilige Verfügung

14   Nach der h. M., der wir folgen, entspricht der Streitwert des Vollziehungsverfahrens grundsätzlich dem des Anordnungsverfahrens und ist dementsprechend nach § 20 I GKG, § 3 zu bewerten; er kann nie höher sein als der Wert des Anordnungsverfahrens; allerdings gilt, wie auch aus § 57 II S. 2 BRAGO abzuleiten ist, die Begrenzungsregel des § 6 S. 2, so daß im Einzelfall ein geringerer Streitwert maßgeblich ist.

(KG, Rpfleger 91, 126 [für den Arrest]; Hillach/Rohs, S. 347; Schneider, Streitwert, Rd.Ziff. 1350; Stein/Jonas, § 3 Rd.Ziff. 44, Stichwort „Einstweilige Verfügung"; a. A. wohl Markl, § 20 Rd.Ziff. 3, der allein § 6 für einschlägig hält)

Daß der Streitwert nicht höher sein kann als der des Anordnungsverfahrens, folgt daraus, daß auch die Vollziehungsmaßnahme lediglich zu einer vorläufigen Sicherstellung führt.

Elterliche Sorge

Im Verbundverfahren (§ 623 I, III, 621 I Ziff. 1) gelten die §§ 12 II, 19 a GKG, im FGG-Verfahren § 30 II, III KostO und für die Freistellung des Bestehens oder Nichtbestehens der elterlichen Sorge (Kindschaftssache) § 12 II GKG.
Siehe näher Stichworte „Folgesachen" und Kindschaftssachen".

Enteignung

s. Stichwort „Eigentum"

1   Bei einem Streit um die **Höhe der Entschädigung** ist Streitwert die Differenz zwischen der verlangten und der festgesetzten Entschädigung.

(Hartmann, Anh. I § 12 GKG Stichwort „Enteignung"; Hillach/Rohs, S. 187; Schneider, Streitwert, Rd.Ziff. 1442; Stein/Jonas, § 3 Rd.Ziff. 45 Stichwort „Enteignung"; Thomas/Putzo, § 3 Stichwort „Enteignung")

2   Bestritten ist, ob dabei auch **Zinsen** zu berücksichtigen sind (differenzierend: Schneider, Streitwert, Rd.Ziff. 1445 ff.) oder ob diese immer wegen § 4 I außer acht bleiben.

(so: BGH, MDR 70, 994; Hartmann, Anh. I § 12 GKG Stichwort „Enteignung"; Thomas/Putzo, § 3 Stichwort „Enteignung")

Wir folgen der differenzierenden Meinung von Schneider. Soweit eine Entschädigung für entgangene Nutzungen in Form der Verzinsung des Substanzwertes verlangt wird, handelt es sich um den Entschädigungsbetrag selbst und damit nicht um eine Nebenforderung i. S. des § 4 I und § 22 GKG. Diese Zinsen sind beim Streitwert zu berücksichtigen. Etwas anderes gilt, wenn die Entschädigung insgesamt festgelegt ist und hierauf Zinsen verlangt werden; diese Zinsen sind bei der Streitwertberechnung nicht einzubeziehen (vgl. allgemein hierzu Stichwort „Nebenforderungen", Rd.Ziff. 6).

3   Die Klage auf Erhöhung der Entschädigung und die **Widerklage** auf Herabsetzung beziehen sich auf zwei verschiedene Streitgegenstände i. S. des § 19 I S. 2 GKG, so daß für den Gebührenstreitwert eine Addition zu erfolgen hat.

(Hillach/Rohs, § 187; Schneider, Streitwert, Rd.Ziff. 1443; vgl. auch Stichwort „Widerklage", Rd.Ziff. 5 ff.)

4   Geht es um die **Zulässigkeit** oder Unzulässigkeit **der Enteignung**, ist für den Streitwert der Verkehrswert (vgl. hierzu Stichwort „Besitz", Rd.Ziff. 11 ff.) zum Zeitpunkt der Klageerhebung oder der Rechtsmitteleinlegung von Bedeutung; das gilt auch bei der Enteignung einer Teilfläche entsprechend. Anzuwenden ist § 6.

(BGH, NJW 63, 2173; Hartmann, Anh. I § 12 GKG Stichwort „Enteignung"; Stein/Jonas, § 3 Rd.Ziff. 45 Stichwort „Enteignung"; Thomas/Putzo, § 3 Stichwort „Enteignung")

5   Bei einer **Rückenteignung** bestimmt sich der Streitwert ebenfalls nach dem Verkehrswert und nicht nach der gewährten Entschädigung (Hillach/Rohs, S. 182).

Entmündigung

§§ 645 ff. ZPO (beachte aber das am 1. 1. 1992 in Kraft getretene Gesetz zur Reform des Rechts der Vormundschaft und Pflegschaft für Volljährige – Betreuungsgesetz –)

Es handelt sich um eine **nichtvermögensrechtliche Streitigkeit**; der Gebührenstreitwert ist nach § 12 II S. 1, 4, III GKG zu bestimmen, während es auf den Streitwert bei der Zuständigkeit und bei der Zulässigkeit von Rechtsmitteln nicht ankommt; grundsätzlich wird der Regelstreitwert von 4000,– DM angemessen sein.

(LG Köln, KoRspr. § 12 GKG Nr. 34; Hartmann, Anh. I § 12 GKG Stichwort „Entmündigung"; Hillach/Rohs, S. 109; Schneider, Streitwert, Rd.Ziff. 1453 ff.; Thomas/Putzo, § 3 Stichwort „Entmündigung"; Zöller, § 3 Rd.Ziff. 16 Stichwort „Entmündigungsverfahren")

Wegen der Einzelheiten zur Bestimmung des Streitwertes wird auf das Stichwort „Nichtvermögensrechtliche Streitigkeit" Bezug genommen.

Entziehung des Wohnungseigentums

§ 18 WEG, § 3
s. Stichwort „Wohnungseigentum", Rd.Ziff. 3

Erbbaurecht

Bei einem Streit über die **Bestellung** oder **Übertragung** eines Erbbaurechtes findet § 6 Anwendung, weil es auch um den Besitz des Erbbauberechtigten an dem Grundstück geht. **1**

(Hillach/Rohs, S. 190; Schneider, Streitwert, Rd.Ziff. 1469; Stein/Jonas, § 6 Rd.Ziff. 4)

Daher richtet sich der Streitwert nach dem **Verkehrswert** des Grundstückes, d. h. also nach dem Wert, der sich bei Veräußerung des Grundstückes erzielen läßt.

(vgl. hierzu näher Stichworte „Besitz", Rd.Ziff. 11 ff., 23 ff. und „Eigentum", Rd.Ziff. 2)

Nach der von uns vertretenen Auffassung mindern **Grundpfandrechte** den Verkehrswert des Grundstückes und sind daher auch beim Erbbaurecht wertmindernd in Abzug zu bringen. **2**

(so auch: LG Hannover, JurBüro 74, 878; LG Köln, NJW 77, 255; Schneider, Streitwert, Rd.Ziff. 1474; a. A. BGH, JurBüro 82, 697 Nr. 271; Hillach/Rohs, S. 191; vgl. allgemein zum Meinungsstreit Stichwort „Besitz", Rd.Ziff. 26)

Auch bei einem **Heimfallanspruch** gemäß § 2 Nr. 4 ErbbauVO richtet sich der Streitwert gemäß § 6 nach dem Verkehrswert des Grundstückes. **3**

(OLG Bamberg, JurBüro 85, 1705; Hillach/Rohs, S. 191; Thomas/Putzo, § 3 Stichwort „Erbbaurecht")

Bei einer Klage auf Erhöhung des Erbbauzinses findet § 9, nicht hingegen § 16 GKG Anwendung. **4**

(OLG München, JurBüro 77, 1002; OLG Frankfurt, JurBüro 77, 1132; Hartmann, Anh. I § 12 Stichwort „Erbbaurecht"; Hillach/Rohs, S. 191 f.; Schneider, Streitwert Rd.Ziff. 1475; Stein/Jonas, § 9 Rd.Ziff. 2)

Maßgeblich ist der 25fache Jahresbetrag (§ 9 Ziff. 2), und zwar der Jahresunterschiedsbetrag zwischen der erstrebten und der gezahlten Zinshöhe.

(vgl. allgemein zu § 9 Stichwort „Wiederkehrende Leistungen", Rd.Ziff. 3 ff.)

Verlangt die **Gemeinde** von dem Erbbauberechtigten die **Errichtung eines Wohnhauses** auf dem ihr gehörenden Erbbaugrundstück, bestimmt sich der Streitwert gemäß § 3 nach dem Interesse der Gemeinde an der Durchführung der Verpflichtung. **5**

(Hillach/Rohs, S. 191; Schneider, Streitwert, Rd.Ziff. 1479)

Erbbauzins

Erbbauzins

§ 9
s. Stichwort „Erbbaurecht", Rd.Ziff. 4

Erbenhaftung

Wird der Erbe des Schuldners in Anspruch genommen, kann er die beschränkte Erbenhaftung u. U. durch eine Vollstreckungsabwehrklage nach §§ 781, 785 geltend machen, wenn im Urteil ein entsprechender Vorbehalt aufgenommen wurde. In dem Prozeß gegen den Erben mindert die Geltendmachung der beschränkten Erbenhaftung den Streitwert nicht.

(Hillach/Rohs, S. 264; Thomas/Putzo, § 3 Stichwort „Erbenhaftung")

Etwas anderes kann für den Rechtsmittelstreitwert gelten, wenn der Beklagte ohne Vorbehalt der beschränkten Erbenhaftung verurteilt worden ist und es ihm in der Berufung allein um den Vorbehalt geht; dann kommt es auf sein Interesse an dem Vorbehalt an (Hillach/Rohs, S. 255). Im übrigen wird auf das Stichwort „Erbrechtliche Streitigkeiten", insbesondere auf Rd.Ziff. 4, 6, Bezug genommen.

Erbrechtliche Streitigkeiten

1 Grundsätzlich werden Streitigkeiten unter Erben bzw. vermeintlichen Erben nach § 3 beurteilt, während bei der Beteiligung eines Dritten immer die allgemeinen Regeln gelten (Schneider, Streitwert, Rd.Ziff. 3155).

I. Erbauseinandersetzungen

2 Bei **Streitigkeiten über das Erbrecht**
Beispiele:
Auslegung oder Nichtigkeit eines **Testamentes** oder **Erbvertrages**.
Feststellung des Erbrechts des Klägers.
Feststellung der gesetzlichen Erbfolge.

bemißt sich der Streitwert gemäß § 3 nach dem wirtschaftlichen Interesse des Klägers, wobei es grundsätzlich auf seine von ihm dargestellte Erbquote im Verhältnis zum Nachlaßwert ankommt; dabei sind von vornherein unstreitige Pflichtteilsansprüche abzuziehen.

(BGH, NJW 75, 1415; Hartmann, Anh. I § 12 GKG „Erbrechtlicher Anspruch"; Hillach/Rohs, S. 254 ff.; Schneider, Streitwert, Rd.Ziff. 3155, 3205, 3223, 3225 ff.; Thomas/Putzo, § 3 Stichwort „Erbauseinandersetzung" und „Erbenstellung"; Zöller, § 3 Rd.Ziff. 16 Stichwort „Erbrechtliche Ansprüche")

Geht es allerdings um die **Feststellung des alleinigen Erbrechts** des Klägers gegenüber dem Beklagten, der eine Miterbenstellung geltend macht, ist der Anteil des Beklagten im Streit und deshalb für die Wertberechnung maßgeblich (Hillach/Rohs, S. 245).

Bei der **positiven Feststellungsklage** ist der übliche Abschlag von 20% zu machen.

(BGH, FamRZ 89, 958; Schneider, Streitwert, Rd.Ziff. 3201; Zöller, § 3 Rd.Ziff. 16 Stichwort „Erbrechtliche Ansprüche"; vgl. allgemein Stichwort „Feststellungsklage", Rd.Ziff. 1)

3 Geht es um die **Ausgleichspflicht** gemäß § 2050 BGB, ist der Streitwert ebenfalls nach § 3 zu bestimmen; maßgebend ist das Interesse des Klägers an der Ausgleichung, d. h. der Betrag, der entsprechend dem Anteil des Klägers von dem Ausgleichsbetrag auf ihn entfallen würde.

(Hartmann, Anh. I § 12 GKG „Erbrechtlicher Anspruch"; Hillach/Rohs, S. 266; Schneider, Streitwert, Rd.Ziff. 3185)

Erbrechtliche Streitigkeiten

Auch bei einer Klage auf **Zustimmung** zu einer **Erbauseinandersetzung** ist § 3 anzuwenden, d. h., es kommt auf das Interesse des Klägers an seinem Auseinandersetzungsplan und damit auf seine Erbquote, nicht hingegen auf den Wert des Nachlasses an. 4

(BGH, JurBüro 75, 1197; Hartmann, Anh. I § 12 GKG Stichwort „Erbrechtlicher Anspruch"; Hillach/Rohs, S. 267; Schneider, Streitwert, Rd.Ziff. 3157 f.; Zöller, § 3 Rd.Ziff. 16 Stichwort „Erbrechtliche Ansprüche")

Geht es um die Feststellung der **Unzulässigkeit einer Auseinandersetzungsversteigerung**, ist das Interesse am Fortbestand der Erbengemeinschaft bedeutsam.

(OLG Hamm, JurBüro 77, 1616; Hartmann, Anh. I § 12 Stichwort „Erbrechtlicher Anspruch")

Klagt ein Miterbe gegen einen anderen Miterben auf **Hinterlegung** oder auf eine **andere Leistung zugunsten des Nachlasses,** so z. B. auf Berichtigung des Grundbuches zugunsten der Erbengemeinschaft oder auf **Herausgabe,** ist von der Forderung bzw. dem Wert der sonstigen Leistung der Anteil der beklagten Erben in Abzug zu bringen; denn dieser Anteil verbleibt dem Beklagten auch nach der Leistung. 5

(Hartmann, Anh. I § 12 GKG Stichwort „Erbrechtlicher Anspruch"; Hillach/Rohs, S. 263; Zöller, § 3 Rd.Ziff. 16 Stichwort „Erbrechtliche Ansprüche")

Klagt ein Miterbe gegen den anderen auf **Genehmigung eines notariellen Vertrages** zur **Erfüllung eines Vermächtnisses** oder auf Mitwirkung bei der Auflassung aufgrund einer Erblasserverbindlichkeit, geht es um das Interesse des Klägers, von seiner Schuld befreit zu werden; deshalb ist nur der Anteil des Klägers, nicht hingegen der gesamte Grundstückswert in Ansatz zu bringen. 6

(Hillach/Rohs, S. 261; Schneider, Streitwert, Rd.Ziff. 3193, 3207, 3209, 3210; Zöller, § 3 Rd.Ziff. 16 Stichwort „Erbrechtliche Ansprüche")

Geht es bei der Klage des Miterben gegen den anderen um die Auflassung des Nachlaßgrundstückes zugunsten des Klägers aufgrund einer **Erblasseranordnung,** berechnet sich der Streitwert nach dem Verkehrswert des Grundstückes (vgl. hierzu allgemein Stichwort „Besitz", Rd.Ziff. 23 ff.) abzüglich des Erbanteils des Klägers. 7

(Schneider, Streitwert, Rd.Ziff. 3169; Zöller, § 3 Rd.Ziff. 16 Stichwort „Erbrechtliche Ansprüche")

II. Erbunwürdigkeit

Der Streitwert für eine Erbunwürdigkeitsklage, d. h. einer Anfechtungsklage nach § 2342 BGB, bemißt sich nicht nach dem Interesse des Klägers an der für ihn aus der Erbunwürdigkeit ergebenden Besserstellung, 8

(so Hartmann, Anh. I § 12 GKG Stichwort „Erbrechtlicher Anspruch"; Hillach/Rohs, S. 255; Stein/Jonas, § 3 Rd.Ziff. 45 Stichwort „Erbunwürdigkeitsklage"; Thomas/Putzo, § 3 Stichwort „Erbunwürdigkeit")

sondern gemäß § 3 nach der gesamten Beteiligung des Beklagten am Nachlaß.

(BGH, NJW 70, 197; Schneider, Streitwert, Rd.Ziff. 3199; Zöller, § 3 Rd.Ziff. 16 Stichwort „Erbrechtliche Ansprüche")

Wird nämlich der einzelne Erbe für erbunwürdig erklärt, gilt gemäß § 2344 BGB der Anfall als nicht erfolgt, und die Erbschaft fällt demjenigen zu, welcher berufen sein würde, wenn der Erbunwürdige zur Zeit des Anfalles nicht gelebt hätte; daher geht es um die gesamte Beteiligung des Beklagten am Nachlaß und nicht nur um die Besserstellung des Klägers.

Wird gleichzeitig mit der Klage auf Erbunwürdigkeit **Herausgabe** des Nachlasses verlangt, findet wegen wirtschaftlicher Identität keine Addition nach § 5 S. 1, § 12 I GKG statt. 9

(BGH, JurBüro 69, 1168; Schneider, Streitwert, Rd.Ziff. 3200; vgl. auch Stichwort „Klagenhäufung", Rd.Ziff. 12 ff.)

Erbrechtliche Streitigkeiten

III. Klage gegen einen Dritten

10   Klagt ein Miterbe gegen einen Nachlaßschuldner auf eine Leistung an alle Erben (§ 2039 BGB), geht es nicht nur um das anteilige Interesse des Klägers entsprechend seiner Erbquote; maßgeblich ist vielmehr der Wert der gesamten eingeklagten Leistung.

(Hartmann, Anh. I § 12 GKG Stichwort „Erbrechtlicher Anspruch"; Hillach/Rohs, 263; Schneider, Streitwert, Rd.Ziff. 3194; 3211; Zöller, § 3 Rd.Ziff. 16 Stichwort „Erbrechtliche Ansprüche")

11   Klagt ein Miterbe gegen einen Dritten auf **Feststellung,** daß eine Nachlaßverbindlichkeit nicht besteht, richtet sich der Streitwert nicht nur nach dem Interesse des Klägers an der Befreiung von der Verbindlichkeit,

(so: Hartmann, Anh. I § 12 GKG Stichwort „Erbrechtlicher Anspruch")

sondern nach dem vollen Wert, den die Nachlaßverbindlichkeit haben soll; die Feststellung kommt nämlich der gesamten Erbengemeinschaft zugute.

(Zöller, § 3 Rd.Ziff. 16 Stichwort „Erbrechtliche Ansprüche")

IV. Auskunft und Vorlegung

12   Bei einer Klage auf Vorlegung eines Nachlaßverzeichnisses und auf Auskunft über den Verbleib der Erbschaftsgegenstände hat zunächst eine Bewertung nach allgemeinen Grundsätzen zu erfolgen (vgl. Stichwort „Auskunft"). Soweit der Kläger jedoch nicht Alleinerbe ist, muß zusätzlich seine Erbquote, wie sie von ihm dargestellt wird, berücksichtigt werden.

(Hartmann, Anh. I § 12 GKG Stichwort „Erbrechtlicher Anspruch"; Hillach/Rohs, S. 250; Schneider, Streitwert, Rd.Ziff. 3186, 3221; Zöller, § 3 Rd.Ziff. 16 Stichwort „Erbrechtliche Ansprüche")

V. Erbschein und sonstige Urkunden

13   Bei einer Klage auf **Herausgabe** des Erbscheins ist gemäß § 3 das Interesse des Klägers daran maßgeblich, die drohenden Nachteile wegen §§ 2366, 2367 BGB zu verhindern.

(Hillach/Rohs, S. 258; Stein/Jonas, § 3 Rd.Ziff. 45 Stichwort „Erbschein"; Thomas/Putzo, § 3 Stichwort „Erbschein")

14   Im **Einziehungsverfahren** bezüglich des Erbscheines richtet sich der Streitwert nach dem Wert des beanspruchten Erbteils.

(BGH, JZ 77, 137; Thomas/Putzo, § 3 Stichwort „Erbschein")

Zum Streitwert im Verfahren auf **Kraftloserklärung** gemäß §§ 946 ff., 1003 ff. wird auf das Stichwort „Aufgebotsverfahren" Bezug genommen.

15   Auch der Anspruch auf **Herausgabe einer Testaments-** oder **Erbvertragsurkunde** ist entsprechend dem Interesse des Klägers nach freiem Ermessen gemäß § 3 zu schätzen.

(Hillach/Rohs, S. 258; s. auch Stichwort „Besitz" Rd.Ziff. 21)

VI. Erbersatzanspruch des nichtehelichen Kindes

16   Der Anspruch nach §§ 1934 a–c BGB ist auf Geld gerichtet. Daher ist gemäß § 6 S. 1 der Nennbetrag ohne Zinsen und Kosten maßgeblich.

(vgl. Stichworte „Geldforderungen" und „Bezifferter Leistungsantrag")

VII. Vor- und Nacherbschaft

Klagt der Vorerbe auf Feststellung, daß der Beklagte nicht Nacherbe ist, richtet sich der Streitwert gemäß § 3 nach dem Interesse des Klägers an dieser Feststellung; dieses Interesse ist in der Regel gering zu bewerten. 17

(BGH, FamRZ 89, 958: Abschlag von 25% vom Anteil am Nachlaß; Hillach/Rohs, S. 256)

Bei einer Klage des **nichtbefreiten Vorerben** gegen den Nacherben auf **Zustimmung** zu einem Verkauf eines Grundstückes ist der Streitwert nach § 3 zu schätzen, wobei in jedem Fall das Interesse des Klägers durch den Verkehrswert des Grundstückes

(vgl. hierzu allgemein Stichwort „Besitz", Rd.Ziff. 23 ff.)

begrenzt ist.

(Hillach/Rohs, S. 262; Schneider, Streitwert, Rd.Ziff. 3240)

VIII. Pflichtteil (§§ 2303 ff. BGB)

Für eine bezifferte Leistungsklage (s. Stichwort „Bezifferter Leistungsantrag") gelten keine Besonderheiten. Der Streitwert auf Anerkennung oder **Feststellung** des Pflichtteilsanspruchs richtet sich gemäß § 3 nach dem Interesse des Klägers. 18

(BGH, JurBüro 75, 460; Hillach/Rohs, S. 256; Schneider, Streitwert, Rd.Ziff. 3234)

Ist der Pflichtteilsanspruch an sich unstreitig und geht es lediglich um den Wert des gesetzlichen Erbteils des Klägers, ergibt sich der Streitwert aus der Differenz zwischen der Hälfte des Erbteils, das dem Kläger nach seinem Vertrag zusteht, und der Hälfte des Erbteils auf der Grundlage des Beklagtenvortrages (Hillach/Rohs, S. 248).

IX. Vermächtnis

Für den Anspruch aus Vermächtnis gemäß § 2174 BGB gelten keine Besonderheiten, so daß je nach Art der zu fordernden Leistung auf die betreffenden Stichworte Bezug genommen werden kann. 19

Beispiele:
Geldforderungen
Wiederkehrende Leistungen
Nebenforderungen

X. Vorkaufsrecht

Der Streitwert für eine Klage auf Ausübung des Vorkaufsrechts durch einen Miterben gemäß § 2034 BGB bemißt sich nach dem Wert des verkauften Erbteils. 20

(Hillach/Rohs, S. 266; vgl. auch allgemein Stichwort „Vorkaufsrecht")

XI. Aufgebot von Nachlaßgläubigern

Der Streitwert für das Aufgebotsverfahren gemäß §§ 946 ff., 989 ff. zum Zwecke der Ausschließung von Nachlaßgläubigern (§§ 1970 ff., 1973 BGB) richtet sich gemäß § 3, § 12 I GKG nach dem Interesse des Antragstellers (vgl. näher Stichwort „Aufgebotsverfahren", insbesondere Rd.Ziff. 9). Im Hinblick auf die **Zuständigkeit** kommt es nicht auf den Streitwert an; unabhängig davon ist nämlich gemäß § 23 Ziff. 2 h GVG das Amtsgericht zuständig. 21

Erbschein

Der Streitwert bestimmt sich bei Streitigkeiten auf **Herausgabe** des Erbscheines nach § 3, nicht hingegen nach § 6 (vgl. Stichwort „Besitz", Rd.Ziff. 21). Es kommt primär nicht auf 1

Erbschein

den Wert des Nachlasses und auch nicht auf das Interesse des Klägers an der Ungültigkeit des Testamentes an; entscheidend ist vielmehr sein rechtliches Interesse an der Herausgabe des Erbscheines, das dahin geht, Nachteile durch seinen Gebrauch

(vgl. §§ 2365, 2366 BGB)

zu vermeiden.

(Schneider, Streitwert, Rd.Ziff. 1482; Stein/Jonas, § 3 Rd.Ziff. 45 Stichwort „Erbschein"; vgl. Stichwort „Erbrechtliche Streitigkeiten", Rd.Ziff. 13, 14)

2 Im Verfahren auf **Kraftloserklärung** eines Erbscheines (§§ 946 ff., 1003 ff.) ist der Streitwert gemäß § 3 nach dem Interesse des Antragstellers zu schätzen (vgl. näher oben Stichwort „Aufgebotsverfahren"). Unabhängig vom Streitwert ist gemäß § 23 Ziff. 2 h GVG das Amtsgericht zuständig.

Erbunwürdigkeit

§ 2339 ff. BGB, § 3
s. Stichwort „Erbrechtliche Streitigkeiten", Rd.Ziff. 8 f.

Erbvertrag

1 Bei einem Streit der **Vertragspartner** über die Wirksamkeit, den Bestand oder den Inhalt des Erbvertrages richtet sich der Streitwert gemäß § 3 nach dem Interesse des Klägers an der Wirksamkeit bzw. Unwirksamkeit, am Weiterbestehen bzw. Nichtweiterbestehen des Erbvertrages oder an einem bestimmten Inhalt dieses Vertrages.

(Hillach/Rohs, S. 259; Stein/Jonas, § 3 Rd.Ziff. 45 Stichwort „Erbvertrag")

Beispiel:
Der Kläger wird durch im Erbvertrag enthaltene letztwillige Verfügung begünstigt. Dann ist diese zu bewerten.
Ist der Kläger nach dem Erbvertrag Alleinerbe, ist etwa ¼ des derzeitigen Vermögens seines Vertragspartners, über das dieser trotz Erbvertrages weiter verfügen kann, in Ansatz zu bringen.

2 Zur Bewertung von Streitigkeiten nach dem Erbfall wird auf das Stichwort „Erbrechtliche Streitigkeiten" Bezug genommen.

Erledigung der Hauptsache

I. Übereinstimmend erklärte Erledigung

1. Vollständige Erledigung

1 Vom Eintritt der Erledigung an ist nach h. M. die Summe der bis dahin angefallenen Kosten maßgeblich, soweit diese den ursprünglichen Wert der Hauptsache nicht übersteigt.

(OLG Köln, AnwBl. 83, 517; Baumbach/Lauterbach/Albers/Hartmann, Anh. § 3, „Erledigterklärung"; Zöller, § 3 Rd.Ziff. 16 „Erledigung der Hauptsache"; Thomas/Putzo, § 91 a Anm. 13 a)

Im Festsetzungsbeschluß muß der Wert nicht genau ausgerechnet, wohl aber bis zur Grenze des nächsten Gebührensprungs beziffert werden. Würde hingegen der Wert nur auf die „Summe der bis zum ... angefallenen Kosten" festgesetzt (so Schneider, Streitwert, Rd.Ziff. 1501), bliebe die Entscheidung entgegen § 25 I 1 GKG letztlich dem Rechtspfleger überlassen.

2 Maßgeblich für den Eintritt der Erledigung ist der **Zeitpunkt,** in dem die Erledigungserklärungen in der mündlichen Verhandlung oder schriftsätzlich abgegeben worden sind (OLG Bamberg, JurBüro 78, 1719); die gegenteilige Ansicht, nach der es generell auf die Abgabe

in der mündlichen Verhandlung ankam (vgl. LG Köln, VersR 86, 1246), ist jedenfalls durch § 91 a I 2 überholt. Zu berücksichtigen sind lediglich diejenigen Kosten, welche im Zeitpunkt der Wertfestsetzung mit Sicherheit angefallen sind (KG, MDR 88, 236 betr. Verkehrsanwalt). Die nach der Erledigung anfallenden Kosten bleiben außer Betracht (RGZ 50, 368).

Für den **Beschwerdewert**, § 567 II, ist die dem Beschwerdeführer aufgebürdete Kostenlast maßgeblich (näher siehe Teil B, Rd.Ziff. 183, 421). 3

2. Teilerledigung

Grundsätzlich ist nach übereinstimmend erklärter Teilerledigung nur der Wert des noch im Streit befindlichen Anspruchs maßgeblich; die auf den erledigten Teil entfallenden **Kosten** bleiben nach § 4 I, § 22 I GKG außer Ansatz. 4

(BGH, JurBüro 81, 1489; NJW-RR 91, 1211; OLG München, MDR 76, 759; OLG Frankfurt/Main, AfP 82, 43 [betr. Anspruch auf Gegendarstellung]; MDR 83, 1033; OLG Düsseldorf, JurBüro 84, 1219; OLG Nürnberg, NJW-RR 87, 1278; OLG Hamm, JurBüro 91, 1122; Zöller, § 3 Rd.Ziff. 16 „Erledigung der Hauptsache"; Thomas/Putzo, § 91 a, Anm. 13 b)

Das gilt auch dann, wenn die Parteien einen von zwei auf wettbewerbsrechtliche Unterlassung gerichteten Anträgen für erledigt erklären (OLG Koblenz, JurBüro 84, 1395).

Die abweichende Ansicht, nach der, wie bei der einseitig erklärten Teilerledigung (s. u. Rd.Ziff. 17), die auf den erledigten Teil entfallenden Kosten dem Streitwert hinzuzurechnen sind, 5

(vgl. OLG Hamm, Rpfleger 73, 101; Baumbach/Lauterbach/Albers/Hartmann, Anh. § 3, Stichwort „Erledigterklärung" d)

ist abzulehnen, weil diese Kosten Nebenforderung im Sinne des § 4 I, § 22 I GKG sind. Wird allerdings in einem **Vergleich** hinsichtlich der auf den erledigten Teil entfallenden Kosten eine Regelung getroffen, sind diese beim Gegenstandswert des Vergleichs zu berücksichtigen.

(OLG Bamberg, JurBüro 74, 1440; vgl. auch Stichwort „Vergleich")

Erledigt sich der Rechtsstreit nur hinsichtlich der Hauptforderung, sind die hierauf angefallenen Zinsen, die von der Erledigung an nicht mehr als Nebenforderung im Sinne des § 4 I, § 22 I GKG geltend gemacht werden, dem Streitwert hinzuzurechnen, und zwar unabhängig von der Frage, ob der Kläger sie betragsmäßig ausrechnet (BGHZ 26, 174; BGH, NJW-RR 91, 1211; vgl. auch Stichwort „Nebenforderungen"). 6

Werden die Teilerledigungserklärungen bereits im **Mahnverfahren** abgegeben, tritt die Anhängigkeit nach § 696 I 4 ZPO beim Gericht der Streitsache nur für den noch streitigen Teil ein (KG, JurBüro 82, 1195). Liegt dessen Wert nunmehr unter der für das landgerichtliche Verfahren maßgeblichen Streitwertgrenze, ist das Amtsgericht zuständig. 7

Für den **Rechtsmittelstreitwert** ist ebenfalls allein der Wert des streitigen Anspruchs maßgeblich (BGH, LM Nr. 15 zu § 91 a; NJW-RR 91, 1211; zur Anfechtung der Kostenentscheidung bei übereinstimmender Teilerledigung vgl. Teil B, Rd.Ziff. 186 f., 445 ff.). 8

II. Einseitige Erledigungserklärung

1. Vollständige Erledigung

Die einseitige Erledigungs-„Erklärung" ist nach herrschender Meinung inhaltlich als **Feststellungsantrag** anzusehen, mit dem der Kläger den Ausspruch begehrt, daß die Klage ursprünglich zulässig und begründet war und infolge eines nach Rechtshängigkeit eingetretenen Ereignisses hinfällig geworden ist. 9

(BGH NJW 86, 588; eingehend Anders/Gehle, Rd.Ziff. 545 ff.)

Erledigung der Hauptsache

10 Das nach § 3 zu schätzende Interesse des Klägers an der Feststellung bestimmt den ab der Antragsänderung gegebenen Streitwert. Im Regelfall, so etwa bei Erfüllung des Klageanspruchs, sind allein die bis zur Abgabe der Erledigungserklärung angefallenen **Kosten** anzusetzen, da das Interesse des Klägers nur noch dahingeht, einen entsprechenden Erstattungsanspruch zu erlangen und Kostenforderungen des Beklagten abzuwehren.

(BGH, NJW 69, 1173; JurBüro 83, 255; LM Nr. 11 und 13 zu § 91 a; OLG Hamburg, MDR 82, 63; OLG Stuttgart, MDR 89, 266; OLG Köln, VersR 89, 66; JurBüro 91, 1385; OLG Karlsruhe, JurBüro 89, 249, 250 mit abl. Anm. Mümmler; OLG Stuttgart, JurBüro 89, 1166; kritisch OLG Schleswig, SchlHA 90, 9)

Das gilt grundsätzlich auch für den wettbewerbsrechtlichen Unterlassungsanspruch (OLG Koblenz, WM 82, 352).

11 Ein höherer Streitwert ist anzunehmen, wenn der Kläger über das Kosteninteresse hinaus einen **zusätzlichen Erfolg** anstrebt. Das kann in Ehrenschutzsachen der Fall sein, in denen der Kläger angesichts des vom Beklagten gestellten Abweisungsantrags sein ursprüngliches Rechtfertigungsziel mit dem Erledigungsantrag mittelbar weiterverfolgt (BGH, NJW 82, 768 = MDR 82, 571). Führt der Kläger die Erledigung selbst herbei, indem er mit der Klageforderung gegen einen Anspruch des Beklagten aufrechnet, ist der **volle Wert** anzusetzen, da der Kläger mit seinem Antrag auch die Feststellung erstrebt, daß der Gegenanspruch erloschen ist (OLG Schleswig, SchlHA 83, 58).

12 In der Rechtsprechung der Oberlandesgerichte und insbesondere in der Literatur werden überwiegend andere Ansichten vertreten, und zwar folgende:

Von der in der Literatur herrschenden, auch in der Rechtsprechung vertretenen Meinung wird angenommen, auch nach Abgabe der Erledigungserklärung verbleibe es beim **ursprünglichen Streitwert.**

(OLG Koblenz, AnwBl., 83, 517; OLG Bamberg, JurBüro 83, 1087 und 1559; OLG München, JurBüro 82, 914; MDR 89, 73 Nr. 83; Schmidt, Zum Streitwert bei einseitiger Erledigungserklärung, MDR 84, 372; Mümmler, Entwicklung der Streitwertberechnung in den Jahren 1985/1986, JurBüro 86, 1441 [1447]; Schneider, Streitwert, Rd.Ziff. 1518 ff. mit weiteren Nachweisen; Baumbach/Lauterbach/Albers/Hartmann, Anh. § 3, „Erledigtklärung"; Zöller, § 3 Rd.Ziff. 16 „Erledigung der Hauptsache"; Übersicht bei Thomas/Putzo, § 91 a, Anm. 13 c; so auch Mümmler, JurBüro 91, 833 [Anm. zu OLG Köln, JurBüro 91, 832])

Der gedankliche Ansatz dieser Lösung, auch in Anbetracht der Erledigungserklärung ändere sich der Streitgegenstand nicht,

(so ausdrücklich OLG München, MDR 89, 73 Nr. 83 unter Hinweis darauf, daß bei einer Abweisung über den anfänglich erhobenen Anspruch entschieden werde)

ist unseres Erachtens nach abzulehnen. Durch die Änderung des Klageantrages und die Einbeziehung des erledigenden Ereignisses in das Feststellungsbegehren führt der Kläger einen neuen Streitgegenstand ein.

(so im Ausgangspunkt zutreffend OLG München, NJW 75, 2021; auch OLG Koblenz, MDR 84, 671; OLG Stuttgart, MDR 89, 266; allgemein BGH, NJW 81, 1097 u. 2306; Anders/Gehle, Rd.Ziff. 393 ff.)

Dieser ist mit dem ursprünglichen nicht identisch und daher nach den vorstehend dargelegten Grundsätzen gemäß § 3 ZPO neu zu bewerten.

Nach einer weiteren Meinung ist der Wert des Feststellungsbegehrens mit einer **Quote** des ursprünglichen Streitwertes anzusetzen.

(OLG Celle, NJW 70, 2113; OLG München, NJW 75, 2021; OLG Nürnberg, NJW-RR 87, 1278; jeweils 50%; OLG Frankfurt, AnwBl. 82, 436: 40%; OLG Köln, JurBüro 91, 832: 50%)

Diese, an die allgemeinen Grundsätze für die Bewertung des Feststellungsantrags (vgl. Stichwort „Feststellungsklage") angelehnte Ansicht kann weder die gegen den Standpunkt der herrschenden Literaturmeinung angeführten Bedenken ausräumen, noch bietet sie mit ihrem zu schematischen Ansatz eine für den Einzelfall befriedigende Lösung.

Erledigung der Hauptsache

Ist der Beklagte **säumig,** wird also die Erledigung durch Versäumnisurteil festgestellt, bleibt es innerhalb der einzelnen Meinungen bei dem jeweils vertretenen Ergebnis. 13

(OLG Koblenz, ZMR 88, 434; LG Aachen, AnwBl. 84, 373: Kosten; OLG Hamm, MDR 82, 327; OLG Frankfurt/Main, JurBüro 82, 914: ursprünglicher Wert)

Für **den Rechtsmittelstreitwert** ist, wenn nicht besondere Gründe für einen höheren Wert sprechen, unserer Ansicht nach auf die in der unteren Instanz **angefallenen Kosten** abzustellen. 14

(BGH, NJW 69, 1173; OLG Hamburg, MDR 71, 768; 82, 63; OLG Köln, VersR 89, 66)

Nach a. A. bleibt es auch insoweit beim ursprünglichen Streitwert.

(OLG Köln, DB 73, 1399; Schneider, Der Streitwert bei einseitiger Erledigungserklärung, MDR 73, 625)

Erklärt der Kläger den Rechtsstreit im **Mahnverfahren** für erledigt, richtet sich der Streitwert ebenfalls grundsätzlich nach dem Kosteninteresse (OLG Karlsruhe, JurBüro 81, 1231), was bei Unterschreiten der für das landgerichtliche Verfahren maßgeblichen Wertgrenze zur Zuständigkeit des Amtsgerichts führt (vgl. § 696 I 4). 15

2. Teilerledigung

Wer sich bei der einseitigen Erledigungserklärung generell am ursprünglichen Wert orientiert, 16

(s. o. Rd.Ziff. 12 ff.; Baumbach/Lauterbach/Albers/Hartmann, Anh. § 3, „Erledigterklärung" e)

muß dies folgerichtig bei der Teilerledigung fortsetzen. Nach der herrschenden Literaturmeinung (Rd.Ziff. 12) bleibt der Streitwert mithin unverändert (so ausdrücklich OLG Celle, NdsRpfl. 82, 64). Die Vornahme eines prozentualen Abschlags (vgl. Rd.Ziff. 12) ist demgegenüber kaum nachvollziehbar zu begründen.

Nach der hier vertretenen Auffassung (Rd.Ziff. 10 f.) errechnet sich der Streitwert grundsätzlich nach dem Wert des noch im Streit verbliebenen Hauptanspruchs zuzüglich der auf den erledigten Teil entfallenden Kosten. Letztere werden nach der **Mehrkostenmethode** (vgl. näher Teil B, Rd.Ziff. 404, 410) ermittelt. Man errechnet die bis zur Erledigungserklärung tatsächlich angefallenen Kosten und zieht alsdann diejenigen Kosten ab, welche angefallen wären, wenn der Kläger von Anfang an nur den noch streitigen Anspruch geltend gemacht hätte. 17

(BGH, NJW-RR 88, 1465; OLG Koblenz, MDR 84, 671; AnwBl. 86, 541; ZMR 88, 434; gegen Berücksichtigung der Kosten OLG Hamburg, MDR 82, 63; JurBüro 90, 911; OLG Zweibrücken, JurBüro 85, 1889; a. A. Schneider, MDR 90, 200)

Nach der auch vertretbaren **Quotenmethode** (vgl. Teil B, Rd.Ziff. 404, 408) werden dem Kläger die bei Wirksamwerden der Teilrücknahme bereits angefallenen Kosten mit einer nach dem Wertanteil des zurückgenommenen Anspruchs errechneten Quote auferlegt.

Hat der Kläger an der Feststellung der Erledigung ein höheres Interesse, so ist dieses maßgeblich (s. o. Rd.Ziff. 11). In dem Punkt ergibt sich also eine Abweichung von den Grundsätzen bei der übereinstimmend erklärten Teilerledigung (s. o. Rd.Ziff. 4); der Feststellungsantrag bei der einseitigen Erledigung bedarf als Sachantrag einer Bewertung, wohingegen es bei Anwendbarkeit des § 91a nur um die Kostenentscheidung geht. Gleiches gilt bei Klage und Widerklage für die (Teil-)Erledigung eines der beiden Begehren (OLG Bamberg, JurBüro 63, 488).

Hat der Beklagte nur auf die Hauptsumme gezahlt und verfolgt der Kläger den **Zinsanspruch** weiter, wird dieser zur Hauptforderung und ist daher dem Streitwert ebenfalls hinzuzurechnen. 18

(BGHZ 26, 174; a. A. OLG Celle, JurBüro 88, 776 mit Anm. Mümmler; OLG Köln, VersR 89, 66; vgl. auch unter Stichwort „Nebenforderungen", insbesondere Rd.Ziff. 2)

485

Erledigung der Hauptsache

19 Für den **Rechtsmittelstreitwert** gilt Entsprechendes (BGH, NJW-RR 88, 1465; OLG Celle, MDR 88, 414; OLG Köln, VersR 89, 66).

20 Bei **Teilerledigung im Mahnverfahren** ist die Abgabe an das Streitgericht nur wegen des Restanspruchs und der Kosten möglich (OLG Stuttgart, JurBüro 84, 1220).

Ermessensanträge

s. Stichwort „Unbezifferte Leistungsanträge"

Ersatzvornahme

§ 887 I, § 887 II (Vorauszahlung), § 3

Der Streitwert bestimmt sich gemäß § 3 nach dem Interesse des Gläubigers an der Vornahme der Handlung; maßgeblich ist grundsätzlich der Streitwert zur **Hauptsache**; das gilt auch, wenn gleichzeitig mit dem Antrag auf Ermächtigung nach § 887 I ein Antrag auf Verurteilung zur Vorauszahlung nach § 887 II gestellt wird; wird wegen der **Vorauszahlung** vollstreckt, ist der festgesetzte Betrag maßgeblich.

(vgl. Stichwort „Zwangsvollstreckung zur Erwirkung von Handlungen und Unterlassungen")

Erwirkung

§§ 883 ff., § 3, § 6 S. 1
s. Stichworte
„Zwangsvollstreckung zur Erwirkung von Handlungen und Unterlassungen"
„Zwangsvollstreckung zur Erwirkung der Herausgabe von Sachen"

Eventualantrag

s. Stichworte
„Echter Hilfsantrag"
„Unechter Hilfsantrag"

Facultas alternativa

s. Stichwort „Wahlschulden", Rd.Ziff. 6

Fälligkeit

1 Soweit auf Leistung geklagt wird und der Beklagte die fehlende Fälligkeit einwendet, ist allein der Wert der Leistung ausschlaggebend. Es gelten die allgemeinen Regeln (Schneider, Streitwert, Rd.Ziff. 1570).

2 Klagt der **Schuldner auf Feststellung fehlender Fälligkeit,** ist der Streitwert gemäß § 3 nach seinem wirtschaftlichen Interesse zu schätzen; bedeutsam ist dabei der Zwischenzins zwischen den streitigen Fälligkeitszeitpunkten.

(BGH, KostRspr. § 3 ZPO Nr. 13; OLG Schleswig, SchlHA 83, 142; KG, JurBüro 89, 1599; Schneider, Streitwert, Rd.Ziff. 1572)

3 Wegen des Streitwertes einer Klage auf künftige Leistung wird auf das entsprechende Stichwort Bezug genommen.

Familiensachen

s. Stichwort „Folgesachen"

Feriensache

Der Streitwert für die Beschwerde nach § 567 I gegen die Ablehnung der Bezeichnung als Feriensache (§ 199 ff. GVG) richtet sich gemäß § 3 nach dem Interesse des Beschwerdeführers, das in der Regel einem Bruchteil des Hauptsachestreitwertes, etwa $\frac{1}{20}$ bis $\frac{1}{10}$, entspricht.

(Schneider, Streitwert, Rd.Ziff. 1581; Stein/Jonas, § 3 Rd.Ziff. 46 Stichwort „Feriensache")

Denn es geht lediglich um eine Verfahrensverzögerung von zwei Monaten (§ 199 GKG).

Feststellung des Kosteninteresses

Da der Kläger seine Kosten von dem Beklagten erstattet haben und gleichzeitig Kostenerstattungsansprüche des Beklagten abwehren will, ist die Summe der bis zur Klageänderung insgesamt angefallenen Kosten anzusetzen. 1

(allgemein zum Kosten-Feststellungsantrag Teil B, Rd.Ziff. 474 ff., 481 ff.)

Ein Abschlag, wie er bei der positiven Feststellungsklage grundsätzlich vorgenommen wird (vgl. Stichwort „Feststellungsklage", Rd.Ziff. 1), erfolgt nicht. Ein weiterer Prozeß zur Erlangung eines Vollstreckungstitels ist nicht erforderlich, da die Ansprüche des Klägers im Kostenfestsetzungsverfahren tituliert werden. Außerdem hat der Antrag im Hinblick auf die Kosten des Beklagten ohnehin den Charakter einer negativen Feststellungsklage (dazu vgl. zur Feststellungsklage, Rd.Ziff. 13 ff.).

Bei einem Teil-Feststellungsantrag (vgl. Teil B, Rd.Ziff. 492 ff.) sind die auf den betreffenden Teil entfallenden Kosten wie bei der streitigen Teilerledigung (vgl. oben Stichwort „Erledigung des Rechtsstreits", Rd.Ziff. 16 ff.) dem Wert des Restanspruchs hinzuzurechnen. 2

Feststellungsklage

Die Besonderheiten für die einzelnen Feststellungsklagen sind bei den jeweiligen Stichworten dargestellt. Auf diese wird Bezug genommen. In den Grundsätzen gilt folgendes:

I. Positive Feststellungsklage

1. Feststellung von Leistungsansprüchen

a) Grundsatz

Grundlage der Bewertung ist das nach § 3 zu schätzende **Feststellungsinteresse** des Klägers. Soweit das festzustellende Recht Gegenstand eines **Leistungsantrages** sein könnte, ist dessen fiktiver Wert zum Ausgangspunkt zu nehmen und, da kein vollstreckbarer Titel geschaffen wird, nach heute ganz h. M. im Regelfall pauschal um 20% zu kürzen. 1

(BGH, JurBüro 75, 1598; OLG Hamm, JurBüro 86, 752; OLG Köln, JurBüro 86, 1403; Zöller, § 3 Rd.Ziff. 16 „Feststellungsklagen"; Thomas/Putzo, § 3, Anm. 2 „Feststellungsklage")

Der volle Wert darf auch dann nicht angesetzt werden, wenn, wie etwa bei Klagen gegen **Behörden** oder **Versicherungen,** im Falle des Obsiegens mit freiwilliger Leistung gerechnet werden kann. Für die Bewertung ist nämlich die im Verhältnis zum Leistungstitel geringere Durchsetzbarkeit des Anspruchs im Fall eines Feststellungsurteils zu berücksichtigen, wohingegen es auf das spätere Verhalten der Parteien nicht ankommt. 2

Feststellungsklage

(BGH, NJW-RR 88, 689; OLG Hamm, AnwBl. 84, 95; JurBüro 88, 778 betr. Deckungsklage; Schneider, Streitwert, Rd.Ziff. 1683 ff., insbesondere 1688; a. A. in Zöller, § 3 Rd.Ziff. 16 Stichwort „Haftpflichtversicherungsschutz")

3 Bei besonders geregelten Streitwerten, so z. B. bei § 9, § 17 GKG, ist ebenfalls ein entsprechender Abschlag vorzunehmen.

(OLG Koblenz, VersR 87, 289; vgl. hierzu auch Stichwort „Wiederkehrende Leistungen")

b) Ausnahmen

4 Bleibt das wirtschaftliche Interesse des Klägers nicht nur aufgrund der fehlenden Vollstreckbarkeit, sondern auch aus weiteren Gründen hinter dem Wert des Leistungsanspruchs zurück, ist ein höherer Abschlag vorzunehmen. Feste Prozentsätze sind insoweit nicht zu nennen.

(Baumbach/Lauterbach/Albers/Hartmann, § 3 „Feststellungsklage": bis 50%; vgl. auch OLG Celle, JurBüro 69, 978: 50%; vgl. auch Stichwort „Gesamtschuld", Rd.Ziff. 4)

5 Im **Konkursverfahren** sind die tatsächlichen Chancen einer Realisierung des Anspruchs zu berücksichtigen. Hat der Kläger keine Aussicht auf eine nennenswerte Quote, gilt nach § 148 KO der niedrigste Gebührenstreitwert.

(BGH, NJW 64, 1229; NJW-RR 88, 689; OLG Hamm, JurBüro 84, 1372; LG Göttingen, EWIR § 148 KO 90, 85 mit Anm. Pape; vgl. auch unter Stichwort „Konkurs", Rd.Ziff. 4 ff. und zu weiteren Feststellungsklagen im Konkurs Rd.Ziff. 10 ff.)

2. Feststellung des Eigentums- oder Erbrechts

6 Bei der Eigentumsfeststellung ist streitig, ob § 6 als Spezialvorschrift gilt und daher der Verkehrswert maßgeblich ist oder ob der Wert gemäß § 3 nach dem Interesse des Klägers an der Feststellung geschätzt werden muß, so daß er in der Regel 80% des Verkehrswertes beträgt. Wir folgen der Meinung, die in derartigen Fällen von § 3 ausgeht (vgl. eingehend oben Stichwort „Eigentum", Rd.Ziff. 5).

7 Bei der Feststellung des Erbrechts ist vom Wert der Erbschaft grundsätzlich ein Abschlag von 20%, bei Klagen des Vorerben ist ein noch höherer Abschlag vorzunehmen (vgl. näher Stichwort „Erbrechtliche Streitigkeiten", insbesondere Rd.Ziff. 2, 17).

3. Feststellung von vertraglichen Beziehungen

8 Wird Feststellung der **Nichtigkeit eines Vertrages** verlangt, kommt es auf den Wert der Leistungspflicht an, von welcher der Kläger freigestellt sein will (OLG Bamberg, JurBüro 90, 1659; OLG Celle, AnwBl. 84, 448). Es gelten also die bei der negativen Feststellungsklage (Rd.Ziff. 13 ff.) maßgeblichen Grundsätze. Im Streit um die Unwirksamkeit eines Ratenkreditvertrages nach § 138 BGB bemißt sich der Wert regelmäßig nur nach der Summe der Zinsen (OLG Hamburg, JurBüro 88, 1060; LG Bückeburg, JurBüro 88, 1233). Klagt ein Versicherer auf die Feststellung, daß ein Versicherungsvertrag nichtig sei, muß der Wert aufgrund des Interesses, die Versicherungsleistung nicht zu erbringen, frei geschätzt werden (OLG Bamberg, JurBüro 85, 1703).

9 Die Feststellung, daß der Ausschluß aus einer Gesellschaft nichtig sei, richtet sich nach dem wirtschaftlichen Wert des Geschäftsanteils (vgl. hierzu näher Stichwort „Gesellschaftsrecht", Rd.Ziff. 4). Im Hinblick auf die Feststellung des Bestehens oder Nichtbestehens der Gesellschaft oder eines wirtschaftlichen Vereins wird auf das Stichwort „Gesellschaftsrecht", Rd.Ziff. 3, Bezug genommen. Bei einem Idealverein ist gemäß § 12 II GKG auf die Gesamtumstände des Falles abzustellen (vgl. unter Stichwort „Verein", Rd.Ziff. 2).

Bei der Klage auf Feststellung der Unwirksamkeit einer **Kündigung** ist ein Monatsverdienst zugrunde zu legen, wenn das Arbeitsverhältnis noch keine 6 Monate gedauert hat (LAG Bremen, JurBüro 86, 1080).

4. Vaterschaftsfeststellung

Für die Klage ist nach § 12 II 3 GKG grundsätzlich der gesetzliche Regelstreitwert von 4000,– DM anzusetzen, wenn sich nicht im Einzelfall andere Gesichtspunkte ergeben (vgl. hierzu näher Stichwort „Kindschaftssachen").

5. Gleichzeitige Klage auf Teilleistung

Macht der Kläger einen Leistungsanspruch geltend, der von einem auf Feststellung der Leistungspflicht gerichteten Antrag mit umfaßt wird, bleibt es beim Wert des Feststellungsantrags. Eine Addition der Einzelwerte erfolgt nicht, da wirtschaftliche Identität besteht.
(BGH, MDR 70, 127 Nr. 17; OLG München, JurBüro 84, 1235; OLG Bamberg, JurBüro 86, 1079; anders für Rentenansprüche BGHZ 2, 74; vgl. hierzu näher Stichworte „Klagenhäufung", Rd.Ziff. 12 ff.)
Das gilt auch im Streit um Unterhaltspflichten.
(Mümmler, Zum Streitwert von Unterhaltsansprüchen, JurBüro 89, 1493, 1500)

6. Annahmeverzug

Klagt der Käufer auf Rückzahlung des Kaufpreises und beantragt er gleichzeitig Feststellung, daß der Verkäufer mit der Rücknahme der Sache in Verzug sei, ist der nach § 3 zu schätzende (in der Regel geringe) Wert dieses Antrags mit dem Wert des Rückzahlungsantrages gemäß § 5 zu addieren (BGH, MDR 89, 732).

7. Künftig entstehender Schaden

Bei der Feststellung der Ersatzpflicht für künftig entstehenden Schaden ist neben dem erwarteten Schadensumfang auch das Risiko eines Schadenseintritts und einer Inanspruchnahme des Beklagten zu berücksichtigen (BGH, MDR 91, 526).

II. Negative Feststellungsklage

Hier ist grundsätzlich der Wert des von dem Beklagten behaupteten Anspruchs anzusetzen, da in diesem Umfang die Schaffung eines Leistungstitels verhindert wird.
(BGH, NJW 70, 2025; OLG Celle, VersR 85, 397; OLG München NJW-RR 88, 190; LAG Düsseldorf, JurBüro 88, 1234; Baumbach/Lauterbach/Albers/Hartmann, § 3 „Feststellungsklage" Anm. b; Zöller, § 3 Rd.Ziff. 16 „Feststellungsklagen"; Thomas/Putzo, § 3, Anm. 2 „Feststellungsklage"; Schneider, Streitwert, Rd.Ziff. 1693 ff.)
Bei irrealen Forderungen kann der Streitwert niedriger liegen.
Richtet sich die Klage gegen zwei als Gesamtschuldner in Anspruch genommene **Streitgenossen** oder klagen mehrere als Gesamtgläubiger, erfolgt keine Verdoppelung des Streitwertes, weil dies bei einer Aktivklage ebenfalls nicht geschieht.
(OLG Koblenz, JurBüro 85, 590; vgl. auch Stichworte „Gesamtschuldner", „Streitgenossen", „Gesamtgläubiger")
Besteht jedoch zwischen den Streitgenossen auf der Kläger- oder Beklagtenseite keine wirtschaftliche Identität, findet auch bei der negativen Feststellungsklage eine Wertaddition nach § 5, 1. Halbs. (i. V. m. § 12 I GKG) statt (vgl. Stichwort „Streitgenossen").

Feststellungsklage

17 Bei **wiederkehrenden Nutzungen und Leistungen** finden § 9, § 17 GKG Anwendung (vgl. Stichwort „Wiederkehrende Nutzungen und Leistungen", insbesondere Rd.Ziff. 7). Da sich die Feststellungsklage nur auf die Zukunft richtet, sind Rückstände außer acht zu lassen. Sie können allerdings mit einem zusätzlichen Leistungsantrag in den Prozeß eingeführt werden und müssen dann bei der Ermittlung des Streitwertes zusätzlich berücksichtigt werden (Schneider, Streitwert, Rd.Ziff. 5072, 5100; Schneider, MDR 89, 300, 301; vgl. auch Stichwort „Wiederkehrende Leistungen").

18 Im Bereich des **gewerblichen Rechtsschutzes** kann das Interesse des Klägers an der negativen Feststellung, daß der Beklagte einen Firmennamen nicht führen darf, höher sein als das positive Interesse des Beklagten an der Führung dieses Namens. Dies ist dann der Fall, wenn der Beklagte ein kleineres Unternehmen besitzt als der Kläger (OLG München, DB 86, 1920).

Film

§ 6
s. Stichwort „Besitz", Rd.Ziff. 18

Filmverleih

§ 8, § 16 GKG
s. Stichwort „Miete und Pacht", insbesondere Rd.Ziff. 7

Firma

§ 3
s. Stichwort „Namensrecht", Rd.Ziff. 2

Fischerei

1 **Fischereirechte** sind Grunddienstbarkeiten, auf die § 7 Anwendung findet (vgl. Stichwort „Grunddienstbarkeit").

2 **Selbständige Fischereigerechtigkeiten** sind mit dem Eigentum vergleichbar; daher greift § 6 ein, wobei für die Wertermittlung der jährliche Ertrag entsprechend dem Rechtsgedanken des § 9 berücksichtigt werden kann.

(Hillach/Rohs, S. 192; vgl. allgemein zu §§ 6, 9 Stichworte „Eigentum" und „Wiederkehrende Leistungen")

Folgesachen

I. Allgemeines

1 Neben den Ehesachen gehören auch die in § 621 I genannten Sachen zu den Familiensachen, für die **ausschließlich das Familiengericht zuständig** ist. (§ 23 b GVG).
Bei den in § 621 I genannten Sachen handelt es sich, wie sich insbesondere aus §§ 621 a, 621 d, 621 e ergibt, teilweise um zivilprozessuale Streitigkeiten:
– gesetzlicher Unterhalt gegenüber dem ehelichen Kind (Ziffer 4)
 Unterhalt gegenüber Ehegatten (Ziffer 5)
 Ansprüche aus dem ehelichen Güterrecht (Ziffer 8)
und teilweise um Verfahren der freiwilligen Gerichtsbarkeit:
– elterliche Sorge (Ziffer 1)
 Umgang eines Elternteils mit dem ehelichen Kind (Ziffer 2)

Herausgabe des Kindes (Ziffer. 3)
Versorgungsausgleich (Ziffer 6)
Rechtsverhältnisse an Ehewohnung und Hausrat (Ziffer 7)
Verfahren nach §§ 1382, 1383 BGB

Soweit in den Familiensachen gemäß § 621 I eine Entscheidung für den Fall der Scheidung zu treffen ist und von einem Ehegatten rechtzeitig begehrt wird, handelt es sich um sogenannte **Folgesachen**. Über diese Folgesachen ist nach § 623 I gleichzeitig und zusammen mit der Scheidungssache im **Verbund** zu verhandeln und zu entscheiden, sofern dem Scheidungsantrag stattgegeben wird; das schließt allerdings eine Vorabentscheidung durch Teilurteil über den Scheidungsantrag nicht aus (vgl. § 628). Bei gleichzeitiger Entscheidung erfolgt diese nach § 629 einheitlich auch für die Folgesachen durch Urteil.

Aus dem Wortlaut des § 623 I („begehrt") ist abzuleiten, daß ein **Antrag nicht** erforderlich ist, um den Verbund herzustellen, dies grundsätzlich aber dem Wunsch der Parteien entsprechen muß (OLG Köln, JurBüro 78, 1698; Schneider, Streitwert, Rd.Ziff. 1830). Bei Regelungen über die elterliche Sorge (§ 621 I Ziff. 1) und bei der Durchführung des Versorgungsausgleichs (§ 621 I Ziff. 6) ist sogar ohne ein entsprechendes Begehren eines Ehegatten zu entscheiden; eines solchen Begehrens bedarf es auch nicht bei der Regelung des Umgangs mit dem Kind, wobei hier allerdings eine Entscheidung im allgemeinen nur ergehen soll, wenn ein Ehegatte dies anregt (§ 623 III). Auch die Verfahren nach § 623 III werden aber nicht kraft Gesetzes mit dem Eingang des Scheidungsantrages anhängig, sondern erst aufgrund einer einheitlichen richterlichen Maßnahme (BGH, NJW 86, 663). Im Hinblick auf die in § 621 I aufgezählten Familiensachen können gemäß § 620 S. 1 Ziff. 1–8 auch **einstweilige Anordnungen** ergehen (vgl. Stichwort „Einstweilige Anordnung").

2

2a

II. Gebührenstreitwert im Verbundverfahren

1. Allgemeines

Für Scheidungs- und Folgesachen, die im Verbund stehen, gilt das **GKG**, auch soweit die Folgesachen zur freiwilligen Gerichtsbarkeit gehören; das folgt aus § 19a S. 1 GKG (Schneider, Streitwert, Rd.Ziff. 1828). Bei **isolierten Verfahren** ist hingegen das GKG nur für die zivilprozessualen Streitigkeiten anwendbar, während für die zur freiwilligen Gerichtsbarkeit gehörenden Verfahren die Kostenordnung, insbesondere § 99 KostO, eingreift.

3

Die Gerichtsgebühren errechnen sich nach Nr. 1110–1139 KV als Anlage 1 zu § 11 I GKG.

4

2. § 19a GKG

Nach § 19a S. 1 GKG gelten die Scheidungssache und die Folgesachen, soweit das Familiengericht auch über sie zu verhandeln und entscheiden hat (§ 623 I), als ein Verfahren, dessen Gebühren nach dem zusammengerechneten Wert der Gegenstände zu berechnen sind. Das gilt auch bei Regelungen, die das eheliche Kind betreffen (§ 621 I Ziff. 1–3), wenn mehrere Kinder vorhanden sind (§ 19a S. 2 GKG). Aus § 19a S. 1 GKG folgt, daß neben dem Gebührenstreitwert für die Scheidungssache – insoweit gilt § 12 II GKG (vgl. Stichwort „Ehesachen") – der Streitwert für die im Verbund stehenden Folgesachen (vgl. Rd.Ziff. 1) zu berücksichtigen ist.

5

(OLG Celle, JurBüro 78, 103; Schneider, Streitwert, Rd.Ziff. 1829)

§ 19a GKG stellt eine Ausnahmeregelung gegenüber § 12 III GKG (vgl. Stichwort „Ehesachen", Rd.Ziff. 16) dar und geht dieser Regelung vor (§ 19a S. 3 GKG).

Folgesachen

6 § 19a S. 1 GKG setzt voraus, daß die **Folgesachen anhängig** geworden sind (vgl. Rd.Ziff. 2). Wird die Scheidungsklage abgewiesen, ohne daß das Gericht die Folgesachen bearbeitet hat,
> **Beispiel:**
> Scheidungsklage ist unzulässig oder unschlüssig.

ist für den Gebührenstreitwert nur das Scheidungsverfahren maßgebend (Schneider, Streitwert, Rd.Ziff. 1832).

Bei der Wertaddition verbleibt es jedoch auch bei Abtrennung einer Folgesache, da der Verbund nicht beseitigt wird.
> (OLG München, JurBüro 84, 769; Schneider, Streitwert, Rd.Ziff. 1841)

Dasselbe gilt für die **positive Vorabentscheidung in der Ehesache,** da es sich lediglich um eine Teilentscheidung handelt; für diese Entscheidung sollte aber ein Teilstreitwert festgesetzt werden, da sie auch eine Kostenentscheidung enthält.
> (OLG Hamm, JurBüro 80, 381; OLG München, Rpfleger 91, 434; Schneider, Streitwert, Rd.Ziff. 1843; zur Kostenentscheidung vgl. Teil B, Rd.Ziff. 208)

7 Wird der **Scheidungsantrag abgewiesen,** werden die Folgesachen nach § 629 III S. 1 mit Eintritt der Rechtskraft (vgl. § 629b) gegenstandslos. Unter den Voraussetzungen des § 629 III S. 2 können die Folgesachen aber als selbständige Familiensachen fortgeführt werden. Von dem Zeitpunkt der – rechtskräftigen – Abweisung des Scheidungsantrages an entfällt auch die einheitliche Streitwertbeurteilung des § 19a S. 1 GKG; der Streitwert für die isoliert fortgesetzten Folgesachen richtet sich dann nach allgemeinen Grundsätzen, wobei für die Verfahren der freiwilligen Gerichtsbarkeit (vgl. Rd.Ziff. 1) dann nicht das GKG, sondern die Kostenordnung gilt (Schneider, Streitwert, Rd.Ziff. 1847).

8 **§ 21 GKG und § 13 III BRAGO** gelten auch im Rahmen des § 19a S. 1 GKG.
> (OLG Nürnberg, JurBüro, 80, 897; Schneider, Streitwert, Rd.Ziff. 1833)

Das bedeutet, daß zwar ein einheitlicher Gebührenstreitwert gilt, jedoch Tätigkeiten, die sich nur auf Teile des Streitgegenstandes beziehen, auch nur nach dem betreffenden Wert zu berechnen sind.
> **Beispiel:**
> Wird nur über die Begründetheit des Scheidungsantrages Beweis erhoben, berechnen sich die Beweisgebühren (vgl. Teil B, Rd.Ziff. 83 ff.) auch nur nach seinem Wert.

9 Aus diesem Grund müssen auch **verschiedene Streitwerte** festgesetzt werden, wenn nach einer gebührenauslösenden Handlung
> (zu den Gebühren allgemein vgl. Teil B, Rd.Ziff. 25 ff. und 68 ff.)

eine Folgesache hinzu kommt oder aus dem Verbund gelöst wird, etwa durch Antragsrücknahme. Im Streitwertbeschluß sind dann die verschiedenen Streitwerte mit genauer Zeitangabe darzustellen (Schneider, Streitwert, Rd.Ziff. 1848). Es gelten insoweit dieselben Grundsätze wie bei einer Prozeßverbindung oder Prozeßtrennung (vgl. Stichworte dort). Der Streitwertbeschluß kann lauten:
> „Der Streitwert wird wie folgt festgesetzt:
> bis zum 2. 3. 1991: 20 000,– DM,
> ab 2. 3. 1991: 30 000,– DM.
> ..."

3. Besonderheiten bei Rechtsmitteln

10 Ist das Rechtsmittel gegen die positive Entscheidung in der Ehesache erfolgreich und wird der Scheidungsantrag abgewiesen, werden die im Verbund stehenden Folgesachen nach § 629 III gegenstandslos. Sie sind dann rückwirkend für den Streitwert unbeachtlich (Schneider, Streitwert, Rd.Ziff. 1845). Auch insoweit ist allerdings der Eintritt der Rechtskraft maßgeblich (vgl. § 629b).

Wird mit dem Rechtsmittel die Abtrennung von Folgesachen (vgl. § 628) gerügt und die Wiederherstellung des Verbundes erstrebt, ist die Folgesache selbst nicht Gegenstand der Berufung und daher beim Gebührenstreitwert nicht zu berücksichtigen. 11

(OLG Hamm, JurBüro 79, 1629; Schneider, Streitwert, Rd.Ziff. 1846, 1867)

4. Besonderheiten beim Vergleich

Soweit mehrere im Verbund stehende Folgesachen nacheinander verglichen werden (vgl. allgemein Stichwort „Vergleich"), gilt das Gebot der einheitlichen Wertfestsetzung des § 19 a S. 1 GKG (Schneider, Streitwert, Rd.Ziff. 1850). 12

5. Besonderheiten bei Auskunftsansprüchen

Auskunftsansprüche zu einzelnen Familiensachen i. S. des § 621 I 13

Beispiel:
Auskunftsbegehren zu Unterhaltsansprüchen oder zum Versorgungsausgleich.

können, wie auch im übrigen, isoliert geltend gemacht werden. Für sie gelten die allgemeinen Grundsätze (vgl. Stichwort „Auskunft"). Sie können aber auch im Verbundverfahren durch eine Stufenklage verfolgt werden, für die dann § 18 GKG i. V. mit § 19 a S. 1 GKG gilt.

(OLG Hamburg, FamRZ 81, 1095; Schneider, Streitwert, Rd.Ziff. 1839; vgl. auch allgemein Stichwort „Stufenklage")

6. Einverständliche Ehescheidung

Bei einer einverständlichen Ehescheidung wird nach § 1566 BGB die Zerrüttung der Ehe unter den dort genannten Voraussetzungen vermutet. Nach § 630 müssen in einem derartigen Fall **Mitteilungen** zu bestimmten Folgesachen gemacht werden. Allein die Mitteilung nach § 630 hat noch keinen Einfluß auf den Streitwert (Schneider, Streitwert, Rd.Ziff. 1840). 14

III. Allgemeine Grundsätze bei selbständigen Familiensachen

§ 19 a GKG gilt nicht, wenn die Familiensachen i. S. des § 621 I selbständig geltend gemacht werden und nicht im Verbund mit dem Scheidungsverfahren stehen. 15

Soweit es sich um **zivilprozessuale Streitigkeiten** handelt, gelten die allgemeinen Regelungen des GKG und ergänzend über § 12 I GKG die §§ 3 ff. 16

Werden verschiedene Familiensachen in einem Verfahren behandelt, findet eine Streitwertaddition nach § 12 I GKG i. V. m. § 5, 1. Halbs. statt, soweit keine Sonderregelungen eingreifen.

Soweit es sich um Verfahren der freiwilligen Gerichtsbarkeit handelt, richtet sich der Streitwert nach der Kostenordnung. 17

Beispiel:
§ 99 KostO beim Versorgungsausgleich.

IV. Gebührenstreitwert für die Familiensachen im einzelnen

1. Elterliche Sorge für das eheliche Kind

Soweit zwischen der Scheidungssache und der Regelung der elterlichen Sorge für ein eheliches Kind (§ 621 I Ziff. 1) ein Verbund nach § 623 I, III besteht, richtet sich der Streitwert für diese Folgesache nach § 12 II GKG. Es gilt der **Regelstreitwert** in Höhe von 1500,– DM (§ 12 II S. 3), der unter Berücksichtigung des § 12 II S. 1 GKG unter- oder überschritten werden kann; nach § 12 II S. 4 GKG sind aber in jedem Fall eine Mindestgrenze von 600,– DM und ein Höchstwert von 2 000 000,– DM maßgeblich. 18

(OLG Celle, JurBüro 1978, 103; Schneider, Streitwert, Rd.Ziff. 1855; Stein/Jonas, Rd.Ziff. 45 Stichwort „Elterliche Sorge"; vgl. allgemein zu § 12 II GKG mit Darstellung einzelner Grundsätze: „Nichtvermögensrechtliche Streitigkeiten", „Ehesachen" und „Kindschaftssachen")

Folgesachen

Grundsätzlich kann der Regelstreitwert wegen der Bedeutung der Angelegenheit nicht unterschritten werden (vgl. Stichwort „Kindschaftssachen", Rd.Ziff. 3).

19 Der Wert des Verfahrens nach § 621 I Ziff. 1 wird mit dem Wert der Scheidungssache nach § 19 a S. 1 GKG addiert (vgl. zum Wert der Scheidungssache „Ehesachen").

20 Soweit **mehrere eheliche Kinder** vorhanden sind, ist der Streitwert für die Folgesachen nur einmal nach § 19 a S. 2 GKG zu berücksichtigen; allerdings kann dieser Umstand eine Erhöhung des Regelstreitwertes von 1500,– DM rechtfertigen.

(OLG Koblenz, JurBüro 78, 1694 [500,– DM für jedes weitere Kind]; OLG Düsseldorf, JurBüro 84, 1542; Schneider, Streitwert, 1857, 1426 ff.; Stein/Jonas, § 3 Rd.Ziff. 45 Stichwort „Elterliche Sorge")

Dabei kommt es auf den Einzelfall an, insbesondere darauf, ob eine Mehrarbeit für das Gericht infolge der mehreren Kinder feststellbar ist.

(vgl. zum Meinungsstand näher Schneider, Streitwert, Rd.Ziff. 1428 ff.)

In jedem Fall erscheint nur eine Erhöhung um 1500,– DM und mehr nicht gerechtfertigt, soweit man bei einem Kind von dem Regelstreitwert, d. h. vom „Normalfall" ausgeht.

21 Im isolierten FGG-Verfahren, für das die Kostenordnung gilt, beträgt der Ausgangswert nach § 30 II, III KostO 5000,– DM.

2. Umgang mit dem Kind und Herausgabe des Kindes

22 Für die Verfahren nach § 621 I Ziff. 2 (Umgang des nicht sorgeberechtigten Elternteils mit dem Kind) und nach § 621 I Ziff. 3 (Herausgabe des Kindes an den anderen Elternteil) gelten dieselben Grundsätze, wie sie bereits für das Verfahren nach § 621 I Ziff. 1 (Elterliche Sorge) dargestellt wurden (vgl. hierzu näher Rd.Ziff. 18 ff.; s. auch Schneider, Streitwert, Rd.Ziff. 1859 ff.).

Der Ausgangswert für die genannten Verfahren beträgt im Falle des **Verbundes** gemäß § 623 I jeweils 1500,– DM (§ 12 II S. 3 GKG). Dieser Wert ist nach § 19 a S. 1 GKG mit den Gegenstandswerten aller verbundener Verfahren zu addieren. Auch wenn **mehrere Kinder** betroffen sind, ist der Wert für das betreffende Verfahren nur einmal anzusetzen. Allerdings kann je nach Fallkonstellation der Ausgangswert i. S. des § 12 II S. 3 GKG heraufgesetzt werden.

Im **isolierten FGG-Verfahren** beträgt der Ausgangswert nach § 30 II, III KostO 5000,– DM. Er ist aufgrund der wirtschaftlichen Verhältnisse geringer, wenn zumindest einem der beiden Elternteile PKH bewilligt ist (OLG München, Rpfleger 90, 419).

3. Unterhaltspflicht gegenüber den ehelichen Kindern und dem Ehegatten

23 Die Verfahren über die gesetzliche Unterhaltspflicht gegenüber einem ehelichen Kind und die durch Ehe begründete gesetzliche Unterhaltspflicht gehören nach § 621 I Ziff. 4, 5 zu den Familiensachen. Gleichwohl stellen sie vermögensrechtliche Streitigkeiten dar, so daß § 12 II GKG keine Anwendung findet.

24 Für den **Rechtsmittelstreitwert** gilt § 9 i. V. m. § 12 I GKG.

(vgl. hierzu näher Stichwort „Wiederkehrende Leistungen", Rd.Ziff. 1 ff.)

25 Der **Gebührenstreitwert** für das jeweilige Verfahren richtet sich nach § 17 I GKG, so daß der Jahresbetrag zugrunde zu legen ist.

(vgl. hierzu näher Stichwort „Wiederkehrende Leistungen", insbesondere Rd.Ziff. 19 ff., 24 ff.)

26 Hinzuzurechnen sind die **Rückstände** gemäß § 17 IV GKG, d. h. die geltend gemachten Unterhaltsleistungen, die vor Einreichung der Klage fällig waren.

(vgl. hierzu näher Stichwort „Wiederkehrende Leistungen", Rd.Ziff. 39)

Besteht zwischen dem Scheidungsverfahren und dem Verfahren nach § 621 I Ziff. 4 bzw. § 621 I Ziff. 5 **ein Verbund** (§ 623), findet nach § 19 a S. 1 GKG eine Zusammenrechnung der einzelnen Gegenstandswerte statt. Allerdings gilt der **Unterhaltsprozeß** i. S. dieser Vorschriften nur als Folgesache, soweit Unterhalt für die Zeit **nach der rechtskräftigen Scheidung** verlangt wird; das folgt daraus, daß Folgesachen nur diejenigen Familiensachen gemäß § 621 I sein können, in denen eine Entscheidung für den Fall der Scheidung zu treffen ist.

27

(OLG Frankfurt, FamRZ 78, 44; OLG Nürnberg, AnwBl. 80, 163; Schneider, Streitwert, Rd.Ziff. 1865)

Daher kann die Unterhaltsklage, die sich auf den Unterhalt vor Eintritt der Rechtskraft des Scheidungsurteils bezieht (sog. Trennungsunterhalt), nicht in den Verbund eintreten mit der Folge, daß § 19 a GKG insoweit nicht gilt. Vielmehr sind die Gebühren selbständig zu berechnen, und zwar grundsätzlich maximal bis zum Eintritt der Rechtskraft der Ehescheidung.

(OLG Nürnberg, JurBüro 79, 1871; OLG Düsseldorf, JurBüro 92, 51; Schneider, Streitwert, Rd.Ziff. 1865); vgl. zur Berechnung auch Stichwort „Wiederkehrende Leistungen", Rd.Ziff. 24)

4. Versorgungsausgleich

Im **Verbundverfahren** (§§ 623 I, 621 I Nr. 6 und § 19 a S. 1 GKG) richtet sich der Streitwert für den Versorgungsausgleich in den Fällen der §§ 1587 b, 1587 g I BGB nach § 17 a GKG. Maßgeblich ist danach der Jahresbetrag der Rente, wobei als Mindeststreitwert 1000,– DM anzusetzen sind. Der Wert für den Versorgungsausgleich wird nach § 17 a S. 1 GKG mit dem Wert der Scheidungsklage und gegebenenfalls dem der weiteren Folgesachen addiert.

28

Im FGG-Verfahren findet § 99 III KostO Anwendung, wobei dessen Ziffern 1 und 2 mit § 17 a GKG inhaltsgleich sind.

Wegen der Einzelheiten zum Versorgungsausgleich wird auf die Stichworte „Versorgungsausgleich" und „Wiederkehrende Leistungen", insbesondere Rd.Ziff. 42 ff., Bezug genommen.

5. Ehewohnung und Hausrat

Können sich die Ehegatten anläßlich der Ehescheidung nicht darüber einigen, wer von ihnen die Ehewohnung künftig bewohnen und wer die Wohnungseinrichtung und den sonstigen Hausrat erhalten soll, wird auf Ar`trag das in der Hausratsverordnung (Verordnung über die Behandlung der Ehewohnung und des Hausrates – Sechste Durchführungsverordnung zum Ehegesetz – vom 21. Oktober 1944, Reichsgesetzblatt I S. 256, unter Nr. 44 im Schönfelder abgedruckt) geregelte Verfahren durchgeführt. **Zuständig** ist nach § 11 HausratsVO, § 23 b I Ziff. 8 GVG, § 621 I Nr. 7 das **Familiengericht.**

29

Im **isolierten Verfahren** richtet sich der Geschäftswert gemäß § 21 II HausratsVO bei einem Streit über die Wohnung nach dem einjährigen Mietwert und bei einem Streit über den Hausrat nach seinem Wert oder, soweit es im wesentlichen um die Benutzung geht, nach dem Interesse der Beteiligten an der Regelung (vgl. hierzu näher Stichworte „Ehewohnung" und „Hausrat").

30

Im **Verbundverfahren** (§ 623 I, 621 I Ziff. 7) richtet sich der Streitwert einheitlich nach dem GKG (vgl. § 19 a GKG). Sonderregelungen sind hier nur für die einstweilige Anordnung in § 20 II S. 2 GKG vorgesehen (vgl. Stichwort „Einstweilige Anordnung"). Im übrigen richtet sich der Streitwert nach §§ 3, 6 i. V. m. § 12 I GKG.

31

(Hartmann, § 19 a GKG Anm. 1; Schneider, Streitwert, Rd.Ziff. 1868 f.)

Soweit es um die **Ehewohnung** geht, wird aber in der Regel im Rahmen der nach § 3 vorzunehmenden Schätzung in Anlehnung an § 21 II HausratsVO der einjährige Mietwert anzusetzen sein.

(OLG Karlsruhe, MDR 81, 681; Schneider, Streitwert, Rd.Ziff. 1868)

Folgesachen

Beim **Hausrat** kommt es auf den Verkehrswert, nicht hingegen auf den Wiederbeschaffungswert an (vgl. OLG Saarbrücken, AnwBl. 84, 372). Manche wollen den Anteil des Antragstellers – im Zweifel die Hälfte nach dem Rechtsgedanken des § 426 I S. 1 BGB – absetzen.

(OLG Saarbrücken, AnwBl. 81, 405; Schneider, Streitwert Rd.Ziff. 1869; a. A. OLG Frankfurt, JurBüro 89, 1563; Schneider, Streitwert, Rd.Ziff. 2340; ders. in Zöller, § 3 Rd.Ziff. 16 Stichwort „Hausrat")

Dem folgen wir nicht. Wir halten den Wert des gesamten Hausrates für maßgeblich. Das ergibt sich nach unserer Auffassung aus dem Wortlaut des § 21 II S. 1 HausratsVO (vgl. hierzu auch Stichwort „Hausrat").

Nach § 19 a S. 1 ist der Wert für die Verfahren nach § 621 I Ziff. 7 mit dem Wert des Scheidungsverfahrens und eventuell der anderen Folgesachen zu **addieren.**

6. Ansprüche aus dem ehelichen Güterrecht

32 Ansprüche aus dem ehelichen Güterrecht nach § 621 I Nr. 8 sind solche, die sich aus den §§ 1363–1561 BGB oder aus einem Ehevertrag ergeben (Zöller, § 621 Anm. VII, 1). Diese stellen auch dann eine Familiensache dar, wenn ein Dritter beteiligt ist.

Beispiel:
Ausgleichsanspruch gegen einen Dritten nach § 1390 BGB.

Für den Streitwert, der im Verbundverfahren (§ 623) nach § 19 a S. 1 GKG mit dem für das Scheidungsverfahren und eventuell mit dem für andere Folgesachen maßgeblichen Wert zu addieren ist, gelten keine Besonderheiten. Der **Ausgleichsanspruch,** um den es in erster Linie im Güterrecht geht, ist auf Geld gerichtet, so daß die Bezifferung maßgeblich ist.

(Schneider, Streitwert, Rd.Ziff. 1870; vgl. allgemein Stichwort „Bezifferter Leistungsantrag")

7. Verfahren nach §§ 1382, 1383 BGB

33 Zu den Familiensachen gehören schließlich nach § 621 I Ziff. 9 auch die **Stundung** einer güterrechtlichen Ausgleichsforderung (§ 1382 BGB), deren Streitwert nach dem Interesse des Antragstellers am Zahlungsaufschub gemäß § 3 i. V. m. § 12 I GKG zu schätzen ist (Schneider, Streitwert, Rd.Ziff. 1871), und die **Übertragung** von **Vermögensgegenständen** zur Erfüllung von **Ausgleichsforderungen** (§ 1383 BGB). Der Streitwert (§ 6) des Verfahrens nach § 1383 richtet sich nach dem Ausgleichsanspruch, nicht nach dem Wert des Vermögensgegenstandes (Schneider, Streitwert, Rd.Ziff. 1872). Hier sind Parallelen zum Vergleich zu ziehen, bei dem es auf den Vergleichsgegenstand, nicht auf den Inhalt des Vergleichs ankommt (vgl. Stichwort „Vergleich", Rd.Ziff. 3 f.).

Im **Verbundverfahren** (§ 623 I) findet auch insoweit eine Addition nach § 19 a S. 1 GKG statt.

Forderungen

Es wird auf die betreffenden Stichworte, insbesondere auf folgende Bezug genommen:
„Besitz"
„Bezifferter Leistungsantrag"
„Eigentum", Rd.Ziff. 1 ff. (Herausgabe)
„Geldforderungen"
„Pfändung"
„Sicherstellung"
„Unbezifferter Leistungsantrag"

Frachtbrief

§ 3, nicht § 6
s. Stichwort „Besitz", Rd.Ziff. 21

Frachtführerpfandrecht

§ 440 HGB
Der Streitwert bestimmt sich gemäß § 6 S. 1 und 2 nach dem geringeren Wert entweder der Forderung des Frachtführers oder des Gutes (vgl. Stichwort „Pfandrecht").

Freigabe

s. Stichworte „Hinterlegung" und „Geldforderungen"
Geht es um die Freigabe eines Guthabens, ist ebenso wie bei der Geltendmachung einer Geldforderung
    (vgl. Stichworte „Bezifferte Leistungsklage", Rd.Ziff. 1 und „Geldforderung")
grundsätzlich der im Klageantrag genannte Betrag maßgeblich.
    (Hartmann, Anh. I § 12 GKG Stichworte „Freigabe" und „Geldforderung"; Stein/Jonas, § 2 Rd.Ziff. 96; Schneider, Streitwert, Rd.Ziff. 1882)
Auf das Interesse an der sofortigen Verfügbarkeit kann hingegen nicht allein abgestellt werden; ferner kommt es auf die Frage der Einbringlichkeit nur im Falle des § 148 KO (vgl. Stichwort „Konkursfeststellungsklage") an.
    (Hartmann, Anh. I § 12 GKG Stichwort „Freigabe"; Stein/Jonas, § 2 Rd.Ziff. 96)
Das folgt aus dem Rechtsgedanken des § 6 (vgl. Stichwort „Bezifferter Leistungsantrag", Rd.Ziff. 1).

Fristsetzung

§ 255, § 3
s. Stichwort „Unechte Hilfsanträge"

Gastwirtspfandrecht

§ 704 BGB
Der Streitwert bestimmt sich gemäß § 6 S. 1 und S. 2 nach dem Wert der Forderung des Gastwirts oder nach dem geringeren Wert der eingebrachten Sachen des Gastes (vgl. Stichwort „Pfandrecht").

Gegenleistung

s. Stichwort „Zug-um-Zug-Leistung"

Geldforderungen

Weder für die **Leistungsklage** noch für die **Feststellungs-** und für die **Gestaltungsklage** hat der Gesetzgeber – abgesehen von Sonderregelungen – bei Geldforderungen eine Streitwertregelung getroffen. Ebenso wie beim Eigentum (vgl. Stichwort, Rd.Ziff. 1) kann

Geldforderungen

aber aus § 6 abgeleitet werden, welcher Streitwert maßgeblich ist: Wenn schon bei der Sicherstellung und beim Pfandrecht nach § 6 der Streitwert grundsätzlich durch den Wert der Forderung bestimmt wird, muß dies erst recht gelten, wenn es um die Geldforderung selbst geht; das bedeutet, daß bei Geldforderungen grundsätzlich die **bezifferte Summe** maßgeblich ist.

(Hillach/Rohs, S. 34; Rosenberg/Schwab, § 32 Anm. IV 4; Schneider, Streitwert, Rd.Ziff. 1873, 2781; Stein/Jonas, § 2 Rd.Ziff. 95; § 6 Rd.Ziff. 19; vgl. auch Stichwort „Bezifferter Leistungsantrag")

Das gilt auch bei der **Freigabe** (vgl. Stichwort) sowie unabhängig davon, ob der Kläger abweichende wirtschaftliche Interessen verfolgt oder ob er Aussicht hat, die Forderung nach Titulierung **durchzusetzen** (vgl. Stichwort „Bezifferter Leistungsantrag", Rd.Ziff. 3). Es kommt auch nicht darauf an, ob das Gericht entgegen § 308 I mehr zugesprochen hat (vgl. Stichwort „Bezifferter Leistungsantrag", Rd.Ziff. 4).

Wegen der Besonderheiten beim **Additionsverbot,** bei den **Nebenforderungen** und bei **wiederkehrenden Leistungen** wird auf die Stichworte „Klagenhäufung", „Nebenforderungen" und „Wiederkehrende Leistungen" Bezug genommen.

Genossenschaft

§ 247 I S. 1, II AktG analog
s. Stichwort „Anfechtungsklagen", Rd.Ziff. 6 ff.

Gepäckschein

§ 3, nicht § 6
s. Stichwort „Besitz", Rd.Ziff. 21

Gesamtgläubiger

1   Die Besonderheit einer Gesamtgläubigerschaft besteht nach § 428 BGB darin, daß jeder der Gläubiger die ganze Leistung fordern kann, der Schuldner aber die Leistung nur einmal zu bewirken verpflichtet ist. Erheben die Gesamtgläubiger gemeinsam Klage gegen den Schuldner, findet wegen **wirtschaftlicher Identität** keine Addition i. S. des § 5, 1. Halbs. statt; vielmehr wird nur der Wert des einzelnen Anspruchs zugrunde gelegt.

(vgl. Stichworte „Klagenhäufung", Rd.Ziff. 12 ff. und „Streitgenossen", Rd.Ziff. 5 ff.)

2   Auch im übrigen gelten hier dieselben Grundsätze, wie sie bei der „Gesamtschuld" dargestellt worden sind, entsprechend, so daß auf diese Ausführungen Bezug genommen werden kann.

Gesamtschuldner

1   Werden mehrere als Gesamtschuldner verklagt, erlangt der Kläger im Falle seines Obsiegens zwar einen Titel gegen jeden einzelnen Beklagten; er kann jedoch nach § 421 BGB die Leistung nur einmal beanspruchen. Es besteht zwischen den einzelnen Ansprüchen eine **wirtschaftliche Identität.** Wie auch in anderen Fällen der wirtschaftlichen Identität findet keine Wertaddition nach § 5, 1. Halbs. statt; vielmehr wird nur der Wert eines Anspruchs, und zwar bei unterschiedlichen Werten der höchste, zugrunde gelegt (Schneider, Streitwert, Rd.Ziff. 1931 f.; vgl. Stichworte „Klagenhäufung", Rd.Ziff. 12 ff. und „Streitgenossen", Rd.Ziff. 5 ff. mit Beispielen und weiteren Nachweisen).

Schwierigkeiten kann die **Kostenentscheidung** bereiten, wenn die gesamtschuldnerisch in Anspruch genommenen Streitgenossen unterschiedlich am Rechtsstreit beteiligt sind und/oder unterschiedlich obsiegen und unterliegen (vgl. im einzelnen Teil B, Rd.Ziff. 250 ff.). 2

Soweit der Kläger mit seiner Klage gegen einen als Gesamtschuldner in Anspruch genommenen Streitgenossen (A) obsiegt und gegen den anderen (B) verliert, sind der Kläger und A beschwert. Beide können **Rechtsmittel** einlegen, wobei der Wert des Beschwerdegegenstandes (§ 511 a) jeweils getrennt zu beurteilen ist (vgl. Stichwort „Rechtsmittel", Rd.Ziff. 9). 3

Für den **Gebührenstreitwert** findet nach § 19 II, I S. 1 GKG keine Addition statt, da eine **wirtschaftliche Identität** im Hinblick auf beide Ansprüche besteht.

(BGHZ 7, 152; Hartmann, § 19 GKG Anm. 3; Schneider, Streitwert, Rd.Ziff. 1938)

Nimmt ein Gesamtschuldner den anderen nach § 426 BGB (**Innenverhältnis**) in Anspruch, bestehen bei einer Zahlungsklage für den Streitwert keine Besonderheiten (vgl. Stichwort „Bezifferter Leistungsantrag"). Maßgeblich ist der Nennbetrag, ohne daß es auf die tatsächliche Rechtslage oder die wirtschaftliche Situation des Inanspruchgenommenen ankommt. Bei anderen Klagen 4

> **Beispiel:**
> Feststellungsklage

kann jedoch das wirtschaftliche Interesse des Klägers mit berücksichtigt werden. So kann neben dem Nennbetrag der Forderung die (fehlende) Vollstreckbarkeit eine Bedeutung haben. Feste Prozentsätze lassen sich jedoch nicht feststellen. Vielmehr kommt es auf den Einzelfall an.

(OLG Karlsruhe, AnwBl. 74, 394 = voller Betrag; OLG Hamburg, JurBüro 80, 279; Schneider, Streitwert, Rd.Ziff. 1937; vgl. auch Stichwort „Feststellungsklage", Rd.Ziff. 4)

Klagen zwei Gesamtschuldner auf Feststellung der Nichtigkeit des gegen sie ergangenen Titels oder auf dessen Herausgabe, ist für die Streitwertermittlung der einfache Wert der Hauptforderung ohne die mittitulierten Kosten und Zinsen maßgeblich (OLG Karlsruhe, MDR 91, 353). 5

Geschäftsbrief

§ 3, nicht § 6
s. Stichwort „Besitz", Rd.Ziff. 21

Geschäftsbücher

§ 3, nicht § 6
s. Stichwort „Besitz", Rd.Ziff. 21

Gesellschaftsrecht

Soweit es um **Anfechtungsklagen** und **Nichtigkeitsklagen** bezüglich Gesellschafterbeschlüsse geht, wird auf das Stichwort „Anfechtungsklagen", Rd.Ziff. 6 ff. Bezug genommen. 1

Für Klagen von **Organen** einer juristischen Person oder ihrer Mitglieder wird auf das Stichwort „Organ" Bezug genommen. 2

Der Streitwert für Klagen auf **Auflösung der Gesellschaft** bzw. auf **Feststellung des Bestehens oder Nichtbestehens der Gesellschaft** richtet sich gemäß § 3 nach dem Interesse des Klägers; einen Anhaltspunkt für dieses Interesse stellt je nach Zielrichtung des Antrags der Liquidations- oder der Ertragswert des Geschäfts- oder Gesellschaftsanteils dar; bedeutsam kann auch die drohende Haftung des Klägers sein. 3

Gesellschaftsrecht

(OLG Köln, BB 82, 1384; DB 88, 281; Hartmann, Anh. I § 12 Stichworte „Ausscheiden und Ausschließung", „Gesellschaft"; Hillach/Rohs, S. 370 f., 378; Schneider, Streitwert, Rd.Ziff. 374 f.; Stein/Jonas, § 3 Rd.Ziff. 47 Stichwort „GmbH"; Thomas/Putzo, § 3 Stichwort „Ausscheiden und Ausschließung"; Zöller, § 3 Rd.Ziff. 16 Stichwort „Auflösung")

Ist lediglich der **Zeitpunkt** der Auflösung streitig, ist ein Bruchteil des Wertes des Geschäftsanteils in Ansatz zu bringen (Hillach/Rohs, S. 370).

4 Geht es um die **Ausschließung** oder um das **Ausscheiden** eines Gesellschafters, richtet sich der Streitwert ebenfalls nach § 3; maßgeblich ist das Interesse des Klägers; dabei ist der Wert des Anteils des Klägers zu berücksichtigen. Bedeutsam ist ferner der Schaden bei Verbleib des Beklagten in der Gesellschaft; droht dem Kläger z. B. bei Verbleib des Beklagten in der Gesellschaft der Totalverlust, ist der Streitwert mit dem Wert seines Anteils identisch.

(Hartmann, Anh. I § 12 GKG Stichwort „Gesellschaft"; Hillach/Rohs, S. 371 f.; Schneider, Streitwert, Rd.Ziff. 1955)

Dasselbe gilt, wenn auf Feststellung geklagt wird, daß die **Kündigung eines Gesellschafters** einer KG unwirksam ist; ob die Einlage erbracht wurde, ist unerheblich (Schneider, Streitwert, Rd.Ziff. 1955).

5 Wird eine Klage gegen einen (ehemaligen) Gesellschafter mit dem Ziel erhoben, eine bestimmte Eintragung im Handelsregister zu erreichen, ist auf Abgabe einer Willenserklärung zu klagen.

Beispiele:
Eintragung des Ausscheidens eines Gesellschafters, Eintragung der Gesamtprokura.

Der Streitwert richtet sich gemäß § 3 nach dem Interesse des Klägers, das grundsätzlich einen Bruchteil seines Anteils an der Gesellschaft, etwa $1/10$ bis $1/4$, beträgt.

(Hillach/Rohs, S. 373; Schneider, Streitwert, Rd.Ziff. 212)

6 Bei einer Klage auf **Herausgabe von Aktien, Interimsscheinen, Gewinnanteilsscheinen** oder **Bezugsrechten** auf junge Aktien bestimmt sich der Streitwert gemäß § 6 S. 1 nach dem Verkehrswert der Urkunde zu Beginn der Instanz oder im Hinblick auf den Gebührenstreitwert gemäß § 15 I GKG bei Beendigung der Instanz, wenn der Wert dann höher ist als zu Beginn.

(Hillach/Rohs, S. 379; vgl. hierzu Stichwort „Besitz" Rd.Ziff. 19; zum maßgeblichen Zeitpunkt vgl. Abschnitt 1, Rd.Ziff. 29 ff.)

7 Entsprechendes gilt bei einer Klage auf Übertragung eines **GmbH-Anteils**, d. h., maßgeblich für den Streitwert ist der Verkehrswert.

(OLG Frankfurt/Main, JurBüro 80, 606; Hillach/Rohs, S. 379; Schneider, Streitwert, Rd.Ziff. 1961)

8 Klagt ein Gesellschafter gegen den anderen auf **Leistungen an die Gesellschaft**, richtet sich der Streitwert nach der eingeklagten Forderung, nicht hingegen nach dem Anteil des Klägers (Hillach/Rohs, S. 375; Schneider, Streitwert, Rd.Ziff. 1956, 1958). Nebenforderungen bleiben unter den Voraussetzungen des § 4 und § 22 I GKG unberücksichtigt (vgl. Stichwort „Nebenforderungen").

9 Klagt ein Gesellschafter auf **Offenlegung der Verhältnisse,**
z. B. Bilanz,

richtet sich der Streitwert gemäß § 3 nach dem Interesse des Klägers; bedeutsam sind dabei der von dem Kläger zu erwartende Gewinn und der Wert seines Geschäftsanteils, der in der Regel die obere Grenze bildet (Schneider, Streitwert, Rd.Ziff. 1959).

Zwischen einer solchen Klage und derjenigen auf Feststellung der Gesellschaftereigenschaft (vgl. Rd.Ziff. 4) besteht keine wirtschaftliche Identität, so daß die Werte nach § 5, 1. Halbs. zusammenzurechnen sind.

Gesellschaftsrecht

(Schneider, Streitwert, Rd.Ziff. 1960; vgl. allgemein zum Additionsverbot Abschnitt 1, Rd.Ziff. 5 ff., 12 ff.)

Macht ein Gesellschafter ein **turnusmäßiges Entnahmerecht** geltend, bemißt sich der Streitwert gemäß § 9 grundsätzlich nach dem 12½fachen Jahresbetrag. 10

(OLG Bamberg, JurBüro 82, 284; Hillach/Rohs, S. 373; Schneider, Streitwert, Rd.Ziff. 1957)

Üben Gesellschafter eine leitende Stellung aus und stehen ihnen deshalb Bezüge zu, bemißt sich der Streitwert bei Streitigkeiten über diese Bezüge nach § 9; § 17 III GKG findet grundsätzlich wegen des fehlenden Weisungsrechts keine Anwendung. 11

(vgl. Stichwort „Wiederkehrende Leistungen", insbesondere Rd.Ziff. 38, und Stichwort „Organ")

Bei dem **aktienrechtlichen Spruchstellenverfahren** ist streitig, ob der Geschäftswert für die anwaltliche Tätigkeit generell, d. h. für alle Beteiligten, dem nach § 306 VII 5 AktG festgesetzten Wert entspricht. 12

(dafür: OLG Düsseldorf, DB 86, 2277; für getrennte Festsetzung mit Rücksicht auf die bei jedem einzelnen Antragsteller gegebene Interessenlage: OLG Karlsruhe, AG 90, 83; OLG Frankfurt/Main, DB 86, 1062)

Wir folgen der vermittelnden Meinung des BayObLG (JurBüro 91, 926). Eine Identität zwischen dem nach § 306 VII 5 AktG festgesetzten Wert und dem für die Berechnung der Anwaltsgebühren maßgeblichen Gebührenstreitwert besteht nur insoweit, als die Werte des Verfahrens und der anwaltlichen Tätigkeit sich decken, d. h. wenn außer den nichtantragstellenden Aktionären nur der anwaltlich vertretene Antragsteller beteiligt ist. Sind mehrere Antragsteller beteiligt, erfolgt die Wertfestsetzung für die Anwaltsgebühren für jeden von ihnen getrennt nach § 10 I BRAGO.

Bei der Beurteilung der Frage, ob die Belastung mit den Prozeßkosten die wirtschaftliche Lage einer die **Herabsetzung des Streitwerts** nach § 247 II AktG begehrenden, hoch verschuldeten Partei im Hinblick auf ihre zukünftige wirtschaftliche Erholung erheblich gefährden könnte, sind die Vergünstigungen zu berücksichtigen, die durch ein erfolgreich betriebenes PKH-Verfahren zu erwirken sind (OLG Frankfurt/Main, JurBüro 90, 647). 13

Gewerblicher Rechtsschutz

Literatur:
Baumbach/Hefermehl, Wettbewerbsrecht, 16. Aufl., München 1990; Benkard, Patentgesetz, 8. Aufl., München 1988; Borck, Über die Höhe des Gegenstandswertes und der Beschwer bei wettbewerbsrechtlichen Unterlassungsklagen, WRP 1978, 435; Handbuch des Wettbewerbsrechts, München 1986; Pastor, Der Wettbewerbsprozeß, 3. Aufl., Köln 1980; Teplitzky, Wettbewerbsrechtliche Ansprüche, 5. Aufl., Köln 1986; Ulrich, Der Streitwert in Wettbewerbssachen, GRUR 1984, 177.

I. Allgemeines

Wettbewerbssachen sind vermögensrechtliche Streitigkeiten; die Wertfestsetzung erfolgt daher generell nach § 3 ZPO, nicht nach § 12 II GKG. 1

(OLG Nürnberg, RPfleger 63, 218; OLG München, WP 72, 397; Baumbach/Hefermehl, UWG Einl., Rd.Ziff. 509 f.; Hillach/Rohs, S. 391; anders bei Verletzung der beruflichen Ehre, vgl. BGH, NJW 91, 847)

„**Regelstreitwerte**" haben sich in der Praxis teilweise eingespielt. Sie finden jedoch im Gesetz keine gesicherte Grundlage; feste Beträge sind auch als Erfahrungswerte nicht zu nennen. 2

(OLG Oldenburg, MDR 91, 955; AG Kempten, WP 77, 750; Handbuch des Wettbewerbsrechts, § 68, Rd.Ziff. 5; Hillach/Rohs, S. 393 f., 399; Pastor, S. 926 f.)

Gewerblicher Rechtsschutz

II. Unterlassungsklagen

1. Angriffsfaktor

3 Maßgeblich für den Wert des Unterlassungsbegehrens ist nach ganz h. M. der sogenannte „**Angriffsfaktor**", d. h. die Summe aller von dem behaupteten Fehlverhalten des Beklagten ausgehenden nachteiligen Einflüsse auf das wirtschaftliche Interesse des Klägers.

(Pastor, S. 932 ff.; Teplitzky, S. 306 f.; Hillach/Rohs, S. 392 f.; Zöller § 3, Rd.Ziff. 16, Stichwort „Gewerblicher Rechtsschutz")

Ausgangswert ist grundsätzlich der **Jahresumsatz** des Verletzten. Nach dessen Beeinträchtigung ist der Streitwert zu errechnen.

(BGH, WM 90, 2058; OLG Frankfurt/Main, JurBüro 76, 1249; OLG Köln, WP 80, 93; Stein/Jonas § 3, Rd.Ziff. 46)

4 Weitere wertbestimmende Gesichtspunkte sind:

die objektive **Gefährlichkeit** des Verstoßes (OLG Stuttgart, NJW-RR 87, 429),

die **Intensität** der Beeinträchtigung; vorsätzliches, unverfrorenes Handeln wirkt werterhöhend, ernste Einsicht mindert den Streitwert (OLG Stuttgart, WP 80, 105; OLG Frankfurt/Main, JurBüro 83, 1249),

die **Zielrichtung** des Angriffs,

die regionalen Wirkungen des Verstoßes (OLG Oldenburg, MDR 91, 955),

die **Nähe** der Wettbewerber zueinander, z. B. unter geografischen Aspekten bzw. gemäß der Branchenverwandtschaft (BGH, GRUR 1968, 106; Traub, WP 81, 136, Nr. 7.1.1., betr. die Rechtsprechung des OLG Frankfurt/Main),

Größe und Umsatz des Verletzers sind lediglich ein Indiz für das Gewicht des Angriffsfaktors (OLG Nürnberg, WP 82, 551),

kleiner Umsatz des Verletzers mindert den Angriffsfaktor, es sei denn, bei dem Gegner handele es sich um einen **Aufstiegsbetrieb** (OLG Frankfurt/Main, JurBüro 76, 1249).

5 Beim **befristeten Unterlassungsanspruch** ist nicht allein die zeitliche Begrenzung maßgeblich. Werterhöhend wirkt sich vielmehr die „Feststellungswirkung" des Urteils aus, die den Wettbewerbsverstoß als solchen auch für künftige Fälle klärt (BGH, NJW 69, 1117).

Interessen von am Verfahren nicht beteiligten **Dritten** bleiben unberücksichtigt (Teplitzky, S. 309, Rd.Ziff. 19).

Die Werte **mehrerer** selbständiger Werbebehauptungen sind zu addieren. Zusammenhängende Äußerungen haben lediglich einen Gesamtwert. Für die Abgrenzung kommt es auf den wahren Inhalt an, nicht auf die Formulierung (OLG Frankfurt/Main, GRUR 1955, 309).

Liegt bereits der Unterlassungstitel eines durch dasselbe Verhalten geschädigten Dritten vor, wirkt sich dies wertmindernd aus (OLG Frankfurt/Main, WP 83, 523).

2. Verbandsklagen

6 Bei Verbandsklagen ist nach der **Art des Verbandes** und der von diesem verfolgten Zielsetzung zu differenzieren.

(Pastor, S. 936 ff.)

7 Für Fachverbände ist vom **Jahresumsatz der Mitglieder**, deren Interessen mit der jeweiligen Klage vertreten werden, auszugehen. Die Tatsache, daß die Verletzten in einem Verband gemeinsam auftreten, mindert jedoch den Angriffsfaktor, so daß in der Regel nur ein Bruchteil des Gesamtumsatzes anzusetzen ist.

(KG, WP 75, 443: $^1/_{10}$; OLG Köln, WP 82, 144; OLG Karlsruhe, BB 84, 689; Baumbach/Hefermehl, UWG Einl., Rd.Ziff. 515)

Klagt ein Verband, zu dessen satzungsgemäßen Aufgaben die Wahrnehmung von Verbraucherinteressen gehört (§ 13 II, Nr. 3 UWG), kommt es auf das objektive Interesse des Vereins, seiner Mitglieder und der **Allgemeinheit** an. Die Größe des Verbandes ist ohne Bedeutung. 8

(BGH, GRUR 1968, 106; 1977, 748; NJW-RR 90, 1322; OLG Stuttgart, NJW-RR 87, 429)

Bei der Bewertung des Verstoßes hat die Größe des Verletzers indizielles Gewicht. Weiter zu beachten sind die Gefahr der Nachahmung, die Aufmachung des beanstandeten werbenden Verhaltens und der Umfang der Auswirkungen, insbesondere auch deren regionale Verbreitung.

(BGH, MDR 90, 986; OLG Frankfurt/Main, WP 71, 87; Stein/Jonas, § 3, Rd.Ziff. 63; Baumbach/Hefermehl, UWG Einl., Rd.Ziff. 514)

3. Streitgenossenprozeß

Klagen mehrere Kläger, sind **Einzelwerte** festzusetzen und nach § 5, 1. Halbs. zu addieren. 9

(OLG Karlsruhe, WP 81, 407; Hillach/Rohs, S. 395)

Gleiches gilt grundsätzlich für Ansprüche gegen mehrere Beklagte.

(OLG Celle, JurBüro 87, 109; vgl. auch Stichwort „Klagenhäufung")

4. Beseitigung, öffentliche Bekanntmachung

Für Beseitigungsansprüche ist streitig, ob sie dem Wert des Unterlassungsanspruchs hinzugerechnet werden müssen oder in diesem aufgehen. Wir vertreten die erstere Meinung, da ein über die Unterlassung hinausgehendes Interesse verfolgt wird. 10

(so auch OLG Frankfurt/Main, JurBüro 72, 706; OLG Hamburg, MDR 77, 142; OLG Bamberg, JurBüro 87, 1831; zum Streit vgl. Hillach/Rohs, S. 400)

5. Einstweilige Verfügung

Maßgeblich sind die Umstände des Einzelfalles. Regelmäßig führt die vorläufige Natur der Anordnung zu einem geringeren Streitwert; indes wird gerade auf dem Gebiet des gewerblichen Rechtsschutzes mit der einstweiligen Verfügung nicht selten eine zumindest faktisch **endgültige Regelung** angestrebt. In diesen Fällen ist der volle Wert anzusetzen. 11

(OLG Bamberg, JurBüro 83, 269; Baumbach/Hefermehl, § 25 UWG, Rd.Ziff. 45; generell für geringeren Wert Teplitzky, S. 310, Rd.Ziff. 26 ff.; allgemein vgl. Stichwort „Einstweilige Verfügung")

Beim **Kostenwiderspruch** bemißt sich der Wert nach dem Kosteninteresse (OLG Frankfurt/Main, WP 82, 226).

III. Feststellungsantrag

Normalerweise ist ein Bruchteil des Leistungsbegehrens anzusetzen. Bei der Feststellung von Schadensersatzansprüchen wird auch der denkbare **Marktverwirrungsschaden** mit berücksichtigt. 12

(BGH, GRUR 1986, 93; Teplitzky, S. 312, Rd.Ziff. 32; vgl. auch Stichwort „Feststellungsklage")

Der Antrag auf **negative Feststellung**, daß ein Unterlassungsanspruch nicht bestehe, kann höher zu bewerten sein als der Unterlassungsanspruch selbst, wenn die sich aus dem Berühmen des Beklagten ergebende Beeinträchtigung des Klägers schwerer wiegt als umgekehrt der vom Verhalten des Klägers auf den Beklagten einwirkende Angriffsfaktor. 13

(OLG München, DB 86, 1920; zum Angriffsfaktor s. o. Rd.Ziff. 3; zur negativen Feststellungsklage vgl. Stichwort „Feststellungsklage", Rd.Ziff. 13 ff.)

Entsprechendes gilt für den Antrag auf Feststellung der Unwirksamkeit eines erloschenen Gebrauchsmusters (BGH, MDR 91, 959).

Gewerblicher Rechtsschutz

IV. Auskunftsklage

14 Der Wert eines selbständigen Auskunftsanspruchs, der nicht allein zur Vorbereitung weiterer Ansprüche erhoben wird, sondern mit dem Ziel, eigene Maßnahmen der Betriebsorganisation zu fördern (z. B. Aufklärung von Geheimnisverrat), ist nach dem wirtschaftlichen Interesse des Klägers selbständig zu bewerten.

(OLG Köln, GRUR 69, 567; Pastor, S. 949 f.; zum unselbständigen Auskunftsanspruch vgl. Handbuch des Wettbewerbsrechts, § 68, Rd.Ziff. 7 und oben Stichwort „Auskunft")

V. Streitwertbegünstigung

15 Nach §§ 23 a, b UWG, 144 PatG, 17 a GebrMG und 31 a WZG kommt unter den dort näher aufgeführten Voraussetzungen eine Ermäßigung des Streitwertes namentlich unter dem Gesichtspunkt des Schutzes wirtschaftlich schwacher Parteien in Betracht.

(allgemein Hillach/Rohs, S. 401 f.; Pastor, S. 962 ff.; Handbuch des Wettbewerbsrechts, S. 913 f.; OLG Frankfurt/Main, JurBüro 90, 247; keine Anwendung des § 23 a UWG auf reine Warenzeichensache)

Bei der Frage, ob eine Sache im Sinne des § 23 a UWG **„einfach"** ist, bleibt der Streit um die Prozeßführungsbefugnis außer Betracht (OLG Koblenz, WP 90, 844). Soll eine Entscheidung des BGH ergehen, liegt ein „einfacher" Fall grundsätzlich nicht vor (OLG Hamm, GRUR 91, 259).

Für die Frage der wirtschaftlichen Leistungsfähigkeit kommt es bei Verbänden auf die gesamte Tätigkeit, nicht auf den jeweiligen Einzelfall an.

(OLG Koblenz, NJW-RR 89, 1441; OLG Köln, NJW-RR 91, 168; a. A. Zöller, § 3, Rd.Ziff. 16 „Gewerblicher Rechtsschutz")

Eine nachträgliche Werterhöhung kommt nur in Betracht, wenn sich die wirtschaftliche Lage der begünstigten Partei erheblich verbessert (OLG Koblenz, JurBüro 90, 1037).

Gewerk

§ 247 I, S. 1, II AktG analog (Anfechtungsklage)
s. Stichwort „Anfechtungsklagen", Rd.Ziff. 10

Gläubigeranfechtung

§ 6 S. 1 und 2 analog
s. Stichwort „Anfechtungsklagen", Rd.Ziff. 2 ff.

GmbH

§ 247 AktG analog
s. Stichwort „Anfechtungsklagen", Rd.Ziff. 6 ff.
§ 3
s. Stichwort „Gesellschaftsrecht"

Grenzklagen

Grenzklagen, wie die Grenzscheidungsklage nach § 920 BGB und die Grenzbaumklage nach § 923 II BGB, sind vermögensrechtlicher Natur. Ihr Streitwert bestimmt sich nach § 3; maßgeblich ist das Interesse des Klägers, wobei im Einzelfall erst die Einwendungen des Beklagten Aufschluß über dieses Interesse geben.

(BGH, JurBüro 68, 797; Hillach/Rohs, S. 184; Schneider, Streitwert, Rd.Ziff. 2254; Stein/Jonas, § 3 Rd.Ziff. 47 Stichwort „Grenzklagen")

Die **Kosten der Beseitigung** des Grenzbaumes bzw. -strauches (§ 923 II, III BGB) können Nebenforderungen i. S. des § 4 I sein und sind dann nicht mitzuberechnen (vgl. Stichwort „Nebenforderungen").

Grundbuchberichtigung

§ 6 (wenn gleichzeitig Feststellung des Eigentums), § 3
s. Stichwort „Berichtigung"
s. Stichwort „Grundstück", Rd.Ziff. 6
s. Stichwort „Widerspruch gegen die Unrichtigkeit des Grundbuches"

Grunddienstbarkeit

I. Allgemeines

Für die **Grunddienstbarkeit** ist in § 7 eine besondere Streitwertregel getroffen worden. Entscheidend ist entweder der **Wert** der Grunddienstbarkeit, den diese für das **herrschende Grundstück** hat, oder der Betrag, um den sich der Wert des **dienenden Grundstückes** durch die Dienstbarkeit mindert, wenn dieser größer ist. Da nicht auf das Interesse des Klägers abzustellen ist, ist unerheblich, wer klagt (Stein/Jonas, § 7 Rd.Ziff. 2). 1

Wie sich aus dem Wortlaut des § 7 ergibt, werden dingliche Lasten erfaßt, die zugunsten eines **herrschenden Grundstückes** auf dem **dienenden** Grundstück ruhen (Stein/Jonas, § 7 Rd.Ziff. 1). 2

II. Anwendungsbereich des § 7 ZPO

§ 7 gilt unmittelbar für die **Grunddienstbarkeit** i. S. der §§ **1018** ff. BGB. 3
(Hartmann, § 7 ZPO [Anh. I § 12 GKG] Anm. 1 A; Hillach/Rohs, S. 198; Schneider, Streitwert, Rd.Ziff. 2265; Stein/Jonas, § 7 Rd.Ziff. 3; Thomas/Putzo, § 7; Zöller, § 7 Rd.Ziff. 2)

Dabei muß die Grunddienstbarkeit den **Streitgegenstand** bilden. Das ist bei Klagen auf **Bestellung, Beseitigung** und **Feststellung** des Bestehens bzw. Nichtbestehens der Grunddienstbarkeit der Fall; dasselbe gilt, wenn auf Feststellung ihres Umfangs geklagt wird. 4
(Hartmann, § 7 ZPO [Anh. I § 12 GKG] Anm. 1 A; Hillach/Rohs, S. 199; Stein/Jonas, § 7 Rd.Ziff. 6; Thomas/Putzo, § 7; Zöller, § 7 Rd.Ziff. 2)

§ 7 findet auch Anwendung bei Klagen gemäß § 1027 BGB auf **Unterlassung der Beeinträchtigung** einer Grunddienstbarkeit, wenn die Parteien über das Bestehen oder den Umfang der Grunddienstbarkeit streiten; geht es hingegen nur um den Umfang der Störung, richtet sich der Streitwert gemäß § 3 allein nach dem Interesse des Klägers (Hillach/Rohs, S. 199). 5

§ 7 findet **entsprechende Anwendung,** soweit ein ähnliches Verhältnis von herrschendem und dienendem Grundstück wie bei der Grunddienstbarkeit besteht, d. h. eine Wertverschiebung von einem Grundstück zum anderen erfolgt (Stein/Jonas, § 7 Rd.Ziff. 4). 6

Beispiele:
Notweg i. S. d. § 917 BGB (vgl. Stichwort „Eigentum", Rd.Ziff. 7, 8 m.w.N.)
Licht- und Fensterrechte (Stein/Jonas, § 7 Rd.Ziff. 4; Zöller, § 7 Rd.Ziff. 4)
Fischereirechte (Hillach/Rohs, S. 198)

Keine entsprechende Anwendung findet § 7 bei Grundstücksrechten im weiteren Sinne, wenn es nicht um die Beziehung zwischen zwei Grundstücken geht, d. h. wenn keine Wertverschiebung insoweit vorliegt. 7
(Hartmann, § 7 ZPO [Anh. I § 12 GKG] Anm. 1 A; Hillach/Rohs, S. 198; Schneider, Streitwert, Rd.Ziff. 2264; Stein/Jonas, § 7 Rd.Ziff. 5; Zöller, § 7 Rd.Ziff. 5)

Grunddienstbarkeit

> Beispiele:
> Überbau i. S. des § 912 BGB (streitig: vgl. Stichwort „Eigentum", Rd.Ziff. 9, 10 m.w.N.)
> Erbbaurechte
> Dienstbarkeit nach § 1090 BGB
> Nießbrauch
> Reallasten
> Vorkaufsrechte
> (vgl. hierzu näher diese Stichworte)

8   Wird eine **Abwehrklage** gemäß § 1004 BGB (vgl. Stichwort) gegen einen Beklagten erhoben, der kein Recht i. S. des § 7 für sich in Anspruch nimmt, bestimmt sich der Streitwert nach § 3 (Zöller, § 7 Rd.Ziff. 3).

9   § 7 greift auch nicht ein, wenn ein **Dritter** auf Beseitigung der Dienstbarkeit in Anspruch genommen wird (Hillach/Rohs, S. 199).

III. Wertberechnung

10 Für die Wertberechnung nach § 7 sind der **Vorteil** für das herrschende Grundstück durch die Grunddienstbarkeit und der entsprechende Nachteil für das dienende Grundstück zu ermitteln. Der höhere Wert ist für den Streitwert maßgeblich.

Der Vorteil und der Nachteil sind gemäß § 3 nach freiem Ermessen zu schätzen; dabei können erforderliche **Aufwendungen**, z. B. für die Beseitigung einer störenden Anlage, berücksichtigt werden; die Grundstückswerte hingegen haben jedoch grundsätzlich keine Bedeutung, bilden allerdings die oberste Grenze.

> (Hartmann, § 7 ZPO [Anh. I § 12 GKG] Anm. 1 B; Hillach, S. 199; Stein/Jonas, § 7 Rd.Ziff. 9)

Grundpfandrechte

§ 6
s. Stichworte „Pfandrecht", „Grundschuld", „Hypothek".
Zur Frage der Berücksichtigung bei der **Ermittlung des Verkehrswertes** gemäß § 6:
s. Stichworte „Besitz", Rd.Ziff. 25, 26; „Eigentum", Rd.Ziff. 2; „Erbbaurecht", Rd.Ziff. 2
§ 3: s. Stichwort „Aufgebotsverfahren", insbesondere Rd.Ziff. 7

Grundschuld

§§ 1191 ff. BGB, § 6, § 3
Es gelten dieselben Grundsätze wie bei der **Hypothek,** so daß auf das Stichwort dort Bezug genommen wird.

Grundschuldbrief

§ 3, nicht § 6 (Herausgabe)
s. Stichwort „Besitz", Rd.Ziff. 20
§ 3, §§ 946 ff., §§ 1003 ff. (Kraftloserklärung)
s. Stichwort „Aufgebotsverfahren", insbesondere Rd.Ziff. 4

Grundstück

Der Streitwert bei **Herausgabeklagen** ist unabhängig davon, ob sie auf den Besitz, das Eigentum oder ein Erbbaurecht gestützt werden, gemäß § 6 nach dem **Verkehrswert** zu bestimmen; der Einheitswert oder der Versicherungswert spielen keine Rolle. 1

(vgl. näher Stichworte „Besitz", Rd.Ziff. 23, „Eigentum", Rd.Ziff. 2, „Erbbaurecht", Rd.Ziff. 1)

Es kommt daher darauf an, welcher Betrag sich bei einer Veräußerung zum Zeitpunkt der Klageerhebung bzw. der Rechtsmitteleinlegung (§ 4 I) erzielen läßt; ist der Wert bis zum Ende der Instanz gestiegen, ist gemäß § 15 I GKG dieser erhöhte Wert für den Rechtsmittelstreitwert von Bedeutung.

Ist das Grundstück bebaut, ist sein Wert im bebauten Zustand maßgebend; darüber hinaus kann die Bebaubarkeit bzw. die Unbebaubarkeit zu berücksichtigen sein (vgl. Stichwort „Besitz", Rd.Ziff. 24).

Einwendungen, insbesondere **Gegenrechte** des Beklagten, bleiben für die Ermittlung des Verkehrswertes ohne Bedeutung (vgl. Stichwort „Besitz", Rd.Ziff. 13). Nach der von uns vertretenen Auffassung sind aber dingliche Belastungen des Grundstückes wertmindernd zu berücksichtigen (vgl. Stichwort „Besitz", Rd.Ziff. 26). 2

Geht es um die **Erteilung einer Auflassung** bzw. **Rückauflassung,** bestimmt sich der Streitwert ebenfalls gemäß § 6 nach dem Verkehrswert des Grundstückes, wobei es nicht auf den Rechtsgrund 3

Beispiele:
Kaufvertrag, Schenkung, Rückgewährschuldverhältnis aufgrund einer Wandlung

ankommt.

(OLG München, JurBüro 81, 892; OLG Düsseldorf, JurBüro 87, 395; OLG Bamberg, JurBüro 90, 94 und 773; Hartmann, Anh. I § 12 GKG Stichwort „Auflassung"; Hillach/Rohs, S. 192; Schneider, Streitwert, Rd.Ziff. 315 f., 320)

Die vom Kläger zu erbringende **Gegenleistung** bleibt unberücksichtigt.

(OLG Karlsruhe, JurBüro 88, 1551; a. A. für Minimalbetrag: OLG Frankfurt/Main, JurBüro 79, 1885)

Bestritten ist, ob § 6 auch bei einer Klage auf **Entgegennahme der Auflassung** durch den Beklagten Anwendung findet 4

(so: Hartmann, Anh. I § 12 GKG Stichwort „Auflassung")

oder ob in diesen Fällen der Streitwert gemäß § 3 nach dem Interesse des Klägers zu schätzen ist, wobei hier z. B. die Befreiung von steuerlichen Kosten oder Versicherungsprämien bedeutsam sein kann.

(Hillach/Rohs, S. 194; Schneider, Streitwert, Rd.Ziff. 324; Stein/Jonas, § 6 Rd.Ziff. 11; Thomas/Putzo, § 3 Stichwort „Auflassung"; Zöller, § 3 Rd.Ziff. 16 Stichwort „Auflassung")

Wir folgen der Ansicht, nach der § 3 anzuwenden ist. Gegenstand einer solchen Klage ist nämlich nicht der Besitz oder das Eigentum.

Das gilt auch im übrigen. Geht es nicht um das Grundstück selbst, sondern wird mit der Klage ein anderes Ziel verfolgt, ist der Streitwert nicht nach § 6, sondern immer im Wege der Schätzung nach § 3 zu bestimmen, soweit nicht eine andere Sonderregelung eingreift. 5

Beispiele:
1. Es geht allein um die **lastenfreie Umschreibung** des Grundstückes:
   Streitwert gemäß § 3 nach dem Interesse des Klägers, das der valutierten Höhe der Belastung entspricht (Schneider, Streitwert, Rd.Ziff. 2307).
2. Es wird nur ein **Vermessungsergebnis** angegriffen:
   Streitwert gemäß § 3 nach dem Interesse des Klägers an der Beseitigung des ungültigen Meßergebnisses (OLG Bamberg, JurBüro 82, 1720; Schneider, Streitwert, Rd.Ziff. 325, 2314).

Grundstück

    3. Der Beklagte soll mit der Klage gezwungen werden, den Notar zur Stellung des Umschreibungsantrages zu veranlassen oder diesem gegenüber zu erklären, der Kläger habe den Kaufpreis gezahlt:
Streitwert gemäß § 3 nach dem entsprechenden wirtschaftlichen Interesse, auch wenn ein Auflassungsantrag gestellt wird (OLG Düsseldorf, JurBüro 87, 1380; Schneider, Streitwert, Rd.Ziff. 327 f.).

6   Bei einer Klage auf **Grundbuchberichtigung** (§ 894 BGB) richtet sich der Streitwert gemäß § 6 nach dem Verkehrswert, wenn zugleich die Feststellung des Eigentums bezweckt wird; andernfalls ist der Streitwert nach § 3 zu bewerten, wobei ein geringerer Wert als der Verkehrswert maßgeblich ist, wenn es nur um die formale Position geht, die Eigentumsverhältnisse hingegen unstreitig sind.

    (OLG Zweibrücken, JurBüro 87, 265; Hillach/Rohs, S. 197; Schneider, Streitwert, Rd.Ziff. 2256 f., 2303; Zöller, § 3 Rd.Ziff. 16 Stichwort „Berichtigung des Grundbuches")

7   Besonderheiten können sich bei der **Auflassungsvormerkung**, bei **Baulandsachen**, beim **Erbbaurecht**, bei der **Enteignung** und bei einem **Widerspruch** gegen die Unrichtigkeit des Grundbuchs ergeben. Insoweit wird auf die entsprechenden Stichworte Bezug genommen.

8   Der Streitwert für das **Aufgebotsverfahren** zum Zwecke der Ausschließung des Grundstückseigentümers (§§ 946 ff., §§ 977 ff.) richtet sich gemäß § 3 nach dem Interesse des Eigentümers, wobei der Rechtsgedanke des § 6 S. 1 zu berücksichtigen ist (vgl. oben Stichwort „Aufgebotsverfahren", insbesondere Rd.Ziff. 6 m.w.N.). Zuständig ist unabhängig vom Streitwert gemäß § 23 Ziff. 2 h GVG das Amtsgericht.

Haftpflichtversicherungsschutz

s. Stichwort „Deckungsprozeß"
s. Stichwort „Versicherungsschutz", Rd.Ziff. 6

Handelsregistereintragung

§ 3 (Abgabe einer Willenserklärung)
s. Stichworte „Gesellschaftsrecht", Rd.Ziff. 5, „Willenserklärung"

Handelsvertreter

s. Stichwort „Ausgleichsansprüche", Rd.Ziff. 3

Hausmeisterwohnung

§ 8, § 16 GKG
s. Stichwort „Miete und Pacht", Rd.Ziff. 7

Hausrat

1   Für Streitigkeiten über den Hausrat zwischen **nichtverheirateten Personen** sind keine Sonderregelungen vorhanden. Sie richten sich nach den allgemeinen Bewertungsvorschriften, insbesondere nach § 6 i.V.m. § 12 I GKG, wenn die Herausgabe von Hausratsgegenständen verlangt wird (vgl. Stichwort „Herausgabe"). Das gilt auch für die nichteheliche Lebensgemeinschaft (Schneider, Streitwert, Rd.Ziff. 2335).

2   Können sich die **Ehegatten** anläßlich der **Scheidung** ihrer Ehe nicht über den Hausrat einigen, wird auf Antrag das in der **Hausratsverordnung**

Hausrat

(Verordnung über die Behandlung der Ehewohnung und des Hausrats – Sechste Durchführungsverordnung zum Ehegesetz – vom 21. Oktober 1944, Reichsgesetzblatt I S. 256; abgedruckt unter Nr. 44 im Schönfelder)
geregelte gerichtliche Verfahren durchgeführt. Zuständig ist nach § 11 HausratsVO, § 23 b I Ziff. 8 GVG, § 621 I Nr. 7, das Familiengericht.

Wird das Hausratsverfahren **nicht im Verbund** mit dem Scheidungsverfahren nach § 623 durchgeführt (vgl. hierzu Stichwort „Folgesachen"), gilt für den Geschäftswert § 21 II HausratsVO. Danach ist der Wert des Hausrates oder, soweit der Streit im wesentlichen nur die Benutzung des Haurates betrifft, das Interesse der Beteiligten an der Regelung – grundsätzlich ¼ des Hausratswertes (OLG Düsseldorf, JurBüro 92, 53) – maßgeblich. Nach § 21 II S. 3 HausratsVO wird der Wert von Amts wegen festgesetzt. 3

Bedeutsam ist nicht der Wiederbeschaffungswert oder der Neuwert, sondern der in der Regel niedrigere **Verkehrswert des Hausrates.** 4

(OLG Saarbrücken, AnwBl. 84, 372; Schneider, Streitwert, Rd.Ziff. 2340, 2346)

Einzubeziehen ist der **gesamte Hausrat,** und nicht nur der Anteil des Antragsgegners; das ergibt sich nach unserer Auffassung aus dem Wortlaut des § 21 II S. 1 HausratsVO.

(so auch OLG Frankfurt, JurBüro 89, 1563; Schneider, Streitwert, Rd.Ziff. 2339; Zöller, § 3 Rd.Ziff. 16 Stichwort „Hausrat"; a. A. OLG Saarbrücken, AnwBl. 81, 405; Schneider, Streitwert, Rd.Ziff. 1869)

Im Rechtsmittelverfahren kommt es nur auf den Wert der Gegenstände an, für die eine anderweitige Zuteilung erstrebt wird. 5

(OLG Frankfurt/Main, JurBüro 84, 753; Schneider, Streitwert, Rd.Ziff. 2341)

Auch für einen **Vergleich** über den Hausrat ist der Verkehrswert, nicht der Wiederbeschaffungswert bedeutsam. 6

(OLG Saarbrücken, AnwBl. 84, 372; Schneider, Streitwert, Rd.Ziff. 2346)

Das Hausratsverfahren kann nach §§ 621 I Ziff. 7, 623 I **im Verbund** mit dem Scheidungsverfahren durchgeführt werden. Dann gilt ein einheitlicher Streitwert nach § 19 a GKG, der sich aus einer Addition der Einzelwerte ergibt (vgl. hierzu näher Stichwort „Folgesachen"). Insoweit ist das Hausratsverfahren nach §§ 3, 6 i. V. m. § 12 I GKG zu bewerten, wobei in der Regel in diesem Rahmen in Anlehnung an § 21 II HausratsVO ebenfalls auf den Verkehrswert des gesamten Hausrats abzustellen ist. (vgl. hierzu Stichwort „Folgesachen", Rd.Ziff. 31). 7

Wird im Verbundverfahren die Erklärung abgegeben, der Hausrat sei bereits geteilt, ist insoweit im Rahmen des § 19 a GKG kein eigener Wert anzusetzen (Schneider, Streitwert, Rd.Ziff. 2349).

Eine Sonderregelung ist in § 20 II S. 2 GKG für das einstweilige Anordnungsverfahren enthalten (vgl. Stichwort „Einstweilige Anordnung"). 8

Heimfallanspruch

§ 2 Nr. 4 ErbbauVO, § 6
s. Stichwort „Erbbaurecht", Rd. Ziff. 3

Herausgabe

Die Besonderheiten für Klagen auf Herausgabe einer Sache sind bei den einzelnen Stichworten dargestellt worden.

Grundsätzlich richtet sich der Streitwert gemäß § 6 S. 1 nach dem **Verkehrswert** der Sache (vgl. hierzu näher Stichwort „Besitz"). Jedoch können auch streitwertrechtliche Sondervorschriften eingreifen, so z. B. § 8, § 16 I GKG bei einer Klage auf Herausgabe der

Herausgabe

Mietsache, wenn das Bestehen oder die Dauer des Mietverhältnisses im Streit ist, oder § 16 II GKG bei den dort genannten Räumungsklagen (vgl. Stichwort „Miete und Pacht", Rd.Ziff. 24 ff.).

Soweit es um die Herausgabe von Urkunden geht, findet § 6 S. 1 nur bei echten Wertpapieren Anwendung; im übrigen bestimmt sich der Streitwert nach § 3, d. h. das Interesse des Klägers an der Herausgabe ist maßgebend.

(vgl. Stichworte „Urkunden" sowie „Bürgschaft", Rd.Ziff. 4 [Bürgschaftsurkunde], „Erbschein", „Erbrechtliche Streitigkeiten", Rd.Ziff. 5, 9 [Nachlaß], 13 [Erbschein], 15 [Testament, Erbvertrag], „Kraftfahrzeugbrief", „Schuldtitel", „Vollstreckungsgegenklage" [Schuldtitel], „Gesellschaftsrecht", Rd.Ziff. 6 [Aktien usw.])

Der Wert einer auf die Herausgabe von Goldbarren gerichteten Klage bestimmt sich nach dem an der Börse geltenden Ankaufkurs (BGH, NJW-RR 91, 1210).

Im übrigen wird auf die Stichworte, insbesondere „Eigentum", „Eigentumsvorbehalt" (Rd.Ziff. 1), „Einstweilige Verfügung" (Rd.Ziff. 4) und „Zwangsvollstreckung zur Erwirkung der Herausgabe von Sachen", Bezug genommen.

Herausgabevollstreckung

§§ 883 ff., § 6

s. Stichwort „Zwangsvollstreckung zur Erwirkung der Herausgabe von Sachen"

Hilfsanträge

s. Stichworte:
„Echte Hilfsanträge"
„Rechtsmittel", Rd.Ziff. 17
„Unechte Hilfsanträge"
„Vergleich", Rd.Ziff. 17

Hilfswiderklage

s. Stichwort „Widerklage", insbesondere Rd.Ziff. 8

Hinterlegung

1   Bei einer Klage auf Vornahme der Hinterlegung ist der Streitwert gemäß § 3 nach dem Interesse des Klägers an dieser Handlung zu schätzen.

2   Bei einer Klage auf Einwilligung in die Auszahlung einer hinterlegten Geldsumme oder in die Herausgabe der Sache wird die Abgabe einer Willenserklärung begehrt. Das Interesse des Klägers richtet sich aber auf den hinterlegten Betrag oder die hinterlegte Sache, so daß der Streitwert gemäß § 6 nach dem Wert des Betrages oder der Sache zu ermitteln ist.

(Hillach/Rohs, S. 119; Schneider, Streitwert, Rd.Ziff. 2510, 2519; Stein/Jonas, Rd.Ziff. 48 Stichwort „Hinterlegung"; Zöller, § 3 Rd.Ziff. 16 Stichwort „Hinterlegung")

3   Begehrt der Kläger nur einen Teil des hinterlegten Betrages, ist auch nur dieser Teilbetrag wertbestimmend (Schneider, Streitwert, Rd.Ziff. 2512).

4   Bei den Zinsen handelt es sich nicht um Nebenforderungen i. S. des § 4 I, da diese zusammen mit dem hinterlegten Grundbetrag die Hinterlegungssumme darstellen; deshalb sind die Zinsen bei der Wertermittlung mitzuberücksichtigen.

(BGH, MDR 67, 280; OLG Köln, JurBüro 80, 281; Schneider, Streitwert, Rd.Ziff. 2517; Zöller, § 3 Rd.Ziff. 16 Stichwort „Hinterlegung")

Wird mit der Klage und der **Widerklage** jeweils die Einwilligung in den hinterlegten Betrag begehrt, handelt es sich um einen einheitlichen Streitgegenstand i. S. des § 19 I S. 1 GKG, so daß für den Gebührenstreitwert eine Addition nicht stattfindet. 5

(Schneider, Streitwert, Rd.Ziff. 2516; vgl. auch Stichwort „Widerklage", Rd.Ziff. 4 ff.)

Erfolgt eine **Sicherheitsleistung** durch Hinterlegung von Geld oder Wertpapieren (§ 232 BGB), erwirbt der Berechtigte grundsätzlich kraft Gesetzes gemäß § 233 BGB ein gesetzliches **Pfandrecht** an dem hinterlegten Geld oder an den hinterlegten Wertpapieren. Bei einem Streit über dieses Pfandrecht richtet sich der Streitwert gemäß § 6 S. 1 und 2 nach dem Wert der Forderung oder nach dem Wert des hinterlegten Geldes bzw. der hinterlegten Wertpapiere, falls dieser Pfandgegenstand einen geringeren Wert hat (vgl. allgemein Stichwort „Pfandrecht"). Der Wert der zu sichernden Forderung bestimmt sich nach allgemeinen Grundsätzen, so daß z. B. Nebenforderungen i. S. des § 4 6

Beispiele:
Zinsen, Kosten (vgl. näher Stichwort „Nebenforderungen")

nicht berücksichtigt werden.

(vgl. allgemein Stichwort „Forderungen" mit den dort angegebenen Nachweisen)

Im Rahmen des § 233 BGB wird der hinterlegte Geldbetrag grundsätzlich mit dem Wert der zu sichernden Forderung identisch sein, so daß § 6 S. 2 selten zur Anwendung kommt. Der Wert von Wertpapieren bestimmt sich nach deren Verkehrswert (vgl. allgemein Stichwort „Wertpapiere").

Bezüglich des Streitwertes bei einer Klage eines **Miterben** gegen den anderen auf Hinterlegung wird auf das Stichwort „Erbrechtliche Streitigkeiten", Rd.Ziff. 5, Bezug genommen. 7

Hypothek

Die Hypothek (§§ 1113 ff. BGB) gehört zu den Grundpfandrechten (vgl. hierzu allgemein Stichwort „Pfandrecht"). 1

Der Streitwert für Klagen auf **Eintragung, Abtretung** oder **Löschung** sowie auf Feststellung des **Bestehens** oder **Nichtbestehens** der Hypothek richtet sich nach § 6; maßgebend ist der Betrag der Hypothek oder der geringere Verkehrswert des Grundstückes.

(Hartmann, § 6 ZPO [Anh. I § 12 GKG] Anm. 3 B b; Hillach/Rohs, S. 194 f., 203; Schneider, Streitwert, Rd.Ziff. 2521, 2523; Stein/Jonas, § 3 Rd.Ziff. 48, Stichwort „Hypothek"; Zöller, § 3 Stichwort „Hypothek")

Dabei kommt es nach h. M. — der wir uns anschließen — nur auf den **Nennbetrag** der Hypothek, nicht auf die Valutierung an.

(h. M.: OLG Celle, MDR 77, 935; OLG Frankfurt, JurBüro 77, 720; Hartmann, § 6 ZPO [Anh. I § 12 GKG] Anm. 3 B, b; Hillach/Rohs, S. 205; Stein/Jonas, § 3 Rd.Ziff. 48 Stichwort „Hypothek"; a. A. OLG Hamburg, MDR 75, 846; Zöller, § 3 Rd.Ziff. 16 Stichwort „Hypothek")

Bei der **Höchstbetragshypothek** ist der im Grundbuch eingetragene Höchstbetrag zugrunde zu legen (Hartmann, § 6 ZPO [Anh. I § 12 GKG] Anm. 3 B).

Bei **positiven Feststellungsklagen** ist im Falle des § 6 nicht der übliche Abschlag von 20% 2

(vgl. Stichwort „Feststellungsklage", Rd.Ziff. 1 ff.)

zu machen, da Feststellungsklagen den Hauptanwendungsfall des § 6 darstellen.

(Hillach/Rohs, S. 205; vgl. allgemein Stichwort „Pfandrecht", Rd.Ziff. 5)

Der Streitwert bei Klagen auf **Einräumung des Vorranges** bestimmt sich entsprechend § 6 nach dem geringeren Wert der beiden Grundpfandrechte oder des noch geringeren Verkehrswertes des Grundstückes (Hillach/Rohs, S. 208). 3

Hypothek

4   Der Streitwert für Klagen auf **Duldung der Zwangsvollstreckung** nach § 1147 BGB richtet sich gemäß § 6 S. 1 und 2 nach dem geringeren Betrag der Forderung oder des Grundstückes.

(Hillach/Rohs, S. 208; vgl. auch Stichwort „Duldungsklagen", Rd.Ziff. 3)

5   Bei einer Klage auf **Befreiung von einer Hypothek** bemißt sich der Streitwert nach dem Wert der Forderung, wegen der die Zwangsvollstreckung aus dem Grundpfandrecht droht (Hillach/Rohs, S. 208).

6   Der Streitwert für eine Klage auf **Herausgabe des Hypothekenbriefes** richtet sich nach § 3, d. h. maßgeblich ist das Interesse des Klägers am Besitz des Briefes.

(OLG Bremen, Rpfleger 85, 77; Hillach/Rohs, S. 207)

Dasselbe gilt im Verfahren auf **Kraftloserklärung** eines Hypothekenbriefes.

(Schneider, Streitwert, Rd.Ziff. 2526; vgl. näher oben Stichwort „Aufgebotsverfahren", insbesondere Rd.Ziff. 4)

7   Zu den Besonderheiten einer **Bauhandwerkersicherungshypothek** und der Eintragung einer **Vormerkung** wird auf das entsprechende **Stichwort** sowie auf das Stichwort „Einstweilige Verfügung" Bezug genommen.

Hypothekenbrief

§ 3, nicht § 6
s. Stichwort „Aufgebotsverfahren", Rd.Ziff. 4
s. Stichwort „Besitz", Rd.Ziff. 20

Immissionen

Bei Unterlassungsklagen bezüglich Immissionen nach §§ 903, 906, 907, 1004 BGB ist für den Streitwert gemäß § 3 auf das Interesse des Klägers abzustellen; maßgebend ist der durch die Immission verursachte Wertverlust der beeinträchtigten Sache; auf das Abwehrinteresse des Beklagten kommt es nur bezüglich des Rechtsmittelstreitwertes an, wenn der Beklagte das Rechtsmittel einlegt.

(OLG Schleswig, JurBüro 73, 637; Schneider, Streitwert, Rd.Ziff. 2546, 2547; Stein/Jonas, § 3 Rd.Ziff. 49 Stichwort „Immissionen")

Inhaberpapiere

§ 6, § 3
s. Stichwort „Wertpapiere"
Wiederinkurssetzung nach Pfändung: § 823, § 6 S. 1 und 2
s. Stichwort „Zwangsvollstreckung wegen einer titulierten Geldforderung"

Kaufvertrag

1   Soweit auf **Zahlung des Kaufpreises** geklagt wird, richtet sich der Streitwert gemäß § 6 S. 1 nach der Forderung, soweit sie geltend gemacht wird, d. h. also nach der bezifferten Summe.

(Hillach/Rohs, S. 128; Schneider, Streitwert, Rd.Ziff. 2568; Stein/Jonas, § 3 Rd.Ziff. 51, Stichwort „Kaufvertrag"; s. auch Stichwort „Geldforderungen")

Nebenforderungen bleiben unberücksichtigt, soweit es sich um solche des § 4 und § 22 I GKG handelt; dies gilt aber z. B. nicht für die Mehrwertsteuer (vgl. Stichwort „Nebenforderungen", Rd.Ziff. 2, 3).

2   Die vorstehenden Ausführungen gelten auch bei **Ratenzahlungsvereinbarungen**; § 9 findet hingegen keine Anwendung (Schneider, Streitwert, Rd.Ziff. 2569).

Wird auf **Übergabe** und **Übereignung** der Kaufsache geklagt, ist nach § 6 S. 1 der 3
Verkehrswert der Sache maßgeblich;
    (Hillach/Rohs, S. 129; Schneider, Streitwert, Rd.Ziff. 2570; vgl. hierzu allgemein Stichwort „Besitz")
der entscheidende Zeitpunkt ist die Einreichung der Klage oder die Einlegung des Rechtsmittels (§ 4 I, § 12 I GKG); soweit der Wert am Ende der Instanz höher ist als zu Beginn, ist dieser Wert gemäß § 15 I GKG für den Gebührenstreitwert bedeutsam.
    (vgl. hierzu allgemein Stichwort „Besitz", Rd.Ziff. 12; Abschnitt 1, Rd.Ziff. 29 ff.)
Das gilt auch dann, wenn die Parteien nur über eine **Gegenforderung** streiten; etwaige Besonderheiten können sich hier nur für den Rechtsmittelstreitwert ergeben.
    (vgl. Stichwort „Besitz", Rd.Ziff. 13; a. A. wohl Schneider, Streitwert, Rd.Ziff. 2570)
Wegen der Besonderheiten bei der Klage auf **Abnahme** wird auf das entsprechende 4
Stichwort Bezug genommen.
Geht es um die Zustimmung zur **Wandelung** (§ 465 BGB), ohne daß gleichzeitig auf 5
Rückgabe der bewirkten Leistung geklagt wird (§§ 467, 346 BGB), ist der Streitwert nach § 3 zu schätzen; maßgeblich ist das Interesse des Klägers an der Rückgängigmachung des Kaufs.
    (Hillach/Rohs, S. 133; zur Wandelung vgl. näher Stichwort)
Wird neben der Wandelung gleichzeitig auf **Rückgewähr** der Leistung geklagt, richtet sich 6
der Streitwert gemäß § 6 S. 1 entweder nach dem Wert der Geldforderung (vgl. Rd.Ziff. 1) oder nach dem Wert der Kaufsache (vgl. Rd.Ziff. 3); auf den Wert der Gegenleistung kommt es nicht an (vgl. Stichwort „Wandelung").
Bei einer Klage auf Zahlung des **Minderungsbetrages** (vgl. §§ 462, 472 BGB) ist gemäß § 6 7
S. 1 der geforderte Betrag maßgeblich (vgl. Stichwort „Minderung").
Bezüglich des **Vorkaufsrechts** wird auf das entsprechende Stichwort Bezug genommen. 8

Kaution

Die Kaution ist eine Form der Sicherstellung (vgl. Stichwort). Bei Klagen auf Leistung oder Freigabe der Kaution findet § 6 S. 1 Anwendung, so daß der Wert der zu sichernden Forderung maßgeblich ist.
    (Stein/Jonas, § 6 Rd.Ziff. 1; vgl. hierzu allgemein Stichworte „Pfandrecht" und „Sicherstellung")

Kind

s. Stichworte:
„Einstweilige Anordnung", insbesondere Rd.Ziff. 7 f., 14 ff.
„Folgesachen", insbesondere Rd.Ziff. 22 ff.
„Kindesherausgabe"
„Kindschaftssachen"
„Umgang mit dem Kind"
„Unterhaltsansprüche"

Kindesherausgabe

I. Familiensache

Liegt eine **Familiensache** gemäß § 621 I Nr. 3 vor und besteht mit der Scheidungssache ein 1
Verbund nach § 623, gelten für den Gebührenstreitwert § 12 II (Regelstreitwert nach

Kindesherausgabe

S. 3: 1500,– DM) und § 19a GKG; im isolierten FFG-Verfahren beträgt der Ausgangswert nach § 30 II, III KostO 5000,– DM.

    (s. näher Stichwort „Folgesachen", insbesondere Rd.Ziff. 22)

Für die **einstweilige Anordnung** fallen erstinstanzlich keine Kosten an. Der Streitwert für die Anwaltsgebühren richtet sich nach § 8 II S. 3 BRAGO, wonach von einem Regelstreitwert von 1000,– DM auszugehen ist.

    (vgl. Stichwort „Einstweilige Anordnung", insbesondere Rd.Ziff. 7, 14 ff.)

II. Klage gegen einen Dritten

2 Wenn sich die Herausgabeklage gegen einen Dritten richtet, ist der Streitwert nach § 12 II S. 1 GKG unter Berücksichtigung der Umstände des Einzelfalles zu bestimmen.

    (vgl. zu den einzelnen Kriterien näher Stichworte „Nichtvermögensrechtliche Streitigkeiten" und „Kindschaftssachen")

Da es sich weder um eine Familiensache noch um eine Kindschaftssache handelt, gelten nicht die in § 12 II S. 3 GKG genannten Ausgangswerte. Wegen der besonderen Bedeutung der Angelegenheit sollte aber der Ausgangswert für Kindschaftssachen in Höhe von 4000,– DM (§ 12 II S. 3 GKG) jedenfalls grundsätzlich nicht unterschritten werden.

    (Schneider, Streitwert, Rd.Ziff. 2583; Stein/Jonas, § 3 Rd.Ziff. 51 Stichwort „Kindesherausgabeklagen")

§ 19a GKG findet auf Klagen gegen einen Dritten keine Anwendung.

Kindschaftssachen

1 Zu den **Kindschaftssachen** zählen die in § 640 II aufgeführten Rechtsstreitigkeiten, nämlich: Abstammungsstreitigkeiten,
        Anfechtung der Ehelichkeit,
        Feststellung/Anfechtung der Vaterschaftsanerkennung

sowie die Feststellung des Bestehens oder Nichtbestehens der elterlichen Sorge. Insoweit handelt es sich um eine **nichtvermögensrechtliche Streitigkeit.**

    (Hartmann, § 12 GKG Anm. 2 C; vgl. auch 1. A., Rd.Ziff. 2 ff.)

2 **Zuständig** für Kindschaftssachen sind in erster Instanz nach § 23a Nr. 1 GVG die Amtsgerichte und in zweiter Instanz die Oberlandesgerichte (§ 119 I Nr. 1, 2 GVG). Auf einen Zuständigkeits- und einen Rechtsmittelstreitwert kommt es nicht an.

3 Für den Gebührenstreitwert gilt nach § 12 II S. 3 GKG in Kindschaftssachen ein **Regelstreitwert** von 4000,– DM. Dieser kann unter Berücksichtigung der Grundsätze des § 12 II S. 1 GKG (vgl. Stichwort „Nichtvermögensrechtliche Streitigkeiten") unter- oder überschritten werden, wobei die in § 12 II S. 4 GKG dargestellten Ausnahmen für Ehesachen nicht auf Kindschaftssachen übertragen werden können (Schneider, Streitwert, Rd.Ziff. 2586). Daher gilt als Mindestgrenze 600,– DM und als Höchstwert 2 000 000,– DM (vgl. § 12 II S. 4 GKG). Die Grenzen für eine Herabsetzung des Streitwertes sind allerdings wegen der Bedeutung der Kindschaftssachen eng zu ziehen (Schneider, Streitwert, Rd.Ziff. 2590), so daß der Regelstreitwert grundsätzlich nicht unterschritten werden sollte.

    (OLG Düsseldorf, NJW 72, 114; Hartmann, § 12 GKG Anm. 2 G)

4 Wird die Ehelichkeit **mehrerer Kinder,** z. B. bei Zwillingen, angefochten, liegen mehrere Ansprüche vor, die einzeln – im Zweifel nach dem Regelstreitwert – zu bewerten und zu einem Gesamtwert nach § 5 i. V. m. § 12 I GKG zu addieren sind.

    (OLG Karlsruhe, Justiz 87, 146; Hartmann, § 12 GKG Anm. 2 G; Schneider, Streitwert, Rd.Ziff. 2588)

Eine der Sondervorschrift des § 19 a S. 2 GKG entsprechende Regelung – diese gilt für den Verbund von Scheidungssachen und Folgesachen – ist für Kindschaftssachen nicht vorhanden (vgl. hierzu Stichwort „Folgesachen", Rd.Ziff. 18).

§ 12 III GKG gilt auch für Kindschaftssachen. 5
> (OLG München, JurBüro 81, 1376; OLG Hamm, JurBüro 84, 1214; Hartmann, § 12 GKG Anm. 3; Schneider, Streitwert, Rd.Ziff. 2587, 2613; Zöller, § 3 Rd.Ziff. 16 Stichwort „Kindschaftssachen")

Danach ist bei einer Verbindung des nichtvermögensrechtlichen Anspruchs mit einem aus ihm hergeleiteten vermögensrechtlichen Anspruch für den Gebührenstreitwert nur ein Anspruch, und zwar der höhere maßgeblich.

> **Beispiel:**
> Mit dem Anspruch auf Feststellung der Vaterschaft wird ein solcher auf Zahlung des Regelunterhalts (§ 643) verbunden.

Klageerweiterung

Hier gelten dieselben Grundsätze wie bei der Prozeßverbindung (vgl. Stichwort dort), insbesondere müssen auch hier zwei Streitwerte unter Angabe des maßgeblichen Zeitpunktes angegeben werden. Die Nr.-1010-Gebühr des KV als Anlage 1 zu § 11 I GKG und die Prozeßgebühr gemäß § 31 I Ziff. 1 BRAGO entstehen allerdings nur einmal, und zwar gemäß § 13 II BRAGO, § 21 III GKG nach dem höchsten Wert (vgl. Teil B, Rd.Ziff. 33, 37, 67, 75, 119).

Klagenhäufung

I. Allgemeines

Wenn mehrere Ansprüche in einem Rechtsstreit zusammentreffen, ist zunächst bedeutsam, ob **verschiedene Streitgegenstände** 1
> (zum Begriff vgl. Abschnitt 1, Rd.Ziff. 19 f.; dieses Problem wird näher dargestellt in Anders/Gehle, Rd.Ziff. 393)

vorliegen. Wenn diese Frage zu verneinen ist, gelten für den Streitwert keine Besonderheiten. Es findet keine Wertaddition statt.
> (Schneider, Streitwert, Rd.Ziff. 2845, 2851; Schumann, NJW 82, 2800)

> **Beispiele:**
> Verletzung einer vertraglichen Nebenpflicht, die zu einer Eigentumsverletzung führt. Hier kommen Ansprüche aus Vertrag (positive Forderungsverletzung) und Delikt, § 823 I BGB, in Betracht. Es liegt aber nur ein Streitgegenstand vor, so daß eine Wertaddition nicht vorzunehmen ist.
> Ansprüche des Bauunternehmers auf Abschlags- und Schlußzahlung = ein Streitgegenstand (BGH, NJW 85, 1840).
> Ehelicher und nachehelicher Unterhalt = verschiedene Streitgegenstände (BGH, NJW 81, 978; OLG Hamm, FamRZ 88, 402).

Wenn verschiedene Streitgegenstände (= prozessuale Ansprüche) vorliegen, kann dies 2
Einfluß auf den Streitwert haben. Zwingend ist das jedoch nicht. Abgesehen von verschiedenen Sonderregelungen ist in diesem Zusammenhang eine wirtschaftliche Betrachtungsweise von Bedeutung. Die verschiedenen Ansprüche können allein vom Kläger oder von beiden Parteien

> **Beispiele:**
> Widerklage, Aufrechnung

geltend gemacht werden, und zwar kumulativ, alternativ und eventualiter sowie stufen-

Klagenhäufung

weise. Daneben können auch unter bestimmten Voraussetzungen wechselseitige Rechtsmittel eingelegt werden.

(vgl. hierzu Stichwort „Rechtsmittel" Rd.Ziff. 31 ff.)

Mehrere Ansprüche treffen darüber hinaus auch zusammen, wenn mehrere Beteiligte auf einer Seite vorhanden sind (= subjektive Klagenhäufung). An dieser Stelle soll nur das Zusammentreffen mehrerer Ansprüche auf einer Seite (= objektive Klagenhäufung nach § 260) und die subjektive Klagenhäufung (§§ 59 ff.) besprochen werden.

Im übrigen wird auf folgende Stichworte verwiesen: „Alternativer Klageantrag", „Aufrechnung", „Echte Hilfsanträge", „Unechte Hilfsanträge", „Rechtsmittel", „Stufenklage" und „Widerklage".

II. Grundsatz der Zusammenrechnung

3   Im Falle einer objektiven Klagenhäufung bestimmt § 5, 1. Halbs. als Grundregel, daß die Streitwerte der verschiedenen Ansprüche zusammenzurechnen sind. Dasselbe gilt für die subjektive Klagenhäufung.

(Baumbach/Lauterbach/Albers/Hartmann, § 5 Anm. 2 A; Frank, S. 71; Schneider, Streitwert, Rd.Ziff. 2854)

§ 5, 1. Halbs. bezieht sich unmittelbar auf den **Zuständigkeitsstreitwert**. Der 1. Halbsatz gilt auch für **den Rechtsmittelstreitwert**. Besonderheiten ergeben sich insoweit allerdings bei Klage und Widerklage.

(vgl. Stichwort „Widerklage", Rd.Ziff. 1 ff. und „Rechtsmittel", Rd.Ziff. 15)

Darüber hinaus gilt § 5, 1. Halbs. subsidiär auch für den **Gebührenstreitwert** (§ 12 I GKG), soweit nicht Sonderregelungen des GKG

Beispiele:
§§ 12 III, 16 III, 17 IV, 18, 19 GKG

eingreifen.

4   § 5 unterscheidet nicht zwischen **vermögensrechtlichen** und **nichtvermögensrechtlichen Ansprüchen**. Auch bei nichtvermögensrechtlichen Streitigkeiten findet daher grundsätzlich eine Zusammenrechnung statt.

(OLG Hamm, JurBüro 51, 21; Schneider, Streitwert, Rd.Ziff. 2867 ff.; Thomas/Putzo, § 5 Anm. 2 d; a. A. wohl für den Streitgenossen-Prozeß: VG Berlin, KostRspr. § 115 BRAGO Nr. 107; zu den Begriffen vgl. oben Abschnitt 1, Rd.Ziff. 16 ff.)

Für den Gebührenstreitwert ist allerdings in § 12 III GKG insoweit eine Sonderregelung vorhanden, als eine Zusammenrechnung nicht stattfindet, wenn mit einem vermögensrechtlichen Anspruch ein aus ihm hergeleiteter vermögensrechtlicher Anspruch verbunden ist; dann ist der höhere Wert maßgebend (vgl. unter Stichwort „Nichtvermögensrechtliche Streitigkeiten").

Beispiele:
Anspruch auf Feststellung der Vaterschaft und auf Zahlung des Regelunterhaltes gem. § 643.
(KG, NJW 73, 1050; OLG Hamm, Rpfleger. 84, 333; Hartmann, § 12 GKG Anm. 3; Thomas/Putzo, § 5 Anm. 3 c, aa)

Eltern streiten über das Personensorgerecht und über den Unterhalt für das gemeinsame Kind = kein Fall des § 12 III GKG.
(OLG Schleswig, JurBüro 77, 836; Frank, S. 184; Hartmann, § 12 GKG, Anm. 3)

Anspruch auf Getrenntleben und auf Übertragung des Personensorgerechts = kein Fall des § 12 III GKG, da verschiedene nichtvermögensrechtliche Streitigkeiten vorliegen.
(OLG München, NJW 74, 370; Baumbach/Lauterbach/Albers/Hartmann, § 5 Anm. 2 B; Hartmann, § 12 GKG Anm. 3)

Klagenhäufung

Eine Zusammenrechnung nach § 5 kann weitreichende Folgen haben. Dies wird insbesondere beim Zuständigkeitsstreitwert deutlich, wenn das Landgericht nämlich erst durch eine Zusammenrechnung zuständig wird.

III. Additionsverbote

1. Allgemeines

Einige Fälle, in denen eine Zusammenrechnung nicht stattfindet, werden unter speziellen anderen Stichworten behandelt. Aus Gründen der Übersichtlichkeit sollen sie hier nochmals zusammenfassend dargestellt werden: 5

§ 5, 1. Halbs. ist nicht anzuwenden, wenn lediglich **verschiedene materielle Ansprüche** geltend gemacht werden, jedoch nur ein Streitgegenstand = ein prozessualer Anspruch vorliegt. 6

(vgl. Abschnitt 1, Rd.Ziff. 19 f.)

Keine Anwendung findet § 5, 1. Halbs. bei Klage und **Widerklage**, soweit es um den Zuständigkeitsstreitwert geht (§ 5, 2. Halbs.). Für den Gebührenstreitwert gilt insoweit die Sonderregelung des § 19 I GKG. 7

(vgl. Stichwort „Widerklage", Rd.Ziff. 5 ff.).

Darüber hinaus enthalten die **§§ 12 III, 16 bis 19 GKG** einige Sonderregelungen. 8

(vgl. Stichworte „Nichtvermögensrechtliche Streitigkeiten", „Widerklage", „Rechtsmittel", „Aufrechnung", „Echter Hilfsantrag")

2. Nebenforderungen

Eine Zusammenrechnung erfolgt grundsätzlich auch nicht, wenn neben der Hauptforderung eine Nebenforderung i. S. des § 4 I, 2. Halbs. bzw. § 22 I GKG 9

Beispiele:
Früchte, Nutzungen, Zinsen, Kosten

geltend gemacht wird.

(vgl. hierzu eingehend Stichwort „Nebenforderungen")

Bei Ansprüchen aus dem Wechselgesetz kommt es darauf an, ob es sich um eine Nebenforderung i. S. des § 4 II handelt.

3. Prozeßverbindung und Prozeßtrennung

§ 5, 1. Halbs. findet im Hinblick auf den Zuständigkeitsstreitwert bei einer **Prozeßverbindung** nach § 147 keine Anwendung; das folgt aus § 261 III Nr. 2. 10

(Frank, S. 120; Thomas/Putzo, § 5 Anm. 1 b, bb)

Etwas anderes kann jedoch für den Rechtsmittelstreitwert gelten, wenn die Prozeßverbindung in der ersten Instanz erfolgt. Auch bei dem Gebührenstreitwert kommt unter den allgemeinen Voraussetzungen eine Zusammenrechnung in Betracht.

Bei einer Prozeßtrennung nach § 145 bleibt die sachliche Zuständigkeit gemäß § 261 III Nr. 2 unberührt. § 261 III Nr. 2 findet auch Anwendung, wenn sich die sachliche Zuständigkeit nur aufgrund einer Zusammenrechnung nach § 5, 1. Halbs. ergeben hat. Etwas anderes gilt jedoch für den Rechtsmittelstreitwert und für den Gebührenstreitwert, soweit ein Zeitpunkt nach der Prozeßtrennung maßgeblich ist. 11

(vgl. zum maßgeblichen Zeitpunkt bei der Ermittlung des Rechtsmittelstreitwertes und des Gebührenstreitwertes: Abschnitt 1, Rd.Ziff. 29 ff.)

Klagenhäufung

4. Wirtschaftliche Identität bei vermögensrechtlichen Streitigkeiten

12 Über die genannten Fälle hinaus, die sich unmittelbar oder mittelbar aus dem Gesetz ergeben, ist weitgehend anerkannt, daß bei mehreren prozessualen Ansprüchen in einer vermögensrechtlichen Streitigkeit keine Zusammenrechnung erfolgt, wenn diese eine **wirtschaftliche Einheit** bilden. In derartigen Fällen soll nur auf den Antrag abgestellt werden, der den höchsten Wert hat.

(OLG Hamburg, MDR 65, 394; Frank, S. 165 ff.; Schneider, Streitwert, Rd.Ziff. 2880; Schumann, NJW 82, 2800; Thomas/Putzo, § 5 Anm. 3 c, bb)

Abgeleitet wird dieser Grundsatz aus verschiedenen Streitwertvorschriften, in denen der Gesetzgeber bei mehreren prozessualen Ansprüchen nur den Wert eines Anspruches für maßgeblich hält, wenn das Interesse des Antragstellers bei allen Anträgen gleichartig ist.

Beispiele:
§§ 19 I, 19 IV, 12 III GKG

Der Grundsatz, daß bei einer wirtschaftlichen Einheit keine Zusammenrechnung der verschiedenen Ansprüche erfolgt, soll anhand von Fallgruppen verdeutlicht werden:

a) Wirtschaftliche Identität bei subjektiver Klagenhäufung

13 Immer dann, wenn auf der Kläger- oder Beklagtenseite mehrere Personen stehen, die Leistung aber aus materiellen Gründen nur einmal verlangt werden kann, findet wegen „wirtschaftlicher Identität" eine Zusammenrechnung nach § 5, 1. Halbs. nicht statt (Frank, S. 195).

Beispiele:
– Gesamtschuldner (§ 421 BGB) oder Gesamtgläubiger (§ 428 BGB).
(OLG Nürnberg, Rpfleger 56, 298; OLG Koblenz, JurBüro 85, 590; Baumbach/Lauterbach/Albers/Hartmann, § 5 Anm. 2 B b; Frank, § 178 f., 196; Schneider, Streitwert, Rd.Ziff. 2376, 2883; Thomas/Putzo, § 5 Anm. 3 c, bb; Zöller, § 5 Rd.Ziff. 8)
– Der Kläger nimmt die Personenhandelsgesellschaft und die Gesellschafter in Anspruch. Diese sind zwar keine Gesamtschuldner, haften aber wie Gesamtschuldner analog § 421 BGB (vgl. Teil B, Rd.Ziff. 258).
– Klage gegen den Hauptschuldner und den Bürgen.
(Frank, S. 196; Schneider, Streitwert, Rd.Ziff. 2902; vgl. auch oben Stichwort „Bürgschaft")
– Leistungsklage und Klage auf Duldung der Zwangsvollstreckung gegen verschiedene Beklagte, z. B. gegen den Erben und gegen den Testamentsvollstrecker.
(OLG Frankfurt, MDR 55, 496; JurBüro 57, 360; KG, AnwBl. 79, 229; Baumbach/Lauterbach/Albers/Hartmann, § 5 Anm. 2 B b; Schneider, Streitwert, Rd.Ziff. 2907–2109; Thomas/Putzo, § 5 Anm. 3 C, bb; vgl. auch oben Stichwort „Duldungsklagen")

b) Zusammentreffen von Leistungs- und Feststellungsklage

14 Wenn ein Leistungsantrag mit einem Antrag auf Feststellung über das anspruchsbegründende Rechtsverhältnis zusammentrifft, wird mit dem Feststellungsantrag kein eigenes wirtschaftliches Ziel verfolgt. Das Ergebnis des Feststellungsantrages stellt nämlich eine Vorfrage für den Leistungsantrag dar. Deshalb ist anerkannt, daß die Werte der Anträge nicht zusammenzurechnen sind, vielmehr der Wert des höheren Antrags für den Streitwert zugrunde zu legen ist.

(Baumbach/Lauterbach/Albers/Hartmann, § 5 Anm. 2 B d; Frank, S. 178 f.; Hartmann, Anh. § 12 GKG, § 5 ZPO Anm. 2 B b; Schneider, Streitwert, Rd.Ziff. 2884; Schumann, NJW 82, 2800)

Beispiel:
Eine Feststellungsklage wird mit einer Klage auf Teilleistung verbunden. Dann ist der Wert der Feststellungsklage höher als der Wert der Teilleistungsklage mit der Folge, daß sich der Streitwert nach der Feststellungsklage bestimmt.

c) Zahlung und Sicherung des Zahlungsanspruchs

Wird neben einem Zahlungsanspruch ein Anspruch auf Sicherung dieses Anspruchs geltend gemacht, hat der Sicherungsanspruch keine eigene wirtschaftliche Bedeutung. Er bleibt deshalb bei der Streitwertfestsetzung außer Betracht.
(Frank, S. 187 f.; Schneider, Streitwert, Rd.Ziff. 2891, 2894 ff.; Thomas/Putzo, § 5 Anm. 3 C bb)

Beispiele:
- Klage auf Werklohn und Einwilligung zur Eintragung einer Bauhandwerkersicherungshypothek.
  (OLG Nürnberg, JurBüro 68, 543)
- Klage auf Zahlung einer Rente und Eintragung einer Reallast zur Sicherung dieser Rente.
  (OLG Celle, KostRspr. § 5 ZPO Nr. 52)
- Klage gemäß § 7 AnfG auf Wertersatz im Falle der Weiterveräußerung und Klage gegen den Rechtsnachfolger gemäß § 11 AnfG (vgl. Stichwort „Anfechtungsklagen", Rd.Ziff. 4).

5. Besonderheiten bei nichtvermögensrechtlichen Streitigkeiten

Bei vermögensrechtlichen Streitigkeiten steht das wirtschaftliche Interesse des Antragstellers im Vordergrund, so daß in diesen Fällen das Additionsverbot grundsätzlich angenommen werden kann, wenn der Antragsteller mit seinem zweiten Antrag kein anderes wirtschaftliches Interesse als mit dem ersten Antrag verfolgt. Um ein wirtschaftliches Interesse geht es jedoch nicht bei nichtvermögensrechtlichen Streitigkeiten.
(vgl. zum Begriff, Abschnitt 1, Rd.Ziff. 16 ff.)

Gleichwohl kann hier ein Additionsverbot bestehen, wenn das Interesse des Antragstellers bezüglich aller Anträge gleichgerichtet ist.
(Frank, S. 199 ff.)

Das wird durch die Vorschrift des § 12 III GKG verdeutlicht. Allerdings wird nur in seltenen Fällen ein gleichgerichtetes Interesse gegeben sein. Es gilt insbesondere für die subjektive Klagenhäufung, da insoweit die persönlichen Belange des einzelnen Beteiligten im Vordergrund stehen.
(Frank, S. 200)

Beispiel:
Widerrufs- und Unterlassungsanspruch aufgrund desselben Rechtsverhältnisses.

Hier findet eine Wertaddition statt, weil unterschiedliche Klägerinteressen bestehen. Durch den Widerruf soll die Ehrverletzung in der Vergangenheit kompensiert werden, während der Kläger mit dem Unterlassungsanspruch weitere Ehrverletzungen in der Zukunft verhindern will.
(OLG Frankfurt, JurBüro 74, 1413; Frank, S. 201 f.)

Klagerücknahme

Wenn über die **Wirksamkeit** der Klagerücknahme **gestritten** wird, ist der volle Streitwert der Hauptsache maßgeblich (Schneider, Streitwert, Rd.Ziff. 2671).

Ist die Klagerücknahme wirksam erklärt worden, ist gemäß § 269 III S. 3 auf Antrag des Beklagten durch Beschluß auszusprechen, daß der Kläger die Kosten nach § 269 III S. 2 zu tragen hat. Ein solcher Antrag ist entsprechend dem Kosteninteresse des Beklagten zu bewerten, d. h. bedeutsam sind die Kosten bis zur Klagerücknahme (Schneider, Streitwert, Rd.Ziff. 2676). Im übrigen gelten hier dieselben Gesichtspunkte wie bei einer Zurücknahme eines Rechtsmittels (vgl. Stichwort dort).

Klagerücknahme

3   Bei einer **teilweisen Klagerücknahme** vermindert sich der Streitwert entsprechend dem Wert der Rücknahme (Schneider, Streitwert, Rd.Ziff. 2685). Ebenso wie bei einer teilweisen übereinstimmenden Erledigung ist das Kosteninteresse wegen § 4, § 22 GKG nicht zu berücksichtigen (vgl. Stichwort „Erledigung der Hauptsache", Rd.Ziff. 2 ff.). Da die bis zur Rücknahme entstandenen Gebühren nach dem ursprünglichen Wert zu berechnen sind, müssen bei einer teilweisen Klagerücknahme zwei Streitwerte festgesetzt werden.
Beispiel bei Wirksamwerden der Rücknahme am 1. 4. 1991:
Streitwert bis zum 31. 3. 1991   10 000,– DM
Streitwert ab 1. 4. 1991   3 000,– DM

Kommanditgesellschaft

§ 3
s. Stichwort „Gesellschaftsrecht"

Kommissionärpfandrecht

§ 397 HGB
Der Streitwert bestimmt sich gemäß § 6 S. 1 und 2 nach dem geringeren Wert entweder der Forderung des Kommissionärs oder des Kommissionsgutes (vgl. Stichwort „Pfandrecht").

Konkurs

I. Konkursverfahren

1   Nach § 37 GKG werden für den Antrag auf Eröffnung des Konkursverfahrens und für die Durchführung des Konkursverfahrens die Gebühren nach dem Betrag der Aktivmasse erhoben. Dasselbe gilt gemäß § 77 I BRAGO für die Rechtsanwaltsgebühren. Ist die Aktivmasse höher als die Schuldenmasse, ist die Schuldenmasse maßgeblich (§ 37 II GKG). Für die Berechnung der Masse kommt es nach § 37 III GKG auf die Zeit der Beendigung des Verfahrens an.

2   Nicht zur Aktivmasse gehören die Gegenstände, die nicht dem Gemeinschuldner gehören und daher **auszusondern** sind (Hillach/Rohs, S. 352). Gegenstände, die zur abgesonderten Befriedigung dienen, werden nach § 37 I S. 2 GKG nur in Höhe des für diese nicht erforderlichen Betrags angesetzt.
Wird von einem Gläubiger der Antrag auf Konkurseröffnung gestellt, ist für den Gegenstandswert der Betrag seiner Forderung oder aber der Betrag der Aktivmasse maßgeblich, falls dieser geringer ist (§ 37 IV GKG).

II. Aussonderungsanspruch

3   Soweit ein Gegenstand nicht dem Gemeinschuldner gehört, kann nach §§ 43 ff. KO ein Aussonderungsanspruch geltend gemacht werden. Die Aussonderungsansprüche aufgrund eines dinglichen und persönlichen Rechts bestimmen sich gemäß § 43 KO nach den außerhalb des Konkursverfahrens geltenden Gesetzen. Daher gelten die Sonderregelungen für den Streitwert (§§ 37, 148 KO) nicht für den Aussonderungsanspruch. Vielmehr erfolgt die Bewertung nach den allgemeinen Streitwertregeln; so werden z. B. Herausgabeansprüche im Sinne des § 861 BGB oder § 985 BGB gemäß § 6 nach dem Verkehrswert der auszusondernden Sache bewertet.
(Schneider, Streitwert, Rd.Ziff. 604, 2712; Stein/Jonas, § 3 Rd.Ziff. 41 Stichwort „Aussonderung"; vgl. auch allgemein zu § 6 Stichworte „Besitz" und „Eigentum")

Konkurs

III. Konkursfeststellungsklage gegen den Konkursverwalter oder einen anderen Konkursgläubiger

Ist eine zur Tabelle angemeldete Forderung streitig geblieben, kann nach § 146 KO Feststellungsklage gegen den Konkursverwalter oder einen anderen Konkursgläubiger über die Richtigkeit oder das Vorrecht der Forderung erhoben werden. Nach der besonderen Streitwertregelung des § 148 KO ist der Wert mit Rücksicht auf das Verhältnis der Teilungs- zur Schuldenmasse nach freiem Ermessen festzusetzen. Diese Schätzung hat nach der mutmaßlichen **Konkursdividende** zu erfolgen; soweit keine solche Dividende zu erwarten ist, ist von dem niedrigsten Streitwert auszugehen. 4

(BGH, NJW-RR 88, 689; OLG Hamm, ZIP 84, 1258; LG Göttingen, ZIP 90, 61; Hartmann, Anh. II § 12 GKG, § 148 KO Anm. 2; Hillach/Rohs, S. 356; Schneider, Streitwert, Rd.Ziff. 2729)

Damit wird im Konkurs ausnahmsweise auf die **Einbringlichkeit** der Forderung abgestellt, was sonst nicht möglich ist (vgl. Stichwort „Bezifferter Leistungsantrag", Rd.Ziff. 3). Die voraussichtlichen Verhältnisse **nach** dem **Konkursverfahren** und die Möglichkeit **abgesonderter Befriedigung** bleiben außer Betracht. 5

(OLG Hamm, JurBüro 84, 1372; Hillach/Rohs, S. 357; Schneider, Streitwert, Rd.Ziff. 2702)

Die **Sozialplanansprüche** gehören zu den Konkursforderungen, so daß für sie § 148 KO gilt. 6

(LAG Düsseldorf, JurBüro 87, 1586; Schneider, Streitwert, Rd.Ziff. 2705)

Zinsen und **Kosten** sind entgegen § 4 I im Rahmen des § 148 KO miteinzubeziehen, da sie nach § 62 KO mit der Kapitalforderung an dieselbe Stelle gesetzt werden. 7

(Schneider, Streitwert, Rd.Ziff. 2724)

Maßgeblicher Zeitpunkt ist nicht der Zeitpunkt der Beendigung des Konkurses, sondern der Zeitpunkt der Klageeinreichung oder Rechtsmitteleinlegung (§ 4 I). Darüber hinaus ist für den Gebührenstreitwert § 15 I GKG zu beachten, d. h., wenn bei Beendigung der Instanz eine Wertsteigerung eingetreten ist, werden die Gebühren nach dem erhöhten Wert berechnet. 8

(Hillach/Rohs, S. 359; vgl. allgemein Abschnitt 1, Rd.Ziff. 29 ff.)

War bereits **vor Konkurseröffnung** Klage erhoben, gilt § 148 KO nur für das Verfahren nach der Aufnahme gegen den Konkursverwalter. 9

(BGH, ZIP 80, 429; Hillach/Rohs, S. 359; Schneider, Streitwert, Rd.Ziff. 2714; Stein/Jonas, § 3 Rd.Ziff. 51 Stichwort „Konkursfeststellung")

IV. Feststellungsklage gegen den Gemeinschuldner

§ 148 KO findet bei Klagen auf Feststellung gegen den bestreitenden Schuldner (§ 144 II KO) keine Anwendung; der Streitwert richtet sich vielmehr gemäß § 6 nach dem vollen Betrag der angemeldeten Forderung abzüglich der auf die Forderung voraussichtlich entfallenden Konkursdividende. 10

(BGH, NJW 66, 996; Hartmann, Anh. II § 12 GKG, § 148 KO Anm. 1 B; Hillach/Rohs, S. 361; Schneider, Streitwert, Rd.Ziff. 2709; Stein/Jonas, § 3 Rd.Ziff. 51 Stichwort „Konkursfeststellungsprozeß"; Zöller, § 3 Rd.Ziff. 16 Stichwort „Konkursfeststellungsklage")

V. Feststellung oder Zahlung von Massekosten und Masseschulden

§ 148 KO findet bei einer Klage auf Zahlung oder Feststellung von Massekosten oder Masseschulden (§§ 57 ff. KO) keine Anwendung; wegen der Möglichkeit einer Vorwegbefriedigung (§ 57 KO) ist § 6 maßgeblich, d. h., der Wert bestimmt sich nach dem vollen Betrag der Forderung; auf die Deckungsmöglichkeit kommt es nicht an. 11

Konkurs

(BGH, NJW-RR 88, 689; Hillach/Rohs, S. 362; Schneider, Streitwert, Rd.Ziff. 2712; Stein/Jonas, § 3 Rd.Ziff. 51 Stichwort „Konkursfeststellungsprozeß"; Thomas/Putzo, § 3 Stichwort „Konkurs"; a. A. wohl Zöller, § 3 Rd.Ziff. 16 Stichwort „Konkursfeststellungsklage", der § 148 KO analog anwenden will)

VI. Feststellung des Rechts auf abgesonderte Befriedigung

12 Bei einer Klage auf Feststellung des Rechts auf abgesonderte Befriedigung nach §§ 47 ff. KO bestimmt sich der Streitwert nicht nach § 148 KO, sondern wiederum nach § 6. Maßgebend ist der Betrag der Forderung oder der Wert bzw. Erlös des Gegenstandes, soweit dieser geringer ist; auf die Konkursdividende kommt es nicht an.

(Hillach/Rohs, S. 363; Schneider, Streitwert, Rd.Ziff. 2711; Stein/Jonas, § 3 Rd.Ziff. 51 Stichwort „Konkursfeststellungsprozeß"; § 6 Rd.Ziff. 23; Thomas/Putzo, § 3 Stichworte „Absonderungsrecht" und „Konkurs")

VII. Konkursanfechtung

13 Erhebt der Konkursverwalter eine Anfechtungsklage nach §§ 29 ff. KO mit dem Ziel, ein Pfandrecht zu beseitigen, ist ebenso wie bei einer Drittwiderspruchsklage nach § 771 (vgl. Stichwort) im Rahmen des § 3 der § 6 S. 1 und 2 entsprechend anzuwenden; maßgeblich ist danach der Wert der Forderung des Beklagten oder der geringere Wert des Pfandgegenstandes.

(BGH, KTS 82, 449; Hartmann, § 6 ZPO [Anh. I § 12 GKG] Anm. 4; Hillach/Rohs, S. 362; Schneider, Streitwert, Rd.Ziff. 2750 f.; Zöller, § 6 Rd.Ziff. 2)

14 Im übrigen ist der Streitwert einer Anfechtungsklage nach §§ 29 ff. KO gemäß § 3 nach dem **Wert des Zurückverlangten** für die Masse zu schätzen; sieht man von dem in Rd.Ziff. 13 angeführten Fall ab, geht es – anders als bei Klagen nach dem Anfechtungsgesetz (vgl. Stichwort „Anfechtungsklagen", Rd.Ziff. 2) – bei der Konkursanfechtung nicht um die Befriedigung einer bestimmten Forderung, sondern um die Rückgewähr zur Masse.

(Hillach/Rohs, S. 361 f.; Schneider, Streitwert, Rd.Ziff. 2746)

Zinsen und **Kosten** i. S. des § 4 I und § 22 GKG bleiben außer Betracht; **Belastungen** sind wertmindernd zu berücksichtigen.

(Hillach/Rohs, S. 362; Schneider, Streitwert, Rd.Ziff. 2747, 2749)

Konkursanfechtung

§§ 29 ff. KO § 3, § 6 (Pfändung)
s. Stichwort „Konkurs", Rd.Ziff. 13 f.

Konkursfeststellungsklage

§§ 146, 148 KO
s. Stichwort „Konkurs", Rd.Ziff. 4

Kraftfahrzeug

Geht es um die Herausgabe eines Kraftfahrzeuges, bestimmt sich der Streitwert gemäß § 6 nach dem **Verkehrswert,** d. h. dem Wert, der sich bei einer Veräußerung erzielen läßt; dabei kommt es nicht darauf an, ob nur die Besitzeinräumung verlangt wird oder ob Eigentumsrechte geltend gemacht werden (vgl. hierzu näher Stichworte „Besitz" und „Eigentum"). Maßgeblicher Zeitpunkt für die Ermittlung des Verkehrswertes ist der Zeitpunkt der Anhängigkeit bzw. des Eingangs der Rechtsmittelschrift (§ 4 i. V. m. § 12

I GKG); ist allerdings der Wert bei Beendigung der Instanz höher als zu Beginn, gilt gemäß § 15 I GKG für den Gebührenstreitwert der höhere Wert.

(vgl. hierzu Abschnitt 1, Rd.Ziff. 29 ff.)

Für den Verkehrswert eines **gebrauchten Kraftfahrzeuges** ist nicht der Betrag maßgeblich, zu dem der Händler es in Zahlung nimmt; denn in der Regel wird bei einem Privatverkauf ein höherer Preis erzielt werden.

(Hillach/Rohs, S. 176; Schneider, Streitert, 4735; vgl. auch Stichwort „Besitz", Rd.Ziff. 14)

Kraftfahrzeugbrief

Geht es um die **Herausgabe** eines Kraftfahrzeugbriefes, ist der Streitwert nach § 3, nicht hingegen nach § 6 S. 1 zu bestimmen; maßgebend ist das Interesse des Klägers an der Erlangung des Briefes, das grundsätzlich nicht mit dem Wert des Kraftfahrzeuges identisch ist; allerdings ist die besondere Bedeutung des Briefes im Rechtsverkehr zu berücksichtigen, da grundsätzlich ohne den Brief über das Fahrzeug nicht verfügt werden kann; daher ist in jedem Fall von dem Verkehrswert des Kraftfahrzeuges auszugehen und für den Streitwert ein Bruchteil hiervon zugrunde zu legen. 1

(Hillach/Rohs, S. 178; vgl. auch oben Stichwort „Besitz", Rd.Ziff. 22)

Bei einer Klage auf Herausgabe des Kraftfahrzeugbriefes und **Widerklage** auf Zahlung des Restkaufpreises liegt ein einheitlicher Streitgegenstand i. S. des § 19 I S. 1 GKG vor, so daß für den Gebührenstreitwert nur der höhere Wert zugrunde zu legen ist. 2

(vgl. Stichwort „Widerklage", Rd.Ziff. 5 f.)

Kraftfahrzeugschein

§ 3, nicht § 6
s. Stichwort „Besitz", Rd.Ziff. 21

Kraftloserklärung von Urkunden

§§ 946 ff., §§ 1003 ff., § 3
s. Stichwort „Aufgebotsverfahren"

Krankenhaus

− Aufenthalt
§§ 3, 4, 6
s. Stichworte „Bezifferte Leistungsklagen" und „Nebenforderungen"
nicht § 8, § 16 GKG
s. Stichwort „Miete und Pacht", Rd.Ziff. 7

Krankenhaustagegeld

s. Stichwort „Versicherungsschutz", Rd.Ziff. 3

Kündigung

§ 8, § 16 GKG (Mietstreitigkeiten)
s. Stichwort „Miete und Pacht", insbesondere Rd.Ziff. 20, 38

Künftige Leistung

Künftige Leistung

Es gelten gegenüber sonstigen Leistungsklagen keine Besonderheiten, insbesondere ist kein Abzug vom Streitwert zu machen, weil die Leistung nicht sofort, sondern erst zu einem späteren Zeitpunkt verlangt wird (Hillach/Rohs, S. 19). So bemißt sich z. B. der Streitwert für eine Klage auf künftige bezifferte Leistung nach dem Nennbetrag der geltend gemachten Forderung ohne Zinsen und Kosten.

(vgl. Stichworte „Bezifferter Leistungsantrag" und „Nebenforderungen")

Lagerhalterpfandrecht

§ 421 HGB
Der Streitwert bestimmt sich gemäß § 6 S. 1 und 2 nach dem geringeren Wert entweder der Forderung des Lagerhalters oder des Gutes (vgl. Stichwort „Pfandrecht").

Leasingvertrag

Der Leasingvertrag ist ein im BGB nicht geregelter gemischter Vertrag, der wegen der Gebrauchsüberlassung mietrechtliche Elemente aufweist, aber im Endergebnis auf eine kaufvertragliche Regelung abzielt.

(vgl. OLG Frankfurt, MDR 78, 145; Schneider, Streitwert, Rd.Ziff. 2774)

Ist das **Bestehen des Vertrages** streitig und geht es dabei um das mietrechtliche Element, ist der Streitwert nach § 8 bzw. § 16 GKG (vgl. hierzu im einzelnen Stichwort „Miete und Pacht") zu bewerten; dieser Streitwert erhöht sich u. U. um den Wert der Sache gemäß § 6 S. 1,

(vgl. hierzu näher Stichwort „Besitz", Rd.Ziff. 11 ff.)

wenn der Leasinggeber den Besitz an der Mietsache aufgrund eines Kaufvertrages vom Leasingnehmer unmittelbar ableitet und auch der Bestand des Kaufvertrages im Streit ist.

(OLG Frankfurt, MDR 78, 145; Hartmann, Anh. I § 12 GKG Stichwort „Leasing"; Hillach/Rohs, S. 140; Schneider, Streitwert, Rd.Ziff. 2775; Zöller, § 3 Rd.Ziff. 16 Stichwort „Leasingvertrag")

Wird **Herausgabe** der Leasingsache verlangt, ist für den Streitwert gemäß § 6 S. 1 der Wert der Sache maßgeblich.

(Zöller, § 3 Rd.Ziff. 16 Stichwort „Leasingvertrag"; vgl. zur Wertberechnung näher Stichwort „Besitz", Rd.Ziff. 11 ff.)

Lebensversicherungspolice

§ 3, nicht § 6
s. Stichwort „Besitz", Rd.Ziff. 21

Legitimationspapier

§ 3, nicht § 6
s. Stichwort „Besitz", Rd.Ziff. 20

Leibgedinge, Leibzucht

(Altenteil)
§ 23 Ziff. 2 g GVG (Zuständigkeitsstreitwert)
§ 9, § 17 I GKG (gesetzlicher Unterhalt)

s. Stichworte:
„Reallast", Rd.Ziff. 5
„Wohnrecht", Rd.Ziff. 2

Leistungsklage

s. Stichworte:
„Bezifferter Leistungsantrag"
„Feststellungsklage", Rd.Ziff. 12
„Unbezifferter Leistungsantrag"

Licht- und Fensterrechte

§ 7 entsprechend
s. Stichwort „Grunddienstbarkeit", Rd.Ziff. 6

Lieferungsverträge

§ 6, § 3
s. Stichwort „Bierlieferungsverträge"

Löschung

§ 6 S. 1 und 2
s. Stichworte „Hypothek", Rd.Ziff. 1 und „Grundschuld"
§ 3
s. Stichwort „Auflassungsvormerkung", Rd.Ziff. 4
s. Stichwort „Widerspruch gegen die Unrichtigkeit des Grundbuchs", Rd.Ziff. 2

Mahnverfahren

Hier gelten gegenüber der bezifferten Leistungsklage keine Besonderheiten. Maßgebend ist der Nennbetrag der geltend gemachten Forderung ohne Zinsen und Kosten.
   (vgl. Stichworte „Bezifferter Leistungsantrag" und „Nebenforderungen")

Massekosten

§ 58 KO, § 6
s. Stichwort „Konkurs", Rd.Ziff. 11

Masseschulden

§ 59 KO, § 6
s. Stichwort „Konkurs", Rd.Ziff. 11

Mehrere Ansprüche

s. Stichwort „Klagenhäufung"
s. auch Stichwort „Anspruchsmehrheit" und die dortigen Hinweise

Miete und Pacht

I. Allgemeines

1 Auf den **Zuständigkeitsstreitwert** kommt es bei **Miet**streitigkeiten nicht an, soweit die Voraussetzungen des § 29 a oder des § 23 **Ziff. 2 a** GVG vorliegen. Nach diesen Regeln, die nicht für die Pacht gelten, ist nämlich unabhängig vom Streitwert das Amtsgericht zuständig. Die engere Vorschrift des § 29 a bezieht sich grundsätzlich auf die dort genannten Streitigkeiten über **Wohnraum**, während für § 23 Ziff. 2 a insbesondere Streitigkeiten über **Geschäftsräume** und Wohnraum der in § 556 a VIII BGB genannten Art verbleiben. Von diesen Zuständigkeitsregelungen werden jedoch nicht alle Streitigkeiten erfaßt, so daß es im Einzelfall auch für die Zuständigkeit auf den Streitwert ankommt.

> **Beispiele:**
> Mietzinsklage bei Nicht-Wohnraum, da § 29 b, § 23 Ziff. 2 a GKG diese Klagen nicht erfassen (Stein/Jonas, § 1 Rd.Ziff. 51).
> Klage aus dem Pachtverhältnis (Stein/Jonas, § 1 Rd.Ziff. 62).

2 Für alle Streitwertarten gilt unter den dort genannten Voraussetzungen grundsätzlich § 8 (§ 12 I GKG). Allerdings wird diese Vorschrift für den **Gebührenstreitwert** durch die speziellere Norm des **§ 16 GKG**, der nicht in allen Punkten mit § 8 deckungsgleich ist, verdrängt. Auf den **Rechtsmittelstreitwert** sind die Grundsätze des § 16 GKG nicht übertragbar.

> (LG Berlin, MDR 87, 63; Zöller, § 3 Rd.Ziff. 16 Stichwort „Mietstreitigkeiten")

Soweit § 8, § 16 GKG eingreifen, gehen sie anderen Streitwertregeln als Spezialvorschriften vor. Da aber nicht alle Miet- und Pachtstreitigkeiten erfaßt werden, muß — wie noch im einzelnen dargestellt werden wird — ergänzend auf andere Regelungen abgestellt werden, wie z. B. auf §§ 3, 6.

II. Anwendungsbereich des § 8 ZPO, § 16 GKG

3 Bei Streitigkeiten über das Bestehen oder die Dauer eines Pacht- oder Mietverhältnisses ist gemäß § 8 der Betrag des auf die gesamte streitige Zeit entfallenden Zinses, und wenn der 25fache Betrag des einjährigen Zinses geringer ist, dieser Betrag entscheidend. Diese Streitigkeiten werden auch von § 16 I GKG erfaßt; der Streitwert kann aber nach dieser Regelung geringer sein, da entweder der auf die streitige Zeit entfallende Zins oder aber nur der **einjährige Zins** maßgeblich ist, wenn er geringer ist.

Darüber hinaus sind in § 16 II–V GKG folgende weitere Sonderregelungen für den Gebührenstreitwert getroffen worden:

Nach **§ 16 II GKG** (vgl. näher Rd.Ziff. 25) richtet sich der Gebührenstreitwert bei **Räumungsklagen** bezüglich eines Grundstückes, Gebäudes oder Gebäudeteils wegen Beendigung des Miet- oder Pachtverhältnisses bzw. des ähnlichen Nutzungsverhältnisses grundsätzlich nach dem Jahreszins, auch wenn das Bestehen des Nutzungsverhältnisses nicht streitig ist, es sei denn, daß sich aus § 16 I GKG ein geringerer Wert ergibt. Verlangt der Kläger die Räumung oder Herausgabe **auch** aus einem anderen Grund, ist immer der Wert der Nutzung für ein Jahr maßgeblich (§ 16 II S. 2 GKG). Wird auf **Erhöhung des Mietzinses** für Wohnraum geklagt, bemißt sich gemäß § 16 V GKG der Streitwert höchstens nach dem einjährigen Differenzbetrag. § 16 III, IV GKG (vgl. Rd.Ziff. 28, 29), bezieht sich auf Ansprüche nach den §§ 556 a, 556 b BGB. Werden diese Ansprüche mit dem Anspruch auf Räumung des Wohnraumes in demselben Prozeß behandelt, werden die Werte nicht zusammengerechnet; für die Rechtsmittelinstanz ist bei diesen Ansprüchen der für die erste Instanz maßgebliche Wert zugrunde zu legen, sofern nicht die Beschwer geringer ist.

§ 8 ist auf **Miet-** und **Pachtverhältnisse** (vgl. §§ 535–537 BGB) beschränkt, während § 16 I GKG auch **ähnliche Nutzungsverhältnisse erfaßt.** Ähnliche Nutzungsverhältnisse sind solche, die miet- oder pachtähnlichen Charakter haben, insbesondere bei denen eine mietzinsähnliche Gegenleistung erbracht werden muß. 4

(Hillach/Rohs, S. 136; Schneider, Streitwert, Rd.Ziff. 2933)

Beispiele:
Dauerwohnrecht nach §§ 31 ff. WEG,
u. U. Nießbrauch (vgl. Stichwort),
Siedlerverträge,
u. U. Wohnungsrecht, soweit nicht unentgeltlich.
(OLG Köln, AnwBl. 81, 500; OLG Düsseldorf, JurBüro 88, 373; Hartmann, § 16 GKG Anm. 2 A b; Hillach/Rohs, S. 136 f.; Schneider, Streitwert, Rd.Ziff. 2934 ff.; Stein/Jonas, § 8 Rd.Ziff. 2; Thomas/Putzo, § 8 Anm. 1 b; Zöller, § 8 Rd.Ziff. 3; vgl. auch Stichwort „Dienstbarkeit", Rd.Ziff. 4)

Soweit im folgenden im Rahmen des § 16 I GKG von Miet- oder Pachtverhältnissen die Rede ist, sind damit auch die „ähnlichen Nutzungsverhältnisse" gemeint.

Unerheblich ist für die Anwendbarkeit des § 8, § 16 I GKG, ob sich das Miet- oder Pachtverhältnis auf **bewegliche** oder **unbewegliche** Sachen bzw. auf Rechte bezieht.

(OLG Bamberg, JurBüro 85, 589; Stein/Jonas, § 8 Rd.Ziff. 2; Thomas/Putzo, § 8 Anm. 1 b; Zöller, § 8 Rd.Ziff. 3)

§ 16 II GKG ist hingegen auf bewegliche Sachen nicht anwendbar.

(Schneider, Streitwert, Rd.Ziff. 2932)

§ 8, § 16 GKG gilt sowohl für Hauptmiet(-pacht-)verhältnisse als auch für Untermiet(-pacht-)verhältnisse. 5

(Hillach/Rohs, S. 138; Stein/Jonas, § 8 Rd.Ziff. 2)

Erfaßt werden auch Werkmietwohnungen, nicht hingegen Werkdienstwohnungen (Stein/ Jonas, § 8 Rd.Ziff. 2). Beide Arten von **Werkswohnungen** werden (nur) Bediensteten überlassen. Der Unterschied besteht darin, daß bei Werkmietwohnungen ein eigener Mietvertrag besteht, während die Überlassung von Werkdienstwohnungen Teil des Arbeitsvertrages und der Vergütung des Arbeitnehmers ist; für Streitigkeiten über Werkdienstwohnungen sind gemäß § 2 I Ziff. 3 a ArbGG die **Arbeitsgerichte** zuständig (Stein/ Jonas, § 1 Rd.Ziff. 171). 6

§ 8 gilt entsprechend für **gemischte Verträge,** wenn die entgeltliche Gebrauchsüberlassung den wesentlichen Vertragsinhalt ausmacht, d. h., der miet- oder pachtrechtliche Teil des gemischten Vertrages überwiegt; das kann bei **Leasingverträgen,** 7

(OLG Frankfurt/Main, MDR 78, 145; vgl. auch Stichwort „Leasingverträge")

bei **Beherbergungsverträgen,** beim **Filmverleih,** beim **Campingvertrag** und bei der **Hausmeisterwohnung** der Fall sein.

(Hartmann, Anh. I § 12 GKG Stichwort „Leasingvertrag"; § 16 GKG Anm. 1; Hillach/Rohs, S. 140; Stein/Jonas, § 8 Rd.Ziff. 1)

Überwiegen jedoch bei gemischten Verträgen andere Elemente als die entgeltliche Gebrauchsüberlassung, findet § 8 keine Anwendung, so z. B. nicht beim Aufenthalt im **Krankenhaus** oder **Pflegeheim,** beim **Reisevertrag** gemäß § 651 a BGB, beim **Bewirtungsvertrag,** beim **Tankstellenvertrag** (s. Stichwort „Dienstbarkeit", Rd.Ziff. 3) und bei Automatenaufstellverträgen.

(BGHZ 47, 202; Hillach/Rohs, S. 140; Schneider, Streitwert, Rd.Ziff. 605; Stein/Jonas, § 8 Rd.Ziff. 2; vgl. auch Stichwort „Automatenaufstellverträge")

Im Rahmen des § 16 I GKG können **gemischte Verträge** unter das Merkmal „ähnliche Nutzungsverhältnisse" (vgl. Rd.Ziff. 4) fallen. Wegen der sozialen Schutzfunktion des § 16 GKG folgen wir der Meinung, nach der es darauf ankommt, um was es in dem Streit 8

Miete und Pacht

geht; hat dieser Teil einen miet- oder pachtrechtlichen Charakter, ist § 16 I GKG anzuwenden; insoweit wird auf die Ausführung zu § 8 (Rd.Ziff. 7) Bezug genommen.

(Schneider, Streitwert, Rd.Ziff. 2948, 2949; Wieczorek, § 8 Anm. A II b)

III. Wertberechnung nach § 8 ZPO und § 16 GKG

1. Zins

9   § 8, § 16 GKG knüpfen an den **Miet-** oder **Pachtzins** an. Hierunter ist die in Geld oder Naturalien zu erbringende Gegenleistung des Mieters oder Pächters zu verstehen.

(LG Duisburg, JurBüro 89, 1306; Hillach/Rohs, S. 147; Hartmann, § 16 GKG Anm. 2 B a; Schneider, Streitwert, Rd.Ziff. 3071; Stein/Jonas, § 8 Rd.Ziff. 8)

Hierzu gehört auch die auf den Mietzins zu zahlende **Mehrwertsteuer.**

(LG Duisburg, JurBüro 89, 1306)

10 Bestritten ist, ob auch die **Nebenkosten** zu berücksichtigen sind oder ob nur von der sog. Kaltmiete(-pacht) auszugehen ist. Nach einer Meinung sind alle Nebenkosten einzubeziehen.

(LG Heilbronn, AnwBl. 81, 69; LG Köln, AnwBl. 81, 286; AnwBl. 87, 496; Hillach/Rohs, S. 147)

Andere differenzieren nach der Art der Nebenkosten: Nebenkosten, die für die Leistungen des Vermieters (Verpächters) im Hinblick auf die Gebrauchsüberlassung übernommen würden,

Beispiele:
öffentliche Abgaben, Steuern, Müllabfuhr- oder Schornsteinfegergebühren

seien neben der Kaltmiete zu berücksichtigen; andere Nebenkosten, die nach der Verkehrsanschauung nicht als Vergütung für die Gebrauchsüberlassung, sondern als Gegenleistung für andere, ebenfalls geschuldete Leistungen gewertet würden,

Beispiele:
Heizkosten, Warmwasserkosten, Wasserkosten

seien nicht als maßgeblicher Zins i. S. des § 8 und § 16 GKG anzusehen.

(BGHZ 18, 173; LG Augsburg, WM 80, 205; LG Saarbrücken, JurBüro 86, 1061; Hartmann, § 16 GKG Anm. 2 B a; Stein/Jonas, § 8 Rd.Ziff. 11; Schneider, Streitwert, Rd.Ziff. 3550; Zöller, § 8 Rd.Ziff. 6)

Nach einer dritten Meinung ist zwischen den Nebenkosten nicht zu differenzieren; vielmehr sollen diese in jedem Fall unberücksichtigt bleiben.

(OLG Oldenburg, JurBüro 91, 417; LG Kleve, JurBüro 85, 423; LG Düsseldorf, JurBüro 87, 877; 89, 685; LG Mönchengladbach, JurBüro 90, 774)

Wir folgen der dritten Meinung, wonach es nur auf die Kaltmiete ankommt. Gegen die zweite Meinung sprechen schon Praktikabilitätserwägungen und Gründe der Rechtsklarheit, da eine genaue Abgrenzung zwischen den einzelnen Nebenkosten schwer möglich ist und zu komplizierten Berechnungen führen kann. Außerdem handelt es sich nach unserer Auffassung bei den Nebenkosten um ein durchlaufendes Entgelt für die Leistungen eines Dritten, so daß sie nicht als eigentliche Gegenleistung für eine Leistung des Vermieters oder Verpächters anzusehen sind und nicht zu den immanenten Bestandteilen des Mietwertes zählen.

11 Soweit der Mieter oder Pächter einen festen Monatsbetrag zahlt, der nicht im einzelnen aufgeschlüsselt ist, muß im Wege der **Schätzung** ermittelt werden, welche nicht zu berücksichtigenden Nebenleistungen enthalten sind. Wir schlagen vor, daß bei Vermietung von Wohnraum ein Abschlag von 10% und im übrigen ein solcher von 5% vorgenommen wird, soweit keine anderen Anhaltspunkte bestehen.

Soweit nur ein **Teil** der Miet- oder Pachträume Streitgegenstand ist, ist auch nur der auf   12
diesen Teil entfallende Zins bei der Wertberechnung zu berücksichtigen (Hillach/Rohs,
S. 148).

Bestritten ist, ob sich der Streitwert ausschließlich nach dem vertraglich **vereinbarten**   13
Miet- oder Pachtzins richtet
    (so LG Köln, WuM 73, 174; Hillach/Rohs, S. 149)
oder ob es auf den vom Vermieter oder Verpächter **geforderten Zins** ankommt.
    (so OLG Köln, JurBüro 61, 561; Schneider, Streitwert, Rd.Ziff. 3006)
Wir folgen der zweiten Meinung, da grundsätzlich im Streitwertrecht der Angriff und
nicht die tatsächliche Rechtslage maßgeblich ist. Der Wortlaut des § 8, § 16 GKG
(„fehlender" oder „entfallender") steht dem nicht entgegen.

Ist der maßgebliche Zeitraum länger als ein Jahr und ist der Zins der Höhe nach nicht   14
gleichbleibend, muß auf den **höchsten Jahresbetrag** abgestellt werden.
    (Hillach/Rohs, S. 150; Schneider, Streitwert, Rd.Ziff. 3002; a. A. Hartmann, § 16 GKG
    Anm. 2 B b, der auf den durchschnitlichen Mietzins abstellt)

2. Streitige Zeit

Bedeutsam ist bei § 8, § 16 I GKG sowie § 16 II S. 1 GKG a. E. der Gesamtbetrag des auf   15
die streitige Zeit entfallenden Zinses. Unter streitiger Zeit im Sinne dieser Vorschriften ist
der Zeitraum zu verstehen, für den hinsichtlich des Bestehens oder Nichtbestehens des
Vertragsverhältnisses Streit zwischen den Parteien besteht.
    (Schneider, Streitwert, Rd.Ziff. 3009)

Frühester **Beginn** ist gemäß § 4 I, § 12 I GKG grundsätzlich der Zeitpunkt der Klageein-   16
reichung, wenn sich nicht aus dem Klägervortrag ein späterer Zeitpunkt ergibt.
    (Hillach/Rohs, S. 146; Schneider, Streitwert, Rd.Ziff. 3012; Stein/Jonas, § 8 Rd.Ziff. 12; Tho-
    mas/Putzo, § 8 Anm. 2 b aa)
Das gilt auch für die Rechtsmittelinstanz, da § 8, § 16 I GKG auf die gesamte streitige Zeit
abstellen und damit eine von § 4 I, nach dem der Zeitpunkt der Rechtsmitteleinlegung
bedeutsam ist, abweichende Regelung trifft.
    (Hillach/Rohs, S. 146; Stein/Jonas, § 8 Rd.Ziff. 12; Thomas/Putzo, § 8 Anm. 2 b aa)
Ausnahmsweise kommt es auf einen früheren Zeitpunkt als den der Klageerhebung an,
wenn nämlich der Kläger Feststellung begehrt, daß das Vertragsverhältnis schon vor
Klageerhebung beendet worden sei; dann ist dieser Zeitpunkt für den Beginn maßgeblich.
    (Hillach/Rohs, S. 146; Stein/Jonas, § 8 Rd.Ziff. 12)

Das **Ende** der streitigen Zeit ergibt sich aus dem Endzeitpunkt des Vertragsverhältnisses.   17
Handelt es sich um einen Vertrag mit einer **bestimmten Laufzeit,** endet die streitige Zeit
mit dem bestimmten Endzeitpunkt, und zwar unabhängig davon, ob u. U. ein Recht zur
fristlosen Kündigung besteht; ist der Vertrag auf unbestimmte Zeit abgeschlossen, so endet
die streitige Zeit mit dem Tag, zu dem gekündigt worden ist oder zu dem frühestens
gekündigt werden kann.
    (Hillach/Rohs, S. 147; Schneider, Streitwert, Rd.Ziff. 3010; Stein/Jonas, § 8 Rd.Ziff. 13; Tho-
    mas/Putzo, § 8 Anm. 2 b bb)
Ist die **Kündigung** bei Verträgen auf unbestimmte Zeit **ausgeschlossen,**
    Beispiel:
    Lebenszeitverträge
muß das Ende der streitigen Zeit geschätzt werden; mangels anderweitiger Anhaltspunkte
ist für den Gebührenstreitwert von dem einjährigen Zins, im übrigen entsprechend § 9 von
dem 12½fachen Jahreszins auszugehen.
    (Hillach/Rohs, S. 147; Stein/Jonas, § 8 Rd.Ziff. 13; Schneider, Streitwert, Rd.Ziff. 2963)

Miete und Pacht

IV. Die einzelnen Streitigkeiten

1. Bestand oder Dauer

18 Bei einem Streit über das Bestehen oder die Dauer des Miet- bzw. Pachtverhältnisses bestimmt sich der **Gebührenstreitwert** nach § 16 I GKG, für die Räumung eines Grundstückes, Gebäudes oder Gebäudeteiles unter den dort genannten weiteren Voraussetzungen nach § 16 II GKG, im übrigen nach § 8; folgendes ist maßgeblich:

§ 16 I GKG: Der auf die streitige Zeit entfallende Zins oder der einjährige Zins, soweit er geringer ist.

§ 16 II GKG: Einjähriger Zins, es sei denn, der Zins nach § 16 I GKG ist geringer.

§ 8 GKG: Der auf die streitige Zeit entfallende Zins oder der 25fache Jahreszins, falls er geringer ist (zur Wertberechnung vgl. Rd.Ziff. 9 ff.).

19 Voraussetzung für die Anwendbarkeit des § 8, § 16 I GKG ist, daß das Bestehen oder die Dauer des Miet- oder Pachtverhältnisses **streitig** ist. Davon ist **nicht** auszugehen, wenn keinerlei Anhaltspunkte für einen Streit über ein solches Vertragsverhältnis gegeben sind.

> **Beispiele:**
> – Die Parteien streiten ausschließlich um die Frage des **Eigentums**.
> – Klage nach § 259 wegen Besorgnis der Nichterfüllung in der Zukunft, wenn das Mietverhältnis an sich außer Streit ist.
> (OLG Frankfurt, JurBüro 80, 929; OLG Bamberg, JurBüro 85, 589; Schneider, Streitwert, Rd.Ziff. 2959; Zöller, § 3 Rd.Ziff. 16 Stichwort „Mietstreitigkeiten"; vgl. auch Rd.Ziff. 30)
> – Streit über den Inhalt des Vertrages.
> (OLG Koblenz, JurBüro 77, 1132; Schneider, Streitwert, Rd.Ziff. 2968; vgl. auch Rd.Ziff. 36 f.)

20 Von einem **Streit** i. S. des § 8, § 16 I GKG kann ausgegangen werden, wenn zwischen den Parteien Uneinigkeit darüber besteht, ob das Vertragsverhältnis wirksam zustande gekommen ist, ob es noch besteht

> **Beispiele:**
> Streit über Anfechtung, Aufhebung oder Kündigung (nicht bei Streit über Kündigungsmöglichkeiten (vgl. Rd.Ziff. 38).

oder wann es beendet wurde (Hillach/Rohs, S. 138).

> **Beispiele:**
> Streit über Zeitablauf, über Wirksamwerden einer Kündigung, über die Frage, ob fristlos oder nur unter Einhaltung einer Kündigungsfrist gekündigt werden konnte.

Dabei ist unerheblich, ob eine Feststellungsklage oder eine Leistungsklage, z. B. auf Räumung, erhoben wird.
Es ist auch unerheblich, ob der Kläger oder der Beklagte den Streit begonnen haben. § 8, § 16 I GKG sind auch dann anwendbar, wenn sich allein der **Beklagte** auf ein Miet- oder Pachtverhältnis beruft, da der tatsächliche Bestand des betreffenden Rechtsverhältnisses nicht vorausgesetzt wird.

> (BGHZ 48, 177; LG München I, WM 82, 305; Hartmann, § 16 GKG Anm. 2 A a; Schneider, Streitwert, Rd.Ziff. 2952; Stein/Jonas, § 8 Rd.Ziff. 3; Zöller, § 3 Rd.Ziff. 16 Stichwort „Mietstreitigkeit")

21 Bei einer Klage auf **Herausgabe** oder **Räumung** der Mietsache finden § 8, § 16 I GKG Anwendung, wenn das Bestehen oder die Dauer des Miet- bzw. Pachtverhältnisses im Streit ist und nicht ausnahmsweise eine Sonderregelung, wie z. B. § 16 II GKG, eingreift.

> (Stein/Jonas, § 8 Rd.Ziff. 3; zur Herausgabe und Räumung vgl. näher Rd.Ziff. 24 ff.)

22 Nach unserer Auffassung kann von einem Streit i. S. des § 8, § 16 GKG auch ausgegangen werden, wenn der Beklagte **säumig** ist und der Kläger den Erlaß eines Versäumnisurteils

beantragt. Zwar greift dann die Geständnisfiktion des § 331 I S. 1 ein; jedoch reicht es aus, daß nach dem Klägervortrag das Bestehen oder die Dauer des Rechtsverhältnisses geklärt werden soll; ansonsten müßte auch der Streitwert davon abhängig gemacht werden, ob und wie sich der Beklagte einläßt.

(so auch: Schneider, Streitwert, Rd.Ziff. 2955 ff.)

In der Regel werden von § 8, § 16 I GKG Feststellungsklagen über das Bestehen oder die Dauer des Miet- oder Pachtverhältnisses erfaßt. Bei der positiven Feststellungsklage ist nicht der sonst übliche Abschlag von etwa 20%

(vgl. Stichwort „Feststellungsklagen", insbesondere Rd.Ziff. 2 ff.)

zu machen, da § 8, § 16 I GKG sich vornehmlich auf Feststellungsklagen beziehen und deshalb davon auszugehen ist, daß der Gesetzgeber dies berücksichtigt hat.

(Hillach/Rohs, S. 139; Stein/Jonas, § 8 Rd.Ziff. 14)

2. Herausgabe und Räumung

Bei Klagen auf Herausgabe oder Räumung der Mietsache bestimmt sich der Streitwert nach § 8, § 16 I GKG, wenn das Bestehen oder die Dauer des Miet- oder Pachtverhältnisses **im Streit** ist; andernfalls greift § 6 (vgl. Stichwort „Besitz") ein,

(Hillach/Rohs, S. 140 ff.; vgl. hierzu näher 18 ff.),

es sei denn, daß die Voraussetzungen des § 16 II GKG erfüllt sind. Richtet sich die Herausgabeklage gegen einen Dritten, ist immer § 6 S. 1 anzuwenden.

(Schneider, Streitwert, Rd.Ziff. 3022)

Bei Räumungsklagen ist eine Sonderregelung für den Gebührenstreitwert in **§ 16 II S. 1 GKG** getroffen. Diese Vorschrift bezieht sich auf die Räumung eines **Grundstückes**, Gebäudes oder Gebäudeteils wegen Beendigung eines Miet- oder Pachtverhältnisses. Hier ist – anders als bei § 8, § 16 I GKG – unabhängig davon, ob das Bestehen oder die Dauer des Miet- oder Pachtverhältnisses streitig ist, höchstens der Jahreszins oder, wenn die streitige Zeit weniger als ein Jahr ausmacht, der geringere Zins zugrunde zu legen.

Von einer **Beendigung** des Vertragsverhältnisses i. S. des § 16 II GKG kann auch ausgegangen werden, wenn es um die **Nichtigkeit** des Vertrages geht und deswegen die Herausgabe verlangt wird (Hillach/Rohs, S. 144).

Wenn der Kläger im Fall des § 16 II S. 1 GKG die Räumung oder Herausgabe **auch** aus einem anderen Grund, z. B. gemäß § 985 BGB, verlangt, ist gemäß **§ 16 II S. 2 GKG** immer der Wert der Nutzung für ein Jahr bedeutsam; wird hingegen ausschließlich aus einem anderen Grund die Herausgabe verlangt, ist § 16 II GKG nicht anzuwenden.

(LG Kassel, Rpfleger 87, 425; Hartmann, § 16 Anm. 3 B; Schneider, Streitwert, Rd.Ziff. 2975)

Hier greift die allgemeine Regelung des § 6 ein (vgl. Stichwort „Besitz").

Ebenso wie im Fall des § 16 I GKG (Rd.Ziff. 20) reicht für die Anwendbarkeit des § 16 II S. 2 GKG aus, daß sich lediglich der **Beklagte** auf das Bestehen des Miet- oder Pachtverhältnisses beruft.

(BGHZ 48, 177; Hartmann, § 16 GKG Anm. 3 B; Schneider, Streitwert, Rd.Ziff. 2972 f.)

In Rechtsprechung und Literatur ist umstritten, ob bei einer fristlosen Kündigung die „streitige Zeit" i. S. des § 16 I GKG nur die zwischen fristloser Kündigung und (fiktiver) ordentlicher Kündigung ist.

(vgl. LG Regensburg, KostRspr GKG § 16 Nr. 3; LG Flensburg SchlHA 81, 118; Schneider, Streitwert, Rd.Ziff. 3045)

Wir sind der Auffassung, daß es auf einen solchen Zeitraum dann ankommt, wenn die Räumungspflicht des Beklagten nach Ablauf der ordentlichen Kündigungsfrist unstreitig

Miete und Pacht

ist. Leugnet der Beklagte seine Räumungspflicht demgegenüber generell, bleibt es beim Jahresbetrag der Miete (so wohl auch OLG Köln, JurBüro 90, 647).

27 Wird **neben** der Räumung der **Miet-** oder **Pachtzins** eingeklagt, erfolgt eine Streitwertaddition.

(Hartmann, § 16 GKG Anm. C; Hillach/Rohs, S. 154 f.)

3. Fortsetzung des Mietverhältnisses aus sozialen Gründen

28 Nach §§ 556 a, 556 b BGB kann unter bestimmten Voraussetzungen aus sozialen Gründen die Fortsetzung des Mietverhältnisses verlangt werden. Der Streitwert richtet sich nach § 8, § 16 I, II GKG, da es sich um einen Streit über die Dauer des Mietverhältnisses handelt (Hillach/Rohs, S. 150; vgl. Rd.Ziff. 18 ff.). Wenn mit einer solchen Klage auf Fortsetzung des Mietverhältnisses nach §§ 556 a, 556 b BGB die Klage auf Räumung von Wohnraum **verbunden** wird,

Beispiel:
Klage auf Räumung und Widerklage auf Fortsetzung oder umgekehrt.

findet gemäß § 16 III GKG für den Gebührenstreitwert keine Wertaddition statt. Maßgeblich ist nur der sich aus § 16 I, II GKG ergebende einfache Wert; und zwar immer der Jahresbetrag, selbst wenn der auf die streitige Zeit entfallende Zins geringer ist (§ 16 I GKG); denn mit der „Fortsetzungsklage" wird über mehr als die streitige Zeit im Rahmen der Räumungsklage entschieden.

(Hartmann, § 16 GKG Anm. 4; Hillach/Rohs, S. 151; Schneider, Streitwert, Rd.Ziff. 3039, 3040)

Erhöht das Gericht nach § 556 a II S. 2, § 556 b I S. 2 BGB den Mietzins, erhöht sich der Streitwert nach § 15 I GKG, soweit die Erhöhung auf den maßgeblichen Zeitraum zurückwirkt.

29 Für die **Rechtsmittelinstanz** ist bei Fortsetzungsklagen i. S. der §§ 556 a, 556 b BGB in § 16 IV GKG eine von § 4 I, § 15 I GKG abweichende Regelung getroffen worden. Der Streitwert in der Rechtsmittelinstanz richtet sich nach dem Streitwert in der ersten Instanz, sofern die Beschwer nicht höher ist. Das bedeutet, daß Erhöhungen des Mietzinses nach Erlaß des erstinstanzlichen Urteils keine Auswirkungen haben, es sei denn, daß sich durch eine rückwirkende Erhöhung auch der Streitwert für die erste Instanz ändert (Hillach/Rohs, S. 151).

4. Miet- oder Pachtzinsklagen

30 Klagt der Vermieter oder Verpächter **rückständigen** oder **künftigen** (§ 259) Miet- oder Pachtzins ein, gelten gegenüber sonstigen bezifferten Leistungsklagen (vgl. Stichwort) keine Besonderheiten. Der Streitwert bestimmt sich gemäß § 6 S. 1 nach der Klagesumme.

(Hillach/Rohs, S. 156; Schneider, Streitwert, Rd.Ziff. 2964; Thomas/Putzo, § 3 Stichwort „Mietstreitigkeiten"; vgl. auch OLG Bamberg, JurBüro 85, 589)

Dabei ist unerheblich, ob es sich um die sogenannte **Kaltmiete** oder auch um **Nebenkosten** handelt. Diese könnten nämlich – anders als bei § 8, § 16 GKG (vgl. Rd.Ziff. 9, 10) – nur unter den Voraussetzungen des § 4, § 22 GKG (vgl. Stichwort „Nebenforderungen") in Abzug gebracht werden.

31 Wird auf **Feststellung** geklagt, daß der Mieter oder Pächter einen bestimmten Mietzins schuldet bzw. nicht schuldet, ist der Streitwert gemäß § 3 nach dem Interesse des Klägers, das sich nach der Forderung richtet, zu schätzen.

(Hillach/Rohs, S. 154; Schneider, Streitwert, Rd.Ziff. 2965)

Miete und Pacht

Bei **positiven** Feststellungsklagen ist der übliche Abschlag von etwa 20% zu machen. **32**

> (Hillach/Rohs, S. 158; Schneider, Streitwert, Rd.Ziff. 3067; vgl. allgemein Stichwort „Feststellungsklage", Rd.Ziff. 2)

Bei einer Klage auf **Zustimmung zur Miet- oder Pachterhöhung** handelt es sich nicht um eine Feststellungsklage, sondern um eine Leistungsklage. **33**

Deshalb ist ein Abschlag nicht gerechtfertigt. **34**

> (so auch: Schneider, Streitwert, Rd.Ziff. 3067; a. A. Hillach/Rohs, S. 154)

Für den Streitwert gilt folgendes:

Soweit es um gemieteten **Wohnraum** geht (§ 2 MHG), ist für den Gebührenstreitwert in § 16 V GKG eine Sonderregelung vorhanden. Danach ist höchstens der Jahresbetrag des zusätzlich geforderten Zinses maßgeblich. Ausgangspunkt ist der Mietzins, der zum Zeitpunkt der Klageerhebung galt; dem ist der geforderte höhere Mietzins gegenüberzustellen, wobei hier dieselben Kriterien zur Frage, was unter Zins zu verstehen ist (vgl. Rd.Ziff. 9, 10), wie bei § 8, § 16 I GKG gelten (Hartmann, § 16 GKG Anm. 5).

Soweit § 16 V GKG nicht eingreift, **35**

> **Beispiele:**
> bei Pachtverhältnissen,
> bei Mietzinserhöhung bei anderen Mietsachen als Wohnraum,
> bei Zuständigkeitsstreitwert und Rechtsmittelstreitwert.
> (Hillach/Rohs, S. 158; Schneider, Streitwert, Rd.Ziff. 3060)

bestimmt sich der Streitwert gemäß § 3 nach dem Interesse des Klägers; dieses wird in der Regel höher sein als der Jahresbetrag i. S. des § 16 V GKG, da die Erhöhung grundsätzlich für einen längeren Zeitraum als ein Jahr beabsichtigt ist; auf der anderen Seite kann man aber auch nicht auf die langen Zeiträume des § 9 zurückgreifen, da dies der Sachlage nicht gerecht wird.

> (Hillach/Rohs, S. 158; Schneider, Streitwert, Rd.Ziff. 3061 ff.; a. A. OLG Köln, MDR 91, 545: § 9; vgl. auch allgemein Stichwort „Willenserklärung")

Wir folgen der Meinung von Schneider (Streitwert, Rd.Ziff. 3066), grundsätzlich den dreifachen Erhöhungsbetrag zugrunde zu legen, soweit im Einzelfall keine Besonderheiten bestehen, da dies am ehesten dem voraussichtlichen Zeitraum entspricht.

> (vgl. LG Berlin, KostRspr. § 3 ZPO Nr. 809 [1 Jahr]; LG Berlin, KostRspr. § 3 ZPO Nr. 808 [3 Jahre]; LG Hagen, KostRspr. § 16 GKG Nr. 48 [5 Jahre]; LG Berlin, KostRspr. § 16 GKG Nr. 43 [gesamte Restdauer])

5. Duldung zu Instandsetzung bzw. -haltung und Modernisierungsmaßnahmen

Nach §§ 541 a, 541 b BGB ist der Mieter u. U. verpflichtet, Maßnahmen zur Erhaltung der Mieträume und Modernisierungsmaßnahmen zu dulden. Der Streitwert für derartige Duldungsklagen bestimmt sich gemäß § 3 nach dem Interesse des Klägers (= Vermieters), das nicht mit den Kosten für die Maßnahme identisch ist; bei Modernisierungsmaßnahmen wird in der Regel auf die erstrebte Mieterhöhung abgestellt werden können, wobei dann die Höchstgrenzen des § 8, § 16 GKG zu beachten sind. **36**

> (LG Mannheim, MDR 76, 1025; Hartmann, Anh. I, § 12 GKG Stichwort „Mietverhältnis", f; Hillach/Rohs, S. 156; Schneider, Streitwert, Rd.Ziff. 3023, 3024, 3081, 3082, 3119, 3120; Thomas/Putzo, § 3 Stichwort „Mietstreitigkeiten"; Zöller, § 3 Rd.Ziff. 16 Stichwort „Mietstreitigkeiten"; a. A. LG Hamburg, ZMR 85, 127 = dreifacher Jahresbetrag)

Miete und Pacht

6. Inhalt und Abschluß des Vertrages

37   Bei einem Streit nur über den Inhalt des Vertrages geht es weder um den Bestand noch um die Dauer des Miet- oder Pachtverhältnisses, so daß § 8, § 16 I GKG keine Anwendung finden. Der Streitwert ist gemäß § 3 nach dem Interesse des Klägers zu schätzen.

(OLG Koblenz, JurBüro 1977, 1132; Hillach/Rohs, S. 154 ff.; Schneider, Streitwert, Rd.Ziff. 2968; Thomas/Putzo, § 3 Stichwort „Mietstreitigkeiten")

Beispiele:
Streit über
- Berechtigung zur **Untervermietung** (Hillach/Rohs, S. 154),
- Eintritt eines **Dritten** in den Mietvertrag (Hillach/Rohs, S. 154; Schneider, Streitwert, Rd.Ziff. 3020),
- **Duldung** von Instandhaltungs- oder Modernisierungsmaßnahmen gemäß §§ 541 a, 541 b BGB (vgl. Rd.Ziff. 36),
- Anspruch auf **Wohnungsbesichtigung** durch Mietsuchende (Hillach/Rohs, S. 155),
- Anspruch auf Herausgabe von **Schlüsseln** (Hillach/Rohs, S. 155),
- Anspruch auf Warmwasser**versorgung** und Versorgung mit Elektrizität (Hillach/Rohs, S. 155),
- Reinigung des **Mülltonnenplatzes** (Hillach/Rohs, S. 155),
- Entfernung von **Balkonpflanzen** (LG Hamburg, WuM 89, 10: bis 500 DM),
- **Haustierhaltung** (LG Hamburg, WuM 87, 232; LG Würzburg, WM 88, 157).

38   Auch der Streitwert für eine Klage auf Feststellung der **Kündigungsmöglichkeit** richtet sich nach § 3 und nicht nach § 8, § 16 I GKG.

(so auch: OLG Frankfurt, MDR 67, 313; Hillach/Rohs, S. 139, 154; a. A.: OLG Köln, KostRspr. § 16 GKG Nr. 36; Schneider, Streitwert, Rd.Ziff. 3058)

Allein bei Klärung der Kündigungsmöglichkeit sind der Bestand und die Dauer des Vertrages nicht streitig; vielmehr geht es nur um den Inhalt des Vertrages. Etwas anderes gilt erst, wenn die Kündigung ausgeprochen wird (vgl. hierzu Rd.Ziff. 20).

39   Streitigkeiten über **Mängel** der Mietsache oder Pachtsache betreffen ebenfalls den Inhalt des Vertrages. Soweit eine bezifferte Leistungsklage erhoben wird, wie z. B. eine Schadensersatzklage oder Klage auf Rückzahlung eines Mietzinsteils wegen Minderung, richtet sich der Streitwert gemäß § 6 S. 1 nach dem Klageantrag (vgl. Stichwort „Bezifferte Leistungsklage"). Im übrigen gilt § 3 (Hartmann, Anh. I § 12 GKG Stichwort „Mietverhältnis"; Hillach/Rohs, S. 153 ff.; Schneider, Streitwert, Rd.Ziff. 3080).

Beispiele:
- Anspruch auf Beseitigung des Mangels bzw. Instandsetzung der Miet- oder Pachtsache, so Klage auf Beseitigung von Feuchtigkeitsschäden (LG Hamburg, JurBüro 85, 1701).
- Klage auf Feststellung der Besichtigung zwecks Minderung (§ 537 BGB).

Bei Klagen auf Beseitigung des Mangels sind Anhaltspunkt für das Interesse des Klägers die Beseitigungskosten, zumal u. U. eine Ersatzvornahme in Betracht kommt, § 538 II BGB.

(Schneider, Streitwert, Rd.Ziff. 3080; LG Hamburg, JurBüro 85, 1701 und Hartmann, Anh. I § 12 GKG Stichwort „Mietverhältnis", g, stellen auf den dreifachen Jahresbetrag der monatlichen Minderungsquote ab, was jedoch nicht einleuchtet)

Soweit es um die **Minderung** geht, richtet sich das Interesse nach der Minderungsquote, wobei die Höchstgrenzen des § 8, § 16 GKG zu beachten sind.

(Schneider, Streitwert, Rd.Ziff. 3078)

40   § 3 findet auch Anwendung, wenn es um den **Abschluß des Vertrages** geht; das Interesse des Klägers kann dabei höher sein als der einjährige Bezug. In der Regel dürfte der dreijährige Mietzins angemessen sein, soweit die Laufzeit nicht von vornherein kürzer ist; soweit die Vertragszeit wesentlich länger ist, kann in der Regel gleichwohl auf den dreijährigen Mietzins abgestellt werden, da eine außerordentliche Kündigung immer denkbar ist.

Miete und Pacht

(Hartmann, Anh. I § 12 GKG Stichwort „Mietverhältnis"; Hillach/Rohs, S. 149; Schneider, Streitwert, Rd.Ziff. 2984 ff.)

7. Räumungsfrist

Nach § 721 III und § 794 a II kann die in einem Urteil oder Vergleich gesetzte Frist zur Räumung von Wohnraum verlängert oder verkürzt werden. Der Wert für ein derartiges Verfahren ist gemäß § 3 nach dem Interesse des Antragstellers am Räumungsaufschub oder seiner Verkürzung zu schätzen. Maßgeblich ist der Betrag, der bis zum Ablauf der beantragten Räumungsfrist als Miete oder Nutzungsentschädigung (§ 557 I, III BGB) zu zahlen ist.   41

(Hartmann, Anh. I § 12 Stichwort „Räumungsfrist"; Hillach/Rohs, S. 152; Schneider, Streitwert, Rd.Ziff. 3103; Thomas/Putzo, § 3 Anm. 2)

8. Vollstreckungsschutz nach § 765 a ZPO

Insoweit wird auf das Stichwort „Vollstreckungsschutz nach §§ 765 a, 813 a ZPO" Bezug genommen.

Minderung

Verlangt der Kläger die Zahlung des Minderungsbetrages (§§ 462, 472, 634 BGB; § 537 BGB; vgl. Stichwort „Miete und Pacht", Rd.Ziff. 39), gelten gegenüber sonstigen bezifferten Leistungsklagen (vgl. Stichworte „Geldforderungen" und „Bezifferter Leistungsantrag") keine Besonderheiten. Maßgeblich ist gemäß § 6 S. 1 der geforderte Betrag, um den die Herabsetzung des geschuldeten Betrages beantragt wird.   1

(Hartmann, Anh. I § 12 GKG Stichwort „Minderung"; Stein/Jonas, § 3 Rd.Ziff. 54 Stichwort „Minderung"; Thomas/Putzo, § 3 Stichwort „Minderung")

Nebenforderungen i. S. des § 4 und § 22 GKG bleiben unberücksichtigt (vgl. Stichwort „Nebenforderungen").

Wird neben dem Antrag auf Zahlung des Minderungsbetrages auf **Zustimmung zur Minderung** geklagt, ist dieser zweite Antrag wirtschaftlich in dem ersten Antrag enthalten und hat streitwertmäßig daher keine Bedeutung; eine Streitwertaddition nach § 5 findet nicht statt.   2

(Stein/Jonas, § 5 Rd.Ziff. 9; vgl. auch allgemein zum Additionsverbot Stichwort „Klagenhäufung", Rd.Ziff. 12 ff.)

Wird isoliert auf **Zustimmung** zur Minderung geklagt, richtet sich der Streitwert gemäß § 3 nach dem Interesse des Klägers; grundsätzlich ist ein Bruchteil des Minderungsbetrages, etwa ⅕ bis ¼, gerechtfertigt.   3

(vgl. zum ähnlichen Problem Stichwort „Wandelung", Rd.Ziff. 5)

Wird die Minderung **einredeweise** geltend gemacht, hat sie auf den Streitwert keinen Einfluß; § 19 III GKG findet keine Anwendung; etwas anderes kann nur gelten, wenn aufgrund von Mängeln mit Ansprüchen wegen einer positiven Forderungsverletzung hilfsweise aufgerechnet wird.   4

(OLG Köln, MDR 79, 413; Schneider, Streitwert, Rd.Ziff. 3148; Stein/Jonas, § 3 Rd.Ziff. 54 Stichwort „Minderung"; vgl. auch Stichwort „Aufrechnung")

Miterben

s. Stichwort „Erbrechtliche Streitigkeiten"

Nachbesserung

§ 633 BGB, § 3
s. Stichwort „Werkvertrag", Rd.Ziff. 4, 6 f.

Nacherbschaft

Nacherbschaft

§§ 2100 ff. BGB, § 3
s. Stichwort „Erbrechtliche Streitigkeiten", Rd.Ziff. 17

Nachlaßverzeichnis

s. Stichwort „Erbrechtliche Streitigkeiten", Rd.Ziff. 12

Nachverfahren

s. Stichwort „Wertpapiere", Rd.Ziff. 6 ff.

Namensaktien

§ 6, § 3
s. Stichwort „Wertpapiere"
Umschreibung nach Pfändung: § 822, § 6 S. 1 und 2
s. Stichwort „Zwangsvollstreckung wegen einer titulierten Geldforderung", Rd.Ziff. 5

Namensrecht

1   Bei Ansprüchen nach § 12 BGB handelt es sich um eine **nichtvermögensrechtliche Streitigkeit** (vgl. zum Begriff Abschnitt 1 Rd.Ziff. 16, 18); der Gebührenstreitwert ist nach § 12 II S. 1, 4, III GKG zu bestimmen, während es auf den Streitwert bei der Zuständigkeit und bei der Zulässigkeit von Rechtsmitteln nicht ankommt.

(Hartmann, Anh. I § 12 GKG Stichwort „Name"; Hillach/Rohs, S. 113; Schneider, Streitwert, Rd.Ziff. 3254; Thomas/Putzo, § 3 Stichwort „Namensrecht")

Wegen der Einzelheiten zur Bestimmung des Streitwertes wird auf das Stichwort „Nichtvermögensrechtliche Streitigkeiten" Bezug genommen.

2   Im **gewerblichen Bereich** sind Streitigkeiten über den Namen, insbesondere über die **Firma** i. S. des § 17 HGB, vermögensrechtlicher Natur; der Streitwert bestimmt sich gemäß § 3, § 12 I GKG nach dem **Interesse des Klägers** an der Unterlassung.

(Hartmann, Anh. I § 12 GKG, Stichwort „Name"; Hillach/Rohs, S. 113; Schneider, Streitwert, Rd.Ziff. 3255; Thomas/Putzo, § 3 Stichwort „Namensrecht")

3   Wird wegen Verletzung des Namensrechts ein **Schadensersatzanspruch** gemäß § 823 BGB geltend gemacht, gelten gegenüber sonstigen bezifferten Leistungsklagen (vgl. Stichwort dort) keine Besonderheiten. Maßgeblich ist der bezifferte Betrag, wobei Nebenforderungen i. S. des § 4 I, § 22 GKG keine Bedeutung haben (vgl. Stichwort „Nebenforderungen").

Nebenforderungen

1   Nebenforderungen im Sinne des Streitwertrechts sind Forderungen, die in Abhängigkeit zu einem Hauptanspruch stehen, von derselben Partei neben dem Hauptanspruch in demselben Prozeß geltend gemacht werden und nicht bereits als Bestandteil in der Hauptforderung enthalten sind, sondern einen eigenen Entstehungsgrund haben.

(Hillach/Rohs, S. 72; Markl, Anh. § 12, § 4 Rd.Ziff. 3; Schneider, Streitwert, Rd.Ziff. 3260; Thomas/Putzo, § 4 Anm. 2 a; Zöller, § 4 Rd.Ziff. 8; vgl. auch Teil B, Rd.Ziff. 198)

2   Werden die Nebenforderungen **ohne die zugrundeliegende Hauptforderung** eingeklagt, stellen sie in dem betreffenden Prozeß keine Nebenforderung i. S. des Streitwertrechtes dar. Deshalb gelten für diesen Fall auch keine streitwertmäßigen Besonderheiten.

Nebenforderungen

Wenn jedoch die Nebenforderungen zusammen mit der zugrundeliegenden Forderung geltend gemacht werden, können unter den dort genannten weiteren Voraussetzungen die Sonderregelungen des § 4, § 22 GKG von Bedeutung sein. 3

Zu den in § 4 I, II und § 22 I GKG genannten Nebenforderungen gehören Früchte (§ 99 BGB), Nutzungen (§ 100 BGB), Zinsen, Kosten, wobei unerheblich ist, ob es sich um vorgerichtliche, außergerichtliche oder gerichtliche Kosten handelt (Thomas/Putzo, § 4 Anm. 2 a); Zinsen, Kosten und Provisionen gemäß Art. 48, 49 WG i. V. m. § 4 II, soweit diese Positionen mit der Wechselsumme geltend gemacht werden (vgl. Stichwort „Wertpapiere", Rd.Ziff. 3).

Diese in § 4 I, II, § 22 I GKG genannten Nebenforderungen werden beim Streitwert grundsätzlich nicht in Ansatz gebracht, wobei unerheblich ist, ob sie summenmäßig ausgerechnet sind. 4

(Schneider, Streitwert, Rd.Ziff 3257)

Das gilt auch für eine auf § 826 BGB gestützte Klage, mit der sich der Kläger gegen die **Zwangsvollstreckung aus einem rechtskräftigen Titel** wendet, d. h., die aufgelaufenen Zinsen und Kosten werden grundsätzlich für den Streitwert nicht berücksichtigt (OLG Karlsruhe, AnwBl. 91, 590).

Hiervon wird aber für die Anwaltskosten bei Zwangsvollstreckung wegen einer titulierten Geldforderung (vgl. Stichwort) in § 57 II S. 1 BRAGO eine Ausnahme gemacht. Nach unserer Auffassung gilt dies entsprechend für die eidesstattliche Versicherung nach § 807, § 58 III Ziff. 11 BRAGO (vgl. Stichwort „Eidesstattliche Versicherung", Rd.Ziff. 3).

Für alle nicht in § 4, § 22 GKG genannten Fälle sind der Wert der Nebenforderung nach § 5, 1. Halbs. und der Wert der Hauptforderung zusammenzurechnen, es sei denn, es greift ein Additionsverbot ein (vgl. Stichwort „Klagenhäufung", Rd.Ziff. 5 ff.). 5

Beispiele:
Mehrwertsteuer, Zubehör (§ 97 BGB), Zuwachs (§ 946 BGB), Aufwendungen für Zölle, Lagergelder, Frachten.
(Markl, Anh. § 12, § 4 ZPO, Rd.Ziff. 3; Thomas/Putzo, § 4 Anm. 2 d).

Wird ein **Rechtsmittel** nur im Hinblick auf die Nebenforderung eingelegt, wird diese in der Rechtsmittelinstanz zur Hauptforderung mit der Folge, daß sie dann auch streitwertmäßig von Bedeutung ist (vgl. hierzu näher Stichwort „Rechtsmittel", Rd.Ziff. 12). 6

Dasselbe gilt für die 1. Instanz, wenn die Hauptforderung nicht mehr verfolgt wird und damit die Kostenforderung zur Hauptforderung wird (BGH, NJW-RR 91, 1211; Stein/Jonas, § 4 Rd.Ziff. 31).

Beispiel:
Übereinstimmende Erledigungserklärung bezüglich der Hauptforderung; dann geht es bei der Hauptforderung nur noch um die Kostenentscheidung gemäß § 91 a.

Sind **Zinsen** oder **Kosten** Bestandteil der Hauptforderung, etwa als **Berechnungsmaßstab** oder **Berechnungsposten** für eine einheitliche Gesamtforderung, 7

Beispiele:
Kosten für ein Gutachten, das im Rahmen eines Verkehrsunfalles zur Bezifferung des Schadens eingeholt worden ist; Anspruch aus ungerechtfertigter Bereicherung wegen nichtgeschuldeter Hauptforderung und Zinsen; Aufwendungsersatzanspruch des Auftraggebers einschließlich Kosten und Zinsen; Anspruch auf Duldung der Zwangsvollstreckung nach § 7 AnfG (vgl. Stichwort „Duldungsklagen", Rd.Ziff. 3); Rückgriff des Bürgen gegen Schuldner (vgl. Stichwort „Bürgschaft", Rd.Ziff. 3 – bestritten!); Deckungsprozeß (vgl. Stichwort „Deckungsprozeß", Rd.Ziff. 7); Enteignungsentschädigung für entgangene Nutzungen in Form der Verzinsung (vgl. Stichwort „Enteignung", Rd.Ziff. 6).

stellen sie keine Nebenforderung i. S. des § 4 und § 22 I GKG dar, so daß sie streitwertmäßig zu berücksichtigen sind.

(Hillach/Rohs, S. 73; vgl. auch oben Stichwort „Anfechtungsklagen", Rd.Ziff. 2)

Nebenintervention

Nebenintervention

Für die durchgeführte Nebenintervention und für den Zwischenstreit (§ 71) entscheidet das nach § 3 zu schätzende Beitrittsinteresse des Nebenintervenienten. Der Wert ist nach oben durch den Wert der Hauptsache beschränkt; regelmäßig dürfte ein Abschlag von etwa 20% gerechtfertigt sein, wenn nicht wegen der begrenzten Nebeninterventionswirkung ein geringeres Interesse vorliegt.

(OLG Koblenz, Rpfleger 77, 175; OLG Hamburg, AnwBl. 85, 263; OLG München, AnwBl. 85, 646; OLG Köln, MDR 90, 246; Schneider, Streitwert, Rd.Ziff. 3352, 3358; Stein/Jonas, Rd.Ziff. 54, Stichwort „Nebenintervention"; Thomas/Putzo, § 3 Stichwort „Nebenintervention"; Zöller, § 3 Rd.Ziff. 16 Stichwort „Nebenintervention")

Unerheblich ist grundsätzlich, ob sich der Nebenintervenient (= Streithelfer) den Anträgen der Hauptpartei anschließt.

Nichtigkeitsklagen

§§ 249, 250, 275 AktG, § 247 AktG
s. Stichwort „Anfechtungsklagen", Rd.Ziff. 6 ff.
§ 579, § 3
s. Stichwort „Wiederaufnahmeverfahren"

Nichtvermögensrechtliche Streitigkeiten

I. Zuständigkeitsstreitwert und Rechtsmittelstreitwert

1   Für den Zuständigkeitsstreitwert und den Rechtsmittelstreitwert hat die Bewertung von nichtvermögensrechtlichen Streitigkeiten (vgl. zum Begriff Abschnitt 1, Rd.Ziff. 16 ff.) keine Bedeutung (Hillach/Rohs, S. 37).

Das Landgericht ist nämlich unabhängig vom Streitwert in derartigen Fällen zuständig (vgl. §§ 23 Nr. 1, 71 I GVG).

Darüber hinaus hängen die Zulässigkeit der Berufung und die Zulässigkeit der Revision nicht von einer bestimmten Berufungs- oder Revisionssumme ab (vgl. §§ 511 a, 546).

II. Gebührenstreitwert

(vgl. hierzu auch Stichworte „Ehesachen", „Kindschaftssachen")

2   Auch in nichtvermögensrechtlichen Streitigkeiten muß ein Gebührenstreitwert festgesetzt werden. Bei der nach § 12 II GKG vorzunehmenden **Ermessensentscheidung** sind alle Umstände des Einzelfalles, insbesondere der Umfang und die Bedeutung der Sache, die Einkommens- und Vermögensverhältnisse der Parteien und ähnliches zu berücksichtigen, wobei eine Gesamtschau aller Gesichtspunkte erforderlich ist.

(Hillach/Rohs, S. 37; vgl. hierzu auch eingehend oben Stichwort „Ehesachen", Rd.Ziff. 2 ff.)

Begrenzt wird das Ermessen des Gerichts durch § 12 II 4 GKG. Danach darf der Gebührenstreitwert 2 Mio. DM nicht überschreiten und 600,– DM bzw. in Ehesachen 4000,– DM nicht unterschreiten. Darüber hinaus sind Sonderregelungen für Ehesachen und Kindschaftssachen im § 12 II 2, III GKG getroffen (vgl. Stichworte „Ehesachen" und „Kindschaftssachen").

3   Anders als bei der früheren Rechtslage hat der Gesetzgeber nunmehr grundsätzlich keinen Regelwert mehr vorgeschrieben. Gleichwohl wollen manche in Anlehnung an § 12 II 3

GKG weiterhin von einem Regelstreitwert in Höhe von 4000,- DM ausgehen (vgl. Markl, § 12 Rd.Ziff. 9).

Die Kriterien „**Umfang**" und „**Bedeutung der Sache**" gemäß § 12 II 1 haben nur dann Einfluß auf die Höhe des Streitwertes, wenn sie außerhalb des normalen Rahmens liegen. 4

(OLG Düsseldorf, FamRZ 91, 1079; Markl, § 12 Rd.Ziff. 9)

Dabei kann auf den Umfang des Akteninhalts, auf die Anzahl der mündlichen Verhandlungstermine, auf den Umfang der Beweisaufnahme, auf den Schwierigkeitsgrad der Sache in tatsächlicher und rechtlicher Hinsicht u. ä. abgestellt werden; diese Kriterien sind nämlich in der Regel für den zeitlichen Arbeitsaufwand von Bedeutung, der wiederum den Streitwert beeinflussen kann.

(Hillach/Rohs, S. 38; Markl, § 12 Rd.Ziff. 9)

Bei der Bedeutung der Sache kommt es allein auf das Interesse des Antragstellers an einer positiven Entscheidung an; das Interesse des Antragsgegners, der Allgemeinheit und auch des Antragstellers selbst im Hinblick auf die über den Rechtsstreit hinausgehende Bedeutung

Beispiele:
Musterprozeß, Teilklage

ist hingegen nicht maßgeblich.

(Hillach/Rohs, S. 39; Markl, § 12 Rd.Ziff. 9 a; Schneider, Streitwert, Rd.Ziff. 3412, 3419 ff.)

Bei der Streitwertentscheidung sind auch die **Einkommens-** und **Vermögensverhältnisse** beider Parteien zu berücksichtigen und diese mit den Durchschnittseinkommen in Deutschland zu vergleichen; ist das Durchschnittseinkommen der Parteien höher als das allgemeine Durchschnittseinkommen, wirkt sich dieser Punkt in der Regel streitwerterhöhend aus (Hillach/Rohs, S. 39). 5

In diesem Zusammenhang sind weiter die persönliche Situation der Parteien

Beispiele:
Familienstand, Kinderzahl

und die Belastungen

Beispiel:
notwendige finanzielle Verpflichtungen usw.

von Bedeutung.

(Hillach/Rohs, S. 40; Markl, § 12 Rd.Ziff. 11 ff.; vgl. auch Stichwort „Ehesachen", Rd.Ziff. 4 ff.)

Dabei können die zum Prozeßkostenhilferecht entwickelten Kriterien hilfsweise herangezogen werden. In welchem Umfang das Gericht eigene Ermittlungen anzustellen hat oder ob es insoweit von den Parteiangaben ausgehen kann, ist u. E. nur anhand des Einzelfalles zu beurteilen. Allgemeine Regeln lassen sich hier nicht aufstellen. In jedem Fall erscheint uns aber die Meinung des OLG München (JurBüro 79, 1543) fraglich, wonach das Gericht an die Parteiangaben zu den Einkommens- und Vermögensverhältnissen gebunden ist. Nach dem eindeutigen Wortlaut des § 12 II 1 GKG ist dem Gericht nämlich insoweit ein Ermessen eingeräumt, so daß eine Bindung an den Parteivortrag nicht angenommen werden kann.

Nießbrauch

Bei dem Nießbrauch handelt es sich um ein Recht auf fortdauernde, ununterbrochene **Nutzung** (vgl. §§ 1030 ff. BGB), nicht aber um einen Anspruch auf wiederkehrende Leistungen oder um eine Grunddienstbarkeit gemäß §§ 1018 ff. BGB; daher finden §§ 7, 9, § 17 GKG keine Anwendung. 1

Nießbrauch

(Hillach/Rohs, S. 200; Schneider, Streitwert, Rd.Ziff. 3426, 3427; Thomas/Putzo, § 3 Stichwort „Nießbrauch")

Nach unserer Auffassung greift auch § 16 I GKG nicht ein.

(Bestritten! Für die Anwendbarkeit: OLG Köln, WuM 85, 125; Zöller, § 3 Rd.Ziff. 16 Stichwort „Nießbrauch"; a. A.: Hillach/Rohs, S. 200; Stein/Jonas, § 3 Stichwort „Nießbrauch"; vgl. auch Stichwort „Miete")

2   Soweit auf **Erfüllung, Aufhebung** oder **Löschung** geklagt wird, ist der Streitwert grundsätzlich gemäß § 3 nach freiem Ermessen zu schätzen; dabei ist der **Nettoertrag** während der voraussichtlichen Dauer des Nießbrauchs, d. h. der Ertrag nach Abzug der Kosten, zugrunde zu legen.

(Hillach/Rohs, S. 200 f.; Schneider, Streitwert, Rd.Ziff. 3435 ff.; Stein/Jonas, § 3 Stichwort „Nießbrauch"; Thomas/Putzo, § 3 Stichwort „Nießbrauch")

3   Soweit allerdings im Rahmen der Erfüllungsklage ein bestimmter Gegenstand **herausverlangt** wird, findet § 6 S. 1 Anwendung, d. h., es kommt dann auf den Verkehrswert an.

(Hillach/Rohs, S. 201; Schneider, Streitwert, Rd.Ziff. 3435; Stein/Jonas, § 6 Rd.Ziff. 4)

4   Soweit es um eine Klage auf **Einräumung** des Nießbrauchs geht, war früher bestritten, ob § 3 oder § 6 S. 1 eingreift; seitdem der BGH (NJW 88, 395) der Meinung gefolgt ist, nach der § 3 einschlägig ist, wird die andere Ansicht – soweit ersichtlich – nicht mehr vertreten.

(OLG Zweibrücken, JurBüro 87, 265; Hartmann, Anh. I § 12 GKG Stichwort „Nießbrauch"; Hillach/Rohs, S. 200; Schneider, Streitwert, Rd.Ziff. 3429; Stein/Jonas, § 3 Stichwort „Nießbrauch"; Thomas/Putzo, § 3 Stichwort „Nießbrauch"; Zöller, § 3 Rd.Ziff. 16 Stichwort „Nießbrauch")

Auch insoweit kommt es auf den **Nettoertrag** während der voraussichtlichen Dauer des Nießbrauchs an. Abzuziehen sind vom Bruttoertrag die anfallenden Kosten (Schneider, Streitwert, Rd.Ziff. 3430).

Beispiele:
öffentliche Lasten, Erhaltungskosten

Soweit die voraussichtliche Dauer nicht abzuschätzen ist, kann der Rechtsgedanke des § 24 II KostO berücksichtigt werden.

(OLG Zweibrücken, JurBüro 87, 265; Schneider, Streitwert, Rd.Ziff. 3432)

5   Wenn im Wege der **einstweiligen Verfügung** die Eintragung einer **Vormerkung** zur Sicherung des Anspruchs auf Einräumung eines Nießbrauchs begehrt wird, ist der Streitwert gemäß § 20 I GKG, § 3 nach dem **Interesse** des Klägers an der Sicherung zu schätzen; in Ansatz zu bringen ist grundsätzlich ein Bruchteil des Hauptsachestreitwertes.

(Hillach/Rohs, S. 195; vgl. Stichwort „Einstweilige Verfügung")

6   Wird gegen den Nießbraucher auf **Duldung der Zwangsvollstreckung** (vgl. § 737) geklagt, bestimmt sich der Streitwert gemäß § 6 S. 1 und 2 analog nach dem geringeren Wert entweder der zu vollstreckenden Forderung oder des Gegenstandes, in den vollstreckt werden soll.

(Hillach/Rohs, S. 201; vgl. allgemein Stichwort „Duldung der Zwangsvollstreckung")

Notwegrecht

§ 7 analog (Einräumung), § 9 (Geldrente)
s. Stichworte
„Eigentum", Rd.Ziff. 7 f.; „Grunddienstbarkeit", Rd.Ziff. 6

Nutzungen, wiederkehrende
§ 9, § 17 GKG
s. Stichwort „Wiederkehrende Leistungen"

Nutzungsverhältnisse
§ 16 I GKG
s. Stichwort „Miete und Pacht", insbesondere Rd.Ziff. 4

Offenbarungsversicherung
s. Stichwort „Eidesstattliche Versicherung"

Offene Handelsgesellschaft
§ 3
s. Stichwort „Gesellschaftsrecht"

Öffentliche Zustellung
Wird eine öffentliche Zustellung abgelehnt, ist für den Streitwert nicht der Hauptsachestreitwert, sondern ein Bruchteil hiervon gemäß § 3 zugrunde zu legen.
(Zöller, § 3 Rd.Ziff. 16 Stichwort „Öffentliche Zustellung")

Ordnungsgeld
Bei einem Ordnungsgeld gegen eine **Partei** nach § 141, gegen einen **Sachverständigen** nach §§ 409, 411 und gegen einen **Zeugen** nach § 380 oder im Weg der Anordnung nach §§ 177, 178 GVG ist der verhängte Betrag maßgebend. 1
(Hartmann, Anh. I § 12 GKG Stichwort „Ordnungs- und Zwangsmittel")
Bei Zwangsvollstreckungsmaßnahmen nach §§ 888, 890 ist gemäß § 3 das Interesse des Gläubigers an der Durchsetzung des vollstreckbaren Ansspruchs zu schätzen (vgl. näher Stichwort „Zwangsvollstreckung zur Erwirkung von Handlungen und Unterlassungen"). 2
Zum **Ordnungsgeld** bei einer einstweiligen Verfügung wird auf das Stichwort „Einstweilige Verfügung", Rd.Ziff. 7, Bezug genommen. 3

Organ
Bei Klagen von Organmitgliedern einer juristischen Person
> **Beispiele:**
> Geschäftsführer, Vorstand, Gesellschafter, Aufsichtsrat

auf Einkünfte aus einem Anstellungsverhältnis ist bestritten, ob für den Gebührenstreitwert § 17 III GKG Anwendung finden kann oder ob sich der Streitwert immer nach § 9 richtet. Hierzu werden im wesentlichen drei Meinungen vertreten: Nach einer Meinung ist der Streitwert immer nach § 9 (12½facher Jahresbetrag) zu ermitteln.
(BGH, NJW 78, 2202; OLG Hamm, AnwBl. 77, 111)
Nach einer zweiten Meinung hingegen bemißt sich der Streitwert grundsätzlich gemäß § 17 III GKG nach dem 3fachen Jahresbetrag.
(BGH, NJW 81, 2466; OLG Bamberg, JurBüro 88, 227)

Organ

Nach einer Mittelmeinung findet hingegen § 17 III GKG dann Anwendung, wenn sich die Organmitglieder hinsichtlich ihrer sozialen Abhängigkeit in einer arbeitnehmerähnlichen Stellung befinden; ansonsten richtet sich der Gebührenstreitwert nach dieser Meinung nach § 9.

(OLG Koblenz, MDR 80, 319; Hartmann, § 17 GKG Anm. 4 B; Hillach/Rohs, S. 374; Schneider, Streitwert, Rd.Ziff. 3526; Stein/Jonas, § 9 Rd.Ziff. 21; vgl. näher zum Begriff „Arbeitnehmer" Stichwort)

Wir folgen der Mittelmeinung, da diese der sozialen Funktion des § 17 III GKG am ehesten gerecht wird.

(vgl. auch Stichwort „Wiederkehrende Leistungen", insbesondere Rd.Ziff. 38; s. auch „Anfechtungsklagen", Rd.Ziff. 6 ff., und „Gesellschaftsrecht")

Klagt der Geschäftsführer einer Gesellschaft gegen seine Abberufung, ohne daß zugleich eine Beendigung des Dienstverhältnisses im Streit wäre, ist der Wert nach § 3 zu schätzen (BGH, NJW-RR 90, 1123).

Pacht

s. Stichwort „Miete und Pacht"

Pächterpfandrecht

§ 583 BGB

Der Streitwert bestimmt sich gemäß § 6 S. 1 und 2 nach dem **Wert der Forderung** des Pächters eines Grundstückes gegen den Verpächter – diese bezieht sich auf das mitgepachtete Inventar – oder nach dem geringeren Wert der Inventarstücke, auf die sich das Pfandrecht erstreckt (vgl. allgemein Stichwort „Pfandrecht").

Pfandrecht

1   Bei Streitigkeiten über ein Pfandrecht greift grundsätzlich die Streitwertregel des § 6 S. 1, 2 ein, soweit keine Sonderregelung

Beispiel:

§ 20 I GKG (vgl. Stichwort „Arrest")

vorgeht. Das bedeutet, daß maßgeblich für den Streitwert der **Wert der zu sichernden Forderung** (§ 6 S. 1) oder aber der **Wert des Pfandgegenstandes** ist, soweit dieser einen geringeren Wert als die Forderung hat (§ 6 S. 2).

Beispiele:

1. Pfandrecht zur Sicherung einer Forderung in Höhe von 5000,– DM an einem PKW, der einen Verkehrswert von 10 000,– DM hat.
Streitwert: 5000,– DM (§ 6 S. 1).

2. Pfandrecht zur Sicherung einer Forderung in Höhe von 5000,– DM an einer Forderung über 3000,– DM.
Streitwert: 3000,– DM (§ 6 S. 2).

2   Der **Wert** der Forderung bestimmt sich in der Regel nach allgemeinen Grundsätzen (vgl. Stichwort „Forderungen" und die dort angegebenen weiteren Hinweise), so daß z. B. Nebenforderungen i. S. des § 4 und § 22 GKG grundsätzlich nicht berücksichtigt werden (Hartmann, Anh. I § 12 GKG Anm. 3 B; Zöller, § 6 Rd.Ziff. 9; vgl. auch Stichwort „Nebenforderungen"). Etwas anderes gilt aber für die Zwangsvollstreckung wegen einer Geldforderung, was für die Anwaltsgebühren sogar ausdrücklich in § 57 II S. 1 BRAGO vorgesehen ist (vgl. Stichwort „Zwangsvollstreckung", Rd.Ziff. 3). Nach allgemeinen

Regeln richtet sich auch der Wert des Pfandgegenstandes. Ist Pfandgegenstand eine bewegliche Sache, ist z. B. ihr Verkehrswert maßgeblich.

(vgl. hierzu näher Stichworte „Besitz", Rd.Ziff. 11 ff. und „Eigentum", Rd.Ziff. 2)

§ 6 S. 1 und 2 gelten grundsätzlich für das **Pfandrecht an beweglichen Sachen und Rechten**, aber auch für sogenannte **Grundpfandrechte** (Hartmann, Anh. I § 12 GKG Anm. 3 B).

Beispiele:
Hypotheken, Grundschulden (vgl. Stichworte dort).

Unerheblich ist, ob das Pfandrecht auf **Vertrag** (§§ 1204 ff., 1273 ff. BGB), auf **Gesetz**

Beispiele:
§ 233 BGB (Hinterlegung)
§ 559 BGB (Vermieterpfandrecht)
§ 592 BGB (Verpächterpfandrecht)
§ 583 BGB (Pächterpfandrecht)
§ 647 BGB (Werkunternehmerpfandrecht)
§ 704 BGB (Gastwirtspfandrecht)
§ 397 HGB (Kommissionärpfandrecht)
§ 410 HGB (Spediteurpfandrecht)
§ 421 HGB (Lagerhalterpfandrecht)
§ 440 HGB (Frachtführerpfandrecht)
(vgl. hierzu jeweils Stichwort)

oder auf einer **Pfändung**

(vgl. Stichworte „Pfändungspfandrecht", „Drittschuldnerklage" (streitig!), „Drittwiderspruchsklage", „Vorzugsweise Befriedigung", „Duldung der Zwangsvollstreckung")

beruht.

(Hartmann, Anh. I § 12 GKG Anm. 3 B; Schneider, Streitwert, Rd.Ziff. 3565; Zöller, § 6 Rd.Ziff. 9)

Solange das Pfandrecht noch nicht begründet worden ist, findet § 6 S. 2 grundsätzlich keine Anwendung, so daß allein der Wert der zu sichernden Forderung maßgeblich ist; etwas anderes gilt jedoch, wenn es um die **Bestellung** eines bestimmten, konkret bezeichneten Pfandrechts an einem bestimmten Gegenstand oder einem bestimmten Recht geht.

(Hartmann, Anh. I § 12 GKG Anm. 3 B; Hillach/Rohs, S. 210; Zöller, § 6 Rd.Ziff. 9; vgl. auch zu dieser Problematik bei der Pfändung Stichwort „Zwangsvollstreckung wegen einer titulierten Geldforderung", Rd.Ziff. 5 ff.)

Hier kommt es nach § 6 S. 1 und S. 2 auf den niedrigeren Wert der zu sichernden Forderung oder des Pfandgegenstandes an.

§ 6 S. 1 und 2 findet in folgenden Fällen Anwendung, so daß für den Streitwert der niedrigere Wert der zu sichernden Forderung oder des Pfandgegenstandes zugrunde zu legen ist:

— Feststellung des **Bestehens** oder **Nichtbestehens** des Pfandrechts, ohne daß hier ein Abzug bei einer positiven Feststellungsklage zu machen wäre.

(Hartmann, § 6 ZPO [Anh. I § 12 GKG] Anm. 3 B; Hillach/Rohs, S. 210; Zöller, § 6 Rd.Ziff. 6)

— **Herausgabe der Pfandsache,** wenn es bei dem Streit um das Bestehen des Pfandrechts geht; macht der Kläger hingegen sein Eigentum geltend und beruft sich der Beklagte lediglich zur Verteidigung auf sein Pfandrecht, kommt es nach § 6 S. 1 — der auch bei Eigentumsherausgabeklagen gilt (vgl. Stichwort „Eigentum", Rd.Ziff. 1) — allein auf den Wert der Sache an.

(Hillach/Rohs, S. 211; Zöller, § 6 Rd.Ziff. 9)

— **Aufhebung des Pfandrechtes.**

(Hillach/Rohs, S. 211)

Pfandrecht

6   Darüber hinaus findet § 6 S. 1 und S. 2 entsprechende Anwendung, soweit es um die **Feststellung** oder **Einräumung** des **Vorranges** geht; der Streitwert richtet sich nach dem geringeren Betrag der betreffenden Forderung, es sei denn, daß der Wert des Pfandgegenstandes noch geringer ist; dann ist dieser maßgeblich.

(Hartmann, § 6 ZPO [Anh. I § 12 GKG] Anm. 3 B; Hillach/Rohs, S. 211; Zöller, § 6 Rd.Ziff. 10; a. A.: OLG Frankfurt, AnwBl. 82, 111, das § 23 III KostO entsprechend anwenden will)

Ein Abschlag ist bei einer positiven Feststellungsklage nicht zu machen.

(Hillach/Rohs, S. 211; vgl. allgemein zur positiven Feststellungsklage: Stichwort „Feststellungsklage", Rd.Ziff. 1 ff.)

7   Bestritten ist, ob § 6 S. 1 und S. 2 auf eine **Drittschuldnerklage** anzuwenden ist oder ob es nur auf den Antrag des Klägers ankommt.

(vgl. hierzu Stichwort „Drittschuldnerklage", Rd.Ziff. 2)

8   Wird eine **Klage aus dem Pfandrecht** mit der **persönlichen Klage** verbunden, ist nur der Betrag der Forderung wertbestimmend.

(Schneider, Streitwert, Rd.Ziff. 3567; 4040)

Ein Additionsverbot besteht insoweit unter dem Gesichtspunkt der wirtschaftlichen Einheit (vgl. Stichwort „Klagenhäufung", Rd.Ziff. 12 ff.).

9   Die Klage aus dem Pfandrecht und die Widerklage auf Herausgabe des Pfandgegenstandes betreffen denselben Streitgegenstand i. S. des § 19 I S. 1 GKG, so daß für den Gebührenstreitwert nur der höhere Wert maßgeblich ist.

(Hillach/Rohs, S. 211; vgl. auch Stichwort „Widerklage", Rd.Ziff. 5)

Pfändungspfandrecht

Durch die wegen einer titulierten Geldforderung erfolgte Pfändung einer Sache oder eines Rechts (§§ 803 ff.) entsteht nach der herrschenden gemischt öffentlich-rechtlichen und privatrechtlichen Theorie unter den Voraussetzungen der §§ 1204 ff. BGB neben der Verstrickung durch Hoheitsakt ein privatrechtliches Pfändungspfandrecht.

(vgl. hierzu näher Palandt, Überblick und § 1204, Rd.Ziff. 5 f. Anm. 2 m.w.N.)

Bei Streitigkeiten über das Pfändungspfandrecht

> **Beispiele:**
> Drittschuldnerklage (bestritten!)
> Drittwiderspruchsklage (§ 771)
> Klage auf vorzugsweise Befriedigung (§ 805)
> Klage auf Duldung der Zwangsvollstreckung (§ 7 AnfG)
> (vgl. Stichworte dort)

richtet sich der Streitwert gemäß § 6 S. 1 und 2 nach dem Betrag der **titulierten Geldforderung** oder nach dem **Wert des Pfandgegenstandes,** soweit dieser geringer ist (vgl. allgemein Stichwort „Pfandrecht"). Für den Wert der titulierten Geldforderung gelten die allgemeinen Grundsätze (vgl. Stichwort „Geldforderung"), so daß z. B. Nebenforderungen i. S. des § 4, § 22 GKG grundsätzlich unberücksichtigt bleiben (vgl. Stichwort „Nebenforderungen"). Etwas anderes gilt für Klagen auf **Duldung der Zwangsvollstreckung** (vgl. Stichwort „Anfechtungsklagen", Rd.Ziff. 2). Der Wert des Pfandgegenstandes bestimmt sich bei Sachen nach dem Verkehrswert (vgl. Stichwort „Besitz", Rd.Ziff. 11 ff.) und im übrigen danach, welches Recht betroffen ist.

Pfändungs- und Überweisungsbeschluß

s. Stichwort „Drittschuldnerklage"
s. Stichwort „Zwangsvollstreckung wegen einer Geldforderung", insbesondere Rd.Ziff. 5 f.

Pflegeheim

§§ 3, 4, 6
s. Stichworte „Bezifferter Leistungsantrag" und „Nebenforderungen"
nicht § 8, § 16 GKG
s. Stichwort „Miete und Pacht", Rd.Ziff. 7

Pflichtteil

§§ 2303 ff. BGB, § 3, § 6 S. 1
s. Stichwort „Erbrechtliche Streitigkeiten", Rd.Ziff. 18

Prozeßkostenhilfe

I. Rechtsanwaltsgebühren

1. Selbständiges Prozeßkostenhilfeverfahren

Die **Rechtsanwaltsgebühren** bemessen sich gemäß § 51 II BRAGO nach dem für die Hauptsache maßgebenden Wert, soweit **§ 51 BRAGO** anwendbar ist. 1

§ 51 BRAGO regelt die Gebühren des Rechtsanwalts für seine Tätigkeit im Verfahren über die Prozeßkostenhilfe. Entsprechend dem geringeren Aufwand an Zeit und Arbeit – gemessen an dem Hauptsacheverfahren – werden die für den Prozeß bestimmten Gebühren auf $5/10$ herabgesetzt (§§ 51 I, 31 BRAGO). Da das Prozeßkostenhilfeverfahren zum Rechtszug des Prozesses gehört (§ 37 Nr. 3 BRAGO), hat § 51 BRAGO nur für den Rechtsanwalt Bedeutung, dessen Auftrag und Tätigkeit sich ausschließlich auf das Verfahren über die Prozeßkostenhilfe beschränkt (sog. selbständiges Prozeßkostenhilfeverfahren); wenn der Rechtsanwalt Prozeßvollmacht erteilt bekommt, werden hingegen nur die Gebühren des § 31 BRAGO fällig.

(OLG Saarbrücken, JurBüro 87, 713; Gerold/Schmidt, § 51 Rd.Ziff. 1; Hartmann, § 51 BRAGO, Anm. 1; Riedel/Sußbauer, § 51 Rd.Ziff. 1)

Soweit § 51 BRAGO anwendbar ist, bestimmt sich auch der Streitwert für das **Beschwerdeverfahren** (§ 127 II, III) nach § 51 II BRAGO, wenn sich die Beschwerde gegen die Versagung der Prozeßkostenhilfe überhaupt richtet. 2

(BFH, JurBüro 87, 691; OLG Karlsruhe, Justiz 80, 439; BayObLG, JurBüro 90, 1640; OLG Frankfurt, JurBüro 91, 1646; Gerold/Schmidt, § 51 Rd.Ziff. 10; Riedel/Sußbauer, § 51 Rd.Ziff. 16; Schneider, Streitwert, Rd.Ziff. 3610; 3613; Zöller, § 3, Rd.Ziff. 16, Stichwort „Prozeßkostenhilfe")

Geht es jedoch nur um die **Raten** oder die Höhe der Raten (§ 115), ist das Interesse des Beschwerdeführers an einer ratenfreien Bewilligung bzw. die Differenz zwischen den festgesetzten und den erstrebten Raten zugrunde zu legen.

(OLG Frankfurt, JurBüro 88, 1375; OLG Nürnberg, FamRZ 89, 200; Schneider, Streitwert, Rd.Ziff. 3612 ff.; Zöller, § 3 Rd.Ziff. 16, Stichwort „Prozeßkostenhilfe")

Das Beschwerdegericht ist bei der Festsetzung des Streitwertes gemäß § 51 II BRAGO nicht an die Wertfestsetzung der Vorinstanz gebunden (vgl. § 25 I S. 3 GKG).

(Schneider, Streitwert, Rd.Ziff. 3610)

Prozeßkostenhilfe

2. Unselbständiges Prozeßkostenhilfeverfahren

3   Soweit § 51 BRAGO nicht eingreift, weil der Rechtsanwalt auch zum Prozeßbevollmächtigten für den Hauptprozeß bestellt worden ist (sog. unselbständiges Prozeßkostenhilfeverfahren), wird seine Tätigkeit in dem diesem Prozeß zugeordneten Prozeßkostenhilfeverfahren (§ 37 Nr. 3 BRAGO) nicht besonders vergütet. Dabei kommt es nicht darauf an, ob der Hauptprozeß zeitlich vorausgeht bzw. gleichzeitig mit dem Prozeßkostenhilfeverfahren oder erst später beginnt (Hartmann, § 51 BRAGO Anm. 1).

Jedoch entsteht auch für den Prozeßbevollmächtigten bei einer Vertretung im **Beschwerdeverfahren** (§ 127 II, III) eine zusätzliche $^{5}/_{10}$-Gebühr gemäß § 61 I BRAGO (Kalthoener/Büttner, Rd.Ziff. 900).

Diese richtet sich nicht nach dem Streitwert für die Hauptsache, da § 51 II BRAGO nicht gilt. Mangels besonderer Vorschriften ist der Streitwert für das Beschwerdeverfahren nach § 12 I GKG, § 3 entsprechend dem Kosteninteresse des Beschwerdeführers (vgl. Rd.Ziff. 4) zu schätzen.

(Hartmann, § 51 BRAGO Anm. 1; a. A. wohl OLG Bamberg, JurBüro 84, 296; Kalthoener/Büttner, Rd.Ziff. 902, die § 51 II BRAGO ohne Einschränkung anwenden wollen)

Nur in dieser Höhe ist der Beschwerdeführer nämlich beschwert, und es ist kein Grund ersichtlich, warum der Streitwert für das Beschwerdeverfahren abweichend von den sonstigen Fällen hier höher sein sollte als der Wert der Beschwer (vgl. Stichwort „Rechtsmittel", Rd.Ziff. 5).

II. Gerichtskosten

4   Grundsätzlich ist das Prozeßkostenhilfeverfahren gerichtsgebührenfrei.
Gerichtskosten fallen nur bei einer erfolglosen Beschwerde an (Nr. 1181 KV-Anlage 1 zu § 11 I GKG), da im übrigen ein Gebührentatbestand im GKG nicht vorhanden ist.

(OLG Koblenz, Rpfleger 87, 386; OLG Bamberg, JurBüro 84, 296; JurBüro 87, 1052; Kalthoener/Büttner, Rd.Ziff. 899; vgl. allgemein zu den Gerichtskosten Teil B, Rd.Ziff. 16 ff.)

§ 51 II BRAGO gilt insoweit nicht. Der Streitwert für die Gerichtskosten bemißt sich vielmehr gemäß § 12 I GKG, § 3 nach dem Interesse des Beschwerdeführers an der von ihm erstrebten Entscheidung. Maßgeblich ist das Kosteninteresse.

(OLG Koblenz, MDR 87, 1035; Kalthoener/Büttner, Rd.Ziff. 901; Baumbach/Lauterbach/Albers/Hartmann, Anh. § 3 Stichwort „Prozeßkostenhilfe")

Dieses Interesse richtet sich grundsätzlich entsprechend den Wirkungen einer positiven Prozeßkostenhilfeentscheidung (§§ 121 ff.) nach den noch nicht bezahlten Gerichtskosten (vgl. § 122 I) und den außergerichtlichen Kosten des Beschwerdeführers im Hauptsacheverfahren. Auf die außergerichtlichen Kosten des Prozeßgegners ist hingegen nicht abzustellen (vgl. § 123).

Beispiel:
Rechtsstreit über 10 000,– DM.
Beide Parteien sind anwaltlich vertreten. Anhaltspunkte für eine Beweisaufnahme und sonstige prozessuale Besonderheiten bestehen nicht. Gerichtskosten sind noch nicht bezahlt worden. Dann wird der Streitwert für die Gerichtskosten eines erfolglosen Beschwerdeverfahrens nach § 127 II 2 wie folgt ermittelt:
Gerichtskosten:

Nr. 1010 KV	222,– DM
Nr. 1016 KV (doppelter Ansatz)	444,– DM
2 × Zustellung	12,– DM
	= 678,– DM

Voraussichtliche außergerichtlichen Kosten des Beschwerdeführers:

§ 31 I Nr. 1 BRAGO	539,– DM
§ 31 I Nr. 2 BRAGO	539,– DM
Kostenpauschale § 26 BRAGO	40,– DM
	1118,– DM
14% MWSt. – § 25 II BRAGO	156,52 DM
	1274,52 DM
insgesamt	= 1952,52 DM

Dann kann der Streitwert auf „2000,– DM" oder, wie teilweise in der Praxis üblich ist, auf „bis 2100,– DM" (= Grenze zum nächsten Gebührensprung) festgesetzt werden.

Im Normalfall kann man sich auch bei der Festsetzung des Streitwertes an der Kostenvoranschlagstabelle zu § 115 VI

(vgl. Nr. 13 der Durchführungsbestimmungen zum PKH-Gesetz nach dem Stand vom 1. 1. 1987 – abgedruckt in Kalthoener/Büttner, Rd.Ziff. 398, vgl. dort auch Rd.Ziff. 901)

orientieren, wodurch man sich die genaue Errechnung der Kosten erspart.

Wenn es im (erfolglosen) Beschwerdeverfahren nur um die **Raten** geht, wird im Falle der Erfolglosigkeit des Rechtsmittels für die Gerichtskosten derselbe Streitwert festgesetzt, der auch für die Rechtsanwaltsgebühren maßgebend ist (vgl. Rd.Ziff. 2). 5

III. Streitwertbeschluß

In der Praxis ist es nicht üblich, im Prozeßkostenhilfebeschluß nach § 127 I den Streitwert festzusetzen. Soweit § 51 BRAGO anwendbar ist (vgl. Rd.Ziff. 1), hat die Wertfestsetzung nach § 10 BRAGO auf Antrag selbständig zu erfolgen, da dieses Verfahren gerichtsgebührenfrei ist (vgl. Rd.Ziff. 4) und es deshalb an einem für die Gerichtsgebühren maßgebenden Wert fehlt. 6

Im Beschwerdeverfahren entstehen Rechtsanwaltsgebühren (§ 61 I BRAGO) und Gerichtsgebühren, soweit die Beschwerde erfolglos ist (Nr. 1181 KV-Anlage 1 zu § 11 I GKG). Soweit § 51 BRAGO eingreift (vgl. Rd.Ziff. 1) und auch Gerichtsgebühren anfallen, sind unterschiedliche Streitwerte festzusetzen.

Beispiel:
Im dargestellten Beispielsfall kann am Ende des Beschlusses (oder im Tenor) folgendes ausgeführt werden:
„Streitwert für die Gerichtskosten: 2000,– DM (oder: bis 2100,– DM) (§ 3 ZPO, § 12 I GKG);
Streitwert für die Rechtsanwaltsgebühren: 10 000,– DM (§ 51 II BRAGO)."

Prozeßkostenvorschuß

Gemäß § 1360 a IV BGB ist der Ehegatte gegenüber dem anderen verpflichtet, unter den dort genannten weiteren Voraussetzungen einen Prozeßkostenvorschuß zu leisten. 1
Dies gilt auch für die übrigen gesetzlichen Unterhaltspflichten.
(vgl. Palandt, § 1610 Rd.Ziff. 33, § 1615 a Rd.Ziff. 1)
Darüber hinaus kann das Kind bei einer Ehelichkeitsanfechtungsklage von dem „Scheinvater" einen Prozeßkostenvorschuß verlangen (Palandt, § 1593 Rd.Ziff. 4).
Ein Schadensersatzanspruch kann sich auch auf den Ersatz der für seine Geltendmachung und Durchsetzung entstehenden Kosten erstrecken (Palandt, § 249 Rd.Ziff. 20), und in diesem Zusammenhang kann je nach Einzelfall ein Anspruch auf einen Prozeßkostenvorschuß bestehen.
Wird auf Zahlung des Prozeßkostenvorschusses geklagt, ist für den Streitwert der bezifferte Betrag maßgeblich. 2

Prozeßkostenvorschuß

3   In Unterhaltssachen kann bei Anhängigkeit der Hauptsachenklage bzw. bei Einreichung eines Prozeßkostenhilfeantrages der Prozeßkostenvorschuß durch eine **einstweilige Anordnung** (§§ 127a, 620 S. 1 Ziff. 9, 621 f.) durchgesetzt werden (vgl. Stichwort „Einstweilige Anordnung"). Der Streitwert bestimmt sich mangels einer Sonderregelung gemäß § 12 I GKG i. V. m. § 3 nach dem verlangten Betrag; ein Abschlag ist nicht zu machen, da die einstweilige Anordnung endgültigen Charakter hat.

(Hillach/Rohs, S. 236; Schneider, Streitwert, Rd.Ziff. 1304)

Wird der Betrag nicht beziffert, ist der vom Gericht festgesetzte Betrag maßgeblich (Hillach/Rohs, S. 236).

4   Vor Anhängigkeit der Hauptsache im vorgenannten Sinn kann der Prozeßkostenvorschuß durch eine **einstweilige Verfügung** durchgesetzt werden (Palandt, § 1360a Rd.Ziff. 24). Dasselbe gilt, soweit es sich nicht um Unterhaltssachen handelt, auch im übrigen. Für den Streitwert ist auch dann nach § 20 I GKG, § 3 grundsätzlich der verlangte Betrag maßgeblich, weil die Regelung einen endgültigen Charakter hat (Schneider, Streitwert, Rd.Ziff. 3620).

Prozeßtrennung

Bis zur Prozeßtrennung nach § 145 ist ein einheitlicher Streitwert für alle Verfahren und im Anschluß daran für die getrennten Verfahren jeweils ein gesonderter Streitwert zu bestimmen; es gelten die allgemeinen Regeln.

Schneider, Streitwert, Rd.Ziff. 3625; zu den Besonderheiten bei Scheidungssachen und Folgesachen vgl. Stichwort „Folgesachen")

Prozeßverbindung

Durch die Verbindung mehrerer Prozesse gemäß § 147 kann es zur objektiven **Klagenhäufung** kommen. Vom Zeitpunkt der Prozeßverbindung an ist ein anderer Streitwert maßgeblich; die bis dahin entstandenen Gebühren werden nach dem ursprünglichen Streitwert und die ab der Verbindung nach dem neuen Streitwert berechnet.

(Hillach/Rohs, S. 52; Schneider, Streitwert, Rd.Ziff. 3627)

Deshalb müssen auch für die verschiedenen Streitwerte die maßgeblichen Zeitpunkte angegeben werden, und zwar etwa wie folgt:

„Streitwert bis zum ... (= 1 Tag vor Wirksamwerden der Verbindung): 10 000,– DM;
Streitwert ab ... (= Tag des Wirksamwerdens der Verbindung): 20 000,– DM."

Wegen der Besonderheiten zur **Klagenhäufung** wird auf das betreffende Stichwort Bezug genommen.

Quittung

§ 3, nicht § 6
s. Stichwort „Besitz", Rd.Ziff. 21

Räumung

§ 8, § 16 GKG (Mietstreitigkeiten)
s. Stichwort „Miete und Pacht"

§ 6 S. 1 (übrige Streitigkeiten)
s. Stichwort „Besitz"

Räumungsfrist

§§ 721, 794 a, § 3
s. Stichwort „Miete und Pacht", Rd.Ziff. 41

Reallast

Nach § 1105 I BGB stellt die Reallast eine dingliche Belastung dar, nach der an denjenigen, 1
zu dessen Gunsten die Belastung erfolgt, eine **wiederkehrende Leistung** aus dem Grundstück zu entrichten ist. Daraus ergibt sich, daß der Streitwert grundsätzlich nach § 9 zu bestimmen ist; § 7 findet auch dann keine Anwendung, wenn die **„subjektiv dingliche" Reallast** zugunsten des jeweiligen Eigentümers eines anderen Grundstücks gemäß § 1105 II BGB bestellt ist.

(OLG Frankfurt, AnwBl. 82, 111; Hartmann, Anh. I § 12 GKG Stichwort „Reallast"; Hillach/Rohs, S. 203; Schneider, Streitwert, Rd.Ziff. 3645; Thomas/Putzo, § 3 Stichwort „Reallast"; a. A. Stein/Jonas, § 7 Rd.Ziff. 4, 10, die bei § 1105 II BGB § 7 anwenden wollen)

Nach § 9 ist für den Streitwert der 12½fache **Jahresbetrag** maßgebend, wenn der künftige 2
Wegfall der Reallast gewiß, die Zeit des Wegfalls aber ungewiß ist; bei unbeschränkter oder bestimmter Dauer des Bezugsrechts ist der 25fache Jahresbetrag von Bedeutung.

(vgl. allgemein Stichwort „Wiederkehrende Leistungen" m. w. N.; zum Problem „Hochbetagte", Rd.Ziff. 9; zum Problem „Rückstände", Rd.Ziff. 16 und Stichwort „Rückstände")

Bei Klagen auf **Löschung** der Reallast wird der nach § 9 zu ermittelnde Streitwert durch 3
den Grundstückswert begrenzt (Schneider, Streitwert, Rd.Ziff. 3649).

Wird auf Zahlung der Rente und auf Eintragung der Reallast zur Absicherung der Rente 4
geklagt, besteht eine wirtschaftliche Identität, so daß keine Addition gemäß § 5 S. 1 erfolgt.

(Hartmann, Anh. I § 12 GKG Stichwort „Reallast"; Schneider, Streitwert, Rd.Ziff. 3646; Thomas/Putzo, § 3 Stichwort „Reallast"; zum Additionsverbot allgemein vgl. Stichwort „Klagenhäufung", Rd.Ziff. 12 ff.)

Ein Hauptanwendungsfall der Reallast stellt das sog. **Altenteilsrecht** (Leibgedinge, Leib- 5
zucht) dar (Palandt, Vor § 1105 Rd.Ziff. 1).

Für die **Zuständigkeit** hat der Streitwert keine Bedeutung, da eine besondere Streitwertregelung in § 23 Ziff. 2 g GVG vorhanden ist.

Für den **Rechtsmittelstreitwert** gilt § 9; diese Vorschrift findet auch über § 12 I GKG für den **Gebührenstreitwert** Anwendung, wenn nicht die besonderen Voraussetzungen des § 17 GKG

Beispiel:
Gesetzliche Unterhaltspflicht des Eigentümers

vorliegen.

(Hillach/Rohs, S. 204; Schneider, Streitwert, Rd.Ziff. 145, 146 ff.; Stein/Jonas, § 9 Rd.Ziff. 2; vgl. zur Bewertung allgemein Rd.Ziff. 2, 3 und Stichwort „Wiederkehrende Leistungen")

Enthält das Altenteilsrecht auch ein **Wohnrecht** (vgl. Stichwort, Rd.Ziff. 2), ist der darauf entfallende Streitwert dem Wert der wiederkehrenden Leistung hinzuzurechnen (Hillach/Rohs, S. 204).

Rechnungslegung

Es gelten dieselben Gesichtspunkte wie bei der Auskunft, so daß wegen der Einzelheiten 1
auf die Stichworte „Auskunft" und „Stufenklage" verwiesen werden kann.

Rechnungslegung

I. Zuständigkeitsstreitwert

2 Es ist eine Schätzung nach § 3 anhand des klägerischen Interesses vorzunehmen. Hierbei ist maßgeblich, inwieweit der Kläger durch die Rechnungslegung in die Lage versetzt wird, den Leistungsanspruch leichter zu verfolgen, und welchen Arbeitsaufwand er ohne sie hinnehmen müßte.

(BGH, KostRspr. § 3 ZPO Nr. 611 mit Anm. Schneider; OLG Köln, VersR 76, 1154; Schneider, Streitwert, Rd.Ziff. 3653 ff.; Zöller, § 3 Rd.Ziff. 16 „Rechnungslegung"; Thomas/Putzo, § 3 Anm. 2 „Rechnungslegung")

In der Regel beträgt der Wert nur einen Bruchteil des Wertes des vorzubereitenden Leistungsanspruchs ($1/10$ bis $1/3$). Der Wert kann aber darüber liegen und im Einzelfall mit dem Wert des Leistungsanspruchs sogar identisch sein, wenn ohne die Rechnungslegung der Leistungsanspruch nicht realisierbar ist (BGH, MDR 62, 564).

II. Rechtsmittelstreitwert

3 Es gelten Besonderheiten für die Beschwer des Beklagten, wie sie im einzelnen unter den Stichworten „Auskunft" und „Stufenklage" ausgeführt werden. Die Beschwer des Klägers wird hingegen nach denselben Grundsätzen wie der Zuständigkeitswert ermittelt.

III. Gebührenstreitwert

4 Über § 12 I GKG gilt auch hier § 3, soweit es sich um eine vermögensrechtliche Streitigkeit handelt. Ansonsten gilt § 12 II GKG.

(vgl. Stichworte „Auskunft" und „Nichtvermögensrechtliche Streitigkeiten")

Rechtsmittel

I. Rechtsmittelstreitwert

1. Allgemeines

1 Der Rechtsmittelstreitwert, der auch Beschwerdewert genannt wird, betrifft die Zulässigkeit eines Rechtsmittels, zu dem die Berufung, die Revision und die Beschwerde gehören (vgl. Teil B, Rd.Ziff. 178). Nach § 511 a ist die Berufung in **vermögensrechtlichen Streitigkeiten** (vgl. Abschnitt 1, Rd.Ziff. 16 ff.) nur zulässig, wenn der Wert des Beschwerdegegenstandes einen bestimmten Betrag (derzeit: 1200,- DM) übersteigt. Bei der Beschwerde gegen Entscheidungen über Kosten muß nach § 567 II der Wert des Beschwerdegegenstandes ebenfalls einen bestimmten Betrag (derzeit: 200,- DM bzw. 100,- DM) übersteigen. Nach § 546 I findet die Revision in vermögensrechtlichen Streitigkeiten, soweit sie vom Oberlandesgericht nicht zugelassen wird, nur statt, wenn der Wert der Beschwer einen bestimmten Betrag (derzeit: 60 000,- DM) übersteigt.

2 Der Rechtsmittelstreitwert muß in den vorgenannten Fällen, sieht man von § 513 II ab, immer vorliegen. Eine Ausnahme hiervon ist auch bei einem Verstoß gegen den Grundsatz der Gewährung rechtlichen Gehörs nicht gerechtfertigt.

(BGH, NJW 90, 838; BayObLG, NJW 88, 72; a. A. OLG Schleswig, NJW 88, 67)

Über den Rechtsmittelstreitwert wird, da es sich um eine Zulässigkeitsfrage handelt, durch das Rechtsmittelgericht entschieden.

2. Beschwerdegegenstand und Beschwer

3 Die Begriffe „Beschwerdegegenstand" und „Beschwer" unterscheiden sich dadurch, daß es bei der Beschwer nur auf den rechtskraftfähigen Inhalt der angefochtenen Entscheidung ankommt, während für den Beschwerdegegenstand zusätzlich auf den Umfang des Rechtsmittels abgestellt werden muß (vgl. Abschnitt 1, Rd.Ziff. 21 ff.). Allerdings kann der Wert

des Beschwerdegegenstandes nie weiter gehen als die Beschwer selbst. Da ein Rechtsmittel beschränkt eingelegt werden kann, zudem die Klage bzw. das Rechtsmittel u. U. nur teilweise Erfolg hat, brauchen der Streitwert der Vorinstanz, der Wert der Beschwer und der Wert des Beschwerdegegenstandes nicht identisch zu sein. Außerdem können sich darüber hinaus Unterschiede in den einzelnen Instanzen ergeben.

Beispiele:
1. Klage auf Zahlung von 1500,– DM. Die Klage wird abgewiesen. Der Kläger legt in Höhe von 1000,– DM Berufung ein.
   Streitwert der 1. Instanz und Beschwer des Klägers: 1500,– DM
   Wert des Beschwerdegegenstandes: 1000,– DM (= Berufungssumme)
   Daher ist die Berufung unzulässig (§ 511 a).
2. Klage auf Zahlung von 10 000,– DM. Unter Abweisung der Klage im übrigen wird der Beklagte zur Zahlung von 7500,– DM verurteilt. Der Beklagte legt in Höhe von 5000,– DM Berufung ein.

Streitwert der 1. Instanz	10 000,– DM
Beschwer des Klägers	2 500,– DM
Beschwer des Beklagten	7 500,– DM
Wert des Beschwerdegegenstandes (= Berufungssumme)	5000,– DM

3. a) Klage auf Zahlung von 100 000,– DM. Der Klage wird unter Abweisung im übrigen in Höhe von 80 000,– DM stattgegeben. Beide Parteien legen Berufung ein, der Kläger in Höhe von 10 000,– DM, der Beklagte in Höhe von 70 000,– DM.

Streitwert der 1. Instanz	100 000,– DM
Beschwer des Klägers	20 000,– DM
Beschwer des Beklagten	80 000,– DM
Wert des Beschwerdegegenstandes:	
Kläger	10 000,– DM
Beklagter	70 000,– DM

   b) Beide Berufungen werden zurückgewiesen. Der Beklagte legt Revision ein und beschränkt diese auf 50 000,– DM.

Streitwert der 2. Instanz	80 000,– DM
(vgl. zum Gebührenstreitwert nach § 19 II GKG; Rd.Ziff. 31 ff.)	
Beschwer des Klägers	10 000,– DM
Beschwer des Beklagten	70 000,– DM
Wert des Beschwerdegegenstandes	50 000,– DM

   Da die Zulässigkeit der Revision gemäß § 546 I nicht an den Wert des Beschwerdegegenstandes, sondern an den Wert der Beschwer geknüpft ist, ist für den Beklagten die Revisionssumme erreicht.

Ein Rechtsmittel ist nur zulässig, wenn der Rechtsmittelführer **beschwert** ist und zumindest teilweise mit dem Rechtsmittel die Beseitigung der Beschwer erstrebt.   **4**

(BGH, NJW-RR 87, 124; 88, 957; Anders/Gehle, Rd.Ziff. 618; Baumbach/Lauterbach/Albers/Hartmann, Grundz. § 511 Anm. 3 A)

Die Beschwer muß sich aus der angefochtenen **Entscheidung** selbst ergeben.

Sie reicht maximal so weit wie die rechtskräftige Entscheidung. Durch eine Klageerweiterung oder durch eine Widerklage können die Beschwer und damit der Wert des Beschwerdegegenstandes, der wiederum durch die Beschwer begrenzt ist (vgl. Rd.Ziff. 3), nicht beeinflußt werden.

(BGH, MDR 88, 665; Baumbach/Lauterbach/Albers/Hartmann, Grundz. § 511 Anm. 3 A; Thomas/Putzo, Vorbem. § 511 Anm. IV, 2 b)

Beispiel:
Klage in Höhe von 2000,– DM. Unter Abweisung der Klage im übrigen wird der Beklagte zur Zahlung von 1000,– DM verurteilt.

Streitwert der 1. Instanz	2000,– DM
Beschwer des Klägers	1000,– DM
Beschwer des Beklagten	1000,– DM

Rechtsmittel

Keiner der beiden Parteien kann Berufung einlegen, da der Wert des Beschwerdegegenstandes maximal 1000,– DM beträgt und somit die Berufungssumme nach § 511a nicht erreicht ist. Dies gilt auch, wenn der Kläger mit der Berufung seine Klage erweitern oder der Beklagte mit der Berufung eine Widerklage einlegen würde.

3. Formelle und materielle Beschwer

5   Eine Partei ist dann beschwert, wenn sie durch die Entscheidung unmittelbar **rechtlich benachteiligt** ist. Von einer rechtlichen Benachteiligung kann nicht ausgegangen werden, wenn das Urteil im Ergebnis, nicht aber in seinen Gründen mit den Vorstellungen der Parteien nicht übereinstimmt.

(BGH, NJW 82, 579; Anders/Gehle, Rd.Ziff. 618)

Beispiel:
Keine Beschwer, wenn die Klage wegen Erfüllung (§ 362 BGB) anstatt wegen Nichtigkeit des Vertrages abgewiesen wird.

Keine Beschwer, wenn die Klage wegen mangelnden Rechtsschutzbedürfnisses und nicht wegen Unzulässigkeit des Rechtsweges (als unzulässig) abgewiesen wird.

6   Legt der **Streithelfer** das Rechtsmittel ein (vgl. §§ 67, 74 I), kommt es nicht auf seine Beschwer, sondern allein auf die der Partei an, für die er tätig wird.

(BGH, NJW 86, 257; Anders/Gehle, Rd.Ziff. 618)

7   Nach herrschender Meinung

(ständige Rspr.: vgl. BGH, NJW 84, 371 m.w.N.; Baumbach/Lauterbach/Albers/Hartmann, Grundz. § 511 Anm. 3 A [zugleich Darstellung der abweichenden Meinung]; Schellhammer, LB, Rd.Ziff. 944; Thomas/Putzo, Vorbem. § 511 Anm. IV 2b; Zöller, vor § 511 Rd.Ziff. 17 ff.)

kommt es für den Kläger, und soweit der Beklagte Angreifer ist

Beispiel:
Widerklage

auch für den Beklagten, auf die **formelle** Beschwer an. Sie ist dann gegeben, wenn weniger zugesprochen wurde, als der Angreifer beantragt hat, d.h. im Fall des Klägers, wenn die Klage ganz oder teilweise abgewiesen wird. Maßgeblich ist grundsätzlich nur der Urteilstenor, wobei allerdings bei Zweifeln über seinen Inhalt der Tatbestand und die Entscheidungsgründe zur Auslegung herangezogen werden können.

(BGH, NJW 84, 371; MDR 86, 574; Baumbach/Lauterbach/Albers/Hartmann, Grundz. § 511 Anm. 3 A)

Beispiele für die formelle Beschwer des Klägers:
Zug-um-Zug-Verurteilung statt der beantragten uneingeschränkten Verurteilung, und zwar unabhängig davon, ob der der Gegenleistung zugrundeliegende Sachverhalt streitig ist.

(BGH, NJW 82, 377; 82, 1048)

Verurteilung nach dem Hilfsantrag unter Abweisung des Hauptantrags (BGHZ 26, 296).
Abweisung der Klage statt der begehrten Feststellung der Erledigung, selbst wenn es dem Kläger nur auf die Kostenentscheidung ankommt (BGHZ 257, 224).

Inwieweit bei **unbezifferten Klageanträgen**

Beispiel:
Antrag auf ein angemessenes Schmerzensgeld (§ 847 BGB).

eine Beschwer anzunehmen ist, ist bestritten.

(vgl. hierzu eingehend mit Nachweisen: Stichwort „Unbezifferter Leistungsantrag")

8   Für den Beklagten kommt es nach herrschender Meinung

(OLG Karlsruhe, MDR 82, 417; Baumbach/Lauterbach/Albers/Hartmann, Grundz. § 511 Anm. 3 A, b [zugleich Darstellung der abweichenden Meinung]; Schellhammer, LB,

Rd.Ziff. 945, 547; Thomas/Putzo, Vorbem. § 511 Anm. IV 2 a; c bb; d bb; Zöller, vor § 511 Rd.Ziff. 17 ff.)

auf die **materielle Beschwer** an, d. h. er ist unabhängig davon, ob er in der Vorinstanz anerkannt und welchen Antrag er gestellt hat, beschwert, wenn die Entscheidung für ihn materiell nachteilig ist und er nach seinen Vorstellungen eine zu seinen Gunsten abweichende Entscheidung erlangen kann. Dies gilt unabhängig davon, ob die Streitwertregelungen entsprechende oder gegenteilige Bestimmungen enthalten.

Beispiele für die materielle Beschwer des Beklagten:
Prozeß- statt Sachabweisung.
(BGHZ 28, 349; BAG, NJW 87, 514)
Zurückverweisung statt Sachabweisung in der Berufung.
(BGH, NJW 84, 495; VersR 86, 655)
Abweisung wegen der Hilfsaufrechnung statt wegen der Hauptverteidigung (BGHZ 26, 297).
Abweisung als zur Zeit unbegründet anstelle einer endgültigen Abweisung.
(BGHZ 24, 284; OLG Hamm, WM 81, 62)
Beispiele für fehlende materielle Beschwer des Beklagten:
Fehlen der Haftungsbeschränkung im Tenor, wenn die Entscheidungsgründe zweifelsfrei die Beschränkung ergeben.
(BGH, NJW 82, 447; NJW 86, 2704)

4. Einzelheiten zur Bestimmung des Wertes der Beschwer und des Beschwerdegegenstandes

a) Das wirtschaftliche Interesse des Rechtsmittelführers

Für die Bestimmung des **Wertes der Beschwer** und damit auch des **Beschwerdegegenstandes** gelten gemäß § 2 die §§ 3 ff. Auch für den Rechtsmittelstreitwert ist als Bemessungsvorschrift weitgehend § 3 anzuwenden. Maßgeblich ist grundsätzlich das wirtschaftliche Interesse des Rechtsmittelführers an der Beseitigung der für ihn nachteiligen Entscheidung. Dabei ist zu beachten, daß die **Berechnung** für die Parteien **unterschiedlich** verlaufen kann. 9

(vgl. Schneider, Streitwert, Rd.Ziff. 3714)

Soweit der Kläger das Rechtsmittel einlegt, ist grundsätzlich von dem Wert des Klagebegehrens, der auch für den Streitwert der ersten Instanz von Bedeutung ist, auszugehen. Etwas anderes kann aber gelten, wenn das Gericht entgegen § 308 I mehr zugesprochen hat, als beantragt wurde. Wenn der Verurteilte gegen das gesamte Urteil ein Rechtsmittel einlegt, entspricht der Wert des Beschwerdegegenstandes bzw. der Beschwer der Urteilssumme (Schneider, Streitwert, Rd.Ziff. 4845).

Beispiele:
1. Der Kläger hat 10 000,- DM beantragt und 6000,- DM zugesprochen bekommen. Dann ergibt sich der Wert der Beschwer des Klägers aus der Differenz zwischen dem Streitwert in Höhe von 10 000,- DM und dem zuerkannten Betrag in Höhe von 6000,- DM = 4000,- DM.
2. Der Kläger hat die Herausgabe von zwei Gegenständen begehrt, die jeweils 5000,- DM wert sind. Wenn ihm nur ein Gegenstand zugesprochen wird, beträgt der Wert der Beschwer 5000,- DM.

Für die **materielle Beschwer** des Beklagten kann jedoch nicht in jedem Fall das Begehren des Klägers zum Maßstab gemacht werden. Entscheidend ist nämlich das Interesse des Beklagten an der Beseitigung der Entscheidung (= **Abwehrinteresse**). Soweit der Beklagte zur Zahlung verurteilt wurde, richtet sich sein Abwehrinteresse nach der Urteilssumme. Jedoch ist der Wert des Abwehrinteresses mit dem Wert des Klagebegehrens, soweit der Kläger mit seiner Klage erfolgreich war, nicht immer identisch. 10

Rechtsmittel

> **Beispiel:**
> Wird der Beklagte z. B. zur Auskunft verurteilt, richtet sich seine Beschwer nicht nach dem dahinterstehenden Leistungsbegehren des Klägers. Vielmehr ist allein das Abwehrinteresse des Beklagten maßgeblich, so der Aufwand an Arbeitszeit und die damit verbundenen Kosten für die Erteilung der Auskunft, das Geheimhaltungsinteresse des Beklagten und ähnliche Umstände (vgl. Stichwort „Auskunft").

b) Besonderheiten bei Einzelfällen

11 Soweit sich aus den §§ 3 ff. Besonderheiten für den Rechtsmittelstreitwert ergeben, sind diese bei den einzelnen Stichworten dargestellt worden. Nochmals erwähnt werden sollen hier nur einige Besonderheiten:

aa) Nebenforderungen

12 Sind Gegenstand des Rechtsmittels eine Haupt- und eine in § 4 I genannte **Nebenforderung** (vgl. näher Stichwort „Nebenforderungen"),

> **Beispiele:**
> Zinsen, Kosten, Früchte, Nutzungen

bleibt diese für die Berechnung des Wertes der Beschwer bzw. des Beschwerdegegenstandes außer Ansatz. Etwas anderes gilt, wenn sich das Rechtsmittel nur auf die Nebenforderung bezieht. Dann wird sie in der Rechtsmittelinstanz zur Hauptsache.
(OLG Köln, JurBüro 72, 244; Schneider, Streitwert, Rd.Ziff. 3833)

> **Beispiel:**
> Der Kläger macht 10 000,– DM nebst 20% Zinsen für 3 Jahre geltend. Er obsiegt in Höhe von 10 000,– DM nebst 10% Zinsen für 1 Jahr.
> Dann ist der Kläger mit 20% für 2 Jahre und mit 10% für 1 Jahr, d. h. also in Höhe von 5000,– DM unterlegen.
> Wenn er insoweit Berufung einlegt, beträgt der Wert des Beschwerdegegenstandes 5000,– DM.
> § 4 I am Ende gilt nicht für die Rechtsmittelinstanz, weil die abgewiesene Zinsforderung dort zur Hauptforderung geworden ist.

13 Soweit die Zinsforderung in der Rechtsmittelinstanz zur Hauptforderung wird und damit den Wert des Beschwerdegegenstandes bestimmt, ist dieser bei einem **ungewissen Erfüllungszeitpunkt**

> (Zinsen ab 1. 1. 1991)

gemäß § 3 zu schätzen. Ebenso wie bei der Berechnung der Sicherheitsleistung im Rahmen der vorläufigen Vollstreckbarkeit (vgl. Teil C, Rd.Ziff. 27) ist in der Regel von einem Erfüllungszeitpunkt etwa 6 Monate nach dem Erlaß des Urteils in der Rechtsmittelinstanz auszugehen, wenn eine eigene Sachentscheidung getroffen wird.
(vgl. BGH, RPfleger 81, 396; Schneider, Streitwert, Rd.Ziff. 3836)

14 § 4 I am Ende findet auch in der Rechtsmittelinstanz Anwendung, wenn die Nebenforderung mit dem **Anschlußrechtsmittel** geltend gemacht wird, es bei dem Hauptrechtsmittel aber um die Hauptforderung geht.
(OLG Schleswig, SchlHA 76, 14; Schneider, Streitwert, Rd.Ziff. 3837)

> **Beispiel:**
> Im vorgenannten Beispiel legt der Beklagte Berufung ein. Der Kläger schließt sich dem Rechtsmittel wegen der aberkannten Zinsen an.
> Dann beträgt der Wert des Beschwerdegegenstandes 10 000,– DM. Die Zinsen bleiben wegen § 4 I a. E. unberücksichtigt.

bb) Widerklage

§ 5, 2. Halbs., wonach die Werte von Klage und **Widerklage** nicht zusammenzurechnen sind (vgl. Stichwort „Widerklage"), gilt in der Rechtsmittelinstanz nur begrenzt. Soweit der Kläger und der Beklagte jeweils Rechtsmittel einlegen, weil beide Klagen abgewiesen worden sind, berechnet sich die Beschwer und damit der Wert des Beschwerdegegenstandes für jeden getrennt nach dem Wert von Klage bzw. Widerklage. 15

(Schneider, Streitwert, Rd.Ziff. 3696; Zöller, § 5 Rd.Ziff. 6)

Dies würde sich aber auch ohne die Regelung des § 5, 2. Halbs. ergeben, da der Wert des Beschwerdegegenstandes oder der Beschwer für jeden Rechtsmittelkläger getrennt zu ermitteln ist. Ist nur einer der beiden Parteien beschwert,

Beispiel:
Kläger, weil die Klage abgewiesen und der Widerklage stattgegeben wird.
Beklagter, weil der Klage stattgegeben und die Widerklage abgewiesen wird.

findet entgegen § 5, 2. Halbs. zur Ermittlung der Beschwer bzw. des Beschwerdegegenstandes eine Addition der Werte von Klage und Widerklage statt.

(Schneider, Streitwert, Rd.Ziff. 3696; Zöller, § 5 Rd.Ziff. 9)

Letztlich ist dies eine Auswirkung der materiellen Beschwer, die für das Rechtsmittel des Beklagten (oder Widerbeklagten) unabhängig von den Streitwertbestimmungen zu ermitteln ist (vgl. hierzu allgemein 1. Abschnitt, Rd.Ziff. 25).

cc) Aufrechnung

Auch bei der **Aufrechnung** ist die materielle Beschwer von Bedeutung, soweit der Beklagte Rechtsmittelführer ist. 16

(vgl. näher Stichwort „Aufrechnung", Rd.Ziff. 3)

Wird der Beklagte verurteilt und wird dabei über seine Gegenforderung rechtskraftfähig entschieden (§ 322 II), ist neben dem Wert der Verurteilung der Wert der Gegenforderung zu berücksichtigen. Soweit die Klage wegen der (Hilfs-)Aufrechnung und nicht wegen der sonstigen Verteidigung des Beklagten abgewiesen wird, ergibt sich die materielle Beschwer des Beklagten aus dem Wert der berücksichtigten Gegenforderung (BGHZ 48, 212; Zöller, § 5 Rd.Ziff. 9). Für die formelle Beschwer des Klägers hingegen hat die Aufrechnung keine Bedeutung (vgl. näher Stichwort „Aufrechnung", Rd.Ziff. 2).

dd) Hilfsanträge

Sowohl bei echten als auch bei unechten Hilfsanträgen (zur Bedeutung vgl. hierzu näher Teil B, Rd.Ziff. 358) ist zur Ermittlung des Wertes der Beschwer bzw. des Beschwerdegegenstandes gemäß § 5, 1. Halbs. eine Addition der Werte der einzelnen Anträge vorzunehmen, soweit über sie eine rechtskraftfähige, für die jeweilige Partei negative Entscheidung ergeht. 17

(vgl. Stichworte „Echte Hilfsanträge", Rd.Ziff. 2, 3 und „Unechte Hilfsanträge", Rd.Ziff. 4)

ee) Stufenklage

Soweit der Beklagte in der ersten oder zweiten Stufe durch Teilurteil zur Auskunft (bzw. Rechnungslegung) oder zur Abgabe der eidesstattlichen Versicherung verurteilt worden ist (vgl. zu den Besonderheiten bei einer Stufenklage Teil B, Rd.Ziff. 373 ff.), richtet sich seine Beschwer nicht nach dem Streitwert der jeweiligen Stufe, sondern nach seinem Abwehrinteresse. 18

(vgl. näher Stichworte „Stufenklage", „Auskunft", „Eidesstattliche Versicherung" und „Rechnungslegung" – jeweils Rechtsmittelstreitwert)

Rechtsmittel

Wird die gesamte Stufenklage bereits in der ersten Stufe abgewiesen, weil dem Kläger die von ihm letztlich begehrte Leistung nicht zusteht, ist für den Wert der Beschwer der Leistungsanspruch wertbestimmend (3. Stufe); ansonsten kommt es auf den Wert der jeweiligen Stufe an, in der der Antrag abgewiesen wird.

(vgl. Stichwort „Stufenklage", Rd.Ziff. 6 ff.)

ff) Zug-um-Zug-Verurteilung

19 Wird der Beklagte zur Leistung Zug um Zug gegen Erbringung einer Gegenleistung verurteilt, ist der **Kläger** nicht **beschwert**, wenn er einen entsprechenden Antrag gestellt hat. Etwas anderes gilt, wenn er eine unbeschränkte Verurteilung begehrt hat. Dann richtet sich seine Beschwer nach dem Wert der Gegenleistung, beschränkt auf den Wert der Klageforderung.

(BGH, JurBüro 82, 377; Schneider, Streitwert, Rd.Ziff. 3781; vgl. auch Stichwort „Zug-um-Zug-Verurteilung", Rd.Ziff. 3)

Wird die Klage teilweise abgewiesen und wird ihr im übrigen Zug um Zug gegen Erbringung einer Gegenleistung stattgegeben, richtet sich die Beschwer des Klägers, der eine unbeschränkte Leistung begehrt hat, nach einer Addition der Werte der Teilabweisung und der Gegenleistung, begrenzt auf den zuerkannten Teil.

(BGH, KostRspr. § 3 ZPO Nr. 743; Schneider, Streitwert, Rd.Ziff. 3783; vgl. auch Stichwort „Zug-um-Zug-Verurteilung", Rd.Ziff. 3)

20 Für die **Beschwer des Beklagten** ist bei seiner Verurteilung Zug um Zug gegen Erbringung einer Gegenleistung grundsätzlich auf sein Abwehrinteresse bezüglich der Verurteilung abzustellen.

(vgl. näher Stichwort „Zug-um-Zug-Verurteilung", Rd.Ziff. 3)

5. Maßgeblicher Zeitpunkt

21 Für den Rechtsmittelstreitwert kommt es im Fall der **Berufung** und der **Beschwerde** nach § 4 I auf den Zeitpunkt der Einlegung des Rechtsmittels an. Dabei ist auf den Tag des Eingangs der Rechtsmittelschrift abzustellen; dies gilt auch, wenn der Berufungsantrag erst in der Berufungsbegründung enthalten ist.

(BGH, NJW 89, 2755; Thomas/Putzo, § 4 Anm. 1 b, aa; Stein/Jonas, § 4 Rd.Ziff. 9; Wieczorek, § 4 Rd.Ziff. B I b, 1; Zöller, § 4 Rd.Ziff. 4; der aber a. A. ist, soweit der Berufungsantrag erst in der Berufungsbegründung enthalten ist; dann soll es auf den Zeitpunkt des Eingangs der Berufungsbegründung ankommen; vgl. hierzu Rd.Ziff. 26)

Für die **Revision**, bei der auf die Beschwer, nicht auf den Beschwerdegegenstand abzustellen ist, ist der maßgebliche Zeitpunkt die letzte mündliche Tatsachenverhandlung in der Berufungsinstanz.

(BGH, NJW 89, 2755; Stein/Jonas, § 4 Rd.Ziff. 9; Thomas/Putzo, § 546, 3 c am Ende; § 4 Anm. 1 b, aa; § 2 Rd.Ziff. 4 b; Zöller, § 546 Rd.Ziff. 11)

22 **Spätere Veränderungen**, die nach dem maßgeblichen Zeitpunkt eintreten und nicht in die Sphäre des Rechtsmittelklägers fallen,

Beispiele:
Sinken des Wertpapierkurses, Veränderungen im Preisgefüge.

sind für die Zulässigkeit des Rechtsmittels ohne Bedeutung. Etwas anderes gilt jedoch für die Berufung und die Beschwerde, wenn der Antrag ohne äußeren Anlaß herabgesetzt wird und unter die Berufungssumme i. S. des § 511 a oder die Beschwerdesumme des § 567 II sinkt. Dann wird das Rechtsmittel unzulässig.

(BGH, MDR 66, 308; Schneider, Streitwert, Rd.Ziff. 3744; Thomas/Putzo, § 4 Anm. 1 b, aa; Wieczorek, § 4 Rd.Ziff. B I b 2, 4)

Rechtsmittel

Das Problem kann sich bei der Revision nicht ergeben, da es insoweit ohnehin nur auf den Wert der Beschwer und nicht auf den Revisionsantrag ankommt.
(vgl. Rd.Ziff. 1, 3)

II. Gebührenstreitwert

Für den Gebührenstreitwert sind in § 14 GKG und § 19 II GKG Sonderregelungen für die Rechtsmittelinstanz enthalten. Darüber hinaus gelten auch in den höheren Instanzen die zu den einzelnen Stichworten dargestellten Regelungen der §§ 12 ff. GKG, und über § 12 I GKG auch die §§ 3 ff. Wegen der Einzelheiten hierzu wird auf die betreffenden Stichworte Bezug genommen. 23

1. § 14 GKG

Nach § 14 I GKG bestimmt sich der Streitwert nach den Anträgen des Rechtsmittelklägers und, soweit solche Anträge nicht oder nicht innerhalb der vorgeschriebenen Begründungsfrist (vgl. §§ 519 II, 554 II) eingereicht werden, nach der Beschwer. Nach § 14 II GKG wird der Streitwert grundsätzlich durch den Wert des Streitgegenstandes in der ersten Instanz begrenzt. Allerdings ist bei unverändertem Streitgegenstand eine Streitwerterhöhung unter den Voraussetzungen des § 15 I GKG zu berücksichtigen. Darüber hinaus kann auch das Berufungsverfahren bei einer Klageerweiterung, die zur Veränderung des Streitgegenstandes führt, einen höheren Wert als das erstinstanzliche Verfahren haben. 24

(Schneider, Streitwert, Rd.Ziff. 3753)

Eine Sonderregelung ist für Ansprüche nach den §§ 556 a, 556 b BGB in § 16 IV GKG enthalten. Danach bestimmt sich der Streitwert in der Rechtsmittelinstanz nach dem in der ersten Instanz maßgeblichen Wert, sofern nicht die Beschwer geringer ist.

a) Geltungsbereich

Nach seinem Wortlaut gilt § 14 nur für das **Berufungs- und Revisionsverfahren.** Jedoch ist diese Regelung auf **Beschwerden** entsprechend anwendbar. 25

(Schneider, Streitwert, Rd.Ziff. 3681)

b) Einzelheiten zu den Voraussetzungen

Soweit ein Antrag innerhalb der Rechtsmittelbegründungsfrist (§§ 519 II, 554 II) eingereicht wird, ist dieser für den Gebührenstreitwert grundsätzlich maßgebend (§ 4 I 1 GKG). Bei der Rechtsmitteleinlegung braucht ein Antrag aber nicht gestellt zu werden. Auch wenn daher das Rechtsmittel unbeschränkt eingelegt und erst in der Rechtsmittelbegründung durch den Antrag beschränkt wird, berechnen sich alle Gebühren und somit auch die Prozeßgebühr nach § 31 I Nr. 1 BRAGO (zur Prozeßgebühr allgemein vgl. Teil B, Rd.Ziff. 70 ff.) sowie die Nr.-1020- bzw. -1030-Gebühr des Kostenverzeichnisses (Anlage 1 zu § 11 I GKG; zur entsprechenden Nr.-1010-Gebühr allgemein vgl. Teil B, Rd.Ziff. 25 ff.) nach dem sich aus dem Antrag ergebenden Gebührenstreitwert. Das gilt auch, wenn die Beschwer des Rechtsmittelführers höher ist. Durch die Regelung des § 14 I 1 sollte dem Rechtsmittelkläger die Möglichkeit eingeräumt werden, die Rechtsmittelbegründungsfrist (§§ 519 II, 554 II) voll auszuschöpfen, ohne kostenrechtliche Nachteile zu erleiden. 26

Beispiel:
Der Beklagte wird zur Zahlung von 10 000,– DM verurteilt. Er legt Berufung ein, ohne diese zu beschränken. Nach dem mit der Berufungsbegründung eingereichten Berufungsantrag wendet er sich gegen eine Verurteilung in Höhe von 5000,– DM.

Rechtsmittel

Dann werden alle Gebühren einschließlich der Prozeßgebühr nach § 31 I Nr. 1 BRAGO und der Nr.-1020-Gebühr des Kostenverzeichnisses (Anlage 1 zu § 11 I GKG) nach einem Gebührenstreitwert von 5000,- DM berechnet.

27 Unerheblich ist für die Wertberechnung grundsätzlich, ob der Rechtsmittelantrag **zulässig** oder **sachlich angemessen ist.**

(OLG Karlsruhe, NJW 75, 1933; Schneider, Streitwert, Rd.Ziff. 3703)

Etwas anderes gilt nur nach § 14 I 2 GKG, wenn der Rechtsmittelantrag nicht innerhalb der vorgeschriebenen Begründungsfrist (§§ 519 II, 554 II) eingereicht wird. In derartigen Fällen richtet sich der Gebührenstreitwert nach der **Beschwer** des Rechtsmittelklägers, wobei zu beachten ist, daß diese für den Kläger und den Beklagten schon vom Ansatz her unterschiedlich zu bewerten sein kann (vgl. näher Rd.Ziff. 9). Die Beschwer des Rechtsmittelklägers ist ferner nach § 14 I 2 GKG maßgeblich, wenn das Verfahren endet, bevor der Rechtsmittelantrag eingereicht worden ist.

Beispiel:
Rechtsmittelrücknahme (§§ 515, 566).

28 Wenn jedoch der Rechtsmittelantrag eingereicht worden ist und erst dann das Verfahren endet, ist nach § 14 I 1 GKG für den Gebührenstreitwert allein auf den Antrag abzustellen. Das gilt auch, wenn **vor** der **Rechtsmittelrücknahme** ein im Vergleich zum Wert der Beschwer verhältnismäßig **geringfügiger Antrag** gestellt wird.

(BGH, NJW 74, 1286; OLG Köln, JMBl. NRW 67, 132; OLG München, MDR 74, 590; OLG Karlsruhe, NJW 75, 1933; OLG Bamberg, JurBüro 76, 482; 78, 890; Schneider, Streitwert, Rd.Ziff. 3723 ff.; Zöller, § 3 Rd.Ziff. 16, Stichwort „Rechtsmittel"; Stein/Jonas, S. 3 Rd.Ziff. 47, Stichwort „Gebührenstreitwert in der Rechtsmittelinstanz")

Hier könnte daran gedacht werden, unter dem Gesichtspunkt des Mißbrauchs (§ 242 BGB) die Anwendbarkeit des § 14 I 1 GKG auszuschließen und allein auf den Wert der Beschwer nach § 14 I 2 GKG abzustellen, wenn der Antrag lediglich aus Kostenersparnisgründen vor der Rechtsmittelrücknahme eingereicht wird. Dann müßte aber vor der Festsetzung des Gebührenstreitwertes eine Prüfung erfolgen, aus welchen Gründen zunächst der Antrag gestellt und das Rechtsmittel dann zurückgenommen wurde. Das widerspricht dem Prinzip des Kosten- und Gebührenrechts nach klaren und einfachen Richtlinien. Etwas anderes gilt aber dann, wenn mit der Einreichung des Antrages, der weit hinter dem Wert der Beschwer zurückbleibt, gleichzeitig die Rechtsmittelrücknahme erfolgt und der Antrag auch nicht begründet wird; dann ist anzunehmen, daß der eingeschränkte Antrag **offensichtlich** nicht auf die Durchführung der Berufung gerichtet war und deshalb streitwertmäßig unbeachtlich ist.

(BGH, NJW 78, 1263; Schneider, Streitwert, 3728; Stein/Jonas, § 3; Rd.Ziff. 47, Stichwort „Gebührenstreitwert in der Rechtsmittelinstanz"; a. A. OLG Celle, MDR 79, 1033, OLG Hamm, JurBüro 79, 1548)

In derartigen Fällen greift § 14 I, 2 GKG ein, d. h. der Wert der Beschwer ist maßgeblich.

29 Ist ein Rechtsmittel nur **versehentlich** eingelegt worden und fehlt es an der Beschwer, ist der Streitwert auf die geringste Gebührenwertstufe festzusetzen.

(OLG Bamberg, KostRspr. § 146 GKG Nr. 29; OLG Frankfurt, MDR 84, 502; Zöller, § 3 Rd.Ziff. 16, Stichwort „Rechtsmittel"; Schneider, Streitwert, Rd.Ziff. 3742; Baumbach/Lauterbach/Albers/Hartmann, § 3 Anh., Stichwort „Berufung"; das OLG Frankfurt, AnwBl. 84, 448, will in derartigen Fällen den Streitwert auf die Rechtsmittelsumme – seinerzeit für die Berufung: 701,- DM [§ 511 a alter Fassung] – festsetzen)

Rechtsmittel

c) Maßgeblicher Zeitpunkt und Wertveränderungen

Für den Gebührenstreitwert kommt es gemäß § 12 I GKG, § 4 I grundsätzlich auf den Eingang der Rechtsmittelschrift an. Verminderungen des Wertes und vorübergehende Erhöhungen verändern den betreffenden Gebührenstreitwert nicht. 30

(Stein/Jonas, § 4 Rd.Ziff. 12; Schneider, Streitwert, Rd.Ziff. 3744, 3750)

Jedoch trifft § 15 I GKG eine Sonderregelung für den Fall, daß sich bei Beendigung der Instanz der Streitwert bei unverändertem Streitgegenstand erhöht hat; dann ergibt sich der Gebührenstreitwert insgesamt aus diesem erhöhten Wert. Auf den Fall der Änderung des Streitgegenstandes findet § 15 I keine Anwendung; vielmehr sind dann die Gebühren nach dem jeweils maßgeblichen Zeitpunkt, zu dem sie anfallen, zu berechnen (Stein/Jonas, § 4 Rd.Ziff. 12).

Beispiel:
Verhandlungsgebühr gemäß § 31 I Nr. 2 BRAGO mit dem Stellen der Anträge (vgl. zur Verhandlungsgebühr näher Teil B, Rd.Ziff. 76 ff.).

2. § 19 II GKG

Legen beide Parteien gegen dasselbe Urteil ein Rechtsmittel ein, gilt grundsätzlich für den Gebührenstreitwert die Sonderregelung des § 19 II GKG. Dabei kommt es nicht darauf an, ob es sich um ein **selbständiges** oder ein **unselbständiges Rechtsmittel** handelt. 31

(BGH, MDR 77, 295; Stein/Jonas, § 3 Rd.Ziff. 47; vgl. auch Teil B, Rd.Ziff. 599 ff.)

a) Streitgegenstand

Nach § 19 II GKG, der § 19 I GKG für anwendbar erklärt, ist zu unterscheiden, ob die wechselseitigen Rechtsmittel denselben oder einen anderen Streitgegenstand betreffen. Soweit sie sich auf verschiedene **Streitgegenstände** beziehen, findet nach § 19 I, S. 2, II GKG eine Addition der Werte beider Anträge (§ 14 I S. 1 GKG) oder der Beschwer beider Parteien (§ 14 I S. 2 GKG) statt (= **streitwerterhöhendes Anschlußrechtsmittel**). Bei demselben Streitgegenstand hingegen sind die Gebühren nach dem einfachen Wert des Gegenstandes zu berechnen (§§ 19 I S. 1, II GKG) (= **streitwertneutrales Anschlußrechtsmittel**); ebenso wie bei der Widerklage 32

(vgl. Stichwort „Widerklage", Rd.Ziff. 5 f.)

ist in derartigen Fällen der Wert des Hauptrechtsmittels oder, soweit das Anschlußrechtsmittel einen höheren Wert hat, dieser Wert zugrunde zu legen. Von demselben Streitgegenstand i. S. des § 19 II, I S. 1 GKG ist dann auszugehen, wenn die beiderseitigen Ansprüche sich einander ausschließen, d. h. wenn die Zuerkennung des einen Anspruchs notwendigerweise die Aberkennung des anderen zur Folge hat.

(vgl. Stichwort „Widerklage", Rd.Ziff. 5 f. m. w. N. und zahlreichen Beispielen)

Beispiele:
(Beispiele 1 und 2 von Stein/Jonas, § 3 Rd.Ziff. 47, Stichwort „Gebührenstreitwert in der Rechtsmittelinstanz"; weitere Beispiele vgl. Stichwort „Widerklage", Rd.Ziff. 6)
1. Wenn der Kläger gegen die teilweise Klageabweisung und der Beklagte gegen seine teilweise Verurteilung vorgehen, können beide Rechtsmittel erfolgreich sein. Daher sind verschiedene Streitgegenstände betroffen, so daß die Werte zusammenzurechnen sind (§§ 19 II, I S. 2 GKG).
2. Wird bei einer Klage gegen angebliche Gesamtschuldner der eine (einfache) Streitgenosse verurteilt, die Klage aber im übrigen abgewiesen, und legen der Kläger und der verurteilte Streitgenosse Berufung ein, soll nach Meinung des BGH (BGHZ 27, 154) eine Zusammenrechnung unterbleiben, weil derselbe Streitgegenstand betroffen sei. Das erscheint nach der oben dargestellten Definition des Streitgegenstandsbegriffes zweifelhaft, da beide Rechtsmittel erfolgreich sein können.

Rechtsmittel

> 3. Klagt der Kläger von einer angeblichen Forderung in Höhe von 20 000,– DM einen Teilbetrag von 2000,– DM ein und erhebt der Beklagte eine negative Feststellungs-Widerklage, beläuft sich der Gebührenstreitwert in der ersten Instanz auf 20 000,– DM, da in Höhe von 2000,– DM Klage und Widerklage denselben Streitgegenstand i. S. des § 19 I S. 1 GKG betreffen und daher insoweit eine Zusammenrechnung nicht stattfindet (vgl. näher Stichwort „Widerklage", Rd.Ziff. 5 f.).
> Wenn die erste Instanz den Anspruch in Höhe von 10 000,– DM für berechtigt hält und der Klage in voller Höhe sowie der Widerklage wegen Nichtbestehens eines Anspruchs in Höhe von 10 000,– DM stattgibt, sie im übrigen aber abweist, sind beide Parteien beschwert: der Beklagte wegen seiner Verurteilung in Höhe von 2000,– DM und der teilweisen Abweisung seiner Widerklage, der Kläger wegen der teilweisen Stattgabe der Widerklage. Wenn beide Parteien in vollem Umfang Rechtsmittel einlegen, findet eine Zusammenrechnung der überschneidenden Teile nicht statt. Denn insoweit bedingt der Erfolg des einen Rechtsmittels notwendigerweise den Mißerfolg des Anschlußrechtsmittels. Der Gebührenstreitwert beträgt daher auch in der Berufung 20 000,– DM und nicht 22 000,– DM.

b) Wechselseitige Rechtsmittel in nicht getrennten Prozessen

33 **Wechselseitig** sind die Rechtsmittel i. S. des § 19 II GKG, wenn sie von beiden Parteien gegen **dasselbe Urteil** eingelegt sind. Daher findet § 19 II GKG keine Anwendung, wenn dieselbe Partei gegen **verschiedene Urteile,** die in einem Rechtsstreit ergangen sind,

> Beispiele:
> Grundurteil und Schlußurteil

verschiedene Rechtsmittel einlegt (Schneider, Streitwert, Rd.Ziff. 3695). Ebensowenig greift § 19 II GKG ein, wenn eine Partei gegen dasselbe Urteil bei verschiedenen Gerichten Rechtsmittel einlegt (Schneider, Streitwert, Rd.Ziff. 3699). In beiden Fällen werden die Gebührenstreitwerte isoliert für jedes Rechtsmittel festgesetzt.

34 § 19 II GKG setzt ferner voraus, daß die wechselseitig eingelegten Rechtsmittel **nicht** in **getrennten Prozessen** verhandelt werden. Ansonsten werden die Streitwerte unabhängig von § 19 II GKG getrennt festgesetzt.

Von getrennten Prozessen ist auszugehen, wenn das Anschlußrechtsmittel als **unzulässig verworfen** wird (§§ 519 I 2, 554 a I 2), bevor das Gericht über das Hauptrechtsmittel verhandelt und entscheidet (Schneider, Streitwert, Rd.Ziff. 3814).

Dasselbe gilt, wenn die Annahme der Anschlußrevision nach § 554 b abgelehnt wird.

Dagegen findet § 19 II GKG Anwendung, wenn die **Annahme** der Revision nach § 554 b **abgelehnt** wird und die Anschlußrevision dadurch ihre Wirkung verliert.

(BGHZ 72, 339; Schneider, Streitwert, Rd.Ziff. 3814 f.; Stein/Jonas, § 3 Rd.Ziff. 47, Stichwort „Gebührenstreitwert in der Rechtsmittelinstanz")

3. Besonderheiten bei einer Revisionsbeschwerde

35 Der Gebührenstreitwert für eine Revisionsbeschwerde (§§ 519 b II, 547) beträgt nach Ansicht des BGH (BGH, KostRspr. § 3 ZPO Nr. 857) 2000,– DM, auch wenn die Beschwer und der Gebührenstreitwert der Vorinstanz niedriger waren. Wir stimmen jedoch der Meinung von Schneider (Streitwert, Rd.Ziff. 3816) zu, daß der Wert der Revisionsbeschwerde nicht höher sein kann als die Beschwer des Beschwerdeführers und der Gebührenstreitwert des Berufungsverfahrens.

4. Besonderheiten bei der Aufrechnung

36 § 19 III GKG, der bei einer Hilfsaufrechnung mit einer bestrittenen Gegenforderung eine Sonderregelung für den Gebührenstreitwert enthält (vgl. Stichwort „Aufrechnung", Rd.Ziff. 5 ff.), ist für jede Instanz besonders zu berücksichtigen; eine Streitwerterhöhung

Rechtsmittel

nach dieser Vorschrift ist anzunehmen, wenn und soweit in der jeweiligen Instanz eine der Rechtskraft fähige Entscheidung über die bestrittene und hilfsweise zur Aufrechnung gestellte Gegenforderung ergeht; wie die Vorinstanz entschieden hat und ob die Entscheidung rechtskräftig ist, hat für die Anwendung des § 19 III GKG keine Bedeutung (vgl. hierzu näher Stichwort „Aufrechnung", mit Nachweisen und Beispielen).

Darüber hinaus kann auch dann, wenn die Voraussetzungen des § 19 III GKG nicht erfüllt sind, die Aufrechnung des Beklagten für den Gebührenstreitwert von Bedeutung sein, nämlich im Falle des § 14 I 2 GKG. 37

Kommt es nach § 14 I 2 GKG auf die **Beschwer** an, weil keine Anträge innerhalb der Rechtsmittelbegründungsfrist gestellt wurden, ist die Aufrechnung zu berücksichtigen, wenn der Beklagte Rechtsmittelführer und dadurch (auch) materiell beschwert ist (vgl. Rd.Ziff. 8), daß über die zur Aufrechnung gestellte Gegenforderung entschieden wurde.

Beispiele:
1. Der Klage wird stattgegeben; das Gericht hält die zur Aufrechnung gestellte Gegenforderung nicht für gegeben. Dann ist der Beklagte in Höhe der Klageforderung **und** in Höhe der Gegenforderung, soweit über sie entschieden wird, beschwert.
2. Die Klage wird wegen der Hilfsaufrechnung abgewiesen. Dann ist der Beklagte in Höhe der Gegenforderung, soweit über sie entschieden wurde, materiell beschwert.

In derartigen Fällen beeinflußt die zur Aufrechnung gestellte Gegenforderung den Gebührenstreitwert in der Rechtsmittelinstanz nach § 14 I 2 wegen der materiellen Beschwer des Beklagten, auch wenn über sie in dieser Instanz nicht entschieden wird.

(BGH, NJW 79, 1208; JurBüro 79, 358; Stein/Jonas, § 3 Rd.Ziff. 47, Stichwort „Gebührenstreitwert in der Rechtsmittelinstanz"; a. A. wohl Schneider, Streitwert, Rd.Ziff. 3773, der § 19 III GKG als lex specialis zu § 14 I GKG ansieht und eine Addition verneint, wenn die Voraussetzungen des § 19 III GKG nicht vorliegen).

Beispiel:
Rücknahme des Rechtsmittels vor Stellen der Anträge.

Wenn es gemäß § 14 I 1 GKG auf die Anträge des Rechtsmittelklägers ankommt, kann hingegen die Aufrechnung für den Gebührenstreitwert nur im Fall des § 19 III GKG von Bedeutung sein. Ist der Kläger der Rechtsmittelführer, beeinflußt die vom Beklagten erklärte Aufrechnung ohnehin weder seine Beschwer (vgl. Rd.Ziff. 7) noch den Wert seines Rechtsmittelantrages. Aber auch wenn der Beklagte, der sich u. a. mit einer Aufrechnung verteidigt hat und doppelt beschwert ist, das Rechtsmittel einlegt, kann sich sein Rechtsmittelantrag grundsätzlich nur gegen die Verurteilung richten, so daß dann nach § 14 I 1 GKG maximal der Wert der Verurteilung bedeutsam ist. 38

Reisevertrag

§ 6, § 3, § 4
s. Stichwort „Bezifferter Leistungsantrag" und „Nebenforderungen"
nicht § 8, § 16 GKG
s. Stichwort „Miete und Pacht", Rd.Ziff. 7

Rektapapiere

§ 3, nicht § 6
s. Stichwort „Besitz", Rd.Ziff. 20

Rente

Grundsätzlich gelten § 9, und für den Gebührenstreitwert bei Vorliegen der dort genannten weiteren Voraussetzungen §§ 17, 17a, 20 II GKG (vgl. im einzelnen Stichworte „Abänderungsklage" und „Wiederkehrende Leistungen").

Rentenschuld

§§ 1199 ff. BGB, § 6, § 3
Es gelten dieselben Grundsätze wie bei der Hypothek, so daß auf das betreffende Stichwort „Hypothek" Bezug genommen werden kann.

Rentenschuldbrief

§§ 946 ff., §§ 1003 ff. (Kraftloserklärung), § 3
s. Stichwort „Aufgebotsverfahren", insbesondere Rd.Ziff. 4
§ 3, nicht § 6 (Herausgabe)
s. Stichwort „Besitz", Rd.Ziff. 20

Reparaturschein

§ 3, nicht § 6
s. Stichwort „Besitz", Rd.Ziff. 21

Restitutionsklage

§ 580, § 3
s. Stichwort „Wiederaufnahmeverfahren"

Revision

s. Stichwort „Rechtsmittel"

Rückauflassung

§ 6
s. Stichwort „Grundstück", Rd.Ziff. 3

Rückstände

§ 17 IV GKG
s. Stichworte „Wiederkehrende Leistungen", Rd.Ziff. 16 und 38 ff., und „Abänderungsklage", Rd.Ziff. 8

Scheck

§ 6, § 3
s. Stichwort „Wertpapiere"

Schmerzensgeld

s. Stichwort „Unbezifferter Leistungsantrag"

Schuldbefreiung

s. Stichwort „Befreiung von einer Verbindlichkeit"

Schuldschein

§ 3, nicht § 6 (Herausgabeklage)
s. Stichwort „Besitz", Rd.Ziff. 21
Die auf den Schuldschein gestützte Zahlungsklage und die **Widerklage** auf Herausgabe des Schuldscheines betreffen denselben Streitgegenstand i. S. des § 19 I S. 1 GKG, so daß für den Gebührenstreitwert nur der höhere Wert zugrunde zu legen ist (vgl. Stichwort „Widerklage", Rd.Ziff. 5 f.).
§ 3 (Kraftloserklärung), §§ 946 ff., §§ 1003 ff.
s. Stichwort „Aufgebotsverfahren", insbesondere Rd.Ziff. 5

Schuldtitel

Wird die Herausgabe eines Titels verlangt, richtet sich der Streitwert nach § 3, nicht hingegen nach § 6. Maßgeblich ist das Interesse des Klägers an der Herausgabe; dieses besteht darin, daß er nicht einer mißbräuchlichen Verwertung des Schuldtitels ausgesetzt ist; im Einzelfall kann der Streitwert dem Wert der titulierten Forderung entsprechen, diesen jedoch nie übersteigen; es kommt auf den jeweiligen Umfang der Mißbrauchsgefahr an.

(OLG Köln, JurBüro 79, 1701; Hillach/Rohs, S. 179; vgl. auch Stichwort „Besitz", Rd.Ziff. 21)

Wird **neben** der Klage auf Herausgabe des Schuldtitels eine **Vollstreckungsabwehrklage** nach § 767 erhoben, besteht zwischen beiden Anträgen eine **wirtschaftliche Identität** mit der Folge, daß keine Addition nach § 5, 1. Halbs. stattfindet, vielmehr nur die in der Regel höher zu bewertende Vollstreckungsabwehrklage für den Streitwert von Bedeutung ist.

(vgl. Stichwort „Vollstreckungsabwehrklage", Rd.Ziff. 7, und allgemein zum Additionsverbot: Stichwort „Klagehäufung", Rd.Ziff. 5 ff., 12 ff.)

Sicherheitsleistung

Bei einer Beschwerde gegen die **Art der Sicherheitsleistung** (vgl. § 108) ist gemäß § 3 das wirtschaftliche Interesse des Beschwerdeführers zu schätzen, das z. B. in der Zinsdifferenz zwischen den einzelnen Hinterlegungsarten liegen kann. 1

(Zöller, § 3 Rd.Ziff. 16 Stichwort „Sicherheitsleistung")

Bei der Sicherheitsleistung durch **Ausländer** (§ 110) ist der Hauptsachestreitwert maßgeblich. 2

(Stein/Jonas, § 3 Rd.Ziff. 59 Stichwort „Sicherheitsleistung")

Wegen des Wertes des **Ergänzungsantrags** nach § 716 wird auf das Stichwort „Urteilsergänzung" Bezug genommen. 3
Der Antrag, die Anordnung einer Sicherheitsleistung aufzuheben, ist nach dem wirtschaftlichen Interesse des Antragstellers zu bewerten. Maßgeblich ist nicht die Höhe der Sicherheit, sondern der Aufwand für deren Beschaffung (LG Berlin, Rpfleger 90, 137).

Sicherstellung

Sicherstellung

Nach § 6 S. 1 ist der Wert der Forderung maßgeblich, wenn es nicht um die Erfüllung, sondern um die Sicherstellung der Forderung oder um ein Pfandrecht geht. Da die „Sicherstellung" nicht in § 6 S. 2 erwähnt ist, wonach bei einem Pfandrecht anstelle des Wertes der Forderung der niedrigere Wert des Pfandgegenstandes maßgeblich ist (vgl. Stichwort „Pfandrecht"), folgern manche in Abgrenzung der beiden Begriffe, daß unter Sicherstellung die noch zu leistende Sicherheit, unter Pfandrecht hingegen die schon vorhandene Sicherheit zu verstehen sei.

(vgl. Stein/Jonas, § 6 Rd.Ziff. 20 m. w. N.)

Wir stimmen dieser Definition nicht zu, zumal nach unserer Ansicht § 6 S. 2 auch bei der Bestellung eines Pfandrechts eingreift, wenn der Pfandgegenstand hinreichend bestimmt ist (vgl. Stichwort „Pfändung", Rd.Ziff. 4). Wir meinen vielmehr, daß mit dem Begriff „Sicherstellung" verdeutlicht werden sollte, daß nicht nur Pfandrechte im engeren Sinn (vgl. Stichwort „Pfandrecht", Rd.Ziff. 3), sondern jede Sicherung zur Erfüllung der Forderung erfaßt wird. Dementsprechend ist auch anerkannt, daß neben den Pfandrechten im engeren Sinn u. a. zu § 6 gehören:

Bürgschaft
Kautionen
Anfechtung nach dem Anfechtungsgesetz
Eigentumsvorbehalt
Sicherungseigentum

(Hartmann, § 6 ZPO [Anh. I § 12 GKG], Anm. 2; Stein/Jonas, § 6 Rd.Ziff. 21; Zöller, § 6 Rd.Ziff. 8)

Wegen der Einzelheiten wird auf die genannten Stichworte und im Hinblick auf § 6 auf das Stichwort „Pfandrecht" Bezug genommen.

Sicherungseigentum

s. Stichwort „Eigentum" und „Besitz"
s. Stichwort „Pfandrecht"

1   Bei **Herausgabeklagen** gilt § 6 (vgl. Stichwort „Eigentum", Rd.Ziff. 1). Wegen der Besonderheiten beim Sicherungseigentum – Sicherungszweck – steht es dem Pfandrecht näher als dem Volleigentum. Daher gilt § 6 S. 2. Der Verkehrswert

(vgl. Stichworte „Eigentum", Rd.Ziff. 2 und „Besitz", Rd.Ziff. 11 ff.)

ist für den Streitwert daher nur bedeutsam, wenn er geringer als die zu sichernde Forderung ist.

(BGH, NJW 59, 939; Hillach/Rohs, S. 186 f.; Schneider, Streitwert, Rd.Ziff. 4044; Stein/Jonas, § 6 Rd.Ziff. 9; vgl. allgemein Stichwort „Pfandrecht")

2   Dasselbe gilt für die **Rückübertragung der Sicherungseigentümer,** wenn sich der Kläger darauf beruft, die zu sichernde Forderung sei getilgt; denn auch dann geht es um diese Forderung.

(BGH, NJW 59, 939; Hillach/Rohs, S. 186)

3   Wird die Klage auf **Zahlung der gesicherten Forderung** mit der Klage auf **Herausgabe des Sicherungseigentums** verbunden, liegt wirtschaftlich betrachtet eine Einheit vor; daher findet keine Zusammenrechnung statt.

(Hillach/Rohs, S. 186; vgl. allgemein zum Additionsverbot bei wirtschaftlicher Identität: Stichwort „Klagenhäufung", Rd.Ziff. 12)

4   Geht es um die **Feststellung** der (Un)Wirksamkeit des Sicherheitseigentums, greift nach unserer Ansicht – ebenso wie bei dem sonstigen Eigentum (vgl. „Eigentum",

Rd.Ziff. 5) – nicht § 6, sondern § 3 ein, so daß die wirtschaftliche Bedeutung des Rechtsstreits neben dem Verkehrswert und dem Wert der Forderung berücksichtigt werden kann, soweit sie von diesen Faktoren abweicht.

(OLG Bamberg, KostRspr. § 3 ZPO Nr. 101; Hillach/Rohs, S. 187)

Außerdem ist bei der positiven Feststellungsklage der übliche Abschlag zu machen (vgl. Stichwort „Feststellungsklage", Rd.Ziff. 1 ff.).

Sorgerechtsregelung

s. Stichworte:
„Einstweilige Anordnung", insbesondere Rd.Ziff. 7, 14 ff.
„Folgesachen", insbesondere Rd.Ziff. 18 ff.
„Kindschaftssachen"

Sozialplanansprüche

im Konkurs: § 148 KO
s. Stichwort „Konkurs", Rd.Ziff. 6

Sparkassenbuch

Das Sparkassenbuch gehört zu den qualifizierten Legitimationspapieren (vgl. § 808 BGB), nicht jedoch zu den echten Wertpapieren. Das bedeutet, daß das Recht am Papier dem Recht aus dem Papier folgt. Demensprechend findet für die Streitwertermittlung bei **Herausgabeklagen** nicht § 6, sondern § 3 (§ 12 I GKG) Anwendung, d. h. es kommt auf das Interesse des Klägers an der Herausgabe an; dieses kann maximal so hoch sein wie die bescheinigte Forderung; auf den Papierwert kommt es nicht an. 1

(vgl. hierzu näher mit Nachweisen: Stichworte „Besitz", Rd.Ziff. 20 und „Wertpapiere", Rd.Ziff. 5)

Im Verfahren auf **Kraftloserklärung** eines Sparkassenbuches (§§ 946 ff., §§ 1003 ff.) ist der Streitwert gemäß § 3 nach dem Interesse des Antragstellers zu schätzen; in der Regel sind 10–20% des Nennbetrages in Ansatz zu bringen. 2

(vgl. näher Stichwort „Aufgebotsverfahren", insbesondere Rd.Ziff. 3, 5 m. w. N.)

Spediteurpfandrecht

§ 410 HGB
Der Streitwert bestimmt sich gemäß § 6 S. 1 und 2 nach dem geringeren Wert entweder der Forderung des Spediteurs oder der Güter (vgl. Stichwort „Pfandrecht").

Streitgenossen

I. Allgemeines

Sind auf der Kläger- oder Beklagtenseite mehrere Personen vorhanden, liegt eine subjektive Klagenhäufung i. S. der §§ 59 ff. vor, die auch als Streitgenossenprozeß bezeichnet wird. Je nach Fallkonstellation müssen die Werte der einzelnen Ansprüche für die Ermittlung des Streitwertes nach § 5, 1. Halbs. i. V. m. § 12 I GKG addiert oder nur einfach zugrunde gelegt werden. Besondere Schwierigkeiten bereitet im Streitgenossenprozeß die Kostenentscheidung, wenn der Rechtsstreit nicht für alle Streitgenossen zum selben Ergebnis führt oder wenn die Streitgenossen unterschiedlich beteiligt sind. 1

(vgl. hierzu im einzelnen Teil B, Rd.Ziff. 260 ff.)

Streitgenossen

Für den Streitwert gelten folgende Besonderheiten:

II. Selbständige Ansprüche

2   Unter **selbständigen Ansprüchen** im Streitgenossenprozeß versteht man alle in einem Prozeß geltend gemachten Ansprüche, bei denen weder eine rechtliche noch eine wirtschaftliche Identität (vgl. Rd.Ziff. 5) besteht.

> **Beispiel:**
> Gesamtgläubigerschaft und Gesamtschuldnerschaft

3   Soweit mehrere Kläger gegen den Beklagten jeweils selbständige Ansprüche in diesem Sinn geltend machen oder mehrere Beklagte von einem Kläger wegen solcher Ansprüche verklagt werden, sind die Einzelwerte der Ansprüche grundsätzlich nach § 5, 1. Halbs. i. V. m. § 12 I GKG zu addieren, wobei hier allerdings auch die gebührenrechtlichen Besonderheiten zu beachten sind.

> (Hartmann, Anh. I § 12 GKG, § 5 ZPO Anm. 1, 2 A; Schneider, Streitwert, Rd.Ziff. 4057; Stein/Jonas, § 5 Rd.Ziff. 13; Zöller, § 3 Rd.Ziff. 16 Stichwort „Streitgenossen"; vgl., auch Stichwort „Klagenhäufung")

Das gilt auch für den Rechtsmittelstreitwert, wobei die Beschwer jeweils für jede Partei getrennt zu prüfen ist.

> (so auch Zöller, § 3 Rd.Ziff. 16 Stichwort „Streitgenossen"; vgl. auch Stichwort „Rechtsmittel")

4   § 5, 1. Halbs. unterscheidet nicht zwischen vermögens- und nichtvermögensrechtlichen Streitigkeiten (vgl. 1. Abschnitt, Rd.Ziff. 15 ff. und Stichwort „Klagenhäufung", Rd.Ziff. 12 ff., 16), so daß bei selbständigen Ansprüchen grundsätzlich eine Addition zu erfolgen hat (Schneider, Streitwert, Rd.Ziff. 4056).

5   Der bei selbständigen Ansprüchen durch eine Addition ermittelte Gesamtstreitwert ist für die Gerichtsgebühren (vgl. hierzu allgemein Teil B, Rd.Ziff. 27 ff.) und für die außergerichtlichen Kosten des Klägers (vgl. Teil B, Rd.Ziff. 68 ff.), soweit nur ein Kläger vorhanden ist, maßgeblich. Die außergerichtlichen Kosten mehrerer Kläger und des (der) Beklagten richtet sich nach dem Wert der im jeweiligen Prozeßrechtsverhältnis geltend gemachten Ansprüche. Deshalb ist neben dem Gesamtstreitwert auch der jeweilige Einzelstreitwert festzusetzen.

> **Beispiel:**
> Die Streitwertfestsetzung (vgl. allgemein 1. Abschnitt, Rd.Ziff. 34 ff., 40 ff.) kann am Ende des Urteils wie folgt lauten, wenn der Kläger gegen den Beklagten X einen Anspruch in Höhe von 10 000,– DM, gegen den Beklagten Y einen solchen in Höhe von 8000,– DM und gegen den Beklagten Z einen solchen in Höhe von 7000,– DM klageweise geltend gemacht hat:
>
> Streitwert: 25 000,– DM (§ 12 I GKG i. V. m. §§ 3, 5 Halbs. 2 ZPO)
> Streitwert für die Klage gegen X: 10 000,– DM
> Streitwert für die Klage gegen Y: 8 000,– DM
> Streitwert für die Klage gegen Z: 7 500,– DM

III. Unselbständige Ansprüche

6   Von unselbständigen Ansprüchen ist dann auszugehen, wenn eine **rechtliche** oder **wirtschaftliche Identität** besteht.

Wirtschaftliche Identität ist anzunehmen, wenn wirtschaftlich gesehen nur ein Gegenstand umstritten ist und der Gläubiger sich mit einer Leistung zufrieden geben muß.

> (Frank, S. 195; Stein/Jonas, § 5 Rd.Ziff. 10; Schneider, Streitwert, Stichwort „Gesamtschuldner", Rd.Ziff. 1931 f.)

Streitgenossen

Beispiele (vgl. näher Stichwort „Klagenhäufung", Rd.Ziff. 12 ff. m. w. N.)
Gesamtschuldner, § 421 BGB, und Gesamtgläubiger, § 428 BGB.
Kläger nimmt die OHG und einen Gesellschafter in Anspruch; diese haften wie Gesamtschuldner (vgl. Teil B, Rd.Ziff. 258).
Klage gegen Hauptschuldner und Bürgen; diese haften ebenfalls wie Gesamtschuldner (vgl. Teil B, Rd.Ziff. 258);
Leistungsklage und Klage auf Duldung in die Zwangsvollstreckung gegen den Erben und den Testamentsvollstrecker.

Bei unselbständigen Ansprüchen im Streitgenossenprozeß besteht ein Additionsverbot. 7
(BGH, KostRspr. § 5 ZPO Nr. 53; Rpfleger 87, 205; KG, AnwBl. 79, 229; Schneider, Streitwert, Rd.Ziff. 4058, 1931 f.; Stein/Jonas, § 5 Rd.Ziff. 10; Thomas/Putzo, § 5 Anm. 3 c, bb; Zöller, § 3 Rd.Ziff. 16, Stichwort „Streitgenossen")

Das bedeutet, daß der Streitwert einheitlich nach dem vollen Wert eines Anspruchs festgesetzt wird, und zwar bei unterschiedlichen Werten nach dem höchsten Betrag (Schneider, Streitwert, Rd.Ziff. 1932).

Beispiel:
Der Kläger beantragt, A und B zu verurteilen, an ihn als Gesamtschuldner 6000,– DM zu zahlen, den A darüber hinaus, an ihn 4000,– DM zu zahlen.
Dann beträgt der Streitwert 10 000,– DM. Soweit A und B in Anspruch genommen werden, findet eine Addition nicht statt.

Bei unterschiedlichen Werten muß aber neben dem für den Rechtsstreit maßgeblichen 8
Streitwert der Wert für das jeweilige Prozeßrechtsverhältnis festgesetzt werden, da sich die außergerichtlichen Kosten grundsätzlich danach richten (s. o. Rd.Ziff. 5).

Beispiel:
Im Ausgangsbeispiel kann die Streitwertfestsetzung am Ende des Urteils wie folgt lauten:
Streitwert: 10 000,– DM
Streitwert für die Klage gegen A: 10 000,– DM
Streitwert für die Klage gegen B: 6 000,– DM

Stufenklage

I. Allgemeines

Bei der Stufenklage nach § 259 (vgl. hierzu näher Teil B, Rd.Ziff. 373 ff.) kann der Kläger 1
einen Antrag auf Auskunft bzw. Rechnungslegung
(vgl. §§ 444, 666, 1379, 1605, 2027 BGB; zum Auskunftsanspruch nach § 242 BGB vgl. BGH, NJW 87, 1812; 88, 1906; allgemein zu den Anspruchsgrundlagen bei einer Stufenklage s. Anders/Gehle, Rd.Ziff. 474 ff.)
sowie gegebenenfalls auf Abgabe der eidesstattlichen Versicherung (§§ 259 II, 260 II BGB) mit einem Antrag auf Leistung verbinden, der noch nicht konkretisiert ist und erst nach Erledigung der zuvor genannten Anträge spezifiziert werden muß. Der Prozeß entwickelt sich in Stufen, auch wenn alle Anträge sofort rechtshängig werden.

Zunächst wird über den Antrag auf Auskunft bzw. Rechnungslegung verhandelt und grundsätzlich durch Teilurteil entschieden (vgl. Anders/Gehle, Rd.Ziff. 478 ff.). Entsprechendes gilt für die zweite Sufe, bei der es um den Antrag auf Abgabe der eidesstattlichen Versicherung geht. Erst nach Erledigung der beiden ersten Stufen muß der Kläger seinen dahinterstehenden Leistungsantrag konkretisieren, über den dann verhandelt und durch Schlußurteil entschieden wird.

Stufenklage

II. Zuständigkeitsstreitwert

2 Gemäß § 5 sind bei der Berechnung des Zuständigkeitsstreitwertes die Einzelwerte der mit der Klage geltend gemachten Ansprüche zusammenzurechnen.

(KG, JW 34, 2633; Anders/Gehle, Rd.Ziff. 490; Schneider, Streitwert, Rd.Ziff. 4231; Thomas/Putzo, § 5 Anm. 2 b; Zöller, § 3 Rd.Ziff. 16, Stichwort „Stufenklage")

Man hat sich also Klarheit darüber zu verschaffen, welcher Gegenstandswert den Ansprüchen auf Auskunftserteilung, eidesstattliche Versicherung und Leistung zukommt.

1. Leistungsanspruch

3 Der Wert des Leistungsanspruchs ist nach § 3 zu schätzen, wobei es gemäß § 4 grundsätzlich auf den Zeitpunkt der Klageeinreichung ankommt.

(OLG Köln, MDR 69, 582; OLG Nürnberg, JurBüro 74, 1439; Anders/Gehle, Rd.Ziff. 491; Schneider, Streitwert, Rd.Ziff. 4255)

Die Schwierigkeit liegt meist darin, daß der Kläger selbst nicht genau weiß, in welchem Umfang der Beklagte ihm zur Leistung verpflichtet ist, daß er sich aber gleichwohl zum Gegenstandswert äußern muß (vgl. § 23 GKG).

Bei der Bewertung ist auf die realistischen Erwartungen des Klägers zu Beginn der Instanz abzustellen, ohne daß es auf das spätere Schicksal des Leistungsantrags ankommt.

(OLG Karlsruhe, Justiz 85, 374; OLG Düsseldorf, JurBüro 87, 736; OLG Zweibrücken, JurBüro 87, 563; Schneider, Streitwert, Rd.Ziff. 4256)

Beispiel:
Unerheblich ist, wenn die spätere Bezifferung hinter den ursprünglichen Erwartungen zurückbleibt oder wenn über den Leistungsanspruch später nicht entschieden wird.

In Erbschaftsstreitigkeiten wird man normalerweise aus dem Lebenszuschnitt des Verstorbenen Rückschlüsse ziehen können.

2. Auskunfts- bzw. Rechnungslegungsanspruch

4 Der Wert des **Auskunftsanspruchs** bemißt sich nach dem Interesse, das der Kläger im Hinblick auf das Leistungsbegehren an der Auskunft im Zeitpunkt des Beginns der Instanz hat.

(OLG Köln, FamRZ 84, 1029; OLG Bamberg, JurBüro 85, 576; 89, 1306; OLG Frankfurt, MDR 87, 509; Schneider, Streitwert, Rd.Ziff. 4267; Thomas/Putzo, § 3 Anm. 2, Stichwort „Auskunftsanspruch"; Zöller, § 3 Rd.Ziff. 16, Stichwort „Auskunft"; s. auch Stichwort „Auskunft", Rd.Ziff. 1 f.)

Auch hier ist eine Schätzung nach § 3 vorzunehmen, für die Ausgangspunkt der Wert des dahinter stehenden Leistungsbegehrens ist. Kann der Kläger den Leistungsanspruch auch ohne Mitwirkung des Beklagten weitgehend präzisieren und benötigt er nur einige ergänzende Hinweise, ist der Wert des Auskunftsanspruchs naturgemäß niedriger, als wenn er ohne Auskünfte des Beklagten überhaupt nicht weiß, woran er ist. In der Praxis haben sich Werte von $\frac{1}{10}$ bis $\frac{1}{4}$ des Leistungsbegehrens eingespielt; im Einzelfall kann aber auch der Wert des Auskunftsanspruchs an denjenigen der dritten Stufe heranreichen, diesen aber niemals überschreiten.

(OLG München, JurBüro 84, 1376; OLG Köln, FamRZ 84, 1029; OLG Bamberg, JurBüro 85, 576; 89, 1306; OLG Frankfurt, MDR 87, 508; Anders/Gehle, Rd.Ziff. 492; Schneider, Streitwert, Rd.Ziff. 4270 f.; Thomas/Putzo, § 3, Anm. 2, Stichwort „Auskunftsanspruch"; Zöller, § 3 Rd.Ziff. 15, Stichwort „Auskunft"; Baumbach/Lauterbach/Albers/Hartmann, Anh. § 3, Stichwort „Stufenklage"; vgl. auch Stichwort „Auskunft", Rd.Ziff. 2 f.)

Entsprechendes gilt für den Streitwert bei Geltendmachung eines Rechnungslegungsanspruchs (vgl. Stichwort).

Stufenklage

3. Anspruch auf Abgabe der eidesstattlichen Versicherung

Hier kommt es gemäß § 3 auf das Interesse des Klägers an der eidesstattlichen Versicherung an. 5

    (BGH, KoRspr. § 3 ZPO Nr. 113; OLG Bamberg, JurBüro 72, 1091; Schneider, Streitwert, Rd.Ziff. 3472; Zöller, § 3 Rd.Ziff. 16, Stichwort „Offenbarungsversicherung"; Anders/Gehle, Rd.Ziff. 493; Baumbach/Lauterbach/Albers/Hartmann, Anh. § 3, Stichwort „Stufenklage")

Es ist also zu fragen, welche weiteren Auskünfte er sich von der Strafdrohung des § 156 StGB verspricht. Hat etwa der Erbschaftsbesitzer angegeben, der Verstorbene habe sich im Besitz von 20 000,- DM Bargeld befunden und kann der Kläger dartun, daß das Barvermögen sich aufgrund früherer Äußerungen des Erblassers auf mindestens das Doppelte dieses Betrages belaufen habe, so läßt sich der Antrag auf Abgabe der eidesstattlichen Versicherung mit 5000,- DM (= ¼ der zusätzlichen 20 000,- DM) bewerten.

Grundsätzlich wird das Interesse des Klägers an der eidesstattlichen Versicherung (§§ 259 II, 260 II BGB) geringer, jedenfalls aber nicht höher sein als sein Interesse an der Auskunft oder Rechnungslegung, so daß ¹⁄₂₀ bis ¼ des Leistungsbegehrens angemessen sein dürften, soweit keine Besonderheiten vorliegen.

III. Rechtsmittelstreitwert

Es ist zu unterscheiden zwischen der Beschwer des Klägers und der des Beklagten. 6

Ist der **Beklagte** in der ersten oder zweiten Stufe durch Teilurteil zur Auskunft (Rechnungslegung) oder zur Abgabe der eidesstattlichen Versicherung verurteilt worden, ist seine Beschwer nicht mit dem Streitwert der jeweiligen Stufe, der sich nach dem Interesse des Klägers richtet, identisch. Hier kommt es auf das **Abwehrinteresse des Beklagten** an, das sich in erster Linie an der Aufwandsersparnis des Beklagten an Zeit und Kosten, die mit der Erfüllung der titulierten Leistungspflicht verbunden sind, sowie in zweiter Linie an seinem **Geheimhaltungsinteresse** orientiert. 7

    (BGH, FamRZ 87, 172; 89, 730; NJW-RR 88, 693; 91, 956; NJW 91, 1833; Schneider, Streitwert, Rd.Ziff. 552 ff., 4280; Thomas/Putzo, § 3 Anm. 2, Stichwort „Auskunftsanspruch"; Zöller, § 3 Rd.Ziff. 16, Stichwort „Auskunft", Rd.Ziff. 3)

Das Interesse des Beklagten, die Information zu vereiteln oder zu erschweren, hat jedoch insoweit keine Bedeutung (BGH, Rpfleger 78, 53 Nr. 58).

Für die **Beschwer des Klägers** gilt folgendes: 8

Ist der Antrag auf **Auskunft** (Rechnungslegung) **unbegründet**, weil dem Kläger die letztlich begehrte Leistung nicht zusteht,

    Beispiel:
    Der nach § 2027 BGB vorgehende Kläger ist nicht Erbe.

wird die gesamte Stufenklage, auch wenn nur auf der ersten Stufe verhandelt worden ist, abgewiesen.

    BGH, NJW 82, 235; OLG Stuttgart, NJW-RR 90, 766; Anders/Gehle, Rd.Ziff. 485; Thomas/Putzo, § 254 Anm. 2 a)

Dann ist für die Beschwer des Klägers der Leistungsanspruch wertbestimmend.

    (BGH, NJW 60, 576; KG, JurBüro 73, 754; Schneider, Streitwert, Rd.Ziff. 4285 f.)

Hat das Landgericht nach Verhandlung über die erste Stufe die Klage ganz abgewiesen,

    Begründung:
    Kein Leistungsanspruch

und hat das Oberlandesgericht auf die Berufung des Klägers den Beklagten zur Auskunft verurteilt und die Sache zur Verhandlung sowie Entscheidung über den Zahlungsantrag

Stufenklage

an das Landgericht zurückverwiesen, ist für die Beschwer des Beklagten im Hinblick auf die Revision nur sein Abwehrinteresse hinsichtlich der Auskunft (vgl. Rd.Ziff. 7) maßgebend.

(BGH, NJW 64, 2061; NJW 70, 1083; Schneider, Streitwert, Rd.Ziff. 4288 f.)

9 Ist der Antrag auf Auskunft (Rechnungslegung) nicht wegen des Leistungsanspruchs, sondern aus anderen Gründen unbegründet, etwa deshalb, weil das Gericht den Anspruch für erfüllt hält, ist nicht die gesamte Stufenklage, sondern nur der erste Antrag durch Teilurteil abzuweisen.

(BGH, NJW 82, 235; Anders/Gehle, Rd.Ziff. 486)

In diesem Fall entspricht die Beschwer des Klägers dem Wert des Auskunftsantrages.

(so wohl auch OLG Düsseldorf, MDR 63, 937; Schneider, Streitwert, Rd.Ziff. 4283; a. A. wohl AG Celle, NJW 54, 1493; OLG Köln, MDR 63, 144)

10 Entsprechendes gilt, wenn der Antrag auf Abgabe der eidesstattlichen Versicherung durch Teilurteil abgewiesen wird, etwa weil das Gericht die Voraussetzungen des § 259 II BGB (§ 260 II BGB) nicht als erfüllt ansieht.

11 Ist im Rahmen eines Schlußurteils über den dann bezifferten Leistungsantrag entschieden worden, richtet sich die Beschwer nach der Bezifferung und nach der Urteilssumme. Hier gelten keine Besonderheit. Maßgeblicher Zeitpunkt ist, anders als beim Zuständigkeitsstreitwert, nicht der Zeitpunkt der Einreichung der Klage, sondern der Zeitpunkt der Rechtsmitteleinlegung oder der letzten mündlichen Tatsachenverhandlung (vgl. 1. Abschnitt, Rd.Ziff. 30 f.).

IV. Gebührenstreitwert

12 Gemäß § 18 GKG, der als Sonderregelung den §§ 3 ff. vorgeht, ist für den Gebührenstreitwert der Stufenklage allein der am höchsten bewertete Anspruch maßgeblich. Im Regelfall orientiert man sich daher am Leistungsantrag. Grundsätzlich sind nämlich der Wert des Auskunftsantrages und des Antrages auf Abgabe der eidesstattlichen Versicherung niedriger als der Zahlungsantrag; jedenfalls aber bildet dieser stets die Obergrenze für die Bewertung der anderen Ansprüche, da diese ihn nur vorbereiten sollen.

(OLG Bamberg, JurBüro 86, 1062; OLG Zweibrücken, JurBüro 87, 563; OLG Celle, AnwBl. 87, 286; Schneider, Streitwert, Rd.Ziff. 4252 ff.)

Maßgeblich ist der Leistungsantrag im Rahmen des § 18 GKG auch, wenn es nicht zur Verhandlung über ihn kommt.

(OLG Hamm, JurBüro 89, 1004; NJW-RR 91, 1407 [Rücknahme des Zahlungsantrages nach Erledigung des Auskunftsbegehrens]; OLG München, MDR 89, 646; OLG Zweibrücken, JurBüro 89, 1455; Zöller, § 3 Rd.Ziff. 16, Stichwort „Stufenklage")

13 Der Gebührenstreitwert nach § 18 GKG ist aber nur für die **Prozeßgebühren** der Rechtsanwälte gemäß § 31 I Nr. 1 BRAGO (vgl. allgemein zur Prozeßgebühr Teil B, Rd.Ziff. 70 ff.), für die Gebühr für das Verfahren im allgemeinen, die Nr. 1010-Gebühr der Anlage 1 zu § 11 I GKG (= KV) (vgl. allgemein zur Nr. 1010-Gebühr Teil B, Rd.Ziff. 25 ff.) sowie für die auf der letzten Stufe anfallenden Gebühren maßgeblich. In der letzten Stufe wird der Streitwert duch den Leistungsantrag bestimmt, der aber, wie schon dargelegt, als der höchste Antrag auch für den Gesamtstreitwert nach § 18 GKG maßgebend ist. Die Prozeßgebühr und die Nr. 1010-Gebühren entstehen mit Klageerhebung und fallen darüber hinaus nur einmal unabhängig von der Entwicklung des Prozesses an, so daß für sie der Gesamtstreitwert maßgeblich ist.

(OLG Bamberg, JurBüro 86, 1062; OLG Hamm, JurBüro 89, 1004; Anders/Gehle, Rd.Ziff. 494; Schneider, Streitwert, Rd.Ziff. 4233)

Aus § 21 I, II GKG, § 13 III BRAGO ergibt sich aber, daß auf den unteren Stufen demgegenüber Verandlungsgebühren gemäß § 31 I Nr. 2 BRAGO (vgl. Teil B,

Stufenklage

Rd.Ziff. 76 ff.), Beweisgebühren gemäß § 31 I Nr. 3 BRAGO (vgl. Teil B, Rd.Ziff. 83 ff.) und (Teil-)Urteilsgebühren nach Nr. 1016 der KV (vgl. Teil B, Rd.Ziff. 27 ff.) entstehen können, die sich nur nach dem Streitwert in der jeweiligen Stufe richten.

OLG Bamberg, JurBüro 86, 1062; Schneider, Streitwert, Rd.Ziff. 4234; zum Wert in den einzelnen Stufen vgl. oben zu „Zuständigkeitsstreitwert")

Daraus folgt, daß das Gericht bei der Streitwertfestsetzung nach § 25 GKG neben dem Gesamtstreitwert i. S. des § 18 GKG auch die jeweiligen Streitwerte in den einzelnen Stufen festsetzen muß.

(OLG München, JurBüro 84, 1376; OLG Bamberg, JurBüro 84, 1375; Schneider, Streitwert, Rd.Ziff. 4236; Anders/Gehle, Rd.Ziff. 494)

Beispiel:
Beschluß
In pp.
wird der Gesamtstreitwert auf
20 000,– DM
festgesetzt (§ 18 GKG).

Der Streitwert in den einzelnen Stufen beträgt:
für den Klageantrag zu 1	5 000,– DM
für den Klageantrag zu 2	2 500,– DM
für den Klageantrag zu 3	20 000,– DM

Die **Verhandlungsgebühren**, die **Beweisgebühren** und die **Urteilsgebühren** können bei einer Stufenklage mehrfach, nämlich auf jeder Stufe, anfallen. Nach § 21 III GKG, § 13 III BRAGO gilt aber für sie eine sog. **Höchstbetragsgrenze** (vgl. Teil B, Rd.Ziff. 33 [GKG], 67 [BRAGO]). Das bedeutet, daß die Summe dieser Teilgebühren den Betrag einer nach der Gesamtsumme der Teilwerte errechneten Gebühr nicht überschreiten darf.

14

Beispiel:
Angenommen, auf jeder Stufe wird verhandelt und in der ersten Stufe Beweis erhoben. Die ersten beiden Stufen werden durch Teilurteile und die letzte Stufe durch Schlußurteil beendet. Es gelten die Streitwerte des vorgenannten Beispielsfalles.

15

Dann entstehen, wenn beide Parteien anwaltlich vertreten sind, folgende Gebühren:

1. Gerichtsgebühren

a) Gebühr Nr. 1010 des KV,

einheitlich nach dem Gesamtstreitwert von 20 000,– DM   <u>342,– DM</u>

b) Urteilsgebühren Nr. 1016 der KV (jeweils doppelter Gebührenansatz), berechnet nach dem Wert in jeder Stufe:

1. Teilurteil	2 × 132,– DM	264,– DM
2. Teilurteil	2 × 87,– DM	174,– DM
Schlußurteil	2 × 342,– DM	684,– DM

Hier wirkt sich die Höchstbetragsgrenze des § 21 III GKG aus. Bei einem Gesamtstreitwert von 27 500,– DM ergäbe sich eine Urteilsgebühr von 2 × 414 = **828,– DM**. Über diesen Betrag hinaus stehen der Staatskasse keine Gebühren zu, so daß sie für die beiden Teilurteile die volle Gebühr und für das Schlußurteil nur 390,– DM (= 828,– DM abzüglich 264,– DM und abzüglich 174,– DM) verlangen darf.

2. Rechtsanwaltsgebühren für einen Anwalt

a) Prozeßgebühr nach § 31 I Nr. 1 BRAGO,

berechnet nach dem Gesamtstreitwert von 20 000,– DM =   <u>849,– DM</u>

Stufenklage

    b) **Verhandlungsgebühren nach § 31 I Nr. 2 BRAGO,**

berechnet nach dem Wert in jeder Stufe:
1. Stufe	279,– DM
2. Stufe	160,– DM
3. Stufe	849,– DM

Hier wirkt sich die Höchstbetragsgrenze des § 13 III BRAGO aus. Bei einem Gesamtstreitwert von 27 500,– DM ergäbe sich eine Verhandlungsgebühr von **979,– DM**. Daher kann der Rechtsanwalt für die Verhandlungen in den beiden ersten Stufen die vollen Verhandlungsgebühren und für die 3. Stufe nur eine Verhandlungsgebühr von 540,– DM (= 979,– DM abzüglich 279,– DM und abzüglich 160,– DM) geltend machen.

    c) **Beweisgebühr nach § 31 I Nr. 3 BRAGO,**

fällt nur in der ersten Stufe an und wird nach dem Wert in der ersten Stufe berechnet:
1. Stufe	279,– DM

§ 13 III BRAGO gilt hier nicht.

    3. Rechtsanwaltsgebühren für den anderen Rechtsanwalt

Es fallen dieselben Gebühren wie zu 2 an, nämlich
a) Prozeßgebühr	849,– DM
b) Verhandlungsgebühren (mit Begrenzung gem. § 13 III BRAGO)	979,– DM
c) Beweisgebühr	279,– DM

16   Endet der Prozeß nach Erledigung der ersten Stufe und einer sich daran anschließenden Erfüllung des Auskunftsanspruchs, etwa durch Abschluß eines außergerichtlichen Vergleichs, stellt sich die Frage, nach welchem Streitwert die Verhandlungsgebühr der Prozeßbevollmächtigten entstanden ist, wenn der Klagevertreter nicht nur den Auskunftsantrag, sondern alle Klageanträge verlesen hat. Das OLG Köln (NJW 73, 1848) hat hierzu die Auffassung vertreten, die Höhe der Verhandlungsgebühr berechne sich dann nach dem Streitwert des Leistungsantrags. Demgegenüber hält das OLG Düsseldorf (NJW 73, 2034) allein den Wert des Auskunftsantrags für maßgeblich. Letzterer Ansicht ist zu folgen, da nur sie den Besonderheiten der Stufenklage (stufenweises Vorgehen) hinreichend Rechnung trägt (vgl. hierzu auch Anders/Gehle, Rd.Ziff. 478).

17   Gerade bei der Stufenklage können während des Rechtsstreits **Streitwertänderungen** eintreten.

    Beispiel:
    Die vom Beklagten erteilten Auskünfte führen zu einer Erhöhung des Leistungsantrages über die ursprünglichen Erwartungen hinaus oder zu einer (teilweisen) Rücknahme des Antrags.

Die Gebühr für das Verfahren im allgemeinen (Nr. 1010 KV-Anlage 1 zu § 11 I GKG) und die Prozeßgebühr entstehen mit der Klageerhebung (vgl. Teil B, Rd.Ziff. 26, 81), so daß eine **Verringerung** des Streitwertes oder gar die Klagerücknahme auf einer höheren Stufe diese bereits entstandenen Gebühren unberührt läßt. Tritt eine Werterhöhung ein, steigen diese Gebühren entsprechend, was für die Gerichtsgebühr aus § 15 GKG folgt.

    (vgl. Teil B, Rd.Ziff. 26, 81; vgl. auch Schneider, Streitwert, Rd.Ziff. 114)

Die im übrigen auf der dritten Stufe noch entstehenden Gebühren, insbesondere die Verhandlungsgebühr, die Beweisgebühr und die Urteilsgebühr für das Schlußurteil, richten sich ab der bezifferten Antragstellung nach dieser Bezifferung, so daß für sie u. U. ein reduzierter Streitwert maßgebend sein kann.

    (OLG Hamm, JurBüro 82, 1376; OLG Frankfurt, JurBüro 85, 443; Schneider, Streitwert, Rd.Ziff. 4263)

Die Streitwertänderungen müssen im Streitwertbeschluß unter Angabe des maßgeblichen Zeitpunkts vermerkt werden. Der maßgebliche Zeitpunkt ist der Eingang des Schriftsatzes bei Gericht, mit dem der dritte Antrag beziffert wird (Schneider, Streitwert, Rd.Ziff. 4291).

Beispiel:
Nach den realistischen Erwartungen des Klägers ergeben sich zunächst folgende Werte: Klageantrag zu 1: 5000,– DM, Klageantrag zu 2: 2500,– DM; Klageantrag zu 3: 20 000,– DM. Nach Erledigung der ersten beiden Stufen beziffert der Kläger mit einem am 1. 3. 1991 bei Gericht eingegangenen Schriftsatz den Klageantrag zu 3 mit 15 000,– DM.
Dann lautet der **Streitwertbeschluß** wie folgt:

Beschluß
In pp.
wird der Gesamtstreitwert wie folgt festgesetzt:
bis zum 28. 2. 1991   20 000,– DM
ab dem 1. 3. 1991   15 000,– DM.
Der Streitwert in den einzelnen Stufen beträgt:
für den Klageantrag zu 1   5 000,– DM,
für den Klageantrag zu 2   2 500,– DM,
für den Klageantrag zu 3   bis zum 28. 2. 1991: 20 000,– DM
                             ab dem 1. 3. 1991: 15 000,– DM.

Tagebücher

§ 3, nicht § 6
s. Stichwort „Besitz", Rd.Ziff. 21

Tankstellendienstbarkeit

§ 1090 BGB, § 3
s. Stichwort „Dienstbarkeit", Rd.Ziff. 3

Teilungsplan

s. Stichwort „Verteilungsverfahren"

Teilungsversteigerung

§ 180 ZVG, § 771 analog, § 3
s. Stichwort „Widerspruchsklage", Rd.Ziff. 10

Testament

§ 3
s. Stichwort „Besitz", Rd.Ziff. 21
s. Stichwort „Erbrechtliche Streitigkeiten", Rd.Ziff. 2, 15

Testamentsvollstreckung

Bei einem Rechtsstreit auf Bestehen oder Fortdauer der Testamentsvollstreckung oder auf Abberufung des Testamentsvollstreckers richtet sich der Streitwert nicht nach § 12 II GKG; vielmehr liegt eine vermögensrechtliche Streitigkeit vor, die gemäß § 3 nach dem Interesse des Klägers zu bewerten ist. Bei einer Klage der Erben kommt es auf den wirtschaftlichen Wert der Verfügungs- und Verwaltungsbeschränkungen durch die Testamentsvollstreckung an; dabei ist grundsätzlich ein Bruchteil des Nachlaßwertes maßgebend; klagt der Testamentsvollstrecker, ist sein Vergütungsanspruch von Bedeutung.
(Schneider, Streitwert, Rd.Ziff. 3236 ff.; Thomas/Putzo, § 3 Stichwort „Testamentsvollstrecker"; Zöller, § 3 Rd.Ziff. 16 Stichwort „Testamentsvollstrecker")

Titel

s. Stichwort „Schuldtitel"

Todesfallrisiko

Todesfallrisiko

s. Streitwert „Versicherungsschutz", Rd.Ziff. 4

Überbau

§ 3 (Beseitigung); § 9 (Überbaurente nach § 912 II BGB)
s. Stichwort „Eigentum", Rd.Ziff. 9 f.

Übereinstimmend erklärte Erledigung

s. Stichwort „Erledigung der Hauptsache"

Überweisungsbeschluß

§§ 835 ff.
s. Stichwort „Pfändungs- und Überweisungsbeschluß"
s. Stichwort „Zwangsvollstreckung wegen einer titulierten Geldforderung", insbesondere Rd.Ziff. 2, 5 f.

Umgang mit dem Kind

s. Stichwort „Einstweilige Anordnung", insbesondere Rd.Ziff. 7, 14 ff.
s. Stichwort „Folgesachen", insbesondere Rd.Ziff. 22

Umlegung

§ 45 BauGB, § 3
s. Stichwort „Baulandsachen", Rd.Ziff. 4 ff.

Umschreibung

– lastenfreie Umschreibung des Grundstücks: § 3
s. Stichwort „Grundstück", Rd.Ziff. 5
– Grundbuchberichtigung: § 3 oder § 6 (Feststellung des Eigentums)
s. Stichwort „Grundstück", Rd.Ziff. 6

Unbezifferter Leistungsantrag

I. Allgemeines

1 Grundsätzlich muß ein Zahlungsantrag gemäß § 253 II Nr. 2 genau beziffert werden. Ansonsten ist er unzulässig. Nur in Ausnahmefällen kann eine Bezifferung unterbleiben. Hierzu zählen folgende Fälle:

    Regelunterhalt im Prozeß des nichtehelichen Kindes (§ 642).
    Das Gericht bestimmt den Betrag, und zwar rechtsgestaltend (§§ 315 III 2, 343 BGB), durch Schätzung (§ 287), nach billigem Ermessen (§ 847 BGB).
    Dem Kläger ist eine Bezifferung unmöglich oder unzumutbar.
    (BGH, NJW 67, 1420; Hillach/Rohs, S. 19 ff.; Thomas/Putzo, § 253 Anm. 2 e; vgl. auch Teil A, Stichwort „Unbezifferter Leistungsantrag")

2 In diesen Ausnahmefällen ist der unbezifferte Leistungsantrag jedoch nur dann zulässig, wenn der Kläger die zur Bewertung geeigneten tatsächlichen Grundlagen und die **ungefähre Größenordnung** seines Begehrens angibt.
    (BGHZ 4, 138; BGH, NJW 82, 340; Furtner, S. 153; Hillach/Rohs, S. 19 f.)

Beachtet er dies nicht, entspricht sein Antrag nicht den Anforderungen des § 253 II Nr. 2, der in abgeschwächter Form auch für den unbezifferten Leistungsantrag gilt. Allerdings hat der BGH

(VersR 79, 472; NJW 84, 1807)

eine konkludente Größenangabe darin gesehen, daß der Kläger eine Wertfestsetzung des Gerichts stillschweigend hingenommen hat; damit habe er sich die Kennzeichnung der Größenordnung durch das Gericht zu eigen gemacht.

II. Besonderheiten zur Streitwertbemessung

Es ist bestritten, wie hoch der bei einem unbezifferten Leistungsantrag nach § 3 i. V. mit § 12 I GKG zu bewertende Streitwert ist. Sicher ist nur, daß der von dem Kläger gesetzte **Mindest-** oder **Höchstbetrag** – dies muß nicht unbedingt im Antrag erfolgen – die untere bzw. obere Bemessungsgrundlage (BGH, NJW 92, 312; OLG München, NJW 68, 1987; Schneider, Streitwert, Rd.Ziff. 4346 ff.) und der vom Gericht **zugebilligte Betrag** den Mindestbetrag darstellen (Schneider, Streitwert, Rd.Ziff. 4349).

Im ersten Fall muß allerdings erkennbar sein, daß der Kläger eine solche Begrenzung nach unten oder nach oben tatsächlich will (BGH, NJW 92, 312; Schneider, Streitwert, Rd.Ziff. 4359).

Ansonsten stellen seine Angaben nämlich lediglich unverbindliche Rechtsansichten dar, damit den von der Rechtsprechung (vgl. BGH, NJW 92, 312) gestellten Anforderungen zur Zulässigkeit der Klage entsprochen wird. Die Ausführungen zur Zulässigkeit haben nämlich nicht ohne weiteres etwas mit der Größenordnung zu tun, die für den Streitwert von Bedeutung ist (Schneider, Streitwert, Rd.Ziff. 4366).

Bei der Frage, wie hoch der Streitwert bei einem unbezifferten Leistungsantrag ist, werden im wesentlichen drei Meinungen vertreten, nämlich:

daß sich der Streitwert nach den Vorstellungen oder Erwartungen des Klägers richtet, wobei der von ihm geäußerte Betrag die Untergrenze bildet,

(OLG München, AnwBl. 60, 224; OLG Celle, NJW 77, 343; OLG Frankfurt, MDR 82, 674; OLG Karlsruhe, Justiz 85, 167; BayObLG, JurBüro 89, 681)

daß er sich nach dem tatsächlich zuerkannten Betrag

(OLG Stuttgart, NJW 61, 81; OLG München, NJW 61, 1121; OLG Zweibrücken, JZ 78, 109)

oder nach dem Betrag richtet, den das Gericht bei Unterstellung des klägerischen Tatsachenvortrages für angemessen hält.

(so die h. M.: OLG München, NJW 68, 1937; OLG Schleswig, JurBüro 80, 604; OLG Köln, JurBüro 1970, 606; OLG Nürnberg, JurBüro 75, 1496; VersR 77, 262; OLG Bamberg, JurBüro 79, 1707; Schneider, Streitwert, Rd.Ziff. 4377; Thomas/Putzo, § 3, Anm. 2, Stichwort „Ermessensanträge"; Zöller, § 3 Rd.Ziff. 16, Stichwort „Unbezifferte Klageanträge"; Markl, § 11 Rd.Ziff. 13)

Wir schließen uns der dritten Meinung an. Nach der ersten Meinung wird dem Kläger das Kostenrisiko in vollem Umfang aufgebürdet; das soll ihm jedoch gerade durch die Zulassung von unbezifferten Leistungsklagen erspart werden. Gegen die Praktikabilität der zweiten Meinung kann angeführt werden, daß das Gericht nicht in allen Fällen einen Betrag zuerkennt

Beispiel:
Klageabweisung

Die dritte Meinung hingegen berücksichtigt hinreichend die Interessen des Gegners (Kostenrisiko) und darüber hinaus die Besonderheiten bei einer unbezifferten Leistungsklage. Sie ist ferner praktikabel, weil sich für die verschiedenen Streitwertarten keine

Unbezifferter Leistungsantrag

unterschiedlichen Gesichtspunkte ergeben. Darüber hinaus führt die dritte Meinung zu interessengerechten Lösungen, wenn der in der ersten Instanz zuerkannte Betrag in der Berufung herabgesetzt wird, weil das Berufungsgericht hierzu eine andere Bewertung vornimmt. Dann richtet sich nämlich der Streitwert der ersten Instanz nicht nach der erstinstanzlichen Verurteilungssumme, sondern nach dem Betrag, den das Berufungsgericht unter Berücksichtigung des Parteivortrages für angemessen hält.

(vgl. hierzu auch Schneider, Streitwert, Rd.Ziff. 4400)

Unechte Hilfsanträge

I. Allgemeines

1   Der unechte Hilfsantrag baut auf den Hauptantrag auf; eine Entscheidung über den unechten Hilfsantrag kann nur bei einer positiven Entscheidung über den Hauptantrag ergehen.

(vgl. hierzu näher Teil B, Rd.Ziff. 358; Anders/Gehle, Rd.Ziff. 424, 428, 442 ff.)

In der Regel wird ein Leistungsantrag mit einem Schadensersatzantrag (vgl. § 283 BGB), gegebenenfalls zusätzlich mit einem Fristsetzungsantrag (vgl. §§ 255, 510 b) verbunden.

Beispiele:
a) Der Kläger beantragt, den Beklagten zu verurteilen, an ihn ein Klavier (Wert: 10 000,– DM) herauszugeben, ihm hierfür eine Frist i. S. des § 255 zu setzen und den Beklagten darüber hinaus für den Fall des fruchtlosen Fristablaufs weiter zu verurteilen, an ihn 12 000,– DM zu zahlen.
b) Der Beklagte beruft sich gegenüber dem Antrag auf Herausgabe des Klaviers (Wert: 12 000,– DM) auf Unmöglichkeit. Der Kläger beantragt daraufhin weiter, den Beklagten „im Unvermögensfall" zur Zahlung von 10 000,– DM (Schadensersatz) zu verurteilen.

II. Zuständigkeitsstreitwert

2   Da der Kläger bei den unechten Hilfsanträgen – anders als bei den echten Hilfsanträgen (vgl. Stichwort „Echte Hilfsanträge") – eine kumulative Verurteilung begehrt, sind die **Werte** der einzelnen Anträge gemäß § 5 zu **addieren**, soweit es um die Zuständigkeit des Gerichts geht.

(Anders/Gehle, Rd.Ziff. 432)

3   Für die **Einzelwerte** gilt folgendes:

Die **Einzelwerte** des **ersten** und **dritten** (bzw. zweiten) **Antrags** sind nach den allgemeinen Regeln zu ermitteln. Hier dürften sich in der Regel keine Probleme ergeben.

Aber auch für den **Fristsetzungsantrag** (§§ 255, 510 b), der einen Sachantrag darstellt (Zöller, § 255 Rd.Ziff. 5), ist nach § 3 ein Streitwert zu schätzen. Da die Fristsetzung wegen der mit ihr einhergehenden Wirkungen des § 283 BGB dem Beklagten zusätzlichen Anlaß gibt, den titulierten Leistungsanspruch zu erfüllen, weil sie aus der Sicht des Klägers ein weiteres Druckmittel darstellt, erscheint es als vertretbar, den auf § 255 gestützten Antrag mit ¼ des dem ersten (Haupt-)Klageantrag zukommenden Wertes in Ansatz zu bringen.

(vgl. Anders/Gehle, Rd.Ziff. 432; vgl. auch Stichwort „Stufenklage"; der Fristsetzungsantrag ist teilweise mit dem Auskunftsbegehren bei der Stufenklage vergleichbar)

Für die Beispielsfälle ergeben sich danach folgende Einzelwerte:

a) 1. Antrag 10 000,– DM (zum Streitwert bei Herausgabe vgl. Stichwort „Herausgabe")
   2. Antrag 2 500,– DM
   3. Antrag 12 000,– DM

b) 1. Antrag 12 000,– DM
      2. Antrag 10 000,– DM.

Folglich beträgt der Zuständigkeitsstreitwert 24 500,– DM (Beispiel a) bzw. 22 000,– DM (Beispiel b).

III. Rechtsmittelstreitwert

Ebenso wie beim echten Hilfsantrag (vgl. Stichwort „Echte Hilfsanträge") ist für die Beschwer eine Addition der Werte der einzelnen Anträge, soweit über sie für die jeweilige Partei negativ entschieden wurde, vorzunehmen. 4

Beispiel:
Angenommen, im Beispielsfall a) wird der Beklagte verurteilt, das (näher bezeichnete) Klavier an den Kläger herauszugeben. Ihm wird hierfür eine Frist von vier Wochen ab Rechtskraft des Urteils gesetzt. Für den Fall des fruchtlosen Fristablaufs wird er zu einer Zahlung von 5000,– DM an den Kläger verurteilt. Im übrigen wird die Klage abgewiesen.

Die Beschwer des Beklagten beträgt: 10 000,– DM (1. Antrag)
                                   + 2 500,– DM (2. Antrag)
                                   + 5 000,– DM (3. Antrag)
                                   ─────────────
                                    17 500,– DM

Die Beschwer des Klägers beträgt 7000,– DM (3. Antrag – 12 000,– DM – abzüglich Urteilssumme – 5000,– DM –).

IV. Gebührenstreitwert

Der Gesetzgeber hat im GKG keine besondere Regelung für den Gebührenstreitwert bei unechten Hilfsanträgen getroffen. § 19 IV GKG ist dem Wortlaut nach („Wenn über ihn entschieden wird") nur auf den echten Hilfsantrag zugeschnitten. Gleichwohl meinen wir, daß bei den unechten Hilfsanträgen keine Addition der Einzelwerte gemäß § 12 I GKG i. V. m. § 5 erfolgen kann, sondern für den Gebührenstreitwert allein der höchste Einzelwert maßgeblich ist. 5

(so LG Köln, MDR 84, 501 mit Anm. von Schneider, a. a. O., S. 853; LAG Düsseldorf, JurBüro 89, 955; 90, 243; Anders/Gehle, Rd.Ziff. 432; a. A. wohl Schneider, Streitwert, Rd.Ziff. 2472; Zöller, § 3 Rd.Ziff. 16, Stichwort „Eventual- und Hauptantrag")

Den §§ 18, 19 IV GKG ist nämlich der Grundsatz zu entnehmen, daß in allen Fällen der Häufung von aufeinander aufbauenden Klageanträgen, mit denen der Kläger letztlich nur ein einheitliches wirtschaftliches Ziel verfolgt, eine Wertaddition nicht stattfinden, vielmehr der höchste Einzelwert zugrunde gelegt werden soll. Dieser Grundgedanke trifft auch bei den unechten Hilfsanträgen zu. Sie bauen auf dem Hauptantrag auf, und der Kläger verfolgt letztlich ein einheitliches wirtschaftliches Ziel. Primärziel des Klägers ist es, einen Titel zu seinem ersten Antrag zu erlangen; hat der Kläger Recht, soll sodann der Fristsetzungsantrag den Beklagten unter Druck setzen, diesen Titel zu erfüllen. Erst in letzter Konsequenz, nämlich bei Nichterfüllung des ersten Titels und fruchtlosem Verstreichen der Frist soll der Beklagte ersatzweise dem Kläger Schadensersatz wegen Nichterfüllung leisten. Das rechtfertigt eine analoge Anwendung des § 18 GKG und/oder des § 19 IV GKG.

Nach der von uns vertretenen Auffassung, daß der höchste Einzelwert maßgeblich ist, ergeben sich in den Beispielsfällen folgende Gebührenstreitwerte:

   a) 12 000,– DM (nach dem 3. Antrag)
   b) 12 000,– DM (nach dem 1. Antrag)

Unterhaltsansprüche

Unterhaltsansprüche

Unterhaltsansprüche sind immer vermögensrechtlicher Natur, auch wenn sie aufgrund familienrechtlicher Beziehungen (vgl. § 621 I Ziff. 4, 5) bestehen (BGH, JZ 82, 152; Schneider, Streitwert, Rd.Ziff. 4407). Daher kommt es für die Zulässigkeit des Rechtsmittels auf den Wert der Beschwer oder des Beschwerdegegenstandes an (vgl. Abschnitt 1, Rd.Ziff. 21 ff.).

Maßgeblich für alle Streitwertarten ist grundsätzlich § 9 (vgl. hierzu im einzelnen Stichwort „Wiederkehrende Leistungen", Rd.Ziff. 1 ff.). Für den Gebührenstreitwert gilt unter den dort genannten weiteren Voraussetzungen § 17 I GKG

> (vgl. hierzu im einzelnen Stichwort „Wiederkehrende Leistungen", insbesondere Rd.Ziff. 19 ff., 24 ff.)

und § 20 II GKG.

> (vgl. Stichworte „Einstweilige Anordnung", insbesondere Rd.Ziff. 8, 14 ff. und „Wiederkehrende Leistungen", Rd.Ziff. 44)

Ferner wird Bezug genommen auf die Ausführungen zur „Abänderungsklage" und zu den „Rückständen"

> (vgl. hierzu auch Stichwort „Wiederkehrende Leistungen", Rd.Ziff. 39 ff.)

sowie zu den „Folgesachen" (insbesondere Rd.Ziff. 23 ff.).

Unterlassung

§ 3
s. Stichworte
„Besitz", Rd.Ziff. 29 (Besitzstörung)
„Eigentum", Rd.Ziff. 6 (Eigentumsstörung)
„Zwangsvollstreckung zur Erwirkung von Handlungen und Unterlassungen", Rd.Ziff. 4

§ 12 II, III GKG
s. Stichworte
„Ehewohnung", Rd.Ziff. 5 (Störung durch einen Dritten)
„Ehrkränkende Äußerungen"
„Nichtvermögensrechtliche Streitigkeiten"

§ 20 I GKG, § 3
s. Stichwort „Einstweilige Verfügung", Rd.Ziff. 4

Urkundenprozeß

s. Stichwort „Wertpapiere", Rd.Ziff. 6 ff.
Zur Kraftloserklärung:
s. Stichwort „Aufgebotsverfahren"

Urteilsberichtigung

Für Urteilsberichtigungen nach §§ 319, 320 gilt grundsätzlich nicht der Hauptsachestreitwert; vielmehr ist der Streitwert gemäß § 3 nach dem Berichtigungsinteresse der Partei – so des Beschwerdeführers – zu schätzen; der Wert der Hauptsache ist nur dann maßgeblich, wenn mit der Berichtigung die Vollstreckungsfähigkeit des Urteils beseitigt werden soll.

> (OLG Frankfurt/Main, JurBüro 80, 1893; OLG Saarbrücken, JurBüro 89, 522; Hillach/Rohs, S. 276; Schneider, Streitwert, Rd.Ziff. 4537; Zöller, § 3 Rd.Ziff. 16 Stichwort „Berichtigung nach § 319")

Grundsätzlich wird nur ein Bruchteil des Hauptsachestreitwertes gerechtfertigt sein, so etwa ⅕, wenn die Vollstreckung vorübergehend verhindert werden soll (OLG Saarbrücken, JurBüro 89, 522). Geht es lediglich um die Berichtigung von Schreibfehlern, Rechenfehlern oder ähnlichen offenbaren Unrichtigkeiten bzw. um die Berichtigung des Tatbestandes, ohne daß Auswirkungen auf die Vollstreckbarkeit denkbar sind, ist die geringste Gebührenstufe in Ansatz zu bringen.

Urteilsergänzung

Der Wert für das Verfahren auf Urteilsergänzung nach § 321 bemißt sich gemäß § 3 nach dem Interesse der Partei unter Berücksichtigung des Gegenstandes der Ergänzung. So ist z. B. der Hauptsachewert maßgeblich, wenn der Vorbehalt der beschränkten Erbenhaftung nach § 780 oder der Vorbehalt im Wechselprozeß gemäß § 599 ergänzt werden soll (Hillach/Rohs, S. 276). Bezieht sich die Ergänzung nur auf eine materielle oder prozessuale Nebenforderung, so z. B. auf die Kosten oder die vorläufige Vollstreckbarkeit (vgl. § 716), ist lediglich der betreffende Wert der Ergänzung maßgeblich (Hillach/Rohs, S. 277).

Vaterschaftsanerkennung

s. Stichwort „Einstweilige Anordnung"
s. Stichwort „Kindschaftssachen"

Verbundverfahren

s. Stichwort „Folgesachen"

Verein

Bei einem **wirtschaftlichen Verein** kann § 12 II GKG zur Anwendung kommen, wenn es sich um eine nichtvermögensrechtliche Streitigkeit handelt (vgl. Stichwort). 1

> **Beispiel:**
> Namensstreitigkeit

Im übrigen gelten dieselben Grundsätze, wie sie unter dem Stichwort „Gesellschaftsrecht" und „Organe" dargestellt worden sind, d. h. es findet § 3 Anwendung (vgl. Stichworte).

Bei einem nichtwirtschaftlichen Verein (= Idealverein) findet § 12 II GKG Anwendung. 2

> (OLG Frankfurt/Main, JurBüro 85, 1083; Schneider, Streitwert, Rd.Ziff. 4552; vgl. näher Stichwort „Nichtvermögensrechtliche Streitigkeit")

Vergleich

I. Gebührenrechtliche Bedeutung

Bedeutsam ist der Streitwert für die **Vergleichsgebühr**, die der Rechtsanwalt gemäß § 23 1
BRAGO für die Mitwirkung beim Abschluß eines Vergleichs i. S. des § 779 BGB oder bei den entsprechenden Vergleichsverhandlungen erhält (vgl. Teil B, Rd.Ziff. 101 ff.).

Außerdem entsteht nach Nr. 1170 KV (Anlage 1 zu § 11 I GKG) eine ¼-**Gerichtsgebühr** bei Abschluß eines Prozeßvergleichs, soweit der Vergleichsgegenstand den Wert des Streitgegenstandes übersteigt und es sich nicht um einen Vergleich über Ansprüche handelt, die im Verfahren nach §§ 620, 641 d geltend gemacht werden können. Daraus folgt, daß eine Gerichtsgebühr nur für den den Wert des Streitgegenstandes überschießenden Teil des Vergleichswertes geltend gemacht werden kann.

> (Stein/Jonas, § 3 Rd.Ziff. 62, Stichwort „Vergleich"; zu den Besonderheiten bei der Hilfsaufrechnung vgl. Stichwort „Aufrechnung", Rd.Ziff. 14; vgl. zu Nr. 1170 KV näher Teil B, Rd.Ziff. 48 f.)

Im **Arbeitsgerichtsverfahren** löst der sog. Mehrvergleich keinen Gebührentatbestand aus (vgl. Nr. 2112 des Gebührenverzeichnisses zu § 12 I ArbGG).

Vergleich

2   Da sich der Vergleich, sieht man von der Sonderregelung des § 19 III S. 2 GKG ab (vgl. Stichwort „Aufrechnung", Rd.Ziff.12), auf den Streitwert für den Rechtsstreit nicht auswirkt und die übrigen Gebühren ausschließlich nach diesem zu bewerten sind, hat der Vergleichsstreitwert nur für die vorgenannten Gebühren eine Bedeutung. Üblicherweise wird bei Abschluß eines Prozeßvergleichs neben dem Streitwert für den Rechtsstreit gleichzeitig der Vergleichsstreitwert festgesetzt. Der **Beschluß** kann lauten:

   Streitwert für den Rechtsstreit und den Vergleich: ... DM
   oder
   Streitwert für den Rechtsstreit: ... DM,
   Streitwert für den Vergleich: ... DM.

II. Grundsätze der Bewertung

3   Besondere Regelungen für den Streitwert eines Vergleichs sind nicht vorhanden. Maßgeblich ist der Gegenstand des Vergleichs, der nach den Vorschriften der §§ 12 ff. GKG und der §§ 3 ff. zu bewerten ist. Dabei kann grundsätzlich auf die Ausführungen zu den einzelnen Stichworten Bezug genommen werden. Soweit keine Sonderregelungen vorhanden sind oder diese sich im Einzelfall nicht auf den Vergleichsgegenstand anwenden lassen, ist der Vergleichsstreitwert nach § 3 i. V. mit § 12 I GKG zu schätzen.

   (Schneider, Streitwert, Rd.Ziff. 4559; Stein/Jonas, § 3 Rd.Ziff. 62, Stichwort „Vergleich")

4   Unerheblich ist, auf was sich die Parteien verglichen haben, sog. **Vergleichssumme;** maßgeblich ist vielmehr, worüber sich die Parteien verglichen haben, sog. **Vergleichsgegenstand).**

   (OLG Bamberg, JurBüro 84, 254; OLG Frankfurt/Main, JurBüro 84, 423; Baumbach/Lauterbach/Albers/Hartmann, Anh. § 3 Stichwort „Vergleich"; Schneider, Streitwert, Rd.Ziff. 4567, 4569; Stein/Jonas, § 3 Rd.Ziff. 62 Stichwort „Vergleich"; Thomas/Putzo, § 3 Stichwort „Vergleich"; Zöller, § 3 Rd.Ziff. 16 Stichwort „Vergleich")

   Beispiel:
   Im Prozeßvergleich verpflichtet sich der Beklagte gegenüber dem Kläger zur Zahlung von 10 000,- DM. Damit sollen die vom Kläger geltend gemachten Forderungen in Höhe von 8000,- DM, von 15 000,- DM und 4000,- DM ausgeglichen sein.
   Dann gehören alle Forderungen zum Vergleichsgegenstand, so daß der Vergleichsstreitwert nicht 10 000,- DM, sondern - soweit keine Besonderheiten bestehen - 27 000,- DM beträgt.

5   Werden in einen Prozeßvergleich Gegenstände einbezogen, die nicht zum Rechtsstreit gehörten, wirken diese sich grundsätzlich auf den Vergleichsstreitwert aus. Dieser wird durch eine **Addition** aller Gegenstände, die jeweils getrennt zu bewerten sind, ermittelt, d. h. also bei Forderungen durch eine Addition aller **rechtshängigen** und **nicht rechtshängigen,** in den Prozeßvergleich einbezogenen Ansprüche (§ 12 I GKG, § 5).

   (OLG Bamberg, JurBüro 90, 1619; Baumbach/Lauterbach/Albers/Hartmann, Anh. § 3 Stichwort „Vergleich"; Schneider, Streitwert, Rd.Ziff. 4572; Stein/Jonas, § 3 Rd.Ziff. 62, Stichwort „Vergleich")

   Werden ein **einstweiliges Verfügungsverfahren** und die **Hauptsache** in einem einheitlichen Vergleich erledigt, sind die Gegenstandswerte beider Verfahren ebenfalls zu addieren (HansOLG Hamburg, MDR 91, 904).

6   **Nebenforderungen** i. S. des § 4 (i. V. m. § 12 I GKG) und § 22 GKG bleiben, wie auch in anderen Fällen (vgl. Stichwort „Nebenforderungen"), unberücksichtigt, selbst wenn sich die Parteien nur insoweit verglichen haben, die Hauptforderung aber ganz oder teilweise Vergleichsgegenstand war.

   Beispiel:
   Der Kläger klagt einen Werklohn in Höhe von 10 000, DM nebst 10% Zinsen ab dem 1. 1. 1988 ein. Der Beklagte beruft sich auf verschiedene Mängel und macht deswegen eine Minderung in

Höhe von 8000,– DM geltend. In die Vergleichsverhandlungen werden zwei weitere, vom Kläger geltend gemachte Ansprüche über 3500,– DM und 4000,– DM einbezogen, für die der Kläger jeweils 10% Zinsen ab 1985 beansprucht. Die Parteien schließen einen Vergleich mit folgendem Inhalt: „Zum Ausgleich aller gegenseitigen Ansprüche der Parteien zahlt der Beklagte an den Kläger 6000,– DM nebst 4% Zinsen von 3500,– DM ab 1. 1. 1985." Der Streitwert für den Rechtsstreit beträgt 10 000,– DM. Die Zinsen und die Minderung werden nicht berücksichtigt. Der Streitwert für den Vergleich ist mit 17 500,– DM – soweit keine Besonderheiten vorliegen – zu bewerten, wobei auch insoweit die Zinsen und die Minderung keine Bedeutung haben.

Auch die **Kosten des Rechtsstreits** zählen im Rahmen eines Vergleichs zu den Nebenforderungen i. S. des § 4, solange die Hauptforderung ganz oder teilweise Gegenstand des Vergleichs ist. Dann haben die Kosten keinen Einfluß auf den Vergleichsstreitwert. 7

(Schneider, Streitwert, Rd.Ziff. 4682)

Bei einem Vergleich nur über die Kosten werden diese hingegen zur Hauptsache, so daß § 4 I am Ende dann nicht gilt. Für den Vergleichsstreitwert ist der Wert der Kosten anzusetzen, die bis zum Vergleich entstanden sind.

(Schneider, Streitwert, Rd.Ziff. 4681; Stein/Jonas, § 3 Rd.Ziff. 62, Stichwort „Vergleich"; Thomas/Putzo, § 3 Stichwort „Vergleich")

Wird eine **nicht rechtshängige Forderung** in den Prozeßvergleich einbezogen, findet eine Addition der Nennbeträge aller Forderungen nur statt (vgl. Rd.Ziff. 5), soweit keine Besonderheiten bestehen. Der Nennbetrag der nicht rechtshängigen Forderung ist z. B. nicht anzusetzen, wenn diese schwer zu realisieren und nicht bestritten ist. Das ergibt sich aus folgendem: 8

Soweit die **Realisierbarkeit** der einbezogenen Forderung zweifelhaft ist, liegt ihr wirtschaftlicher Wert unter dem Nennbetrag. Dann ist im Wege der Schätzung nach § 3 i. V. mit § 12 I GKG ein anderer Wert, der je nach Befriedigungsmöglichkeit durch einen Abschlag vom Nennbetrag zu ermitteln ist, zugrunde zu legen. 9

(OLG Frankfurt/Main, MDR 81, 57; OLG Bamberg, JurBüro 89, 201; LAG Düsseldorf, JurBüro 88, 778; Schneider, Streitwert, Rd.Ziff. 4574, 4623; Zöller, § 3 Rd.Ziff. 16 „Stichwort „Vergleich")

Wird eine **nicht bestrittene Forderung** in den Prozeßvergleich einbezogen, erhöht sich der Streitwert für den Vergleich ebenfalls nicht um deren Nennwert. Hat die Einbeziehung ausschließlich eine **klarstellende Funktion**, 10

Beispiel:
Die Parteien sind sich darüber einig, daß dem Kläger keine Ansprüche aus der Position „Nutzungsentschädigung" zustehen. Dies vorausgeschickt, verpflichtet sich der Beklagte im Wege des Vergleichs...

bleibt sie wertmäßig völlig außer Ansatz.

(Schneider, Streitwert, Rd.Ziff. 4596)

In allen anderen Fällen ist dies jedoch nicht möglich, auch wenn ein Vergleich i. S. des § 779 BGB einen Streit oder die Ungewißheit über das Bestehen eines Rechtsverhältnisses voraussetzt. Dabei bliebe nämlich unberücksichtigt, daß mit der Einbeziehung der unbestrittenen Forderung in den Prozeßvergleich ein Titel (§ 794 I S. 1 Nr. 1) geschaffen wird und dies für die begünstigte Partei einen wirtschaftlichen Wert hat. Deshalb ist für die unbestrittene Forderung das nach § 3 zu schätzende **Interesse an der Titulierung** anzusetzen, das einen Bruchteil von dem Nennbetrag ausmacht.

(OLG Hamm, JurBüro 79, 1867 [1/10]; 85, 739 [1/10]; 85, 1360 [1/10]; OLG Frankfurt/Main, JurBüro 85, 424 [1/5]; LAG Baden-Württemberg, JurBüro 91, 834 [1/5]; Schneider, Streitwert, Rd.Ziff. 4603 ff.; Stein/Jonas, § 3 Rd.Ziff. 62 Stichwort „Vergleich"; Thomas/Putzo, § 3 Stichwort „Vergleich")

Vergleich

11 Soweit der Kläger bei einer unbestrittenen Forderung **Ratenzahlungen** bewilligt, ist dieses Entgegenkommen neben dem Titulierungsinteresse ebenfalls für den Vergleichswert nach § 3 zu schätzen, wobei die oberste Grenze insgesamt dem Nennbetrag der Forderung entspricht.

(OLG Celle, JurBüro 71, 237 [⅓]; Schneider, Streitwert, Rd.Ziff. 4686)

12 Verpflichtet sich eine Partei im Vergleich, die **Klage** oder das **Rechtsmittel zurückzunehmen**, ergeben sich für den Vergleichsstreitwert keine Besonderheiten. Er richtet sich ebenso wie der Streitwert für den Rechtsstreit nach dem Wert des Streitgegenstandes.

(OLG Köln, JurBüro 70, 803; Schneider, Streitwert, Rd.Ziff. 2687; 4680; 4689)

Das gilt auch, wenn der Vergleich eine von §§ 69 III S. 2, 515 III, 566 abweichende Kostenregelung enthält, da es sich bei den Kosten um unselbständige Nebenforderungen i. S. des § 4 I am Ende handelt (vgl. Stichwort „Nebenforderungen" und Rd.Ziff. 6).

III. Besonderheiten beim Abfindungsvergleich

13 Bei einem **Abfindungsvergleich** verpflichtet sich eine Partei, anstelle einer wiederkehrenden Leistung zum Ausgleich der Forderung eine **Kapitalsumme** (= Abfindung) zu zahlen.

Beispiel:
Die geschiedenen Eheleute einigen sich in einem Vergleich darauf, daß der laufende Unterhalt nicht durch eine Geldrente, sondern durch eine Kapitalabfindung gewährt wird (§ 1585 II BGB).

Wie auch in anderen Fällen (vgl. Rd.Ziff. 4) ist bei einem Abfindungsvergleich nicht auf die Vergleichssumme, d. h. den Abfindungsbetrag, sondern auf den Vergleichsgegenstand abzustellen, der sich bei gesetzlichen Unterhaltpflichten nach § 17 I GKG (vgl. Stichwort „Wiederkehrende Leistungen", Rd.Ziff. 23 ff.) richtet.

(OLG Schleswig, JurBüro 80, 411; OLG Düsseldorf, JurBüro 92, 51 m. Anm. von Mümmler; Schneider, Streitwert, Rd.Ziff. 4613; Stein/Jonas, § 3 Rd.Ziff. 62 Stichwort „Vergleich" und § 9 Rd.Ziff. 10 b)

Der Meinung des OLG Frankfurt/Main (JurBüro 80, 1215), die als Maßstab den Abfindungsbetrag ansieht, folgen wir nicht. Es ist kein Grund ersichtlich, bei einem Abfindungsvergleich andere Grundsätze anzuwenden und hier von der Vergleichssumme auszugehen.

IV. Besonderheiten bei der Hilfsaufrechnung

14 Wird eine hilfsweise zur Aufrechnung gestellte Forderung in einen Prozeßvergleich einbezogen und dadurch endgültig erledigt, findet § 19 III S. 1 GKG keine Anwendung. Über die Gegenforderung ergeht nämlich keine die Rechtskraft fähige Entscheidung. Gleichwohl ist die in den Vergleich einbezogene Gegenforderung bei der Ermittlung des Vergleichswertes zu berücksichtigen.

(OLG Frankfurt/Main, MDR 80, 64; OLG Nürnberg, JurBüro 82, 1380; Schneider, Streitwert, Rd.Ziff. 4619; Stein/Jonas, § 3 Rd.Ziff. 62 Stichwort „Vergleich"; Zöller, § 3 Rd.Ziff. 16 Stichwort „Aufrechnung"; vgl. auch Stichwort „Aufrechnung", Rd.Ziff. 12 ff.)

Hier gilt nichts anderes als in allen Fällen, in denen eine nicht rechtshängige, in den Vergleich mit einbezogene Forderung den Vergleichsstreitwert beeinflußt (vgl. Rd.Ziff. 5, 8 ff.).

15 Grundsätzlich wird der **Nennwert** der Gegenforderung zum Wert der Klageforderung addiert. Wenn jedoch die Gegenforderung schwer realisierbar oder unbestritten ist, wird sie mit einem Bruchteil ihres Nennwertes berücksichtigt (vgl. Rd.Ziff. 8 ff.)

Unerheblich ist, ob die Gegenforderung höherwertig ist als die Klageforderung. Die Einschränkungen des § 19 III S. 1 GKG gelten beim Prozeßvergleich nicht. Es kommt daher nicht darauf an, inwieweit eine die Rechtskraft fähige Entscheidung über die Gegenforderung (§ 322 II) im Falle eines Urteils hätte ergehen können.

Beispiele:
1. In den Vergleich einbezogen werden die Klageforderung in Höhe von 10 000,– DM und die zur Aufrechnung gestellte Gegenforderung in Höhe von 6000,– DM. Dann beträgt der Vergleichsstreitwert 16 000,– DM.
2. Im Ausgangsbeispiel wird eine zur Aufrechnung gestellte Gegenforderung in Höhe von 15 000,– DM einbezogen.
Der Vergleichswert beträgt 25 000,– DM, auch wenn über die Gegenforderung nur eine die Rechtskraft fähige Entscheidung über 10 000,– DM hätte ergehen können.

Wird die hilfsweise zur Aufrechnung gestellte, bestrittene Gegenforderung in den Prozeßvergleich einbezogen, erhöht sich gemäß § 19 III S. 2 GKG auch der **Streitwert für den Rechtsstreit**. Nach unserer Ansicht kann die Gegenforderung aber nur bis zur Höhe der Klageforderung berücksichtigt werden, weil hier die Einschränkungen des § 19 III S. 1 GKG „entsprechend" gelten (vgl. Stichwort „Aufrechnung", Rd.Ziff. 13). Ist der Vergleich unwirksam und wird daher der Rechtsstreit fortgesetzt, gilt jedoch wieder der ursprüngliche Streitwert für den Rechtsstreit (vgl. Rd.Ziff. 18 f.). 16

V. Besonderheiten bei Haupt- und Hilfsantrag

Bei einem Prozeßvergleich über Haupt- und Hilfsantrag kann sich der Vergleichsstreitwert jedenfalls nicht unmittelbar nach § 19 IV GKG richten, da keine Entscheidung getroffen wird. Manche wollen diese Vorschrift jedoch entsprechend bei einem Prozeßvergleich über beide mit dem Haupt- und dem Hilfsantrag geltend gemachten Ansprüche anwenden. 17

(OLG Frankfurt/Main, JurBüro 77, 706; LG Bayreuth, JurBüro 80, 1248; Frank, S. 260 f.; Zöller, § 3 Rd.Ziff. 16 Stichwort „Eventual- und Hauptantrag)

Dieser Ansicht folgen wir nicht. Vielmehr meinen wir, daß eine Wertaddition bezüglich der mit dem Haupt- und dem Hilfsantrag geltend gemachten Ansprüche zu erfolgen hat, soweit sie Vergleichsgegenstand sind.

(so auch: OLG Frankfurt/Main, JurBüro 77, 706; Schneider, Streitwert, Rd.Ziff. 2483, 4671; [soweit nicht derselbe Streitgegenstand]; Stein/Jonas, § 3 Rd.Ziff. 62 Stichwort „Vergleich")

Wie bereits dargelegt, werden grundsätzlich alle, auch nicht rechtshängige Forderungen bei der Ermittlung des Vergleichsstreitwertes berücksichtigt, soweit sie zum Vergleichsgegenstand gehören (vgl. Rd.Ziff. 5, 8 ff.). Dabei kann es aber keine Rolle spielen, ob die Partei die einbezogene Forderung erstmals vorbringt oder darauf bereits mit dem Hilfsantrag abgestellt hat.

VI. Besonderheiten bei Unwirksamkeit des Prozeßvergleichs

Wird die **Unwirksamkeit** eines Prozeßvergleichs geltend gemacht, muß zunächst geklärt werden, ob der Rechtsstreit durch den Prozeßvergleich beendet (im Fall der Wirksamkeit) oder fortzusetzen ist. Ist der Prozeßvergleich unwirksam, entspricht der Streitwert des dann festzusetzenden Verfahrens dem bisherigen Streitwert für den Rechtsstreit; dies gilt auch, wenn der Vergleichsstreitwert höher war. 18

(BGH, KostRspr. § 3 ZPO Nr. 119; Schneider, Streitwert, Rd.Ziff. 4652; Stein/Jonas, § 3 Rd.Ziff. 62 Stichwort „Vergleich")

Beispiel:
§ 19 III 2 GKG (vgl. Stichwort „Aufrechnung", Rd.Ziff. 13)

Etwas anderes soll nach einer Meinung gelten, wenn nicht rechtshängige Forderungen einbezogen worden sind, sich der Vergleichsstreitwert entsprechend erhöht (vgl. Rd.Ziff. 5, 8 ff.) und die Parteien über die Wirksamkeit des Vergleichs streiten; dann soll 19

Vergleich

der höhere Vergleichswert für das weitere Verfahren gelten, da es bei der Frage, ob der Vergleich wirksam sei, auch um die einbezogenen Forderungen gehe.

>(OLG Stuttgart, JurBüro 78, 1654; OLG Hamm, JurBüro 80, 550; Schneider, Streitwert, Rd.Ziff. 4653; derselbe in Zöller, § 3 Rd.Ziff. 16 Stichwort „Vergleich")

Dieser Meinung folgen wir nicht. Auch wenn zunächst bei der Prüfung der Wirksamkeit des Vergleichs inzidenter die einbezogenen Forderungen mit behandelt werden, wird der Vergleichsgegenstand nämlich nicht zum Streitgegenstand.

>(so im Ergebnis auch Stein/Jonas, § 3 Rd.Ziff. 62 Stichwort „Vergleich")

Verkehrswert

Bedeutsam im Rahmen des § 6
s. Stichwort „Besitz", Rd.Ziff. 11 ff.

Verlustigkeitsbeschluß

s. Stichwort „Zurücknahme des Rechtsmittels"

Vermächtnis

§ 2174 BGB
s. Stichwort „Erbrechtliche Streitigkeiten", Rd.Ziff. 19

Vermieterpfandrecht

§ 559 BGB, § 6 S. 1 und 2
Klagt der Vermieter gegen den Mieter unter Berufung auf sein Vermieterpfandrecht nach § 559 BGB auf Zurücklassung oder Zurückschaffung von eingebrachten Sachen, bestimmt sich der Streitwert gemäß § 6 nach dem Wert der Forderung aus dem Mietverhältnis (Satz 1) oder dem geringeren Wert der Sachen (Satz 2).

>(Hillach/Rohs, S. 211; vgl. allgemein auch Stichwort „Pfandrecht")

Für die Zuständigkeit des Gerichts kommt es allerdings auf diesen Wert nicht an, soweit die Voraussetzungen des § 23 Ziff. 2 a GVG gegeben sind.

Vermögensübernahme

Klagt der Gläubiger gegen den Übernehmer eines Vermögens (§ 419 BGB), richtet sich der Streitwert nach allgemeinen Grundsätzen, so z. B. bei einer bezifferten Leistungsklage gemäß § 6 S. 1 nach dem Nennbetrag der Forderung ohne Zinsen und Kosten (vgl. Stichworte „Bezifferter Leistungsantrag" und „Nebenforderungen"). Auf die Größe der Haftungsmasse kommt es nicht an; § 6 S. 2 findet keine Anwendung (Hillach/Rohs, S. 118).

Vermögensverzeichnis

Es gelten dieselben Grundsätze wie bei einem Auskunfts- oder Rechnungslegungsverlangen, d. h. der Streitwert bestimmt sich gemäß § 3 nach dem Interesse des Klägers, das mit einem Bruchteil des dahinterstehenden Leistungsanspruchs zu bewerten ist; legt der Beklagte ein Rechtsmittel gegen seine Verurteilung zur Errichtung des Vermögensverzeichnisses ein, richtet sich der Rechtsmittelstreitwert nach seinem Abwehrinteresse, u. a. an dem hierzu erforderlichen Aufwand.

    (Stein/Jonas, § 3 Rd.Ziff. 45 Stichwort „Errichtung eines Vermögensverzeichnisses; vgl. näher oben Stichworte „Auskunft" und „Stufenklage")

Verpächterpfandrecht

§ 592 BGB, § 6 S. 1 und 2
s. Stichwort „Vermieterpfandrecht"

Versicherungsschutz

Wird auf **Leistung** der Versicherungssumme geklagt, ist der Streitwert gemäß § 6 (§ 12 I GKG) nach dem bezifferten Antrag zu bemessen (Schneider, Streitwert, Rd.Ziff. 4751). Auf die Berechtigung der Ansprüche des Verletzten kommt es in der Regel nicht an; etwas anderes kann nur bei völlig illusionären Forderungen gelten.   1

    (Schneider, Streitwert, Rd.Ziff. 4755; vgl. auch Stichwort „Deckungsprozeß", Rd.Ziff. 5 ff. zum Gegenstand des Deckungsprozesses)

Bei einer Klage auf **Feststellung** des Bestehens eines Versicherungsvertrages ist der Streitwert nach § 3 zu schätzen. Dabei ist das Interesse des Klägers zugrunde zu legen, wobei für den Versicherer die zu zahlenden Prämien maßgeblich sind; für den Versicherungsnehmer kommt es auf die Möglichkeit an, die Versicherungsleistung zu erlangen (Stein/Jonas, § 3 Rd.Ziff. 62). Bei der positiven Feststellungsklage ist ein Abschlag, und zwar in der Regel von 20% zu machen, auch wenn grundsätzlich anzunehmen ist, daß die Versicherung aufgrund eines Feststellungstitels leisten wird (vgl. Stichwort „Feststellungsklage", insbesondere Rd.Ziff. 2).   2

Wird ein **Krankenhaustagegeld** geltend gemacht, ist § 3 anzuwenden.   3

    (Hartmann, Anh. I § 12 GKG Stichwort „Versicherungsschutz"; Stein/Jonas, § 3 Rd.Ziff. 62 Stichwort „Versicherung")

Bei einer Versicherung auf **Todesfallrisiko** gilt § 3, wobei die Grundsätze des § 6 mit berücksichtigt werden können, soweit die Versicherung Sicherungszwecken dient.   4

    (Hartmann, Anh. I § 12 GKG Stichwort „Versicherung", c; Stein/Jonas, § 3 Rd.Ziff. 62 Stichwort „Versicherung"; Schneider, Streitwert, Rd.Ziff. 4763)

Wird auf Abschluß eines **Haftpflichtversicherungsvertrages** geklagt, ist der Streitwert nach § 3 zu schätzen; bei Geltendmachung der Versicherungssumme bemißt sich der Streitwert gemäß § 6 nach dem bezifferten Antrag.   5

Für den **Deckungsprozeß**, bei dem es sich um eine Feststellungsklage handelt (vgl. hierzu näher Stichwort „Deckungsprozeß"), gelten folgende Besonderheiten:
Soweit es im Deckungsprozeß um **wiederkehrende Leistungen** geht (vgl. hierzu allgemein Stichwort „Wiederkehrende Leistungen"),   6

    Beispiel:
    Geldrente nach § 843 BGB

sind die Grundsätze des § 9 im Rahmen des § 3 zu berücksichtigen; § 17 II S.1 GKG findet nur bei einem Direktanspruch gemäß § 3 Pflichtversicherungsgesetz Anwendung, während diese Vorschrift im übrigen im Deckungsprozeß wegen § 17 S. 2 GKG nicht gilt.

    (vgl. näher Stichworte „Deckungsprozeß", Rd.Ziff. 3 und „Wiederkehrende Leistungen", Rd.Ziff. 33)

Versorgungsausgleich

Versorgungsausgleich

I. Allgemeines

1 Der Versorgungsausgleich (§§ 1587 ff. BGB) gehört nach § 621 I Ziff. 6 zu den Familiensachen, für die das Familiengericht **ausschließlich zuständig** ist. Der Versorgungsausgleich gehört zur freiwilligen Gerichtsbarkeit. Nach § 623 I kann er jedoch als Folgesache im Verbund mit dem Scheidungsverfahren stehen. Dann gilt die Sonderregelung des § 17 a GKG für den Gebührenstreitwert im Hinblick auf die Verfahren nach §§ 1587 b, 1587 g BGB, während bei einem isolierten Verfahren § 99 III KostO anwendbar ist; das folgt aus § 19 a S. 1 GKG, wonach die Scheidungssache und die Folgesachen im Verbund als ein Verfahren gelten und daher das GKG maßgeblich ist.

(vgl. hierzu im einzelnen Stichwort „Folgesachen")

II. Besonderheiten zum Gebührenstreitwert

1. § 17 a GKG

2 Bei der **Übertragung und Begründung von Rentenanwartschaften** nach § 1587 b BGB durch das Familiengericht ist der Jahresbetrag der Rente maßgeblich, die den zu übertragenden oder zu begründenden Rentenanwartschaften entspricht; der Mindeststreitwert beträgt 1000,– DM (§ 17 a Ziff. 1 GKG).

Der Jahresbetrag der Geldrente, mindestens aber 1000,– DM, ist auch maßgeblich, wenn es um die Ausgleichsrente nach § 1587 g BGB im Falle eines schuldrechtlichen Versorgungsausgleichs geht.

3 Entscheidend für den Jahresbetrag und damit für den Streitwert ist das **Ergebnis des Prüfungsverfahrens,** ohne daß es darauf ankommt, ob das Verfahren viel Arbeit gemacht, oder ob die Parteien sich über Grund oder Höhe des Versorgungsausgleichs streiten.

(OLG Stuttgart, FamRZ 80, 467; OLG Hamm, Rpfleger 81, 207; FamRZ 86, 1117; OLG Saarbrücken JurBüro 91, 835; Hartmann, § 17 a GKG Anm. 2 A; Schneider, Streitwert, Rd.Ziff. 4800, 4802, 4817)

4 Wird der Scheidungsantrag zurückgenommen oder abgewiesen, bevor es zu einer Regelung über den Versorgungsausgleich kommt, kann der **Mindestwert von 1000,– DM** angenommen werden, wenn keine Anhaltspunkte für eine abweichende Berechnung gegeben sind (OLG Hamm, Rpfleger 81, 207; Hartmann, § 17 a GKG, Anm. 2 A; Schneider, Streitwert, Rd.Ziff. 4809 ff.). Ansonsten müßte nämlich allein wegen der Festsetzung des Streitwerts der Versorgungsausgleich berechnet werden, was sich mitunter schwierig gestaltet. Hat das Gericht jedoch bereits Unterlagen und sonstige Schätzungsgrundlagen zur Verfügung, muß zumindest zur Festlegung des Streitwertes eine überschlägige Berechnung erfolgen.

(OLG Zweibrücken, JurBüro 86, 1387; Schneider, Streitwert, Rd.Ziff. 4811 ff.)

5 Streiten die Parteien nur über einen ganz **geringfügigen Betrag,**

Beispiel:
10,– DM

ist gleichwohl der Mindeststreitwert anzusetzen.

(OLG Karlsruhe, AnwBl. 83, 524; Hartmann, § 17 a GKG Anm. 2 A; Schneider, Streitwert, Rd.Ziff. 4816)

6 Im Verbundverfahren ist für den Versorgungsausgleich kein Wert anzusetzen (§ 19 a S. 1 GKG), wenn **keine Anhaltspunkte** dafür bestehen, daß während der Ehezeit Anwartschaften oder Aussichten auf eine Versorgung erworben worden sind; eine entsprechende Klarstellung des Gerichts stellt keine Entscheidung über die Folgesache dar.

(OLG Düsseldorf, JurBüro 80, 735; OLG Bamberg, JurBüro 87, 254; Schneider, Streitwert, Rd.Ziff. 4819 ff.)

Versorgungsausgleich

Ein Verfahren über den Versorgungsausgleich findet jedoch statt, wenn die Eheleute den Versorgungsausgleich durch Ehevertrag ausgeschlossen haben und dies mit ihnen im Verhandlungstermin erörtert wird.

(KG, JurBüro 88, 228; Hartmann, § 17a GKG Anm. 3; Schneider, Streitwert, Rd.Ziff. 4823)

Wird der Versorgungsausgleich wegen **gesetzlicher Rentenanwartschaften** und wegen **Zusatzversorgungen** durchgeführt, ist ein einheitlicher Streitwert nach dem zwölffachen Monatsbetrag aller zu übertragenden Anwartschaften festzusetzen. 7

(OLG Köln, JurBüro 84, 1549; Schneider, Streitwert, Rd.Ziff. 4806)

Wird ein **Vergleich** geschlossen, richtet sich der Streitwert für den Vergleich nach dem Vergleichsgegenstand, nicht nach dem Vergleichsinhalt. 8

(vgl. Stichwort „Vergleich", Rd.Ziff. 3 f.)

Daher ist bei einer vergleichsweisen Verpflichtung zum Neuabschluß einer Risikolebensversicherung der Jahresbetrag der gewollten Versorgungsleistung, nicht hingegen der Wert der Lebensversicherung anzusetzen.

(OLG Saarbrücken, JurBüro 80, 1704; Schneider, Streitwert, Rd.Ziff. 4804 f.)

Der Vergleichswert beträgt aus denselben Gründen mindestens 1000,– DM, auch wenn der Vergleichsinhalt geringwertiger ist.

(OLG Karlsruhe, AnwBl. 83, 524; Schneider, Streitwert, Rd.Ziff. 4816)

Bezieht sich der Vergleich nur auf einen Teilpunkt,

Beispiel:
nur auf die Zusatzversicherung und nicht auch auf die gesetzliche Rentenanwartschaft (vgl. Rd.Ziff. 7)

berechnet sich der Vergleichswert auch nur nach diesem Teilpunkt.

(OLG Köln, JurBüro 84, 1549; Schneider, Streitwert, Rd.Ziff. 4807)

2. § 99 III KostO

§ 99 III Ziff. 1 und 2 KostO sind mit § 17a Ziff. 1 und 2 GKG vergleichbar, so daß auf die Ausführungen, Rd.Ziff. 2–8, Bezug genommen werden kann. 9

Unter den Voraussetzungen des § 1587l BGB kann der anspruchsberechtigte Ehegatte wegen seiner künftigen Ausgleichsansprüche eine **Abfindung** verlangen. Maßgeblich für den Geschäftswert ist nach § 99 III Ziff. 3 KostO der Jahresbetrag der Geldrente, die durch die Abfindungssumme abgegolten werden soll, mindestens jedoch 1000,– DM. Daher gelten auch insoweit dieselben Grundsätze (vgl. Rd.Ziff. 2–8). 10

Im Verfahren nach § 53e III FGG zur Neufestsetzung des zu leistenden Betrages beträgt der Geschäftswert nach § 99 III Ziff. 4 KostO 200,– DM. 11

III. Besonderheiten im Rechtsmittelverfahren

Der Mindestwert des § 17a GKG (1000,– DM) gilt auch in der Rechtsmittelinstanz (OLG Frankfurt/Main, JurBüro 89, 136). 12

Im übrigen finden die allgemeinen Grundsätze (vgl. Stichwort „Rechtsmittel") Anwendung, so daß es darauf ankommt, in welchem Umfang die Anfechtung erfolgt (Schneider, Streitwert, Rd.Ziff. 4827 ff.).

Verteilungsverfahren

Verteilungsverfahren

1 Für das Verteilungsverfahren nach §§ 872 ff. ist zwischen den Gerichtskosten und den Anwaltskosten zu unterscheiden. Der Wert für die **Anwaltskosten** wird gemäß § 60 II BRAGO durch den Betrag der Forderung oder aber durch den zu verteilenden Geldbetrag bestimmt, wenn dieser geringer ist. Zur Bewertung der Forderung werden neben dem Kapital Zinsen und Kosten, und zwar auch die der Zwangsvollstreckung sowie des Verteilungsverfahrens berücksichtigt; bei dem zu verteilenden Geldbetrag sind die Kosten der Gläubiger nicht abzuziehen.

(Hillach/Rohs, S. 331; Schneider, Streitwert, Rd.Ziff. 4863 ff.)

2 Der Streitwert für die **Gerichtskosten** richtet sich nach der Teilungsmasse abzüglich der eventuell zugunsten des Schuldners verbleibenden Überschusses; nach unserer Ansicht bleiben gemäß § 4, § 22 GKG **Zinsen** und Kosten unberücksichtigt; die **Kosten** sind gemäß § 874 II aus dem Bestand der Teilungsmasse vorweg zu entnehmen.

(Hartmann, Anh. I § 12 GKG Stichwort „Verteilungsverfahren"; a. A. bezüglich der Kosten; Hillach/Rohs, S. 330; Zöller, § 3 Rd.Ziff. 16 Stichwort „Verteilungsverfahren", a. A. bezüglich der Kosten; vgl. allgemein zu den Zinsen und Kosten Stichwort „Nebenforderungen")

3 Finden **mehrere Verteilungstermine** statt,

Beispiel:
Laufende Bezüge werden nach den jeweiligen Terminen neu hinterlegt.

handelt es sich streitwertmäßig um ein Verfahren, bei dem die einzelnen Verteilungsmassen addiert werden müssen (Hillach/Rohs, S. 330).

4 Der Streitwert für eine **Widerspruchsklage gemäß § 878** richtet sich nach § 3. Maßgeblich ist das Interesse des Klägers, daß seine Forderung vor der Forderung des (der) Beklagten befriedigt wird, d. h. also der Mehrbetrag, der im Fall des Obsiegens ihm zugute kommt.

(OLG Bamberg, JurBüro 91, 1691; Hillach/Rohs, S. 331; Schneider, Streitwert, Rd.Ziff. 4867)

5 Bezüglich der Besonderheiten bei der **Zwangsvollstreckung** wird auf das Stichwort dort Bezug genommen.

Verweisung

1 Wird der Rechtsstreit **vom Amtsgericht an das Landgericht** verwiesen, weil das Amtsgericht wegen des Streitwertes die sachliche Zuständigkeit des Landgerichts annimmt, tritt für das Landgericht die Bindungswirkung gemäß § 281 II S. 2 ein. Das bedeutet, daß das Landgericht die Zuständigkeit des Amtsgerichts auch nicht unter einem anderen rechtlichen Gesichtspunkt erneut überprüfen kann.

(BGH, NJW 68, 351; OLG Frankfurt, FamRZ 88, 734; Baumbach/Lauterbach/Albers/Hartmann, § 281 Anm. 3 B a)

Für den **Zuständigkeitsstreitwert** folgt daraus, daß das Landgericht den für seine sachliche Zuständigkeit nach §§ 23 Ziff. 1, 71 I GVG erforderlichen Streitwert nicht unterschreiten darf; im übrigen ist aber das Landgericht im Hinblick auf den Streitwert, insbesondere den Gebührenstreitwert, nicht gebunden (so wohl auch OLG Nürnberg, JurBüro 60, 168; Schneider, Streitwert, Rd.Ziff. 4893).

Dasselbe gilt auch bei einer Verweisung im umgekehrten Fall.

2 Wird der Rechtsstreit vom Amts- oder Landgericht an das **Arbeitsgericht** verwiesen, ist für den gesamten Rechtsstreit nur die Wertfestsetzung des Arbeitsgerichts maßgebend; die eventuell zuvor erfolgte Streitwertfestsetzung durch das Amts- oder Landgericht hat keine Bedeutung; dasselbe gilt im umgekehrten Fall.

(Hillach/Rohs, S. 428; Schneider, Streitwert, Rd.Ziff. 4895)

Vollstreckungsabwehrklage

Für die **Zuständigkeit** kommt es auf den Streitwert nicht an, da nach §§ 767 I, 802 unabhängig davon das Prozeßgericht zuständig ist. Im übrigen gilt folgendes:
Der Streitwert für eine Vollstreckungsabwehrklage nach § 767 bestimmt sich gemäß § 3 nach dem **Wert des zu vollstreckenden Anspruchs,** allerdings nur in dem Umfang, in dem die Unzulässigkeit der Zwangsvollstreckung begehrt wird.

(BGH, NJW-RR 88, 444; NJW-RR 92, 190; OLG Köln, Rpfleger 76, 138; OLG Bamberg, JurBüro 84, 1398; Hartmann, Anh. I § 12 Stichwort „Vollstreckungsabwehrklage"; Hillach/Rohs, S. 321; Schneider, Streitwert, Rd.Ziff. 4907; Stein/Jonas, § 3 Rd.Ziff. 62 Stichwort „Vollstreckungsgegenklage"; Zöller, § 3 Rd.Ziff. 16 Stichwort „Vollstreckungsabwehrklage")

Allein aus der Streitwertangabe in der Klageschrift kann nicht entnommen werden, daß nur für einen Teil des Titels die Klage nach § 767 erhoben werden soll; vielmehr müssen hierfür zusätzliche Anhaltspunkte in dem Klageantrag oder der Klagebegründung vorhanden sein (OLG Hamm, Rpfleger 91, 387).

Auf den **Umfang** bereits eingeleiteter **Vollstreckungsmaßnahmen** kommt es bei der Streitwertfestsetzung nicht an (Schneider, Streitwert, Rd.Ziff. 4909).
Das gilt auch dann, wenn der Schuldner in **Vermögensverfall** geraten ist und sein aktuelles Interesse nur darin besteht, keine eidesstattliche Versicherung nach § 807 abgeben zu müssen.

(BGH, NJW-RR 88, 444; Hartmann, Anh. I § 12 GKG Stichwort „Vollstreckungsabwehrklage"; Hillach/Rohs, S. 321; a. A. Schneider, Streitwert, Rd.Ziff. 4910, der einen Abschlag bei nicht beitreibbaren Forderungen machen will)

Allein der Umstand, daß unstreitig **teilweise Erfüllung** eingetreten ist oder daß der Gläubiger nur wegen eines Teils der titulierten Forderung vollstrecken will, reicht zur Reduzierung des Streitwertes nicht aus; wenn allerdings der Kläger eindeutig – wenn auch eventuell konkludent – nur wegen eines Teils der titulierten Forderung die Unzulässigkeit der Zwangsvollstreckung beantragt, ist auch nur dieser Teil für den Streitwert maßgeblich.

(OLG Köln, Rpfleger, 76, 138; OLG Bamberg, JurBüro 84, 1398; OLG Hamm, JurBüro 88, 1078; Hillach/Rohs, S. 321; Schneider, Streitwert, Rd.Ziff. 4911; Zöller, § 3 Rd.Ziff. 16 Stichwort „Vollstreckungsabwehrklage"; a. A. OLG Koblenz, VersR 88, 1304 – Abzug)

Bei einer **Teilerfüllung** ist darüber hinaus zu beachten, daß nach § 367 BGB grundsätzlich zunächst eine Anrechnung auf die Kosten und Zinsen erfolgt.

Wird lediglich über die **Fälligkeit** der titulierten Forderung gestritten und die Unzulässigkeit der Vollstreckung nur für eine bestimmte Zeit begehrt, ist das Abwehrinteresse des Klägers, d. h. sein Interesse an einer späteren Erfüllung, nach § 3 maßgeblich; dieses ist nicht mit dem Wert der titulierten Forderung identisch, sondern beträgt einen Bruchteil hiervon.

(Hartmann, Anh. I § 12 GKG Stichwort „Vollstreckungsabwehrklage"; Hillach/Rohs, S. 322; Schneider, Streitwert, Rd.Ziff. 4913; Zöller, § 3 Rd.Ziff. 16 Stichwort „Vollstreckungsabwehrklage")

Bei der **Bewertung der titulierten Forderung** gelten die allgemeinen Grundsätze, so daß auf die betreffenden Stichworte Bezug genommen werden kann. So bleiben z. B. gemäß § 4, § 22 GKG **Zinsen** und **Kosten** des Vorprozesses grundsätzlich außer Ansatz, es sei denn, es geht ausschließlich nur noch um diese Positionen.

(BGH, NJW 68, 1275; OLG Hamm, JurBüro 90, 649; OLG Karlsruhe, AnwBl. 91, 590; Hartmann, Anh. I § 12 GKG Stichwort „Vollstreckungsabwehrklage"; Hillach/Rohs, S. 322; Schneider, Streitwert, Rd.Ziff. 4908; Stein/Jonas, § 3 Rd.Ziff. 62 Stichwort „Vollstreckungsabwehrklage"; Zöller, § 3 Rd.Ziff. 16 Stichwort „Vollstreckungsabwehrklage"; vgl. auch oben Stichwort „Nebenforderungen")

Bei **wiederkehrenden Leistungen** (vgl. unten Stichwort) sind § 9, § 17 GKG zu beachten, so daß z. B. bei einem Titel bezüglich einer **gesetzlichen Unterhaltspflicht** für den Gebührenstreitwert § 17 I GKG, im übrigen § 9 (Rechtsmittelstreitwert) gilt.

(Hillach/Rohs, S. 323; Schneider, Streitwert, Rd.Ziff. 4914)

Vollstreckungsabwehrklage

Geht es um die Vollstreckung eines **Räumungstitels**, sind § 8, § 16 GKG zu beachten.

(vgl. Stichwort „Miete und Pacht")

6 **Maßgeblicher Zeitpunkt** für die Wertberechnung ist nach § 4 I (§ 12 I GKG) grundsätzlich die Einreichung der Klage bzw. die Einlegung des Rechtsmittels; für den Gebührenstreitwert können sich allerdings gemäß § 15 I GKG Besonderheiten ergeben, wenn der Wert am Ende der Instanz höher ist als zu Beginn.

(vgl. hierzu näher Abschnitt 1, Rd.Ziff. 32 f.)

Daraus folgt, daß der Streitwert einer Vollstreckungsgegenklage anders sein kann als der des Vorprozesses, auch wenn es um dieselbe Forderung geht. Wird z. B. **Herausgabe** einer Sache oder **Räumung** verlangt, kann nämlich zwischenzeitlich eine Wertänderung eingetreten sein.

(Hillach/Rohs, S. 324; Stein/Jonas, § 3 Rd.Ziff. 62 Stichwort „Vollstreckungsabwehrklage")

7 Wird mit der Vollstreckungsgegenklage gleichzeitig eine weitere Klage erhoben, die **wirtschaftlich** daneben **keine selbständige Bedeutung** hat, findet keine Streitwertaddition statt, d. h. die weitere Klage hat keinen Einfluß auf den Streitwert (vgl. hierzu allgemein Stichwort „Klagenhäufung", Rd.Ziff. 12 f.).

> **Beispiele:**
> – **Herausgabe** des **Schuldtitels** analog § 371 BGB
> – Schadensersatz nach § 717 II
> – Anspruch auf **Rückzahlung** beigetriebener Forderungen
> – sonstige **Rückgängigmachung** von Zwangsvollstreckungsmaßnahmen

(OLG Hamm, JurBüro 91, 1237; Hartmann, Anh. I § 12 GKG Stichwort „Vollstreckungsgegenklage"; Hillach/Rohs, S. 325; Schneider, Streitwert, Rd.Ziff. 4921, 4925; Zöller, § 3 Rd.Ziff. 16 Stichwort „Vollstreckungsabwehrklage"; vgl. auch Stichwort „Schuldtitel")

Von einer **wirtschaftlichen Identität** kann aber nicht in vollem Umfang ausgegangen werden, wenn nur wegen eines Teilbetrages die Unzulässigkeit der Zwangsvollstreckung begehrt und gleichzeitig die Herausgabe des gesamten Schuldtitels verlangt wird; hier findet teilweise eine Wertaddition statt, wobei grundsätzlich der Wert der titulierten Forderung insgesamt für den Streitwert maßgeblich ist.

(Schneider, Streitwert, Rd.Ziff. 4921, 4922; zur Bewertung von Herausgabeklagen bezüglich eines Schuldtitels allgemein Stichwort „Schuldtitel")

8 Die vorstehenden Ausführungen gelten nicht nur für Urteile, sondern auch für **alle Schuldtitel** i. S. des § 794, für die § 767 über § 795 anwendbar ist, so vor allem auch für notarielle Urkunden i. S. des § 794 I S. 1 Ziff. 5 (Hillach/Rohs, S. 325).

9 Zur einstweiligen Einstellung der Zwangsvollstreckung nach § 769 vgl. Stichwort dort.

Vollstreckungsklausel

I. Erteilung der Vollstreckungsklausel

1 Der Streitwert einer Klage auf Erteilung einer Vollstreckungsklausel nach § 731 bemißt sich gemäß § 3 nach dem Wert der zu vollstreckenden Forderung, soweit für den Titel eine Vollstreckungsklausel erteilt werden soll; allerdings ist nicht in jedem Fall der volle Wert des Anspruchs in Ansatz zu bringen, sondern nur dann, wenn es um die Vollstreckbarkeit schlechthin geht; im übrigen ist nur ein Bruchteil der Forderung maßgeblich, dessen Höhe vom Einzelfall abhängt.

(Hartmann, Anh. I § 12 GKG Stichwort „Vollstreckungsklausel"; Schneider, Streitwert, Rd.Ziff. 4933, 4934; Hillach/Rohs, S. 301; Zöller, § 3 Rd.Ziff. 16 Stichwort „Vollstreckungsklausel")

Für die **Zuständigkeit** kommt es allerdings auf den Streitwert nicht an, da nach §§ 731, 802 ausschließlich das Prozeßgericht zuständig ist.

Ebenso wie bei der Vollstreckungsabwehrklage gelten für die Bewertung der Forderung die allgemeinen Grundsätze (vgl. Stichwort, Rd.Ziff. 5), insbesondere bleiben **Zinsen** und **Kosten** des Vorprozesses außer Betracht. 2

(Hillach/Rohs, S. 301; Schneider, Streitwert, Rd.Ziff. 4935)

§ 57 II BRAGO greift nicht ein, da die Klausel eine Voraussetzung für die Zwangsvollstreckung ist, aber nicht zu ihr gehört.

Maßgeblich ist der Zeitpunkt, zu dem die Klage eingereicht oder das Rechtsmittel eingelegt wird (§ 4, § 22 GKG); eine Erhöhung des Wertes am Ende der Instanz ist für den Gebührenstreitwert gemäß § 15 I GKG von Bedeutung (vgl. hierzu allgemein Abschnitt 1, Rd.Ziff. 29 ff.); § 15 II GKG findet nach unserer Auffassung keine Anwendung, da es sich bei der Klauselerteilung noch nicht um die Zwangsvollstreckung selbst handelt. 3

(so auch Hillach/Rohs, S. 301 f.; a. A. Schneider, Streitwert, Rd.Ziff. 4936)

Die vorstehenden Ausführungen gelten auch für **Erinnerungen** (§§ 732, 576) und **Beschwerden** (§§ 11, 20 Nr. 12 RPflG) im Zusammenhang mit dem Klauselverfahren. 4

(LG Aachen, JurBüro 85, 254; Hillach/Rohs, S. 301; Schneider, Streitwert, Rd.Ziff. 4934)

Dasselbe gilt für das Verfahren auf Erteilung einer **weiteren** vollstreckbaren **Ausfertigung** (§ 733), für den Antrag auf Zulassung der **Vollstreckung zur Nachtzeit** sowie an Sonn- und Feiertagen nach § 761 und für die Erteilung des **Rechtskraft-** und des **Notfristzeugnisses** (Hillach/Rohs, S. 302). Allerdings wird hier immer nur ein Bruchteil der Forderung maßgeblich sein. 5

II. Klauselgegenklage

Gemäß § 768 kann sich der Vollstreckungsschuldner mit materiellen Einwendungen gegen die Erteilung einer qualifizierten Vollstreckungsklausel (vgl. §§ 726, 727) wenden, wobei dann § 767 I, III gilt. Auch hier bestimmt sich der Streitwert gemäß § 3 nach dem Wert der titulierten Forderung, soweit die Klauselgegenklage erhoben wird; es gelten die allgemeinen Grundsätze, insbesondere werden Nebenforderungen i. S. des § 4, § 22 GKG nicht erfaßt. 6

(vgl. Stichwort „Vollstreckungsabwehrklage", Rd.Ziff. 5)

Grundsätzlich wird der Streitwert unterhalb der titulierten Forderung festzusetzen sein, da die Vollstreckung nur zeitweise verhindert werden soll; der volle Wert ist aber dann anzusetzen, wenn gleichzeitig die materielle Anspruchsberechtigung des Gläubigers ausgeräumt werden soll.

(OLG Köln, MDR 80, 852; Hartmann, Anh. I § 12 GKG Stichwort „Vollstreckungsklausel"; Hillach/Rohs, S. 325 f.; Schneider, Streitwert, Rd.Ziff. 4930, 4931)

Für die **Zuständigkeit** kommt es auf den Streitwert nicht an, da nach §§ 768, 767 I, 802 ausschließlich das Prozeßgericht zuständig ist.

Zur **einstweiligen Einstellung** der Zwangsvollstreckung (§ 769) vergleiche Stichwort dort. 7

Vollstreckungsschutz nach §§ 765 a, 813 a ZPO

Nach § 765 a kann das Vollstreckungsgericht auf Antrag des Vollstreckungsschuldners unter den dort genannten Voraussetzungen Maßnahmen der Zwangsvollstreckung ganz oder teilweise aufheben, untersagen oder einstweilen einstellen. Entsprechendes gilt gemäß § 813 a für die Verwertung gepfändeter Sachen. Wegen der Festgebühr der Nr. 1150, 1151 KV als Anlage 1 zu § 11 I GKG hat die Wertfestsetzung nur für die Anwaltsgebühren und für die Gerichtsgebühren im Rahmen der Beschwerde eine Bedeutung. Der Wert ist gemäß 1

Vollstreckungsschutz

§ 3 nach dem Interesse des Antragstellers an der beantragten Schutzmaßnahme zu schätzen; dabei ist grundsätzlich von einem Bruchteil des Hauptsachestreitwertes, etwa ⅕, auszugehen; im Verfahren nach § 813 a ist der Unterschiedsbetrag zwischen dem gewöhnlichen Verkaufswert und dem geschätzten Versteigerungserlös maßgeblich.

(Hartmann, Anh. I § 12 GKG, Stichwort „Vollstreckungsschutz"; Hillach/Rohs, S. 310; Schneider, Streitwert, Rd.Ziff. 3126, 4948 ff.; Stein/Jonas, § 3 Rd.Ziff. 62 Stichwort „Vollstreckungsschutz"; vgl. auch Stichwort „Einstweilige Einstellung der Zwangsvollstreckung")

2 Grundsätzlich kann nicht auf § 6 abgestellt werden; etwas anderes gilt nur, wenn die Aufhebung einer Vollstreckungsmaßnahme begehrt wird.

(Schneider, Streitwert, Rd.Ziff. 4951; Stein/Jonas, § 3 Rd.Ziff. 62 Stichwort „Vollstreckungsschutz")

3 Im **Hauptsacheprozeß** bleiben Vollstreckungsschutzanträge ohne Ansatz.

(Thomas/Putzo, § 3 Stichwort „Zwangsvollstreckung")

Vorerbschaft

§§ 2100 BGB, § 3
s. Stichwort „Erbrechtliche Streitigkeiten", Rd.Ziff. 17

Vorkaufsrecht

1 Im BGB sind u. a. das **schuldrechtliche** (§§ 504 ff. BGB) und das **dingliche** Vorkaufsrecht (§§ 1094 ff. BGB) geregelt. Für den Streitwert gelten vom Ansatz her keine Unterschiede.

2 Ist das Vorkaufsrecht ausgeübt worden und wird dann auf **Herausgabe** des Gegenstandes geklagt, richtet sich der Streitwert gemäß § 6 S. 1 nach dem **Verkehrswert der Sache** oder des Rechts.

(Hartmann, Anh. I § 12 GKG Stichwort „Vorkaufsrecht"; Hillach/Rohs, S. 132; Schneider, Streitwert, Rd.Ziff. 4961; Stein/Jonas, § 3 Rd.Ziff. 62 Stichwort „Vorkaufsrecht"; Thomas/Putzo, § 3 Stichwort „Vorkaufsrecht"; Zöller, § 3 Rd.Ziff. 16 Stichwort „Vorkaufsrecht"; vgl. zur Bewertung Stichwort „Besitz", Rd.Ziff. 11 ff.)

3 Im übrigen gilt für Klagen auf Feststellung des **Bestehens** oder **Nichtbestehens** bzw. der nicht rechtzeitigen Ausübung des Vorkaufsrechts, auf **Einräumung** des Vorkaufsrechts und auf **Löschung** des eingetragenen Vorkaufsrechts § 3; der Streitwert ist nach dem Interesse des Klägers zu schätzen; dabei ist grundsätzlich ein Bruchteil des Wertes des Gegenstandes in Ansatz zu bringen, etwa ⅒ bis ½.

(Hartmann, Anh. I § 12 GKG Stichwort „Vorkaufsrecht"; Hillach/Rohs, S. 132; Schneider, Streitwert, Rd.Ziff. 4960, 4963 ff.; Stein/Jonas, § 3 Rd.Ziff. 62 Stichwort „Vorkaufsrecht"; Thomas/Putzo, § 3 Stichwort „Vorkaufsrecht")

4 Zum Vorkaufsrecht eines **Miterben** wird auf das Stichwort „Erbrechtliche Streitigkeiten", Rd.Ziff. 20, Bezug genommen.

Vormerkung

§§ 883 ff. BGB, § 3
s. Stichworte
„Auflassungsvormerkung"
„Bauhandwerkersicherungshypothek", Rd.Ziff. 3
„Nießbrauch", Rd.Ziff. 5

Vornahme

s. Stichwort „Zwangsvollstreckung zur Erwirkung von Handlungen und Unterlassungen"

Vorzugsweise Befriedigung

Bei einer Klage auf vorzugsweise Befriedigung gemäß § 805 findet § 6 entsprechende Anwendung. Zu vergleichen sind die **Forderungen** des vorzugsberechtigten Klägers und des Beklagten, jeweils gemäß § 4, § 22 GKG **ohne Zinsen** und **Kosten,** sowie der **Versteigerungserlös** einschließlich der Hinterlegungszinsen: Der geringste Betrag ist für den Streitwert maßgeblich.

(Hartmann, Anh. I § 12 GKG Stichwort „Vorzugsklage"; Hillach/Rohs, S. 330; Schneider, Streitwert, Rd.Ziff. 4982, 4983)

Wahlschulden

Bei Wahlschulden werden mehrere Leistungen in der Weise geschuldet, daß nur die eine oder die andere zu bewirken ist (vgl. § 262 BGB). 1

Wenn **vor Klageerhebung** das **Wahlrecht** wirksam ausgeübt wurde, wird auch nur die gewählte Leistung geschuldet. Dann gelten für den Streitwert keine Besonderheiten. Die gewählte und geltend gemachte Schuld ist wertbestimmend. 2

(Schneider, Streitwert, Rd.Ziff. 4989, 4992)

Soweit bei Klageerhebung das Wahlrecht nicht ausgeübt wurde, ist bei der nach § 3 (§ 12 I GKG) vorzunehmenden Schätzung ebenfalls nur eine Leistung für den Streitwert maßgeblich. Liegt das **Wahlrecht beim Schuldner** – das ist im Zweifel immer der Fall (vgl. § 262 BGB) –, ist die geringere Leistung wertbestimmend, während umgekehrt beim **Wahlrecht der Gläubiger** die höhere Leistung zugrunde zu legen ist. 3

(Hartmann, Anh. I § 12 GKG Stichwort „Wahlschuld"; Schneider, Streitwert, Rd.Ziff. 4991, 4993; Stein/Jonas, § 5 Rd.Ziff. 29; Thomas/Putzo, § 3 Stichwort „Wahlschuld"; Zöller, § 3 Rd.Ziff. 16 Stichwort „Wahlschuld")

Das folgt daraus, daß der Wahlberechtigte im Zweifel die für ihn wertmäßig günstigere Leistung wählen wird.

Besteht nur **Streit** darüber, **wem** das **Wahlrecht** zusteht, richtet sich der nach § 3 zu schätzende Streitwert nach der Differenz zwischen der höheren und der niedrigeren Leistung. 4

(Baumbach/Lauterbach/Albers/Hartmann, Anh. § 3 Stichwort „Wahlschuld"; Schneider, Streitwert, Rd.Ziff. 4994)

Bei einem **alternativen Klageantrag** und einer **alternativen Verurteilung** bleibt dem Beklagten die Wahl, welche er erbringen will. Auch hier ist die niedrigere Leistung wertbestimmend, da das Interesse des Beklagten dahin gehen wird, die für ihn wertmäßig günstigere Leistung zu erfüllen. 5

(Schneider, Streitwert, Rd.Ziff. 4996)

Die sogenannte **facultas alternativa,** d. h. die Befugnis des Schuldners, sich durch eine andere Leistung zu befreien (vgl. z. B. § 528 I S. 2 BGB), hat auf den Streitwert keine Auswirkungen; der Gläubiger kann diese andere Leistung nämlich nicht beanspruchen. 6

(Schneider, Streitwert, Rd.Ziff. 4997; Stein/Jonas, § 5 Rd.Ziff.30)

Wandelung

Wandelung

1. Wird auf Zustimmung zur Wandelung bzw. auf Vollzug der Wandelung (z. B. § 465 BGB, § 634 IV BGB) geklagt, richtet sich der Streitwert nach § 3; im Wege der Schätzung ist das Interesse des Klägers an der Rückgängigmachung des Vertrages (vgl. §§ 467, 346 ff. BGB) zu schätzen.

   (Hartmann, Anh. I § 12 GKG Stichwort „Wandelung"; Hillach/Rohs, S. 133; Schneider, Streitwert, Rd.Ziff. 4999 ff.; Stein/Jonas, § 3 Rd.Ziff. 63 Stichwort „Wandelung"; Thomas/Putzo, § 3 Stichwort „Wandelung"; Zöller, § 3 Rd.Ziff. 16 Stichwort „Wandelung")

   Das Interesse ist weder mit dem Wert der Leistung noch mit dem der Gegenleistung gleichzusetzen; abzuwägen sind vielmehr die Vor- und Nachteile, die der Kläger bei Aufrechterhaltung und bei Wandelung des Vertrages zu erwarten hat.

   (Hillach/Rohs, S. 133; Schneider, Streitwert, Rd.Ziff. 5002)

2. Wird neben dem Anspruch auf Vollzug der Wandelung auf **Rückgewähr** der bereits bewirkten Leistung (z. B. §§ 467, 346 BGB) geklagt, ist gemäß § 6 S. 1 entweder nur der Wert der Geldforderung (vgl. Stichwort „Geldforderungen") oder nur der Wert der Sache (vgl. Stichwort „Besitz", Rd.Ziff. 11 ff.) maßgebend; auf den Wert der Gegenleistung kommt es nicht an.

   (Hartmann, Anh. I § 12 GKG Stichwort „Wandelung"; Hillach/Rohs, S. 133; Stein/Jonas, § 3 Rd.Ziff. 63 Stichwort „Wandelung"; Thomas/Putzo, § 3 Stichwort „Wandelung")

   War der Vertrag nur teilweise erfüllt, ist zunächst der Anspruch auf Rückgewähr der Teilleistung bedeutsam; daneben muß das Interesse des Klägers an der Wandelung (vgl. Rd.Ziff. 1) berücksichtigt werden, soweit es über den Wert der Teilleistung hinausgeht (Hillach/Rohs, S. 133).

   Bei der Rückgewähr werden die **Vertragskosten** (z. B. § 467 S. 2 BGB) gemäß § 4 I, § 22 GKG nicht mitberücksichtigt.

   (Stein/Jonas, § 4 Rd.Ziff. 23; vgl. allgemein Stichwort „Nebenforderungen")

3. Wird die Wandelung nur **einredeweise** geltend gemacht, hat sie auf den Streitwert keinen Einfluß; § 19 III GKG findet keine Anwendung.

   (Stein/Jonas, § 3 Rd.Ziff. 59 Stichwort „Minderung"; vgl. auch Stichwort „Aufrechnung")

Wechsel

§ 6, § 3
s. Stichwort „Wertpapiere"

Werkswohnungen

– Werkdienstwohnungen: § 2 I Ziff. 3 a ArbGG
– Werkmietwohnungen: § 8, § 16 GKG
s. Stichwort „Miete und Pacht", Rd.Ziff. 6

Werkunternehmerpfandrecht

§ 647 BGB
Maßgeblich ist gemäß § 6 S. 1 und 2 der Wert der Werklohnforderung oder der geringere Wert der Sachen des Bestellers, auf das sich das Pfandrecht bezieht (vgl. allgemein Stichwort „Pfandrecht").

Werkvertrag

Wird auf **Zahlung des Werklohnes** geklagt, richtet sich der Streitwert gemäß § 6 S. 1 nach dem geforderten Betrag.   1

(Schneider, Streitwert, Rd.Ziff. 5014; Zöller, § 3 Rd.Ziff. 16 Stichwort „Werkvertrag"; siehe auch Stichwort „Geldforderungen")

Nebenforderungen bleiben unberücksichtigt, soweit es sich um solche des § 4, § 22 GKG handelt; dies gilt aber z. B. nicht für die Mehrwertsteuer.

(vgl. Stichwort „Nebenforderungen", Rd.Ziff. 2, 3)

Gegenrechte wie Mängeleinreden bleiben, abgesehen von der Hilfsaufrechnung i. S. des § 19 III GKG, unberücksichtigt (vgl. Stichwort „Aufrechnung").

Wird auf **Herstellung des Werkes** und dessen **Übergabe** geklagt, ist für den Streitwert gemäß § 6 S. 1 der Verkehrswert der Sache maßgeblich.   2

(Schneider, Streitwert, Rd.Ziff. 5; Zöller, § 3 Rd.Ziff. 16 Stichwort „Werkvertrag")

Dabei kann man sich grundsätzlich an dem vereinbarten Werklohn orientieren.

Wegen der Besonderheiten einer Klage auf **Abnahme** wird auf das entsprechende Stichwort Bezug genommen.   3

Bei einer Klage auf **Beseitigung von Mängeln** (Nachbesserung gemäß § 633 BGB) ist das Interesse des Klägers gemäß § 3 zu schätzen; maßgeblich sind dabei die Kosten, die bei Einschaltung eines Dritten für die Mängelbeseitigung aufzuwenden wären.   4

(Schneider, Streitwert, Rd.Ziff. 5017; Zöller, § 3 Rd.Ziff. 16 Stichwort „Werkvertrag")

Wird auf Zustimmung zur **Wandlung** geklagt (§§ 634 IV, 465 BGB), ist der Streitwert nach § 3 zu schätzen; maßgeblich ist das Interesse des Klägers an der Rückgängigmachung des Vertrages (vgl. näher Stichwort „Wandelung").   5

Bei einer Klage auf Zahlung des **Minderungsbetrages** (§§ 634, 472 BGB) oder auf Ersatz der **Nachbesserungskosten** (§ 633 III BGB) ist gemäß § 6 S. 1 der geforderte Betrag maßgeblich.   6

(vgl. Stichworte „Minderung", „Geldforderungen" und „Bezifferte Leistungsklage")

Nebenforderungen bleiben auch insoweit unberücksichtigt (vgl. Rd.Ziff. 1).

Wird auf die Klage auf **Nachbesserung** eine **Widerklage** auf Zahlung des restlichen Werklohnes erhoben, liegen zwei verschiedene Streitgegenstände i. S. des § 19 I GKG vor, so daß die Werte zu addieren sind.   7

(OLG Bamberg, JurBüro 85, 1212; Schneider, Streitwert, Rd.Ziff. 5020)

Wertpapiere

I. Echte Wertpapiere

Nicht einheitlich wird die Frage beantwortet, wie der Streitwert bei einer Klage auf **Herausgabe eines echten Wertpapieres** (vgl. „Besitz", Rd.Ziff. 19) zu bestimmen ist. Manche wollen den Streitwert immer nach § 3 entsprechend dem Interesse des Klägers an der Herausgabe schätzen.   1

(BGH, NJW 88, 2804 [für die Beschwer des Wechselgebers]; Hillach/Rohs, S. 368)

Nach anderer Ansicht hingegen richtet sich der Streitwert grundsätzlich gemäß § 6 S. 1 nach dem Wert des verbrieften Rechts, so nach dem Kurswert oder nach der Wechsel- bzw. Schecksumme; wenn allerdings das verbriefte Recht nicht mehr besteht, wendet diese Meinung ebenfalls § 3 an.

(BGH, NJW 89, 2755 [bei Aktien nach dem Kurswert]; Hartmann, Anh. I § 12 GKG Stichwort „Herausgabe", b; Schneider, Streitwert, Rd.Ziff. 4525, 4529, 5026 f.; Stein/Jonas, § 3 Rd.Ziff. 62 Stichworte „Wechsel", „Wertpapiere")

Wertpapiere

Wir folgen der zweiten Auffassung, da ein echtes Wertpapier, bei dem das Recht aus dem Papier dem Recht am Papier folgt, nicht anders beurteilt werden kann als eine körperliche Sache. Im übrigen ist auch nach der ersten Meinung der Wert des verbrieften Rechts, soweit es besteht, grundsätzlich für den Streitwert maßgeblich, da dieser dem Interesse des Klägers an der Herausgabe entspricht. Besteht die verbriefte Forderung nicht (mehr), steht nicht die Wertpapiereigenschaft im Vordergrund, so daß dann eine Gleichstellung mit körperlichen Sachen, die eine Anwendung des § 6 S. 1 erforderlich macht, nicht gerechtfertigt ist, hier vielmehr auf das Interesse des Klägers an der Herausgabe gemäß § 3 abgestellt werden muß.

> **Beispiel:**
> Interesse des Klägers an der Verhinderung eines Mißbrauchs

Daran wird deutlich, daß die dargestellten Meinungen in der Regel zu demselben Ergebnis führen.

2 Wird auf **Zahlung** aus dem Wechsel oder Scheck geklagt, ergeben sich gegenüber sonstigen bezifferten Leistungsklagen keine Besonderheiten (vgl. Stichwort „Bezifferte Leistungsklagen"). Maßgeblich ist nach § 6 S. 1 der Nennbetrag der Forderung, soweit sie geltend gemacht wird.

3 Wird eine **Wechselsumme** eingeklagt oder geht es um die Herausgabe eines nicht eingelösten Wechsels (vgl. Rd.Ziff. 1), bleiben gemäß § 4 II, § 12 I GKG **Zinsen**, **Kosten** und **Provisionen** i.S. der Art. 48, 49 WG unberücksichtigt.

> (Hillach/Rohs, S. 367; Schneider, Streitwert, Rd.Ziff. 4526)

Auch im übrigen sind **Zinsen** und **Kosten** gemäß § 4 I, § 22 GKG ohne Bedeutung, soweit sie als Nebenforderungen geltend gemacht werden (vgl. Stichwort „Nebenforderungen").

4 **Maßgeblicher Zeitpunkt** für die Bewertung ist gemäß § 4 I, § 12 I GKG grundsätzlich der Eingang der Klageschrift oder die Einlegung des Rechtsmittels. Das gilt auch für das Nachverfahren im Urkunds- bzw. Wechsel- oder Scheckprozeß gemäß §§ 600, 605 a.

> (Hillach/Rohs, S. 369; Schneider, Streitwert, Rd.Ziff. 4532)

Für den **Gebührenstreitwert** ist allerdings § 15 I GKG zu beachten; ist der Streitwert bei Beendigung der Instanz höher als zu Beginn,

> **Beispiel:**
> Kursänderungen

ist insgesamt der höhere Wert maßgeblich (vgl. Abschnitt 1, Rd.Ziff. 29 ff.).

II. Andere Wertpapiere

5 Soweit es sich nicht um ein echtes Wertpapier, sondern um ein sonstiges Papier handelt, bei dem das Recht am Papier dem Recht aus dem Papier folgt, richtet sich der Streitwert bei Herausgabeklagen immer gemäß § 3 nach dem Interesse des Klägers, nicht hingegen nach § 6 S. 1.

> (LG Würzburg, JurBüro 90, 108; Schneider, Streitwert, Rd.Ziff. 5032; vgl. hierzu näher Stichwort „Besitz", Rd.Ziff. 20 ff.)

Dabei bildet die bescheinigte Forderung die Obergrenze, grundsätzlich wird aber nur je nach dem Zweck des Herausgabeverlangens ein Bruchteil ihres Wertes zugrunde gelegt werden können. Auf den Papierwert kommt es nicht an.

III. Besonderheiten beim Urkunden-, Wechsel- oder Scheckprozeß

6 Grundsätzlich ist der Streitwert im **Nachverfahren** (§ 600) mit dem im **Vorverfahren** identisch, da der Rechtsstreit in derselben Instanz fortgesetzt wird und Vor- und Nachverfahren eine Einheit bilden; es ist auch derselbe Zeitpunkt maßgeblich.

> (Hillach/Rohs, S. 369; Schneider, Streitwert, Rd.Ziff. 4531; vgl. auch Rd.Ziff. 4)

Dabei ist allein entscheidend, in welchem Umfang dem Beklagten die Ausführungen seiner Rechte vorbehalten worden sind (§ 599); im Zweifel bezieht sich der Vorbehalt des **Vorbehaltsurteils** aber auf den gesamten Klageanspruch.

(Hillach/Rohs, S. 369; Schneider, Streitwert, Rd.Ziff. 4531, 4534, 4535)

Derselbe Streitwert für Vor- und Nachverfahren ist auch anzunehmen, wenn der Kläger im Nachverfahren nur wegen eines Teilbetrages Klageabweisung beantragt und im übrigen anerkennt. 7

(OLG München, MDR 87, 766; Hillach/Rohs, S. 369; Schneider, Streitwert, Rd.Ziff. 4535)

Ausnahmsweise kann der Streitwert im Vorverfahren und Nachverfahren – abgesehen von einer Klageerweiterung im Nachverfahren – unterschiedlich sein, wenn der Beklagte im Vorverfahren einen Teil des geltend gemachten Anspruchs **anerkennt** und deswegen nur hinsichtlich des Restes ein Vorbehaltsurteil ergeht. Dann ist auch nur der Restanspruch für den Streitwert im Nachverfahren maßgeblich. 8

(Hillach/Rohs, S. 369)

IV. Kraftloserklärung

Der Streitwert für das Verfahren auf Kraftloserklärung gemäß §§ 946 ff., §§ 1003 ff. bestimmt sich gemäß § 3 nach dem Interesse des Antragstellers, wobei bei echten Wertpapieren entsprechend dem Rechtsgedanken des § 6 grundsätzlich auf den Wert des verbrieften Rechts abzustellen ist, während im übrigen in der Regel ein Bruchteil des dahinterstehenden Wertes, etwa 10 bis 20% maßgeblich ist. 9

(vgl. näher oben Stichwort „Aufgebotsverfahren", insbesondere Rd.Nr. 4, 5, 8 m. w. N.)

Wettbewerb

s. Stichwort „Gewerblicher Rechtsschutz"

Widerklage

I. Zuständigkeitsstreitwert

Gemäß § 5, 2. Halbs. dürfen die Einzelwerte von Klage und Widerklage für die Ermittlung des Zuständigkeitsstreitwertes **nicht addiert** werden; vielmehr ist getrennt für die Klage und die Widerklage jeweils nach den allgemeinen Grundsätzen ein Zuständigkeitsstreitwert zu bestimmen. Ist sowohl für die Klage als auch für die Widerklage, wären beide Klagen getrennt erhoben worden, das Amtsgericht zuständig, bleibt es bei dieser Zuständigkeit, auch wenn die Summe der Ansprüche, die mit den wechselseitig erhobenen Klagen geltend gemacht werden, den Zuständigkeitsstreitwert für das Amtsgericht gemäß § 23 I GVG übersteigt. 1

> **Beispiel:**
> Klageforderung 4000,– DM
> Widerklageforderung 4500,– DM

Anders ist zu entscheiden, wenn zwar nicht die Klage, wohl aber die einen vermögensrechtlichen Anspruch betreffende Widerklage den Wert gemäß § 23 Ziff. 1 GVG übersteigt und für diese das Landgericht zuständig ist (§§ 71 I, 23 Ziff. 1 GVG).

> **Beispiel:**
> Klageforderung 4000,– DM
> Widerklageforderung 8000,– DM

Dann hat das Amtsgericht, wenn eine Partei vor weiterer Verhandlung zur Hauptsache einen entsprechenden Antrag stellt, sich durch Beschluß für unzuständig zu erklären und

Widerklage

den Rechtsstreit gemäß § 506 insgesamt, also unter Einschluß der Klage, an das zuständige Landgericht zu verweisen. Allerdings kann auch das Amtsgericht durch Vereinbarung der Parteien zuständig werden.

(Zöller, § 33 Rd.Ziff. 12)

Wird kein Verweisungsantrag gestellt und auch keine Zuständigkeitsvereinbarung getroffen, ist die Widerklage wegen Unzuständigkeit abzuweisen.

(Zöller, § 33 Rd.Ziff. 12)

Wird in einem landgerichtlichen Verfahren eine Widerklage erhoben, die isoliert wegen ihres Streitwertes vor dem Amtsgericht zu verhandeln wäre, so bleibt das Landgericht zuständig.

Beispiel:
Klageforderung	10 000,– DM
Widerklageforderung	1 000,– DM

Das Landgericht ist in diesen Fällen auch für die Widerklage zuständig, wofür neben einem Umkehrschluß aus § 506 I auch die Regelung des § 10 spricht.

(Thomas/Putzo, § 33 Anm. 4 b; Zöller, § 33 Rd.Ziff. 12)

2 Soweit mit der Klage oder der Widerklage **mehrere Ansprüche** geltend gemacht werden, gilt jeweils für die betreffende Klage das Additionsverbot des § 5 a. E. nicht; es ist innerhalb der Klage oder Widerklage der Streitwert durch eine Addition zu ermitteln (Schneider, Streitwert, Rd.Ziff. 2620).

II. Rechtsmittelstreitwert

3 Sind beide Parteien Rechtsmittelführer, weil Klage und Widerklage keinen Erfolg hatten, ist die Beschwer und damit auch der Wert des Beschwerdegegenstandes getrennt für jede Partei zu ermitteln (Schneider, Streitwert, Rd.Ziff. 3696; Zöller, § 5 Rd.Ziff. 6). Dies ergibt sich aber auch ohne § 5 am Ende, weil die Beschwer für jeden Rechtsmittelführer festzustellen ist.

4 Ist nur eine Partei beschwert,

Beispiel:
Die Klage wird abgewiesen, der Widerklage wird stattgegeben oder umgekehrt

gilt § 5 a. E. nicht für die Rechtsmittelinstanz (Zöller, § 5 Rd.Ziff. 2; Schneider, MDR 88, 271; a. A. LG Gießen, NJW 85, 870; LG Aachen, MDR 87, 853; LG Tübingen, NJW-RR 92, 119). Unterliegt eine Partei mit der Klage und der Widerklage, sind für die Frage der Beschwer beide Werte zusammenzurechnen. Soweit die Partei in der Rolle des Beklagten ist und unterliegt, kommt es nämlich, unabhängig von den Streitwertregelungen, auf die materielle Beschwer an (vgl. Abschnitt 1, Rd.Ziff. 21 ff.), so daß § 5 a. E. einer Addition nicht entgegenstehen kann.

III. Gebührenstreitwert

5 Nach § 19 I S. 1 GKG sind die Gebühren nach dem „einfachen Wert" des Gegenstandes zu berechnen, wenn Klage und Widerklage, die nicht in getrennten Prozessen verhandelt werden, **denselben Streitgegenstand** betreffen; soweit dies nicht der Fall ist, sind die Gegenstände nach § 19 I S. 2 GKG zusammenzurechnen. Der einfache Wert bedeutet den höheren Wert von Klage oder Widerklage (Schneider, Streitwert, Rd.Ziff. 2637).

Der zweigliedrige Streitgegenstandsbegriff, nach dem der Streitgegenstand anhand des Klageantrags und des zur Begründung vorgetragenen Lebenssachverhalts zu bestimmen ist,

(vgl. hierzu näher Anders/Gehle, Rd.Ziff. 393 ff., insbesondere 395)

Widerklage

gilt im Rahmen des § 19 I GKG nicht, weil danach wegen der unterschiedlichen Anträge (= unterschiedliche Antragsteller) danach grundsätzlich immer verschiedene Streitgegenstände anzunehmen wären.

Maßgeblich ist vielmehr die bereits vom Reichsgericht entwickelte Abgrenzungsformel, wonach ein und derselbe Streitgegenstand dann vorliegt, „wenn die beiderseitigen Ansprüche einander ausschließen, dergestalt, daß die Zuerkennung des einen Anspruchs notwendig die Aberkennung des anderen bedingt. Verschiedenheit der Streitgegenstände ist dagegen dann gegeben, wenn die mehreren Ansprüche nebeneinander bestehen können, so daß das Gericht unter Umständen beiden Ansprüchen stattgeben kann."

(RGZ 145, 164 [166]; BGHZ 43, 331; OLG Celle, KoRspr. § 19 GKG Nr. 90; Schneider, Streitwert, Rd.Ziff. 2625 f.)

Beispiele: 6
Derselbe Streitgegenstand, keine Zusammenrechnung (§ 19 I S. 1 GKG)
1. Der Kläger klagt auf Kaufpreiszahlung in Höhe von 5000,– DM. Der Beklagte begehrt widerklagend die Feststellung, daß der Kaufvertrag nichtig sei.
2. Der Kläger hat gegen den Beklagten einen Vollstreckungsbescheid erwirkt und aus diesem bereits vollstreckt. In der auf Einspruch des Beklagten anberaumten mündlichen Verhandlung beantragt dieser widerklagend, den Kläger zur Rückzahlung des erlangten Geldbetrages zu verurteilen (BGHZ 38, 237).
3. Die Parteien beantragen mit der Klage und Widerklage jeweils die Verurteilung des Gegners zur Auszahlung desselben Spargutbabens oder des hinterlegten Betrages.
(OLG Düsseldorf, JurBüro 84, 1868; Schneider, Streitwert, Rd.Ziff. 2654)
4. Der Klage auf Herausgabe des Kraftfahrzeugbriefes begegnet der Verkäufer mit einer Widerklage auf Herausgabe des nichtbezahlten Kraftfahrzeuges; hier liegt ein Streit über den Eigentumsübergang der Kaufsache vor.
(KG, Rpfleger 62, 120; Hillach/Rohs, S. 178; Schneider, Streitwert, Rd.Ziff. 2652)
5. Auf einen Schuldschein gestützte Zahlungsklage und Widerklage auf Herausgabe des Schuldscheines (Hillach/Rohs, S. 178); desgleichen für vollstreckbare Urkunden (OLG Celle, JurBüro 90, 1036).
6. Klage auf Löschung einer Auflassungsvormerkung hinsichtlich eines Erbbaurechts und Widerklage auf Eintragung als Erbbauberechtigten (OLG Nürnberg, JurBüro 92, 52).

Unterschiedlicher Streitgegenstand, Zusammenrechnung (§ 19 I 2 GKG)
1. Der Kläger verlangt von dem Beklagten Mietzahlung. Widerklagend begehrt der Beklagte Zahlung von Schadensersatz, da die Mieträume feucht und daher seine Möbel aus dem Leim gegangen seien.
2. Der Klage auf erhöhende Abänderung eines Unterhaltstitels wird eine Widerklage auf Herabsetzung des titulierten Betrages entgegengesetzt (vgl. Stichwort „Abänderungsklage", Rd.Ziff. 11).
Hier betreffen die Klagen verschiedene Teile des materiellen Anspruchs, so daß die Werte zusammenzurechnen sind.
(OLG Karlsruhe, AnwBl. 84, 203; Schneider, Streitwert, Rd.Ziff. 2627)
3. Nach Abschluß des Werkvertrages begehren der Kläger die Rückzahlung der Anzahlung und der Beklagte im Wege der Widerklage den Restwerklohn.
(OLG Bamberg, JurBüro 85, 1212; Schneider, Streitwert, Rd.Ziff. 2628)
4. Klage und Widerklage der Beteiligten an einem Verkehrsunfall auf wechselseitigen Schadensersatz (OLG Köln, JurBüro 90, 241).
5. Klage auf Herausgabe einer Sache, Widerklage auf Zahlung von Werklohn für auf diese Sache erbrachte Arbeiten (OLG Hamm, Rpfleger 90, 40).

Die Gegenstände von Klage und Widerklage sind u. U. nur teilweise identisch. Dann gilt 7
das Additionsverbot des § 5 am Ende, soweit eine solche Identität besteht.

Beispiel:
Der Kläger klagt auf Kaufpreiszahlung in Höhe von 5000,– DM. Der Beklagte begehrt widerklagend die Feststellung, daß der Kaufvertrag nichtig sei. Er behauptet, der Kläger habe

Widerklage

geäußert, bei Wirksamkeit des Vertrages stünden ihm weitere Ansprüche in Höhe von 10 000,- DM zu.

Dann beläuft sich der Wert der Feststellungsklage auf 10 000,- DM. Der Einzelwert der Klage darf indes nicht hinzugerechnet werden, da insoweit Identität der beiden Streitgegenstände gegeben ist. Der Streitwert beträgt demnach 10 000,- DM, da immer auf den höheren Wert von Klage oder Widerklage abzustellen ist.

8   Eine **Hilfswiderklage** kann sich nach h. M. gemäß § 19 I 2 GKG nur dann auf den Streitwert auswirken, wenn der Eventualfall eintritt; denn ansonsten entfällt rückwirkend die Rechtshängigkeit der Hilfswiderklage.

(KG, JurBüro 85, 915; OLG Düsseldorf, JurBüro 87, 401; OLG Hamm, JurBüro 89, 1004; OLG Köln, JurBüro 90, 246; a. A. Schneider, MDR 88, 462, der § 19 III GKG anwendet; vgl. auch Teil B, Rd.Ziff. 554)

Wird die Hilfswiderklageforderung in einen Vergleich einbezogen, findet eine Wertaddition jedoch statt (OLG Braunschweig, JurBüro 90, 912).

Widerruf

§ 12 II, III GKG
s. Stichworte
„Ehrkränkende Äußerungen"
„Nichtvermögensrechtliche Streitigkeiten"

Widerspruch gegen die Unrichtigkeit des Grundbuches

1   Um einen gutgläubigen Erwerb oder einen gutgläubigen lastenfreien Erwerb eines Grundstückes bis zur Durchsetzung eines Grundbuchberichtigungsanspruchs nach § 894 BGB zu verhindern, kann im Weg der einstweiligen Verfügung (vgl. hierzu allgemein Stichwort „Einstweilige Verfügung") ein Widerspruch ins Grundbuch eingetragen werden. Der Streitwert für ein solches Verfahren richtet sich gemäß § 20 I GKG nach § 3, d. h. nach dem Interesse des Antragstellers an der **Eintragung** eines solchen **Widerspruchs.**

(Hillach/Rohs, S. 197; Schneider, Streitwert, Rd.Ziff. 5046; Thomas/Putzo, § 3, Stichwort „Widerspruch"; Zöller, § 3 Rd.Ziff. 16 Stichwort „Widerspruch")

Geht es um die Eigentümerstellung, ist Anhaltspunkt für die Bewertung der **Verkehrswert** des Grundstückes.

(vgl. Stichwort „Besitz", Rd.Ziff. 11 ff., insbesondere Rd.Ziff. 23 ff. und „Eigentum", Rd.Ziff. 2)

Jedoch wird grundsätzlich der Wert des einstweiligen Verfügungsverfahrens – wie auch in allen anderen Fällen (vgl. Stichwort „Einstweilige Verfügung", Rd.Ziff. 2, 4 ff.) – hinter dem Verkehrswert, d. h. dem Wert der Hauptsache (vgl. Stichwort „Grundstück", Rd.Ziff. 6) zurückbleiben, da es sich bei der Eintragung des Widerspruchs lediglich um eine vorübergehende Regelung handelt (Hillach/Rohs, S. 197). Je größer jedoch die Gefahr des Rechtsverlustes ist, desto mehr wird sich der Wert des Widerspruchsverfahrens dem Verkehrswert annähern oder sogar mit ihm im Einzelfall identisch sein.

(Hillach/Rohs, S. 197; Schneider, Streitwert, Rd.Ziff. 5050)

Entsprechendes gilt, wenn es sich um ein Recht an einem Grundstück handelt. Der Wert des dinglichen Rechtes (= Hauptsachewert) bildet die Obergrenze. In der Regel wird der Wert des einstweiligen Verfügungsverfahrens dahinter zurückbleiben.

2   Der Streitwert für eine Klage auf **Löschung eines Widerspruchs** ist ebenfalls gemäß § 3 nach dem Interesse des Klägers an der Beseitigung zu schätzen; dieser Streitwert ist gering anzusetzen, wenn die Löschung lediglich eine formale Bedeutung hat.

Beispiel:
Die Unbegründetheit des Widerspruchs steht aufgrund eines rechtskräftigen Urteils fest. – Die gesicherte Forderung ist erloschen.

Der Streitwert wird sich hingegen dem Verkehrswert des Grundstückes annähern, wenn dem Kläger erst durch den Widerspruch die Verfügungsmöglichkeit über das Grundstück genommen ist.

(Hillach/Rohs, S. 198; Schneider, Streitwert, Rd.Ziff. 5047; Thomas/Putzo, § 3 Stichwort „Widerspruch")

Widerspruchsklage

I. § 771 ZPO

Gemäß § 771 kann sich ein Dritter im Rahmen einer sogenannten **Drittwiderspruchsklage** unter Berufung auf ein die Veräußerung hindernden Rechts an dem Vollstreckungsgegenstand gegen eine bestimmte Vollstreckungsmaßnahme wenden.

Für den Streitwert gilt § 6, da es um das Pfändungspfandrecht geht (vgl. Stichwort „Pfandrecht", Rd.Ziff. 3 und Stichwort „Pfändungspfandrecht"); maßgebend ist die Höhe der **Forderung,** für die vollstreckt wird, oder der Wert des **Pfändungsgegenstandes,** in den vollstreckt wird, soweit dieser Wert geringer ist; auf den Wert des die Veräußerung hindernden Rechts kommt es nicht an.

(BGH, WM 83, 246; Hartmann, Anh. I § 12 GKG Stichwort „Widerspruchsklage"; Hillach/Rohs, S. 326 f.; Schneider, Streitwert, Rd.Ziff. 978, 979; Stein/Jonas, § 3 Rd.Ziff. 44 Stichwort „Drittwiderspruchsklage"; Zöller, § 3 Rd.Ziff. 16 Stichwort „Widerspruchsklage")

Die **Bewertung** der Forderung und des Pfändungsgegenstandes erfolgt nach allgemeinen Grundsätzen (vgl. hierzu Stichwort „Pfandrecht", Rd.Ziff. 2 m. w. N.).

So kommt es bei der **Forderung** grundsätzlich auf ihren **Nennbetrag** und nicht auf ihren wirtschaftlichen Wert an. Allerdings ist auch bei der Drittwiderspruchsklage der **maßgebliche Zeitpunkt** grundsätzlich der Zeitpunkt der Einreichung der Klage bzw. Einlegung des Rechtsmittels,

(vgl. § 4, § 12 I GKG, § 15 I – s. Abschnitt 1, Rd.Ziff. 29 ff.)

so daß Zahlungen bis zu dem maßgeblichen Zeitpunkt in Abzug zu bringen sind.

(Hillach/Rohs, S. 317; Schneider, Streitwert, Rd.Ziff. 979, 981)

Zinsen und **Kosten** bleiben gemäß § 4, § 22 GKG grundsätzlich unberücksichtigt.

(BGH, WM 83, 246; Hillach/Rohs, S. 327; Schneider, Streitwert, Rd.Ziff. 998; vgl. auch Stichworte „Nebenforderungen" und „Pfandrecht", Rd.Ziff. 2 [zu § 57 II S. 1 BRAGO])

Für die Bewertung des Pfändungsgegenstandes ist sein **Verkehrswert,** nicht hingegen der voraussichtliche Versteigerungserlös maßgebend (Hillach/Rohs, S. 327; Schneider, Streitwert, Rd.Ziff. 981; zum Verkehrswert allgemein vgl. oben Stichwort „Besitz", Rd.Ziff. 11 ff.). **Vorgehende Pfandrechte** sind dabei nicht in Abzug zu bringen (Hillach/Rohs, S. 328).

Richtet sich die Drittwiderspruchsklage gegen **mehrere Pfändungen desselben Gläubigers wegen derselben Forderung,** ist diese nur einmal zu berücksichtigen; ihr Wert ist dem Verkehrswert aller Vollstreckungsgegenstände gegenüberzustellen (§ 6 S. 2).

(Hillach/Rohs, S. 329; Schneider, Streitwert, Rd.Ziff. 980)

Wenn hingegen in derselben Ausgangssituation **wegen verschiedener Forderungen** vollstreckt wird, muß auch der Wert aller Forderungen addiert und dem Verkehrswert aller Pfandstücke gegenübergestellt werden.

(Hillach/Rohs, S. 329)

Widerspruchsklage

6 Richtet sich die Drittwiderspruchsklage gegen **mehrere vollstreckende Gläubiger** wegen verschiedener Forderungen, sind folgende Situationen zu unterscheiden: Wird in **demselben Gegenstand** vollstreckt, richten sich die Gerichtskosten gemäß § 6 S. 1 nach der Summe der Forderungen, wegen der vollstreckt wird, oder gemäß § 6 S. 2 nach dem Verkehrswert des Vollstreckungsgegenstandes, wenn dieser geringer ist; dasselbe gilt unter Berücksichtigung der Besonderheiten des § 6 BRAGO für die Anwaltsgebühren, falls die beklagten Streitgenossen denselben Anwalt haben; ansonsten muß jeder Anwalt entsprechend der Beteiligung seiner Partei unter Berücksichtigung der jeweiligen Forderung abrechnen.

(OLG München, JurBüro 89, 848; Hillach/Rohs, S. 329; Schneider, Streitwert, Rd.Ziff. 990 ff.; Zöller, § 3 Rd.Ziff. 16 Stichwort „Widerspruchsklage")

Bei der Vollstreckung in **verschiedene Gegenstände** sind jeweils die Werte aller Forderungen und aller Gegenstände zu addieren; die geringere Summe ist als Streitwert maßgeblich für die Gerichtskosten und die Anwaltskosten auch der Beklagten, falls diese einen Anwalt haben; ansonsten ist der Streitwert für jeden Beklagten gesondert nach § 6 unter Berücksichtigung der jeweiligen Forderung und des jeweiligen Gegenstandes zu ermitteln, und nach diesen Streitwerten sind die jeweiligen Anwaltskosten der Beklagten zu berechnen.

(Hillach/Rohs, S. 329; Schneider, Streitwert, Rd.Ziff. 994)

7 Entsprechendes gilt, wenn mehrere Kläger Drittwiderspruchsklage erheben.

8 Wegen der einstweiligen Einstellung der Zwangsvollstreckung wird auf das Stichwort Bezug genommen.

II. § 773 ZPO

9 Nach § 773 kann der Nacherbe bei Vollstreckung in einen Gegenstand, der zu einer Vorerbschaft gehört, unter bestimmten Voraussetzungen eine Widerspruchsklage erheben. Der Streitwert für eine solche Klage bestimmt sich nach dem vollen Wert der Sache

(so auch Hillach/Rohs, S. 260, 328; Hartmann, Anh. I § 12 GKG Stichwort „Widerspruchsklage")

und nicht nur nach dem Anteil des klagenden Erben.

(so Zöller, § 3 Rd.Ziff. 16 Stichwort „Widerspruchsklage")

Diese Klage kommt nämlich allen Erben zugute, und es handelt sich auch um ein Recht, das jedem zusteht.

(vgl. allgemein Stichwort „Erbrecht")

III. § 180 ZVG

10 Bei einer Klage, mit der geltend gemacht wird, es fehle an einem Recht, die Aufhebung der Gemeinschaft an einem Grundstück durch Zwangsversteigerung nach § 180 ZVG zu bewirken, handelt es sich um eine Widerspruchsklage analog § 771. Der Streitwert bemißt sich aber nicht nach § 6, insbesondere nicht nach dem Wert des Grundstückes, sondern gemäß § 3 nach dem Interesse des Klägers, den Bestand der Miteigentümergemeinschaft zu erhalten; dabei kann es in erster Linie darum gehen, eine Verschleuderung des Grundstückes zu verhindern; dann wird in der Regel ein Bruchteil des Grundstückswertes anzusetzen sein; im Einzelfall ist auch der Wert des Miteigentumsanteils in vollem Umfang ohne Berücksichtigung des Versteigerungserlöses in Ansatz zu bringen.

(OLG Bamberg, JurBüro 91, 1694; Hillach/Rohs, S. 328; Schneider, Streitwert, Rd.Ziff. 987 bis 989; Zöller, § 3 Rd.Ziff. 16 Stichwort „Teilungsversteigerung"; a. A. wohl Hartmann, Anh. I § 12 GKG Stichwort „Widerspruchsklage")

IV. § 878 ZPO

11 Insoweit wird auf das Stichwort „Verteilungsverfahren", Rd.Ziff. 4 Bezug genommen.

Wiederaufnahmeverfahren

Sowohl bei der Nichtigkeitsklage nach § 579 als auch bei der Restitutionsklage nach § 580 geht es um die Wiederaufnahme des Verfahrens und um die Beseitigung des rechtskräftigen Endurteils. Deshalb entspricht der Streitwert dem des zu beseitigenden Urteils; Zinsen und Kosten werden nach § 4, § 22 GKG nicht berücksichtigt.

(BGH, AnwBl. 78, 260; Hillach/Rohs, S. 300; Schneider, Streitwert, Rd.Ziff. 3916; Stein/Jonas, § 3 Rd.Ziff. 54 Stichwort „Nichtigkeitsklage")

Wiederkaufsrecht

§ 3, § 6
s. Stichwort „Vorkaufsrecht"

Wiederkehrende Leistungen

I. Allgemeines

Bei wiederkehrenden Nutzungen und Leistungen gilt grundsätzlich § 9 für alle Streitwertarten, und zwar auch für den Gebührenstreitwert über § 12 I GKG. Nur soweit die Voraussetzungen der §§ 17, 17 a, 20 II GKG erfüllt sind, greifen für den Gebührenstreitwert diese Sonderregelungen ein. **1**

Unter **wiederkehrenden Nutzungen** (§ 100 BGB) oder **Leistungen** (§ 241 BGB) versteht man solche, die auf einem einheitlichen Rechtsgrund beruhen und in wenigstens annähernd gleichmäßigen und regelmäßigen Abständen wiederkehren. **2**

(Baumbach/Lauterbach/Albers/Hartmann, § 9 Anm. 2 A; Stein/Jonas, § 9 Rd.Ziff. 1; Hartmann, § 17 GKG Anm. 4 A; Schneider, Streitwert, Rd.Ziff. 5058 ff.; Thomas/Putzo, § 9 Anm. 1 b; Wieczorek, § 9 Rd.Anm. A I c, A I c 1; vgl. auch Stichwort „Abänderungsklage", Rd.Ziff. 1)

Hierzu gehören wiederkehrende bezifferte Ansprüche, die nach Zeitabschnitten berechnet werden, ferner ununterbrochene Nutzungen sowie unregelmäßige, nur gelegentlich wiederkehrende Leistungen (Zöller, § 3 Rd.Ziff. 16 Stichwort „Wiederkehrende Leistungen").

Beispiele für wiederkehrende Leistungen:
Unterhaltsansprüche, Leibrentenansprüche, Lohn-, Vergütungs- und Gehaltsansprüche, Ruhegelder, Renten (auch nach Deliktsrecht), Pensionen, Reallasten, Erbbauzinsen, Altenteilansprüche.

(BGH, NJW 81, 2466; OLG München, JurBüro 77, 1003; OLG Frankfurt/Main, Rpfleger 82, 157; Baumbach/Lauterbach/Albers/Hartmann, § 9 Anm. 1 B, 2 A; Stein/Jonas, § 9 Rd.Ziff. 2 m. w. N.; vgl. auch Stichwort „Abänderungsklage", Rd.Ziff. 1)

Nicht zu den wiederkehrenden Leistungen zählen Titel auf **Kapitalabfindung** statt einer Rente.

(Hartmann, § 17 GKG Anm. 4)

II. Zuständigkeitsstreitwert

1. Allgemeines

Soweit sich die sachliche Zuständigkeit von Amts- und Landgericht nach dem Streitwert richtet, §§ 23 Nr. 1, 71 I GVG, und keine besonderen Zuständigkeitsregeln gelten, **3**

Beispiel:
Bestimmte Mietstreitigkeiten i. S. des § 23 Nr. 2 GVG

gilt für den Zuständigkeitsstreitwert § 9.

Wiederkehrende Leistungen

2. Anwendungsbereich

4 Unerheblich ist für den Anwendungsbereich dieser Vorschrift der **Rechtsgrund.**
(Stein/Jonas, § 9 Rd.Ziff.2; Wieczorek, § 9 Rd.Anm. A II)

5 Allerdings muß das Recht selbst geltend gemacht werden (Stein/Jonas, § 9 Rd.Ziff. 9). Deshalb wird von § 9 nicht unmittelbar die Klage eines Dritten auf **Befreiung** von einer wiederkehrenden **Verbindlichkeit** erfaßt.
(BGH, NJW 74, 2128; Stein/Jonas, § 9 Rd.Ziff. 5)

Die in einem solchen Fall vorzunehmende Schätzung nach § 3 (vgl. Stichwort „Befreiung von einer Verbindlichkeit") muß sich allerdings an § 9 orientieren.

6 Werden nur **einzelne Leistungen** geltend gemacht,

Beispiel:
Einzelne künftig fällig werdende Raten

ist ebenfalls das Recht nicht selbst betroffen. § 9 findet deshalb keine Anwendung. Vielmehr bemißt sich der Streitwert dann nach dem Wert der Einzelleistung.
(Stein/Jonas, § 9 Rd.Ziff. 6; Wieczorek, § 9 Rd.Anm. A III a)

7 Bei einer **Feststellungsklage** bezüglich wiederkehrender Nutzungen und Leistungen gelten die schon allgemein dargestellten Grundsätze (vgl. Stichwort „Feststellungsklage", insbesondere Rd.Ziff. 3, 15); soweit es sich um eine **negative** Feststellungsklage handelt, ist grundsätzlich, wie auch in allen anderen Fällen, der volle nach § 9 zu berechnende Betrag anzusetzen. Bei einer **positiven** Feststellungsklage ist hingegen von dem nach § 9 zu ermittelnden Betrag ein Abschlag zu machen, da im Falle des Obsiegens kein Vollstreckungstitel erlangt wird; in der Regel dürfte ein **Abschlag** von 20% sachgerecht sein, so daß hier das 10fache bzw. das 20fache des einjährigen Bezuges anzusetzen ist.
(BGH, VersR 68, 278; OLG Hamm, AnwBl. 77, 111; Schneider, Streitwert, Rd.Ziff. 5068; Stein/Jonas, § 9 Rd.Ziff. 5; Zöller, § 3 Rd.Ziff. 16 Stichwort „Rente"; a. A. Wieczorek, § 9 Rd.Anm. A II c)

8 Aus den Zeitbestimmungen des § 9 folgt, daß der Gesetzgeber von Rechten ausgegangen ist, die ihrer Natur nach eine Dauer von mindestens 12½ Jahren haben können. Eine Prognose über die Laufzeit ist bei § 9 im Einzelfall nicht zu stellen. Wenn jedoch aufgrund der **Natur des Rechts** von vornherein feststeht, daß es bei weitem **keine Dauer von 12½ Jahren** hat,

Beispiele:
Verzugszinsen, Überbrückungsgelder, Internatskosten

halten wir § 9 nicht für anwendbar; hier ist vielmehr der Streitwert nach § 3 unter Einbeziehung der voraussichtlichen Laufzeit zu bestimmen.
(BGHZ 36, 147; Baumbach/Lauterbach/Albers/Hartmann, § 9 Anm. 2 A; Schneider, Streitwert, Rd.Ziff. 5066; Stein/Jonas, § 9 Rd.Ziff. 3)

9 Hiervon zu unterscheiden ist die bestrittene Frage, ob § 9 bei Rentenansprüchen **Hochbetagter** zugrunde zu legen ist. Aus der Natur des Rechts ergeben sich keine Bedenken, da ein Rentenanspruch ohne weiteres eine Laufzeit von 12½ Jahren haben kann. Hier geht es vielmehr um die Person des Bezugsberechtigten selbst. Wir schließen uns der Meinung an, nach der bei Hochbetagten, d. h. ab einem Lebensalter von 75 Jahren, der Rechtsgedanke des § 24 II KostO zu berücksichtigen ist.
(vgl. im einzelnen Stichwort „Abänderungsklage", Rd.Ziff. 4; vgl. hierzu ferner BGHZ 9, 176; BGH, NJW 62, 1248; OLG Karlsruhe, JurBüro 88, 1551; OLG Nürnberg, JurBüro 92, 50; Schneider, Streitwert, Rd.Ziff. 3883 ff., insbesondere 3893, sowie 5067; Stein/Jonas, § 9 Rd.Ziff. 8, insbesondere Fn. 32; Wieczorek, § 9 Rd.Anm. B II b 1 [der wohl eine andere Ansicht vertritt]; Zöller, § 3 Rd.Ziff. 16 Stichwort „Rentenansprüche")

3. Berechnung

§ 9 geht von einem einjährigen Bezug aus. Bei **schwankenden Beträgen** ist der höchste Jahresbezug zugrunde zu legen (BGH, MDR 66, 321; Baumbach/Lauterbach/Albers/Hartmann, § 9 Anm. 1 C; Thomas/Putzo, § 9 Anm. 2 a). Das setzt allerdings voraus, daß die betreffenden Beträge streitig sind; ansonsten ist auf die streitigen **Höchstbeträge** abzustellen (BGH, NJW 53, 104).

10

§ 9 unterscheidet zwischen drei Fällen, nämlich:
1. Der Wegfall des Bezugsrechts ist gewiß, der Zeitpunkt des Wegfalls aber ungewiß (§ 9 S. 1, 1. Alternative = 12½facher Jahresbetrag).
2. Der Wegfall des Bezugsrechts ist ungewiß, die **Dauer** daher **unbeschränkt** (§ 9 S. 1, 2. Alternative, 1. Variante = 25facher Jahresbetrag).
3. Der Wegfall und der Zeitpunkt des Wegfalls sind bestimmt (= gewiß) (§ 9 S. 1, 2. Alternative, 2. Variante = Gesamtbetrag der künftigen Bezüge, begrenzt auf das 25fache des Jahresbetrags).

Maßgeblich für die Prüfung der einzelnen Voraussetzungen ist nach § 4 I der Zeitpunkt der Klageeinreichung bzw. der Einlegung des Rechtsmittels. Veränderungen während der Instanz

11

Beispiel:
Tod des Bezugsberechtigten

haben keine Auswirkungen (Stein/Jonas, § 9 Rd.Ziff. 8). Zu den einzelnen Fällen gilt folgendes:

Für den Streitwert ist der **zwölfeinhalbfache Jahresbetrag** zu berechnen, wenn der **Wegfall** des Rechts **gewiß**, der **Zeitpunkt** des Wegfalls aber **ungewiß** ist (§ 9 S. 1, 1. Alt.). Hierzu zählen alle Ansprüche, die an das **Leben** einer Person geknüpft sind. Auf die wahrscheinliche Lebensdauer kommt es grundsätzlich nicht an; etwas anderes gilt nach unserer Auffassung nur bei **Hochbetagten** (vgl. Rd.Ziff. 9 m.w.N.) Die Berechnung nach dem 12½fachen Jahresbetrag erfolgt auch, wenn getrennt lebende Ehegatten einen Unterhalt bis zur Wiederherstellung der ehelichen Lebensgemeinschaft vereinbaren.

12

(Stein/Jonas, § 9 Rd.Ziff. 8; Wieczorek, § 9 Rd.Anm. B I a)

Dasselbe gilt für Unterhaltszahlungen bis zur wirtschaftlichen Selbständigkeit der Kinder.

(Wieczorek, § 9 Rd.Anm. B I a)

Der **fünfundzwanzigfache Jahresbetrag** ist zugrunde zu legen, wenn der Wegfall des Bezugsrechts **ungewiß**, die Dauer daher unbeschränkt ist (§ 9 S. 1, 2. Alt., 1. Variante).

13

Beispiele:
Reallasten, Notwegrenten, Überbaurenten (Stein/Jonas, § 9 Rd.Ziff. 9; Wieczorek, § 9 Rd.Anm. B I b).

Hierzu zählen auch diejenigen Rechte, die wegfallen können, deren Wegfall aber ungewiß ist. Wegen des eindeutigen Wortlautes des Gesetzes ist nach unserer Auffassung in diesen Fällen nicht ein Mittelwert maßgeblich.

(so Stein/Jonas, § 9 Rd.Ziff. 9; a. A. Wieczorek, § 9 Rd.Anm. B I c)

Der **Gesamtbetrag** der künftigen Bezüge, begrenzt allerdings auf das 25fache des Jahresbetrages, ist bei bestimmter Dauer des Rechts bedeutsam (§ 9 S. 1, 2. Alt., 2. Variante). Auf die tatsächliche Laufzeit kommt es nicht an, es sei denn, das Recht endet vor Rechtshängigkeit.

14

Beispiele:
Es werden Unterhaltszahlungen an den Kläger für 28 Jahre vereinbart, und zwar im Jahr 1985. Der Jahresbezug beträgt 10 000,– DM. 1990 wird Klage erhoben. 1991 stirbt der Kläger. Dann beträgt der Zuständigkeitsstreitwert 25 × 10 000,– DM = 250 000,– DM.

Wiederkehrende Leistungen

15 Wird nur ein **Teil des Rechts** eingeklagt und ist der andere Teil unstreitig, erfolgt die Wertberechnung auf der Grundlage des § 9 nach der Differenzmethode (Stein/Jonas, § 9 Rd.Ziff. 10 a). Dasselbe gilt für eine Abänderungsklage (vgl. Stichwort „Abänderungsklage", Rd.Ziff. 2).

4. Rückstände

16 Werden auch Rückstände neben den künftig fällig werdenden wiederkehrenden Leistungen eingeklagt, liegt ein Fall der objektiven Klagenhäufung vor. Auch wenn eine dem § 17 IV GKG (vgl. Rd.Ziff. 39) entsprechende Regelung in § 9 nicht vorhanden ist, hat nach § 5, 1. Halbs. eine Addition zu erfolgen. § 17 IV GKG gilt also entsprechend für den Zuständigkeitsstreitwert.

(BGHZ 2, 74; Schneider, Streitwert, Rd.Ziff. 5070; vgl. auch oben Stichwort „Klagenhäufung")

17 Unter **Rückständen** versteht man, wie auch durch § 17 IV GKG verdeutlicht wird, diejenigen Raten, die bei Klageeinreichung schon fällig waren. (Schneider, Streitwert, Rd.Ziff. 5071). Dabei kommt es nicht darauf an, ob die Rückstände beziffert sind (Schneider, Streitwert, Rd.Ziff. 5071). Zugrunde zu legen ist der Nennbetrag der Rückstände, auch wenn sie schwer beitreibbar sind.

(vgl. näher Rd.Ziff. 39 f. und Stichwort „Abänderungsklage", Rd.Ziff. 9 m. w. N.)

Bei Erhebung einer Stufenklage ist für die Frage der Rückstände der Eingang der Klage bei Gericht, nicht hingegen die spätere Bezifferung des Leistungsanspruchs bedeutsam (OLG Hamburg, JurBüro 90, 1336).

III. Rechtsmittelstreitwert

18 Auch der Rechtsmittelstreitwert richtet sich gemäß § 4 I nach § 9. Hier gelten gegenüber dem Zuständigkeitsstreitwert keine Besonderheiten, so daß auf die betreffenden Ausführungen Bezug genommen werden kann (vgl. Rd.Ziff. 1–17).

IV. Gebührenstreitwert

1. Allgemeines

19 Über § 12 I GKG ist auch für den Gebührenstreitwert § 9 maßgeblich, soweit nicht die Sonderregelungen der §§ 17, 17 a, 20 II GKG eingreifen. § 17 GKG gilt für gesetzliche Unterhaltspflichten (Absatz 1), bei Schadensersatzansprüchen auf Geldrenten wegen der Tötung oder Verletzung eines Menschen gemäß §§ 843, 844 BGB (Absatz 2) sowie bei wiederkehrenden Leistungen aus einem öffentlich-rechtlichen Dienst- oder Amtsverhältnis einer Dienstpflicht oder ähnlichen Tätigkeiten (Absatz 3). § 17 a GKG betrifft den Streitwert bei Verfahren über den Versorgungsausgleich. § 20 II GKG bezieht sich auf einstweilige Anordnungen nach § 620 S. 1, Nr. 4, 6, nach § 641 d oder § 620 S. 1, Nr. 7, die die Unterhaltspflicht oder die Benutzung der ehelichen Wohnung bzw. des Hausrats regeln.

20 Der Begriff „wiederkehrende Leistungen" in diesen Sonderregelungen ist genauso zu definieren wie bei § 9 (vgl. Rd.Ziff. 2). Sind die wiederkehrenden Leistungen in den einzelnen Jahren unterschiedlich hoch, ist der **höchste Jahresbezug** zu berücksichtigen (Schneider, Streitwert, Rd.Ziff. 5093; vgl. auch Rd.Ziff. 10).

21 Die Sonderregelungen des GKG gelten auch für die negative **Feststellungsklage**, während bei der positiven Feststellungsklage ein Abschlag zu machen ist, und zwar grundsätzlich von 20%.

(Schneider, Streitwert, Rd.Ziff. 5098, 5099; vgl. auch Rd.Ziff. 7 und Stichwort „Feststellungsklage", Rd.Ziff. 3, 15)

22 Wird ein einheitlicher Klageantrag auf **verschiedene Gründe** gestützt und ist nur einer von ihnen nach § 17 GKG privilegiert,

Beispiel:
Gesetzlicher und vertraglicher Unterhaltsanspruch

gilt für die gesamte Klage die Streitwertbestimmung des § 17 GKG; die Privilegierung kann nämlich nicht dadurch entfallen, daß der Anspruch doppelt begründet wird.

(Stein/Jonas, § 9 Rd.Ziff. 26)

Wird bei wiederkehrenden Leistungen ein **Abfindungsvergleich** geschlossen, ist für den Gebührenstreitwert nicht der Abfindungsbetrag maßgeblich; vielmehr richtet sich dieser nach § 17 GKG.

23

(vgl. Stichwort „Vergleich", Rd.Ziff. 13)

2. § 17 GKG

a) Gesetzlicher Unterhaltsanspruch

Nach § 17 I GKG ist bei gesetzlichen Unterhaltsansprüchen der **Jahresbetrag** der wiederkehrenden Leistung maßgeblich, es sei denn, daß der Gesamtbetrag bei Eingang der Klage geringer ist. Dann ist der geringere Betrag von Bedeutung.

24

(OLG Düsseldorf, AnwBl. 86, 405; OLG Hamm, FamRZ 87, 405; Hartmann, § 17 GKG Anm. 2 A)

Das gilt insbesondere dann, wenn der mit der Klage geltend gemachte Trennungsunterhalt infolge der Rechtskraft der Ehescheidung auf eine geringere Zeit als ein Jahr zu beschränken ist, dies gilt auch, wenn sich die Rechtskraft zum Zeitpunkt der Klageerhebung noch nicht absehen ließ, aber vor Abschluß des Rechtsstreits eintrat (OLG Düsseldorf, JurBüro 90, 1513; JurBüro 92, 51).

Im Falle des **Regelunterhalts** nach §§ 642, 642 d wird die Höhe erst später festgesetzt (§ 642 a). Deshalb bestimmt § 17 I S. 2 GKG für diese Fälle, daß der Jahresbetrag zu schätzen ist.

Unterhaltsansprüche während des **Getrenntlebens** und **nach der Scheidung** begründen zwei verschiedene Streitgegenstände, die getrennt nach § 17 I GKG zu bewerten sind; im Falle der Geltendmachung beider Ansprüche in demselben Prozeß hat eine Addition nach § 5 (§ 12 I GKG) zu erfolgen.

(BGH, FamRZ 81, 242; OLG Hamburg, FamRZ 84, 1250; OLG Hamm, FamRZ 88, 402; Schneider, Streitwert, Rd.Ziff. 4425, 4429)

§ 17 I GKG gilt nur für gesetzliche Unterhaltsansprüche, während bei **vertraglichen Ansprüchen** § 9 anzuwenden ist.

25

(Hartmann, § 17 GKG Anm. 2 A; Schneider, Streitwert, Rd.Ziff. 5074; Stein/Jonas, § 9 Rd.Ziff. 15; vgl. auch Stichwort „Abänderungsklage", Rd.Ziff. 6)

Wenn allerdings der Vertrag nur eine bereits bestehende gesetzliche Unterhaltspflicht näher regelt und über diese nicht hinausgeht, gilt § 17 I GKG (Hartmann, § 17 GKG Anm. 2 A). Wird die Grenze der gesetzlichen Unterhaltspflicht überschritten, gilt für den überschießenden Teil § 9 (Schneider, Streitwert, Rd.Ziff. 4416 f.)

Der Gebührenstreitwert richtet sich nicht nach § 9, sondern nach § 3 i. V. m. § 12 I GKG, wenn das Recht auf Unterhalt außer **Streit** ist und lediglich darüber gestritten wird, ob der Unterhalt in Natur oder durch Zahlung einer Rente zu erfolgen hat.

26

(Schneider, Streitwert, Rd.Ziff. 5077)

Etwas anderes gilt jedoch, wenn nur ein **Teil** des Unterhalts **streitig** ist, der Unterhaltsverpflichtete jedoch keine Zahlungen erbringt. Dann kann der Berechtigte den gesamten Anspruch titulieren lassen; der Gebührenstreitwert richtet sich in diesem Fall nicht nur nach dem Titulierungsinteresse, soweit der Anspruch unstreitig ist, sondern nach dem vollen Unterhaltsbetrag.

(OLG Bamberg, KostRspr. § 17 GKG Nr. 94; Schneider, Streitwert, Rd.Ziff. 4456)

Wiederkehrende Leistungen

Soweit **freiwillige Unterhaltszahlungen** erbracht werden, wollen einige bei Geltendmachung des vollen Unterhaltsbetrages den Streitwert lediglich nach einem Bruchteil des Jahresbetrages ansetzen.

(OLG Bamberg, FamRZ 86, 1144; OLG Düsseldorf, FamRZ 87, 1280: 15% als Titulierungsinteresse)

Dem folgen wir nicht. Grundsätzlich kommt es bei einer Zahlungsklage nur auf den Antrag an (vgl. Stichwort „Bezifferter Leistungsantrag"); warum dies bei Unterhaltsansprüchen anders sein soll, ist nach unserer Ansicht nicht nachvollziehbar.

(OLG Bamberg, JurBüro 89, 1604; OLG München, JurBüro 90, 1658; Schneider, Streitwert, Rd.Ziff. 4460)

Die Auslegung des Klageziels kann jedoch ergeben, daß lediglich der streitige Betrag geltend gemacht wird.

27 Nicht privilegiert nach § 17 I GKG sind **Schadensersatzansprüche** gegen einen **Rechtsanwalt**, der den Verlust eines Unterhaltsanspruchs verschuldet hat; hier geht es nämlich nicht um den privilegierten Unterhaltsanspruch, sondern um einen Schadensersatz wegen positiver Vertragsverletzung.

(BGH, JurBüro 79, 193; Schneider, Streitwert, Rd.Ziff. 5075)

28 Aus denselben Gründen wird ein Anspruch der Eltern auf Ersatz ihrer Unterhaltsaufwendungen für ein nach **fehlgeschlagener Sterilisation** geborenes Kind nicht von § 17 I GKG bewertet; vielmehr ist § 9 anzuwenden.

(BGH, NJW 81, 1318; Hartmann, § 9 ZPO [Anh. I § 12 GKG] Anm. 1 A; Schneider, Streitwert, Rd.Ziff. 5076 spricht sich für eine analoge Anwendung des § 17 I GKG aus)

29 § 17 I GKG gilt auch bei einer Klage nach § 767 gegen einen Titel über einen gesetzlichen Unterhaltsanspruch (Hartmann, § 17 GKG Anm. 2 B h).

b) Schadensersatz auf Zahlung einer Geldrente

30 Wird wegen der **Tötung** oder **Körperverletzung** eines Menschen Schadensersatz durch Zahlung einer **Geldrente** verlangt, ist nach § 17 II GKG der fünfjährige Betrag des Rentenanspruchs maßgeblich, es sei denn, daß der Gesamtbetrag geringer ist.

31 Von § 17 II GKG werden **Renten** aus §§ 843–845, 847 BGB, aus dem Straßenverkehrsgesetz, aus dem Haftpflichtgesetz und aus dem Luftverkehrsgesetz erfaßt; ferner fallen darunter Ansprüche aufgrund eines Aufopferungsschadens

Beispiel:
Impfschaden

und Rentenansprüche, die aufgrund einer entsprechenden Anwendung der genannten Vorschriften zu leisten sind (Hartmann, § 17 GKG Anm. 3 A a; Stein/Jonas, § 9 Rd.Ziff. 17).

Beispiele:
Versäumung einer dem Dienstherrn obliegenden Schutzvorrichtung (§ 618 III BGB); Verletzung der dem Unternehmer gegenüber dem Handlungsgehilfen oder Auszubildenden obliegenden Pflichten (§ 62 III HGB).

32 § 17 II GKG gilt nicht, wenn **Schadensersatzansprüche gegen** einen **Rechtsanwalt** geltend gemacht werden, weil dieser den Verlust einer unter § 17 GKG fallenden Forderung schuldhaft verursacht hat.

(BGH, JurBüro 79, 193; Hartmann, § 17 Anm. 3 b; Stein/Jonas, § 9 Rd.Ziff. 17 Fn. 44 a)

Insoweit liegt der Entstehungsgrund des Anspruchs nicht in der Tötung oder Körperverletzung eines Menschen.

Aus diesem Grund wird gemäß **§ 17 II S. 2 GKG** ein Anspruch aus einem Vertrag, der auf eine Rentenzahlung i. S. des § 17 II S. 1 GKG gerichtet ist, ausgenommen.

Beispiele:
Garantieverträge, Rentenverträge

§ 17 II S. 2 GKG gilt nach unserer Auffassung grundsätzlich auch im **Deckungsprozeß**, so daß sich der Gebührenstreitwert nicht nach § 17 II S. 1 GKG richten kann, vielmehr im Rahmen des § 3 die Grundsätze des § 9 zu berücksichtigen sind; davon ist nur bei einem **Direktanspruch** aus § 3 Nr. 1 Pflichtversicherungsgesetz eine Ausnahme zu machen, weil dann nicht das Versicherungsvertragsverhältnis im Vordergrund steht.

(vgl. hierzu näher mit Nachweisen: Stichwort „Deckungsprozeß", Rd.Ziff. 3)

c) Dienst- oder Arbeitsverhältnisse

Nach § 17 III GKG ist für den Gebührenstreitwert der **dreifache Jahresbetrag** oder der geringere Gesamtbetrag maßgeblich, wenn es sich um Ansprüche auf wiederkehrende Leistungen aus einem öffentlich-rechtlichen Dienst- oder Amtsverhältnis, aus einer Dienstpflicht, aus einer Tätigkeit anstelle einer Dienstpflicht oder aus einem Arbeitsverhältnis handelt. Im Einzelfall kann aber auch der **höhere Gesamtbetrag** bedeutsam sein, wenn das betreffende Vertragsverhältnis auf unbestimmte Zeit mit einem Kündigungsrecht abgeschlossen wird; dann ist zumindest der Zeitraum bis zur nächstmöglichen Kündigung zugrunde zu legen, auch wenn dieser mehr als drei Jahre beträgt. 33

(OLG Köln, Rpfleger 74, 164; Hartmann, § 17 GKG Anm. 4 B; Stein/Jonas, § 9 Rd.Ziff. 22)

In **arbeitsgerichtlichen Verfahren** wird § 17 III GKG durch § 12 VII S. 2 ArbGG verdrängt.

Voraussetzung für die Anwendbarkeit des § 17 III GKG ist ein auf einem Anstellungsvertrag beruhendes **Beschäftigungsverhältnis**, bei dem der in wirtschaftlicher Abhängigkeit stehende Beschäftigte für längere Dauer seine Arbeitskraft zur Verfügung stellt und nach Zeit, Ort sowie Dauer seiner Arbeiten einem Weisungsrecht unterliegt (Stein/Jonas, § 9 Rd.Ziff. 21). Das folgt aus den in § 17 III GKG genannten Dienst- und Arbeitsverhältnissen. 34

Beispiele
für die Anwendbarkeit des § 17 III GKG:
Lohn- und Gehaltsansprüche von Arbeitnehmern, unabhängig davon, ob es sich um Geld- oder Naturalleistungen handelt.
Gehalts- und Versorgungsansprüche von Beamten, Richtern, Soldaten, Zivildienstleistenden.
Hinterbliebenenansprüche.
Schadensersatzansprüche aufgrund schuldhafter Nichtabführung von Sozialversicherungsbeiträgen.
Provisionsansprüche.
(Beispiele von Hartmann, § 17 GKG Anm. 4; Stein/Jonas, § 9 Rd.Ziff. 21, 22)

Nicht unter § 17 III GKG fallen Ansprüche aus **§ 845 BGB** und aus **Aufopferung**, weil es sich nicht um Ansprüche **aus** dem Dienst- oder Arbeitsverhältnis handelt. 35
(BGH, Rpfleger, 52, 420; BGHZ 7, 335; Stein/Jonas, § 9 Rd.Ziff. 22)

Bei einem **Handelsvertreter** besteht kein Weisungsrecht nach Zeit, Ort und Dauer seiner Arbeiten, so daß hier der Gebührenstreitwert nicht nach § 17 III GKG, sondern bei wiederkehrenden Leistungen nach § 9 zu bestimmen ist. 36
(OLG München, DB 85, 645; Hartmann, § 17 GKG Anm. 4 A; Stein/Jonas, § 9 Rd.Ziff. 21, Fn. 51; vgl. hierzu oben Rd.Ziff. 10 ff.)

Dasselbe gilt auch für **Gesellschafter** einer Personenhandelsgesellschaft in leitender Stellung, soweit keine besondere Vertragsgestaltung im Sinne der vorgenannten Definition besteht (Stein/Jonas, Rd.Ziff. 21 Fn. 51). 37

Wiederkehrende Leistungen

Für Organmitglieder einer **juristischen Person** die keine Arbeitnehmer sind, gilt § 17 III GKG dann, wenn sie hinsichtlich ihrer sozialen Abhängigkeit eine arbeitnehmerähnliche Stellung innehaben; ansonsten richtet sich der Gebührenstreitwert nach § 9.

(BGH, NJW 81, 2466; Hartmann, § 17 GKG Anm. 4 A; Stein/Jonas, § 9 Rd.Ziff. 21; vgl. näher Stichwort „Organ")

d) Rückstände

38 § 17 IV GKG bestimmt ausdrücklich, daß **Rückstände** aus der Zeit vor Einreichung der Klage, d. h. die geltend gemachten Raten, die vor dieser Zeit fällig waren, dem Streitwert hinzuzurechnen sind. Das ergibt sich im übrigen auch aus dem allgemeinen Grundsätzen (vgl. Rd.Ziff. 16).

39 Entscheidender **Zeitpunkt** ist der **Eingang der Klageschrift** bei Gericht, bei einer Klageerweiterung der Zeitpunkt der Erweiterung (Hartmann, § 17 GKG Anm. 6; Zöller, § 3 Rd.Ziff. 16 Stichwort „Rückstände"). Dabei rechnet auch der Monat des Eingangs zu den Rückständen, da der Unterhalt nach §§ 1361 IV S. 2, 1585 I S. 2, 1612 III S. 1 BGB im voraus zu entrichten ist.

(streitig: so wie hier KG, MDR 91, 1205 und Schneider, Streitwert, Rd.Ziff. 3924 ff. mit Darstellung des Meinungsstreites; a. A. OLG Frankfurt, FamRZ 87, 967; OLG Schleswig, JurBüro 88, 1557).

Nicht ausreichend für den Eingang ist ein **Prozeßkostenhilfeantrag,** wenn dieser nur die Ankündigung der Klage enthält.

(OLG Frankfurt, FamRZ 87, 967; Hartmann § 17 GKG Anm. 6)

Das gilt nach unserer Auffassung auch, wenn dem Prozeßkostenhilfegesuch ein Klageentwurf beigefügt wird, der Antragsteller aber zu erkennen gibt, daß er vor Klageerhebung zunächst die Entscheidung im Prozeßkostenhilfeverfahren abwarten will.

(OLG Köln, KoRspr. § 17 GKG Nr. 113; a. A. wohl OLG Frankfurt, FamRZ 87, 967; Zöller, § 3 Rd.Ziff. 16 Stichwort „Rückstände")

Bei einer **Stufenklage** wird der noch nicht bezifferte Leistungsantrag mit Klageeinreichung anhängig, so daß die danach fällig werdenden Raten nicht als Rückstände zu bewerten sind.

(OLG Düsseldorf, JurBüro 84, 612; OLG Hamburg, JurBüro 90, 1336; Hartmann § 17 GKG Anm. 6; Zöller, § 3 Rd.Ziff. 16 Stichwort „Rückstände"; vgl. auch Stichwort „Stufenklage")

40 Für die Anwendbarkeit des § 17 IV GKG kommt es nicht darauf an, ob die Rückstände beziffert sind.

(Schneider, Streitwert, Rd.Ziff. 5071)

Zugrunde zu legen ist der Nennbetrag der Rückstände, auch wenn sie in der Regel schwer beitreibbar sind (vgl. näher Stichwort „Abänderungsklage", Rd.Ziff. 9).

3. § 17a GKG

41 § 17a GKG stimmt inhaltlich mit § 99 III Nr. 1, 2 KostO überein, so daß für den Streitwert unerheblich ist, ob sich das Verfahren nach ZPO oder nach FGG richtet.

42 Erfaßt wird von § 17a Nr. 1 GKG die Übertragung und Begründung einer Rentenanwartschaft (§ 1587b BGB). Maßgeblich ist der Jahresbetrag der Rente. Der Streitwert beträgt aber mindestens 1000,– DM (vgl. hierzu im einzelnen Stichwort „Versorgungsausgleich").

43 § 17a Nr. 2 GKG regelt den Gebührenstreitwert im Verfahren über eine Ausgleichsrente im Rahmen des schuldrechtlichen Versorgungsausgleichs (§ 1587g I BGB). Hier ist ebenfalls der Jahresbetrag maßgebend, wobei als Mindeststreitwert 1000,– DM anzusetzen sind (vgl. näher Stichwort „Versorgungsausgleich").

4. § 20 II GKG

Im einstweiligen Anordnungsverfahren (vgl. hierzu näher Stichwort „Einstweilige Anordnung") nach § 620 S. 1 Nr. 4, 6 oder nach § 641 d über die Unterhaltspflicht ist der sechsmonatige Bezug zugrunde zu legen. Hiervon nicht erfaßt wird eine Anordnung über das Getrenntleben, einen Prozeßkostenvorschuß und die Sorge für die Person der minderjährigen Kinder.

(Hartmann, § 20 GKG Anm. 2 A a, bb; Stein/Jonas § 9 Rd.Ziff. 25)

Im Verfahren nach § 620 S. 1 Nr. 7 über die Benutzung der Ehewohnung bestimmt sich der Gebührenstreitwert nach dem dreimonatigen Mietwert (vgl. hierzu näher Stichworte „Ehesachen" und „Einstweilige Anordnung").
Damit hat der Gesetzgeber ¼ des Wertes des endgültigen Verfahrens für maßgeblich angesehen.

Willenserklärung

Der Streitwert für den Antrag, den Beklagten zur Abgabe einer bestimmten Willenserklärung zu verurteilen, richtet sich grundsätzlich nach § 3 (i. V. m. § 12 I GKG). Maßgeblich ist das Interesse des Klägers an der Abgabe der Willenserklärung durch den Beklagten. Das wiederum hängt davon ab, welches Ziel mit der Erklärung bezweckt wird.

(Baumbach/Lauterbach/Albers/Hartmann, Anh. § 3 Stichwort „Willenserklärung"; Hartmann, Anh. I § 12 GKG, Stichwort „Willenserklärung"; Schneider, Streitwert, Rd.Ziff. 71; Thomas/Putzo, § 3 Anm. 2 Stichwort „Abgabe einer Willenserklärung"; Zöller, § 3 Rd.Ziff. 16 Stichwort „Willenserklärung")

Beispiele:
Klage auf Auflassung eines Grundstücks; Streitwert: Verkehrswert des Grundstückes.
Klage des persönlich haftenden Gesellschafters einer KG auf Mitwirkung des ausscheidenden Gesellschafters bei der Anmeldung zum Handelsregister; Streitwert: Interesse des Klägers an der Offenlegung der wirklichen Beteiligungsrechte nach außen = Bruchteil der Einlage.
(OLG Köln, BB 71, 1055; Schneider, Streitwert, Rd.Ziff. 74; s. auch Stichwort „Gesellschaftsrecht", Rd.Ziff. 5)
Klage auf Zustimmung zur Mietzinserhöhung; Streitwert: entweder § 16 V GKG oder Interesse des Klägers, das dem in der Regel dreijährigen Erhöhungsbetrag entspricht.
(vgl. Stichwort „Miete und Pacht", Rd.Ziff. 33 ff.)

Wohnrecht

Soweit es um ein **dingliches Wohnrecht** gemäß § 1093 BGB geht und dieses keinen mietähnlichen Charakter hat, ist der Streitwert gemäß § 3 nach dem Interesse des Klägers zu schätzen; dabei kann § 24 KostO berücksichtigt werden (vgl. Stichwort „Dienstbarkeit", Rd.Ziff. 4). Im übrigen findet § 16 GKG Anwendung (vgl. Stichwort „Miete").
Soweit das Wohnrecht Bestandteil eines **Altenteilrechts** ist (vgl. Stichwort „Reallast", Rd.Ziff. 5), gelten ebenfalls die vorstehenden Ausführungen; der Streitwert ist nach § 3 zu schätzen.

(Schneider, Streitwert, Rd.Ziff. 144; Zöller, § 3 Rd.Ziff. 16 Stichwort „Altenteil"; vgl. hierzu näher Stichwort „Reallast", Rd.Ziff. 5)

Wohnungseigentum

Wird die **Herausgabe** oder **Räumung** einer Eigentumswohnung verlangt, bestimmt sich der Streitwert gemäß § 6 (zur Anwendbarkeit vgl. Stichwort „Eigentum", Rd.Ziff. 1) nach

Wohnungseigentum

dem Verkehrswert, d. h. nach dem Wert, der sich bei einer Veräußerung erzielen läßt; § 16 GKG findet keine Anwendung, da das Wohnungseigentum kein ähnliches Nutzungsverhältnis darstellt.

(BGH, NJW 67, 2463; OLG Frankfurt, AnwBl. 84, 203; Hillach/Rohs, S. 181; Schneider, Streitwert, Rd.Ziff. 5128; vgl. auch Stichwort „Eigentum", Rd.Ziff. 4 und allgemein zu § 6 Stichwort „Besitz")

2 Dasselbe gilt für die **Auflassung** und die **Rückauflassung**.

(OLG Schleswig, Rpfleger 80, 239; OLG Karlsruhe, JurBüro 82, 1402; Schneider, Streitwert, Rd.Ziff. 1233, 5129 f.; vgl. auch Stichwort „Auflassung")

3 Bei einer Klage auf **Entziehung des Wohnungseigentums** gemäß § 18 WEG (sog. Abweisungsklage) richtet sich der Streitwert gemäß § 3 nach dem Verkehrswert der Anteile des betroffenen Wohnungseigentümers und damit ebenfalls in der Regel nach dem Verkehrswert der Eigentumswohnung.

(OLG Karlsruhe, AnwBl. 80, 255; Hillach/Rohs, S. 181; Schneider, Streitwert, Rd.Ziff. 1464 ff.)

Für **Leistungsansprüche** gelten die allgemeinen Grundsätze.

4 In Verfahren der **freiwilligen Gerichtsbarkeit** setzt der Richter gemäß § 48 II WEG den Geschäftswert nach dem Interesse der Beteiligten an der Entscheidung von Amts wegen fest. Die Frage, ob § 48 II WEG mit dem Grundgesetz in Einklang steht, ist Gegenstand eines Vorlagebeschlusses (LG Köln, WuM 89, 267 f. = NJW-RR 89, 202 f. und 778 f.).

5 Beurkundet ein **Notar** eine **Teilungserklärung** zur Begründung von Wohnungseigentum, bestimmt sich der Geschäftswert (§ 18 KostO) nach dem Verkehrswert des bebauten Grundstückes, nicht nach der Summe der Werte der Eigentumswohnungen (BayObLG, Rpfleger 92, 22).

Zahlungsklage

s. Stichwort „Bezifferter Leistungsantrag"
s. Stichwort „Gesamtschuldner", Rd.Ziff. 4

Zinsen

s. Stichwort „Bürgschaft", Rd.Ziff. 2, 3
s. Stichwort „Erbbaurecht", Rd.Ziff. 4
s. Stichwort „Hinterlegung", Rd.Ziff. 4
s. Stichwort „Konkurs", Rd.Ziff. 7, 14
s. insbesondere Stichwort „Nebenforderungen"

Zug-um-Zug-Leistung

I. Zuständigkeitsstreitwert und Gebührenstreitwert

1 Für den Zuständigkeitsstreitwert und den Gebührenstreitwert ist die Gegenleistung, wegen derer der Beklagte ein Zurückbehaltungsrecht geltend macht, grundsätzlich ohne Bedeutung. Es ist allein auf den Wert des im Klageantrag erfaßten Interesses abzustellen.

(BGH, NJW 82, 1048; Stein/Jonas, § 3 Rd.Ziff. 47, Stichwort „Gegenrechte"; Schneider, Streitwert, Rd.Ziff. 1891 ff.; Thomas/Putzo, § 3 Anm. 2, Stichwort „Zug-um-Zug-Leistung"; Zöller, § 3 Rd.Ziff. 16, Stichwort „Zug-um-Zug-Leistung")

Daraus folgt, daß bei der Ermittlung des Zuständigkeitsstreitwertes und des Gebührenstreitwertes der Wert der Gegenleistung weder ganz noch teilweise in Abzug zu bringen ist.

Besteht nur Streit über die Gegenleistung und hat diese einen wesentlich geringeren Wert als der Klageantrag, 2

Beispiel:
Herausgabeklage bezüglich eines Grundstückes, das einen Wert von 500 000,– DM hat; der Beklagte beruft sich ausschließlich auf ein Zurückbehaltungsrecht wegen einer Gegenforderung in Höhe von 500,– DM.

soll nach einer Ansicht in Analogie zu § 6 S. 2 allein die Gegenleistung für den Zuständigkeitsstreitwert und den Gebührenstreitwert von Bedeutung sein.

(RGZ 140, 358; Thomas/Putzo, § 3 Anm. 2, Stichwort „Zug-um-Zug-Leistung"; Schneider, Streitwert, Rd.Ziff. 1902 ff.; Zöller, § 3 Rd.Ziff. 16, Stichwort „Zug-um-Zug-Leistung")

Diese Ansicht teilen wir nicht und folgen der herrschenden Meinung,

(OLG Bamberg, JurBüro 78, 427; 82, 886; OLG Celle, JurBüro 77, 1137; OLG München, JurBüro 81, 892; OLG Koblenz, JurBüro 83, 916; Stein/Jonas, § 3 Rd.Ziff. 47, Stichwort „Gegenrechte")

nach der unabhängig von den Werten der Leistung und der Gegenleistung allein auf den Klageantrag abzustellen ist. Auch in anderen Fällen kommt es grundsätzlich nicht auf die Verteidigung durch den Beklagten an.

Ausnahme:
Hilfsaufrechnung mit einer streitigen Gegenforderung (vgl. § 19 III GKG; s. Stichwort „Aufrechnung")

Dies gilt selbst dann, wenn der Beklagte die Klageforderung anerkennt und sich damit überhaupt nicht verteidigt. Warum dies anders sein sollte, wenn der Beklagte sich ausschließlich mit einem Zurückbehaltungsrecht verteidigt, ist nicht ersichtlich.

II. Rechtsmittelstreitwert

Für den Rechtsmittelstreitwert kommt es auf die Beschwer an, und zwar beim Kläger auf die formelle Beschwer und beim Beklagten auf die materielle Beschwer; diese muß nicht notwendigerweise mit dem Wert des Klageantrages identisch sein. 3

(vgl. Stichwort „Rechtsmittel", Rd.Ziff. 8 und 19 f.)

Daraus ergibt sich bei Geltendmachung eines Zurückbehaltungsrechtes durch den Beklagten folgendes:

Beantragt der Kläger eine unbeschränkte Verurteilung und erfolgt nur eine Verurteilung Zug-um-Zug, ist der Kläger durch die beschränkte Verurteilung beschwert; für seine Beschwer ist auf den Wert der Gegenleistung, begrenzt durch den Wert des Klageanspruches, abzustellen.

(BGH, KostRspr. § 3 ZPO Nr. 560; Stein/Jonas, § 3 Rd.Ziff. 47, Stichwort „Gegenrechte"; Zöller, § 3 Rd.Ziff. 16 Stichwort „Zug-um-Zug-Leistung")

In derartigen Fällen ist der Beklagte in Höhe der Klageforderung beschwert. Dasselbe gilt, wenn das von dem Beklagten geltend gemachte Zurückbehaltungsrecht nicht bejaht und dieser zur uneingeschränkten Leistung verurteilt wird. Wenn jedoch im Berufungsrechtszug der Streit auf das vom Beklagten geltend gemachte Zurückbehaltungsrecht beschränkt ist, wird der Wert des Beschwerdegegenstandes durch den Wert der Gegenleistung, begrenzt durch den Wert des Klageanspruchs, bestimmt (BGH, NJW-RR 91, 1083 = JZ 91, 132*).

Zurückbehaltungsrecht

s. Stichwort „Zug-um-Zug-Leistung"

Zurücknahme des Rechtsmittels

Nimmt der Rechtsmittelkläger das Rechtsmittel zurück, hat dies den Verlust des Rechtsmittels zur Folge sowie, daß er die Kosten der Rechtsmittelinstanz zu tragen hat (§§ 515 III S. 1, 566). Diese Wirkungen sind gemäß § 515 III S. 2 auf Antrag des Gegners durch Beschluß auszusprechen.

Für den **Gebührenstreitwert** dieses Beschlusses sind die gerichtlichen und die außergerichtlichen Kosten zu ermitteln, die bis zu dem Antrag i. S. des § 515 III S. 2 in der Rechtsmittelinstanz entstanden sind.

> (BGHZ 5, 394; OLG Bamberg, JurBüro 76, 334; OLG Koblenz, JurBüro 83, 558; Baumbach/Lauterbach/Albers/Hartmann, Anh. § 3 Stichwort „Verlustigkeitsbeschluß"; Stein/Jonas, § 3 Rd.Ziff. 66 Stichwort „Zurücknahme des Rechtsmittels")

Schneider (Streitwert, Rd.Ziff. 4740 und in Zöller, § 3 Rd.Ziff. 16 Stichwort „Berufungsrücknahme") nimmt ein weitergehendes, nach § 3 zu schätzendes Kosteninteresse an, wenn neben der Kostenentscheidung auch ein sogenannter Verlustigkeitsbeschluß ergeht. Dem folgen wir nicht. Die Verlustigkeitsfeststellung bezieht sich nur auf das konkrete Rechtsmittel und schließt seine erneute Einlegung grundsätzlich nicht aus, soweit die Rechtsmittelfrist noch nicht verstrichen ist (vgl. Teil B Rd.Ziff. 620). Deshalb erscheint es sachgerecht, nur auf das Kosteninteresse abzustellen, auch wenn neben der Kostenentscheidung der weit weniger bedeutsame Verlustigkeitsbeschluß ergeht. Soweit dieser ausnahmsweise allein erlassen wird, ist ein Bruchteil des Kosteninteresses für den Streitwert anzusetzen.

Zwangsgeld

§ 888, § 3

s. Stichwort „Ordnungsgeld"
s. Stichwort „Zwangsvollstreckung zur Erwirkung von Handlungen und Unterlassungen"

Zwangsversteigerung

I. Gerichtsgebühren

1   Der Gegenstandswert, nach dem die Gerichtskosten zu berechnen sind, richtet sich nach §§ 28, 29 GKG. Die **Gebührenhöhe** ergibt sich aus Nrn. 1500 bis 1571 KV als Anlage 1 zu § 11 I.

2   Für den **Antrag** eines Gläubigers auf **Anordnung** der Zwangsversteigerung eines Grundstückes und für die Entscheidung über den **Beitritt** ist gemäß § 28 I GKG der Betrag der zu vollstreckenden Forderung, höchstens jedoch der letzte zur Zeit der Fälligkeit der Gebühr (§ 62 GKG) festgestellte Einheitswert maßgeblich. Wird der Einheitswert nicht nachgewiesen, ist gemäß § 28 I S. 3 GKG das Finanzamt um Auskunft über die Höhe des Einheitswertes nachzusuchen.

Ergibt sich eine wesentliche Abweichung des Gegenstandes des Verfahrens vom Einheitswert

> **Beispiel:**
> Dem Zwangsversteigerungsverfahren unterliegen auch Maschinen und Betriebsanlagen.

oder hat sich der Wert nach der letzten Einheitsbewertung wesentlich verändert, muß das Gericht den Wert gemäß § 28 I S. 2 GKG nach freiem Ermessen auf der Grundlage des Einheitswertes festsetzen. Insoweit darf der Verkehrswert nicht zugrunde gelegt werden (Hartmann, § 28 GKG Anm. 1 A).

Zwangsversteigerung

Bei der Bewertung der Forderung bleiben **Zinsen** und **Kosten** nach § 4, § 22 GKG grundsätzlich unberücksichtigt, es sei denn, daß sie allein geltend gemacht werden, etwa, weil die Hauptforderung noch nicht fällig ist. 3

    (LG Freiburg, Rpfleger 92, 40; Hartmann, § 28 GKG Anm. 1 A; Hillach/Rohs, S. 311; Schneider, Streitwert, Rd.Ziff. 5164; vgl. auch Stichwort „Nebenforderungen")

Wird der Antrag nur wegen eines **Teils der Forderung** gestellt, ist auch nur dieser Teil zugrunde zu legen, wenn es sich um einen nach § 10 I Ziff. 5 ZVG zu befriedigenden Anspruch handelt (§ 28 I S. 4 GKG). Daraus folgt, daß bei anderen Ansprüchen immer der volle Wert zugrunde zu legen ist, auch wenn die Zwangsversteigerung nur wegen eines Teilbetrages betrieben wird (Hartmann, § 28 Anm. 1 A). 4

Wird der Antrag **nicht vom Gläubiger** gestellt („in anderen als den in Absatz 1 bestimmten **Fällen**"), 5

    Beispiele:
    Fälle der §§ 172 ff. ZVG, so Anträge vom Miterben, Konkursverwalter oder einem gemeinschaftlich Beteiligten.

ist gemäß § 28 II ZGV die Hälfte des Einheitswertes maßgebend. Das gilt nach § 28 II S. 2 GKG auch, wenn ein Gläubiger eines Miteigentümers die Zwangsversteigerung zum Zwecke der Aufhebung der Gemeinschaft betreibt.

Für das **Verfahren im allgemeinen** bis zur Bestimmung des ersten Versteigerungstermins, für die **Bestimmung des Versteigerungstermins** und das weitere Verfahren sowie für die **Abhaltung des Versteigerungstermins** ist nach § 29 I S. 1 ZVG der nach § 74 a V ZVG zu bestimmende Verkehrswert maßgeblich. Soweit das Vollstreckungsgericht keinen Wert festgesetzt hat, ist nach § 29 I S. 2 GKG der Einheitswert maßgeblich, wobei § 28 I S. 2 und 3 GKG entsprechend gelten. 6

Die Gebühr für die **Erteilung des Zuschlags** bestimmt sich gemäß § 29 II S. 1 GKG nach dem Gebot ohne Zinsen, für das der Zuschlag erteilt worden ist, und zwar einschließlich der bestehenbleibenden Rechte (§§ 52, 74 a I S. 1 ZVG); hinzuzurechnen ist der Betrag, in dessen Höhe der Ersteher nach § 114 a ZVG als befriedigt gilt. 7

Im Falle einer **Teilungsversteigerung** nach § 180 ZVG vermindert sich der nach § 29 II S. 1 GKG errechnete Wert um den Anteil des Erstehers an dem Gegenstand des Verfahrens (§ 29 II S. 2 GKG).

Für die **Widerspruchsklage** eines Beklagten gegen die von dem (den) anderen betriebenen Zwangsversteigerung zum Zwecke der Aufhebung der Gemeinschaft analog § 771 ist der Streitwert nach § 3 zu schätzen.

    (vgl. hierzu näher Stichwort „Widerspruchsklage", Rd.Ziff. 10)

Die Gebühr für das **Verteilungsverfahren** bestimmt sich gemäß § 29 III GKG ebenfalls nach dem Gebot, für das der Zuschlag erteilt worden ist, und zwar ohne Zinsen und einschließlich des Wertes der bestehenbleibenden Rechte; der Erlös aus einer gesonderten Versteigerung oder sonstigen Verwertung gemäß § 65 ZVG wird hinzugerechnet. Anders als im Rahmen des § 29 II GKG wird der Betrag, in dessen Höhe der Ersteher nach § 114 a ZVG als aus dem Grundstück befriedigt gilt, nicht einbezogen. 8

    (Hartmann, § 29 GKG Anm. 3)

Sind mehrere Grundstücke betroffen (vgl. § 18 ZVG), von denen jeder einzelne Gegenstand eines besonderen Zwangsversteigerungsverfahrens sein könnte, ist gemäß § 29 IV ZVG der Gesamtwert aller Gebühren maßgeblich. 9

Bei Zuschlägen an verschiedene Ersteher wird gemäß § 29 V GKG die Gebühr für die Erteilung des Zuschlages von jedem Ersteher nach dem Wert der auf ihn entfallenden Gegenstände erhoben. Eine Bietergemeinschaft gilt als ein Ersteher, so daß eine einheitliche Berechnung erfolgt. 10

Zwangsversteigerung

II. Anwaltsgebühren

11 Der Gegenstandswert, nach dem die Anwaltsgebühren für eine Vertretung im Zwangsversteigerungsverfahren, auch bei der Teilungsversteigerung (LG Köln, AnwBl. 81, 75; Hartmann, § 68 BRAGO Anm. 5), zu berechnen sind, bestimmt sich nicht nach §§ 28, 29 GKG, sondern nach der Sonderregelung des § 68 III BRAGO. Daher gilt für die Wertfestsetzung auch § 10 BRAGO und nicht § 8 BRAGO. Die BRAGO unterscheidet danach, für wen der Rechtsanwalt tätig ist.

12 Erfolgt die Vertretung für einen **Gläubiger**, einen **dinglich Berechtigten** (§ 9 Ziff. 1 ZVG) oder einen **Widerspruchsberechtigten** (§ 9 Ziff. 2 ZVG), ist gemäß § 68 III Ziff. 1 BRAGO der Wert des dem Gläubiger oder dem Beteiligten nach § 9 Ziff. 1, 2 ZVG zustehenden Rechtes einschließlich der Nebenforderungen zugrunde zu legen. Wird das Versteigerungsverfahren nur wegen einer **Teilforderung** betrieben, ist der Teilbetrag maßgeblich, soweit es sich um einen Anspruch nach § 10 I Ziff. 5 ZVG handelt. Ansonsten bemißt sich der Wert nach dem vollen Betrag (Hartmann, § 68 BRAGO Anm. 3 B).

13 Bei der Vertretung eines **anderen Beteiligten**
   Beispiele:
   Schuldner, Konkursverwalter, Miterbe, Miteigentümer

bestimmt sich der Wert gemäß § 68 III Ziff. 2 BRAGO nach dem Verkehrswert des Grundstückes und im Verteilungsverfahren nach dem Erlös; bei der Mitberechtigung ist der Anteil maßgebend.

14 Bei der Vertretung eines nicht beteiligten Bieters ist gemäß § 68 III Ziff. 3 BRAGO das höchste für den Auftraggeber abgegebene Gebot, und soweit kein Gebot abgegeben wurde, der Wert des Versteigerungsobjektes bedeutsam.

III. Beschwerdeverfahren

15 Im Beschwerdeverfahren bestimmt sich der Gegenstandswert für die Anwaltsgebühren gemäß §§ 70 II, 8 I BRAGO nach dem für die Gerichtsgebühren maßgebenden Wert, so daß hier keine Unterscheidung zwischen **Gerichtsgebühren und Anwaltsgebühren** zu erfolgen hat.

16 Der Wert des Beschwerdeverfahrens ist gemäß § 3, § 12 I GKG nach dem Interesse des Beschwerdeführers zu schätzen.
   (KG, JurBüro 82, 1223; OLG Bremen, JurBüro 84, 89; Hillach/Rohs, S. 313; Schneider, Streitwert, Rd.Ziff. 5175; Stein/Jonas, § 3 Rd.Ziff. 63 Stichwort „Zwangsversteigerung"; Zöller, § 3 Rd.Ziff. 15 Stichwort „Zwangsversteigerung")

Dabei geht das Interesse des Gläubigers dahin, daß seine Forderung durchgesetzt wird, während der Schuldner um den Erhalt des Grundstückes bzw. darum bemüht sein wird, eine Verschleuderung des Grundstückes zu vermeiden (Stein/Jonas, § 3 Rd.Ziff. 63 Stichwort „Zwangsversteigerung").

Allerdings können auch andere Kriterien bedeutsam sein.
   Beispiele:
   — Beschwerde gegen den **Teilungsplan**: Interesse des Beschwerdeführers an einer Planänderung.
     (Schneider, Streitwert, Rd.Ziff. 5178)
   — Beschwerde gegen die **einstweilige Einstellung** nach §§ 30, 30 a, ZVG; § 765 a: Bruchteil der zu vollstreckenden Forderung, etwa $\frac{1}{5}$ bis $\frac{1}{3}$.
     (OLG Bamberg, JurBüro 81, 919; OLG Stuttgart, Justiz 86, 413; Schneider, Streitwert, Rd.Ziff. 5179; vgl. auch Stichwort „Einstweilige Einstellung der Zwangsvollstreckung")
   — Beschwerden gegen die **Einstellung** nach § 180 II: bei Interesse an mietfreiem Wohnen = Nutzwert der Räume für sechs Monate.
     (LG Passau, KostRspr. § 3 ZPO Nr. 798; Schneider, Streitwert, Rd.Ziff. 5181)

– Beschwerde gegen die **Verkehrsfestsetzung** nach § 74a ZVG: ⅕ der Differenz zwischen festgesetztem und angestrebtem Wert.
(OLG Celle, Rpfleger 82, 435; Zöller, § 3 Rd.Ziff. 16 Stichwort „Zwangsversteigerung"; Schneider, Streitwert, Rd.Ziff. 5182)

Zwangsverwaltung

I. Gerichtskosten

Der Gegenstandswert bestimmt sich für einen **Antrag auf Anordnung der Zwangsverwaltung** nach § 28 GKG. Soweit der Gläubiger diesen Antrag stellt, richtet sich der Streitwert nach dem Betrag der Forderung ohne Kosten und Zinsen (§ 4, § 22 GKG), höchstens jedoch nach dem letzten Einheitswert des Grundstückes; wird der Antrag von einem anderen gestellt (Fälle der §§ 172 ff. ZVG), ist die Hälfte des Einheitswertes maßgebend (vgl. hierzu näher § 28 GKG Stichwort „Zwangsversteigerung", Rd.Ziff. 1–5; § 28 GKG gilt auch für den Antrag auf Anordnung der Zwangsversteigerung).

Gemäß § 30 GKG bestimmt sich die Gebühr für die **Durchführung** des **Zwangsverwaltungsverfahrens** nach dem Gesamtwert der **Jahreseinkünfte** (Hartmann, § 30 GKG Anm. 1). Dabei entsteht die Nr.-1560-Gebühr (KV als Anlage 1 zu § 11 I GKG) in Höhe von 5/10 für jedes angefangene Jahr.

Unter Einkünften sind die Bruttoerträgnisse zu verstehen (Hartmann, § 30 GKG Anm. 1).

1

2

II. Anwaltsgebühren

Gemäß § 69 II BRAGO bestimmen sich die Anwaltsgebühren bei einer Vertretung des Antragstellers nach dem Anspruch, wegen dessen der Auftraggeber die Anordnung der Zwangsverwaltung oder die Zulassung des Beitritts beantragt. Dabei sind **Zinsen** und **Kosten** mitzuberücksichtigen.

Bei **wiederkehrenden Leistungen** ist gemäß § 69 II S. 2 BRAGO der Jahreswert maßgebend.

Bei einer **Vertretung des Schuldners** bestimmt sich der Gegenstandswert nach dem zusammengerechneten Wert aller Ansprüche, wegen deren das Verfahren beantragt ist (§ 69 II S. 2 BRAGO).

Bei einer **Vertretung eines sonstigen Beteiligten** findet § 8 II S. 2 BRAGO Anwendung (§ 69 II S. 1 am Ende BRAGO). Der Gegenstandswert ist nach billigem Ermessen zu bestimmen; soweit nicht genügend Anhaltspunkte für eine Schätzung vorliegen, ist der Gegenstandswert auf 6000,– DM, je nach Lage des Falles niedriger oder höher, jedoch nicht unter 300,– DM und nicht über eine Million DM anzunehmen.

3

4

5

III. Beschwerdeverfahren

Im Beschwerdeverfahren bestimmt sich der Gegenstandswert für die Anwaltsgebühren gemäß §§ 70 II, 8 I BRAGO nach dem für die Gerichtsgebühren maßgebenden Wert, so daß keine Unterscheidung zwischen **Gerichtsgebühren** und **Anwaltsgebühren** zu machen ist.

Ebenso wie bei der Zwangsversteigerung bestimmt sich der **Wert** des **Beschwerdeverfahrens** gemäß § 3, § 12 I GKG nach dem Interesse des Beschwerdeführers.

(vgl. hierzu näher Stichwort „Zwangsversteigerung", Rd.Ziff. 16)

6

Zwangsvollstreckung

Zwangsvollstreckung

s. Stichworte:
„Drittschuldnerklage"
„Drittwiderspruchsklage"
„Duldung der Zwangsvollstreckung"
„Durchsuchungsanordnung"
„Eidesstattliche Versicherung"
„Einstweilige Einstellung der Zwangsvollstreckung"
„Pfändungspfandrecht"
„Pfändungs- und Überweisungsbeschluß"
„Vollstreckungsabwehrklage"
„Vollstreckungsklausel"
„Vollstreckungsschutzverfahren"
„Zwangsversteigerung"
„Zwangsverwaltung"
„Zwangsvollstreckung aus rechtskräftigen Titeln"
„Zwangsvollstreckung wegen einer titulierten Geldforderung"
„Zwangsvollstreckung zur Erwirkung der Herausgabe von Sachen"
„Zwangsvollstreckung zur Erwirkung von Handlungen und Unterlassungen"

Zwangsvollstreckung aus rechtskräftigen Titeln

§ 826 BGB

Wendet sich der Kläger mit einer auf § 826 BGB gestützten Klage gegen die Zwangsvollstreckung aus einem rechtskräftigen Titel, richtet sich der Streitwert ebenso wie bei einer Klage nach § 767 ZPO (s. Stichwort „Vollstreckungsabwehrklage") nach dem Wert der titulierten Hauptforderung; die aufgelaufenen Zinsen und Kosten bleiben als Nebenforderungen i. S. des § 4 (s. Stichwort „Nebenforderungen") unberücksichtigt (BGH, NJW 68, 1275; OLG Karlsruhe, AnwBl. 91, 590).

Zwangsvollstreckung wegen einer titulierten Geldforderung

I. Körperliche Sachen und Rechte

1. Anknüpfungspunkt: Beizutreibende Geldforderung

1   Bei einer Zwangsvollstreckung wegen einer titulierten Geldforderung in körperlichen Sachen (§§ 808 ff.) oder in Forderungen und andere Vermögensrechte (§§ 828 ff.) ist grundsätzlich gemäß § 6 S. 1 (vgl. Ausnahme Rd.Ziff. 5) der **Betrag der beizutreibenden Geldforderung** maßgeblich.

    (Hillach/Rohs, S. 303; Schneider, Streitwert, Rd.Ziff. 5184; Stein/Jonas, § 3 Rd.Ziff. 62 Stichwort „Vollstreckung"; Thomas/Putzo, § 3 Stichwort „Zwangsvollstreckung"; Zöller, § 3 Rd.Ziff. 16 Stichwort „Zwangsvollstreckung")

    Wird die Zwangsvollstreckung nur wegen eines Teils der titulierten Forderung betrieben, ist auch nur dieser Teil wertbestimmend (Schneider, Streitwert, Rd.Ziff. 5194).

2   Der Streitwert hat für die **Gerichtskosten,** die für einen **Pfändungs- und Überweisungsbeschluß** (§§ 829 ff.) entstehen, keine Bedeutung, da hierfür nach Nr. 1149 KV als Anlage 1 zu § 11 I GKG eine Festgebühr anfällt. Jedoch berechnen sich die Gebühren der **Gerichtsvollzieher** nach dem Streitwert (vgl. Anlage zu § 13 I des Gesetzes über Kosten der Gerichtsvollzieher – Nr. 123 Schönfelder). Außerdem ist er für die **Anwaltsgebühren** (vgl. § 57 BRAGO) und gegebenenfalls für die Gerichtsgebühren im Beschwerdeverfahren

(vgl. Nr. 1181 KV als Anlage 1 zu § 11 I GKG) maßgeblich (Schneider, Streitwert, Rd.Ziff. 3571).

Für die Anwaltsgebühren ist in § 57 II S. 1 BRAGO bestimmt, daß grundsätzlich für den Streitwert die zu vollstreckende Geldforderung einschließlich der **Nebenforderungen** 3

> **Beispiele:**
> Kosten, Zinsen

zugrunde zu legen ist. Damit ist eine von § 4, § 22 GKG abweichende Regelung für die Nebenforderungen getroffen worden (vgl. allgemein Stichwort). Bestritten ist, ob § 57 II S. 1 BRAGO entsprechend auch für die Gerichtskosten, soweit diese bei der Zwangsvollstreckung entstehen, gilt.

> (bejahend: Schneider, Streitwert, Rd.Ziff. 5186; Stein/Jonas, § 3 Rd.Ziff. 62 Stichwort „Vollstreckung"; Thomas/Putzo, § 3 Stichwort „Zwangsvollstreckung"; a. A. Hillach/Rohs, S. 303)

Wir folgen der h. M., die § 57 II S. 1 BRAGO für entsprechend anwendbar hält und deshalb bei der Zwangsvollstreckung generell alle Nebenforderungen abweichend von § 4, § 22 GKG mit berücksichtigt. Diese bilden nämlich neben der Hauptforderung die Vollstreckungsgrundlage. Im Einzelfall sind sie sogar die alleinige Vollstreckungsgrundlage, dann nämlich, wenn die Klage wegen der Hauptforderung abgewiesen wurde und nur eine Vollstreckung wegen der Kosten und gegebenenfalls wegen zuerkannter Zinsen in Betracht kommt.

Lediglich die **Kosten des laufenden Vollstreckungsverfahrens** sind nach unserer Ansicht Nebenforderungen i. S. des § 4, § 22 GKG und müssen deshalb außer Ansatz bleiben.

> (OLG Köln, JurBüro 76, 1229; Schneider, Streitwert, Rd.Ziff. 5187; Stein/Jonas, § 3 Rd.Ziff. 62, Stichwort „Vollstreckung")

2. Maßgeblicher Zeitpunkt

Maßgeblicher Zeitpunkt für die Wertberechnung und damit auch für die Zinsen ist gemäß 4 § 15 II GKG der Zeitpunkt der die Zwangsvollstreckung einleitenden Prozeßhandlung. Dieser Zeitpunkt deckt sich nicht mit dem Beginn der Zwangsvollstreckung (vgl. §§ 750 ff.); einleitende Prozeßhandlungen i. S. des § 15 II GKG sind solche, die nach außen, jedenfalls für das Vollstreckungsorgan erkennbar, wirken; das ist immer bei Eingang eines Antrags der Fall, mit dem die Vornahme einer Vollstreckungshandlung begehrt wird.

> (Hartmann, § 15 GKG Anm. 2; Hillach/Rohs, S. 303; Schneider, Streitwert, Rd.Ziff. 5192)
>
> **Beispiele:**
> Vollstreckungsauftrag gegenüber dem Gerichtsvollzieher, Antrag auf Erlaß eines Pfändungs- und Überweisungsbeschlusses.

Wird ein Rechtsanwalt mit der Zwangsvollstreckung beauftragt, kommt es aber zu keiner einleitenden Prozeßhandlung, ist für die Rechtsanwaltsgebühren ausnahmsweise der Zeitpunkt der Auftragserteilung von Bedeutung (Hillach/Rohs, S. 303).

3. Anknüpfungspunkt: § 6 S. 2 ZPO

Grundsätzlich findet **§ 6 S. 2** keine Anwendung, d. h. es kann nicht auf den Verkehrswert 5 des Pfändungsgegenstandes (vgl. Stichwort „Besitz", Rd.Ziff. 11 ff.) abgestellt werden. Diese Vorschrift setzt nämlich ein bestehendes Pfandrecht voraus (vgl. Stichwort „Pfandrecht"), das durch die Zwangsvollstreckung erst begründet werden soll. Etwas anderes gilt jedoch, wenn die Zwangsvollstreckung von vornherein in einem bestimmten Gegenstand betrieben werden soll; das ist in § 57 II S. 2 BRAGO für die Anwaltsgebühren sogar ausdrücklich geregelt, gilt aber auch für die Gerichtsgebühren, soweit sich diese nach dem Streitwert richten (vgl. Rd.Ziff. 2); in derartigen Fällen ist für den Streitwert der Wert der beizutreibenden Geldforderung einschließlich der Nebenforderungen ohne die Zwangs-

Zwangsvollstreckung, Geldforderung

vollstreckungskosten (vgl. Rd.Ziff. 3) oder aber der Verkehrswert des Pfändungsgegenstandes maßgeblich, soweit dieser geringer ist.

(OLG Köln, KostRspr. § 3 ZPO Nr. 838; Hillach/Rohs, S. 296, 303; Schneider, Streitwert, Rd.Ziff. 3583, 3584, 5185)

Beispiele für die Anwendbarkeit des § 6 S. 2:
Pfändung einer Forderung, da diese immer bestimmt werden muß (Hillach/Rohs, S. 303; Schneider, Streitwert, Rd.Ziff. 3584); Antrag auf **anderweitige Verwertung** gemäß §§ 825, 857 V (Hillach/Rohs, S. 304; Schneider, Streitwert, Rd.Ziff. 5190); Anträge auf Umschreibung von Namenspapieren (**Namensaktien** und bestimmten **Zertifikaten**) sowie auf Wiederinkurssetzung von **Inhaberpapieren** gemäß §§ 822, 823 (Hillach/Rohs, S. 304).

Für den Zeitpunkt gilt § 15 II GKG (vgl. Rd.Ziff. 4).

6   Der **Verkehrswert** einer **körperlichen Sache** bestimmt sich nach allgemeinen Regeln (vgl. Stichworte „Besitz", Rd.Ziff. 11 ff. und „Pfandrecht").

7   Schwierigkeiten können sich für die Wertbestimmung bei Anwendbarkeit des § 6 S. 2 ergeben, wenn es um einen **Pfändungs- und Überweisungsbeschluß** geht. Das Gericht prüft bei Erlaß des Pfändungs- und Überweisungsbeschlusses nicht den Bestand der zu pfändenden Forderung; gepfändet wird auch nur die „angebliche" Forderung (OLG Bamberg, FamRZ 88, 949). Im Pfändungsbeschluß muß diese angebliche Forderung nach ihrem Gläubiger, dem Schuldner, dem Rechtsgrund, dem Dritten und dem Betrag so genau bezeichnet werden, daß der Gegenstand der Zwangsvollstreckung eindeutig festliegt; dazu genügt aber eine Bezeichnung der Forderung in allgemeinen Umrissen.

(BGHZ 86, 337; 93, 82; OLG Koblenz, Rpfleger, 88, 72)

Beispiele:
Guthaben aller Konten
Forderung aus Bohrarbeiten

Daher steht der Wert der zu pfändenden Forderung oder des sonstigen Rechts nicht immer ohne weiteres fest und muß gegebenenfalls durch das Gericht erst ermittelt werden, etwa durch Einholung von Auskünften des Schuldners oder Drittschuldners (Hillach/Rohs, S. 306). Allerdings sind im Rahmen der Streitwertfestsetzung zeitraubende und kostspielige Beweiserhebungen zu vermeiden, so daß der Wert der zu pfändenden Forderungen auch insoweit nach § 3 zu schätzen ist

(Hillach/Rohs, S. 306; Schneider, Streitwert, Rd.Ziff. 3589)

Hat der Gläubiger den Betrag der zu pfändenden Forderung genau angegeben oder geht er erkennbar von seiner vollen Befriedigung aus und liegen keine Anhaltspunkte dafür vor, daß die Forderung nicht besteht oder keinen Wert hat, sind ohne weitere Prüfung die Wertangaben des Gläubigers zugrunde zu legen; das bedeutet, daß im ersten Fall der Wert des Pfändungsgegenstandes mit dem angegebenen Betrag und im zweiten Fall mit der beizutreibenden Geldforderung identisch ist (Schneider, Streitwert, Rd.Ziff. 3586).

Hat die zu pfändende Forderung zum maßgeblichen Zeitpunkt (Rd.Ziff. 4) **wirtschaftlich keinen Wert** oder **existiert** sie überhaupt **nicht,** ist die niedrigste Wertstufe anzusetzen.

(OLG Köln, JurBüro 87, 1048; Hillach/Rohs, S. 306; Schneider, Streitwert, Rd.Ziff. 3588, 3590)

Entsprechendes gilt, wenn die gepfändete Forderung wirtschaftlich nur einen geringen Wert hat, die Zwangsvollstreckung aber wegen einer hohen Forderung betrieben wird.

Beispiel:
Wegen einer titulierten Forderung in Höhe von 250 000,– DM wird das künftig fällig werdende Arbeitseinkommen gepfändet, dessen pfändbarer Teil 25,– DM beträgt.
Das AG Freyung (MDR 85, 858) hat in einem ähnlichen Fall entsprechend § 17 III GKG, § 12 VIII S. 2 ArbGG den Wert der gepfändeten Forderung nach dem dreifachen Jahresbetrag des pfändbaren Lohnanteils bewertet, was wir für zutreffend halten (so auch Schneider, Streitwert, Rd.Ziff. 3592). Dementsprechend würde der Streitwert im Ausgangsbeispiel 900,– DM betragen.

4. Besonderheiten bei der Anschlußpfändung

Bei der Anschlußpfändung gemäß § 826 steht der Pfandgegenstand fest, so daß § 6 S. 2 zur Anwendung kommt (Rd.Ziff. 5). Zu berücksichtigen ist hier jedoch, daß aus dem Erlös zunächst der vorrangige Gläubiger zu befriedigen ist. Daher ist nicht der Verkehrswert der gepfändeten Sache zugrunde zu legen; vielmehr wird ihr wirtschaftlicher Wert für den Anschluß-Pfandgläubiger aus dem Verkehrswert abzüglich der vorgehenden Pfändungspfandrechte

(Schneider, Streitwert, Rd.Ziff. 5191; Stein/Jonas, § 3 Rd.Ziff. 62 Stichwort „Vollstreckung")

zu ermitteln sein.

II. Unbewegliches Vermögen

Wegen einer Geldforderung kann auch in das unbewegliche Vermögen i. S. des § 864, insbesondere in Grundstücke und eingetragene Schiffe, vollstreckt werden. Dies kann nach § 866 durch die Eintragung einer Sicherungshypothek (vgl. Stichwort „Hypothek"), durch Zwangsversteigerung und Zwangsverwaltung erfolgen.

Für die Zwangsversteigerung und Zwangsverwaltung sind Sonderregelungen vorhanden, und zwar für die Gerichtsgebühren in §§ 28 ff. GKG und für die Anwaltsgebühren in §§ 68 III, 69 II BRAGO. Wegen der Einzelheiten wird auf die Stichworte „Zwangsversteigerung" und „Zwangsverwaltung" Bezug genommen.

Zwangsvollstreckung zur Erwirkung der Herausgabe von Sachen

Bei einer Zwangsvollstreckung zur **Erwirkung der Herausgabe von Sachen** gemäß §§ 883 bis 886 bestimmt sich der Streitwert grundsätzlich gemäß § 6 S. 1 nach dem Wert der herauszugebenden Sache.

(Hillach/Rohs, S. 315; Stein/Jonas, § 6 Rd.Ziff. 4; Thomas/Putzo, § 3 Stichwort „Zwangsvollstreckung"; Zöller, § 3 Rd.Ziff. 16 Stichwort „Zwangsvollstreckung")

Für einzelne Bereiche sind allerdings Festgebühren vorgesehen, so für die Gerichtskosten bei Maßnahmen nach §§ 885 IV, 886 in Nr. 1149 KV der Anlage 1 zu § 11 I GKG und für Wegnahmehandlungen durch den Gerichtsvollzieher in § 22 GVKostG. In diesen Fällen kommt es auf den Streitwert nicht an.

Maßgeblicher Zeitpunkt für die Wertberechnung ist gemäß § 15 II GKG der Zeitpunkt der die Zwangsvollstreckung einleitenden Prozeßhandlung, d. h. in der Regel der Eingang des Antrages, durch den das Verfahren in Gang gebracht wird.

(Hillach/Rohs, S. 315 f.; vgl. auch näher Stichwort „Zwangsvollstreckung wegen einer titulierten Geldforderung", Rd.Ziff. 4)

Zwangsvollstreckung zur Erwirkung von Handlungen und Unterlassungen

Der Streitwert bei der Zwangsvollstreckung zur Erwirkung von **vertretbaren und unvertretbaren Handlungen** (§§ 887, 888) richtet sich gemäß § 3 nach dem Interesse des Gläubigers an der Zwangsvollstreckung; dieses ist in der Regel mit seinem Interesse an der Hauptsache identisch; auf die Kosten zur Vornahme der Handlung oder auf die Höhe der Zwangsgelder (vgl. § 888) kommt es nicht an.

(Hillach/Rohs, S. 317; Schneider, Streitwert, Rd.Ziff. 4979; Thomas/Putzo, § 3 Stichwort „Vornahme")

Zwangsvollstreckung, Handlungen

2 Im erstinstanzlichen Verfahren wird für eine Vollstreckung nach §§ 887, 888 keine Gerichtsgebühr erhoben. Daher hat der Streitwert nur für das Beschwerdeverfahren und für die Anwaltskosten eine Bedeutung (Hillach/Rohs, S. 317 f.).

3 Wird bei einer Vollstreckung zur Erwirkung einer vertretbaren Handlung neben der Ermächtigung zur **Ersatzvornahme** nach § 887 I die Verurteilung zur **Vorauszahlung** nach § 887 II beantragt, verbleibt es bei der einheitlichen Bewertung nach dem Interesse des Gläubigers an der Vornahme der Handlung, so daß auch dann grundsätzlich der Hauptsachestreitwert zugrunde zu legen ist.

(Schneider, Streitwert, Rd.Ziff. 1560)

Wird wegen der Vorauszahlung vollstreckt, ist für den Streitwert der Betrag der Vorauszahlung maßgeblich.

4 Der Streitwert der Zwangsvollstreckung nach § 890 (**Duldung und Unterlassung**) richtet sich nicht nach der Höhe der Ordnungsgelder; maßgeblich ist vielmehr gemäß § 3 das Interesse des Gläubigers an der Zwangsvollstreckung; von Bedeutung sind Art und Intensität, mit der der Schuldner den Titel mißachtet, sowie die Frage, inwieweit die einzelne Zwangsvollstreckung der Verwirklichung des Titels dient.

(Hillach/Rohs, S. 318; Schneider, Streitwert, Rd.Ziff. 4520)

Zwischenfeststellungsklage

Für die Zwischenfeststellungsklage nach § 256 II gelten dieselben Grundsätze, wie sie für die Feststellungsklage dargestellt wurden; so ist z. B. grundsätzlich von dem Wert der dahinter stehenden Leistungsklage ein Abzug von 20% zu machen (Schneider, Streitwert, Rd.Ziff. 5201; Thomas/Putzo, § 3 Stichwort „Zwischenfeststellungsklage"; vgl. auch oben Stichwort „Feststellungsklage", insbesondere Rd.Ziff. 1 ff.).

Erhebt der Beklagte Zwischenfeststellungsklage, sind außerdem die Grundsätze für die **Widerklage** (vgl. Stichwort), nämlich § 5, 2. Halbs. und § 19 I GKG zu beachten. Grundsätzlich wird von einem einheitlichen Streitgegenstand i. S. des § 19 I GKG auszugehen sein, so daß für den Gebührenstreitwert nur der höhere Wert von Klage oder Widerklage maßgebend ist.

Aber auch bei einer Zwischenfeststellungsklage des Klägers wird in der Regel entgegen § 5, 1. Halbs. wegen wirtschaftlicher Identität keine Addition der Werte zu erfolgen haben (vgl. Stichwort „Klagenhäufung", Rd.Ziff. 10).

Zwischenstreit

Der Streitwert eines Zwischenstreits über die Zuständigkeit oder sonstige Zulässigkeitsvoraussetzungen sowie über die Einrede der mangelnden Sicherheit für die Prozeßkosten entspricht dem der Hauptsache (Hillach/Rohs, S. 261). Zum Streitwert eines Zwischenstreits über die Nebenintervention wird auf das Stichwort „Nebenintervention" Bezug genommen.

Sachverzeichnis

Großbuchstaben verweisen auf den jeweiligen Hauptteil. Ist bei einem Stichwort lediglich auf A oder D verwiesen, findet sich das betreffende Stichwort in diesem Hauptteil wieder.
Wird hinter der Angabe A: oder D: auf ein weiteres Stichwort verwiesen, so ist dieses in dem jeweiligen Hauptteil maßgeblich.
  Beispiel:
  „Abfindung s. A: Umwandlung" bedeutet:
  In Hauptteil A wird unter dem Stichwort „Umwandlung" auch das Thema „Abfindung" behandelt.
Zahlenangaben beziehen sich auf die Randziffern.
Bei **D** wird in einzelnen Fällen, unter Angabe der Randziffer, auf den **ersten Abschnitt** dieses Hauptteils verwiesen, der dem alphabetisch gegliederten Teil vorgeschaltet ist und in dem allgemeine Fragen zum Streitwert behandelt werden.

A

Abänderungsklage A; D
Abänderungsverfahren nach §§ 641 l bis 641 t ZPO: D
Abberufung eines Aufsichtsratsmitglieds A; D
Abfindung s. A: Umwandlung
Abfindungsvergleich
 – s. D: Vergleich 13
 – s. D: Wiederkehrende Leistungen 23
Abgabe
 – s. A
 – s. D: Verweisung, Willenserklärung
Abhilfe s. A: Beschwerde
Ablehnung von Richtern, Sachverständigen, Schiedsrichtern A; D
Ablehnungsgesuch, Kostenentscheidung B 636
Abmeierungsklage s. D: Wohnungseigentum
Abnahme A; D
Absonderungsrecht s. D: Konkurs
Abstammung s. A: Kindschaftssachen
Abstammungsstreitigkeit s. D: Kindschaftssachen
Abstandszahlung D
Abtretung A; D
Abweichen vom Klageantrag s. A: minus
Abweisung A
Abwendungssicherheit C 71
abzüglich B 460
 – Feststellung des Kosteninteresses B 484
Additionsverbot D
Aktien D

Aktien, Herausgabe s. D: Gesellschaftsrecht 6
Aktiengesellschaft
 – s. A: Auflösung, Auskunft
 – s. D; D: Anfechtung 6
Aktionär s. A: Auskunft
aliud A
Allgemeine Geschäftsbedingungen A; D
Altenteil D
Alternativer Klageantrag D
Altersversorgung, s. A: Betriebliche Altersversorgung
Änderung, Teilungsplan A
Anderweitige Verwertung D
Anderweitige Verwertungsart A
Anerkenntnis
 –, § 93 ZPO, Voraussetzungen B 235 ff.
 –, Arrest B 232
 –, Drittwiderspruchsklage B 249
 –, einstweilige Verfügung B 232
 –, Haftpflichtprozeß B 250
 –, Inhalt B 241
 –, Kostenentscheidung B 224
 –, Schätzung B 245
 –, schriftliches Vorverfahren B 248
 –, sofortiges B 247 ff.
 –, Teilleistungen B 239
 –, übereinstimmende Erledigung B 438
 – unter Vorbehalt, vorläufige Vollstreckbarkeit C 56
 –, Zug-um-Zug B 244
 – s. A: Rückgabe des Schuldscheins
 – s. D
Anerkenntnis-Schlußurteil, nach Teilerledigung B 449
Anerkenntnisurteil A
 –, gebührenfrei B 22, 28

623

Anerkennung
–, Geltungsbereich § 93 ZPO B 229
–, sofortige Beschwerde B 181
–, Teilurteil B 427
Anerkennung ausländischer Urteile s. A: Vollstreckungsurteil
Anfechtbarkeit, Kostenentscheidung B 13
Anfechtung A
– nach dem Anfechtungsgesetz D
– s. D: Sicherstellung
Anfechtungsklage A; D
Angriffs- und Verteidigungsmittel, Streitgenossenprozeß B 318
Angriffsfaktor s. D: Gewerblicher Rechtsschutz 3
Anhörung der Parteien, Beweisgebühr B 91
Anlaß zur Klageerhebung B 236
Anmeldung A
Anrechnungsvorschriften BRAGO, Baumbachsche Formel B 304
Anschlußberufung
–, allgemein B 596 ff.
–, Versäumnisverfahren B 119
– s. D: Rechtsmittel
Anschlußpfändung D
Anschlußrechtsmittel, Kostenentscheidung B 179, 596 ff.
Anspruchsmehrheit D
Anspruchsübergang A
Antragsrücknahme
–, Teilrücknahme B 400 ff.
–, Verfahrensgebühr B 38
Anwaltsvertrag B 61
Arbeitnehmer D
Arbeitsgericht, Verweisung B 167
Arbeitszeugnis s. A: Zeugnis
Arrest A; D
–, § 93 ZPO B 232
–, Gebührentatbestände B 51
–, Kostenentscheidung B 645 ff.
– trotz vorläufig vollstreckbaren Titels C 90
–, Vollstreckbarkeitsentscheidung C 8
Aufgebot s. D: Erbrechtliche Streitigkeiten 21
Aufgebotsverfahren
– s. A: Ausschlußurteil, Todeserklärung
– s. D
Aufhebung
–, Arrest
–, Arrest, einstweilige Verfügung A
– der Kosten gegeneinander B 206 ff.

– eines Rechtes an einem Grundstück A
–, Schiedsspruch A
Aufhebungsverfahren s. D: Arrest 9
Auflagenbeschluß, Kostenentscheidung B 633
Auflassung A; D
Auflassungsvormerkung
– s. A: Vormerkung
– s. D
Auflösung, Gesellschaft
– s. A
– s. D: Gesellschaftsrecht 3
Aufopferung D
Aufrechnung B 333 ff.; D
–, Abänderung 2. Instanz B 357
–, Grundgedanke § 96 B 354
–, Hauptaufrechnung B 334
–, Hilfsaufrechnung B 334
   –, Beispiele B 344 ff.
–, Kostenentscheidung B 333 ff.
–, kumulativ B 350
–, mehrfache Streitwerterhöhung B 351
–, Streitgenosse B 341, 356
–, streitwerterhöhend B 335, 342 ff.
–, streitwertneutral B 335 ff.
   –, besondere Kosten B 340
   –, Hilfsaufrechnung B 339
–, übereinstimmende Erledigung B 433
–, Verfahrensgebühr B 26
Aufsichtsrat
– s. A: Abberufung, Anfechtung
– s. D: Organ 3
Auftrag s. A: Auskunft
Aufwendungen B 14
–, Rechtsanwalt B 130
Augenschein, Beweisgebühr B 90
Auseinandersetzung A
Auseinandersetzungsversteigerung s. D: Erbrechtliche Streitigkeiten 4
Ausführungsanordnung s. A: Baulandsachen
Ausgleichsanspruch B 139
Ausgleichsansprüche D
Auskunft A; D
– s. auch Stufenklage
– s. D: Gewerblicher Rechtsschutz 14
Auskunftsanspruch, Sicherheitsleistung C 25
Auslagen B 18
–, abschließende Aufzählung im KV B 55
–, Bote B 131

– durch Dritten veranlaßt B 57
– grundsätzlich nicht pauschaliert B 56
–, Pauschsatz B 131
–, Rechtsanwalt B 128 ff.
Ausländersicherheit A
Ausländische Urteile s. A: Vollstreckungsurteil
Ausländische Währung
–, Sicherheitsleistung C 24
– s. A: Ersetzungsbefugnis, Zahlung
– s. D; D: Bezifferter Leistungsantrag 2
Auslegung des Tenors A
Auslobung A
Ausscheiden aus einer OHG
– s. A: Anmeldung
– s. D: Ausscheiden und Ausschließen
Ausschließung Gesellschafter s. D: Gesellschaftsrecht 4
Ausschluß aus OHG, KG A
Ausschlußurteil A
Aussetzung
– der Verwertung A
– des Verfahrens D
– des Vollzugs s. A: Beschwerde
–, Kostenentscheidung B 633
Aussonderungsrecht D
Austauschpfändung A
Austrennbare Kosten B 173
Außenwirtschaftsrecht s. A: Vorbehalte
Außergerichtliche Kosten B 15, 61
–, Baumbach'sche Formel B 259 ff.
–, Gerichtskostenvorschuß B 149
Automatenaufstellvertrag D

B

Bagatellstreitwert s. D, 1. Abschnitt 12
Bankbürgschaft, Sicherheitsleistung C 36
Bauhandwerker-Sicherungshypothek
– s. A: einstweilige Verfügung
– s. D
Baulandsachen A; D
Baumbach'sche Formel B 259 ff.
–, besondere Angriffs- und Verteidigungsmittel B 318
–, drei beklagte Streitgenossen B 267
–, unterschiedliche Gesamtschuld B 280 ff.
–, fiktiver Streitwert B 263
–, Gemeinschaftskosten B 261, 285
–, Gesamtschuld zu unterschiedlichen Anteilen B 275 ff.

–, Grafik B 266
–, Grundfall B 260
–, Individualkosten B 261, 285
–, Kostentabelle B 290
–, mehrere Kläger und Beklagte B 283 ff.
–, Streitgenossen ohne Gesamtschuld B 268 ff.
–, Teilerledigung B 473
–, ungleichmäßige Beteiligung am Prozeßverlauf B 304 ff.
–, ungleichmäßige Beteiligung am Rechtsstreit B 296 ff.
–, unterschiedliche Beteiligung am Streitgegenstand B 314 ff.
Bedingte Ansprüche D
Bedingter Leistungsanspruch, s. A: künftige Leistung
Befangenheit s. A: Ablehnung
Befreiung von einer Verbindlichkeit D
Befreiungsanspruch A
Befriedigung durch Zwangsvollstreckung s. A: Duldung der Zwangsvollstreckung
Begründungszwang, Kostenentscheidung B 13
Beherbergungsvertrag D
Berichtigung D
– des Grundbuchs A
– des Tatbestandes A
Berichtigungsverfahren, Kostenentscheidung B 633
Berufung
–, Gebührentatbestände B 50
–, Kostenentscheidung, s. Rechtsmittelinstanz
– s. A
– s. D; D, 1. Abschnitt 7
Berufungsrücknahme D
Beschluß
–, Ablehnungsgesuch B 636
–, Arrest B 645 ff.
–, Beweissicherung B 641 ff.
–, Einstellung der Zwangsvollstreckung B 634
–, einstweilige Verfügung B 645 ff.
–, familiengerichtliches Verfahren B 649 ff.
–, Grundregeln B 632
–, Kostenentscheidung B 632 ff.
–, Kostenentscheidung fälschlich B 639
–, Kostenentscheidung nur bei außergerichtlichen Kosten B 637
–, Kostenentscheidung untersagt B 638

Beschwer

—, Kostenfestsetzungsbeschluß B 661 ff.
—, Prozeßkostenhilfe B 658 ff.
—, Streitgenossenprozeß B 687
—, unselbständiges Beschlußverfahren B 633
—, Zwangsvollstreckung B 667 ff.
Beschwer s. D, 1. Abschnitt 21
—, formelle s. D, 1. Abschnitt 24
—, materielle s. D, 1. Abschnitt 25
Beschwerde A; D
—, Kostenfestsetzungsbeschluß s. D, 1. Abschnitt 60 ff., 73
Beschwerdegegenstand s. D, 1. Abschnitt 21
Beschwerdesumme s. D, 1. Abschnitt 65
Beschwerdeverfahren, Gebühr Nr. 1181 KV, B 42
Beseitigung einer Vormerkung A
Beseitigungsanspruch s. D: Gewerblicher Rechtsschutz
Beseitigungsklage D
Besichtigung einer Sache, s. A: Vorlegung
Besitz D
Besitzeinweisung D
Besitzstörung D
Bestellung eines Vorstandes A
Bestimmung der Zuständigkeit
—, Leistung durch Urteil A
—, s. A: Gerichtliche Bestimmung
Betriebliche Altersversorgung A
Beweisbeschluß, Kostenentscheidung B 633
Beweisgebühr B 83 ff.
—, amtliche Auskünfte B 88
—, Anhörung der Parteien B 91
—, Augenschein B 90
—, Beiziehung von Akten B 88
—, Beweisaufnahme durch Hilfskräfte B 86
—, Beweisaufnahmeverfahren B 85 ff.
—, Höhe B 94
—, Parteivernehmung B 89
—, prozeßleitende Verfügung B 88
—, Verwertung durch Rechtsmittelgericht B 92
—, vorbereitende Ladung B 88
Beweissicherung D
—, Kostenentscheidung B 633, 641 ff.
—, Beschwerde B 644
Bewirtungsvertrag D
Bezifferte Leistungsklage D; s. D, 1. Abschnitt 4

Bezifferter Leistungsantrag D
Bezugsverpflichtung D
Bierlieferungsvertrag D
Billigkeit, übereinstimmende Erledigung B 431
Bindung an die Parteianträge s. A: aliud, minus
BRAGO B 61
—, Gebührentabelle B 63
Brauerei s. D: Bierlieferungsvertrag 2
Buchauszug s. A: Auskunft
Bürgenhaftung A
Bürgschaft s. D: Sicherstellung
Bürgschaftsurkunde s. D: Bürgschaft 5

C

Campingvertrag D

D

Dauerwohnrecht s. D: Miete 4
Deckungsklage A; D
Degression s. Gebührendegression
Depotschein D
Dienstbarkeit D
Dienstverhältnis D
Dingliche Sicherung D
Direktanspruch s. D: Deckungsprozeß 4
Dreimonatseinrede s. A: Vorbehalt
Drittschuldnerklage A; D
Drittwiderspruchsklage A; D
—, Anerkenntnis B 249
Duldung der Zwangsvollstreckung
— s. A
— s. D: Anfechtung 2
Duldungsklagen D
Duldungspflicht des Mieters s. A: Mietsachen
Durchgriffserinnerung, Kostenfestsetzung B 152
Durchsuchungsanordnung A; D

E

Echte Hilfsanträge D
    s. auch Hilfsantrag
Eheaufhebung s. A: Familiensachen
Ehegattenunterhalt D

Eheliche Lebensgemeinschaft s. A: Familiensachen
Eheliches Güterrecht s. A: Familiensachen
Ehelichkeitsanfechtung
- s. A: Kindschaftssachen
- B 208
- s. D
Ehenichtigkeit s. A: Familiensachen
Ehesachen D
-, Kostenentscheidung B 208
-, Vollstreckbarkeitsentscheidung C 6
Ehescheidung
- s. A: Familiensachen
- s. D
Ehestörung s. A, Familiensachen
Ehewohnung s. D; D: Folgesachen 31
Ehrenrührige Behauptungen s. A: Unterlassung, Widerruf
Ehrkränkende Äußerungen D
Eidesstattliche Versicherung A; D
eigenständiges Verfahren, Kosten B 14
Eigentum D
Eigentumsvorbehalt s. D; D: Sicherstellung
Eigentumswohnung D
Einheitswert s. D: Besitz 23
Einlagensicherungsfonds, Sicherheitsleistung C 37
Einmaligkeit, Anwaltsgebühren B 65, 69
-, Ausnahmen B 67
Einrede des Aufgebotsverfahrens s. A: Vorbehaltsurteil
Einseitige Erledigung
-, Hilfsantrag s. A, Erledigung der Hauptsache
-, Kostenentscheidung B 454 ff.
-, Rechtsmittel B 458
-, Teilerledigung B 187, 459 ff.
  -, „abzüglich" B 460
  -, Baumbach'sche Formel B 473
  -, Kostenentscheidung B 461 ff.
  -, Rechtsmittel B 471
  -, Streitgenossenprozeß B 472 f.
  -, Streitwert B 463, 466
-, teilweises Obsiegen B 457 ff.
-, Verhandlungsgebühr B 121
Einseitige Erledigungserklärung D
Einsichtnahme s. A: Auskunft, Vorlegung
Einspruch
-, Kostenentscheidung B 502
- s. A: Versäumnisurteil

Einspruchsverfahren
-, Klagerücknahme B 513 ff.
-, Kostenentscheidung B 525 ff.
-, Teilrücknahme B 515
Einstellung der Zwangsvollstreckung A; C 113 ff.
-, Abänderung C 128, 136
-, Anfechtbarkeit C 125
-, Antrag C 113
-, Erfolgsaussicht C 119
- in der Berufungsinstanz C 134
- in der Revisionsinstanz C 135
-, keine Kostenentscheidung B 634
-, nach Einspruch C 131 ff.
-, rechtliches Gehör C 118
-, rechtliches Interesse C 117
-, Teilentscheidung C 122
-, Voraussetzungen C 116
-, Vorläufigkeit C 123
-, Wiederaufnahme C 113
-, Wiedereinsetzung C 113
Einstweilige Anordnung D
-, familiengerichtliches Verfahren B 649 ff.
-, übereinstimmende Erledigung B 657
Einstweilige Einstellung der Zwangsvollstreckung D
Einstweilige Verfügung A; D
-, § 93 ZPO B 232
-, Gebührentatbestände B 51
-, Kostenentscheidung B 645 ff.
-, Vollstreckbarkeitsentscheidung C 8
Eintragung s. A: Vereinsrecht
Einziehungsermächtigung A
Einziehungsverfahren, Erbschein s. D: Erbrechtliche Streitigkeiten 14
Elterliche Sorge
- s. A: Familiensachen
- s. D: Folgesachen 18
Endurteil
-, Definition B 29
-, Vollstreckbarkeitserklärung C 2
Enteignung s. D; D: Baulandsachen 2 f.
Enteignungsbeschluß s. A: Baulandsachen
Entmündigung A; D
Entscheidung nach Lage der Akten, Verhandlungsgebühr B 118
Entscheidungsschuldner B 136
Entziehung A
- des Wohnungseigentums D
Erbbaurecht D
Erbbauzins D

627

Erbengemeinschaft

Erbengemeinschaft s. A: Auseinandersetzung, gemeinschaftliche Verwaltung, Nachlaßforderung
Erbenhaftung D
—, Kostenentscheidung B 223
— s. A: Ersetzungsbefugnis, Vorbehalt
Erbfall s. A: Vorbehalt
Erbrechtliche Streitigkeiten
— s. A: Auskunft, Erbunwürdigkeitsklage
— s. D
Erbschaftsbesitzer s. A: Auskunft
Erbschein D
Erbunwürdigkeitsklage A
Erbvertrag D
Erfolglose Beweisaufnahme B 172
Ergänzungsurteil A
Ergänzungsverfahren, Kostenentscheidung B 633
Erinnerung A
— gegen Kostenfestsetzung B 152
Erledigung A; B 429 ff.; D
—, Gerichtskosten B 45 ff.
—, Hilfantrag s. A: Erledigung der Hauptsache
—, Kostenverzeichnis B 40
—, materieller Kostenerstattungsanspruch B 14
—, Streithilfe B 328
—, Stufenklage B 391
—, Teilerledigung B 441
—, Teilerledigung B 400, 441 ff., 459 ff.
—, Verhandlungsgebühr B 120 f.
— s. Feststellung des Kosteninteresses
— s. übereinstimmende, einseitige
Ermächtigung nach § 113 III BGB s. A: Dienst- oder Arbeitsverhältnis; Dienst, Handlung
Ermessensanträge D
Erörterungsgebühr B 95 ff.
—, Anrechnung B 96
—, Höhe B 99
—, Prozeßvergleich B 98
—, Zulässigkeitsfragen B 97
Ersatzvornahme s. A: Vertretbare Handlungen; D
Ersetzung der Leistungsbestimmung s. A: Bestimmung einer Leistung
Ersetzungsbefugnis A
Ertragswert s. D: Besitz 24
Erwachsenheitssumme
—, Feststellung des Kosteninteresses B 498
—, sofortige Beschwerde B 183

Erwerbsgeschäft s. A: Selbständiger Betrieb
Erwerbsverbot s. A: Einstweilige Verfügung
Eventualaufrechnung s. D: Aufrechnung 8

F

facultas alternativa s. D: Wahlschulden 6
Fälligkeit
—, Anwaltsgebühren B 64
—, fehlende s. A: Abweisung
—, Gerichtsgebühren B 19
—, prozessualer Kostenerstattungsanspruch B 141
—, Urteilsgebühr B 34
Familiensachen A; D
Festsetzungsbeschluß s. Kostenfestsetzungsbeschluß
Feststellung des Kosteninteresses B 474 ff.; D
—, „abzüglich" B 484
—, besondere Kosten B 490
—, Klageantrag B 484 ff., 487
—, Doppelbedeutung B 487
—, Klagerücknahme B 476
—, Lösungsweg B 481
—, materieller Kostenerstattungsanspruch B 476, 481
—, Mitverschulden B 483, 491
—, Rechtsmittel B 498
—, Streitwert B 495
—, Teilerfolg B 489
—, Teilfeststellung, Formulierung Tenor B 497
—, Teilfeststellungsantrag B 492
Feststellungsklage A; D
— s. auch A: Deckungsklage
Feststellungsurteil, Vollstreckbarkeit C 9
Fiktiver Streitwert
—, Baumbach'sche Formel B 263
—, Hilfsantrag B 203
—, künftige Leistung B 204
—, Nebenforderung B 201
—, Rechtsmittelinstanz B 562
—, Stufenklage B 380, 383
—, unechter Hilfsantrag B 372
—, Widerklage B 202
—, Zug-um-Zug-Verurteilung B 205, 222

Film D
Filmverleih D
Firma s. D; D: Namensrecht 2
Fischerei D
Fiskus, Sicherheitsleistung C 16
Folgesachen D
–, Vollstreckbarkeitsentscheidung C 7
Forderungen D
Fortgesetzte Gütergemeinschaft s. A: Vorbehalt
Fortsetzung des Mietverhältnisse s. A: Mietsachen, Räumung
Frachtbrief D
Frachtführerpfandrecht D
Freigabe (Hinterlegungsordnung) A; D
Freistellung s. A: Befreiungsanspruch
Freistellung s. D: Bürgschaft 1
Fristbestimmung im Urteil A
Fristsetzung D

G

Gastwirtspfandrecht D
Gebäudewert s. D: Besitz 24
Gebrauch eines Namens
 – s. A: Namensrecht
 – s. D
Gebrauchsmuster A
Gebrauchsmuster s. D: Gewerblicher Rechtsschutz
Gebühren, Rechtsmittelinstanz B 559
Gebührendegression, Kosteneinheit B 163
Gebührensatz B 23
Gebührensprung, § 92 II B 211
Gebührenstreitwert B 23
 – s. D, 1. Abschnitt 8 ff., 28, 32, 40
Gebührentatbestand, Gerichtskosten B 21
Gegendarstellung A
Gegenleistung D
Gehaltsanspruch s. D: Drittschuldnerklage 4
Geldforderungen D
Geldleistung s. A: Zahlung
Geldschuld in ausländischer Währung s. A: Ersetzungsbefugnis
Gemeinschaft (Teilung) A
Gemeinschaftliche Verwaltung des Nachlasses A
Gemeinschaftskosten, Baumbach'sche Formel B 261, 285

Genehmigungsvorbehalt s. A: Vorbehalte
Genossenschaft D; D: Anfechtungsklagen 10
Gepäckschein D
Gerichtliche Bestimmung der Zuständigkeit A
Gerichtsauslagen B 55 ff.
Gerichtsgebühren B 18
–, Fälligkeit B 19
Gerichtskosten B 16 ff.
–, Baumbach'sche Formel B 263
–, Entscheidungsschuldner B 136
–, Gebührentatbestände B 22
–, Kostenfestsetzung B 149
–, Kostenschuldner B 135
–, Schreibauslagen B 58
–, Sicherheitsleistung C 28
–, Vorleistungspflicht B 21
Gerichtskostenvorschuß, Parteikosten B 149
Geringfügigkeit B 200
– der Zuvielforderung B 214
–, geringfügiges Unterliegen B 210
Gesamtgläubiger D
Gesamtschuld, Streitgenossenprozeß B 254 ff.
Gesamtschuldner
 – s. A: Klagenhäufung
 – s. D
Gesamtsicherheit C 22
Geschäftsbrief D
Geschäftsbücher D
Geschäftsführer s. D: Organ 3
Geschäftsraum s. D: Miete 1
Geschäftsreisen, Rechtsanwalt B 133
Gesellschafter s. D: Organ 3
Gesellschaftsrecht D
Gestaltungsurteil, A: s. auch A:
–, Abänderungsklage
–, Ausschluß aus einer Gesellschaft
–, Familiensachen
–, Kindschaftssachen
–, Vollstreckbarkeit C 9
–, Vollstreckungsabwehrklage
–, Widerspruch gegen Verteilungsplan
Getrenntleben s. A: Familiensachen
Gewerblicher Rechtsschutz
 – s. A: Wettbewerbssachen
 – s. D
Gewerk
 – s. D; D: Anfechtungsklagen 10
Gewillkürte Schriftform A

Gläubigeranfechtung

Gläubigeranfechtung D
Gläubigerstreit A
GmbH
— s. A: Auflösung, Auskunft
— s. D: Anfechtungsklagen 10
Grafik B 266
Grenzabmarkung A
Grenzklagen D
Grenzverwirrung A
Grundbuchberichtigung
— s. A: Berichtigung des G.
— s. D
Grunddienstbarkeit D
Grunddienstbarkeit s. D: Dienstbarkeit 1
Grundpfandrechte D
Grundschuld
— s. A: Abtretung, Duldung der Zwangsvollstreckung
— s. D; D: Abtretung 2
Grundschuldbrief D
Grundstück D
Grundstücksverkehr s. A: Landwirtschaftssachen
Grundstücksvertiefung s. A: Handlung
Grundurteil A
—, Kosten B 4 ff.
—, Urteilsgebühr B 30
—, Vollstreckbarkeit C 9
Gütergemeinschaft s. A: Familiensachen, Vorbehalte

H

Haftpflichtprozeß, Anerkenntnis B 250
Haftpflichtversicherung s. D: Befreiung von einer Verbindlichkeit 6
Haftpflichtversicherungsschutz D
Haftungsbeschränkung s. A: Vorbehalte
Haftungsgrenzen s. A: Grundurteil
Haftungsklage s. A: Duldung der Zwangsvollstreckung
Handelsregisterauszug D
Handelsvertreter
— s. A: Auskunft
— s. D; D: Ausgleichsansprüche 3
Handlung A
Haupt- und Hilfsantrag A
— s. Hilfsantrag
Hauptaufrechnung
— s. A: Aufrechnung
— s. D: Aufrechnung 7
Hauptintervention A

Hausgenosse s. A: Auskunft
Hausmeisterwohnung D
Hausrat
— s. A: Familiensachen
— s. D; D: Folgesachen 31
Heimfallanspruch D
Herabsetzung
—, Vertragsstrafe, Mäklerlohn A
— s. D: Abänderungsklage 11
Herausgabe A; D
Herausgabe eines Kindes, Sicherheitsleistung C 25
Herausgabeanspruch, Sicherheitsleistung C 24
Herausgabevollstreckung D
Herstellung des ehelichen Lebens s. A: Familiensachen
Hilfsantrag B 358 ff.
—, echter B 358 ff.
—, (teilweiser) Erfolg B 360 ff.
—, Erledigung s. A: Erledigung der Hauptsache
—, fiktiver Streitwert B 203
—, nachträglich in 2. Instanz B 370
—, Obsiegen des Klägers mit Hauptantrag B 359
—, unechter B 358, 371 ff.
—, fiktiver Streitwert B 372
—, Streitwert B 358
—, s. A: Haupt- und Hilfsantrag
Hilfsanträge D
Hilfsaufrechnung
— s. D: Aufrechnung 8 ff.
— s. Aufrechnung
Hilfskräfte, Beweisgebühr B 86
Hilfswiderklage B 554; D
Hinterlegung
— s. A: Freigabeerklärung
— s. D
Hinweisbeschluß, Kostenentscheidung B 633
Höchstbetragsgrenze B 33, 164
—, Anwaltsgebühren B 65, 75, 79, 119
— bei Teilbeendigung B 75, 427
—, Mahnverfahren B 37
—, Teilurteil B 427
—, Kosteneinheit B 164
—, Stufenklage B 377, 383
—, Versäumnisurteil B 119
Hypothek
— s. A: Abtretung, Duldung der Zwangsvollstreckung

630

– s. D; D: Abtretung 2
Hypothekenbrief D

I

Immissionen
– s. A: Unterlassung
– s. D
Individualkosten B 261, 285
Indossament s. A: Abtretung
Inhaberpapiere D
Interventionsklage s. A: Drittwiderspruchsklage
Inzidentantrag A
Inzidentfeststellungsklage s. A: Zwischenfeststellungsklage

J

Jahresbetrag s. D: Abänderungsklage, Wiederkehrende Leistungen
Justizbeitreibungsordnung B 17

K

Kapitalabfindung s. A: Ersetzungsbefugnis
Kaufvertrag
– s. A: Minderung, Nachbesserung, Wandelung
– s. D
Kaution s. D; D: Sicherstellung
KG s. A: Anmeldung, Auflösung, Ausschluß
Kind D
Kindesherausgabe D
Kindesunterhalt
– s. A: Kindschaftssachen, Unterhaltssachen
– s. D
Kindschaftssachen A; D
–, Vollstreckbarkeitsentscheidung C 6
Klageantrag s. A: Unbezifferter ..., aliud, minus
Klageermäßigung s. Teilrücknahme
Klageerweiterung D
Klagenhäufung A; D
Klagerücknahme D
–, Kostenverzeichnis B 39
–, sofortige Beschwerde B 181

Kostenentscheidung

–, Streitgenossenprozeß s. Teilrücknahme
–, Streithilfe B 329
–, Teilrücknahme B 403 ff.
–, Stufenklage B 385 ff.
Klageverzicht B 234
Klausel C 15
– s. A: Vollstreckungsklausel
Kommanditgesellschaft D
Kommissionärpfandrecht D
Konkurs D
Konkursanfechtung s. D; D: Anfechtung 1
Konkursfeststellungsklage D
Konkurstabelle s. A: Feststellungsklage
Kontrollrecht des Gesellschafters A
Kosten des Rechtsstreits, allgemein B 14
–, Aufwendungen B 14
–, außergerichtliche B 15
–, eigenständiges Verfahren B 14
–, gerichtliche B 15
Kostenansatz B 17
Kostenansatzverfahren B 147
Kostenausgleichung B 151, 155
–, Kostenentscheidung B 664
Kosteneinheit B 158
–, Aufrechnung B 159
–, Grundlage B 161
–, Grundsatz B 4
–, Hilfsantrag B 159
–, Höchstbetragsgrenzen B 164
–, Klage und Widerklage B 159
–, Kostenblöcke B 160
–, Kostenmischfälle B 186
–, Rechtsmittelinstanz B 573
–, Streitgenossenprozeß B 160
–, Stufenklage B 159
–, Teilerledigung B 441
–, Verstoß B 159
Kostenentscheidung
Kostenentscheidung § 92 II ZPO B 209 ff.
–, § 92 II, Ermittlung durch Sachverständigen B 218
–, § 92 II, richterliches Ermessen B 218
–, § 93 ZPO B 224
–, Anerkenntnis B 224 ff.
–, Anfechtbarkeit B 13
–, Anschlußrechtsmittel B 179
–, Aufhebung B 206 ff.
–, Aufrechnung s. dort und B 333 ff.
–, Begründungszwang B 13
–, Berufung s. Rechtsmittelinstanz

Kostenentscheidung

—, Beschluß s. dort und B 632 ff.
—, bestimmte Beträge B 195
—, Brüche B 196
—, Darstellung im Urteil B 11
—, Ehesachen B 208
—, Entscheidungsgründe B 190
—, Erbenhaftung B 223
—, geringfügige Zuvielforderung B 213
—, geringfügiges Unterliegen B 210
—, Grundsätze B 157 ff.
—, Grundsätze, Kosteneinheit s. dort und B 158 ff.
—, Hilfsantrag s. dort
—, isolierte Anfechtung B 557
—, kein besonderer Kostenanfall B 211
—, Minimalbeträge B 217
—, Nebenforderungen B 198 ff., 214
  —, Geringfügigkeit B 200
—, Prozentzahlen B 196
—, Quote, Beispiele B 197
—, Rechtsbehelfe B 178
—, Rechtsmittel B 177 ff.
—, Revision s. Rechtsmittelinstanz
—, Schmerzensgeldklage B 219
—, sofortige Beschwerde B 181 ff.
—, Streitgenossenprozeß s. dort und B 251 ff.
—, streitgenössische Nebenintervention B 251
—, Streitwertrelation B 195
—, Stufenklage B 373 ff.
—, Teilbeendigung B 400 ff.
—, Teilurteil B 425 ff.
—, Tenor B 189
—, Verlustquote B 195
—, von Amts wegen B 2
—, Zinsen B 216
—, Zug-um-Zug-Verurteilung B 220
—, Zurückbehaltungsrecht B 220
Kostenentscheidung, Vollstreckbarkeitserklärung C 3, 10
Kostenerstattungsanspruch B 137 ff.
  — s. materieller Kostenerstattungsanspruch
  — s. prozessualer Kostenerstattungsanspruch
Kostenfestsetzung B 146 ff.
—, Beschluß B 149
—, Durchgriffserinnerung B 152
—, Gerichtskosten B 149
—, Gesuch einer Partei B 148
—, Kostenausgleichung B 151, 155
—, Kostenentscheidung B 150
—, Kostengläubiger B 148
—, unbefristete Erinnerung B 152
—, Zuständigkeit B 148
Kostenfestsetzungsbeschluß B 156; C 110; s. D, 1. Abschnitt 54
—, Änderung s. D, 1. Abschnitt 55 ff.
—, Beschwerde s. D, 1. Abschnitt 60 ff.
—, Kostenentscheidung B 661
Kostenfestsetzungsverfahren, materieller Kostenerstattungsanspruch B 145
Kostengläubiger, Kostenfestsetzung B 148
Kostengrund B 146
Kostenmischfälle B 186 ff.
Kostenrechnung B 154
Kostenschlußurteil B 228
Kostenschuldner, Gerichtskosten B 135
—, Streithelfer B 136
Kostentrennung B 165 ff.
—, § 94 ZPO B 169
—, § 96 B 171
—, Beweisaufnahme B 173
—, Kostenmischfälle B 186
—, Mehrkosten bei Säumnis B 508
—, Streitgenossenprozeß B 176
—, Streithelfer B 174
—, Streithilfe B 319
—, Streitverkündung B 175
—, Versäumnisurteil B 166
—, Verweisung B 167
—, Verzögerungsgebühr B 170
—, Wiedereinsetzung B 168
Kostenverzeichnis, GKG B 22
Kostenvorschuß
  — s. A: Familiensachen, Unterhaltssachen
  — s. D
Kraftfahrzeug s. D; D: Besitz 14
Kraftfahrzeugbrief s. D; D: Besitz 22
Kraftfahrzeugschein D
Kraftloserklärung einer Vollmachtsurkunde
  — s. A; A: Ausschlußurteil
  — s. D: Sparkassenbuch 2
Krankenhaus D
Krankenhaustagegeld s. D; D: Versicherungsschutz 43
Kündigung D
  — des Arbeitsverhältnisses A
Künftige Leistung A; D
—, fiktiver Streitwert B 204
—, Sicherheitsleistung C 21

Kursschwankung
- s. D, 1. Abschnitt 30
- D: Ausländische Währung

L

Lagerhalterpfandrecht D
Leasingvertrag D
Lebensversicherungspolice D
Legitimationspapier D
Leibgedinge, Leibzucht D
Leistungsbestimmung s. A: Bestimmung einer Leistung
Leistungsurteil A
Licht- und Fensterrechte D
Lieferungsverträge D
Liquidatoren s. A: Vereinsrecht
Löschung s. D; D: Auflassungsvormerkung 4
Löschungsfähige Quittung s. A: Quittung

M

Mahnverfahren D
-, § 93 ZPO B 231
-, Antrag auf VB B 113
-, Anwalt des Antragsgegners B 110
-, Anwalt des Antragstellers B 111
-, Anwaltsgebühren B 107 ff.
-, Gegenstandswert B 112
-, Höchstbetragsgrenze B 37
-, Kosten B 36
- s. D: Erledigung 15
Mäklerlohn s. A: Herabsetzung
Mängelbeseitigung
- s. A: Nachbesserung
- s. D: Nachbesserung, Werkvertrag
Massekosten D
Masseschulden D
Materieller Kostenerstattungsanspruch B 142 ff.
-, §§ 91 ff. analog B 143
-, besondere Klage B 145
-, Erledigung B 142
-, Feststellung des Kosteninteresses B 481
-, Kostenfestsetzungsverfahren B 145
-, Prozeßkostenhilfe B 659
-, Stufenklage B 397
-, übereinstimmende Erledigung B 440

-, Umfang B 144
Mehrere Ansprüche D
Mehrkostentheorie B 404
Mehrwertsteuer, Rechtsanwalt B 134
Meistbegünstigung B 185
Miete und Pacht D
-, Sicherheitsleistung C 21
Mietsachen A
Minderung A; D
Minimalbeträge, Kostenentscheidung B 217
minus A
Miterbe s. A: Auskunft
Miterben D
Mitgliederversammlung s. A: Vereinsrecht
Mitschuld s. A: Grundurteil
Mittellosigkeit des Schuldners C 95
Musterprozeß s. D: Nichtvermögensrechtliche 4

N

Nachbesserung A; D
Nacherbe s. A: Auskunft
Nacherbschaft D
Nachforderungsklage A
Nachlaß s. A: Auskunft, gemeinschaftliche Verwaltung
Nachlaßforderung A
Nachlaßverzeichnis A; D
Nachverfahren A; D
Namensaktien D
Namensrecht A; D
ne ultra petita s. A: aliud, minus
Nebenforderungen D
-, Geringfügigkeit B 200
-, Kostenentscheidung B 198 ff.
-, Sicherheitsleistung C 27
Nebenintervenient s. A: Zwischenurteil
Nebenintervention D
Negative Feststellungsklage s. A: Feststellungsklage
Nichtabhilfe s. A: Beschwerde
Nichtigerklärung A
Nichtigkeitsklage s. A: Familiensachen, Patent, Wiederaufnahme
Nichtigkeitsklagen D
Nichtvermögensrechtliche Streitigkeit s. D: 1. Abschnitt, 15 ff.; D
-, vorläufige Vollstreckbarkeit C 68
Nießbrauch D

633

Notbestellung s. A: Vereinsrecht, Stiftung
Notweg
– s. A
– s. D: Eigentum   7
Notwegrecht D
Nutzungsverhältnisse D

O

Obergerichtliches Urteil, Vollstreckbarkeitsentscheidung C   13
Offene Handelsgesellschaft D
Öffentliche Bekanntmachung s. D: Gewerblicher Rechtsschutz   10
OHG s. A: Anmeldung, Auflösung, Ausschluß, Übernahme
Ordnungsgeld, Sicherheitsleistung C   26
Organ D
Organmitglieder s. D: Arbeitnehmer   4

P

Pacht D
Pächterpfandrecht D
Papierwert s. D: Besitz   20
Parteiangabe s. D, 1. Abschnitt   34
Parteianträge s. A: aliud, minus
Parteikosten B   15, 61
–, Gerichtskostenvorschuß B   149
Parteivernehmung, Beweisgebühr B   89
Parteiwechsel
– s. A: Zwischenurteil, Teilrücknahme
– B   420
–, Vollstreckbarkeitsentscheidung C   11
Patent A
Patentrecht s. D: Gewerblicher Rechtsschutz
Patentverletzung A
Patentvindikation A
Pauschalierung, Auslagen B   56
Pauschgebühren B   69
–, Kosteneinheit B   162
Personenstandssachen A
Pfandrecht A; D
Pfandsache s. D: Anfechtung   2
Pfändungs- und Überweisungsbeschluß A; D
Pfändungsbeschluß s. A: Arrest
Pfändungspfandrecht D
Pflegeheim D

Pflegerbestellung, Kostenentscheidung B   633, 635
Pflichtteil s. D; D: Erbrechtliche Streitigkeiten   18
Pflichtteilsberechtigter s. A: Auskunft
Postauslagen B   59
–, Rechtsanwalt B   128 ff.
Prätendentenstreit s. A: Gläubigerstreit
Presserecht s. A: Gegendarstellung
Primäraufrechnung s. D: Aufrechnung   7
Prinzip der Erfolglosigkeit B   140
Provision s. A: Auskunft
Prozessualer Kostenerstattungsanspruch B   138 ff.
–, Entstehen B   141
–, Fälligkeit B   141
–, Prinzip der Erfolglosigkeit B   140
–, Säumnis B   140
–, Veranlassung B   140
–, Verjährung B   141
–, Verschulden B   140
Prozeßgebühr B   70
–, Berufung B   125
–, mehrere Auftraggeber B   71
–, Prozeßkostenhilfe B   71
–, Widerklage B   73
Prozeßkostenhilfe B   71
–, Kostenentscheidung B   658 ff.
– s. D; D: Ehesachen   7
Prozeßkostenvorschuß D
– aufgrund materiellen Rechts B   15
– s. A: Familiensachen, Unterhaltssachen
Prozeßrisiko, Kosten B   1
Prozeßtrennung D
Prozeßurteil s. A: Abweisung
Prozeßverbindung D
Prozeßvergleich, Streithilfe B   326
Prozeßvollmacht B   68
–, Gebühren B   123

Q

Quittung A; D
Quotenmethode (Teilbeendigung) B   408

R

Raiffeisenbanken, Sicherheitsleistung C   37
Rangänderung A

Ratenzahlung s. D: Kaufvertrag 2
Räumung
— s. A
— s. D; D: Miete 3
Räumungsfrist D
Reallast D
Realsplitting s. A: Familiensachen
Rechenschaftspflicht s. A: Auskunft
Rechnungslegung A; D
—, s. Stufenklage
Rechtsanwalt
—, Aufwendungen B 130
—, Auslagen B 62, 128 ff.
—, Beweisgebühr s. dort und B 83 ff.
—, Erörterungsgebühr s. dort und
   B 95 ff.
—, Gebühren B 62
   —, Berufung B 63
   —, Einmaligkeit B 65
   —, Fälligkeit B 64
   —, Revision B 63
—, Geschäftsreisen B 133
—, Mahnverfahren B 107 ff.
—, Mehrwertsteuer B 134
—, Postgebühren B 128 ff.
—, Prozeßgebühr s. dort und B 70 ff.
—, Prozeßvollmacht B 123
—, Schreibauslagen B 132
—, Vergleichsgebühr s. dort und B
   101 ff.
—, Verhandlungsgebühr s. dort und
   B 76 ff.
—, Vertrag B 61
Rechtsbehelfe, Kostenentscheidung
   B 178
Rechtsfähigkeit s. A: Vereinsrecht
Rechtskauf s. A: Abtretung
Rechtsmängel bei Grundstück A
Rechtsmittel D
—, Kostenentscheidung B 177 ff.
—, Meistbegünstigung B 185
—, Teilrücknahme B 421
— s. A: Berufung, Beschwerde
Rechtsmittelinstanz
—, § 97 ZPO B 555 f.
—, Abänderung Nebenpunkt B 562
—, Ablehnung der Annahme B 609 ff.,
   613
—, Anschlußrechtsmittel B 596 ff.
   —, Teilerfolg B 602 ff.
   —, voller Erfolg B 600 f.
— betr. Grundurteil B 591 ff.

— betr. Teilurteil B 595 ff.
—, erfolgloses Rechtsmittel B 555
—, Erfolglosigkeit B 561
—, erfolgreiches Rechtsmittel B 564 ff.
   —, Zurückverweisung B 564 ff.
   —, nachträgliche Klageerweiterung
      B 577
   —, eigene Sachentscheidung B 578 ff.
   —, Kostenentscheidung in der Vorinstanz B 569 ff.
   —, teilweise Zurückverweisung
      B 567 f.
—, erhöhte Gebühren B 559
—, fiktiver Streitwert B 562
—, Gesetzesänderung B 563
—, Kosteneinheit B 573
—, Kostenentscheidung B 555 ff.
—, Rücknahme B 556
—, Streitgenossenprozeß B 629 f.
—, Streithilfe B 631
—, Teilerfolg B 588 ff.
—, teilweise Zurücknahme des Rechtsmittels B 625 ff.
—, Überprüfungsumfang B 557
—, Verwerfung B 609 ff.
—, Zurücknahme B 609 ff., 619 ff.
—, Zurücknahme der Klage B 614 ff.
—, Zurückverweisung, gebührenrechtliche
   Besonderheiten B 574
Rechtsmittelstreitwert s. D,
   1. Abschnitt 7, 30, 39
Rechtsmittelverzicht, Vollstreckbarkeitsentscheidung C 13
Rechtsverschaffung s. A: Abtretung
Rechtsverteidigung, Kosten s. D:
   Deckungsprozeß 7
Rechtswegverweisung s. A: Verweisung
Rechtszug, § 37 BRAGO B 122
Regelstreitwert s. D: Gewerblicher Rechtsschutz
Regelunterhalt s. A: Unterhaltssachen
Reisevertrag D
Rektapapiere D
—, s. D: Besitz 20
Rente A; D
—, Sicherheitsleistung C 21
Rentenanwartschaften s. D: Versorgungsausgleich 2, 7
Reparaturschein D
Restitutionsklage s. A: Wiederaufnahme
Revision s. D, 1. Abschnitt, 7; D
—, Gebührentatbestände B 50

Richtigstellung
—, Kostenentscheidung s. Rechtsmittelinstanz
Richtigstellung s. A: Widerruf
Rückauflassung D
Rückgabe des Schuldscheins A
— einer Sicherheit A
Rücknahme s. Klagerücknahme
Rückstände D
— s. D: Abänderungsklage 8
— s. D: Wiederkehrende Leistungen 17 f., 38 ff.
Ruhegeld s. A: Betriebliche Altersversorgung
Rundungsspielraum, Teilrücknahme B 404

S

Sachverständigenentschädigung B 60
Säumnis, Mehrkosten B 170, 511 f.
— s. Einspruchsverfahren, Versäumnisurteil
Säumnisverfahren s. Versäumnisverfahren
Schadensersatz s. A: Inzidentantrag, unerlaubte Handlung
Schätzungsermessen, Sicherheitsleistung C 17
Scheck D
Scheckprozeß s. A: Vorbehaltsurteil
Scheidung s. A: Familiensachen
Schiedsspruch s. A: Aufhebung, Vollstreckbarerklärung
Schlußurteil
—, Baumbach'sche Formel B 425
—, entbehrlich B 228
—, Kostenentscheidung B 3
— nach Teilbeendigung B 400
— s. A: Teilurteil, Nachverfahren
Schmerzensgeld s. A: Grundurteil, unbezifferter Leistungsantrag; D
Schmerzensgeldklage, Kostenentscheidung B 219
Schreibauslagen B 58
—, Fälligkeit B 20
—, Rechtsanwalt B 132
Schriftform s. A: Gewillkürte S.
Schuldbefreiung
— s. A: Befreiungsanspruch
— s. D; D: Befreiung von einer Verbindlichkeit

Schuldschein
— s. A: Rückgabe
— s. D
Schuldtitel s. D; D: Besitz 21
Selbständiger Betrieb eines Erwerbsgeschäfts A
Sequester s. A: Einstweilige Verfügung
Sicherheitsleistung A
—, Art der Sicherheit C 35 ff.
—, Auskunftsanspruch C 25
—, ausländische Währung C 24
—, Bankbürgschaft C 36
—, Einlagensicherungsfonds C 37
—, Einzelansätze C 23
—, Fiskus C 16
—, Form der Entscheidung C 38
—, Gerichtskosten C 28
—, Gesamtschuldner C 44
—, Gesamtsicherheit C 22
—, Herausgabe eines Kindes C 25
—, Herausgabeanspruch C 24
—, Kopfteilhaftung C 44
—, künftige Leistung C 21
—, mehrere Leistungen C 22
—, mehrere Vollstreckungsgläubiger C 39 ff.
—, Miete C 21
—, Nebenforderungen C 27
—, Ordnungsgeld C 26
—, Raiffeisenbanken C 37
—, Rente C 21
—, Schätzungsermessen C 17
—, Streitgenossen C 40
—, Streithelfer C 46
—, Teilsicherheit C 20, 22
—, Verkehrsanwalt C 32
—, Widerrufserklärung C 25
—, Willenserklärung C 25
—, Zinsen C 27
—, Zug-um-Zug-Verurteilung C 19
Sicherstellung D
Sicherungseigentum s. D; D: Eigentum 3, Sicherstellung
Sicherungshypothek A
Sicherungsvollstreckung C 69
Siedlervertrag s. D: Miete 4
Sofortige Beschwerde
—, Anerkenntnis B 225
—, Erwachsenheitssumme B 183
—, Kostenentscheidung B 181 ff.
—, Statthaftigkeit B 182
—, Teilerledigung B 445

–, Verfahrensverstoß B 184
–, Zulässigkeit B 183
Sorgerechtsregelung D
Sozialplan s. D: Konkurs 6
Sozialplanansprüche D
Sozialversicherungsträger s. A: Anspruchs-
  übergang
Sparkassenbuch D
Spediteurpfandrecht D
Standesamtssachen s. A: Personenstands-
  sachen
Sterilisation s. D: Wiederkehrende
  Leistungen 28
Steuererklärung s. A: Familiensachen
  (Herstellung)
Stiftung s. A: Vereinsrecht
Streitgegenstand s. D, 1. Abschnitt 19 f.
Streitgenossenprozeß D
 –, allgemeine Kostenentscheidung
    B 251 ff.
 –, Aufrechnung B 356
 –, Baumbach'sche Formel B 259 ff.
 –, besondere Angriffs- und Verteidigungs-
    mittel B 318
 –, Gesamtgläubiger B 256
 –, gesamtschuldähnliche Verhältnisse
    B 258
 –, gesamtschuldnerische Haftung
    B 254 ff.
 –, Kopfteilhaftung B 253
 –, Kosteneinheit B 160
 –, Kostentrennung B 176
 –, Rechtsmittelinstanz B 629 f.
 –, Sicherheitsleistung C 40 ff.
 –, Streithilfe B 327
 –, Teilrücknahme B 403, 413 ff.
 –, Teilurteil B 5, 252, 257, 425
 –, Versäumnisurteil B 516 ff.
 –, Vollstreckbarkeitsentscheidung C 14
 –, Widerklage B 543 ff.
 – s. Baumbach'sche Formel
 – s. A: Klagenhäufung
Streitgenössische Nebenintervention,
  Kostenentscheidung B 251
Streithilfe
 –, Erledigung B 328
 –, Klagerücknahme B 329
 –, Kostenaufhebung B 325
 –, Kostenentscheidung B 319 ff.
 –, Kostengrundsätze B 320
 –, Kostenschuldner B 136
 –, Kostentrennung B 174, 319

–, Prozeßvergleich B 326
–, Rechtsmittelinstanz B 631
–, Sicherheitsleistung C 46
–, Streitgenossenprozeß B 327
–, Vollstreckbarkeit C 80
–, Zweiparteienprozeß B 321
–, Zwischenstreit B 332
Streitverkündung, Kostentrennung B 175
Streitwertänderung, Teilbeendigung
  B 402
Streitwertbegünstigung s. D: Gewerblicher
  Rechtsschutz
Streitwertfestsetzung
 –, allgemeine s. D, 1. Abschnitt 34 ff.
 –, Antrag s. D, 1. Abschnitt 45
 –, Antragsberechtigung s. D,
    1. Abschnitt 60 ff.
 –, Beschwerde s. D, 1. Abschnitt 60 ff.
 –, Abhilfe s. D, 1. Abschnitt 68
 –, Beschwer s. D, 1. Abschnitt 64
 –, Beschwerdeberechtigung s. D,
    1. Abschnitt 63
 –, Beschwerdesumme s. D,
    1. Abschnitt 65
 –, Form s. D, 1. Abschnitt 66
 –, Frist s. D, 1. Abschnitt 67
 –, reformatio in peius s. D,
    1. Abschnitt 68
 –, Statthaftigkeit s. D,
    1. Abschnitt 60
 –, Verzicht s. D, 1. Abschnitt 62
 –, Gerichtsferien s. D, 1. Abschnitt
    50
 –, gesondert für Anwaltsgebühren s. D,
    1. Abschnitt 42
 –, Parteiangaben s. D, 1. Abschnitt 34,
    53
 –, Rechtsschutzbedürfnis s. D,
    1. Abschnitt 48
 –, Zuständigkeit s. D, 1. Abschnitt 35
Streitwertrelation B 195
Stufenklage A; B 373 ff.; D
 –, besondere Kosten auf einzelnen Stufen
    B 383 ff.
 –, Erledigung B 391
 –, Feststellung des Kosteninteresses
    B 397 ff.
 –, fiktiver Streitwert B 380, 383
 –, Gesamtstreitwert B 374
 –, Höchstbetragsgrenzen B 377, 383
 –, materieller Kostenerstattungsanspruch
    B 397

Stundung

—, negative Auskunft B 392 ff.
  —, Erledigung B 395
  —, materieller Kostenerstattungs-
    anspruch B 397
  —, Wertfestsetzung B 393 f.
—, Streitwertänderungen B 376
—, stufenweise Erledigung B 373
—, Teilerfolg B 379 ff.
  —, Besonderheiten B 383 ff.
—, Teilerledigung B 441
—, Teilrücknahme B 385 ff.
  —, Kostenquote B 389 ff.
—, Teilurteile B 377
—, übereinstimmende Erledigung B 440
—, Unbegründetheit
  —, Auskunftsanspruch B 378
  —, Leistungsantrag B 382
—, Verzugsschaden B 397
—, volles Unterliegen, Obsiegen B 378 ff.
Stundung A

T

Tagebücher D
Tankstellendienstbarkeit D
Tankstellenvertrag s. D: Dienstbarkeit 3
Tatbestandsberichtigung s. A: Berichti-
  gung des Tatbestands
Teilanerkenntnisurteil B 227, 427
—, Baumbach'sche Formel B 304
Teilabweisung s. A: Abweisung, Teil-
  urteil
Teilanerkenntnis, Kostenmischfall
  B 187
Teilbeendigung, Teilrücknahme
  B 400 ff.
—, abgrenzbare Beträge B 405
—, Berechnungsbeispiel B 407 ff.
—, Berechnungsmethode B 404 ff.
—, besondere Kosten B 411 f.
—, kein Kostenantrag B 403
—, Kostenentscheidung B 400 ff.
—, Kostenmischfall B 187
—, Mehrkostentheorie B 404
—, Parteiwechsel B 420
—, Rechtsmittel B 421
—, Rundungsspielraum B 404
—, Streitgenossenprozeß B 413 ff.
  —, Beispielsfall B 416 ff.
—, Streitwertänderung B 402

—, Unterliegenstheorie B 404
—, Widerklage B 423 f., 539 ff.
Teilerledigung B 187
—, einseitige Erledigung B 459 ff.
—, Kostenmischfälle B 187
—, übereinstimmende Erledigung
  B 441 ff.
—, Vollstreckbarkeitsentscheidung C 67
—, vorläufige Vollstreckbarkeit C 67
— s. Erledigung
— s. A: Erledigung
Teilsicherheit C 20, 22
Teilungsplan s. A: Änderung, Auseinan-
  dersetzung einer Erbengemeinschaft
Teilungsversteigerung D
Teilunterliegen B 193
Teilurteil A; B 400 ff., 425 ff.
—, Anerkenntnisurteil B 427
—, Berechnungsmethode B 426
—, Höchstbetragsgrenze B 33, 427
—, Kostenentscheidung B 4 ff.
—, Stufenklage B 377
—, Teilkostenentscheidung B 4 f.
—, Vorabentscheidung C 145
Teilversäumnisurteil B 427
—, Streitgenossenprozeß B 516 ff.
Tenor s. A: Auslegung
Testament D
Testamentsvollstrecker s. A: Nachlaß-
  verzeichnis, Rechnungslegung
Testamentsvollstreckung D
Titel
— s. A: Rückgabe
— s. D
Todeserklärung A
Todesfallversicherung D

U

Überbau s. D; D: Eigentum 9
Übereignung A
Übereinstimmend erklärte Erledigung
  B 429 ff.; D
—, § 93 ZPO B 233
—, Beschlußgebühr B 45 ff.
—, Billigkeit B 431, 437 ff.
  —, Anerkenntnis B 438
  —, außergerichtlicher Vergleich B 439
  —, materieller Kostenerstattungs-
    anspruch B 440
  —, Mitschuld B 440
  —, Stufenklage B 440

—, einstweilige Anordnung B 657
—, Grundsätze B 431 ff.
—, Kostenbeschluß B 430
— nach Teilrücknahme B 442
— nach Teilurteil B 442
—, Sach- und Streitstand B 431 ff.
    —, Beweisaufnahme B 433
    —, kein bestimmtes Ergebnis B 434
    —, maßgeblicher Zeitpunkt B 436
    —, präsente Beweismittel B 434
    —, Primäraufrechnung B 433
    —, Rechtsfragen B 433
    —, Sachverhalt nicht aufgeklärt B 435
—, sofortige Beschwerde B 181
—, Streitgenossenprozeß B 452 f.
—, Teilerledigung B 187, 406, 441 ff.
    —, Berechnungsmethode B 443
    —, Berufung B 448
    —, Darstellung im Urteil B 450 f.
    —, Kosteneinheit B 441
    —, Rechtsmittel B 445
    —, Rechtsmittelsumme B 446
    —, Streitwert B 443
—, Verhandlungsgebühr B 120
—, Vollstreckbarkeitsentscheidung B 430
—, Widerklage B 530
übergegangener Anspruch, Kostentrennung B 169
Überlassung der Mietsache s. A: Mietsachen
Übernahme des Gesellschaftsvermögens A
Überweisungsbeschluß D
Umgang mit dem Kind D
Umgangsrecht s. D: Folgesachen 22
Umlegung D
Umlegungsverfahren s. D: Baulandsachen 4
Umrechnungskurs s. D: Ausländische Währung 1
Umschreibung D
Umwandlung A
Unbezifferter Leistungsantrag A; D
Unechter Hilfsantrag
  — s. A: Fristbestimmung im Urteil, Haupt- und Hilfsantrag
  — s. D
Unechtes Versäumnisurteil B 41
—, vorläufige Vollstreckbarkeit C 53
Unerlaubte Handlung A
Unlauterer Wettbewerb s. A: Wettbewerbssachen

Unterbringung s. A: Entmündigung
Unterhaltsansprüche D
Unterhaltspflicht s. D: Befreiung von einer Verbindlichkeit 5
Unterhaltssachen A
Unterhaltstitel, Vollstreckbarkeitsentscheidung C 7, 60 f.
Unterlassung A
Unterliegensgrundsatz, Ausnahme B 192
Unterliegenstheorie B 404
Untervermietung s. Miete
Unvermögensfall s. A: Haupt- und Hilfsantrag
Unwirksamkeit der Leistungsbestimmung s. A: Bestimmung einer Leistung
Urheberbenennung A
Urheberrechte A
Urkunde s. A: Vorlegung, Feststellungsklage
Urkundenprozeß A; D
Urteilsergänzung s. A: Ergänzungsurteil
Urteilsfeststellung s. A: Feststellungsklage
Urteilsgebühr B 24, 27 ff.
—, doppelter Gebührenansatz B 31 f.
—, Fälligkeit B 34
—, Wert B 35

V

Vaterschaft s. A: Kindschaftssachen
Vaterschaftsanerkennung D
Vaterschaftsfeststellung s. D: Feststellungsklage 11
Veranlassung zur Klageerhebung B 236
—, prozessualer Kostenerstattungsanspruch B 140
Veräußerungsverbot s. A: Einstweilige Verfügung
Verbandsklage nach AGBG s. A: Allgemeine Geschäftsbedingungen
Verbandsklage s. D: Gewerblicher Rechtsschutz
Verbundverfahren D
Vereinsrecht A
Verfahrensgebühr B 24 ff.
—, Antragsrücknahme B 38
—, Aufrechnung B 26
—, Widerklage B 26
Verfolgungsrecht des Besitzers A
Verfügungsverbot s. A: Einstweilige Verfügung

Vergleich

Vergleich A; D
–, Kosten B 48 ff.
–, Streithilfe B 326
–, übereinstimmende Erledigung B 439
Vergleichsgebühr B 101 ff.
–, Rechtsmittelinstanz B 105 f., 127
–, Vergleichsgegenstand B 105
–, Vergleichswert B 106
–, Wirksamkeit des Vergleichs B 104
Verhandlungsgebühr B 76 ff.
–, Anrechnung Erörterungsgebühr B 96
–, Entscheidung nach Lage der Akten B 118
–, Erledigung B 120 f.
–, Erörterung B 77
–, Gesamtschuldner B 80
–, Höhe B 81
–, mehrere Auftraggeber B 82
–, Sachantrag B 77
–, streitige, nicht streitige Verhandlung B 78
–, teilweise streitige Verhandlung B 79
Verjährung, prozessualer Kostenerstattungsanspruch B 141
Verkehrsanwalt, Sicherheitsleistung C 32
– s. A: Feststellungsklage, Grundurteil, Rente
Verkehrswert D
Verlagsrecht s. D: Gewerblicher Rechtsschutz
Verlustigkeitsbeschluß D
Verlustquote B 195
Vermächtnis s. D; D: Erbrechtliche Streitigkeiten 6, 19
Vermieterpfandrecht
– s. A: einstweilige Verfügung
– s. D
Vermögensrechtliche Streitigkeit s. D, 1. Abschnitt, 5, 15 ff.
Vermögensübernahme D
Vermögensverzeichnis D
Veröffentlichungsbefugnis s. A: Allgemeine Geschäftsbedingungen
Verpächterpfandrecht D
Versäumnisurteil A
–, § 344 ZPO B 500, 511
–, Einspruch B 43
–, Gebührenfreiheit B 22, 28, 508
– in gesetzlicher Weise B 511
–, Kostenentscheidung B 9, 499 ff.

–, Kostenentscheidung nach Einspruch B 525 ff.
–, Kostentrennung B 166
–, Mehrkosten B 506
–, Rechtsmittelinstanz B 126
–, Streitgenossenprozeß B 516 ff.
–, Streitgenossenprozeß, unterschiedlicher Erfolg B 512 ff.
–, Teilurteil B 427
–, unechtes B 41
–, volle Aufrechterhaltung B 505
–, volle oder teilweise Aufhebung B 506
–, Vollstreckung nach Einspruch C 98 ff.
Versäumnisverfahren
–, Anschlußberufung B 119
–, Anwaltsgebühren B 115 ff.
–, Gerichtskosten B 41 ff.
– nach Einspruch B 116
–, nicht streitige Verhandlung B 115
–, Rechtsmittelinstanz B 119
–, Rücknahme Einspruch B 117
–, Verwerfung Einspruch B 117
Verschlechterungsverbot B 596
Verschollenheit s. A: Todeserklärung
Versicherung an Eides Statt s. A: Eidesstattliche Versicherung
Versicherungsschutz
– s. A: Befreiungsanspruch, Feststellungsklage
– s. D
Versorgungsausgleich
– s. A: Familiensachen
– s. D; D: Folgesachen 28
Verteilungsverfahren s. D; D: Zwangsversteigerung 8
Vertiefung eines Grundstücks s. A: Handlung
Vertrag mit dem Anwalt B 61
Vertragsstrafe s. A: Herabsetzung
Vertretbare Handlung s. A: Handlung
Verursachungsprinzip, Mehrkosten Säumnis B 509
Verurteilungsstreitwert s. D, 1. Abschnitt 13
Verwaltung s. A: Gemeinschaftliche Verwaltung des Nachlasses
Verweisung des Rechtsstreits A; D
–, Kostentrennung B 167
–, Verweisungsbeschluß, Kostenentscheidung B 633
Verwendungen s. A: Fristsetzung im Urteil

Verzicht s. Klageverzicht
Verzichtsurteil A
—, gebührenfrei B 22, 28
Verzögerungsgebühr B 170
Verzögerungsschaden C 71
Vollmacht s. A: Willenserklärung
Vollmachtsurkunde A
Vollstreckbarerklärung des Schiedsspruchs A
Vollstreckbarkeitsentscheidung, Rechtsmittel C 147 ff.
Vollstreckbarkeitserklärung C 1
Vollstreckung zur Nachtzeit A
Vollstreckungsabwehrklage A; D
Vollstreckungsbescheid, Kostenentscheidung nach Einspruch B 525 ff.
Vollstreckungsgegenklage s. A: Vollstreckungsabwehrklage
Vollstreckungsklausel A; D
Vollstreckungsschutz A
— nach § 765 a, 813 a ZPO D
Vollstreckungssicherheit C 18
Vollstreckungsstreitwert s. D,
1. Abschnitt 14
Vollstreckungsurteil A
Vollziehungsverfahren s. D: Arrest 11 ff.
Von Amts wegen, Kostenentscheidung B 2
Vorabentscheidung C 137 ff.
—, Kostenentscheidung C 140 f.
—, Rechtsmittel C 144
—, Teilurteil C 145
— über vorläufige Vollstreckbarkeit A
Vorbehalt, Erbenhaftung, Gütergemeinschaft A
Vorbehalte sonstiger Art A
Vorbehaltsurteil A
—, Kostenentscheidung B 10
—, Urteilsgebühr B 30
—, Vollstreckbarkeitserklärung C 2
Vorerbschaft D
Vorkaufsrecht D
Vorläufige Vollstreckbarkeit C
—, Abwendung nach § 712 C 91
—, Abwendungssicherheit C 71
—, Anerkenntnis C 56
—, arbeitsgerichtliches Verfahren C 83
—, Arrest C 8
—, Ausnahmen C 5
—, Ehe- und Kindschaftssachen C 6
—, Einstellung der Zwangsvollstreckung s. dort

—, einstweilige Verfügung C 8
—, Ende C 4
—, Herausgabe C 65
—, Hinterlegung C 74
—, Interessenabwägung C 96
—, Kostenentscheidung C 3
—, mehrere Vollstreckungsgläubiger C 78
—, Mittellosigkeit des Schuldners C 95
— ohne Sicherheitsleistung C 51 ff., 87 ff.
—, Rechtsmittelverzicht C 13
—, Streitgenossenprozeß C 14
—, Streithelfer C 80
—, Teilerledigung C 67
—, teilweise Abwendungsbefugnis C 75
—, unechtes Versäumnisurteil C 53
—, Unterbleiben von Schutzanordnungen C 81
—, Unterhaltstitel C 60 f.
—, Versäumnisurteil nach Einspruch C 98 ff.
—, Verzögerungsschaden C 71
—, Vollstreckbarkeitserklärung C 1
—, Vollstreckungsschutz nach §§ 710, 712 s. C 84 ff.
—, Allerweltsformulierungen C 85
—, Antrag C 84
—, in der Berufungsinstanz C 84
—, Zurückweisung C 86
—, Vollstreckungssicherheit C 18
—, Vorabentscheidung C 137 ff.
—, Vorbehaltsurteil C 2
—, wiederkehrende Leistungen C 73
—, Willenserklärung C 65 f.
—, zweites Versäumnisurteil C 53
Vorlegung A
Vorleistungspflicht A; Gerichtskosten B 21
Vormerkung A; D
Vornahme einer Handlung s. A: Haupt- und Hilfsantrag
Vorstand
— s. A: Bestellung, Vereinsrecht
— s. D: Organ 3
Vorvertrag A
Vorwegleistung B 19 ff.
Vorzeitige Ausführungsanordnung s. A: Baulandsachen
Vorzeitiger Zugewinnausgleich s. A: Familiensachen
Vorzugsweise Befriedigung A; D

641

Wahlschuld

W

Wahlschuld A; D
Wandelung A; D
Warenzeichen A
Wechsel s. A: Abtretung; D
Wechselklage A
Wechselprozeß s. A: Nachverfahren, Vorbehaltsurteil
Wechselübertragung s. A: Abtretung
Werklieferungsvertrag A
Werkswohnung s. D; D: Miete 6
Werkunternehmerpfandrecht D
Werkvertrag s. A: Abnahme, Nachbesserung, einstweilige Verfügung (Bauhandwerker-Sicherungshypothek); D
Wertfestsetzung, Kostenentscheidung B 633
Wertpapiere s. D; D: Besitz 19
Wettbewerbssachen
– s. A
– s. D: Gewerblicher Rechtsschutz
Wettbewerbsverbot A
Widerklage A; D
–, einheitliche Kostenentscheidung B 529
–, fiktiver Streitwert B 202
–, Hilfswiderklage B 554
–, Kostenentscheidung B 529 ff.
–, Prozeßgebühr B 73
–, Streitgenossenprozeß B 534 ff.
–, Streitwert B 529
  –, Mischfälle B 552 f.
–, streitwerterhöhend B 531 ff.
  –, besondere Kosten B 535 ff.
  –, teilweises Obsiegen B 533 ff.
–, streitwertneutral B 549 ff.
–, Teilrücknahme B 423 f., 539 ff.
–, übereinstimmende Erledigung B 530
–, Verfahrensgebühr B 26
Widerruf A; D: Ehrkränkende Äußerungen
Widerrufserklärung, Sicherheitsleistung C 25
Widerspruch
–, Arrest, einstweilige Verfügung A; D
 – gegen Kostenpunkt B 648
 – gegen die Richtigkeit des Grundbuchs D
–, Verteilungsplan A
Widerspruchsklage

– s. A: Drittwiderspruchsklage
– s. D
Wiederaufhebungsklage s. A: Entmündigung
Wiederaufnahme A
–, Einstellung der Zwangsvollstreckung C 113
Wiederbemündigung s. A: Entmündigung
Wiedereinräumung des Besitzes A
Wiedereinsetzung
–, Einstellung der Zwangsvollstreckung C 113
–, Kostentrennung B 168
Wiederkauf A
Wiederkaufsrecht D
Wiederkehrende Leistungen s. D; D: Abänderungsklage 1
Willenserklärung A; D
–, Sicherheitsleistung C 25
–, Vollstreckbarkeit C 9
–, vorläufige Vollstreckbarkeit C 65 f.
wirtschaftlicher Verein s. D: Verein
Wohnrecht s. D; D: Reallast 5
Wohnungseigentum s. D; D: Eigentum 4
Wohnungseigentumssachen A

Z

Zahlung A
Zahlungsklage D
Zahlungssperre A
Zeitpunkt, maßgeblicher s. D, 1. Abschnitt 29 ff.
Zeugenentschädigung B 60
Zeugnis A
Zinsen A; D
–, Sicherheitsleistung C 27
Zug-um-Zug-Leistung D
Zugewinnausgleich s. A: Auskunft, Familiensachen
Zug-um-Zug-Verurteilung A
–, fiktiver Streitwert B 205, 222
–, Kostenentscheidung B 220
–, Sicherheitsleistung C 19
Zukünftige Leistung A
Zurückbehaltungsrecht B 220; D
Zurücknahme des Rechtsmittels D
Zusatzversorgung s. D: Versorgungsausgleich 7
Zuschlag s. D: Zwangsversteigerung

Zuständigkeit s. A: Gerichtliche Bestimmung, Verweisung
Zuständigkeitsstreitwert s. D,
   1. Abschnitt, 5 f., 29, 37
Zwangsgeldandrohung s. A: Vereinsrecht
Zwangsversteigerung D
Zwangsverwaltung D
Zwangsvollstreckung D
– aus rechtskräftigen Titeln D
–, Kostenentscheidung B 667 ff.
   –, Beschwerdeverfahren B 679 ff.
   –, Duldung B 668 f.
   –, Ersatzvornahme B 668 f.
   –, übereinstimmende Erledigung
      B 671

   –, Unterlassung B 668 f.
– wegen einer titulierten Geldforderung D
– zur Erwirkung der Herausgabe von Sachen D
– zur Erwirkung von Handlungen und Unterlassungen D
Zweites Versäumnisurteil B 9, 503 ff.
–, vorläufige Vollstreckbarkeit C 53
Zwischenfeststellungsklage A
Zwischenstreit, Streithilfe B 332
Zwischenurteil A
–, gebührenfrei B 28
–, Kostenentscheidung B 4, 8
–, Vollstreckbarkeit C 9, 11